Vos ressources numériques en ligne !

Un ensemble d'outils numériques spé… …us pour vous aider dans l'acquisition des … …s à

LA GESTION DES OPÉRATIONS
PRODUITS ET SERVICES
3e édition

Suppléments aux chapitres 5, 6 et 8 :
- ■ La théorie des décisions
- ■ La programmation linéaire
- ■ Le modèle du transport

Lexique anglais-français

Achetez en ligne ou en librairie

En tout temps, simple et rapide !

www.cheneliere.ca

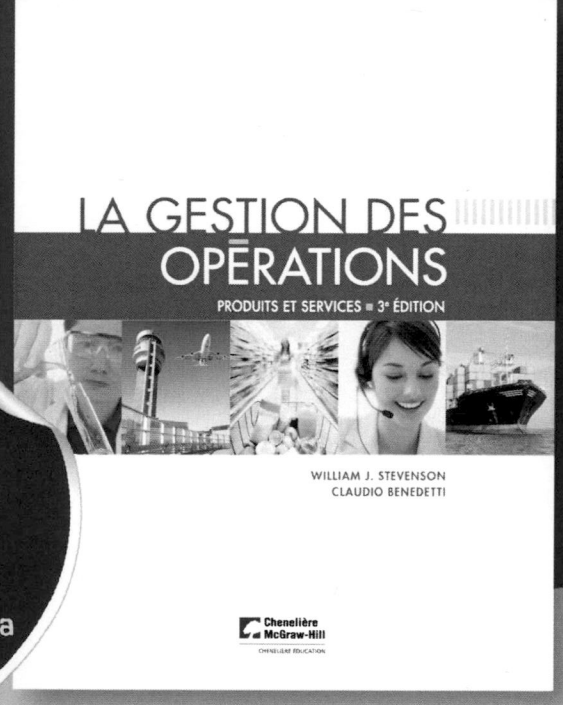

Accédez à ces outils en un clic !
www.cheneliere.ca/stevenson

GDO-19539-6046145-14C0

CHENELIÈRE
ÉDUCATION

LA GESTION DES
OPĒRATIONS

PRODUITS ET SERVICES ■ 3e ÉDITION

WILLIAM J. STEVENSON
Rochester Institute of Technology

Adaptation française
CLAUDIO BENEDETTI, ing., M.Ing.

Révision scientifique
YOUSSEF A. YOUSSEF

Conception et rédaction des
outils pédagogiques en ligne
CLAUDIO BENEDETTI
HOCINE BOURENANE

Achetez
en ligne ou
en librairie
En tout temps,
simple et rapide !
www.cheneliere.ca

McGraw Hill Education   CHENELIĒRE ÉDUCATION

La gestion des opérations
Produits et services, 3e édition

Traduction et adaptation de : *Operations Management, 10th Edition*,
de William J. Stevenson © 2009 McGraw-Hill Companies
(ISBN 978-0-07-337784-1)

© 2012 **Chenelière Éducation inc.**
© 2007, 2001 Les Éditions de la Chenelière

Conception éditoriale : Sylvain Ménard
Édition : Marie Victoire Martin
Coordination : Jean Boilard et Marie-Michèle Martel
Traduction et adaptation : Claudio Benedetti
Révision linguistique : Ginette Laliberté
Correction d'épreuves : Natacha Auclair et Zérofôte
Conception graphique : Alain Lapointe et Josée Bégin
Conception de la couverture : Geneviève Bellehumeur
  (Tatou communication visuelle)

Coordination éditoriale des outils pédagogiques en ligne : Éric Chatelain
Coordination des outils pédagogiques en ligne : Marie-Michèle Martel

**Catalogage avant publication
de Bibliothèque et Archives nationales du Québec
et Bibliothèque et Archives Canada**

Stevenson, William J.

  La gestion des opérations : produits et services

  3e éd.

  Traduction de : Operations management, 10th ed.
  Comprend des réf. bibliogr. et un index.

  ISBN 978-2-7651-0600-5

  1. Production – Gestion. 2. Produits commerciaux – Gestion. 3.
Services (Industrie) – Gestion. 4. Production – Gestion – Problèmes et
exercices. I. Benedetti, Claudio, 1949- . II. Titre.

TS155.S78514 2011   658.5   C2011-941621-2

5800, rue Saint-Denis, bureau 900
Montréal (Québec) H2S 3L5 Canada
Téléphone : 514 273-1066
Télécopieur : 514 276-0324 ou 1 800 814-0324
info@cheneliere.ca

ISBN 978-2-7651-0600-5

Dépôt légal : 1er trimestre 2012
Bibliothèque et Archives nationales du Québec
Bibliothèque et Archives Canada

Imprimé au Canada

4   5   6   7   8   M   22   21   20   19   18

Gouvernement du Québec – Programme de crédit d'impôt pour l'édition de
livres – Gestion SODEC.

Ce projet est financé en partie par le gouvernement du Canada

Sources iconographiques

Couverture : Don Bayley/iStockphoto ; William Casey/
Shutterstock ; Tony Tremblay/iStockphoto ; Jacob
Wackerhausen/iStockphoto ; ilFede/Shutterstock.

Ouvertures de parties : diligent/iStockphoto.

Dans cet ouvrage, le masculin est utilisé comme
représentant des deux sexes, sans discrimination à
l'égard des hommes et des femmes, et dans le seul
but d'alléger le texte.

Des marques de commerce sont mentionnées ou
illustrées dans cet ouvrage. L'Éditeur tient à préciser
qu'il n'a reçu aucun revenu ni avantage conséquemment à la présence de ces marques. Celles-ci sont
reproduites à la demande de l'auteur ou de l'adapta-
teur en vue d'appuyer le propos pédagogique ou
scientifique de l'ouvrage.

Le matériel complémentaire mis en ligne dans notre
site Web est réservé aux résidants du Canada, et ce,
à des fins d'enseignement uniquement.

L'achat en ligne est réservé aux résidants du Canada.

Préface de l'édition originale

Le contenu de cet ouvrage se veut une introduction au domaine de la gestion de la production. Les questions de stratégie y sont abordées au même titre que les applications pratiques. Les sujets étudiés comprennent les prévisions, la conception de produits et de services, la détermination de la capacité d'opération, la gestion et le contrôle de la qualité, la gestion des stocks, l'ordonnancement, la gestion de la chaîne d'approvisionnement et la gestion de projet.

En écrivant ce manuel, j'avais encore une fois comme objectif de fournir une présentation claire des concepts, des outils et des applications liés au domaine de la gestion de la production. La gestion des opérations est un domaine en expansion et en pleine évolution. Ainsi, si j'ai retiré une satisfaction certaine d'avoir pu mettre à jour les informations précédemment recueillies et d'avoir intégré de nouvelles données à cet ouvrage, ce processus n'aura pas été de tout repos, tant ce domaine a connu de nouveaux développements, que j'ai dû circonscrire aux limites fixées par la longueur de ce manuel.

WILLIAM J. STEVENSON

Préface de l'édition française

Il n'est pas banal d'assister à la parution d'une troisième édition d'un volume destiné à l'enseignement universitaire d'une discipline du génie ainsi qu'à la formation en gestion, particulièrement au niveau du MBA. Cela démontre très certainement la pérennité de l'ouvrage et sa très grande qualité. Dans la première édition, Claudio Benedetti nous avait démontré sa grande capacité à intégrer, dans son adaptation d'un grand classique américain, le système d'exploitation et le système de conception des activités opérationnelles des organisations. Au-delà de cette adaptation, nous retrouvions, dans la première édition française et les subséquentes, du matériel original, notamment au regard de la maintenance.

La deuxième édition, à l'aide d'exemples tirés du domaine manufacturier et des services, nous guidait vers les nouvelles tendances qui influent sur le secteur de la gestion des opérations, tout en établissant le lien entre les opérations, la logistique et les réseaux de distribution.

Cette nouvelle édition consacre les qualités pédagogiques de son contenu, la logique de présentation de la théorie et la pertinence de ses exemples d'application. On y trouve un nouvel agencement de certaines sections, ce qui facilite l'introduction de concepts, de problèmes, de tableaux et d'anecdotes pertinentes. L'ouvrage du professeur Benedetti nous présente une discipline faisant le pont entre le génie et la gestion. Il nous démontre que les résultats sont probants lorsque les acteurs de ces deux univers travaillent en concertation, et qu'à l'opposé, le risque d'un échec retentissant est toujours présent lorsque gestionnaires et ingénieurs travaillent en vase clos. Pour illustrer son propos, l'auteur donne l'exemple du manufacturier automobile Chrysler qui a embauché le PDG de Home Depot, Bob Nardelli, dans le but de raviver ses ventes, celui-ci étant accompagné de ses anciens collaborateurs. L'expérience a été un échec lamentable, Chrysler ayant demandé l'intervention des gouvernements canadien et américain deux années plus tard pour se mettre à l'abri de ses créanciers, tandis que les cadres de l'entreprise s'en tiraient avec de généreuses indemnités de départ.

Je note également dans cette nouvelle édition ce qui, pour moi, présente un intérêt professionnel, soit l'élaboration des facteurs ergonomiques dans la section du chapitre 7 qui traite des conditions de travail. Ces ajouts témoignent une fois de plus du souci de Claudio Benedetti de proposer aux étudiants des concepts, des sujets de préoccupation et des solutions qui sont toujours d'actualité. Je ne peux non plus passer sous silence le souci de la terminologie française ainsi que le lexique, sachant que le domaine est largement dominé par la langue anglaise.

Pour une troisième fois, Claudio a su relever avec brio le défi qui consiste à réaliser une adaptation impeccable pour le bénéfice des futurs ingénieurs et gestionnaires francophones. Je le félicite et le remercie au nom de tous ces étudiants qui trouveront dans son ouvrage un savoir de toute première importance.

YVES BEAUCHAMP, ing., Ph. D., MACG
Directeur général
École de technologie supérieure

Avant-propos de l'édition française

La gestion des opérations est un domaine dynamique qui ne cesse d'évoluer. Les techniques, les développements et les recherches sont de plus en plus utilisés dans tous les secteurs de l'économie, que ce soit dans le secteur primaire, secondaire (manufacturier) ou celui des services. Bien que ce dernier soit le plus réfractaire à la gestion des opérations et à l'amélioration de l'organisation du travail, des progrès énormes ont été réalisés, surtout dans le secteur du transport, de la logistique, des finances, de l'hôtellerie, de la distribution alimentaire et des services après-vente grâce à la gestion de leurs opérations. Ces progrès ont été réalisés grâce au transfert systématique des approches de la gestion des opérations, lesquelles ont été développées initialement pour le domaine des produits manufacturés. L'utilisation, aujourd'hui généralisée, du graphique de Gantt et de la gestion de projet en est la preuve la plus tangible.

Le niveau de vie de toute nation dépend de sa productivité et de ses capacités d'innover. C'est exactement ce que la gestion des opérations cherche à accroître.

Le modèle que nous avons élaboré dans les années 1980, où l'on intégrait les cinq éléments dans lequel évoluent toute entreprise et toute organisation, n'a jamais été aussi d'actualité. En effet, le cinquième élément de l'environnement PESTE (politique, économique, social, technologique et écologique), soit celui qui concerne l'écologie, revêt de nos jours une importance primordiale. On comprend que, pour assurer une viabilité et un développement durable de notre société et pour préserver notre niveau de vie aussi bien social qu'économique, nous devons gérer adéquatement la protection de l'environnement. De façon continue, et ce, dans tous les chapitres, surtout ceux qui couvrent la conception des systèmes, la considération écologique est retenue en respectant cette vision intégrale qui a toujours été notre *credo*.

Nous avons choisi de retirer les suppléments de plusieurs chapitres afin de ne pas alourdir l'ouvrage, particulièrement pour le cours de premier cycle en gestion des opérations. Cependant, conscients de la pertinence des sujets couverts dans ces suppléments, et dans le but de respecter le choix de certaines facultés qui, pour des raisons qui leur sont propres, voudraient les utiliser, ces suppléments sont disponibles sur le web. Ainsi, le lecteur y trouvera les suppléments suivants :

- la théorie de la décision,
- la programmation linéaire,
- le modèle du transport.

En contrepartie, nous avons :

1. réaménagé des sections et des chapitres pour faciliter la compréhension ; l'objectif général poursuivi était l'ordre chronologique de la présentation de la matière ;

2. enrichi l'ouvrage d'un nouveau contenu, par exemple la théorie des contraintes et des opérations épurées ;

3. réintroduit le chapitre couvrant la notion des files d'attente. En effet, bien que cette notion ait été développée initialement par et pour le domaine manufacturier, c'est le secteur des services qui en est aujourd'hui le plus grand utilisateur dans le cas des centres d'appels, de la circulation, des banques, des salles de spectacle, des hôpitaux, etc.

CLAUDIO BENEDETTI, ing., M. Ing.

Remerciements de l'édition originale

Je tiens à remercier les nombreux contributeurs qui m'ont aidé à réaliser cette dernière édition. Au fil des dernières éditions, les réviseurs et les lecteurs du texte m'ont fourni une foule d'idées et de suggestions pour l'« amélioration continue » de cet ouvrage. Ces commentaires sont encourageants pour l'auteur que je suis. J'espère que tous ces collaborateurs sauront que leurs suggestions étaient importantes, qu'elles ont été étudiées avec soin et qu'elles ont été sincèrement appréciées. Cette liste inclut des gens qui ont révisé l'ouvrage après sa publication, des participants à des groupes de discussion et des réviseurs du manuscrit :

Ardavan Asef-Faziri, Université California State à Northridge ; Michael Bendixen, Nova Southeastern ; Ednilson Bernardes, Université Georgia Southern ; Greg Bier, Université du Missouri à Columbia ; Kimball Bullington, Université Middle Tennessee State ; Alan Cannon, Université du Texas à Arlington ; Alan Chow, Université Southern Alabama à Mobile ; Richard Crandall, Université Appalachian State ; Dinesh Dave, Université Appalachian State ; Scott Dellana, Université East Carolina ; Xin Ding, Université de l'Utah ; Wanda Fennell, Université du Mississippi à Hattiesburg ; Joy Field, Boston College ; Charles Foley, Columbus State Community College ; Tom Gattiker, Université Boise State ; Angappa Gunasekaran, Université du Massachusetts à Dartmouth ; Haresh Gurnani, Université de Miami ; Vishwanath Hegde, Université California State à East Bay ; Chrwan-Jyh, Université Oklahoma State ; Apurva Jain, Université de Washington ; Jim Keyes, Université du Wisconsin à Stout ; Jeffrey Ohlmann, Université de l'Iowa à Iowa City ; Patrick Penfield, Université Syracuse ; Pedro Reyes, Université Baylor ; Jake Simons, Université Georgia Southern ; Victor Sower, Université Sam Houston State ; Jeremy Stafford, Université North Alabama ; Mike Umble, Université Baylor ; Javad Varzandeh, Université California State à San Bernardino ; Mark Vroblefski, Université de l'Arizona ; James Walters, Université Ball State ; Jiawei Zhang, Université de New York.

Parmi les autres collaborateurs, mentionnons les responsables de la vérification de l'exactitude des informations : Alan Cannon, Université du Texas à Arlington et Pamela Zelbst, Université Sam Houston State ; de la banque de réponses : Alan Cannon ; des présentations PowerPoint : David Cook, Université Old Dominion ; des jeux de données : Mehdi Kaighobadi, Université Florida Atlantic ; des modèles Excel et des didacticiels de ScreenCam : Lee Tangedahl, Université du Montana ; du manuel de l'instructeur : Renato deMatta, Université de l'Iowa ; du guide d'étude : Natalie Simpson et Philip Hancock, tous deux de l'Université de Buffalo, Université de l'État de New York. Je remercie tout spécialement la professeure Nancy Levenburg, de l'Université Grand Valley State, pour avoir facilité l'inclusion des « cas du Michigan » et le Dr Harm-Jan Steenhuis, de l'Université Eastern Washington, pour ses nombreuses suggestions utiles.

Finalement, je souhaite remercier tout le personnel de McGraw-Hill/Irwin pour leurs efforts et leur soutien. Il est toujours agréable de travailler avec des personnes aussi professionnelles et compétentes. Je remercie particulièrement Dick Hercher, directeur de l'édition ; Gail Korosa, administratrice déléguée de l'édition ; Kathryn Mikulic, chef de projet ; Michael McCormick, superviseur de la production ; Greg Bates, chef de projet principal pour les médias ; et toutes les autres personnes qui ont travaillé « en coulisse ».

J'aimerais également remercier les réviseurs des éditions précédentes pour leur contribution :

Prabir Bagchi, Université George Washington State ; Gordon F. Bagot, Université California State à Los Angeles ; Ravi Behara, Université Florida Atlantic ; Prashanth N. Bharadwaj, Université de Pennsylvanie en Indiana ; Joseph Biggs, Université d'État polytechnique de Californie ; Injazz Chen, Université Cleveland State ; Loretta Cochran, Université Arkansas Tech ; Lewis Coopersmith, Université Rider ; Ellen Dumond, Université California State à Fullerton ; Kurt Engemann, Iona College ; Diane Ervin, Université DeVry ; Farzaneh Fazel, Université Illinois State ; Lillian Fok, Université de la Nouvelle Orléans ; Matthew W. Ford, Université Northern Kentucky ; Phillip C. Fry, Université Boise State ; Charles A.

Gates Jr., Université Aurora; Damodar Golhar, Université Western Michigan; Robert Graham, Université Jacksonville State; Terry Harrison, Université Penn State; Craig Hill, Université Georgia State; Jim Ho, Université de l'Illinois à Chicago; Jonatan Jelen, Mercy College; Prafulla Joglekar, Université LaSalle; Vijay Kannan, Université Utah State; Sunder Kekre, Université Carnegie-Mellon; Seung-Lae Kim, Université Drexel; Beate Klingenberg, Marist College; John Kros, Université East Carolina; Vinod Lall, Université Minnesota State à Moorhead; Kenneth Lawrence, New Jersey Institute of Technology; Anita Lee-Post, Université du Kentucky; Karen Lewis, Université du Mississippi; Bingguang Li, Université Albany State; Cheng Li, Université California State à Los Angeles; Maureen P. Lojo, Université California State à Sacramento; F. Victor Lu, Université St. John; Janet Lyons, Université Utah State; James Maddox, Université Friends; Mark McComb, Mississippi College; George Mechling, Université Western Carolina; Scott Metlen, Université de l'Idaho; Douglas Micklich, Université Illinois State; Ajay Mishra, Université de l'État de New York à Binghamton; Scott S. Morris, Université Southern Nazarene; Philip F. Musa, Université de l'Alabama à Birmingham; Seong Hyun Nam, Université du Dakota du Nord; Roy Nersesian, Université Monmouth; John Olson, Université de St. Thomas; Ozgur Ozluk, Université San Francisco State; Kenneth Paetsch, Université Cleveland.

State; Taeho Park, Université San Jose State; Allison Pearson, Université Mississippi State; Steve Peng, Université California State à Hayward; Richard Peschke, Université Minnesota State à Moorhead; Andru Peters, Université San Jose State; Charles Phillips, Université Mississippi State; Frank Pianki, Université Anderson; Sharma Pillutla, Université Towson; Zinovy Radovilsky, Université California State à Hayward; Stephen A. Raper, Université du Missouri à Rolla; Buddhadev Roychoudhury, Université Minnesota State à Mankato; Narendra Rustagi, Université Howard; Herb Schiller, Université Stony Brook; Dean T. Scott, Université DeVry; Scott J. Seipel, Université Middle Tennessee State; Raj Selladurai, Université de l'Indiana; Dooyoung Shin, Université Minnesota State à Mankato; Raymond E. Simko, Université Myers; Charles Smith, Université Virginia Commonwealth; Kenneth Solheim, Université DeVry; Donna Stewart, Université du Wisconsin à Stout; Dothang Truong, Université Fayetteville State; S. Claudina Vargas, Université de Niagara; Emre Veral, Baruch College; Gustavo Vulcano, Université de New York; Walter Wallace, Université Georgia State; John Wang, Université Montclair State; Jerry Wei, Université Notre Dame; Michael Whittenberg, Université du Texas; Geoff Willis, Université Central Oklahoma; Zhenying Zhao, Université du Maryland; Yong-Pin Zhou, Université de Washington.

WILLIAM J. STEVENSON

Remerciements de l'édition française

Cette troisième édition n'est pas le fruit du hasard. Elle est le résultat de commentaires, d'expériences et de l'utilisation qu'en ont faite plusieurs personnes dans le domaine académique et professionnel. Je désire donc remercier tous les collègues professeurs des facultés de gestion et de génie, les formateurs en entreprise, et surtout les étudiants utilisateurs qui, par leurs questionnements pertinents depuis la première édition en 2001, nous ont souligné des éléments à retenir, à développer et à enrichir. C'est surtout pour eux que nous multiplions nos efforts afin de nous dépasser.

Plus particulièrement, je reconnais l'apport de Bernard Boire de Convitec, Daoud Ait-Kadi de Laval, René Rochette, Georges Abdul-Nour et Viviane Gascon de l'UQTR, Suzanne Marcotte de l'UQAM, André Gbodoussou et Barthélémy-Hugues Ateme-Nguema de l'UQAT, Sylvie Nadeau de l'ÉTS. À mes amis et collaborateurs de longue date, Youssef A. Youssef de l'ETS, Amadou Diallo et Jean Harvey de l'UQAM, car votre grande rigueur et votre sens de l'éthique m'ont toujours inspiré.

À mes professeurs et mentors, Mario Godard, Marcel Gauthier, Laurent Villeneuve de l'École polytechnique et le regretté Robert L. Papineau de l'ÉTS, je vous dois ce désir de regarder toujours plus loin que l'horizon.

Merci à Marie-Éva de Villers d'HÉC qui, depuis les années 1980, m'a montré l'importance et le respect de la langue française et de sa justesse technique. Sa collaboration dans les trois éditions est inestimable.

Un merci particulier à mon collaborateur dans plusieurs projets, Youssef A. Youssef de l'ÉTS, grand spécialiste de la gestion et du contrôle de la qualité. La pertinence et la précision de ses propos n'ont pas d'égales.

Merci au personnel de la maison d'édition Chenelière Éducation : Marie Victoire Martin, Jean Boilard et surtout Sylvain Ménard qui m'a accompagné durant les trois éditions.

Enfin, aux membres de ma famille, ma femme Pierrette Rondeau, mes fils, Carlo et Bruno, mes petits-fils Giancarlo et Alessandro, et ma mère Maria, à vous tous merci pour votre patience à supporter mes absences et mes rêves.

CLAUDIO BENEDETTI

Présentation du manuel

Plusieurs éléments essentiels du texte ont été spécialement conçus pour aider les étudiants débutants à apprendre, à comprendre et à appliquer les concepts et les techniques de résolution de problèmes propres à la gestion de la production.

- **Des exemples avec des solutions.** À travers le texte, dès qu'une technique quantitative ou analytique est introduite, un exemple est présenté pour illustrer la façon d'appliquer cette technique. Ces exemples sont conçus pour être faciles à suivre.

- **Des problèmes résolus.** À la fin de chaque chapitre et des annexes aux chapitres, des problèmes résolus sont fournis pour montrer les techniques de résolution de problèmes et les concepts centraux du chapitre. Ces problèmes résolus ont été soigneusement préparés pour permettre aux étudiants d'améliorer leur compréhension et pour leur fournir davantage d'exemples de méthodes de résolution de problèmes.

Les éléments clés des chapitres

Les éléments suivants se retrouvent dans chaque chapitre. Ils ont été conçus pour faciliter l'étude et l'apprentissage, et révisés au fil des éditions de cet ouvrage pour s'assurer qu'ils sont toujours pertinents et utiles.

- **Les objectifs d'apprentissage.** Chaque chapitre présente une liste des objectifs d'apprentissage.

- **L'introduction.** Une introduction présentant les différents sujets relatifs à la gestion des opérations est incluse au début de chaque chapitre. Les étudiants doivent être en mesure de comprendre la pertinence de ces sujets afin de saisir l'importance d'apprendre la matière qui leur est présentée.

- **Les lectures.** Des lectures sont proposées au fil du texte, de même que dans les sections consacrées aux problèmes de certains chapitres. Elles mettent en évidence certaines applications concrètes de la matière, fournissent des exemples de problèmes en lien avec la production ou les opérations et proposent des approfondissements supplémentaires sur certains aspects du texte. Ces lectures fournissent également un point de départ pour des discussions en classe et contribuent à susciter de l'intérêt pour le sujet abordé. La plupart des lectures présentées à la fin des chapitres incluent des questions à développement.

- **Les pictogrammes.** Deux pictogrammes sont inclus au fil du texte pour mettre en évidence certaines applications pertinentes d'un sujet dans une discussion ou un concept.

  Les pictogrammes de service attireront l'attention des étudiants sur des exemples traitant de problématiques liées au service à la clientèle.

  Les pictogrammes de chaîne d'approvisionnement indiqueront que le texte fait référence à ce sujet précis.

Les ressources présentées à la fin des chapitres

Les éléments suivants sont fournis à la fin de chaque chapitre pour faciliter l'étude et la révision.

- **La terminologie.** Les mots clés sont mis en évidence dans le texte ; ils sont ensuite repris dans la marge, où ils sont accompagnés d'une brève définition. Une liste de ces mots clés est également fournie à la fin de chaque chapitre (avec la référence de page) pour faciliter la révision.

- **Des questions de discussion et de révision.** Chaque chapitre contient une liste de questions de discussion et de révision. Celles-ci sont présentées avant les problèmes et permettent aux étudiants de faire un auto-examen de leur compréhension des sujets abordés. Elles pourront également servir de point de départ pour des discussions en classe.

- **Des problèmes.** Chaque chapitre présente une série de problèmes que les étudiants pourront résoudre par eux-mêmes. Ces problèmes se sont raffinés au fil des nombreuses éditions de cet ouvrage et visent à susciter l'intérêt des étudiants, tout en demeurant à leur portée.

- **Des cas.** Des études de cas sont présentées dans la plupart des chapitres. Ces cas ont été sélectionnés afin de fournir une opportunité aux étudiants de réfléchir de façon plus approfondie et globale à certains problèmes, sans toutefois devoir étudier l'ensemble des opérations d'une compagnie.

Notes à l'étudiant

Le contenu de ce manuel doit faire partie de vos connaissances de base. Par conséquent, vous tirerez profit de votre étude de la gestion de la production et des opérations, peu importe votre spécialisation. Sur le plan pratique, il s'agit d'un cours de gestion.

On y décrit des principes et des concepts dont plusieurs sont applicables à d'autres aspects de votre vie professionnelle et personnelle. Ainsi, les avantages que vous retirerez de l'étude de la gestion des opérations vous serviront dans une foule de situations.

Certains étudiants abordent ce cours avec une certaine appréhension, voire avec des sentiments négatifs. Ils ont peut-être entendu dire que ce cours contient une bonne part de données quantitatives avec lesquelles ils ne se sentent pas très à l'aise, que la matière est ennuyeuse ou que le cours traite de la « gestion d'une usine ». C'est malheureux, parce que le sujet de ce livre est aussi intéressant que primordial pour toutes les personnes qui étudient les sciences administratives. S'il est vrai que le texte de ce manuel présente plusieurs données quantitatives, il présente également plusieurs exemples, des problèmes résolus et des solutions aux questions qui vous aideront à affronter ces données quantitatives. Pour ce qui est de « gérer une usine », le texte présente des informations sur la production de biens comme de services. La production manufacturière est un domaine important au sujet duquel vous devriez être bien informés pour plusieurs de raisons. Autour de vous, la plupart des objets ont été produits à un moment ou à un autre : automobiles, camions, avions, vêtements, chaussures, ordinateurs, livres, stylos, crayons, bureaux, téléphones cellulaires... Or, ces objets ne représentent que la pointe de l'iceberg. Il apparaît donc important de posséder quelques connaissances sur la façon dont ces objets sont produits, ne serait-ce que parce que la production manufacturière est en grande partie responsable du haut niveau de vie dont bénéficient les populations des pays industrialisés.

Après avoir lu l'ensemble des chapitres et des annexes de cet ouvrage, avoir assisté aux cours reliés à cette matière en classe et résolu les questions et problèmes qui vous sont proposés, vous devriez être en mesure de maîtriser chacune des étapes suivantes :

1. Déterminer les éléments essentiels de la matière étudiée.
2. Comprendre et utiliser la terminologie.
3. Résoudre des problèmes types.
4. Reconnaître les applications des concepts et des techniques présentés.
5. Discuter de la matière de façon approfondie, en tenant compte de son importance, de son influence sur la gestion, de ses avantages et de ses limites.

Vous remarquerez que certains chapitres ont des annexes et que certaines de celles-ci sont disponibles en ligne. Consultez votre enseignant pour savoir si vous devez les étudier ou non.

Cet ouvrage met l'accent sur la résolution de problèmes. Plusieurs exemples sont ainsi présentés au fil du texte pour illustrer les diverses solutions possibles. De plus, vous trouverez un ensemble de problèmes résolus à la fin de la plupart des chapitres et des annexes aux chapitres. Les exemples fournis à même le texte des chapitres servent également à illustrer les concepts et les techniques décrits. Lorsque vous commencerez à résoudre les problèmes présentés à la fin des chapitres, vous constaterez que les problèmes résolus sont passablement utiles. Qui plus est, les problèmes résolus abordent généralement des informations plus détaillées et variées que ceux qui sont présents dans le chapitre.

Je vous suggère de suivre la méthode suivante pour améliorer vos chances de réussir le cours :

1. Jeter un œil aux objectifs d'apprentissage.
2. Lire le sommaire du chapitre et parcourir le texte du chapitre rapidement.
3. Lire le chapitre en prenant des notes.
4. Regarder les questions de discussion et de révision et tenter d'y répondre.
5. Résoudre les problèmes, en consultant les problèmes résolus et les exemples du chapitre, au besoin.

En terminant, je vous invite à réfléchir à l'adage suivant : « Les devoirs vous permettront d'accéder à l'autoroute du bonheur. » J'espère que votre voyage sera agréable !

WILLIAM J. STEVENSON

Table des matières

Chapitre 10 **Le contrôle de la qualité** _____ 375

PARTIE V   LA GESTION ET L'EXPLOITATION DU SYSTÈME _____ 418

Chapitre 11 **La gestion des chaînes et du réseau d'approvisionnement** _____ 419

Chapitre 12 **La planification globale** _____ 455

Chapitre 13 **La gestion des stocks** _____ 491

Chapitre 14 **La planification des besoins matières** _____ 544

Partie I

Introduction

Chapitre 1

La gestion des opérations

Plan du chapitre

Objectifs d'apprentissage

Définir la notion de «gestion des opérations» (g. op.);

Déterminer les quatre principaux secteurs fonctionnels de l'entreprise et décrire leur relation;

Distinguer les opérations dans les entreprises offrant des produits et les opérations dans les entreprises offrant des services;

Décrire les deux principaux aspects du processus de gestion des opérations : la conception et l'exploitation des systèmes de production;

Distinguer et comparer le secteur des services et le secteur de la fabrication;

Décrire l'évolution historique de la gestion des opérations;

Décrire les principaux aspects de la prise de décisions dans la gestion des opérations;

Présenter les plus récentes tendances de la gestion des opérations.

Cet ouvrage traite de la gestion des opérations (g. op.), anciennement assimilée à la gestion de la production. Ce domaine comporte la planification, l'organisation, la direction et le contrôle (PODC) de toutes les activités liées à la création de biens ou à la prestation de services utiles. Il s'agit d'un thème fascinant et d'actualité couvrant la productivité, la qualité, la compétitivité, l'innovation et le service à la clientèle. Dans le premier chapitre, nous présentons un aperçu de la gestion des opérations. Nous répondons notamment aux questions suivantes : Qu'est-ce que la gestion des opérations ? Quelle est son importance ? Quels sont ses objectifs ? Quelles sont les tâches et responsabilités des gestionnaires des opérations ?

Puis, nous décrivons brièvement l'évolution dans le temps de la gestion des opérations et nous discutons des tendances actuelles qui l'influencent.

1.1 Introduction : la gestion de la production et des opérations

Pour plusieurs personnes, les mots « opération » et « production » sont synonymes, la production évoquant des images d'usines, de machines et de chaînes de montage. En effet, on pourrait penser à tort que la gestion des opérations concerne exclusivement la gestion de la fabrication et qu'elle met l'accent sur les méthodes et les techniques utilisées pour exploiter une usine. Cependant, au cours des dernières années, la gestion des opérations a considérablement pris de l'envergure. Les notions et les techniques utilisées pour gérer efficacement les opérations manufacturières sont maintenant de plus en plus appliquées à une gamme d'activités et de situations à l'extérieur du secteur de la fabrication, c'est-à-dire dans le secteur des services : la santé, les services alimentaires, les loisirs, les services bancaires, la gestion hôtelière, la vente au détail, l'éducation, le transport et le gouvernement. Par conséquent, ce qu'on appelle de nos jours le « domaine de la gestion de la production et des opérations », ou tout simplement la **gestion des opérations,** reflète plus précisément la nature diversifiée des activités auxquelles ces notions et ces techniques s'appliquent.

Or, que sont les opérations ? Les opérations sont un ensemble de tâches qui visent à créer des produits et à fournir des services utiles.

La raison d'être des opérations, dans les entreprises des secteurs primaire et secondaire de l'économie, et dans un sens plus large incluant le secteur tertiaire, consiste à créer de la **valeur ajoutée** à partir de ressources spécifiques. C'est ce que l'on convient d'appeler les **opérations à valeur ajoutée (OVA).**

La gestion des opérations consiste à planifier, à organiser, à diriger et à contrôler (PODC) les activités créant de la valeur ajoutée. La gestion des opérations assure l'exécution des activités de transformation des valeurs initiales (les intrants) en valeurs finales (les extrants).

Selon ces définitions, on voit que la gestion des opérations couvre l'ensemble des secteurs économiques d'une société. En effet, toute organisation effectue des opérations, lesquelles doivent être gérées, ces opérations servant à créer de la valeur ajoutée. Une boulangerie fabrique du pain, un produit (bien tangible), à partir de la farine et d'autres ressources. Une entreprise de taxis offre, à partir des véhicules disponibles, un service de transport (bien intangible). Un hôpital offre, à partir des installations et de la main-d'œuvre disponible, des services de santé à la population (autre bien intangible).

Le tableau 1.1 donne quelques exemples d'opérations dans les secteurs d'activité les plus courants de l'économie, où la gestion des opérations joue un rôle central.

Glossaire

Gestion des opérations (g. op.)
Planification, organisation, direction et contrôle (PODC) des opérations des entreprises de produits et de services.

Valeur ajoutée
Différence entre la valeur de la production créée et la valeur des biens et des services utilisés pour la créer.

Opération à valeur ajoutée (OVA[1] [PVA])
Ensemble de tâches qui fourniront des produits et des services d'une valeur supérieure à la valeur des ressources utilisées pour les créer.

TABLEAU 1.1

Exemples de divers types d'opérations

Types d'opérations	Exemples
Production de biens	Agriculture, mines, construction, fabrication, énergie
Stockage, transport	Entreposage, camionnage, services de courrier, déménagement, taxis, autobus, hôtels, compagnies aériennes
Échange	Vente au détail, vente en gros, services bancaires, location ou location par crédit-bail, prêts de bibliothèque
Divertissements	Films, radio et télévision, pièces de théâtre, concerts, enregistrements
Communications	Journaux, édition, émissions de radio et de télévision, téléphone, satellites

───────────

1. OVA (opération à valeur ajoutée), anciennement désignée PVA (production à valeur ajoutée).

1.2 La production de biens et l'offre de services

Bien que la gestion des opérations soit fondamentalement semblable dans toutes les organisations et tous les secteurs de l'économie, il est important de connaître les différences entre les produits, biens tangibles, et les services, qui sont intangibles. Cette distinction permettra de moduler la gestion des opérations en conséquence.

Dans les secteurs primaire et secondaire, les opérations fournissent un produit, qui est un bien tangible : une automobile, du minerai, une récolte, du fromage, un journal, un réfrigérateur, bref, tout ce qu'on peut voir ou toucher. Elles peuvent se dérouler dans une usine ou ailleurs. Par ailleurs, les services comportent généralement une action. L'examen médical, la réparation d'un téléviseur ou d'une voiture, l'entretien de la pelouse et la projection d'un film dans une salle de cinéma sont tous des exemples de services : ce sont des biens intangibles. Et même dans les entreprises manufacturières, l'entretien des machines et les services à la clientèle (qualité, conseils, ressources humaines, transport) se classent dans l'offre de services. La majorité des emplois dans le secteur tertiaire de l'économie – les services – se classent dans les catégories suivantes :

- le secteur public (gouvernements fédéral et provincial ou municipalités) ;
- la vente en gros ou au détail (vêtements, nourriture, appareils électroménagers, petits articles de bureau, jouets, etc.) ;
- les services financiers (services bancaires, courtage, assurance, etc.) ;
- les soins de santé (médecins, dentistes, hôpitaux, etc.) ;
- les services personnels (blanchissage, nettoyage à sec, coiffure, esthétique, jardinage, etc.) ;
- les services commerciaux (traitement des données, livraison, agences d'emploi, etc.) ;
- l'éducation (écoles, collèges, universités, etc.).

La création ou la production de biens et de services sont souvent similaires sur le plan des activités qu'on y effectue, mais elles diffèrent quant à la manière de procéder. Dans les deux cas, on doit décider de la conception du produit ou du service et de la façon de les rendre, c'est-à-dire les opérations nécessaires pour y arriver. Ainsi, les fabricants doivent décider de la grandeur de l'usine à construire ; les entreprises de services (comme les hôpitaux) doivent déterminer la grandeur de l'édifice dont elles ont besoin. Les deux doivent aussi prendre des décisions sur la localisation, l'ordonnancement, les activités de contrôle et la répartition des ressources humaines, matérielles et techniques.

Par contre, au point de vue organisationnel, les deux secteurs diffèrent, car la fabrication est axée sur les produits, tandis que les services sont axés sur l'action. Les différences sont les suivantes :

1. les relations avec la clientèle ;
2. l'uniformité des intrants ;
3. l'uniformité des extrants ;
4. le contenu en main-d'œuvre des tâches à accomplir ;
5. la mesure de la productivité ;
6. la gestion de la qualité ;
7. la gestion des stocks.

Examinons chacune de ces différences.

1. Les relations avec la clientèle. De par leur nature, les services comportent plus de relations avec la clientèle que la fabrication. Sauf de rares exceptions, un service est souvent fourni au point de consommation. Par exemple, la réparation d'un toit qui coule doit se dérouler là où se trouve le toit, et une intervention chirurgicale exige la présence d'un chirurgien et d'un patient. La fabrication peut s'effectuer dans un endroit éloigné du client ; elle permet une division entre la production et la consommation : le produit est fabriqué sur un continent pour être consommé ailleurs. Par conséquent, la fabrication dispose d'une relative latitude dans la sélection des méthodes de travail, l'assignation des tâches, l'ordonnancement des travaux et la gestion des stocks. Les choix dont disposent les services sur le plan des opérations sont beaucoup plus limités en raison des relations avec la clientèle et ils sont difficilement stockables. Ainsi, les clients font parfois partie du système (par exemple dans les activités de libre-service comme les stations-service, les magasins) ; il est donc impossible d'exercer un contrôle serré sur les temps d'opérations et les coûts. De plus, les entreprises axées sur les produits peuvent accumuler des stocks de biens finis (comme des voitures, des réfrigérateurs), ce qui leur permet d'absorber les soubresauts provoqués par la variation de la demande. Les entreprises de services ne peuvent se constituer des stocks et sont donc beaucoup plus sensibles aux fluctuations de la demande – les banques et les supermarchés alternent constamment les situations où les clients font la queue pour se faire servir et celles où les caissiers désœuvrés attendent de servir des clients. L'application des notions de files d'attente, développées pour les chaînes de production, est alors d'une grande utilité dans le secteur des services.

2. L'uniformité des intrants. Les activités de services sont soumises à une plus grande variabilité des intrants que les activités de fabrication typiques. Chaque patient, chaque pelouse et chaque automobile à réparer présente un problème particulier qu'il faut généralement diagnostiquer avant de le résoudre. En général, le service de production doit pouvoir contrôler attentivement la variabilité des intrants et ainsi atteindre une faible variabilité dans les biens finis. Par conséquent, les exigences relatives aux emplois dans le secteur de la fabrication sont plus uniformes que celles dans le secteur des services.

3. L'uniformité des extrants. Puisque l'automatisation génère des produits avec une faible variabilité, la fabrication tend à être plus régulière et efficiente. Les produits créés à la sortie sont donc identiques, contrairement au cas des entreprises évoluant dans le secteur des services. Les activités de services sont plus lentes, et les produits finis sont plus variables.

4. Le contenu en main-d'œuvre des tâches à accomplir. Puisque les services se consomment sur les lieux mêmes et compte tenu du niveau élevé de variation de leurs intrants, les emplois dans les services comportent un contenu de travail en main-d'œuvre plus élevé. Les services s'adaptent mal à l'automatisation, ce qui n'est pas le cas de la fabrication. Cela implique que la fabrication, à quelques exceptions près, exige de gros investissements en automatisation. Cependant, le développement de l'industrialisation et de la technologie qui en découle, appliqué aux services, a permis un accroissement énorme de la disponibilité et de l'offre des services.

5. La mesure de la productivité. La mesure de la productivité est plus directe dans le secteur manufacturier, à cause du haut degré d'uniformisation des biens fabriqués. Dans le secteur des services, les fluctuations de la demande et les différences d'une tâche à l'autre font qu'il est considérablement plus difficile de mesurer la productivité. Par exemple, si l'on compare la productivité de deux médecins, l'un peut avoir un grand nombre de cas routiniers, et l'autre, non. Leur productivité peut sembler différente, mais elle ne l'est sans doute pas. Cela ne signifie surtout pas que la productivité ne se mesure pas dans le domaine des services; le secteur bancaire a très bien réussi à développer des indices pour mesurer la productivité des services. Une analyse approfondie et adaptée à chaque domaine nous le révélera.

6. La gestion de la qualité. La gestion et l'assurance qualité sont appliquées différemment dans le secteur des services puisque la production et la consommation sont réalisées parallèlement. De plus, la plus grande variabilité des intrants fait en sorte qu'il est plus probable que la qualité des opérations en souffre, à moins qu'il y ait une gestion rigoureuse de l'assurance qualité. La qualité offerte sur les lieux de la création est généralement plus importante pour les services que pour la fabrication, où l'on peut corriger les erreurs avant que le client ne reçoive les biens finis. Cela exige donc un système de gestion de la qualité plus flexible tout en gardant un certain degré d'uniformité. Par exemple, on pourrait permettre aux agents de change dans une banque, ou à un maître d'hôtel, de traiter les clients différemment en fonction des situations, tout en restant dans des normes préétablies. C'est un défi supplémentaire à considérer.

7. La gestion des stocks. La gestion des stocks dans les secteurs primaire et secondaire de l'économie où l'on produit des biens tangibles a été bien étudiée. Des modèles ont été créés et analysés pour en améliorer la gestion. Il en est tout autre dans le domaine des services, où il est très difficile de prévoir et de produire au préalable des services médicaux, d'enseignement, de réparation ou autres. Cela ne signifie pas qu'il n'est pas possible de le faire, mais qu'il faudra trouver des moyens et des modèles différents, qui seront présentés dans cet ouvrage.

Le tableau 1.2 donne un aperçu des différences entre la production de biens et les activités de services.

Bien qu'on ait tendance à concevoir et à gérer des systèmes consacrés exclusivement aux produits et d'autres aux services, dans la pratique la plupart des systèmes sont une combinaison des deux. Par exemple, l'entretien et la réparation du matériel (la maintenance) sont des services offerts dans toutes les entreprises

TABLEAU 1.2 ▾

Principales différences entre les biens et les services

Caractéristiques	Biens	Services
Produits	Tangibles	Intangibles
Relations avec la clientèle	Rares	Nombreuses
Uniformité des intrants	Grande	Faible
Uniformité des extrants	Grande	Faible
Contenu en main-d'œuvre	Faible	Grand
Mesure de la productivité	Facile	Difficile
Possibilité d'amélioration de la qualité avant livraison	Grande	Faible
Possibilité de brevet	Habituellement	Très peu
Gestion des stocks	Importante	Difficile

de fabrication. De même, la plupart des entreprises de services distribuent généralement des produits qui complètent leurs services. Ainsi, une entreprise d'entretien de pelouses vend normalement des articles comme des herbicides, des engrais et des semences de gazon. Les hôpitaux distribuent des fournitures médicales et chirurgicales tout en offrant des services de santé. Les restaurants vendent la nourriture qu'ils produisent. Les salles de cinéma produisent et vendent du maïs soufflé, du café, des friandises et des boissons. Par ces exemples, on voit qu'un lien étroit existe entre les produits et les services: c'est un continuum dont le degré différera d'un secteur à l'autre (*voir la figure 1.1*); il est donc erroné de les considérer comme deux secteurs distincts.

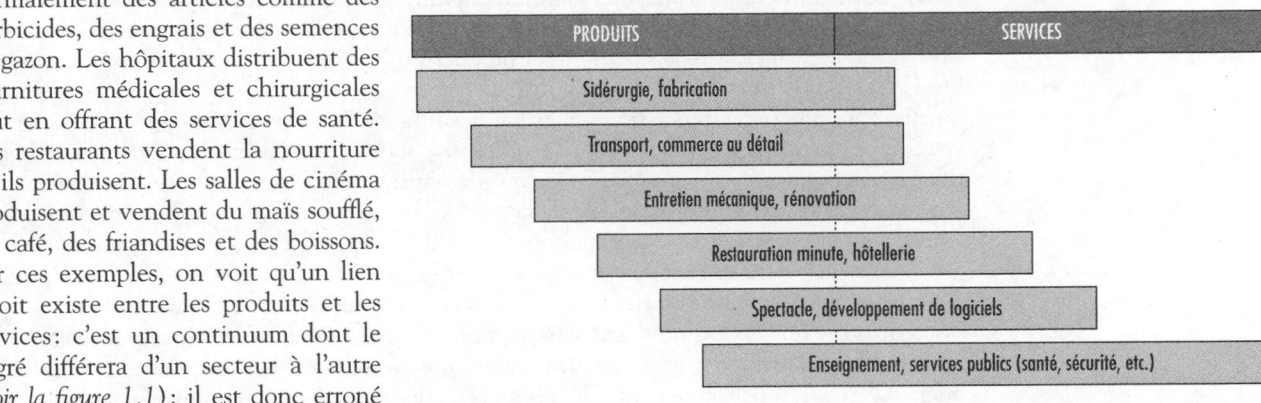

▲ FIGURE 1.1

Degré d'interdépendance entre les produits et les services

Le secteur des services et celui de la fabrication sont tous les deux importants pour l'économie. Le secteur des services crée maintenant plus de 75 % des emplois au Québec, si on tient compte des personnes travaillant dans les services qui sont offerts aux secteurs des ressources naturelles et manufacturières. Par exemple, les camionneurs qui transportent des lingots d'aluminium ou des billots de bois travaillent dans le domaine des services (transport) pour des entreprises qui créent des produits. L'inverse est aussi vrai: un producteur de boissons gazeuses (un produit) qui fournit ses contenants à une chaîne de salles de cinéma dépend directement du secteur des services. D'une façon générale, le nombre de personnes travaillant dans le secteur des services continue d'augmenter, tandis que le nombre de personnes employées directement dans la fabrication ne cesse de diminuer (*voir la figure 1.2*), car le manufacturier est de plus en plus automatisé, comme on l'a souligné précédemment. Malheureusement, une importante part de la croissance du secteur des services se traduit par des emplois

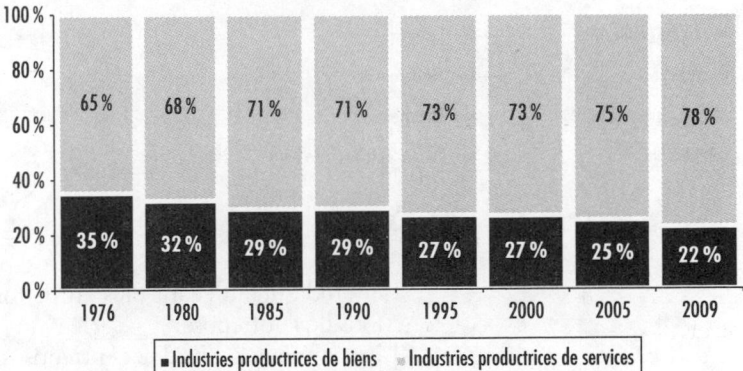

Source: Statistique Canada, *Enquête sur la population active.*
Compilation: Institut de la statistique du Québec, Direction du travail et de la rémunération.

▲ FIGURE 1.2

Répartition des emplois selon l'industrie, moyennes annuelles, Québec, 1976 à 2009

moins qualifiés, aux salaires moins élevés et qui tendent à avoir une faible productivité. La fabrication est importante dans le sens où elle fournit une grande proportion des exportations qui sont avantageuses pour la balance de paiement d'un pays, car on peut l'exporter et elle représente une haute valeur ajoutée, ce que le secteur des services n'a pas encore réussi à faire. De plus, la grande majorité des emplois du secteur des services dépendent de la fabrication qu'ils soutiennent. Si le secteur de la fabrication continue à décliner à cause de son incapacité à soutenir efficacement la concurrence des entreprises étrangères, les emplois du secteur des services (comme l'entretien, la sécurité, les services financiers, informatiques et autres) déclineront certainement, comme en font foi plusieurs économies jadis florissantes et aujourd'hui en déclin. L'inverse est aussi vrai: la Corée, la Chine, l'Inde et le Brésil ont tous développé leur secteur manufacturier; leur économie est nettement plus en croissance que celle des pays ayant tablé uniquement sur les services.

N'oublions jamais la phrase de l'économiste anglais Adam Smith: «La richesse des nations ne provient que de la production[2].»

---

2. Le livre d'Adam Smith, *Recherches sur la nature et les causes de la richesse des nations*, paru en 1776, est considéré comme le premier livre moderne traitant d'économie.

1.3 La production et les autres fonctions de l'entreprise

On a présenté les deux principaux biens créés par toute organisation, les produits et services, et ce, quel que soit le secteur économique dans lequel on évolue. Or, toutes ces organisations sont identifiées par la création (la production) du bien et du service qu'elles offrent. Une brasserie ou une aluminerie est considérée comme telle à cause de la création du produit qu'elle offre, en l'occurrence de la bière ou des lingots d'aluminium, et non à cause de leur système de distribution, financier ou de ventes. De même, une école ou une banque est identifiée par rapport à la création du service qu'elle offre : enseignement, services bancaires.

Maintenant, pour illustrer le rôle de la production au sein d'une organisation, considérons l'analogie simple qu'est une automobile. Ce véhicule est identifié comme « automobile » à cause de sa capacité de se mouvoir (mobile) par lui-même (auto). Les opérations de production des biens sont à l'entreprise ce que le moteur est à une voiture. Or, un moteur tout seul ne peut offrir un service à l'usager sans support, essence, amortisseur, chauffeur, volant, etc. La figure 1.3 illustre cette analogie[3]. L'intégration de tous les éléments de l'automobile contribuera à son bon fonctionnement. On a beau posséder le moteur le plus puissant, si le réservoir est vide ou qu'il n'y a personne pour conduire le véhicule, l'ensemble du système ne pourra fonctionner. Il en va de même pour l'organisation : l'intégration et le juste équilibre entre l'ensemble de ses fonctions sont la base de la survie de l'entreprise.

FIGURE 1.3 ————— ▼

Liens entre la fonction production et les autres fonctions

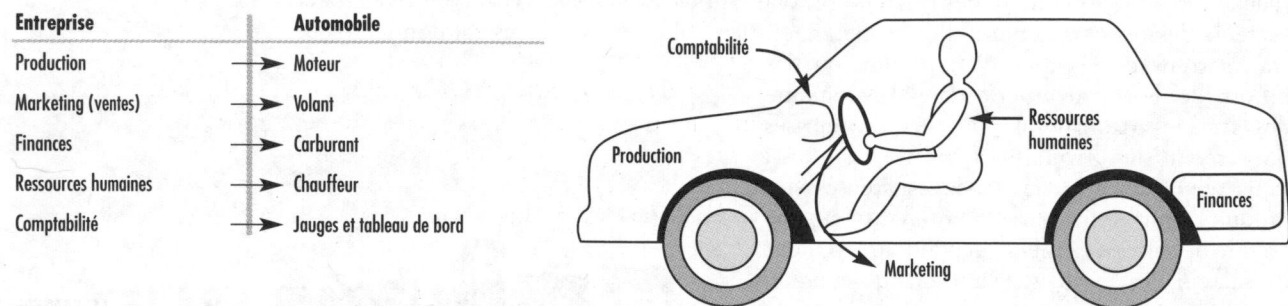

Entreprise	Automobile
Production	→ Moteur
Marketing (ventes)	→ Volant
Finances	→ Carburant
Ressources humaines	→ Chauffeur
Comptabilité	→ Jauges et tableau de bord

On étudie maintenant plus en profondeur les relations entre la production et les autres fonctions de l'entreprise.

L'humain met sur pied des entreprises pour poursuivre et atteindre des objectifs plus efficacement grâce aux efforts concertés d'un groupe. Ces entreprises, qu'elles soient à but lucratif ou non, se consacrent normalement à la production de biens et à la fourniture de services utiles à la société. Même si parfois les produits ou les services diffèrent, les entreprises subdivisent leur équipe de travail en fonctions dont les objectifs et les modes de fonctionnement se ressemblent grandement.

En général, toute entreprise comporte quatre fonctions principales : les finances, le marketing, les opérations et les ressources humaines (*voir la figure 1.4*). Ces fonctions et d'autres fonctions de soutien effectuent des activités différentes mais connexes qui sont nécessaires à l'exploitation de l'entreprise.

FIGURE 1.4 ————— ▶

Organigramme hiérarchique des quatre fonctions de base des organisations

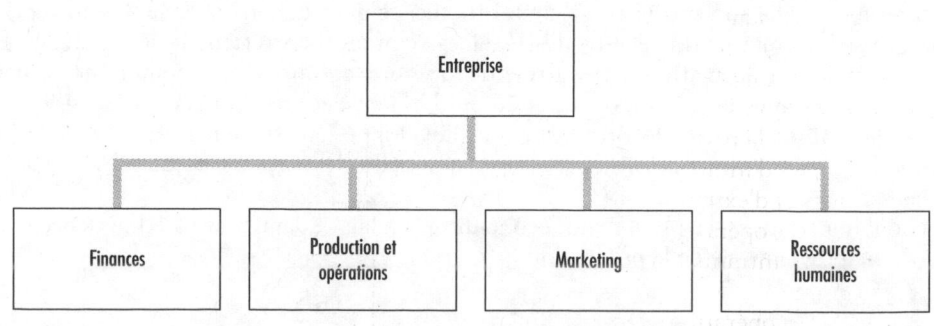

---

3. C. Benedetti, *Introduction à la gestion des opérations*, 1re édition, Laval, Mondia, 1980.

La figure 1.5 illustre l'interdépendance des principales fonctions par des cercles qui se chevauchent. Les fonctions doivent interagir pour atteindre des buts et des objectifs intégrés à l'entreprise, et chacune y apporte une importante contribution. Souvent, le succès d'une entreprise dépend non seulement de la performance de chaque fonction, mais aussi de l'efficacité de la relation entre toutes les fonctions. Par exemple, si la production et le marketing ne travaillent pas de concert, on pourrait se retrouver dans une situation où le marketing assure la promotion de biens ou de services que la production ne peut livrer de manière rentable, ou encore la production fabriquera des produits ou des services pour lesquels il n'y a pas de demande. De même, si le personnel des finances et celui de la production ne travaillent pas en étroite collaboration, les fonds réservés à l'expansion et à l'achat de nouveau matériel peuvent ne pas être disponibles au moment opportun. Examinons ces fonctions plus en détail.

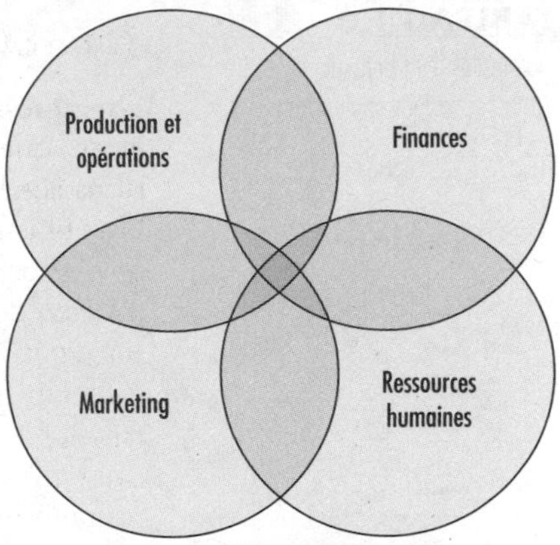

1.3.1 La fonction opération

La fonction opération est constituée de toutes les activités directement liées à la création des produits ou des services offerts par l'entreprise. Cette fonction existe non seulement dans les secteurs manufacturiers axés sur la production des biens tangibles, mais aussi dans les secteurs des services tels que la santé, le transport, les épiceries, la vente au détail, les banques, l'enseignement, la consultation, le soutien aux entreprises, etc., tous des biens intangibles (*voir le tableau 1.1 à la page 4*).

Définissons la production comme l'ensemble des opérations qui transforment des valeurs (ressources) en produits et en services utiles. Cette définition sera reprise plus en détail ultérieurement. La production transforme les ressources à l'entrée en produits finis à la sortie. Elle ajoute de la valeur aux ressources pour les rendre utiles, et on n'insistera jamais assez sur la notion d'utilité des biens et des services créés à la sortie.

Les ressources utilisées peuvent être résumées par le **modèle des 5 M,** soit :

- 1er M : les matières premières ;
- 2e M : la main-d'œuvre ;
- 3e M : les machines et l'équipement, choisis parfois en fonction des ressources financières ;
- 4e M : les méthodes d'opération : les opérations définissent les procédures utilisées par l'entreprise ou l'organisme concerné, chacun ayant ses méthodes propres ;
- 5e M : le milieu : le milieu environnant, aussi bien physique (ventilation, éclairage, propreté, circulation, mobilier, etc.) qu'humain (relations de travail avec les supérieurs, les collègues et autres), dans lequel baigne tout le système décrit précédemment.

Cette définition termine la description de la nuance entre production et opération.

La fonction opération est au centre de la plupart des entreprises ; elle est responsable de la création des produits ou des services de l'entreprise. Les intrants sont utilisés pour obtenir les biens finis ou les services utiles à l'aide d'un ou de plusieurs processus de transformation (par exemple de l'usinage ou de la cuisson dans le secteur manufacturier ; un stockage, du transport ou une coupe de cheveux dans le secteur des services). Pour s'assurer qu'on a obtenu la production souhaitée, il faut prendre des mesures à divers moments au cours du processus de transformation (rétroaction) et ensuite les comparer à des normes établies antérieurement afin de déterminer s'il faut prendre des mesures de correction : c'est l'étape de la rétroaction ou du contrôle. La figure 1.6 montre le processus de conversion sous forme de système, et le tableau 1.3, à la page suivante, présente certains exemples d'intrants, de processus de transformations et d'extrants.

La fonction opération comprend la conversion des intrants en biens ou en services utiles.

La fonction opération a pour objectif essentiel d'ajouter de la valeur au processus de transformation : on utilise l'expression « valeur ajoutée » pour décrire

▲ **FIGURE 1.5**

Chevauchement des quatre principales fonctions des organisations

▼ **FIGURE 1.6**

Système de la fonction opération

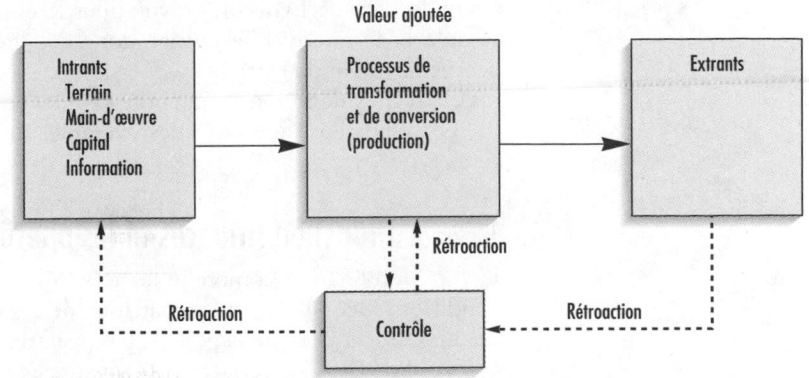

TABLEAU 1.3 ▶

Exemples d'intrants, de transformations et d'extrants

Intrants	Transformations	Extrants
Terrain	Processus	Biens
Main-d'œuvre	Coupe, forage	Maisons
Physique	Transport	Automobiles
Intellectuelle	Enseignement	Vêtements
Matières premières	Agriculture	Ordinateurs
Énergie	Mélange	Machines
Eau	Emballage	Télévisions
Produits chimiques	Mise en conserve	Produits alimentaires
Métaux	Consultation	Manuels scolaires
Bois	Copie, télécopie	Revues
Matériel		Chaussures
Machines		Lecteurs de CD
Ordinateurs		Services
Camions		Soins de santé
Outils		Divertissements
Installations		Réparation de voitures
Hôpitaux		Livraisons
Usines		Emballage de cadeaux
Bureaux		Services juridiques
Magasins de vente au détail		Services bancaires
Autres		Communications
Information		
Temps		

la différence entre le coût des intrants et la valeur ou le prix de la production, d'où la notion d'opération à valeur ajoutée (OVA) décrite à la section 1.1. Dans les entreprises sans but lucratif, la valeur de la production (c'est-à-dire la construction d'autoroutes, la police, les pompiers et la sécurité civile) est une valeur pour la société; plus la valeur ajoutée est grande, plus l'efficacité de ces activités l'est aussi. Dans les entreprises à but lucratif, la valeur ajoutée se mesure au prix que les clients sont prêts à payer pour se procurer le produit offert. On utilise les profits provenant de la valeur ajoutée pour investir dans la recherche et le développement, pour de nouvelles installations et de l'équipement, dans le but de générer des profits destinés aux actionnaires et de payer des impôts. Les impôts permettent l'injection de capitaux dans la société pour payer des services de santé et de sécurité (hôpitaux, services de police et de sécurité incendie), pour l'éducation et autres services sociaux. Par conséquent, plus la valeur ajoutée est élevée, plus la quantité de fonds disponibles à ces fins est grande, plus le niveau de vie et le bien-être des citoyens sont grands.

Les entreprises tentent d'être plus productives (notion de productivité) en s'assurant que les activités effectuées par leurs travailleurs ajoutent de la valeur à l'entreprise. Elles reconnaissent que les activités qui n'ajoutent pas de la valeur sont des pertes. L'élimination ou l'amélioration de ces activités entraîne une diminution du coût des intrants ou du traitement et fait donc augmenter la valeur ajoutée. Par exemple, en produisant un article longtemps avant la date de livraison prévue pour le client, une entreprise est obligée de l'entreposer jusqu'à la livraison. Elle engage donc des frais supplémentaires sans pour autant que soit accrue la valeur de l'article en question. En réduisant la durée de l'entreposage, elle diminue ses coûts d'exploitation et améliore sa valeur ajoutée.

Le tableau 1.4 présente des exemples du processus de transformation dans deux secteurs types.

1.3.2 La fonction finances et les opérations

La fonction finances comprend les activités liées à l'obtention des ressources financières à des conditions favorables et à la répartition de ces ressources dans toute l'entreprise. Le personnel des finances et celui de la gestion des opérations collaborent en échangeant leur information et leur expertise dans les activités suivantes:

Secteurs	Intrants	Transformations	Extrants
INDUSTRIE AGROALIMENTAIRE	Légumes crus Métal en feuille Eau Énergie Main-d'œuvre Édifice et terrain Équipement et machinerie	Nettoyage Traitement des légumes Coupe Cuisson Fabrication des boîtes de conserve Conditionnement Emballage Étiquetage	Légumes en boîte
HÔPITAL	Personnel médical (médecins, infirmiers, pharmaciens, etc.) Personnel de soutien (administratif et technique) Édifice et terrain Fournitures médicales Matériel et mobilier Outils et appareils Laboratoires	Réception Examens Diagnostics Traitements Interventions chirurgicales Surveillance Médication Thérapie	Patients en santé

1. *L'établissement du budget.* Il faut périodiquement préparer les budgets pour planifier les besoins financiers de l'entreprise. Au besoin, les budgets seront réajustés, et on évaluera la performance de l'entreprise par rapport à ces budgets.
2. *L'analyse financière des propositions d'investissements.* L'évaluation des différents investissements dans l'usine et dans le matériel exige l'apport du personnel des opérations et des finances.
3. *Les provisions de fonds.* Le nombre et le type de financements nécessaires aux opérations, ainsi que le montant et le moment du financement ont beaucoup d'importance lorsque les fonds sont peu élevés. Une planification attentive peut aider à éviter les problèmes d'encaisse et de liquidité. La plupart des entreprises à but lucratif obtiennent la majorité de leurs fonds grâce à la vente de produits et de services et à du financement extérieur.

1.3.3 La fonction marketing et les opérations

Anciennement, le marketing consistait uniquement à vendre et à promouvoir les produits ou les services d'une entreprise. Le personnel du marketing se chargeait de la publicité et de la fixation du prix de vente. Aujourd'hui, grâce aux études de marché que l'entreprise réalise, le marketing consiste également à déterminer et à évaluer les besoins et les demandes des clients et à les communiquer au personnel des opérations (à court terme) et au personnel de la conception (à long terme). Le service des opérations est informé des demandes à court ou à moyen terme pour faire une planification appropriée (c'est-à-dire l'achat de matériaux ou l'ordonnancement des travaux), tandis que le personnel de la conception a besoin d'information relative à l'amélioration des produits et des services actuels, et à la conception de nouveaux produits et services susceptibles d'intéresser le client. Les services du marketing, de la conception (recherche et développement) et de la production doivent travailler en étroite collaboration pour mettre efficacement en œuvre les changements concernant la conception et pour mettre au point et produire de nouveaux biens et services. Le service du marketing peut fournir de l'information précieuse sur les activités de la concurrence. Il peut également obtenir des données sur les préférences des consommateurs et les transmettre au service de la conception afin que celui-ci connaisse les types de produits et les caractéristiques recherchés. Le service des opérations peut fournir de l'information sur les capacités de production et juger de la possibilité de produire les biens et services conçus. Le service des opérations doit informer le service du marketing du **délai de livraison** de la fabrication ou du service afin de donner aux clients des devis réalistes quant aux dates de livraison de leurs commandes.

Délai de livraison

Temps nécessaire pour livrer une commande ou fournir un service.

Par conséquent, le marketing, les opérations et les finances doivent entretenir des relations étroites pour échanger des données sur la conception des produits et des processus, les prévisions, l'établissement d'ordonnancements réalistes, les décisions relatives à la qualité et à la quantité. Ces services doivent communiquer entre eux pour connaître leurs forces et leurs faiblesses. Voilà un exemple d'intégration valable des moyens pour atteindre les objectifs de l'entreprise.

1.3.4   La fonction ressources humaines et les opérations

Toute activité humaine n'existe que par et pour les personnes. Que l'entreprise possède ou non un service formel de ressources humaines, parfois appelé « service du personnel », le gestionnaire des opérations aura à gérer l'un des intrants principaux du système de production, soit la main-d'œuvre (2e M). Cette fonction s'occupe de l'embauche, de la formation du personnel et du suivi des employés, des relations de travail, des négociations des conventions collectives, de l'administration des conflits de travail patron–employé et employé–employé, et des prévisions des besoins en main-d'œuvre. Dans certaines entreprises, elle s'occupe aussi des relations publiques avec le milieu.

FIGURE 1.7

Relations entre la fonction opération et les autres fonctions de l'entreprise

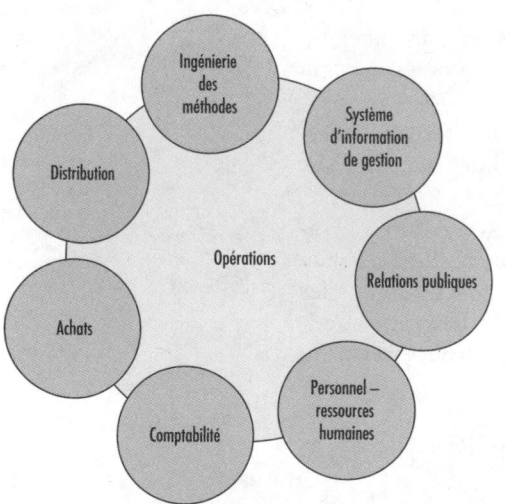

1.3.5   Les autres fonctions et les opérations

Plusieurs fonctions de soutien entretiennent des relations avec les services des opérations, des finances et du marketing, notamment la comptabilité et les achats. De plus, selon la nature de l'entreprise, elles peuvent comprendre le service du personnel ou des ressources humaines, de la conception et de la mise au point des produits, de l'ingénierie des méthodes, de la maintenance et le système d'information de gestion (*voir la figure 1.7*).

La comptabilité est responsable de la préparation des états financiers, notamment l'état des bénéfices et le bilan. Elle fournit également de l'information à la direction sur les coûts de la main-d'œuvre et des matériaux et sur les frais généraux ; elle peut fournir des rapports sur des éléments comme les pertes, les temps de pannes et les stocks. Elle doit tenir compte des créanciers, des débiteurs et du coût des assurances et préparer les déclarations de revenus pour l'entreprise.

Le service des achats est chargé de l'approvisionnement en matériaux, en fournitures et en équipement. Il doit être en relation étroite avec le service des opérations pour s'assurer que les quantités ainsi que les moments des achats sont appropriés. On consulte souvent le service des achats pour qu'il en évalue la qualité, la fiabilité, le service et les prix. Il doit également évaluer la capacité de l'entreprise pour ce qui est de s'ajuster à la demande changeante des fournisseurs et de participer à la réception et à l'inspection des biens achetés.

Les relations publiques sont responsables de la création et de l'entretien de l'image publique de l'organisation. Ce service est chargé de la promotion des nouveaux produits ou services ainsi que de toute la publicité. Il peut organiser des activités de parrainage d'équipes sportives, commanditer des événements culturels, organiser des visites des installations de l'entreprise et parrainer des événements communautaires. De bonnes relations publiques comportent des avantages certains, notamment en ce qui concerne le marché. Ce service a la charge de promouvoir, auprès du public, une image de l'entreprise comme lieu de travail de qualité pour attirer des employés potentiels. Il améliore les possibilités que la ville où l'entreprise est localisée approuve ses demandes de soutien, par exemple pour faire accepter les plans d'expansion et inspirer des attitudes positives aux employés.

Le génie industriel (*voir la définition à la sous-section 1.4.2*), responsable de l'organisation et des méthodes de travail, est chargé de l'ordonnancement, des normes de performance et du contrôle de la qualité. Les usines de fabrication des moyennes et grandes entreprises comportent généralement cette fonction. Celle-ci est en outre responsable de la conception et de l'amélioration de l'environnement des activités de production, à savoir l'aménagement des lieux, la manutention et la circulation des biens, des services et du personnel. Les entreprises de services découvrent de plus en plus cette fonction, et les plus performantes d'entre elles lui doivent leur réussite. En effet, cette fonction a été capable d'adapter et de transférer bon nombre des notions appliquées dans le secteur manufacturier au secteur des services. C'est le cas notamment des équilibrages des postes de travail, de l'élimination des goulots d'étranglement et des files d'attente, de la gestion de la qualité. Toutes ces notions seront couvertes tout au long de ce manuel. Depuis le début des années 2000, le domaine hospitalier a été le plus grand employeur d'ingénieurs industriels aux États-Unis, notamment pour revoir les façons de faire dans ce secteur.

La distribution s'occupe de la livraison des biens dans les entrepôts, aux points de vente ou chez les clients. Elle comprend parfois la logistique, domaine assez complexe qui déborde du sujet de ce manuel.

Le système d'information de gestion (*management information system* ou *MIS*) s'occupe du traitement et du transfert des informations relatives aux opérations d'exploitation de l'entreprise, telles que la prévision, l'ordonnancement, la supervision et le contrôle. Il englobe le système d'aide à la décision. Il s'assure de la disponibilité, de l'archivage, de la sécurité et de la confidentialité des informations nécessaires aux opérations. Bien que de nos jours il soit principalement informatisé, le système d'information de gestion a toujours été primordial à la prise des bonnes décisions d'affaires bien avant l'avènement de l'informatique.

Nous discuterons plus en détail de plusieurs de ces relations dans des chapitres ultérieurs.

Système d'information de gestion
Traitement des informations relatives aux opérations de l'entreprise.

1.3.6 La distinction entre la production et les opérations

L'importance de la gestion de la production et des opérations, pour les entreprises et la société en général, est fondamentale. La création et la consommation des produits et des services font partie intégrante de notre société : elle est le gage du bien-être et du niveau de vie d'une nation. Les entreprises existent principalement pour fournir des services ou créer des produits. La production est responsable de la création de ces produits et services. Par conséquent, la production est une fonction centrale de l'entreprise. Sans elle, les autres fonctions ne seraient pas nécessaires, et l'entreprise n'aurait pas de raison d'être. Étant donné la nature centrale de cette fonction, il n'est pas surprenant que plus de la moitié des personnes qui travaillent au pays occupent des emplois dans les secteurs de la production. Les opérations consistent en la façon qu'une organisation ou un groupe de personnes fonctionne pour s'acquitter de sa tâche. On parlera d'opérations comptables, financières, bancaires, hospitalières, de mise en marché, manufacturières, hôtelières, de transport, etc. S'inspirant des principes et des techniques développés au début de l'industrialisation et appliqués initialement dans le domaine manufacturier, puis les utilisant, toute organisation moderne doit gérer ses opérations : d'où la gestion des opérations.

1.4 Les objectifs des opérations et la responsabilité des gestionnaires

Après avoir exploré et distingué les différentes facettes des opérations et de la production, et ce, dans les trois secteurs de l'économie (primaire, secondaire et tertiaire), on a situé la fonction opération au sein de l'entreprise et son impact sur les économies des sociétés. Il est temps de confirmer la définition des opérations, leurs objectifs, la responsabilité des gestionnaires du domaine et les fonctions permettant d'atteindre les objectifs.

1.4.1 Les opérations et leurs objectifs

Les **opérations** sont un ensemble de tâches permettant de créer, à partir de valeurs ressources (les intrants), des biens et des services utiles (les extrants). Les valeurs ressources se résument en matières premières, en machines, en main-d'œuvre, en méthodes, le tout évoluant dans un milieu : c'est le modèle des 5 M présenté à la sous-section 1.3.1.

Opérations
Ensemble d'activités permettant de créer, à partir de valeurs ressources, des produits et des services utiles.

Les produits et les services sont utiles pourvu qu'ils répondent à :

- la QUANTITÉ requise ;
- la QUALITÉ espérée ;
- les DÉLAIS promis ;
- les LIEUX convenus ;
- les COÛTS les plus justes.

C'est ce qu'il convient d'appeler les cinq **objectifs des opérations.** Si l'un des objectifs n'est pas respecté, le demandeur n'est pas satisfait et la valeur des extrants sera diminuée. Sauf en cas de situations exceptionnelles telles que les catastrophes naturelles et autres, on doit chercher à atteindre les cinq objectifs de façon intégrale, en ne donnant la priorité à aucun d'entre eux. L'offre de manteaux d'hiver, de la meilleure qualité possible aux coûts les plus bas, ne sera d'aucune utilité au détaillant si le producteur les livre au début du mois de mai.

1.4.2 La responsabilité des gestionnaires des opérations

Les professionnels en gestion des opérations sont les personnes clés du système : ils ont la responsabilité importante de créer des produits et de fournir des services selon les objectifs émis.

Les tâches des gestionnaires des opérations varient d'une entreprise à une autre en fonction des produits ou services. Ainsi, la gestion des opérations d'une banque exige évidemment une expertise différente de celle que nécessite la gestion d'une aciérie. Cependant, dans une large mesure, les tâches sont les mêmes, et ce, quelles que soient les entreprises ou les organisations. Dans tous les cas, les directeurs des opérations doivent coordonner l'utilisation des ressources par l'intermédiaire des processus de gestion : la planification, l'organisation, la direction et le contrôle, d'où la notion de PODC. La personne doit donc gérer les 5 M propres au secteur (matières à l'entrée, main-d'œuvre, machine, méthodes et milieu), ce qui exige des connaissances couvrant aussi bien des notions sociales, économiques, scientifiques et techniques. Le directeur d'un service de comptabilité, par exemple, doit gérer ces ressources (les 5 M) pour assurer des opérations comptables utiles à l'organisation dans laquelle il évolue. Il doit, entre autres, poser des actions et fournir des rapports de qualité au bon moment, dans la bonne quantité, aux bonnes personnes et à des coûts raisonnables. Il en va de même pour chaque gestionnaire de chaque service, et ce, dans toutes les entreprises.

La gestion des opérations s'occupe de la PODC des activités récurrentes. Ce sont des tâches systématiques qui se répètent jour après jour, période après période avec tout ce que cela comporte d'aléas de toutes sortes : arrivage des matières en retard, planification retardée à cause du manque de maintenance, problèmes de ressources humaines, etc.

Le **génie des opérations** (longtemps associé au **génie industriel**) s'occupe de la conception et de l'amélioration du système opérationnel. Ce sont des tâches cycliques qui surviennent quand des problèmes répétitifs sont observés et qu'il faut trouver des améliorations au système opérationnel, ou bien quand une nouvelle conception du système est demandée, soit à cause d'une nouvelle entreprise ou d'un nouveau produit qui est lancé sur le marché, soit parce que le système actuel est révolu.

Les gestionnaires des opérations doivent composer avec ces deux approches. Nous y reviendrons à la sous-section 1.4.3. Le tableau 1.5 présente des exemples de responsabilités des directeurs des opérations en fonction de ces classifications.

Prévision et planification	• Les produits et services • L'achat ou la fabrication • La localisation et l'aménagement • Les projets d'envergure • L'ordonnancement des travaux
Organisation du travail	• Le choix des procédés d'opération • Le niveau de standardisation des produits offerts • Le degré de centralisation des opérations
Direction et dotation	• L'affectation des tâches • L'émission des ordres d'exécution • L'embauche et la mise à pied • La rémunération • Le plan d'incitatifs • Le recours aux heures supplémentaires
Contrôle	• Des opérations : quantité, délais et lieux • De la qualité • Des coûts • Des stocks

TABLEAU 1.5 _____ ▸

Responsabilités des gestionnaires des opérations

1.4.3 La conception et l'exploitation des systèmes opérationnels

On a déjà souligné le fait que les gestionnaires des opérations sont responsables de la création des produits et des services. Ils ont la charge de l'acquisition des ressources et de la conversion des intrants en extrants au moyen d'un ou de plusieurs processus de transformation. Leurs responsabilités comportent la planification, l'organisation, la coordination et le contrôle des éléments qui constituent les processus, notamment les employés, le matériel, les installations, la répartition des ressources et les méthodes de travail. Elles incluent aussi la conception des produits et des services, un processus vital et continu que la plupart des entreprises doivent effectuer. Le service des opérations exécute ces activités de pair avec le service du marketing. Le personnel du marketing peut être une source d'idées de nouveaux produits et services, et d'amélioration de ceux qui existent déjà. Le personnel des opérations peut proposer des idées d'amélioration des produits et des services par rapport aux processus d'opérations, mais ne pourra pas humainement concevoir le système. En pratique, l'**exploitation du système** des produits et des services ainsi que les processus constituent le moteur de l'entreprise. Elle fait intervenir la gestion du personnel et de toutes les ressources, la prévision, la planification ainsi que le contrôle des opérations et des stocks, l'ordonnancement et l'assurance qualité.

La **conception du système** comporte la prise de décisions relatives à la capacité du système, à la localisation des installations, à la disposition des services, à l'installation du matériel à l'intérieur des structures physiques, à la conception des produits et des services, et à l'acquisition du matériel. Ces décisions font habituellement appel à des engagements à long terme.

Le gestionnaire des opérations est le gestionnaire par excellence de toute organisation. Or, le gestionnaire des opérations est plus absorbé par des décisions concernant les opérations quotidiennes que par des décisions relatives à la conception du système d'opérations, bien que ces dernières déterminent essentiellement l'environnement physique dans lequel l'exploitation opérera. Par exemple, les coûts, la rentabilité, les capacités de production et la qualité sont directement influencés par les décisions prises sur le plan de la conception. Même si le gestionnaire des opérations n'est pas responsable de toutes les décisions, il peut fournir aux autres décideurs une vaste gamme de renseignements qui auront des conséquences sur leurs choix. Il pourra demander aux concepteurs du système quels sont leurs besoins minimaux pour atteindre les objectifs de rentabilité et d'efficacité.

Le tableau 1.6 donne un aperçu de la nature et de l'envergure de la gestion des opérations ainsi que les chapitres qui y seront consacrés.

Exploitation du système

Décisions concernant le personnel, les stocks, l'ordonnancement, la gestion de projets et l'assurance qualité.

Conception du système

Décisions concernant la capacité de production, la localisation, la disposition des services, la planification des produits et des services ainsi que l'acquisition et l'installation du matériel.

▼ **TABLEAU 1.6**

Décisions relatives à la conception et aux opérations

Fonctions	Responsabilités	Chapitre
Prévisions	Quelle est la demande?	3
Conception		
Produits et services	Quoi faire – comment améliorer?	4
Méthodes de production	Choix du processus	5
Capacité à long terme	Quelle capacité? Comment peut-on satisfaire?	5
Aménagement interne	Comment aménager les postes de travail?	6
Organisation du travail	Amélioration des méthodes et de la productivité – temps de fabrication?	7
Localisation	Où implanter l'entreprise, les entrepôts, etc.	8
Exploitation		
Qualité	Définition de la qualité	9
Contrôle de la qualité	Mesure de la qualité et comparaison	10
Planification globale	Comment satisfaire à la demande à moyen et à long terme?	11
Gestion des stocks		
• Demande indépendante	Quoi, quand et quelle quantité commander de matières premières et de produits finis?	12
• Demande dépendante	Quoi, quand et quelle quantité commander de composants et de sous-ensembles?	13
Juste-à-temps et opération épurée	Philosophie de minimisation des ressources	14
Ordonnancement	Établissement des charges de travail et des programmes de production	15
Chaîne d'approvisionnement	Suivi des biens et des services, des fournisseurs au demandeur	16
Gestion de projet	PODC des travaux uniques	17
Maintenance	Les ressources sont-elles en état?	18
Files d'attente	Quelle est la capacité appropriée?	19

1.5   La prise de décisions en gestion des opérations

Les gestionnaires des opérations doivent prendre continuellement des décisions dont l'impact est crucial pour la survie de l'entreprise dans son ensemble. Ces décisions ont une influence directe sur les coûts de revient des produits et des services offerts. Les gestionnaires des opérations ont à répondre aux questions suivantes :

Quoi ? De quelles ressources avons-nous besoin ? (ressources en matières premières, en main-d'œuvre, en bâtisses et en équipement)
Combien ? De quelle quantité de ressources avons-nous besoin ?
Quand ? À quel moment ces ressources seront-elles nécessaires ?
Où ? Où ces ressources doivent-elles être disponibles ?
Comment ? Comment va-t-on procéder pour produire les produits ou les services ?
Qui ? Qui sera responsable des tâches à accomplir ?

Nous explorerons, tout au long de ce manuel, une vaste gamme de décisions prises par les vice-présidents aux opérations, niveau habituellement occupé par ces professionnels, et nous étudierons les outils d'aide à la décision. Nous décrirons notamment les approches quantitatives, l'approche par l'analyse des compromis (arbitrage) et l'approche systémique, en intégrant les facteurs économiques, sociaux et techniques, notre vision étant toujours : l'intégration des moyens et des ressources (les 5 M) pour atteindre des objectifs intégrés (quantité, qualité, temps, lieu et coûts).

Dans cette section, nous présentons brièvement certaines des principales approches qui influencent la prise de décisions dans la gestion des opérations, soit :

- les approches quantitatives ;
- l'analyse et l'arbitrage ;
- la représentation systémique ;
- l'éthique.

1.5.1   Les approches quantitatives

Les approches quantitatives de résolution de problèmes comportent l'établissement de modèles mathématiques pour obtenir des solutions optimales aux problèmes de gestion. Bien que les techniques quantitatives aient toujours été associées à la gestion de la production et des opérations, ce n'est pas avant la Seconde Guerre mondiale que des efforts ont été déployés afin de mettre ces techniques au point. Pour résoudre des problèmes complexes de logistique militaire, on a mis sur pied des équipes multidisciplinaires (psychologues, mathématiciens, ingénieurs, etc.) qui ont combiné leurs recherches afin de trouver des solutions efficaces à des problèmes d'opérations militaires, d'approvisionnement ou autres. Plus tard, on a poursuivi et accru ces efforts, et bon nombre des techniques résultantes ont été transférées vers la gestion des opérations civiles. On utilise largement la programmation linéaire et les techniques mathématiques connexes pour créer des modèles mathématiques illustrant une situation, comme la répartition optimale de ressources rares. Les techniques de files d'attente, créées dans les années 1920 dans l'industrie téléphonique et inutilisées jusqu'à dans les années 1960, servent maintenant à analyser des situations où des files d'attente se forment : dans les centres d'appels, devant une machine, un guichet bancaire, un poste de douanes, etc. Les modèles de gestion des stocks longtemps oubliés sont maintenant largement utilisés pour contrôler les stocks, même dans le domaine de la haute finance. Les modèles de gestion de projets tels que la méthode de programmation optimale (PERT – *program evaluation and review technique*) et la méthode du chemin critique (CPM – *critical path method*) sont utilisés dans la planification, la coordination et le contrôle de projets de grande envergure aussi bien en génie civil qu'en organisation de grands événements sportifs, culturels ou de spectacles (*voir le chapitre 17*). Les modèles statistiques servent dans plusieurs aspects de la prise de décisions, surtout en prévision (*voir le chapitre 3*), en assurance et en contrôle de la qualité (*voir les chapitres 9 et 10*) et en organisation scientifique du travail (*voir le chapitre 7*).

L'utilisation des approches quantitatives pour la prise de décisions en gestion des opérations a été accélérée grâce à l'introduction des calculatrices et de l'informatique, et à la disponibilité d'ordinateurs capables de simuler et de tester les différents modèles et les différentes hypothèses de travail. Les ordinateurs ont une influence considérable sur la pratique de la gestion des opérations, particulièrement dans l'ordonnancement et la gestion des stocks, en traitant des milliers de données. De plus, la disponibilité croissante des progiciels de gestion intégrés (PGI) couvrant presque toutes les techniques quantitatives a grandement aidé les gestionnaires à prendre des décisions éclairées, en mettant facilement à leur disposition une multitude d'informations sur le déroulement du travail. Plusieurs techniques mathématiques et de simulation autrefois impraticables s'effectuent maintenant avec aisance.

Or, ces approches ont leurs limites. Elles ne garantissent pas à tout coup la prise de bonnes décisions, car elles se basent sur des informations passées ou présentes, et surtout traitent ces informations. Ces approches simulent des réponses en se basant sur des hypothèses. Pour assurer une réussite, elles doivent être soutenues par le jugement, le discernement, l'interprétation, que seul le gestionnaire averti possédera. L'analyse de la situation et l'arbitrage entrent en ligne de compte.

1.5.2   L'analyse et l'arbitrage

Souvent, les gestionnaires des opérations doivent prendre des décisions qualifiées de décisions de compromis. Par exemple : en décidant de la quantité de stocks à garder en entrepôt, le gestionnaire doit tenir compte du compromis à faire entre l'amélioration du service à la clientèle, que les stocks additionnels peuvent procurer, et les coûts supplémentaires requis pour conserver ces stocks ; en sélectionnant une pièce d'équipement, on considérera les avantages de certaines caractéristiques des machines par rapport à leurs coûts. Voici un deuxième exemple : au moment de l'établissement des heures supplémentaires à effectuer pour augmenter la production, on comparera la valeur de l'accroissement de la production par rapport aux coûts plus élevés des heures supplémentaires (coûts de main-d'œuvre plus élevés, diminution de la productivité, diminution de la qualité et risques accrus d'accidents). Le gestionnaire doit donc analyser chaque situation et choisir une solution ou une combinaison de solutions possibles, d'où l'arbitrage.

Dans ce manuel, nous présenterons certains modèles décisionnels reflétant ces types de compromis. Les décisions seront prises en listant les avantages et les inconvénients, les « pour » et les « contre », les forces et les faiblesses d'une action, pour mieux comprendre les conséquences des décisions à prendre. Dans certains cas, les gestionnaires ajoutent des pondérations aux éléments de leur liste, lesquelles reflètent l'importance relative des divers facteurs. La méthode des « facteurs pondérés » aide à déduire la valeur nette des conséquences potentielles des compromis sur leur décision. Le lecteur trouvera des applications de cette méthode tout au long de cet ouvrage.

Cependant, il ne faut pas perdre de vue le fait que les gestionnaires utilisent généralement une combinaison de diverses approches qualitatives et quantitatives et que plusieurs décisions cruciales sont fonction d'un bon dosage de ces approches.

1.5.3   La représentation systémique des opérations

Il est souvent très pratique de représenter une situation sous forme de système. Un **système** est un ensemble d'éléments interdépendants organisés en vue d'atteindre des objectifs. Par exemple, il peut s'agir d'un système électrique ou de transmission, d'un système politique, d'un système gastrique de digestion, etc. Le domaine de la production et de l'opération a été parmi les premiers à développer et à utiliser cette approche pour représenter l'appareil de transformation.

Un système est composé essentiellement de cinq éléments : les intrants, les extrants, la transformation, les rétroactions, l'environnement (*voir la figure 1.8*). Si on applique cette approche aux opérations, voici de quoi les éléments du système sont constitués, si on tient compte du modèle des 5 M (*voir la sous-section 1.3.1*) :

- intrants : **m**achines, **m**ain-d'œuvre, **m**atières ;
- transformation : **m**éthodes et procédures de travail ;
- extrants : produits et services résultants ;
- rétroaction : procédures de contrôle et de suivi des activités ;
- environnement : **m**ilieu dans lequel baigne et opère l'ensemble du système.

Ce milieu sera décrit plus en détail à la prochaine section.
La figure 1.8 illustre les relations entre les éléments du système.

Système

Ensemble composé d'éléments interdépendants organisés pour l'atteinte d'objectifs.

▾ **FIGURE 1.8**

Les cinq éléments composant un système

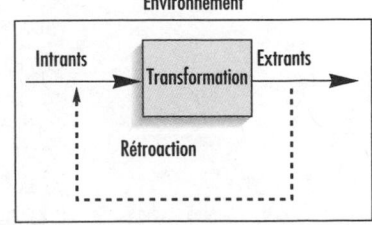

Dans une entreprise, on peut considérer l'organisation comme un système constitué de sous-systèmes (le sous-système du marketing, celui des opérations et celui des finances) qui, à leur tour, sont composés d'autres sous-systèmes. L'approche systémique met l'accent sur les interrelations entre les sous-systèmes, mais son thème principal est que le total est supérieur à la somme de ses parties individuelles, d'où la notion de valeur ajoutée. Du point de vue systémique, les extrants et les objectifs de l'entreprise dans l'ensemble ont préséance sur ceux des sous-systèmes. On se concentrera sur l'efficacité au sein des sous-systèmes en vue d'atteindre l'efficacité globale. Cette approche doit tenir compte du fait que les entreprises sont exploitées dans un environnement où les ressources sont rares et que les sous-systèmes se font souvent concurrence pour s'approprier ces dernières. Dans ce cas, il faut faire appel à une approche ordonnée de répartition des ressources.

La faiblesse des techniques quantitatives est qu'elles tendent à produire des solutions optimales du secteur étudié en fonction d'un service, d'une usine, d'une division, mais non optimales au sens plus large de l'ensemble de l'entreprise. Les gestionnaires doivent évaluer les solutions « optimales » en tenant compte d'un champ plus large. Ils ne peuvent pas maximiser un seul élément du système, car souvent cela risque de se faire au détriment d'un autre. Ils doivent être visionnaires et viser l'optimum de l'ensemble.

L'avantage de l'approche systémique lorsque l'on conçoit, redéfinit, met en œuvre, améliore ou change un produit ou un service est sa capacité d'illustrer l'interdépendance des composantes du système. Il est important de tenir compte des conséquences d'une décision sur toutes les parties du système. Par exemple, si le nouveau modèle d'une automobile prévoit l'ajout de freins antiblocage, le concepteur doit considérer la manière dont les clients percevront le changement, les instructions d'utilisation des freins, les possibilités de mauvaises utilisations, les coûts liés à la production des nouveaux freins, les procédures d'installation, de réparation et de recyclage des freins usés. De plus, les travailleurs auront besoin d'une formation pour fabriquer et assembler les freins. On devra s'assurer des modifications possibles sur l'horaire de production, des procédures de gestion des stocks, des normes de qualité, du choix des fournisseurs; on devra aussi informer le service de la publicité des nouvelles caractéristiques, etc.

1.5.4. L'environnement et le milieu

Nos réflexions sur l'intégration des moyens pour atteindre des objectifs intégrés et sur la responsabilisation des gestionnaires de leurs actes nous ont amenés à développer, à la fin des années 1970, le **modèle PESTE**[4]. En effet, toute entreprise doit respecter l'environnement dans lequel elle évolue. Dans certains cas, elle subit les effets de cet environnement; dans d'autres situations, elle influe sur celui-ci.

L'environnement dans lequel évolue l'entreprise est constitué de :

Modèle PESTE

Description succincte du milieu dans lequel évolue toute organisation, soit les environnements politiques, économiques, sociaux, technologiques et écologiques.

- **P,** le politique : les lois et les règles qui régissent le fonctionnement de la société;
- **É,** l'économique : les taux de change, la situation économique, etc. ;
- **S,** le social : le niveau d'acceptation de la société, la disponibilité de la main-d'œuvre et ses caractéristiques propres en fonction des us et coutumes, la capacité de fournir un marché suffisant à l'entreprise par ses établissements d'enseignement, entre autres, etc. ;
- **T,** le technologique : la disponibilité des connaissances et le développement technique du secteur considéré;
- **E,** l'environnement ou l'écologie : le respect, l'utilisation et la restitution des ressources dans l'écosystème (recyclage et autres).

Encore une fois, on rappelle l'importance des interdépendances des éléments. L'histoire de l'humanité nous montre qu'à plusieurs reprises, le déséquilibre entre ces éléments a causé des conflits graves qui ont entraîné des révolutions et des guerres.

1.5.5 L'éthique

Des catastrophes économiques et sociales, avec leurs effets politiques et environnementaux négatifs, dues à de mauvaises décisions prévisibles et parfois planifiées des gestionnaires d'entreprises doivent être relevées afin d'essayer de les éviter. Pensons au cas du déversement de la pétrolière

---

4. C. Benedetti, *Introduction à la gestion des opérations*, 1re édition, Laval, Mondia, 1980, p. 10.

BP au printemps 2010, à la catastrophe de l'usine de l'Union Carbide à Bhopal en Inde en 1984 (3 000 victimes), de l'incendie de la centrale nucléaire de Tchernobyl en Ukraine en avril 1986, des retards des secours à la Nouvelle Orléans à la suite du passage de l'ouragan Katrina, des fraudes d'Enron, WorldCom, Arthur Anderson (vérificateurs comptables), de l'irresponsabilité du système bancaire américain en commençant par la Lehman Brothers en 2008, etc.

Comme tout gestionnaire, les responsables des opérations doivent prendre des décisions en respectant l'éthique. Ces questions surviennent dans plusieurs aspects de la gestion des opérations tels que :

- *la sécurité des travailleurs* : donner une formation appropriée, garder le matériel en bon état de fonctionnement, maintenir un milieu de travail sûr ;
- *la sécurité des produits* : offrir des produits qui réduisent au minimum les risques de blessures pour les consommateurs ou les dommages à la propriété ou à l'environnement ;
- *la qualité* : honorer les garanties, éviter de cacher les défectuosités ;
- *l'environnement* : au minimum, respecter les lois gouvernementales, et en faire plus ;
- *la communauté* : agir en bon citoyen ;
- *l'embauche et le congédiement des employés* : ne pas embaucher sous de faux espoirs, par exemple en promettant un emploi à long terme lorsque c'est impossible ;
- *la fermeture des installations* : tenir compte des conséquences sur la communauté et honorer ses engagements ;
- *les droits des travailleurs* : respecter les droits des travailleurs, faire face aux problèmes de travail rapidement et avec équité.

Il est vrai que les décisions d'ordre éthique ne relèvent pas seulement des responsables des opérations, mais de l'ensemble des gestionnaires de l'entreprise. Or, les opérations demeurent, dans toutes les entreprises, le service ayant le plus grand nombre d'employés et celui qui consomme le plus de ressources monétaires et énergétiques, de matières premières et autres. Son impact sur la communauté est de loin le plus important. Le fait qu'une entreprise déménage le service de la comptabilité a moins d'impact sur la communauté que si elle déménage le service de la production. Nous le répétons : la gestion des opérations est la fonction de gestion par excellence.

En prenant des décisions, les gestionnaires doivent considérer la façon dont elles influeront sur les actionnaires, la direction, les employés, les clients, la collectivité et l'environnement. La recherche de solutions dans le meilleur intérêt de toutes les parties prenantes n'est pas toujours facile, mais les gestionnaires doivent viser cet objectif : c'est ce qu'on a développé en soulignant l'importance d'une vision d'optimisation du système (*voir la sous-section 1.5.3*). De plus, même avec les meilleures intentions, on peut commettre des erreurs, qu'on peut considérer comme des erreurs honnêtes. Dans de tels cas, on doit agir de manière responsable pour les corriger le plus rapidement possible et réagir à toute conséquence négative.

La phrase suivante peut résumer cette vision : au moment de prendre la décision, compte tenu de toutes les informations disponibles à ce moment, la décision optimale a été retenue.

Voyons maintenant l'aspect historique de l'évolution de la production, des opérations et de leur gestion.

1.6 L'évolution historique de la gestion des opérations

Les systèmes de production existent depuis les temps les plus anciens. Les pyramides d'Égypte, la Grande Muraille de Chine, les Empires romain, espagnol et britannique ainsi que les routes et les aqueducs construits par les Romains sont tous des exemples de la capacité de l'être humain à organiser la production et les opérations. L'origine de la production de biens, dans le sens moderne, et les systèmes d'usines modernes datent de la révolution industrielle.

1.6.1 La révolution industrielle

La révolution industrielle a vu le jour dans les années 1770, en Angleterre, et s'est répandue dans le reste de l'Europe au XIXᵉ siècle (vers 1830). Avant cette époque, les produits étaient fabriqués dans de petits ateliers par des artisans et leurs apprentis. À ce moment, il était courant qu'une personne soit responsable de la fabrication complète du produit, comme un carrosse ou un meuble, du début à la fin.

Plusieurs inventions ont changé à jamais le visage de la production en remplaçant la puissance de l'humain par celle des machines. La machine à imprimer de l'Allemand Johannes Gutenberg a permis, au XIVᵉ siècle, de répéter une même tâche de façon identique : l'impression de copies identiques en grandes quantités donnait naissance à la standardisation. Au XVIIIᵉ siècle (vers 1768), la machine à vapeur de l'Anglais James Watt a permis de décupler la force humaine pour faire fonctionner d'autres machines. Le nettoyeur à vapeur de James Hargreave (1770) et le métier à tisser mécanique d'Edmund Cartewright (1785) ont révolutionné l'industrie du textile. On avait maintenant besoin de sources d'énergie pour faire fonctionner les machines industrielles qui, à l'époque, étaient principalement en bois. Il fallait s'approvisionner en charbon afin de générer de l'énergie pour faire fonctionner ces machines. Les nouvelles technologies ont permis de fabriquer des machines en fer, beaucoup plus durables et solides que leurs prédécesseures en bois. Le besoin en minerai de fer et autres minéraux non ferreux (cuivre, zinc, plomb et plus tard l'aluminium) commençait à se faire sentir.

Dans les premiers jours de la production industrielle, les biens étaient produits au moyen de la **production artisanale** : des travailleurs très spécialisés utilisant des outils simples et flexibles fabriquaient des biens selon les exigences des clients.

Néanmoins, la production artisanale a connu d'importants revers. Puisque les produits étaient fabriqués à la demande des clients (notion de produits sur commande, développée plus loin dans ce manuel) par des artisans qualifiés, la production était lente et coûteuse. En cas de défectuosités, on remplaçait aussi le produit, sur commande, ce qui était aussi très long et onéreux. La fabrication artisanale avait également un autre inconvénient : les coûts de production s'élevaient quand celle-ci augmentait ; il n'y avait pas d'économies d'échelle, ce qui limitait la disponibilité des produits et des services. Plusieurs petites entreprises ont ouvert leurs portes pour répondre à la demande toujours croissante, chacune établissant ses propres normes de qualité.

Un important changement viendra secouer la Révolution industrielle : la mise au point de systèmes d'étalonnage standard. La révolution française a mis fin aux mesures de l'Ancien Régime, où prévalaient les notions de « pied-de-roi », les mesures étant à l'époque établies en fonction des membres du corps humain (pied, pouce, coudée, paume, etc.).

Le système métrique, appelé plus tard « système international – SI », a vu le jour, ce qui a permis une meilleure communication entre les nations dans le cas des quantités commandées : un litre, un kilogramme, etc. Ce système était le même d'une entreprise à l'autre, et ce, dans n'importe quel pays où il était admis. Le principe de l'interchangeabilité des pièces d'une machine à l'autre ou d'un produit à l'autre pouvait se réaliser. Par conséquent, la demande pour des biens fabriqués selon les mêmes standards augmentait, tandis que celle pour des biens faits sur mesure diminuait considérablement. Les coûts des produits standards diminuaient en conséquence à cause du principe des économies d'échelle. Les usines ont commencé à se multiplier et à prendre de l'expansion, et les méthodes de production se sont normalisées, ce qui a permis de créer des emplois pour beaucoup de monde. Simultanément, le secteur agricole se modernisait selon les mêmes approches : machines agricoles à vapeur, augmentation de la production agricole qui avait de moins en moins besoin de main-d'œuvre pour produire les mêmes quantités. On a alors assisté à un mouvement de la population des régions rurales vers les grands centres industriels.

En dépit de ces transformations considérables, les pratiques de gestion et la théorie à ce sujet devaient évoluer. On avait besoin d'une approche plus éclairée et systématique de la gestion.

1.6.2 L'école scientifique

L'ère de la gestion scientifique a grandement modifié la gestion des usines. Aux États-Unis, l'ingénieur mécanique Frederick Winslow Taylor (1856-1915), surnommé le « père de la gestion scientifique », a amorcé l'organisation scientifique du travail (OST)[5]. À la même période en France, l'ingénieur des mines Henri Fayol (1841-1925) établissait ses principes de la gestion scientifique de l'organisation. Fayol est considéré à juste titre comme le père de la **gestion industrielle**[6]. Les principes émis par Fayol demeurent grandement d'actualité.

---

5. F.W. Taylor a publié, en 1911, le premier ouvrage dans le domaine : *The Principle of Scientific Management*.

6. H. Fayol a publié, en 1916, l'ouvrage intitulé *L'administration industrielle*.

Production artisanale

Système dans lequel des travailleurs très qualifiés utilisent des outils simples et souples pour produire de petites quantités de biens personnalisés.

F.W. Taylor croyait en une « science de la gestion » basée sur l'observation, la mesure, l'analyse et l'amélioration des méthodes de travail et les incitatifs économiques. Il a étudié les méthodes de travail en détail pour déterminer la meilleure méthode de travail pour chaque tâche accomplie. Henri Fayol, quant à lui, croyait que la direction devait être responsable de la planification, de la sélection et de la formation des travailleurs, de la recherche de la meilleure manière d'accomplir chaque tâche. Ces deux approches, bien que parfaitement complémentaires, à l'époque se concurrençaient. Les méthodes de Taylor mettaient l'accent sur l'accroissement maximal de la production. Elles n'étaient pas toujours populaires auprès des travailleurs qui, parfois, estimaient que ces méthodes servaient à des accroissements injustes de la production sans donner lieu à une augmentation correspondante des salaires. Certaines entreprises ont en effet abusé des travailleurs pour accroître leurs profits. Or, Taylor lui-même a eu des démêlés avec ces mêmes entreprises. Le mécontentement des travailleurs a eu des échos au Congrès américain, et des audiences publiques ont été tenues sur le sujet, et Taylor a été appelé à témoigner en 1911. La publicité qui a découlé de ces audiences a en fait aidé les principes de la gestion scientifique à obtenir la reconnaissance de l'industrie[7].

Plusieurs autres pionniers ont fortement contribué à ce mouvement :

Frank B. Gilbreth (1868-1924) était un ingénieur des méthodes (*management engineer*) à qui l'on a accordé le titre de « père de l'étude des mouvements ». Il a élaboré les principes de l'économie de mouvement qui s'appliquent à des portions incroyablement petites et segmentées d'une tâche.

Henry Gantt, élève de Taylor, a identifié la valeur des motivations non salariales pour motiver les travailleurs. Cependant, sa plus grande contribution a été la mise au point d'un graphique très utilisé de nos jours pour l'ordonnancement des travaux qui porte son nom et qui est à la base de la gestion de projet (*voir le chapitre 17*), soit le « diagramme de Gantt ».

Harrington Emerson a appliqué les idées de Taylor à la structure de l'entreprise et a encouragé le recours à des experts pour améliorer l'efficacité organisationnelle. Il a témoigné devant le Congrès pour prouver que les chemins de fer pouvaient épargner un million de dollars par jour grâce à l'application des principes de gestion scientifique.

Henry Ford, le grand industriel de l'automobile, a utilisé les techniques de gestion scientifique dans ses usines. Durant la première partie du XXe siècle, les automobiles sont devenues populaires aux États-Unis. Le modèle T de Ford a remporté un grand succès, à un point tel que l'entreprise a eu de la difficulté à satisfaire à la demande. En vue d'améliorer l'efficacité de ses opérations, Ford a adapté les principes de gestion scientifique de F.W. Taylor. Il a procédé à la segmentation des tâches, mis de l'avant la production en série sur des chaînes de production et introduit le mouvement de la chaîne de montage. Ainsi, le **fordisme** voyait le jour, avec sa segmentation des tâches. La grande contribution de Ford demeure la création de la **production en série,** soit un système de production dans lequel de grands volumes de biens standardisés sont produits par des travailleurs avec peu ou pas de spécialisation, qui utilisent du matériel sophistiqué et souvent coûteux. La notion clé sur laquelle Ford s'est appuyé a été celle des **pièces interchangeables.** Cette notion a pour fondement la standardisation des pièces qui composent l'automobile à assembler sur la chaîne. Autrement dit, on ne fabrique plus les pièces sur mesure, comme c'est le cas pour la production artisanale. Les pièces normalisées peuvent également servir de pièces de remplacement. On obtient ainsi une diminution considérable du temps d'assemblage et des coûts qui en découlent. Ford a atteint cet objectif en normalisant les indicateurs utilisés pour mesurer les composants durant la production et en utilisant de nouveaux processus pour produire des pièces uniformes.

Ford a également eu recours à la notion de **division du travail** ou de segmentation des tâches, qu'Adam Smith avait abordée dans son livre *La Richesse des nations* (1776). La division du travail signifie qu'une activité, comme l'assemblage d'une automobile, est divisée en une série de petites tâches, chaque travailleur étant affecté à l'une de ces tâches. Contrairement à la production artisanale, où chaque travailleur est responsable de plusieurs tâches et doit posséder des compétences diverses, dans la division du travail, les tâches sont si restreintes que les compétences et la formation des travailleurs sont minimales.

Production en série

Système dans lequel des travailleurs peu qualifiés utilisent des machines spécialisées pour produire des volumes élevés de biens normalisés.

Pièces interchangeables

Parties d'un produit faites selon les mêmes normes, ce qui permet de les utiliser sur différents produits ou différentes machines standards.

Division du travail

Division du processus de production en petites tâches, de sorte que chaque travailleur effectue une petite portion de la tâche globale.

---

7. Joe Flynn, « Taylor to TQM : 100 Years of Production Management », *IIE Solutions*, octobre 1998.

Ces notions ont permis à Ford d'accroître considérablement le taux de production de ses usines à l'aide d'une main-d'œuvre bon marché et disponible. Simultanément, le prix des automobiles Ford très standardisées a chuté à 275 $, contrairement aux 850 $ normalement exigés à l'époque pour l'achat d'une auto.

> Avec cette division du travail, le travailleur n'a besoin que de quelques minutes de formation. De plus, il est constamment discipliné par la vitesse de la chaîne de montage, laquelle incite les travailleurs lents à travailler plus rapidement et les travailleurs rapides à ralentir. Le contremaître – autrefois chef d'un secteur complet de l'usine avec plusieurs tâches et responsabilités, devient vérificateur qualifié. Celui-ci peut repérer immédiatement les ralentissements ou les problèmes de performance dans les tâches assignées. Par conséquent, les travailleurs des chaînes de montage sont aussi facilement remplaçables que les pièces des voitures qu'ils fabriquent[8].

Plusieurs autres secteurs se sont inspirés de ces applications, et l'école scientifique a été implantée dans l'ensemble des industries manufacturières : traitement et conservation des aliments, vêtements, industrie pharmaceutique, etc. Les prix des objets ont commencé à chuter, ce qui a permis à tout le monde de se les procurer. En effet, les produits n'étaient plus réservés à une classe de privilégiés. La **démocratisation des produits et des services** commençait, et le niveau de vie des Américains augmentait. Ce fut un énorme pas en avant pour l'humanité, les produits et les services pouvant être maintenant à la portée de toutes les classes de la société. Mais des nuages se pointaient à l'horizon, car l'utilisation massive et inconsidérée de ces approches par certaines organisations, sans intégration de l'ensemble des 5 M (*voir la sous-section 1.2.1*), des cinq objectifs (*voir la section 1.4*) et du modèle PESTE, a mené à des abus énormes et à son rejet malheureusement sans nuance aucune des tenants de l'approche scientifique.

Démocratisation des produits et des services
Approche visant à fournir les bons produits et à rendre les bons services à toute la population, par la diminution des coûts et la disponibilité (délai, lieu et quantité).

1.6.3 L'école humaniste

Alors que le mouvement de la gestion scientifique met lourdement l'accent sur les aspects techniques de la conception du travail, un mouvement de réaction débutait en 1920. Ce mouvement dit de l'école humaniste est axé sur l'importance de la composante humaine et des relations humaines. Durant toute la décennie, Elton Mayo a effectué des études à la division de la Western Electric, à Hawthorne en Illinois. C'était le début des études de comportement de l'« Homme » au travail et de l'influence du travail sur l'être humain.

Durant les années 1940, Abraham Maslow a élaboré les théories de la motivation, que Frederick Hertzberg a améliorées dans les années 1950. Dix ans plus tard, Douglas McGregor a ajouté les théories des prémisses décisionnelles ou théorie X et théorie Y. Ces théories représentent deux extrêmes quant à la manière dont les employés perçoivent le travail. Du côté négatif, la théorie X suppose que les travailleurs n'aiment pas travailler et doivent être contrôlés – récompensés ou punis – afin d'être incités à faire un bon travail. Cette attitude était courante dans l'industrie lourde et certaines industries de masse (vêtements et autres), jusqu'à ce que la menace de la concurrence mondiale force les dirigeants à repenser cette approche. À l'autre extrême, la théorie Y suppose que les travailleurs aiment les aspects, soit physiques, soit cérébraux ou les deux, du travail et y adhèrent. L'approche par la théorie X a donné lieu à des confrontations, et la théorie Y, à l'émergence de travailleurs habiles à l'esprit plus coopératif. Dans les années 1970, William Ouchi a élaboré la théorie Z, qui combine l'approche japonaise, caractérisée par des éléments comme l'emploi à vie, la résolution des problèmes par les employés, le travail d'équipe et l'établissement de consensus, avec l'approche occidentale traditionnelle, qui englobe l'emploi à court terme, la spécialisation, ainsi que la prise de décisions et la responsabilité individuelles.

Mais ni l'école scientifique ni l'école humaniste n'arrivaient à trouver le juste équilibre. À la même époque, Lillian Molder Gilbreth (1878-1972), épouse de F.B. Gilbreth, a été l'une des premières femmes en *management engineering*. Ayant aussi un Ph. D. en psychologie, elle a travaillé avec son mari sur l'intégration du facteur humain dans le travail. Les premiers traités

---

8. Reproduit avec l'autorisation de Rawson Associates/Scribner, une division de Simon & Schuster, Inc., tiré de l'ouvrage *The Machine That Changed the World*, par James P. Womack, Daniel T. Jones et Daniel Roos. © 1990 par James P. Womack, Daniel T. Jones, Daniel Roos et Donna Sammons Carpenter.

d'**ergonomie** (du mot grec *ergon* ou travail) faisaient leur apparition (*voir le chapitre 7*). Ces études révélaient qu'en plus des aspects physiques et techniques du travail, la motivation des travailleurs est cruciale pour améliorer la productivité. En 1948, Lillian Molder Gilbreth a fondé l'Institute of Industrial Engineers, première association regroupant les ingénieurs industriels et préconisant l'intégration des ressources et des moyens (la famille Gilbreth est le sujet du film classique des années 1950, *Cheaper by the dozen,* repris en 2004). Dans les années 1920, bon nombre d'études traitaient de la fatigue au travail. Dans les décennies suivantes, on a mis l'accent sur la motivation des employés.

Ergonomie
Étude de l'interface personne—machine.

1.6.4   L'école logistique

L'industrialisation massive a été accompagnée par l'introduction des modèles décisionnels et des techniques quantitatives. F.W. Harris a élaboré l'un des premiers modèles en 1915, soit celui de la gestion des stocks. Dans les années 1930, trois jeunes ingénieurs dans la vingtaine travaillant au laboratoire de Bell Telephone, H.F. Dodge, H.G. Romig et W. Shewhart, ont mis au point des procédures statistiques pour l'échantillonnage et le contrôle de la qualité. En 1935, L.H.C. Tippett a effectué des études qui allaient établir les fondements de la théorie de l'échantillonnage statistique.

Au départ, ces modèles quantitatifs étaient peu utilisés dans l'industrie. L'arrivée de la Seconde Guerre mondiale a exercé des pressions considérables sur la production manufacturière. Les spécialistes de plusieurs disciplines ont dû combiner leurs efforts pour faire avancer le domaine militaire et celui de la fabrication, afin d'assurer l'approvisionnement en objets servant à l'effort de guerre. Il ne suffisait plus de produire ces objets, encore fallait-il les rendre disponibles à l'utilisateur, en l'occurrence le soldat sur le champ de bataille. L'école logistique venait de naître avec la création des équipes multidisciplinaires. Après la guerre, les efforts déployés pour mettre au point et améliorer les outils quantitatifs de prise de décisions et l'utilisation de modèles mathématiques afin de simuler des situations opérationnelles se poursuivis. Ces efforts ont donné lieu à des modèles décisionnels applicables aux prévisions, à la planification, à la gestion des stocks, à la gestion de projets et à d'autres secteurs de la gestion des opérations (*voir la section 1.5*).

Une nouvelle approche, l'école logistique et son extension, basée sur les chaînes et les réseaux d'approvisionnement, sont les domaines d'avenir en gestion des opérations des produits et des services (*voir le chapitre 11*). Cette école souligne qu'il ne suffit pas de créer les produits et les services, encore faut-il les amener vers l'utilisateur. Cette approche est celle qui intègre par excellence tout le système de création de richesse, du secteur primaire au secondaire, au tertiaire puis au retour à la terre, d'où l'assurance du développement durable de la richesse nationale.

1.6.5   L'influence des fabricants japonais

Plusieurs fabricants japonais ont mis au point ou amélioré des pratiques de gestion qui ont accru la productivité de leurs entreprises et la qualité de leurs produits. Ils sont devenus très compétitifs et ont suscité l'intérêt des entreprises étrangères. Leur approche met l'accent sur la qualité et l'amélioration continue, les équipes de travail, la responsabilisation des employés ainsi que sur la satisfaction de la clientèle. On peut attribuer aux Japonais le lancement de la « révolution de la qualité » qui a lieu dans les pays industrialisés. Les Japonais ont également suscité un intérêt à grande échelle pour la gestion axée sur le temps.

L'influence des Japonais sur les entreprises occidentales de fabrication a été considérable. En raison de cette influence, nous analyserons en détail les méthodes, les succès et les faiblesses des Japonais. Cependant, nous insistons à ce stade pour affirmer que cette approche, amorcée par Taïchi Ono (*Système de production Toyota*, 1962), ingénieur de Toyota, découle directement du fordisme. En intégrant les enseignements de W.E. Deming, qui seront présentés au chapitre 9 sur la qualité, le **toyotisme,** appelé aussi **système de production Toyota** (ou TPS – *Toyota production system*), intègre à la productivité la recherche continue de la qualité, l'amélioration de la qualité, la flexibilité, l'élimination du gaspillage, tout cela étant subordonné à la satisfaction du client.

Le tableau 1.7, à la page suivante, présente un résumé chronologique de l'évolution de la gestion des opérations.

TABLEAU 1.7 ▸

Résumé historique de la
gestion des opérations

Date approximative	Contribution	Pionnier
1455	Imprimerie	Johannes Gutenberg
1776	Division du travail	Adam Smith
1790	Normes de mesure SI	Lavoisier *et al.*
1830	Révolution industrielle	Europe industrielle
1895	Principes de l'observation du travail	Frederick W. Taylor
1912	Graphique des activités d'ordonnancement	Henry Gantt
1916	Principes de gestion industrielle	Henri Fayol
1911	Étude des mouvements : utilisation de la psychologie industrielle	Frank et Lillian Gilbreth
1913	Chaîne d'assemblage motorisée	Henry Ford
1920	Étude de Hawthorne	Elton Mayo *et al.*
1935	Utilisation des statistiques en contrôle de la qualité	H.F. Dodge, H.G. Romig, W.E. Shewhart, L.H.C. Tippett
1940	Applications militaires de la recherche opérationnelle (RO)	Groupe de travail de Stanford
1947	Programmation linéaire	George Dantzig
1951	Utilisation des ordinateurs et de l'informatisation	Sperry Univac
Années 1950	Automatisation	Plusieurs
Années 1960	Outils quantitatifs et simulations	Plusieurs
1975	Les stratégies de fabrication (plan besoin-matière)	W. Skinner
Années 1980	Qualité, flexibilité	W.E. Deming, T. Onơ et les approches du Japon
Années 1990	Internet	Plusieurs
Années 2000	Les réseaux d'approvisionnement, l'impartition	Le Brésil, la Chine et l'Inde

1.7 Les nouvelles tendances

Plusieurs tendances nous obligent à porter une attention particulière aux opérations, car elles influencent considérablement la planification et la prise de décisions. On peut citer par exemple la compétition étrangère des économies émergentes et ses conséquences sur les entreprises manufacturières, l'utilisation massive des nouvelles technologies de l'information et leur gestion (réseau Internet) et les chaînes d'approvisionnement.

1. Le marché international. Les marchés – et les entreprises – se mondialisent de plus en plus. L'Accord de libre-échange nord-américain (ALENA) a ouvert les frontières commerciales entre les États-Unis, le Canada et le Mexique. L'Accord général sur les tarifs douaniers et le commerce (GATT), le **Fonds monétaire international (FMI)** et l'**Organisation mondiale du commerce (OMC)** englobent plus de 124 pays qui ont convenu d'ouvrir leur économie, de réduire les tarifs douaniers et les subventions d'État, et d'amoindrir la protection de la propriété intellectuelle. La chute du bloc soviétique, le regroupement des pays dans l'Union européenne et l'arrivée de l'euro ont tous contribué à créer un important marché européen pour les biens, beaucoup plus vaste que celui des États-Unis. Les grandes entreprises, aussi bien manufacturières que de services, sont maintenant présentes partout sur la planète pour s'approcher des marchés et réduire leurs coûts d'opérations. Les marchés asiatiques, surtout celui de la Chine pour les produits et celui de l'Inde pour les services, avec l'impartition massive (la sous-traitance), créent une dynamique toute nouvelle, dont les principales victimes, contrairement aux croyances populaires, ne sont pas les nations avec des économies bien établies, mais bien les pays en émergence et ceux du tiers-monde. Par conséquent, le niveau de concurrence s'est nettement accru dans le monde, tendance qui ne présente aucun signe d'affaiblissement dans un avenir immédiat. C'est la mondialisation des marchés.

2. La stratégie d'exploitation. Durant les années 1970 et 1980, plusieurs entreprises ont négligé d'inclure une stratégie d'opérations dans leur stratégie d'affaires. Pour certaines d'entre elles, cette négligence a eu de lourdes conséquences sur le plan de la rentabilité. Maintenant, elles reconnaissent toutes l'importance de la stratégie d'opérations pour le succès global de leur existence même, ainsi que la nécessité de l'intégrer à leur stratégie globale d'affaires. En misant sur la sous-traitance et l'impartition massives, elles ont perdu le savoir-faire avec des conséquences désastreuses, ce qui a été le cas de l'industrie automobile américaine et anglaise, jadis florissante.

3. La gestion intégrale de la qualité (GIQ). Plusieurs entreprises ont adopté une approche de la gestion totale de la qualité dans leur fonctionnement. En vertu de cette approche, l'organisation entière, du président jusqu'aux employés, s'engage dans une quête perpétuelle de qualité des biens et des services. Cette approche comporte les caractéristiques suivantes : le travail d'équipe, la recherche et la résolution des problèmes, l'importance du service à la clientèle et l'amélioration continue du système. Elle a donné d'excellents résultats pour sortir des entreprises de mauvaises passes. Malheureusement, certains gestionnaires de haut niveau, une fois la rentabilité atteinte, ont eu tendance à mettre cette approche aux oubliettes ; ils sont retombés très vite dans leurs anciennes habitudes : le retour sur investissement à court terme.

4. La flexibilité. La capacité de s'adapter rapidement aux variations des quantités demandées, de la combinaison des produits demandés et de la conception des produits, est devenue une importante stratégie concurrentielle. Dans le secteur de la fabrication, on utilise parfois l'expression « technologie de fabrication de pointe » pour désigner cette souplesse. Plusieurs entreprises atteignent cette flexibilité en réduisant les temps de mise en route (c'est-à-dire le temps nécessaire à la préparation des postes de travail en vue de la production d'un nouveau produit ou service). Être les premiers sur un marché, l'occuper et ne pas se laisser dépasser est devenu un défi continuel. C'est ce qu'on appelle « être concurrentiel ».

5. La réduction des temps. Afin d'acquérir cette flexibilité, des entreprises ont concentré leurs efforts sur la réduction des temps nécessaires pour accomplir diverses tâches et rester ainsi concurrentielles. Si deux entreprises peuvent fournir le même produit au même prix et avec la même qualité, mais que l'une d'elles peut le livrer quatre semaines plus tôt que l'autre, elle occupera le marché. On parvient actuellement à réduire les temps de traitement, de récupération de l'information, de conception de produits et de réponse aux plaintes des clients. Pour cela, l'utilisation des technologies de l'information, des ordinateurs et du réseau Internet sont rendus la norme. À titre d'exemple de l'importance de la réduction des temps d'opération, le temps des arrêts aux puits en Formule 1 est un facteur déterminant dans l'issue de la course.

6. Les technologies. Les progrès techniques ont donné lieu à la création d'une vaste gamme de nouveaux produits et processus. L'ordinateur exerce une influence incontestable sur toute organisation. Il a véritablement révolutionné la manière dont sont exploitées les entreprises. Ses applications portent notamment sur la conception de produits et leurs caractéristiques, les techniques de traitement de l'information et des communications. Les progrès techniques accomplis sur le plan des nouveaux matériaux ainsi que de nouvelles méthodes ont également eu un impact sur les opérations. Les changements technologiques survenus dans les produits et les processus peuvent avoir d'importantes conséquences sur les systèmes de production, ce qui influe sur la compétitivité et la qualité. L'interdépendance et l'échange d'information entre les clients et les fournisseurs par les réseaux et les sites Web ont modifié la façon de réaliser des transactions, que ce soit entre l'industrie et le client industriel ou directement entre l'industrie et le client consommateur. Les notions de **commerce électronique (*e-commerce*)**, d'**affaires électroniques (*e-business*)**, de relations électroniques entreprise à entreprise (B2B) ou entreprise à consommateur (B2C), sont rendues monnaie courante. Les technologies de l'information et de l'échange des données par informatique (EDI) (*voir le chapitre 11*) sont d'autres technologies qui ont révolutionné la façon de faire en gestion des opérations.

Toutefois, à moins que ces technologies ne soient correctement intégrées dans les systèmes en place, elles peuvent occasionner plus de dommages que de bienfaits en augmentant les coûts, en réduisant la flexibilité et même en faisant diminuer la productivité. La gestion intégrée des opérations et les progiciels qui s'y rattachent seront traités au chapitre 13.

7. La gestion participative. De plus en plus d'entreprises délèguent la responsabilité des prises de décisions et des résolutions de problèmes aux échelons inférieurs. Elles reconnaissent le savoir-faire des travailleurs dans le processus de production et leur contribution dans l'amélioration du système de production. Une des clés de cette nouvelle tendance est le recours à des **équipes autogérées.** Celles-ci résolvent des problèmes et prennent des décisions sur une base consensuelle.

8. La réingénierie du processus (RP). Certaines entreprises prennent des mesures radicales pour améliorer leur rendement. En partant de zéro, elles revoient leurs méthodes de travail. Selon Michael Hammer, coauteur de *Reengineering the Corporation* (Harper-Business), la RP consiste à remettre en question les règles et les hypothèses fondamentales du processus actuel d'opérations pour le rendre plus efficace. La réingénierie est surtout axée sur l'amélioration des processus d'opérations pour répondre aux demandes du client ou pour lancer un produit sur

---

Commerce électronique (*e-commerce*)

Activités commerciales qui sont effectuées par réseaux informatiques, tel Internet, qui incluent la promotion, la vente de produits et de services, et la correspondance électronique.

Affaires électroniques (*e-business*)

Utilisation du réseau Internet pour réaliser des échanges commerciaux.

Gestion participative

Méthode de gestion où les intéressés de tous les niveaux prennent part aux processus de décisions.

Équipe autogérée

Philosophie de gestion où l'administration délègue à un ensemble de travailleurs l'autorité de l'organisation et du fonctionnement d'une structure d'entreprise, habituellement une cellule de travail.

le marché. Kodak a été en mesure de réduire de moitié le temps nécessaire pour mettre en marché un nouvel appareil photo; Union Carbide a pu diminuer de 400 millions de dollars ses coûts fixes et Bell Atlantic est parvenue à réduire le temps nécessaire pour relier les entreprises de services interurbains de 15 jours à moins de 1 journée, ce qui lui a permis d'épargner 82 millions de dollars. La RP peut s'appliquer aussi bien aux processus de production et d'opérations, d'où la RPO, qu'au processus administratif, d'où la RPA. Elle a même été appliquée avec succès au processus administratif de l'État; certaines facultés d'administration publique de par le monde ont très bien réussi la transition. Il va sans dire que cela doit être fait en respectant tous les éléments du système, et ce, d'une façon intégrale; les échecs et les appréhensions vis-à-vis de la RP étant directement liés à un manquement à cette règle. Toutefois, la RPA n'est pas applicable à toutes les organisations, les meilleures candidates étant celles qui éprouvent de graves difficultés financières ou opérationnelles ou celles qui ne peuvent atteindre leurs objectifs minimaux. La réingénierie n'est pas une solution miracle et ne réussit que s'il y a un travail d'équipe, de bonnes communications, du dévouement et une attention particulière à l'aspect humain de l'entreprise. En résumé, la RPA est l'application de l'approche fondamentale du génie industriel développée par Taylor et Gilbreth dans le secteur des services.

9. Les questions environnementales. Le respect de l'environnement, le contrôle de la pollution et l'élimination des déchets sont des questions importantes que les gestionnaires doivent prévoir. Le deuxième E (écologie), dans l'expression PESTE, prend de plus en plus d'importance dans l'exploitation de l'entreprise. Le S (social) fait des pressions sur le P (politique) pour pousser le T (technologique) à préserver l'environnement, ce qui a un impact certain sur le premier E (économique). Tout cela ajoute un défi supplémentaire aux responsables des opérations. On accorde de plus en plus d'importance à la récupération des déchets, au recyclage des produits utilisés et à la réutilisation de ces mêmes objets: c'est ce qu'on appelle le **modèle des 3 R** (récupérer, recycler, réutiliser). Un nouveau secteur industriel prometteur vient d'être créé: la récupération des rebuts. Le développement et l'utilisation des produits moins toxiques et recyclables sont en plein essor. En voici quelques exemples: les savons et les peintures biodégradables, les cartouches d'encre pour imprimantes recyclables, les tasses en carton, etc.

On utilise parfois l'expression «fabrication respectueuse de l'environnement» pour décrire ces politiques. On accroît le nombre et la complexité des règlements et on impose des pénalités sévères aux entreprises qui polluent et qui ne contrôlent pas leurs déchets de manière appropriée. Tandis que cette situation impose un lourd fardeau à certaines industries, la société en général devrait en tirer des bénéfices considérables puisque l'air et l'eau seront plus propres et que l'environnement subira moins de dommages. Les conséquences découlant du non-respect de l'environnement sont observables dans les villes industrialisées de l'ancienne Union soviétique et dans d'autres milieux, où des années de négligence ont causé des dommages irréparables à court et à moyen terme. Il faudra des ressources énormes en temps et en argent pour y remédier. Les catastrophes de BP en avril 2010, de Tchernobyl en Ukraine en avril 1986, de Bhopal en 1984 et celle de Three Miles Island aux États-Unis en 1976, de même que les naufrages de pétroliers mal entretenus, en sont des exemples concrets. Même après 15 ans et plus de 4 milliards de dollars, le cas de Tchernobyl n'est pas résolu, et les émissions radioactives ne sont pas contrôlées. Les règlements portant sur l'élimination des déchets ont créé différentes occasions d'affaires pour les entreprises qui se spécialisent dans la gestion des déchets et le recyclage. Malheureusement, on ne compte plus les cas d'entreprises d'envergure internationale qui, pour éviter de se soumettre à des normes de respect de l'environnement mises en vigueur par des États responsables, ne se gênent pas pour déménager leurs affaires vers des États plus complaisants, en alléguant des coûts de la main-d'œuvre bon marché (*voir Éthique, à la sous-section 1.5.5*).

10. La rationalisation de l'entreprise. En raison de l'accroissement de la concurrence, du ralentissement de la productivité et des exigences des actionnaires pour un rendement par action toujours de plus en plus grand, plusieurs entreprises ont réagi en diminuant leur masse salariale. Par conséquent, les directeurs des opérations ont souvent dû trouver des manières d'accroître la production avec moins de travailleurs, ce qui ne s'est pas fait sans heurts, mais plutôt avec des conséquences sociales importantes à moyen et à long terme.

11. La gestion de la chaîne et du réseau d'approvisionnement. Découlant directement de l'école logistique (*voir la sous-section 1.6.4*), la gestion de la chaîne d'approvisionnement prend de plus en plus d'importance avec la mondialisation des marchés, le développement des réseaux de communication informatisés (Internet et autres), la sous-traitance et les

Modèle des 3 R
Récupérer, recycler et réutiliser les ressources consommées.

impartitions massives. Ce sont de nouvelles tendances qui influent sur la façon de gérer toutes les entreprises ; les gestionnaires des opérations sont les premiers à devoir y contribuer. Les entreprises accordent de plus en plus d'attention à la gestion de la chaîne et du réseau d'approvisionnement, et ce, des acheteurs des matières premières et des fournisseurs jusqu'aux clients.

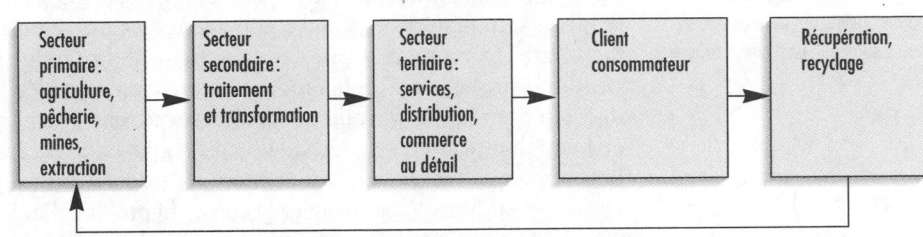

▾ **FIGURE 1.9**
Chaîne d'approvisionnement

Nous préconisons une boucle fermée pour respecter le modèle PESTE, c'est-à-dire le retour du produit consommé vers le secteur primaire, ce qui sera assuré par la récupération et le recyclage. Ainsi, la chaîne sera bouclée. La figure 1.9 illustre une chaîne d'approvisionnement dans sa plus simple expression. La figure 1.10 montre son application dans l'industrie boulangère. Notons les liens des opérations dans les trois secteurs d'activité économique : le primaire ou extraction, le secondaire ou transformation et le tertiaire ou services. Les opérations sont reliées par un réseau de transport ou la logistique, l'ensemble formant la chaîne d'approvisionnement. Donc, une chaîne d'approvisionnement est formée d'un ensemble d'opérations de transformation et de transport : la gestion des opérations devient la gestion des opérations et de la logistique. Le chapitre 11 est entièrement consacré à ce sujet.

◂**FIGURE 1.10**
Chaîne d'approvisionnement
pour le pain

0,55 $

0,69 $

0,96 $

1,15 $

2,08 $

2,28 $

Pain
2,79 $

12. L'opération épurée. Appelée aussi « opération ou production allégée », cette nouvelle philosophie des opérations est apparue dans les années 1990. Elle intègre plusieurs des tendances énumérées tout au long du chapitre. Bien qu'elle puisse paraître récente, elle est à la base de tous les développements préconisés par les pionniers de la gestion de la production, avec la différence qu'elle s'applique maintenant à toutes les activités. L'opération épurée met l'accent sur la qualité, la flexibilité, la réduction du temps de réponse au client (le demandeur) et le travail d'équipe. Elle a mené à un aplatissement de la structure organisationnelle, qui comporte alors moins d'échelons.

1

Opération épurée

Système qui utilise des quantités minimales de ressources pour produire de grandes quantités de produits et de services variés, de bonne qualité, au bon moment, au bon endroit et à un moindre coût.

Les systèmes de production ou d'**opération épurée** (_lean manufacturing_) sont ainsi nommés parce qu'ils utilisent beaucoup moins de ressources que les systèmes classiques – moins d'espace, moins de stocks et moins de travailleurs – pour produire une quantité comparable de biens ou de services utiles. Tous les facteurs qui alourdissent indûment le travail sont éliminés ou réduits au minimum. Ces systèmes ont recours à une main-d'œuvre mieux formée et flexible, à du matériel et à de l'équipement ayant de multiples usages, donc flexibles aussi.

Cette approche combine les avantages de la production en série (grand volume, faible coût unitaire) et ceux de la production artisanale (variété et flexibilité). De plus, avec la production épurée, les travailleurs qualifiés sont davantage mis à contribution dans l'entretien et l'amélioration du système qu'ils ne le sont dans les systèmes de production en série. On leur apprend à intervenir directement s'ils découvrent des défectuosités et à travailler avec les autres employés pour trouver la cause du problème et l'éliminer. Par conséquent, le niveau de qualité s'accroît et, le temps aidant, il ne devient plus nécessaire d'inspecter et de refaire le travail. La main-d'œuvre est plus responsabilisée.

Les systèmes épurés fonctionnent avec un minimum de stocks, donc on met l'accent sur l'anticipation des problèmes et on fait tout pour les éviter : si des problèmes sont observés, on doit les résoudre rapidement. Outre le fait de jouer un rôle dans les étapes de planification, les travailleurs participent aussi à la correction. On a malgré tout recours à des experts techniques, mais uniquement comme consultants ; ils ne se substituent pas aux travailleurs.

Le premier ennemi des opérations épurées est le gaspillage sous toutes ses formes. Au fond, on vise à concevoir un système (produits et processus) permettant aux employés de produire une quantité requise de produits ou de services de qualité au bon moment, à la bonne place et au moindre coût (_voir les cinq objectifs à la sous-section 1.4.1_). Comparativement aux travailleurs d'un système traditionnel, on s'attend à un rendement élevé de leur part. Ils doivent fonctionner dans le cadre d'une équipe et jouer un rôle actif dans l'exploitation et l'amélioration du système. La créativité individuelle est beaucoup moins importante que le succès de l'équipe, et des responsabilités plus grandes peuvent stresser les employés. De plus, la structure organisationnelle fait en sorte que les possibilités d'avancement ne sont pas aussi grandes. Les travailleurs sont appelés à exécuter des tâches plus larges, plutôt que pointues et spécifiques, une autre différence importante par rapport aux organisations plus traditionnelles avec des tâches segmentées.

Certains syndicats s'opposent à la conversion des systèmes plus traditionnels en systèmes épurés, car ils estiment que les responsabilités supplémentaires et les tâches multiples accroissent les exigences de l'emploi sans être assorties d'augmentations salariales correspondantes. De plus, les travailleurs se plaignent parfois du fait que l'entreprise est la principale bénéficiaire des améliorations qu'ils apportent. C'est la responsabilité de l'employeur de partager les gains et les bénéfices découlant des opérations à caractère épuré s'il veut garder une approche d'amélioration continue dans son organisation.

1.8 Pourquoi étudier la gestion des opérations ?

On peut maintenant se demander comment embrasser une carrière dans un domaine aussi vaste. Est-il nécessaire d'étudier la gestion des opérations plutôt que de se spécialiser techniquement dans le secteur d'activité qui nous intéresse (la production) et ensuite de gravir les échelons vers des postes de gestion du secteur ? Or, bon nombre de raisons justifient de s'y consacrer et d'en faire une profession, plutôt que d'y arriver par accident. En voici quelques-unes.

La première, c'est que les activités de gestion des opérations sont au cœur de toutes les organisations, peu importe le secteur économique.

Les notions, approches et philosophies de gestion sont aussi les mêmes, quel que soit le processus ou procédé utilisé.

Plus de 50 % des emplois se trouvent dans des domaines connexes à la gestion des opérations – comme le service à la clientèle, l'assurance qualité, la planification et le suivi des opérations, l'ordonnancement, la conception des tâches, la gestion des stocks et autres.

Toutes les activités des autres fonctions des entreprises, les finances, la comptabilité, les ressources humaines, la logistique, le marketing, les achats et autres, sont liées aux activités de gestion des opérations. Par conséquent, tous les employés de ces services doivent comprendre le fondement de la gestion des opérations.

Une autre raison importante pour laquelle on doit étudier la gestion des opérations est qu'elle concerne la gestion, et tout gestionnaire doit posséder des connaissances et des compétences dans les domaines présentés, notamment la productivité, la stratégie, les prévisions, la qualité, le contrôle des stocks, l'ordonnancement et la prise de décisions quantitatives et qualitatives.

Finalement, en paraphrasant Adam Smith, la richesse des nations ne provient que par la production d'objets utiles. Le niveau de vie de toute nation dépend donc des opérations.

Pour approfondir ses connaissances et rester à jour dans une carrière en gestion des opérations, il est bon d'adhérer à une société professionnelle.

L'organisme qui intègre l'ensemble des fonctions de la gestion des opérations est l'Institute of Industrial Engineers (IIE). L'American Society for Quality (ASQ), l'Advancing, Productivity, Innovation, and Competitive Success (APICS), l'Association canadienne de gestion des achats (ACGA) (Purchasing Management Association of Canada, PMAC) et la Chaîne d'approvisionnement et logistique Canada (Supply Chain and Logistics Canada) proposent de passer des examens de certification pour praticiens afin d'améliorer leurs qualifications, par exemple le Certified Production Inventory Manager (CPIM). On peut obtenir de l'information sur les offres d'emplois existantes auprès de toutes ces sociétés.

www.iienet.org
www.asq.org
www.apics.org
www.pmac.ca
www.sclcanada.org

1.9   Conclusion

La production est l'ensemble des activités ou des opérations qui transforment des valeurs ressources (matières premières, main-d'œuvre et capitaux) en produits et en services utiles. La gestion des opérations consiste à planifier, à organiser, à diriger ainsi qu'à contrôler les opérations de création des produits et des services offerts par l'entreprise : c'est la PODC de la production.

La fonction production, habituellement appelée « opération » dans les secteurs des services, est l'une des quatre fonctions principales de toute entreprise, les autres étant le marketing, les finances et les ressources humaines. Or, toutes les fonctions de l'entreprise font de la gestion des opérations de leur processus, car elles ont à gérer leurs opérations.

Les décisions concernant les opérations portent sur :

- l'exploitation du système de production ;
- sa conception.

Pour s'acquitter convenablement des activités d'exploitation, cinq fonctions de gestion du système de production sont préconisées, à savoir :

- les prévisions (*chapitre 3*) ;
- la planification (*chapitres 14, 16 et 17*) ;
- le contrôle des opérations (*chapitres 12, 16 et 17*) ;
- la gestion des stocks (*chapitres 13 et 14*) ;
- la gestion de la qualité (*chapitres 9 et 10*).

Ces fonctions servent à gérer les activités récurrentes de l'entreprise.

Les décisions concernant la conception et l'amélioration du système opérationnel sont prises par les dirigeants en fonction de leur soutien au système d'opération, soit :

- l'étude (méthodes de travail) (*chapitres 2, 4, 5 et 7*) ;
- l'aménagement, la manutention et la circulation (*chapitres 5, 6, 8 et 11*) ;
- la maintenance et la fiabilité (*chapitre 18*).

Le chapitre 15 a trait à la philosophie des opérations épurées.

Le chapitre 11 aborde la gestion des chaînes d'approvisionnement et des réseaux de distribution qui s'y rattachent.

Dans ce premier chapitre, nous avons :

- présenté les cinq objectifs des opérations : quantité, qualité, temps, lieux et coûts ;
- décrit les ressources nécessaires aux opérations, présentées sous la forme du système des 5 M : matières premières, machines, main-d'œuvre, méthodes et milieux ;
- situé les opérations dans le contexte des organisations ;
- présenté l'évolution dans le temps de la gestion des opérations et les tendances actuelles dans ce domaine, telles que la concurrence mondiale, la mondialisation des marchés, l'accent mis sur la qualité, l'intégration de la technologie dans les systèmes de production, la participation accrue des travailleurs dans la résolution des problèmes et les prises de décisions (particulièrement par l'entremise d'équipes). L'accent a été mis sur la flexibilité et la réduction des temps d'opération ;
- porté une attention particulière sur les questions environnementales et sur le modèle PESTE, la gestion de la chaîne d'approvisionnement et la production épurée ;
- souligné l'importance de l'efficacité du système pour le niveau de vie des nations. ●

1 Terminologie

Questions de discussion et de révision

1. Énumérez les quatre principales fonctions d'entreprise et décrivez brièvement leurs relations. Selon vous, laquelle est la plus importante?

2. Établissez les différences entre production et opération.

3. Définissez brièvement l'expression «gestion de la production et des opérations».

4. Décrivez la fonction opération et les responsabilités des gestionnaires du domaine.

5. Énumérez cinq différences importantes entre la production de biens et la production de services.

6. Discutez brièvement des expressions suivantes, liées à l'évolution dans le temps de la gestion de la production et des opérations: a) révolution industrielle; b) gestion scientifique; c) pièces interchangeables; d) division du travail ou segmentation des tâches.

7. Comment le secteur des services et le secteur des biens sont-ils complémentaires? Décrivez quelques exemples concrets.

8. Déterminez certaines des nouvelles tendances ayant influé sur la gestion des opérations. Ensuite, établissez la relation avec de nouveaux articles produits sur le marché à l'aide d'expériences ou d'observations personnelles.

9. Énumérez les compromis à faire pour chacune des décisions suivantes: a) conduire votre voiture ou utiliser le transport public; b) acheter un ordinateur maintenant ou attendre pour acheter un meilleur modèle; c) acheter une voiture neuve ou une voiture d'occasion; d) émettre votre opinion en classe ou attendre qu'un enseignant vous la demande.

10. Décrivez les systèmes suivants: production artisanale, production en série.

11. Qu'est-ce que la production ou les opérations à valeur ajoutée?

12. Que sont les opérations épurées et comment peuvent-elles contribuer à la société moderne?

13. Établissez les relations entre les opérations à valeur ajoutée et les opérations épurées.

14. Pourquoi certains travailleurs se méfient-ils de la production ou opération épurée? Pourquoi certains gestionnaires s'opposent-ils à l'adoption d'un mode de production épurée?

15. Attribuez à chaque personnalité du domaine de la g. op. le développement auquel elle a contribué.

   a) Henry Gantt   I. Production en série et chaîne de montage

   b) Henri Fayol   II. Psychologue qui a mis l'accent sur le facteur humain dans la conception de l'emploi

   c) Frank Gilbreth   III. Père de l'école scientifique

   d) Lillian Gilbreth   IV. Principes de l'étude des mouvements

   e) Henry Ford   V. Principes de la gestion industrielle

   f) Henri Fayol   VI. Diagramme utilisé pour l'ordonnancement

16. Expliquez brièvement ces expressions: a) fabrication respectueuse de l'environnement; b) réingénierie des processus.

17. Expliquez les caractéristiques, avantages et inconvénients de la réingénierie des processus. Dans quels secteurs d'activité humaine peut-elle s'appliquer?

18. Établissez les différences entre la conception et l'exploitation du système opérationnel. Expliquez leur complémentarité.

19. À l'aide d'un exemple, décrivez l'environnement PESTE du système des opérations avec lequel les gestionnaires des opérations doivent composer.
20. Que veut dire l'expression « intégration des moyens et des ressources opérationnels pour atteindre des objectifs intégrés » ?

Cas
Hazel

Hazel a travaillé pour la même entreprise pendant presque 15 ans. Malgré quelques périodes difficiles, l'entreprise commençait à reprendre le dessus. Les commandes des clients avaient augmenté, et la qualité et la productivité avaient considérablement progressé grâce à la mise en œuvre d'un programme d'amélioration de la qualité à l'échelle de l'entreprise. Hazel a donc été très surprise lorsqu'elle a appris, avec 400 autres collègues, qu'elle perdait son emploi à la suite de la décision du nouveau PDG de rationaliser l'entreprise.

Après s'être remise de son choc initial, elle a tenté de trouver un nouvel emploi. En dépit de ses efforts, après huit mois de recherche, elle n'avait toujours rien trouvé. Étant à court de revenus, elle était de plus en plus découragée. Il ne lui restait qu'une lueur d'espoir : gagner un peu d'argent en tondant les pelouses des voisins.

Quand un voisin lui a dit que personne ne tondait la pelouse depuis que ses enfants ne vivaient plus à la maison, elle a sauté sur l'occasion. En riant, elle lui a demandé combien il serait prêt à débourser pour ce service. Peu de temps après, Hazel tondait les pelouses de cinq voisins. D'autres lui ont demandé de travailler pour eux, mais elle estimait qu'elle ne pouvait pas consacrer plus de temps à cette tâche, compte tenu du fait qu'elle devait tout de même poursuivre sa recherche d'emploi.

Cependant, à mesure que s'empilaient les lettres de refus, Hazel a compris qu'elle

devait prendre une importante décision dans sa vie. Par un mardi matin pluvieux, elle a décidé de se lancer en affaires : l'entretien de pelouses. Soulagée de ne plus avoir à chercher d'emploi et enthousiaste à l'idée d'être son propre employeur, elle craignait toutefois d'être entièrement autonome. Néanmoins, elle était déterminée à prendre ce risque.

Son entreprise a démarré lentement, mais lorsque les gens se sont rendu compte qu'elle était disponible, les propositions ont afflué. Certaines personnes étaient simplement heureuses de lui confier la tâche ; d'autres ont cessé de faire affaire avec des services d'entretien professionnels.

À la fin de la première année, Hazel a su qu'elle pouvait gagner sa vie ainsi. Elle s'est mise à offrir d'autres services comme la fertilisation des pelouses, l'élimination des mauvaises herbes et la coupe des haies. Son entreprise est devenue si florissante que Hazel a engagé deux travailleurs à temps partiel. De plus, elle pense que son entreprise pourra prendre davantage d'expansion.

Questions

1. De quelle manière les clients de Hazel jugeront-ils la qualité de ses services ?

2. Hazel est la directrice des opérations de son entreprise. Parmi ses responsabilités, mentionnons les prévisions, la

gestion des stocks, l'ordonnancement, l'assurance qualité et l'entretien.
   a) Quelles activités devraient être planifiées ?
   b) Quels articles Hazel doit-elle garder en stock ? Nommez une décision qu'elle doit prendre régulièrement par rapport à ses stocks.
   c) Quels horaires doit-elle établir ? Quels événements pourraient perturber les horaires et faire en sorte qu'elle doive les modifier ?
   d) Quelle est l'importance de l'assurance qualité pour l'entreprise de Hazel ? Expliquez votre réponse.
   e) Quels types d'entretien doit-elle effectuer ?

3. Quels sont les compromis que Hazel doit faire dans les deux cas suivants :
   a) travailler pour une entreprise plutôt qu'à son compte ;
   b) faire prendre de l'expansion à son entreprise.

4. La ville pense adopter un règlement interdisant de mettre les retailles des pelouses à la poubelle, car les sites d'enfouissement de la région ne peuvent plus recevoir ce genre de déchets. Quelles options Hazel doit-elle considérer si le règlement municipal est adopté ? Nommez deux avantages et deux inconvénients liés à chacune de ces options.

Cas
Une tournée des opérations : Wegmans Food Markets

www.wegmans.com

Wegmans Food Markets Inc. est l'une des premières chaînes d'épiceries aux États-Unis. Son siège social est à Rochester, dans l'État de New York. Elle exploite plus de 70 magasins, surtout à

Rochester, à Buffalo et à Syracuse. Elle possède également plusieurs magasins ailleurs dans l'État de New York et en Pennsylvanie. L'entreprise emploie plus de 23 000 personnes et enregistre des

bénéfices annuels de plus de 2 milliards de dollars. En plus des supermarchés, l'entreprise dirige Chase-Pitkin Home and Garden Centers et une ferme de production d'œufs.

Wegmans s'est taillé une réputation enviable au fil des ans. Elle offre à ses clients des produits de grande qualité et un excellent service. Grâce à des études de marché, à des tentatives diverses et aux commentaires de ses clients, Wegmans a évolué pour devenir une entreprise très prospère. En fait, cette entreprise a tellement de succès que des chaînes d'épiceries de partout au pays envoient des représentants pour observer ses opérations.

Les supermarchés

Plusieurs des magasins de l'entreprise sont des géants qui couvrent 30 000 m² de surface, soit 2 ou 3 fois la taille des supermarchés moyens. Ils comptent habituellement de 25 à 35 caisses qui fonctionnent toutes aux heures de pointe. Un supermarché emploie généralement de 500 à 600 personnes.

Chaque magasin diffère quant à la grandeur et à certaines caractéristiques. En plus des biens qu'on trouve normalement dans les supermarchés, il y a un comptoir de viandes froides (un présentoir d'environ 13 m), un comptoir de poissons d'environ 160 m² qui offre près de 10 différents types de poissons tous les jours, un grand comptoir de boulangerie (chaque magasin prépare ses pains, ses gâteaux, ses tartes et ses pâtisseries) et des sections très vastes de produits frais. Outre le fait d'offrir le développement des films, ce magasin compte une pharmacie, une boutique de cartes de souhaits de 350 m², un service de location de vidéos et une section de fromages : Olde World Cheese^MD. Les boutiques de fleurs en magasin ont différentes tailles ; elles peuvent avoir jusqu'à 250 m² de surface. Elles proposent une grande variété de fleurs coupées, d'arrangements floraux, de vases et de plantes. Le rayon des aliments en vrac permet aux clients de choisir les quantités qu'ils souhaitent acheter (produits alimentaires ou autres, tels que des graines pour oiseaux ou de la nourriture pour animaux).

Chaque magasin est légèrement différent des autres. Parmi certaines particularités, il y a le rayon de nettoyage à sec, celui de la restauration au wok et un buffet de salades. Certains magasins ont un Market Café avec différents comptoirs alimentaires, chacun étant consacré à la préparation et au service d'un certain type de nourriture. Par exemple, un comptoir servira de la pizza, un autre, des spécialités italiennes ou de la nourriture orientale, etc. Il y a aussi un comptoir de sandwichs, de salades et de desserts. Les clients se promènent souvent entre les comptoirs avant de commander. Dans certains Market Café, on sert du vin avec les repas et des brunchs le dimanche. Dans les magasins les plus populaires, les clients peuvent s'arrêter en revenant du travail et choisir parmi une vaste sélection de repas fraîchement préparés : médaillons de bœuf au beurre et aux herbes, poulet à la Marsala, flanc de bœuf farci aux champignons, saumon grillé, thon cajun, pâtés de crabe ainsi que divers accompagnements comme des pommes de terre rôties, des légumes grillés et des salades César. Plusieurs magasins Wegmans servent des sandwichs prêts à emporter ou sur commande pendant l'heure du dîner. Certains magasins ont un café doté de tables et de chaises où les clients peuvent déguster un café ordinaire ou un café spécial, ou encore une variété de pâtisseries appétissantes.

Le rayon des produits frais

L'entreprise est fière de ses produits frais. On regarnit les comptoirs de produits frais jusqu'à 12 fois par jour. Les grands magasins ont des sections de produits frais cinq à six fois plus grandes que celles des supermarchés moyens. En saison, Wegmans offre des produits de la région. Elle utilise le système « de la ferme au marché » : les cultivateurs de la région livrent leurs produits directement aux magasins, sans passer par l'entrepôt principal. Cela permet à l'entreprise de réduire les coûts de gestion des stocks et d'obtenir plus rapidement les produits dans les magasins. Les cultivateurs peuvent utiliser des contenants spéciaux qu'ils placent directement sur le plancher du magasin. Cela évite d'abîmer les fruits et les légumes en les transférant des conteneurs aux étalages et permet aussi de diminuer les frais de manutention.

Le rayon des viandes

En plus des grands comptoirs de viandes fraîches et congelées, plusieurs magasins ont une boucherie qui offre une variété de produits frais. Les bouchers fournissent aux clients les coupes qu'ils désirent.

Les commandes

Chaque rayon traite ses propres commandes. Bien qu'on puisse se procurer les chiffres des ventes grâce à l'enregistrement des articles numérisés aux caisses, on ne s'en sert pas directement pour reconstituer les stocks. Il faut considérer d'autres facteurs, comme l'établissement des prix, les promotions, les particularités locales (par exemple les festivals, les conditions météorologiques, etc.). Cependant, pour les périodes saisonnières (par exemple les vacances), les gérants vérifient souvent les enregistrements numérisés pour connaître la demande des années précédentes.

Les supermarchés reçoivent généralement plusieurs chargements de camions par jour en provenance de l'entrepôt principal. Durant les périodes de pointe, un magasin peut recevoir deux chargements par jour. Le court délai de livraison réduit grandement le temps pendant lequel un article n'est plus en stock en magasin, à moins que l'entrepôt central soit lui aussi à court de stocks.

L'entreprise exerce un contrôle strict sur ses fournisseurs, insistant sur la qualité des produits et les livraisons juste-à-temps.

Les employés

L'entreprise reconnaît la valeur des bons employés. Elle investit généralement 7 000 $ pour la formation de ses nouveaux employés. Outre le fait d'apprendre le fonctionnement du magasin, l'employé apprend l'importance d'un bon service à la clientèle et la manière de l'offrir. Les employés sont serviables et gais ; ils répondent aux questions des clients ou règlent les plaintes. On les motive par la combinaison des salaires, du partage des profits et des avantages sociaux. Dans un sondage mené par le magazine *Fortune* auprès des employés et où on leur demandait quelles étaient les meilleures entreprises où travailler aux États-Unis, Wegmans s'est classée au 16e rang*.

La qualité

La qualité et la satisfaction de la clientèle sont primordiales pour la direction et les employés de Wegmans. Les articles de marque privée, les marques de commerce ainsi que les nouveaux produits potentiels sont régulièrement évalués dans des cuisines d'essai. Les gérants sont responsables de la qualité des produits et des services de leurs rayons respectifs. De plus, on encourage les employés à rapporter leurs problèmes aux gérants.

Si un client est insatisfait d'un article et qu'il le retourne, ou même si une portion de l'article ne lui plaît pas, on lui offre le choix entre un remplacement ou un remboursement. Si l'article est une marque maison de Wegmans, on l'envoie alors à la cuisine d'essai pour déterminer la cause du problème. S'il est possible de déterminer la cause, on prend les mesures de correction appropriées.

Questions

1. Comment les clients jugent-ils de la qualité d'un supermarché ?
2. Indiquez comment et pourquoi chacun des facteurs suivants est important pour le succès des opérations d'un supermarché :
   a) la satisfaction de la clientèle ;
   b) les prévisions ;
   c) la planification de la capacité ;
   d) la localisation ;
   e) la gestion des stocks ;
   f) l'aménagement du magasin ;
   g) l'ordonnancement.

Fortune, 12 janvier 1998, p. 85.

Bibliographie

ACGPS- HEC. *Dictionnaire de la gestion de la production et des stocks*, sous la direction de Marie-Éva de Villers, Montréal, Presses HEC/Québec Amérique, 1993.

Benedetti, Claudio. *Introduction à la gestion des opérations*, 1re édition, Laval, Mondia, 1980, 357 p.

B.I.T. *Introduction à l'étude du travail*, 3e édition, Genève, B.I.T., 1993, 524 p.

Bounds, Gregory M., Gregory H. Dobbins et Oscar S. Fowler. *Management: A Total Quality Perspective*, Cincinnati, South-Western Publishing, 1995.

Fayol, Henri. *L'administration industrielle et générale*, Bulletin de la Société de l'industrie minérale, *10* (5-164), 1916.

Fitzsimmons, James et Mona Fitzsimmons. *Service Management*, 4e édition, McGraw-Hill/Irwin, 2004.

Hammer, Michael et James Champy. *Reengineering the Corporation*, New York, Harper Business, 1993.

Hopp, Wallace J. et Mark Spearman. *Factory Physics: Foundations of Manufacturing Management*, Burr Ridge (Illinois), Irwin, 1996.

Ono Taïchi. *Système de production Toyota*, 1962.

Taylor, F.W. *The Principle of Scientific Management*, New York et Londres, Harper & Brothers, 1911.

Wisner, Joel D. et Linda L. Stanley. *Process Management: Creating Value Along the Supply Chain*, Mason (Ohio), Thomson South-Western, 2008.

Womack, James P., Daniel Jones et Daniel Roos. *The Machine that Changed the World*, New York, Harper Perrenial, 1991.

Chapitre 2

La compétitivité, la stratégie et la productivité

Objectifs d'apprentissage

Distinguer compétitivité, stratégie et productivité et connaître leurs relations ;

Connaître l'importance de ces notions pour la survie des entreprises et le niveau de vie des nations ;

Analyser quelques stratégies utilisées par les organisations pour être concurrentes ;

Déterminer des raisons expliquant la faible compétitivité de certaines organisations ;

Comparer la stratégie organisationnelle et la stratégie opérationnelle, et connaître leur interdépendance ;

Décrire les stratégies axées sur le temps et en donner des exemples ;

Comprendre l'importance des indicateurs de productivité, leurs avantages et leurs limites ;

Déterminer les causes d'une faible productivité et quelques moyens pour l'améliorer.

2.1 Introduction

Dans ce chapitre, nous discutons des notions de productivité, de compétitivité et de stratégie. Il s'agit de trois sujets distincts mais connexes, qui sont essentiels à toutes les organisations, que celles-ci soient à but lucratif, non lucratif, dans le domaine des biens tangibles (produits) ou dans celui des biens intangibles (les services). La productivité, qui est en somme un simple calcul, concerne une mesure de l'utilisation efficace des ressources. La compétitivité a trait à la capacité d'une organisation à soutenir la concurrence. La stratégie est liée à l'établissement de plans pour déterminer l'orientation adoptée par une entreprise en vue de l'atteinte de ses objectifs.

Le ralentissement des gains de productivité de la fin des années 1970 et du début des années 1980, de même que les succès impressionnants en productivité d'autres nations de la planète, posent un problème sérieux au point de vue compétitivité. On a cru à un certain moment que les leçons tirées de cette période auraient incité les nations riches de la planète à retourner aux valeurs fondamentales de la création de la richesse, les mêmes valeurs qui leur ont permis de se hisser parmi les nations riches. Malheureusement, elles se sont éloignées de la notion de productivité pour se diriger vers des méandres financiers, modifier la définition de la productivité et créer des richesses virtuelles. Il en est résulté un autre effondrement de la productivité qui a entraîné du chômage et une baisse de niveau de vie en 2008. Parallèlement, d'autres nations sont restées fidèles aux notions de base de la productivité, et leurs économies sont actuellement en pleine effervescence : le Brésil, la Chine, l'Inde, la Corée, le Vietnam et même l'Allemagne. La mondialisation des marchés entraîne une concurrence planétaire. Pour pouvoir prendre part à la concurrence sur le plan mondial, des entreprises ont dû repenser non seulement leurs stratégies opérationnelles, mais aussi accorder plus d'attention aux stratégies organisationnelles. Afin de sauvegarder leur niveau de vie, les nations et les organisations doivent s'améliorer continuellement pour rester compétitives. Pour cela, elles doivent déterminer des stratégies d'opération. Des indices de productivité exacts et représentatifs de la réalité permettent de mesurer l'atteinte de ces objectifs.

2.2 La compétitivité

On a cru, et malheureusement dans certains milieux on le croit encore, que le but des organisations est principalement et uniquement de générer des profits pour les actionnaires. En effet, plusieurs organisations ont réalisé des profits en réduisant ou en éliminant les secteurs considérés comme générateurs de dépenses et non de profits. Par exemple, un service de recherche et développement (R & D) est souvent considéré comme un secteur qui dépense, mais dont les profits sont nuls. Il en va de même pour le service de la maintenance des équipements et l'entretien des bâtisses. Selon cette vision, on doit les réduire au minimum ou les éliminer. De grandes entreprises ont fait disparaître toute activité, produit ou service ne contribuant pas à générer des profits pour les actionnaires. Quelques années plus tard, ces entreprises ont perdu leur capacité à soutenir la concurrence et elles se retrouvent dans des situations précaires. C'est une vision très réductrice des opérations à valeur ajoutée (*voir la section 1.1*). Les exemples sont multiples : Kimberley Clark, Singer et la majorité des entreprises du secteur nord-américain de l'automobile.

On pourrait penser que les organisations offrant des services ou celles à but non lucratif n'ont pas à être compétitives : selon ce principe, un ministère ou une organisation non gouvernementale (ONG), habituellement vouée à l'aide humanitaire internationale, n'ont pas à être compétitifs, car ils n'ont pas à soutenir la compétition, donc leur productivité n'est pas importante. Or, on ne peut et ne doit pas accepter que des fonds injectés dans ce type d'organisation, dont la mission première est de rendre service à la population, servent en grande partie à financer le fonctionnement de l'organisation, c'est-à-dire les employés, les équipements, etc. Ces ressources doivent servir à atteindre les objectifs et à remplir la mission pour lesquels les organisations ont été créées.

La **compétitivité** est la capacité d'une nation, d'une région ou de toute organisation de soutenir la concurrence. La compétitivité est un facteur décisif qui fera la différence entre l'organisation prospère, celle qui survit et celle qui fait faillite. Il existe différentes manières de concurrencer : sur le plan des prix, de la qualité, de la différenciation des produits ou services, de la souplesse et du temps nécessaire pour effectuer certaines activités. En ce qui concerne

Compétitivité

Capacité d'une organisation à affronter la concurrence, en répondant aux besoins des clients à de meilleures conditions.

les nations, elles se feront concurrence en offrant un environnement politique, économique, social, technologique et écologique (PESTE) favorisant le développement des organisations à l'intérieur de son territoire.

Depuis le krach de la fin des années 1970 et des années 1980, une vision des plus intéressantes est apparue. Elle a été développée par W. Edwards Deming (*voir le chapitre 9, les 14 principes de Deming*). Selon lui, l'entreprise doit se fixer des objectifs en vue de l'amélioration des produits et des services qui soient cohérents avec :

- la volonté de rester concurrentiel ;
- la volonté de rester en affaires ;
- la volonté de fournir du travail.

On voit l'importance accordée à la volonté de rester concurrentiel. Cette vision, bien qu'elle existe depuis plus d'un demi-siècle, demeure révolutionnaire par rapport à l'approche classique qui consiste à réaliser uniquement des profits. Elle assure une richesse durable grâce à la paix sociale qu'elle engendre. Or, comme d'habitude, on observe un phénomène de pendule dans nos sociétés. En situation de croissance, on a tendance à oublier ces principes et à revenir à la recherche de profits rapides : c'est ce qui est arrivé aux États-Unis pour culminer avec l'effondrement de 2008. En situation difficile, on revient davantage à des valeurs de concertation d'élimination de dépenses et de survie, et le cycle recommence.

2.2.1   Les facteurs assurant des avantages compétitifs

Concentrons-nous sur la compétitivité des entreprises. Les entreprises se font concurrence sur le plan des prix, de la qualité, de la différenciation des produits ou services, de la souplesse, du temps nécessaire, de la localisation, de la gestion des stocks, de la chaîne d'approvisionnement et du service après-vente pour effectuer certaines activités.

Analysons quelques-uns des avantages compétitifs.

1. *L'identification* précise les *besoins* des clients par des études de marché honnêtes (marketing), le développement des bons produits dont le client a besoin (recherche et développement), la capacité de répondre correctement à ces besoins (opérations et production). Il revient aux gestionnaires de trouver le juste équilibre entre ces trois objectifs basiques de toutes organisations.
2. *Le prix* est le montant qu'un client est prêt à payer pour un produit ou un service. Si tous les autres objectifs (qualité, quantité, délais et lieux de livraison) sont égaux, le client choisira le prix le plus bas. Les entreprises qui se font concurrence sur le plan des prix peuvent le faire soit en acceptant des marges de profit plus basses, soit en concentrant leurs efforts pour réduire les coûts de revient en utilisant moins de ressources.
3. *La qualité* est liée aux perceptions des acheteurs quant à l'efficacité avec laquelle le produit ou le service servira leurs propres besoins.
4. *La différenciation* de produits désigne toute caractéristique spéciale (c'est-à-dire la conception, le coût, la qualité, la facilité d'utilisation, l'emplacement pratique, la garantie) qui fait qu'un produit ou un service est perçu par le client comme plus approprié que celui de la compétition.
5. *La flexibilité* est la capacité à réagir aux changements. Plus une entreprise a de la facilité à réagir aux changements, plus elle aura un important avantage concurrentiel sur une entreprise qui n'est pas aussi réactive. Les changements peuvent concerner des augmentations ou des diminutions des quantités demandées ou des modifications à la conception des biens ou services.
6. *Le temps* porte sur différents aspects de l'exploitation d'une entreprise. Parmi ceux-ci, mentionnons :

    - la disponibilité d'un produit ou d'un service à être livré à temps au client ;
    - la rapidité avec laquelle les nouveaux produits sont développés et lancés sur le marché ;
    - la fréquence à laquelle on améliore les produits ou les processus.

Réaction ou réponse rapide
Mode de gestion reliant les fournisseurs aux clients, permettant de s'ajuster rapidement aux fluctuations de la demande.

Le développement de la philosophie des opérations **réaction ou réponse rapide** a été effectué spécifiquement pour assurer cet avantage compétitif. Cette approche sera présentée plus en détail au chapitre 15.

7. *La localisation*, c'est-à-dire l'emplacement et l'aménagement physique de l'entreprise à proximité du marché à desservir. Une bonne localisation diminue les coûts de transport et de distribution et accélère le service à la clientèle. Elle est complémentaire à l'avantage précédent, soit le temps.
8. *La gestion des stocks*, qui inclut un contrôle et un entreposage efficace (*voir le chapitre 13*), fait en sorte de réduire les investissements gelés dans des marchandises entreposées qui ont souvent tendance à se détériorer.
9. *La chaîne d'approvisionnement* (*voir le chapitre 11*), une notion qui découle directement des enseignements de l'école logistique, assurera un écoulement continu entre tous les intervenants, à partir des premiers fournisseurs jusqu'au client final. La synchronisation de cet écoulement est un avantage énorme pour assurer la livraison à temps, selon toutes les conditions attendues.
10. *Le service après-vente*, c'est-à-dire le soutien offert au client une fois la livraison effectuée, est un autre facteur qui assurera un avantage sur la concurrence. La responsabilité du fournisseur ne se termine plus après la livraison du produit ou du service. Les entreprises offrant des services d'informatique en savent quelque chose.

2.2.2 Les causes d'une faible compétitivité

Plusieurs raisons expliquent la réussite ou les faibles rendements des entreprises. En déterminant les causes de faibles rendements, les gestionnaires peuvent les éviter ; encore faut-il vouloir les reconnaître. Parmi les causes les plus courantes de faibles rendements, citons les suivantes :

1. Négliger la stratégie opérationnelle.
2. Ne pas établir de bonnes communications à l'interne ni de collaboration entre les différents secteurs fonctionnels.
3. Ne pas reconnaître les capacités de la concurrence et ne pas suivre leur évolution.
4. Accorder trop d'importance au retour sur investissement à court terme aux dépens de la recherche et du développement et de l'amélioration continue.
5. Négliger d'investir dans l'environnement opérationnel de l'entreprise, c'est-à-dire dans la bâtisse et les équipements de toutes sortes.

    À part l'équipement nécessaire à la production et aux opérations, on peut mentionner les systèmes de climatisation, de ventilation, de récupération des déchets, d'éclairage, de communications (ordinateurs, téléphonie), etc. L'entretien et la maintenance de ces équipements influent grandement sur la sécurité, la qualité du travail et les relations interpersonnelles, et de là, sur la productivité. Malheureusement, peu d'entreprises se soucient de l'environnement opérationnel et y font les premières coupures au moment de l'implantation d'une politique d'austérité ou de rationalisation des coûts. Ces coupures servent le gestionnaire à très court terme, mais leurs effets néfastes et pernicieux se font sentir rapidement.
6. Accorder trop d'importance à la conception des produits et des services et pas suffisamment à la conception des processus (les méthodes de travail).
7. Ne pas connaître et tirer parti des forces et des occasions offertes par l'organisation.
8. Négliger d'investir dans les ressources humaines.

    Il est important d'investir dans la formation et la mise à jour des connaissances des employés de l'entreprise si l'on veut demeurer concurrentiel. Les développements technologiques, la mondialisation des marchés et la concurrence qui en découle font en sorte que les connaissances actuelles sont très vite dépassées. Combinée à l'expertise accumulée, la mise à jour des connaissances des employés permet de garder l'entreprise compétitive. Pensons à l'avènement des logiciels, progiciels (ERP, SAP) et autres dans le domaine manufacturier, de l'identification par radiofréquence ou fréquence radio (*RFID – voir le chapitre 13*) des marchés virtuels dans les services, le domaine médical (scanneur et développement de l'oncologie) ; tous ces domaines étaient totalement inconnus il y a quelques années.
9. Négliger de s'intéresser aux besoins des clients et de lire le marché ; le client ne doit surtout pas être vu uniquement comme un générateur de revenu : une fois qu'il a payé, il devient dérangeant.

La clé pour être concurrentiel consiste à déterminer, par des études de marché effectuées par le marketing, ce que veulent les clients et ensuite à diriger les efforts, les stratégies

2

opérationnelles, pour répondre à leurs besoins. Que veulent les clients (la valeur)? Comment peut-on la leur livrer? L'**indice de la valeur (IV)** a été développé par Edwin L. Artzt[1], où

$$\text{Valeur} = \frac{\text{Rendement}}{\text{Coût}} = \frac{\text{Qualité} + \text{Vitesse} + \text{Souplesse}}{\text{Coût}} \tag{2-1}$$

Cet indice ou indicateur nous démontre qu'un client évaluera un produit ou service en fonction de son rendement, mesuré à l'aide de trois facteurs, par rapport à son coût. Selon la nature du produit ou du service et le client, les aspects les plus importants de la relation de valeur diffèrent. Ainsi, dans certains cas, la qualité peut avoir plus ou moins d'importance que la vitesse ou la flexibilité. On intègre ces différences introduisant un facteur de pondération w_i à chaque élément, selon son importance, d'où l'expression suivante:

$$\text{Valeur} = \frac{w_1 \times \text{Qualité} + w_2 \times \text{Vitesse} + w_3 \times \text{Souplesse}}{\text{Coût}} \tag{2-2}$$

Avec nécessairement: $w_1 + w_2 + w_3 = 1{,}0$

En comprenant cette relation de valeur, les gestionnaires pourront élaborer des stratégies efficaces. C'est ce que nous développons à la section 2.3.

2.3 La mission, les stratégies et les tactiques

Toute organisation doit se donner des objectifs à atteindre et un plan de travail lui permettant d'atteindre ces objectifs. Il est beaucoup trop facile de se donner comme objectif simplement de faire de l'argent. Cet objectif est trop éphémère et commun, ce qui peut être prouvé au moyen d'un simple sondage auprès de certains gestionnaires. Henry Ford[2], le grand industriel américain, fondateur du fordisme, le répétait souvent: «Une entreprise qui ne fait que de l'argent est une mauvaise entreprise.» En effet, même des groupes évoluant dans la clandestinité ont comme objectif la recherche du gain monétaire. La définition de la mission, les stratégies et les tactiques pour la soutenir sont les premières étapes que toute organisation doit établir.

2.3.1 La mission

Énoncé de mission

Raison d'être d'une entreprise.

Il est important pour une entreprise de disposer d'un **énoncé de mission** clair et simple qui répond à la question: «Dans quel secteur industriel évoluons-nous?» L'énoncé de mission doit servir de guide pour formuler les stratégies d'une entreprise ainsi que pour prendre des décisions sur tous les plans. Toutes les entreprises ne disposent pas d'un énoncé de mission; il est possible que leurs cadres ne soient pas conscients de l'importance d'établir un énoncé ou qu'ils ne sachent pas exactement ce que doit être leur mission. Sans une mission claire, une entreprise atteindra difficilement son plein potentiel, car elle a peu d'orientation pour formuler ses stratégies. Le rôle principal de l'énoncé de mission est de s'assurer que tous les intervenants de l'entreprise et à tous les niveaux de la hiérarchie sachent pourquoi l'entreprise existe, qu'ils aient tous cette même vision et y adhèrent. Ainsi, ils comprendront et accepteront beaucoup plus facilement les décisions de l'entreprise, puis s'engageront à leur égard. Cependant, ils comprendront aussi rapidement les incohérences des décisions de gestionnaires médiocres. La responsabilité de l'éthique et de la cohérence revient au plus haut niveau de la hiérarchie.

2.3.2 Les stratégies et les tactiques

L'énoncé de mission offre une orientation générale de l'organisation et permet de définir les objectifs de celle-ci. Par exemple, une entreprise peut avoir pour objectif de s'approprier une certaine part du marché pour un produit donné; un autre objectif pourrait être d'atteindre un certain niveau de rentabilité. Ensemble, les objectifs et la mission établissent l'orientation de

---

1. Indice présenté lors du 8e Quality Forum, le 1er octobre 1992, par M. Artzt, président et directeur général de Procter & Gamble.

2. «*A business that makes nothing but money is a poor kind of business.*» – Henry Ford

l'organisation. Une fois la mission et son énoncé définis et acceptés par l'entreprise, on procède à l'établissement des stratégies, et des tactiques qui en découleront, pour remplir la mission.

La **stratégie** organisationnelle a des effets à long terme sur la nature et les caractéristiques d'une entreprise. Les stratégies influent sur la capacité d'une entreprise à affronter la concurrence ou, dans le cas des entreprises sans but lucratif, sur leur capacité à atteindre les objectifs.

Les stratégies sont des plans conçus en vue de l'atteinte des objectifs. Si l'on pense aux objectifs en tant qu'orientation, alors les stratégies sont des cartes routières qui permettent de s'orienter. Elles offrent une orientation pour la prise de décisions.

Il existe différents types et niveaux de stratégies. En général, les entreprises adoptent des stratégies globales appelées « stratégies organisationnelles », qui sont liées à toute l'entreprise, et des stratégies fonctionnelles qui concernent chacun des secteurs fonctionnels de l'entreprise. Les stratégies fonctionnelles, relatives aux quatre fonctions de base de l'entreprise[3], doivent soutenir les stratégies globales de l'entreprise, lesquelles appuient à leur tour les objectifs et la mission de l'entreprise. Selon un ordre hiérarchique, on aura :

1. la mission ;
2. la stratégie organisationnelle ;
3. la stratégie fonctionnelle ;
4. les tactiques ;
5. les opérations.

Les tactiques sont les méthodes et les actions utilisées pour accomplir les stratégies. De nature, elles sont plus précises et plus à court terme que les stratégies. Elles définissent l'orientation en vue d'exécuter les opérations, lesquelles font appel aux plans et aux processus de prise de décisions les plus précis et détaillés possible. On peut considérer les tactiques comme la partie « comment faire » du processus (c'est-à-dire comment s'orienter en suivant la carte routière de la stratégie) et les opérations comme la partie « action » du processus. On voit donc que la relation entre la mission et les opérations est principalement de nature hiérarchique. Le tableau 2.1 présente des extraits d'énoncés de mission et de philosophie d'entreprises de différents secteurs et de différentes tailles.

Stratégie

Plan conçu en vue de l'atteinte des objectifs organisationnels.

2

▼ TABLEAU 2.1

Extraits d'énoncés de mission et de philosophie d'entreprises

ArcelorMittal Sidérurgie www.arcelormittal.com	ArcelorMittal est le numéro un mondial de la sidérurgie, avec des entreprises dans plus de 60 pays[4]. S'appuyant sur les valeurs que sont le développement durable, la qualité et le leadership, ArcelorMittal s'engage à agir de manière responsable en matière de santé, de sécurité et du bien-être de son personnel, de ses cotraitants et des communautés au sein desquelles elle évolue. Son engagement porte également sur la gestion durable de l'environnement et des ressources finies. L'entreprise est consciente de ses responsabilités dans la lutte contre les changements climatiques. ArcelorMittal joue un rôle de premier plan dans les efforts du secteur pour mettre au point des processus de production sidérurgique en rupture et se consacre activement à la recherche et au développement de produits en acier qui contribuent à lutter contre les changements climatiques.
Bombardier inc. Transport ferroviaire et aérien www.bombardier.com	Notre mission est d'être le chef de file mondial dans la fabrication d'avions et de trains. Nous nous engageons à fournir à nos clients des produits et des services de qualité supérieure, et à nos actionnaires une rentabilité soutenue en misant sur notre personnel et nos produits. Notre leadership repose sur l'innovation et sur le caractère exceptionnel de nos produits sur le plan de la sécurité, de l'efficacité et de la performance. Nos exigences sont élevées. Nous définissons l'excellence et nous respectons nos engagements.
Les Compagnies Loblaw limitées Épicerie www.loblaw.com	L'alimentation demeure au cœur des activités de Loblaw. Celle-ci offre une vaste gamme de services et de produits pour satisfaire les besoins des Canadiens en matière d'articles ménagers courants qui connaissent une croissance et un succès constants. Tout cela sans compter les services financiers le Choix du président, qui offrent des services bancaires, la populaire carte de crédit MasterCard^MD, de l'assurance habitation, auto, voyage et de soins vétérinaires, des services cellulaires PC mobile de même qu'un programme de fidélisation de points PC.

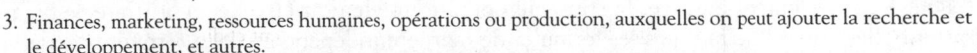

─────────

3. Finances, marketing, ressources humaines, opérations ou production, auxquelles on peut ajouter la recherche et le développement, et autres.

4. Les chiffres financiers clés d'ArcelorMittal pour 2009 font ressortir un chiffre d'affaires combiné de 65,1 milliards de dollars américains, pour une production de 73,2 millions de tonnes d'acier brut, soit environ 8 % de la production mondiale d'acier.

2

S

IBM Canada ltée Manufacturier et services informatiques www.ibm.com	IBM Canada ltée est un fournisseur de premier plan de produits et de services évolués de technologies de l'information. La société a pris l'engagement d'aider ses clients à exploiter de nouveaux débouchés et à accroître leur productivité grâce à la transformation complète de leurs modèles commerciaux et de l'application innovante de la technologie et des solutions d'affaires électroniques.
Paccar Fabricant de camions www.paccar.com	Paccar assure un niveau de qualité exceptionnellement élevé de tous ses produits : ils sont bien conçus, avec un contenu sur mesure élevé pour répondre à des besoins spécifiques ; ils sont vendus à un segment privilégié du marché, où ils jouissent d'une réputation de performance et de fierté d'appartenance supérieures[5].
Pascan Aviation Transporteur régional www.pascan.com	La mission de Pascan Aviation est de doter l'ensemble du Québec d'un réseau de transport aérien régulier pour relier les régions ressources aux grands centres et pour relier les régions entre elles, et ce, à des prix abordables. L'horaire de Pascan a été précisément établi de manière à favoriser les déplacements de la clientèle d'affaires en permettant des liaisons entre les régions dans une même journée.

FIGURE 2.1

La planification et la prise de décisions sont hiérarchiques dans les entreprises

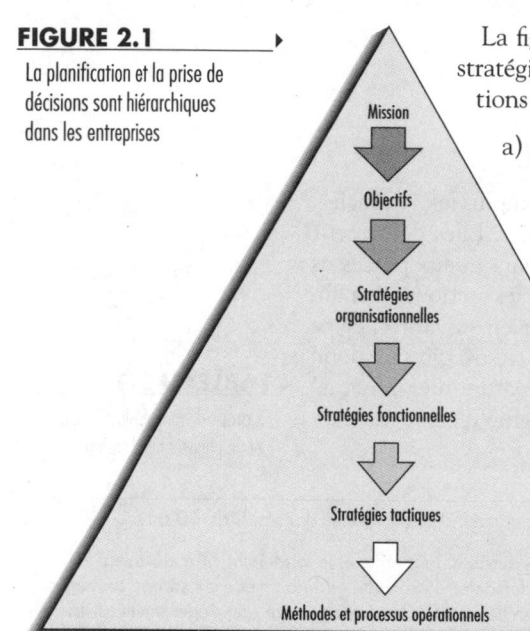

La figure 2.1 illustre la relation entre la mission, les objectifs, les différentes stratégies, les méthodes et les processus. De plus, un exemple décrit deux situations de relation hiérarchique, de la mission au processus opérationnel.

a) Andréa, étudiante d'une éminente faculté, aimerait faire carrière dans les affaires, occuper un bon emploi pour s'assurer un niveau de vie aisé.

Voici une possibilité de scénario qui lui permettrait d'atteindre ses objectifs :

Mission : Jouir d'un niveau de vie aisé, assuré par de bons revenus.

Objectif : Carrière prospère assurant de bons revenus.

Stratégie : Obtenir une formation supérieure menant à une carrière prospère.

Tactiques : Choisir une université et une spécialisation menant à une formation supérieure ; déterminer des moyens de financement pour payer ses études.

Opérations : S'inscrire aux cours, acheter des livres, suivre les cours, étudier.

b) Si on applique cette approche à une entreprise, la relation entre la mission et les opérations peut être :

- la réduction des coûts de revient : sous-traiter à des pays en développement, donc à des coûts de main-d'œuvre faibles ;
- les stratégies d'économies d'échelle : utiliser des méthodes de travail à haut contenu industriel pour produire de grandes quantités à des coûts de revient unitaires bas ;
- la spécialisation : focaliser les activités sur un nombre restreint de produits avec des services particuliers pour accroître la qualité offerte ;
- la normalisation des opérations : viser la standardisation des produits offerts ;
- la qualité élevée : viser une qualité du produit fini supérieure à la norme du secteur ;
- le service après-vente : viser un service après-vente supérieur à la moyenne.

2.3.3 La stratégie opérationnelle

Contrairement à la stratégie organisationnelle, qui fournit l'orientation globale de l'entreprise, les stratégies opérationnelles ont une portée moins large, ne couvrant que l'aspect « opérations » de l'entreprise. Elles concernent les produits, les processus, les méthodes, les ressources d'exploitation, la qualité, les coûts, les délais de livraison et l'ordonnancement. Le tableau 2.2 compare la mission d'une organisation, sa stratégie globale et ses stratégies opérationnelles, ses tactiques et ses opérations.

Stratégie opérationnelle

Approche qui, en concordance avec la stratégie organisationnelle, sert de guide pour la fonction opération.

Pour être réellement efficace, la **stratégie opérationnelle** doit être liée à la stratégie organisationnelle, donc il ne faut pas les formuler de manière indépendante. La formulation de la

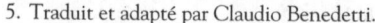

5. Traduit et adapté par Claudio Benedetti.

		Niveau hiérarchique	Horizon de temps[6]	Portée	Niveau de détail	Type de décision
Organisation globale	Mission	Supérieur	Long terme	Grande	Faible	• Survie • Rentabilité
	Stratégie	Supérieur	Long terme	Grande	Faible	• Taux de croissance • Part de marché
Production/ opérations	Stratégie	Supérieur	Long et moyen terme	Grande	Faible	• Conception de produit • Choix de localisation • Choix de technologie • Nouvelles implantations
	Tactique	Intermédiaire	Moyen terme	Modérée	Modéré	• Niveaux d'embauche • Taux de production • Choix des équipements • Aménagement des locaux et des postes de travail
	Opération	Direct	Direct	Restreinte	Élevé	• Calendriers • Échéanciers • Charges de travail • Achats

◄**TABLEAU 2.2**

Relation entre la mission, la stratégie organisationnelle et la stratégie opérationnelle

stratégie organisationnelle doit tenir compte des forces et des faiblesses des opérations, tirer profit des forces et pallier les faiblesses. De même, la stratégie opérationnelle doit concorder avec la stratégie globale de l'entreprise et être formulée de manière à soutenir ses objectifs. Pour ce faire, les cadres supérieurs doivent travailler de pair avec les unités fonctionnelles pour formuler des stratégies qui se soutiendront mutuellement plutôt que de se contredire. On voit encore une fois l'importance de l'intégration des objectifs et des moyens pour les atteindre.

Bien qu'en théorie cela semble évident, dans la pratique, ce n'est pas toujours le cas. En effet, il existe des luttes de pouvoir au sein des diverses unités fonctionnelles, lesquelles sont dommageables pour l'entreprise, car elles suscitent une compétition entre les unités, les empêchant de concentrer leurs énergies à rendre l'entreprise plus compétitive et à mieux comprendre et servir les clients. Le cas de l'avionneur Boeing en est un bon exemple. Au début de l'année 2005, des accusations entre dirigeants supérieurs sur leur vie privée masquaient en réalité des luttes de pouvoir. Les démissions en chaîne qui ont suivi ont eu des effets dévastateurs sur les commandes, les opérations, le développement de nouveaux produits et la compétitivité internationale. Les concurrents ont eu alors le beau jeu. Certaines des approches récentes adoptées par les entreprises, qui se traduisent par la formation d'équipes de gestionnaires et de travailleurs, reflètent une plus grande conscience des effets synergiques du travail d'équipe.

L'établissement de stratégies opérationnelles peut avoir une influence considérable sur la compétitivité de l'entreprise. Si elles sont bien conçues et exécutées, il y a de fortes chances que l'entreprise puisse prospérer; dans le cas contraire, elle fonctionnera sans objectifs clairs avec tout ce que cela comporte.

Dans les années noires de l'économie nord-américaine, à la fin des années 1970 et au début des années 1980, les stratégies opérationnelles étaient systématiquement négligées en faveur des stratégies de *marketing push* et de finances. Les taux d'intérêt se sont alors mis à grimper à près de 18 %, voire 20 %, dans les pays du G7[7]. Les ressources humaines ont alors fait face à un drame humain important: les mises à pied massives. Cela a eu comme impact une baisse de la consommation, la population ne disposant plus de salaires convenables, suivie d'une récession. Parmi les raisons ayant causé cette situation, on avait mis en lumière le fait que plusieurs PDG n'avaient pas d'expérience ni de connaissances dans le secteur des opérations et ne comprenaient pas son importance. Les regroupements et fusions d'entreprises étaient chose courante. On avait recours à des acquisitions à crédit et on formait des conglomérats qui reliaient des entreprises de secteurs d'opérations totalement

---

6. La durée du long, du moyen et du court terme est couverte au chapitre 3, qui porte sur les prévisions. D'une façon générale, court terme: à l'intérieur de l'année; moyen terme: de 1 à 3 ans; long terme: de 3 à 5 ans.

7. G7: À l'époque, le Groupe des sept pays les plus industrialisés comptait les États-Unis, le Canada, le Japon, l'Allemagne, la France, l'Italie et le Royaume-Uni. S'est plus tard ajoutée la Russie pour former le G8. Un groupe plus vaste du G20 s'est formé, en plus des huit premiers: l'Afrique du Sud, l'Arabie saoudite, l'Argentine, l'Australie, le Brésil, la Chine, la Corée du Sud, l'Europe Unie, l'Inde, l'Indonésie, le Mexique et la Turquie.

différents. Ces regroupements n'ajoutaient pas de valeur aux entreprises; ils étaient de nature purement financière. Les décisions étaient prises par des personnes qui n'étaient pas familières avec les opérations, et souvent au détriment de l'entreprise. Durant cette période, les entreprises nippones ont développé ce qu'on appellera plus tard les « approches japonaises de la production », à savoir la robotisation (et la réduction des temps de mise en route), le juste-à-temps ou flux tendus, les stocks zéro, les *kanban*, le TPS (*Toyota Production System*) et autres. Au fond, elles n'ont fait que moderniser et implanter avec succès les enseignements et les principes développés par Taylor, Ford, Gantt, Deming et autres. Aujourd'hui, l'Allemagne, la France, la Corée, la Chine, le Brésil et le Mexique appliquent religieusement ces approches. Nous les étudierons toutes dans le présent manuel.

Vers la fin des années 1980 et tout au long des années 1990, les autres pays du G7 ont compris que leurs stratégies financières et de *marketing push* ne fonctionnaient pas. Les entreprises de ces pays ont reconnu leur faible compétitivité et se sont mises à accorder plus d'attention au *marketing pull*, à la qualité et aux opérations[8]. À cette fin, plusieurs d'entre elles ont élaboré des stratégies ayant comme objectif de fournir les quantités demandées, respectant la qualité requise, dans les délais de livraison promis, aux lieux convenus et aux coûts les plus bas. Comparez ces objectifs avec ceux qui ont été exposés au chapitre 1 (quantité, qualité, temps, lieux, coûts). Cela a engendré une décennie (fin du XXe siècle) de prospérité pour la majeure partie de la planète. Vers le début du XXIe siècle, la richesse s'étant réinstallée, la spéculation, les acquisitions et les prises de contrôle antagonistes sont revenues dans la majeure partie des économies occidentales, pendant que la Corée du Sud, le Brésil, la Chine et l'Inde se concentraient sur la valeur ajoutée, le développement des marchés, des systèmes manufacturiers et la mise en œuvre de stratégies opérationnelles bien définies. Encore une fois, le phénomène du pendule rattrape l'humanité. Pendant ce temps, en Amérique du Nord, le manufacturier Chrysler, à titre d'exemple, a embauché le PDG de Home Depot, Bob Nardelli, pour raviver ses ventes, celui-ci étant accompagné de ses anciens collaborateurs. Ce fut un échec lamentable et, deux années plus tard, Chrysler a dû demander l'aide des gouvernements canadien et américain pour se mettre à l'abri de ses créanciers, et les cadres de l'entreprise s'en sont tirés avec de généreuses indemnités de départ.

2.3.4 La formulation de la stratégie

Pour formuler une stratégie efficace, les cadres supérieurs doivent tenir compte des compétences distinctives de l'entreprise et faire une analyse de l'environnement aussi bien interne qu'externe. Ils doivent tenir compte de ce que font les concurrents ou de ce qu'ils prévoient faire, examiner de manière critique d'autres facteurs qui pourraient avoir des effets sur les opérations. C'est ce qu'on appelle l'**approche FFPM: forces, faiblesses, possibilités et menaces.** À titre d'exemple, Wal-Mart a toujours tablé sur son image de prix minimal, ce qui l'a toujours bien servi, sauf au Japon. Les Japonais ont établi un lien direct entre prix minimal, bon marché et faible qualité. Par conséquent, Wal-Mart a dû réviser sa stratégie dans ce pays. Pendant longtemps les stratégies des manufacturiers automobiles américains ne pensaient qu'à attirer les clients au moyen de rabais et de spéciaux, au même titre que pour les détergents. Ce fut un échec lamentable, car ils ont perdu totalement le savoir-faire technique de la conception des autos. Ford et GM ont pu survivre grâce à leurs filiales européennes, allemandes et britanniques, qui continuaient à développer de nouveaux modèles, tandis que Chrysler est actuellement sous contrôle de Fiat.

En formulant une stratégie efficace, les entreprises doivent examiner les qualificateurs des commandes et les gagnants des commandes. Terry Hill décrit les **qualificateurs des commandes** comme les caractéristiques perçues par les clients potentiels comme normes minimales d'acceptabilité pour acheter des produits ou services.

Les qualificateurs de commande peuvent ne pas toujours être suffisants pour inciter un client à acheter les produits ou services offerts par l'entreprise. Les **gagnants des commandes** sont les caractéristiques des biens et services d'une entreprise qui font en sorte que les consommateurs les trouvent meilleurs que ceux de la concurrence, et lui font donc gagner la commande.

Or, comme tout organisme naturel, toutes les organisations n'ont pas les mêmes systèmes opérationnels et n'opèrent pas selon les mêmes 5 M (*voir le chapitre 1, le modèle des 5 M et*

Qualificateurs des commandes
Caractéristiques que les clients potentiels perçoivent comme des normes minimales d'acceptabilité pour acheter les produits ou services.

Gagnants des commandes
Caractéristiques des biens ou services d'une entreprise qui font en sorte que les consommateurs les trouvent meilleurs que ceux de la concurrence.

---

8. W.E. Deming, *Hors de la Crise*, Paris, Economica, 1982, 352 p., chap. 1.

l'approche par système). Elles sont toutes distinctes. On doit déterminer ce qui distingue une organisation d'une autre, on en tire profit et on gère ses faiblesses. Les **compétences distinctives** sont les caractéristiques ou les habiletés que possède une entreprise et qui lui confèrent un avantage concurrentiel : c'est en misant sur ses forces qu'une entreprise pourra distancer ses concurrents. Comme il a été mentionné plus haut, elles peuvent inclure le prix (basé sur une combinaison donnée de faibles coûts des ressources comme la main-d'œuvre et les matériaux, de faibles coûts d'exploitation et de production) ; la qualité (grande performance ou normes de qualité constantes) ; le temps (livraison rapide ou livraison juste-à-temps) ; la flexibilité (en ce qui concerne la variété ou la quantité) ; le service à la clientèle et la localisation. Le tableau 2.3 énumère six principales compétences distinctives et quelques exemples de services et d'entreprises qui les possèdent.

Compétences distinctives

Caractéristiques propres à toute organisation lui conférant un avantage concurrentiel.

▼ TABLEAU 2.3

Exemples de compétences distinctives

Les entreprises qui réussissent semblent utiliser une approche qui développe les compétences distinctives en fonction des besoins des clients tout en tablant sur les faiblesses de la concurrence. Les fonctions marketing et opération travaillent en étroite collaboration pour établir une harmonie entre les besoins des clients et les capacités opérationnelles. La détermination de la compétence des concurrents est importante pour différentes raisons. Par exemple, si un concurrent est en mesure de fournir des produits de grande qualité, on s'efforcera d'offrir des produits de la même qualité. Cependant, le fait de simplement égaler la qualité des produits d'un concurrent peut ne pas

	Compétence	Exemples d'entreprises ou de services
Coûts	Faibles prix	Quality Inn, Wal-Mart, Future Shop, Dollarama
Qualité	Conception de haute performance ou grande qualité	Sony, Mercedes, Disneyland, restaurants cinq étoiles
	Qualité constante	Coca-Cola, Hydro-Québec, Kodak, Xerox
Temps (délais)	Livraison rapide	Tim Horton, UPS, DHL, restaurants McDonald's
	Livraison juste-à-temps	Développement photo, FedEx, Courrier express, Pizza Domino
Flexibilité	Variété	Restaurants Harvey's, salles d'urgence des hôpitaux, salles de réception
	Volume	Costco, Loblaw, Carrefour, Hyundai
Service	Service à la clientèle supérieur	Holt Renfrew, Harold's, IBM, Dell Computer
Localisation	Aspect pratique	Boutiques de centres commerciaux, stations-service, banques, guichets automatiques, dépanneurs, brasseries

suffire pour acquérir une part du marché. Il pourrait être nécessaire soit de dépasser les niveaux de qualité des concurrents, soit d'acquérir un avantage concurrentiel en excellant sur d'autres plans comme la rapidité de la livraison, le service après-vente, le prix ou autres. C'est l'approche privilégiée des manufacturiers électroniques et d'automobiles coréens pour damer le pion aux Japonais (Samsung, LG contre Hitachi, Toshiba et Sony ; Hyundai et Kia contre Honda et Toyota). Une veille technologique s'impose pour suivre l'évolution du marché.

Voici certaines des stratégies que les entreprises manufacturières japonaises ont employées depuis la fin de la Seconde Guerre mondiale pour créer leur puissance économique :

- La stratégie du faible coût de la main-d'œuvre. Immédiatement après la guerre, elles ont exploité le réservoir de main-d'œuvre, alors peu coûteux.
- La stratégie basée sur l'économie d'échelle. Durant les années 1960, elles ont utilisé des méthodes à forte teneur en capital pour obtenir une plus grande productivité de la main-d'œuvre et des coûts unitaires plus bas.
- La stratégie de l'usine dédiée spécialisée. Toujours pendant les années 1960, elles ont eu recours à des usines plus petites qui se concentraient sur des lignes de produits plus restreintes pour tirer profit de la spécialisation et atteindre une qualité plus élevée.
- La stratégie de l'usine flexible. Durant les années 1980, elles ont réduit le temps nécessaire pour lancer de nouveaux produits et processus. Elles ont utilisé un équipement flexible qui permettait des changements de volume et de conception ainsi qu'une grande variété sur le plan de la production. Elles ont continué à mettre l'accent sur la qualité. Soulignons ici la capacité de modifier leur stratégie opérationnelle en fonction des époques : 1960, usine spécialisée ; 1980, usine flexible.
- La stratégie d'amélioration continue. Dans les années 1990, les principaux fabricants japonais ont adopté une autre approche : l'introduction de nouvelles caractéristiques du produit faisait partie d'une philosophie d'amélioration continue des produits et des processus utilisés pour les fabriquer.

Or, l'industrie japonaise, comme les industries occidentales avant elle, est en train de perdre aujourd'hui ses avantages compétitifs, même si elle demeure parmi les grandes puissances économiques de la planète. La baisse de natalité, une population et une main-d'œuvre vieillissante, un laxisme dans la production et la recherche de profit monétaire rapide se sont installés. De nouvelles économies émergentes et plus dynamiques sont maintenant présentes, précisément la Chine, l'Inde, le Brésil et le Mexique, lesquelles s'appuient sur les mêmes notions qui ont fait la force des économies précédentes. On revient donc à la case départ, à savoir: l'importance de l'observation et de la connaissance du système opérationnel et de l'environnement dans lequel on évolue. Il faut se rappeler également que « la richesse des nations ne provient que de la production de biens et de services utiles » (Adam Smith).

Analyse de l'environnement
Considération des événements et des tendances qui présentent des défis et des occasions pour une entreprise.

L'analyse de l'environnement, c'est le fait de considérer les événements et les tendances qui présentent des défis et des occasions pour l'entreprise. Généralement, ceux-ci comprennent les actions de la concurrence, les changements des besoins et des attitudes des consommateurs, les questions légales, techniques, économiques, politiques et environnementales, les nouveaux marchés potentiels, et ainsi de suite. Selon la nature de l'entreprise et l'emplacement de ses clients, ces questions peuvent être d'ordre mondial, national, régional ou local. Ainsi, le démantèlement de l'ancienne Union soviétique en 1991-1992, aujourd'hui la Russie, l'élargissement de l'Union européenne et l'émergence de la Chine et de l'Inde avec leur énorme marché de consommation ont eu un grand effet sur la planification stratégique d'entreprises internationales comme Ford, VW, General Motors, Kodak, Coca-Cola, Pepsi Cola et IBM. Les entreprises qui sont des fournisseurs locaux pour ces entreprises mondiales sont aussi touchées par ces événements internationaux.

Sans minimiser les autres facteurs de l'environnement des opérations, nécessaires lors de l'élaboration de stratégies, attardons-nous sur le facteur clé du sujet abordé dans cet ouvrage: les progrès technologiques (environnement technologique). Ils peuvent représenter des occasions et des menaces réelles pour une entreprise. Les progrès technologiques se manifestent dans le cas des produits (téléviseurs à haute définition et à 3D, amélioration des puces d'ordinateurs, des systèmes de téléphones cellulaires et de la conception des structures à l'épreuve des séismes); en ce qui concerne les services (processus de commandes plus rapides, commerce électronique, livraison accélérée, RFID, EDI, Internet) et pour ce qui est des processus (robotique, automatisation, traitement informatisé, numériseurs aux points de vente et systèmes de fabrication souples). Les avantages des progrès sont évidents: ils permettent de prendre le dessus sur les concurrents; les risques tiennent au fait que des choix inappropriés, une mauvaise exécution et des frais d'exploitation plus élevés que ce qui était prévu créent des désavantages concurrentiels.

Les facteurs qui constituent l'environnement sont d'ordre externe et interne.

Les facteurs externes (*voir le modèle PESTE au chapitre 1*):

1. **Politiques:** lois et règlements gouvernementaux, lois antitrust, lois du travail, lois fiscales, tarifs douaniers, protection des brevets, stabilité, accords internationaux, etc.;
2. **Économiques:** situation économique, inflation, récession, politiques bancaires, taux d'intérêt, etc.;
3. **Sociaux:** données démographiques, us et coutumes, mouvements religieux, loyauté envers la marque, état de la concurrence, facilité de pénétration du marché, etc.;
4. **Technologiques:** taux d'innovation des produits, présence de centres de recherche spécialisés et d'universités, possibilités de développement, nouveaux matériaux, etc.;
5. **Écologiques:** la sensibilisation de plus en plus grande de la société face à l'écologie crée une obligation et des responsabilités pour l'entreprise lorsqu'elle consomme des ressources naturelles et rejette ses déchets dans l'environnement. La responsabilisation et la conscience écologique vont de pair avec le sens éthique d'une société.

Parmi les facteurs internes, mentionnons:

1. **Les ressources humaines.** Celles-ci comprennent la disponibilité, les habiletés et les compétences des gestionnaires et des travailleurs, les talents particuliers (créativité, conception, résolution de problèmes), la loyauté envers l'entreprise, l'expertise, le dévouement et l'expérience.
2. **Le matériel et l'aménagement.** La capacité, l'emplacement, l'âge et le coût d'entretien ou de remplacement peuvent avoir des conséquences considérables sur les activités d'exploitation.
3. **Les ressources financières.** L'encaisse, l'accès à un financement supplémentaire, le fardeau de la dette actuelle et le coût du capital sont des considérations importantes.

4. **Les clients.** La loyauté, les relations actuelles et la compréhension des besoins et des exigences sont importantes.

5. **Les produits et les services.** Ces facteurs comprennent les produits et services actuels ainsi que les produits et services potentiels.

6. **La technologie.** Elle comprend la technologie actuelle, la capacité d'intégrer de nouvelles technologies et les conséquences probables de la technologie sur les activités présentes ou futures.

7. **Les fournisseurs.** Les relations avec les fournisseurs, leur fiabilité, la qualité, la souplesse et le service sont des points importants.

8. **Autres.** Les autres facteurs incluent les brevets, les relations de travail, l'image de l'entreprise ou des produits, les réseaux de distribution, les relations avec les distributeurs, l'entretien des installations et du matériel, l'accès aux ressources et l'accès aux marchés.

Une fois qu'on a déterminé les facteurs internes et externes et les compétences distinctives de l'organisation, on est en mesure d'établir une ou des stratégies ayant des chances de succès. Il est essentiel que les questions suivantes soient considérées :

- Quel territoire veut-on couvrir ?
- Quelle est l'importance de la technologie Internet pour l'organisation ?
- À quel rythme les nouveaux produits ou services seront-ils lancés ?
- Quel degré d'impartition sera utilisé ?
- Quelle est l'importance de la philosophie d'opérations épurées pour les gestionnaires ?
- Quel taux de croissance l'organisation est-elle capable de soutenir ?
- Comment l'organisation entend-elle se différencier de la concurrence ?

Les réflexions suivantes illustreront l'importance de ces questions. D'une part, une entreprise peut avoir une stratégie dominante, par exemple le prix le plus bas, ou bien plusieurs stratégies, en fonction des produits. Ainsi, des entreprises préféreront miser sur l'impartition massive pour tirer avantage de l'expertise et de la flexibilité de fournisseurs multiples, quitte à subir les inconvénients de l'impartition par des stratégies de rechange. D'autre part, la croissance rapide est le défi majeur des jeunes entreprises, qui doivent affronter les dangers qui en découlent et qui, par manque d'expérience et à cause de l'euphorie qu'une croissance initiale amène, ne savent pas comment la contenir. Finalement, la mondialisation des marchés est là pour rester, et aucune entreprise ne peut se permettre le luxe de l'ignorer : « Aujourd'hui, nul n'a besoin de sortir du pays pour faire face à la concurrence étrangère : tôt ou tard le monde viendra à nous[9]. »

Le tableau 2.4 présente les décisions stratégiques opérationnelles et leur portée, ainsi que les chapitres du livre qui les couvrent.

Malgré tout ce qui a été dit, de nos jours deux stratégies opérationnelles ressortent, elles ont fait leurs preuves et elles sont de plus en plus reconnues : la stratégie axée sur la qualité et celle qui est axée sur le temps.

▼ **TABLEAU 2.4**

Décisions stratégiques opérationnelles et leur portée

Décisions	Portée
Conception du produit et du service (*voir le chapitre 4*)	Coûts, qualité, fiabilité, questions environnementales
Capacité (*voir le chapitre 5*)	Structure de prix, flexibilité
Choix du procédé et aménagement (*voir le chapitre 6*)	Coûts, flexibilité, capacité et niveau de compétences
Conception de poste de travail (*voir le chapitre 7*)	Qualité de vie au travail, organisation du travail, sécurité, productivité
Localisation (*voir le chapitre 8*)	Visibilité, coûts
Qualité (*voir les chapitres 9 et 10*)	Capacité d'atteindre et de surpasser les attentes du client
Stocks (*voir le chapitre 13*)	Coûts de possession, de rupture des stocks, d'entreposage, de pénurie
Maintenance (*voir le chapitre 18*)	Disponibilité, fiabilité, sécurité des travailleurs
Ordonnancement (*voir le chapitre 16*)	Flexibilité, efficacité, fiabilité des délais promis
Chaînes d'approvisionnement (*voir le chapitre 11*)	Niveau de service, coûts de transport, relations avec les fournisseurs, qualité, temps de réponse
Projets (*voir le chapitre 17*)	Lancement de nouveaux produits, de nouveaux procédés, de nouvelles succursales

9. C.A. Bartlett et Sumantra Ghoshal, « Going Global : Lessons from Late Movers », *Harvard Business Review*, mars-avril 2000, p. 139.

2

2.3.5 Les stratégies relatives à la qualité et au temps

Traditionnellement, les entreprises avaient tendance à mettre l'accent sur la réduction des coûts ou la différenciation des produits. Tout en n'abandonnant pas ces stratégies, bon nombre d'entreprises adoptent maintenant des stratégies axées sur la qualité et le temps. Ces deux approches ont de plus en plus de succès. Elles modifient radicalement le fonctionnement des entreprises.

Stratégie axée sur la qualité
Stratégie axée sur la qualité à tous les niveaux d'une entreprise.

Les **stratégies axées sur la qualité** se concentrent sur la satisfaction du client en intégrant la qualité à toutes les étapes de l'entreprise. Cette stratégie englobe non seulement le produit ou le service final livré au client, mais aussi les processus connexes comme la conception, la production et le service après-vente.

Il a été prouvé, hors de tout doute, qu'une amélioration de la qualité augmente la productivité. L'inverse est aussi vrai. Encore faut-il avoir la bonne connaissance de la notion de productivité et de ne pas la confondre avec plus de quantité. Or, malheureusement, beaucoup de dirigeants ne saisissent toujours pas cette notion et continuent de propager de mauvais messages. Nous développerons plus en détail cette notion à la section 2.4.

Stratégie axée sur le temps
Stratégie concernant la réduction du temps nécessaire pour accomplir des tâches.

Les **stratégies axées sur le temps** mettent l'accent sur la réduction du temps requis pour accomplir diverses activités (par exemple mettre au point de nouveaux produits ou services, les mettre en marché, réagir à un changement concernant la demande des clients, livrer un produit ou effectuer un service). Selon cette vision, les entreprises cherchent à améliorer le service à la clientèle et à acquérir un avantage concurrentiel sur leurs rivaux plus lents à accomplir les mêmes tâches. La logique est la suivante : quand on diminue le temps, les coûts sont généralement inférieurs, la productivité est plus grande, la qualité tend à être supérieure, et, aussi étrange que cela puisse paraître (*voir le chapitre 9*), de nouveaux produits apparaissent sur le marché plus rapidement et le service à la clientèle est amélioré.

Les entreprises sont parvenues à gagner du temps sur plusieurs plans :

1. **Le temps de réaction :** temps nécessaire pour réagir à une menace de la concurrence, élaborer des stratégies et sélectionner des tactiques, approuver les changements proposés aux installations, adopter de nouvelles technologies et ainsi de suite.
2. **Le temps de conception des produits ou services :** temps nécessaire pour mettre au point et mettre en marché de nouveaux produits ou services.
3. **La durée de traitement ou temps de fabrication :** temps nécessaire pour produire des biens ou fournir des services ; peut comporter l'ordonnancement, la réparation du matériel, les travaux inutiles, l'inventaire des stocks, l'excès de contrôle de la qualité, la formation et des activités semblables.
4. **Le temps de mise en route :** temps nécessaire pour passer de la production d'un type de produit ou service à un autre. Cela peut comporter de nouveaux réglages et de nouveaux accessoires pour l'équipement ou des changements sur le plan des méthodes, de l'équipement, des horaires ou des matériaux.
5. **Le délai de livraison :** temps nécessaire pour exécuter une commande.
6. **Le délai de réponse aux plaintes :** il peut s'agir de plaintes des clients concernant la qualité, le temps de livraison ou les livraisons incorrectes. Il peut également s'agir de plaintes des employés concernant les conditions de travail (c'est-à-dire la sécurité, l'éclairage et la température ambiante), de problèmes d'équipement ou de qualité.

Opération agile
Méthode d'opération capable de s'adapter rapidement à l'évolution des conditions du marché au moyen d'innovations technologiques, permettant de développer des processus de production des produits et des services personnalisés à chaque type de clients ou de marchés.

Une nouvelle philosophie, développée dans l'industrie automobile, a permis d'adapter un même produit de base à différents marchés. Ainsi, dans le cas des autos, certains accessoires ou couleurs étaient plus prisés par un marché que par un autre ; la culture, l'âge et le type de clients étant différents. La fabrication agile permet de modifier rapidement les méthodes de fabrication pour offrir ces variations de produits. Les délais de mise en route sont alors réduits au minimum. La fabrication agile s'appuie sur des technologies et des ressources de très haut niveau, mises en œuvre par du personnel approprié.

Un transfert de cette approche, du domaine manufacturier au domaine des services, est en train de se réaliser, ce qui nous permettra bientôt de parler d'**opération agile**. La mise en route des chapiteaux des grands spectacles s'est inspirée de cette approche. Par exemple, les chapiteaux de Cavalia et du Cirque du Soleil, qui présentent des spectacles à travers la planète, sont installés en un temps record pouvant s'adapter à la ville, à l'État ou à n'importe quel pays, en s'adaptant à tous leurs règlements.

www.cavalia.com
www.cirquedusoleil.com

2.4 La productivité

Afin de mesurer l'atteinte des objectifs stratégiques et tactiques formulés par la direction, on doit établir un indice ou indicateur permettant cette mesure. La notion de **productivité** entre en scène.

Le responsable des opérations a pour principal rôle de veiller à l'utilisation rationnelle des ressources (matières, main-d'œuvre, équipement, méthodes et milieu) de l'entreprise. Par la productivité, on peut mesurer les extrants (biens et services) par rapport aux intrants (la main-d'œuvre, les matériaux, l'énergie et les autres ressources) utilisés pour les produire. On mesure ainsi l'utilisation efficace des ressources disponibles dans l'entreprise. D'une façon générale, la productivité est le rapport du produit obtenu aux ressources utilisées pour l'obtenir. L'objectif de la productivité n'est pas de produire plus de quantité, mais d'augmenter le rapport entre les quantités produites et les ressources nécessaires pour les faire.

On peut calculer ce rapport de productivité dans le cas d'une seule opération, d'un service, d'une organisation ou d'une nation complète. Il existe plusieurs façons de mesurer et d'interpréter la productivité, d'où la confusion pour plusieurs gestionnaires. La productivité est un chiffre absolu, un ratio, bien que plusieurs autres méthodes aient été utilisées afin de l'exprimer. Le défi consiste à choisir la bonne méthode pour le bon usage.

La productivité a une grande importance sur la viabilité des entreprises et, par ricochet, sur le bien-être d'une nation. C'est après avoir mesuré la productivité d'une organisation qu'on peut analyser son degré d'efficacité et d'efficience dans l'utilisation des ressources. Plus la productivité est grande, plus les coûts d'exploitation pour créer les objets (produits et services) diminuent et plus l'ensemble des citoyens aura accès à ces objets, d'où une plus grande démocratisation[10] des produits et des services. Pour des entreprises à but non lucratif, une plus grande productivité signifie des coûts de fonctionnement plus faibles, tandis que pour les entreprises à but lucratif, c'est leur compétitivité et leur viabilité qui sont en jeu.

Or, il ne suffit pas de mesurer la productivité, mais de chercher à l'accroître, d'où la notion d'**accroissement de productivité.**

$$\text{Accroissement de productivité} = \frac{\text{Productivité}_i - \text{Productivité}_{(i-1)}}{\text{Productivité}_{(i-1)}} \qquad (2\text{-}3)$$

où Productivité$_i$ = Productivité à la période i, la période actuelle
Productivité$_{(i-1)}$ = Productivité à la période $(i-1)$, la période précédente

La recherche de l'accroissement de la productivité est bien plus importante que la recherche des profits pour le bien-être d'une nation. La productivité peut augmenter soit en produisant plus d'objets avec les mêmes ressources, soit en utilisant moins de ressources pour créer la même quantité d'objets. Dans les deux cas, les opérations épurées (*voir le chapitre 1*) jouent un rôle direct pour l'accroissement de la productivité. Cet accroissement a un impact direct sur l'environnement et sur la qualité :

- en utilisant moins de ressources pour les mêmes quantités produites, on consomme moins d'énergie et de matières et on nuit moins à l'environnement ;
- en faisant plus de bons produits pour les mêmes ressources utilisées, on augmente la qualité, on diminue les produits rejetés, donc moins de ressources utilisées et gaspillées, moins de rebuts.

L'exemple 1 illustre la distinction entre productivité et quantité, notions importantes.

L'entreprise A produit 10 000 unités par semaine, en employant 200 personnes.

L'entreprise B produit 1 200 unités par semaine, en employant 12 personnes.

Au point de vue de la quantité, A est plus performante que B (10 000 unités > 1 200 unités). Au point de vue productivité de la main-d'œuvre, on aura :

Pour A : 10 000 unités/200 personnes = 50 unités par personne.

Pour B : 1 200 unités/12 personnes = 100 unités par personne.

B est de loin plus productive que A, même si B ne produit pas autant que A.

Productivité
Ratio des quantités de biens ou de services créés par rapport aux ressources utilisées pour les créer.

Exemple 1 _____

2.4.1 Les mesures de productivité

Mesures partielles	$\dfrac{\text{Production}}{\text{Main-d'œuvre}}$	$\dfrac{\text{Production}}{\text{Machine}}$	$\dfrac{\text{Production}}{\text{Capital}}$	$\dfrac{\text{Production}}{\text{Énergie}}$
Mesures multifactorielles	$\dfrac{\text{Production}}{\text{Main-d'œuvre} + \text{Machine}}$		$\dfrac{\text{Production}}{\text{Main-d'œuvre} + \text{Capital} + \text{Énergie}}$	
Mesure totale	$\dfrac{\text{Biens ou services produits}}{\text{Tous les intrants utilisés pour les produits}}$			

Les mesures de la productivité peuvent être basées sur un seul intrant (**productivité partielle**), sur plus d'un intrant (**productivité multifactorielle**) ou sur tous les intrants (**productivité totale**). Le tableau 2.5 fournit des exemples de mesures de productivité. Le choix de la mesure de productivité est principalement fonction des objectifs de la mesure.

TABLEAU 2.5

Exemples de différents types de mesures de productivité

TABLEAU 2.6

Exemples de mesure de la productivité partielle

S'il s'agit de rechercher des améliorations dans la productivité de la main-d'œuvre, celle-ci devient l'unité de mesure des intrants (*voir l'exemple 1*).

Les mesures partielles sont souvent très utiles en gestion des opérations (*voir le tableau 2.6*). Bien que cela ne soit pas exact au point de vue de la définition, on utilise parfois d'autres notions pour mesurer la productivité, telles que les cadences de production et autres.

a) **Productivité de la main-d'œuvre** = unités produites/employé
   cadence = unités de production par heure de main-d'œuvre
   = unités de production par quart de travail
   Valeur ajoutée par heure de main-d'œuvre
   Valeur financière de la production par heure de main-d'œuvre

b) **Productivité de la machine** = unités produites par heure par machine
   Valeur ajoutée ($) par heure et par machine

c) **Productivité du capital**
   Unités de production par intrant en dollars
   Valeur en dollars de la production par intrant en dollars

d) **Productivité de l'énergie**
   Unités de production par kilowattheure
   Valeur en dollars de la production par kilowattheure

Le taux de production, appelé aussi vitesse, **cadence d'opération ou de production,** est la quantité produite par unité de temps (heure, minute ou autre) (par exemple le nombre de mètres de tapis installés/heure, le nombre de bureaux nettoyés/quart de travail ou le nombre de mètres cubes de bois coupé/semaine).

L'inverse de la cadence est le **cycle d'opération ou de production** qui représente le temps nécessaire à la création d'une unité de bien ou de service. Cela doit inclure toutes les situations exceptionnelles rencontrées telles que les retards, les repos des employés, etc., d'où l'expression reconnue et consacrée : temps standard, toutes majorations incluses (*voir le chapitre 7*). Aux fins de gestion, de planification et de l'établissement du coût de revient, on détermine souvent le cycle d'opération en heures, d'où la notion de **standard horaire de production** (s.h./unité de production). On voit apparaître les notions de standard heures-machines, standard heures-employés, etc.

Toutes ces mesures représentent ce qu'on appellera dorénavant des « indices » ou des **indicateurs de performance.**

Exemple 2

Solution

Cadence d'opération ou de production

Quantité de produit ou de service créée par unité de temps.

Cycle d'opération ou de production

Temps nécessaire à la création d'un produit ou d'un service.

Indicateurs de performance

Indices mesurables et quantifiables servant à comparer des procédés d'opérations à des moments donnés.

Calculez les indices de performance pour ces cas, en utilisant la cadence comme indicateur :

1. Quatre travailleurs ont installé 720 m² de tapis en 8 heures.

$$\text{Cadence de production} = \frac{\text{Mètres de tapis installés}}{\text{Heures de main-d'œuvre travaillées}}$$
$$= \frac{720 \text{ m}^2}{4 \text{ travailleurs} \times 8 \text{ heures/travailleur}}$$
$$= \frac{720 \text{ m}}{32 \text{ heures}} = 22{,}5 \text{ m}^2/\text{h}$$

2. La machine a produit 68 « bonnes » pièces en 2 heures.

$$\text{Cadence ou taux} = \frac{\text{Pièces utilisables}}{\text{Temps de production}} = \frac{68 \text{ pièces}}{2 \text{ heures}} = 34 \text{ pièces/h}$$

Pour calculer la productivité, les taux de production et autres indices, on ne tient compte que des bonnes pièces fabriquées, les pièces utiles, comme le spécifie la définition de la production, et pas seulement des quantités fabriquées, sans égard à leur état. Il est important de rappeler que les notions de productivité et de qualité vont de pair : plus grande est la qualité, plus la productivité augmente et vice versa.

Exemple 3

Le procédé A fabrique 60 unités l'heure (u/h) dont 55 sont bonnes, tandis que le procédé B fabrique 100 u/h, dont 94 sont bonnes. Les deux utilisent 1 kg de matière première par unité produite (1 kg/u).

La productivité matière est:

Procédé A = 60 u/h × 1 kg/u = 60 kg/h
Productivité matière = 55 u/60 kg = 0,916 u/kg
Procédé B = 100 u/h × 1 kg/u = 100 kg/h
Productivité matière = 94 u/100 kg = 0,94 u/kg

Le procédé B est plus productif, car il produit plus d'unités par kilogramme utilisé.

On aurait pu calculer un indicateur inverse, soit intrant/extrant. La conclusion aurait été identique, même si on dévie de la définition de la productivité extrant/intrant.

Procédé A: Ressources matière utilisées = 60 kg
Quantité produite = 55 u
Indice = 60 kg / 55 u = 1,091 kg/u

Procédé B: Ressources matière utilisées = 100 kg
Quantité produite = 94 u
Indice = 100 kg / 94 u = 1,064 kg/u

Le procédé B consomme moins de ressources par unité produite.

Les calculs des productivités multifactorielles et totales exigent l'utilisation d'unités de mesure communes des intrants et des extrants. Ces mesures communes peuvent être leurs coûts ou leurs valeurs. On peut, par exemple, utiliser les coûts des intrants et le prix des extrants:

$$\text{Productivité totale} = \frac{\text{Quantité d'extrants à la valeur standard}}{\text{Coût de la main-d'œuvre} + \text{Coût des matériaux} + \text{Coûts indirects}} \quad (2\text{-}4)$$

La valeur de l'unité d'un produit sur le marché est de 2,50 $.

Déterminez la productivité multifactorielle pour les intrants combinés de la main-d'œuvre et du temps/machine à l'aide des données suivantes:

Production: 1 760 unités
Ressources utilisées:
Main-d'œuvre: 1 000 $
Matériaux: 520 $
Coûts indirects: 2 000 $

$$\text{Productivité multifactorielle} = \frac{\text{Extrants}}{\text{Main-d'œuvre} + \text{Matériaux} + \text{Coûts indirects}}$$

$$= \frac{1\,760 \text{ unités}}{1\,000\,\$ + 520\,\$ + 2\,000\,\$}$$

$$= 0,50 \text{ unité/\$}$$

Cet indice de productivité est évalué en unités produites par dollar consommé, ou mieux encore:

Extrants: 1 760 unités × 2,50 $ = 4 400 $
Total des intrants: 1 000 $ + 520 $ + 2 000 $ = 3 520 $

$$\text{Productivité totale:} \quad \frac{4\,400\,\$}{3\,520\,\$} = 1,25 \text{ ou } 125\,\%$$

Plus ce ratio est élevé, meilleure est la productivité.

Un ratio égal à 1,00 ou 100 % indique que l'entreprise fait du surplace.

Les mesures de productivité sont utiles pour diverses raisons. Pour un service ou une entreprise, les mesures de productivité peuvent servir à estimer le rendement dans le temps et à déterminer les secteurs où des améliorations sont nécessaires. Les mesures de productivité peuvent également servir à évaluer la performance d'une industrie complète ou la productivité nationale d'un pays. Ces mesures sont des mesures agrégées, qu'on détermine en combinant les mesures de productivité de diverses entreprises ou industries. Essentiellement, les mesures de productivité servent à vérifier l'utilisation efficace des ressources. La productivité intéresse les chefs d'entreprise puisqu'elle indique leur capacité à soutenir la compétition (*voir la section 2.2*). Si deux entreprises ont le même niveau d'extrants, mais que l'une d'elles exige moins d'intrants en raison de sa productivité plus élevée, elle pourra offrir ses produits à meilleur prix, être plus compétitive et par conséquent accroître sa part du marché. Elle pourra même le vendre au prix courant et augmenter ses marges de profits. Les chefs de gouvernement s'intéressent à la productivité nationale en raison de la relation étroite qui existe entre la productivité et le niveau de vie d'un pays. Les hauts niveaux de productivité des pays industrialisés sont largement responsables du niveau de vie relativement élevé de leurs habitants. De plus, les augmentations de salaires et de prix qui ne sont pas accompagnées de hausses de productivité tendent à exercer des pressions inflationnistes sur l'économie d'un pays, d'où les problèmes récurrents éprouvés par certaines nations.

On voit donc le lien qui existe entre la production de biens et services utiles, la productivité (mesure de cette capacité de produire ces biens et services), et le niveau de vie d'une société. Rien d'autre ne peut accroître le bien-être d'une nation et lui permettre ensuite de se payer les services sociaux, d'éducation, de santé, d'arts et autres qui sont nécessaires à son bien-être et à sa survie. C'est cette vision qui a fait dire à Adam Smith : « Le bien-être des nations ne provient que de la production[11]. »

La question la plus évidente est la suivante : Comment certaines nations, industries ou entreprises peuvent-elles obtenir des gains de productivité, alors que d'autres n'y parviennent pas ? Les théoriciens et les chercheurs font mention de certaines attitudes ayant des effets négatifs sur la productivité. Parmi les plus connues, mentionnons les suivantes :

1. La tendance à surconsommer et à ne pas épargner provoque un ralentissement de la formation de capital et entraîne l'arrivée massive de produits étrangers.

2. L'accroissement du nombre de règlements gouvernementaux alourdit le fardeau administratif (non productif) de plusieurs entreprises.

3. L'accroissement de la demande de services, souvent moins productifs que les activités de fabrication, crée peu de valeur ajoutée.

4. L'accent mis sur le rendement à court terme des bénéfices annuels, de la satisfaction des actionnaires et des retours sur investissements a pour effet d'entraîner une diminution des initiatives en vue d'élaborer des stratégies durables à l'organisation. De plus, durant les périodes d'inflation et d'augmentation des coûts des emprunts, les gestionnaires hésitent à investir des fonds pendant de longues périodes, car cela les empêche de tirer profit d'autres occasions pouvant survenir entre-temps.

5. L'incapacité des gestionnaires à intégrer efficacement les progrès technologiques au processus de production et des opérations ; on se plaint généralement du fait que les gestionnaires avides de profits à court terme semblent « attaquer leurs problèmes au moyen de la technologie » plutôt que d'analyser sagement leurs processus pour voir comment la technologie pourrait les aider à obtenir un avantage concurrentiel.

La difficulté de mesurer avec précision la productivité est un autre problème auquel font face les gestionnaires. Par exemple, il peut être difficile de mesurer la productivité des cols blancs, surtout si la pensée et les efforts créatifs font partie du travail. De plus, le contenu variable des emplois dans le secteur des services peut fausser les mesures de productivité. Supposons qu'un restaurant engage quatre serveuses, qui servent 80 repas le mercredi et 90 repas le jeudi, au cours du même intervalle de deux heures. À première vue, il semble que les serveuses soient plus productives le jeudi. Or, il est possible que le petit nombre de repas servis le mercredi soit dû au peu de clients qui se présentent ce jour-là plutôt qu'à une plus grande productivité le jeudi. La réalité est que le restaurateur a mesuré la quantité de repas (80 par opposition à 90) servis et non la productivité. Considérons le cas de deux médecins travaillant dans une salle d'urgence. L'un d'eux s'est occupé de six patients atteints de blessures mineures, tandis que l'autre a passé le même laps de temps avec un seul patient gravement blessé. Il est faux de prétendre que le médecin qui a pris soin de six patients a été plus productif.

Les différences de qualité peuvent également altérer les mesures de production. Cela peut notamment se produire quand on effectue des comparaisons dans le temps (*voir la figure 2.2*), comme la comparaison de la productivité d'une entreprise des

FIGURE 2.2 ▸

Modifications de la production canadienne en pourcentage (produit intérieur brut par heure), 1989-2009

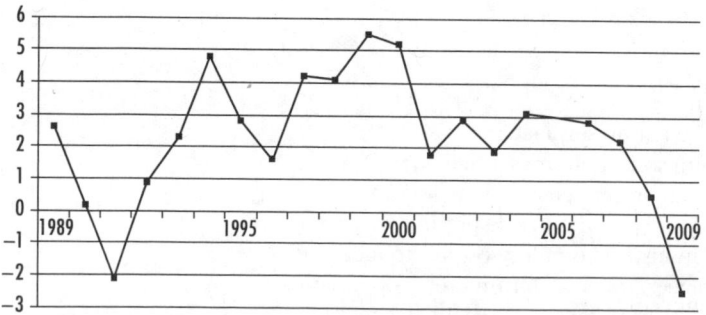

Source : Tableaux CANSIM 383-0013 à 383-0015, Statistique Canada (www.statcan.ca).

———————————

11. Adam Smith, économiste anglais du XVIIIe siècle, auteur de *The Wealth of Nations*, 1776.

années 2000 avec une des années 1960. D'aucuns contesteraient le fait que la qualité est maintenant beaucoup plus grande qu'elle ne l'était en 1960, mais il n'est pas facile d'intégrer la qualité aux mesures de productivité.

En bref, on doit considérer les mesures de productivité en tenant compte des facteurs connexes et d'une fausse interprétation des chiffres. Par conséquent, il est préférable de traiter la productivité comme un indicateur approximatif plutôt que comme une mesure précise. À titre d'exemple, la productivité moyenne de la main-d'œuvre du Canada pour les années 1999 à 2008 s'est accrue en moyenne de 2,3 %. Dans le secteur des services, dont la teneur en main-d'œuvre est plus forte que dans le secteur manufacturier, l'augmentation a atteint 3,6 %. Pour la même période, la productivité multifactorielle s'est accrue de 2,4 %. La figure 2.3 montre l'indice de la productivité au travail (1999-2008) de l'économie canadienne en prenant l'année 2002 comme l'année jalon à valeur 100.

▼ **FIGURE 2.3**

Indice de la productivité du travail de l'ensemble des entreprises au Canada, 1999-2008

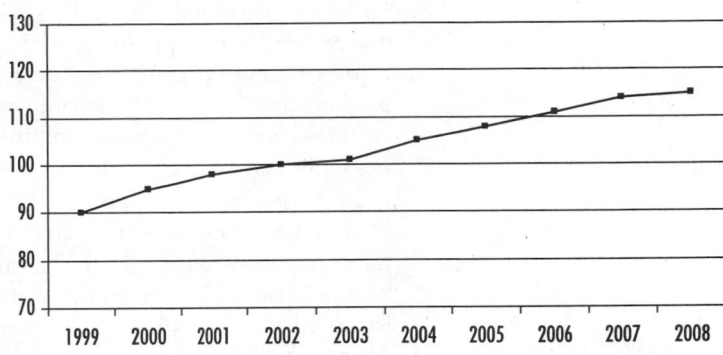

Source : Statistique Canada, tableau CANSIM 383-0012, 1999 à 2008.

2.4.2   Les facteurs influant sur la productivité

Plusieurs facteurs influent sur la productivité. Parmi ceux-ci, mentionnons les procédés de travail, le capital, la qualité, la technologie et les modes de gestion.

On a généralement tendance à croire, à tort, que les travailleurs sont les facteurs déterminants de la productivité. Selon cette théorie, pour obtenir des gains de productivité, il faut inciter les travailleurs à travailler plus fort, où tout simplement éliminer les tâches à haute teneur en main-d'œuvre. Il est vrai que, dans le passé, plusieurs gains de productivité ont été obtenus grâce à des progrès technologiques, par exemple les photocopieuses, les calculatrices, les ordinateurs de bureau et les portables, le réseau Internet, les cellulaires, les électroménagers (laveuse à linge, laveuse à vaisselle, etc.), les robots culinaires, la facturation et la gestion des stocks informatisées et l'automatisation.

Cependant, la technologie seule ne garantit pas des gains de productivité ; on doit l'utiliser avec discernement. Sans une planification réfléchie, la technologie peut en fait réduire la productivité, surtout si elle entraîne une perte de flexibilité, une hausse des coûts ou des opérations mal assorties. Un autre ralentissement courant de la productivité provient d'employés qui utilisent leur ordinateur pour effectuer des activités qui ne sont pas liées au travail (jouer à des jeux vidéo, suivre sur le Web l'évolution de leurs actions boursières ou les résultats sportifs). En plus de tous ces facteurs, ajoutons une perte de productivité initiale qui découle de l'apprentissage des employés. En effet, au début les employés apprennent à utiliser un nouveau matériel ou des procédures qui mèneront éventuellement à des gains de productivité, mais uniquement à la fin d'une période d'apprentissage. La notion des courbes d'apprentissage, développée au chapitre 7, est très importante à considérer.

Parmi les facteurs les plus communs qui influent sur la productivité, mentionnons :

1. La normalisation des méthodes de travail et des processus administratifs fait en sorte de réduire la variabilité des façons de faire. Il est donc plus facile et rapide de former les travailleurs d'un poste à un autre et de les transférer, ce qui diminue leur insécurité face aux changements.

2. Les technologies de l'information (TI) assurent une disponibilité et un transfert rapides de l'information, ce qui rend la prise de décisions plus facile et diminue les erreurs dues aux manques de données.

3. Les virus informatiques avec l'utilisation massive de l'informatique nous rendent vulnérables aux pannes informatiques. L'entreprise devient trop dépendante de l'ordinateur, et on ne peut plus s'en passer.

4. La recherche des objets mal placés consomme du temps indu à les chercher.

5. Les taux de rejet des produits et des services mal réalisés obligent la reprise du travail, ce qui coûte deux fois le prix pour faire la même chose : une mauvaise qualité diminue la productivité.

2

6. Les nouveaux employés sont naturellement moins productifs que ceux ayant de l'expérience dans l'entreprise. Il faut prévoir des périodes de faible productivité durant la période d'apprentissage.

7. Un taux élevé de roulement des employés coûte cher en frais de formation et d'apprentissage, de démotivation et d'insécurité des employés. Un haut taux de roulement des employés est habituellement un symptôme de malaises importants.

8. La santé, la sécurité et la qualité de vie au travail (QVT) des employés sont des facteurs d'accroissement de productivité. Le manque de programme de sécurité est économique à court terme. Les coûts à moyen et à long terme sont astronomiques pour ce qui est des produits à refaire, du temps perdu en formation des employés remplaçants, des livraisons en retard accompagnées par l'insatisfaction du client.

9. Les équipes de soutien technique en TI (technologies de l'information), en maintenance et les conseillers en opérations soutiendront et assureront la disponibilité des ressources techniques nécessaires aux opérations.

10. La conception de postes de travail conviviaux augmente l'efficacité du travail, diminue le taux d'erreurs et de rejets, d'absentéisme et de maladies liées au travail. Les ingénieurs industriels et les ergonomes sont d'une aide précieuse dans ce domaine (*voir le chapitre 7*).

11. Des plans de rémunération et d'autres types de politiques de reconnaissance, contrairement à toutes sortes de théories qui circulent depuis quelque temps, sont d'excellents moyens de motivation pour les employés, ce qui a un effet direct sur la productivité. Peu de personnes sont intéressées à travailler fort et à recevoir le même type de reconnaissance que leurs collègues moins performants. Le cas des étudiants voulant obtenir une forte moyenne est la preuve la plus concluante.

2.4.3 L'amélioration de la productivité

Il existe différentes façons d'améliorer la productivité d'une entreprise ou d'un service. Analysons les principales.

1. Créer des mesures ou indices de productivité pour toutes les activités ; les mesures sont la première étape vers la gestion et le contrôle des opérations. En effet, on ne le répétera jamais assez :

   ON NE PEUT AMÉLIORER CE QU'ON NE PEUT MESURER.

2. Analyser le système dans son ensemble, lorsqu'on tente de déterminer les opérations les plus cruciales. C'est la productivité globale qui est importante ; la mesure de la productivité partielle doit être utilisée avec discernement. On entend souvent des entrepreneurs se plaindre du fait que leur productivité est faible, car le salaire de leurs employés est plus élevé que celui des travailleurs de plusieurs pays en voie de développement. Or, il ne fait aucun doute que les salaires des travailleurs des pays du G8 sont plus élevés que ceux des pays du tiers-monde, et pourtant la productivité du G8 est de loin la plus élevée. Il faut donc mesurer la productivité dans un ensemble.

3. Élaborer des méthodes visant l'amélioration de la productivité, comme solliciter des idées auprès des travailleurs (en organisant des équipes de travailleurs, d'ingénieurs et de gestionnaires), étudier la manière dont les autres entreprises ont accru leur productivité et réexaminer la manière dont le travail est effectué. Les équipes autogérées, de *kaïzen*, et les programmes d'amélioration continue et d'analyse comparative (*benchmarking*) sont autant de nouvelles approches qui peuvent nous aider à atteindre cet objectif (*voir ces notions aux chapitres 9 et 15*).

4. Établir des objectifs d'amélioration raisonnables, car il n'y a rien de pire que de mettre la barre trop haute, de manière telle que ces objectifs deviennent irréalisables. La démotivation et la perte de crédibilité s'installent auprès de l'ensemble de l'organisation.

5. S'assurer de l'appui sans faille de la haute direction aux programmes d'améliorations de la productivité. On considérera des incitatifs pour récompenser les travailleurs pour leurs contributions.

6. Mesurer les améliorations et les annoncer, ce qui motivera grandement l'entreprise à se dépasser.

7. Ne pas confondre la productivité et l'efficience. L'efficience est une notion plus étroite qui consiste à obtenir le maximum d'un ensemble donné de ressources; la productivité est un concept plus vaste qui a trait à l'usage efficace des ressources globales. Par exemple, du point de vue de l'efficience, si l'on considère la tonte du gazon à l'aide d'une tondeuse à gazon manuelle, on se concentre sur la meilleure manière d'utiliser la tondeuse; du point de vue de la productivité, on songerait par exemple à utiliser une tondeuse électrique. Nous y reviendrons au chapitre 5.

2.4.4 La productivité dans les services

La notion de productivité a longtemps été réservée aux secteurs primaire et secondaire de l'économie, le domaine des services étant épargné de toute mesure de productivité. Cela était principalement dû:

- à la difficulté de mesurer la productivité de tâches très variées, caractéristique principale des emplois dans les services;
- à la haute teneur de la dimension intellectuelle; pensons au travail des professionnels œuvrant dans les secteurs de la santé, des finances, de l'enseignement, du juridique, de la restauration et de l'hôtellerie, etc.;
- au peu de concurrence étrangère qui existait entre les entreprises du secteur des services, ce qui a changé de manière radicale avec les centres d'appels situés en Inde ou ailleurs sur la planète.

Cependant, l'arrivée massive du nombre de professionnels rattachés au soutien à la production manufacturière (tâche de service) qui, au départ, sont sensibles à la notion de productivité, tels que planificateurs, acheteurs, personnel de maintenance, de contrôle de qualité et de laboratoire ou de soutien en TI (technologies de l'information), a fait en sorte que la recherche de résultats, de comparaison et de productivité a commencé à faire son chemin. Ajoutons à cela le nombre de plus en plus important d'entreprises évoluant dans les services et la grande concurrence qui en a découlé, il faut alors augmenter la productivité pour se distinguer et survivre, sinon on est condamné à disparaître. C'est ce qui est apparu dans les grandes chaînes d'épiceries, du commerce au détail, dans les entreprises du transport, des services financiers. Dépendant des nations, il existe encore quelques bastions que la productivité n'a pas encore touchés, tels que l'éducation, la santé, les services publics, mais qui ne tarderont pas à changer s'ils veulent survivre: cette constatation est cruellement réelle. En effet, plusieurs entreprises nationales de transport aérien, pensant ne pas avoir à affronter la concurrence dans un territoire donné protégé, ne se sont pas souciées de leur productivité. Dès que la concurrence est arrivée, mondialisation aidant, elles n'ont pu continuer à fonctionner de la même façon, certaines ont tout simplement disparu. Les cas de Sabena en Belgique, Swissair en Suisse, S.A.S en Suède et Alitalia en Italie en sont la preuve. Air Canada a dû mettre sur pied et appliquer des politiques de grand réalisme pour assurer sa survie. Seulement les entreprises qui ont su et pu s'adapter sont actuellement viables.

La productivité dans le domaine des services est un phénomène inévitable, et on la gère de la même façon que dans les autres secteurs tout en tenant compte des caractéristiques propres à chaque secteur. Malgré cela, le secteur des services au Canada demeure réticent face à la notion de productivité, comme le montre la figure 2.4. Celle-ci compare l'augmentation de la productivité totale entre les deux secteurs, depuis 1960. Heureusement, cette attitude tend à changer depuis 1999.

▾ **FIGURE 2.4**

Augmentation de la productivité totale par secteur

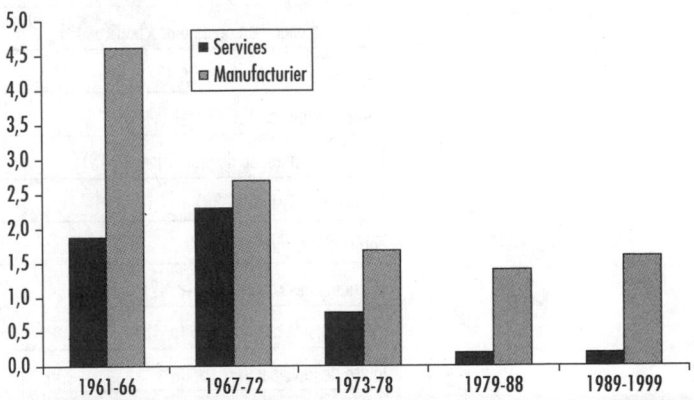

Source: Statistique Canada, catalogue 15-204-XIE, p. 17.

2

2.5 Conclusion

Les entreprises doivent être compétitives pour vendre leurs produits et services sur le marché. La compétitivité est un facteur décisif qui fera la différence entre l'entreprise prospère qui réussit à survivre et celle qui disparaît tout simplement : c'est une dure réalité.

Les nations, et les organisations qui en font partie, doivent s'améliorer continuellement pour rester compétitives afin de sauvegarder leur niveau de vie. Pour cela, elles doivent déterminer des stratégies d'opération. Les indices de productivité permettent de mesurer l'atteinte de ces objectifs.

La productivité est une mesure de l'utilisation efficace des ressources de l'entreprise. Les comparaisons de productivité aident les gestionnaires à juger de la capacité d'une entreprise à faire face à la concurrence et à servir ses clients. Il est important de bien comprendre que la productivité n'est pas synonyme de quantité produite et qu'elle augmente avec l'accroissement de la qualité, et vice versa. Plusieurs indices ou indicateurs de productivité ont été développés. Il est important de comprendre ce que chacun de ces indices mesure pour les interpréter correctement, car il existe un danger sérieux de « mésinterprétation ». Les entreprises et les pays qui connaissent une productivité relativement élevée jouissent d'un avantage sur leurs concurrents.

Les entreprises font face à la concurrence de plusieurs manières, notamment sur le plan des prix, de la qualité, du temps de réponse et des fonctions et des services particuliers.

Les entreprises peu compétitives le sont souvent à cause de faiblesses ou de manque de politiques stratégiques. Les stratégies sont des approches de base qu'utilisent les entreprises pour atteindre leurs objectifs. Elles offrent une orientation pour la planification et la prise de décisions. Une entreprise adopte généralement des stratégies globales qui sont pertinentes pour l'entreprise dans son ensemble, et d'autres qui sont adaptées à chacun de ses secteurs fonctionnels : il est important que ces stratégies soient cohérentes entre elles. Les stratégies fonctionnelles ont une portée plus limitée et doivent être liées à la stratégie globale. Plusieurs entreprises ont adopté des stratégies axées sur le temps, d'autres sur la qualité, pour devenir plus concurrentielles, être plus productives et mieux servir leurs clients. De nos jours, plusieurs organisations essayent de trouver des stratégies intégrales qui regroupent plusieurs objectifs. ●

Terminologie

Accroissement de productivité (p. 47)	Opération agile (p. 46)
Analyse de l'environnement (p. 44)	Productivité (p. 47)
Approche FFPM : forces, faiblesses, possibilités et menaces (p. 42)	Productivité multifactorielle (p. 48)
Cadence d'opération ou de production (p. 48)	Productivité partielle (p. 48)
Compétences distinctives (p. 43)	Productivité totale (p. 48)
Compétitivité (p. 35)	Qualificateurs des commandes (p. 42)
Cycle d'opération ou de production (p. 48)	Réaction ou réponse rapide (p. 36)
Énoncé de mission (p. 38)	Standard horaire de production (p. 48)
Fabrication agile (p. 46)	Stratégie (p. 39)
Gagnants des commandes (p. 42)	Stratégie axée sur la qualité (p. 46)
Indicateurs de performance (p. 48)	Stratégie axée sur le temps (p. 46)
Indice de la valeur *(IV)* (p. 38)	Stratégie opérationnelle (p. 40)

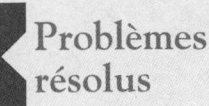

Problème 1

Une société qui transforme des fruits et des légumes est en mesure de produire 400 boîtes de conserve de pêches en une demi-heure avec 4 travailleurs. Calculez la cadence ou le taux de production par employé.

Solution

$$\text{Taux de production par employé} = \frac{400 \text{ boîtes}}{4 \text{ employés} \times 0,5 \text{ h}} = 200 \text{ boîtes/h par employé}$$

Problème 2

Une entreprise de papier d'emballage produit 2 000 rouleaux par jour de travail, d'une valeur de 1 $/rouleau. Pour cela, elle utilise par jour ouvrable :

160 $ de main-d'œuvre   320 $ de frais généraux
50 $ de matière première
Calculez la productivité multifactorielle (*PMF*).

Solution

$$\text{Productivité multifactorielle} = \frac{\text{Quantité de rouleaux produits}}{\text{Main-d'œuvre} + \text{Matière première} + \text{Frais généraux}}$$

$$= \frac{2\,000 \text{ rouleaux} \times 1\,\$/\text{rouleau}}{160\,\$ + 50\,\$ + 320\,\$} = \frac{2\,000\,\$}{530\,\$} = 3,77$$

Pour chaque dollar investi, l'entreprise le multiplie par 3,77 en valeur ajoutée, soit 377 % (530 $ × 377 % = 530 $ × 3,77 = approximativement 2 000 $).
On aurait pu calculer la productivité en unités par dollar investi :

$$= \frac{\text{Quantité de rouleaux produits}}{\text{Main-d'œuvre} + \text{Matière première} + \text{Frais généraux}}$$

$$= \frac{2\,000 \text{ rouleaux}}{160\,\$ + 50\,\$ + 320\,\$} = \frac{2\,000 \text{ unités}}{530\,\$} = 3,77 \text{ u/\$}$$

Problème 3

Calculez la productivité multifactorielle (*PMF*) de la situation suivante :

Quantité produite par quart de 8 heures de travail : 300 unités
Nombre d'employés utilisés : 3 employés par quart
Salaire horaire par employé : 20 $/heure
Quantité de matière première utilisée : 600 kg à 1,00 $/kg
Frais généraux d'opération : 1,5 fois le coût de la main-d'œuvre

Solution

$$\text{Productivité multifactorielle } (PMF) = \frac{\text{Quantité de rouleaux produits}}{\text{Main-d'œuvre} + \text{Matière première} + \text{Frais généraux}}$$

$$= \frac{300 \text{ unités}}{(3 \text{ employés} \times 8 \text{ h} \times 20\,\$/\text{h}) + (600 \text{ kg} \times 1\,\$/\text{kg}) + (3 \text{ employés} \times 8 \text{ h} \times 20\,\$/\text{h}) \times 1,50}$$

$$= \frac{300 \text{ unités}}{480\,\$ + 600\,\$ + 720\,\$} = 0,167 \text{ u/\$}$$

1. Il arrive souvent que des groupes de pression réclament des barrières tarifaires pour protéger certains secteurs industriels de la concurrence étrangère. Présentez les avantages et les inconvénients de ces politiques. Faites-en le parallèle avec le secteur des services publics.
2. Dressez une liste des différents moyens à la disposition des entreprises pour se faire concurrence.
3. La plupart des experts s'entendent pour dire que les travailleurs ne sont pas les principaux responsables d'une faible productivité. Qui l'est ?

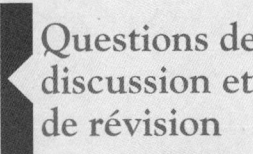

**Questions de
discussion et
de révision**

4. Parmi les entreprises citées au tableau 2.1, à la page 39, déterminez celle qui répond le plus aux facteurs assurant des avantages compétitifs (*voir la sous-section 2.2.1*).

5. Quelles sont les principales causes de la faible compétitivité de certaines entreprises?

6. Quelles sont les compétences distinctives et quelle est leur relation avec la formulation des stratégies?

7. Faites la distinction entre les mots «stratégies» et «tactiques».

8. Que sont les compétences distinctives? Comment sont-elles liées à la formulation des stratégies d'entreprise?

9. Expliquez l'expression «stratégie axée sur le temps» et donnez-en trois exemples.

10. Qu'est-ce que la productivité et quelle est son importance? Qui est principalement responsable de la productivité dans une entreprise?

11. Comment la production épurée peut-elle contribuer à la productivité?

12. Dressez la liste des facteurs qui peuvent influer sur la productivité et nommez certaines façons d'améliorer la productivité.

13. On a dit qu'un fabricant d'automobiles japonais typique produisait plus de voitures avec moins de travailleurs que son concurrent nord-américain. Quelles sont les explications possibles, si l'on part du principe que les employés nord-américains travaillent aussi fort que les employés japonais?

14. La stratégie privilégiée par l'avionneur Boeing avec son nouveau 777 est de se focaliser sur des appareils de taille moyenne capables de servir des petits groupes de voyageurs avec de fréquents vols. Airbus, avec le modèle géant A380, a choisi de couvrir de grandes distances pour un grand nombre de passagers. Discutez des forces et des faiblesses de ces deux approches.

15. Déterminez 10 facteurs sur lesquels les entreprises bancaires peuvent se faire concurrence.

16. Quelles raisons stratégiques incitent les entreprises à se fier sur la technologie pour réduire la variabilité dans les procédures opérationnelles (normalisation des procédés)?

Problèmes ❯

1. Un traiteur a servi 300 repas lors d'une fête d'anniversaire avec 8 préposés au service. La semaine suivante, il a servi 240 repas lors d'un mariage avec 6 préposés.
   a) Durant quelle célébration la productivité en main-d'œuvre a-t-elle été meilleure?
   b) Selon vous, quelles seraient les raisons probables de cette différence?

2. Une entreprise a produit 300 bibliothèques la semaine 24 en utilisant 8 travailleurs et 240 bibliothèques la semaine 23 avec 6 travailleurs. Durant quelle période la productivité a-t-elle été la plus élevée? Expliquez votre réponse.

3. Le gestionnaire d'une équipe qui installe du tapis a noté la productivité de l'équipe au cours des dernières semaines et a obtenu les chiffres qui suivent.

   Calculez le taux de production pour chacune des semaines. Selon vos calculs, que pouvez-vous conclure concernant la taille de l'équipe et sa productivité?

Semaine	Nombre d'employés dans l'équipe	Mètres de tapis installés
1	4	960
2	3	702
3	4	968
4	2	500
5	3	696
6	2	500

4. En utilisant les données du tableau ci-contre, calculez la productivité multifactorielle pour chacune des semaines. Que reflètent les chiffres sur la productivité? Calculez des semaines de travail de 40 heures et un salaire horaire de 12$. Les frais généraux sont de 1,5 fois les coûts de la main-d'œuvre par semaine. Les coûts des matériaux sont de 6$/kg. Le prix standard est de 140$ l'unité.

Semaine	Extrants (unités)	Travailleurs	Matériel (en kg)
1	300	6	45
2	338	7	46
3	322	7	46
4	354	8	48
5	222	5	40
6	265	6	42
7	310	7	46

5. Un manufacturier de chariots d'épicerie pour supermarchés a récemment fait l'acquisition d'un nouvel équipement lui permettant de réduire le temps de main-d'œuvre nécessaire à la fabrication des chariots. Initialement, l'entreprise utilisait 5 travailleurs produisant en moyenne 80 chariots l'heure. Le coût de la main-d'œuvre était de 10$ l'heure et le coût des machines, de 40$ l'heure. Avec le nouvel équipement, il a été possible de transférer l'un des travailleurs dans un autre service, les coûts de l'équipement ont augmenté de 10$ l'heure et la production s'est accrue de 4 unités l'heure.
   a) En utilisant comme indice de performance le nombre de chariots fabriqués par travailleur et par heure, comparez les deux méthodes de travail.
   b) En utilisant comme indice de performance le nombre de chariots fabriqués par dollar (main-d'œuvre plus machines), comparez les méthodes de travail.
   c) Commentez les variations de la productivité selon les deux mesures et déterminez la plus pertinente pour cette situation.

6. Un procédé a un taux de rejet de 10%. On observe 72 unités produites par heure. Si l'on éliminait le taux de mauvaise qualité, quel accroissement de productivité en résulterait?

7. Une agente d'amélioration mesure un procédé de services médicaux pendant deux semaines consécutives. La première semaine, le procédé a créé 160 unités de service sur 40 heures travaillées; la deuxième semaine, on a observé 138 unités pour 36 heures de travail. Laquelle des deux semaines a été la plus productive?

8. Le tableau ci-contre présente le nombre de clients servis par jour par service dans une banque, ainsi que les employés par service. Le salaire horaire est de 25 $/heure par employé, les frais généraux sont de 1,0 fois le coût de la main-d'œuvre, et les coûts de la matière utilisée par client de 5 $/client. On travaille 8 heures par jour.

Service	Employés	Clients/jour
A	4	36
B	5	40
C	8	60
D	3	20

a) Calculez la productivité de la main-d'œuvre et la productivité multifactorielle par service.

b) Un nouveau processus de service permettrait de servir un client de plus par employé par jour de travail. Quel sera l'impact de cette nouvelle méthode sur les deux indicateurs de productivité calculés en a)?

Cas
Les gains de productivité chez Whirlpool

www.whirlpool.com

Les travailleurs et la direction de l'usine de Whirlpool Appliances située à Benton Harbor, au Michigan, ont donné l'exemple avec leurs méthodes d'amélioration de la productivité. Celles-ci ont été profitables non seulement pour l'entreprise et ses actionnaires, mais aussi pour les clients de Whirlpool, ses travailleurs et ses innombrables fournisseurs.

Les choses n'avaient pas toujours été roses à l'usine. La productivité et la qualité n'étaient pas toujours bonnes, les relations entre la direction et les travailleurs non plus. Ces derniers cachaient les pièces défectueuses pour que la direction ne les trouve pas et quand les machines brisaient, ils s'asseyaient tout simplement jusqu'à ce que quelqu'un vienne, tôt ou tard, effectuer les réparations. Tout a changé vers la fin des années 1980, lorsque l'usine a failli fermer. La direction et les travailleurs ont travaillé de pair pour trouver des manières de sauver l'usine. Il s'agissait d'accroître la productivité, c'est-à-dire de produire plus de biens sans utiliser plus de ressources. Les balbutiements de la production épurée apparaissaient. Étonnamment, la productivité ne s'est pas améliorée grâce à l'achat de machines plus perfectionnées, par l'automatisation ou l'informatisation, mais en mettant l'accent sur la qualité. Il s'agissait de changer les anciennes méthodes, qui accordaient plus d'importance aux quantités produites au détriment de la qualité. Pour motiver les travailleurs, l'entreprise leur a accordé une participation aux bénéfices et a adopté un plan qui les récompensait: leur chèque de paye augmentait en même temps que leur productivité.

La société a remanié le processus de fabrication et a enseigné à ses travailleurs comment améliorer la qualité. À mesure que celle-ci augmentait, la productivité s'accroissait puisqu'une plus grande part de la production était bonne. Les coûts de production ont diminué parce qu'on éliminait la possibilité de produire des pièces défectueuses ou qu'on retravaillait un moins grand nombre de ce type de pièces. Les coûts des stocks ont également diminué, car on avait besoin de moins de pièces de rechange pour remplacer la production défectueuse à l'usine et pour effectuer les réparations des appareils sous garantie. Les travailleurs ont été en mesure de constater le lien entre leur salaire et leurs efforts en vue d'améliorer la qualité et la productivité.

Whirlpool a pu non seulement utiliser ses gains de productivité pour augmenter le salaire des travailleurs, mais aussi pour limiter les augmentations de prix et investir dans la recherche de nouveaux produits et de nouveaux procédés, ce qui a réduit encore plus les coûts de production et amélioré la qualité.

Questions

1. Quels sont les deux éléments clés qui ont permis à la direction de Whirlpool d'obtenir des gains de productivité?

2. Qui a tiré profit des gains de productivité?

3. Quelle est la relation entre la productivité et la qualité?

4. Comment une entreprise peut-elle se permettre de payer ses travailleurs pour leurs gains de productivité?

Source: Rick Wartzman, « A Whirlpool Factory Raises Productivity – And Pay of Workers », *The Wall Street Journal*, 1992.

Cas
Où en est Hazel?

(Reportez-vous à la page 31 du chapitre 1 pour le cas de Hazel.)

1. Quel avantage concurrentiel Hazel détient-elle sur un service d'entretien de pelouses professionnel?

2. Hazel aimerait accroître ses profits, mais elle ne croit pas qu'il serait sage d'augmenter ses prix, considérant l'état actuel de l'économie locale. Elle a plutôt pensé à améliorer sa productivité.

a) Expliquez comment une hausse de la productivité pourrait être une solution de rechange à l'augmentation des prix.

b) Comment Hazel pourrait-elle accroître sa productivité?

3. Hazel songe à acheter de nouvelles pièces d'équipement, dont un coupe-bordure. Elle croit que le coupe-bordure lui permettrait d'augmenter sa productivité. L'autre achat envisagé est une tronçonneuse qui servirait à tailler les arbres. Quels compromis doit-elle considérer dans son analyse?

4. Hazel a connu un succès relativement grand dans son voisinage et souhaite

2

maintenant prendre de l'expansion dans d'autres voisinages, dont certains sont situés à 2 km de distance. Quels seraient les avantages et les inconvénients de cette expansion ?

5. Hazel n'a pas établi d'énoncé de mission ni d'objectifs. Adoptez l'une des positions suivantes et défendez-la :

a) Hazel n'a pas besoin d'un énoncé formel de mission ni d'objectifs. Plusieurs petites entreprises n'en possèdent pas.

b) Elle a indéniablement besoin d'un énoncé de mission et d'un ensemble d'objectifs, ce qui lui serait très profitable.

c) L'énoncé de mission et les objectifs pourraient être avantageux pour les affaires de Hazel, et cette dernière devrait penser à les définir.

Lecture
L'Oréal Canada au premier rang des 143 centres L'Oréal au monde
Par Laurier Cloutier, *La Presse*, 20 juin 2005.

Producteur et grand distributeur mondial de cosmétiques, L'Oréal Canada, de l'arrondissement de Saint-Laurent à Montréal, vient de prendre la tête dans le monde devant 143 centres de distribution et usines du Groupe L'Oréal, de Paris.

L'Oréal Canada a notamment devancé toutes les installations européennes et américaines sur les rangs et a reçu, le mois dernier, le prix d'excellence du Groupe L'Oréal pour sa performance hors pair en matière de sécurité, d'hygiène et d'environnement (SHE).

C'est ce qu'ont révélé à *La Presse Affaires* Zack Mansdorf, premier vice-président aux SHE du Groupe L'Oréal, et Éric Wolff, directeur de L'Oréal Canada.

Près de 80 dirigeants internationaux des SHE ont participé, il y a deux semaines, à un séminaire de trois jours organisé par L'Oréal Canada, pour s'inspirer des meilleures pratiques d'affaires du groupe canadien. Les installations de Montréal ont notamment réussi à réduire considérablement la consommation annuelle d'énergie (de 22 %), d'eau (39 %) et de papier (18 %) ainsi que les incidents et accidents (55 %), tout en augmentant de 17 % le recyclage des résidus.

L'Oréal Canada a ainsi dépassé largement les objectifs annuels du Groupe L'Oréal (de 2 % à 10 %), lui-même pourtant reconnu mondialement dans l'industrie des soins de beauté pour sa performance dans le développement durable.

« C'est une performance spectaculaire de L'Oréal Canada, d'autant plus impressionnante que l'eau et l'électricité ne coûtent pas cher au Québec, a lancé Zack Mansdorf. C'est la crème de la crème au sein du Groupe L'Oréal, qui se démarque déjà dans l'industrie des cosmétiques, elle-même parmi les leaders de l'économie. »

La plupart des détaillants et des entreprises accordent la plus grande importance à leur image de marque, aux conditions de travail de leurs employés et au respect des valeurs sociétales, car cela influence leur capacité à recruter les meilleurs candidats, à fidéliser leurs clients et à augmenter leurs ventes et leurs profits.

Quand Mountain Equipment Coop (MEC), de Vancouver, a construit son magasin d'articles de sport au Marché central métropolitain, le président, Peter Robinson, a recyclé des matériaux et a acheté de l'équipement sophistiqué pour réduire les factures de climatisation et de chauffage, de même que la consommation d'eau.

Plus d'une centaine de restaurateurs et la chaîne des Rôtisseries Saint-Hubert ont par ailleurs devancé le ministre de la Santé, Philippe Couillard, et déjà banni le tabac dans leurs établissements.

« L'image d'une compagnie dans l'industrie des cosmétiques, c'est critique. La réputation, c'est primordial », a lancé Zack Mansdorf. « Les progrès et le prix gagné par L'Oréal Canada vont l'aider à garder ses employés et à attirer les meilleurs diplômés de l'université en administration et en ingénierie », a renchéri Éric Wolff.

« C'est capital pour L'Oréal Canada d'attirer les grands talents. C'est un des plus grands défis et, pour ça, la compagnie doit détenir la meilleure réputation parmi les employeurs », selon le directeur.

Éric Wolff a reconnu que « les étudiants sont plus exigeants sur ces questions que les adultes » et posent, en outre, plus de questions pointues qu'avant au cours des séances de recrutement.

Originaire d'Akron, la capitale du pneu aux États-Unis, Zack Mansdorf a souligné que la stratégie environnementale de L'Oréal demeure une question interne et n'est pas utilisée, comme telle, pour vendre plus de soins de beauté aux clientes de même qu'aux jeunes hommes, un marché en croissance.

« L'image de L'Oréal gagne des points, par contre, notamment auprès des analystes financiers », a précisé le vice-président. À Paris, le 30 juin prochain, L'Oréal diffusera sur son site Web son bilan en développement durable.

Pour arriver à se démarquer dans le monde, L'Oréal Canada a investi 120 millions depuis 1997 dans les installations ultramodernes de Montréal et qui ont été agrandies de 80 000 pi^2 l'an dernier. L'entreprise dispose encore d'un budget de près de 20 millions cette année, a précisé Éric Wolff. La section est la 7e en importance parmi les 130 filiales du groupe, avec 11 % de sa capacité de production. Le nombre d'employés a grimpé de 117 à 261 en 7 ans. La production est passée de près de 100 millions d'unités, en 2001, à 155 millions cette année, dont 90 % sont exportées dans 40 pays, surtout aux États-Unis.

« Investir coûte cher, mais c'est la chose à faire pour rendre la compagnie efficace et lui donner un avantage sur les concurrents », a expliqué Zack Mansdorf. « Si le nombre d'accidents diminue, L'Oréal n'a pas à payer des employés additionnels. »

En plus d'investir, L'Oréal Canada a sensibilisé les employés aux défis du développement durable. Pour générer une croissance durable et des profits, la compagnie doit équilibrer les résultats financiers solides et la performance sociale et environnementale, selon Zack Mansdorf.

Le chiffre d'affaires de L'Oréal Canada a atteint 756 millions l'an dernier, comparativement à 400 millions en 1999. La filiale connaît une croissance deux fois plus rapide que l'industrie des cosmétiques et elle occupe 20 % du marché au Canada avec 1 200 employés dans quatre divisions.

Bibliographie

Benedetti, Claudio. *Introduction à la gestion des opérations*, 1re édition, Laval, Mondia, 1980.

Bounds, Gregory M., Gregory H. Dobbins et Oscar S. Fowler. *Management : A Total Quality Perspective*, Cincinnati (Mass.), South-Western Publishing Co., 1995.

Bureau international du travail. *Introduction à l'étude du travail*, 3ᵉ édition, Genève, 1993.

Cascio, Wayne F. *Managing Human Resources*, 2ᵉ édition, New York, McGraw-Hill, 1989.

Cohen, Stephen S. et Hohn Zysman. *Manufacturing Matters : The Myth of the Post-Industrial Economy*, New York, Basic Books, 1987.

De Villers, Marie-Éva (dir.). *Dictionnaire bilingue de la gestion de la production et des stocks*, Montréal, Presses HEC, Québec/Amérique, 1993.

Hammer, Michael et James Champy. *Reengineering the Corporation*, New York, Harper Business, 1993.

Hill, Terry. *Manufacturing Strategy : Text and Cases*, 3ᵉ édition, New York, McGraw-Hill, 2000.

Hopp, Wallace J. et Mark L. Spearman. *Factory Physics : Foundations of Manufacturing Management*, Burr Ridge (Ill.), Richard D. Irwin, 1996.

Ross, D.F. *Competing Through Supply Chain Management*, New York, Chapman & Hall, 1998.

Womack, James P., Daniel Jones et Daniel Roos. *The Machine that Changed the World*, New York, Harper Perrenial, 1991.

Partie II

Les prévisions

Chapitre 3

Les prévisions

Plan du chapitre

Objectifs d'apprentissage

Énumérer les composantes d'une bonne prévision ;

Connaître le rôle et les responsabilités de la fonction prévision ;

Établir les étapes du processus de prévision ;

Distinguer l'approche qualitative de l'approche quantitative pour l'élaboration des prévisions ;

Définir les principaux facteurs permettant de choisir une technique de prévision ;

Connaître les caractéristiques du calcul de la moyenne, des tendances, de l'analyse de régression ainsi que les phénomènes à caractère saisonnier ;

Décrire les mesures de précision d'une prévision ;

Procéder à une analyse de sensibilité des techniques quantitatives de prévision ;

Dresser un plan de prévisions.

3

IIIIIIIIIIIIIIIIIIIIIIIIIIII 3.1 **Introduction** IIIIIIIIIIIIIIIIIIIIIIIIIIIIIIIIIIIIIIIIIIIIIIIIIIIII

Les acheteurs ont souvent des points en commun. Par exemple, au moment d'acheter une automobile, après avoir passé la commande, ils refusent d'attendre des semaines ou des mois pour la livraison; ils souhaitent prendre possession de leur voiture le plus tôt possible. Si le concessionnaire ne dispose pas de la voiture désirée, les clients iront ailleurs. Le concessionnaire doit donc anticiper les besoins des acheteurs potentiels et garder les modèles voulus en stock, avec les options nécessaires. Les entreprises qui font des prévisions exactes réussissent mieux que leurs concurrentes qui ont tendance à deviner plutôt qu'à prévoir. Mais comment le concessionnaire peut-il déterminer la quantité et le type de voitures à garder en stock ainsi que le moment où ces dernières doivent être disponibles? En fait, il ne le sait pas d'une façon certaine. Néanmoins, s'il tient compte des analyses de consommation et des conditions du marché, il peut faire une approximation de la demande pour des voitures et d'autres produits connexes. Ainsi, le concessionnaire doit prévoir la quantité (combien), la qualité (quel type) et le temps (quand[1]).

La fonction **prévision,** la première dans l'ordre chronologique des **fonctions de la gestion des opérations,** fait partie intégrante des tâches du gestionnaire. En situation d'incertitude, celui-ci trouvera difficile de planifier efficacement ses opérations. Les prévisions aident le gestionnaire à dresser des plans d'opération plus réalistes, c'est-à-dire à planifier.

En résumé, la prévision est un énoncé du futur.

Dans ce chapitre, nous étudions la fonction prévision des opérations. Nous décrivons les étapes nécessaires pour préparer un **plan de prévisions,** déterminer les composantes des prévisions, les techniques de base à utiliser et le suivi des prévisions. Si, la plupart du temps, les météorologues parviennent à prévoir la météo assez justement, il arrive aussi que certaines de leurs prévisions soient inexactes. La prévision de la demande est très similaire à celle de la météo: il n'existe pas de certitude, mais les prévisions sont habituellement assez justes. Cependant, à l'occasion, elles sont complètement erronées. Dans les deux cas, elles servent de fondement à la planification. Les prévisions météorologiques influent sur le choix des vêtements, les projets de déplacement, etc. Elles aident les agriculteurs à décider du moment des semailles et à prendre des mesures de précaution, par exemple protéger la récolte du gel ou d'autres phénomènes naturels. En gestion des opérations, les prévisions constituent les informations de base nécessaires à l'établissement des budgets d'immobilisations et de fonctionnement récurrents, à la planification et à la budgétisation de la capacité, des ventes, de la production, des stocks, de la main-d'œuvre, des achats et plus encore. Elles jouent donc un rôle important dans le processus de planification, car elles permettent aux gestionnaires de prévoir et de préparer le futur afin de modifier leurs plans, s'il y a lieu. Par conséquent, les prévisions doivent être flexibles.

On utilise les prévisions de deux façons:

- pour établir le système d'opération;
- pour planifier l'utilisation de ce même système.

La planification du système exige habituellement des plans à long terme en ce qui concerne les types de produits et services à offrir, les installations et le matériel à posséder, la localisation, etc. La planification de l'utilisation du système désigne la planification à court et à moyen terme. Elle inclut la planification des stocks, des achats, de la production ainsi que du volume de la main-d'œuvre, l'établissement du budget et l'ordonnancement des activités.

En gestion, les prévisions servent également à prévoir les profits, les bénéfices, les coûts, les variations de productivité, les prix et la disponibilité de l'énergie et des matières premières, les taux d'intérêt, les mouvements des indicateurs économiques clés (le produit intérieur brut ou PIB, l'inflation, les emprunts gouvernementaux) ainsi que les prix des actions et des obligations. On s'en sert aussi pour des études démographiques. Une profession est entièrement vouée à cet aspect macroéconomique: l'**actuariat.** Pour simplifier, ce chapitre est consacré aux prévisions de la demande des produits et services. Cependant, il ne faut pas oublier que toutes les techniques et tous les concepts abordés ici s'appliquent également à plusieurs autres situations.

Prévision

Fonction permettant d'estimer la demande future, qu'on établit soit mathématiquement (données historiques), soit intuitivement (connaissance du marché), soit en combinant les deux[2].

---

1. Voir le chapitre 1, section 1.4.

2. *Dictionnaire de la gestion de la production et des stocks*, Montréal, Presses HEC – Québec Amérique, 1993.

Bien que la fonction prévision fasse intervenir l'informatique et des modèles mathématiques complexes, elle ne relève pas d'une science exacte. Par contre, elle exige une combinaison habile d'art, d'intuition et de science. L'expérience, le jugement et l'expertise technique jouent tous un rôle dans l'élaboration de prévisions justes, donc utiles. En outre, il est important de posséder une certaine dose de chance et d'humilité : même les meilleurs prévisionnistes peuvent complètement se tromper. Les techniques de prévision sont nombreuses ; elles vont des plus banales aux plus rébarbatives, certaines étant plus efficaces que d'autres, mais aucune ne permettant de se mettre à l'abri de l'erreur.

3.2 L'utilité des prévisions

En règle générale, dans les organisations commerciales, la responsabilité de la préparation des prévisions de la demande est déléguée à la fonction marketing ou au service des ventes plutôt qu'à la fonction production ou à la fonction opération. Néanmoins, puisque ces prévisions sont importantes pour la prise de plusieurs décisions concernant les opérations, on fait souvent appel au personnel des opérations pour faire certaines prévisions et aider d'autres personnes à établir les prévisions. Dans le cas des opérations, les prévisions servent de base à la préparation des stratégies de planification (*voir le chapitre 11*), les achats, l'approvisionnement et la gestion des stocks (*voir les chapitres 12, 13 et 16*), et l'ordonnancement des travaux (*voir le chapitre 15*). De plus, le personnel des autres fonctions de l'entreprise (production, finances et ressources humaines) ou leurs représentants doivent, dans une certaine mesure, être mis à contribution dans la préparation des prévisions. Dans ce contexte, ils doivent connaître les tenants et les aboutissants des différentes techniques de prévision et leurs limites. Il est également primordial de connaître l'influence des prévisions sur le processus opérationnel de l'entreprise. En bref, les prévisions font partie intégrante de la gestion de l'entreprise, plus particulièrement de la gestion des opérations.

Outre le fait d'être utilisées par la fonction opérations, les prévisions servent aussi aux composantes suivantes :

1. au service de la comptabilité, pour déterminer les coûts de revient et les prix de vente, la projection des bénéfices et la gestion des flux monétaires ;
2. au service des finances, afin d'établir les budgets, les besoins de prêts futurs, le financement des investissements des projets futurs ;
3. au service des ressources humaines, pour planifier l'embauche de la main-d'œuvre à venir, le remplacement d'employés dans le cas des départs planifiés (la retraite) et des départs imprévus, le recours à des spécialistes par suite de progrès techniques, la formation de la nouvelle main-d'œuvre ;
4. au service du marketing, pour mettre sur pied les campagnes de promotion, les études de marché des nouvelles tendances concernant l'industrie, les politiques de vente, les stratégies du commerce en ligne (cybercommerce), les stratégies des concurrents ;
5. au système d'information informatisé, aux services des réseaux informatisés, aux nouvelles tendances d'information en ligne ;
6. au service de recherche et au développement des nouveaux produits.

Le danger lié à la vision des prévisions est que plusieurs entreprises ne prévoient qu'en fonction de l'établissement des budgets. Les prévisions sont établies selon une seule mesure : le dollar. Or, l'indice monétaire, en l'occurrence le dollar, fluctue beaucoup. Supposons qu'une entreprise établit ses prévisions de consommation de carburant pour la prochaine année en dollars et que le prix de celui-ci augmente d'une façon incontrôlable durant l'année, par exemple de 15 %. Dans un tel cas, l'entreprise en question peut dépasser son budget prévisionnel sans que la consommation réelle en litres d'essence ne soit touchée. Des mesures d'appoint doivent être prévues et prises en conséquence.

3.3 La classification des prévisions en fonction du temps

On ne peut concevoir un seul et unique système servant à faire des prévisions et l'appliquer ensuite intégralement à tous les cas et à toutes les entreprises. Selon le produit offert, la taille de l'entreprise, ses besoins particuliers, son environnement et surtout la période qu'on veut couvrir (l'horizon de temps), on doit tenir compte de certains aspects, en négliger d'autres et utiliser des approches comportant différents niveaux de précision. Il est donc primordial de connaître ces éléments avant de commencer l'élaboration des prévisions proprement dites.

Une façon de classifier les prévisions est de le faire en fonction de la période couverte. La première classification abordée, d'ordre général, est donc celle des prévisions en fonction du temps[3]. Elle peut varier selon la taille de l'entreprise, son secteur d'activité et la situation politique ou économique mondiale.

3.3.1 Les prévisions à long terme

En règle générale, les prévisions à long terme couvrent un horizon de deux à cinq ans. Ce sont habituellement les responsables du marketing qui les établissent, en collaboration avec le service d'ingénierie. Les premiers déterminent la tendance du marché et l'expansion probable du produit, de l'entreprise et de ses concurrents. Les ingénieurs, quant à eux, conçoivent les programmes d'expansion et prévoient leurs implications au point de vue des ressources touchées par ces tendances.

Ce genre de prévisions requiert la connaissance des facteurs économiques et sociaux agissant à l'échelle nationale et internationale, ainsi que des fluctuations du marché, surtout dans l'ère actuelle de mondialisation. On doit aussi comprendre l'influence des facteurs politiques, économiques, sociaux, technologiques et écologiques (*voir le modèle PESTE aux chapitres 1 et 2*), et savoir quels sont les objectifs à long terme de l'entreprise. En d'autres mots, il importe de connaître tous les facteurs internes et externes qui pourraient influer sur le produit pour lequel on doit effectuer les prévisions et posséder à leur sujet les informations les plus précises et complètes possible. À titre d'exemple, les problèmes liés à la couche d'ozone ont incité les gouvernements à légiférer au niveau international. Ces derniers ont obligé les fabricants d'emballages utilisant le polystyrène (styromousse) comme matière première à développer une matière de remplacement à l'intérieur d'un certain délai. Les fabricants de cette matière verront donc leurs activités changer radicalement. Il faut noter que pour deux entreprises de même taille, évoluant dans le même domaine et le même milieu, le système de prévisions et le plan de prévisions à long terme peuvent être totalement différents et, à plus forte raison, dans le cas de deux industries différentes (par exemple celle du lait et celle du bois ouvré).

Les prévisions à long terme servent à prendre des décisions concernant l'agrandissement des locaux existants, l'aménagement de nouveaux locaux ou l'acquisition d'équipements dont le prix dépasse la limite dictée par la politique interne. Des sommes considérables sont liées à ces prévisions qui font partie d'un plan stratégique, d'où leur importance. Elles sont souvent le reflet du but ultime et de la vision de l'entreprise.

3.3.2 Les prévisions à moyen terme

Les prévisions à moyen terme couvrent un horizon de un à deux ans. Elles servent principalement à déterminer le budget de fonctionnement et quelques dépenses mineures du budget des immobilisations. Elles doivent être conformes aux prévisions à long terme, dont elles découlent. On acceptera moins de variations et de changements aux prévisions à moyen terme qu'aux prévisions à long terme, mais plus qu'aux prévisions à court terme.

3.3.3 Les prévisions à court terme

Les prévisions à court terme couvrent un horizon de un an et moins. Elles sont donc établies pour prévoir les activités de l'année en cours. Elles doivent être conformes aux prévisions à moyen terme, dont elles découlent. Les prévisions à court terme servent à planifier les activités de fonctionnement et d'opération régulières, à l'ordonnancement du travail à accomplir, aux achats, à l'entretien de l'équipement et à la planification des mises en route[4].

D'ordre tactique, les prévisions à court terme sont souvent sous la responsabilité du service de la planification ou du contrôle de la production. Elles doivent être plus précises que

---

3. C. Benedetti, *Introduction à la gestion des opérations*, 3ᵉ édition, Laval, Éditions Études Vivantes, 1991, p. 112-116.
4. C. Benedetti, *Introduction à la gestion des opérations*, 3ᵉ édition, Laval, Éditions Études Vivantes, 1991, p. 166.

les prévisions à long et à moyen terme, car elles régissent les activités opérationnelles quotidiennes, hebdomadaires et mensuelles, ce qui laisse peu de temps pour réagir en cas d'erreur ou de retard. Elles ressemblent habituellement aux prévisions à moyen terme en ce qui concerne les modalités d'élaboration.

Il est important de noter que la notion de temps varie en fonction de trois paramètres importants :

- la taille de l'entreprise ;
- la situation économique ;
- le secteur industriel.

La taille de l'entreprise. Dans le cas de la multinationale qui recourt à des spécialistes et dispose d'informations et d'outils de calcul et d'analyse adéquats, le long terme couvre cinq ans. Pour ce qui est de la petite entreprise, le long terme peut se limiter à une période maximale de un ou deux ans.

La situation économique. En période d'instabilité économique, de récession ou d'inflation galopante, il devient très difficile de connaître les besoins des clients, qui sont très craintifs. Les fournisseurs ne peuvent plus assurer un approvisionnement fiable à des prix constants, et le loyer de l'argent (taux d'intérêt) subit aussi des variations imprévisibles. Dans un tel contexte, il est impossible d'effectuer des prévisions rationnelles et de s'engager dans des investissements en ce qui concerne la production, d'éventuels agrandissements ou de possibles améliorations à long terme. Tout n'est alors que spéculation.

Le secteur industriel. Dans certains secteurs industriels stables, il est relativement facile de faire des prévisions à moyen et à long terme, car la demande varie peu, et les facteurs pouvant influencer la demande sont relativement stables. À titre d'exemple, dans le secteur scolaire, il est facile de prévoir le nombre de garderies et d'écoles primaires et secondaires dont la société aura besoin dans les différentes régions d'une nation, les données démographiques ayant peu tendance à changer (nombre de naissances, temps nécessaire pour atteindre l'âge préscolaire et scolaire, etc.). Il en est de même dans le secteur de la santé : vieillissement de la population et son mouvement, tendance des maladies chroniques, etc. Par contre, dans des secteurs plus volatils comme la haute technologie, il est difficile de spéculer sur les tendances des nouveaux développements, par exemple dans le domaine des réseaux de communication (fibres optiques), qui sont susceptibles de révolutionner le mode de vie des consommateurs. Le long terme, dans ces secteurs en évolution continuelle, est de l'ordre de deux ans.

Il en est de même pour les secteurs traditionnels de l'économie : primaire, secondaire et tertiaire. Plus on est proche du consommateur (secteur tertiaire), plus la demande est volatile et plus le temps de réponse est court. En effet, le client laisse peu de marge de manœuvre à l'entreprise pour que celle-ci s'adapte à la situation. Dans ce cas, les prévisions des besoins et la planification de toutes les opérations qui en découlent revêtent une grande importance.

3.4   Les principes et caractéristiques des prévisions

Il est possible d'établir des prévisions de nombreuses façons, chacune s'appliquant à une situation et à un environnement particuliers. Néanmoins, il convient de respecter les principes décrits ci-après.

1. La relation de cause à effet.
2. Le pourcentage d'erreur.
3. La taille.
4. L'horizon de temps.

Analysons brièvement chacun de ces principes.

1. La relation de cause à effet. Les méthodes et techniques de prévision supposent généralement que la relation causale (de cause à effet) présente dans le passé sera la même et se poursuivra dans le futur. Un gestionnaire ne peut pas simplement déléguer la préparation des prévisions et oublier ensuite d'en faire le suivi. En effet, des événements imprévus peuvent rendre caduques les prévisions initiales, qui sont basées sur l'hypothèse que les événements passés se répéteront d'une façon identique. Par exemple, les événements liés aux conditions météorologiques, les augmentations ou les diminutions d'impôts et les changements dans les caractéristiques ou les prix des produits ou des services des concurrents peuvent avoir des conséquences importantes sur la demande. Le gestionnaire doit donc être très attentif à l'environnement PESTE[5], sensible à ces variations et prêt à rectifier rapidement les prévisions.

2. Le pourcentage d'erreur. Les prévisions sont rarement parfaites; habituellement, les faits réels diffèrent des prévisions. Personne ne peut prévoir avec exactitude les quantités à produire ou celles qui seront vendues, car un nombre important de variables influent sur la situation. C'est l'aspect aléatoire et très incertain des prévisions. Pour cette raison, ces dernières doivent toutes être déterminées en tenant compte d'un pourcentage d'erreur. Ainsi, le gestionnaire est en mesure de prévoir des solutions de rechange en fonction de cette marge.

3. La taille. Les prévisions effectuées pour des groupes d'articles tendent à être plus précises que celles qui portent sur des articles individuels, car les erreurs de prévision dans le cas d'un groupe d'articles ont tendance à s'annuler. Les occasions de regroupement peuvent se présenter si on utilise les mêmes pièces ou matières premières pour de multiples produits, ou si plusieurs sources indépendantes demandent un produit ou un service.

4. L'horizon de temps. Les prévisions à court terme sont plus précises que les prévisions à moyen terme qui, elles, sont plus précises que les prévisions à long terme. Généralement, les prévisions à court terme comportent moins d'incertitude, car la période sur laquelle portent ces prévisions est plus proche. Les **organisations souples,** c'est-à-dire celles qui peuvent réagir rapidement aux variations de la demande, fonctionnent selon un horizon prévisionnel plus court: elles tirent donc profit de prévisions plus précises que les concurrents moins souples, qui doivent utiliser des horizons prévisionnels plus longs (*voir la section 3.3*).

D'autre part, les prévisions préparées de manière adéquate satisfont aux six exigences décrites ci-après.

1. Des prévisions effectuées à temps. En règle générale, il faut du temps pour planifier les activités et répondre à la demande du marché telle qu'elle a été établie par la fonction prévision. Ainsi, on ne peut, du jour au lendemain, accroître la capacité d'une usine ou d'un entrepôt, modifier le niveau des stocks ou embaucher du personnel qualifié et opérationnel. Par conséquent, les prévisions doivent être réalisées à temps si on veut pouvoir mettre en œuvre les changements envisagés.

2. Des prévisions précises. Bien que comportant un pourcentage d'erreur, les prévisions doivent être le plus précises possible et leur degré de précision doit être connu. Les utilisateurs peuvent ainsi prévoir les marges d'erreur et choisir la technique de prévision la mieux adaptée à leurs besoins. Pour cela, il est préférable d'appliquer l'approche par essais et erreurs avant d'adopter une technique de prévision. En outre, plus la marge d'erreur est petite, moins la préparation de solutions de rechange qui permettront de répondre aux variations de la demande sera coûteuse.

3. Des prévisions fiables et cohérentes. Les prévisions doivent être fiables et fonctionner de manière cohérente. Autrement, les utilisateurs des données déterminées par la fonction prévision n'auront plus confiance en ces informations. Ils agiront alors chacun de leur côté, ce qui entraînera la poursuite d'objectifs et des opérations totalement désordonnés d'un service à l'autre de l'entreprise.

4. Des prévisions exprimées en unités réalistes. Les prévisions doivent être exprimées en unités significatives, en fonction des besoins de l'utilisateur ou du service à qui elles s'adressent. Les planificateurs financiers doivent connaître la somme d'argent nécessaire; ceux de la production, le nombre d'unités requises et le moment de l'année où elles le seront, et ce, afin de planifier les tâches, l'utilisation des ressources humaines et matérielles (machines et matières premières) et les procédés.

5. Des prévisions présentées sous forme écrite. Bien que cette mesure ne garantisse pas l'engagement de toutes les personnes concernées, elle augmente la crédibilité et l'imputabilité des prévisions. De plus, des prévisions écrites permettent de vérifier de façon objective les écarts entre le «prévu» (*P*, ce qui est prévu) et le «réel» (*R*, ce qui est réellement arrivé).

---

5. Le chapitre 1 décrit l'environnement PESTE (politique, économique, social, technologique, écologique).

6. Des prévisions simples à comprendre et à utiliser. Les utilisateurs ont souvent peu confiance dans les prévisions basées sur des modèles, des approches ou des techniques sophistiquées. Ils ne comprennent pas les circonstances dans lesquelles ces techniques ont été élaborées ni leurs caractéristiques, possibilités, limites, avantages et inconvénients. Il n'est pas surprenant que les techniques de prévision relativement simples soient parmi les plus populaires et que les utilisateurs soient plus à l'aise de travailler avec elles. Il revient au responsable des prévisions de savoir à qui s'adressent les prévisions et de les présenter de manière adéquate.

3.5 Les étapes du processus de prévision

Comme pour d'autres thèmes du présent ouvrage, l'approche adoptée est l'**approche fondamentale** (*voir le chapitre 7*), conçue par le Bureau international du travail[6]. Cette approche comporte sept étapes de base inhérentes au processus de détermination des prévisions:

1. Définir le but des prévisions.
2. Définir l'horizon de temps.
3. Choisir une technique de prévision.
4. Collecter et analyser les données pertinentes.
5. Déterminer les prévisions et le pourcentage d'erreur.
6. Faire adopter les prévisions.
7. Suivre l'évolution des prévisions (suivi).

Analysons maintenant chacune de ces étapes.

1. Définir le but des prévisions. Quel est le but des prévisions et quand celles-ci seront-elles nécessaires? La réponse indique la précision de la prévision requise, la qualité des ressources à utiliser et leur justification (compétence de la main-d'œuvre responsable d'établir les prévisions, pertinence des outils informatiques utilisés, choix des techniques plus ou moins sophistiquées). L'extrant du système de prévisions est le plan de prévisions.

2. Fixer l'horizon de temps. Les prévisions doivent indiquer une limite temporelle. Il ne faut pas oublier que la précision diminue lorsque l'horizon temporel augmente (*voir la section 3.3*).

3. Choisir une technique de prévision. Le choix de la technique est fonction de la précision attendue et de l'expérience de l'entreprise. Plus l'entreprise est jeune, plus les données antérieures et l'expérience sont limitées et plus la technique de prévision retenue sera simple. Avec l'expérience et la connaissance du marché ainsi que des informations collectées à partir des premières techniques de prévision, on raffinera l'utilisation des techniques de prévision disponibles. Ainsi, il est fortement conseillé de commencer par appliquer des techniques simples, même si, *a priori*, elles paraissent simplistes, et ce, afin de comprendre tous les détails du secteur dans lequel on évolue, avant de passer à des techniques mathématiquement plus sophistiquées.

4. Collecter et analyser les données appropriées. Avant de dresser un plan de prévisions, il faut collecter les données pertinentes et les analyser. On doit également poser toutes les hypothèses et les formuler de pair avec la préparation et l'utilisation des prévisions. C'est la partie la plus longue du processus de prévision.

5. Déterminer les prévisions et le pourcentage d'erreur. À cette étape, on choisit la technique de prévision la mieux adaptée à la situation; on calcule les prévisions en tenant compte des éléments présentés dans les sections précédentes et en prenant soin de spécifier leur degré de fiabilité et le pourcentage d'erreur. L'estimation des pourcentages d'erreur est couverte à la prochaine section.

6. L'adoption des prévisions. Bien que les prévisions soient déterminées de façon quantitative, il est important de les faire approuver et adopter par des personnes possédant une connaissance intuitive du secteur économique dans lequel l'entreprise évolue. Dans le cas de prévisions à moyen et à court terme, un comité de prévision est établi pour l'adoption finale d'un plan de prévisions.

---

6. G. Kanawaty, dir. *Introduction à l'étude du travail*, 3e édition, Bureau international du travail, Genève, 1996, 524 p.

7. Le suivi des prévisions. Il faut surveiller une prévision pour déterminer si son rendement est satisfaisant. Sinon, il convient de réexaminer les méthodes, les hypothèses, la validité des données, etc., puis de les modifier au besoin et de refaire une prévision.

3.6 La précision des prévisions et l'estimation du pourcentage d'erreur

L'estimation du degré de précision et l'estimation du pourcentage d'erreur des prévisions sont des aspects essentiels. La nature complexe de la plupart des variables du monde réel fait en sorte qu'il est presque impossible de prévoir correctement les valeurs futures sur une base régulière. Par conséquent, il est important d'inclure une indication de l'ampleur de l'écart possible de la prévision par rapport à la valeur réelle (ce qui s'est vraiment passé). Cette indication informe les différents utilisateurs du plan de prévisions au sujet du nombre de solutions de rechange qu'ils devront préparer en cas d'écarts.

D'autre part, le gestionnaire a besoin d'une mesure de la précision pour comparer différentes techniques de prévision et choisir la plus pertinente. En révisant périodiquement le calcul des écarts, il peut comparer des techniques différentes de prévision et choisir celle qui reflète le plus la réalité. En outre, selon la situation, le secteur d'activité et le produit étudié, certaines techniques de prévision sont plus adaptées et précises que d'autres. En surveillant les écarts entre les valeurs réelles et les prévisions, on s'assure de demeurer à l'intérieur de limites raisonnables, qui doivent être définies. Si ces limites ne sont pas respectées, il convient de prendre les mesures de correction appropriées.

Erreur
Différence entre la valeur effective et la valeur qui a été prévue pour une période donnée.

Pour une période donnée, l'**erreur** de prévision est la différence entre la valeur réelle (R), à savoir ce qui s'est effectivement réalisé, et la valeur prévue (P).

L'erreur ou l'écart de la période i = Réel de la période i – Prévu de la période i :

$$E_i = R_i - P_i \tag{3-1}$$

On obtient donc une erreur positive quand la prévision est trop faible et une erreur négative quand la prévision est trop élevée. Par exemple, si la demande effective pour une semaine donnée est de 100 unités et que la demande prévue était de 90 unités, la prévision est trop faible. La prévision est dite « conservatrice » et l'erreur par défaut est de $100 - 90 = +10$. L'inverse donne une erreur par excès.

Les erreurs dans les prévisions influent sur les décisions de deux manières : dans le choix de la méthode de prévision et dans l'évaluation du succès ou de l'échec de la technique utilisée. Pour commencer, on examine les manières de résumer des prévisions dans le temps, puis on voit comment utiliser cette information dans le choix d'une méthode de prévision. Ensuite, on considérera les méthodes de contrôle des prévisions.

L'estimation des écarts entre le réel (R) et le prévu (P), c'est-à-dire l'erreur, est d'une grande importance pour deux raisons principales :

1. Elle permet de comparer différentes techniques de prévision et de choisir celle qui représente le plus fidèlement l'évolution des activités de l'entreprise.
2. Elle permet de connaître le niveau d'erreur entre le R et le P, et d'envisager *a priori* ou de prévoir les solutions de rechange les plus adéquates.

Les qualités d'une bonne prévision sont :

a) sa conformité à la réalité ;
b) sa flexibilité face aux changements.

Les mesures ou indices les plus couramment utilisés pour évaluer les écarts sont :

Écart moyen absolu (*ÉMA*)
Erreur moyenne absolue.

l'écart moyen absolu (*ÉMA*[7]),

$$\text{ÉMA} = \frac{\sum_{i=1}^{n} \left| R_i - P_i \right|}{n} \tag{3-2}$$

où n = nombre de périodes considérées ;

---

7. Souvent désigné par l'expression *MAD* (*mean absolute deviation*).

l'erreur quadratique moyenne (EQM[8]);

$$EQM = \frac{\sum_{i=1}^{n}\left(R_i - P_i\right)^2}{n - 1}$$

(3-3)

Erreur quadratique moyenne (EQM)

Moyenne des erreurs quadratiques.

l'erreur relative absolue (ERA);

Pour une période donnée (i), l'erreur relative en valeur absolue se calcule ainsi:

$$ERA_i = \frac{\left|R_i - P_i\right|}{R_i}$$

(3-4)

ou

$$ERA_i = \frac{\left|R_i - P_i\right|}{P_i}$$

(3-5)

L'important est de choisir une des équations du calcul de l'ERA et de la garder.

la moyenne des erreurs relatives absolues ($MERA$[9]). Pour un horizon de temps donné, constitué de plusieurs périodes (i), la MERA en pourcentage se calcule par:

$$MERA(\%) = \frac{\sum_{i=1}^{n} ERA_i}{n} \times 100 = \frac{\sum_{i=1}^{n} \frac{\left|R_i - P_i\right|}{R_i}}{n} \times 100$$

(3-6)

Moyenne des erreurs relatives absolues ($MERA$)

Moyenne des erreurs relatives en valeur absolue.

Si on veut comparer les écarts entre des techniques de prévision afin de choisir celle qui convient le mieux à une entreprise en particulier, l'équation 3-6 est rigoureusement exacte. Par contre, si on veut établir la marge d'erreur possible concernant les prévisions des prochaines périodes, l'équation 3-7 est plus appropriée:

$$MERA(\%) = \frac{\sum_{i=1}^{n} ERA_i}{n} \times 100 = \frac{\sum_{i=1}^{n} \frac{\left|R_i - P_i\right|}{P_i}}{n} \times 100$$

(3-7)

La comparaison entre l'*ÉMA*, l'*EQM* et la *MERA*

Revenons sur les notions d'écart moyen absolu (ÉMA) et d'erreur quadratique moyenne (EQM). L'ÉMA pondère toutes les erreurs également, tandis que l'EQM évalue les erreurs selon leurs valeurs quadratiques. Si on préfère mesurer la flexibilité face aux changements, on choisit l'EQM. En revanche, si c'est la précision des prévisions qui nous intéresse, on choisit plutôt l'ÉMA.

L'interprétation de l'ÉMA s'appuie sur des bases statistiques. Le graphique et le tableau suivants facilitent la compréhension de l'ÉMA.

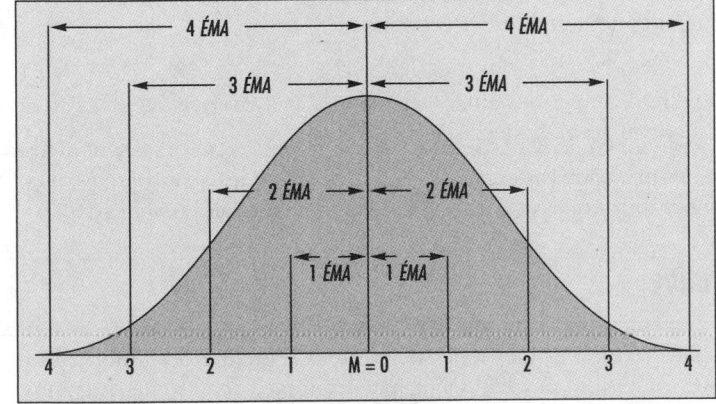

ÉMA (écart moyen absolu)	Équivalent en écart type	Intervalle de confiance
±1 ÉMA	±0,8σ	≈60%
±2 ÉMA	±1,6σ	≈90%
±3 ÉMA	±2,4σ	≈98%
±4 ÉMA	±3,2σ	≈100%

L'exemple 1, à la page suivante, permet de comparer, pour une même situation, le calcul de l'ÉMA, de la MERA et de l'EQM.

---

8. Souvent désignée par l'expression MSE (*mean squarred error*).

9. Souvent désignée par l'expression MAPE (*mean absolute percent error*).

3

Calculez l'*ÉMA*, l'*EQM* et la *MERA* avec les données suivantes :

Période	Réel	Prévision	Erreur ($R - P$)	$\lvert R - P \rvert$	$[R - P]^2$	ERA (%)
1	217	215	2	2	4	0,92
2	213	216	−3	3	9	1,41
3	216	215	1	1	1	0,46
4	210	214	−4	4	16	1,90
5	213	211	2	2	4	0,94
6	219	214	5	5	25	2,28
7	216	217	−1	1	1	0,46
8	212	216	−4	4	16	1,89
TOTAL			−2	22	76	10,26 %

Si on se base sur les chiffres présentés dans le tableau, on obtient :

$$\text{ÉMA} = \frac{\sum\limits_{i=1}^{n} \lvert R_i - P_i \rvert}{n} = \frac{22}{8} = 2,75$$

$$\text{EQM} = \frac{\sum\limits_{i=1}^{n} (R_i - P_i)^2}{n-1} = \frac{76}{8-1} = 10,86$$

$$\text{MERA(\%)} = \frac{\sum\limits_{i=1}^{n} \dfrac{\lvert R_i - P_i \rvert}{R_i}}{n} \times 100 = \frac{10,26}{8} = 1,28\,\%$$

Supposons qu'on prévoit 215 unités à la neuvième période. À l'aide de l'*ÉMA*, on peut considérer, avec un degré de confiance de 90 %, que nos activités se situeront entre :

215 ± 2 *ÉMA* = 215 ± 2 × 2,75 = 215 ± 5,5, c'est-à-dire entre 209,5 et 220,5.

Analysons ces résultats

L'*ÉMA* est le plus simple à utiliser. L'*EQM* amplifie les écarts afin d'attirer l'attention du gestionnaire sur les périodes hors normes. La *MERA*, calculée ici par rapport au réel, relativise les erreurs. Par exemple, une erreur totale entre le réel *R* et le prévu *P* de 5 unités sur un réel de 25 est énorme (*MERA* = 20 %), comparativement à une erreur de 100 sur un R de 10 000 unités (*MERA* = 0,10 %). C'est ce que la *MERA* permet de voir.

3.7 Les approches de prévision

Il existe deux approches principales pour établir des prévisions :

- l'approche qualitative ;
- l'approche quantitative.

Cette dernière approche se divise en deux parties : les prévisions basées sur des données historiques ou chronologiques, et les prévisions associatives. Avec les méthodes quantitatives, il est possible de prolonger les données historiques et d'utiliser des variables causales (explicatives).

3.7.1 L'approche qualitative

Principalement basées sur le jugement et l'**opinion générale,** les méthodes qualitatives sont constituées d'informations subjectives. Ces méthodes permettent d'inclure de l'information intuitive dans le processus de prévision. Il peut s'agir, par exemple, de facteurs humains, d'opinions émanant de personnes ou d'un groupe d'experts du secteur, de la connaissance du marché et de ses tendances. La connaissance profonde et intégrale des facteurs de l'environnement PESTE, qui influe sur le secteur industriel concerné, s'avère d'une grande valeur. Quand on utilise les techniques mathématiques quantitatives, on omet souvent ces facteurs qualitatifs difficilement quantifiables, ou on minimise leur importance. En effet, ces méthodes, qui tiennent souvent compte de l'intuition personnelle, sont perçues comme des contaminants.

La **prévision qualitative** est basée sur l'analyse des données subjectives provenant de diverses sources comme les enquêtes auprès des consommateurs, l'opinion du personnel des ventes et celle des gestionnaires, des cadres et des comités d'experts. Habituellement, cette information est difficile à obtenir d'une autre façon. La section 3.8 décrit cette approche qualitative.

Prévision qualitative
Technique de prévision basée sur des données subjectives.

3.7.2 L'approche quantitative basée sur des données chronologiques

L'approche quantitative basée sur des données chronologiques consiste tout simplement à projeter dans le futur les expériences passées: elle se base sur l'hypothèse que le futur sera identique au passé. Certains modèles faisant partie de cette approche cherchent à lisser ou à niveler les variations aléatoires des données historiques. D'autres tentent de cerner des tendances précises dans les données et de projeter ou d'extrapoler ces structures dans le futur, sans cerner ni mesurer les forces qui leur donnent lieu. La section 3.9 décrit plusieurs techniques quantitatives basées sur des moyennes.

3.7.3 Les prévisions associatives

Contrairement aux méthodes chronologiques, basées sur l'évolution dans le temps des activités de l'entreprise, le **modèle associatif** fait ressortir une ou plusieurs variables pouvant servir à prévoir la demande future (*voir la section 3.10*). Par exemple, la demande pour de la peinture peut être liée à des variables telles que le prix au litre, la somme dépensée en publicité ou les caractéristiques précises de la peinture (comme le temps de séchage et la facilité de nettoyage). L'analyse de cette situation produit une équation mathématique qui permet aux gestionnaires de prévoir le volume des ventes de peinture en fonction des valeurs données aux autres variables (dans notre exemple, le prix, la publicité ou les caractéristiques du produit).

Modèle associatif
Technique de prévision qui recourt à des variables explicatives pour prévoir la demande future.

En pratique, on utilise l'une ou l'autre des approches décrites ci-dessus pour dresser un plan de prévision. L'idéal consiste à recourir à une approche qui tient compte de tous les éléments en présence, d'où l'expression « approche intégrale ». Analysons maintenant chacune de ces approches et les techniques qui les caractérisent.

3.8 Les prévisions basées sur le jugement et l'opinion

Dans certaines circonstances, les prévisionnistes s'appuient uniquement sur les jugements et les opinions pour établir des prévisions. Si la direction a rapidement besoin d'une prévision, elle peut manquer de temps pour collecter et analyser les données quantitatives. Parfois, surtout quand les conditions sociales et économiques changent, les données disponibles peuvent être désuètes et l'information actualisée peut être inaccessible. De même, lors de l'introduction de nouveaux produits ou d'une nouvelle conception des produits actuels, l'absence de données historiques les concernant nuit à la prévision. Dans ce cas, les prévisions sont basées sur l'opinion des cadres, les enquêtes auprès des consommateurs, l'opinion du personnel des ventes et celle des experts.

3.8.1 L'opinion des cadres

Un groupe restreint de cadres supérieurs (habituellement les responsables du marketing, des opérations et des finances) se réunit dans le but de faire une prévision. On utilise souvent cette approche lors de l'établissement des prévisions servant à la planification à long terme ou lors de la mise au point d'un nouveau produit. Cette approche a pour avantage de rassembler les connaissances, l'expérience et les talents de divers gestionnaires. Cependant, elle présente l'inconvénient suivant: il y a un risque certain que l'opinion d'une seule personne, habituellement la plus extravertie, influence grandement le jugement des autres, ce qui se solde par des prévisions biaisées qui sont faussement attribuées à l'ensemble du groupe.

3.8.2 Les composantes de la communication directe avec le client

Le personnel des ventes ou du service à la clientèle constitue souvent une bonne source d'information en raison de son contact direct avec les consommateurs. Il est souvent conscient des désirs futurs des clients. Cette approche comporte cependant plusieurs désavantages. Le premier est que le personnel des ventes n'est pas toujours en mesure de faire la distinction entre ce qu'aimerait le consommateur et ce qu'il fera. Le deuxième inconvénient est que le personnel des ventes est parfois trop influencé par les expériences récentes. Ainsi, après plusieurs périodes de faibles ventes, les estimations peuvent avoir tendance à être trop pessimistes. De même, après plusieurs périodes de ventes élevées, les estimations auront tendance à être trop optimistes. De plus, si les prévisions sont utilisées pour fixer les quotas de vente, il y aura conflit d'intérêts. En effet, il est plus avantageux pour le vendeur de faire de faibles projections de ventes et ensuite de les dépasser plutôt que l'inverse.

3.8.3 Les enquêtes auprès des consommateurs

Puisque, finalement, c'est le consommateur qui détermine la demande, il semble naturel de le consulter. Dans certains cas, tous les clients actuels ou potentiels peuvent être contactés. Cependant, la plupart du temps, le nombre de clients est trop élevé ou il est impossible de déterminer tous les clients potentiels. Par conséquent, les entreprises qui cherchent à connaître l'opinion des consommateurs recourent habituellement à des enquêtes qui leur permettent de sonder les consommateurs. Les enquêtes auprès des consommateurs ont l'avantage évident de collecter de l'information qui n'est disponible nulle part ailleurs. Par contre, pour être bien menées, les enquêtes exigent beaucoup de connaissances et d'habiletés. Pour obtenir une information valable, il faut accorder beaucoup d'attention à la préparation de l'enquête, à son administration et à l'interprétation des résultats. Les enquêtes peuvent être longues et coûteuses. De plus, même dans les meilleures conditions, celles qui sont réalisées auprès du grand public doivent tenir compte de certaines attitudes et certains comportements irrationnels. Par exemple, avant d'acheter une voiture, les consommateurs retiennent souvent des informations liées à la magnificence d'une nouvelle salle d'exposition ou à des arguments de vente. Dans le même ordre d'idées, les faibles taux de réponse aux enquêtes par la poste devraient – mais ce n'est généralement pas le cas – rendre les résultats suspects.

Cette démarche s'apparente énormément aux études de marché; le personnel du marketing est le plus à même de procéder à cette étude. Des pionniers de la gestion des opérations tels que W.S. Deming et Philip Cotler, le père du marketing moderne, ont été les plus grands acteurs de cette approche dite de « flux tiré » (*pull*) – par opposition à « flux poussé » (*push*) – qui vise à prévoir les demandes futures du marché.

3.8.4 La méthode Delphi

Pour faire des prévisions, un gestionnaire peut solliciter l'opinion de plusieurs de ses collègues et des autres membres de l'organisation. À l'occasion, il consulte des experts de l'extérieur pour formuler les prévisions. Ces experts peuvent donner des conseils sur les conditions politiques ou économiques ou sur certains autres aspects importants avec lesquels une entreprise est peu familière.

Parmi les méthodes basées sur la consultation et l'opinion, la plus intéressante est la **méthode Delphi.** Elle consiste à faire circuler un ensemble de questionnaires parmi plusieurs personnes possédant les connaissances et les compétences voulues pour que leur avis soit considéré comme un apport significatif. L'anonymat des répondants est préservé pour s'assurer que les réponses ne sont pas biaisées. Chaque nouveau questionnaire est rédigé à l'aide de l'information collectée dans le questionnaire précédent, ce qui permet d'élargir la portée de l'information sur laquelle les participants peuvent fonder leur jugement. L'objectif est d'amener les personnes intéressées à atteindre un consensus sur la prévision.

C'est en 1948 que la Rand Corporation a créé la méthode Delphi. Depuis ce temps, cette méthode est appliquée à des situations variées et non seulement aux prévisions. Dans cet ouvrage, la méthode Delphi est utilisée comme outil de prévision. À ce titre, la méthode est utile pour les prévisions d'ordre technologique. Elle permet d'évaluer les changements sur le plan technologique et leurs conséquences sur une entreprise. Généralement, elle vise à prédire le moment où un événement donné se produira. Par exemple, on pourrait appliquer la méthode Delphi pour prédire à quel moment des téléphones vidéo seront installés dans au moins 50 % des foyers ou à quel moment un vaccin pourra être mis au point et distribué. Le plus souvent, il s'agit de prévisions à long terme et

Méthode Delphi

Les gestionnaires et le personnel remplissent une série de questionnaires de façon anonyme, chacun étant rédigé à partir du précédent, pour en venir à un consensus sur les prévisions.

à utilisation unique, comportant peu d'informations sûres ou entraînant des coûts élevés, et qui ne se prêtent donc pas aux techniques analytiques. On utilise surtout le jugement des experts ou d'autres personnes qui possèdent suffisamment de connaissances pour faire ce type de prévision.

3.9 Les prévisions basées sur des séries chronologiques

Quand on établit des prévisions selon une approche quantitative, on fait appel à des séries chronologiques pour décrire l'évolution des activités de l'entreprise. Une **série chronologique** est une séquence d'observations collectées à intervalles réguliers sur une période donnée (par exemple sur une base horaire, quotidienne, hebdomadaire, mensuelle, trimestrielle ou annuelle). Ces observations peuvent porter sur les commandes des clients, les bénéfices, les profits, les livraisons, les accidents, les quantités produites, les précipitations, les indices de productivité ou les prix à la consommation. On établit les techniques de prévision basées sur les séries chronologiques en supposant qu'on peut prévoir les valeurs futures des séries à partir des valeurs passées. Bien qu'on ne connaisse pas les variables qui influent sur la série, ces méthodes permettent d'obtenir des résultats satisfaisants, surtout si on les soumet ensuite à des corrections basées sur une approche qualitative (*voir la section 3.5*).

L'analyse des séries chronologiques exige la détermination du comportement sous-jacent à l'évolution des activités de l'entreprise sur une période (l'horizon de temps) clairement précisée. Pour ce faire, on peut tracer et analyser le graphique des données, où l'abscisse représente le temps et l'ordonnée, les activités, le nombre d'unités produites, le nombre de patients traités, les revenus, etc. On verra apparaître une ou plusieurs relations : des tendances, des **variations saisonnières**, des cycles, des variations constantes (variations autour d'une moyenne), des variations aléatoires ou irrégulières. Certaines de ces relations sont décrites ci-après.

1. La tendance désigne un mouvement des données graduel et à long terme, vers le haut ou le bas. Les changements démographiques, la variation des revenus et les changements culturels sont souvent caractérisés par de tels mouvements.

2. La saisonnalité désigne des variations à court terme, plutôt régulières et généralement liées à des facteurs saisonniers. Elle inclut les variations rattachées aux conditions météorologiques, aux jours fériés et aux vacances. Les restaurants, les supermarchés et les cinémas connaissent des variations saisonnières hebdomadaires, voire quotidiennes.

3. Les cycles sont des variations en forme d'ondes dont la durée est susceptible de varier. Ils peuvent se poursuivre sur une base hebdomadaire, mensuelle, semestrielle ou autre. Parfois, ils comportent de longues périodes de plus de un an et sont liés à une variété de conditions politiques, économiques, sociales et même météorologiques qui influent sur toute l'activité humaine. Le cas du phénomène océanographique El Niño et de son vis-à-vis, La Niña, en sont des causes typiques.

4. Les variations irrégulières sont provoquées par des circonstances inhabituelles comme des conditions météorologiques extrêmes, par exemple des éruptions volcaniques, des grèves, des problèmes momentanés du côté de la concurrence ou d'importants changements concernant un produit ou un service. Elles ne reflètent pas un comportement typique et leur inclusion dans les séries déforme le portrait d'ensemble. Quand c'est possible, on doit les circonscrire et les éliminer des données étudiées.

5. Les variations aléatoires sont des variations résiduelles qui demeurent après qu'on a tenu compte de tous les autres comportements.

La figure 3.1, à la page suivante, illustre ces comportements. Les petits « dénivellements » des courbes représentent les variations aléatoires.

Le reste de cette section décrit les diverses approches concernant l'analyse des données des séries chronologiques, mais avant de poursuivre, il convient de s'arrêter sur un point important : la prévision de la demande doit être basée sur une série chronologique de la demande passée – c'est-à-dire les commandes reçues – plutôt que sur les ventes.

De manière explicite, cela signifie qu'on doit faire des prévisions sur la vraie demande du marché. En effet, les quantités livrées reflètent la capacité de l'entreprise à répondre à

Série chronologique
Suite d'observations dans le temps collectées à intervalles réguliers.

Tendance
Mouvement des données, graduel et à long terme, vers le haut ou le bas.

Saisonnalité
Variation régulière dont le caractère provisoire et répétitif est lié à un phénomène saisonnier.

Cycle
Variation due à des fluctuations successives.

Variation irrégulière
Variation provoquée par des circonstances inhabituelles et ne reflétant pas un comportement régulier.

Variation aléatoire
Variation inexpliquée après que tous les autres comportements ont été pris en considération.

3

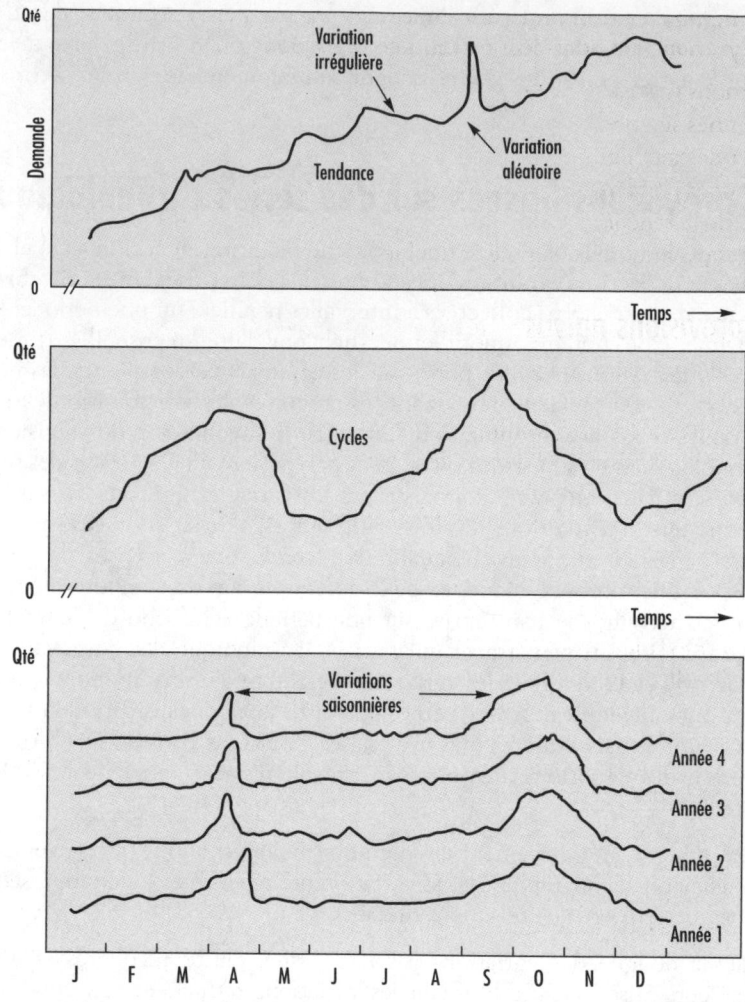

la demande et non les vrais besoins des clients, qui peuvent être supérieurs à ses capacités. Si on se limite aux capacités de production, on risque de perdre des marchés potentiels. Évidemment, cette façon de procéder exige d'effectuer un suivi de toutes les commandes reçues.

Deux grandes familles de techniques de prévisions quantitatives sont analysées ici :

- les techniques basées sur le calcul de moyennes (*voir la section 3.10*) ;
- les techniques de prévisions associatives : les **régressions** (*voir la section 3.11*).

3.10 Les techniques basées sur le calcul de moyennes

Quand une entreprise instaure un système de prévisions quantitatives, on lui suggère d'abord d'appliquer des techniques simples basées sur l'analyse des moyennes. Avec ces techniques, les prévisions reflètent les valeurs récentes d'une série chronologique (c'est-à-dire la valeur moyenne au cours des dernières périodes). Ces techniques fonctionnent mieux quand une série tend à varier autour d'une moyenne, bien qu'elles puissent également traiter des changements par étapes ou des changements progressifs (*voir la figure 3.2*).

FIGURE 3.2 ▶
Calcul d'une moyenne appliqué
à trois structures possibles

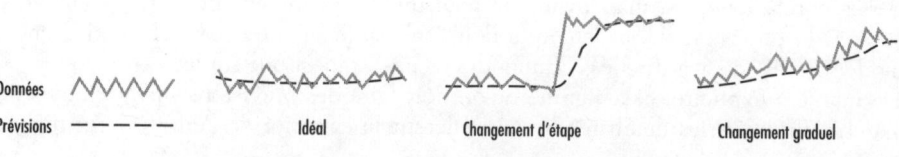

Six techniques de calcul de la moyenne, idéales pour des prévisions à court et à moyen terme (*voir la section 3.3*), sont décrites dans cette section.

1. Les prévisions naïves.
2. Les moyennes simples.
3. Les moyennes mobiles.
4. Les moyennes pondérées.
5. L'analyse de la tendance.
6. Les lissages exponentiels (simple et double).

3.10.1 Les prévisions naïves

La technique de **prévision naïve** est la méthode la plus simple. Selon celle-ci, la prévision pour une période est égale à la valeur de la **période précédente.** Par exemple, si la demande de la semaine dernière a été de 50 unités, la prévision pour la semaine à venir sera de 50 unités. De même, si la consommation durant une période a été de 54 unités, la prévision pour la période suivante sera de 54 unités.

Bien qu'à première vue l'approche naïve semble simpliste, elle constitue néanmoins un outil de prévision valable pour de petites organisations qui ne disposent pas d'une procédure structurée établie pour gérer leurs activités. Ses avantages sont les suivants : elle ne coûte presque rien, elle est rapide, facile à utiliser (pas d'analyse de données) et simple à comprendre. Elle est excellente pour de nouvelles entreprises ne disposant pas d'un grand bassin d'informations collectées au fil des ans. Son principal défaut est son incapacité à fournir des prévisions précises. Cependant, si la précision qui en découle est acceptable, cette approche mérite une attention sérieuse. Or, les autres techniques de prévision qui offrent une plus grande précision coûtent toujours plus cher. On se posera donc la question suivante : la précision accrue obtenue à l'aide d'une autre méthode vaut-elle les ressources supplémentaires requises pour l'appliquer ?

On peut aussi appliquer la méthode des prévisions naïves à une série qui présente une saisonnalité ou une tendance. Par exemple, si les ventes mensuelles ont une structure saisonnière, la prévision de la demande pour le mois de décembre courant peut être basée sur la demande du mois de décembre précédent ; celle de janvier peut être fonction de la demande du mois de janvier précédent, et ainsi de suite. On peut aussi appliquer le raisonnement suivant pour prévoir la prochaine période : toute variation survenant durant une période s'applique directement à la période future pour laquelle on veut obtenir une prévision. Par exemple, si la consommation pour le mois de juin est de 90 unités de plus que celle de mai, la prévision pour juillet sera : P juillet = R juin + 90. Si la consommation de juillet est plus élevée de 85 unités que celle de juin, alors on obtient : P août = R juillet + 85. Si la consommation pour le mois d'août est de 50 unités de moins que celle de juillet, alors on a : P septembre = R août − 50 (*voir le tableau suivant*).

Prévision naïve

Prévision pour toute période qui est égale à la valeur effective de la période précédente.

Période i	Réel R	Variations réelles période i avec période $i-1$	Prévision P
Mai	100		
Juin	190	(190 − 100) = +90	
Juillet	275	(275 − 190) = +85	(190 + 90) = 280
Août	225	(225 − 275) = −50	(275 + 85) = 360
Septembre			(225 − 50) = 175

3.10.2 Les moyennes simples

Cette technique consiste à calculer la moyenne des activités des périodes passées (R) pour prévoir la période future (P). On écrira :

$$P_{n+1} = \frac{\sum_{i=1}^{n} R_i}{n} \qquad (3\text{-}8)$$

3

Mois	Réel
1	492
2	470
3	493
4	485
5	498

$$P_6 = \frac{492 + 470 + 493 + 485 + 498}{5} = \frac{2438}{5} = 487,6 \approx 488$$

On peut même donner un caractère cyclique ou saisonnier à cette méthode, comme le montre l'exemple suivant.

Exemple 3

Semaine	Jour	Réel
1	**Lun.**	**67**
	Mar.	75
	Mer.	82
	Jeu.	98
	Ven.	90
	Sam.	36
	Dim.	55

Semaine	Jour	Réel
2	**Lun.**	**60**
	Mar.	73
	Mer.	85
	Jeu.	99
	Ven.	86
	Sam.	40
	Dim.	52

Semaine	Jour	Réel
3	**Lun.**	**64**
	Mar.	76
	Mer.	87
	Jeu.	96
	Ven.	88
	Sam.	44
	Dim.	50

Prévision du lundi = $P_l = \dfrac{67 + 60 + 64}{3} = 64$ unités

Prévisions quotidiennes pour la semaine 4 :

Semaine	Jour	Prévision
4	Lun.	64
	Mar.	75
	Mer.	85
	Jeu.	98
	Ven.	88
	Sam.	40
	Dim.	52

3.10.3 Les moyennes mobiles

Si, par hasard, on dispose des données des 25 dernières périodes ou plus, il serait irréaliste de prévoir les activités de la période 26 à partir de la moyenne des 25 périodes passées, car l'environnement politique, économique, social, technologique et la concurrence ont changé. On devrait plutôt considérer les périodes les plus pertinentes, soit, logiquement, les plus récentes. Une prévision basée sur la **moyenne mobile** utilise un nombre fixe de données parmi les plus récentes pour obtenir une prévision.

On calcule la prévision basée sur la moyenne mobile à l'aide de l'équation suivante :

Moyenne mobile

Technique qui permet de calculer la moyenne d'un certain nombre de valeurs effectives récentes, actualisée à mesure que les nouvelles valeurs deviennent disponibles. Le nombre ou la base de ces valeurs est fixe.

$$P_m = \frac{\sum\limits_{i=1}^{n} R_{m-i}}{n}$$

(3-9)

où i = période

n = nombre de périodes (les points de données) de la moyenne mobile, appelé la « base », qui est fixe et constant tout au long de l'exercice

R_i = valeur réelle de la période i passée

P_m = prévision de la prochaine période m

Exemple 4

On cherche à prévoir, à l'aide de la moyenne mobile (avec une base $n = 3$), le nombre de paniers à provisions nécessaires pour la prochaine période, la sixième, si on connaît l'utilisation des cinq périodes passées.

Période	Nombre de paniers utilisés R
1	42
2	40
3	43
4	40
5	41

$$P_m = \frac{\sum_{i=1}^{n} R_{m-i}}{n}$$

$$P_6 = \frac{\sum_{i=1}^{n} R_{6-i}}{3} = \frac{R_5 + R_4 + R_3}{3} = \frac{41 + 40 + 43}{3} = 41,33 \approx 41 \text{ paniers}$$

Si la demande effective (c'est-à-dire le nombre de paniers réellement utilisés de la période 6) a été de 39 unités, alors la prévision basée sur la moyenne mobile pour la période 7 serait :

$$P_7 = \frac{39 + 41 + 40}{3} = 40$$

Il faut noter que lors de l'application de la moyenne mobile :

a) à mesure que chaque nouvelle valeur devient disponible, on actualise la prévision en additionnant la valeur la plus récente, en éliminant la plus ancienne et en recalculant la moyenne. Par conséquent, la prévision « se déplace » en reflétant uniquement les valeurs les plus récentes ;

b) la méthode est valable pour des prévisions à court terme : on fait des prévisions pour la période qui suit. On ne peut établir de prévisions valables pour deux ou trois périodes à l'avance.

Répondons maintenant à une dernière question : comment peut-on déterminer la base n qui permet de faire des prévisions valables ?

La figure 3.3 illustre le graphique d'une prévision basée sur la moyenne mobile pour 3 périodes ; il est tracé par rapport à la demande effective sur 31 périodes. On remarque que la prévision basée sur la moyenne mobile provoque un retard relativement à la demande réelle et à quel point les valeurs prévues sont lissées ou nivelées par rapport aux valeurs réelles. On note aussi que plus les activités qu'on veut prévoir sont dynamiques (**évolution dynamique**) ou évoluent nerveusement, plus on choisira des valeurs de la base n peu élevées, par exemple 3, 4 ou 5. Plus les activités évoluent doucement dans le temps, plus on dira que l'évolution est statique et on préférera des bases n plus grandes. La figure 3.4 montre que plus il y a de périodes dans une moyenne mobile, plus la prévision est nivelée.

On suggère le processus par essais et erreurs suivant pour déterminer la base idéale :
- simuler des prévisions pour des périodes antérieures avec différentes bases ;
- calculer les écarts entre le réel (R) et la prévision (P) ;
- choisir la base qui reflète le mieux l'évolution des phénomènes à l'aide d'un des indicateurs *ÉMA* (écart moyen absolu), *EQM* (erreur quadratique moyenne) ou *MERA* (moyenne des erreurs relatives absolues) présentés à la section 3.6.

L'ordinateur et le tableur Excel s'avèrent d'excellents outils pour déterminer la base idéale.

Solution

▼ FIGURE 3.3

Une prévision basée sur la moyenne mobile tend à lisser et à déphaser les changements dans les données

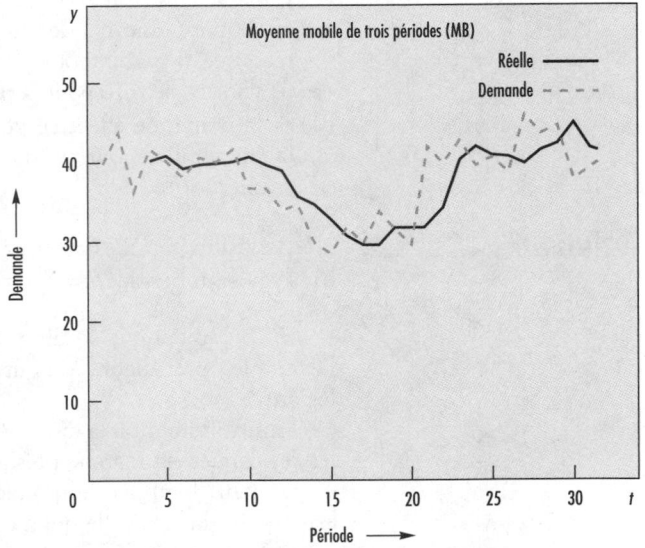

▼ FIGURE 3.4

Plus il y a de périodes dans une moyenne mobile, plus la prévision sera nivelée

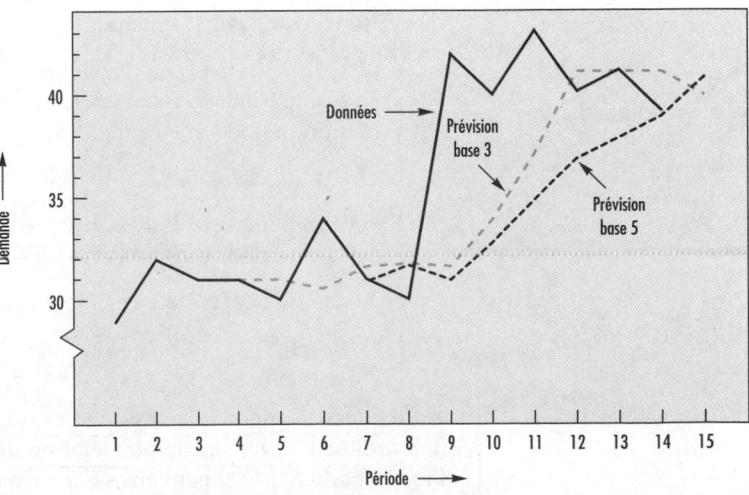

3

3.10.4 Les moyennes pondérées

La prévision basée sur la moyenne mobile a l'avantage d'être facile à calculer et à comprendre. Son inconvénient est que toutes les valeurs comprises dans le calcul de la moyenne sont pondérées également. Par exemple, dans une moyenne mobile étalée sur 10 périodes, chaque valeur a une pondération de 1/10. Ainsi, la valeur la plus ancienne a la même importance ou le même poids que la valeur la plus récente. Si un changement se produit dans la série, une prévision basée sur la moyenne mobile peut réagir lentement, surtout si la moyenne comporte plusieurs données antérieures. En diminuant l'importance des valeurs les plus anciennes, on augmente le poids des valeurs les plus récentes.

Une **moyenne pondérée** est similaire à une moyenne mobile, sauf qu'elle attribue des pondérations aux différentes valeurs de la série chronologique. Par exemple, on peut attribuer à la valeur la plus récente une pondération de 0,40, à la deuxième valeur la plus récente, une pondération de 0,30, à celle d'après, une pondération de 0,20 et à la suivante, une pondération de 0,10. La somme des facteurs de pondération doit être nécessairement égale à 1,00.

On peut ainsi donner au besoin une importance différente à chacune des périodes passées.

Exemple 5

Les données suivantes portent sur la consommation d'une matière première pour les cinq dernières périodes :

a) Calculez une prévision basée sur la moyenne pondérée en appliquant une pondération de 0,40 pour la période la plus récente, de 0,30 pour l'avant-dernière, de 0,20 pour celle d'avant et de 0,10 pour la plus ancienne.

b) Si la demande effective pour la période 6 est de 39, prévoyez la demande pour la période 7 en utilisant les mêmes pondérations.

Période	Consommation réelle
1	42
2	40
3	43
4	40
5	41

Solution

a) Prévision période 6 = P_6 = 0,40(41) + 0,30(40) + 0,20(43) + 0,10(40) = 41,0
b) Prévision période 7 = P_7 = 0,40(39) + 0,30(41) + 0,20(40) + 0,10(43) = 40,2

Si on recourait à cinq facteurs de pondération au lieu de quatre comme dans l'exemple précédent, on utiliserait les cinq périodes les plus récentes pour faire les prévisions.

Contrairement à la moyenne mobile, la moyenne pondérée a l'avantage de mieux refléter les tendances du marché puisqu'elle donne plus de poids aux informations les plus récentes. Cependant, le choix des pondérations est arbitraire. On utilisera une approche par essais et erreurs similaire à celle qui a été utilisée avec la méthode de la moyenne mobile pour déterminer les facteurs de pondération appropriés.

En présence d'un **phénomène cyclique** dans les prévisions, on se servira des facteurs différents d'une période à l'autre. À titre d'exemple, reprenons les données du problème précédent et supposons que chaque période représente une semaine et que la semaine 5 désigne la première semaine du nouveau mois. Il est logique que la semaine 5 ressemble davantage à la semaine 1 qu'à la semaine 2 ou 3. On peut maintenant supposer que les facteurs de pondération sont les suivants : semaine 1 : 0,5 ; semaine 2 : 0,1 ; semaine 3 : 0,3 ; semaine 4 : 0,1. On prévoira alors pour la semaine 5 :

Prévision période 5 : P_5 = 0,5(R_1) + 0,1(R_2) + 0,3(R_3) + 0,1(R_4)
Prévision période 5 : P_5 = 0,50(42) + 0,10(40) + 0,30(43) + 0,10(40) = 41,9

Sachant qu'à la semaine 5, le réel = 41, la prévision pour la sixième semaine sera :

Prévision période 6 : P_6 = 0,5(R_2) + 0,1(R_3) + 0,3(R_4) + 0,1(R_5)
Prévision période 6 : P_6 = 0,50(40) + 0,10(43) + 0,30(40) + 0,10(41) = 40,4

Si le réel de la période 6 (R_6) = 39, alors la prévision pour la semaine 7 sera :

Prévision période 7 : P_7 = 0,5(R_3) + 0,1(R_4) + 0,3(R_5) + 0,1(R_6)
Prévision période 7 : P_7 = 0,50(43) + 0,10(40) + 0,30(41) + 0,10(39) = 41,7

Ici aussi, l'approche par essais et erreurs et les simulations sont d'une grande utilité pour déterminer les facteurs de pondération, et les indicateurs présentés à la section 3.6 (l'ÉMA, l'EQM ou la MERA) peuvent aider à trouver les bons facteurs de pondération.

Finalement, on peut utiliser d'autres données que les réels passés afin de déterminer les prévisions pour la prochaine période. Par exemple, le nombre d'interventions du service de maintenance d'une usine est fonction des activités de chaque atelier de production, et ce, d'une façon pondérée selon leur importance. On évalue aussi les indices boursiers en pondérant différemment le nombre de transactions des titres inscrits et en donnant plus d'importance aux grands titres.

3.10.5 Le lissage exponentiel simple (*LES*)

Cette technique tient à la fois de la méthode de la moyenne mobile et de celle de la moyenne pondérée. On a vu que dans le cas de la moyenne mobile, on utilise les activités d'un nombre fixe n (la **base**) de périodes antérieures et on donne une importance identique à chacune de ces périodes, soit un coefficient de pondération égal à $1/n$. On additionne les n périodes ainsi pondérées pour obtenir la prévision de la période $n + 1$. Le facteur de pondération étant $1/n$, on écrit par exemple pour $n = 4$:

$$P_{n+1} = \frac{1}{n} R_1 + \frac{1}{n} R_2 + \frac{1}{n} R_3 + \frac{1}{n} R_4 \qquad (3\text{-}10)$$

où R_1 jusqu'à R_n sont les données des activités réelles des n périodes de base et où P_{n+1} est la prévision de la $(n + 1)$-ième période. Par contre, dans le cas de la moyenne pondérée, on utilise des facteurs économiques, ou encore des réels, mais on les pondère différemment, selon leur importance.

Dans le cas du **lissage exponentiel simple (LES)**, on utilise seulement deux facteurs afin de déterminer les prévisions pour la période future P_{i+1}, soit :

P_i : les prévisions de la période actuelle ;

R_i : les activités (ventes, livraisons ou production, selon le cas) de la période actuelle.

Les prévisions de la période à venir P_{i+1} seront alors :

$$P_{i+1} = \alpha_1 R_i + \alpha_2 P_i \qquad (3\text{-}11)$$

> **Lissage exponentiel simple (*LES*)**
>
> Méthode de calcul de la moyenne pondérée basée sur la prévision précédente, plus un pourcentage de l'erreur de prévision.

Il faut alors déterminer les deux facteurs de pondération (les *alpha*). Or, on sait que la somme des deux facteurs doit nécessairement donner 1,00.

On peut donc écrire :

$$\alpha_1 + \alpha_2 = 1,00 \, ; \, \alpha_2 = 1,00 - \alpha_1$$

$$P_{i+1} = \alpha_1 R_i + (1,00 - \alpha_1)P_i \qquad (3\text{-}12)$$

et finalement, pour simplifier les calculs, on écrira :

$$P_{i+1} = P_i + \alpha(R_i - P_i) \qquad (3\text{-}13)$$

Cela signifie que chaque nouvelle prévision est égale à la prévision précédente plus un pourcentage α de l'erreur commise durant la période précédente $(R_i - P_i)$.

En outre, on constate qu'il faut déterminer un seul facteur de pondération α.

Toutefois, avant d'appliquer le lissage exponentiel, il faut avoir préalablement utilisé la moyenne mobile pendant un certain temps avec une base n. Dans ce cas, une règle découverte de façon empirique nous informe que la relation

$$\alpha \approx \frac{2}{n + 1} \qquad (3\text{-}14)$$

Cette dernière donne une approximation très valable du facteur de pondération α, n étant le nombre de périodes de base utilisées avec la moyenne mobile. Ainsi, dans le cas des prévisions basées sur la moyenne mobile, si on utilisait $n = 6$, on commencerait les prévisions basées sur le lissage exponentiel avec un facteur $\alpha \approx 2 / (6 + 1) = 0,29$. Ici aussi, on utilise l'ordinateur pour définir α en simulant plusieurs α dans un contexte reproduisant le plus fidèlement possible le milieu où l'on évolue. Après plusieurs essais, on trouve finalement l'α le mieux adapté au cas étudié.

Théoriquement, α est compris entre 0,000 et 1,000. En pratique, α est évalué entre 0,10 et 0,39. Plus le produit connaît une évolution dynamique, plus α doit être corrigé à la hausse ;

3

plus le produit a une évolution lente et statique, plus α doit être corrigé à la baisse. On peut donc remarquer que le raisonnement est l'inverse de celui qui s'applique à la base n de la moyenne mobile.

Lorsqu'on passe de la moyenne mobile au lissage exponentiel, comme prévision dans l'équation de la première période, on utilise celle qui a été calculée avec la moyenne mobile. Par la suite, on se servira des prévisions basées sur le lissage exponentiel.

La rapidité de l'ajustement de la prévision à l'erreur est déterminée par le facteur de lissage α. Plus sa valeur est proche de zéro, plus la prévision s'ajuste lentement aux erreurs de prévision (plus le lissage est grand). Inversement, plus la valeur d'α est proche de 1,00, plus la réaction est grande et plus le lissage est petit. L'exemple 6 illustre cette situation.

Il faut noter que la constante de lissage α représente un pourcentage de l'erreur commise entre le réel et la prévision $(R - P)$. Considérons les données de l'exemple 5, à la page 78, et supposons que la prévision pour la période 2 est de 42 unités, la demande réelle qui y apparaît est de 40 unités, et qu'on utilise un $\alpha = 0{,}10$. On calcule la prévision pour la période 3 comme suit :

$$P_{i+1} = P_i + \alpha(R_i - P_i)$$

$$P_3 = P_2 + \alpha(R_2 - P_2) = 42 + 0{,}10(40 - 42) = 41{,}8 \text{ unités}$$

Si, à la période 3, on avait effectivement 43 unités, la prévision pour la quatrième période serait :

$$P_4 = P_3 + \alpha(R_3 - P_3) = 41{,}8 + 0{,}10(43 - 41{,}8) = 41{,}92 \text{ ou} \approx 42 \text{ unités}$$

Exemple 6

Utilisez le lissage exponentiel afin d'effectuer des prévisions pour les données suivantes et calculez l'erreur (Réel – Prévision), et ce, pour chaque période.
a) Utilisez un facteur de lissage de 0,10.
b) Utilisez un facteur de lissage de 0,40.
c) Tracez les données effectives et les deux ensembles de prévisions sur un seul graphique.

Période	Production réelle
1	42
2	40
3	43
4	40
5	41
6	39
7	46
8	44
9	45
10	38
11	40
12	

Solution

Le tableau qui suit représente les prévisions basées sur $\alpha = 0{,}10$ et $\alpha = 0{,}40$. Les données sont en romain et les résultats, en italique. Observez et commentez l'évolution des prévisions si $\alpha = 0{,}10$ et si $\alpha = 0{,}40$.

Période	Réel	Prévision $\alpha = 0{,}10$	Erreur	Prévision $\alpha = 0{,}40$	Erreur
1	42	–	–	–	–
2	40	*42,00*	*–2,00*	*42,00*	*–2,00*
3	43	*41,80*	*–1,20*	*41,20*	*–1,80*
4	40	*41,92*	*–1,92*	*41,92*	*–1,92*
5	41	*41,73*	*–0,73*	*41,15*	*–0,15*
6	39	*41,66*	*–2,66*	*41,09*	*–2,09*
7	46	*41,39*	*–4,61*	*40,25*	*–5,75*
8	44	*41,85*	*–2,15*	*42,55*	*–1,45*
9	45	*42,07*	*–2,93*	*43,13*	*–1,87*
10	38	*42,35*	*–4,35*	*43,88*	*–5,88*
11	40	*41,92*	*–1,92*	*41,53*	*–1,53*
12		*41,73*		*40,92*	
		Erreur totale	*–2,69*	Erreur totale	*–2,70*

La figure 3.5 illustre l'évolution des prévisions selon que $\alpha = 0{,}10$ et $0{,}40$ comparativement au réel.

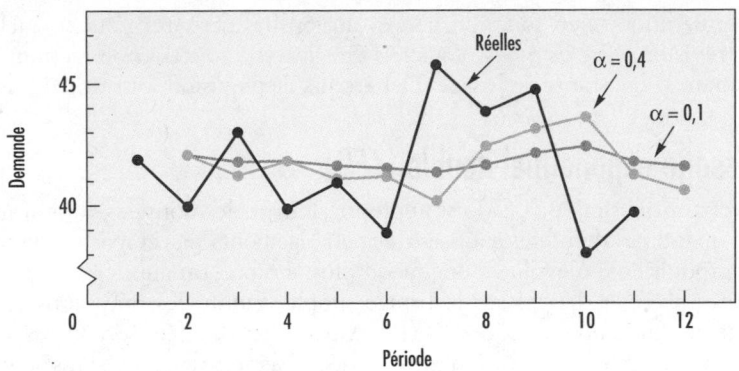

Les tableaux ci-dessous nous aident à calculer les indicateurs ÉMA, EQM et MERA pour les périodes 2 à 11 selon que $\alpha = 0{,}10$ et $0{,}40$. Il sera ainsi possible de comparer les deux approches.

Période	Réel	Prévision $\alpha = 0{,}10$				Prévision $\alpha = 0{,}40$			
		Prévision	Écart $\lvert R-P \rvert$	$(R-P)^2$	$\lvert R-P \rvert / R$	Prévision	Écart $\lvert R-P \rvert$	$(R-P)^2$	$\lvert R-P \rvert / R$
2	40	42,00	2,00	4,0000	5,00%	42,00	2,00	4,0000	5,00%
3	43	41,80	1,20	1,4400	2,79%	41,80	1,20	1,4400	2,79%
4	40	41,92	1,92	3,6864	4,80%	41,92	1,92	3,6864	4,80%
5	41	41,73	0,73	0,5329	1,78%	41,15	0,15	0,0225	0,37%
6	39	41,66	2,66	7,0756	6,82%	41,09	2,09	4,3681	5,36%
7	46	41,39	4,61	21,2521	10,02%	40,25	5,75	33,0625	12,50%
8	44	41,85	2,15	4,6225	4,89%	42,55	1,45	2,1025	3,30%
9	45	42,07	2,93	8,5849	6,51%	43,13	1,87	3,4969	4,16%
10	38	42,36	4,36	19,0096	11,47%	43,88	5,88	34,5744	15,47%
11	40	41,92	1,92	3,6864	4,80%	41,53	1,53	2,3409	3,83%
Total			24,48	73,8904	58,88%		23,84	89,0942	57,57%

Résumé des indicateurs

Indicateurs	Prévision $\alpha = 0{,}10$	Prévision $\alpha = 0{,}40$
ÉMA	2,448	2,384
EQM	8,210	9,899
MERA	5,89%	5,76%

Rappel des indicateurs :

$$ÉMA = \frac{\sum_{i=1}^{n} \lvert R_i - P_i \rvert}{n} \qquad \text{(voir l'équation 3-2)}$$

$$EQM = \frac{\sum_{i=1}^{n} (R_i - P_i)^2}{n-1} \qquad \text{(voir l'équation 3-3)}$$

$$MERA(\%) = \frac{\sum_{i=1}^{n} ERA_i}{n} \times 100 = \frac{\sum_{i=1}^{n} \dfrac{\lvert R_i - P_i \rvert}{R_i}}{n} \times 100 \qquad \text{(voir l'équation 3-6)}$$

On remarque que, selon l'ÉMA et la MERA, la prévision $\alpha = 0{,}40$ sera préférée. Cependant, en fonction de l'EQM, on voit que la prévision est plus élevée, ce qui est dû au fait que durant les périodes où elle s'éloigne, l'écart est plus grand. On peut conclure cette section en notant que le lissage exponentiel est l'une des techniques de prévision les plus utilisées, surtout à cause de sa simplicité et de la facilité avec laquelle on peut modifier le

3

facteur de pondération α en fonction de l'évolution des activités pour lesquelles on veut obtenir des prévisions. Il existe des progiciels qui ont une fonction permettant de modifier automatiquement la constante de lissage si les erreurs de prévision sont trop élevées.

3.10.6 Le lissage exponentiel double (*LED*)

Le lissage exponentiel simple (*LES*) est approprié lorsque les données varient autour d'une moyenne ou quand ces dernières subissent des changements par étapes ou de manière graduelle. Si le produit étudié évolue d'une façon plus abrupte, on aura besoin d'un facteur de correction des prévisions basées sur le lissage simple. Sinon, les prévisions (*P*) seront en retard ou décalées par rapport aux réelles (*R*). Ainsi, si les données sont croissantes, les prévisions seront trop faibles. Si les données sont décroissantes, les prévisions seront trop élevées. Encore une fois, le traçage des données sur un graphique indiquera s'il faut procéder à une correction du lissage simple. Si on apporte un facteur de correction au lissage exponentiel simple, il en résulte un **lissage exponentiel double (LED)**. Il est fortement suggéré de ne pas appliquer le lissage exponentiel double si le lissage simple n'a pas été expérimenté durant un certain nombre de périodes, car le lissage double découle du lissage exponentiel simple.

La prévision basée sur le lissage exponentiel double se calcule ainsi :

$$P_{i+1} = S_i + T_i$$

où $S_i = P_i + \alpha(R_i - P_i) =$ Composante saisonnière

$$T_i = T_{i-1} + \beta(P_i - P_{i-1} - T_{i-1}) = \text{Facteur de correction lissé} \qquad (3\text{-}15)$$

Il convient de noter la similitude de l'expression de S_i avec celle qu'on utilise pour calculer les prévisions basées sur le lissage exponentiel simple. Soulignons aussi l'introduction d'un nouveau facteur de pondération : β. Quand on applique pour la première fois le lissage double, on peut estimer $\beta \approx \alpha$, α étant celui qui a été utilisé lors des prévisions effectuées selon le lissage simple. On procédera ensuite par simulation ou expérimentation pour modifier le facteur β et même, au besoin, le facteur α.

Le facteur de correction T de départ est estimé en fonction des activités antérieures. Une façon simple de procéder serait la suivante : si, pour la période passée, on avait prévu (*P*) 425 unités selon le *LES* et obtenu un réel (*R*) de 432, alors :

$$T \text{ période précédente} = R - P = 432 - 425 = 7 = T_{i-1}$$

Une autre manière de procéder, basée sur la tendance des demandes réelles des périodes passées, est présentée dans l'exemple 7.

Lissage exponentiel double (*LED*)

Variante du lissage exponentiel simple utilisé quand une série chronologique présente une tendance.

Exemple 7

On dispose des données de départ concernant les ventes de téléphones cellulaires pour les 10 dernières semaines :

De plus, on nous informe que :

- la prévision de la période 4, selon le *LES*, calculée avec $\alpha = 0{,}4$, est de $P_4 = 728$;
- l'entreprise désire appliquer le lissage exponentiel double à partir de la cinquième période.

Période	Réel
1	700
2	724
3	720
4	728
5	740
6	742
7	758
8	750
9	770
10	775

Solution

Puisqu'on ne connaît pas le facteur de correction initial, on estime globalement la tendance des quatre premières périodes comme suit :

$$T_4 = \frac{R_4 - R_1}{3} = \frac{728 - 700}{3} = 9{,}33$$

Il faut noter qu'on a divisé par 3, car les quatre dernières données fournissent une tendance sur trois interpériodes.

La valeur de S_4 sera estimée approximativement à 728 unités pour la période de départ (la valeur de P_4).

$$P_5 = S_4 + T_4 = 728 + 9{,}33 \approx 737{,}30 \text{ unités}$$

À partir de là, on dispose de toutes les informations nécessaires pour calculer les périodes 6 à 11 :

$$S_i = P_i + \alpha(R_i - P_i)$$
$$S_5 = P_5 + \alpha(R_5 - P_5) = 737,3 + 0,4(740 - 737,3) = 738,38$$
$$T_i = T_{i-1} + \beta(P_i - P_{i-1} - T_{i-1})$$
$$T_5 = T_4 + \beta(P_5 - P_4 - T_4) = 9,33 + 0,4(737,3 - 728 - 9,33) = 9,33 + 0,4(0) = 9,33$$
$$P_{i+1} = S_i + T_i$$
$$P_6 = S_5 + T_5 = 738,38 + 9,33 = 747,71 \text{ ou} \approx 748 \text{ unités}$$

Pour la période 7 :

$$P_7 = S_6 + T_6$$
$$S_6 = P_6 + \alpha(R_6 - P_6) = 747,71 + 0,4(742 - 747,71) = 745,43$$
$$T_6 = T_5 + \beta(P_6 - P_5 - T_5) = 9,33 + 0,4(747,71 - 737,3 - 9,33) = 9,76$$
$$P_7 = S_6 + T_6 = 745,43 + 9,76 = 755,19 \text{ ou} \approx 755 \text{ unités}$$

Pour la période 8 :

$$P_8 = S_7 + T_7$$
$$S_7 = P_7 + \alpha(R_7 - P_7) = 755,19 + 0,4(758 - 755,19) = 756,31$$
$$T_7 = T_6 + \beta(P_7 - P_6 - T_6) = 9,76 + 0,4(755,19 - 747,71 - 9,76) = 8,85$$
$$P_8 = S_7 + T_7 = 756,31 + 8,85 = 765,16 \text{ ou} \approx 765 \text{ unités}$$

Vous êtes invités à poursuivre les calculs pour P_9, P_{10} et P_{11} ; les résultats apparaissent en italique au tableau 3.1. On a procédé au calcul des écarts entre les valeurs réelles et les prévisions. L'écart moyen sur les six périodes considérées est de –2,44, ce qui implique que les prévisions sont plus élevées que les valeurs réelles obtenues. La sensibilité des techniques de prévision sera analysée plus en détail.

Période i	Réel	Prévision	T_i	S_i	Écart $R_i - P_i$
1	700				
2	724				
3	720				
4	728	728	9,33	728,00	
5	740	737	9,33	738,38	–3
6	742	748	9,76	745,43	–6
7	758	755	8,85	756,31	–3
8	750	765	9,29	759,09	–15
9	770	768	6,87	769,02	–2
10	775	776	7,13	775,53	–1
11		783		469,60	
				Écart moyen = –2,44	

◄ **TABLEAU 3.1**

Tableau Excel en *LED*

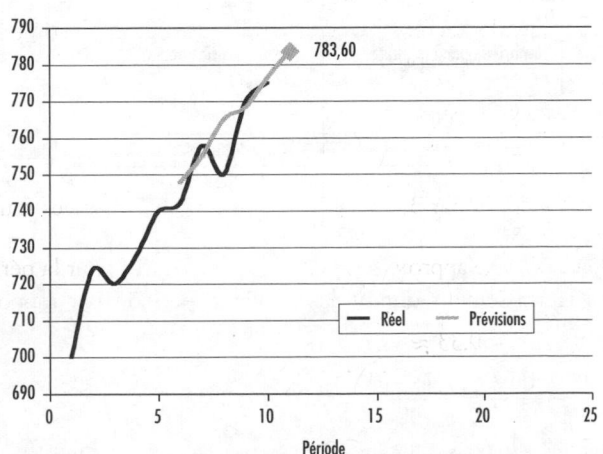

3

3.10.7 L'analyse de la tendance

Les techniques basées sur les moyennes simples, mobiles, pondérées ou lissées ont le défaut de ne pas tenir compte de la tendance qui peut influer sur les activités. Reprenons l'exemple des paniers à provisions.

Il est faux de dire qu'on peut prévoir le nombre de paniers dont on aura besoin à l'aide d'une simple moyenne du nombre de paniers qui ont été nécessaires durant les périodes passées. En effet, on observe une tendance nettement à la hausse des besoins en

Période	Nombre de paniers utilisés R
1	40
2	40
3	41
4	42
5	43

paniers, une tendance basée sur la chronologie. Il faudra donc procéder à une **analyse de la tendance.** L'analyse de la tendance comporte l'élaboration d'une équation qui décrit adéquatement la tendance (en supposant que la tendance est présente dans les données). La composante de tendance peut être linéaire ou non. La figure 3.6 montre quelques exemples des tendances non linéaires les plus courantes. Un simple graphique des données révèle souvent l'existence et la nature d'une tendance. Dans cette section, on se concentrera exclusivement sur les tendances linéaires.

Analyse de la tendance

Analyse menant à l'établissement d'un modèle mathématique qui décrit l'évolution de la demande du marché.

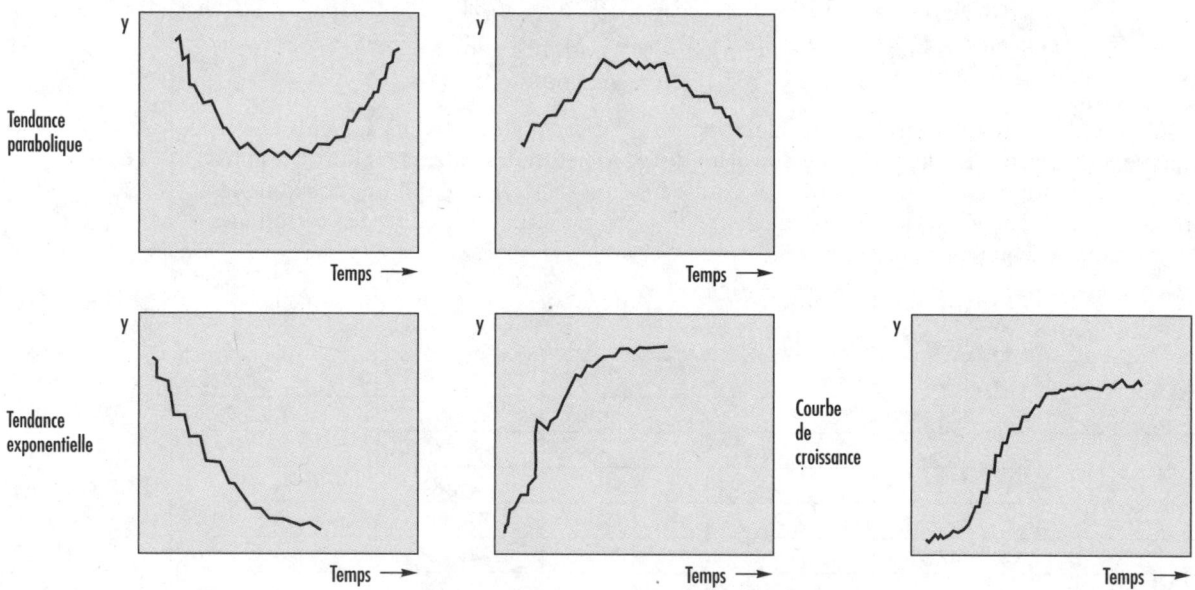

FIGURE 3.6

Graphiques de certaines tendances non linéaires communes

Si le nombre de périodes passées pour lesquelles on dispose de données est relativement restreint (cinq ou moins), la procédure utilisée dans l'exemple 8 est suggérée.

Exemple 8

Revenons à l'exemple des paniers à provisions. Vous devez prévoir vos besoins en paniers à provisions pour la sixième période P_6 à partir des données suivantes :

Période	Nombre de paniers utilisés (R)	Variation
1	40	
2	40	0,00 %
3	41	2,50 %
4	42	2,44 %
5	43	2,38 %

Solution

On remarque que l'accroissement durant la troisième période par rapport à la deuxième est de :

$$\frac{\text{Période 3} - \text{Période 2}}{\text{Période 2}} = \frac{41 - 40}{40} = 0,025, \text{ soit 2,5 \%}$$

Sur l'horizon de temps des cinq périodes, l'accroissement moyen est de :

$$\frac{0 + 2,5\% + 2,44\% + 2,38\%}{4} = \frac{7,32\%}{4} = 1,83\%$$

Donc, $P_6 = R_5 + 0,0183 \times P_5 = R_5 \times 1,0183 = 43,79 \approx 44$ paniers

Quand le nombre de données est relativement important (au minimum 5, idéalement 10 et plus), on peut utiliser des techniques plus sophistiquées telle la régression linéaire, qui est expliquée un peu plus loin dans ce chapitre.

Solution (suite)

3.11 Les techniques de prévisions associatives : les régressions

Les techniques associatives dépendent de la détermination des variables connexes qui peuvent servir à prédire les valeurs de la variable d'intérêt. Par exemple, les ventes de bœuf peuvent être liées au prix par kilogramme demandé pour le bœuf et au prix des substituts comme le poulet, le porc ou l'agneau. Dans l'immobilier, les prix sont habituellement liés à l'emplacement des propriétés. Les récoltes dépendent des conditions du sol, de la quantité et du moment des précipitations et des applications d'engrais.

Les techniques associatives ont pour fondement la formulation d'une équation qui résume les effets des variables explicatives. On essaie de prévoir les valeurs Y, communément appelées les **variables dépendantes,** en fonction de variables $x_1, x_2, \ldots, x_n$, appelées **variables indépendantes.**

On peut alors dire que la prévision Y sera :

$$y = \text{fonction}\,(x_1, \ldots, x_n)$$

La fonction qui détermine cette relation est la **fonction de régression.** Dans le présent manuel, on ne parlera que des régressions linéaires, car les régressions quadratiques et autres débordent le cadre du programme. Le principe de la régression linéaire est le suivant : on trace une droite (la **droite d'ajustement**) qui passe le plus près possible d'un ensemble ou **nuage de points.** Ces n points sont représentés par leurs coordonnées (x, y), où X désigne l'ensemble des variables indépendantes et Y, l'ensemble des variables dépendantes, celles qu'on veut prévoir.

On n'étudie ici que les relations linéaires entre les variables dépendantes et indépendantes, et ce, en se basant sur la **méthode des moindres carrés.** Cette méthode a pour but de produire une équation de la droite qui minimise la somme des écarts verticaux (selon l'axe des Y) entre les points et la droite. L'équation de cette droite, dite « droite d'ajustement » ou « droite de régression linéaire », est de la forme :

$$y = f(x)$$
$$y = mx + b \tag{3-16}$$

où y = variable expliquée ou variable dépendante (celle qu'on veut prévoir)
x = variable explicative ou indépendante (sur laquelle on s'appuie pour prévoir y)
m = la pente de la droite

$$m = \frac{n\sum(x \times y) - (\sum x) \times (\sum y)}{n \times \sum(x^2) - (\sum x)^2} \tag{3-17}$$

où b = l'ordonnée du point d'intersection de la droite d'ajustement avec l'axe des Y

$$b = \frac{\sum y - m(\sum x)}{n} \tag{3-18}$$

où n = le nombre de points (x, y)

Or, mathématiquement, pour un ensemble de points (x, y), on peut toujours calculer l'équation de la droite d'ajustement (*voir la figure 3.7*) sans qu'il y ait une relation réelle entre l'ensemble des variables indépendantes (X) et l'ensemble des variables dépendantes (Y). Par

Variable indépendante
Variable explicative utilisée pour prédire les valeurs de la variable dépendante ou d'intérêt.

FIGURE 3.7
Droite ajustée à un ensemble de points d'échantillon

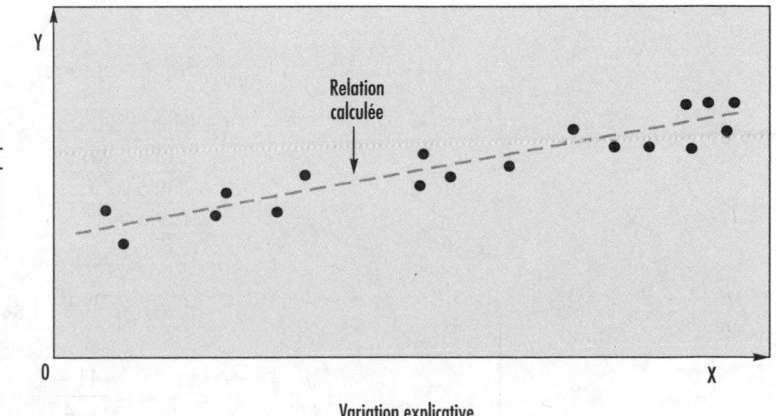

conséquent, il faut toujours procéder au calcul du **coefficient de corrélation** r pour mesurer le degré de relation entre les X et les Y.

FIGURE 3.8 ▾

Relation avec pente positive

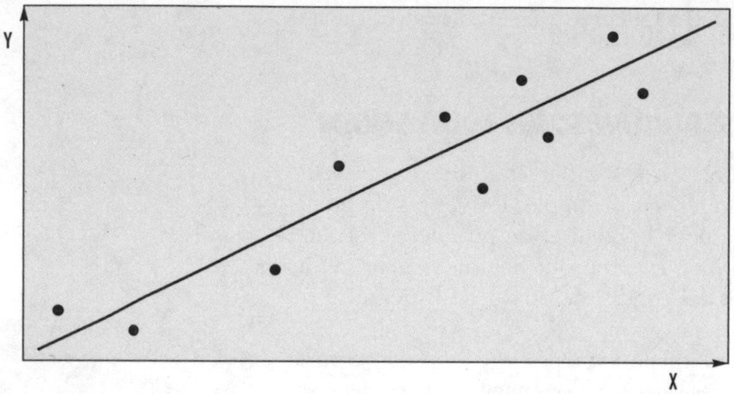

$$r = \frac{n \sum(x \times y) - (\sum x) \times (\sum y)}{\sqrt{[n\sum(x^2) - (\sum x)^2]}\sqrt{[n\sum(y^2) - (\sum y)^2]}}$$ (3-19)

Le coefficient de corrélation r est nécessairement compris dans l'intervalle :

$$-1 \leq r \leq +1$$

Plus r tend vers $+1$ ou -1, plus la relation entre les ensembles de valeurs Y et X est forte. Une corrélation positive indique que la relation est croissante entre X et Y et que la pente de la droite d'ajustement est positive. Une corrélation négative indique que la relation est décroissante et que la pente est négative. Une corrélation près de zéro indique qu'il existe peu ou pas de relation linéaire entre les deux variables. Les figures 3.8, 3.9 et 3.10 illustrent le phénomène.

FIGURE 3.9 ▸

Relation avec pente négative

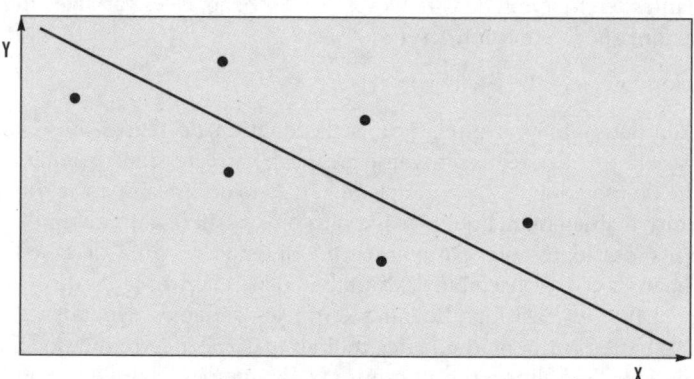

FIGURE 3.10 ▸

Pas de relation linéaire ; nuage de points disposés d'une façon aléatoire

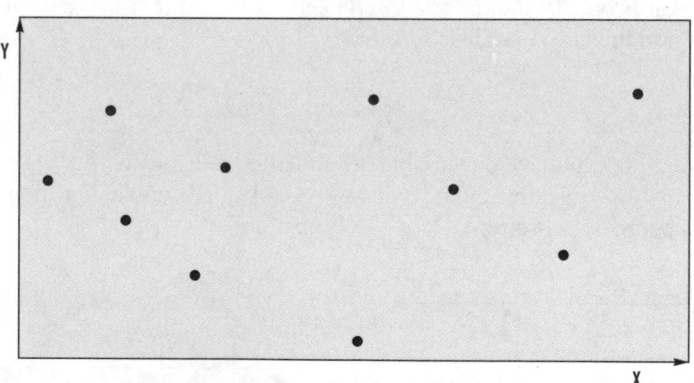

Le tableau suivant indique comment interpréter le coefficient de corrélation[10].

Coefficient de corrélation	Interprétation
1,00 à 0,90	Très haut degré de corrélation
0,89 à 0,70	Bonne corrélation
0,69 à 0,40	Corrélation faible à moyenne
0,39 à −0,39	Corrélation très faible ou inexistante
−0,40 à −0,69	Corrélation faible à moyenne
−0,70 à −0,89	Bonne corrélation
−0,90 à −1,00	Très haut degré de corrélation

10. C. Benedetti, *Introduction à la gestion des opérations*, 3ᵉ édition, Laval, Éditions Études Vivantes, 1991, p. 136.

L'interprétation de la force de la relation entre les ensembles de points X et Y peut se faire par le calcul de r^2, le **coefficient de détermination**[11]. Plus r^2 tend vers 1,00, meilleure est la correspondance ; r^2 indique le pourcentage de variation dans la variable dépendante. Ainsi, si on calcule un r de 0,90, $r^2 = 0,81$ ou 81 %, cela veut dire que près de 81 % de l'ensemble des variables Y dépendent des variables X. Selon ce principe, une valeur $r = 0,40$ indiquerait qu'il s'agit d'une faible relation, et il serait téméraire, dans ce cas, de prévoir les Y en se basant sur les X.

Coefficient de détermination

Coefficient qui mesure la force de la relation entre les variables x et y et qui correspond au carré du coefficient de corrélation.

3.11.1 Les étapes à suivre lors de l'application de la méthode des moindres carrés

Il est fortement suggéré d'adopter la procédure suivante pour réussir l'établissement d'un plan de prévision selon la méthode des moindres carrés.

1. Tracer le graphique reliant les variables indépendantes x et les variables dépendantes y afin de visualiser la situation étudiée.
2. Calculer le coefficient de corrélation r ; s'il est valable, passer à l'étape trois.

   Si le r n'est pas acceptable, on peut soit chercher une autre variable indépendante sur laquelle s'appuyer pour faire les prévisions, soit explorer une autre technique de prévision, la méthode des moindres carrés ne s'appliquant pas dans ce cas.
3. Déterminer l'équation de la droite d'ajustement.
4. À partir de la variable indépendante x de la période suivante et à l'aide de l'équation de la droite d'ajustement, déterminer la prévision pour y.
5. Calculer le pourcentage d'erreur.

La figure 3.11 montre le graphique d'une droite de régression linéaire.

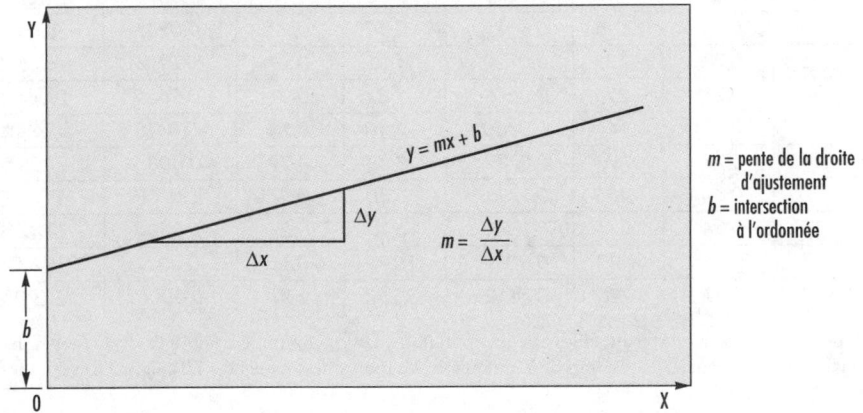

◀**FIGURE 3.11**

Droite d'une régression linéaire

m = pente de la droite d'ajustement
b = intersection à l'ordonnée

L'exemple 9 illustre la démarche complète lorsqu'on applique la méthode des moindres carrés, étape par étape.

L'entreprise Hamburgers santé possède une chaîne de 12 restaurants. Le tableau ci-contre présente les ventes et les profits des restaurants. On désire prévoir les profits pour des ventes futures de hamburgers de 10 millions de dollars (10 M$).

1. Tracer le graphique.

   La figure 3.12, à la page suivante, montre que les points semblent se disperser autour d'une droite.

2. Calculer le coefficient de corrélation r.

   Le tableau 3.2, à la page suivante, aide à travailler de façon méthodique. La colonne 2 représente la variable indépendante X et la colonne 3, la variable dépendante Y, pour $n = 12$ points (x, y). Les valeurs en romain représentent les données initiales et celles qui sont en italique, les calculs effectués.

Exemple 9

Solution

Ventes réelles M$	Profits réalisés M$
7	0,15
2	0,10
6	0,13
4	0,15
14	0,25
15	0,27
16	0,24
12	0,20
14	0,27
20	0,44
15	0,34
7	0,17

11. G. Baillargeon, *Statistique appliquée et outils d'amélioration de la qualité*, Trois-Rivières, Éditions S.M.G., 1999, p. 289-299.

Solution (suite)

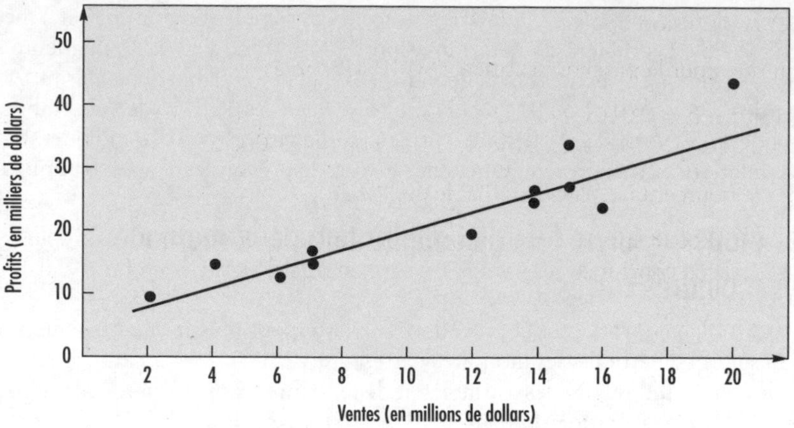

FIGURE 3.12

Variation des profits en
fonction des ventes

TABLEAU 3.2

Relation avec pente positive

Période	Ventes X	Profits réels Y	X^2	Y^2	$X \times Y$	Profits prévus Y'	Prévu-réel $Y - Y'$	Erreur relative absolue ERA $\lvert Y - Y' \rvert / Y'$
(1)	(2)	(3)	(4)	(5)	(6)	(7)	(8)	(9)
1	7	0,15	49	0,0225	1,05	0,16	−0,0121	7,47 %
2	2	0,10	4	0,0100	0,20	0,08	0,0175	21,27 %
3	6	0,13	36	0,0169	0,78	0,15	−0,0162	11,07 %
4	4	0,15	16	0,0225	0,60	0,11	0,0357	31,21 %
5	14	0,25	196	0,0625	3,50	0,27	−0,0236	8,63 %
6	15	0,27	225	0,0729	4,05	0,29	−0,0196	6,75 %
7	16	0,24	256	0,0576	3,84	0,31	−0,0655	21,44 %
8	12	0,20	144	0,0400	2,40	0,24	−0,0418	17,27 %
9	14	0,27	196	0,0729	3,78	0,27	−0,0036	1,32 %
10	20	0,44	400	0,1936	8,80	0,37	0,0708	19,17 %
11	15	0,34	225	0,1156	5,10	0,29	0,0504	17,42 %
12	7	0,17	49	0,0289	1,190	0,16	0,0079	4,87 %
TOTAL	132	2,71	1 796	0,7159	35,290	2,71	0,0000	167,90 %

Note: Les données apparaissent en romain et les calculs, en italique. Les calculs ont été faits à l'aide du tableur Excel. Des écarts peuvent apparaître dans les résultats de Y' ; toutefois, les totaux des écarts ($Y - Y'$, colonne 8) s'annuleront ; ainsi $\Sigma Y = \Sigma Y'$.

À l'aide des colonnes 2 à 6, on peut calculer la valeur de r comme suit :

$$r = \frac{n \sum(x \times y) - (\sum x) \times (\sum y)}{\sqrt{[n\sum(x^2) - (\sum x)^2]}\sqrt{[n\sum(y^2) - (\sum y)^2]}} = \frac{12 \times 35{,}3 - 132 \times 2{,}71}{\sqrt{12 \times 1\,796 - 132^2}\sqrt{12 \times 0{,}716 - 2{,}71^2}} = 0{,}917$$

Coefficient de détermination $r^2 = 84{,}09\,\%$

Le coefficient de corrélation étant satisfaisant, on passe à l'étape 3.

3. Déterminer l'équation de la droite d'ajustement.

$$m = \frac{n \sum(x \times y) - (\sum x) \times (\sum y)}{n\sum(x^2) - (\sum x)^2} = \frac{12 \times 35{,}3 - 132 \times 2{,}71}{12 \times 1\,796 - 132^2} = 0{,}016$$

$$b = \frac{(\sum y) - m(\sum x)}{n} = \frac{2{,}71 - 0{,}016(132)}{12} = 0{,}051$$

La droite d'ajustement est de la forme $y' = mx + b = 0{,}016x + 0{,}051$.

4. Calculer la prévision pour y.

Sachant que pour la prochaine année, $x = 10$ M\$, on a :

$$y' = mx + b = 0,016x + 0,051$$
$$= 0,016 \times 10 \text{ M\$} + 0,051 = 0,211 \text{ M\$ ou} \approx 211\ 000 \text{ \$}$$

5. Calculer le pourcentage d'erreur à l'aide de l'*ERA*.

Pour prévoir le pourcentage d'erreur possible, on évalue les erreurs relatives absolues (l'*ERA*[12]) de chaque période en comparant les valeurs Y (les profits réels) et Y' (les profits prévus).

$$ERA = \frac{|Y - Y'|}{Y'}$$

où Y-valeurs réelles observées pour chacune des périodes (1 à 12)

Y'-valeurs qu'on aurait prévues si on avait utilisé la droite d'ajustement afin d'obtenir les prévisions pour ces périodes

Ainsi, pour la période 1, on aurait prévu :

$$y' = mx + b = = 0,016x + 0,051 = 0,016 \times 7 \text{ M\$} + 0,051 = 0,16 \text{ M\$}$$

Rappelons que les totaux de la colonne 3 et de la colonne 7 doivent être identiques, et que la somme de la colonne 8 tend vers zéro. Sur les 12 périodes, on a en moyenne l'erreur relative absolue (*MERA*) suivante :

$$MERA(\%) = \frac{\sum_{i=1}^{n} ERA_i}{n} \times 100 = \frac{\sum_{i=1}^{n} \frac{|R_i - P_i|}{R_i}}{n} \times 100 = \frac{167,90}{12} = 13,99\% \approx 14\%$$

On peut conclure que la prévision de la treizième période est :

$$P_{13} = 211\ 000 \text{ \$} \pm 14\% \text{ (c'est-à-dire comprise entre 181 460 \$ et 240 540 \$)}.$$

Le calcul du pourcentage d'erreur est d'une grande importance, car il permet aux planificateurs de prévoir et de planifier des solutions de rechange si, pour diverses raisons, les prévisions ne se réalisaient pas, ce qui est normal.

Nul n'est capable de prévoir l'avenir avec certitude !

3.11.2 Les caractéristiques et les limites de l'analyse de régression linéaire

Pour appliquer la régression linéaire, il faut respecter certaines conditions.

1. **La détermination d'indicateurs (variables indépendantes).** Les indicateurs sont des variables indépendantes qui tendent à mener et à précéder les changements d'une variable dépendante ou d'intérêt. Par exemple, une augmentation du nombre de logements au printemps et à l'été est susceptible d'entraîner une hausse de la demande pour des électroménagers, des tapis, des meubles, etc., en automne et en hiver. Une recherche attentive et une analyse de ces indicateurs peuvent donner un aperçu de la demande future dans certains contextes. Parmi ces indicateurs, mentionnons :

a) les indices économiques publiés par des institutions reconnues (Institut C.D. Howe, Statistique Canada, la Banque du Canada, la Banque Mondiale, l'Organisation de coopération et de développement économique (OCDE), le Fonds monétaire international (FMI), etc.) ;
b) les taux d'intérêt sur les prêts aux industries ;
c) la production industrielle ;
d) l'indice des prix à la consommation (IPC) ;
e) l'indice des prix de vente en gros ;
f) les indices boursiers ;
g) le prix du Brent (baril de pétrole brut de référence de la mer du Nord), etc.

---

12. Voir la section 3.6, équation 3-7.

Autres indicateurs potentiels: les changements démographiques, les climats politiques locaux et les activités d'autres entreprises (l'ouverture d'un centre commercial, par exemple, peut entraîner une augmentation des ventes pour les entreprises situées à proximité).

2. Les prévisions à l'intérieur de l'étendue des valeurs observées. Par exemple, on a établi un lien direct entre l'âge d'un nouveau-né et son poids, et ce, pour les 12 premiers mois, indépendamment du sexe. Il est donc possible de prévoir le poids durant la première année. Il serait inapproprié d'utiliser cette relation pour des enfants et de jeunes adolescents: d'autres facteurs entrent en ligne de compte après les 12 premiers mois, à la puberté, et ainsi de suite.

3. La relation non continue. On peut avoir une très forte relation à l'intérieur d'un certain intervalle et une relation moins forte à l'extérieur de cet intervalle. Par exemple, en hiver, plus la température est basse, plus la consommation énergétique augmente et, inversement, plus la température monte, plus la consommation diminue. Par contre, en été, plus la température augmente, plus la consommation énergétique augmente à cause de la climatisation des édifices, et inversement. On voit ici qu'il y a une relation certaine entre la température et la consommation énergétique, mais cette relation varie en fonction des saisons.

4. Le type de relation. On peut tracer un graphique pour vérifier si la relation est appropriée; le graphique montrera l'effet expliqué ci-dessus et indiquera si la relation est linéaire, exponentielle, quadratique ou autre. Il existe des techniques spécifiques convenant à ces situations (*voir la sous-section 3.11.3*).

5. La relation de cause à effet. Même si r est très grand, il faut être extrêmement prudent avant de conclure qu'une relation directe de cause à effet existe entre les X et les Y. À la limite, on peut trouver mathématiquement une relation forte entre les ventes de fenêtres en été et un hiver rigoureux, sans qu'il y ait un lien réel. Par contre, ce phénomène pourrait mieux s'expliquer dans le cas d'une augmentation du pouvoir d'achat des consommateurs ou de la possibilité d'obtenir un crédit d'impôt à la rénovation.

6. Le nombre de points. Pour être valable, la régression linéaire doit s'appuyer sur une quantité suffisante de données, idéalement 20 observations ou plus. Avec moins de cinq données, on suggère d'effectuer une simple analyse des tendances (*voir la sous-section 3.10.7*).

7. La sensibilité au temps. L'évolution du produit analysé peut fluctuer en fonction du temps. Pour le vérifier, on peut tracer le graphique de la valeur dépendante, le produit, par rapport au temps. Si des tendances apparaissent, on utilisera le temps comme variable indépendante dans le cadre de l'analyse de régression multiple. On peut aussi introduire au besoin des ajustements saisonniers à l'aide de **facteurs d'ajustement saisonnier (FAS)**, comme l'illustre le problème résolu 5, à la page 105.

Si toutes les considérations mentionnées ci-dessus sont respectées, l'analyse de régression s'avère un outil puissant et flexible. Contrairement aux techniques basées sur les moyennes, qui s'appuient sur des données des activités passées (le réel R) dans le but d'obtenir des prévisions pour la période suivante, l'analyse de régression peut être utilisée pour les prévisions de deux, trois ou quatre périodes à l'avance, avec le degré de prudence qui s'impose. L'exemple suivant montre l'application d'une régression linéaire chronologique.

Exemple 10

Reconsidérons les données du fabricant de téléphones cellulaires de l'exemple 6, à la page 80. On disposait des données sur les ventes d'appareils des 10 dernières semaines. Les données de départ sont les suivantes:

On veut prévoir les ventes des semaines 11, 12 et 13.

On applique la même démarche qui a été présentée à la sous-section 3.11.1.

Période	Réel
1	700
2	724
3	720
4	728
5	740
6	742
7	758
8	750
9	770
10	775

3

1. On trace le graphique.

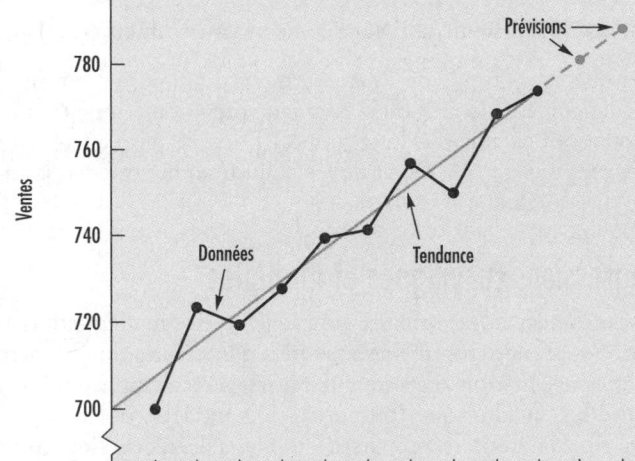

L'analyse indique qu'une relation semble se dessiner.

2. On calcule r et, au besoin, m et b.

Le tableau suivant permet de simplifier la tâche : les données sont en romain et les calculs, en italique.

Semaines X	Ventes Y	$X \times Y$	X^2	Y^2	Y'	$Y - Y'$	$(|Y - Y'| / Y')$ (%)
(1)	(2)	(3)	(4)	(5)	(6)	(7)	(8)
1	700	700	1	490 000	706,91	–6,91	0,98
2	724	1 448	4	524 176	714,42	9,58	1,34
3	720	2 160	9	518 400	721,93	–1,93	0,27
4	728	2 912	16	529 984	729,44	–1,44	0,20
5	740	3 700	25	547 600	736,95	3,05	0,41
6	742	4 452	36	550 564	744,45	–2,45	0,33
7	758	5 306	49	574 564	751,96	6,04	0,80
8	750	6 000	64	562 500	759,47	–9,47	1,25
9	770	6 930	81	592 900	766,98	3,02	0,39
10	775	7 750	100	600 625	774,49	0,51	0,07
TOTAL 55	**7 407**	**41 358**	**385**	**5 491 313**	**7 407,00**	**0,00**	**6,04**

$$r = \frac{n\sum(x \times y) - (\sum x) \times (\sum y)}{\sqrt{[n\sum(x^2) - (\sum x)^2]}\sqrt{[n\sum(y^2) - (\sum y)^2]}} = \frac{10 \times 41\,358 - 55 \times 7\,407}{\sqrt{10 \times 385 - 55^2}\sqrt{10 \times 5\,491\,313 - 7\,407^2}} = 0,97$$

Puisque r est satisfaisant, avec un coefficient de détermination $r^2 = 94,09\,\%$, on peut calculer la droite d'ajustement :

$$m = \frac{n\sum(x \times y) - (\sum x) \times (\sum y)}{n \times \sum(x^2) - (\sum x)^2} = \frac{10 \times 41\,358 - 55 \times 7\,407}{10 \times 385 - 55^2} = 7,51$$

$$b = \frac{(\sum y) - m(\sum x)}{n} = \frac{7\,407 - 7,51 \times 55}{10} = 699,40$$

La MERA (moyenne des erreurs relatives absolues) est de $\dfrac{6,04\,\%}{10} = 0,604\,\%$.

Solution (suite)

3. Les prévisions pour les semaines 11, 12 et 13 se calculent ainsi :

$$P_{11} = 7,51x + 699,40 = 7,51 \times 11 + 699,4 \approx 782 \pm 0,6\%$$
$$P_{12} = 7,51x + 699,40 = 7,51 \times 12 + 699,4 \approx 790 \pm 0,6\%$$
$$P_{13} = 7,51x + 699,40 = 7,51 \times 13 + 699,4 \approx 797 \pm 0,6\%$$

Il faut noter que, plus on prévoit à long terme la douzième et la treizième semaine, plus le risque d'erreur augmente. (L'erreur ou le risque de prévision à long terme augmente à mesure que les prévisions sont calculées à long terme.) Dans de tels cas, on suggère de déterminer tout de suite les prévisions P_{12} et P_{13} et de les réajuster à mesure que les données réelles de la période 11 sont disponibles.

3.11.3 Les régressions curvilignes et multiples

Dans certains cas, la régression linéaire simple peut être inadéquate pour résoudre certains problèmes, car elle est inappropriée lorsque plus d'une variable indépendante est en cause. Quand les relations sont non linéaires, il est suggéré d'employer des régressions curvilignes, exponentielles, quadratiques ou autres. Les modèles qui comportent plus d'un facteur de prévision requièrent le recours à l'analyse de **régression multiple.** Bien que les régressions multiples ne soient pas étudiées dans ce manuel, il est important d'en connaître l'existence et l'utilité. Ces techniques se prêtent bien à l'utilisation de l'informatique. La prévision par la régression multiple nécessite beaucoup de données. Dans chaque cas, on doit évaluer la pertinence d'une plus grande précision dans les prévisions en comparant les coûts et les efforts supplémentaires nécessaires et les améliorations potentielles qu'on peut en retirer.

Exemple 11

Les données suivantes représentent les ventes de maisons unifamiliales et le taux de chômage durant une même période. On veut savoir s'il existe une relation entre la vente des maisons et le taux de chômage et, si oui, si on peut établir une équation prévoyant cette relation.

Période	1	2	3	4	5	6	7	8	9	10	11
Unités vendues	20	41	17	35	25	31	38	50	15	19	14
Taux de chômage (%)	7,2	4,0	7,3	5,5	6,8	6,0	5,4	3,6	8,4	7,0	9,0

Solution

1. Reportons les données sur un graphique pour savoir si le modèle linéaire est raisonnable. Dans ce cas, un modèle linéaire semble approprié.

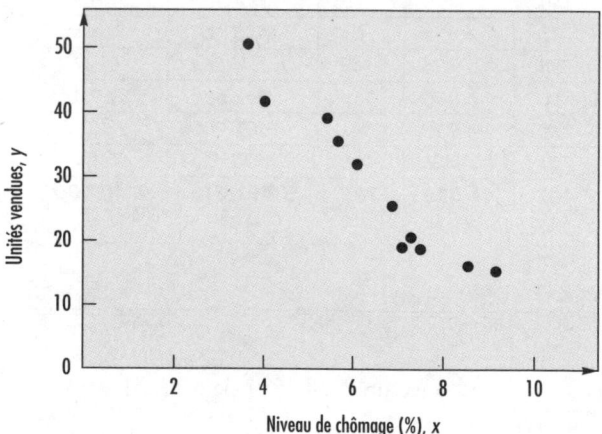

En considérant le taux de chômage comme variable indépendante (X) et les ventes de maisons comme variable dépendante (Y), le calcul du coefficient de corrélation donne :

$$r = \frac{11(1\,750,8) - 70,2(305)}{\sqrt{11(476,4) - (70,2)^2}\sqrt{11(9\,907) - (305)^2}} = -0,966$$

Il s'agit d'une corrélation négative relativement élevée.

Le calcul des paramètres m et b de la droite de régression permet d'obtenir :

$$m = \frac{11(1\,750,8) - 70,2(305)}{11(476,4) - 70,2(70,2)} = -6,91$$

$$b = \frac{305 - (-6,914\,5)(70,2)}{11} = 71,85$$

$$y' = -6,91x + 71,85 \quad \text{(droite de régression)}$$

Il faut noter que l'équation de la droite d'ajustement n'est pertinente que pour les niveaux de chômage se situant entre 3,6 et 9,0, car les observations des échantillons ne couvrent que cette étendue.

Solution *(suite)*

3

3.12 Le suivi des prévisions

Si on veut s'assurer de la pertinence des méthodes de prévision, il faut effectuer un suivi systématique des écarts entre R (réel) et P (prévu) en comparant les erreurs de prévisions à des valeurs limites prédéterminées, comme à la figure 3.13. Les écarts se situant à l'intérieur de ces limites sont jugés acceptables ; les autres indiqueront qu'une mesure de correction est nécessaire.

Les erreurs peuvent provenir de différentes sources, dont voici quelques exemples.

1. Un modèle prévisionnel inadéquat. Cette erreur peut être due à l'omission d'une variable importante, à un changement ou à un déplacement de la variable que le modèle actuel ne peut traiter (par exemple l'apparition soudaine d'une tendance ou d'un cycle) ; elle peut aussi être causée par l'apparition de nouvelles variables, telle l'arrivée de nouveaux concurrents.

2. Des variations anormales. Des variations anormales peuvent provenir de conditions météorologiques exceptionnelles ou d'autres phénomènes naturels, de pannes majeures temporaires, de catastrophes naturelles ou d'autres événements similaires. On peut citer par exemple le cas du volcan islandais Eyjafjöll (Eyjafjallajökull) qui, à cause de son éruption en avril 2010, a perturbé les échanges commerciaux entre divers pays, l'usine d'automobiles Nissan au Japon se trouvant en manque de pièces en provenance de sa filiale irlandaise.

3. Une mauvaise utilisation ou une mauvaise interprétation de la méthode de prévision.

4. Des variations aléatoires. Les données comportent toujours des variations aléatoires, totalement hors de contrôle et imprévisibles.

Normalement, une prévision est censée être adéquate lorsque les erreurs ne présentent que des variations aléatoires. Ainsi, pour juger du moment où il faut réexaminer la validité d'une technique de prévision particulière, il faut savoir si les erreurs de variation sont seulement aléatoires. Si ce n'est pas le cas, on doit faire une analyse pour déterminer la source d'erreur et la manière de corriger le problème.

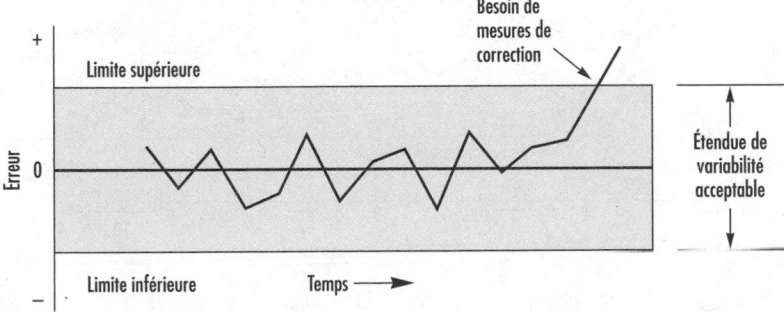

◀ **FIGURE 3.13**

Suivi des erreurs de prévision

On peut surveiller les prévisions en utilisant des **signaux de dérive**[13] ou des cartes de contrôle (*voir le chapitre 10*). Le rapport entre les erreurs de prévisions cumulatives et la valeur correspondante de l'écart moyen absolu ÉMA est une mesure de l'**écart par rapport aux prévisions.**

Signal de dérive (*SD*) ou indice de déviation (*ID*)

Rapport entre les écarts de prévisions cumulatives et la valeur correspondante de l'*ÉMA*. Le *SD* est utilisé pour contrôler une prévision.

---

13. Appelés aussi **indices de déviation soutenue (*IDS*)**.

3

L'**indice de déviation** permet de calculer ce rapport.

$$SD = ID = \frac{\sum(R - P)}{\acute{E}MA}$$ (3-20)

où $$\acute{E}MA = \frac{\sum_{i=1}^{n}\left|R_i - P_i\right|}{n}$$ (*voir l'équation 3-2*)

Partialité

Tendance persistante des prévisions à être supérieures ou inférieures aux valeurs effectives d'une série chronologique.

L'erreur de prévision cumulative reflète la **partialité** dans les prévisions, c'est-à-dire la tendance persistante des prévisions à être supérieures ou inférieures aux valeurs effectives d'une série chronologique.

On compare les valeurs de l'écart par rapport aux prévisions avec des limites prédéterminées grâce au jugement et à l'expérience. Les signaux de dérive se situent habituellement entre ±3 et ±8 :

$$\pm 3 \leq SD \leq \pm 8$$

$$\pm 3 \leq \frac{\sum(R - P)}{\acute{E}MA} \leq \pm 8$$

Des signaux de dérive de ±4 assurent que les prévisions auront un intervalle de confiance d'environ 99 %, ce qui équivaut à ±3σ (sigma ou écart type) de la distribution normale, soit la norme acceptable.

$$-4 < SD < +4$$

Les valeurs situées à l'intérieur de ces limites permettent de supposer, sans toutefois garantir, que la prévision est juste.

Après avoir calculé une première valeur pour l'*ÉMA*, on peut en faire la mise à jour en utilisant le lissage exponentiel (*voir la sous-section 3.10.5*) :

$$\acute{E}MA_i = \acute{E}MA_{i-1} + \alpha(\left|R - P\right|_i - \acute{E}MA_{i-1})$$ (3-21)

où α = coefficient de lissage

Carte de contrôle

Approche de contrôle qui fixe les limites pour les erreurs de prévisions individuelles et qui permet de les contrôler. Les limites sont des multiples de la racine carrée de l'*EQM*.

L'autre approche utilisée pour faire le suivi est celle de la **carte de contrôle**. Elle consiste à déterminer des limites inférieures et supérieures pour les erreurs de prévisions individuelles plutôt que pour les erreurs cumulatives. Ces limites sont des multiples de la racine carrée de l'erreur quadratique moyenne l'*EQM* (*voir la section 3.6*). Cette méthode suppose que les erreurs de prévisions sont aléatoirement distribuées autour d'une moyenne de zéro.

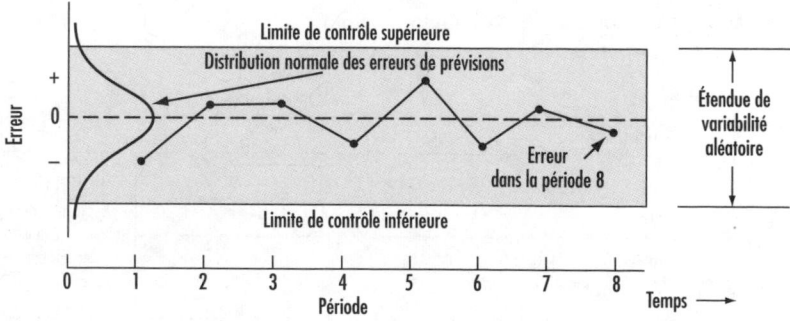

FIGURE 3.14

Représentation conceptuelle d'un graphique de contrôle

En réalité, on utilise la racine carrée de l'*EQM* comme estimation de l'écart type de la distribution des erreurs[14]. Autrement dit,

$$\text{Écart type estimé} = s = \sqrt{(EQM)}$$

---

14. On peut calculer la valeur effective l'aide de $s = \sqrt{\dfrac{\sum(e - \bar{e})^2}{n - 1}}$

où $\qquad EQM = \dfrac{\sum\limits_{i=1}^{n}(R_i - P_i)^2}{n-1}$ $\qquad\qquad$ (*voir l'équation 3-3*)

Soulignons que pour une distribution normale, 95 % des valeurs se situent à l'intérieur d'un intervalle de ± 2 écarts types, et 99,7 % des valeurs se situent à l'intérieur d'un intervalle de ± 3 écarts types. Si des erreurs de prévisions se situent à l'extérieur de l'un ou l'autre de ces intervalles (selon le degré de confiance choisi), on dira que les prévisions sont hors de contrôle et que la méthode de prévision nécessite une mesure de correction (puisque le rendement des prévisions est inadéquat). Les équations pour calculer les limites des écarts admissibles selon les intervalles désirés sont présentées ci-après.

(Équations (3-22)

	Intervalle à 95 % de confiance	Intervalle à 99 % de confiance
Limite supérieure ou maximale de l'écart admissible (*LS*)	$0 + 2\sqrt{EQM}$	$0 + 3\sqrt{EQM}$
Limite inférieure ou minimale de l'écart admissible (*LI*)	$0 - 2\sqrt{EQM}$	$0 - 3\sqrt{EQM}$

En reportant les erreurs sur une carte de contrôle, il est plus facile de visualiser le processus et de vérifier les tendances qui se dessinent à l'extérieur des limites[15] prédéterminées. Quelle que soit la méthode utilisée, il est toujours souhaitable de vérifier les tendances possibles dans les erreurs, même si elles sont à l'intérieur des limites. La figure 3.15 illustre les tendances les plus courantes. S'il y a une tendance, cela signifie que les erreurs sont prévisibles, donc non aléatoires. Par conséquent, on peut améliorer la prévision. La présence d'une tendance dans les erreurs signifie que leur fréquence augmente. Dans une prévision basée sur les données d'une série chronologique, il peut être nécessaire d'ajouter ou de modifier une composante de tendance. Dans un modèle explicatif, il peut être utile de recalculer la pente ou d'effectuer un autre ajustement.

Si on intègre les changements nécessaires dans le modèle de prévision, on obtiendra moins de variabilité dans les erreurs de prévisions, donc des limites de contrôle plus serrées. La figure 3.16 montre les conséquences d'une variabilité réduite des erreurs sur les limites de contrôle.

▼ **FIGURE 3.15**

Exemples de tendances possibles

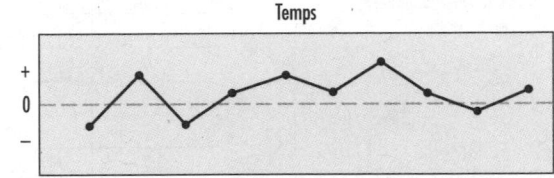

Partialité (trop d'observations du côté supérieur de la droite centrale)

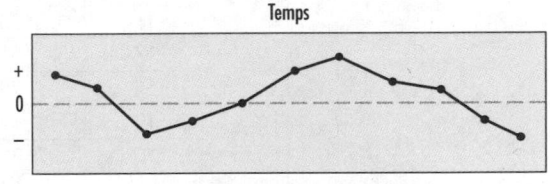

Cycle (mouvement périodique vers le haut et vers le bas)

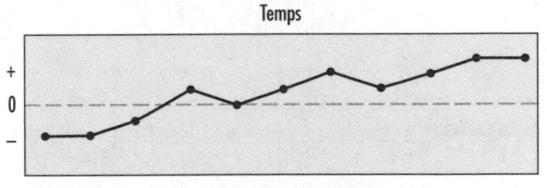

Tendance (mouvement persistant vers le haut ou vers le bas)

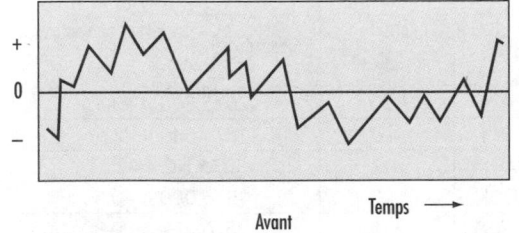

Avant

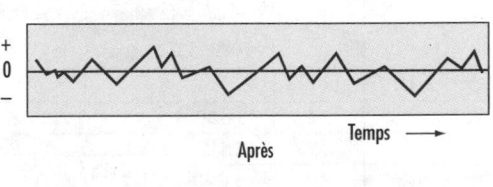

Après

◄ **FIGURE 3.16**

L'élimination d'une tendance donne généralement lieu à moins de variabilité, donc à des limites de contrôle plus restreintes.

Le tableau de la page suivante présente les prévisions et les présences réelles à l'occasion de séances de formation pour planificateurs financiers, et ce, pour une période de 24 mois. On veut vérifier la validité de la méthode actuelle de prévision en utilisant :

a) un écart par rapport aux prévisions, en commençant par le mois 10 et en mettant à jour l'ÉMA par le lissage exponentiel. Des limites de ± 4 écarts types et un $\alpha = 0,2$ sont appliqués ;

Exemple 12

---

15. La théorie et l'application des graphiques de contrôle et des diverses méthodes de repérage des structures dans les données sont couvertes plus en détail au chapitre 10, qui porte sur le contrôle de la qualité.

Exemple 12 *(suite)*

b) un contrôle avec des limites à ±2 écarts types. On se base sur les données des huit premiers mois pour créer la carte de contrôle et on trace ensuite le reste des données sur la carte.

Mois	R (ventes)	P (prévisions)	$e = R - P$ (erreurs)	$|e|$	Erreur cumulée $\Sigma|e|$
1	47	43	4	4	4
2	51	44	7	7	11
3	54	50	4	4	15
4	55	51	4	4	19
5	49	54	−5	5	24
6	46	48	−2	2	26
7	38	46	−8	8	34
8	32	44	−12	12	46
9	25	35	−10	10	56
10	24	26	−2	2	58
11	30	25	5	5	
12	35	32	3	3	
13	44	34	10	10	
14	57	50	7	7	
15	60	51	9	9	
16	55	54	1	1	
17	51	55	−4	4	
18	48	51	−3	3	
19	42	50	−8	8	
20	30	43	−13	13	
21	28	38	−10	10	
22	25	27	−2	2	
23	35	27	8	8	
24	38	32	6	6	
			TOTAL = −11		

Solution

a) L'erreur absolue cumulée au dixième mois étant de 58, l'ÉMA (écart moyen absolu) initial sera de 58 ÷ 10 = 5,8. Pour les périodes suivantes, l'ÉMA est actualisé à l'aide de la formule de lissage :

ÉMA nouveau = ÉMA ancien + α($|e|$ − ÉMA ancien)

Le tableau suivant présente les résultats.

Mois	$|e|$	$\text{ÉMA}_i = \text{EMA}_{i-1} + 0,2(|e| - \text{EMA}_{i-1})$	Erreur cumulative Σe	Signal de dérive$_i$ = $\dfrac{\text{Erreur cumulative}_i}{\text{ÉMA}_i}$
10			−20	−20/5,800 = −3,45
11	5	5,640 = 5,800 + 0,2(5 − 5,800)	−15	−15/5,640 = −2,66
12	3	5,112 = 5,640 + 0,2(3 − 5,640)	−12	−12/5,112 = −2,35
13	10	6,090 = 5,112 + 0,2(10 − 5,112)	−2	−2/6,090 = −0,33
14	7	6,272 = 6,090 + 0,2(7 − 6,090)	5	5/6,272 = 0,80
15	9	6,818 = 6,272 + 0,2(9 − 6,272)	14	14/6,818 = 2,05
16	1	5,654 = 6,818 + 0,2(1 − 6,818)	15	15/5,654 = 2,65
17	4	5,323 = 5,654 + 0,2(4 − 5,654)	11	11/5,323 = 2,07
18	3	4,858 = 5,323 + 0,2(3 − 5,323)	8	8/4,858 = 1,65
19	8	5,486 = 4,858 + 0,2(8 − 4,858)	0	0/5,486 = 0,00
20	13	6,989 = 5,486 + 0,2(13 − 5,486)	−13	−13/6,989 = −1,86
21	10	7,591 = 6,989 + 0,2(10 − 6,989)	−23	−23/7,591 = −3,03
22	2	6,473 = 7,591 + 0,2(2 − 7,591)	−25	−25/6,473 = −3,86
23	8	6,778 = 6,473 + 0,2(8 − 6,473)	−17	−17/6,778 = −2,51
24	6	6,622 = 6,778 + 0,2(6 − 6,778)	−11	−11/6,622 = −1,66

Le signal de dérive pour chacun des mois considérés se calcule de la façon suivante :

$$SD_i = \frac{\text{erreur cumulative}_i}{\text{ÉMA}_i} = \frac{\sum(R-P)}{\text{ÉMA}_i}$$

Puisque l'écart de chaque mois est compris entre $-4 < SD < +4$, il n'y a aucune raison de réagir.

b) La construction d'une carte de contrôle à ± 2 écarts types s'effectue ainsi :

1) On s'assure que l'erreur moyenne tend vers zéro, car une moyenne différente de zéro laisserait entendre que la prévision est biaisée.

Erreur moyenne = Erreur cumulée ÷ Nombre de périodes

$$= \frac{-11}{24} = -0,46 \approx 0\,;\text{ acceptable}$$

2) On calcule l'écart type :

$$s = \sqrt{\frac{\sum e^2}{n-1}}$$

$$= \sqrt{\frac{4^2 + 7^2 + 4^2 + 4^2 + (-5)^2 + (-2)^2 + (-8)^2 + (-12)^2}{8-1}} = 6,91$$

3) On détermine les limites de contrôle à $2s$:

$$0 \pm 2s = 0 \pm 2(6,91) = [-13,82\,;\,+13,82]$$

4) On trace le graphique des données (*voir le graphique ci-dessous*) et on vérifie les tendances non aléatoires. La séquence des erreurs positives et négatives suggère la présence d'un aspect non aléatoire et une possibilité d'améliorer la prévision, situation que ne révélait pas l'écart par rapport aux prévisions.

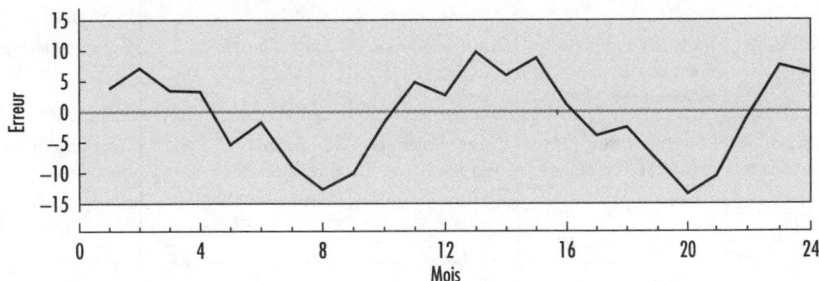

Commentaire

L'approche à partir de la carte de contrôle est généralement supérieure à l'approche basée sur l'écart par rapport aux prévisions, dont l'une des principales faiblesses est l'utilisation des erreurs cumulatives. Avec les cartes de contrôle, toutes les erreurs sont jugées individuellement.

3.13 Le choix d'une technique de prévision

Il existe plusieurs techniques de prévision, et aucune ne fonctionne parfaitement dans toutes les situations. En sélectionnant une technique pour une situation donnée, l'analyste doit tenir compte de plusieurs facteurs, les deux principaux étant les coûts et la précision désirée.

Quelle somme d'argent sommes-nous prêts à débourser pour produire un plan de prévision ? Quels sont les inconvénients possibles des erreurs de prévisions et quels avantages découleraient d'une prévision précise ? Généralement, plus une technique de prévision est précise, plus elle est dispendieuse à appliquer. Il est donc important d'évaluer attentivement les avantages et les inconvénients économiques par rapport à la précision qui en découle. Or, la meilleure technique de prévision n'est pas nécessairement la plus précise ou la moins coûteuse : c'est la technique qui allie la précision et les coûts jugés acceptables par l'organisation.

3

D'autres facteurs sont à considérer: l'accès aux données historiques, la disponibilité des ordinateurs, la capacité des prévisionnistes à utiliser certaines techniques, le temps nécessaire pour collecter et analyser les données, les synthétiser et dresser le plan de prévisions. L'horizon prévisionnel est important, car certaines techniques sont plus appropriées pour les prévisions à long terme, tandis que d'autres fonctionnent mieux à court terme. Par exemple, les moyennes mobiles et le lissage exponentiel sont essentiellement des techniques à court terme, puisqu'elles produisent des prévisions pour la période qui suit immédiatement. Les équations de tendances peuvent servir à effectuer des prévisions sur des périodes beaucoup plus longues. La représentation sous forme de graphique des données des séries chronologiques est très utile pour choisir une méthode appropriée de prévisions. Plusieurs des techniques qualitatives sont valables pour les prévisions à long terme, car elles n'exigent pas de données historiques. La méthode Delphi et celles qui tiennent compte de l'opinion des cadres sont souvent utilisées pour une planification à long terme. Faute de données historiques, les prévisions sur les nouveaux produits et services s'appuient sur des estimations subjectives. Dans plusieurs cas, l'expérience avec des articles similaires est pertinente. Le tableau 3.3 peut servir de guide pour la sélection d'une méthode de prévision. Le tableau 3.4 présente d'autres perspectives qui tiennent compte de l'horizon temporel.

TABLEAU 3.3 ▾

Guide pour le choix d'une méthode de prévision appropriée

Méthode de prévision	Quantité de données historiques	Structure des données	Horizon prévisionnel	Temps de préparation	Expérience personnelle
Moyenne mobile	2 à 30 observations	Les données doivent être stationnaires	Court	Court	Peu sophistiqué
Lissage exponentiel simple (*LES*)	5 à 10 observations	Les données doivent être stationnaires	Court	Court	Sophistication modérée
Lissage exponentiel corrigé en fonction de la tendance générale (*LED*)	10 à 15 observations	Tendance	Court à moyen	Court	Complexe à modérée
Modèles de tendances	10 à 20; pour la saisonnalité, au moins 5 par saison	Tendance	Court à moyen	Court	Complexité modérée
Saisonnière	Quantité suffisante pour voir au moins 2 sommets	Traite les évolutions cycliques et saisonnières	Court à moyen	Court à moyen	Complexité modérée
Modèles de régression causale	10 observations par variable indépendante	Peut traiter des structures complexes	Court, moyen ou long	Temps de développement long, temps de mise en œuvre court	Grande connaissance du milieu

Source: Adapté de l'article de J.H. Wilson et D. Allison-Koerber, « Combining subjective and objective forecasts improves results », *The Journal of Business Forecasting*, automne 1992, p. 4.

TABLEAU 3.4 ▸

Facteurs de prévision classés par étendue de temps

Facteur	Court terme	Moyen terme	Long terme
Fréquence	Souvent	Occasionnel	Rare
Niveau de globalité	Article	Famille de produits	Production totale Type de produits ou de services
Type de modèle	Lissage Projection Régression	Projection Saisonnière Régression	Jugement de la direction
Degré de participation de la direction	Faible	Modéré	Élevé
Coût par prévision	Faible	Modéré	Élevé

Dans certains cas, un gestionnaire peut utiliser plus d'une technique de prévision pour obtenir des prévisions indépendantes. Si les différentes techniques produisent à peu près les mêmes prévisions, il peut se fier davantage aux résultats. Une disparité dans les prévisions indiquerait la nécessité d'une analyse supplémentaire.

Le responsable des prévisions peut adopter soit une approche réactive, soit une approche basée sur l'anticipation. S'il adopte une approche réactive, le gestionnaire perçoit les prévisions comme des descriptions probables de la demande future qui se traduit sous la forme d'une réponse à la demande (par exemple au moyen d'un ajustement des taux de production, des stocks, de la main-d'œuvre). Inversement, si le responsable adopte une approche basée sur l'anticipation, il cherche à influer activement sur la demande (par exemple au moyen de la publicité, de l'établissement des prix ou des changements de produits ou de services).

Certains gestionnaires utilisent deux méthodes de prévision en parallèle: la première sert à prévoir les activités en utilisant des méthodes quantitatives éprouvées, lesquelles supposent, comme on l'a vu, un *statu quo* dans l'environnement interne et externe; la deuxième, plus qualitative, est basée sur des informations intuitives qui font appel à l'instinct des gestionnaires.

3.14 Conclusion

Les prévisions sont à la base de plusieurs décisions. Elles constituent la première étape du processus de la gestion des opérations. À partir du plan de prévisions, le cycle de la planification s'amorce et comporte l'ordonnancement des travaux, les achats et les approvisionnements, la détermination des ressources physiques et humaines nécessaires à l'atteinte des objectifs. Plus les prévisions de l'organisation sont précises, plus les chances de survie et de réalisation de ses objectifs augmentent, et plus les risques d'échec diminuent. Le maintien d'une information à jour et précise sur les prix, la demande et toutes les autres variables politiques, économiques, sociales, technologiques et environnementales (le modèle PESTE) a d'énormes conséquences sur la précision des prévisions. Les prévisionnistes doivent connaître et se maintenir au fait des variables de l'environnement PESTE de la planète.

Pour améliorer notre façon de prévoir, il ne suffit pas de rechercher des techniques statistiques: le jugement est également un outil indispensable. Le fait que les prévisions couvrant de courtes périodes soient plus précises que celles concernant le long terme devrait amener les gestionnaires à s'efforcer de réduire les horizons de temps afin de réagir plus rapidement aux variations de la demande du marché. Il s'agit d'un moyen simple et peu coûteux de faire des prévisions précises. Cependant, il faut être capable de réagir rapidement et à court terme. Le tableau 3.5 décrit les différentes méthodes de prévision.

▼ **TABLEAU 3.5**

Méthodes de prévision

	Méthode de prévision	Description
Opinion générale et jugement	Enquêtes auprès des consommateurs	Questionner les consommateurs sur leurs besoins futurs
	Composantes du contact direct	Estimations communes obtenues auprès du personnel des ventes ou du personnel du service à la clientèle
	Opinion des cadres	Directeurs des finances, du marketing et de la fabrication se concertant pour préparer les prévisions
	Méthode Delphi	Séries de questionnaires remplis anonymement par des experts; questions formulées à partir de l'information tirée des questionnaires précédents
	Opinions de l'extérieur	Préparation des prévisions par les consultants ou experts de l'extérieur
Statistique	Prévision naïve	Valeur d'une série présumée égale à la valeur précédente pour une période comparable
	Moyenne mobile et pondérée	Prévision basée sur la moyenne (pondérée ou non) des valeurs récentes
	Lissage exponentiel, simple et double	Forme évoluée de la moyenne mobile pondérée
	Régression simple et méthode des moindres carrés	Valeurs d'une variable indépendante utilisées pour prédire les valeurs d'une variable dépendante
	Régression multiple	Valeurs de deux ou de plusieurs variables indépendantes utilisées pour prédire les valeurs d'une variable dépendante
	Régression avec facteur d'ajustement	Régression chronologique saisonnière

Souvent, cette simple mesure permet d'écourter le délai de livraison des fournitures, du matériel et des matières premières, de réduire le temps nécessaire pour former ou recycler les employés ou pour mettre au point de nouveaux produits et services. On peut classer les techniques de prévision en deux groupes, soit les techniques qualitatives et les techniques quantitatives. Les techniques qualitatives dépendent du jugement, de l'expérience et de l'expertise de ceux qui formulent des prévisions ; les techniques quantitatives sont basées sur les données historiques ou consistent à établir des relations entre les variables. Certaines techniques sont simples et d'autres, plus complexes ; leur efficacité est variable, et aucune technique n'est efficace en tout temps. De plus, elles comportent un certain niveau de précision dont il faut tenir compte. Toutes les techniques s'appuient sur le principe selon lequel ce qui existait dans le passé continuera d'exister dans le futur.

Les techniques qualitatives décrites dans ce chapitre incluent les enquêtes auprès des consommateurs, les estimations provenant du personnel attaché aux ventes, l'opinion des cadres et des gestionnaires et celle de l'ensemble du personnel. Les deux principales approches quantitatives décrites sont l'analyse des données des séries chronologiques et les techniques associatives. Les valeurs obtenues par les séries chronologiques dépendent uniquement de l'examen des données historiques ; on effectue des prévisions en projetant les mouvements passés d'une variable dans le futur, sans tenir compte des facteurs précis qui pourraient influer sur elle. Les techniques associatives, quant à elles, visent à cerner explicitement les facteurs influents et à intégrer cette information dans des équations qu'on peut ensuite utiliser à des fins de prévision.

TABLEAU 3.6 ▸

Résumé des formules

Technique	Formule	Définition
Prévision naïve	$P_i = R_{i-1}$	P : prévision R : activité réelle i : période
Moyenne mobile	$P_m = \dfrac{\sum\limits_{i=1}^{n} R_{m-i}}{n}$	n : base (nombre de périodes antérieures) m : période m
Moyenne pondérée	$P_{i+1} = \alpha_1(R_1) + \alpha_2(R_2) + \alpha_3(R_3)$, etc.	α : facteur de pondération $\sum(\alpha_1, ..., \alpha_n) = 1{,}0$
Lissage exponentiel simple	$P_{i+1} = P_i + \alpha(R_i - P_i)$	α : facteur de pondération
Lissage exponentiel double	$P_{i+1} = S_i + T_i$ $S_i = P_i + \alpha(R_i - P_i)$ $T_i = T_{i-1} + \beta(P_i - P_{i-1} - T_{i-1})$	S : composante saisonnière T : tendance P_{i+1} : prévision corrigée
Régression linéaire	$y = mx + b$ $m = \dfrac{n\Sigma(x \times y) - (\Sigma x) \times (\Sigma y)}{n \times \Sigma(x^2) - (\Sigma x)^2}$ $b = \dfrac{\Sigma y - m(\Sigma x)}{n}$ $r = \dfrac{n\Sigma(x \times y) - (\Sigma x) \times (\Sigma y)}{\sqrt{[n\Sigma(x^2) - (\Sigma x)^2]}\ \sqrt{[n\Sigma(y^2) - (\Sigma y)^2]}}$	y : variable dépendante x : variable indépendante m : pente b : ordonnée à l'origine r : coefficient de corrélation r_2 : coefficient de détermination
Écart moyen absolu	$\text{ÉMA} = \dfrac{\Sigma\lvert R - P \rvert}{n}$	
Erreur quadratique moyenne	$\text{EQM} = \dfrac{\Sigma(R - P)^2}{n - 1}$	
Signal de dérive (**indice de déviation soutenue**)	$\text{SD} = \text{ID} = \dfrac{\Sigma(R - P)}{\text{ÉMA}}$	Généralement acceptable $-4 < \text{SD} < +4$
Carte de contrôle	Limite supérieure $= zs$ Limite inférieure $= zs$	$s = \sqrt{(\text{EQM})}$ $\Sigma = 2$ ou 3 fois
Moyenne des erreurs relatives absolues	$\text{MERA} = \dfrac{\Sigma(\text{ERA})}{n}$	$\text{ERA} = \dfrac{\lvert R - P \rvert}{P}$

Or, toutes les prévisions ne sont pas exactes. Il est donc important de fournir une mesure de la précision. Il en existe plusieurs ; ces mesures aident les gestionnaires à évaluer l'efficacité d'une technique donnée et à choisir parmi les techniques de prévision de rechange. Le suivi des prévisions, si on utilise un graphique de contrôle (*voir la figure 3.14 à la page 94*) ou un écart par rapport aux prévisions, aide à maintenir ou à modifier la méthode de prévision.

En choisissant une technique de prévision, un gestionnaire doit l'adapter afin qu'elle soit acceptable sur le plan des coûts et de la précision, tout en atteignant le but fixé.

Le tableau 3.6 dresse la liste des formules utilisées dans les techniques de prévision et dans les méthodes de mesure de leur précision.●

Terminologie

Actuariat (p. 62)	Moyenne des erreurs relatives absolues (*MERA*) (p. 69)
Analyse de la tendance (p. 84)	Moyenne mobile (p. 76)
Approche fondamentale (p. 67)	Moyenne pondérée (p. 78)
Base (p. 79)	Nuage de points (p. 85)
Carte de contrôle (p. 94)	Opinion générale (p. 70)
Coefficient de corrélation (p. 86)	Organisation souple (p. 66)
Coefficient de détermination (p. 87)	Partialité (p. 94)
Cycle (p. 73)	Période précédente (p. 75)
Droite d'ajustement (p. 85)	Phénomène cyclique (p. 78)
Écart moyen absolu (*ÉMA*) (p. 68)	Plan de prévisions (p. 62)
Écart par rapport aux prévisions (p. 93)	Prévision (p. 62)
Erreur (p. 68)	Prévision naïve (p. 75)
Erreur quadratique moyenne (*EQM*) (p. 69)	Prévision qualitative (p. 71)
Erreur relative absolue (*ERA*) (p. 69)	Régression (p. 74)
Évolution dynamique (p. 77)	Régression multiple (p. 92)
Facteur d'ajustement saisonnier (*FAS*) (p. 90)	Saisonnalité (p. 73)
Fonction de régression (p. 85)	Série chronologique (p. 73)
Fonctions de la gestion des opérations (p. 62)	Signal de dérive (*SD*) (p. 93)
Indice de déviation (*ID*) (p. 94)	Tendance (p. 73)
Indice de déviation soutenue (p. 100)	Variable dépendante (p. 85)
Lissage exponentiel double (*LED*) (p. 82)	Variable indépendante (p. 85)
Lissage exponentiel simple (*LES*) (p. 79)	Variation aléatoire (p. 73)
Méthode Delphi (p. 72)	Variation irrégulière (p. 73)
Méthode des moindres carrés (p. 85)	Variation saisonnière (p. 73)
Modèle associatif (p. 71)	

Problème 1

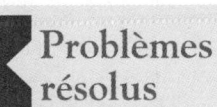

Problèmes résolus

Prévisions basées sur les moyennes. Les données suivantes concernent le nombre de plaintes par période :

Formulez des prévisions pour la période 6 (P_6) en utilisant :

a) l'approche naïve ;

b) une moyenne mobile sur trois périodes ;

c) une moyenne pondérée avec des pondérations de 0,50 (valeur la plus récente), de 0,30 et de 0,20 ;

d) le lissage exponentiel avec une constante de lissage de 0,40.

Période	Nombre de plaintes
1	60
2	65
3	55
4	58
5	64

Solution

a) La valeur la plus récente de la série devient la prévision pour la période suivante : 64.

b) $P_6 = (55 + 58 + 64) \div 3 = 59$

c) $P_6 = 0,50 \times 64 + 0,30 \times 58 + 0,20 \times 55 = 60,4$ ou ≈ 60

d)

Période	Réel	Prévision $\alpha = 0,40$	Équation
1	60	–	–
2	65	60	utiliser le R_1
3	55	62	$60 + 0,40(65 - 60) = 62$
4	58	59,2	$62 + 0,40(55 - 62) = 59,2$
5	64	58,72	$59,2 + 0,40(58 - 59,2) = 58,72$
6		60,83	$58,72 + 0,40(64 - 58,72) = 60,83$

On aurait pu obtenir ces prévisions et le graphique des tendances en utilisant le tableur Excel.

Problème 2

Détermination de la base *n* de la moyenne mobile. Une entreprise veut utiliser la moyenne mobile comme technique de prévision des pannes possibles de ses machines. Elle dispose des données sur les 15 dernières périodes (*voir le tableau*) et vous demande de trouver la base *n* qui s'applique le mieux à sa situation. On essaie $n = 3$ et $n = 5$, puis on compare les résultats obtenus.

Période	1	2	3	4	5	6	7	8	9	10	11	12	13	14	15
Nombre de pannes	45	78	56	84	84	72	100	95	73	95	96	85	127	128	111

Solution

Le tableau suivant présente les résultats.

Note : Les données sont en romain et les calculs, en italique.

Semaine	Nombre de pannes	Prévisions			
		Base $n = 3$	ERA $\lvert R - P \rvert / P$	Base $n = 5$	ERA $\lvert R - P \rvert / P$
(1)	(2)	(3)	(4)	(5)	(6)
1	45				
2	78				
3	56				
4	84	*60 (1)*	*40,00 (2)*		
5	84	*73*	*15,60*		
6	72	*75*	*3,57*	*69 (3)*	*4,35 (4)*
7	100	*80*	*25,00*	*75*	*33,69*
8	95	*85*	*11,33*	*79*	*19,95*
9	73	*89*	*17,98*	*87*	*16,09*
10	95	*89*	*6,34*	*85*	*12,03*
11	96	*88*	*9,51*	*87*	*10,34*
12	85	*88*	*3,41*	*92*	*7,41*
13	127	*92*	*38,04*	*89*	*43,02*
14	128	*103*	*24,68*	*95*	*34,45*
15	111	*113*	*2,06*	*106*	*4,52*
	TOTAL MERA		*197,51* *16,46*		*185,85* *18,59*

(1) $P_4 = (45 + 78 + 56) \div 3 \approx 60$

(2) $ERA = \lvert 84 - 60 \rvert / 60 = 40,00\%$

(3) $P_6 = (45 + 78 + 56 + 84 + 84) \div 5 \approx 69$

(4) $ERA = \lvert 72 - 69 \rvert / 69 = 4,35\%$

En analysant la moyenne des erreurs relatives absolues (*MERA*), on remarque que la base $n = 3$ donne $MERA = 197,51 \div 12 = 16,46\%$, tandis que la base $n = 5$ donne $MERA = 185,85 \div 10 = 18,59\%$. Dans ce cas précis, la base $n = 3$ semble plus indiquée. Le traçage superposé des graphiques permet de mieux visualiser le phénomène.

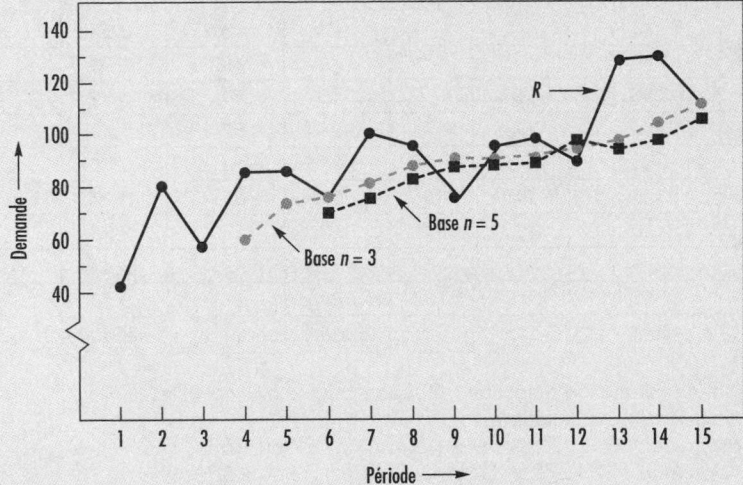

Problème 3

Régression linéaire. Le nombre d'interventions du service de maintenance pour les neuf premiers mois de l'année apparaît ci-dessous. On vous demande de prévoir le nombre d'interventions pour les trois derniers mois de la même année.

Mois	Nombre d'interventions	Mois	Nombre d'interventions
1	44	7	60
2	52	8	56
3	50	9	62
4	54	10	
5	55	11	
6	55	12	

Solution

a) On trace le graphique.

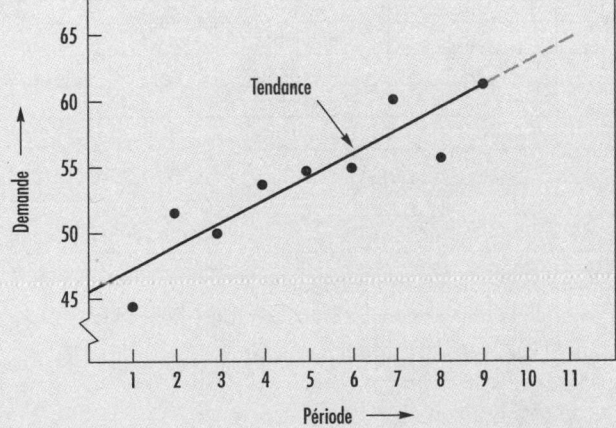

b) Une tendance semble se dessiner ; on calcule l'équation de la droite d'ajustement selon la méthode des moindres carrés à l'aide des données du tableau.

Semaines X (1)	Interventions Y (2)	$X \times Y$ (3)	X^2 (4)	Y^2 (5)	Y' (6)	$Y - Y'$ (7)	Erreur relative $|Y - Y'|/Y'$ (%) (8)
1	44	44	1	1 936	47,22	−3,22	6,82
2	52	104	4	2 704	48,97	3,03	6,18
3	50	150	9	2 500	50,72	−0,72	1,42
4	54	216	16	2 916	52,47	1,53	2,91
5	55	275	25	3 025	54,22	0,78	1,43
6	55	330	36	3 025	55,97	−0,97	1,74
7	60	420	49	3 600	57,72	2,28	3,95
8	56	448	64	3 136	59,47	−3,47	5,84
9	62	558	81	3 844	61,22	0,78	1,27
45	488	2 545	285	26 686	488,00	0,00	31,57

Le coefficient de corrélation r étant de 0,903, on calcule $b = 45,47$ et $m = 1,75$.
La droite d'ajustement est de la forme $y = 1,75x + 45,47$.
P_{10} = prévision mois 10 = $1,75 \times 10 + 45,47 = 62,97$ ou ≈ 63
P_{11} = prévision mois 11 = $1,75 \times 11 + 45,47 = 64,72$ ou ≈ 65
P_{12} = prévision mois 12 = $1,75 \times 12 + 45,47 = 66,47$ ou ≈ 66
L'erreur relative possible dans ce cas est de $31,57/9 = \pm 3,51$ % par mois.

Il était possible d'utiliser le tableur Excel pour obtenir les coefficients, les paramètres de la droite d'ajustement et tracer le graphique.

Problème 4

Facteurs d'ajustement saisonnier. Le verger Du Poirier inc. expédie ses caisses de fruits durant toute l'année partout dans le monde. M. Poirier vous demande de calculer les prévisions de ses livraisons pour les quatre premiers mois de l'année. Il vous fournit les facteurs d'ajustement calculés pour chaque mois ainsi que l'équation de la droite d'ajustement. Ainsi, la prévision de la période i se calcule ainsi :

$$P_i = 3 \times i + 402$$

où i = nième mois, le mois de janvier de la nouvelle année étant considéré comme le mois 24
Facteur d'ajustement :

Mois	Facteur d'ajustement mensuel	Mois	Facteur d'ajustement mensuel
Janvier	1,2	Juillet	0,8
Février	1,3	Août	0,6
Mars	1,3	Septembre	0,7
Avril	1,1	Octobre	1,0
Mai	0,8	Novembre	1,1
Juin	0,7	Décembre	1,4

Solution

a) Prévision des expéditions mensuelles désaisonnalisées
Le mois de janvier de la nouvelle année étant considéré comme le mois 24, on a :
$P_{\text{janvier}} = 3 \times 24 + 402 = 474$
$P_{\text{février}} = 3 \times 25 + 402 = 477$
$P_{\text{mars}} = 3 \times 26 + 402 = 480$
$P_{\text{avril}} = 3 \times 27 + 402 = 483$

b) Prévision saisonnalisée des expéditions mensuelles

Mois	Facteur d'ajustement mensuel	Prévision saisonnalisée
Janvier	1,2	474 × 1,2 = 568,8
Février	1,3	477 × 1,3 = 620,1
Mars	1,3	480 × 1,3 = 624,0
Avril	1,1	483 × 1,1 = 531,3

Problème 5

Lissage exponentiel simple (LES). Un gestionnaire aimerait explorer l'application du lissage exponentiel simple dans le cas de son entreprise. Pour ce faire, il vous demande d'explorer un $\alpha = 0,3$ et de le comparer avec un $\alpha = 0,5$. Vous utiliserez les indicateurs *ÉMA* (écart moyen absolu), *EQM* (erreur quadratique moyenne) et *MERA* (moyenne des erreurs relatives absolues) pour comparer les deux α. Les données de départ sont en romain et les calculs, en italique.

Solution

Le tableau suivant a été calculé à l'aide du tableur Excel.

Période	Réel	LES $\alpha = 0,3$				LES $\alpha = 0,5$			
		Prévision	[R − P]	(R − P)²	ERA (%)	Prévision	[R − P]	(R − P)²	ERA (%)
1	210	210,00				210,00			
2	224	210,00	14,00	196,00	6,25%	210,00	14,00	196,00	6,25%
3	229	214,20	14,80	219,04	6,46%	217,00	12,00	144,00	5,24%
4	240	218,64	21,36	456,25	8,90%	223,00	17,00	289,00	7,08%
5	255	225,05	29,95	897,12	11,75%	231,50	23,50	552,25	9,22%
6	265	234,03	30,07	958,92	11,69%	243,25	21,75	473,06	8,21%
7	272	243,32	28,68	822,34	10,54%	254,13	17,88	319,52	6,57%
8	285	251,93	33,07	1093,86	11,60%	263,06	21,94	481,25	7,70%
9	294	261,85	32,15	1033,72	10,94%	274,03	19,97	398,75	6,79%
10		271,49				284,02			
TOTAL			204,98	5677,25	78,13%		148,03	2853,83	57,06%

Les équations utilisées sont de la forme :

$P_{i+1} = P_i + \alpha (R_i - P_i)$

Si $\alpha = 0,3$, alors, à titre indicatif :

$P_3 = P_2 + 0,3 (R_2 - P_2) = 210 + 0,3 (224 - 210) = 214,20$

et ainsi de suite pour les autres prévisions avec $\alpha = 0,3$.

Si $\alpha = 0,5$, alors, à titre indicatif :

$P_3 = P_2 + 0,5 (R_2 - P_2) = 210 + 0,5 (224 - 210) = 217$

et ainsi de suite pour les autres prévisions avec $\alpha = 0,5$.

Le graphique suivant compare l'évolution des valeurs réelles (R) et les prévisions (P) avec les deux α. On remarque que dans ce cas, l'évolution de $\alpha = 0,5$ est plus rapide que lorsque $\alpha = 0,3$.

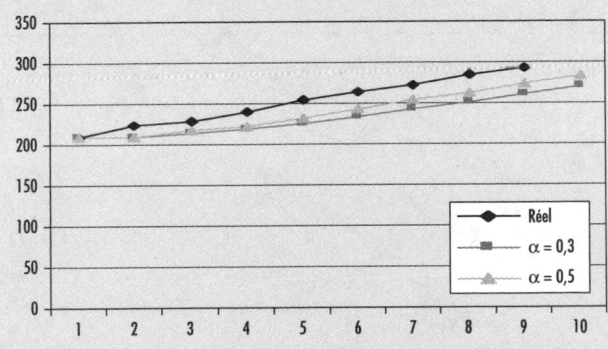

Le tableau suivant présente les résultats des indicateurs *ÉMA*, *EQM* et *MERA*, calculés par rapport à *R*. On voit que, dans ce cas précis, $\alpha = 0,5$ permet d'obtenir une meilleure prévision.

Indicateurs	Prévision $\alpha = 0,30$	Prévision $\alpha = 0,50$
ÉMA	25,620 (1)	18,500
EQM	811,036 (2)	407,690
MERA	9,770 % (3)	7,130 %

(1) $\quad ÉMA = \dfrac{\sum\limits_{i=1}^{n} |R_i - P_i|}{n} = 204,98/8 = 25,62$

(2) $\quad EQM = \dfrac{\sum\limits_{i=1}^{n} (R_i - P_i)^2}{n-1} = 5\ 677,25/(8 - 1) = 811,036$

(3) $\quad MERA(\%) = \dfrac{\sum\limits_{i=1}^{n} ERA_i}{n} \times 100 = \dfrac{\sum\limits_{i=1}^{n} \dfrac{|R_i - P_i|}{R_i}}{n} \times 100 = 78,13\%/8 = 9,77\%$

Problème 6

Régression linéaire avec facteurs d'ajustement saisonnier (FAS). Dans les données sur les activités passées apparaissant dans le tableau suivant, on remarque un phénomène de variation saisonnière. Déterminez les prévisions pour chacune des quatre saisons de la quatrième année en procédant à une modification de la régression linéaire. Palliez les variations cycliques à l'aide des facteurs d'ajustement saisonnier.

Année	Saison	Consommation réelle
1	1	14
	2	18
	3	35
	4	46
2	1re saison (5)	28
	2e saison (6)	36
	3e saison (7)	60
	4e saison (8)	71
3	1re saison (9)	45
	2e saison (10)	54
	3e saison (11)	84
	4e saison (12)	88

Solution

1) On trace le graphique en plaçant les saisons désignées de 1 à 12 sur l'abscisse.

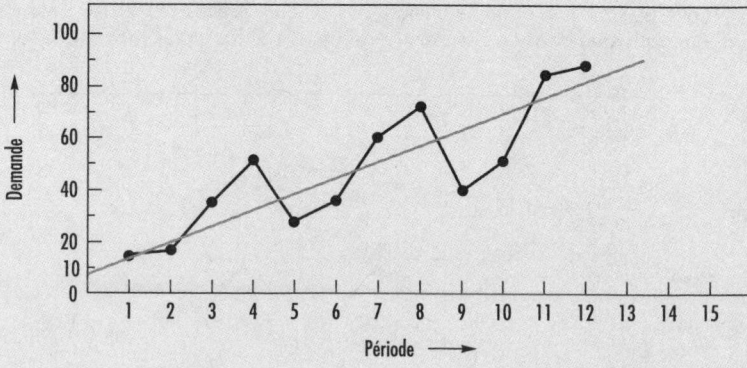

Le phénomène saisonnier est apparent.

3

2) On détermine la droite d'ajustement entre X (les saisons) et Y (la consommation réelle par saison).

En utilisant la méthode des moindres carrés et le tableau précédent, où les données sont en romain et les calculs, en italique, on obtient :

Tableau T-1

Année	X (2)	Y (3)	X² (4)	Y² (5)	X × Y (6)	Y' (7)	Y/Y' (8)	|Y − Y'|/Y' Pourcentage d'erreur
1	1	14	1	196	14	15,77	0,89	11,22%
	2	18	4	324	36	21,67	0,83	16,95%
	3	35	9	1 225	105	27,58	1,27	26,90%
	4	46	16	2 116	184	33,49	1,37	37,37%
2	5	28	25	784	140	39,39	0,71	28,92%
	6	36	36	1 296	216	45,30	0,79	20,52%
	7	60	49	3 600	420	51,20	1,17	17,18%
	8	71	64	5 041	568	57,11	1,24	24,32%
3	9	45	81	2 025	405	63,01	0,71	28,59%
	10	54	100	2 916	540	68,92	0,78	21,65%
	11	84	121	7 056	924	74,83	1,12	12,26%
	12	88	144	7 744	1 056	80,73	1,09	9,00%
TOTAL	78	579	650	34 323	4 608	579,00	11,99	254,90%

Les calculs ont été effectués à l'aide du tableur Excel.

Facteur de corrélation très fort : $r = 0,884$

point d'intersection : $b = 9,864$

pente : $m = 5,906$

MERA : 254,90%/12 = 21,24%

$y = mx + b$

$y' = 5,906x + 9,864$

Les prévisions désaisonnalisées des périodes 13 à 16 donnent :

$y' = 5,906x + 9,864y = 5,906 \times 13 + 9,864 = 86,64$

$y' = 5,906x + 9,864y = 5,906 \times 14 + 9,864 = 92,54$

$y' = 5,906x + 9,864y = 5,906 \times 15 + 9,864 = 98,45$

$y' = 5,906x + 9,864y = 5,906 \times 16 + 9,864 = 104,35$

Total approximatif pour l'ensemble de la quatrième année : 382

Pour donner un mouvement cyclique à nos prévisions désaisonnalisées et traduire le phénomène saisonnier, on procède de la manière décrite ci-après.

3) À partir des données de la colonne 8 du tableau T-1, on calcule le facteur d'ajustement saisonnier (FAS) moyen pour chacune des quatre saisons.

Tableau T-2

Saison	Année			FAS moyen
	1	2	3	
1	0,89*	0,71	0,71	0,77**
2	0,83	0,79	0,78	0,80
3	1,27	1,17	1,12	1,19
4	1,37	1,24	1,09	1,23

* 0,89 = Y/Y' de la première saison de la première année, etc.
** FAS moyen = (0,89 + 0,71 + 0,71) ÷ 3 = 0,77

4) On corrige les prévisions désaisonnalisées à l'aide des facteurs d'ajustement saisonnier moyens. Les prévisions saisonnières pour la quatrième année sont les suivantes :

Tableau T-3

Saison	Prévisions désaisonnalisées	FAS moyen	Prévisions saisonnalisées
1	86,64	0,77	66,71
2	92,54	0,80	74,03
3	98,45	1,19	117,16
4	104,35	1,23	128,35
Total	382,00	3,99 ou ≈ 4,00	≈ 386,00

Il faut noter qu'avec une erreur relative moyenne (ou MERA) de 254,90 ÷ 12 = 21,24%, le total annuel est sensiblement identique pour les valeurs saisonnalisées et les valeurs désaisonnalisées.

Problème 7

Analyse de régression. Le propriétaire d'une petite quincaillerie a noté que ses ventes de verrous de fenêtres semblent liées au nombre de vols avec effraction rapportés chaque semaine dans le journal local. Voici les données collectées :

Ventes	46	18	20	22	27	34	14	37	30
Vols	9	3	3	5	4	7	2	6	4

Faites une analyse complète de la situation en suivant les étapes ci-dessous :
a) Tracer le graphique des données pour déterminer le type de relation (linéaire ou non).
b) Vérifier s'il existe une relation significative.
c) S'il existe une relation, déterminer l'équation de la droite d'ajustement.
d) Faire une prévision, sachant qu'on a enregistré cinq vols avec effraction au cours de la semaine suivante.
e) Déterminer la moyenne des erreurs relatives absolues.

Solution

a) On trace le graphique avec la variable indépendante X = nombre d'effractions par semaine et la variable dépendante Y = nombre de verrous vendus.
   L'analyse du graphique montrant une relation linéaire, on passe à la deuxième étape.

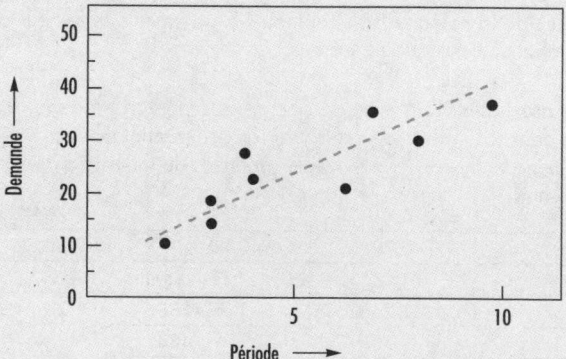

b) On calcule le coefficient de corrélation *r*.

Le tableau suivant facilite les calculs. Les données sont en romain et les calculs, en italique. Le tableur Excel aide à procéder rapidement à ces calculs.

Semaine	Effrac. X	Ventes	X × Y	X²	Y²	Y'	Y/Y'	$\frac{|Y-Y'| (\%)}{Y'}$
	(2)	(3)	(4)	(5)	(6)	(7)	(8)	(9)
1	9	46	414	81	2116	45,61	0,39	0,86
2	3	18	54	9	324	19,96	–1,96	9,80
3	3	20	60	9	400	19,96	0,04	0,23
4	5	22	110	25	484	28,51	–6,51	22,82
5	4	27	108	16	729	24,23	2,77	11,43
6	7	34	238	49	1156	37,06	–3,06	8,25
7	2	14	28	4	196	15,68	–1,68	10,71
8	6	37	222	36	1369	32,78	4,22	12,87
9	4	30	120	16	900	24,23	5,77	23,81
TOTAL	43	248	1354	245	7674	248,00	0,00	100,78

$$r = \frac{n\Sigma(xy) - (\Sigma x)(\Sigma y)}{\sqrt{n\Sigma(x^2) - (\Sigma x)^2} \sqrt{n\Sigma(y^2) - (\Sigma y)^2}} = \frac{9 \times 1354 - 43 \times 248}{\sqrt{9 \times 245 - 43^2} \sqrt{9 \times 7674 - 248^2}} = 0,928$$

Le coefficient de détermination est $r^2 = 86,12\%$ (très élevé).

c) On détermine l'équation de la droite d'ajustement de la forme $y' = mx + b$.

$$m = \frac{n\Sigma(xy) - (\Sigma x)(\Sigma y)}{n\Sigma(x^2) - (\Sigma x)^2} = \frac{9 \times 1354 - 43 \times 248}{9 \times 245 - 43^2} = 4,275$$

$$b = \frac{\Sigma y - m\Sigma(x)}{n} = \frac{248 - 4,275 \times 43}{9} = 7,129$$

$$y' = mx + b = 4,275x + 7,129$$

d) On formule une prévision, sachant qu'on a enregistré cinq effractions au cours de la semaine suivante.

Si $x = 5$, alors

$y' = mx + b = 4,275x + 7,129 = 4,275 \times 5 + 7,129 = 28,50$

e) On détermine la moyenne des erreurs relatives.

La moyenne des erreurs relatives absolues cumulée sur les neuf périodes est de 100,78.

MERA = 100,78/9 = ±11,20%

Problème 8

Précision et contrôle des prévisions. Le directeur d'une grande entreprise de fabrication de pompes industrielles doit choisir entre deux techniques de prévision. Les deux techniques ont été utilisées pour préparer les prévisions pour une période de six mois. Selon les données du tableau ci-dessous et en utilisant l'*ÉMA* comme critère, quelle technique lui suggéreriez-vous?

Mois	Demande	PRÉVISION	
		Technique 1	Technique 2
1	492	488	495
2	470	484	482
3	485	480	478
4	493	490	488
5	498	497	492
6	492	493	493

Solution

On vérifie si chacune des prévisions comporte une erreur moyenne d'environ zéro.

Mois	Demande	Technique 1	e	|e|	Technique 2	e	|e|
1	492	488	4	4	495	–3	3
2	470	484	–14	14	482	–12	12
3	485	480	5	5	478	7	7
4	493	490	3	3	488	5	5
5	498	497	1	1	492	6	6
6	492	493	–1	1	493	–1	1

$$\textit{ÉMA} - \text{technique } 1 = \frac{\sum\limits_{i=1}^{n} |R_i - P_i|}{n} = 28/6 = 4{,}67$$

$$\textit{ÉMA} - \text{technique } 2 = \frac{\sum\limits_{i=1}^{n} |R_i - P_i|}{n} = 34/6 = 5{,}67$$

La technique 1 est supérieure, car son *ÉMA* est plus petit. Toutefois, six observations sont générale-ment insuffisantes pour effectuer une comparaison réaliste.

Problème 9

Cartes de contrôle. Avec les données suivantes concernant la demande, préparez une prévision naïve pour les périodes 2 à 10. Déterminez ensuite l'erreur de prévision et utilisez ces valeurs pour calculer les limites de contrôle à plus ou moins 2 écarts types. Si les demandes pour les deux prochaines périodes (période 11 et période 12) atteignent 125 et 130, pouvez-vous en conclure que les prévisions sont sous contrôle?

Période	1	2	3	4	5	6	7	8	9	10
Demande	118	117	120	119	126	122	117	123	121	124

Solution

Dans une prévision naïve, la demande pour chaque période devient la prévision de la période suivante. Les prévisions et les erreurs sont donc :

Période	Demande	Prévision	Erreur	Erreur²
11	118			
12	117	118	–1	151
13	120	117	+3	159
14	119	120	–1	151
15	126	119	+7	149
16	122	126	–4	116
17	117	122	–5	125
18	123	117	+6	136
19	121	123	–2	154
10	124	121	+3	159
			+6	150

où *n* représente le nombre d'erreurs.

$$s = \sqrt{\frac{\sum (\text{erreur}^2)}{n-1}} = \sqrt{\frac{150}{9-1}} = 4{,}33$$

Les limites de contrôle sont de ±2(4,33) = ±8,66.

La prévision pour la période 11 était de 124, la demande, de 125. Erreur = 125 – 124 = +1. Cette valeur se situe dans les limites de ±8,66. Si la demande suivante s'élève à 130 et la prévision naïve, à 125 (en fonction de la demande de la période 11), l'erreur est de +5. Cette valeur se situant à l'intérieur des limites de ±8,66, on ne peut pas conclure que la technique de prévision est hors de contrôle. Avec plus de valeurs – au moins cinq ou six –, on pourrait porter les erreurs sur un graphique et ainsi relever la présence d'une tendance.

1. Quels sont les principaux avantages des techniques quantitatives de prévision par rapport aux techniques qualitatives? Quelles sont les limites des techniques quantitatives?
2. Quelles sont les conséquences des mauvaises prévisions? Expliquez votre réponse.
3. Dressez la liste des faiblesses de chacune des approches servant à élaborer une prévision:
   a) les enquêtes auprès des consommateurs;
   b) l'opinion des membres de l'équipe des ventes;
   c) l'opinion du comité de directeurs ou de cadres.
4. Décrivez brièvement la méthode Delphi. Quels sont les principaux avantages et inconvénients de cette méthode?
5. Quel est le but de la détermination des limites de contrôle pour les erreurs de prévisions?
6. Quels facteurs devriez-vous considérer au moment de décider d'utiliser des limites de contrôle larges ou serrées pour une prévision?
7. Comparez l'utilisation de l'*ÉMA* et de l'*EQM* dans l'évaluation des prévisions.
8. Quels sont les avantages du lissage exponentiel simple (*LES*) en tant qu'outil de prévision par rapport aux moyennes mobiles?
9. Comment le nombre de périodes dans une moyenne mobile influe-t-il sur la sensibilité de la prévision?
10. Quels facteurs entrent en ligne de compte dans le choix d'une valeur pour la constante de lissage dans le lissage exponentiel?
11. Quel est l'impact de l'utilisation des données provenant des « ventes » plutôt que de celles provenant de la « demande » pour effectuer les prévisions?
12. Pourquoi la technique de la moyenne mobile est-elle difficile à utiliser pour formuler des prévisions à long terme?
13. Dans votre région, quelle précision les prévisions météorologiques ont-elles sur un horizon de temps de cinq jours?
14. Expliquez les différences entre une *MERA* calculée par rapport à *P* (le prévu) et une *MERA* calculée par rapport à *R* (le réel).
15. Expliquez les différences entre les approches réactives et proactives pour effectuer des prévisions. Donnez des exemples soutenant vos affirmations.
16. En quoi les prévisions pour une chaîne d'approvisionnement diffèrent-elles de celles pour une entreprise en particulier? Quels avantages, inconvénients et défis faut-il surmonter lorsqu'on détermine les prévisions pour une chaîne d'approvisionnement?
17. Selon vous, est-il préférable d'effectuer des prévisions qualitatives ou quantitatives?
18. Une entreprise se spécialisant dans le développement et la distribution de logiciels veut prévoir les ventes d'une nouvelle version de son produit principal. Quelles sont les données dont elle doit tenir compte au moment de la détermination de ses prévisions initiales?
19. Parmi les techniques de prévision suivantes (enquêtes auprès des consommateurs; méthode Delphi; prévision naïve; moyenne simple, mobile ou pondérée; analyse de la tendance; méthode des moindres carrés), déterminez la plus appropriée pour les évaluations suivantes:
   a) la demande de cartes de souhaits pour la fête des Mères;
   b) la popularité d'une nouvelle série de télévision;
   c) la demande pour un voyage dans l'espace;
   d) l'effet sur les ventes d'une augmentation de 10% du prix d'une marque de confiture;
   e) la demande d'une marque de dentifrice dans un magasin à grande surface.
20. Énumérez les fonctions de l'entreprise ou les personnes qui devraient jouer un rôle dans la détermination des prévisions.

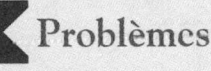

Problèmes

1. Le tableau suivant indique le nombre de paniers de pommes vendus par un maraîcher sur une période de 12 jours.
   a) Formulez des prévisions de ventes quotidiennes à partir du jour 3 en utilisant une moyenne mobile de deux périodes.
   b) En utilisant une moyenne mobile de quatre périodes, quelles sont les prévisions quotidiennes à partir du jour 5?
   c) Reportez les données originales et chaque ensemble de prévisions sur un même graphique. Quelle méthode de prévision permet d'obtenir le plus de lissage? Quelle méthode donne la meilleure capacité de réagir rapidement aux changements?

Jour	Nombre de paniers vendus	Jour	Nombre de paniers vendus
1	25	7	35
2	31	8	32
3	29	9	38
4	33	10	40
5	34	11	37
6	37	12	32

2. Scanational inc. vend des puces électroniques pour des systèmes RFID[16]. Les ventes mensuelles pour une période de sept mois sont les suivantes:

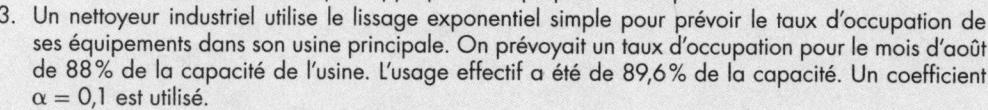

Mois	Ventes (milliers d'unités ku)
Février	19
Mars	18
Avril	15
Mai	20
Juin	18
Juillet	22
Août	20

a) Tracez le graphique des données mensuelles sur du papier quadrillé.

b) Prévoyez le volume des ventes pour le mois de septembre en utilisant:

  I) une équation de la tendance linéaire;

  II) une moyenne mobile de cinq mois;

  III) le lissage exponentiel avec une constante de lissage de 0,20, en supposant une prévision pour le mois de mars de 19 000 (19 ku);

  IV) l'approche naïve;

  V) une moyenne pondérée avec une pondération de 0,60 pour août, de 0,30 pour juillet et de 0,10 pour juin.

c) Quelle méthode semble la plus appropriée? Expliquez votre réponse.

3. Un nettoyeur industriel utilise le lissage exponentiel simple pour prévoir le taux d'occupation de ses équipements dans son usine principale. On prévoyait un taux d'occupation pour le mois d'août de 88% de la capacité de l'usine. L'usage effectif a été de 89,6% de la capacité. Un coefficient $\alpha = 0{,}1$ est utilisé.

a) Prévoyez le taux d'occupation pour le mois de septembre.

b) Effectuez une prévision pour le mois d'octobre en tenant compte du fait que le taux d'occupation réel du mois de septembre a été de 92%.

4. Les dossiers d'un entrepreneur en électricité indiquent le nombre de demandes de travaux des cinq dernières semaines:

Semaine	1	2	3	4	5
Nombre de demandes	20	22	18	21	22

Prévoyez le nombre de demandes pour la semaine 6 en utilisant les méthodes suivantes:

a) la prévision naïve;

b) une moyenne mobile avec une base de 4;

c) le lissage exponentiel avec α (alpha) = 0,30.

5. Le service de marketing d'un fabricant de cosmétiques a mis au point une équation de régression linéaire qu'on peut utiliser pour prévoir les ventes annuelles d'une crème hydratante. Pour faire ses prévisions, il utilise l'année comme variable indépendante, selon l'équation:

$y = 15x + 80$

y = ventes annuelles (en milliers de contenants)

$x = 0 = $ l'année 1996 est considérée comme année zéro

a) De combien les ventes annuelles augmentent-elles ou diminuent-elles d'une année à l'autre?

b) Prévoyez les ventes annuelles pour l'année 2012.

6. À partir du graphique suivant, déterminez l'équation de la droite de tendance en utilisant 2001 comme année de référence pour les Ventes Glib inc.

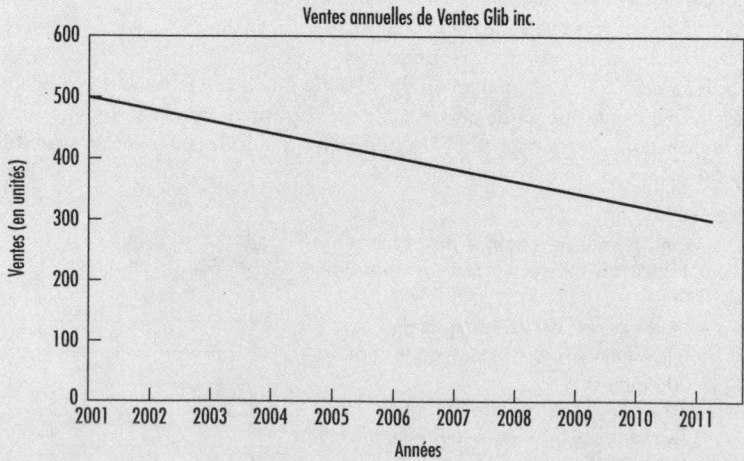

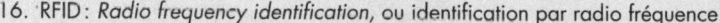

16. RFID: *Radio frequency identification*, ou identification par radio fréquence.

3

7. Voici le nombre de chargements de wagons de marchandises dans une gare pour une période de 18 années.

Année	Nombre (milliers)	Année	Nombre (milliers)	Année	Nombre (milliers)
1	220	7	350	13	460
2	245	8	360	14	475
3	280	9	400	15	500
4	275	10	380	16	510
5	300	11	420	17	525
6	310	12	450	18	541

a) Vérifiez s'il existe une relation entre l'année et le nombre de chargements; le cas échéant, déterminez l'équation de la droite d'ajustement pour les chargements.

b) Tracez la droite de tendance et les données réelles sur le même graphique.

c) Utilisez l'équation de la tendance afin de prédire le nombre de chargements pour les années 19 à 21.

d) On prévoit investir pour un nouveau terminal de chargement dès que le nombre de wagons atteindra 800 par année. Si la tendance se maintient, pour quelle année ce nouveau terminal devra-t-il être prêt?

8. a) Déterminez une équation de régression linéaire pour les données portant sur le nombre d'appels d'urgence dans un centre d'appel.

Période	Appels	Période	Appels	Période	Appels
1	200	6	222	11	281
2	214	7	248	12	275
3	211	8	241	13	280
4	228	9	253	14	288
5	235	10	267	15	310

b) Formulez des prévisions sur le nombre d'appels pour les périodes 16 à 19.

c) Utilisez le lissage corrigé (*LED*) en fonction de la tendance générale avec $\alpha = 0,3$ et $\beta = 0,2$ pour lisser les données et calculez vos prévisions sur le nombre d'appels pour la 16e période.

9. Le gestionnaire d'une salle d'urgence veut implanter le lissage exponentiel double (*LED*) pour prévoir les prochaines interventions. À la suite de plusieurs simulations, il a été décidé d'utiliser un $i = 0,5$ et un $\beta = 0,4$ avec un $P_5 = 250$, prévision pour la 5e période. Formulez des prévisions pour les périodes 6 à 10.

Période	Réel *(R)*	Période	Réel *(R)*
1	210	6	265
2	224	7	272
3	229	8	285
4	240	9	294
5	255	10	

10. La gérante d'un magasin spécialisé dans la vente et l'installation de baignoires à remous souhaite préparer des prévisions pour les mois de janvier, de février et de mars de l'année prochaine. Ses prévisions sont une combinaison des tendances et de la saisonnalité. Elle utilise l'équation suivante pour déterminer les composantes de tendances de la demande mensuelle: $y_i = 5_i + 70$, où $i = 0$ pour le mois de juin de l'année dernière. Les facteurs d'ajustement saisonnier sont de 1,10 pour janvier, de 1,02 pour février et de 0,95 pour mars. Effectuez une prévision de la demande pour les mois de janvier, de février et de mars.

11. L'équation suivante résume la tendance des ventes trimestrielles de condominiums sur une longue période. Les ventes reflètent aussi des variations saisonnières (*FAS*). En vous basant sur les facteurs d'ajustement saisonnier ci-dessous, prévoyez les ventes pour chaque trimestre de la prochaine année et pour le premier trimestre de l'année d'après.

La relation entre les ventes et les saisons est la suivante:

$$y_t = 2t^2 - 6,5t + 40$$

où y_t = ventes du trimestre t

t = trimestre sur lequel portent les prévisions, avec $t = 0$ pour le premier trimestre de l'année dernière.

Trimestre	Facteur d'ajustement saisonnier *(FAS)*
1	1,1
2	1,0
3	0,6
4	1,3

12. Une boutique de cadeaux située dans un centre touristique est ouverte les fins de semaine (vendredi, samedi et dimanche). Le propriétaire souhaite améliorer l'horaire des employés à temps partiel en déterminant les valeurs relatives saisonnières pour chacune de ces journées. Les données sur les activités récentes de la boutique (le nombre de ventes par jour) sont présentées dans le tableau ci-après.

	SEMAINE					
	1	2	3	4	5	6
Vendredi	149	154	152	150	159	163
Samedi	250	255	260	268	273	276
Dimanche	166	162	171	173	176	183

a) Trouvez les facteurs d'ajustement pour les trois jours considérés.
b) Formulez des prévisions à l'aide de la moyenne simple pour la semaine 7.

13. La société Air montagne vous soumet des données sur le nombre de passagers transportés par semaine (*voir le tableau*).

À partir de l'analyse de ces données, effectuez des prévisions sur le nombre de passagers pour les trois prochaines semaines.

Semaine	Passagers	Semaine	Passagers
1	405	10	440
2	410	11	446
3	420	12	451
4	415	13	455
5	412	14	464
6	420	15	466
7	424	16	474
8	433	17	476
9	438	18	482

14. Prévoyez le nombre de repas à préparer chaque jour de la semaine 5 pour un restaurant, sachant que les données sur le nombre de repas servis quotidiennement au cours des quatre dernières semaines sont présentées ci-après. (Suggestion: Essayez une moyenne mobile $n = 7$.)

Jour	Nombre de repas servis	Jour	Nombre de repas servis
1	80	15	84
2	75	16	77
3	78	17	83
4	95	18	96
5	130	19	135
6	136	20	140
7	40	21	37
8	82	22	87
9	77	23	82
10	80	24	98
11	94	25	103
12	125	26	144
13	135	27	144
14	42	28	48

15. Un pharmacien contrôle les ventes de certains analgésiques en vente libre. Les ventes quotidiennes des 15 derniers jours ont été les suivantes:

Jour	1	2	3	4	5	6	7	8	9	10	11	12	13	14	15
Nombre de produits vendus	36	38	42	44	48	49	50	49	52	48	52	55	54	56	57

a) Sans faire de calculs, quelle méthode de prévision suggéreriez-vous pour les ventes: la tendance linéaire ou le lissage exponentiel corrigé en fonction de la tendance (lissage exponentiel double)? Expliquez votre réponse.

b) On vous informe que certains jours, la pharmacie manque d'un analgésique en particulier. Quelle est votre réaction concernant les ventes durant ces journées?

c) En supposant que les données représentent la demande plutôt que les ventes et en utilisant le lissage double avec une prévision initiale de 50 pour la semaine 8, une estimation de la tendance initiale de 2 et $\alpha = \beta = 0,3$, faites les prévisions pour les jours 9 à 16. Évaluez l'*EQM* à partir de la semaine 8.

16. Livraison Enretard se spécialise dans la livraison de colis à l'intérieur de la grande région métropolitaine. Les coûts de transport sont: 0,25 $/kg transporté et 0,15 $/km parcouru, plus 10 $ de frais fixes minimaux par colis.

a) Déterminez une formule simple pour calculer les frais de livraison.

b) Quel est le coût de livraison d'un colis de 40 kg transporté sur une distance de 26 km?

17. L'établissement de vente de véhicules neufs Le Jardin boulevard de la rive gauche dispose des informations sur les ventes mensuelles désaisonnalisées de la dernière année, tous modèles confondus, avec les facteurs d'ajustement saisonnier correspondants (*voir le tableau ci-dessous*). On vous demande:

a) de tracer les données sur un graphique et de déterminer une tendance, s'il y a lieu;

b) de saisonnaliser les ventes d'automobiles;

c) de superposer les données saisonnalisées et désaisonnalisées, puis de tirer une conclusion.

Mois	Unités vendues désaisonnalisées	FAS	Mois	Unités vendues désaisonnalisées	FAS
Janvier	640	0,80	Juillet	765	0,90
Février	648	0,80	Août	805	1,15
Mars	630	0,70	Septembre	840	1,20
Avril	761	0,94	Octobre	828	1,20
Mai	735	0,89	Novembre	840	1,25
Juin	850	1,00	Décembre	800	1,25

18. Le directeur d'une coopérative agricole vous demande de prévoir les valeurs trimestrielles des livraisons de grains de la sixième année, en fonction des données ci-dessous (les quantités sont en tonnes métriques).

Année	Trimestre			
	1	2	3	4
1	200	250	210	340
2	210	252	212	360
3	215	260	220	358
4	225	272	233	372
5	232	284	240	381

19. Le gérant d'un restaurant de fruits de mer voudrait savoir s'il existe un lien entre le prix des plats affiché et le nombre de repas servis. On a collecté les informations suivantes:

Moyenne du nombre de repas servis	Prix du plat ($)
200	6,00
190	6,50
188	6,75
180	7,00
170	7,25
162	7,50
160	8,00
155	8,25
156	8,50
148	8,75
140	9,00
133	9,25

Êtes-vous en mesure de l'aider? Tracez le graphique, calculez les coefficients pertinents et interprétez-les.

3

20. On a collecté les informations suivantes (*voir le tableau ci-dessous*) concernant une variable indépendante *X* et une variable dépendante *Y*, *X* étant le nombre de mises en route effectuées par mois et *Y*, le nombre de pièces rejetées pendant ce même mois.
    a) En traçant un graphique reliant les points (*x, y*) correspondants, peut-on affirmer qu'il existe une relation entre ces deux variables?
    b) Déterminez les coefficients pertinents et interprétez-les.
    c) Sachant que, pour la période 14, on prévoit faire 41 mises en route, prévoyez la quantité de pièces rejetées.

Période	X	Y	Période	X	Y
1	15	74	8	18	78
2	25	80	9	14	70
3	40	84	10	15	72
4	32	81	11	22	85
5	51	96	12	24	88
6	47	95	13	33	90
7	30	83			

21. Bogazon inc. a l'intention d'utiliser les données sur les ventes d'engrais pour pelouse afin de prévoir les ventes de tondeuses. Le gérant du magasin estime qu'il existe un décalage de six semaines entre les ventes d'engrais et les ventes de tondeuses. Les données pertinentes sont les suivantes:

Semaine	Ventes d'engrais (tonnes)	Ventes de tondeuses (avec un décalage de 6 semaines)
1	1,6	10
2	1,3	8
3	1,8	11
4	2,0	12
5	2,2	12
6	1,6	9
7	1,5	8
8	1,3	7
9	1,7	10
10	1,2	6
11	1,9	11
12	1,4	8
13	1,7	10
14	1,6	9

a) Y a-t-il une relation entre ces variables? Justifiez quantitativement votre réponse.
b) Déterminez la droite de régression linéaire pour ces données.
c) Si, à la semaine 15, on a vendu 2 t d'engrais, prévoyez les ventes de tondeuses pour la première semaine d'août, soit 6 semaines plus tard.

22. Deux méthodes de prévision (MP1 et MP2) ont été utilisées pour prévoir les besoins en caisses d'eau embouteillée. La demande réelle et les prévisions selon chacune des méthodes apparaissent ci-dessous.

Période réelle	Demande	Demande prévue	
		Méthode 1	Méthode 2
1	68	66	66
2	75	68	68
3	70	72	70
4	74	71	72
5	69	72	74
6	72	70	76
7	80	71	78
8	78	74	80

a) Calculez l'*ÉMA* pour chacune des méthodes de prévision. Laquelle semble la plus précise? Justifiez quantitativement et qualitativement votre réponse.

b) Calculez l'*EQM* pour chacune des méthodes de prévision. Laquelle semble la plus précise? Justifiez quantitativement et qualitativement votre réponse.

c) Calculez la *MERA* pour chacune des méthodes de prévision. Laquelle semble la plus précise? Justifiez quantitativement et qualitativement votre réponse.

d) Quels autres facteurs pourraient convaincre un gestionnaire de choisir une méthode plutôt que l'autre?

23. Le responsable du magasin de pièces de rechange d'un transporteur aérien utilise une prévision corrigée sur une base saisonnière afin de prédire la demande pour une pièce importante. Les prévisions ainsi que les valeurs réelles pour chacune des périodes considérées sont les suivantes:

Période	Réel	Prévu	Période	Réel	Prévu
1	129	124	8	126	124
2	194	200	9	95	100
3	156	150	10	149	150
4	91	94	11	98	94
5	85	80	12	85	80
6	132	140	13	137	140
7	126	128	14	134	128

a) Calculez l'*ÉMA* pour la cinquième période. Ensuite, mettez-le à jour pour les périodes suivantes en utilisant le lissage exponentiel avec $\alpha = 0{,}3$.

b) Calculez le signal de dérive (ou indice de déviation) pour les périodes 5 à 14 en utilisant les *ÉMA* correspondants. Si des limites de ±3 sont utilisées, que pouvez-vous en conclure?

24. Pour chacun des 10 derniers mois, on a appliqué 2 méthodes de prévision des ventes indépendantes basées sur le jugement et l'expérience. Les prévisions et les ventes réelles sont les suivantes:

Mois	Ventes	Prévision 1	Prévision 2
1	770	771	769
2	789	785	787
3	794	790	792
4	780	784	798
5	768	770	774
6	772	768	770
7	760	761	759
8	775	771	775
9	786	784	788
10	790	788	788

a) Calculez l'*EQM* et l'*ÉMA* pour chaque méthode de prévision. Quelle méthode semble la plus juste? Expliquez votre réponse.

b) Calculez la *MERA* appropriée pour ce type d'analyse et formulez une conclusion.

c) Pour le 10e mois, calculez le signal de dérive avec des limites de ±4 pour chaque méthode de prévision. Qu'indique-t-il? Établissez des cartes de contrôle à 2 s pour chaque période.

d) À l'aide du tableur Excel, faites des prévisions en utilisant la méthode naïve pour les périodes 2 à 11. Calculez les indices pertinents et formulez une conclusion.

25. Le service de la publicité d'une revue mensuelle a utilisé une combinaison des méthodes quantitative et qualitative pour prévoir les ventes d'espaces publicitaires. Les erreurs de prévision, sur une période de 20 mois, sont les suivantes:

Mois	Erreur	Mois	Erreur
1	–8	11	1
2	–2	12	6
3	4	13	8
4	7	14	4
5	9	15	1
6	5	16	–2
7	0	17	–4
8	–3	18	–8
9	–9	19	–5
10	–4	20	–1

a) Calculez le signal de dérive (indice de déviation) pour les mois 11 à 20. Calculez la valeur initiale de l'*ÉMA* pour le mois 11 et mettez-la à jour pour chacun des mois suivants en utilisant le lissage exponentiel avec $\alpha = 0{,}1$. Que pouvez-vous conclure? Supposez des limites de ±4.

b) En utilisant la première moitié des données, préparez une carte de contrôle avec des limites de 2 s. Que pouvez-vous conclure?

c) Tracez le graphique des 10 dernières erreurs sur la carte de contrôle. Les écarts sont-ils aléatoires? Quelles en sont les conséquences?

26. Une maison d'édition de manuels scolaires a compilé des données sur les ventes annuelles totales de ses manuels de gestion pour les neuf dernières années :

Année	1	2	3	4	5	6	7	8	9
Ventes (× 1 000)	40,2	44,5	48,0	52,3	55,8	57,1	62,4	69,0	73,7

a) En utilisant le modèle approprié, prédisez les ventes de manuels scolaires pour les neuf prochaines années.

b) Préparez une carte de contrôle pour les prévisions en utilisant les données originales et des limites de 2 s.

c) Supposez que les ventes réelles des cinq années suivantes sont :

Année	10	11	12	13	14
Ventes (× 1 000)	77,2	82,1	87,8	90,6	98,9

Que peut-on penser de l'efficacité de la méthode de prévision ?

27. Le tableau suivant présente les données sur les ventes de cédéroms des 12 dernières semaines. Le gestionnaire a décidé d'utiliser le lissage exponentiel pour prévoir les ventes. Il essaie deux plans de prévisions : le premier avec un coefficient de lissage $\alpha = 0,10$; le second avec $\alpha = 0,40$.

Semaine	1	2	3	4	5	6	7	8	9	10	11	12
Ventes	40	44	46	43	45	44	40	43	44	42	46	45

a) En utilisant les données des semaines 1 à 7, déterminez lequel des deux coefficients testés est le plus adapté au produit en question.

b) Pour chacune des méthodes de prévision, préparez une carte de contrôle basée sur les six écarts des semaines considérées et déterminez le meilleur coefficient.

c) En utilisant le meilleur coefficient, effectuez des prévisions jusqu'à la semaine 12. Les erreurs de prévisions sont-elles sous contrôle ?

d) Quelle est la prévision pour la semaine 13 ? Si les ventes réelles sont de 48, la prévision est-elle sous contrôle ?

28. Une directrice utilise l'équation $y_t = 5t + 10$ pour faire ses prévisions. La consommation réelle des huit dernières périodes a été la suivante :

Période t	1	2	3	4	5	6	7	8
Réel	15	21	23	30	32	38	42	47

Que pensez-vous de l'efficacité de cette méthode de prévision ? Justifiez quantitativement et qualitativement votre position.

29. Un gestionnaire utilise une équation de tendance en plus du facteur d'ajustement saisonnier pour effectuer ses prévisions. Les *FAS* ont été calculés comme suit : $Q_1 = 0,90$, $Q_2 = 0,95$, $Q_3 = 1,05$ et $Q_4 = 1,10$. L'équation de la tendance est $yt = 5t + 10$. Au cours des huit derniers trimestres, la demande réelle a été la suivante :

Période t	1	2	3	4	5	6	7	8	9
Réel	14	20	24	31	31	37	43	48	52

Que pensez-vous de l'efficacité de cette méthode de prévision ? Justifiez quantitativement et qualitativement votre position.

30. Un gestionnaire des opérations doit choisir une technique de prévision à adopter. Il reçoit de son analyste des simulations de prévisions selon deux approches différentes, et ce, sur un horizon de temps de 10 périodes (*voir le tableau ci-contre*).

En se basant sur une analyse quantitative de la situation, quelle approche le gestionnaire doit-il adopter ?

Période	Réel	Prévision approche 1	Prévision approche 2
1	37	36	36
2	39	38	37
3	37	40	38
4	39	42	38
5	45	46	41
6	49	46	52
7	47	46	47
8	49	48	48
9	51	52	52
10	54	55	53

Bibliographie

ACGPS. *Dictionnaire de la gestion de la production et des stocks*, Montréal, Éditions Québec Amérique, 1993.

Baillargeon, G. *Statistique appliquée et outils d'amélioration de la qualité*, Trois-Rivières, Éditions SMG, 1999.

Benedetti, Claudio. *Introduction à la gestion des opérations*, 4e édition, Montréal, Chenelière/McGraw-Hill, 2002, chap. 4.

Bowerman, Bruce L., et Richard T. O'Connell. *Forecasting and Time Series: An Applied Approach*, 3e édition, Belmont (Calif.), Duxbury Press, 1993.

Chase, Aquilano. *Production and Operations Management*, 9e édition, New York, McGraw-Hill/Irwin, 2001, chap. 11.

DeLurgio, Stephen A. *Forecasting Principles and Applications*, 1re édition, New York, McGraw-Hill/Irwin, 1998.

Hanke, John E., et Arthur G. Reitsch. *Business Forecasting*, 4e édition, Boston (Mass.), Allyn & Bacon, 1992.

Levenbach, Hans, et James P. Clary. *The Modern Forecaster: The Forecasting Process through Data Analysis*, Belmont (Calif.), Lifetime Learning Publications, 1984.

Makridakis, Spyros, et Steven Wheelright. *Forecasting Methods for Management*, 5e édition, New York, John Wiley & Sons, 1989.

Rowe, G., et G. Wright, «The Delphi Technique as a Forecasting tool: Issue and Analysis», *International Journal of Forecasting*, vol. 15, n° 4, octobre 1999.

3

Partie III

La conception des systèmes de production

Chapitre 4

La conception des produits et des services

Plan du chapitre

Objectifs d'apprentissage

4

Connaître l'importance stratégique de la conception des produits et des services ;

Déterminer les causes qui incitent à démarrer le processus de la conception ;

Connaître les objectifs principaux de la conception des produits et des processus de production qui s'y rattachent ;

Décrire le processus de conception des biens et des services ;

Comprendre la différence entre la standardisation et la normalisation, de même que leurs avantages et inconvénients respectifs ;

Comprendre la différence entre les produits sur commande et les produits standards ;

Connaître l'impact des considérations politiques, économiques, sociales, technologiques et écologiques sur le processus de conception ;

Comprendre la différence entre la conception des produits et celle des services ;

Connaître les différentes approches de conception des produits ;

Connaître le rôle de l'innovation et de la recherche et

développement dans le processus du développement des nouveaux produits et services ;

Connaître l'importance du déploiement de la fonction qualité lors de la conception des produits et des processus ;

Décrire les contributions de la recherche et du développement dans la conception des produits et des services ;

Définir la fiabilité d'un produit, d'un système, etc., et suggérer des améliorations.

4.1 Introduction

Nous avons vu au chapitre 1 que la fonction production de toute entreprise doit créer des produits et des services selon la qualité et la quantité requises, au bon moment, les livrer au bon endroit et aux coûts les plus justes. Encore faut-il que ces produits puissent répondre aux besoins du client. À quoi sert-il aujourd'hui de fabriquer des télévisions en noir et blanc ou des écrans d'ordinateur cathodiques ? La conception des produits et des services joue un rôle stratégique, car elle aide l'entreprise à atteindre ces cinq objectifs en concevant des produits susceptibles de plaire aux clients. Habituellement, le client a tendance à évaluer un bon fournisseur sur sa capacité à offrir des produits au prix le plus bas (objectif « coût »), et ensuite sur la qualité qu'il offre. Vient ensuite l'appréciation de la quantité, des délais et des lieux de livraison. Or, le consommateur moderne a ajouté une dimension supplémentaire : le service après-vente ; à la suite de quelques revers, les producteurs doivent maintenant en tenir compte. L'entreprise qui prévoit le désir du client et lui offre des produits et des services originaux et inédits bénéficiera d'un avantage sur ses concurrents. Par conséquent, même dans le cas de produits relativement dispendieux, si l'entreprise répond adéquatement au besoin du client ou mieux encore si elle réussit à le dépasser, elle sera plus compétitive et assurera ainsi sa survie.

La conception des produits et des services est l'étape préalable à toutes les autres activités de l'entreprise. C'est à ce moment qu'on développe des produits capables de répondre aux besoins actuels et futurs du marché, en tenant compte de l'ensemble des facteurs techniques, sociaux et économiques. Or, même si une bonne partie de la clientèle n'est pas encore complètement sensibilisée aux enjeux environnementaux, les gouvernements ont majoritairement pris conscience de cette dimension. Les entreprises ont de plus en plus l'obligation d'en tenir compte lorsqu'elles conçoivent des produits. La connaissance et la maîtrise du modèle PESTE (politique, économique, social, technologique et environnemental) jouent donc un rôle prépondérant dans ce contexte.

Globalement, la conception intervient à trois moments importants :

1. lors de la conception des produits et des services ;
2. au moment de la conception du système d'opérations qui permet de créer les produits et les services (*voir le chapitre 5*) ; c'est l'étape où il faut tenir compte de la **fabricabilité (ou manufacturabilité)** ;

Fabricabilité (ou manufacturabilité)

Aptitude à réaliser facilement un produit ou un service selon les exigences requises, en tenant compte des ressources disponibles.

3. au moment de la conception du soutien et du service d'un produit auprès du client, après sa vente ; en même temps qu'on développe les méthodes de création du produit, on doit procéder à la mise en place des méthodes de soutien au client après-vente, d'où la **serviçabilité.**

Par fabricabilité, on entend la capacité de la production à se conformer aux caractéristiques émises lors de la conception du produit ou du service promis au client. Il est évident qu'il faut essayer par tous les moyens de développer des produits faciles à produire et à entretenir, et ce, en concordance avec les ressources disponibles aussi bien dans l'entreprise que sur le marché. Par serviçabilité, on entend la capacité de l'entreprise à soutenir le produit ou le service une fois que celui-ci est vendu et livré au client : la serviçabilité inclut le service après-vente. Toute la structure du service après-vente, les lieux de service, la disponibilité géographique, la rapidité d'intervention, les coûts, l'empathie que les fournisseurs de services auront envers le client sont autant de points qu'il faut établir lors de la conception de la serviçabilité. La logistique, qui sera expliquée plus en détail au chapitre 11, revêt alors une importance primordiale pour assurer la réussite de la serviçabilité.

La conception du produit, sa fabricabilité et le service après-vente influent sur le coût du produit, première caractéristique recherchée par le client et par laquelle on pourra l'attirer. Ces éléments vont influencer le choix de la matière première à utiliser, de la main-d'œuvre et des ressources matérielles nécessaires, à savoir l'infrastructure opérationnelle.

La mise au point des produits fait intervenir presque toutes les fonctions de l'entreprise, mais particulièrement les trois fonctions suivantes : le marketing, la conception (le design ou la recherche et développement, selon les entreprises) et les opérations (la production). Les deux dernières créeront des produits et des procédés capables de répondre à la demande définie par les études de marché. Selon la taille et le secteur d'activité de l'entreprise, la fonction recherche et développement peut faire partie de la fonction production ou être une fonction à part entière de l'entreprise. Or, l'innovation est un nouvel élément qui intervient aussi bien dans le processus de développement des produits que dans l'amélioration des produits existants. L'innovation jouera un rôle non seulement dans la conception des produits et des services, mais aussi dans le processus des opérations pour les créer, comme on le verra ultérieurement.

Dans le présent chapitre, nous étudierons les principaux aspects de la conception des produits et des services, les objectifs et les processus de la conception, les méthodes Taguchi de conception, la recherche et le développement, et l'innovation. Soulignons que les principes et les notions développés ici s'appliquent aussi bien aux organisations commerciales et industrielles qu'aux organisations publiques.

> **Serviçabilité**
>
> Aptitude à soutenir le produit ou le service auprès du client et à assurer son bon fonctionnement, selon les exigences requises et la promesse faite au client, en tenant compte des ressources disponibles.

4.2 Les objectifs de la conception des produits et des services

Plusieurs raisons amènent les entreprises à se lancer dans la conception de nouveaux produits, les plus évidentes étant la compétitivité qu'apportent les nouveaux produits ou services, d'où la création de nouvelles sources de profits, et surtout la capacité d'assurer leur survie. Les entreprises dynamiques tentent de mettre au point de nouveaux produits plutôt que de se rationaliser ou de produire dans l'ombre des grands fournisseurs. Tandis que certains pensent que les gains de productivité sont atteints grâce à une diminution du nombre de travailleurs, la mise au point de nouveaux produits permet la création d'emplois et leur sauvegarde, elle assure la survie de l'entreprise et augmente le niveau de vie de l'ensemble de la société.

La conception de produits et de services nécessite parfois un processus de remaniement. Celui-ci dépend de plusieurs facteurs : plaintes de clients au sujet de la qualité, accidents ou blessures survenus au cours de la fabrication, réclamations excessives pour des produits sous garantie, incapacité à suffire à la demande ou désir d'abaisser les coûts d'exploitation pour faire face à la concurrence qui, depuis la mondialisation des marchés, déborde les frontières. Les entreprises sont obligées de se dépasser en offrant des produits toujours meilleurs, pour le plus grand bonheur des consommateurs.

4.2.1 Les étapes de la conception des produits et des services

Le développement des produits et des services ne peut être la responsabilité d'un seul groupe de personnes ou de spécialistes de l'entreprise. Comme on l'a exprimé au chapitre 1 lors de la présentation de la troisième école ayant influé sur la gestion des opérations, l'implication des équipes multidisciplinaires est une obligation sur ce plan. La liste ci-dessous présente les principales étapes liées à la conception des produits et des services :

1. Prévoir et traduire les besoins du client en produits et en services utiles (responsabilité conjointe : marketing – opérations).
2. Développer de nouveaux produits ou services pour répondre à ces besoins (responsabilité conjointe : marketing – opérations).
3. Améliorer les produits et services existants à la suite des remarques du client (marketing).
4. Définir des objectifs de qualité ou des niveaux de qualité[1] (responsabilité conjointe : marketing – opérations).
5. Établir des politiques de prix (responsabilité conjointe : finances – opérations).
6. Construire et tester les prototypes (responsabilité conjointe : marketing – opérations – ingénierie).
7. Déterminer les spécifications à annoncer aux clients.

4.2.2 Les tendances dans la conception des produits et des services

Au cours des dernières années, les concepteurs de produits et de services ne se limitent plus au seul développement de produits ou de services, mais aussi à la conception du processus d'opération pouvant assurer la création des produits, c'est-à-dire la façon de travailler. On s'attaque donc aux méthodes de production, soit au processus d'opération. Les 5 M (*voir le chapitre 1* – machines, matières, méthodes, milieux et main-d'œuvre) sont directement mis à contribution et retravaillés continuellement, l'objectif principal demeurant la satisfaction du client[2]. Les principales considérations dont il faut tenir compte lors de la conception du processus de production sont les suivantes :

1. La satisfaction de la clientèle et la compétitivité. Les programmes de gestion de la qualité totale, qui mettent principalement l'accent sur la satisfaction de la clientèle, y ont contribué.
2. La réduction du temps nécessaire pour introduire et lancer un nouveau produit sur le marché. Aujourd'hui, dans plusieurs secteurs de pointe, la majorité des entreprises s'équivalent au point de vue de la qualité. Afin de se démarquer, certaines ont mis l'accent sur le temps, pour être les premières sur le marché. Plusieurs études ont démontré que l'entreprise qui a été la première à lancer un produit sera difficile à déloger, et son nom deviendra synonyme du produit. C'est le cas du « frigidaire », du « skidoo », de l'« aspirine » et du « blackberry ». La réduction du temps de l'introduction et du lancement d'un nouveau produit est un élément important pour assurer un avantage compétitif de l'entreprise.
3. La diminution du temps nécessaire pour fabriquer un produit ou fournir un service. À ne pas confondre avec le temps de développement du produit, la réduction du temps de fabrication se traduit toujours par une réduction des coûts et une amélioration de la qualité du service. Par exemple, les services de livraison à domicile de mets de restauration rapide (pizzas ou autres) s'améliorent de jour en jour, tout en étant plus rapides.
4. La capacité de l'entreprise à produire ou à livrer un article.
5. Les questions environnementales, notamment la réduction des déchets, le recyclage des pièces et l'élimination des produits usés.
6. La conception de produits et de services conviviaux, qui doivent se compléter.
7. La diminution de la quantité de matériaux utilisés pour fabriquer les produits (par exemple des systèmes de peinture éliminant la fumée) et pour les emballer.

Répétons-le : dans un environnement compétitif, l'entreprise qui parvient à mettre sur le marché des produits et des services nouveaux ou améliorés avant ses concurrents a un avantage concurrentiel certain, ce qui se traduit par une part accrue du marché et une hausse des revenus. L'entreprise se crée en outre une image de chef de file difficile à remplacer. Dans les entreprises de services, une mise en marché plus rapide permet d'accroître la qualité du

---

1. Les notions de niveau de qualité et de politique de qualité sont développées à la section sur la qualité, aux chapitres 9 et 10.
2. Les nouvelles normes internationales de qualité ISO 9000 mettent la satisfaction du client au centre des objectifs de l'entreprise (*voir le chapitre 10*).

service à la clientèle et le niveau de vie de la société. Par exemple, l'obtention d'une approbation rapide du ministère de la Santé pour de nouveaux médicaments contre le cancer ou le sida (ou l'approbation et la mise en marché rapides de produits sans gras) donne lieu à d'importants avantages pour la société.

La qualité doit occuper une place importante dans les priorités des concepteurs de biens et de services. Si elle a longtemps suffi pour distinguer un produit ou un service des autres, la qualité constitue aujourd'hui la norme. Il faut se surpasser pour concurrencer les autres produits.

Finalement, lors de la conception des biens et des services, il est primordial que les concepteurs tiennent compte des capacités opérationnelles de l'entreprise à produire, à livrer et à soutenir le produit, c'est-à-dire de toute son infrastructure, de ses politiques internes, de sa structure organisationnelle et de sa façon de faire les choses. C'est ce que certains appellent la **conception en vue des opérations (CVO)**.

> **Conception en vue des opérations (CVO)**
> Le fait de tenir compte, lors de la conception des produits, des capacités opérationnelles de l'entreprise à produire et à livrer les biens et les services offerts, puis à les soutenir après la vente.

4

Bulletin
Quelques notions sur le concept de satisfaction du client

www.convitec-conseil.com

Bernard Boire, ing., M.Sc.A.
Convitec Conseil en management inc.

Situons d'abord le contexte : la satisfaction du client résulte d'une série d'interactions entre celui-ci et le produit ou service, et ce, tout au long de ce qu'il est convenu d'appeler un « cycle de vie ». Le cycle de vie de cette série d'interactions comprend trois phases :

1. La phase préachat, durant laquelle le client articule un besoin latent jusqu'à ce qu'un déclencheur d'achat apparaisse (urgence, rabais, etc.) et le pousse vers les phases suivantes.
2. Les phases d'achat et d'utilisation (au sujet desquelles nous reviendrons plus loin).
3. La phase postachat, durant laquelle le client concrétise son degré de satisfaction par un réachat (ou le choix d'une solution de rechange) ou une recommandation positive (ou négative).

Les principales étapes des phases d'achat et d'utilisation sont souvent regroupées dans l'expression **cycle de service,** car elles recouvrent les éléments d'interaction directe entre le fournisseur et le client, là où la qualité de service et, par conséquent, le sentiment de satisfaction prend forme. Ce cycle de service comporte cinq étapes :

1. L'étape de recherche : où l'on cherche à faciliter la détermination, par le client, d'une source de solution à son besoin (produit ou service).
2. L'étape d'évaluation : où l'on cherche à faciliter l'évaluation, par le client, de la pertinence du produit ou du service proposé dans son contexte.

3. L'étape d'acquisition : où l'on aide le client à comprendre, à choisir et à utiliser un mode d'obtention du produit ou du service, et son paiement.
4. L'étape d'usage : où l'on facilite l'utilisation, par le client, du produit ou du service acheté.
5. L'étape de soutien après-vente : où l'on aide le client à maintenir et à entretenir le produit ou le service, et à l'utiliser de manière continue.

Le **degré de satisfaction** d'un client envers un produit ou service est fonction de deux types de valeur : la valeur relative et la valeur perçue. La **valeur relative** est celle que le client perçoit de l'utilité (au sens économique du terme) du produit ou du service en question, tempérée par les inconvénients qu'on lui impose pour avoir accès à cette valeur. La **valeur perçue** se définit comme la différence entre la valeur reçue (concrète et objective) et les attentes préalables (subjectives) quant au déroulement de la transaction et à l'utilité espérée du produit ou du service. Par exemple, vous allez voir un film à l'impromptu et le trouvez « excellent » ; si vous allez le voir seulement après que tout le monde vous l'a élogieusement vanté (grandes attentes), vous le trouverez seulement « pas mal ».

Ainsi, le degré de satisfaction variera de « satisfait-très satisfait » à « non satisfait » (je m'attendais à quelque chose et ce n'est pas là, ou insuffisamment), à « insatisfait » (c'est inacceptable, agressant, etc.). Un modèle intéressant à cet égard est celui de

Kano, qui établit un lien entre la satisfaction du client et le degré de satisfaction de ses trois types d'attente :

1. *Les attentes minimales obligatoires* : les choses de base auxquelles on s'attend nécessairement, si élémentaires qu'on ne les exprime même pas de manière explicite et qui doivent être satisfaites sans faute (par exemple un lit et des toilettes propres dans une chambre d'hôtel).
2. *Les attentes linéaires espérées* : attentes pour lesquelles la satisfaction varie de façon linéaire directe avec le degré de satisfaction de ces attentes (par exemple plus la chambre est grande, plus on est satisfait ; moins la taille de la chambre correspond à nos attentes et moins on est satisfait).
3. *Les attentes attractives latentes* : souvent non exprimées et parfois même inconscientes ; leur absence n'est pas source d'insatisfaction, mais leur présence est à l'origine d'un sourire de satisfaction (par exemple une bouteille de champagne dans la chambre).

Les **inconvénients** englobent tout ce que le client doit surmonter pour accéder au produit ou au service et retirer la pleine valeur de son achat. Cela comprend :

1. *Les contraintes* (objectivement observables) que le processus de livraison ou de prestation lui impose :
   - des modalités de coût et de financement contraignantes ;

- un accès difficile (par exemple peu de points de vente ou points de vente difficilement accessibles ; pas de site web, environnement déplaisant) ;
- une longue attente (peu de personnel disponible) ;
- une disponibilité limitée (peu de stock ou de modèles) ;

- des procédures de commande complexes.

2. *Les efforts* qu'il pense (subjectivement) devoir déployer pour posséder ou utiliser un produit ou service :
  - les risques physiques (ou conditions d'utilisation ardues) ou sociaux (image) associés ;
  - la complexité d'utilisation et la convivialité limitée ;

- les efforts psychologiques (par exemple un changement de paradigme).

Somme toute, pour assurer une satisfaction maximale, il convient de dépasser les attentes du client pour offrir une valeur élevée (viser l'efficacité). De plus, il faut prévoir des processus comportant des inconvénients minimaux pour le client (viser l'efficience).

4.3   La standardisation et la normalisation : les types de produits et de services

Avant de passer à la conception de l'objet, du produit ou du service, on doit décider du degré de standardisation qu'on est prêt à offrir au client. Si le marché est petit, on peut s'adapter à la demande de chaque client en lui offrant exactement ce qu'il veut : le producteur a le temps de se conformer à chaque type de clientèle. L'inverse est aussi vrai : si la demande est très élevée, ou si les clients veulent tous être servis immédiatement, il faut alors trouver un produit qui s'adapte à une demande générale et non particulière. C'est le principe de la standardisation. Par **standardisation** (à ne pas confondre avec **normalisation**), on entend la capacité d'offrir et d'utiliser des produits similaires, avec peu ou pas de variations, capables de répondre aux besoins variés des clients. Les entreprises doivent donc faire face à la nécessité de se positionner entre les deux pôles majeurs :

Standardisation

Capacité d'offrir des produits et des services similaires selon des normes de production préétablies et peu variables, capables de répondre aux besoins de l'ensemble de la clientèle.

Normalisation

Action de rendre les matières et les procédés conformes aux normes établies avant de mettre en œuvre la production.

- les produits et les services sur commande ;
- les produits standards.

Entre ces deux extrêmes, qui seront expliqués ci-dessous, il peut exister une multitude de nuances.

4.3.1   Les produits et les services sur commande

Les **produits et services sur commande,** appelés aussi « produits ou services sur mesure », répondent aux besoins particuliers de chaque client. Ils sont conçus après que le client a lui-même précisé ses besoins, ce qui facilite l'étape de la conception du produit ou du service, car le consommateur participe à la définition de celui-ci. La fabrication d'un habit sur mesure, d'une turbine pour une centrale électrique spécifique, d'un camion d'incendie pour une municipalité agricole, le transport par taxi et l'enseignement individuel sont autant d'exemples de produits et de services offerts sur commande. L'entreprise n'a pas à prévoir le besoin, à fabriquer le produit et à l'entreposer. Elle attend d'avoir reçu la commande pour démarrer le processus de production. Cependant, elle est à la merci de la demande des clients, qui est souvent aléatoire, ce qui rend difficile la planification des opérations. Les entreprises qui offrent ce type de produit doivent avoir un processus d'opération très flexible pour pouvoir s'adapter à toute demande et à toutes ses variations : elles font face tantôt à une très forte demande, où toutes les ressources telles que la main-d'œuvre, les machines, etc., sont mises à contribution, tantôt à une faible demande, où les ressources sont sous-utilisées. Le cycle de gestion pour ce type de produit peut être illustré concrètement à la figure 4.1.

4.3.2   Les produits et les services standards

Contrairement aux produits sur commande, les produits et les services standards sont produits en grandes quantités. Ils répondent aux besoins de l'ensemble des clients et à aucun en particulier : calculatrices, ordinateurs et lait 2 % en sont des exemples. Dans le cas des services standards, tous les clients ou les articles traités obtiennent essentiellement le même service. Un lave-auto en est un bon exemple : chaque véhicule, qu'il soit très sale ou propre, obtient le même service. Le transport en commun en est autre exemple. Le processus de conception des produits et des services standards est plus complexe et plus long que celui des produits sur commande, car il

◂**FIGURE 4.1**
Cheminement d'une commande
d'un produit sur commande

4

```
         Passation de la commande
              par le client
                   │
                   ▼
         ┌──────────────────────┐
         │ 1. Bon de commande   │        Service
         │    Spécifier : produit│       des ventes
         │              quantité │
         └──────────────────────┘
                   │
                   ▼
         ┌──────────────────────┐        Service
         │ 2. Évaluer la date   │        du contrôle       Service
         │    de livraison      │        de la production  des plans
         │    Estimer les coûts │        (fonction         et devis
         └──────────────────────┘        planification)
                   │
   Oui             ▼
   ◇ 4. Réajuster   ◄─Non─ ◇ 3. Approbation    Service
     et négocier            du client          des ventes
         │                    │
        Non                  Oui
         │                    ▼
         │         ┌──────────────────────┐
         │         │ 5. Programme de      │     Planification
         │         │    production        │
         │         │    Charges de travail│
         │         └──────────────────────┘
         ▼                    ▼
   ┌──────────┐      ┌──────────────┐       Service de
   │   Fin    │      │ 6. Exécution │       la production
   └──────────┘      └──────────────┘
```

Source : C. Benedetti, *Introduction à la gestion des opérations*, 4ᵉ édition, Montréal, Chenelière/McGraw-Hill, 2002, p. 177.

◂**FIGURE 4.2**
Cheminement d'une commande
d'un produit standard

```
         Passation de la commande
              par le client
                   │
                   ▼
         ┌──────────────────────┐
         │ 1. Bon de commande   │        Service
         │    Spécifier : produit│       des ventes
         │              quantité │
         │              date     │
         └──────────────────────┘
                   │
                   ▼
         ◇ 2. Le produit         Gestion
           est-il disponible     des stocks ──── ┌───────────┐
           en stock?      ─Oui─►                 │ Expédition│
                   │                             └───────────┘
                  Non
   Oui             ▼
   ◇ 4. Réajuster  ◄─Non─ ◇ 3. Est-il faisable ?   Planification
     (négociation
     avec le
     client)
         │                   │
        Non                 Oui
         │                   ▼
         │         ┌──────────────────────┐
         │         │ 5. Programme de      │     Planification
         │         │    production        │
         │         │    Charges de travail│
         │         └──────────────────────┘
         ▼                   ▼
   ┌──────────┐      ┌──────────────┐       Service de
   │   Fin    │      │ 6. Exécution │       la production
   └──────────┘      └──────────────┘
```

Source : C. Benedetti, *Introduction à la gestion des opérations*, 4ᵉ édition, Montréal, Chenelière/McGraw-Hill, 2002, p. 175.

faut les définir pour satisfaire l'ensemble des clients. Le circuit d'une ligne d'autobus doit être défini pour satisfaire le plus d'usagers possible, d'une façon générale. Une erreur dans le traçage du circuit occasionne de grandes répercussions. Imaginons l'erreur d'une mauvaise décision pour le traçage d'une ligne de métro souterraine. Les études de marché et la connaissance de l'environnement politique, économique, social, technologique et écologique (*voir le modèle PESTE au chapitre 1*) dans lequel on évolue sont ici très importantes. Une erreur dans l'estimation des besoins des clients se traduit par la conception d'un produit qui ne répond pas à la demande. L'investissement de ressources énormes dans le développement d'un produit standard inadéquat entraîne des conséquences graves : l'erreur ne pardonne pas. Par contre, il est plus facile de prévoir et de planifier les opérations, d'entreposer les produits, de prendre de l'avance sur la demande et de gérer les opérations d'une entreprise qui offre des produits standards. Habituellement, les clients sont servis à même les stocks de produits finis : la gestion des stocks revêt alors une grande importance. Le cycle de gestion pour ce type de produit est illustré à la figure 4.2, à la page précédente.

Le processus de création des produits et des services standards, en raison du peu de variation dans les produits finis, aura tendance à être normalisé. On y investira de grandes ressources pour l'établir.

Il est important de bien comprendre la distinction entre la standardisation et la normalisation : la première est réservée aux produits et la seconde, aux procédés et aux ressources utilisés. Pour illustrer cette nuance, considérons l'exemple suivant. Une entreprise décide d'offrir à tous ses clients le même type de produit : des hamburgers carrés. Les hamburgers carrés deviennent le produit standard de cette entreprise. Dans ce but, l'entreprise choisit les ingrédients, des moules spéciaux et des procédés de travail spécifiques auxquels les employés doivent se conformer. Elle vient de normaliser ses matières et ses procédés afin d'assurer la standardisation du produit fini offert.

Entre ces deux extrêmes, soit les **produits et services standards** et ceux sur commande, il revient au gestionnaire de trouver le juste équilibre en tenant compte de la demande, des prévisions et de l'environnement interne et externe de son entreprise. En effet, plusieurs entreprises ont opté pour ce que l'on convient d'appeler des « produits semi-ouverts » ou « produits semi-fermés ». On offre au client des produits dont la structure de base est standardisée, tout en lui laissant le choix de certains éléments qui seront personnalisés en fonction de ses besoins propres. La technologie par module, développée plus loin, permet cette approche dite de **personnalisation de masse.**

4.3.3 Les caractéristiques de la standardisation

La standardisation des produits et la normalisation des procédés comportent autant d'avantages que d'inconvénients. Les produits standards sont généralement dotés de pièces interchangeables, ce qui réduit considérablement les coûts de production tout en accroissant la productivité et en simplifiant le remplacement et la réparation des pièces. Par exemple, la majorité des manufacturiers dans l'industrie automobile visent la standardisation des composants de base de leurs produits : les freins, les systèmes électriques et autres pièces intégrées sont souvent les mêmes pour plusieurs modèles et même entre plusieurs marques d'autos. En réduisant la variété, ils épargnent du temps et de l'argent, et ils augmentent la qualité et la fiabilité des produits. Volkswagen, le premier fabricant à avoir tenté cette stratégie, est passé maître dans ce domaine. Bon nombre des éléments de ses trois marques (VW, Audi et Porsche) sont identiques : tissus, ceintures, essuie-glaces, filtres, etc. La situation difficile vécue par la société Volkswagen après la Seconde Guerre mondiale, plus précisément la pénurie de matériaux, l'a obligée à innover dans le domaine, à développer et à utiliser des moyens économiques. Chrysler a fait la même chose à la fin des années 1970, années où elle a frôlé une première faillite. En développant un produit très simple et standard, la famille des modèles K, et en normalisant ses procédés de production et ses méthodes de travail, Chrysler a réussi à se soustraire à une situation difficile sans avoir recours à la marge de crédit que l'administration du président Carter lui avait accordée. Il s'agit ici d'un bel exemple de collaboration entre la politique et l'économie. Malheureusement, en voulant offrir plus de choix, certaines de ces compagnies ont plus tard décidé de varier les composants, ce qui s'est traduit par une augmentation des coûts d'exploitation. Il suffit de penser aux coûts de stockage des différentes pièces. Ces entreprises se sont retrouvées à la case départ. Le phénomène du pendule, tantôt à gauche, tantôt à droite, est souvent observé dans les organisations. En effet, entre 2007 et 2008, l'industrie automobile américaine subissait un sérieux revers en retournant à ses vieilles habitudes de modifier constamment et indûment ses modèles. À part Ford, elles ont demandé la protection des gouvernements canadien et américain, c'est-à-dire l'aide du contribuable, pour éviter la faillite.

4

Personnalisation de masse
Personnalisation de produits standards de grande consommation adaptés de façon modulable selon des choix proposés aux clients (Office québécois de la langue française).

La standardisation a également comme avantage de réduire le temps et les coûts nécessaires pour former les employés ainsi que le temps requis pour concevoir les postes. L'ordonnancement des travaux (*voir le chapitre 16*), la gestion des stocks (*voir le chapitre 13*) ainsi que les achats et la comptabilité deviennent alors beaucoup plus simples et économiques.

Le manque de standardisation peut parfois entraîner de sérieuses difficultés et des luttes féroces pour s'accaparer et contrôler les parts de marchés. En voici un exemple : lors de la mise en marché des magnétoscopes, il existait deux formats de cassettes, VHS et Beta. Un magnétoscope pouvait lire un seul format de cassette. Autrement dit, les producteurs de films devaient fabriquer deux types de cassettes. Finalement, VHS a eu le dessus, jusqu'à l'arrivée des DVD, où un seul format a été adopté. Deuxième exemple : la télévision à haute définition aurait pu être introduite sur le marché beaucoup plus tôt. Or, trois systèmes concurrents et incompatibles ont été proposés, ce qui a entraîné des délais et de longues études avant qu'un système soit adopté. Le manque de standardisation dans les logiciels et les systèmes d'exploitation pour ordinateurs (Macintosh et IBM) fait en sorte que les utilisateurs ont de la difficulté à passer d'un système à l'autre. Pour cette raison, plusieurs entreprises ont défini une norme quant aux systèmes d'exploitation à utiliser pour ne pas être aux prises avec les deux systèmes : elles ont normalisé leurs procédés. Ainsi, le secteur de l'édition fonctionne généralement avec Macintosh, tandis que le domaine de la gestion et de l'ingénierie a opté pour DOS et Windows. L'utilisation du système de mesures impériales, alors que la plupart des pays industrialisés utilisent le système métrique, a entraîné des problèmes sur le plan de la vente des produits américains dans les pays étrangers et de l'achat de machines étrangères aux États-Unis. Ce refus de se conformer à la norme internationale fait en sorte que les entreprises américaines ont de la difficulté à concurrencer les entreprises asiatiques et européennes. De même, les fabricants d'automobiles britanniques se sont plaints pendant des années de leur incapacité à pénétrer librement les marchés mondiaux à cause de leur système de conduite à droite. Aujourd'hui, l'industrie automobile britannique est presque inexistante. L'une des forces des Airbus est le fait que les postes de pilotage sont presque identiques d'un modèle à l'autre. Les compagnies aériennes ayant adopté ces avions n'ont pas à investir beaucoup pour la formation de leurs pilotes.

Le principal inconvénient de la standardisation concerne la diminution de la variété et le fait que les produits ne se démarquent pas. La standardisation peut limiter le nombre de clients à qui plaisent les produits ou services. Ces clients peuvent accepter d'acheter un produit à contrecœur, uniquement parce que rien d'autre ne leur convient. Dans cette situation, il y a un risque qu'un concurrent introduise un meilleur produit ou une plus grande variété de produits (une fonction de la production rationnelle) et acquière ainsi un avantage concurrentiel.

L'autre désavantage de la standardisation est qu'un fabricant peut bloquer une conception prématurément et découvrir plus tard des raisons pour résister à des modifications qui pourraient être bénéfiques. Prenons, par exemple, la disposition des touches sur les claviers des machines à écrire et des ordinateurs. Des études ont démontré qu'une disposition différente des touches serait plus efficace, mais les coûts du remplacement de tout le matériel existant et de la formation de millions de dactylographes et d'utilisateurs de traitement de texte seraient si exorbitants que le changement n'en vaudrait pas la peine. De même, le système de diffusion de la télévision couleur utilisé en Amérique du Nord offre un balayage inférieur (lignes par centimètre) au système européen, ce qui se traduit par une définition plus faible. Cette situation est en partie attribuable à un blocage prématuré de la conception. L'introduction de la télé haute définition sauve la mise. Qu'adviendra-t-il avec la télé en 3D ?

De toute évidence, en faisant des choix, les concepteurs doivent tenir compte des questions importantes liées à la normalisation. Le tableau 4.1 résume les principaux avantages et inconvénients de la standardisation.

Avantages	Inconvénients
1. Il y a moins de pièces à entreposer et à fabriquer.	1. La recherche d'un produit répondant aux besoins de l'ensemble des clients exige des investissements énormes.
2. Il y a une réduction des coûts et du temps de formation.	
3. Les achats, la manutention et les procédures d'inspection sont faits de façon plus routinière.	2. Les coûts élevés des changements au produit initial découragent l'entreprise à l'améliorer.
4. On peut répondre à la demande grâce aux stocks.	3. La diminution de la variété déplaît au consommateur.
5. Les longs cycles de production et l'automatisation sont possibles.	4. Il est difficile de répondre adéquatement aux besoins d'un client particulier.
6. Il y a accroissement des dépenses consacrées à l'amélioration de la conception et des procédures de contrôle de la qualité.	

◀ **TABLEAU 4.1**

Avantages et inconvénients de la standardisation

4.4 Le processus de conception

Le processus de conception débute par la définition des attentes de la haute direction. Pour une nouvelle entreprise ou le lancement d'un nouveau produit, la motivation peut être évidente : atteindre les objectifs de l'entreprise en offrant et en distribuant un nouveau produit. Pour une entreprise existante, en plus de cet objectif général, il faut considérer des facteurs plus précis comme les règlements gouvernementaux, les pressions de la concurrence, les besoins des clients et l'apparition de nouvelles technologies qui ont un impact sur les produits et les procédés de production. Or, c'est toujours le client qui est l'étincelle d'allumage du processus de conception des produits et des services. Si une entreprise ne satisfait pas aux exigences de ses clients, que ce soit dû à la mauvaise qualité, aux retards dans la livraison, aux ruptures de stocks répétées, à des retours de marchandises, à des réclamations pour des produits sous garantie, etc., elle finira par perdre une part du marché.

Le client est la source première d'information pour amorcer la conception de nouveaux produits ou de nouveaux services, ou pour améliorer ceux qui existent déjà. Toutefois, d'autres sources sont disponibles : les études de marché, les tendances sociologiques, les **veilles technologiques,** etc. Certaines entreprises ont des services de recherche et de développement qui mettront de l'avant des idées de création ou d'amélioration de produits ou de services.

La compétition est aussi une source importante d'idées. En étudiant les produits ou les services d'un concurrent et la manière dont il les gère, une entreprise peut en apprendre beaucoup sur la façon d'améliorer le produit. On créera donc une veille technologique pour rester à l'affût des nouvelles tendances et des nouveaux développements susceptibles de révolutionner le secteur dans lequel on évolue. Certaines entreprises achètent le nouveau produit d'un concurrent dès son apparition sur le marché. En utilisant une procédure appelée **rétroconception (ingénierie inverse),** elles démontent le produit et en analysent chaque détail. Ainsi, les entreprises découvrent des possibilités d'amélioration et les intègrent à leur propre produit. L'industrie nippone était passée maître dans cette approche. Aujourd'hui, la Corée, les pays de l'Europe de l'Est (Pologne, Hongrie, Roumanie, Lituanie) et encore plus les pays du BRIC (Brésil, Russie, Inde et Chine) tablent beaucoup sur l'ingénierie inverse pour assurer la viabilité de leurs industries manufacturières. Combien de fois entend-on que « tel nouveau modèle de voiture coréenne correspond à l'ancienne technologie japonaise redessinée » ? Même la Ford Motor Company a utilisé l'ingénierie inverse au moment de la conception du modèle Ford 500. Parfois, la rétroconception peut mener à des produits supérieurs à l'original. En effet, une entreprise peut lancer rapidement sur le marché une version améliorée du produit d'un concurrent, ce qui lui permet de faire un bond technologique par rapport à la compétition. Ce bond permet à l'entreprise de récolter les honneurs normalement destinés à l'entreprise qui a d'abord introduit le nouveau produit. Cela s'est souvent vu dans le domaine électronique ou pharmacologique, où l'on lance le produit à une fraction du coût de l'original (c'est la notion des produits génériques). Il est évident que ce type de situation entraîne des problèmes sur le plan éthique et légal.

Le concepteur ne peut utiliser la rétroconception sans tenir compte des capacités internes (*voir la méthode des 5 M au chapitre 1*) de l'entreprise à soutenir la création et le développement des nouveaux produits ou des nouvelles façons de faire. Ainsi, on pourra concevoir des biens et des services en accord avec les compétences de l'entreprise. Sinon, la direction doit considérer le potentiel d'expansion ou de « reconception » de son infrastructure pour tirer profit de ces occasions. De plus, les prévisions quant à la demande sont très utiles, car elles fournissent de l'information sur le moment et le volume de la demande actuelle et future ainsi que sur la demande pour de nouveaux produits et services.

La conception des produits et des services doit tenir compte des coûts de production, du marché ciblé et des fonctions que le produit doit remplir. Pour les biens fabriqués, la fabricabilité est une considération clé : la facilité de fabrication et d'assemblage est importante sur le plan des coûts, de la productivité et de la qualité. Dans le cas des services, la facilité à les fournir, leurs coûts, la productivité, la qualité, la rapidité et la disponibilité sont les facteurs dont il faudra tenir compte.

La figure 4.3 caricature les différentes façons d'interpréter une conception selon la personne concernée ; elle montre les effets d'une mésinterprétation de la part des différents

Veille technologique

Démarche structurée visant à recueillir et à traiter toutes les informations passées, présentes et futures pouvant intéresser l'organisation en ce qui concerne les procédés, les produits, la concurrence et la tendance.

Rétroconception (ingénierie inverse)

Analyse et inspection du produit d'un concurrent pour connaître la manière dont il a été conçu ou fabriqué et possiblement pour découvrir comment l'améliorer.

Produit proposé par le service du marketing

Produit modifié après étude de marché

Produit conçu par le designer industriel

Produit fabriqué par le service de la fabrication

Utilisation du produit par le client

Produit souhaité par le client

Source : Educational Center Newsletter, Minneapolis, Minnesota.

◄ FIGURE 4.3

Différences de points de vue au moment de la conception, dues au manque d'information ou de communication

4

intervenants. En fait, il faut disposer de suffisamment d'informations pour déterminer les besoins des clients ; les personnes responsables de la conception, de la production et du marketing des produits et des services doivent bien s'entendre et communiquer. En général, elles collaborent continuellement en se tenant informées et en tenant compte des besoins et des exigences des clients. De plus, des considérations d'ordre légal ou réglementaire et les facteurs inhérents au cycle de vie peuvent influer sur la conception.

Le tableau 4.2 montre les neuf étapes chronologiques du **développement** des produits et du processus :

◄ TABLEAU 4.2

Étapes du processus de développement des produits

1. **La génération d'idées.** Les idées proviennent de plusieurs sources, comme il est expliqué ci-dessus.
2. **L'analyse de faisabilité.** On procède à une étude de marché (la demande et la concurrence), à une étude technique (les ressources nécessaires pour produire) et à une étude économique (l'estimation du coût).
3. **La détermination des spécifications du produit.** Il s'agit de la détermination des limites et des capacités du produit.
4. **Le développement du prototype.** Appelé aussi le « prototypage », il consiste à construire un exemplaire du modèle pour effectuer des tests en laboratoire.
5. **Le développement du procédé de production.** On définit et on développe les processus de production nécessaires, en fonction de la taille des lots qu'on fabriquera.

6. **La révision.** À la suite des tests et des vérifications en laboratoire, ou à la suite des essais sur un groupe restreint d'utilisateurs, on revoit les spécifications du produit et les procédés de fabrication.
7. **Le test de marché.** On teste le produit sur un échantillon représentatif de clients pour vérifier le niveau d'acceptation du produit. D'autres modifications peuvent s'ensuivre.
8. **Le lancement de produit et le contrôle.** On lance le produit sur le marché et on surveille de près son comportement en utilisation directe.
9. **Le suivi.** On suit le fonctionnement du produit en ce qui concerne la part de marché, la satisfaction et le développement des produits concurrents.

Lecture
Le journal d'un gestionnaire: quand les études de marché sont insuffisantes

Par Willard I. Zangwill

L'étude ou l'analyse de marché est souvent considérée comme une étape préalable à l'introduction d'un nouveau produit sur le marché. Le problème, surtout pour les produits innovateurs, c'est qu'elle se révèle souvent inexacte.

Prenons l'exemple de la mousse pour cheveux, maintenant très populaire. Dans les tests de marché effectués aux États-Unis, les gens la considéraient comme gluante et désagréable, et ils n'aimaient pas la sensation qu'elle procurait lorsqu'on l'appliquait. Même chose pour le répondeur téléphonique, qui a fait l'objet d'une réaction presque universellement négative de la part des consommateurs. À l'époque, la plupart des gens estimaient que le recours à un dispositif mécanique pour répondre au téléphone était impoli et irrespectueux. Aujourd'hui, plusieurs considèrent le répondeur téléphonique comme essentiel, et certains ne peuvent envisager leurs activités quotidiennes sans y recourir. Dans la même veine, lors de tests initiaux, les clients potentiels ont évalué la souris d'ordinateur comme étant étrange et futile.

En raison de ces contradictions entre les tests auprès du consommateur potentiel et l'évolution qui s'ensuit, certaines entreprises sont allées jusqu'à éliminer les analyses de marché initiales pour les produits innovateurs. Kozo Ohsone, cadre à la société Sony, se demande: «Lorsqu'on introduit des produits qui n'ont jamais existé auparavant, à quoi sert la recherche en marketing?» Le baladeur a été mis en marché sans qu'on ait effectué de recherches auprès des clients, ce qui est typique de la part de Sony.

Avec une analyse de marché non seulement coûteuse, mais aussi erronée, comment un gestionnaire peut-il connaître les innovations souhaitées par le client? La solution peut se trouver dans la conception en vue d'un objectif, nouvelle approche en vertu de laquelle une entreprise utilise la rapidité et la souplesse pour s'adapter à la clientèle plutôt que d'effectuer au préalable une étude standard de marché. On peut aussi cumuler les deux approches.

Illustrons cette situation. Sony obtient de l'information sur les ventes de divers modèles de baladeurs et adapte rapidement son mixage de produits conformément à ces structures de consommation. Plus précisément, la conception de chaque modèle de baladeur est basée sur une plate-forme centrale contenant la technologie essentielle, plate-forme conçue pour être souple, ce qui permet de fabriquer facilement une vaste gamme de modèles, par exemple le modèle de plage, celui pour enfants, celui qui se fixe au bras, etc. En fonction des modèles les plus vendus, on modifiera les caractéristiques initiales, la plate-forme demeurant la même. Si le baladeur rose est en demande, on en fabrique plus; si les modèles de plage se vendent bien, on en fabrique un plus grand nombre et on développe la gamme. Cette technique est beaucoup plus directe que celle qui se base uniquement sur l'étude traditionnelle de marché pour fabriquer un produit.

Autre exemple: sans faire d'étude de marché, Seiko lance chaque saison plusieurs centaines de nouveaux modèles de montres. Elle fabrique plus de modèles de montres que ne le dicte la demande et elle en abandonne certains en cours de route. En misant sur la stratégie de la conception en vue d'obtenir une réaction, Seiko bénéficie de processus de conception et de production très souples qui lui permettent d'introduire rapidement et à peu de frais de nouveaux produits. S'inquiète-t-elle du fait qu'un pourcentage élevé de ses montres est rejeté par les clients? Non (à moins que le taux d'échec soit très élevé), car son processus souple et rapide de conception de produits lui a permis de réduire radicalement les coûts liés à l'échec.

Analysons un dernier exemple, cette fois-ci dans le domaine de l'édition. Pour créer une nouvelle revue, Hearst Magazines a compris qu'il est presque impossible de faire évaluer des idées de revues par la clientèle et qu'il est préférable de lancer la revue et d'observer ensuite les réactions face au produit. Pour ce faire, la compagnie a créé un groupe spécial d'éditeurs ayant les talents et la flexibilité nécessaires pour lancer de nouvelles revues de tous genres. Selon les ventes, ils révisent le contenu et le format ou bien ils abandonnent la publication. Toute revue qui s'avère un succès continue de fonctionner de manière indépendante, tant et aussi longtemps que le tirage le justifie. Cependant, avec cette approche, il est crucial de réduire les coûts des échecs en minimisant le plus possible les dépenses. Hearst y parvient en engageant un éditeur général par un contrat à court terme, en engageant des correspondants comme journalistes et en empruntant du personnel de publicité. De plus, avec l'expérience, l'entreprise a découvert des approches pour lancer de nouvelles revues à peu de frais, pour tester efficacement différentes conceptions de couvertures et pour suivre les ventes auprès de différents marchés (kiosques ou abonnés).

Plusieurs autres entreprises adoptent la stratégie qui consiste à utiliser moins souvent les données des études de marché et à miser sur une réponse rapide et souple. L'industrie alimentaire est celle qui recourt le plus souvent à cette stratégie. En effet, les analyses de marché dans ce secteur sont difficiles à mener, car l'envie d'un aliment est fortement influencée par l'ambiance, les compagnons de table et les aliments consommés récemment, des facteurs qui se confondent et viennent voiler les résultats. Les études concernant les aliments pour enfants, par exemple une nouvelle céréale ou un casse-croûte, sont encore plus difficiles à effectuer du fait que les réponses des enfants sont fortement influencées par la personne qui leur fait passer les tests et par les jouets qui se trouvent sur les lieux. De plus, les enfants changent rapidement d'idée et, pendant un test de dégustation de différents aliments, un enfant peut juger qu'un aliment est meilleur que l'autre et, une heure plus tard, dire que ce même aliment n'est «pas bon».

Arthur D. Little & Co. a découvert que, parmi toutes les nouvelles céréales introduites sur le marché, 92% se soldaient par des échecs. Puisque le recours à la gamme complète des techniques d'étude de marché produit un taux de succès de seulement 8%, de plus en plus d'entreprises révisent leur façon de faire. Les entreprises innovatrices comme Keebler et les principaux fabricants de céréales réduisent les sommes investies en études de marché, ainsi que les coûts liés au lancement de nouveaux produits, notamment en assouplissant leurs processus de fabrication.

La conception en vue d'une réaction permet aux entreprises non seulement de recourir à l'analyse de marché uniquement lorsqu'elle est avantageuse, mais aussi de réagir rapidement à ce que les clients souhaitent véritablement, en préparant l'entreprise aux changements qui se produisent sur le marché et aux surprises.

———————————————————

Remarque: M. Zangwill est professeur à la Graduate School of Business, University of

Chicago, et auteur de *Lightning Strategies for Innovation* (Lexington, 1992). (Le lecteur pour se reporter à la lettre connexe: «Letters to the Editor: Testing the Waters Before the Launch», *The Wall Street Journal,* 1er avril 1993.) Source: Adapté de *The Wall Street Journal,* 8 mars 1993, p. A12. Reproduit avec l'autorisation de *The Wall Street Journal,* © 1993 Dow Jones & Co. Inc. Tous droits réservés internationalement.

4.5 Les facteurs à considérer au moment de la conception du produit et du processus

Bien que l'objectif de l'entreprise soit souvent limité à sa rentabilité et que toutes les actions soient orientées en fonction de cet unique objectif, aujourd'hui, on ne peut plus développer ou améliorer les produits et les processus sans tenir compte d'autres considérations plus globales. Ces considérations sont liées à des facteurs aussi bien internes qu'externes et au milieu dans lequel évolue l'entreprise. On revient ici à la description du fameux acronyme PESTE (*voir le chapitre 1*) qui porte sur les considérations décrites ci-après: politico-légales, sociales et démographiques, économiques et concurrentielles, technologiques, écologiques et environnementales.

4.5.1 Les considérations politico-légales

Les entreprises doivent obéir aux nombreux organismes gouvernementaux qui réglementent leurs activités. Ces organismes, comme le ministère de la Santé et des Services sociaux, le ministère des Transports, le ministère de l'Agriculture, l'Office de la protection des consommateurs, les ordres professionnels, les municipalités, etc., s'assurent de la conformité des produits offerts aux consommateurs. À titre d'exemple, à cause de l'interdiction de produire des cyclamates, des teintures alimentaires rouges, des phosphates et de l'amiante, des entreprises ont dû concevoir des produits de rechange acceptables pour la société. Les fabricants de produits d'emballage doivent offrir des produits facilement dégradables ou recyclables et sans danger pour l'environnement. Il en est de même dans le domaine de l'automobile. Les normes antipollution et de sécurité (concernant les ceintures de sécurité, les coussins gonflables, les pare-brise, les vitres sécuritaires et les sièges pour bébés) ont un impact sur la conception des véhicules et leur commercialisation dans certains pays. Aussi a-t-on accordé beaucoup d'attention à la conception des jouets pour en éliminer les bords pointus, les petites pièces avec lesquelles l'enfant peut s'étouffer et les matières toxiques. Dans le domaine de la construction, les règlements gouvernementaux exigent l'emploi de peinture sans plomb et l'accès aux édifices publics pour les personnes handicapées. De plus, les gouvernements ont établi des normes pour l'isolation, l'électricité et la plomberie.

La **responsabilité du produit** est un incitatif de poids pour encourager son amélioration. La responsabilité du produit signifie qu'un fabricant est responsable de toute blessure ou de tout dommage causé par une défectuosité du produit, provoqué par une mauvaise fabrication ou une mauvaise conception. Plusieurs entreprises ont fait face à des poursuites judiciaires à cause de leurs produits, notamment Firestone, Ford, General Motors ainsi que plusieurs fabricants de jouets. La compagnie automobile Mitsubishi a payé cher sa stratégie consistant à s'esquiver de sa responsabilité des défauts de fabrication de ses produits. Les fabricants doivent également respecter les garanties implicites découlant des lois gouvernementales en vertu du **Code commercial uniforme,** qui stipule que les produits doivent respecter des normes de qualité marchande et de conformité; autrement dit, un produit doit être utilisable à des fins commerciales.

Les poursuites intentées et potentielles ont mené à une hausse vertigineuse des frais de justice et d'assurance, à des indemnisations des victimes et à des plans de rappel de produits défectueux qui ont été extrêmement dommageables en ce qui concerne les profits, la

Responsabilité du produit
Responsabilisation du fabricant en ce qui a trait aux dommages et aux préjudices causés par un produit défectueux sur la santé et la sécurité des utilisateurs.

Code commercial uniforme
Les produits doivent respecter les normes de qualité marchande et de conformité.

renommée et les emplois. De plus, étant donné la conscience accrue des consommateurs quant à la sécurité des produits, une défectuosité peut nuire à l'image d'un produit et à sa demande future. Par conséquent, il est extrêmement important de concevoir des produits fiables et inoffensifs. Des mécanismes **détrompeurs** (*poka-yoke* en japonais) deviennent d'excellents moyens pour éviter de mauvaises utilisations et sont de plus en plus intégrés dans la conception des produits. En cas de danger, il est nécessaire d'en avertir le consommateur et d'installer de dispositifs de sécurité pour réduire les risques d'accident. Les groupes de consommateurs, les entreprises et plusieurs organisations gouvernementales travaillent souvent ensemble pour établir des normes industrielles qui aident à éviter certains risques.

Détrompeurs

Mécanismes ou procédures conçus pour éviter toute erreur dans l'utilisation du produit ou du processus d'opération.

4.5.2 Les considérations sociales et démographiques

Avec la mondialisation des marchés, la chute des frontières et les différentes cultures des peuples à desservir, les entreprises doivent tenir compte d'une multitude de différences au point de vue des habitudes et du comportement des consommateurs. Les entreprises ont observé que certains produits se vendent plus dans une région, ou même un quartier de la ville, que dans une autre. Il en va de même avec les services requis et la façon de les rendre. À titre d'exemple, le tableau 4.3, rédigé par John Kelly et paru dans le *Washington Post* de décembre 2002, est révélateur. Des 30 000 restaurants de la multinationale McDonald's, 17 000 sont à l'extérieur des États-Unis, pays où l'entreprise a été fondée en 1955. Le simple hamburger de la chaîne a dû subir plusieurs modifications pour s'adapter aux goûts et aux habitudes alimentaires, ainsi qu'aux mœurs et coutumes religieuses des nations desservies.

www.mcdonalds.com

D'autre part, avec le vieillissement de la population des pays occidentaux, la demande de services de gériatrie sera en hausse de même que la demande, entre autres pour des aliments conçus dans le but de répondre aux besoins nutritionnels des personnes âgées. Les entreprises auront tout à gagner à se conformer à ce type de clientèle.

TABLEAU 4.3

Variantes de produits de McDonald's

Pays	Produit
Allemagne	Gemuse Mac : hamburger végétarien, tomates, laitue, sauce wurz crème
Argentine	McNiffica : hamburger, fromage, tomates, oignons, laitue
Chine	Hong Dou Pie : tarte dessert à base de fèves rouges
Corée	Bulgogi Burger : pâté de porc avec sauce épicée à l'ail bulgogi
Égypte	McFalafel : pâté de fèves frites épicées
France	Croque McDo : fromage, jambon, pain grillé
Grèce	Greek Mac : pâté de viande enrobé dans un pain pita avec sauce au yogourt
Inde	McAloo Tikki Burger : produit totalement végétarien, fait de pommes de terre, tomates épicées, oignons et mayonnaise sans œufs
Israël	7 des 80 restaurants sont essentiellement cachère : aucun produit laitier (comme le burger au fromage, les coupes glacées ou autres) présent au menu
Italie	McPink : pâté de porc, fromage jaune
Japon	Teriyaki Burger : pâté de poulet, mariné dans une sauce teriyaki aigre-douce, mayonnaise, laitue
Nouvelle-Zélande	Kiwi Burger : hamburger, œuf frit et betteraves épicées
Philippines	McSpaghetti : pâtes avec sauce tomate et morceaux de saucisses
Turquie	Kofte burger : viande hachée épicée sur pain aromatisé, avec sauce au yogourt et tomates

4.5.3 Les considérations économiques et concurrentielles

Les procédés de production doivent aussi s'adapter à la démographie. Offrir un produit à un marché de 150 millions d'habitants exige des ressources et des procédés de production et de distribution totalement différents que si l'on s'adressait à un marché de 7 millions de personnes. Les techniques de production sont fonction des quantités à produire et les notions d'économie d'échelle, qui seront développées en détail au prochain chapitre, jouent un rôle prépondérant dans la prise de décisions sur le type de produit à offrir. Il est évident que les entreprises préféreront s'approcher des besoins des gros marchés et s'y conformer. C'est ce qui se passe actuellement dans les différentes provinces du Canada et dans plusieurs autres pays occidentaux. Les besoins des marchés internes ont donc un poids énorme. Cependant, la concurrence devient plus féroce à mesure qu'on s'attaque aux gros marchés. Devrions-nous être les rois d'un petit marché ou les vassaux dans un gros marché ?

4.5.4 Les considérations technologiques : la fonction recherche et développement

Historiquement, sur le plan organisationnel, la fonction **recherche et développement (R-D)** faisait partie de la fonction production ou opération, ce qui est d'ailleurs encore le cas dans plusieurs entreprises. Dans d'autres, elle est devenue une fonction à part entière, avec un vice-président attitré. Quelle que soit sa position dans l'organisation, le rôle et les responsabilités des titulaires de cette fonction demeurent les mêmes : la conception et l'amélioration des produits et des services offerts par l'entreprise.

La recherche et le développement (R-D) désignent un effort organisé et dirigé vers l'accroissement des connaissances scientifiques, des applications techniques et de l'innovation des produits et des procédés de production qui s'y rattachent. Une notion importante est introduite dans la définition de la R-D, soit l'innovation, qui sera développée spécifiquement à la section 4.8. Les progrès réalisés dans les domaines de l'automobile, de la médecine, des communications et de l'aérospatiale, dans la conservation des aliments et le développement de nouvelles fibres sont attribuables aux efforts investis en recherche et développement dans les collèges, les universités, les établissements de recherche, les organismes gouvernementaux et au sein des entreprises privées.

La fonction R-D couvre les secteurs suivants :

- La **recherche fondamentale** vise l'évolution des connaissances sur un sujet, sans prévoir la mise au point d'applications commerciales à court terme.
- La **recherche appliquée** vise la mise au point d'applications à partir des connaissances acquises par la recherche fondamentale.
- Le **développement** convertit les résultats de la recherche appliquée en applications industrielles utiles.
- L'**innovation** dans les produits et les processus de travail.

Puisqu'elle ne mène pas à des applications commerciales à long terme, la recherche fondamentale est généralement financée par le gouvernement et les grandes entreprises. Par contre, en raison de leur potentiel de création d'applications commerciales à court terme, la recherche appliquée et le développement attirent une vaste gamme d'entreprises industrielles. Les avantages de la R-D appliquée sont nombreux. Certaines recherches mènent à l'obtention de brevets protégeant le produit de toute copie, avec une possibilité de licences (brevet) et de redevances. Tout brevet a une durée de vie propre selon le pays et le secteur d'activité. Après cette période, le produit couvert devient une propriété publique, et toute entreprise peut l'utiliser. C'est le cas de la pharmacologie où, après une certaine période, le médicament peut être fabriqué par des entreprises se spécialisant dans les produits dits génériques. Ces entreprises n'ont pas à soutenir les frais de la R-D, et les prix des médicaments génériques sont minimisés. Cependant, plusieurs découvertes ne sont pas brevetées, car certaines entreprises ne souhaitent pas divulguer les détails sur les idées qui sous-tendent le cheminement du brevet. Elles évitent ainsi elles-mêmes le plagiat, tout en assumant le risque que leur formule soit découverte. C'est le cas de Coca-Cola. Toutefois, même sans brevet, l'entreprise capable de mettre sur le marché un nouveau produit ou un nouveau service en profitera, car les profits de la première version sont énormes en raison du monopole temporaire qui prévaut jusqu'à ce que les concurrents mettent leurs propres versions sur le marché.

Les coûts de la recherche et du développement peuvent être exorbitants. Kodak, par exemple, consacre près d'un million de dollars par jour à la recherche et au développement. Dans les industries de l'automobile, des ordinateurs, des communications et l'industrie pharmaceutique, les grandes sociétés investissent encore plus. Les dépenses en R-D

Recherche et développement (R-D)

Efforts organisés en vue d'accroître les connaissances scientifiques ou l'innovation dans les produits.

www.kodak.com

4

varient d'un pays à l'autre et d'une entreprise à l'autre, bien qu'elles soient directement liées à l'avenir même des nations industrielles. Pour cette raison, les gouvernements font des efforts qui sont parfois infructueux pour inciter les entreprises à investir dans cette fonction.

Il faut noter que certaines entreprises privilégient une approche plus équilibrée en R-D, en mettant l'accent sur les produits et les processus plutôt que de se concentrer uniquement sur les produits. En effet, dans un très grand nombre de cas, les inventions américaines, par exemple les téléviseurs, les magnétoscopes et les fours à micro-ondes, ont été reprises par des entreprises asiatiques qui ont fabriqué ces appareils de façon plus compétitive, principalement à cause de meilleurs procédés ou processus de fabrication.

Dans certains cas, la seule recherche fondamentale peut ne pas être la meilleure approche, comme l'explique l'article suivant. Dans certains cas, l'innovation peut aussi être une approche à privilégier. L'article « Frein à main » du métro de Montréal montre les effets positifs de l'innovation.

Bulletin
Frein en bois pour le métro de Montréal

Le métro de Montréal est le seul au Canada à utiliser des sabots de frein en bois. Nous ne sommes que deux à les fabriquer ici. Donc, je suis presque unique !

Ces sabots sont faits en merisier, un bois très résistant. C'est une vieille technologie, mais par rapport aux matériaux composites, le bois a l'avantage de peu abîmer les roues, qui sont très coûteuses. Depuis l'ouverture du métro, en 1966, la STM a remplacé seulement une vingtaine de roues !

Chacune des 759 voitures compte 16 freins, c'est-à-dire 2 par roue, et ils doivent tous être changés une fois par an. Avec mon collègue, j'en fabrique entre 16 000 et 18 000 par année.

Je commence par couper les madriers à la machine pour en faire des blocs de 38 cm de longueur sur 7,5 cm d'épaisseur, puis je leur donne une courbe qui suit la forme de la roue. Je fais aussi des rainures dans les sabots pour pouvoir poser les étriers en acier qui vont permettre de fixer les freins sur la structure qui tient les roues.

Pour que les freins ne s'enflamment pas en frottant sur les roues, ils sont traités à l'huile d'arachide, qui brûle à une température très élevée. À cette étape, ça sent toujours un peu la friture dans l'atelier. L'odeur d'arachide se fait aussi parfois sentir dans les stations, quand un frein neuf colle à une roue.

Après le trempage dans l'huile, les sabots reposent une trentaine de jours avant de subir un deuxième traitement, à l'eau salée additionnée d'un produit chimique. Cela leur évite de devenir trop secs.

Je les monte ensuite sur les étriers, puis ils sont entreposés au sous-sol. En cas d'arrêt de production, nous avons assez de sabots en stock pour six mois. Il le faut, car les voitures sont inspectées et entretenues continuellement, et des freins sont remplacés tous les jours. J'ai moi-même longtemps été affecté à la réparation des wagons – je suis mécanicien de formation et je travaille à la STM depuis 22 ans. Aujourd'hui, j'aime mieux la menuiserie. C'est plus propre.

Source : Corrine Fréchette-Lessard, « Frein à main », *Magazine Jobboom*, vol. 11, n° 4, août 2010, p. 46.

Analyse de cycle de vie (ACV) ou écobilan

Analyse et définition des atteintes environnementales d'un produit ou d'un procédé tout au long de son cycle de vie, depuis sa création jusqu'à son retour à l'environnement.

Approche des 3R

Approche consistant à réduire, à réutiliser et à recycler les produits afin de minimiser leurs empreintes écologiques.

4.5.5 Les considérations écologiques et environnementales

Le respect de l'écologie (ou la protection de l'environnement) est devenu un élément majeur lorsqu'on développe un produit. Pour fabriquer un produit, on consomme des ressources provenant de l'environnement : matière première et énergie. Pour les faire fonctionner, les produits ont besoin d'énergie, de pétrole, de gaz ou d'électricité et, ce faisant, ils rejettent des éléments chimiques ou autres. Une fois les produits consommés, ils sont retournés dans la nature sous forme de rebuts. L'**analyse de cycle de vie** ou **écobilan** (bilan écologique) d'un produit est l'analyse et la synthèse de la consommation faite par un produit tout au long de son cycle de vie, depuis sa conception jusqu'à la fin de sa vie utile. Il en est de même pour les services. Des services médicaux consomment des objets (tampons, seringues, linges, etc.). La restauration, l'hôtellerie et le transport font de même.

Il est donc important de minimiser l'empreinte écologique des produits. Ce souci doit être de tous les instants lors de la conception des produits. Pour simplifier ce domaine très complexe et d'actualité, présentons une méthode simple, soit l'**approche des 3R**.

1. **Réduction.** Dès la conception, on doit trouver des moyens pour réduire et utiliser le minimum de matières premières, tout en minimisant le nombre d'opérations industrielles nécessaires pour fabriquer le produit. Outre le fait d'aider à consommer moins de matières et d'énergie pour respecter l'environnement, ces actions sont une source considérable de réduction des coûts de revient. L'objectif économique cher aux entreprises et aux actionnaires est atteint d'une façon substantielle. Des techniques reconnues et structurées existent pour réduire les coûts, dont l'analyse de la valeur (*voir la sous-section 4.8.3*).

2. **Réutilisation.** Il s'agit de mettre en place des moyens pour désassembler le produit à la fin de sa vie utile et de récupérer les éléments pour les réutiliser dans d'autres produits. Le domaine de l'aéronautique utilise l'expression « cannibaliser » pour exprimer cette approche. Nous y reviendrons aux sous-sections 4.6.2 et 4.6.3.

3. **Recyclage.** Il s'agit de récupérer les matériaux de produits rejetés pour les recycler selon des processus propres à chaque type de matière et de les transformer en matériaux nouveaux. Le verre est une matière qu'on peut recycler indéfiniment. Le fer, l'aluminium, le cuivre et le papier sont d'autres types de matériaux qu'on peut recycler et réutiliser plusieurs fois. Les caoutchoucs et les plastiques peuvent être récupérés et recyclés, mais un nombre limité de fois. La recherche fondamentale et le développement de nouveaux procédés aideront à améliorer le recyclage.

Les gouvernements des pays industrialisés se sont entendus pour émettre des règles afin d'obliger les entreprises à tenir compte des considérations écologiques dans la conception des produits et du processus permettant de les fabriquer. Or, pour réaliser des gains économiques rapides et à court terme et ne pas avoir à respecter les contraintes environnementales imposées, plusieurs entreprises déménagent leur production dans des pays émergents, où les réglementations sont en développement ou inexistantes. Les coûts de revient de leurs produits sont momentanément plus faibles, mais leur éthique est discutable. Certaines ont en effet été rattrapées par une qualité déficiente, le non-respect de la sécurité des utilisateurs, etc. À titre d'exemple, mentionnons les problèmes de peintures toxiques à base de plomb ou de cyanure utilisées dans les jouets en provenance de certains pays asiatiques. La compagnie de jouet Mattel a dû s'avouer responsable de ce problème.

La section 4.6 sur la conception des produits présente des techniques permettant de respecter les considérations écologiques.

4.6 La conception des produits

Dans cette section, nous nous concentrons sur la conception des produits ; la conception des services sera le sujet de la section 4.7. Diverses approches sont utilisées lors de la conception des produits, les principales étant :

- le cycle de vie du produit ;
- la conception en vue de la fabrication ;
- la refabrication ;
- la conception robuste ;
- l'ingénierie simultanée ;
- la conception assistée par ordinateur (CAO) ;
- la conception modulaire.

4.6.1 Le cycle de vie du produit

La demande pour les produits varie selon un ordre chronologique, en fonction de l'âge du produit, d'où la notion de **cycle de vie du produit** divisé en cinq phases[3]. Quand on introduit un nouvel article sur le marché, cet article suscite la curiosité du client. La demande est généralement faible, car les consommateurs se méfient de son comportement et de ses capacités ; ils craignent que plusieurs problèmes n'aient pas encore été détectés et éliminés, et ils espèrent que les prix diminueront après la période d'introduction. Cette première phase est dite d'incubation. Avec le temps, les problèmes initiaux étant résolus, l'amélioration des méthodes de production crée habituellement un produit plus fiable et moins coûteux. Pour ces raisons, et aussi grâce à une plus grande notoriété du produit, la demande s'accroît. Cette deuxième phase est celle de la croissance. À l'étape suivante, le produit

Cycle de vie d'un produit
Phases de vie d'un produit : incubation, croissance, maturité, saturation et déclin.

---

3. Certains auteurs considèrent quatre phases : introduction, croissance, maturité et déclin.

atteint sa maturité : il y a peu de changements dans la conception et les améliorations au produit sont de plus en plus difficiles. La demande atteint son niveau de maturité et finit par se stabiliser. Cette situation se traduit par une saturation du marché, et il n'y a plus de nouveauté à y apporter. Cependant, c'est durant ces deux phases (maturité et saturation) que le nombre de défauts dans la fabrication est le plus bas, que la fiabilité du produit est

FIGURE 4.4

Cycle de vie du produit

très élevée et que les coûts de production sont de plus en plus faibles. Cependant, le marché passe ensuite à la phase de la stagnation, ce qui mène à la phase du déclin de la demande. Il est temps de lancer un nouveau produit en remplacement. La figure 4.4 illustre les cinq phases du cycle de vie.

Pendant les phases de saturation et de déclin, certaines entreprises adoptent une position de recherche défensive. Elles tentent alors de prolonger la durée de vie utile d'un produit en adoptant des politiques de coûts très concurrentiels, en le remaniant ou en modifiant sa présentation. Ce fut le cas de la Cavalier de Chevrolet, de la Civic de Honda, de la Ford Fiesta et de la Golf de Volkswagen.

Pour illustrer la notion de cycle de vie, considérons les différents produits de l'industrie de la musique : les bandes sonores numériques sont à la phase de croissance, les disques compacts se situent dans la phase de maturité et les cassettes sont à la phase du déclin. La télé en 3D (trois dimensions) est à la fin du stade d'introduction et espère se retrouver dans la phase de la croissance. Cependant, de nouvelles technologies en incubation risquent de contrecarrer la télé 3D relativement vite.

Or, tous les produits ne subissent pas de la même façon cette variation de la demande en fonction du temps : certains n'ont pas de cycle de vie, comme les crayons en bois, les trombones, les clous, les couteaux, les fourchettes, les cuillères et d'autres articles similaires. Certains autres ont de grandes variations quant au temps nécessaire pour passer d'une phase à l'autre de leur cycle de vie : les romans ou les films le font dans une période relativement courte, tandis que d'autres prennent beaucoup plus de temps. Certains jouets, articles nouveaux ou de mode ont une durée de vie de moins d'un an, tandis que d'autres articles plus utiles, comme les machines à laver et les sécheuses, peuvent durer plusieurs années avant de céder leur place aux changements de la technologie. Donc, il s'agit d'une question de besoin essentiel pour l'article et du rythme des progrès technologiques.

Notons que ce principe s'applique aussi dans le cas des services. De nos jours, les services offerts par les barbiers et les cordonniers sont dans la phase de déclin, tandis que les services liés aux soins corporels, aussi bien pour les femmes que pour les hommes, sont en pleine croissance.

4.6.2 La conception en vue de la fabrication

Conception en vue de la fabrication (CVF)

Conception effectuée en tenant compte des capacités manufacturières de l'entreprise.

Conception en vue de l'assemblage (CVA)

Conception axée sur la réduction du nombre de pièces d'un produit ou des méthodes de montage et de ses étapes.

L'expression **conception en vue de la fabrication (CVF)** désigne la conception de produits en fonction des capacités manufacturières de l'entreprise. La **conception en vue de l'assemblage (CVA)** est une notion connexe. Une bonne conception doit tenir compte non seulement de la manière dont un produit sera fabriqué, mais aussi de la façon dont il sera assemblé. La conception en vue de l'assemblage se concentre sur la réduction du nombre de pièces dans le processus de montage, ainsi que sur les méthodes d'assemblage utilisées. Il est important de comprendre la différence entre la CVO (conception en vue des opérations) (plus stratégique et incluant les services), la CVF et la CVA (plus tactiques et concernant le secteur manufacturier). La figure 4.5 mérite d'être consultée pour apprécier la contribution de la CVF et de la CVA lors de la conception des produits.

Les considérations écologiques (*voir la sous-section 4.5.5*) incitent les concepteurs à réutiliser et à recycler les produits, d'où la **conception en vue du recyclage (CVR).** Selon cette approche, on se penchera sur une conception qui permet de démonter les produits une fois

Conception actuelle · Conception proposée

Minimise l'usinage à angles multiples sur cornières à froid, car le procédé est coûteux.

Pas de jeu entre les coudes · D ou 2D entre les coudes

Le jeu entre les coudes évite la déchirure du métal provoquée par le pliage successif.

Actuel · Proposé

Économie du nombre de boulons et d'opérations (CVA)

Pièce moulée et usinée — procédé très coûteux

Actuel

Métal en feuille, embouti et estampé — plus économique

Proposé

Usinage par fraise rotative

Angle proposé

(a) (b)

L'angle de la méthode proposée est fonction du rayon de la fraise utilisée — plus rapide et simple à exécuter, donc plus économique.

Angle actuel

FIGURE 4.5
Quelques exemples de l'impact de la CVF et de la CVA

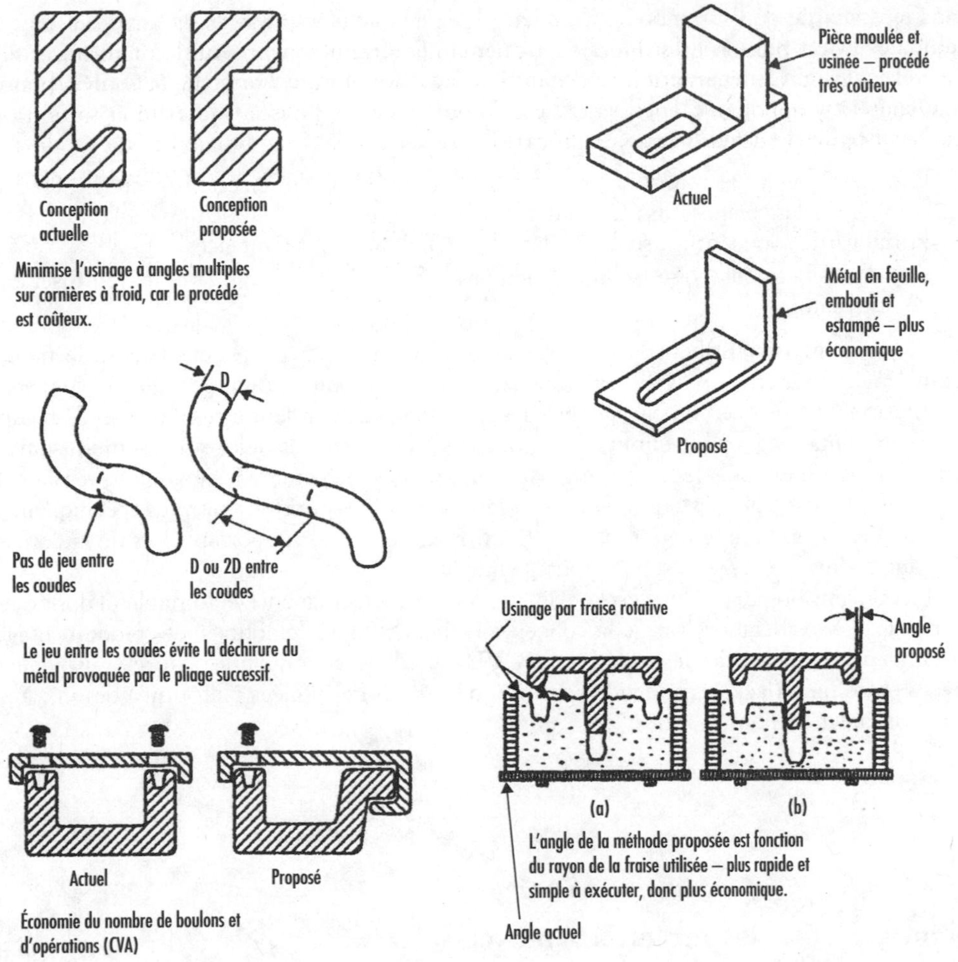

Source : J.G. Bralla, *Design for Manufacturability Handbook*, 2e édition, New York, McGraw-Hill, 1999.

leur vie utile terminée, afin de récupérer les composants et les matériaux en bon état pour les réutiliser. Ce processus inclut aussi le recyclage et la récupération des produits chimiques et des contaminants biologiques utilisés tels que les huiles, les solvants, les plastiques et les linges souillés. Dans certains secteurs industriels, la récupération et le recyclage posent actuellement des problèmes de taille, car leur récupération et leur recyclage sont très difficiles, voire impossibles. On peut mentionner, à titre d'exemple, le cas des panneaux des électroménagers, les pare-chocs des automobiles, les matériaux radioactifs dits lourds de l'industrie nucléaire et médicale, et les piles au lithium des cellulaires. Notons que les entreprises s'adressant aux marchés des pays de l'Union européenne ont l'obligation de démontrer qu'une part importante de leurs produits est recyclable. Cela constitue un autre exemple de l'environnement PESTE : les pressions sociales (S) ont forcé le politique (P) à encourager les entreprises à développer des technologies (T) respectueuses de l'écologie (E), ce qui se traduit par des économies concrètes mesurables (E) à moyen et à long terme, car on consomme moins.

Conception en vue du recyclage (CVR)
Conception facilitant la récupération des matériaux et des composants des produits usagés en vue de leur réutilisation.

4.6.3 La refabrication

Une autre méthode de conception de fabrication consiste à remettre à neuf les produits. Par **remise à neuf ou refabrication,** on entend le retrait de certains composants des anciens produits et la réutilisation de ceux-ci dans de nouveaux produits. Le fabricant initial ou une nouvelle entreprise peut effectuer la remise à neuf. Parmi les produits qui ont des composants remis à neuf, mentionnons les automobiles, les avions, les trains, les imprimantes, les photocopieurs, les appareils photo, les ordinateurs, les téléphones et surtout les machines et les équipements utilisés dans les manufactures. Aujourd'hui, un nouveau marché s'est créé

Remise à neuf ou refabrication
Utilisation de certains composants d'anciens produits dans la fabrication de nouveaux produits.

4

dans le domaine de l'automobile. En effet, plusieurs manufacturiers récupèrent leur parc de véhicules ayant servi à la location à long terme, procèdent à une remise à neuf rigoureuse des véhicules et les remettent sur le marché avec une garantie complète et totale. Il en est de même dans le domaine de l'horlogerie de luxe.

Il existe deux façons de procéder à la **refabrication** :

1. Effectuer une vraie remise à neuf du produit initial. Celui-ci est inspecté de fond en comble, et des composants usés ou défectueux sont remplacés par de nouveaux. Le produit initial garde son identité ; seuls les éléments défaillants sont remplacés.
2. Retirer les bons composants d'un ancien produit, les remettre en état et les réutiliser dans de nouveaux produits.

Plusieurs motifs justifient la refabrication. Le premier est qu'on peut vendre le produit remis à neuf pour environ 50 % des coûts d'un nouveau produit. L'autre est que sur le marché international – européen en particulier – les législateurs demandent aux fabricants de récupérer les produits usagés pour minimiser les objets se retrouvant dans les sites d'enfouissement. Ainsi, on gaspille moins les ressources naturelles précieuses comme les matières premières et le pétrole. L'ensemble des considérations présentées à la section 4.5, et plus spécifiquement écologiques et environnementales, est atteint. Pour cela, il est important, lors de la conception du produit, de penser à son démontage une fois sa vie utile terminée.

La conception des produits en vue de les rendre plus facilement démontables a donné lieu à une autre considération lors de la conception : la facilité de démontage des produits usagés. La **conception en vue du désassemblage (CVD)** vise l'utilisation d'une quantité minimale de pièces et de matériaux, ainsi que le recours à des pièces imbriquées plutôt qu'à des vis, à des écrous et à des boulons.

Conception en vue du désassemblage (CVD)

Conception visant des produits qui sont facilement démontables une fois leur vie utile terminée.

Bulletin
On vend plus de voitures vertes : les matériaux recyclés

www.ford.com
www.gm.com
www.chryslercorp.com

Les trois principaux fabricants d'automobiles d'Amérique du Nord ont un nouvel objectif : construire des voitures faciles à démonter pour pouvoir mieux les recycler.

Actuellement, lors de la conception de nouveaux véhicules, les fabricants accordent autant d'importance au recyclage des pièces qu'à la sécurité, aux économies de carburant et aux coûts.

Par exemple, GM utilise de la ferraille dans la fabrication des radiateurs, et les poutres de pare-chocs contiennent du cuivre et de l'aluminium recyclés. Chrysler utilise le caoutchouc des pneus usés pour fabriquer les antiéclaboussures de ses berlines.

On recycle depuis plusieurs années les pièces d'automobiles pour le marché de l'entretien et de la réparation. Cependant, l'industrie automobile n'a que récemment commencé à construire des voitures en

utilisant le matériel recyclé. Environ 75 % des nouvelles voitures contiennent des matériaux recyclés, surtout des métaux pour la carrosserie.

Des démonteurs d'automobiles récupèrent les véhicules en fin de vie et en retirent toutes les pièces encore fonctionnelles : les sièges, le moteur, les pompes, les alternateurs, les pare-brise, les étriers de freins, les systèmes audio, les phares, les jantes, etc. Les composants non utilisables du véhicule sont transportés chez un déchiqueteur. Ils sont réduits en petits fragments avant qu'un énorme aimant attire les pièces de métal. Les fabricants d'automobiles font face au défi de trouver des manières de séparer les quelque 20 000 sortes de plastiques qui entrent dans la composition des voitures. Environ 24 % du matériel déchiqueté, appelé « résidus pelucheux de déchiquetage d'automobiles », contient du plastique,

des liquides, du caoutchouc, du verre et d'autres matériaux. Il n'est pas possible de recycler la plupart des résidus pelucheux.

Ford, GM et Chrysler ont formé un partenariat avec les fournisseurs de matériaux et les responsables de l'industrie du recyclage en vue d'améliorer la technologie de la récupération des plastiques et d'autres matériaux présents dans les résidus pelucheux.

« Tous les programmes de recyclage entrepris par Ford ont été efficients », explique Susan Day, la coordonnatrice du recyclage des véhicules.

Source : Adapté de *Rochester Democrat and Chronicle*, 20 février 1994, p. 11.

4.6.4 La conception robuste

Plus un produit (ou service) est dit de **conception robuste,** moins il risque de perdre de sa fonctionnalité lorsque se produisent des changements dans l'environnement où il est utilisé. Ainsi, plus les concepteurs fabriquent des produits ou des services robustes, plus ces produits dureront longtemps, d'où un niveau élevé de satisfaction de la clientèle.

À titre d'exemple, considérons le cas d'une paire de bottes. Les bottes en cuir fin ne sont pas conçues pour être utilisées dans la boue ou la neige, ni dans des conditions extrêmes. D'un autre côté, des bottes solides en caoutchouc peuvent servir dans ces conditions ; par contre, elles sont lourdes et inconfortables. Un produit robuste pourrait être utilisé dans toutes ces conditions tout en étant élégant et confortable.

Ce principe s'applique aussi aux procédés et aux méthodes de production. Par exemple, plusieurs produits passent par une étape de cuisson : les produits alimentaires, les céramiques, l'acier, les produits pétroliers, les produits pharmaceutiques et autres. Souvent, les fournaises ne chauffent pas de manière uniforme ; selon la position du produit dans le four, la température reçue peut varier et il est très difficile d'assurer une température uniforme sur une longue période durant la production. On peut régler ce problème en mettant au point un four de qualité supérieure ou encore en concevant un système qui déplace les produits à l'intérieur du four durant la cuisson pour obtenir cette uniformité. L'approche par la conception robuste consiste ici à créer des produits et des procédés qui ne sont pas influencés par les variations de température durant le traitement.

L'approche Taguchi

L'**approche Taguchi,** de l'ingénieur japonais Genichi Taguchi, est basée sur la conception robuste. Selon Taguchi, il est souvent plus facile de concevoir un produit insensible à des facteurs environnementaux, soit lors de sa fabrication ou de son utilisation, que de contrôler les facteurs environnementaux.

La caractéristique principale de l'approche Taguchi est la conception paramétrique. Il faut déterminer les paramètres des spécifications du produit et du processus qui permettront une conception robuste tout en tenant compte des variations susceptibles de subvenir dans la fabrication, ainsi que de la détérioration du produit et des conditions environnementales durant l'utilisation. L'approche Taguchi modifie les méthodes statistiques conventionnelles de la conception expérimentale.

À titre d'exemple, supposons qu'une entreprise utilise 12 produits chimiques pour fabriquer un nouveau produit. Il existe deux fournisseurs de ces produits chimiques, et les concentrations varient légèrement entre les deux fournisseurs. La conception classique basée sur l'expérience, c'est-à-dire une approche s'avoisinant à celle par essais et erreurs, exigerait $2^{12} = 4\ 094$ expériences différentes pour déterminer la combinaison optimale de produits chimiques. Selon l'approche de Taguchi, on ne testera qu'une partie des combinaisons possibles. En se fiant à des experts pour déterminer les variables qui influeraient le plus sur la performance, on réduirait considérablement le nombre de combinaisons, par exemple à 32 ou même moins. La meilleure combinaison de cet échantillon plus petit pourrait être quasi optimale, tendant vers la combinaison optimale. L'avantage de cette approche réside dans la possibilité de réaliser rapidement d'importants progrès à moindre coût dans la conception des produits ou des processus, et ce, avec un nombre restreint d'expériences.

Les critiques soutiennent que l'approche Taguchi est peu rigoureuse et ne mène pas aux meilleures solutions. Néanmoins, les expériences réalisées jusqu'à présent ont démontré que l'approche permet d'accélérer grandement la conception de produits et de processus fiables ; elles ont donné des résultats concrets, satisfaisants et assez proches de l'optimum.

4.6.5 L'ingénierie simultanée

Pour permettre une transition plus en douceur entre la conception du produit et sa production, et pour diminuer le temps de mise au point des nouveaux produits, plusieurs entreprises utilisent une mise au point simultanée, ou l'**ingénierie simultanée** (parfois appelée « conception participative »). Dans son sens le plus simple, l'ingénierie simultanée consiste à réunir le personnel de la conception et de la fabrication très tôt dans la phase de conception pour mettre au point simultanément les produits et les processus de création des produits. On peut inclure, avec le personnel de la fabrication, ceux de l'assurance qualité, du marketing et

Conception robuste
Conception de produits ou de services pouvant fonctionner dans de multiples conditions d'utilisation et de production.

4

Ingénierie simultanée
Réunion du personnel de la conception et de la fabrication au tout début de la phase de conception.

des achats pour former des équipes intégrées provenant de services et de fonctions différents : c'est l'application pure de l'approche multidisciplinaire qui sera évoquée au chapitre 17. Parfois, on implique dans le processus les fournisseurs et les clients pour connaître leurs points de vue. Le but est d'obtenir des conceptions de produits qui répondent directement et le plus tôt possible aux besoins des clients, ainsi que de développer des procédés de fabrication en conséquence.

Auparavant, les ingénieurs mettaient au point un nouveau produit sans demander l'avis des personnes ayant la responsabilité de le produire. Ils remettaient ensuite le produit au service de la fabrication, qui se retrouvait avec l'énorme défi de trouver des moyens pour le fabriquer (*voir la figure 4.6*). Cette approche, appelée « pelleter chez le voisin », créait des situations difficiles pour le personnel de la production et des opérations, ce qui engendrait de nombreux conflits et augmentait nettement le temps nécessaire pour lancer un nouveau produit sur le marché. Ensuite venait la période longue et coûteuse des essais et erreurs, qui contribuait à créer une atmosphère de tension et de frustration. Malheureusement, plusieurs entreprises fonctionnent encore selon cette approche en vase clos.

Parmi les avantages de l'ingénierie simultanée, mentionnons :

Le personnel qui s'occupe de la production est le mieux placé pour connaître les capacités de production. En lui faisant jouer un rôle actif dans le choix des matières et des méthodes de production, on évitera les conflits futurs et on diminuera l'étape des essais et erreurs propre à l'apprentissage au moment de produire les premiers lots.

En impliquant le plus tôt possible les employés de la production dans le choix du processus de production, la conception des machines et des équipements dont les délais de livraison sont souvent assez longs, on diminue le temps de développement et de lancement des nouveaux produits sur le marché, ce qui se traduit par un avantage certain sur les concurrents.

FIGURE 4.6

Approche « pelleter chez le voisin »

Cette approche de travail d'équipe, où les principaux acteurs sont impliqués tôt dans le processus décisionnel, met l'accent sur la prévention des problèmes potentiels plutôt que sur leur résolution une fois que les problèmes sont survenus, ce qui est source de conflits inutiles.

L'ingénierie simultanée suppose aussi de relever certains défis, dont deux éléments souvent difficiles à atteindre :

1. Abattre les barrières entre les ingénieurs de conception et ceux de fabrication. Il peut être difficile d'abattre les barrières qui existent depuis longtemps entre la conception et la fabrication. Il est naïf de croire que le simple fait de former une équipe suffira.
2. Instaurer une culture de respect mutuel et d'ouverture d'esprit. Pour que le processus fonctionne, il doit y avoir une bonne communication et beaucoup de souplesse.

4.6.6 La conception assistée par ordinateur (CAO)

Les ordinateurs sont de plus en plus utilisés lors de la conception des produits. La **conception assistée par ordinateur (CAO)** recourt à des logiciels pour concevoir les produits. Le concepteur peut modifier un design existant, en créer un nouveau, soit directement à l'écran de l'ordinateur au moyen d'un photostyle, ou en utilisant tout autre dispositif similaire. Une fois le design du produit saisi dans l'ordinateur, le concepteur peut le modifier à sa guise à l'écran : il peut lui faire subir des rotations pour obtenir différentes perspectives, le diviser en deux pour avoir une vue en coupe et zoomer une partie pour en faire un examen plus approfondi. Le concepteur peut obtenir une version imprimée du produit ou la classer dans un fichier électronique, accessible aux personnes de l'entreprise qui ont besoin de cette information (par exemple le marketing).

De plus en plus de produits sont conçus de cette façon, notamment les pièces d'automobiles, les pièces d'avions, les circuits intégrés, les moteurs électriques et les patrons dans le domaine de la couture. Dans le cas des services, soit les biens intangibles, c'est surtout lors de la conception des procédés d'opération qu'on aura recours aux ordinateurs et aux logiciels spécialisés, Visio étant l'un des plus utilisés.

La CAO a pour principal avantage de simplifier le travail des concepteurs et d'accroître leur degré d'imagination et d'innovation. Leur efficacité et leur productivité augmentent d'autant, et l'entreprise dans son ensemble devient plus compétitive. Il n'est plus nécessaire de préparer manuellement les plans et les dessins des produits et des pièces, de les réviser à plusieurs reprises, de corriger les erreurs et d'y intégrer les modifications. On estime que la CAO permet aux concepteurs d'être de 3 à 10 fois plus productifs qu'auparavant. La CAO permet également de créer une base de données sur la fabrication, qui contient l'information sur les spécifications et les dimensions des produits, les tolérances, les spécifications des matériaux, etc. Cependant, la CAO a besoin d'une base de données fiable pour fonctionner efficacement, ce qui demande un travail de préparation et de conversion énorme.

Certains systèmes de CAO permettent aux concepteurs d'effectuer des études d'ingénierie et des estimations des coûts de fabrication des conceptions proposées. Par exemple, l'ordinateur peut déterminer le poids et le volume d'une pièce, et analyser les caractéristiques de l'objet. Lorsqu'il existe plusieurs conceptions possibles, l'ordinateur peut rapidement les parcourir et déterminer la meilleure selon les critères du concepteur. On utilisera alors la simulation directement à l'ordinateur.

4.6.7 La conception modulaire

La conception d'unités modulaires est une autre forme de standardisation. Le produit fini est constitué d'un ensemble de modules regroupés. De leur côté, les modules sont constitués de regroupements de pièces en sous-assemblages, ce qui correspond habituellement à l'étape où les pièces élémentaires perdent leur identité. Ainsi, un téléviseur doté de panneaux de contrôle facilement retirables est un exemple courant de conception modulaire. Les ordinateurs possèdent également des unités modulaires qu'on peut remplacer si elles sont défectueuses. En organisant les modules selon des spécifications différentes, on obtient diverses fonctionnalités d'ordinateur. On trouve aussi des conceptions d'unités modulaires dans l'industrie de la construction. Plusieurs entreprises construisent dans leurs usines des chambres d'hôtel complètes préfabriquées, dotées des fils électriques, de la plomberie et même des décorations. On les déménage ensuite par chemin de fer ou camion-remorque jusqu'au terrain à bâtir, où elles sont intégrées à la structure.

La conception d'unités modulaires a comme avantage, par rapport à la conception classique, qu'il est plus facile de diagnostiquer les problèmes et d'y remédier parce qu'il y a moins de pièces à analyser. Les pièces sont également plus faciles à réparer et à remplacer; on retire le module défectueux et on le remplace par un nouveau. La fabrication et le montage des modules sont généralement simplifiés: avec moins de pièces, l'achat et le contrôle des stocks deviennent plus simples, la fabrication et les opérations d'assemblage sont plus normalisées et les coûts de formation des employés sont moins élevés.

La conception d'unités modulaires a pour principal inconvénient une trop grande standardisation des produits, d'où la diminution du choix: le nombre de configurations possibles des modules est beaucoup plus petit que le nombre de configurations possibles à partir des composantes individuelles. De plus, il est impossible de démonter un module afin de remplacer une pièce défectueuse. On doit éliminer le module en entier, et ce processus est habituellement coûteux. Les industries de l'automobile, de l'électronique et de l'électroménager utilisent abondamment cette approche.

4.6.8 La fiabilité

La **fiabilité** est la capacité d'un produit, d'un service ou d'un système à effectuer la fonction prévue dans des conditions spécifiques (*voir le chapitre 9*).

Pour le client, l'importance de la fiabilité d'un produit, comme la qualité d'ailleurs, dépend des produits concurrents sur le marché. Le client dira qu'un produit est fiable toujours en le comparant aux produits concurrents, tandis que pour les fournisseurs du produit,

Fiabilité

Capacité d'un produit, d'une pièce, d'un procédé ou d'un système à effectuer la fonction visée dans un ensemble prescrit de conditions, cet ensemble étant l'état normal de fonctionnement.

la fiabilité dépend du prix que le client est prêt à payer. Or, la fiabilité se reflète sur l'image du produit et par le fait même sur la renommée de l'entreprise. Si elle est déficiente, elle aura des conséquences sur les nouvelles commandes ; elle aura même des effets sur la santé et la sécurité des utilisateurs, d'où la possibilité de poursuites en justice.

Le terme **défaillance** décrit une situation dans laquelle un article ne remplit pas sa fonction dans les conditions spécifiées. La défaillance comprend non seulement les cas où l'article ne fonctionne pas du tout, mais aussi ceux où il performe au-dessous des normes spécifiées. Par exemple, un détecteur de fumée peut ne pas réagir à la présence de fumée (ne pas fonctionner du tout), il peut sonner trop faiblement pour fournir un avertissement adéquat (performance inférieure aux normes) ou peut se déclencher même s'il n'y a pas de fumée (réaction imprévue).

On identifie le degré de fiabilité en fonction de certaines conditions, lesquelles constituent l'**état normal de fonctionnement,** c'est-à-dire le respect des procédures d'opération et d'entretien. Le manquement à ces conditions par l'utilisateur donne souvent lieu à la défaillance prématurée des pièces ou du système complet. Par exemple, si l'on utilise un véhicule de promenade pour transporter de lourdes charges, on usera anormalement la mécanique, ce qui provoquera des dommages ; le fait de rouler souvent dans des nids-de-poule ou d'exécuter des virages à grande vitesse entraîne une défaillance anormale de la suspension et des pneus.

Défaillance

Situation dans laquelle un produit, une pièce ou un système ne remplit pas la fonction spécifiée.

État normal de fonctionnement

Ensemble de conditions d'utilisation prescrites lors de la définition de la fiabilité.

4.6.9 L'amélioration de la fiabilité

La fiabilité d'un système est fonction de la fiabilité de ses composants individuels. En les améliorant, on peut accroître la fiabilité globale du système. Malheureusement, des procédures inappropriées de production ou d'utilisation ont des conséquences négatives sur les meilleures conceptions et sont souvent source d'échec. On peut accroître la fiabilité d'un système en utilisant des composants de secours. On peut également réduire les erreurs d'utilisation en améliorant la formation des utilisateurs et la communication des recommandations et des procédures d'entretien. Finalement, il est possible d'améliorer la fiabilité globale d'un système en le simplifiant, c'est-à-dire en réduisant le nombre de composants qui pourraient tomber en panne, ou en alternant le lien entre les composants (par exemple en améliorant la fiabilité des interfaces).

La question fondamentale concernant la fiabilité demeure : quel niveau de fiabilité doit-on atteindre ? Il est évident que la fiabilité requise pour fermer la porte d'une remise ne se situe pas dans la même catégorie que celle qui est exigée pour la porte principale d'un avion de ligne. Il faut considérer les effets liés à l'assurance de la fiabilité et les coûts qui en découlent. Généralement, les améliorations apportées à la fiabilité augmentent à mesure que la fiabilité est élevée ; l'inverse est aussi vrai.

Le niveau optimal de fiabilité est le point où l'avantage supplémentaire obtenu est égal au coût nécessaire pour l'obtenir.

À court terme, cette compensation se fait dans un contexte de paramètres relativement fixes (par exemple les coûts). Cependant, à plus long terme, les efforts déployés pour améliorer la fiabilité et réduire les coûts mèneront à des niveaux optimaux de fiabilité. Il est important d'insister sur le fait qu'à ce niveau de l'analyse coût-bénéfice, la notion d'argent n'est utilisée que comme un indice de mesure et non pas comme un avantage économique. Si on pouvait remplacer l'argent par un autre indice, des jetons par exemple, cela ne devrait pas changer la décision. Le tableau 4.4 résume quelques-unes des méthodes pour améliorer la fiabilité d'un produit, d'un système ou d'un service.

TABLEAU 4.4 ▶

Moyens d'amélioration de la fiabilité

1. Améliorer la conception des composants
2. Améliorer les procédés de production ou d'opération
3. Améliorer les tests
4. Utiliser des composants de secours
5. Améliorer les procédures d'entretien préventif
6. Améliorer la formation des utilisateurs
7. Améliorer la conception du système

4.7 La conception des services

Nous nous sommes efforcés de démontrer que la gestion des opérations s'applique autant à l'offre des biens tangibles qu'à l'offre des biens intangibles, appelés communément les « services ». Il en va de même pour la conception, qui s'applique aussi bien aux produits qu'aux services, pourvu qu'on respecte les caractéristiques qui les distinguent.

Dans plusieurs secteurs de l'économie, le produit (bien tangible) et le **service** (bien intangible) sont inséparables. Prenons l'exemple de la vidange d'huile d'une voiture. Cette opération comprend un service, vidanger l'huile et changer le filtre, et deux produits, le nouveau filtre et la nouvelle huile. Même chose pour l'installation d'un tapis, qui comporte un service (l'installation) et un bien (le tapis). Mais il arrive parfois que le client ne reçoive qu'un service : une coupe de cheveux, des conseils juridiques, une consultation médicale, l'entretien de sa pelouse. C'est ce qu'on appelle la **prestation de service.** Cependant, dans la majorité des cas, il y a combinaison de biens et de services.

De nos jours, une entreprise ne peut plus concevoir un produit sans penser à offrir en même temps un service après-vente. Souvent, la qualité du service après-vente est déterminante dans la perception du client quant à la qualité du produit. L'exemple le plus évident est celui du service de garage des concessionnaires automobiles. Le degré de satisfaction de plusieurs clients quant à l'auto achetée est fonction du service d'entretien qu'ils reçoivent après l'achat. Les entreprises doivent également assurer d'autres services : la formation des employés, l'inspection, la sécurité, etc. Il existe une multitude de combinaisons intermédiaires entre un service pur et un produit pur. La figure 4.7 présente les deux extrêmes : d'un côté, des produits manufacturiers et de l'autre côté, des biens où la composante service prédomine. La figure comporte également quelques situations intermédiaires. De plus, puisque les biens et les services entrent aussi en ligne de compte, le gestionnaire doit, pour bien les gérer, connaître leurs caractéristiques propres.

Service

Action posée pour être utile à une personne ou à un organisme demandeur, le client, ayant manifesté un besoin.

Prestation de service

Production et livraison du service.

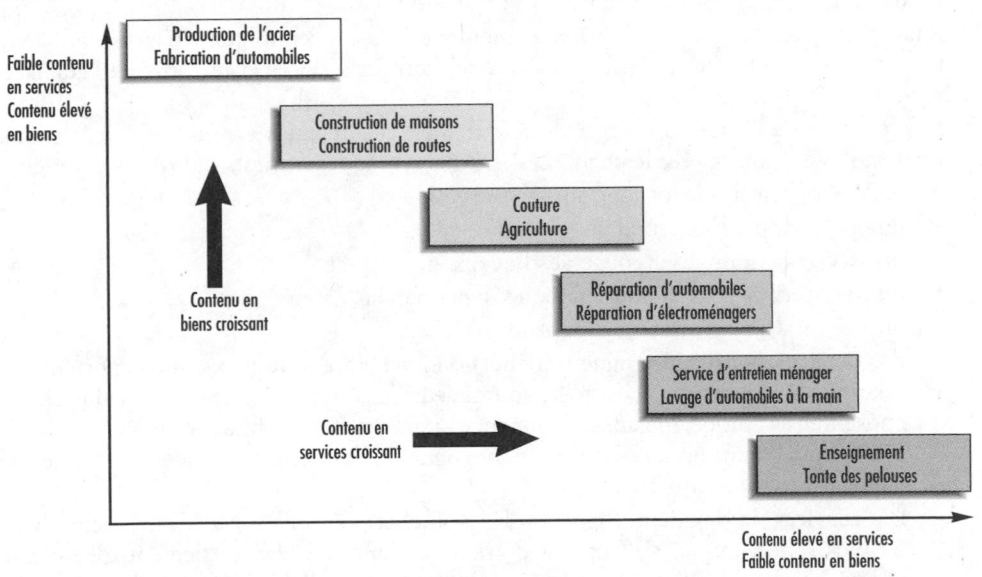

◄ **FIGURE 4.7**

Gamme des biens et des services

D'une façon générale, la conception d'un système de service comprend :

1. la définition des ressources nécessaires ;
2. la nomenclature des produits qui accompagnent la prestation du service ; ces produits peuvent faire partie intégrante du service ou être achetés en option ; il peut également s'agir de **produits clés en main** ;
3. la définition explicite du service (coupe de cheveux, formation, conférence, etc.) ;
4. la définition des services implicites (services supplémentaires non définis initialement, tels que la courtoisie, l'atmosphère détendue, etc.).

L'offre et la livraison de cet ensemble forment l'**ensemble de service.** Dans les sections suivantes, on se penchera sur la conception et l'offre de biens où le service joue un rôle prédominant.

Produit clés en main

Ensemble d'articles, d'outils, de pièces et d'éléments assemblés et installés, livrés dans un emballage particulier, et prêts à être utilisés.

4

4.7.1 Les différences entre la conception de services et la conception de produits

1. Les produits sont des biens dits tangibles; les services sont habituellement intangibles. Par conséquent, la conception des services tient compte de facteurs intangibles (par exemple la tranquillité d'esprit ou l'ambiance).

2. Souvent, les services sont créés et livrés en même temps (par exemple, une coupe de cheveux ou un lavage d'automobile). Dans ce cas, il est moins facile de trouver et de corriger les erreurs avant que le client ne les découvre. Par conséquent, la formation et l'entraînement de la main-d'œuvre, les méthodes d'opération, le processus de conception et les relations avec la clientèle sont particulièrement importants.

3. Les services ne sont pas entreposables. Toute la gestion des opérations est touchée, car le producteur ne peut prendre de l'avance et préparer des services en réserve.

4. Habituellement, les services sont fournis devant le client. On doit donc les concevoir en tenant compte de cette composante, qui ajoute une dimension supplémentaire à la conception des processus et des méthodes de travail. Cette composante est absente de la conception des produits. Cependant, il se peut que le service doive être rendu en toute confidentialité. Ainsi, lors de la réception d'une prescription médicale chez le pharmacien, il est malvenu que le professionnel médical transmette les directives d'utilisation des médicaments à haute voix. Il en est de même lors d'une consultation chez un avocat. Des aménagements en conséquence doivent être prévus.

5. Le démarrage d'une entreprise de services est relativement simple, les investissements initiaux et les contraintes d'implantation étant habituellement beaucoup plus faibles que pour une entreprise manufacturière; il est aussi facile de se retirer du marché. Donc, par définition: l'entrée et la sortie du secteur des services sont faciles et rapides. Par conséquent, la conception des services subit des pressions supplémentaires pour être innovatrice et rentable, car la concurrence est vite arrivée.

6. Il faut tenir compte de la localisation au moment de la conception des services, car l'accès au service est un facteur important. La conception des services et le choix de l'emplacement sont étroitement liés.

7. La prestation de service varie entre deux extrêmes: aucun contact avec le client et grande implication et contact avec le client. Les quelques exemples suivants illustrent ce principe:
   - le développement de logiciels sur mesure;
   - une ligne de production tel un lave-auto;
   - un service personnalisé (coupe de cheveux, gymnase, etc.);
   - un libre-service (guichet automatique, supermarché, cafétéria, etc.).

8. Il peut y avoir deux ou plusieurs lignes de services:
   - Les **services de première ligne (guichet)** ou *front office* sont ceux qui comportent une relation directe avec le client. Le fournisseur de service de restaurant, l'ajusteur ou conseiller technique du garage d'un concessionnaire automobile sont des exemples de métiers qui offrent un service de première ligne. Les notions de service à la clientèle et d'empathie sont alors très importantes.
   - Les **services de deuxième ligne (arrière-guichet)** ou *back office*, de troisième ligne ou plus sont ceux qui s'effectuent derrière le comptoir. Habituellement, ils ne sont pas visibles pour le client. Leur gestion s'apparente à celle des activités de production classique.

Service de première ligne (guichet)

Ensemble des activités d'une entreprise exercées en interaction avec le public.

Service de deuxième ligne (arrière-guichet)

Activités rattachées à la gestion de la commande, depuis la prise de la commande au guichet jusqu'à la livraison.

Ces exemples montrent que dans la conception des services, il est nécessaire de tenir compte du niveau de contact avec les clients, qui peut être nul (arrière-guichet) ou très élevé (première ligne), avec toutes les nuances intermédiaires possibles. Lorsqu'il y a peu de contact, la conception des services s'apparente à la conception des produits. Cependant, plus le niveau de contact avec la clientèle est élevé, plus la différence entre la conception des services et celle des produits est grande, et plus la conception des services devient complexe. Le contact avec les clients fait en sorte que la conception des services doit intégrer la conception du processus; lorsqu'il y a contact avec le client, le processus est le service. Bien qu'il soit souhaitable de considérer le processus de fabrication du produit lors de sa conception, le produit et le processus restent néanmoins des entités distinctes, ce qui n'est pas le cas pour les services. Par exemple, si un fabricant de réfrigérateurs modifie les méthodes de production des appareils (le processus), ces changements seront difficilement perceptibles par le consommateur dans la mesure où le produit comble ses besoins. Par contre, si une compagnie de transport en commun change ses itinéraires ou ses horaires (processus ou méthodes de travail) ou si l'on déplace les portes d'accès de l'avant à l'arrière, le client verra la différence et réagira en conséquence. De toute évidence, on ne peut faire ce remaniement du service de manière réaliste sans considérer le processus de prestation du service.

4.7.2 Les étapes préliminaires à la conception des services

Avant de procéder à la conception proprement dite du service à offrir au client, on doit préalablement :

1. déterminer les attentes des clients ;
2. choisir une stratégie de service ;
3. concevoir le système de l'offre ou de la prestation du service.

Déterminer les attentes des clients. Après avoir étudié d'une façon globale le service à offrir, il faut déterminer plus spécifiquement les attentes et les exigences du marché cible et du client auxquels on s'adresse : c'est la définition du « niveau de service » à assurer au client et le niveau de qualité (*voir le chapitre* 9) qui en découle.

Choisir une stratégie de service. À cette étape, on détermine la nature et l'orientation du service ainsi que le marché ciblé. Cela exige une évaluation, par les cadres supérieurs, du marché potentiel, de la rentabilité du projet de service qu'on veut offrir ainsi que de la capacité de l'entreprise à le fournir. Dans le cas des organismes à but non lucratif, comme les gouvernements, les fondations, les congrégations et les sociétés scientifiques, cette étape équivaut à déterminer leur capacité à répondre à un besoin.

Concevoir le système de l'offre ou de la prestation du service. En se basant sur les informations recueillies précédemment et sur la stratégie déterminée par les cadres supérieurs, on conçoit le système opérationnel nécessaire pour créer, offrir et assurer le service. On définit alors les besoins concernant le processus d'opération, les installations et la main-d'œuvre, c'est-à-dire les 5 M définis au chapitre 1 (main-d'œuvre, matière, machines, méthodes et milieu). Par exemple, dans un service de messagerie, on décidera d'utiliser le courrier postal, le téléphone, le télécopieur, Internet ou une combinaison de ces moyens de communication.

Les deux facteurs clés de la conception du service sont :

1. le niveau de variation des exigences de la clientèle ;
2. le niveau de contact avec la clientèle et de participation du client au système de prestation (notion déjà présentée plus haut).

Ces deux facteurs ont un impact sur le service, qui peut être standardisé ou personnalisé (sur commande). Rappelons que plus le contact avec la clientèle et la variabilité du service sont faibles, plus le service sera standardisé. La conception du service est alors similaire à celle des produits. Inversement, une forte variabilité des spécifications du service et un contact élevé avec la clientèle nécessiteront généralement un service plus personnalisé. La figure 4.8

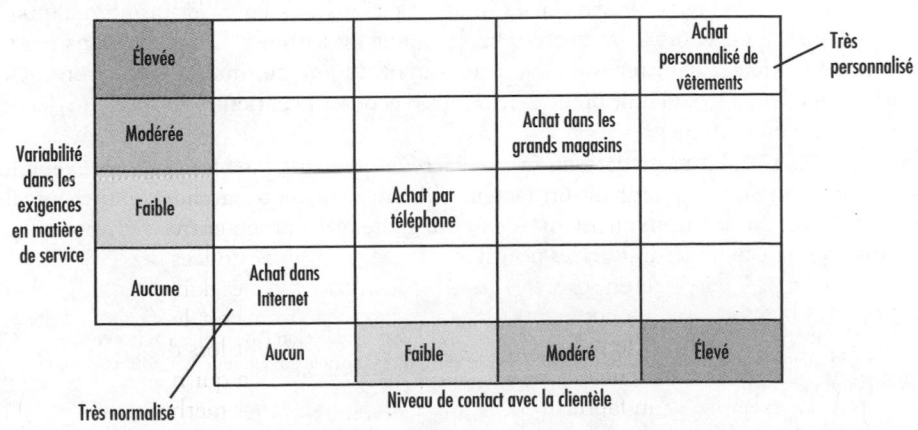

◄**FIGURE 4.8**

Influence de la variabilité du service et du contact avec la clientèle sur la conception des services

illustre cette notion. Une corrélation existe entre la conception des services et les occasions de ventes : plus le contact avec le client est grand, plus les possibilités d'affaires augmentent.

4.7.3 Les caractéristiques et défis de la prestation de service

Un système bien conçu en prestation de service tiendra compte des caractéristiques suivantes :

1. Être cohérent avec la mission de l'entreprise, laquelle doit être partagée et comprise par tous les intervenants.
2. Choisir un seul thème global et unificateur (par exemple l'aspect pratique ou la rapidité), ce qui aidera le personnel à travailler dans le même sens.
3. Être facile d'utilisation. Le système doit être convivial ; cela s'applique tout particulièrement aux systèmes de libre-service.
4. S'adapter à tous les imprévus. Le système doit être capable de gérer la variabilité des exigences concernant le service : on dira alors qu'il est robuste face aux variabilités.
5. Être facile à pourvoir.
6. Avoir un bon rapport bénéfices-coûts, c'est-à-dire être rentable.
7. Offrir des avantages tangibles aux clients.
8. Avoir des liens efficaces entre les services de première ligne et ceux de deuxième ligne.
9. Disposer d'un système de suivi et de contrôle pour assurer la fiabilité du service et son niveau de qualité.

Parmi les défis auxquels doit faire face le fournisseur du service, mentionnons les suivants :

- Il y aura toujours des attentes différentes. On doit disposer d'une approche robuste qui est capable de s'adapter à une grande variété d'intrants et d'extrants espérés.
- Les services ne sont pas toujours faciles à spécifier, le client ne sachant pas comment le faire avec précision. Le cas le plus évident est celui des ambulanciers qui interviennent sur les lieux d'un accident : le patient, souvent dans un état précaire, ne peut décrire son état.
- Le contact avec le client peut être très élevé, avec toutes les variabilités que cela peut entraîner ; la conception du système de service doit tenir compte de l'interface client-fournisseur.

4.7.4 Le diagramme d'analyse de service

Diagramme d'analyse de service (DAS)

Méthode servant à décrire et à analyser les éléments utilisés et le processus de la prestation d'un service.

Le **diagramme d'analyse de service (DAS[4])**, ou **plan de service,** est un outil essentiel pour concevoir, décrire et, le cas échéant, améliorer le service offert. L'élément clé du plan de service est l'organigramme du service. Les principales étapes du plan de service sont les suivantes :

1. Fixer les limites du processus et déterminer le niveau de détail nécessaire.
2. Déterminer les étapes du processus et les décrire. S'il s'agit d'un processus existant, consulter et impliquer les opérateurs actuels.
3. Préparer un organigramme des principales étapes du processus.
4. Faire ressortir les échecs potentiels et intégrer les éléments permettant de les éviter.
5. Établir un échéancier pour l'exécution du service et évaluer le temps de traitement requis et sa variabilité. Le temps est un facteur déterminant sur les coûts ; il est donc très important de fixer les délais du service et les limites de coûts. Le temps est primordial pour les clients : plus il est court et respecté, plus le client est satisfait. Des exceptions existent, comme dans le cas d'un repas dans un restaurant de fine cuisine ou d'une consultation chez un médecin, lequel doit prendre le temps d'écouter le patient plutôt que se dépêcher de prescrire un traitement.
6. Analyser la rentabilité et déterminer les facteurs pouvant l'influencer. Par exemple, si le temps d'attente du client est un facteur clé, on y concentrera plus d'efforts lors de la conception. On déterminera les moyens pour éviter les conséquences négatives et augmenter au maximum les influences positives.

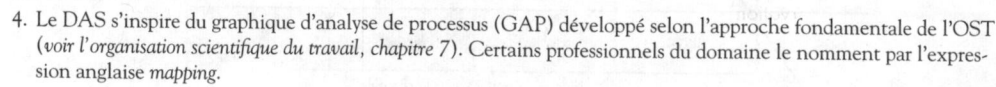

4. Le DAS s'inspire du graphique d'analyse de processus (GAP) développé selon l'approche fondamentale de l'OST (*voir l'organisation scientifique du travail, chapitre* 7). Certains professionnels du domaine le nomment par l'expression anglaise *mapping.*

La figure 4.9 illustre l'organigramme de service de la réception d'une commande téléphonique par catalogue. La figure montre les principaux échecs potentiels. La figure 4.10 est, quant à elle, de grand intérêt. Elle illustre un DAS (diagramme d'analyse de service) qui tient compte des interactions multiples entre : le client, le service de première ligne, le service de deuxième ligne et les services implicites.

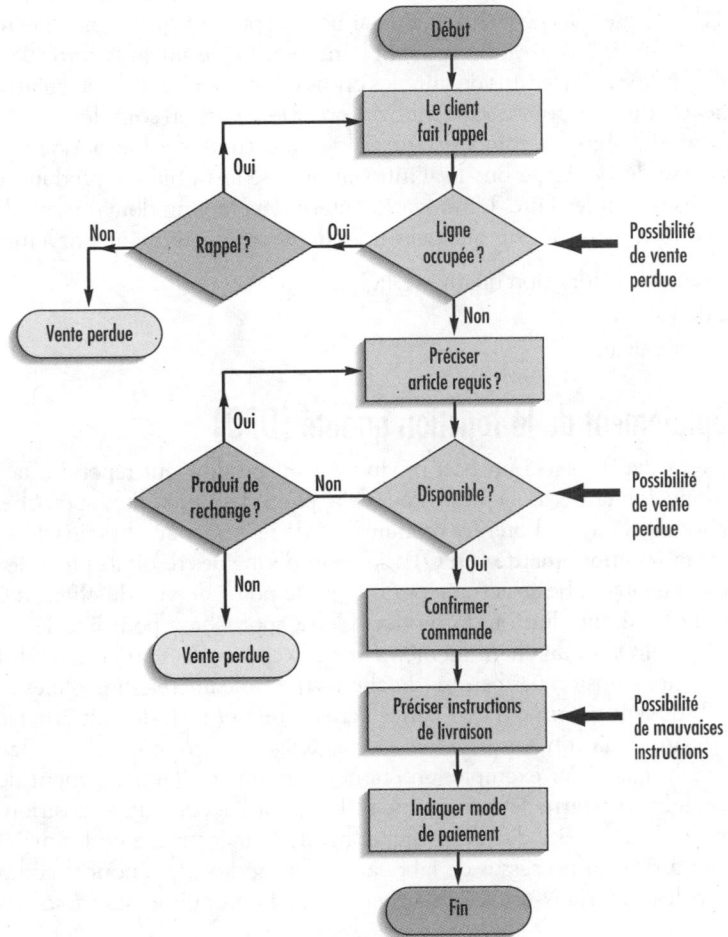

◄**FIGURE 4.9**

Organigramme de service d'une commande téléphonique (catalogue)

4

◄**FIGURE 4.10**

Diagramme d'analyse de service dans un restaurant

ACTEURS	ACTIONS				
Client	Arrivée	Installation	Commande	Restauration	Paiement et départ
Service de première ligne Limite de visibilité	Recevoir à l'entrée Vérifier la réservation Accompagner à la table	Adresser un mot de bienvenue Présenter le menu Servir l'eau	Commenter les spéciaux Prendre la commande	Servir le repas Assurer un suivi systématique	Présenter la facture Recevoir le paiement Nettoyer la table
Service de deuxième ligne Limite d'interrelation interne			Cuisiner le repas et apprêter les plats		Laver la vaisselle
Services connexes (auxiliaires)	Système de réservation	Vestiaire	Enregistrement de la commande	Caisse	Facturation Service de buanderie et d'hygiène

4.8 Les approches de conception et d'amélioration des produits et des services

Plusieurs techniques, outils et approches ont été développés pour aider les entreprises à concevoir de nouveaux produits et services ou pour améliorer ceux qui existent déjà. Or, il n'est pas toujours nécessaire, possible ou souhaitable de concevoir de nouveaux produits pour assurer la survie de l'entreprise : l'**innovation** est souvent un excellent moyen pour donner un avantage compétitif à l'entreprise. On peut innover aussi bien le produit que le procédé utilisé pour le faire. Les fondements de l'innovation résident dans le principe suivant : sortir des sentiers battus et trouver de nouveaux moyens de faire les choses. Une bonne dose de créativité et d'imagination est nécessaire. Les politiques d'innovation et leur gestion sont devenues des éléments fondamentaux afin d'assurer la compétitivité et la productivité des nations, ainsi que le maintien de leur niveau de vie. Répétons-le : l'innovation vise aussi bien le produit, le service que les procédés utilisés pour les faire. L'innovation étant devenue un domaine très large, les prochaines sous-sections porteront sur quelques-unes des techniques qui aident à innover, soit :

- le déploiement de la fonction qualité (DFQ) ;
- le modèle de Kano ;
- l'analyse de la valeur.

4.8.1 Le déploiement de la fonction qualité (DFQ)

On ne le répétera jamais assez : un bon produit est un produit qui répond à la demande du client. Il faut donc connaître ses besoins. Pour cela, parmi les différentes approches qui ont été tentées pour concevoir ou améliorer les produits afin de répondre aux besoins du demandeur, le **déploiement de la fonction qualité (DFQ)** a souvent donné des résultats plus que satisfaisants.

Le DFQ est une approche structurée qui intègre le point de vue du client dans le processus de mise au point du produit ou du service. Cette approche a pour but de s'assurer qu'on tient compte des exigences du client au moment de la conception du produit et du processus. L'écoute et la compréhension des besoins du client sont les caractéristiques clés du DFQ. Une exigence prend souvent la forme d'un énoncé général tel que : « Il devrait être facile d'ajuster la hauteur de tonte de la tondeuse. » Une fois les exigences connues, il faut les traduire en spécifications techniques. Par exemple, un énoncé portant sur le changement de hauteur de tonte d'une tondeuse concerne le mécanisme utilisé pour l'accomplir, sa position, les instructions d'utilisation, l'étanchéité du ressort qui contrôle le mécanisme ou les matériaux nécessaires. En ce qui a trait au processus de fabrication du produit, les énoncés comporteront les informations sur les matériaux utilisés, les dimensions du produit et ses caractéristiques, et la machinerie utilisée.

La structure du DFQ est constituée d'un ensemble de matrices. La matrice principale concerne les exigences des clients (le « quoi ») et les spécifications techniques correspondantes qui y sont liées (le « comment »). La figure 4.11 illustre cette notion.

Des caractéristiques supplémentaires sont ajoutées à la matrice initiale pour élargir l'analyse. Elles comprennent une évaluation pondérée des caractéristiques désirées et de celles de la concurrence. Pour cela, une matrice corrélationnelle est construite afin d'illustrer les exigences techniques ; cette matrice pourrait révéler des exigences techniques conflictuelles. Avec ces fonctions additionnelles, l'ensemble de matrices a la forme illustrée à la figure 4.12, à la page suivante, et est appelé la **maison de la qualité** en raison de sa ressemblance avec une maison. La figure 4.13, à la page 152, présente un exemple de l'analyse effectuée avec cet ensemble de matrices. Cet exemple illustre la relation entre un imprimeur (le client) et son fournisseur de papier.

Au premier coup d'œil, le graphique semble complexe, car il contient une quantité considérable d'informations sur les exigences du produit et du processus. Par conséquent, il est divisé en parties distinctes qui seront analysées une à la fois.

Innovation

Changement dans le processus de pensée visant à exécuter une tâche. Elle se distingue d'une découverte par le fait qu'elle a un objectif d'application et d'amélioration (Wikipédia).

Déploiement de la fonction qualité (DFQ)

Approche structurée et systématique intégrant les besoins du client au moment de la conception et de la mise au point du produit et du processus.

FIGURE 4.11 ▼

Matrice principale du DFQ

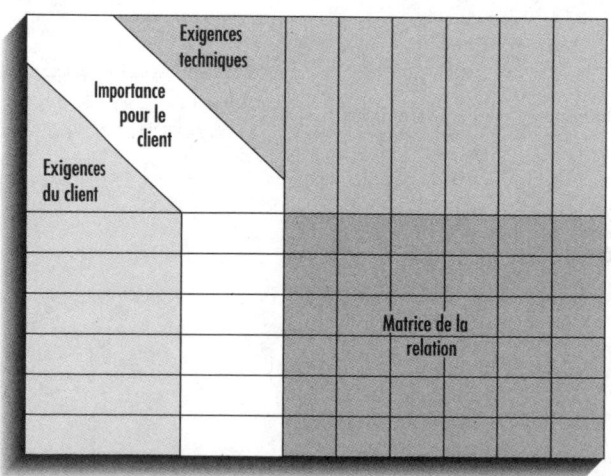

1. On commence par dresser la liste des exigences du client, du côté gauche du graphique.
2. Les exigences techniques apparaissent verticalement, en haut.
3. Les degrés d'importance pour le client des différentes exigences se trouvent au centre de la figure. Dans notre cas, ils ont été fixés à 3, 1, 2 et 3, où 3 est la valeur la plus importante pour le client.
4. Un code est convenu pour représenter la force des relations entre les exigences du client et les exigences techniques (*voir Relations, en bas à droite*) :
   - un cercle avec un point indique la relation la plus forte, avec un poids de 9 (autrement dit, il indique les exigences techniques les plus importantes pour satisfaire aux exigences du client) ;
   - un cercle indique une relation moyenne, avec un poids de 3 ;
   - un triangle indique une relation faible, avec un poids de 1.
5. Un code est aussi convenu pour représenter la corrélation (ne pas confondre avec relation) entre les différentes exigences techniques (*voir Corrélations, en haut à droite*) :
   - un cercle contenant un point indique une corrélation positive très forte ;
   - un cercle indique une corrélation positive ;
   - un X indique une corrélation négative ;
   - un astérisque indique une corrélation fortement négative.
6. Pour comparer les différents produits offerts, une échelle d'évaluation est établie de 1 à 5, 5 étant la meilleure performance (*voir à droite, au centre*).

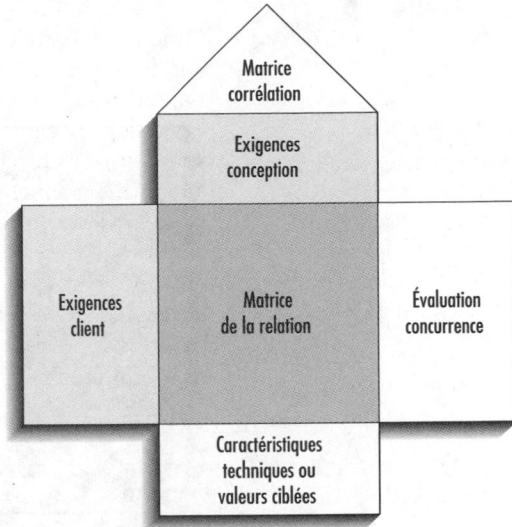

▼ **FIGURE 4.12**

Maison de la qualité

Source : V. Daniel Hunt, *Quality in America*, Homewood (Ill.), Business One Irwin, 1992, p. 270. Reproduit avec autorisation.

À partir de ces informations, les concepteurs tiennent compte des valeurs d'importance et de la force de la corrélation pour déterminer où il convient de déployer le plus d'efforts. On voit à la matrice de corrélation, en haut de la « maison », qu'il existe dans cet exemple une forte corrélation négative entre l'« épaisseur du papier » et la « rondeur du rouleau ». Les concepteurs devront trouver des manières de résoudre ce problème ou de faire des compromis.

Du côté droit de la figure se trouve une évaluation compétitive qui compare la performance du fournisseur X par rapport aux exigences du client avec celle de chacun des deux concurrents clés A et B. Dans le cas étudié, il a été évalué que le fournisseur X est le moins performant quant à la solidité du papier (exigence : le papier ne se déchirera pas), la première caractéristique recherchée par le client, mais il est le meilleur sur le plan de la troisième exigence du client. Une ligne droite relie les performances de X pour chacune des exigences du client. Idéalement, la conception fera en sorte que tous les X se trouvent aux positions les plus élevées.

Au bas de la figure, on trouve les sommes pondérées, les valeurs ciblées et les évaluations techniques. Les évaluations techniques peuvent être interprétées comme des évaluations compétitives (notez la droite qui relie les X). Les valeurs cibles contiennent généralement des spécifications techniques telles qu'elles sont précisées par les services techniques. La rangée « somme pondérée » indique l'importance attribuée aux relations à la suite de l'ensemble des observations. Ainsi, le 3 de la première colonne est le produit de l'importance pour le client (valeur 3) et de la valeur de la relation (symbole = 1). Le 27 de la deuxième colonne provient des éléments suivants :

- Le papier ne se déchirera pas (valeur 3) × Relation avec l'épaisseur du papier (valeur 3) + Aucun écoulement d'encre (valeur 2) × Relation avec l'épaisseur du papier (valeur 9) = 27.
- Les sommes pondérées et les évaluations cibles aident les concepteurs à se concentrer sur les objectifs. Dans cet exemple, l'exigence technique « largeur du papier » a la somme pondérée la plus faible, tandis que les quatre exigences techniques suivantes ont toutes des sommes pondérées relativement élevées. On concentrera alors notre attention sur ces quatre exigences, en commençant par les plus élevées.

4.8.2 Le modèle de Kano

Développé durant les années 1980 par le professeur Noriaki Kano, le **modèle de Kano** décrit d'une façon simple la satisfaction du client (axe des Y) en fonction des exigences satisfaites (axe des X). La figure 4.14, à la page 153, illustre cette relation.

FIGURE 4.13 ▶

Exemple de maison de la qualité

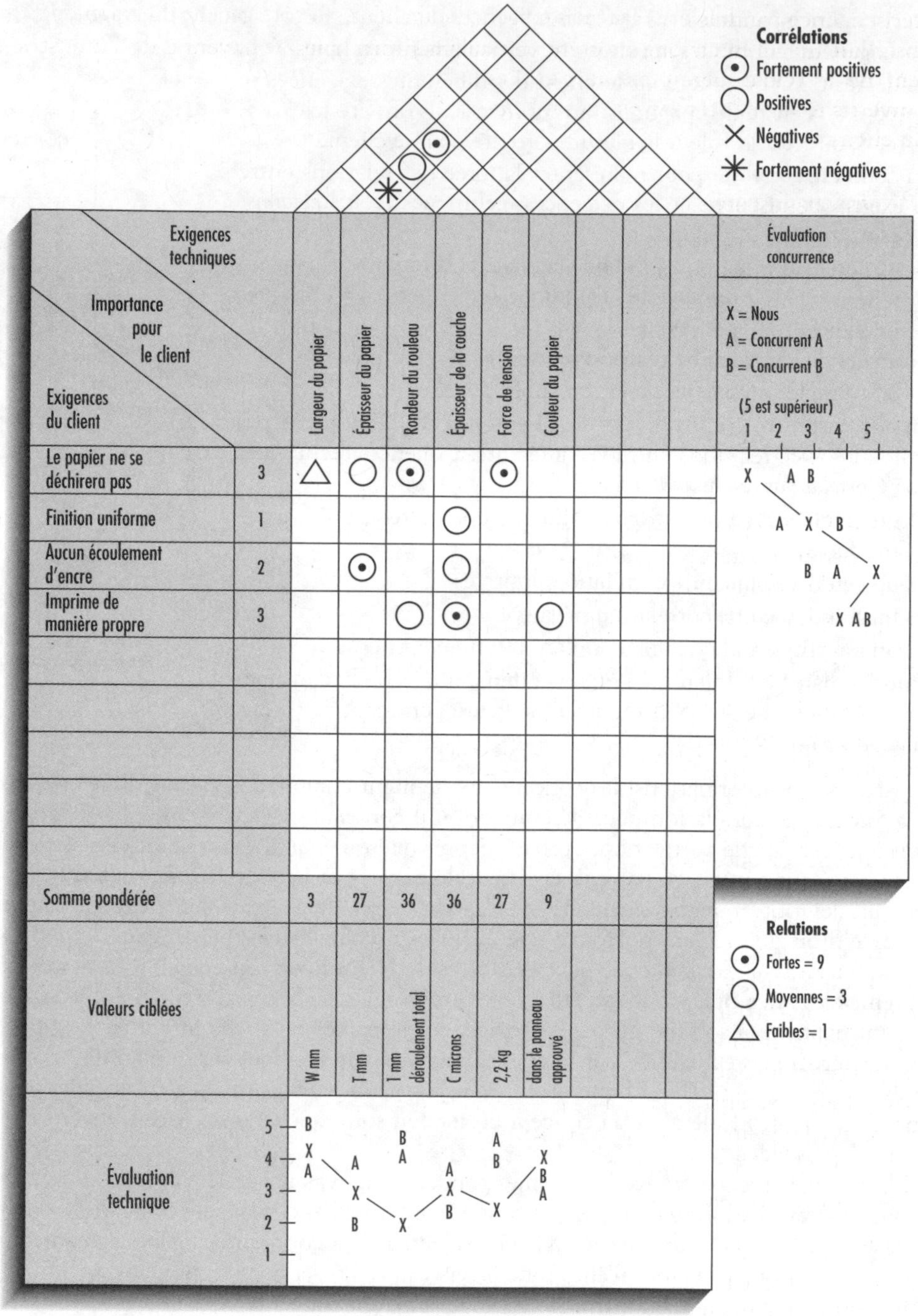

4

Source : Ernst and Young Consulting Group, *Total Quality*, Homewood (Ill.), Dow-Jones Irwin, 1991, p. 121. Reproduit avec autorisation.

On observe trois courbes représentant les différents types de caractéristiques du produit :

1. les caractéristiques minimales ou seuil ;
2. les caractéristiques espérées de base ;
3. les caractéristiques attractives.

Les caractéristiques seuil

Les **caractéristiques seuil** constituent les caractéristiques minimales, attendues par le client quant à la performance du produit. Par exemple : on s'attend à ce qu'une machine à laver puisse minimalement laver les vêtements ; dans un service de restauration rapide d'une cafétéria, on s'attend à être servi dans les cinq minutes. Une amélioration des caractéristiques minimales n'apportera rien à la satisfaction du client. Par exemple, si l'on installait un fil électrique de réfrigérateur plus long que la moyenne de l'industrie, le client ne le remarquerait même pas. Les coûts investis n'augmenteront pas la satisfaction du client.

Les caractéristiques espérées

Les **caractéristiques espérées** par le client, ou de base, contribuent à une satisfaction continue du client. Pour cela, on les appelle aussi « caractéristiques de performance linéaire ». Par exemple, on s'attend à ce que la durée de vie des pneus d'automobiles s'améliore ou à ce que nos nouveaux électroménagers soient plus silencieux que leurs prédécesseurs.

Les caractéristiques attractives

Les **caractéristiques attractives** constituent les particularités du produit qui le démarquent de la concurrence et qui répondent à un besoin inespéré du client. Or, avec le temps, ces caractéristiques perdent vite de leur attrait, au fur et à mesure que la concurrence les adopte. Par exemple, la première fois que VW a adopté la lunette arrière avec dégivrage électrique, ce fut un engouement inespéré ; le même phénomène s'est produit lorsque Volvo a installé les sièges chauffants et que BMW a introduit les premiers freins ABS. De nos jours, on ne peut imaginer une voiture sur le marché sans dégivrage électrique sur la lunette arrière ou sans freins ABS. Les caractéristiques attractives sont celles qui, comme leur nom l'indique, ont le plus d'attrait et démarquent le produit de la concurrence, mais leur impact est éphémère. Cela demande un travail d'innovation continu.

Concluons en mentionnant que, avec le temps, les caractéristiques attractives se transforment en caractéristiques espérées, lesquelles se transforment à leur tour en caractéristiques minimales. Les caractéristiques attractives produisent le plus grand impact positif, mais exigent beaucoup d'imagination et de suivi du marché.

▾ **FIGURE 4.14**

Modèle de Kano

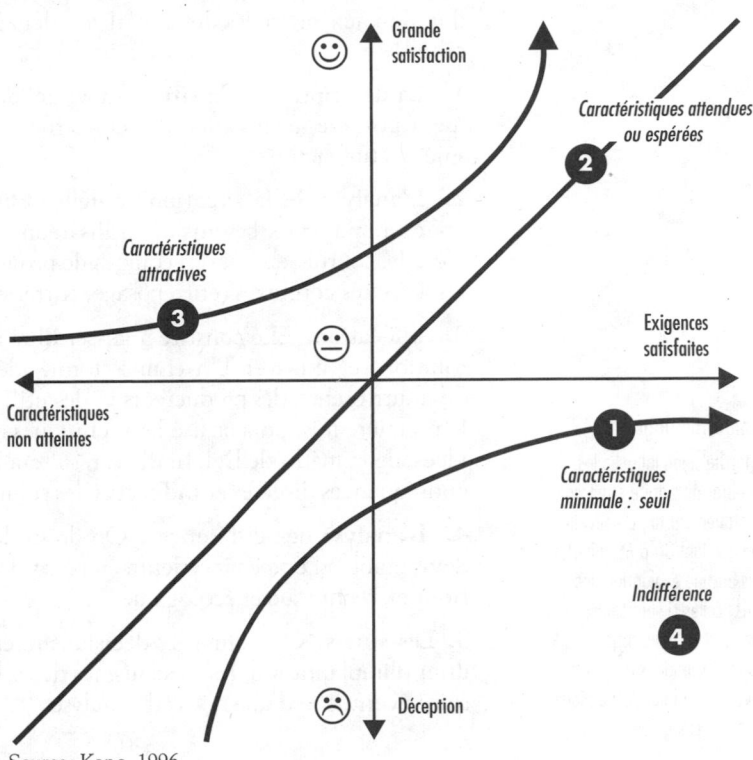

Source : Kano, 1996.

4.8.3 L'analyse de la valeur[5]

Durant la Seconde Guerre mondiale, en raison d'une pénurie de matériaux, l'acheteur principal de General Electric Co, l'ingénieur L.D. Miles[6], a eu pour mandat de trouver des substituts aux produits habituels. Pour s'assurer de répondre aux exigences initiales, il a élaboré une approche du meilleur achat qui tient compte des éléments suivants :

- la conception du matériel (aspect technique) ;
- la rentabilité du matériel (aspect économique).

L.D. Miles venait de concevoir l'**analyse de la valeur (AV)** s'appliquant à la conception, à l'innovation et à l'amélioration des produits et des services nécessaires à toutes les fonctions de l'entreprise. L'analyse de la valeur est un processus logique et systématique de conception de nouveaux produits et services, ou de modification de ceux qui sont existants, afin de réduire les coûts inutiles, de maintenir ou d'améliorer le degré de satisfaction des utilisateurs.

Analyse de la valeur (AV)

Processus logique et systématique de conception et d'amélioration des produits et des services pour en réduire les coûts et en améliorer les performances.

Démarche de l'analyse de la valeur

1. Description de la situation actuelle
2. Analyse de la situation actuelle
3. Idéation
4. Analyse des différences
5. Suites

5. C. Benedetti et J. Guillaume, *Gestion des approvisionnements et des stocks*, Montréal, Éditions Études Vivantes, 1992, 474 p., extrait section 3.5, p. 69 et 79.

6. Lawrence D. Miles, *Techniques of Value Analysis Engineering*, 2e édition, New York, McGraw-Hill, 1972.

Appliquée aux organisations, l'AV permet de créer, de justifier, de modifier ou d'élimi-ner des services ou des fonctions de l'entreprise. L'AV permet de répondre à la question clé suivante : quel est le meilleur rapport qualité-coût ? Elle s'applique aussi bien aux pro-duits qu'aux procédés de travail. La démarche de l'AV comporte les cinq étapes décrites ci-après.

1. La description de la situation actuelle. La description consiste à recueillir le plus fidèle-ment possible les informations concernant le dossier technique et le dossier économique du sujet à étudier.

2. L'analyse de la situation actuelle. On analyse ensuite la fonction que remplit le sujet pour répondre aux besoins des utilisateurs : le point de vue du requérant principal, de l'ache-teur, des fournisseurs et des équipes de production en ce qui concerne l'usage, la fabrication et les activités connexes (entreposage, entretien, mise au rebut, etc.).

3. L'idéation. Elle consiste à laisser libre cours aux opinions et aux idées pour élaborer des solutions et innover. Un comité formé idéalement des acheteurs, du personnel technique, des fournisseurs, des producteurs et des utilisateurs se penchera sur le sujet. C'est ici que, pour la première fois, on a utilisé les techniques de **remue-méninges**, ou *brainstorming*, des boîtes à idées, de la méthode Delphi. Il en résultera le « devis », dans lequel on trouve : les coûts, et les conséquences directes et indirectes des solutions proposées.

4. L'analyse des différences. On dresse le bilan des différentes options présentées dans le devis établi à l'étape précédente au point de vue fonctionnel, économique, humain, organisa-tionnel, technique et écologique.

5. Les suites. On diffuse les décisions retenues, on forme l'équipe d'implantation, le calen-drier d'implantation, les mécanismes de suivi et d'évaluation des résultats en vue de la pour-suite éventuelle d'une nouvelle analyse.

4.9 Les stratégies opérationnelles

Dans le domaine de la conception des produits et des services, huit recommandations princi-pales en matière de stratégies opérationnelles peuvent améliorer la compétitivité de l'entreprise :

1. Investir davantage dans la recherche, le développement et l'innovation.
2. Mettre l'accent sur la performance à long terme plutôt que sur la performance à court terme.
3. Privilégier l'amélioration continue (graduelle) plutôt que l'approche à grand éclat. (On verra plus loin les notions d'amélioration continue – *kaïzen* en japonais).
4. Travailler de manière à réduire le temps nécessaire à la mise au point des produits. Pour ce faire, l'ingénierie simultanée apportera une aide précieuse.
5. Utiliser les outils techniques de conception telle la CAO pour concevoir de nouveaux produits et modifier rapidement les produits existants.
6. Augmenter l'utilisation d'éléments communs, c'est-à-dire standardiser les produits et nor-maliser les processus. L'industrie automobile utilise la notion de plateforme commune. Elle partage les mêmes structures de base pour certains modèles afin d'absorber les coûts de développement et de conception. En voici quelques exemples : la Jaguar type S et la Ford Thunderbird, la VW Passat et la Audi A4, la Toyota Camry et la Lexus ES 300, la Mazda M3 et la Volvo S40, et la Honda Civic et la Acura.
7. Augmenter les stratégies de ventes clés en main, soutenues par un service après-vente hors pair.
8. Suivre le comportement du produit ou du service chez le client pour permettre de conce-voir de nouveaux produits plus robustes.

Les dollars investis dans la recherche et le développement pour concevoir de nouveaux produits ou services ont des conséquences directes sur la compétitivité et la survie de l'entre-prise, sur la qualité, la fiabilité, l'innovation technologique et le bien-être de la nation. Les

---

Remue-méninges

Approche selon laquelle les membres du comité émettent spontanément toute nouvelle idée pendant 30 à 60 minutes, sans aucune évaluation des idées ; celles-ci sont seulement enregistrées. Elles sont ensuite examinées du point de vue technique, économique social et écologique.

entreprises asiatiques moyennes investissent beaucoup plus d'argent dans la recherche et le développement que les entreprises nord-américaines de même taille. Les gestionnaires occidentaux devraient, au départ, sacrifier la performance à court terme pour favoriser la recherche et le développement, qui mèneront à la fois à une meilleure performance à long terme et à moyen terme. Pour cela, il est impératif d'adopter une attitude différente de celle qui prévaut dans plusieurs entreprises.

Le succès de certaines entreprises est le fruit d'une démarche structurée qui vise l'amélioration continue des produits et des processus, appelée **kaïzen** (*voir le chapitre 9*). À l'opposé, plusieurs gestionnaires occidentaux semblent tenir à l'approche à grand éclat économique – le lièvre ou la tortue ? De petites choses comme les améliorations de la fiabilité des produits peuvent avoir des effets à long terme sur le choix des consommateurs et sur les structures de consommation.

Kaïzen
Approche d'amélioration continue des processus et des procédés de travail.

La mise en marché de produits avant la compétition donne habituellement lieu à des avantages considérables. Au cours des dernières décennies, les producteurs asiatiques d'automobiles et d'électroménagers ont introduit leurs produits et innovations en moyenne un an plus tôt que les Occidentaux. Les conclusions sont claires : pour être compétitif, il faut réduire le temps nécessaire à la mise au point des produits. L'entreprise qui arrive première sur le marché avec un nouveau produit occupera une part de marché importante difficile à rattraper, sauf si l'on arrive avec un produit similaire à un coût considérablement moindre, une fois les brevets échus. C'est ce que l'industrie chinoise, à l'instar de sa devancière coréenne, est en train de réaliser.

4.10 Conclusion

La conception des produits et des services est un facteur clé de la satisfaction de la clientèle. Pour réussir la conception des produits et des services, les entreprises doivent être continuellement conscientes des exigences des clients, des activités de la concurrence, des lois gouvernementales et des nouvelles technologies disponibles.

Le processus de conception comporte la motivation, les idées d'amélioration, l'évaluation des capacités de l'entreprise et la prévision. En plus du cycle de vie des produits, les considérations d'ordre légal et réglementaire influent sur les choix de conception. Le niveau de standardisation que les concepteurs doivent intégrer à leurs conceptions est également important. Les concepteurs ont pour principal objectif de répondre aux attentes des clients ou de les dépasser, de respecter le budget et de tenir compte des capacités des opérations. La conception des produits et la conception des services diffèrent malgré quelques points communs.

Une conception efficace intègre plusieurs principes de base : déterminer les exigences du client comme point de départ ; réduire au minimum le nombre de pièces requises pour fabriquer un article ou le nombre d'étapes nécessaires pour fournir un service ; simplifier le montage ou le service, standardiser le plus possible le produit ou le service et rendre la conception robuste. Les compromis sont chose courante dans la conception et concernent des éléments comme le temps et les coûts de mise au point, les coûts du produit ou du service, les fonctions spéciales ou la performance et la complexité du produit ou du service.

Les efforts de recherche et de développement peuvent jouer un rôle important dans l'innovation sur le plan des produits et des processus, mais ils sont parfois si coûteux que seuls les gouvernements ou les grandes entreprises peuvent les soutenir.

La fiabilité d'un produit ou d'un service est souvent un aspect déterminant pour le client. Par conséquent, la mesure et l'amélioration de la fiabilité sont également des composantes importantes de la conception des produits et des services. ●

4

Terminologie

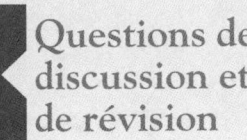

Questions de discussion et de révision

1. Quels sont les facteurs qui incitent les entreprises à remanier leurs produits ou leurs services?
2. Comparez la recherche appliquée et la recherche fondamentale.
3. Qu'est-ce que la CAO? Décrivez la façon dont un concepteur de produits peut y recourir.
4. Déterminez la différence entre les notions de standardisation et de normalisation.
5. Nommez les principaux avantages et inconvénients de la standardisation.
6. Pourquoi la conception des produits standards est-elle plus complexe et importante que la conception des produits sur commande?
7. Comment les considérations d'ordre écologique influencent-elles la conception des produits?
8. Comment l'approche des 3R peut-elle contribuer à minimiser les coûts de revient?
9. Qu'est-ce que la conception d'unités modulaires? Quels sont ses avantages et ses inconvénients?
10. Expliquez l'expression «conception en vue de la fabrication» et expliquez brièvement pourquoi elle est importante. Qu'est-ce qui la distingue de la CVO?
11. Parmi les notions suivantes, lesquelles contribuent à minimiser l'écobilan des produits et des services et comment le font-elles: CVF, CVA, CVR, CVD, refabrication, conception robuste, ingénierie simultanée?
12. Quels sont les avantages concurrentiels de l'ingénierie simultanée?
13. Développez la notion de refabrication.
14. Qu'est-ce que le «cycle de vie du produit»? Pourquoi doit-on en tenir compte dans la conception des produits et des services?
15. Pourquoi la recherche et le développement sont-ils des facteurs clés dans l'amélioration de la productivité?
16. Qu'est-ce que la personnalisation de masse?
17. Nommez deux éléments qui distinguent la conception des services et la conception des produits.
18. Expliquez l'expression «conception robuste».
19. Qu'est-ce que l'écobilan?
20. Qu'est-ce que le déploiement de la fonction qualité et comment peut-il être utile?
21. Qu'est-ce que l'ingénierie simultanée et pourquoi est-elle importante? Déroge-t-elle à l'éthique professionnelle?
22. Qu'est-ce que le plan de service? Pourquoi est-il utile lors de la conception des services?
23. Expliquez l'expression «remise à neuf» et ce qui la distingue de la refabrication.
24. Expliquez les différences entre les produits et services sur commande et standards. Comment ces notions influent-elles sur la gestion des opérations?
25. Dans les entreprises que vous connaissez, déterminez le degré d'amélioration des produits et des services offerts ainsi que la procédure utilisée pour y arriver.
26. À quoi sert le diagramme d'analyse de service?
27. Nommez et décrivez les étapes de l'analyse de la valeur.

Problèmes

1. Préparez un tableau semblable à celui de la figure 4.8, à la page 147. Ensuite, placez chacune des opérations bancaires suivantes dans la cellule appropriée:
   a) un retrait dans un guichet automatique;
   b) un dépôt dans un compte d'épargne avec l'aide d'un caissier;
   c) un dépôt direct par l'employeur;
   d) l'ouverture d'un compte d'épargne;
   e) la demande d'un prêt de transformation de l'avoir financier.
2. Préparez un tableau semblable à celui de la figure 4.8, à la page 147. Ensuite, placez chacune des opérations suivantes dans la cellule appropriée:
   a) l'achat de timbres dans une machine;
   b) l'achat de timbres auprès d'un commis du service des postes;
   c) l'envoi d'un colis en première classe, comportant des tarifs express;
   d) le dépôt d'une plainte.
3. Tracez un organigramme sur l'action qui consiste à mettre de l'essence dans une voiture pour chacun des cas énumérés ci-après. Supposez que le paiement comptant est un mode de paiement. Pour chaque organigramme, cernez les problèmes potentiels et indiquez un problème probable.
   a) le libre-service;
   b) le service complet.
4. Tracez un organigramme correspondant à un retrait dans un guichet automatique. Supposez que le processus débute au guichet avec votre carte bancaire en main. Ensuite, cernez les problèmes potentiels dans le processus. Pour chaque secteur névralgique, énoncez un problème probable.
5. a) Reportez-vous à la figure 4.10, à la page 149. Quelles exigences techniques ont le plus de conséquences sur l'exigence du client «le papier ne se déchirera pas»?

b) Le tableau suivant présente les exigences techniques et les exigences du client concernant une imprimante à laser. Déterminez tout d'abord si l'une des exigences techniques est connexe aux exigences du client. Déterminez ensuite l'exigence technique qui, le cas échéant, a le plus de conséquences sur celles du client.

Exigences du client	Exigences techniques		
	Type de papier	Alimentation interne du papier	Élément de l'impression
Le papier ne se froisse pas			
Imprime de manière propre			
Facile à utiliser			

6. Préparez un tableau similaire au tableau du problème 5 b pour des biscuits vendus dans une pâtisserie. Dressez la liste de ce qui, selon vous, constitue les trois principales exigences du client (ne comprenant pas les coûts) et les trois exigences techniques les plus pertinentes (n'incluant pas les conditions sanitaires). Ensuite, cochez les exigences du client et les exigences techniques connexes.

7. Tracez le diagramme d'analyse de service d'une cafétéria.

Bibliographie

Baillargeon, G. *Méthodes Taguchi, détermination des paramètres*, Trois-Rivières, Les Éditions SMG inc., 1993, 249 p.

Baldwin, Carliss, C. Kim et B. Clark. «Managing in the Age of Modularity», *Harvard Business Review*, septembre-octobre 1997, p 84-93.

Benedetti, C. *Introduction à la gestion des opérations*, 4ᵉ édition, Montréal, Chenelière/McGraw-Hill, 2002.

Benedetti, C., et J. Guillaume. *Gestion des approvisionnements et des stocks*, Montréal, Éditions Études Vivantes, 1992, 474 p.

Cohen, Morris A., et Uday M. Apte. *Manufacturing Automation*, McGraw-Hill, 1997.

Cuscela, Kristin N. «Kaïzen Blitz», *Solutions*, avril 1998, Industrial Engineering Atlanta (Ga), p. 29-31.

Davis, Mark M., et Janelle Heineke. *Managing Services: Using Technology to Create Value*, New York, McGraw-Hill/ Irwin, 2003.

Feitzinger, Edward, et L. Lee Hau. «Mass Customization at Hewlett-Packard: The Power of Postponement», *Harvard Business Review*, janvier-février1997, p 116-121.

Fitzsimmons, James A., et Mona J. Fitzsimmons. *Services Management for Competitive Advantage*, New York, McGraw-Hill, 1994.

Gilmore, James, et B. Joseph Pine II. *Markets of One: Creating Customer-Unique Value Through Mass Customization*, Harvard Business School Press, Boston, 2000.

Gorman, M.E. *Transforming Nature: Ethics, Invention and Design*, Boston, Kluwer Academic Publishers, 1998.

Groover, Mikell P. *Automation, Production Systems and Computer-Aided Manufacturing*, 2ᵉ édition, Englewood Cliffs (NJ), Prentice Hall, 2001.

Heskett, James L., W. Earl Sasser Jr., et Leonard A. Schlesinger. *The Service Profit Chain*, New York, The Free Press, 1997.

Imai. *Masaaki Gemba Kaizen*, New York, McGraw-Hill, 1997, 354 p.

Kano, N., N. Seraku, F. Takahashi et S. Tsuji. «Attractive Quality and Must-Be Quality», dans *The Best on Quality*, John D. Hromi, édit., vol. 7, BookSeries of the International Academy for Quality, Milwaukee, ASQC Quality Press.

Lovelock, Christopher. *Service Marketing: People, Technology, Strategy*, 2ᵉ édition, Englewood Cliffs (NJ), Prentice Hall, 2001.

Prasad, Biren. *Concurrent Engineering Fundamentals: Integrated Product Development*, Englewood Cliffs (NJ), Prentice Hall, PTR, 1997.

Ulrich, Karl T., et D. Steven. *Eppinger: Product Design and Development*, New York, McGraw-Hill, 1995.

Vicente, Kim. *The Human Factor*, New York, Routledge, 2004.

Site Internet d'Associations professionnelles sur l'éthique www.onlineethics.org

La détermination de la capacité d'opération

Objectifs d'apprentissage

Connaître l'importance de la détermination des capacités d'opération ;

Expliquer ce qu'est la planification des besoins en capacité ;

Décrire les facteurs qui déterminent les capacités de production ;

Distinguer les indicateurs pour mesurer la capacité d'opération ;

Connaître les facteurs à considérer lors des décisions entre l'achat et la fabrication (faire ou faire faire) ;

Comprendre les notions d'économie d'échelle ;

Comprendre la notion de déséconomie d'échelle ;

Comprendre l'équilibre entre la demande et la capacité ;

Connaître l'importance de la gestion de la technologie ;

Connaître l'importance du choix du processus pour déterminer la capacité ;

Discuter de l'élaboration des options de capacité de production ;

Décrire les principales méthodes utilisées dans l'évaluation et la sélection des processus et des options de capacité de production ;

Connaître l'interdépendance entre le choix du processus et la conception des produits et des services ;

Expliquer la relation entre le choix du processus et la planification des besoins en capacité ;

Décrire les divers types de processus.

5.1 Introduction

Les cadres d'entreprises sont souvent appelés à prendre des décisions cruciales qui ont des répercussions à long terme sur l'organisation qu'ils dirigent. Parmi ces décisions, mentionnons le choix du type de produits ou de services à offrir (*voir le chapitre 4*), la détermination et la planification de la capacité d'opération (que nous verrons dans ce chapitre), la sélection des processus d'opération, les décisions relatives à l'aménagement des locaux et des postes de travail en fonction du processus choisi (*voir le chapitre 6*) et finalement le choix d'un emplacement (*voir le chapitre 8*).

Rappelons qu'au cours d'un processus, les intrants (matières premières, main-d'œuvre et machines, communément appelées «facteurs de production») sont transformés en produits et en services finis. Pour réussir sa mission, l'entreprise doit accorder une place prépondérante à la gestion des processus opérationnels. C'est pourquoi les processus sont au cœur de la gestion des opérations.

Dans ce chapitre, nous verrons comment déterminer les capacités de production nécessaires pour répondre aux besoins exprimés en quantité et en temps. Une mauvaise évaluation des ressources nécessaires peut mener à la perte de l'entreprise. Une sous-évaluation de la capacité a un impact négatif aussi important qu'une surévaluation. Par exemple, il arrive que les entreprises d'État déterminent mal les capacités des ressources de travail nécessaires pour répondre aux besoins de la population. D'un point de vue économique, cette situation est souvent difficile à relever et d'un point de vue social, l'impact est énorme. L'insuffisance des places disponibles dans les garderies, les hôpitaux, les écoles et les services de soutien aux industries témoigne des problèmes découlant d'une évaluation inadéquate des capacités nécessaires du système pour répondre à la demande.

5.2 L'importance de la détermination de la capacité

Dans cette section, nous abordons l'importance des décisions concernant la capacité de production, la mesure de la capacité, la détermination des besoins en capacité ainsi que l'élaboration et l'évaluation des options de capacité.

Dans toutes les entreprises et à tous les niveaux de l'organisation, les questions relatives à la capacité de production sont fondamentales pour la prise de décision.

On entend par **capacité de production** ou d'opération, ou tout simplement «capacité», la charge maximale qu'un centre de production peut soutenir. Elle est définie en termes de quantité par unité de temps. Un centre de production peut être une usine, un service, une machine, un magasin ou un travailleur. La capacité de production est aussi un indice de production (*voir la vitesse ou la cadence de production au chapitre 2*).

La capacité de production d'un centre d'exploitation est une donnée primordiale pour la planification des opérations (*voir le chapitre 12*). Les gestionnaires s'en servent pour évaluer la capacité de production en ce qui concerne les intrants et les extrants (personnes, machines, etc.). Une fois cette dernière évaluation faite, les gestionnaires sont en mesure de calculer l'efficacité d'un centre d'exploitation et son aptitude à répondre aux commandes futures. Lors de la détermination et de la planification des besoins en capacité, on doit pouvoir répondre aux questions fondamentales suivantes:

Capacité de production
Quantité de biens ou de services créés, au cours d'une période donnée, dans un centre d'opération.

- Quel est le type de capacité de production requis?
- Quelle est la capacité requise du centre d'opération?
- À quel moment cette capacité est-elle requise?

Pour toute organisation, les décisions les plus fondamentales concernent les types de produits ou de services offerts. Une fois ce choix fait, la capacité de production de l'entreprise dépendra du marché que les gestionnaires souhaitent satisfaire. En réalité, ce sont les choix de l'entreprise qui déterminent sa capacité de production. Presque toutes les autres décisions relatives à la capacité, aux installations, à l'emplacement et autres sont dictées par le choix des produits ou des services et du marché à desservir. Ainsi, pour une sidérurgie, la décision de produire de l'acier de première qualité demandera un certain type de matériel et d'équipement en fonction du procédé de traitement choisi, d'où découleront les compétences particulières, le type d'aménagement des installations, la taille et le genre de bâtiment, ainsi que la localisation (l'emplacement) de l'usine.

Les quantités produites (la capacité) par un centre d'opération et le moment où elles sont requises dépendent des prévisions de la demande du marché et du carnet de commandes : la fonction prévision (*voir le chapitre 3*) revêt donc une importance primordiale pour déterminer la capacité de production, puisque c'est à cette étape que l'on connaîtra le marché à satisfaire. À la limite, certains gestionnaires pourraient volontairement planifier une capacité de production insuffisante afin de créer une rareté du produit ou inonder le marché de leur produit pour éliminer la concurrence, mais cela dépend d'une stratégie de haut niveau et à grande échelle.

Bien qu'on ne puisse modifier facilement la capacité de production, sa révision est importante. La révision de la capacité se fait soit de façon sporadique, soit sur une base systématique ou bien s'inscrivant dans le cadre d'un processus continu. Les facteurs qui déterminent généralement la fréquence de révision de la capacité sont la stabilité de la demande, le rythme des progrès technologiques des équipements disponibles, la concurrence, la conception des produits, le type de produit ou de service et l'importance des tendances (comme dans les industries de l'automobile et du vêtement). La haute direction doit réévaluer périodiquement ses choix de produits ou de services pour faire les changements nécessaires sur le plan des coûts, de la compétitivité, etc., ce qui entraîne automatiquement une révision de la capacité des processus de production. On doit alors répondre aux questions complémentaires suivantes :

1. Quels sont les coûts liés aux changements de capacité ?
2. Quels sont les risques encourus par les changements proposés ? On peut se trouver dans des situations d'incertitude ou dans un environnement soumis à de grandes probabilités de changements. C'est ce qu'on appellera des « situations de risque et d'incertitude ».
3. Y a-t-il des considérations environnementales dont il faut tenir compte (environnement politique, social et écologique) ?
4. Doit-on changer la capacité en une seule fois ou bien procéder par étapes ?
5. Les fournisseurs peuvent-ils soutenir les changements demandés ? La chaîne logistique et le réseau d'approvisionnement sont des éléments souvent oubliés et qui réservent des surprises des plus désagréables si on les tient pour acquis.

À titre d'exemple de la complexité et de la variabilité des situations, notons à quel point chacun de ces facteurs serait différent dans les deux cas suivants : l'exploitation d'un restaurant familial et l'exploitation d'un hôpital. Cependant, quel que soit le secteur, l'objectif principal que tout bon gestionnaire doit rechercher lors de la détermination de la capacité de production est l'**équilibrage entre la demande et la capacité.**

Bulletin
À LA UNE Les dangers des surplus de capacité

La dernière crise économique et le laxisme affiché par les gestionnaires d'entreprise, qui avaient réalisé d'énormes profits sans prévoir les jours difficiles, ont créé un énorme fossé entre la capacité et la demande. On a enregistré d'énormes capacités inutilisées principalement dans les secteurs suivants : les télécommunications, l'électroménager, les automobiles et le transport aérien. Ces secteurs perdent des millions à cause de ces capacités inutilisées, qu'elles doivent quand même supporter. L'utilisation massive des cellulaires et autres technologies sans fil fait en sorte que l'offre des services téléphoniques dépasse la demande : les fournisseurs doivent donc couper les prix et accroître les rabais. Dans le transport aérien, les voyages sont en baisse, sauf pendant les périodes de fêtes, donc les transporteurs ont beaucoup d'appareils cloués au sol. Pour réduire les coûts d'exploitation, les compagnies aériennes ont coupé le nombre de vols, de routes et de services.

Le consommateur en est le perdant, car lorsque la demande subit des pointes, les appareils et le personnel volant ne sont plus disponibles et les services sont en baisse. L'industrie de l'automobile, après une période de disette importante durant laquelle elle a coupé des coûts, du personnel et des usines d'une façon importante et drastique, certaines compagnies ayant été sous la protection des gouvernements des États-Unis et du Canada, est actuellement en période de reconstruction profonde.

5.3 La capacité de production : une décision stratégique

Les décisions en matière de capacité de production doivent être prises au plus haut niveau de l'entreprise, car elles sont d'ordre stratégique. En voici quelques raisons :

1. La capacité d'une entreprise à répondre à la demande future de produits et de services dépend des décisions concernant la capacité. En effet, la capacité limite le potentiel de production. Une entreprise ayant la capacité nécessaire pour répondre à la demande peut profiter d'avantages concurrentiels énormes. Par exemple, en 2005, l'incapacité de Microsoft à répondre à la demande du Xbox a causé des ruptures de stock du produit. Il s'en est suivi beaucoup d'insatisfaction de la part des clients, des pertes de ventes et de profits potentiels. Lors de l'épidémie du virus de la grippe H1N1, en automne 2009, des vaccins ont manqué. Quand les manufacturiers (principalement GSK au Canada) ont été capables de produire les vaccins, le virus avait muté et les vaccins étaient périmés ou en trop. Durant le haut de la demande, ces manufacturiers avaient produit près de 60 millions de vaccins pour une population canadienne de 34 000 000 (Statistique Canada, 2010), alors que le taux de vaccination n'a jamais dépassé 40 %.

2. Les décisions concernant la capacité influent sur les coûts d'exploitation. Théoriquement, pour optimiser les coûts d'exploitation et par le fait même les coûts de revient, la capacité et la demande doivent être égales. En pratique (*voir le chapitre 3*), la demande prévue diffère de la demande réelle à cause de variations cycliques ou autres. On tentera alors d'équilibrer les coûts de surcapacité et de sous-capacité à l'aide de différentes stratégies de planification. Cette notion d'équilibrage entre l'offre et la demande sera le sujet du chapitre 12.

3. La détermination de la capacité influe sur le coût initial d'opération. Le corollaire à ce principe indique qu'en général, plus la capacité d'une unité de production est grande, plus les coûts de lancement et de mise en route seront élevés. Cette relation n'est pas linéaire. Cependant, à cause de la notion d'économie d'échelle, les grosses quantités (gros lots) à fabriquer entraîneront un coût unitaire moins élevé que les petits lots, pourvu que les processus adoptés soient conformes : ce sera le sujet du prochain chapitre.

4. Les décisions concernant la capacité de production impliquent un engagement des ressources à long terme. À la suite d'une prise de décision relative à la capacité de production, il est difficile, voire impossible, d'effectuer des changements sans entraîner d'énormes investissements pour corriger la situation.

5. La compétitivité d'une entreprise dépend de sa capacité. La disponibilité de stocks en surplus ou la possibilité d'augmenter rapidement la capacité de production augmentent la compétitivité de l'entreprise vis-à-vis de la concurrence : ce sont deux avantages concurrentiels indéniables. Cependant, des stocks excédentaires inutilisés entraînent des coûts d'exploitation plus élevés, surtout si les produits sont périssables ou démodables. Encore une fois, le défi est la recherche du juste équilibre et de la flexibilité, ce qui n'est pas facile.

6. La mondialisation des marchés accroît la problématique. Plus les marchés à desservir sont éloignés, plus les délais de distribution et d'approvisionnement sont longs, ce qui ajoute des contraintes supplémentaires : la **capacité de distribution** s'ajoute à la capacité de production. Certains parlent de « capacité d'opération » pour inclure la capacité de production et la capacité de distribution, mais ce débat vient de débuter et il n'y a encore aucun consensus à ce sujet. Beaucoup d'entreprises, ayant opté pour l'impartition à tout rompre, n'avaient pas prévu ces éléments : ils l'ont appris trop tard à leurs dépens.

Capacité de distribution
Quantité de biens ou de services livrés, dans un délai donné, par une organisation.

7. La prévision et la planification ont une importance cruciale à long terme. On a vu au chapitre 3 sur les prévisions que toutes les décisions d'ordre stratégique sont prises en fonction du long terme et couvrent des horizons de temps importants. En effet, on ne décide pas d'ajouter un avion à la flotte existante d'une compagnie aérienne à la légère. Il en va de même lorsqu'une entreprise décide d'embaucher une équipe d'employés et qu'elle prend ses responsabilités pour leur assurer une qualité de vie et d'emploi décente. Malheureusement, encore trop d'entreprises embauchent et remercient leurs employés sans considération.

5.3.1 La décision achat-fabrication

Parmi les décisions les plus stratégiques se prenant à un haut niveau de l'organisation, on peut mentionner la décision de faire ou de faire faire. Doit-on créer soi-même le produit et le service offert aux clients ou bien doit-on le faire faire à l'extérieur et jouer les intermédiaires vis-à-vis de nos clients ?

On imagine bien l'importance stratégique et l'impact économique et social d'une telle décision sur l'ensemble de la société, le niveau d'emploi et la création de la richesse d'une nation.

Pour l'entreprise, cette étape aura une conséquence fondamentale sur la détermination des capacités d'opération des différentes fonctions. L'entreprise peut aussi décider d'opter pour des solutions intermédiaires, à savoir : déterminer si l'on choisit la fabrication ou l'achat de certains produits ou de l'ensemble des produits, et si l'on fait exécuter en sous-traitance quelques services ou la totalité des services.

Dans certains cas, une entreprise manufacturière peut décider d'acheter certains composants du produit final plutôt que de les fabriquer ; dans d'autres cas, elle peut acheter toutes les pièces et seulement les assembler. Dans le secteur des services, on parlera d'**impartition** : ici le sens de service englobe aussi bien le secteur tertiaire de l'économie que les personnes travaillant dans les services de soutien aux opérations. Ainsi, plusieurs entreprises optent pour l'impartition des services de conciergerie, de cafétéria, de maintenance et autres. Parmi les services le plus souvent en impartition, on note les services de sécurité (surtout depuis les événements du 11 septembre 2001) et d'informatique. La décision de l'achat ou de l'impartition réduit ou élimine la décision des capacités des processus. Les notions d'impartition[1] et de **sous-traitance** font l'objet aujourd'hui de grands débats, et leur impact social est important. Le chapitre 11 sera entièrement consacré à ce sujet. C'est un secteur en pleine effervescence. En effet, de grandes entreprises ont un besoin temporaire d'équipes multidisciplinaires hautement qualifiées pour créer un nouveau produit, instaurer un nouveau système d'opération, négocier des contrats de travail avec leurs employés, etc. Au lieu d'assumer elles-mêmes tous ces frais, elles font appel à des firmes-conseils en génie, en informatique, à des cabinets d'avocats ou à toute autre firme d'experts en dotation et en ressources humaines. Moyennant des honoraires et pour une période plus ou moins longue, les firmes-conseils fournissent les services de leurs employés. Ceux-ci sont affectés à l'entreprise et localisés temporairement chez le client. Une fois le mandat terminé, ils retournent à leurs postes auprès des firmes-conseils. Notez qu'on utilise de plus en plus les expressions « impartition » pour la prestation des services (de restauration, d'informatique, juridiques) et « sous-traitance » pour la fabrication des produits (*voir la sous-section 11.2.3*).

Parmi les avantages importants de l'impartition pour l'entreprise acheteuse, mentionnons les suivants :

- l'impartition apporte à l'entreprise des ressources hautement qualifiées dans des secteurs que celle-ci ne connaît pas totalement ;
- elle offre une expertise en ressources humaines temporaires que l'entreprise ne pourrait pas se permettre autrement ;
- elle libère l'entreprise de la gestion de ces employés ;
- elle lui permet de se concentrer sur sa mission principale ;
- elle permet de convertir des dépenses fixes en dépenses variables.

Les principaux inconvénients de l'impartition sont :

- l'expertise du personnel n'est pas toujours disponible sur place ;
- le risque que l'expertise développée au sein de l'entreprise soit partagée avec des concurrents, les experts passant d'une entreprise à une autre ;
- l'impartition ne favorise pas le développement local d'expertise ;
- le coût des ressources utilisées est toujours plus élevé que si elles faisaient partie de l'entreprise ;
- le contrôle sur ces employés est moindre ;
- la durée du contrat constitue une contrainte supplémentaire à respecter.

D'autres avantages et inconvénients s'ajoutent à la liste, selon la fonction dont on se départit et le service requis. La fonction « approvisionnement de l'entreprise acheteuse » sera mise à contribution dans cette décision.

Revenons aux entreprises manufacturières, lesquelles, à part le fait qu'elles ont aussi à prendre des décisions quant à l'impartition de certains de leurs services ou fonctions, auront

---

Impartition

Action par laquelle une entreprise concède à un tiers la production d'un produit ou la prestation d'un service.

Sous-traitance

Action par laquelle une entreprise (le donneur d'ordre) confie à un tiers (le sous-traitant) l'exécution complète ou partielle d'un bien ou d'un service selon les directives qui lui sont données.

5

---

1. Voir J.C. Chebat, P. Filiatrault et J. Harvey, *La gestion des services*, Montréal, Chenelière/McGraw-Hill, 1999, chap. 1.

aussi à décider si leur produit sera fabriqué puis vendu au client, ou bien acheté et revendu. Au moment de choisir entre la fabrication et l'achat, certains facteurs sont généralement pris en considération :

1. La capacité disponible. Il est souvent plus logique de fabriquer un article ou d'offrir un service à l'interne si l'entreprise dispose déjà du matériel, des compétences et du temps nécessaires. Les coûts supplémentaires sont alors faibles par rapport aux coûts engagés pour la sous-traitance ou l'impartition.

2. Les compétences. Si l'entreprise ne possède pas les compétences et le savoir-faire requis pour mener à bien une tâche, l'impartition est une option valable.

3. La question de la qualité. Souvent, les entreprises spécialisées offrent une qualité supérieure à celle qu'une organisation non spécialisée est en mesure d'offrir. À l'inverse, une entreprise peut décider d'effectuer elle-même une tâche si celle-ci comporte des exigences précises sur le plan de la qualité ou si elle exige une supervision étroite de la qualité.

4. La nature de la demande. Il peut être plus avantageux pour une entreprise d'exécuter elle-même une tâche quand la demande pour un article est forte et stable. Toutefois, si la demande connaît d'importantes fluctuations ou si les commandes sont petites, il peut être préférable de recourir à des sous-traitants capables de combiner diverses commandes.

5. Le coût. Il faut évaluer toutes les épargnes réalisées dans le cas de l'achat par rapport à la fabrication à l'interne, et ce, relativement à tous les facteurs mentionnés plus haut. Ces épargnes peuvent provenir d'un seul article ou des frais de transport. L'analyse doit tenir compte des coûts fixes associés à la fabrication d'un article s'il n'est pas possible d'amortir ces coûts, dans le cas de l'achat d'équipement, par exemple. Cette dimension économique sera étudiée à la sous-section 5.8.1 traitant de l'analyse coût-volume.

Dans certains cas, une entreprise peut décider d'effectuer la production en partie, surtout les étapes finales, et d'externaliser d'autres parties dans le but de conserver une certaine flexibilité et de garder des liens avec le sous-traitant fournisseur. De plus, cette stratégie constitue un outil de négociation avec les fournisseurs et nous place en bonne situation si l'on décide de reprendre toute l'opération. Si on décide d'accomplir la production, en totalité ou en partie, la question de la sélection des processus devient alors importante, pourvu qu'on ait gardé le savoir-faire. Or, les décisions sont souvent seulement d'ordre économique, d'où les mauvaises surprises après coup. Le problème résolu 1, à la page 186, en est une bonne illustration. Les gestionnaires procèdent à une évaluation des coûts de fabrication, qui sont ensuite comparés aux coûts d'achat. Ils retiendront la solution la plus économique. Malheureusement, les gestionnaires omettent souvent de considérer d'autres facteurs comme la qualité du service offert par le fournisseur, sa fiabilité quant au respect des délais de livraison et aux caractéristiques du produit (la qualité), les frais de transport et de livraison et tous les autres frais cachés. De plus, pour l'entreprise, le fait d'acheter des produits de plus en plus finis crée un effet pervers. Elle se transforme petit à petit en entreprise de distribution plutôt qu'en entreprise créatrice de produits à valeur ajoutée.

N'oublions pas ceci : on peut toujours trouver une entreprise capable de fournir le produit de sorte que cela coûte moins cher que si on le fabriquait. En poussant cette idée à l'extrême, on transforme l'économie d'une nation en une économie de distribution sans valeur ajoutée. La question qu'on doit se poser est celle-ci : comment se fait-il que notre processus ne soit pas à la hauteur et que faut-il faire pour le rendre compétitif ? Il faut remarquer qu'on parle de processus compétitif. Cela veut dire qu'on ne considère pas seulement le point de vue économique, l'objectif coût tel qu'il a été défini au chapitre 1, mais l'ensemble des cinq objectifs, à savoir : quantité, qualité, temps, lieu et coût. Un processus compétitif est un processus capable de fournir en temps et lieu le bon objet, en quantité suffisante et au coût le plus juste.

5.3.2 Les étapes du processus de détermination des besoins en capacité

On suggère de suivre les étapes suivantes pour faciliter la prise de décision quant aux besoins en capacité :

1. Estimer les besoins futurs en capacité, à l'aide d'un système de prévision (*voir la section 5.4*).

2. Connaître et mesurer la capacité des ressources actuelles et calculer l'écart avec les besoins futurs estimés à l'étape 1 (*voir la section 5.5*).

3. Lister les considérations qualitatives pour chacune des options possibles (*voir la section 5.6*).

4. Énumérer les options possibles pour réduire et éliminer les écarts (*voir la section 5.7*).

5. Procéder à une étude de faisabilité économique de chacune des options retenues à l'étape 3 (*voir la section 5.8*).

6. Retenir la solution optimale et la faire adopter par l'ensemble des intervenants.

7. Instaurer l'option retenue.

8. Suivre l'évolution de l'option retenue et mesurer l'atteinte des objectifs.

Étant donné la nature aléatoire du contexte à long terme dans lequel ces décisions doivent être prises, il est intéressant de déterminer une **capacité tampon** pour absorber les variations possibles de la demande. Par capacité tampon, on entend la capacité de produire des biens en réserve pour pallier toute variation imprévue de la demande ou toute situation de risque ou d'incertitude pouvant survenir dans le processus opérationnel.

Capacité tampon

Capacité de production de biens en réserve, en prévision des variations aléatoires dans le processus.

5

5.4 L'horizon de temps et la détermination de la capacité

La première étape du processus décisionnel des besoins en capacité consiste à estimer les besoins futurs. On doit tenir compte de considérations à moyen et à court terme, car le niveau de la capacité lié à la taille de l'usine, de l'édifice, de l'établissement, de l'hôpital, du centre commercial ou du centre de distribution, est inclus dans les considérations à long terme. En d'autres mots, les variations possibles des besoins en capacité causées par les fluctuations saisonnières de la demande, aléatoires ou irrégulières, sont considérées à plus moyen et court terme. D'une industrie à l'autre, les **horizons de temps** définis par le court, moyen ou long terme varient considérablement et l'on ne peut les fixer. Cette distinction servira néanmoins de base pour planifier les besoins en capacité.

On détermine les besoins à long terme en prévoyant la demande sur une certaine période et en convertissant ces prévisions en capacité. La figure 5.1 illustre quelques modèles typiques de prévision de la demande. Ainsi, les notions sur les prévisions développées au chapitre 3 nous permettent de déterminer la capacité de production nécessaire.

Lorsqu'on observe une tendance, il faut se poser deux questions fondamentales:

1. Toute chose ayant une fin, combien de temps cette tendance durera-t-elle?

2. Quelle est l'allure de la tendance?

FIGURE 5.1 ▶

Exemples de tendance de la demande

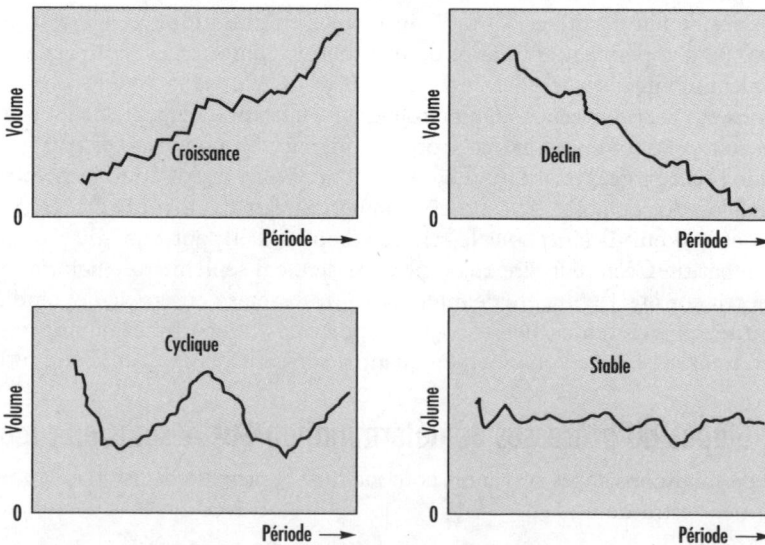

Lorsqu'on observe des cycles, il faut déterminer :

- leur durée approximative ;
- leur amplitude (les écarts par rapport à la moyenne).

Les variations saisonnières et autres écarts par rapport à la moyenne influent davantage sur les besoins en capacité à court terme que les cycles ou les tendances. Extrêmement importants, ces écarts et ces variations peuvent à certains moments imposer une tension énorme sur un système ou donner lieu, à d'autres moments, à une surcapacité.

Une entreprise peut définir des modèles saisonniers de demande grâce aux techniques habituelles de prévision. Bien qu'elles soient considérées comme des fluctuations annuelles, les variations saisonnières influencent également les exigences mensuelles, hebdomadaires ou même quotidiennes en fait de capacité. Le tableau 5.1 donne quelques exemples de produits tangibles et intangibles qui tendent à suivre des modèles de demande saisonnière.

◂**TABLEAU 5.1**

Exemples de modèles de demande saisonnière

Période	Produits tangibles et intangibles
Année	Consommation de bière, jouets, trafic aérien, vêtements, vacances, tourisme, consommation d'électricité, consommation d'essence, sports et loisirs, éducation
Mois	Chèques d'aide sociale, transactions bancaires
Semaine	Ventes au détail, repas au restaurant, circulation automobile, location de véhicules, occupation des chambres d'hôtel
Jour	Appels téléphoniques, consommation d'électricité, circulation automobile, transport public, utilisation des salles de classe, ventes au détail, repas au restaurant

Si les intervalles de temps sont trop courts pour comporter des variations saisonnières de la demande, l'analyste peut décrire ces variations en utilisant les fonctions de distribution statistiques classiques, telles que la distribution normale ou de Poisson. Par exemple, on pourrait observer que le nombre de cafés servis à midi dans une cafétéria respecte la distribution statistique normale, tandis que le nombre de clients entrants dans une succursale bancaire les lundis matin est décrit selon la distribution de Poisson. Tous les cas de variabilité aléatoire dans les besoins en capacité ne se prêtent pas toujours à une description selon les distributions statistiques habituelles. Ce qui précède est particulièrement vrai dans le domaine des services, lesquels peuvent connaître des variations considérables, à moins qu'on puisse prévoir la demande avec précision. Le secteur de la fabrication est moins sujet aux grandes variations parce qu'il est habituellement isolé du consommateur direct, la nature de la production devient alors plus uniforme. Pour l'analyse des systèmes de services, les modèles de file d'attente et les simulations s'avèrent plus utiles (*voir le chapitre 19*).

Les variations irrégulières, donc totalement aléatoires, sont les plus difficiles à déceler, car on ne peut les prévoir. Les causes de ces variations sont diverses : bris d'équipements majeurs, phénomènes climatologiques extraordinaires qui perturbent la routine, remous politiques pouvant causer des pénuries de matériaux de base ou de pétrole, découverte de risques pour la santé (accidents nucléaires, sols contaminés par des produits toxiques, éléments carcinogènes dans les aliments). Toutes ces situations de risque et d'incertitude représentent un défi énorme, et plusieurs études y sont consacrées.

Dans tous les cas, pour déterminer les besoins en capacité avec précision, le lien entre les services du marketing et des opérations est primordial. Au moyen des relations avec la clientèle, des analyses démographiques et des prévisions, le service du marketing fournira à celui des opérations des renseignements essentiels permettant de déterminer les besoins en capacité, que ce soit à court, à moyen ou à long terme.

5.5 Les indicateurs de mesure de la capacité

La deuxième étape consiste à connaître et à mesurer la capacité des ressources actuelles, ce qui nous permettra de calculer et de comparer l'écart avec les besoins futurs estimés à l'étape 1.

En général, la capacité désigne la limite supérieure du taux de production (*voir la vitesse et la cadence de production au chapitre 2*). Même si cela semble simple, plusieurs difficultés surgissent dans certains cas lorsqu'on mesure la capacité de production. Les diverses interprétations accordées au mot « capacité » et la difficulté de mesurer correctement les données pertinentes d'une situation donnée sont à l'origine de ces problèmes.

Il convient d'utiliser un indicateur de mesure de la capacité exigeant le moins de mises à jour possible. Le fait d'utiliser une mesure pécuniaire (dollars ou autre) comme indicateur s'avère très dangereux, car les changements de prix exigent une pondération continuelle de cette mesure. Par exemple, considérons le cas d'une entreprise ayant une capacité de production de 30 millions de dollars (en intrants) par année. Advenant un dédoublement du prix de la matière première durant la prochaine année, les 30 millions de dollars refléteraient alors en réalité une baisse dans les quantités produites.

S'il n'y a qu'un seul produit ou service, on peut mesurer la capacité d'une unité de production en fonction de l'article produit. Par contre, s'il y a une variété de produits ou de services, ce qui est fréquent, le choix d'une mesure de la capacité basé seulement sur le nombre d'unités produites peut induire en erreur. Par exemple, un fabricant d'électroménagers produit des réfrigérateurs et des congélateurs. Si les cadences de production pour ces deux articles diffèrent, il serait insensé de mesurer la capacité en se basant sur le nombre d'unités produites sans en préciser la nature. Si l'entreprise fabrique d'autres produits, alors la situation se complique davantage. L'une des solutions consiste à déterminer la capacité pour chaque produit : l'entreprise pourrait donc avoir une capacité de 100 réfrigérateurs et de 80 congélateurs par jour. Si cette méthode s'avère quelquefois utile, elle présente d'autres difficultés. Ainsi, dans le cas d'entreprises qui offrent plusieurs produits ou services différents, il pourrait être fastidieux de dresser la liste de toutes les capacités disponibles, surtout lorsqu'il y a de fréquents changements dans la combinaison de production : tantôt on produit du yogourt, tantôt du fromage à la crème, etc. Il faudrait alors utiliser un indicateur composite de capacité qui change continuellement : la notion d'unité équivalente est très utile, laquelle sera étudiée plus en détail au chapitre 12. Dans de tels cas, on pourrait adopter une mesure de capacité rattachée à la disponibilité des intrants. Par exemple, un hôpital dispose d'un certain nombre de lits, une usine, d'une certaine quantité d'heures-machines et un autobus, d'un nombre précis de sièges ou de places debout. Dans le domaine de l'enseignement, on parlera d'« étudiant équivalent temps complet – EETC ». Par exemple, un établissement d'enseignement peut avoir en réalité 12 000 étudiants inscrits : des étudiants à temps plein, à temps partiel (qui suivent un, deux ou trois cours par session), des étudiants libres, etc. Sachant qu'un étudiant à temps complet suit cinq cours par session, il est possible que ces 12 000 étudiants soient l'équivalent de 6 500 étudiants à temps complet. La capacité de cet établissement d'enseignement est mesurée en EETC.

Une seule mesure de capacité ne peut convenir à toute situation ; la mesure doit être adaptée à chaque entreprise. Le tableau 5.2 présente quelques exemples de mesures de capacité fréquemment utilisées.

TABLEAU 5.2

Mesures de la capacité

Type d'entreprise	Ressources (intrants)	Produits finis (extrants)
Industrie automobile	Nombre d'heures-personnes disponibles Nombre d'heures-machines disponibles	Nombre de voitures par quart de travail
Industrie sidérurgique	Taille des fourneaux	Nombre de tonnes d'acier par jour
Industrie pétrolière	Taille de la raffinerie	Nombre de barils de pétrole par jour
Agriculture	Nombre d'hectares	Nombre de boisseaux de céréales par année
	Nombre de vaches	Nombre de litres de lait par jour
Restauration	Nombre de tables	Nombre de repas servis par jour
Théâtre	Nombre de sièges	Nombre de billets vendus par représentation
Vente au détail	Superficie en mètres carrés	Volume des ventes par jour

Le tableau 5.3 présente l'utilisation d'un indicateur pour comparer les risques d'accident associés à différents moyens de transport. Analysons le choix de l'indicateur dans cette dernière situation : on aurait pu calculer le risque d'accident en nombre de décès par million de kilomètres parcourus. Les données auraient alors été différentes ; l'automobile aurait plutôt figuré parmi les moyens de transport les plus dangereux. On ne le répétera jamais assez : il est important de bien comprendre ce que chacun des indicateurs représente et interpréter en conséquence chacun d'eux avec beaucoup de prudence.

◄**TABLEAU 5.3**

Indicateur du risque d'accident

Moyen de transport	Nombre de décès par million de voyages	Pourcentage
Avion de ligne	0,019 par million	0,000 001 9 %
Avion général	13,2 par million	0,001 320 0 %
Automobile	0,13 par million	0,000 013 0 %
Navette spatiale	123 000 par million	12,300 000 0 %
Capsule Soyouz	40 000 par million	4,000 000 0 %

Jusqu'à présent, on a défini la capacité de façon conceptuelle. Considérons maintenant l'aspect plus quantitatif de la capacité en la subdivisant en deux catégories :

- la capacité de conception ;
- la capacité réelle ou normalisée[2].

La **capacité de conception** est le taux maximal de production réalisée dans des conditions idéales d'opération. La **capacité réelle ou normalisée** est la production optimale réalisée en moyenne, compte tenu d'une combinaison de produits et de problèmes d'ordonnancement, d'entretien des machines, de facteurs de qualité, etc. C'est la capacité qu'un système d'opération est en mesure de soutenir normalement et de façon continue. Cette capacité est souvent inférieure à la capacité de conception, parfois égale, mais en aucun cas elle ne peut être supérieure, étant donné les changements dans la combinaison de produits (le mixage du produit), l'entretien périodique des machines, les heures de repos, les pauses-café, les problèmes d'ordonnancement et d'équilibre des opérations, etc. Ajoutons que la **production réelle** ne peut être supérieure à la capacité réelle et, bien souvent, elle est inférieure à cause du bris des machines, de l'absentéisme, des problèmes d'approvisionnement ou de qualité et d'autres facteurs qui échappent au contrôle des gestionnaires des opérations.

On mesure la capacité par différents outils appelés « indicateurs de mesure de la capacité », certains ayant été explorés au chapitre 2. Ces diverses mesures de la capacité servent à déterminer l'efficacité et le taux d'utilisation d'un système. L'efficacité est le rapport entre la production réelle et la capacité réelle. Elle permet de comparer les résultats obtenus en fonction des objectifs fixés et convenus. Le **taux d'utilisation** ou d'occupation est le rapport entre la production réelle et la capacité de conception. Il sert à comparer les résultats obtenus en fonction des objectifs théoriques, plus faciles à quantifier que les objectifs fixés.

Capacité de conception
La production optimale possible.

Capacité réelle ou normalisée
La production optimale réalisée en moyenne, toutes considérations incluses.

Production réelle
La production réalisée durant une période donnée.

$$\text{Efficacité} = \frac{\text{Production réelle}}{\text{Capacité réelle}}$$

$$\text{Taux d'utilisation} = \frac{\text{Production réelle}}{\text{Capacité de conception}}$$

Souvent, les gestionnaires se concentrent uniquement sur l'efficacité. Cela peut les induire en erreur, surtout quand la capacité réelle diffère considérablement de la capacité de conception, ce qui est souvent le cas. On pourrait croire qu'un taux d'efficacité élevé indique un usage approprié des ressources, mais il n'en est rien, comme l'illustre l'exemple 1.

À partir des données fournies, calculez l'efficacité et le taux d'utilisation d'un atelier de réparation mécanique :

Capacité de conception = 50 camions/jour
Capacité réelle = 40 camions/jour
Production réelle = 36 camions/jour

Exemple 1

Le calcul des indicateurs

_____

2. Cette notion sera présentée en détail au chapitre 7 portant sur l'organisation scientifique du travail, notamment sur la notion de temps normalisé de travail, toutes majorations incluses.

Solution

$$\text{Efficacité} = \frac{\text{Production réelle}}{\text{Capacité réelle}} = \frac{36 \text{ camions/jour}}{40 \text{ camions/jour}} = 90\%$$

$$\text{Taux d'utilisation} = \frac{\text{Production réelle}}{\text{Capacité de conception}} = \frac{36 \text{ camions/jour}}{50 \text{ camions/jour}} = 72\%$$

Ainsi, comparativement à la capacité réelle de 40 unités par jour, la production réelle de 36 unités par jour semble assez acceptable. Cependant, si l'on compare ces mêmes 36 unités par jour avec la capacité de conception de 50 unités par jour, la mesure est moins favorable, bien que sans doute plus réaliste. Notons qu'exceptionnellement, l'efficacité peut dépasser 100%, tandis que le taux d'utilisation ne le peut pas.

Puisque logiquement, la capacité réelle limite la production réelle, la solution pour améliorer le taux d'utilisation consiste à hausser la capacité réelle. Ainsi, on corrige les problèmes de qualité en entretenant les machines et les équipements, en formant le personnel et en utilisant de manière optimale les ressources (*voir la méthode des 5 M au chapitre 1*) dans les goulots d'étranglement. C'est une approche détournée qui fait intervenir deux indices : on améliore la capacité réelle pour forcer une amélioration de la production réelle qui, placée à son tour dans l'équation du taux d'utilisation, l'augmentera.

L'augmentation du taux d'utilisation dépend donc de l'aptitude à augmenter la capacité réelle et, pour ce faire, il faut savoir ce qui la restreint. À la prochaine la section, on explorera certains des principaux facteurs déterminants de la capacité réelle.

Soulignons qu'un usage intense des ressources est nécessaire uniquement si la demande du marché le justifie. Dans le cas contraire, il est néfaste de se concentrer seulement sur l'accroissement de ces indices, car l'excédent de production génère non seulement des coûts variables additionnels, mais aussi des coûts de gestion des stocks de marchandise invendue et des coûts liés au gaspillage, avec tous les frais généraux d'opération qui en découlent. Un autre inconvénient est lié à l'usage maximal des ressources : l'augmentation des coûts d'opération liés aux périodes d'attente croissantes aux postes goulots, qui sont trop sollicités. N'oublions pas : l'objectif de la production est de créer des biens et des services utiles ; l'objectif de la détermination des capacités est d'équilibrer les capacités avec la demande.

Exemple 2

Le calcul des ressources et des capacités nécessaires

Un centre de production fonctionne 8 heures par quart de travail, à raison de 1 quart par jour, 250 jours par année. Ce centre fabrique trois produits dont la demande prévue pour la prochaine année est présentée au tableau suivant. On connaît les capacités de production en heures par unité : c'est le cycle de production (*voir le cycle de production et de cadence de production au chapitre 2*). On désire déterminer le nombre de machines nécessaires pour satisfaire à la demande.

Produit	Demande annuelle prévue (unités)	Cycle de production (heures standards/unité)	Temps requis par année (heures)
P-1	400	5,0	2 000
P-2	300	8,0	2 400
P-3	700	2,0	1 400
			Total 5 800

Solution

Sachant qu'on travaille 8 heures par quart (h/q), 1 quart par jour (q/j) et 250 jours par année (j/an), on dispose de :

$$8 \text{ h/q} \times 1 \text{ q/j} \times 250 \text{ j/an} = 2\,000 \text{ h/an}$$

Donc, le nombre de machines (mc) nécessaires est : $\frac{5\,800 \text{ h}}{2\,000 \text{ h/mc}} = 2,90 \text{ mc}$

On a besoin de trois machines, la troisième étant occupée 90% du temps (0,9).

5.6 Les facteurs déterminants de la capacité réelle

On a défini la capacité réelle comme étant la production optimale réalisée compte tenu de la combinaison des produits offerts, de l'ordonnancement des travaux, de l'état des équipements, des facteurs de qualité, etc. (*voir la section 5.5*). Explorons maintenant qualitativement les principaux facteurs qui déterminent la capacité réelle des options offertes, soit :

- les installations;
- les produits ou services;
- le processus;
- les facteurs humains;

- la gestion des opérations;
- la chaîne d'approvisionnement;
- les facteurs externes.

5.6.1   Les facteurs liés aux installations

La conception des installations, y compris la taille de l'usine et les dispositions en prévision d'un agrandissement, influence grandement la capacité réelle. On examinera cette question plus en détail dans des chapitres ultérieurs. Il y a également les facteurs liés à la localisation comme les coûts du transport, la distance par rapport aux marchés, la disponibilité de la main-d'œuvre, des ressources énergétiques et des espaces dans le cas d'un éventuel agrandissement. De plus, l'aménagement de l'aire de travail influence la production, tandis que des facteurs environnementaux comme le chauffage, l'éclairage et la ventilation ont un impact important sur les capacités de la main-d'œuvre à pallier les faiblesses de la conception.

5.6.2   Les facteurs associés aux produits ou aux services

Tel qu'il a été mentionné à maintes reprises, la conception des produits et des services a une grande influence sur la capacité. Par exemple, tout système produira des articles plus facilement si ces derniers sont du type standard (*voir la section 4.3*). Par exemple, un restaurant ayant un menu restreint peut préparer et servir les repas plus vite qu'un restaurant avec un menu plus complet. En général, une production plus standard utilise des méthodes et des matériaux normalisés, ce qui accroît la capacité. Il faut aussi tenir compte de la combinaison particulière des produits et des services offerts, car des objets différents n'auront pas le même taux de production.

5.6.3   Les facteurs liés au processus

Le volume offert par un processus de production est un facteur important pour déterminer la capacité, car différentes méthodes de travail ne produisent pas au même rythme. Un autre facteur plus subtil encore concerne la qualité de la production. Si l'on choisit un processus de production avec lequel on n'est pas familier ou pour lequel on a de la difficulté à atteindre les normes de qualité, on prendra plus de temps à produire: travail à reprendre ou fabrication de produits de remplacement. Dans de tels cas, les quantités produites ne seront pas respectées, avec tous les inconvénients qui en découlent.

5.6.4   Les facteurs humains

La capacité réelle est fonction des tâches qui constituent un poste de travail, de la série d'activités qu'il contient (appelée le « contenu de travail »), de la formation, des compétences et de l'expérience nécessaires pour accomplir le travail. La capacité dépend aussi directement de la motivation des employés, du taux d'absentéisme et de la rotation du personnel.

5.6.5   Les facteurs liés à la gestion des opérations

Une mauvaise planification et l'ordonnancement des travaux qui en découle, ainsi qu'une gestion des achats et des stocks déficiente, font en sorte qu'on n'utilise pas les ressources disponibles de façon optimale. Il en résulte des retards dans les livraisons, une rupture de stock, etc. Il en va de même pour une mauvaise qualité des biens produits, qui nous oblige à reprendre les travaux plusieurs fois. Dans de tels cas, on aura tendance à exiger une plus grande capacité de production pour rattraper les retards. Or, cette augmentation de la capacité n'est nullement justifiée.

5.6.6   Les facteurs liés à la chaîne d'approvisionnement

Avec la globalisation des marchés, les longues distances à parcourir entre les différents fournisseurs et l'entreprise et entre l'entreprise et ses clients, on se trouve confronté à un nouveau défi: assurer un flot continu de la matière première, des produits et des services. Une variation de la capacité de production ne concerne plus l'entreprise toute seule, mais aussi l'ensemble des partenaires, des fournisseurs et des clients. Voici quelques-unes des innombrables questions auxquelles il faut répondre avant de modifier la capacité :

- Quel est l'impact de la variation de la capacité sur l'entreposage externe (les centres de distribution) ?
- Les fournisseurs pourront-ils s'ajuster à ces variations ?
- Les transporteurs pourront-ils assurer les livraisons à temps ?
- Quelles sont les contraintes douanières ?

C'est le rôle de la chaîne d'approvisionnement d'assurer la continuité et le flot ininterrompu entre les partenaires.

5.6.7   Les facteurs externes

Une entreprise peut éprouver des difficultés à augmenter ou à maintenir sa capacité à cause des normes gouvernementales ou des normes minimales de qualité et de performance. La mise en place de mesures assurant le respect des normes antipollution imposées sur les produits et le processus de fabrication, ainsi que la rédaction d'innombrables formulaires gouvernementaux, occupent des employés à des tâches non productives, ce qui réduit la capacité réelle de l'entreprise. Des conventions collectives rigides, limitant le nombre d'heures et la flexibilité de travail des employés, ont généralement le même effet. Le tableau 5.4 résume tous ces facteurs.

TABLEAU 5.4

Facteurs déterminant la capacité réelle

A. Les installations La conception L'emplacement L'aménagement L'environnement	**E. La gestion des opérations (technologique)** L'ordonnancement La gestion des matériaux L'assurance qualité Les règles d'entretien Les pannes
B. Les produits ou services La conception La combinaison de produits ou de services	**F. Les facteurs externes (politiques et écologiques)** Les normes sur les produits Les règlements concernant la sécurité des travailleurs Les syndicats
C. Le processus (économique) La capacité en volume La capacité en qualité La capacité en délais	
D. Les facteurs humains (social) Le contenu des emplois La conception des emplois La formation et l'expérience La motivation La rémunération Le temps d'apprentissage L'absentéisme et la rotation du personnel	**G. Les normes de contrôle de la pollution** **H. La chaîne d'approvisionnement** Les fournisseurs Les sous-traitants **I. Les politiques internes à l'entreprise** Les lois et réglementations nationales et municipales

5.7   L'élaboration des options de capacité

Dans cette section, nous présentons les différents points à considérer lors du développement de solutions relativement à la capacité d'opération. Ces considérations sont les suivantes :

1. Concevoir des systèmes flexibles.
2. Tenir compte du cycle de vie du produit.
3. Garder une vue d'ensemble.
4. Se préparer à gérer des variations sporadiques importantes de la capacité.
5. Viser un nivelage de la capacité.
6. Déterminer le niveau d'opération optimal.

1. **Concevoir des systèmes flexibles.** Étant donné les répercussions à long terme de plusieurs décisions liées à la capacité, les risques et l'incertitude qui s'y rattachent, on doit concevoir des systèmes flexibles, facilement modifiables en fonction de situations imprévisibles. Par exemple, lors de la conception initiale de la capacité opérationnelle, il est moins coûteux de prévoir l'expansion future d'une structure que de remodeler par la suite une structure existante. Ainsi, dans l'optique de l'expansion future d'un restaurant, on peut prévoir des conduites d'eau, des prises et des lignes électriques pour les broyeurs d'ordures supplémentaires. On réduit ainsi les inconvénients découlant de changements futurs. Dans les chapitres suivants, on discutera du choix des équipements et de leur aménagement, de la planification et de l'ordonnancement de la production, des politiques de gestion de stocks et d'approvisionnement pour assurer la flexibilité des opérations.

2. **Tenir compte du cycle de vie du produit.** Au chapitre 4, on a étudié la conception des produits. On a vu que la demande des produits et des services varie en fonction du cycle de vie, celui-ci étant divisé en cinq phases principales : lancement ou introduction, croissance, maturité, saturation et déclin (*voir le cycle de vie du produit à la sous-section 4.6.1*). Selon le positionnement du produit dans son cycle de vie, on doit pouvoir faire face à des variations de la demande. Ainsi, dans la phase d'introduction, la capacité opérationnelle est plutôt modeste, car on ne peut prévoir le succès futur du produit et on ne sait pas si des modifications importantes devront lui être apportées : on fonctionnera par essais et erreurs, en se gardant le plus possible des options ouvertes. À l'inverse, dans la phase de maturité, la demande du produit est bien connue : on doit alors être capable de déterminer nos besoins en capacité ; les erreurs sont difficilement acceptées durant cette phase.

3. **Garder une vue d'ensemble.** Lorsqu'on définit les options de capacité, il est important de tenir compte de l'interaction des composantes du système. Par exemple, si l'on décidait d'augmenter le nombre de chambres d'un hôtel, il faudrait considérer aussi l'accroissement de la demande relative au stationnement, aux divertissements, à la restauration et à l'entretien. Il s'agit d'une approche globale. Il est donc important ici de dresser une liste la plus exhaustive possible de tous les éléments et de leurs paramètres qui font partie des composantes du système des opérations et pour lesquels on veut établir les capacités.

4. **Se préparer à gérer des variations sporadiques importantes de la capacité.** Comme les variations de la demande se font souvent d'une façon abrupte plutôt que progressivement, il devient difficile d'ajuster la capacité souhaitée à la capacité possible pour faire face à ces variations. Par exemple, si un entrepreneur souhaite une capacité de 55 unités à l'heure pour une opération et que la machine utilisée pour cette opération a une cadence de 40 unités à l'heure, on voit que la machine actuelle cause une pénurie de 15 unités à l'heure. L'ajout d'une deuxième machine se solderait par une capacité excédentaire de 25 unités à l'heure. Si on décide d'acquérir une deuxième machine, on doit être capable de soutenir une capacité inutilisée durant un certain temps. De plus, l'efficacité et le taux d'utilisation s'en ressentiraient. Il en est de même lorsqu'on embauche une équipe d'employés supplémentaire. Le même raisonnement s'appliquerait, mais d'une façon inverse, si la demande diminuait.

5. **Viser un nivelage de la capacité.** Les fluctuations dans les besoins en capacité peuvent causer d'autres types de problèmes. Par exemple, l'achalandage des transports en commun tend à augmenter substantiellement par mauvais temps. Par conséquent, le système doit être capable d'alterner entre des périodes d'achalandage très faible et très élevé. Ainsi, pendant les périodes de pointe, l'ajout d'autobus allégera le fardeau. Mais, en cas de capacité excédentaire attribuable à un trop grand nombre d'autobus en circulation, les frais d'exploitation du système augmenteront. Il n'existe malheureusement aucune solution unique à ces problèmes : l'analyse au cas par cas est ici de mise, pourvu qu'on dispose d'informations mesurables, précises et les plus complètes possible. Les fluctuations de la demande ont plusieurs causes. Quelle que soit leur origine, on doit en tenir compte dans la planification des tâches, des échéanciers de production ainsi que des niveaux de stocks. Dans le cas de l'achalandage du transport en commun, une augmentation peut être attribuable en partie au mauvais temps, mais aussi à des variations aléatoires, incontrôlables, purement le fruit du hasard. La saisonnalité est une autre source de variation de la demande, mais elle est plus facile à gérer que les variations aléatoires, car elle est prévisible. D'autre part, les variations saisonnières peuvent être problématiques à cause des demandes inégales qu'elles imposent au système, lequel sera parfois surchargé et, à d'autres moments, sous-utilisé. Une façon de contourner ce problème consiste à offrir des produits ou des services complémentaires. Par exemple, on peut

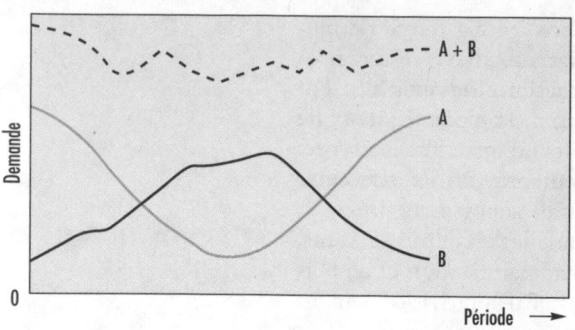

FIGURE 5.2 ▲

A et B représentent des modèles de demande complémentaires

FIGURE 5.3 ▼

Le taux optimal de production correspond à un coût unitaire minimal

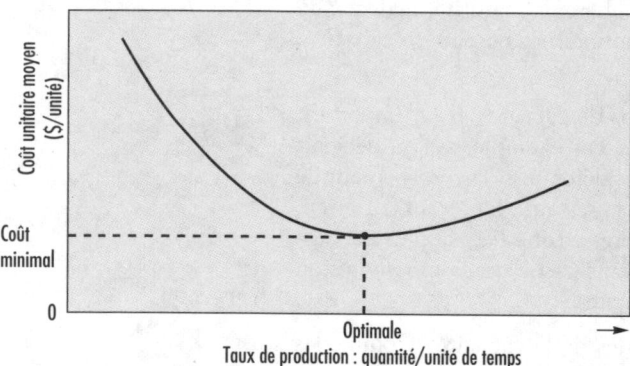

compenser la demande de skis alpins par la demande de skis nautiques : durant le printemps et l'été, la demande de skis nautiques est plus importante, tandis que la demande de skis alpins augmente à l'automne et pendant les mois d'hiver. Cette complémentarité s'applique également aux appareils de climatisation et aux appareils de chauffage. Le cas idéal est celui où la production de produits ou de services ayant des modèles de demande complémentaires nécessite les mêmes ressources, pendant des périodes différentes, pour stabiliser les besoins globaux en capacité. La figure 5.2 illustre la complémentarité des modèles de demande.

Les variations de la demande posent d'autres problèmes aux gestionnaires. La meilleure solution ne consiste pas toujours à augmenter la capacité du processus (agrandir l'usine, accroître la main-d'œuvre ou la quantité de matériel de traitement), car cela provoque une baisse de la flexibilité et une hausse des coûts fixes. C'est pourquoi les gestionnaires choisissent souvent d'autres méthodes pour répondre aux demandes plus élevées que la moyenne. Par exemple, le recours aux heures supplémentaires, à la sous-traitance, à l'impartition ou à l'augmentation des stocks durant les périodes de faible demande pour ensuite les épuiser dans les périodes de forte demande. Au chapitre 12, on expliquera les différents moyens disponibles pour résoudre ces problèmes.

6. Déterminer le niveau d'opération optimal. En général, le niveau d'exploitation idéal des quantités produites est exprimé par un taux de production. Au niveau idéal, le coût unitaire sera le plus faible ; la production de quantités différentes, qu'elles soient inférieures ou supérieures à ce taux optimal, fera augmenter ce coût unitaire. La figure 5.3 illustre cette notion. Notez que les coûts unitaires augmentent à mesure que le taux de production varie par rapport au niveau optimal. Cette notion sera analysée plus en détail à la sous-section 5.7.1.

5.7.1 L'économie et la déséconomie d'échelle

Examinons à nouveau la figure 5.3. Sa forme s'explique par le fait que, lorsqu'on produit de petites séries de production, le coût des installations et de la mise en route des machines est amorti sur un faible nombre d'unités fabriquées. Ainsi, le coût par unité est très élevé. Lorsque le volume de la production augmente, un plus grand nombre d'unités absorbe les coûts « fixes » des installations et du matériel, ce qui réduit le coût unitaire. C'est la notion d'**économie d'échelle,** où les coûts fixes de production sont amortis sur un grand nombre d'unités produites. Cependant, passé un certain stade, d'autres facteurs apparaissent et les coûts unitaires recommencent à grimper. C'est la notion de **déséconomie d'échelle** qui entre en jeu (*voir le tableau 5.5*). En effet, la fatigue des travailleurs, les bris de matériel, la perte de souplesse qui réduit la marge d'erreur et, de façon générale, une plus grande difficulté à coordonner les opérations contribuent à la hausse des coûts d'un procédé d'opération qui n'a pas été conçu de manière à soutenir des quantités de production aussi importantes. L'économie d'échelle et la déséconomie d'échelle sont comparées au tableau 5.5.

Économie d'échelle

Baisse du coût de revient unitaire du produit en fonction de l'augmentation des quantités produites. Elle est causée par l'augmentation de l'efficacité due aux grandes quantités produites.

Déséconomie d'échelle

Hausse du coût de revient unitaire du produit en fonction de l'augmentation des quantités produites. Elle est causée par la baisse de l'efficacité due aux grandes quantités produites.

TABLEAU 5.5 ▶

Comparaison : économie et déséconomie d'échelle

Effets de l'économie d'échelle	Effets de la déséconomie d'échelle
• Les coûts fixes sont répartis sur un plus grand nombre d'unités. • Les coûts des mises en route diminuent en fonction de la taille des lots à créer. • Les processus d'opération se normalisent, d'où l'augmentation de la cadence et de la simplicité de production et la baisse des coûts d'exploitation.	• Les coûts de distribution augmentent à cause de la congestion du trafic d'un mégacentre de distribution, en comparaison d'une multitude de petits centres plus proches des marchés. • Les communications et le contrôle sont plus complexes. • Il y a une perte systématique de flexibilité des opérations attribuable à la centralisation. • Il y a augmentation de la bureaucratie, ralentissement dans la prise de décision, incapacité à s'ajuster à des marchés cibles.

Il reste que le volume optimal d'exploitation et le coût unitaire minimal correspondant sont tributaires de la capacité de production générale du centre d'exploitation. À mesure que la capacité générale de l'usine ou de l'entreprise augmente, le volume optimal de production croît et le coût unitaire correspondant décroît. Par conséquent, les usines plus grandes tendent à avoir des quantités optimales de production plus élevées et des coûts minimaux plus faibles que les usines plus petites. La figure 5.4 illustre cette notion.

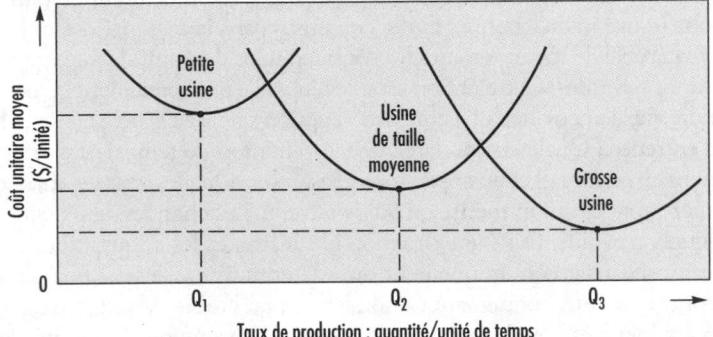

◂ **FIGURE 5.4**

Le coût minimal et le taux optimal d'exploitation dépendent de la taille du centre de production

Dans le choix de la capacité d'un centre d'exploitation, on doit tenir compte de ces relations ainsi que des ressources, financières ou autres, disponibles et des prévisions de la demande. Il revient aux gestionnaires d'explorer les coûts unitaires de production correspondant à des volumes différents d'unités de production et de tenir compte de tous les paramètres en jeu pour décider de la bonne quantité d'unités à produire et de la taille idéale du centre d'exploitation. La simulation devient alors un excellent outil pour la prise de décision.

5.7.2 La déséconomie d'échelle dans les services

La recherche du juste équilibre entre l'économie et la déséconomie d'échelle devient encore plus difficile dans le cas des services. Cela est attribuable à :

a) la nature même des services qui ne sont pas entreposables, donc on ne peut prendre de l'avance sur la production des services en prévision des périodes de grande demande ;

b) la volatilité de la demande, donc la difficulté de prévoir avec précision ;

c) la nécessité d'être à proximité du client.

Pour ces raisons, plusieurs entreprises dans le domaine des services ayant expérimenté la centralisation massive (mégacentres de distribution, mégasupermarchés, mégahôpitaux, mégacentres de recherche, etc.) ont dû rebrousser chemin et revenir à des centres plus proches de la clientèle qu'elles desservent. De cette façon, elles peuvent s'adapter mieux et plus rapidement aux besoins, lesquels sont différents d'une région à l'autre. D'autre part, les entreprises qui acquièrent des équipements ultrasophistiqués et embauchent des spécialistes à grands frais tendent vers la centralisation afin de bénéficier de l'économie d'échelle des

Bulletin
À LA UNE La rationalisation pourrait poser problème

Les entreprises ayant appliqué des stratégies de réduction des coûts durant la dernière période de crise économique ne peuvent sans doute pas y recourir de nouveau, car elles ne peuvent plus couper dans les dépenses. Autrement dit, à moins de trouver de nouvelles façons de contrer une chute de la demande, elles auront une capacité excédentaire qui réduira leurs profits. Les industries ayant de forts besoins en capital pourraient être les plus touchées, car leurs coûts fixes sont élevés et elles n'ont pas la possibilité de modifier rapidement leur capacité de production. Le problème provient partiellement de la tendance des entreprises à réinvestir les capitaux quand l'argent coule à flots, en oubliant de tenir compte des fluctuations de la demande.

Source : Adapté de « In Some Industries, Executives Foresee Tough Times Ahead », *The Wall Street Journal*, 7 août 1997, p. A1.

grands centres. Plusieurs études ont été menées dans le domaine, et les solutions adaptées à chaque besoin doivent être retenues : il est terriblement téméraire d'adopter une politique à toute épreuve, comme le font malheureusement certains gestionnaires.

5.8 L'évaluation des options

Avant d'arrêter sa décision, on doit étudier les options de capacité future sous plusieurs angles et l'on doit pouvoir les comparer selon un même jalon. Or, le jalon commun le plus simple que les gestionnaires ont trouvé jusqu'ici et qui fait le consensus dans la majorité des milieux est le coût. Il faut donc être capable de traduire toutes les considérations du point de vue économique. On se posera les questions suivantes : Cette option est-elle réalisable financièrement ? Quel en est le coût ? Peut-on atteindre rapidement nos objectifs avec l'option choisie ? Quels en sont les coûts d'exploitation et d'entretien ? Quelle est sa durée de vie (l'horizon de temps) ? Pourra-t-elle s'intégrer harmonieusement au personnel et aux opérations existantes ? Quelles sont ses chances de réussite ?

Cette dernière considération mérite qu'on s'y attarde. Les chances de réussite dépendent du milieu dans lequel on évolue. Dans une situation idéale, toutes les informations sont disponibles et on se trouve ainsi dans un environnement dit « déterministe » : les coûts d'exploitation et les revenus sont connus, et l'environnement est totalement prévisible. Mais force est d'admettre que cette situation est loin d'être réaliste, bien qu'elle soit la plus étudiée du point de vue scolaire. Les outils mathématiques utilisés dans ce cas relèvent de simples équations algébriques (*voir la sous-section 5.8.1*). D'autre part, on peut se retrouver dans un contexte où plusieurs facteurs nous échappent, comme l'évolution des taux d'intérêt. On est donc dans un environnement où des risques existent : c'est la notion de probabilités qui entre en jeu. Le problème résolu 2, à la page 186, illustre la démarche à suivre dans une telle situation. Finalement, complètement à l'opposé, on peut se retrouver dans un contexte où les informations sont totalement inexistantes : un nouveau produit, fabriqué selon un nouveau procédé et offert sur un nouveau marché totalement inexploré, ou bien une situation à la merci des conditions météorologiques. On est alors en situation d'incertitude : c'est la notion des simulations qui entre en jeu et l'ordinateur, avec la série de logiciels développés en conséquence, s'avère d'une grande utilité.

Une autre question plus subtile, mais tout aussi importante, concerne l'opinion publique. Est-elle favorable ? Par exemple, la décision de construire une centrale électrique provoquera toujours des réactions, qu'elle fonctionne au gaz, à l'hydroélectricité ou à l'énergie nucléaire. Chaque fois qu'une option risque de déranger, il y a des réactions négatives. La figure 5.5 illustre les environnements idéaux (déterministes), de risque et d'incertitude.

FIGURE 5.5 ▶

L'importance de l'information pour la prise de décision

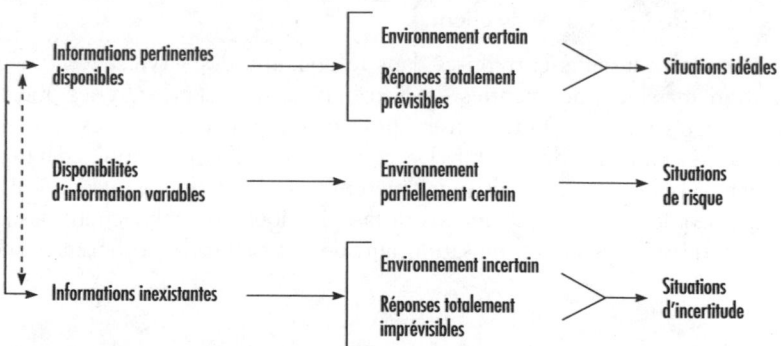

Source : C. Benedetti, *Introduction à la gestion des opérations*, 4ᵉ édition, Montréal, Chenelière/McGraw-Hill, 2002, p. 58.

L'implantation de nouvelles installations peut impliquer un transfert de personnel et soulever des protestations. Il en est de même dans le cas d'un déménagement, si la région où l'entreprise se trouve perd un employeur important. De plus, l'adoption de nouvelles technologies nécessite de former les employés actuels ou d'effectuer certaines mises à pied. À l'inverse, si la présence de l'entreprise est perçue comme nuisible (bruit, circulation, pollution), la communauté exercera d'autres types de pression.

L'évaluation financière des options de capacité se fait de plusieurs façons : l'analyse des coûts en fonction du volume, l'analyse financière, la théorie décisionnelle, l'analyse des files d'attente et les stratégies opérationnelles.

5.8.1 L'analyse coût-volume

Indépendamment de la technologie qui y est associée, toute décision concernant le processus d'opération devrait être évaluée en fonction du coût unitaire de production et non pas en fonction du coût global.

Les coûts totaux de production CT, qui représentent la somme des coûts fixes CF et des coûts variables CV, varient en fonction des quantités produites :

$$CT = CF + CV$$
où CV = coûts variables
  CF = coûts fixes

Les coûts variables se calculent comme suit :

$$CV = cvu \times Q$$
où cvu = coûts variables unitaires
  Q = quantité produite

Le coût unitaire de production cu est déterminé par l'équation suivante :

$$cu = CT / Q$$

Les produits créés rapportent un revenu à l'entreprise. Le revenu total (RT) escompté de la vente d'une quantité Q d'unités est calculé de la façon suivante :

$$RT = r \times Q$$
où r = revenu unitaire

La figure 5.6 A illustre la relation entre les coûts fixes, les coûts variables, les coûts totaux de production et les quantités produites, à savoir l'évolution de CT (coûts totaux de production) en fonction de Q (quantité). En supposant que le prix de vente de chaque unité vendue r ne change pas avec les quantités, l'évolution des revenus totaux RT en fonction des quantités Q apparaît au graphique B. En superposant ces deux graphiques, on obtient le graphique C, où l'on remarque que la droite représentant les coûts totaux croise la droite représentant les revenus totaux au point d'intersection défini par la quantité Q_{pm}.

Q_{pm} = quantité au **point mort ou seuil de rentabilité**
Au point mort Q_{pm}, on a l'égalité suivante :
$$RT = CT = CV + CF \text{ ou } r \times Q_{pm} = cvu \times Q_{pm} + CF$$

Point mort ou seuil de rentabilité

Quantité ou volume de production nécessaire pour que les revenus puissent couvrir au minimum les coûts totaux d'exploitation.

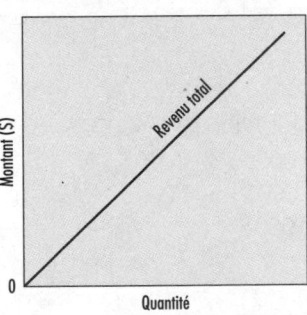

A. Coûts fixes, variables et totaux

B. Augmentation linéaire du revenu

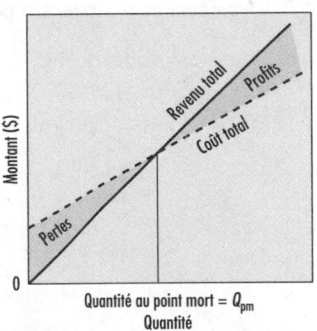

C. Profits = $R - CT$

◀**FIGURE 5.6**

Évolution du coût et du revenu en fonction de la quantité

En résolvant l'équation ci-dessus par rapport à l'inconnue Q_{pm}, on peut déterminer le point mort.

On peut voir, sur le graphique C, que
pour tout $Q < Q_{pm}$, il y a une perte
pour tout $Q > Q_{pm}$, il y a un profit

Profits = $RT - CT$
si $RT - CT < 0$, on subit des pertes
si $RT - CT > 0$, on réalise des profits

Marge de profit
Profit par rapport aux coûts d'exploitation.

Parfois, il est préférable de calculer les profits en termes de la **marge de profit** MP, habituellement définie en pourcentage :

$$MP = \frac{RT - CT}{CT}$$

Marge bénéficiaire
Profit par rapport aux revenus.

À ce stade, on distingue la marge de profit MP et la **marge bénéficiaire** MB. Dans le domaine de la gestion des opérations, la marge de profit est plus utilisée.

Exemple 3

Les gestionnaires d'une entreprise désirent ajouter une ligne de produits dont les coûts fixes sont de 6 000 $ par mois. Les coûts de la matière première, de la main-d'œuvre, des machines et de l'énergie associés à la fabrication d'une unité ont été évalués à 2 $. Le produit se vend sur le marché 7 $/unité. On désire déterminer :

a) le nombre d'unités par mois qu'il faut fabriquer pour couvrir les frais mensuels ;
b) les profits (ou les pertes) si les prévisions indiquent des ventes possibles de 1 000 unités par mois ;
c) le nombre d'unités qu'il faut vendre par mois pour réaliser un profit de 4 000 $ et la marge de profit associée ;
d) le prix de vente du produit si l'on désire réaliser une marge de profit de 25 % et si le taux de production est de 1 000 unités par mois.

Solution

a) Au point mort : $r \times Q_{pm} = cvu \times Q_{pm} + CF$

$7\,\$/u \times Q_{pm} = 2\,\$/u \times Q_{pm} + 6\,000\,\$$

$(7\,\$/u - 2\,\$/u) \times Q_{pm} = 6\,000\,\$$

$$Q_{pm} = \frac{6\,000\,\$}{7\,\$/u - 2\,\$/u} = 1\,200 \text{ unités}$$

Il faut fabriquer un minimum de 1 200 unités par mois pour couvrir les frais.

b) Pour 1 000 unités, les revenus sont :

$RT = r \times Q$
$RT = 7\,\$/u \times 1\,000\,u = 7\,000\,\$$

et les coûts sont les suivants :

$CT = cvu \times Q + CF$
$CT = 2\,\$/u \times Q + 6\,000\,\$ = 2\,\$/u \times 1\,000\,u + 6\,000\,\$ = 8\,000\,\$$

Donc, on enregistre des pertes de 1 000 $.

c) Pour des profits de 4 000 $:

$RT - CT = 4\,000\,\$$
$RT = CT + 4\,000\,\$ = (cvu \times Q + CF) + 4\,000\,\$$
$\quad\quad = (2\,\$/u \times Q + 6\,000\,\$) + 4\,000\,\$$
$\quad r \times Q = (2\,\$/u \times Q + 6\,000\,\$) + 4\,000\,\$$
$7\,\$/u \times Q = 2\,\$/u \times Q + 10\,000\,\$$
$5\,\$/u \times Q = 10\,000\,\$$
$\quad\quad Q = 2\,000 \text{ unités}$

Il faut donc fabriquer 2 000 unités pour réaliser un profit de 4 000 $.
La marge de profit sera alors :

$$MP = \frac{\text{Profit}}{CT} = \frac{4\,000\,\$}{2\,\$/u \times 2\,000\,u + 6\,000\,\$} = \frac{4\,000\,\$}{10\,000\,\$} = 40\,\%$$

d) Avec 1 000 unités produites par mois, les coûts totaux sont :

$CT = CV + CF$
$\quad\quad = 2\,\$/u \times 1\,000\,u + 6\,000\,\$ = 8\,000\,\$$

Par conséquent, le coût unitaire de production est :

$cu = CT/Q = 8\,000\,\$ / 1\,000\,u = 8\,\$/u$

Pour réaliser une MP de 25 %, on vendra l'unité avec un incrément de 25 % sur le coût de production, ou plus simplement, on majorera le coût de production de 1,25.

Prix de vente = $cu \times 1,25 = 8\$/u \times 1,25 = 10\$/$unité

Il faudra donc vendre l'unité 10 $, soit plus cher que les prix courants, ce qui crée une situation problématique.

Revenons maintenant aux coûts des différents processus de production.

Pour simplifier, on analyse et on compare les coûts de production d'un même produit selon les trois procédés de base : à l'unité, interrompu et continu.

Le procédé à l'unité est associé au travail des artisans. Le procédé interrompu est plutôt utilisé dans les ateliers, les manufactures de petite taille et surtout dans les entreprises de services. Finalement, le procédé continu est lié aux grandes chaînes d'assemblage, aux raffineries, etc. Au chapitre 6, on verra plus en détail ces trois procédés d'opération et leurs hybrides. Retenons à ce stade le principe suivant : plus la technologie adoptée est simple, plus les coûts d'implantation du procédé et de mise en route, à savoir les coûts fixes, sont faibles. Par contre, les coûts variables rattachés à la création de chaque unité sont élevés. D'autre part, plus la capacité de production est grande, plus l'automatisation est élevée. Les coûts d'implantation et de mise en route sont également élevés, mais les coûts variables sont faibles. Le tableau 5.6 illustre ce principe.

◂**TABLEAU 5.6**

Tableau relationnel processus-ressources

	À l'unité	Interrompu	Continu	
		Lots	Chaînes d'assemblage	Industries de traitement
Coûts fixes	Faibles	Moyens	Élevés	Très élevés
Coûts variables	Élevés	Moyens	Faibles	Très faibles
Volume	Limité	Moyen	Grand	Très grand

L'évolution comparée des coûts de production en fonction des quantités produites est illustrée à la figure 5.7, où :

$CT_1 = CF_1 + CV_1$: coûts totaux de production selon le processus à l'unité

$CT_2 = CF_2 + CV_2$: coûts totaux de production selon le processus interrompu

$CT_3 = CF_3 + CV_3$: coûts totaux de production selon le processus continu

◂**FIGURE 5.7**

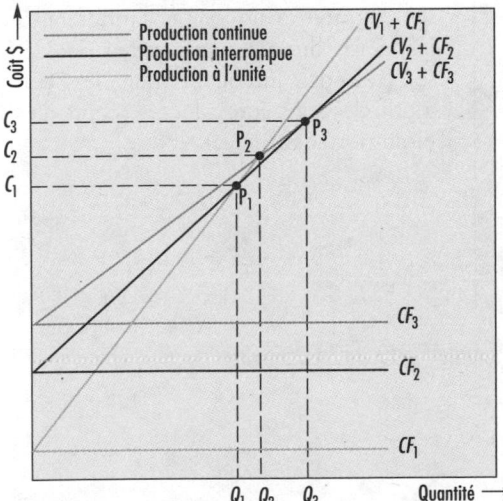

A. Évolution comparée des coûts d'exploitation

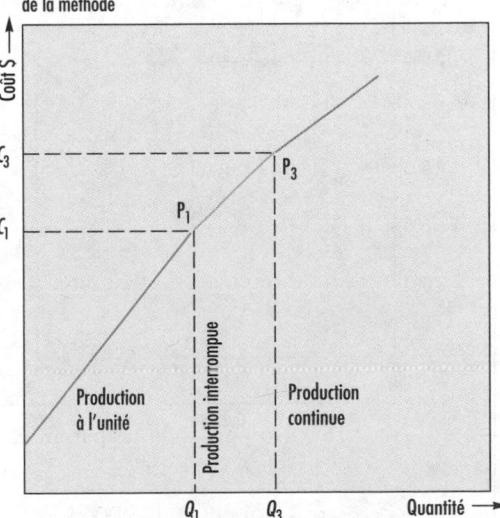

B. Graphique d'optimisation des coûts ou du choix de la méthode

Source : C. Benedetti, *Introduction à la gestion des opérations*, 4ᵉ édition, Montréal, Chenelière/McGraw-Hill, 2002, p. 42-43.

Niveau au point d'indifférence
Niveau d'activités où les coûts de production de deux procédés sont identiques.

5

Le point P_1 du graphique indique le **niveau au point d'indifférence** entre la production à l'unité et la production interrompue.

Par niveau au point d'indifférence, on entend le niveau d'activités où les coûts de production de deux méthodes sont identiques.

Pour des quantités à produire inférieures à Q_1, on préférera la production à l'unité. Pour des quantités à produire supérieures à Q_1, on utilisera la production interrompue. Le même raisonnement s'applique au point P_3, qui correspond au niveau au point d'indifférence entre la production interrompue et la production continue : pour des quantités supérieures à P_3 on préférera la production continue. Le graphique d'optimisation des coûts (*voir la figure 5.7 B*), qui résume les points saillants de cette analyse, indique au gestionnaire le moment où il convient de changer de processus de travail, à savoir :

si quantité Q comprise entre : $0 < Q < P_1$ choisir production à l'unité ;
si quantité Q comprise entre : $1 < Q < P_3$ choisir production interrompue ;
si quantité Q dépasse : $P_3 < Q$ choisir production continue.

La notion de niveau au point d'indifférence est un excellent outil de prise de décision. Elle peut aussi être utilisée pour décider de la technologie à adopter (*voir l'exemple 4*). Par contre, il ne faut pas oublier qu'elle ne tient compte que du point de vue économique, et que, comme on l'a vu, d'autres facteurs plus qualitatifs doivent appuyer le choix du processus à adopter.

Exemple 4

Supposons que l'on compare deux méthodes de production dont les coûts sont résumés dans le tableau suivant[3] :

On demande de déterminer le niveau au point d'indifférence entre ces deux procédés.

Coûts	Méthode 1	Méthode 2
Variables	5 $/u	4 $/u
Fixes	2 000 $	4 000 $

Solution

Le coût total de production (CT) pour chacune de ces méthodes est exprimé par :

$$CT_1 = 5\,\$/u \times Q + 2\,000\,\$$$
$$CT_2 = 4\,\$/u \times Q + 4\,000\,\$$$

Rappelons que ces deux expressions représentent des droites de la forme :

$$y = mx + b$$

où m = pente de la droite, correspondant aux coûts variables en dollars par unité
      b = ordonnée du point d'intersection de la droite avec l'axe des y, représentant les CF en dollars

FIGURE 5.8

Évolution des coûts totaux selon les deux méthodes considérées

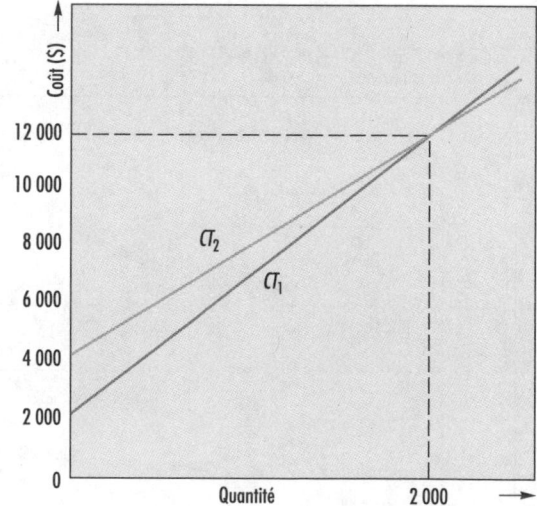

La figure 5.8 illustre l'évolution des coûts totaux (CT) pour chacune des deux méthodes.

Au niveau au point d'indifférence, les deux droites représentant les CT se croisent, indiquant que les deux méthodes sont équivalentes (coûts d'exploitation identiques).

$$CT_1 = CT_2$$
$$y_1 = y_2$$
$$m_1 x + b_1 = m_2 x + b_2$$
$$5\,\$/u \times Q + 2\,000\,\$ = 4\,\$/u \times Q + 4\,000\,\$$$
$$Q = 2\,000 \text{ unités}$$

———————————
3. C. Benedetti, *Introduction à la gestion des opérations*, 4e édition, Montréal, Chenelière/McGraw-Hill, 2002, p. 74-76.

Un entrepreneur doit choisir entre l'acquisition d'une, de deux ou de trois machines pour augmenter ses capacités de production. Les coûts fixes et les volumes potentiels pour chaque machine apparaissent dans le tableau ci-contre.

Option	CF annuel de l'option	Capacité en unités/an
Achat 1 machine	9 600 $	0 à 300 unités
Achat 2 machines	15 000 $	301 à 600 unités
Achat 3 machines	20 000 $	601 à 900 unités

Les coûts variables sont de 10 $/unité et les revenus, de 40 $/unité, quelle que soit l'option retenue.

a) Déterminez le point mort pour chaque option.

b) Si les prévisions nous indiquent une demande de 580 à 660 unités par année, quelle est l'option à retenir ?

a) Calcul du point mort Q_{pm} :

$$r \times Q_{pm} = cvu \times Q_{pm} + CF$$

$$40\$/u \times Q_{pm} = 10\$/u \times Q_{pm} + CF$$

$$(40\$/u - 10\$/u) \times Q_{pm} = CF$$

Option 1 machine $\quad Q_{pm} = \dfrac{CF}{r - cvu} = \dfrac{9\,600\,\$}{40\,\$/u - 10\,\$/u} = 320$ unités

Option 2 machines $\quad Q_{pm} = \dfrac{CF}{r - cvu} = \dfrac{15\,000\,\$}{40\,\$/u - 10\,\$/u} = 500$ unités

Option 3 machines $\quad Q_{pm} = \dfrac{CF}{r - cvu} = \dfrac{20\,000\,\$}{40\,\$/u - 10\,\$/u} = 667$ unités

b) L'option 1 est rejetée, car le point mort (320 unités) est à l'extérieur de la capacité (0 à 300 unités). En comparant les deux options restantes, on se rend compte que la seule option dont le point mort se situe au-dessous de la zone prévisionnelle (580 à 660 unités) est l'option à 2 machines (point mort de 500 unités). Si la demande chute au-dessous des 580 unités prévues, on demeure quand même au-dessus du Q_{pm} de 500 unités ; donc, on réalise encore des profits, ce qui n'est pas le cas avec l'option à 3 machines, où il faut fabriquer au minimum 667 unités pour éviter les pertes. Les figures 5.9 A et B illustrent le phénomène.

▼ FIGURE 5.9

Point mort avec variations de coûts fixes

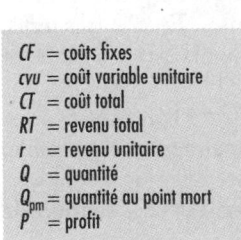

CF = coûts fixes
cvu = coût variable unitaire
CT = coût total
RT = revenu total
r = revenu unitaire
Q = quantité
Q_{pm} = quantité au point mort
P = profit

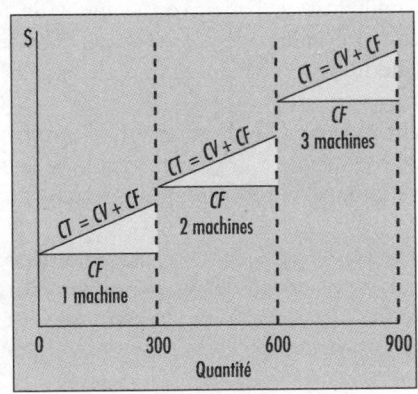

A. Étape avec variations de coûts fixes

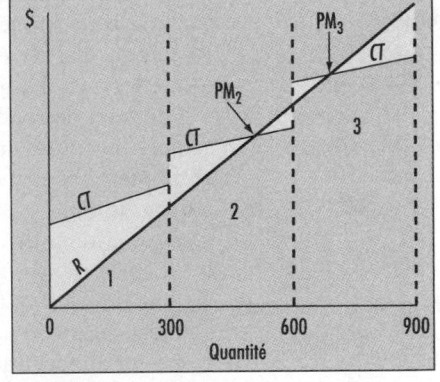

B. Plusieurs points morts

Lors d'une analyse coût-volume, on pose les hypothèses suivantes :

1. Il n'y a qu'un produit en cause.

2. Tout ce qui est produit est vendu.

3. Le coût variable unitaire est constant, peu importe le volume.

4. Les coûts fixes ne changent pas en fonction des changements de volume ou changent par étapes.

5. Le profit unitaire reste le même, peu importe le volume.

Pour comparer les options de capacité, l'analyse coût-volume peut s'avérer un outil précieux. Pour toute analyse quantitative comme celle-ci, il faut vérifier si, dans une situation donnée, les hypothèses qui la sous-tendent sont respectées : les profits unitaires ou les coûts variables unitaires, par exemple, sont-ils constants ? De plus, les coûts fixes peuvent varier pour toute la gamme de produits possibles. Si la demande subit des variations aléatoires, il faut également en tenir compte dans l'analyse.

L'analyse coût-volume est plus efficace si l'on ne considère qu'un seul produit ou des produits ayant les mêmes caractéristiques sur le plan des coûts. Malgré tout, elle a un avantage remarquable : elle offre un cadre conceptuel pour intégrer les coûts, les volumes de ventes et les possibilités de profits dans les décisions relatives à la capacité.

Après avoir effectué l'analyse coût-volume, il faut élaborer des modèles d'analyse financière pour vérifier si cette option fonctionne avec des critères de temps et de coûts plus souples.

5.8.2 L'analyse financière

Les gestionnaires de partout dans le monde éprouvent des difficultés à trouver les fonds nécessaires à de gros projets d'investissement. Pour comparer plusieurs projets et justifier les investissements qui s'y rattachent, les analystes utilisent des critères d'analyse financière, les plus communs étant les suivants :

- le flux de trésorerie ;
- le délai de récupération ;
- la valeur actuelle ou actualisée ;
- le taux de rendement interne.

Le **flux de trésorerie** est la différence entre les liquidités provenant des ventes (de biens ou de services) et d'autres sources (par exemple la vente de matériel usagé) et les décaissements en main-d'œuvre, en matériel, en frais fixes et en impôts.

Une autre méthode, directe et très répandue, est basée sur le **délai de récupération,** c'est-à-dire le temps nécessaire pour qu'un investissement se rembourse de lui-même. Par exemple, un investissement de 6 000 $ avec une rentrée nette de fonds mensuelle de 1 000 $ a une période de récupération de six mois. La récupération ne tient pas compte de la valeur temporelle de l'argent. Le recours à cette méthode est plus approprié pour des projets à court terme que pour des projets à long terme. Cependant, certains critiques croient que cette méthode a été l'un des facteurs ayant empêché les États-Unis d'accroître leur production au même niveau que les entreprises étrangères, car les gestionnaires n'investissaient alors que dans des projets à court terme.

La **valeur actualisée** (*VA*) est la somme, au loyer actuel de l'argent, de tous les flux de trésorerie futurs pour une proposition d'investissement. La méthode basée sur les valeurs actualisées (*VA*) regroupe le coût initial d'un investissement, sa rentrée nette de fonds estimée sur une base annuelle et toute valeur de récupération prévue en un seul montant, appelée « valeur actualisée équivalente », si on tient compte de la valeur temporelle de l'argent (c'est-à-dire les taux d'intérêt).

Le **taux de rendement interne** (*TRI*) est le taux d'actualisation tel que la valeur actualisée des revenus d'un projet est égale à la valeur actualisée de ses dépenses. En d'autres mots, cette méthode détermine le taux de rendement équivalent aux rendements estimés futurs et au coût initial.

Ces critères de comparaison de projets d'investissement sont valables si l'on peut évaluer les flux de trésorerie futurs avec certitude, situation dans un **environnement déterministe.** Cependant, les gestionnaires des opérations doivent souvent composer avec des situations risquées ou incertaines. On utilise alors la théorie de décision lorsqu'on est en **situation de risque et d'incertitude.**

5.8.3 L'analyse des files d'attente

L'analyse des files d'attente est souvent très utile pour concevoir des systèmes de services. Des files d'attente se forment dans une grande variété de systèmes de services (les aérogares, les comptoirs de billetteries, les appels téléphoniques vers une entreprise de câblodistribution ou les salles d'urgence des hôpitaux). Les files d'attente sont dues aux goulots d'étranglement dans les opérations (*voir la section 5.9*), c'est-à-dire les opérations qui bloquent le flot des produits à cause de leur incapacité à suffire à la demande. Leur analyse permet aux gestionnaires de choisir un niveau de capacité de production économique en opposant les coûts des files d'attente aux coûts d'un accroissement de capacité. Elle peut aider à évaluer les coûts prévus pour divers niveaux de capacité de services. Ce sujet sera étudié au chapitre 19.

Flux de trésorerie

Différence entre les liquidités provenant des ventes (de biens ou de services) et d'autres sources (la vente de matériel usagé, par exemple) et les décaissements en main-d'œuvre, en matériel, en frais fixes et en impôts.

Délai de récupération

Temps nécessaire pour récupérer les investissements engagés dans un projet.

Valeur actualisée

Valeur à une date donnée de toutes les rentrées de fonds et dépenses futures pour une proposition d'investissement, calculée au moyen d'un taux d'actualisation approprié.

5.8.4 Les stratégies opérationnelles

La sélection d'un processus exige bien souvent des compétences techniques en ingénierie ou autres. Or, nombreux sont les gestionnaires n'ayant pas les connaissances minimales du processus qu'ils sont censés sélectionner et gérer. Donc, il arrive que des projets d'ordre technique échouent, car ils ont été décidés selon des perceptions erronées des problèmes et des solutions possibles. Par contre, certains gestionnaires peuvent avoir le réflexe de déléguer aux personnes compétentes techniquement les décisions d'ordre opérationnel.

Idéalement, il faudrait promouvoir la formation de gestionnaires ayant aussi bien des compétences techniques que des aptitudes administratives. À court terme, les gestionnaires doivent collaborer avec les techniciens, en leur posant des questions afin de prendre les décisions et en les aidant à améliorer les possibilités et les limites du processus. Un réel besoin de la gestion des technologies se fait donc sentir.

L'usage croissant de l'automatisation en fabrication modifie la structure des coûts d'une entreprise. La proportion des coûts fixes augmente, tandis que celle des coûts variables diminue. Cela veut donc dire que le volume de la production réduit le coût global, une situation qui peut s'avérer difficile dans les périodes de faible production. L'automatisation et le besoin de procédés flexibles créent de nouvelles contraintes d'entretien et de réparation du matériel très spécialisé. Les gestionnaires doivent user de prudence en choisissant l'automatisation, et peser le pour et le contre avant de prendre cet engagement à long terme.

Dans tout ce manuel, l'accent sera mis sur l'importance de la flexibilité en tant qu'avantage concurrentiel. Or, à long terme, les systèmes flexibles sont souvent plus chers et moins efficaces que les systèmes rigides. Dans certains cas, lorsque les produits atteignent la phase de maturité de leur cycle de vie, la flexibilité est inutile, puisque les changements sont peu fréquents et que le volume de production demeure stable. Ce genre de situation exige, en général, un matériel de traitement spécialisé qui peut être rigide, mais qui offre une grande capacité. Les conclusions sont évidentes : il faut utiliser des procédés flexibles avec beaucoup de discernement et seulement lorsque la situation l'exige.

Il est conseillé d'adopter des systèmes flexibles quand la demande est variée ou incertaine. Cette dernière situation peut être maîtrisée par l'amélioration des prévisions de ventes.

5.9 La théorie des contraintes

Les pionniers de la gestion des opérations, Taylor, Ford, Fayol et Gantt (*voir la section 1.6*) ont observé un principe naturel des plus simples : la force d'une chaîne dépend de son maillon le plus faible (*voir la figure 5.10*).

Considérons la bouteille illustrée à la figure 5.11. En montrant plusieurs opérations (4 opérations avec une cadence de 10 u/h) qui fournissent des unités de production à l'opération de droite, dont la capacité d'opération de 30 u/h est inférieure aux capacités combinées des opérations précédentes, on comprend qu'un embouteillage sera formé. Les unités se mettent donc en file d'attente à gauche de l'opération goulot, d'où l'expression « goulot d'étranglement ». Dans le cas du trafic urbain et de la circulation, cela se traduit par un embouteillage.

Augmenter la capacité des opérations qui ne constituent pas un goulot n'influera pas sur la capacité d'opération du système. Par contre, toute amélioration au poste identifié comme étant le goulot (le

▼ **FIGURE 5.10**

La force d'une chaîne dépend de son maillon le plus faible

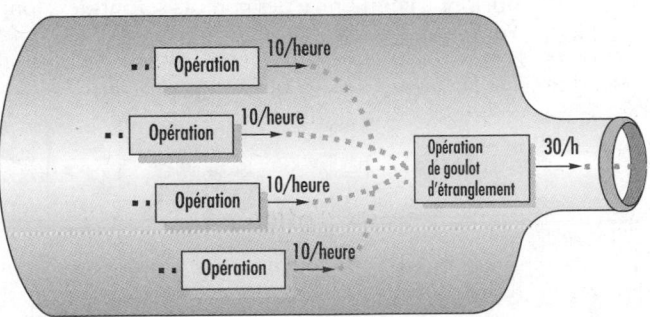

◄ **FIGURE 5.11**

Goulot d'étranglement

maillon faible) mènera à un accroissement de la capacité et, par le fait même, de la productivité. Le taux de production de l'ensemble du système est égal au taux de production du poste goulot. Dans notre exemple, l'ensemble du système produit à un taux maximal de 30 u/h.

Au milieu des années 1980, E. Goldratt (auteur de *La théorie des contraintes*) et Schragenheim et Dettmer[4] ont analysé plus en profondeur le sujet, en se basant sur la notion de contrainte, chère au domaine de la recherche opérationnelle[5]. On entend par **contrainte** la limite ou capacité maximale d'opération d'un système. Ces auteurs ont déterminé sept types de contraintes qui sont présentées au tableau 5.7, en comparaison avec l'approche PESTE.

TABLEAU 5.7

Types de contraintes avec l'approche PESTE

Théorie des contraintes	Approche PESTE relativement aux contraintes
1. Marché : demande suffisante	Social (population desservie)
2. Ressources : main-d'œuvre, équipement, espace	Les 5 M (machines, main-d'œuvre, matière, méthode, milieu)
3. Matériel : disponibilité des matières	Les machines dans les 5 M
4. Financières	Économie
5. Fournisseurs : fiabilité, capacité, qualité	Techniques
6. Connaissances et compétences	La main-d'œuvre dans les 5 M
7. Politiques : lois et réglementations	Politique
	Écologie

La théorie des contraintes suggère les cinq étapes suivantes :

1. Identifier la contrainte la plus évidente, la résoudre et retourner à l'étape 1 pour la prochaine contrainte.
2. Modifier l'opération de la contrainte pour en tirer le maximum de bénéfices ; ce qui est une solution rapide mais intermédiaire.
3. S'assurer que les autres opérations du système peuvent suivre la modification apportée au goulot identifié à l'étape 1 et ne créent pas de nouvelles contraintes.
4. Explorer et évaluer les options pour résoudre la contrainte. Par exemple, s'il s'agit d'un problème de sous-capacité, les heures supplémentaires sont-elles une option ou autre ? S'il s'agit d'un problème de fournisseur de matières premières, peut-on faire appel à d'autres fournisseurs ou peut-on changer de matières premières ? Si c'est un problème de financement, comment trouver de nouvelles sources ?
5. Répéter le processus pour rechercher un niveau de contrainte acceptable pour les gestionnaires de l'entreprise.

Pour terminer l'analyse technique des goulots et des contraintes, considérons la figure 5.12 représentant un système formé de trois opérations successives. Le système ne peut produire plus de 10 u/h, la capacité maximale du poste 2, le poste goulot. Pour augmenter la capacité du système, il faut augmenter la capacité du poste goulot ; augmenter les opérations 1 ou 3 ne donnera rien de plus au système. Cependant, doubler la capacité du poste 2 entraînera le déplacement du goulot de 2 vers le poste 3, et la capacité du système sera limitée à 15 u/h. C'est le défi qui attend les gestionnaires : trouver le juste équilibre pour l'ensemble du système. Les notions d'équilibrage des goulots seront développées plus en détail au chapitre 6 et les files d'attente, au chapitre 19.

FIGURE 5.12

Capacité d'un système à trois opérations

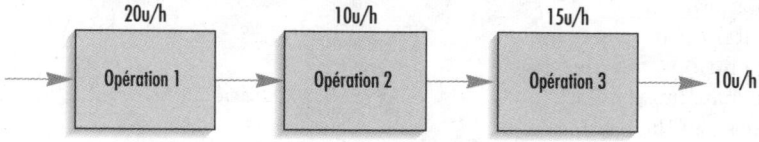

4. Eli Schragenheim et H. William Dettmer, *Manufacturing at Warp Speed*, Boca Raton, St. Lucie Press, 2000.

5. Yves Norbert, Rock Ouellet et Régis Parent, *La recherche opérationnelle*, 2ᵉ édition, Boucherville, Gaëtan Morin Éditeur, 1999, 450 p.

5.10 Conclusion

La capacité désigne le potentiel de création et d'offre de biens ou de prestation de services d'un système sur une période donnée. Les décisions liées à la capacité sont primordiales parce que la capacité est la limite maximale de production: elle détermine en grande partie les coûts d'exploitation. Pour prendre les bonnes décisions, il est important de disposer des données quantitatives précises sur la capacité de travail du procédé.

On ne peut pas gérer ce qu'on ne peut pas mesurer.

La capacité réelle est généralement inférieure à la capacité de conception parce qu'en pratique, plusieurs facteurs peuvent influer sur la capacité: la conception des installations et l'aménagement, les facteurs humains, la conception des biens ou des services, les bris de matériel, les problèmes d'ordonnancement et les questions relatives à la qualité.

La détermination des besoins en capacité exige de faire des évaluations à court et à long terme. Les évaluations à long terme sont liées au niveau global de la capacité; les analyses à court terme concernent les variations dans les besoins en capacité (fluctuations saisonnières, aléatoires ou irrégulières de la demande). Idéalement, la capacité de production doit être égale à la demande, l'objectif ultime étant la recherche de l'équilibre entre l'offre et la demande.

La force d'une chaîne dépend de son maillon le plus faible.

Par conséquent, les prévisions et la planification des besoins en capacité sont étroitement liées, particulièrement à long terme. À court terme, la description des variations de la demande et les moyens d'y répondre deviennent primordiaux.

Il est plus facile de définir les options de capacité en adoptant une approche systémique de planification, en reconnaissant que les accroissements de la capacité s'effectuent souvent d'une façon abrupte, en concevant des systèmes flexibles pouvant s'adapter aux variations de la demande et en considérant la possibilité d'offrir des produits ou des services complémentaires pour répondre à divers modèles de demande.

Un gestionnaire doit évaluer à la fois les aspects quantitatifs et qualitatifs des différentes options de capacité. L'analyse quantitative concerne surtout les facteurs économiques, tandis que l'analyse qualitative implique des facteurs aussi intangibles que l'opinion du public et les goûts personnels des gestionnaires. Parmi les méthodes quantitatives, l'analyse coût-volume, l'analyse financière, l'analyse des files d'attente et les stratégies opérationnelles peuvent être utiles dans le choix d'une option de capacité. La théorie des contraintes est une approche originale pour identifier et résoudre les problèmes de déséquilibre entre les opérations d'un système d'opération, des goulots d'étranglement et des files d'attente qui en découlent. ●

Terminologie

Analyse coût-volume (p. 177)

Capacité de conception (p. 169)

Capacité de distribution (p. 163)

Capacité de production (p. 161)

Capacité réelle ou normalisée (p. 169)

Capacité tampon (p. 166)

Contrainte (p. 184)

Délai de récupération (p. 182)

Déséconomie d'échelle (p. 174)

Économie d'échelle (p. 174)

Environnement déterministe (p. 182)

Équilibrage entre la demande et la capacité (p. 162)

Flux de trésorerie (p. 182)

Horizon de temps (p. 166)

Impartition (p. 164)

Marge bénéficiaire (p. 178)

Marge de profit (p. 178)

Niveau au point d'indifférence (p. 180)

Point mort ou seuil de rentabilité (p. 177)

Production réelle (p. 169)

Situation de risque et d'incertitude (p. 182)

Sous-traitance (p. 164)

Taux d'utilisation (p. 169)

Taux de rendement interne (*TRI*) (p. 182)

Valeur actualisée (p. 182)

5

Problèmes résolus

Problème 1

Décision : achat-fabrication
On doit prendre une décision quant à l'option suivante :
a) Conseillez l'entreprise dans son choix.
b) En tenant compte d'une possibilité de variation dans la demande future, déterminez le niveau au point d'indifférence entre l'achat et la fabrication.

	Fabrication	Achat
Coûts fixes annuels ($)	150 000	0
Coûts variables ($/u)	60	80
Volume annuel (u)	12 000	12 000

Solution

a) Calcul du coût total par unité :

$CT = CF + CV$
Option fabrication : 12 000 u × 60 $/u + 150 000 $
$\qquad$ = 870 000 $
$\qquad cu$ = 870 000 $ / 12 000 u
$\qquad$ = 72,50 $/unité
Option achat : $\qquad cu$ = 80 $/unité
L'option fabrication est donc suggérée.

b) Calcul du niveau au point d'indifférence Q_i :

Au niveau au point d'indifférence, CT achat = CT fabrication ;
80 $/u × Q_i = 60 $/u × Q_i + 150 000 $
Q_i = 7 500 unités
Au-dessous de 7 500 unités, il faudrait choisir l'option achat. Au-dessus de 7 500 unités, la fabrication serait préférable.

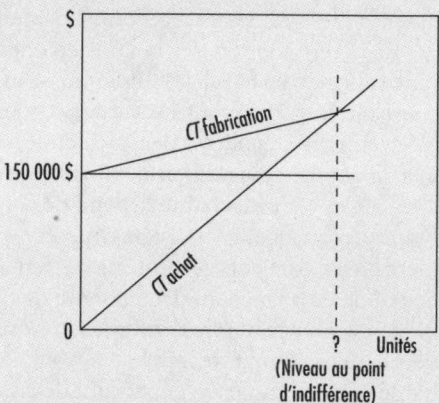

Problème 2

Analyse économique : environnement déterministe et probabiliste
Une PME faisant affaire dans 5 provinces désire réunir en un même lieu ses activités d'assemblage, dont les coûts fixes mensuels sont de 42 000 $ et les coûts variables, de 3 $/unité. L'unité se vend 7 $ sur le marché.
a) Déterminez le point mort.
b) Faites une analyse économique pour des productions annuelles prévues de 10 000, de 12 000 et de 15 000 unités, dont les probabilités de se réaliser atteignent respectivement 90 %, 75 % et 60 %.
c) Déterminez la marge de profit en situation déterministe pour une demande prévue de 22 000 unités.

Solution

a) Calcul du point mort Q_{pm} :

$r × Q_{pm} = cvu × Q_{pm} + CF$
7 $/u × Q_{pm} = 3 $/u × Q_{pm} + 42 000 $
(7 $/u − 3 $/u) × Q_{pm} = 42 000 $

$Q_{pm} = \dfrac{42\ 000\$}{4\$/u}$ = 10 500 unités

b) Faisons une analyse pour 10 000 unités qu'on appliquera ensuite aux deux autres productions prévues. Les résultats apparaissent dans le tableau suivant.

$CT = CV + CF$ = 10 000 u × 3 $/u + 42 000 $ = 72 000 $
Coût de fabrication unitaire : cu = 72 000 $ / 10 000 u = 7,20 $/u
Ce coût est un coût déterministe, qui ne tient pas compte de la probabilité de 90 %.
Coût probabiliste = Coût déterministe / Probabilité
$\qquad$ = 7,20 $/u / 0,90 = 8 $/u

Le tableau suivant résume les résultats.

Quantité prévue (unités)	Revenu ($/u)	CT déterministe ($/u)	Profit déterministe ($/u)	Probabilité	CT probabiliste ($/u)
10 000	7	7,20	− 0,20	0,90	8,00
12 000	7	6,50	0,50	0,75	8,67
15 000	7	5,80	1,20	0,60	9,67

De façon déterministe, il est plus avantageux de fabriquer 15 000 unités, car le profit à l'unité est de 1,20 $, et la marge de profit est $MP = 1{,}20\,\$ / 5{,}80\,\$ = 20{,}69\,\%$, tandis qu'à 12 000 unités, le profit n'est que de 0,50 $/unité avec une MP de 7,69 %. Si l'on tient compte des probabilités, le choix de 10 000 unités est préférable, car le coût de revient de l'unité probabiliste est minimal. Cependant, les profits sont négatifs (−0,20). La solution optimale, si on tient compte du coût de revient probabiliste minimal et du profit espéré optimal, est de 12 000 unités.

c) Pour une demande prévue de 22 000 unités, le profit déterministe est :

Profit = $RT - CT = r \times Q - (cvu \times Q + CF)$
= 7 $/u × 22 000 u − (3 $/u × 22 000 u + 42 000 $)
= 154 000 $ − 108 000 $ = 46 000 $ ou 2,09 $/u

La marge de profit est donc $MP = \dfrac{RT - CT}{CT} = \dfrac{154\,000\,\$ - 108\,000\,\$}{108\,000\,\$} = 42{,}59\,\%$.

Problème 3

Prise de décision : choix entre deux possibilités
On désire savoir quel serait le meilleur choix entre deux types de machines (mc). La machine A coûte 15 000 $ et la machine B, 11 000 $. Les machines serviront à fabriquer les produits C1 et C2, dont les quantités annuelles prévues apparaissent dans le tableau suivant. Le temps pour fabriquer chaque produit selon le type de machine apparaît en heures/unité (h/u). On désire connaître le type et le nombre de machines qu'il faut acheter, sachant qu'on travaille 250 jours par année, 8 heures par jour.

Produit	Quantité annuelle (u)	Temps de production Machine A (h/u)	Temps de production Machine B (h/u)
C1	1 200	1	2
C2	900	3	2

Solution

Capacité de production annuelle totale nécessaire en heures-machines :

Produit	Machine A	Machine B
C1	1 200 u × 1 h/u = 1 200 h	1 200 u × 2 h/u = 2 400 h
C2	900 u × 3 h/u = 2 700 h	900 u × 2 h/u = 1 800 h
Total	3 900 h/mc	4 200 h/mc

Nombre d'heures ouvrables (h) disponibles par année :

8 h/j × 250 j/an = 2 000 h/an.

Quel que soit le type choisi, chaque machine est capable de fournir 2 000 heures de travail.

Si l'on choisit les machines de type A, on aura besoin de deux machines :
(2 mc × 2 000 h/mc = 4 000 h > 3 900 heures requises) ou bien
3 900 h / 2 000 h/mc = 1,95 mc, soit 2 machines
au coût de 2 mc × 15 000 $/mc = 30 000 $

Si l'on choisit les machines de type B, on aura besoin de trois machines :
(3 mc × 2 000 h/mc = 6 000 h > 4 200 heures requises) ou bien
4 200 h / 2 000 h/mc = 2,10 mc, soit 3 machines
au coût de 3 mc × 11 000 $/mc = 33 000 $

On voit donc qu'il est préférable de choisir les machines de type A car avec deux machines, les besoins en capacité seront satisfaits.

D'autres considérations peuvent venir s'ajouter, comme les capacités tampons. En effet, avec le procédé A, on disposerait d'une capacité tampon équivalant à 0,05 machine (2 mc – 1,95 mc). Avec le procédé B, on disposerait de 0,9 machine de capacité tampon (3 mc – 2,10 mc).

Questions de discussion et de révision

1. Expliquez l'importance de la sélection des processus dans la conception d'un système.
2. Pourquoi la planification des besoins en capacité demande-t-elle une vue d'ensemble?
3. Quelle est l'influence des décisions en matière de capacité sur la production?
4. Pourquoi faut-il adapter les capacités d'un processus au cycle de vie d'un produit et quelle est l'importance de la flexibilité de ce point de vue?
5. Expliquez la différence entre la capacité de conception et la capacité réelle.
6. Énumérez trois éléments pouvant influer sur le taux d'utilisation et la capacité de production, et discutez-en.
7. Énumérez les avantages et les inconvénients de l'économie et de la déséconomie d'échelle dans les services.
8. Énumérez les avantages et les inconvénients de l'économie et de la déséconomie d'échelle dans les produits.
9. Quels sont les effets pervers de la décision achat-fabrication?
10. Qu'est-ce que l'impartition? En observant une entreprise que vous connaissez, décrivez les avantages et les inconvénients de l'impartition.
11. Les considérations concernant la capacité à long terme et à court terme ne sont pas les mêmes. Expliquez cet énoncé.
12. Illustrez chacun de ces modèles saisonniers de la demande au moyen d'un produit et d'un service:
    a) annuel;   c) hebdomadaire;
    b) mensuel;   d) quotidien.
13. Les écoles primaires et secondaires ont périodiquement des problèmes de capacité. Quels sont-ils? Nommez quelques façons de régler ces problèmes.
14. Expliquez la différence entre la prise de décision en situation de certitude, d'une part, et en situation de risque et d'incertitude, d'autre part. Comment cette différence influence-t-elle la prise de décision en ce qui concerne la capacité?
15. Pourquoi la détermination de la capacité dans le domaine des services pose-t-elle un plus grand défi que dans le domaine des produits?
16. Qu'est-ce qu'un niveau au point d'indifférence? un graphique d'optimisation des coûts? À quoi servent-ils? Donnez des exemples dans le domaine des services et dans le domaine manufacturier où l'on peut utiliser ces notions.

Problèmes

1. Calculez le taux d'utilisation et l'efficacité pour chacune des situations suivantes:
    a) Un centre de prêt bancaire a offert 7 prêts durant une journée. Le centre a été conçu pour offrir 10 prêts/jour et il accorde en moyenne 8 prêts/jour.
    b) Un service de réparation d'appareils de chauffage central à domicile, ayant une capacité de conception de 6 appels par jour et une capacité réelle de 5 appels par jour, a servi 5 clients en une journée.
    c) Si vous observez systématiquement des indices d'efficacité supérieurs à 100%, que pouvez-vous conclure? Quelle serait votre réaction si le taux d'utilisation était supérieur à 100%?
2. Dans un atelier, on a observé une capacité réelle de 50% de la capacité de conception. La production réelle actuelle est de 80% de la capacité réelle. Quelle devrait être la capacité de conception si la production réelle est de 8 unités par jour?
3. Un producteur de poteries pense construire une nouvelle usine pour rattraper les demandes en souffrance. Le premier emplacement considéré aura des coûts fixes de 9 200$ par mois et des coûts variables de 0,70$ par unité produite. Chaque article est vendu aux détaillants à un prix moyen de 0,90$/u.
    a) Quel est le volume mensuel requis pour que cette usine soit rentable?
    b) Quel serait le profit associé à un volume mensuel de 61 000 unités? de 87 000 unités?
    c) Quel est le volume nécessaire pour réaliser un profit de 16 000$ par mois?
    d) Quel est le volume nécessaire pour réaliser des profits de 23 000$ par mois?
    e) Tracez un graphique de l'évolution du coût total et des profits totaux.
4. Une petite entreprise a l'intention d'accroître la capacité du goulot d'étranglement d'une opération en ajoutant une nouvelle machine. Elle a déterminé deux options, A et B, et estimé les coûts et les bénéfices connexes. Les coûts fixes annuels s'élèveraient à 40 000$ pour l'option A et à 30 000$ pour l'option B; les coûts variables unitaires seraient de 10$/u pour l'option A et de 12$/u pour l'option B. Les revenus unitaires sont de 15$/u.
    a) Déterminez le seuil de rentabilité en unités de chaque option.
    b) Pour quel volume de production les deux options engendreraient-elles le même profit?
    c) Si la demande annuelle anticipée est de 12 000 unités, quelle option produirait la marge de profit la plus élevée et quelle serait cette marge de profit?

5. Un producteur de crayons-feutres a obtenu du service de marketing une prévision de la demande de 30 000 crayons pour le mois à venir. Des coûts fixes de 25 000 $ par mois ont été alloués à l'opération de fabrication, et les coûts variables sont de 0,37 $ par crayon.

   a) Déterminez le seuil de rentabilité si les crayons se vendent 1 $ chacun.

   b) À quel prix les crayons doivent-ils se vendre pour réaliser un profit mensuel de 15 000 $, si on suppose que la demande anticipée est atteinte ?

   c) Déterminez la marge de profit à ce moment (profit de 15 000 $).

   d) Si l'on désire réaliser une marge de profit de 25 % pour un volume mensuel de 30 000 unités, déterminez le prix de vente unitaire.

6. Un agent immobilier pense installer un téléphone cellulaire dans sa voiture. Il a le choix entre trois plans de facturation. Les plans A et B comportent des frais de base hebdomadaires de 20 $. Le plan A coûte 0,45 $ la minute pour les appels effectués durant le jour et 0,20 $ la minute pour les appels effectués en soirée. Le plan B comporte des frais de 0,55 $ la minute pour les appels en journée et de 0,15 $ la minute pour les appels en soirée. Le plan C a des frais fixes de 80 $ pour 200 minutes d'appels par semaine et des frais de 0,40 $ par minute excédentaire, le jour comme le soir.

   a) En supposant qu'il effectue 120 minutes d'appels pendant la journée et 40 minutes d'appels en soirée par semaine, déterminez les frais totaux pour chacun des plans.

   b) Préparez un diagramme qui représente les frais hebdomadaires totaux pour chacun des plans par rapport aux minutes d'appels pendant le jour.

   c) Si l'agent utilise ce service pour les appels de jour seulement, à combien de minutes d'appels chacun des plans est-il optimal ?

   d) Supposez que l'agent prévoit faire des appels le jour et le soir. À quel point (c'est-à-dire à quel pourcentage de minutes d'appels durant la journée) n'y aura-t-il pas de différence entre les plans A et B.

7. Un gestionnaire a le choix d'acheter un composant nécessaire au produit fini qu'il offre ou de le fabriquer à l'interne. À l'achat, l'unité coûte 7 $. Si l'on fabrique à l'interne le composant, deux options sont disponibles. L'option A nécessite 160 000 $ en coûts fixes et 5 $ par unité en coûts variables. L'option B a des coûts fixes de 190 000 $ et des coûts variables de 4 $ par unité. Déterminez les marges optimales en quantité pour chacune de ces trois options. Tracez le graphique d'optimisation des coûts correspondants.

8. La directrice des opérations tente de déterminer si elle doit acheter une certaine pièce ou la produire à l'interne. Pour la production à l'interne, elle peut choisir entre l'un ou l'autre des processus suivants. Le premier comporterait des coûts variables de 17 $ l'unité et des coûts annuels fixes de 200 000 $; l'autre, des coûts variables de 14 $ l'unité et des coûts annuels fixes de 240 000 $. Trois vendeurs sont prêts à fournir la pièce. Le fournisseur A propose un prix de 20 $ l'unité pour un volume allant jusqu'à 30 000 unités. Le fournisseur B offre un prix de 22 $ l'unité pour une demande de 1 000 unités ou moins et de 18 $ l'unité pour des commandes de plus de 1 000 unités. Le fournisseur C propose un prix de 21 $ l'unité pour les 1 000 premières unités et de 19 $ l'unité pour toute unité supplémentaire.

   a) Si la directrice prévoit une demande annuelle de 10 000 unités, quelle option devrait-elle choisir ? Pour 20 000 unités, quelle option serait préférable ?

   b) Déterminez l'étendue optimale du nombre d'unités pour chaque option, c'est-à-dire les quantités pour lesquelles l'option serait préférable. Y a-t-il des options qui ne présentent jamais de situation optimale ? Quelles sont-elles ?

9. Une entreprise fabrique un produit en utilisant deux cellules de machine. Chaque cellule a une capacité de conception de 250 unités par jour et une capacité réelle de 230 unités par jour. Actuellement, la production effective est de 200 unités par jour par cellule en moyenne. Or, le directeur des opérations estime que les améliorations sur le plan de la production feront bientôt accroître la production à 225 unités par jour. La demande annuelle se chiffre actuellement à 50 000 unités. On prévoit que, d'ici deux ans, la demande annuelle triplera. L'entreprise pourrait produire 4 000 unités par jour en utilisant la capacité disponible. Dans ces conditions, combien de cellules doit-on prévoir pour répondre à la demande prévue ? L'entreprise fonctionne 240 jours par année.

10. Pour accroître ses capacités de production actuelle afin de répondre à la demande, un gestionnaire doit choisir parmi les options suivantes :

Type de machine	Coût d'acquisition
A	40 000 $
B	30 000 $
C	80 000 $

Les prévisions de la demande des produits et les temps de traitement par type de machine sont les suivants :

Si l'on ne tient compte que des coûts d'achat des machines, quel type de machine conseilleriez-vous ? Les machines fonctionnent 10 heures par jour, 250 jours par année.

Produits	Demande annuelle	Temps de traitement unitaire (minutes)		
		A	B	C
1	16 000	3	4	2
2	12 000	4	4	3
3	6 000	5	6	4
4	30 000	2	2	1

11. Reportez-vous aux données du problème 10. On vous informe que la machine A représente des coûts d'exploitation de 10 $/h, la machine B, de 11 $/h et la machine C, de 12 $/h. Quelle est l'option de capacité optimale et combien de machines seraient nécessaires pour réduire au minimum les coûts totaux, tout en répondant aux exigences de la demande annuelle ?

12. Un gestionnaire doit déterminer combien de machines d'un certain type il doit acheter. Chaque machine peut traiter 100 clients à l'heure. Une machine entraînera des coûts fixes de 2 000 $ par jour, tandis que deux machines nécessiteront des coûts fixes de 3 800 $ par jour. Les coûts variables sont de 20 $ par client et les revenus, de 45 $ par client.

    a) Déterminez le seuil de rentabilité pour chaque option.

    b) Si la demande estimée est de 90 à 120 clients à l'heure, combien de machines devrait-on acheter ?

13. La gérante d'un lave-auto doit décider s'il doit y avoir un poste de lavage ou deux. Un poste a des coûts fixes de 6 000 $ par mois et deux postes, de 10 500 $ par mois. Chaque poste pourrait traiter environ 15 automobiles à l'heure. Les coûts variables sont de 3 $ par automobile et les recettes, de 5,95 $ par automobile. On prévoit une demande moyenne de 14 à 18 automobiles à l'heure. Sachant que le lave-auto est ouvert 300 heures par mois, recommanderiez-vous un ou deux postes ?

14. Un système d'opération est formé de quatre opérations telles qu'elles sont illustrées ci-dessous. Les cadences sont présentées en unités par heure de travail.

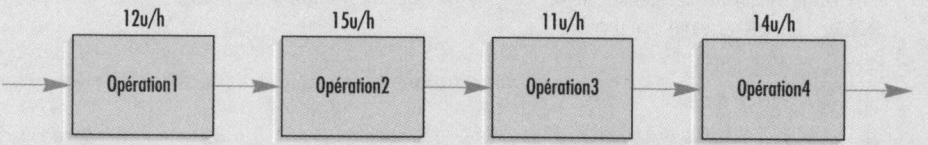

a) Déterminez la capacité (la cadence) de production de l'ensemble.

b) Si on veut accroître la capacité du système, laquelle des options présentées ci-dessous est la meilleure ?

   1. Augmenter l'opération 1 de 15 %.

   2. Augmenter l'opération 2 de 10 %.

   3. Augmenter l'opération 3 de 10 %.

Bibliographie

Benedetti, Claudio. *Introduction à la gestion des opérations*, 4e édition, Chenelière/McGraw-Hill, 2002, chap. 3.

Bolwijn, P.T., et T. Kumpe. « Manufacturing in the 1990's – Productivity, Flexibility, and Innovation », *Long Range Planning*, vol. 23, n° 4, 1990, p. 44-57.

Chebat, J.-C., P. Filiatrault et J. Harvey. *La gestion des services*, Montréal, Chenelière/McGraw-Hill, 1999, chap. 1.

Garceau, J., G. Abdulnour, A. Gharbi et R. Lakshmanan. *Analyse de rentabilité en ingénierie*, SMG éd., 1996, 515 p.

Goldratt, Eliyahu M. *Theory of Constraints*, Great Burlington (MA), North River Press, 2000.

Hill, Terry. *Manufacturing Strategy*, 2e édition, Burr Ridge (IL), Richard D. Irwin, 1994.

Ingold, Anthony, Ian Yeoman et Una McMahon-Beattie, édit., *Yield Management : Strategies for the Service Industries*, 2e édition, London, Continuum, 2001.

Monroe, Joseph. « Strategic Use of Technology », *California Management Review*, 1989, p. 91-110.

Nobert, Yves, Rock Ouellet et Régis Parent. *La recherche opérationnelle*, 2e édition, Boucherville, Gaëtan Morin Éditeur, 1999, 450 p.

Schragenheim, Eli, et H. William Dettmer. *Manufacturing at Warp Speed*, Boca Raton, St. Lucie Press, 2000.

Upton, David. « The Management of Manufacturing Flexibility », *California Management Review*, vol. 36, n° 2, 1994, p. 72-89.

Upton, David. « What Really Makes Factories Flexible ? », *Harvard Business Review*, juillet-août 1995, p. 74-84.

Chapitre 6

La sélection du processus et la conception de l'aménagement

Plan du chapitre

Objectifs d'apprentissage

Connaître l'importance stratégique du choix du processus à adopter ;

Décrire les différents types de processus ;

Décrire les processus automatisés ;

Connaître l'importance de la gestion de la technologie ;

Connaître les différentes raisons pour lesquelles on conçoit des aménagements ;

Décrire les principaux types d'aménagement dans les services et dans les produits ;

Connaître les principaux avantages et inconvénients des aménagements-produits ainsi que des aménagements-processus ;

Résoudre des problèmes simples d'équilibrage de chaînes de production ;

Concevoir des aménagements-processus élémentaires ;

Déterminer le moment opportun pour effectuer les études de réaménagement des processus.

6.1 Introduction

Ce troisième chapitre d'une série portant sur la conception des systèmes d'opération traite de la sélection du processus d'opération et de la conception de l'aménagement.

Une fois que la capacité d'opération nécessaire pour satisfaire à la demande (*voir le chapitre 5*) a été déterminée, il faut choisir le processus d'opération et ensuite concevoir l'aménagement des lieux et des postes de travail qui s'y rattachent. La figure 6.1 illustre ces liens.

FIGURE 6.1 ▶

Planifier la capacité

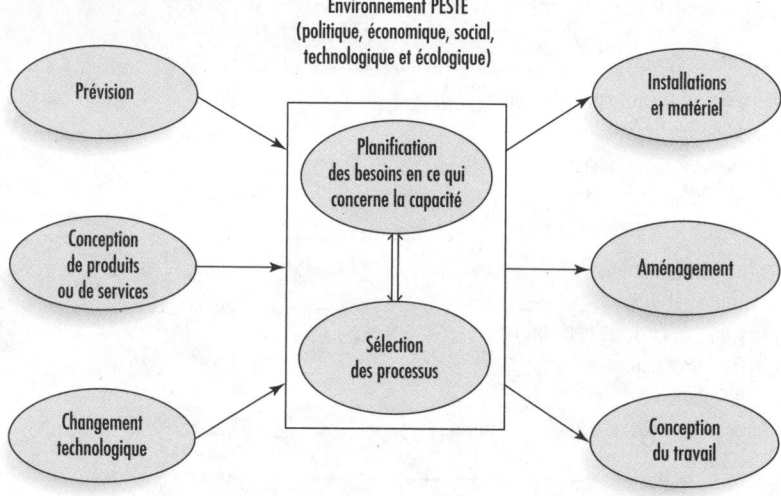

On a vu que les produits et les services se divisent en deux familles : les produits sur commande (sur mesure) et les produits standards (*voir la section 4.5*).

En raison de leur grande variété, les premiers vont exiger des processus d'opération flexibles, capables de s'adapter aux innombrables modifications possibles. Les produits standards, comme leur nom l'indique, sont plus uniformes ; les processus servant à les créer seront plus normalisés, c'est-à-dire que les étapes de travail risquent moins d'être modifiées. Par conséquent, ils s'adaptent mieux à des productions à grande échelle. Entre ces deux extrêmes, on distingue toute une gamme de nuances, chacune avec ses caractéristiques, ses avantages et ses inconvénients. Chaque type de processus aura un aménagement qui lui est propre. Le défi consiste à déterminer la bonne combinaison produit-processus en fonction du stade de développement de l'entreprise, c'est ce qu'il convient d'appeler la « sélection des processus ».

6.2 La sélection des processus

Nous venons de mentionner que l'aménagement dépend étroitement du type de processus choisi, appelé aussi la « méthode de production ». La sélection de la méthode de production dépend :

1. de la quantité d'unités à produire ou de services à offrir, c'est-à-dire les extrants demandés ;
2. de la variété de ces extrants ;
3. du degré de flexibilité de ces extrants, c'est-à-dire de la typologie des produits (sur commande ou standards).

Sélection des processus

Procédure suivie pour décider de la méthode d'opération visant à produire les biens ou les services requis.

Le choix ou la **sélection des processus** est la procédure suivie par une entreprise afin de décider de la méthode à utiliser pour produire ses biens et services. Dans le système des 5 M (matière, main-d'œuvre, machine, méthode et milieu) présenté au chapitre 1, le choix du processus définit la méthode de production. Cette décision, qui concerne tout d'abord les choix technologiques, a un impact considérable sur la planification des besoins en ce qui concerne la capacité, sur l'aménagement des installations et du matériel et sur la conception des systèmes et de l'organisation du travail des personnes.

Le choix du processus ou de la méthode de production se fait en deux étapes en fonction de l'évolution de l'entreprise :

- lors de la conception du processus ;
- lors de l'amélioration du processus.

Au moment de la conception, l'entreprise doit décider du processus à adopter pour lancer un nouveau produit sur le marché. Le choix de la méthode se fait tout naturellement en fonction des quantités à offrir et des technologies disponibles.

Mais l'entreprise, avec le temps, l'expérience accumulée, l'évolution des marchés et de la technologie, doit aussi se poser des questions sur son processus actuel et son éventuelle amélioration. Dans ce cas, un certain laxisme s'installe, et les entreprises ont tendance à traîner lorsque vient le temps de changer leurs habitudes. La prise de décision s'avère alors très longue et difficile, surtout à cause de ce laisser-aller. C'est ce que les spécialistes du comportement humain appellent la « résistance au changement ». Ajoutons le fait que des changements demandent des investissements et que les organisations y sont toujours rébarbatives. Pendant ce temps, le processus actuellement en fonction devient de plus en plus désuet et inadapté, cause des manques à gagner irrécupérables et fait perdre à l'entreprise sa productivité, son efficacité et, par-dessus tout, sa compétitivité. Elle devient dépassée, perd des contrats et, malheureusement, il s'agit souvent du début de la fin. Pour éviter de telles situations, l'entreprise doit se doter d'une stratégie de processus. Par exemple, certaines entreprises ont comme stratégie de réviser systématiquement leur processus à périodes fixes : un budget est prévu et réservé à sa mise à jour.

Parmi les points clés d'une **stratégie de processus,** mentionnons :

- la décision achat-fabrication : la proportion de biens ou de services fabriqués par l'entreprise par rapport aux achats externes (_voir le chapitre 5_) ;
- l'importance des ressources : la combinaison des ressources matérielles, financières et humaines utilisées par l'entreprise ;
- la souplesse des processus : le niveau d'adaptabilité et de flexibilité du système existant quant aux changements dans les exigences de traitement, et ce, en raison des modifications relativement à la conception des biens ou des services, au volume de la production ou à la technologie.

Aux prochaines sections, nous allons décrire les types de processus les plus communément utilisés, développer les caractéristiques de leurs aménagements et analyser les distinctions de leur mode de gestion.

Stratégie de processus
Méthode adoptée par une entreprise pour choisir un processus, qu'il s'agisse de l'ajout d'un nouveau processus ou de l'amélioration du processus existant.

6.3 La typologie des processus opérationnels

Le mode de gestion des opérations diffère en fonction des types de produits offerts et des processus ou méthodes de production utilisés.

Au chapitre 4, nous avons présenté les deux types principaux de produits ou de services, et leur influence sur la gestion des opérations, soit les produits ou services sur commande et standards. Entre ces deux extrêmes, on peut avoir des types de produits intermédiaires. Nous avons vu qu'il est difficile de prévoir les produits sur commande, d'où l'importance d'avoir une grande flexibilité d'opération pour s'adapter à la demande spécifique du client. À l'autre extrême, un produit standard doit être conçu de façon à répondre aux besoins de l'ensemble des clients ; il faut donc bien le concevoir et faire de bonnes prévisions.

Or, on peut créer les produits, aussi bien standards que sur commande, selon différents processus ou méthodes de production. C'est ce qu'on appelle la « typologie des processus ». Le choix du processus d'opération dépend surtout de la demande à laquelle on doit satisfaire et de la flexibilité désirée.

Il existe trois principaux types de processus, classés en fonction du flux, le flot d'écoulement des produits traités :

- **Le processus à l'unité.** On crée les produits un à un. On termine le premier avant de commencer le suivant, et ainsi de suite. C'est l'approche artisanale et la plus ancienne.
- **Le processus interrompu.** On crée les produits par lots. On fait la première opération sur l'ensemble du lot. Une fois celle-ci terminée, on procède à la deuxième opération et ainsi de suite.

- **Le processus continu.** On crée les produits à l'aide d'une chaîne ininterrompue d'activités. Dès que la première activité est effectuée sur le produit, celui-ci est transféré vers un autre poste de travail afin d'amorcer la deuxième activité, et ainsi de suite. C'est le principe de la chaîne de production.

Des nuances et des subdivisions ont été apportées aux principaux types d'opération qui sont analysés ci-dessous.

6.3.1 La production à l'unité

Production à l'unité

Processus opérationnel selon lequel chaque unité créée est une entité bien spécifique.

On entend par **production à l'unité** le processus de production selon lequel chaque unité de bien produit ou chaque service rendu est une entité bien spécifique.

La méthode artisanale, utilisée depuis des siècles, en est la meilleure illustration et elle n'est pas près de disparaître. La fabrication d'une turbine pour une centrale hydroélectrique et la construction de navires ou de maisons unifamiliales sont des exemples de production unitaire, bien que tous ces produits soient faits selon des méthodes et des plans identiques. Dans le domaine des services, la mise à jour d'un réseau informatique, l'installation d'un nouveau système téléphonique ou l'élaboration d'un plan d'avantages sociaux pour les employés sont d'autres exemples de production à l'unité. Dans de telles situations, le travail est en fait organisé sous forme de projet, et l'aménagement des lieux est du type stationnaire (*voir la section 6.5*). Un **projet** est un ensemble d'activités visant à atteindre un seul but. Le chapitre 17 porte exclusivement sur les opérations par projets.

Projet

Suite d'activités non répétitives organisée pour réaliser un produit ou un service unique dans un laps de temps défini.

Énumérons quelques caractéristiques de cette méthode de production :

- Tout produit ou service peut être fabriqué à l'unité ; ce processus est donc utilisé dans tous les secteurs de l'activité humaine.
- Les délais de fabrication et de livraison peuvent être longs et difficiles à préciser.
- La capacité et les quantités fabriquées sont limitées.
- Le temps d'apprentissage est long.
- Cette méthode requiert un minimum d'installation ou d'équipement, d'où les coûts de démarrage faibles (coûts fixes peu élevés), comparativement aux deux autres processus de production.
- Les coûts d'exploitation (les coûts variables) sont élevés.
- Il est difficile d'assurer une uniformité des produits.
- Il est possible de s'adapter aux exigences des clients, il y a donc une grande flexibilité.
- Il y a peu ou pas de circulation du produit fabriqué, d'où la notion d'aménagement ou d'implantation stationnaire (*voir la sous-section 6.6.1*).

Analysons le cas suivant. Une équipe de recherche en biotechnologie expérimente un nouveau vaccin. Le projet est réalisé en laboratoire avec des capitaux de départ relativement restreints (les coûts fixes), abstraction faite des heures passées en études et en expérimentation (les coûts variables). Or, une fois le vaccin mis au point, sa production en grande quantité en laboratoire selon une production à l'unité entraînerait des coûts prohibitifs que la société ne peut se permettre. On est alors obligé de trouver d'autres processus opérationnels permettant d'accroître les quantités et de baisser les coûts. Donc, on doit développer de nouveaux processus de production (*voir les sous-sections 6.3.2 et 6.3.3*).

6.3.2 La production interrompue

Production interrompue

Méthode de production selon laquelle les produits et les services sont traités par lots discrets, définis et limités.

On entend par **production interrompue,** ou production intermittente, le processus d'opération grâce auquel les objets sont traités par lots discrets et limités en quantité. On regroupe les ressources d'opération par fonctions. L'aménagement des locaux sera alors de type processus ou procédé, appelé aussi « aménagement fonctionnel » (*voir la sous-section 6.6.2*). Le processus de travail sera intermittent et exécuté par lots de taille plus ou moins grande. Les départements de production sont identifiés par rapport à la tâche ou à la fonction qu'ils exécutent : par exemple le département de sciage, de peinture, de perçage, de radiologie, etc.

On utilise la production interrompue lorsque les systèmes d'opération doivent répondre à une grande variété d'exigences de traitement. Bien qu'elles soient supérieures à celles de la production artisanale à l'unité, les quantités produites demeurent limitées. De plus, les ressources et les équipements doivent être flexibles et universels afin de s'adapter à plusieurs types de produits, aussi bien standards que sur commande. Des travailleurs relativement quali-fiés font fonctionner les machines avec une supervision bien moindre que pour la plupart des systèmes continus, dont il sera question plus loin.

Les entreprises fonctionnant selon cette méthode produisent des quantités moyennes de biens similaires; elles ont recours au traitement par lots, connu aussi sous l'expression **production par lots** ou par petites séries. Les producteurs d'aliments (comme les produits de boulangerie ou les conserves) produisent généralement par lots. Un producteur de crème glacée fera, par exemple, un lot de crème glacée à la vanille, puis un lot à la fraise, et ainsi de suite. Les exigences et les matières ne varient pas pendant le traitement; seuls quelques ingrédients changent d'un lot à l'autre. De même, une conserverie peut traiter une variété de légumes: des carottes tranchées pour la première séquence, puis des haricots verts et ensuite du maïs ou des betteraves. Tous les légumes sont traités de façon similaire pour le lavage, le tri, la coupe, la cuisson et l'emballage, mais les équipements doivent être nettoyés et ajustés à chaque changement: le temps nécessaire aux nombreuses mises en route s'avère un inconvénient important dans ce processus. La production par lots peut être standardisée (peinture, crème glacée, légumes en conserve) ou sur commande. L'impression de magazines, de journaux ou de manuels scolaires est un exemple de production par lots interrompue sur commande.

Une variante de la production interrompue est l'**atelier multigamme** (ou *job shop*). Un atelier multigamme peut effectuer une plus grande variété de tâches que le traitement par lots. Si les capacités de production sont plus restreintes, la flexibilité des ressources de pro-duction est par contre plus grande. Parmi les secteurs utilisant les ateliers multigammes, on compte les services de réparation (appareils électroménagers, automobiles), les services de santé, les ateliers d'outillage et de teinture, etc. La taille des lots varie de grande à petite et est même souvent réduite à un seul article. La différence entre un atelier multigamme et le traitement par lots est que les exigences varient considérablement d'une tâche à l'autre. Par conséquent, la séquence des étapes du traitement et le contenu des tâches varient aussi énor-mément. Par exemple, dans un atelier de réparation d'automobiles, chaque automobile est un cas à part. Certains grands ateliers ont à leur emploi des spécialistes (des freins, par exemple), mais les automobiles sont traitées individuellement. Lorsqu'il s'agit du traitement d'une grande quantité d'un seul article ou d'un groupe d'articles, les tâches successives sont si variées que le traitement par lots, décrit pour la conserverie, serait trop restrictif. L'acheminement et l'organisation des tâches deviennent plus difficiles lorsque des traitements différents sont nécessaires pour accomplir des tâches successives; il faut constamment ajuster le matériel ou effectuer d'autres mises en route.

Dans le domaine des services, les campagnes de collecte de sang et de vaccination collec-tive dans le système de santé, le transport en commun et l'enseignement régulier constituent d'autres exemples de traitement interrompu par lots. Concluons en ajoutant que pour un même produit, le coût des opérations par lots est souvent moins élevé que dans la production à l'unité.

Production par lots
Production utilisée pour les petites séries de production.

6.3.3 La production continue

Quand les quantités demandées augmentent encore plus, qu'on doit servir rapidement un nombre considérable de clients, et si les produits offerts sont de plus en plus standardisés, on doit trouver des moyens pour augmenter les capacités de production et par le fait même les cadences d'opération et pour diminuer les coûts variables de production: on adoptera alors la production continue. C'est d'ailleurs la méthode qu'a développée Henry Ford en 1910 pour le modèle de la Ford T: produit très standard, fabriqué à grande échelle sur une chaîne continue.

On entend par production continue le processus de production grâce auquel on conçoit l'aménagement des postes de travail et les ressources utilisées en fonction du produit particu-lier à fabriquer.

Les ressources d'opération sont alors regroupées en fonction du produit offert, d'où la notion d'aménagement-produit (*voir la sous-section 6.6.3*).

6.3.4 Les processus continu et semi-continu

Un produit ou service très uniforme exige un processus continu (ou méthode de produc-tion continue). On peut subdiviser la production continue en deux catégories: la production continue proprement dite et la production semi-continue. Dans la production continue, on trouve notamment les produits chimiques, le papier journal, les produits pétroliers, les raffineries de sucre, les sidérurgies, les brasseries, les fabricants de câblages électriques, de détergents liquides et en poudre, ainsi que les usines de traitement des eaux. Ces produits sont fabriqués sur une base continue plutôt qu'en séries discrètes. Les secteurs qui utilisent le processus continu sont aussi appelés **industries de traitement** (ou *process*). Afin d'éviter les arrêts et les remises en marche coûteux, les opérations de ces industries se poursuivent sans interruption. La production de ces systèmes est très normalisée. D'autre part, les systèmes de traitement semi-continu permettent une certaine variété dans la production : même si les lots produits se ressemblent, ils ne sont pas obligatoirement identiques. Les biens fabriqués dans ces systèmes incluent, entre autres, les automobiles, les téléviseurs, les ordinateurs, les calculatrices, les appareils photo et les appareils vidéo. Généralement, on fabrique ces produits par séries discrètes ou par lots.

Dans le secteur des services, les programmes de vaccination à grande échelle, les lave-autos, les services postaux et la restauration rapide sont des exemples de ces processus. Cependant, dans ce secteur, les applications sont moindres, car les services tendent à être personnalisés sur une base unitaire. L'exemple qui suit illustre la différence entre la production continue et la production interrompue dans les services. Si, dans un aéroport, les passagers se dirigeant de l'avion vers les douanes se déplacent par tapis roulant, c'est un procédé continu. Par contre, s'ils empruntent une navette, chaque navette correspond à un lot interrompu. La gestion de ces deux modèles de flux des passagers est fondamentalement différente.

La production continue se prête bien aux produits standards et utilise des ressources normalisées conçues en fonction du produit. Mais ces ressources sont peu flexibles et peuvent difficilement être utilisées à d'autres fins. Les coûts fixes de conception, de démarrage, de mise en route, de changement et d'arrêt de production sont très élevés ; par contre, les coûts variables sont réduits au minimum.

Le tableau 6.1 résume les caractéristiques propres aux types d'opérations. On peut organiser les processus selon des matrices de traitement de produits et on voit les liens entre les quantités à fabriquer et les méthodes d'opération à utiliser. Les combinaisons idéales apparaissent en caractères gras. Par exemple, si les quantités à fabriquer sont élevées, on choisira le processus en continu comme méthode de production.

TABLEAU 6.1 ▼

Comparaison des différents processus opérationnels

	PRODUCTION À L'UNITÉ	PRODUCTION INTERROMPUE Lots atelier	PRODUCTION CONTINUE Chaîne d'assemblage	PRODUCTION CONTINUE Industries de traitement
Description	Produit créé sur une base unitaire	Produits créés par petits lots, opération par opération	Opérations placées en fonction des exigences du produit	Transformation continue de la matière
Exemples d'industries				
Produits	Chantiers : Navires, édifices	Boulangerie : Pains, croissants	Chaîne d'assemblage : Automobiles, électroménagers	Raffinerie : Pétrole, produits chimiques, lingots, etc.
Services	Salon de coiffure	Éducation	Cafétéria, lave-auto	Climatisation centrale
Quantité à offrir	Très faible, à l'unité	Moyenne, par lots	Par grands lots	**Énorme ; par flux continu**
Variabilité des produits	**Grande**	Moyenne	Restreinte	Nulle
Flexibilité du processus	**Très élevée**	Moyenne	Faible	Difficilement modifiable
Flexibilité des ressources	Très grande	**Grande**	Faible	Nulle
Avantages	Capable de s'adapter à la demande	Flexible dans son secteur d'activité	**Haute efficacité et coûts minimisés**	Efficacité maximale et quantités énormes
Inconvénients	Lent, coût unitaire élevé	Mises en route fréquentes, d'où une gestion complexe	Peu de flexibilité ; coûts élevés des mises en route	Aucune flexibilité ; arrêts de production prohibitifs

Source : Adapté de R.H. Hayes et S.C. Wheelwright, « Link Manufacturing Product and Process Life Cycles », *Harvard Business Review*, janvier-février 1979, p. 133-140 ; Irwin Operations Management Video Series.

Pour choisir un processus, il faut déterminer une concordance entre les exigences du produit et les capacités du processus. En gestion des opérations, le choix d'un processus peut parfois faire la différence entre le succès et l'échec. L'analyse économique de la décision du choix du processus a été présentée à la section 5.8.

La figure 6.2 illustre la variabilité du processus (production à l'unité, par lot interrompu et en production continue) en fonction des quantités produites, et ce, pour quelques secteurs industriels. Le défi à relever pour les entreprises est de choisir la juste combinaison entre le type de produit (sur commande ou standard) et le procédé de production (à l'unité, par lot interrompu et en production continue).

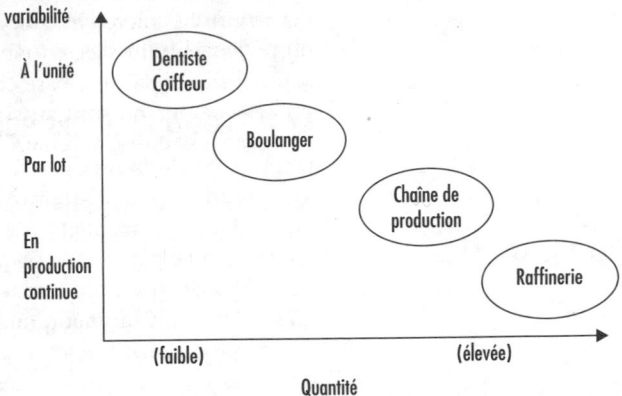

▲ **FIGURE 6.2**

Variabilité en fonction des quantités[1]

6.4 Les facteurs à considérer lors de la sélection des processus d'opération

Lors de la sélection des processus de production, mis à part les facteurs classiques mentionnés jusqu'à maintenant et dont il faut tenir compte (quantité et coûts), il existe de nos jours d'autres facteurs à considérer. Mentionnons par exemple :

* la production durable ou responsable ;
* les opérations épurées (*lean manufacturing*) ;
* l'automatisation et la robotisation.

6.4.1 La production durable et les opérations responsables

Les organisations, aussi bien privées que publiques, subissent de grandes pressions pour développer et adopter des procédés qui vont de pair avec le respect de l'environnement dans son ensemble. À maintes reprises, nous avons présenté l'environnement PESTE (politique, économique, social, technologique et écologique). Lors de la sélection du procédé de production et du processus d'opération, ces éléments doivent être considérés pour assurer une continuité dans la création de la richesse de la société. Rappelons que selon Adam Smith (*voir le chapitre 1*), la richesse des nations provient de la production, donc de l'adoption de méthodes de travail durable, appelée aussi « opération responsable », est tout à fait compatible avec l'objectif de la gestion des opérations.

Selon le Centre d'étude Lowell pour le développement durable, la **production durable** est la création de biens et de services qui :

sustainableproduction.org

* utilise des procédés non polluants ;
* conserve l'énergie et les ressources naturelles ; elle est économiquement efficiente ;
* est soucieuse de la santé et de la sécurité des personnes (main-d'œuvre, clients et communauté) ;
* est stimulante et enrichissante pour la créativité et la société.

Pour atteindre ces objectifs, la production durable conçoit et gère des processus d'opération et des procédés de production qui :

* recyclent, éliminent ou réduisent les rebuts et rejets sur le site même d'utilisation ;
* éliminent les substances chimiques, les agents physiques et les conditions qui risquent de porter préjudice aux personnes et à l'écologie ;
* choisissent et utilisent des ressources matérielles (matières premières, énergies et machines) spécifiquement pour atteindre leur objectif ;
* conçoivent les postes de travail ergonomiquement pour minimiser les dangers chimiques et physiques.

1. R.H. Hayes et S.C. Wheelwright, *Restoring our Competitive Edge*, John Wiley & Sons, 1984, p. 209. Adapté et modifié par C. Benedetti, 2011.

En d'autres termes, toute organisation doit sélectionner des procédés qui minimisent l'empreinte écologique et les émissions de CO_2. Une question se pose : quelle est la responsabilité des secteurs des services si l'on considère la prolifération des services à l'auto ?

6.4.2 Les opérations épurées

L'approche de la production et des opérations épurées présentée au chapitre 1 joue un rôle fondamental pour l'atteinte de la production responsable. En effet, à la section 1.7, nous avons défini la **production épurée,** aussi appelée « *lean operation* », qui sera développée plus en détail au chapitre 15, comme un système d'opérations qui utilise des quantités minimales de ressources pour produire de grandes quantités de produits et de services variés, de bonne qualité, au bon moment, au bon endroit et aux moindres coûts. À simple titre indicatif, le fait de produire un objet à une distance idéale entre les lieux de consommation (le client), des matières premières et des sources d'énergie, contribue à une réduction considérable de transport, donc de consommation et d'émission de gaz à effet de serre, etc. Voici un exemple où la stratégie d'opération épurée contribue à la sélection d'un processus d'opération responsable. Malheureusement, par laxisme, plusieurs gestionnaires d'entreprises choisissent l'atteinte d'un seul objectif : l'objectif économique. Ces mêmes gestionnaires quittent ensuite l'entreprise en laissant une situation catastrophique entre les mains de la société en général.

6.4.3 L'automatisation

Indépendamment du type de processus adopté, les gestionnaires se demandent souvent si leur entreprise doit fonctionner de façon artisanale et manuelle ou bien s'ils doivent s'industrialiser et utiliser de l'équipement permettant d'accroître leur capacité (en quantité, en qualité et en service au client) tout en diminuant les temps de production. Ils se posent la question : Doit-on automatiser notre processus ? Cette question ne se limite pas au secteur manufacturier. L'utilisation du multimédia dans l'enseignement et des ordinateurs dans l'archivage médical ne sont que de simples exemples de l'automatisation et de l'industrialisation dans le secteur des services.

Automatisation

Utilisation de machines électromécaniques pour effectuer des tâches répétitives et dangereuses, en substitution de l'être humain.

Par **automatisation,** on entend l'exécution totale ou partielle des opérations par des machines fonctionnant sans intervention humaine. Des machines comportant des éléments mécaniques, électriques et électroniques se substituent à l'homme pour effectuer des tâches monotones et dangereuses.

Si une entreprise décide d'automatiser ses opérations, la question suivante se pose : dans quelle proportion ? En effet, le degré d'automatisation varie des usines totalement automatisées (comme les raffineries) à des installations où une seule opération est automatisée, par exemple l'émission d'une commande par le client dans un centre de photos express.

Présentons maintenant un autre point important. Les cycles de vie des produits et des services débutent souvent par une faible demande, qui augmente à mesure que ces produits deviennent populaires. Un gestionnaire doit savoir à quel moment passer d'un type de processus à un autre. Évidemment, certaines opérations restent stables (comme dans l'industrie de la publication de magazines), tandis que d'autres augmentent en importance au fil du temps (ou diminuent en importance au moment de la saturation des marchés). On doit mettre l'accent sur l'évolution de la demande des produits et des services pour décider d'un éventuel changement de processus. Le graphique d'optimisation des coûts présenté à la sous-section 5.8.1 (*voir la figure 5.6 à la page 177*) illustre le phénomène.

Or, le travail humain manuel a comme principal avantage une grande capacité à s'adapter aux cadences de travail et à la variabilité d'un produit à l'autre en fonction des clients. Par contre, l'être humain est sensible à la monotonie de la tâche exécutée, d'où les erreurs, l'absentéisme et les accidents. En outre, sa capacité à produire de grandes séries est très limitée. L'automatisation, quant à elle, présente les avantages suivants : grande **capacité de production,** uniformité des produits, coûts variables faibles pour les grandes séries, aucune distraction au cours de travaux monotones. Par contre, elle s'adapte difficilement aux différentes exigences des clients.

Donc, plus les produits sont standards, plus l'automatisation est essentielle.

Par rapport au travail humain, l'automatisation présente des inconvénients et des limites. Premièrement, la technologie est coûteuse ; en règle générale, de forts volumes de production sont nécessaires pour en amortir les coûts élevés. L'automatisation est aussi beaucoup moins flexible que le travail humain : lorsqu'un processus est automatisé, il vaut mieux ne plus le changer. D'un autre côté, les travailleurs craignent que l'automatisation entraîne la perte de leurs emplois. Ce facteur peut être néfaste sur le moral des employés et la productivité.

Il est donc important que les décideurs étudient attentivement la pertinence d'une automatisation et le degré de celle-ci afin d'en percevoir clairement toutes les implications. Pour intégrer avec succès l'automatisation à un système d'opérations, beaucoup de réflexion et une prudente planification s'imposent. Sinon, cela peut engendrer d'énormes problèmes. De nombreuses erreurs de ce type ont été observées dans le passé et, malheureusement, elles continuent de se répéter. Ainsi, GM a investi de façon massive dans l'automatisation au cours des années 1980, pour constater finalement que ses coûts avaient augmenté tandis que sa flexibilité et sa productivité étaient en chute libre. Au moment précis où GM accroissait sa capacité, son marché avait rétréci, au point qu'elle a dû tout simplement éliminer des marques complètes. À l'opposé, Toyota lance une nouvelle sous-marque pour répondre aux besoins croissants de sa clientèle.

Dans le domaine des services, l'automatisation gagne de plus en plus de terrain. Les guichets automatiques dans les banques, les réservations électroniques des billets de train et même les élections par système informatique sont autant d'exemples où l'automatisation est appliquée dans les services. Cependant, ici aussi l'automatisation massive n'est pas toujours de bon augure si elle est adoptée sans planification.

Le cas suivant de guichets de paiement de stationnement mérite réflexion. Un hôpital de Montréal avait décidé de remplacer les guérites et les préposés au stationnement par des guichets automatiques. Après plusieurs semaines, en raison de la complexité d'interprétation des procédures de paiement, des goulots d'étranglement se créaient autour des guichets, ce qui a provoqué des situations d'impatience et de frustration. On a finalement décidé de placer des personnes bénévoles à plein-temps pour assister les utilisateurs de ces guichets automatiques. Il en est résulté un flux accéléré des usagers.

De façon générale, il y a trois sortes d'automatisation : fixe, programmable et flexible.

L'**automatisation fixe** est le type le plus rigide. Ce concept a été la pierre angulaire de la production en série dans l'industrie de l'automobile. L'automatisation fixe utilise des équipements spécialisés très coûteux pour une séquence fixe d'opérations. Un faible coût unitaire et un volume élevé sont ses principaux avantages ; une flexibilité réduite et un coût élevé des changements majeurs apportés au produit ou au processus, des mises en route coûteuses sont ses principaux inconvénients.

À l'opposé se trouve l'**automatisation programmable.** Celle-ci exige un matériel universel à coût élevé, commandé par un logiciel qui détermine la séquence et le détail de chaque opération. La modification du processus est aussi facile que la programmation du logiciel. De plus, la programmation du logiciel comporte un arrêt de la production. Il est possible, avec ce type d'automatisation, de produire à peu de frais une assez grande variété de produits à faible volume, en petits lots. Les **machines-outils à contrôle numérique (MCN)** et les **robots** sont des exemples de ce type d'automatisation.

L'utilisation des ordinateurs dans le contrôle d'un processus est appelée **fabrication assistée par ordinateur (FAO),** laquelle englobe aussi bien les robots que le contrôle de la qualité automatisé. D'autre part, les machines-outils à contrôle numérique (MCN) suivent une série de directives de traitement provenant de calculs mathématiques, grâce auxquels elles réalisent les détails de l'opération. Des dispositifs, comme une disquette, un ruban magnétique ou un microprocesseur, contiennent les instructions à suivre. Utilisées depuis bon nombre d'années, les MCN sont maintenant une composante importante des nouvelles approches de fabrication. Lorsque des machines possèdent leur propre ordinateur, on parle de commande numérique assistée par ordinateur (CNAO). Un ordinateur peut aussi contrôler plusieurs MCN : on parle alors de contrôle ou commande numérique directe (CND).

Il convient d'envisager l'utilisation de MCN dans les cas suivants : pièces fabriquées souvent et en petits lots, géométrie complexe d'une pièce, niveau infime de tolérance, erreurs coûteuses et changements fréquents (dessin industriel). Les compétences techniques très avancées nécessaires à leur programmation, leur inaptitude à déceler l'usure de l'outillage et les variations dans les matériaux sont les principaux inconvénients des MCN.

Fabrication assistée par ordinateur (FAO)
Utilisation de l'informatique pour planifier, compiler et contrôler la fabrication.

Voyons maintenant quelques notions concernant les robots.

Un robot se compose de trois parties principales :

- le système mécanique, qui constitue le squelette du robot, sa structure et ses bras ;
- le système moteur, qui correspond à ses muscles, à ses mouvements et à sa puissance ;
- le système électronique et informatique, qui constitue son cerveau et qui coordonne ses mouvements selon les besoins. Ces données sont fournies par des capteurs électroniques qui jouent le rôle des sens pour lui permettre de voir, de toucher, d'entendre et de sentir.

Les robots peuvent accomplir une grande variété de tâches, y compris la soudure, l'assemblage, le chargement et le déchargement des machines, la peinture et la mise à l'essai. Ils dégagent l'être humain des travaux lourds, dangereux ou sales et éliminent souvent des corvées.

Certaines utilisations des robots sont plutôt simples, d'autres sont beaucoup plus complexes. Au premier niveau, on trouve les robots qui suivent un ensemble fixe d'instructions. Viennent ensuite les robots programmables qui répètent une série de mouvements après en avoir appris la séquence. Ces robots « rejouent » une séquence mécanique, un peu comme une enregistreuse rejoue une séquence visuelle. Au niveau suivant se trouvent les robots qui obéissent à des instructions provenant d'un ordinateur. Finalement, les robots capables de reconnaître des objets et de prendre quelques décisions simples sont au sommet de l'échelle.

Il existe deux types de mouvements pour un robot. Les robots à commande point à point bougent vers un point déterminé et accomplissent une opération précise ; ils se rendent ensuite au point suivant et exécutent une autre opération. Les robots à trajectoire continue bougent selon une trajectoire prédéterminée pour exécuter une opération.

Les robots peuvent fonctionner de manière pneumatique (à l'air), hydraulique (des liquides sous pression) ou électronique. La figure 6.3 illustre un robot industriel.

FIGURE 6.3 ▸

Robot industriel

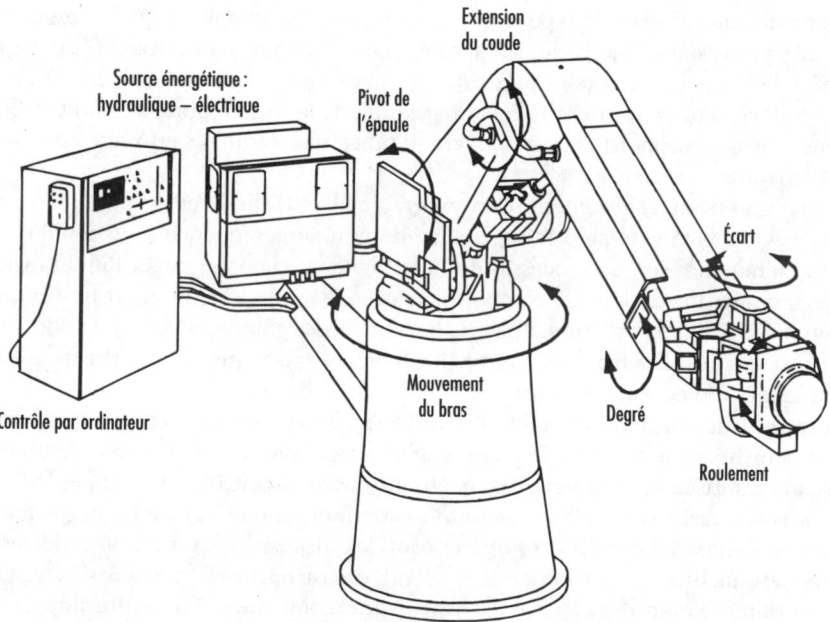

Système de robot de Milacron, à Cincinnati

Source : Morris A. Cohen et Uday M. Apte, _Manufacturing Automation_, Burr Ridge (IL), Irwin/McGraw-Hill, 1997, p. 138.

www.milacron.com

L'automatisation programmable a donné naissance à l'**automatisation flexible,** qui recourt à un matériel plus spécialisé et qui exige une période de transition beaucoup plus courte. L'automatisation flexible permet en outre le fonctionnement presque continu du matériel et une variété de produits sans qu'on ait à produire par lots.

Il existe plusieurs types d'automatisation flexible :

- la cellule de fabrication ;
- le système de fabrication flexible ;
- la fabrication assistée par ordinateur (FAO).

Une **cellule de fabrication** est composée d'un petit nombre de MCN qui fabriquent une série de pièces similaires. Ces machines peuvent être reliées à des mécanismes automatiques de manutention des pièces.

Un **système de fabrication flexible (SFF)** se compose d'un ensemble de machines assorti d'un contrôle informatique de supervision, d'une manutention automatique du matériel ainsi que de robots ou de tout autre matériel de traitement automatisé. Des contrôleurs programmables permettent à ces systèmes de produire un éventail de produits similaires. Dans un tel système, il peut y avoir de deux à trois machines, ou plus d'une douzaine. Il s'adapte aux exigences du traitement intermittent, possède quelques-uns des avantages de l'automatisation et la flexibilité des machines individuelles ou autonomes (les MCN, par exemple). Le système de fabrication flexible réduit les coûts de main-d'œuvre et permet un niveau de qualité plus constant que les procédés de fabrication plus traditionnels. Il demande moins d'investissement en capital, offre une flexibilité supérieure à l'automatisation « rigide » et réduit de beaucoup la période de transition. Le système de fabrication flexible a la faveur des dirigeants qui espèrent obtenir la flexibilité du traitement en atelier multigamme et la productivité des systèmes de traitement répétitif.

Malgré ses nombreux avantages, un SFF comporte aussi ses limites, dont la variété limitée de pièces qu'il peut traiter. On doit donc s'en servir dans les cas où une série de pièces similaires exige le même usinage pour chaque pièce. En outre, la complexité de ce système et ses coûts plus élevés demandent une période de planification et de mise au point plus longue que des équipements de production plus traditionnels. Les entreprises préfèrent parfois adopter une approche graduelle vers l'automatisation, ce qui représente une bonne solution transitoire.

Les **opérations intégrées par ordinateur (OIO)** sont des systèmes où l'informatique intègre un large éventail d'activités de transformation incluant la conception technique, les systèmes de fabrication flexible, le contrôle et la planification de la production, les **temps de mise en route (délai de mise en course)** et d'inactivités, et autres. Il n'est cependant pas nécessaire de disposer immédiatement de tous ces éléments. L'OIO, découlant habituellement de la FAO, peut être aussi simple que la liaison de deux systèmes de fabrication flexible au moyen d'un ordinateur. Des systèmes plus sophistiqués traitent l'organisation des tâches, les achats, le contrôle des stocks, la supervision d'atelier et la distribution.

En fait, un système d'OIO intègre l'information provenant d'autres secteurs de l'entreprise. Son objectif global est de relier divers secteurs d'une entreprise pour répondre rapidement aux commandes des clients ou aux modifications de produits, accélérer la production et réduire les coûts indirects de main-d'œuvre et des temps improductifs.

Un bon exemple de l'application de cette approche pour accroître la compétitivité est celui du processus utilisé à la société Allen-Bradley de Milwaukee, au Wisconsin. L'entreprise a converti une partie de son usine en micro-usine entièrement automatisée pour l'assemblage des relais et des contacts de moteurs électriques. Bien qu'une commande, une fois entrée dans le système, soit exécutée presque entièrement par les machines, y compris l'emballage, l'expédition et le contrôle de la qualité, une poignée d'employés gèrent la production. Tout article non conforme est retiré de la chaîne de montage, et des pièces de remplacement sont automatiquement commandées et prévues pour remplacer les articles défectueux. Le personnel programme les machines, supervise les opérations et s'occupe de tous les problèmes signalés par un système de voyants lumineux. À mesure que les commandes arrivent à l'usine, les ordinateurs déterminent les besoins en ressources et les horaires de production, et ils commandent les pièces requises. Des étiquettes, soit en code à barres ou en radio fréquence RFID (*voir le chapitre 11*), contenant des instructions de traitement sont apposées automatiquement sur les pièces détachées. Au moment où les pièces s'approchent d'une machine, un mécanisme de lecture lit le code à barres et transmet les instructions de traitement à la machine. L'usine peut fabriquer 600 unités à l'heure.

L'entreprise a tiré d'importants avantages concurrentiels de ce système. À partir de leur inscription dans le système, les commandes sont exécutées et expédiées en 24 heures. Les coûts de main-d'œuvre et de maintien de stocks directs ont diminué considérablement, et le niveau de qualité s'est nettement accru.

Cellule de fabrication
Une ou plusieurs MCN regroupées, qui fabriquent une grande variété de produits.

Système de fabrication flexible (SFF)
Groupe de machines adaptées aux exigences de la production interrompue et qui créent une variété de produits similaires.

6

Opération intégrée par ordinateur (OIO)
Système qui relie un large éventail d'activités manufacturières au moyen d'un système informatique.

Temps de mise en route (délai de mise en course)
Temps nécessaire à la préparation d'un processus avant son démarrage, y compris le temps d'exécution et de vérification de la première pièce.

6.4.4 Au-delà des robots et de l'automatisation[2]

Pendant que toutes les entreprises de la planète se tournent résolument vers l'automatisation, que celle-ci soit assurée par des machines programmables ou des robots, voilà que l'industrie japonaise, pour préserver ses avantages compétitifs, se tourne vers des *supraginosha*, c'est-à-dire des supertechniciens. En effet, pour corriger des erreurs commises par des systèmes de production automatisés, pour exécuter des tâches très délicates et de grande précision, pour accomplir des tâches spécialisées et adaptées à des produits sur mesure et toujours différentes, des compagnies comme Toshiba, Sharp, la Compagnie des chemins de fer du Japon et la Matsushita Electrical Industrial Co. ont dû faire appel à des supertechniciens, tous les essais avec les équipements automatisés ayant été moins satisfaisants. Malgré toute la technologie dont elles disposent, ces entreprises ont compris la raison pour laquelle les grandes maisons d'horlogerie suisses sont demeurées attachées à ce type de main-d'œuvre. Selon les gestionnaires d'Ishikawajima-Harima Industries, entreprise fabriquant du matériel lourd pour l'aérospatiale, il n'est pas possible, techniquement et économiquement, que l'automatisation puisse remplacer ces personnes. On trouve ces supertechniciens dans tous les secteurs de l'industrie, de l'électronique aux chantiers navals et aussi bien dans la production directe que dans les tâches de soutien à la production. La communauté industrielle et la communauté des affaires japonaises reconnaissent que les *supraginosha* constituent une richesse nationale et qu'ils font partie du patrimoine. Cependant, le Japon devra faire face à trois types de défis. Premièrement, la dénatalité et le vieillissement de la population frappent la société japonaise, comme toutes les sociétés postindustrielles. Deuxièmement, il est primordial d'intéresser et de retenir ces personnes. Troisièmement, il faut faire en sorte que le savoir-faire de ces supertechniciens soit transmis à d'autres. Des programmes nationaux ont été mis en place pour les valoriser et publiciser les travaux qu'ils exécutent auprès de la population : galas du mérite, téléromans, articles dans les journaux populaires. Alors qu'en Amérique du Nord, ce sont les emplois dans les domaines juridique et de l'administration des affaires qui ont la cote, au Japon, une classification de ces supertechniciens a été mise en place pour les valoriser, en s'inspirant de l'excellence de l'ingénierie allemande. Paradoxalement, on trouve ainsi au Japon les titres de *submeister*, de *meister* et de *übermeister*. En effet, l'industrie allemande, sans faire de bruit, a depuis toujours intégré formation et industrie : la mise en œuvre de stages, de compagnonnage, de coaching et de jumelage dans l'industrie des nouvelles générations avec les précédentes est une mesure courante.

On est maintenant en droit de se poser la question suivante : vaut-il mieux adopter l'automatisation massive (chaîne de production), la robotisation ou des systèmes manuels ?

On ne pourra jamais prétendre que l'une ou l'autre de ces approches est la meilleure. La solution consiste à adapter le procédé de production aux tâches à exécuter, lesquelles dépendent des quantités requises, selon un niveau de qualité et des délais spécifiés, de la façon la plus économique possible. L'Allemagne, malgré des salaires horaires et un niveau de vie parmi les plus élevés, s'est hissée au deuxième rang des nations exportatrices de la planète, derrière la Chine. Les petites et moyennes entreprises, *mittelstand* en allemand, se sont spécialisées dans des secteurs industriels inédits, où peu d'entreprises peuvent compétitionner[3].

6.5 L'aménagement

Une fois que l'organisation a décidé du type de processus opérationnel, on passe à l'étape de l'aménagement des départements et des postes de travail en fonction du processus retenu.

Les décisions concernant l'aménagement sont importantes pour trois raisons fondamentales :

1. elles impliquent des investissements et des efforts considérables ;
2. elles comportent des engagements à long terme, ce qui rend difficile la réparation des erreurs commises ;
3. leur impact sur les coûts et l'efficacité des opérations à court terme est immense.

---

2. Source : Kenji Hall, « Better than Robots », *Business Week*, 26 décembre 2005, p. 46-47. Adapté par C. Benedetti, *Infoproductivité*, janvier 2006.

3. Schumpeter, « Mittel-Management », *The Economist*, 27 novembre 2010, p. 74.

Sont décrits ici les modèles utilisés pour évaluer les diverses possibilités et les principaux types de conception de l'aménagement.

On entend par aménagement (ou implantation) la fonction de la gestion de la production qui étudie et détermine la disposition des bâtiments, des locaux et des installations d'une entreprise. Cette disposition est liée à deux autres fonctions de la gestion de la production : la manutention et la circulation.

La manutention est la fonction qui étudie et détermine les moyens de manipuler les biens et services créés par l'entreprise. Ces moyens sont liés à deux autres fonctions de la gestion de la production : l'aménagement et la circulation.

La circulation est la fonction qui étudie et détermine le mouvement et le cheminement des biens et des services à l'intérieur de l'entreprise. Ce cheminement est lié à deux autres fonctions de la gestion de la production : l'aménagement et la manutention. La figure 6.4 décrit l'interdépendance des trois fonctions.

Pour illustrer les liens entre ces trois fonctions, prenons l'exemple de l'aéroport international Pierre-Eliott-Trudeau de Montréal. Le changement de l'aménagement du terminal, qui a consisté à faire transiter les passagers de l'avion au terminal par un couloir plutôt que par navette, a permis de résoudre le problème de l'attente des passagers dans l'avion. Les passagers n'ont plus à attendre dans l'avion l'arrivée des navettes pour se rendre au terminal, mais ils peuvent, par leurs propres moyens, descendre directement et passer à la douane. Le temps d'attente des passagers, fatigués après un long voyage, a été passablement réduit, et le flot de ces mêmes passagers à la douane est plus continu. D'un autre côté, l'aéroport de Minneapolis-St. Paul a procédé à un réaménagement qui a grandement facilité la manutention des bagages et la circulation des passagers dans les aires de débarquement[4].

L'étude de l'aménagement se fait selon deux approches principales :

- l'approche conceptuelle : on procède à une étude et à la conception d'un nouvel aménagement de l'entreprise, de la manutention et de la circulation qui s'y rattachent ;
- l'approche amélioration : on possède un aménagement qu'on désire réviser en fonction de nouveaux besoins.

Les objectifs principaux d'une étude d'aménagement sont les suivants :

1. assurer le flot des personnes, du matériel et des objets ;
2. utiliser efficacement les espaces disponibles ;
3. éviter les goulots et les embouteillages ;
4. minimiser la manutention des objets, première cause d'accidents ;
5. minimiser la circulation inutile des personnes et du matériel ;
6. minimiser les délais de production et le temps de réponse au client ;
7. concevoir un système sécuritaire.

La section 6.6, présente les trois principaux types d'aménagement, et les sections 6.7 et 6.8 décrivent certaines de leurs variantes (les aménagements hybrides ou les combinaisons de type cellulaire et de services). On verra ensuite, à la section 6.9, les raisons qui incitent à choisir la révision d'un aménagement.

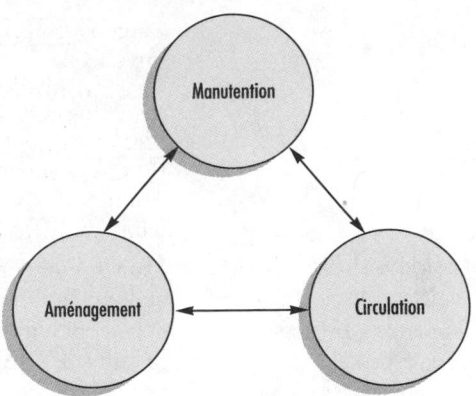

Source : C. Benedetti, *Introduction à la gestion des opérations*, 4ᵉ édition, Montréal, Chenelière/McGraw-Hill, 2002, p. 289.

▲ **FIGURE 6.4**

Interdépendance des trois fonctions

www.mspairport.com

6.6 Les types d'aménagement

Il existe trois principaux types d'aménagement :

1. l'aménagement fixe ou stationnaire,
2. l'aménagement-processus ou fonctionnel,
3. l'aménagement-produit.

Les aménagements fixes ou stationnaires conviennent aux projets dans lesquels chaque unité est une entité à part entière. Les aménagements-processus (appelés aussi

---

« aménagements-procédés ») sont utilisés pour la production interrompue ou par intermittence, tandis que les aménagements-produits sont les plus appropriés pour le traitement répétitif ou continu. À partir de ces processus, des aménagements hybrides ont été développés pour s'adapter aux besoins spécifiques de certaines industries. Abordons l'analyse des trois principaux types.

6.6.1 L'aménagement stationnaire

Aménagement fixe ou stationnaire

Le produit demeure fixe ; on déplace le matériel, les travailleurs et les équipements au besoin.

Dans un **aménagement stationnaire,** l'objet (bien ou service) créé demeure stationnaire tout au long de son traitement ; ce sont les travailleurs, les matières premières et l'équipement qui se déplacent autour du produit. Dans presque tous les cas, la nature du produit ainsi que son poids, sa taille ou d'autres facteurs font qu'il n'est pas recommandé ou qu'il est très difficile de le déplacer. C'est le type d'aménagement le plus simple, le plus ancien (l'artisanat), le plus flexible, et il s'applique à tout type de produit. En effet, tout prototype est fabriqué dans un premier temps à l'intérieur d'un laboratoire ou sur un établi, d'où la notion d'aménagement fixe ou stationnaire. Si la demande des clients le justifie, on le fabriquera par lots et en production interrompue (aménagement-processus) ; finalement, si la demande est très élevée, on réaménagera les installations pour passer à l'aménagement-produit (la chaîne de production). De nos jours, l'aménagement stationnaire demeure très utilisé pour les grands produits (édifices, barrages, navires, gros avions) ou pour les produits et services à usage limité, par exemple dans le cas des salles d'opération chirurgicale. Lorsqu'il est question de produits d'envergure, on se concentre sur les délais de livraison des équipements et des matériaux afin de ne pas encombrer le site de travail et d'éviter le déménagement des matériaux et du matériel autour du site de travail.

Le manque d'espace constitue un problème majeur (sur les sites de construction des grandes villes, par exemple). En raison des nombreuses activités entourant les grands projets et de la vaste gamme des compétences requises, des efforts particuliers sont déployés pour coordonner les activités. Le contrôle et le suivi doivent être très rigoureux. Pour ces raisons, le fardeau administratif est souvent plus élevé que dans les autres types d'aménagement. Quand le projet requiert de nombreux composants et matériaux, la manutention des matières se fait souvent au moyen d'équipement de type universel à parcours variable. Pour certains projets, on peut avoir recours à des engins de terrassement et à des camions pour le transport des matériaux à l'intérieur, à l'extérieur et autour du site.

L'aménagement en position stationnaire est largement utilisé en agriculture, dans la lutte contre les incendies, la construction des routes, les chantiers maritimes, la construction des maisons, la restauration et la réparation ainsi que sur les sites de forage. Dans chaque cas, les travailleurs se rendent à l'emplacement du produit, et on y transporte les matériaux et l'équipement. La manutention et la circulation du personnel et des ressources sont très sollicitées. Soulignons que l'aménagement stationnaire est aussi utilisé pour les travaux de petits objets uniques comme dans l'artisanat, les cuisines de restaurants spécialisés, les laboratoires et les pharmacies qui exécutent les ordonnances.

L'aménagement stationnaire est typique de la production à l'unité ou par projets, et la gestion des opérations et de la production qui s'y rattache diffère de celle des autres types d'aménagement. Le chapitre 17, consacré à la gestion de projet, développera l'aspect particulier de ce mode de gestion.

6.6.2 L'aménagement-processus

Aménagement-processus (procédé) ou implantation fonctionnelle

Méthode d'aménagement selon laquelle les activités de même nature sont groupées dans un même service, capable de tenir compte d'une demande variable.

Au fur et à mesure que les produits ou les services offerts se répètent et que les quantités à livrer augmentent, on doit envisager de modifier la méthode de travail et l'aménagement des postes. L'**aménagement-processus** ou **procédé,** appelé aussi « implantation par type d'opération » ou « **implantation fonctionnelle** », est conçu pour traiter les articles comportant des exigences différentes de production. Les opérations de même type sont groupées dans un même service, qui sera capable de tenir compte de spécifications et de quantités demandées variables. Dans le secteur de la fabrication, les ateliers d'usinage sont un exemple d'aménagement-processus : ils sont constitués de services distincts, par exemple pour le moletage, le découpage, le broyage, le perçage, etc. Les articles sont déplacés par lots vers les services appropriés selon un ordre dicté par des considérations techniques. Or, des produits différents peuvent être traités de façons diverses et être soumis à plusieurs opérations. Donc, de l'équipement de manutention flexible à parcours variable (par exemple les chariots élévateurs, les plates-formes, les diables, les boîtes à transporter) est nécessaire pour traiter la grande variété de parcours et d'articles. Le recours à des machines à usage universel procure toute la souplesse indispensable. Les opérateurs de ces équipements de manutention sont habituellement qualifiés ou semi-qualifiés. La figure 6.5 illustre la disposition typique des services dans un aménagement-processus.

Les aménagements-processus ou procédés sont entre autres très courants dans le secteur des services : hôpitaux, collèges, universités, banques, bibliothèques et ateliers de réparation d'automobiles. Prenons l'exemple des hôpitaux : ces derniers possèdent des services ou des unités pour la chirurgie, la maternité, la pédiatrie, la psychiatrie, l'urgence et les soins gériatriques. Quant aux universités, elles sont divisées en départements qui se concentrent sur un secteur d'étude particulier : administration, ingénierie, sciences, mathématiques, etc.

Puisque les machines sont regroupées dans un département par type d'équipement plutôt que par séquence d'opérations, le système est beaucoup moins vulnérable aux arrêts causés par les pannes, l'absentéisme ou un manque de matière première. Ainsi, dans le secteur manufacturier, si des machines sont temporairement hors service dans un département, on se servira habituellement des ressources adjacentes inutilisées pour les court-circuiter ou les remplacer. De plus, les produits étant fabriqués par lots, il y a moins d'interdépendance entre les opérations successives que dans un aménagement-produit (*voir la sous-section 6.6.3*). Les coûts d'entretien sont réduits, car le matériel est moins spécialisé ; le regroupement des machines du même type en département permet au personnel de maintenance de se spécialiser. Les machines étant similaires, les investissements en pièces de rechange s'en trouvent réduits. Il faut continuellement effectuer l'acheminement et l'ordonnancement des travaux pour pouvoir soutenir une diversité de méthodes de production. Bien que les investissements initiaux (les coûts fixes) soient passablement supérieurs à ceux de l'aménagement stationnaire (la production à l'unité), les coûts variables qui découlent de l'aménagement-processus sont plus faibles. La gestion des produits en cours (PEC) de fabrication est une tâche complexe en raison des lots traités. Dans de tels systèmes, il n'est pas rare d'enregistrer des taux d'utilisation des ressources inférieurs à 50 %, principalement en raison de la complexité de l'acheminement, de l'ordonnancement et de la variété des produits et des services offerts. Le tableau 6.2 énumère les principaux avantages et inconvénients de l'aménagement-processus.

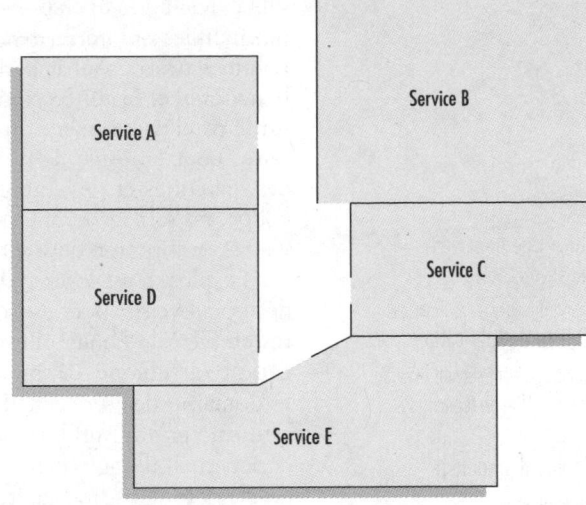

▲ FIGURE 6.5

Aménagement-processus typique avec des postes de travail pour chacun des services

▼ TABLEAU 6.2

Principaux avantages et inconvénients de l'aménagement-processus (ou aménagement fonctionnel)

Avantages de l'aménagement-processus	Inconvénients de l'aménagement-processus
1. Cet aménagement a une bonne flexibilité de production en ce qui concerne les types de produits et de volume. C'est d'ailleurs son avantage principal.	1. Beaucoup de circulation des personnes et des produits.
2. Il est peu vulnérable aux défaillances des ressources, des matières premières et des machines.	2. Beaucoup de manutention des produits entre les étapes successives de travail, ce qui est inefficace.
3. Les machines et équipements d'usage courant sont moins coûteux et plus flexibles que le matériel spécialisé utilisé dans l'aménagement-produit. De plus, leur maintenance est plus facile et moins coûteuse.	3. Des attentes apparaissent entre les étapes, d'où l'utilisation des couloirs comme lieu d'entreposage des produits en cours.
	4. La gestion des stocks de produits en cours de fabrication est considérable (PEC élevés).
4. S'adapte bien aux régimes de primes au rendement.	5. La complexité de l'ordonnancement augmente la supervision.
5. La manutention des produits est plus rapide et plus efficace que dans l'aménagement fixe.	6. La modification des flux de matières et l'ordonnancement des travaux posent des défis continuels.
6. La flexibilité est assurée en cas de situations imprévisibles ou de demandes spéciales.	7. Le taux d'utilisation du matériel est faible.
	8. Une attention particulière est accordée à chaque produit ou client pour l'acheminement (le flux) et les mises en route des machines ainsi que pour l'ordonnancement des commandes.
	9. La gestion des approvisionnements et des stocks est beaucoup plus importante que dans l'aménagement fixe.
	10. Tous ces inconvénients et les faibles volumes créés contribuent à augmenter fortement les coûts unitaires.

6.6.3 L'aménagement-produit

On utilise l'**aménagement-produit** ou l'implantation-produit pour faire circuler rapidement et en douceur de grands volumes de biens ou de clients dans un système. Cette forme d'aménagement est principalement utilisée si les biens et services produits sont standardisés ou

Aménagement-produit

Méthode d'aménagement selon laquelle les activités nécessaires à la réalisation du produit détermineront l'aménagement des équipements et des locaux.

s'ils exigent des opérations répétitives. Pour cela, le travail est divisé en une série de tâches normalisées qui permettent la spécialisation de la main-d'œuvre et du matériel. Comme les volumes traités sont importants, il est économique d'investir des sommes considérables dans le matériel et la conception des postes de travail. En aménagement-produit, les efforts portent sur le produit lui-même ou sur un groupe de produits similaires. L'analyse des activités nécessaires pour fabriquer le produit spécifique déterminera l'aménagement des postes de travail, des machines et des équipements. Par exemple, si les opérations de fabrication exigent une coupe, un sablage et une peinture, on disposera les équipements appropriés l'un à la suite de l'autre en fonction de la séquence des opérations.

De plus, il est logique d'utiliser du matériel fixe de manutention et de circulation, comme des convoyeurs, pour assurer le transport des produits entre les opérations. L'aménagement ressemble à la chaîne illustrée à la figure 6.6. On appelle cette chaîne une **chaîne de fabrication** ou **chaîne de montage** ou d'assemblage, selon le type d'activité effectué. Dans le domaine des services, il arrive qu'on utilise aussi le terme « chaîne ». Par exemple, dans une cafétéria ou un lave-auto, on ne peut parler de « chaîne » même si, d'un point de vue conceptuel, il s'agit de la même notion. La figure 6.7 illustre l'aménagement d'une « chaîne » de services dans une cafétéria. Toutefois, les applications de ces types d'aménagement sont moins fréquentes dans le milieu des services, où les besoins sont très différents et variables. En effet, sans normalisation, on perd bon nombre des avantages de l'aménagement produit. L'utilisation d'une chaîne entraînera par ailleurs certains compromis. Par exemple, un lave-auto automatique offre le même traitement (la même quantité de savon, d'eau et de frottage) à toutes les voitures, qu'elles soient sales ou non. Il s'ensuit que les voitures très sales peuvent ne pas ressortir complètement propres et que dans le cas des voitures relativement propres, il y a un gaspillage considérable de savon, d'eau et d'énergie.

Chaîne de fabrication

Aménagement suivant un ordre fixe et défini de fabrication.

Chaîne de montage

Aménagement suivant un ordre fixe et défini d'assemblage.

FIGURE 6.6 ▶

Circùit d'une chaîne de fabrication

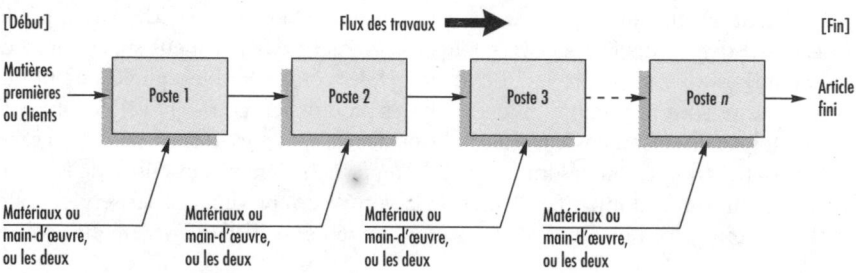

FIGURE 6.7 ▶

« Chaîne » de cafétéria

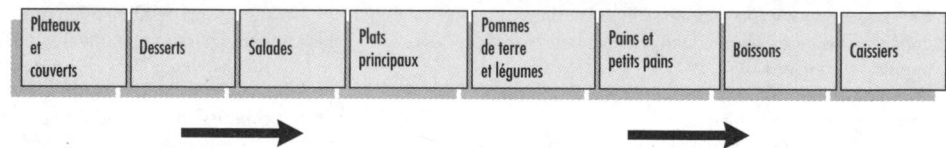

Afin de compenser les investissements élevés requis par l'implantation d'une chaîne, les aménagements-produits doivent utiliser les ressources en main-d'œuvre et en matériel au maximum : aucun gaspillage n'est toléré. Comme les articles passent rapidement d'une opération à l'autre, la complexité et le temps du travail à effectuer à chaque étape sont minimisés. Mais les opérations sont si étroitement reliées que le système est très vulnérable aux arrêts causés par les pannes ou par un taux d'absentéisme élevé. Les procédures d'entretien (*voir la fonction maintenance au chapitre 18*) visent à pallier partiellement ces situations. L'entretien préventif, soit l'inspection périodique et le remplacement des pièces usées ou défectueuses, permet de réduire les pannes pendant les opérations. Or, aucune mesure de prévention ne peut entièrement éliminer les défaillances. Donc, les gestionnaires doivent prendre des mesures pour effectuer des réparations rapidement. Ces mesures comprennent le maintien d'un stock de pièces de rechange important et la disponibilité de personnes compétentes au service de maintenance. Elles sont relativement coûteuses, d'autant plus que la sophistication croissante des équipements de plus en plus automatisés rend les pannes difficiles à diagnostiquer et à résoudre. Le tableau 6.3 relève les principaux avantages et inconvénients de l'aménagement-produit.

Principaux avantages de l'aménagement-produit	Principaux inconvénients de l'aménagement-produit
1. Le taux de production est élevé.	1. Le système est peu flexible lorsqu'il faut réagir aux changements dans le volume de production ou dans la modification des produits ou du processus.
2. Les coûts unitaires sont faibles en raison d'un volume élevé.	2. Le système est vulnérable aux arrêts provoqués par les pannes, la rupture des stocks de matières premières ou un absentéisme excessif.
3. Les coûts élevés de l'équipement spécialisé sont répartis sur plusieurs unités.	3. La gestion de la maintenance, la capacité de réparer rapidement et le maintien d'un stock de pièces de rechange sont essentiels.
4. La spécialisation de la main-d'œuvre entraîne une diminution des coûts du temps de formation et permet une meilleure supervision.	4. Les travailleurs peu qualifiés n'ont pas la compétence requise pour effectuer l'entretien du matériel ou assurer la qualité des biens et des services créés.
5. Les coûts de manutention du matériel par unité sont faibles.	5. La grande subdivision du travail crée des tâches monotones, répétitives avec peu d'occasions d'avancement, d'où des problèmes d'ordre psychologique et de multiplication de microtraumatismes physiologiques.
6. La manutention du matériel est plus simple, car les unités suivent la même séquence d'opérations.	6. Les primes au rendement rattachées à la production individuelle sont inadéquates, car elles provoqueraient des variations dans le rendement des travailleurs. Ce facteur influerait négativement sur le déroulement des tâches.
7. Le taux d'utilisation de la main-d'œuvre et du matériel est élevé.	
8. L'acheminement et l'ordonnancement sont établis dès la conception initiale du système et, une fois implantés, ils n'exigent pas beaucoup d'attention.	
9. La gestion des stocks est relativement simple, mais très importante, les pénuries ayant de grandes répercussions.	

◄ **TABLEAU 6.3**

Principaux avantages et inconvénients de l'aménagement-produit

La figure 6.8 illustre la différence entre un aménagement-procédé (ou processus) et un aménagement-produit.

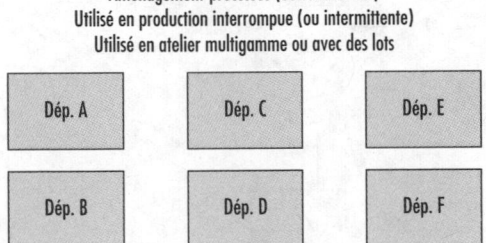

Aménagement-processus (ou fonctionnel)
Utilisé en production interrompue (ou intermittente)
Utilisé en atelier multigamme ou avec des lots

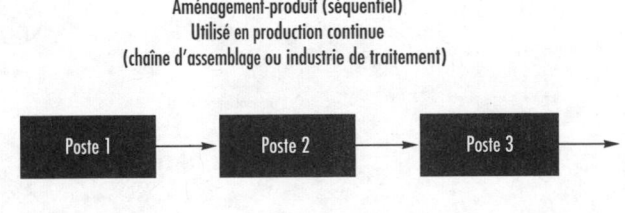

Aménagement-produit (séquentiel)
Utilisé en production continue
(chaîne d'assemblage ou industrie de traitement)

▲ **FIGURE 6.8**

Illustration aménagement-processus et aménagement-produit

6.6.4   Les modèles d'aménagement

Qu'on choisisse l'aménagement-produit ou l'aménagement-processus, il existe plusieurs configurations ou modèles d'aménagement; les principaux sont illustrés à la figure 6.9, à la page suivante. Ces configurations peuvent s'appliquer aussi bien à des étapes de travail d'une chaîne de production (opération 1, 2, etc.) qu'à des départements différents dans une organisation (département 1, 2, etc.). Or, chacune de ces configurations possède ses avantages et ses inconvénients; chaque entreprise choisira donc celle qui s'adapte le mieux à ses contraintes d'espace. Par exemple, pour un même procédé de travail et un même produit, comparons brièvement l'aménagement en ligne droite (*voir la figure 6.9 A à la page suivante*) qui est habituellement le plus utilisé, par rapport à l'aménagement en U (*voir la figure 6.9 C à la page suivante*). Bien qu'une chaîne de fabrication droite puisse avoir un certain attrait (simplicité de conception et de visualisation), elle nuit aux déplacements des travailleurs et des véhicules, car elle crée une longue barrière qui sépare l'entreprise.

En revanche, une chaîne en U comporte des avantages, dont les suivants:

- elle est plus compacte et généralement moins longue de moitié qu'une chaîne de fabrication droite;
- elle améliore la communication entre les travailleurs en les regroupant, ce qui facilite le travail en équipe;
- elle permet plus de souplesse dans l'assignation des tâches, car les employés peuvent travailler non seulement à des postes adjacents, mais aussi à des postes opposés;
- elle réduit au minimum les activités de manutention des matériaux, lesquels entrent dans l'usine à l'endroit d'où partent les produits finis.

Bien entendu, toutes les situations ne se prêtent pas à un aménagement en U. Dans les chaînes très automatisées, le travail en équipe et la communication sont moins essentiels et les points d'entrée et de sortie peuvent se trouver de part et d'autre de l'édifice. En outre, il peut être nécessaire de diviser les opérations en raison du bruit ou des dangers de contamination.

FIGURE 6.9 ▸

Quelques configurations d'aménagement

Plusieurs modèles d'aménagement des locaux ont été conçus ; les plus connus sont :

A. L'aménagement en ligne droite

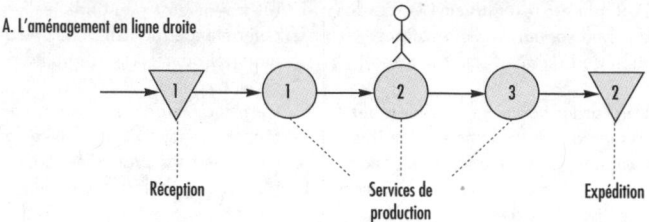

B. L'aménagement en serpentin

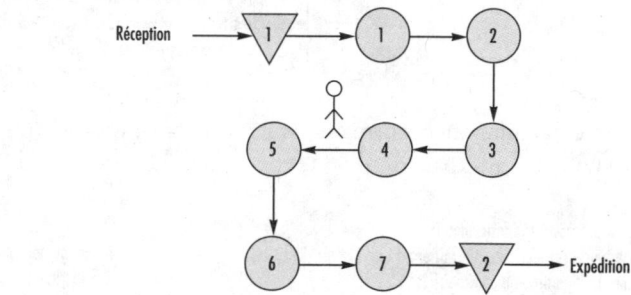

C. L'aménagement en U

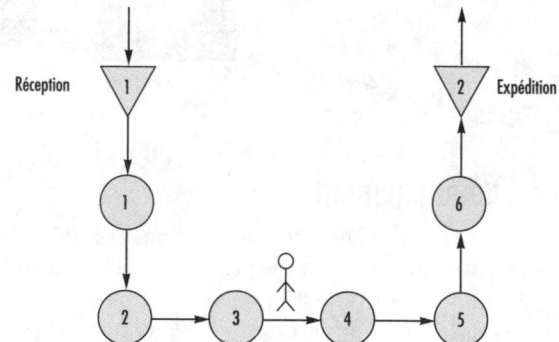

D. L'aménagement circulaire

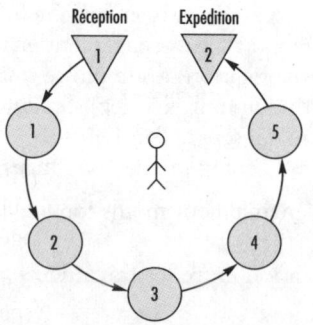

Source : C. Benedetti, *Introduction à la gestion des opérations*, 4ᵉ édition, Montréal, Chenelière/McGraw-Hill, 2002, p. 298.

6.6.5   La combinaison d'aménagements

Les trois principaux types d'aménagement sont des modèles idéaux; on peut les modifier pour satisfaire aux exigences de situations particulières. Or, en pratique, on observe souvent des aménagements combinant ces trois types. Par exemple, dans le secteur des services, l'aménagement d'un supermarché est essentiellement un aménagement-processus, mais la plupart des supermarchés utilisent des dispositifs de manutention des matériaux à parcours fixe comme des convoyeurs de type roulant dans les réserves et des tapis roulants aux comptoirs-caisses. Les hôpitaux recourent également à des aménagements-processus de base : le patient se déplace d'un département à l'autre pour recevoir les services. Mais en ce qui concerne les soins plus spécifiques, on observe surtout un aménagement en position stationnaire : les infirmières et les médecins se rendent auprès des patients avec le matériel spécialisé. De la même façon, une entreprise qui, par exemple, fonctionne en mode normal en production continue avec un aménagement-produit, traitera ses produits défectueux nécessitant des réparations spécifiques dans des ateliers spécialisés dotés d'un aménagement fixe. En agriculture et en construction, où habituellement c'est l'aménagement stationnaire qui prévaut, on utilisera également des convoyeurs, appareils propres à l'aménagement-produit.

6.7   L'aménagement cellulaire

L'aménagement stationnaire et l'aménagement-produit représentent les deux extrémités du spectre d'aménagement; on peut créer des objets selon la production à l'unité, ou en production continue, en passant par les petits lots ou petites séries. L'aménagement-processus mène à la production d'une plus grande gamme de produits ou de services que l'aménagement-produit. Par contre, le volume d'unités fabriquées est plus restreint. Il est moins efficace, et ses coûts de production unitaires sont plus élevés que ceux de l'aménagement-produit. Les organisations qui délaissent l'aménagement-processus au profit de l'aménagement-produit le font au détriment de la flexibilité. Le système idéal doit être flexible, efficient et avoir des coûts de production unitaires bas. C'est pour répondre à ces besoins que la fabrication cellulaire, la technologie de groupe et les systèmes de fabrication flexible ont vu le jour. Dans ces méthodes de production, l'aménagement, la manutention et la circulation (AMC) des unités peuvent aussi bien être assurés par des machines de transfert (convoyeurs ou autres) qu'exécutés manuellement; les différents postes de travail doivent être assez rapprochés pour le permettre.

6.7.1   La production cellulaire

La production cellulaire est une méthode de production qui permet de fabriquer des produits différents, mais nécessitant la même séquence d'opérations sur des cellules autonomes et avec des opérateurs polyvalents; l'aménagement qui en résulte est l'**aménagement cellulaire.** Dans ce type d'aménagement, appelé aussi « implantation par groupes », les moyens de production sont placés en sous-ensembles de manière à ce que des groupes de pièces soient faits par le sous-ensemble.

Aménagement cellulaire

Aménagement dans lequel les équipements sont regroupés en cellules capables de produire des objets similaires, les familles de produits, qui requièrent des opérations similaires.

Analysons en détail le cas de la figure 6.10, à la page suivante, où l'on compare un aménagement-processus (ou procédé) typique avec un aménagement de type cellulaire. On a trois types de familles de produits (1, 2 et 3); chaque famille suit une séquence d'opérations qui lui est propre. Le **graphique d'analyse de processus** listé ci-dessous (*voir le GAP au chapitre 7*) nous informe des opérations de chaque famille. Le GAP présente la procédure de travail suivie :

GAP famille 1 : tour, fraiseuse, perceuse, traitement chimique, aléseuse, assemblage ;
GAP famille 2 : fraiseuse, perceuse, traitement chimique, meule, assemblage ;
GAP famille 3 : fraiseuse, perceuse, aléseuse, assemblage.

La figure 6.10 A, à la page suivante, illustre la circulation et la manutention de chaque famille selon l'aménagement-processus classique, qui respecte la procédure de travail. Dans l'aménagement cellulaire illustré à la figure 6.10 B, à la page suivante, les machines sont disposées de manière à exécuter les opérations nécessaires à un groupe ou à une famille de produits similaires, qui suivent le même chemin. Notons l'effet de cet aménagement sur la circulation et la manutention des familles de produits. Des variations mineures, par exemple un délai d'opération ou le fait de court-circuiter une opération, sont toujours possibles, et la flexibilité est sauvegardée. Dans la production cellulaire (aménagement cellulaire), on mettra plus d'efforts que dans production interrompue (aménagement-processus) pour regrouper des produits similaires et les fabriquer sur les mêmes cellules constituées de machines différentes, regroupées en fonction des familles de produits.

FIGURE 6.10 ▸

Comparaison de l'aménagement-processus avec la fabrication cellulaire

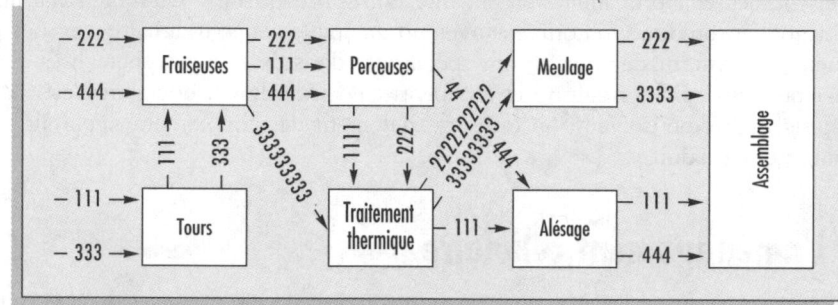

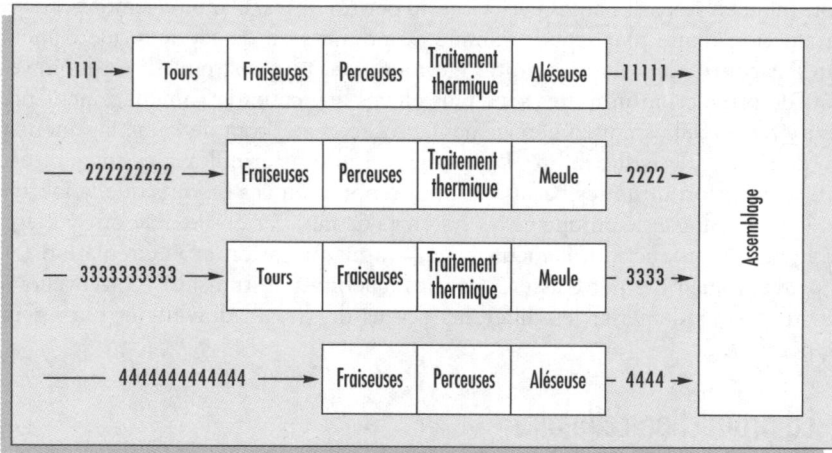

La fabrication cellulaire comporte plusieurs avantages : le regroupement du matériel, un temps de traitement plus rapide, une manutention des matériaux moindre, une gestion des PEC (produits en cours) moindre et des temps de mise en route plus courts. Le tableau 6.4 compare les caractéristiques de la production interrompue, qui utilise l'aménagement processus, et la production cellulaire.

TABLEAU 6.4 ▸

Comparaison entre la production interrompue et la production cellulaire

Caractéristiques	Production interrompue	Production cellulaire
Fréquence de déplacement	Élevée	Modeste
Distances parcourues	Longues	Limitées
Variabilité des circuits utilisés	Grande	Faible
Délais d'attente (file d'attente)	Longs	Courts
Cadence de production (ou flux)	Bonne	Plus faible
Nombre de produits en cours	Élevé	Plus faible
Gestion	Difficile	Plus facile
Complexité de l'ordonnancement des travaux	Élevée	Plus facile
Taux d'utilisation de l'équipement	Moyen	Plus élevé

Pour réussir l'implantation de l'aménagement cellulaire, certaines conditions et stratégies doivent être adoptées ; parmi les plus utiles, mentionnons :

1. Le SMED[5] (*single minute exchange of dye*), qui consiste à développer des méthodes pour exécuter les mises en route rapidement. Théoriquement, selon l'initiateur du SMED, Shigeo Shingo, ces temps de mise en course ne doivent pas dépasser une dizaine de minutes. En effet, ils doivent être calculés en unités de minutes, au maximum neuf, d'où l'expression *single minute*.

2. La sélection et l'utilisation d'équipements spécifiquement dédiés au traitement de la famille de produits à laquelle ils sont destinés. Cela se traduit habituellement par le choix de machines simples, relativement petites et peu coûteuses, dont la productivité et l'efficacité sont très élevées. On a ici une parfaite situation d'**opérations épurées** (*lean operation*).

3. Des systèmes de fabrication flexible (SFF), qui sont des versions plus automatisées de la fabrication cellulaire (*voir l'automatisation à la sous-section 6.4.3*). Un ordinateur commande le transfert des pièces entre les machines et amorce le travail de chaque machine. Ces systèmes sont très coûteux, mais ils permettent aux fabricants de bénéficier de certains avantages de l'aménagement-produit avec des lots beaucoup plus petits et une plus grande flexibilité, car ils sont en mesure de fonctionner avec une intervention humaine limitée.

4. L'implantation de la technologie de groupe, présentée à la sous-section 6.7.2.

6.7.2 La technologie de groupe

Une fabrication cellulaire efficace doit porter sur des groupes d'articles ayant des caractéristiques de traitement similaires. Le processus de regroupement s'appelle la **technologie de groupe**. On relève les articles ayant des caractéristiques similaires, soit sur le plan de la conception, soit sur le plan de la fabrication ; ensuite on les regroupe en familles. Au point de vue de la conception, les caractéristiques comprennent la taille, la forme et la fonction ; au point de vue de la fabrication (le traitement), les caractéristiques incluent le type et la séquence des opérations requises. Souvent, les caractéristiques de la conception et de la fabrication sont connexes. Cependant, il arrive que les familles de conception puissent être différentes des familles de traitement. La figure 6.11 illustre un groupe de pièces ayant des caractéristiques de traitement similaires, mais des caractéristiques de conception différentes.

Technologie de groupe
Regroupement en famille d'objets ayant des caractéristiques de conception et de production similaires.

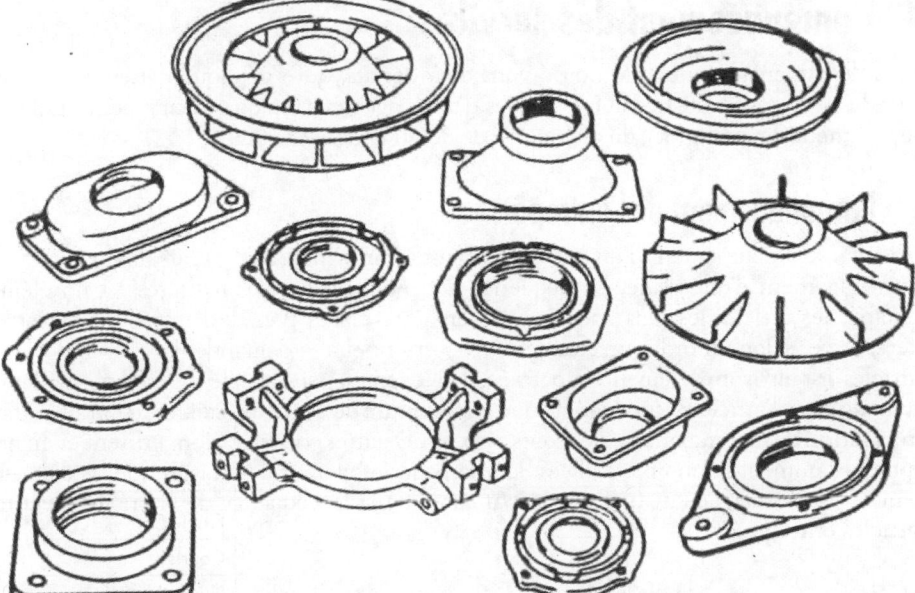

◄ **FIGURE 6.11**

Groupe de pièces ayant des caractéristiques de conception différentes, mais requérant des activités de fabrication similaires

Source : M.P. Groover, *Automation, Production Systems and Computer-Aided Manufacturing*, 1980, p. 540. Reproduit avec l'autorisation de Prentice Hall, Englewood Cliffs, New Jersey.

5. C'est l'ingénieur Shigeo Shingo de Toyota (*voir les chapitres 1 et 15*) qui est à l'origine du SMED.

Une fois les articles similaires désignés, on peut les classer selon leur famille et mettre au point un système qui simplifie la collecte des informations d'une base de données à des fins de conception et de fabrication futures. Ainsi, un concepteur peut utiliser ces informations pour déterminer s'il existe une pièce similaire à celle qui doit être conçue. Il peut arriver que la pièce existante, moyennant certaines modifications, soit satisfaisante. Cela augmente nettement la productivité de l'étape conception. De même, en planifiant la fabrication d'une nouvelle pièce, on peut juger nécessaire de la faire ressembler à une des pièces des familles existantes, ce qui simplifie l'évaluation des délais de production.

La conversion à la technologie de groupe et à la fabrication cellulaire exige une étude systématique des produits en vue de former les différentes familles. Il s'agit d'un projet de très grande envergure, comportant l'analyse d'une quantité considérable de données. Il existe trois méthodes de base pour accomplir cette tâche :

- l'inspection visuelle ;
- l'examen des données de conception et de production ;
- l'analyse du processus de production.

L'inspection visuelle est la moins précise des trois méthodes, mais aussi la moins coûteuse et la plus simple à effectuer. L'examen des données de conception et de production est plus précis, mais beaucoup plus long ; il s'agit sans doute de la méthode d'analyse la plus couramment utilisée. Dans l'analyse du processus de production, l'attention est concentrée sur le processus utilisé pour créer le bien ou le service (le produit) plutôt que sur la conception de ce bien ou de ce service. On y examine les séquences d'opérations (pour déterminer les similitudes entre les produits et les grouper en familles) en supposant que ces séquences sont optimales, ce qui est souvent loin d'être le cas. Un effort est requis si l'on veut éviter ce piège. Le traçage du graphique d'analyse du processus (ou GAP), présenté au chapitre 7, s'avère un outil fondamental pour atteindre cet objectif.

L'adoption de la fabrication cellulaire peut coûter cher en raison des modifications qui en résultent. Par conséquent, avant la conversion d'un aménagement-processus en un aménagement cellulaire, un gestionnaire doit évaluer le temps nécessaire pour l'étude du regroupement des pièces, les coûts du déménagement du matériel et surtout le temps pour que l'ensemble de l'organisation adopte la nouvelle méthode de travail et s'y habitue. Ce type de projet coûte cher à l'entreprise, et sa justification doit être documentée.

6.8 L'aménagement des services

En plus des aménagements que nous avons déjà décrits, qui s'appliquent très bien dans le secteur des services, il existe d'autres formes d'aménagement typiques à ce secteur, telles que l'aménagement des entrepôts, du commerce de détail et des bureaux.

6.8.1 L'aménagement des entrepôts

Dans le plan d'aménagement d'un entrepôt, il faut tenir compte de facteurs différents de ceux de l'aménagement d'une usine. La fréquence des mouvements des matières est un élément important ; les articles les plus courants doivent être placés près de l'entrée et les autres à l'arrière, et ce, selon un ordre inversement proportionnel à la demande. La corrélation entre les articles est un autre élément important. Par exemple, si l'article A est habituellement commandé avec l'article B, cela signifie que la proximité de ces deux articles réduirait le temps de préparation de la commande et les coûts associés. D'autres considérations entrent en ligne de compte, notamment le nombre d'allées, leur largeur, la hauteur des étagères, le type de chargement ou de déchargement (par rail ou par camion) et la fréquence de la prise d'inventaire des articles entreposés.

6.8.2 L'aménagement dans le commerce de détail

Dans le secteur de la fabrication, les facteurs qui influencent la conception d'un aménagement sont souvent la réduction des coûts et la circulation des produits. En ce qui concerne le commerce de détail (les grands magasins, les supermarchés et autres magasins), on doit tenir compte de la présence des clients sur les lieux mêmes de l'entreprise, de la possibilité d'influencer le volume des ventes et de l'attitude de la clientèle résultant d'un aménagement soigneusement conçu. La circulation et la manutention des marchandises, du personnel et des clients sont autant de facteurs importants dont il faut tenir compte pour décider de l'aménagement, trois fonctions étroitement liées : aménagement, manutention et circulation (AMC). Certaines chaînes de magasins de vente au détail recourent à des aménagements standards pour presque tous leurs magasins. L'entreprise y trouve plusieurs avantages et peut en effet épargner du temps et de l'argent en utilisant un seul aménagement plutôt que de concevoir des aménagements différents pour chaque magasin. Autre avantage : le client qui fréquente plus d'un magasin n'est pas désorienté quand il y entre. Dans les commerces de services comme les nettoyeurs à sec, les cordonneries, les salons de coiffure et les centres de service pour automobiles, la conception de l'aménagement est beaucoup plus simple.

Les figures 6.12, 6.13 et 6.14 illustrent les aménagements d'un grand magasin et d'une banque. Soulignons l'aménagement en file unique à la figure 6.14 vis-à-vis de l'ensemble des guichets, comparativement à l'aménagement multifile à la figure 6.13. Les avantages de la file unique sont considérables ; ce sujet sera abordé au chapitre 19, portant sur les files d'attente.

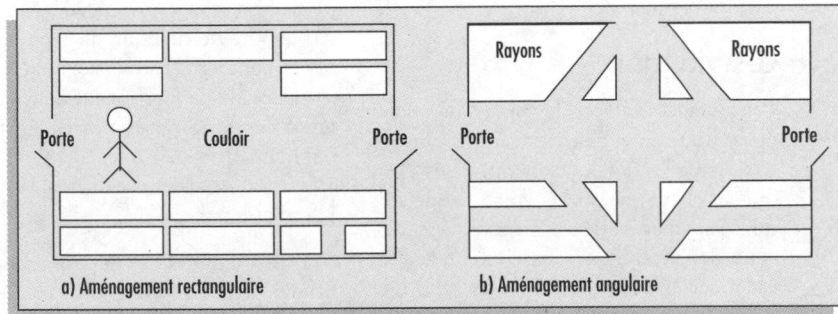

◀ **FIGURE 6.12**

Deux types d'aménagements

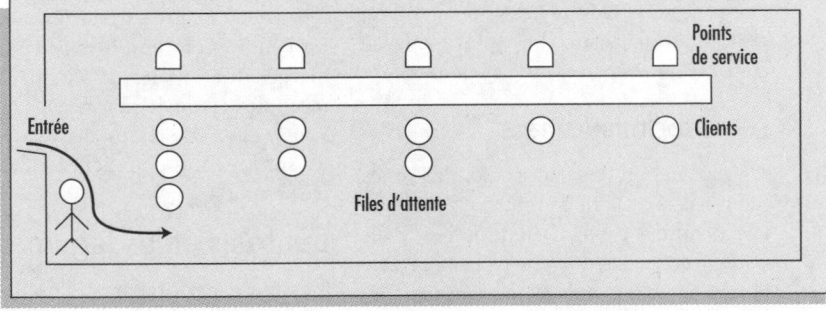

◀ **FIGURE 6.13**

Méthode traditionnelle

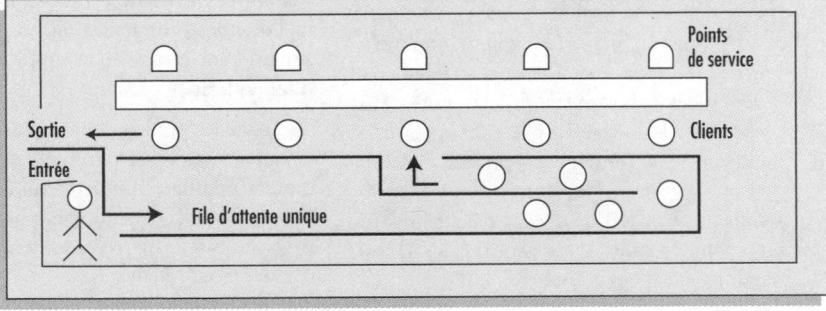

◀ **FIGURE 6.14**

Méthode avec file unique

Source : C. Benedetti, *Introduction à la gestion des opérations*, 4ᵉ édition, Montréal, Chenelière/ McGraw-Hill, 2002, p. 319-320.

6.8.3 L'aménagement des bureaux

L'aménagement des bureaux est en train de subir des transformations majeures en raison de l'utilisation massive des communications électroniques. L'aménagement, l'installation et la prévision future des besoins en câblage électrique et en fibres optiques, ainsi que les besoins énergétiques de plus en plus importants sont des éléments dont il faut tenir compte. De plus, il est de moins en moins nécessaire de placer des employés de bureau dans un aménagement qui optimise le transfert physique d'information ou de papier. En effet, il n'est pas rare de voir des collègues localisés physiquement à des centaines de kilomètres plus loin ; le transfert de travail d'une étape à l'autre se fait facilement : taxation et impôts, édition, services financiers, etc. Finalement, pour donner une image d'ouverture, on installe des cloisons à mi-hauteur ou des murs translucides à la place des murs traditionnels.

Lecture
L'aménagement des supermarchés
par David Schardt

Les produits frais sont là-bas, les produits laitiers sont ici. Les boissons gazeuses en promotion se trouvent à la fin de l'allée, les bonbons, à la sortie. C'est toujours la même chose...

L'installation d'un supermarché local n'est pas laissée au hasard, comme on pourrait le croire. Elle est conçue de sorte que le consommateur dépense le plus d'argent possible pour les articles que le magasin souhaite vendre. Et ce ne sont généralement pas des articles que le client avait, au départ, l'intention d'acheter.

Voici la manière dont un supermarché typique est conçu en vue d'accroître les ventes au maximum.

Les côtés

Plus le client passe de temps à se balader sur les côtés et à l'arrière du magasin, plus le détaillant fera de l'argent. Environ la moitié des profits proviennent des ventes d'articles placés en bordure du magasin, comme les fruits et légumes, le lait et le fromage, la viande, la volaille et le poisson. C'est aussi là que se trouvent la boulangerie, le buffet de salades et le comptoir de charcuteries. Si un magasin souhaite se distinguer de ses concurrents, il devra concentrer ses efforts sur ces sections.

Les aliments occupant beaucoup d'espace

Certains aliments sont si rentables qu'ils ont leurs propres allées. Les céréales pour le petit-déjeuner sont plus rentables par mètre d'espace d'étagère que tout autre produit à l'intérieur du magasin. Par conséquent, la plupart des supermarchés leur accordent beaucoup d'espace.

Les boissons gazeuses ne sont pas aussi rentables qu'on le croit... Pour cette raison, les fabricants de boissons gazeuses tentent de stimuler les ventes en offrant aux marchands des marchandises gratuites et des rabais : ces articles deviennent ainsi les plus payants du magasin.

Les viandes

Pourquoi les étalages de viande, de poulet et de fruits de mer se trouvent-ils presque toujours à l'arrière du supermarché ? Pour que le client puisse les voir chaque fois qu'il sort d'une allée. De toute façon, ce sont des produits de base, dont l'achat est récurrent. Le client doit s'y rendre et pour cela, emprunter des couloirs où l'on placera des marchandises offrant une marge de profit plus intéressante. En outre, au fond du magasin, il est plus facile de contrôler la température de ces aliments.

Les produits laitiers

Pourquoi les produits laitiers sont-ils situés habituellement loin de l'entrée ? Parce que la plupart des gens achètent du lait. Pour y avoir accès, ils doivent passer par une bonne partie des étalages du supermarché, souvent sur les côtés, soit là où l'on souhaite diriger les acheteurs.

De plus, les magasins aiment « ancrer » un étalage en plaçant des articles très demandés à chacune de ses extrémités. Par exemple, le lait se trouve souvent à une extrémité de l'étalage des produits laitiers et la margarine et le beurre, à l'autre extrémité. Ainsi, le client doit passer devant tous les fromages, les yaourts, les trempettes, etc., pour les acheter.

Les coûts de l'espace

Chaque année, on offre aux chaînes d'épiceries plus de 15 000 nouveaux produits, qui ne se vendront presque pas. Comment décider lesquels garder en stock ? Dans certains cas, c'est une question d'argent ! Les grands supermarchés demandent souvent aux fabricants de payer pour l'espace d'étalage. Les coûts peuvent varier entre 5 000 $ et 25 000 $ par chaîne de supermarchés pour chaque nouvel aliment. Par conséquent, la petite usine locale de fabrication de tofu a rarement les moyens de s'offrir ce type de publicité.

La prison

Certains experts des supermarchés qualifient certaines allées des magasins de « prisons ». Une fois que vous vous y trouvez, vous y êtes pris jusqu'à ce que vous en ressortiez à l'autre extrémité. La « prison » est l'endroit où se trouvent la plupart des marques nationales et régionales moins rentables (pour le magasin). Donc, plus vous y passez de temps, moins vous circulez sur les côtés pour acheter des articles plus rentables.

Les fruits et les légumes

Ce n'est pas par hasard si l'on doit passer par la section des fruits et légumes frais. Leur aspect brillant et alléchant est en fait l'une des principales raisons qui incitent les gens à faire leurs emplettes à tel ou tel endroit.

De plus, les produits frais représentent la deuxième section la plus rentable (la viande étant la première) pour un supermarché. Alors qu'ils occupent un peu plus de 10 % de la superficie, ils représentent près de 20 % des profits du magasin.

6.8.4   L'automatisation dans les services

L'industrialisation et l'innovation sont des moyens incontournables pour accroître la productivité, la qualité et l'efficacité, et baisser les coûts. Nous l'avons déjà prouvé concrètement au chapitre 2 et nous le démontrerons encore dans les chapitres traitant de la qualité : le fait d'augmenter la qualité augmente la productivité, et inversement. Le domaine des services n'échappe pas à ce principe. Une façon d'y arriver est de minimiser le plus possible l'implication du client dans le service, c'est-à-dire que le service est fourni au client sans que celui-ci n'ait à intervenir. Il ne faut pas confondre cela avec la notion de contact client, laquelle est importante à préserver. L'automatisation et l'industrialisation des procédés permettent d'y arriver. L'utilisation massive des systèmes de paiement par carte de débit en est un exemple ; on peut citer notamment les caisses des supermarchés et des banques, et les services des postes. Cependant, il reste beaucoup à faire dans ce domaine pour simplifier et normaliser les procédures. D'une banque à l'autre, d'un système de réservation ou de paiement de stationnement à l'autre, les variations demeurent importantes,ce qui augmente le risque d'erreur et la frustration, aussi bien de la part du client que de l'entreprise. Les réductions de coûts espérées sont alors perdues. Le cas du système complexe de paiement automatique de stationnement, qui a nécessité l'embauche de bénévoles ou d'employés permanents pour guider les utilisateurs à le décoder, est flagrant et malheureusement répétitif. La simplification, le respect de l'**ergonomie**[6] et le gros bon sens sont de mise lors de la conception de tels systèmes, où le domaine du génie industriel a un rôle important à jouer.

6.9   Les raisons d'un réaménagement

Sans vouloir entrer dans une analyse exhaustive des raisons qui amènent les gestionnaires à procéder à une étude de réaménagement des lieux de travail, listons les principales :

1. l'inefficacité des opérations (apparition de goulots d'étranglement, coûts ayant tendance à augmenter, etc.) ;
2. les risques d'accident ou le manque de sécurité ;
3. l'incapacité de l'aménagement actuel à répondre à la demande croissante ;
4. les changements dans la conception des produits ou des services ;
5. l'introduction de nouveaux produits ou services ;
6. les changements dans le volume de production ou dans la combinaison de biens et des services produits ;
7. les modifications dans les méthodes ou les équipements ;
8. les changements sur le plan des exigences environnementales ou légales ;
9. les problèmes d'ordre physiologique et psychologique (par exemple le manque de contacts individuels).

Contrairement à la croyance populaire, un réaménagement (modifier l'aménagement actuel) est beaucoup plus complexe à réaliser que la conception d'un nouvel aménagement. En effet, lors d'un réaménagement, il faut tenter de défaire le système existant, le modifier sans changer les habitudes de travail acquises depuis longtemps : la résistance au changement devient un facteur important. De plus, cela doit se faire tout en effectuant les activités quotidiennes. Il est de loin plus facile de travailler dans un chantier tout neuf, où peu de balises existent.

La figure 6.15, à la page suivante, illustre la relation économique entre l'approche conceptuelle de l'aménagement et l'approche amélioration. On voit le cycle entre ces deux approches.

Les étapes, dans l'ordre chronologique, sont les suivantes :

1. On détermine la localisation (*voir le chapitre* 8) : où allons-nous implanter l'entreprise ? Il s'agit de la décision dont l'impact économique et social est le plus important.
2. On conçoit l'aménagement global (AG) de l'entreprise : comment allons-nous subdiviser l'entreprise et où allons-nous situer les départements les uns par rapport aux autres ?
3. On établit l'aménagement spécifique (AS) de chaque département : comment disposer, à l'intérieur de chaque département, les postes de travail, les équipements, etc. ?
4. L'installation : on procède aux implantations des ressources de production selon les plans.
5. L'exécution : on opère au jour le jour en fonction des installations.

---

6. Du mot grec *ergon* (travail), l'ergonomie est l'étude de l'interface personne-machine (*voir le chapitre* 7).

Après un certain temps, on se rend compte que l'efficacité de la façon de faire diminue, principalement à cause d'une des neuf raisons listées au début de cette section. Les coûts opérationnels augmentent (*voir la figure 6.15*). Il est temps d'améliorer les aménagements existants; c'est alors que l'approche amélioration entre en jeu. Cette approche est mise en œuvre à l'inverse de l'approche conceptuelle. On suivra donc les étapes suivantes:

1. On tente d'améliorer les façons de faire, c'est-à-dire l'exécution des travaux.
2. Si l'on ne peut plus améliorer l'exécution, on passera à l'amélioration des installations.
3. Si l'on ne peut plus améliorer les installations existantes, on révisera les aménagements spécifiques.
4. Si l'on ne peut plus améliorer les aménagements spécifiques, on révisera les aménagements globaux.
5. Si l'on ne peut plus améliorer les aménagements globaux, on relocalisera l'entreprise.

FIGURE 6.15 ▶

Le cycle conception—amélioration

6

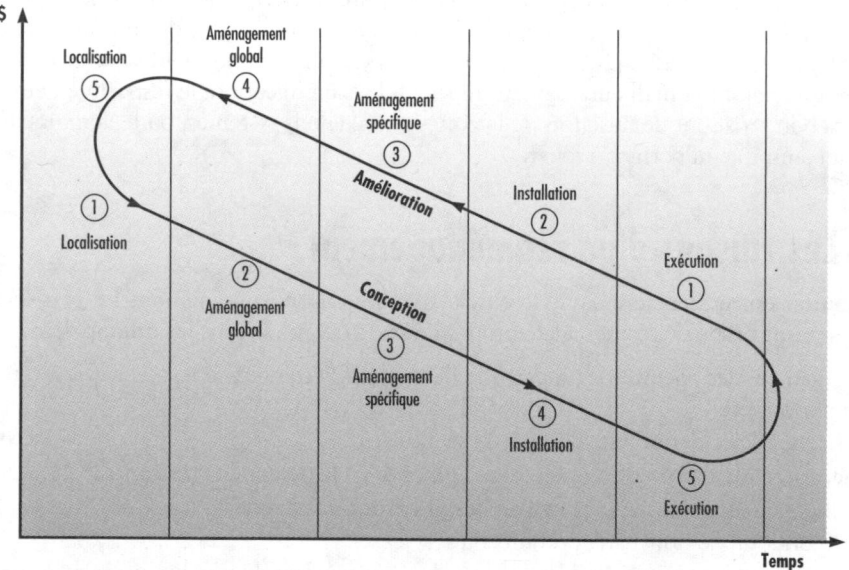

Source: C. Benedetti, *Introduction à la gestion des opérations*, 4e édition, Montréal, Chenelière/ McGraw-Hill, 2002, p. 295.

Les coûts des projets d'amélioration s'ajoutent aux coûts des projets de conception. Le cycle total varie en fonction des industries, de cinq ans dans le commerce de détail à près d'un siècle pour l'industrie lourde: tissage, raffinerie, papetière, sidérurgie et autres. On peut facilement concevoir que ces décisions sont d'une grande importance pour l'entreprise et la société en général.

6.10 La conception de l'aménagement-produit

www.ford.com

Les chaînes de production peuvent être courtes et ne comporter que quelques opérations ou être très longues et comprendre un très grand nombre d'opérations. Les chaînes d'assemblage d'automobiles sont de grandes chaînes. À l'entreprise Ford, à Dearborn, au Michigan, une voiture de type Mustang parcourt à l'assemblage environ 16 km du début à la fin! La figure 6.16 illustre les principales étapes de l'assemblage d'une automobile sous la forme d'un graphique simplifié d'analyse de processus (*GAP, voir le chapitre 7*).

Un des avantages d'un aménagement-produit est le fait qu'il permet de diviser le travail global nécessaire pour faire un produit en une série de tâches élémentaires, que des personnes peuvent exécuter rapidement et systématiquement avec ou sans équipements spécialisés (assembler les pièces C et D, par exemple). On peut également appliquer ce type d'aménagement, moyennant certaines modifications, dans le secteur des services. La durée des tâches élémentaires varie généralement de quelques secondes à une dizaine de minutes ou

6

Source : «Computer Integrated Manufacturing», *Revolution in Progress Series*, vol. 1, Londres, Chapman et Hall, 1990. Adapté de R.U. Ayres, M.A. Cohen et U.M. Apte, *Manufacturing Automation*, Burr Ridge (IL), McGraw-Hill, 1997, p. 175.

plus. La plupart de ces tâches sont tellement brèves qu'il ne serait pas pratique d'affecter un travailleur à une seule tâche : d'une part, la plupart des travailleurs s'ennuieraient en raison du manque de variété ; d'autre part, le nombre de travailleurs pour réaliser un simple produit ou service serait énorme. Par conséquent, on regroupe les tâches en postes de travail, lesquelles sont effectuées par un ou deux opérateurs.

La méthode utilisée pour assigner les tâches aux différents postes de travail s'appelle l'«équilibrage des opérations».

6.10.1 L'équilibrage des opérations

L'**équilibrage des opérations** consiste à regrouper les activités réalisées par les différents postes de travail successifs, de façon à s'assurer que la quantité de travail par poste y est comparable. Quand on procède à l'équilibrage des opérations, on essaie d'adapter le temps de cycle (temps

Équilibrage des opérations

Processus d'assignation des tâches à différents postes de travail de manière à ce que le temps d'exécution soit approximativement égal pour chaque poste.

de travail) des postes de façon à satisfaire la demande du marché. Cela réduit les périodes improductives le long de la chaîne et permet d'utiliser la main-d'œuvre et le matériel au maximum pour répondre à la demande, et non pour augmenter indûment les quantités produites. Il y a improductivité si la durée des tâches par poste n'est pas égale. Sur une même chaîne de production, si certains postes ont des temps d'opération plus petits que les autres, cela signifie qu'ils fonctionnent plus rapidement que d'autres: on dira qu'il y a déséquilibre. Ces postes « rapides » devront ralentir périodiquement leur cadence de travail en raison de postes plus lents: ou bien, si les cadences de travail sont régies par des machines automatiques, les postes seront forcés d'arrêter de produire pour éviter l'accumulation de produits en cours (PEC) en aval des postes plus lents.

Une chaîne ou une suite de postes non équilibrée entraîne une utilisation inefficace de la main-d'œuvre et de l'équipement, crée des coûts plus élevés aux postes rapides, tandis qu'aux postes plus lents, on doit continuellement travailler plus fort pour rattraper les autres, ce qui cause des problèmes de démotivation.

Dans une suite de postes de travail, le plus lent constituera le goulot d'étranglement, et un embouteillage sera observé en amont du poste goulot. Les **goulots d'étranglement** sont habituellement causés par un déséquilibre entre les charges de travail des différents postes de la chaîne d'opérations. Si l'on extrapole ce raisonnement à l'ensemble de l'entreprise, le goulot est le secteur dont la capacité est insuffisante et qui limitera la capacité de production globale de l'entreprise. La chaîne ne pourra pas produire plus vite que la vitesse de l'opération la plus lente. Rappelons le principe suivant: la force d'une chaîne dépend de son maillon le plus faible (*voir les figures 5.10 et 5.11 à la page 183*). Ce principe s'applique facilement dans le domaine des services; c'est pour cette raison qu'on utilise de plus en plus l'expression « équilibrage des opérations » plutôt qu'« équilibrage de la chaîne de production » comme dans le passé.

Les chaînes parfaitement équilibrées ont une circulation uniforme du travail: les activités sont synchronisées pour l'utilisation optimale de la main-d'œuvre et du matériel.

Pour trouver l'équilibre parfait dans une chaîne d'opérations, le premier défi à surmonter est la formation des postes de travail de même durée, ces postes étant formés de regroupements de plusieurs tâches. Le deuxième défi est de combiner des activités compatibles dans le même poste de travail, soit en raison de différences sur le plan des besoins en équipement ou parce que les activités ne sont pas techniquement compatibles (par exemple le risque de contamination d'une activité de peinture avec une activité de sablage). Enfin, un troisième obstacle tient au fait qu'une séquence technologique spécifique peut empêcher des combinaisons économiques de tâches. Considérons une série de trois opérations ayant des durées de deux, de quatre et de deux minutes. Idéalement, on devrait combiner la première et la troisième opération à un seul poste de travail de sorte que leur durée totale soit égale à celle de la deuxième opération. Cependant, il est parfois impossible de le faire, comme dans le cas d'un lave-auto. Le frottage et le séchage ne peuvent pas être combinés au même poste de travail, car il faut rincer les voitures entre ces deux opérations. Or, si ces activités sont faites manuellement, on pourrait placer deux personnes au poste de rinçage: on aura la configuration de la chaîne illustrée à la figure 6.17.

Comme on l'a vu, l'équilibrage de la chaîne d'opérations comporte l'attribution de tâches (ou d'activités) aux postes de travail. Habituellement, une personne effectue toutes les tâches attribuées à un poste. Il serait aussi possible de faire travailler plusieurs employés à un seul poste. (Dans ce chapitre, tous les exemples et les problèmes supposent qu'il n'y a qu'un seul travailleur par poste.)

Un gestionnaire peut décider d'utiliser de un à cinq postes pour effectuer une suite de cinq tâches: s'il utilise un seul poste, toutes les tâches y seront exécutées; avec cinq postes, une tâche sera assignée à chaque poste. Entre ces deux extrêmes, on peut décider de deux, de trois ou de quatre postes; dans ces cas, certains postes rempliront plus d'une tâche.

Le nombre de postes à utiliser est principalement fonction du cycle de production désiré qui, lui, dépend de la demande à satisfaire. Rappelons la notion de cycle. Par **cycle de production « C »,** appelé aussi « cycle de fabrication » ou « cycle d'opérations », on entend le

FIGURE 6.17 ▼

Chaîne d'opérations de service de lavage d'auto

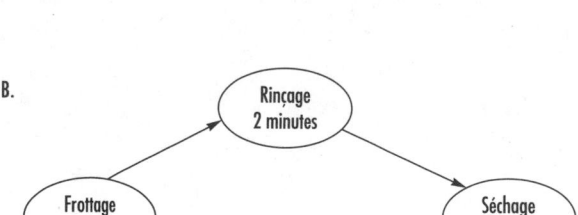

A.

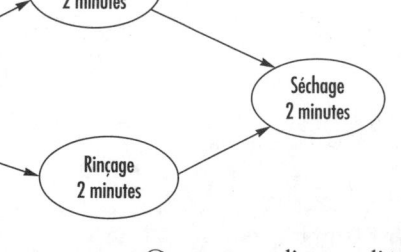

B.

Cycle de production « C » ou d'opérations

Temps maximal accordé à chaque poste de travail pour l'achèvement d'un ensemble de tâches.

temps utilisé par un poste de travail pour exécuter un ensemble d'activités ou de tâches. Cette notion ne doit pas être confondue avec le **temps total de cycle**[7], ou temps total d'opération, qui est le temps total compris entre l'arrivée des matières et leur transformation en produit fini. Finalement, la **cadence de production** (*voir le chapitre 2*), appelée aussi «rythme», «vitesse» ou **flux de production,** est la quantité d'unités produites par unité de temps pour chaque poste. Mathématiquement, la cadence de production est l'inverse du cycle de production.

Pour mieux comprendre la notion de regroupement des tâches et de temps de cycle, considérons l'exemple simple suivant. Le travail nécessaire pour fabriquer un produit a été divisé en cinq tâches élémentaires. Le temps requis pour chaque tâche et les liens de priorité sont présentés dans le diagramme suivant.

$$\rightarrow \boxed{0{,}1 \text{ minute}} \rightarrow \boxed{0{,}7 \text{ minute}} \rightarrow \boxed{1{,}0 \text{ minute}} \rightarrow \boxed{0{,}5 \text{ minute}} \rightarrow \boxed{0{,}2 \text{ minute}}$$

Le cycle de production minimal est égal au temps de la tâche le plus long (1,0 minute), tandis que le cycle de production maximal est égal à la somme des temps de tâches (0,1 + 0,7 + 1,0 + 0,5 + 0,2 = 2,5 minutes). Le cycle de production maximal s'applique si toutes les tâches sont exécutées à un seul poste. Le cycle de production minimal s'appliquerait à cet exemple si l'on disposait d'un opérateur par tâche, ce qui impliquerait la création de cinq postes. Bien que cette deuxième solution ne soit pas toujours la plus efficace, elle permet de produire le plus grand nombre d'unités possible par quart de travail (1 quart = 8 heures ou 480 minutes).

Les cycles de production minimal et maximal sont importants, car ils déterminent la capacité potentielle de production de la chaîne. On peut calculer la capacité de production en utilisant la formule suivante :

$$\text{Capacité de production} = \frac{TP}{C} \qquad\qquad (6\text{-}1)$$

où TP = temps de production par quart de travail
      C = cycle de production désiré

Dans le cas du secteur des services, on préfère parler de :

$$\text{Capacité d'opération} = \frac{TO}{C} \qquad\qquad (6\text{-}2)$$

où TO = temps d'opération par jour
      C = cycle d'opérations

Quel que soit le cas, idéalement, le décideur doit faire en sorte que la capacité de production soit égale à la demande du marché, comme le démontre l'exemple suivant.

Supposons que la chaîne fonctionne 8 heures par jour (480 minutes). Avec un cycle de production de 1,0 minute, la capacité de production sera de :

$$\frac{480 \text{ minutes/jour}}{1{,}0 \text{ minute/unité}} = 480 \text{ unités/jour}$$

Avec un cycle de production de 2,5 minutes, la production devient :

$$\frac{480 \text{ minutes/jour}}{2{,}5 \text{ minute/unité}} = 192 \text{ unités/jour}$$

En supposant qu'aucune activité parallèle n'est utilisée (comme deux chaînes), la capacité de production de la chaîne se situera entre 192 unités par jour, capacité minimale, et 480 unités par jour, capacité maximale.

Supposons maintenant que le taux de production désiré par le marché, la demande «D», est de 480 unités par jour. Le cycle nécessaire pour répondre à la demande est :

$$C = \frac{TP}{D} \qquad\qquad (6\text{-}3)$$

$$\frac{480 \text{ minutes/jour}}{480 \text{ unités/unité}} = 1{,}0 \text{ minute/unité}$$

---

7. Certains auteurs l'appellent «temps de cycle». Nous préférons l'appeler «temps total de cycle» pour éviter toute confusion.

Le nombre de postes nécessaires est fonction de la demande et de la capacité à combiner les tâches élémentaires dans les postes. On peut déterminer le nombre minimal théorique de postes nécessaires pour produire un taux précis de production comme suit :

$$N_{min} = \frac{\sum t}{C} \qquad (6\text{-}4)$$

où N_{min} = nombre théorique minimal de postes

C = cycle nécessaire pour répondre à la demande (*D*)

$\sum t$ = somme des temps de l'ensemble des tâches, soit le temps total de cycle

Supposons que le taux de production désiré soit le maximum, à savoir 480 unités par jour[8]. Cela exigera un cycle de production C = 1,0 minute. Le nombre minimal de postes requis pour atteindre cet objectif est :

$$N_{min} = \frac{2,5 \text{ minutes par unité}}{1 \text{ minute par unité de poste}} = 2,5 \text{ postes}$$

Puisqu'une fraction de poste est impossible, il est nécessaire d'arrondir à 3 postes (car 2,5 est le minimum). Le nombre effectif de postes utilisés égalera ou excédera 3, selon l'efficacité avec laquelle les tâches seront regroupées.

Diagramme d'antécédence

Diagramme qui présente les tâches élémentaires et les tâches qui leur sont préalables.

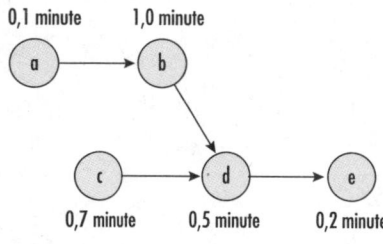

FIGURE 6.18 ▲

Diagramme d'antécédence simple des activités à accomplir

Le réseau ou **diagramme d'antécédence** est un outil très efficace pour l'équilibrage des chaînes. La figure 6.18 illustre un diagramme simple des tâches à accomplir et leur interdépendance. On voit les tâches qui doivent être exécutées et leurs contraintes séquentielles, soit l'ordre dans lequel les tâches doivent être accomplies. Le diagramme se lit de gauche à droite : les tâches initiales sont à gauche et la tâche finale, à droite. On constate que la seule condition pour entreprendre la tâche « b » est que la tâche « a » soit terminée. Cependant, pour commencer la tâche « d », les tâches « b » et « c » doivent être toutes les deux terminées. Notons que les tâches élémentaires et leur durée sont les mêmes que celles qui ont été utilisées dans l'exemple précédent. Par contre, on voit ici que les activités « a » et « b » sont indépendantes de « c » et de « d ».

Voyons maintenant comment équilibrer une chaîne. Tout d'abord, il faut assigner les différentes tâches aux postes de travail. Généralement, aucune technique ne garantit une affectation optimale. Les gestionnaires emploient plutôt des règles heuristiques (intuitives) qui donnent de bons ou même d'excellents résultats. Dans les entreprises actuelles, on utilise plusieurs méthodes heuristiques d'équilibrage. Deux méthodes sont décrites à des fins d'illustration :

a) On assigne des tâches à des postes de travail de façon logique, en respectant l'ordre chronologique d'exécution.

b) On assigne des tâches selon le coefficient de position le plus élevé. Le **coefficient de position** d'une tâche est la somme du temps de la tâche plus les temps de toutes les tâches qui la suivent dans le réseau.

Le tableau 6.5 décrit la procédure générale utilisée dans l'équilibrage des chaînes.

TABLEAU 6.5 ▶

Procédure d'équilibrage des opérations

1. S'assurer que les tâches ou activités représentent les temps élémentaires, c'est-à-dire que les tâches sont réduites à leur plus simple expression (le plus petit temps possible).
2. Déterminer le cycle de production, en fonction de la demande, et le nombre de postes minimal correspondant.
3. En respectant l'ordre chronologique d'exécution des tâches dans le réseau d'antécédence, assigner les tâches à chaque poste en commençant par le poste 1.
4. Lors de l'assignation d'une tâche à un poste, respecter les critères suivants :
   a) s'assurer que toutes les tâches préalables à celle-ci sont déjà assignées ;
   b) donner la priorité à la tâche ayant la durée d'exécution la plus longue ; en cas d'égalité, donner la priorité à celle qui est suivie par le plus grand nombre de tâches ;
   c) s'assurer que les temps totaux des tâches assignées à un poste ne dépassent pas le cycle de production ; si c'est le cas, on procède à l'assignation des tâches au poste suivant.
5. Déterminer le délai (le temps mort) non utilisé par poste. Le délai est la différence entre le cycle de production et le temps total de travail du poste.
6. Continuer la procédure jusqu'à la fin des assignations.
7. Calculer les indices de performance de l'assignation proposée.

Note : Le mot « tâche » peut être remplacé par « activité » selon les situations.

──────────────

8. Au premier abord, il semble que la production souhaitée soit logiquement la production maximale possible. Cependant, on verra plus loin pourquoi ce n'est pas toujours la meilleure solution.

On veut répartir les tâches présentées à la figure 6.18 dans trois postes de travail, pour un temps de cycle de 1,0 minute. Assignez les tâches dans l'ordre où le plus grand nombre de tâches possible se suivent.

Poste	Tâche	Durée totale (minutes)	Temps improductif (minutes)	Taux d'occupation* (%)
1	a, c	0,8	0,2	0,8 ÷ 1,0 = 80
2	b	1,0	0,0	1,0 ÷ 1,0 = 100
3	d, e	0,7	0,3	0,7 ÷ 1,0 = 70
			Total = 0,5 minute	Moyenne = 83,33 %

* Le taux d'occupation d'un poste (en pourcentage) se calcule par : Taux d'occupation = $\dfrac{\text{durée totale}}{\text{cycle de production}}$

Les deux indices de performance de l'équilibrage les plus couramment utilisés sont :

1. Le pourcentage de **temps improductif** de la chaîne est calculé de la façon suivante :

$$\text{Pourcentage de temps improductif} = \frac{\text{Délai total}}{N_{effectif} \times \text{Cycle de production}} \times 100 \qquad (6\text{-}5)$$

où $N_{effectif}$ = nombre effectif de postes

Dans l'exemple 1, cet indice vaut :

$$\text{Pourcentage de temps improductif} = \frac{0,5}{3 \times 1,0} \times 100 = 16,7\,\%$$

Le pourcentage de temps improductif désigne l'inefficacité de la chaîne de production.

2. L'efficacité de la chaîne, qui se calcule de la façon suivante :

Efficacité = 100 – Temps improductif en pourcentage   (6-6)

Donc, pour l'exemple 1, on a :

Efficacité = 100 % – 16,7 % = 83,3 %

Une autre façon de calculer ces paramètres consiste à se baser sur le taux d'occupation moyen (*voir le tableau de l'exemple 1*).

Le **taux d'occupation moyen** de la chaîne de production correspond à la moyenne des taux d'occupation de chaque poste de travail.

    Efficacité de la chaîne de production = Taux d'occupation moyen
    Le pourcentage de temps improductif = 100 % – Efficacité = Inefficacité

Posons-nous maintenant la question suivante : le niveau de production visé doit-il égaler la production maximale possible ? Le nombre minimal de postes de travail nécessaires est fonction du taux de production souhaité, donc du temps de cycle. Par conséquent, un taux de production plus bas (donc un temps de cycle plus élevé) peut exiger un plus petit nombre de postes. Ainsi, le gestionnaire doit déterminer si les épargnes potentielles réalisées par l'instauration d'un moins grand nombre de postes de travail sont supérieures à la diminution des profits découlant de la production de moins d'unités.

Les exemples précédents sont plutôt simples. Cependant, dans la pratique, le nombre de postes de travail et des tâches à leur assigner est souvent bien plus élevé. Il s'ensuit une complexité accrue de l'équilibrage des chaînes de production. Dans plusieurs cas, le nombre de solutions possibles pour le regroupement des tâches est si grand qu'il est virtuellement impossible d'effectuer une étude exhaustive de toutes les possibilités. Pour cette raison, on résout plusieurs problèmes concrets, peu importe leur envergure, en utilisant l'approche heuristique. L'approche heuristique a pour objectif de réduire le nombre de solutions de rechange à considérer, mais elle ne peut garantir la solution optimale.

Exemple 2

L'ensemble des activités nécessaires pour réaliser un produit est présenté dans le tableau ci-contre :

Le cycle de production = $\sum t$ = 3,8 minutes. On vous demande :

a) de tracer le diagramme (réseau) d'antécédence ;

b) de calculer le cycle d'opérations pour satisfaire à une demande de 400 unités par jour ;

c) de déterminer le nombre minimal et le nombre effectif de postes nécessaires ;

d) d'assigner les tâches aux postes de travail et de calculer les indices de performance correspondants.

Activités préalables	Activités	Durée t (minutes)
–	a	0,2
a	b	0,2
–	c	0,8
c	d	0,6
b	e	0,3
e, d	f	1,0
f	g	0,4
g	h	0,3
		Total = $\sum t$ = 3,8

Solution

a) Le réseau apparaît ci-dessous.

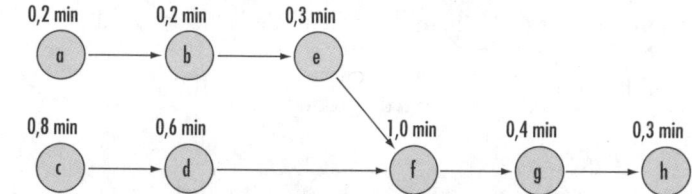

b) Cycle d'opérations pour une demande de 400 unités par jour (1 jour est constitué de 8 heures de travail ou 480 minutes). Ici, la capacité de production souhaitée est la demande (*D*).

$$\text{Capacité de production} = (D) = \frac{\text{Temps de production}}{\text{Cycle de production}} = \frac{TP}{C}$$

$$400 \text{ u/jour} = \frac{480 \text{ min/quart}}{C}$$

$$C = \frac{480 \text{ min/quart}}{400 \text{ u/jour}} = 1,2 \text{ min/unité par poste}$$

c) Le nombre minimal (N_{min}) de postes nécessaires :

$$N_{min} = \frac{\sum t}{C} = \frac{3,8 \text{ min/}u}{(1,2 \text{ min/}u)\text{poste}} = 3,17 \approx 4 \text{ postes}$$

N_{eff} = 4 postes (nombre effectif)

d) Assignation des tâches aux postes.

Poste	Tâche	Durée totale (minutes)	Temps improductif (minutes)	Taux d'occupation* (%)
1	a, b, c	1,2	0,0	1,2 ÷ 1,2 = 100,00
2	d, e	0,9	0,3	0,9 ÷ 1,2 = 75,00
3	f	1,0	0,2	1,0 ÷ 1,2 = 83,33
4	g, h	0,7	0,5	0,7 ÷ 1,2 = 58,33
			Total = 1,0 minute	Moyenne = 79,17 %

*Durée totale du poste ÷ Cycle de production

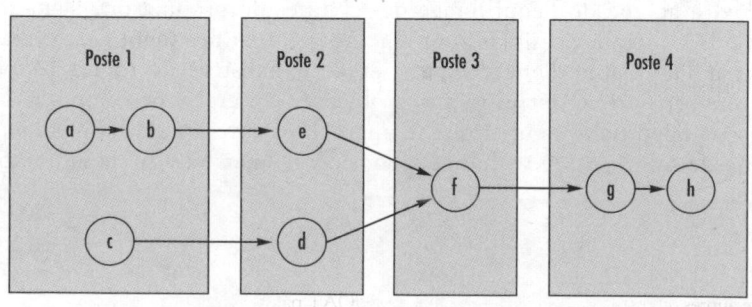

Efficacité de la chaîne de production = 79,17 %

Pourcentage de temps improductif = 100 % – Efficacité = 20,83 %

Ces paramètres peuvent aussi se calculer par :

$$\text{Pourcentage temps improductif} = \frac{\text{Delai total} \times 100}{N_{eff} \times \text{Cycle de production}} = \frac{1,0 \text{ min} \times 100}{4 \times 1,2 \text{ min}} = 20,83 \%$$

Efficacité = 100 % – Pourcentage de temps improductif = (100 – 20,83) % = 79,17 %

6.10.2 Les autres facteurs influençant l'équilibrage d'une chaîne d'opérations

Dans l'équilibrage d'une chaîne de travail ou d'opérations, il est important de tenir compte de considérations techniques, notamment des compétences nécessaires pour exécuter les tâches. Si les exigences de certaines tâches sont incompatibles, il est irréaliste de les assigner à un même poste de travail. N'oublions pas qu'un poste de travail comporte une ou plusieurs tâches (ou activités). Par exemple, la proximité d'une tâche nécessitant du feu et d'une autre tâche nécessitant des liquides inflammables est à proscrire : il faut les placer à des postes éloignés. L'élaboration d'un plan réaliste pour équilibrer une chaîne doit également tenir compte des facteurs humains, du matériel et des contraintes d'espace.

Bien que, théoriquement, il soit pratique de traiter les opérations d'une chaîne comme si elles se produisaient toujours à la même cadence et de façon constante, dans la pratique, lorsque des personnes participent au processus, les temps d'exécution des tâches fluctuent. Ce phénomène est encore plus appréciable dans le secteur des services. Ces variations découlent de nombreux facteurs : la fatigue, l'ennui et la difficulté de se concentrer sur une tâche. De plus, l'absentéisme brise drastiquement l'équilibre de la chaîne.

Pour ces raisons, les chaînes auxquelles participent des travailleurs ne sont pas parfaitement équilibrées. Or, ce déséquilibre comporte des avantages :

a) les ralentissements le long de la chaîne peuvent éviter des arrêts à certains postes de travail ;
b) les nouveaux travailleurs, qui n'ont pas acquis la même vitesse de travail que les autres, seront affectés aux postes ayant des temps d'attente.

Les entreprises utilisent plusieurs stratagèmes pour assurer une circulation fluide de la production et son équilibre d'un poste à l'autre. Une de ces approches consiste à utiliser des postes de travail parallèles pour désengorger les postes goulots, car ceux-ci limitent la circulation d'un produit dans la chaîne. Les goulots d'étranglement sont occasionnés par des tâches difficiles ou très longues à exécuter. Les postes de travail parallèles accélèrent la circulation et procurent un équilibre entre les postes et la flexibilité désirée, tel qu'il est illustré à l'exemple suivant[9].

Un travail comporte trois activités : les cadences, les cycles correspondants et le réseau d'antécédence, qui sont représentés ci-dessous.

Activité (opération)	Cadence (taux) unité/heure	Cadence unité/minute	Cycle C minutes/unité
A	30 u/h	0,50 u/min	2
B	20 u/h	0,33 u/min	3
C	60 u/h	1,00 u/min	1

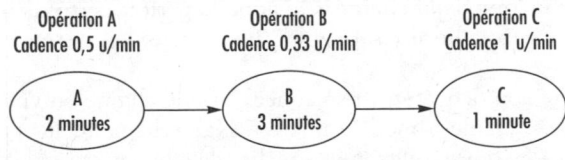

Opération A
Cadence 0,5 u/min

Opération B
Cadence 0,33 u/min

Opération C
Cadence 1 u/min

A
2 minutes

B
3 minutes

C
1 minute

---

9. Conférence prononcée auprès des candidats du MBA-Affaires de l'UQAT par C. Benedetti.

Le cycle de production de la chaîne est de 3 minutes, le cycle du poste goulot avec un taux horaire de production de 20 unités par heure ou de 160 unités par quart de travail (1 quart de travail = 8 heures).

$$\text{Capacité de production} = \frac{480 \text{ min/h}}{3 \text{ min/h}} = 160 \text{ u/jour} = 20 \text{ u/h}$$

En implantant un poste de travail parallèle pour l'activité B (le goulot), l'opération du type B prendra 1,5 minute/unité. Le goulot se déplace alors à la première activité, et on obtient un temps de cycle de 2 minutes. Cela permet une cadence de 30 unités à l'heure ou de 240 unités par quart pour l'ensemble de la chaîne.

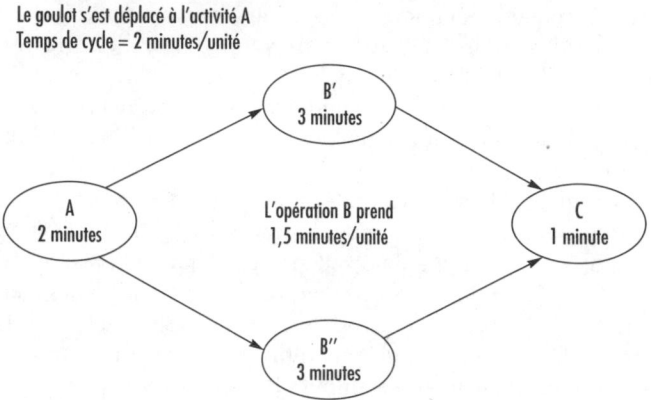

Si on multiplie les postes pour effectuer les opérations du type A (A′ et A″) et du type B (B′, B″ et B‴), toutes les étapes de travail deviennent parfaitement équilibrées, avec un temps de cycle C = 1 min/u et une cadence de 60 unités/heure ou 240 unités/quart de travail. Cependant, il faut s'assurer que la demande absorbera les quantités produites.

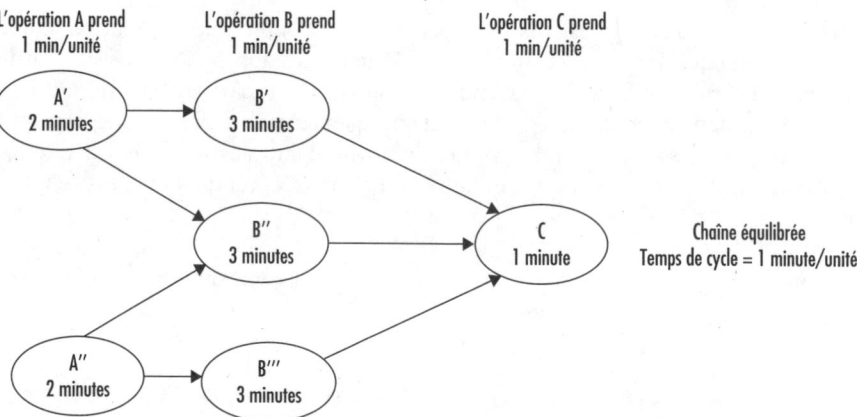

Une autre façon d'obtenir une chaîne équilibrée consiste à offrir une formation polyvalente aux travailleurs pour que ces derniers soient capables d'effectuer plusieurs tâches. Ainsi, dans les situations de goulot d'étranglement, les travailleurs ayant des temps improductifs élevés peuvent aider les travailleurs temporairement surchargés, ce qui permet une circulation uniforme le long de la chaîne. On appelle parfois cette technique « équilibrage dynamique de la chaîne » ; elle est souvent utilisée dans les systèmes de production en opération épurée.

Enfin, une dernière approche consiste à concevoir une chaîne en vue d'y traiter plusieurs produits. On l'appelle « chaîne à modèle mixte ». Naturellement, les produits doivent être relativement similaires, ce qui signifie que les tâches de fabrication sont à peu près les mêmes pour tous les produits (famille de produits). Cette approche offre plus de flexibilité quant au volume de production.

Bulletin
La stratégie flexible de BMW

Contrairement à l'approche classique adoptée par l'ensemble de l'industrie automobile, BMW a implanté à son usine de Dingolfing, en Allemagne, une chaîne d'assemblage de la série 7 capable d'assembler de multiples modèles de voitures. Habituellement, afin de modifier la chaîne pour l'assemblage d'autres modèles, ou pour modifier la cadence d'assemblage, il faut arrêter l'ensemble de la chaîne et modifier les postes sur la chaîne avant de la redémarrer. BMW a adopté une approche flexible qui lui permet de procéder à ces mises en route sans arrêter la chaîne, et ce, en des temps records.

Source : *The Wall Street Journal*, 11 juillet 2005, p. B1.

6.11 La conception de l'aménagement-processus

Le principal problème relatif à la conception de l'aménagement-processus concerne le positionnement des services concernés. Comme l'illustre la figure 6.19, il faut attribuer des emplacements précis aux services. Il est important d'élaborer un aménagement raisonnablement efficace ; certaines combinaisons d'aménagement sont préférables à d'autres. Par exemple, certains services tireront profit d'emplacements adjacents, tandis que d'autres devront être séparés. Un laboratoire équipé de matériel délicat ne doit pas être situé à proximité d'un service qui travaille avec un matériel émettant de fortes vibrations. Inversement, deux services qui partagent le même matériel tireront profit d'une certaine proximité.

Parmi les facteurs qui peuvent influencer les aménagements, mentionnons :

- l'emplacement des entrées ;
- l'emplacement des quais de chargement ;
- l'accès aux ascenseurs ;
- la disposition des fenêtres ;
- les zones de plancher renforcées ;
- le niveau de bruit ;
- la sécurité ;
- le nombre et la taille des toilettes.

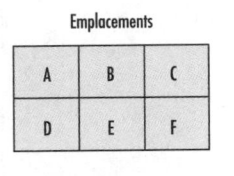

▲ FIGURE 6.19

Il faut attribuer des emplacements aux postes de travail

Parfois, une entreprise, telle qu'un supermarché, une station-service ou une chaîne de restauration rapide, peut posséder plusieurs sites ou succursales pouvant justifier un aménagement normalisé. Par exemple, dans le domaine de la restauration rapide, l'uniformisation des modèles d'aménagement simplifie la construction de nouvelles structures et la formation des employés. La préparation des aliments, la prise des commandes et le service à la clientèle suivent le même modèle dans tous les établissements de la chaîne. L'installation et l'entretien du matériel sont également normalisés. Des applications sont conçues avec certaines fonctions de base communes, de sorte que l'utilisateur, employé ou client, familier avec une application, peut facilement en utiliser une autre sans devoir tout réapprendre.

La plupart des problèmes d'aménagement viennent du fait qu'il y a un seul emplacement plutôt que plusieurs. Les postes de travail ne se prêtent pas forcément à une normalisation. Dans ce cas, il est important de prévoir un aménagement sur commande.

Pour ce qui est de l'aménagement global des départements, un des principaux obstacles à son efficacité est le très grand nombre d'attributions possibles. Par exemple, lorsque les emplacements forment une seule chaîne, il existe plus de 87 milliards de manières d'attribuer 14 emplacements à 14 services (14!). Différentes configurations (comme l'utilisation d'une grille 2 × 7 pour l'aménagement de 14 services) et certaines contraintes spécifiques (le service de poinçonnage doit être placé là où le plancher est renforcé) réduisent souvent le nombre de possibilités. Malgré tout, les combinaisons possibles d'aménagements demeurent élevées. Malheureusement, il n'existe pas de technique permettant de déterminer l'aménagement optimal quelle que soit la situation. En général, les ingénieurs et techniciens industriels doivent utiliser des techniques heuristiques pour résoudre de façon satisfaisante chaque problème. L'approche par **simulation** et par essais successifs a donné d'excellents résultats jusqu'à présent. Se basant sur des règles de base, des considérations et des facteurs propres à chaque situation, à l'aide de logiciels spécifiquement dédiés au domaine de l'aménagement, on procède par ordinateur à des essais qu'on valide auprès du client.

6.11.1 Les mesures d'efficacité

Les aménagements-processus, par définition très flexibles, ont l'avantage de pouvoir satisfaire à une grande variété de besoins. Dans ces systèmes, le traitement des clients ou des matériaux exige différentes opérations et séquences de travail, ce qui fait en sorte que ceux-ci y suivent plusieurs chemins. Dans un système axé sur l'équipement, on a recours à un matériel de manutention à parcours variable pour déplacer les produits d'un poste à l'autre. Encore une fois, on remarque l'interdépendance entre l'aménagement, la manutention et la circulation (AMC) dans les lieux de travail. Dans un système axé sur la clientèle (qu'on peut comparer au produit dans le secteur manufacturier), ce sont les personnes qui doivent se déplacer pour passer d'un poste de travail à un autre. Dans les deux cas, les coûts et les temps de transport peuvent être considérables. L'objectif de l'aménagement-processus est de réduire au minimum les coûts de transport, la distance parcourue et le temps. On y parvient habituellement en localisant aussi près que possible les départements qui ont des échanges fréquents.

D'autres facteurs sont à considérer : les coûts initiaux de l'aménagement, les coûts anticipés d'opération, la capacité réelle créée et la facilité avec laquelle on peut modifier le système. Dans les situations qui exigent une amélioration de l'aménagement existant, il faut évaluer les coûts de relocalisation d'un poste de travail en fonction des bénéfices potentiels qui en découleront (*voir la section 6.8*).

6.11.2 Les informations nécessaires à l'entrée

Pour la conception d'un aménagement-processus, les informations suivantes sont nécessaires :

1. une liste des services ou des postes de travail à installer, leurs dimensions approximatives et les dimensions du ou des édifices qui accueilleront les services ;
2. une prévision de la circulation du travail entre les divers postes ;
3. la distance entre les emplacements et le coût unitaire du déplacement des charges entre les postes ;
4. les investissements nécessaires à l'aménagement ;
5. une liste de toutes les contraintes particulières (comme les opérations qui doivent être à proximité les unes des autres ou celles qu'il faut séparer) ;
6. les contraintes des utilités (compresseurs, entrées électriques ou de gaz, etc.), capacités des planchers, accès des marchandises (camions, trains, bateaux).

Idéalement, il faut d'abord élaborer le plan d'aménagement et ensuite concevoir la structure physique qui l'entoure, ce qui permet une souplesse maximale dans la conception. On suit couramment cette procédure pour construire de nouvelles installations. Néanmoins, dans le cas de structures existantes, il faut envisager plusieurs possibilités d'aménagement ; on doit évaluer attentivement la superficie, les dimensions de l'édifice, l'emplacement des entrées, des ascenseurs et d'autres facteurs semblables. Notez que les structures multiniveaux posent des problèmes particuliers aux concepteurs de l'aménagement.

6.11.3 L'optimisation des coûts de transport

TABLEAU 6.6

Distance entre les emplacements (en mètres)

	Emplacement		
De	**Vers**		
	A	B	C
A	–	20	40
B	20	–	30
C	40	30	–

TABLEAU 6.7

Flux des travaux entre les services (charges par jour)

	Services		
De	**Vers**		
	1	2	3
1	–	10	80
2	20	–	30
3	90	70	–

La conception d'un aménagement-processus a pour principal objectif de réduire au minimum les coûts de transport et les distances parcourues. Il peut donc être très utile de résumer les données nécessaires dans des diagrammes expéditeur–destinataire semblables à ceux qui sont présentés dans les tableaux 6.6 et 6.7. Le tableau 6.6 indique la distance entre chacun des emplacements et le tableau 6.7, le flux (effectif ou projeté) des marchandises transportées entre chaque paire. Par exemple, le tableau d'estimation des distances (*voir le tableau 6.6*) nous révèle que la distance entre l'emplacement A et l'emplacement B est de 20 m. On mesure souvent les distances entre les centres de services. Il faut noter que la distance entre A et B peut être différente selon la direction, en raison de la présence de voies unidirectionnelles, d'ascenseurs ou d'autres facteurs. Pour simplifier notre analyse, on suppose que la distance est constante entre les deux emplacements, peu importe la direction empruntée.

Toutefois, il est irréaliste de supposer que les flux de circulation interservices sont égaux dans les deux sens: il n'y a aucune raison de croire que le service 1 enverra autant de travail au service 2 qu'il en recevra de sa part. Par exemple, plusieurs services peuvent expédier des biens au service d'emballage, mais ce dernier ne peut envoyer les colis qu'au service de l'expédition.

La circulation entre deux emplacements se mesure à l'intensité de la circulation « I^{10} ».

Par **intensité de circulation,** on entend la quantité transportée par unité de temps.

Ainsi, on dira que l'intensité de la circulation sur telle voie est 200 kg/h, de 3 000 m³/jour, de 2 500 unités/semaine ou de 150 véhicules/h.

Pour illustrer la quantité de matière transportée entre différents points de l'entreprise, on a recours au diagramme de flux, qui s'applique aux matières, aux marchandises ou aux personnes.

Par **diagramme de flux,** on entend un schéma, parfois tracé à l'échelle, qui indique la quantité de matière transportée par unité de temps entre différents points de l'entreprise. C'est la représentation graphique de l'intensité _I_.

Pour mesurer les efforts consacrés au transport entre la source et la destination (entre le point A et le point B), on fait appel à la notion de **travail en transport (WT).**

$$WT = I \times D = \frac{\text{Quantité transportée} \times \text{Distance}}{\text{Unité de temps}} \qquad (6\text{-}7)$$

où

_I_ = intensité de la circulation
_D_ = distance entre la source et la destination

L'exemple 4 illustre toutes ces notions.

Intensité de circulation

$I = \dfrac{\text{Quantité transportée}}{\text{Unité de temps}}$

Diagramme de flux

Représentation graphique de l'intensité.

Exemple 4

En considérant les informations présentées aux tableaux 6.6 et 6.7, suggérez un aménagement optimal pour les services 1, 2 et 3.

La méthode heuristique utilisée est la suivante: aménager le plus près possible l'un de l'autre les services ayant le plus grand _WT_.

Le tableau ci-dessous présente les distances séparant les emplacements A, B et C. Le tableau 6.7 indique l'intensité de la circulation entre les trois services.

1. Placer les distances à parcourir entre les trois emplacements (A, B et C) par ordre croissant:

Source–destination	Distance (mètres)
A–B	20
B–A	20
B–C	30
C–B	30
A–C	40
C–A	40

2. Placer l'intensité de la circulation entre les trois services (1, 2 et 3) par ordre décroissant. Ainsi, la quantité de marchandise qui circule du service 3 vers le service 1 est de 90 charges par jour, et celle qui va du service 1 vers le service 3 est de 80 charges par jour, pour un total de 90 + 80 = 170 charges/jour.

Service	Intensité (charges/jour)
3–1	90 + 80 = 170
1–3	
3–2	70 + 30 = 100
2–3	
2–1	20 + 10 = 30
1–2	

3. Concevoir l'aménagement en combinant les services à intensité élevée aux emplacements rapprochés, d'où un _WT_ (travail en transport) minimal, comme l'illustrent la figure et le tableau de la page suivante.

_____

10. C. Benedetti, _Introduction à la gestion des opérations_, 3ᵉ édition, Laval, Éditions Études Vivantes, 1991, p. 438 et suivantes.

Exemple 4 *(suite)*

Diagramme de flux

30

1   170   3   100   2

A   B   C

Service	Intensité I (charges/jour)	Emplacement	Distance D (mètres)	$WT = I \times D$ (charges-mètres/jour)
3–1	90	A–B	20	$90 \times 20 = 1\,800$
1–3	80	B–A	20	$80 \times 20 = 1\,600$
3–2	70	B–C	30	$70 \times 30 = 2\,100$
2–3	30	C–B	30	$30 \times 30 = 900$
2–1	20	A–C	40	$20 \times 40 = 800$
1–2	10	C–A	40	$10 \times 40 = 400$
				Total $\Sigma WT = 7\,600$

Le travail en transport de l'aménagement trouvé est optimal à 7 600 charges-mètres/jour. On pourrait trouver un autre aménagement qui donnerait le même travail en transport total que celui-ci, mais il faudrait explorer les 3!, soit 6 combinaisons possibles. La situation se complique si on a un certain nombre n de services différents à considérer : le nombre de combinaisons à explorer sera de $n!$. La méthode heuristique suggérée donne une solution raisonnablement satisfaisante, compte tenu de l'effort.

6.11.4 Les méthodes relationnelles

L'approche présentée à la sous-section 6.11.3 comporte un inconvénient : elle ne tient compte que de la mesure et de l'optimisation du travail en transport (WT) pour décider de l'aménagement des services par rapport aux emplacements existants, alors que souvent d'autres contraintes entrent en ligne de compte. Dans cette optique, Richard Muther a mis au point le SLP (pour *systematic layout planning*[11]), une approche qui tient compte de facteurs plus qualitatifs, comme la nécessité de ne pas faire passer des produits glacés près des chaufferies et autres considérations du genre. On résume ensuite ces considérations dans un tableau, appelé **grille relationnelle** (*voir la figure 6.20*). Le tableau se lit comme s'il s'agissait du kilométrage sur une carte routière, sauf qu'à la place des distances, des lettres apparaissent aux intersections. Ces lettres représentent l'importance de la proximité entre les services, A étant le code représentant la proximité la plus importante et X, le code représentant la combinaison la moins souhaitable. Ainsi, dans le tableau, il est « absolument nécessaire » de situer 1 et 2 à proximité l'un de l'autre, car un A figure à l'intersection de ces services. C'est tout le contraire pour les services 1 et 4, car dans le tableau, leur intersection est marquée d'un X. En pratique, les lettres du tableau sont souvent accompagnées de nombres qui indiquent la raison de chaque affectation : ils sont omis ici pour simplifier l'exemple.

Muther suggère le code suivant :

FIGURE 6.20 ▸

Grille relationnelle selon Muther

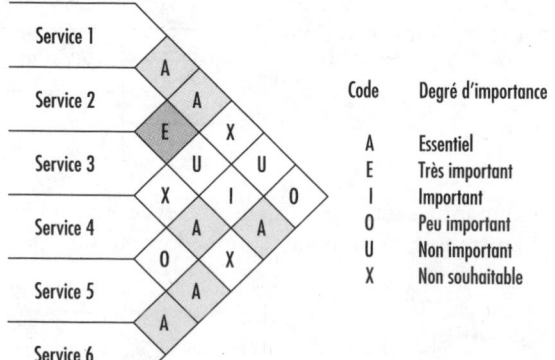

Code	Degré d'importance
A	Essentiel
E	Très important
I	Important
O	Peu important
U	Non important
X	Non souhaitable

1. Utilisation du même matériel ou des mêmes installations
2. Partage du personnel ou des dossiers
3. Séquences de flux des travaux
4. Facilité de communication
5. Conditions dangereuses ou peu agréables
6. Travail similaire

11. Richard Muther et John Wheeler, « Simplified Systematic Layout Planning », *Factory*, vol. 120, n°s 8, 9 et 10, août, septembre, octobre 1962, p. 68-77, 111-119, 101-113.

Aménagez les six services de la figure 6.20 dans un espace de 2 × 3 emplacements en utilisant la règle heuristique suivante : aménager les services importants en premier.

1. Les ensembles critiques de services sont ceux dont les évaluations sont A ou X. On prépare une liste des services en dressant le tableau suivant :

A	1–2	1–3	2–6	3–5	4–6	5–6
X	1–4	3–6	3–4			

2. On forme un regroupement de liens A en commençant par le service qui semble figurer le plus souvent sur la liste A (dans ce cas, le service 6). Par exemple :

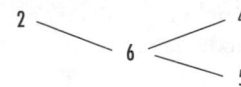

3. On intègre les autres liens A à ce groupe, en redisposant le groupe au besoin. On forme des groupes distincts pour les services sans lien avec le groupe principal. Dans ce cas, tous les services y sont reliés.

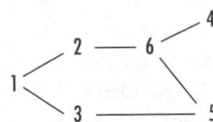

4. On représente les liens non souhaitables X dans un schéma :

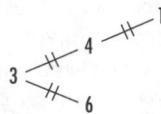

Observez : tel qu'il est, le regroupement de liens essentiels A est compatible avec les liens non souhaitables X. Il s'agit d'un exercice relativement simple pour insérer le regroupement dans une disposition de 2 × 3 :

1	2	6
3	5	4

Notons que cette disposition convient aussi aux évaluations plus faibles, même si aucune tentative n'a été faite pour considérer explicitement les évaluations E et I. Évidemment, toutes les situations ne présentent pas des résultats aussi harmonieux. Il peut donc être nécessaire de faire des corrections supplémentaires, en gardant en tête le fait que les affectations A et X méritent qu'on leur accorde plus d'attention.

Il est important de savoir que les services sont considérés comme étant à proximité les uns des autres non seulement quand ils se touchent, mais aussi quand leurs coins se touchent. Cette méthode qualitative basée sur l'estimation des relations est valable, car elle recourt à plusieurs facteurs objectifs et subjectifs. Par contre, ses limites tiennent à l'utilisation de facteurs subjectifs en général, souvent imprécis et peu fiables.

Concluons cette section en mentionnant que la taille et la complexité des aménagements-processus ont mené à la mise au point de plusieurs progiciels. L'analyse informatisée des aménagements-processus a comme avantage de traiter d'importants problèmes et d'envisager différentes possibilités d'aménagement. Toutefois, dans certains cas, les résultats de l'analyse informatique exigent des corrections manuelles avant qu'on puisse les utiliser.

6.12 Conclusion

Les décisions en matière d'aménagement constituent un aspect important de la conception des systèmes de production, car elles influent sur les coûts et l'efficacité des opérations. On ne peut dissocier les décisions concernant la fonction aménagement de celles qui concernent les fonctions manutention et circulation, ces trois fonctions étant interdépendantes (AMC). Ces décisions sont liées à celles qui concernent la conception des produits et des services, la sélection des processus et la capacité.

Un facteur déterminant de la conception de l'aménagement est le type de processus ou la méthode de production utilisé. La production à l'unité ou par projet, la production interrompue et la production continue de masse sont les trois principales méthodes de production. La production continue permet de fournir un volume élevé d'un ou de quelques produits ou services similaires. La production interrompue permet de produire une gamme plus vaste de produits ou services, mais en volumes plus limités, tandis qu'avec la production à l'unité, on crée une unité à la fois. Les aménagements-produits sont généralement utilisés pour les grands lots en continu; les aménagements-processus, pour la production interrompue en petites séries; et les aménagements stationnaires, pour les produits uniques ou les projets d'envergure.

La production à l'unité utilisant l'aménagement fixe ou stationnaire est intéressante dans le cas de produits uniques tels que des prototypes, des produits fragiles qui sont difficiles à transporter ou à manipuler, des produits de grande taille ou impossibles à transporter d'une opération à l'autre. C'est le personnel et l'équipement qui gravitent autour du produit, du chantier ou de l'établi. Cette méthode de production est la plus ancienne et la plus flexible et elle s'apparente à l'artisanat.

La production interrompue utilise des aménagements-processus, où l'on regroupe des activités similaires dans des services ou des postes de travail. Ce type de production peut offrir une grande variété de produits en lots plus ou moins grands et est peu sensible aux pannes et aux arrêts de production. Cependant, la variété et la flexibilité recherchées exigent beaucoup de circulation et de manutention, une révision continuelle de l'ordonnancement des travaux ainsi que le recours à un matériel de manutention à parcours variable. Bien qu'il soit supérieur au taux de production fourni par la production à l'unité, le taux de production dans le cas de la production interrompue est généralement limité.

Dans les aménagements-produits, propres à la production continue, les opérateurs et les équipements sont placés selon la séquence technologique requise pour la fabrication du produit ou la prestation du service. La conception met l'accent sur la circulation du travail dans un système et utilise souvent les principes de la segmentation des tâches et de la spécialisation des travailleurs et du matériel. Les aménagements-produits sont très vulnérables aux pannes et à la rupture des stocks. Un entretien préventif réduit le nombre de pannes, d'où l'importance de la fonction maintenance.

Le tableau 6.8 résume les caractéristiques, avantages et inconvénients des deux aménagements les plus communs qu'on trouve dans l'industrie manufacturière: les aménagements-produits et les aménagements-processus.

TABLEAU 6.8

Comparaison des aménagements-produits et des aménagements-processus

	Aménagement-produit	Aménagement-processus
Description	La disposition séquentielle du personnel ou du matériel, conçue en vue d'une production normalisée de traitement	Une disposition fonctionnelle du personnel ou du matériel, conçue pour traiter une grande variété de spécifications
But de l'aménagement	Équilibrage des opérations pour éviter les goulots d'étranglement et obtenir une circulation continue	Disposition du matériel ou des services en vue de réduire au minimum les coûts de transport ou les congestions, ou les deux
Méthode de production	Répétitive ou continue	Travail en atelier ou par lots
Exemples de biens Exemples de services	Automobiles, cassettes vidéo Lave-auto, chaîne de cafétéria	Meubles ou aliments préparés Réparation d'automobiles, soins de santé
Variété de produits ou de services	Faible	Modérée à élevée
Niveaux de compétence des travailleurs dans le secteur du traitement	Niveau faible, travailleurs semi-qualifiés	Travailleurs semi-qualifiés à très qualifiés
Flexibilité	Très faible	Modérée à élevée
Volume	Élevé	Faible à modéré
Stock de produits en cours	Faible	Élevé
Manutention du matériel	Parcours fixe (assuré par des convoyeurs ou l'équivalent)	Parcours variable (par chariots élévateurs ou l'équivalent)
Maintenance	Préventive	Au besoin
Avantages	Faible coût par unité, forte productivité	Grande flexibilité en ce qui concerne la quantité et les produits

Lors de la conception d'un aménagement-produit, on doit concentrer son attention sur la segmentation du travail nécessaire à la création du produit ou du service en tâches ou en activités élémentaires. On regroupera ces tâches en une série de postes à contenu similaire en ce qui a trait au temps, appelé «cycle de production»; le cycle est fonction de la quantité de produits à créer, elle-même définie par les besoins du marché à satisfaire. L'objectif est d'utiliser d'une façon optimale les intrants (machines, matières, main-d'œuvre et ressources diverses).

Dans la conception d'un aménagement-processus, l'attention est portée sur l'interrelation qui existe entre les différents services et sur la minimisation de la circulation et de la manutention (mesurée par le travail en transport, WT). Plusieurs techniques (tantôt basées sur des facteurs objectifs et quantifiables, tantôt subjectives) ont été développées par les ingénieurs industriels pour résoudre ce type de problèmes. Le nombre élevé de combinaisons possibles pour ce type d'aménagement requiert parfois l'utilisation de l'ordinateur, bien qu'une approche très systématique ait été développée et donne des résultats très satisfaisants.

Concluons en soulignant l'importance de toujours garder en mémoire qu'il faut avoir l'assurance :

- de la plus grande fluidité des personnes et des matières ;
- du respect de l'intégrité physique des personnes concernées (clients, travailleurs, public) ;
- du respect de l'environnement et de l'écologie pour une production durable et responsable. ●

Terminologie

Aménagement cellulaire (p. 209)

Aménagement-processus (procédé) ou implantation fonctionnelle (p. 204)

Aménagement-produit (p. 205)

Aménagement stationnaire (p. 204)

Atelier multigamme (p. 195)

Automatisation (p. 198)

Automatisation fixe (p. 199)

Automatisation flexible (p. 200)

Automatisation programmable (p. 199)

Cadence (ou flux) de production (p. 219)

Capacité de production (p. 198)

Cellule de fabrication (p. 201)

Chaîne de fabrication (p. 206)

Chaîne de montage (p. 206)

Coefficient de position (p. 220)

Cycle de production « C » ou d'opérations (p. 218)

Diagramme d'antécédence (p. 220)

Diagramme de flux (p. 227)

Équilibrage des opérations (p. 217)

Ergonomie (p. 215)

Fabrication assistée par ordinateur (FAO) (p. 199)

Goulot d'étranglement (p. 218)

Graphique d'analyse de processus (p. 209)

Grille relationnelle (p. 228)

Industrie de traitement (p. 196)

Intensité de circulation (p. 227)

Machine-outil à contrôle numérique (MCN) (p. 199)

Meister (p. 202)

Opération épurée (p. 211)

Opération intégrée par ordinateur (OIO) (p. 201)

Production à l'unité (p. 194)

Production durable (p. 197)

Production épurée (p. 198)

Production interrompue (p. 194)

Production par lots (p. 195)

Projet (p. 194)

Robot (p. 199)

Sélection des processus (p. 192)

Simulation (p. 225)

Stratégie de processus (p. 193)

Submeister (p. 202)

Supraginosha (p. 202)

Système de fabrication flexible (SFF) (p. 201)

Taux d'occupation moyen (p. 221)

Technologie de groupe (p. 211)

Temps de mise en route (délai de mise en course) (p. 201)

Temps improductif (p. 221)

Temps total de cycle (p. 219)

Travail en transport (WT) (p. 227)

Übermeister (p. 202)

Problèmes résolus

Problème 1

Les tâches nécessaires à l'assemblage des feuilles formant un document apparaissent dans le diagramme d'antécédence ci-dessous. Les gestionnaires désirent satisfaire à une capacité de production de 275 unités par quart de 440 minutes.

a) Calculez le cycle de production (C).

b) Quels sont le nombre minimal et le nombre effectif de postes nécessaires ?

c) En utilisant le principe du coefficient de position, assignez les tâches aux postes appropriés.

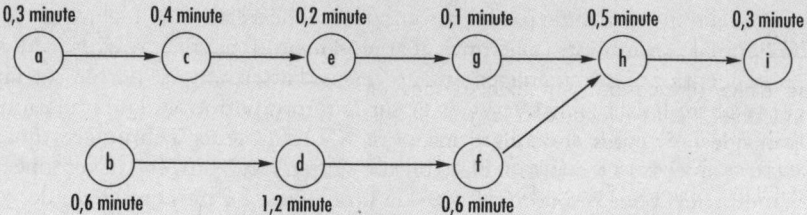

Solution

a) Cycle de production = $\dfrac{\text{Temps de production}}{\text{Capacité de production } (D)} = \dfrac{TP}{D}$

$$C = \dfrac{440 \text{ minutes/jour}}{275 \text{ u/jour}} = 1,6 \text{ minute/unité par poste}$$

b) Le nombre minimal (N_{min}) et le nombre effectif (N_{eff}) de postes nécessaires :

$$N_{min} = \dfrac{\sum t}{c} = \dfrac{4,2 \text{ min/u}}{(1,6 \text{ min/u}) \text{poste}} = 2,625 < 3 \text{ postes}$$

$N_{eff} = 3$ postes (nombre effectif)

c) En ajoutant le coefficient de position à chaque tâche dans le diagramme d'antécédence, on obtient ce qui suit.

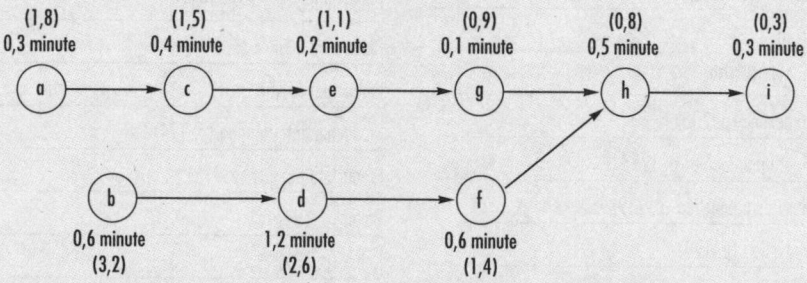

Au poste A, on commence par assigner la tâche « b » (coefficient 3,2 et durée de 0,6 minute). On ne peut assigner la tâche « d » (la deuxième tâche la plus élevée avec 2,6 de coefficient et un temps de 1,2 minute) au poste A, car on dépasserait le cycle, $C = 1,6$ minute. On passe donc à la tâche suivante, soit « a », et ainsi de suite, pour obtenir le tableau ci-contre.

Poste	Tâche	Durée totale (minutes)	Temps improductif (délai)	Taux d'occupation (%)
A	b, a, c, e, g	1,6	0,0	1,6 ÷ 1,6 = 100,00
B	d	1,2	0,4	1,2 ÷ 1,6 = 75,00
C	f, h, i	1,4	0,2	1,4 ÷ 1,6 = 87,50
		4,2	Total = 0,6 minute	Moyenne = 87,50 %

L'aménagement des postes et des tâches correspondantes apparaît ci-dessous.

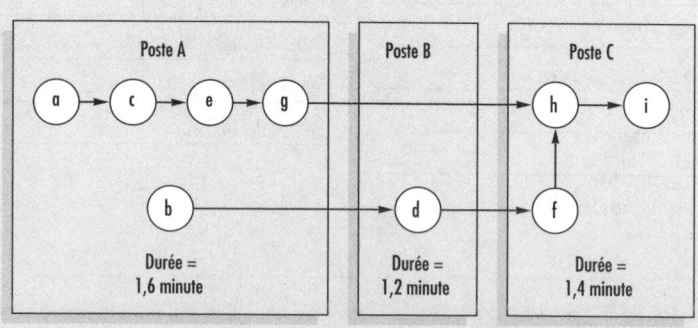

Problème 2

On dispose d'une surface de neuf locaux dans un immeuble industriel, soit trois locaux en largeur et trois locaux en profondeur. On vous demande d'aménager neuf services dans ces locaux à partir de la grille relationnelle AEIOUX[12] suivante. En raison d'un règlement municipal, le service 4 doit occuper le local situé en haut à droite.

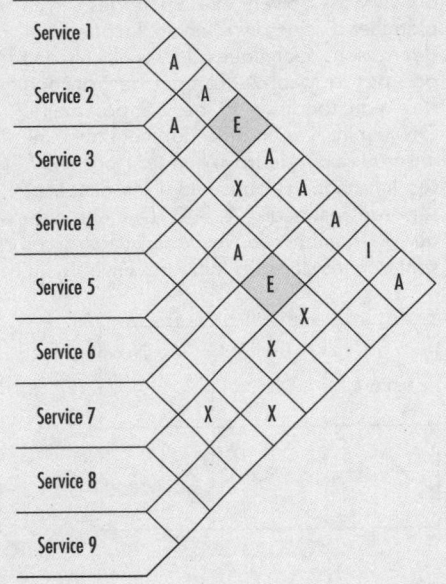

Solution

1. Le service 1 ayant le plus grand nombre de A sera placé au centre de l'entreprise.

2. On peut placer les autres services autour du service 1 en respectant le code AEIOUX donné :

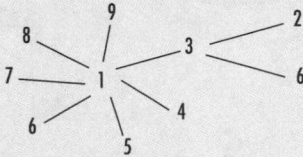

3. Considérons maintenant les combinaisons à éviter.

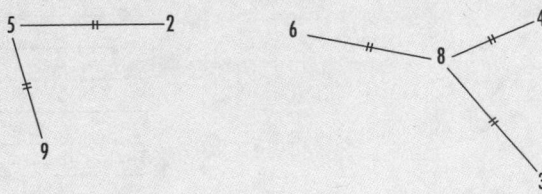

Ces services seront placés en éventail autour du service 1 et le plus loin possible les uns des autres.

4. L'aménagement résultant apparaît ici.

2	3	4
9	1	6
8	7	5

5. On vérifie si toutes les contraintes (la grille relationnelle, le code AEIOUX, les règlements municipaux) sont respectées.

---

12. Certains auteurs ajoutent le code Y : AEIOUXY.

Problème 3

Six services doivent être aménagés sur un plancher d'usine divisé en six locaux. Pour des raisons techniques, le service 6 doit occuper le local A. Le coût de transport des marchandises est de 2 $ par mètre. On veut trouver un aménagement qui minimisera le coût du travail en transport, WT. Les informations concernant les distances séparant les locaux A, B, C, D, E et F ainsi que le nombre de voyages interservices sont donnés dans les tableaux suivants.

Local	Destination	Distance entre les locaux (mètres)					
		A	B	C	D	E	F
A		–	50	100	50	80	130
B			–	50	90	40	70
C				–	140	60	50
D					–	50	120
E						–	50
F							–

A Service 6	B	C
D	E	F

Service	Destination	Nombre de voyages par jour entre les services					
		1	2	3	4	5	6
1		–	90	25	23	11	18
2		35	–	8	5	10	16
3		37	2	–	1	0	7
4		41	12	1	–	4	0
5		14	16	0	9	–	3
6		32	38	13	2	2	–

Solution

1. On place les distances à parcourir entre les six emplacements (A, B, C, D, E et F) par ordre croissant :

Source – Destination	Distance (mètres)
B–E	40
D–E	50
F–E	50
B–C	60
A–B	80
A–D	50
C–F	50
E–C	60
B–F	70
A–E	80
B–D	90
A–C	100
F–D	120
A–F	130
D–C	140

2. On place l'intensité de la circulation entre les paires de services dans l'ordre décroissant. Par exemple, entre les services 1 et 2, le flux est de 90 (1 vers 2) + 35 (2 vers 1) = 125 voyages par jour.

Paire de services	Intensité
1–2	125
1–4	64
1–3	62
2–6	54
1–6	50
2–5	26
1–5	25
3–6	20
2–4	17
4–5	13
2–3	10
5–6	5
3–4	2
4–6	2
3–5	0

3. On conçoit l'aménagement en disposant les paires de services à circulation élevée aux emplacements rapprochés, pour un *WT* minimal, comme l'illustre le tableau suivant.

Paire de services	Intensité *I* (charges/jour)	Emplacement	Distance *D* (mètres)	*WT* = *I* × *D* (charges-mètres/jour)
1–2	125	B–E	40	5 000
1–4	64	D–E	50	3 200
1–3	62	F–E	50	3 100
2–6	54	B–C	60	2 700
1–6	50	A–B	80	2 500
2–5	26	A–D	50	1 300
1–5	25	C–F	50	1 250
3–6	20	E–C	60	1 200
2–4	17	B–F	70	1 190
4–5	13	A–E	80	1 040
2–3	10	B–D	90	900
5–6	5	A–C	100	500
3–4	2	F–D	120	240
4–6	2	A–F	130	260
3–5	0	D–C	140	0
				Σ*WT* = 24 380 charges-mètres/jour

Le service 6 occupe d'office le local A, conformément aux exigences.

Le service 1 occupe le local E : se référer aux trois premières lignes du tableau précédent.

Le service 2 occupe le local B : se référer aux lignes 1 et 4 du tableau.

Le service 5 doit être près des services 1 et 2 (lignes 6 et 7), et le service 3 doit être près du service 6 (ligne 8) ; on choisit donc de placer le service 5 dans le local C·et le service 3, dans le local D. Le service 4 occupera finalement le local F.

L'aménagement final est illustré à la figure ci-contre.

A Service 6	B Service 2	C Service 5
D Service 3	E Service 1	F Service 4

Remarque :
Il serait plus opportun de placer les priorités du tableau précédent par ordre décroissant de *WT* (travail en transport) et de procéder à l'aménagement en respectant l'ordre qui en résulte.

Des ouvrages traitant de cette méthode (qui déborde du cadre de ce manuel) sont présentés dans la bibliographie.

Questions de discussion et de révision

1. Qu'est-ce qu'on entend par « sélection des processus » ?
2. Énumérez certaines des raisons courantes pour lesquelles on reconçoit des aménagements.
3. Décrivez brièvement les trois principaux types d'aménagement.
4. Quels sont les principaux avantages d'un aménagement-produit ? Quels sont ses principaux inconvénients ?
5. Quels sont les principaux avantages d'un aménagement-processus ? Quels sont ses principaux inconvénients ?
6. Quel est l'objectif de l'équilibrage des opérations ? Que se produit-il si une chaîne est déséquilibrée ?
7. Pourquoi l'acheminement et l'ordonnancement sont-ils des problèmes perpétuels dans les aménagements-processus ?
8. Comparez la fonction maintenance en aménagement-produit avec la fonction maintenance en aménagement-processus.
9. Décrivez brièvement les conséquences d'une séquence de tâches sur chacun des types d'aménagement.
10. Le comité de planification du transport urbain doit décider s'il entreprendra la construction d'un réseau de métro ou la mise à jour du système d'autobus actuel. Vous êtes un expert en matériel de manutention à parcours fixe et à parcours variable, et le comité souhaite obtenir vos conseils. Quels sont les avantages et les inconvénients des réseaux de métro et d'autobus ?
11. Quel est le matériel de manutention à parcours fixe et à parcours variable utilisé dans les supermarchés ?
12. Qu'est-ce que l'approche heuristique ? Pourquoi l'utilise-t-on dans la conception des aménagements ?

13. Pourquoi les aménagements-produits ne sont-ils pas typiques du milieu des services?

14. Selon une étude menée par des spécialistes en assurances, reconstruire une Chevrolet complètement démolie coûte plus de trois fois le prix d'achat initial en pièces et en main-d'œuvre. Justifiez cet important écart.

15. Comment un aménagement influe-t-il sur la productivité?

16. Qu'est-ce que la fabrication cellulaire? Quels en sont les principaux avantages et inconvénients?

17. Qu'est-ce que la technologie de groupe?

Problèmes

1. Une chaîne de montage comportant 17 tâches doit être équilibrée. La durée de la tâche la plus longue est de 2,4 minutes, et la durée totale de toutes les tâches est de 18 minutes. La chaîne fonctionnera 450 minutes par jour.
   a) Quels sont les cycles de production minimal et maximal?
   b) Quelle capacité de production est théoriquement possible pour la chaîne?
   c) Quel est le nombre minimal de postes de travail nécessaires si l'on cherche à atteindre le taux de production maximal?
   d) Quel cycle procurera un taux de production de 125 unités par jour?
   e) Quel potentiel de production obtiendrez-vous si le cycle est de 9 minutes? de 15 minutes?

2. Un directeur veut assigner des tâches à des postes de travail le plus efficacement possible et obtenir une production horaire de 33 1/3 unités. Supposez que l'atelier travaille 60 minutes par heure. Assignez les tâches présentées dans le diagramme d'antécédence ci-dessous (les temps sont en minutes) aux postes de travail en utilisant les règles qui suivent.

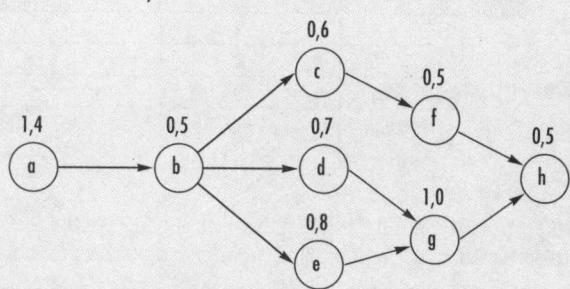

   a) Vous devez respecter l'ordre selon lequel la plupart des tâches se suivent.
   b) Vous devez respecter l'ordre du coefficient de position le plus élevé.
   c) Quelle est l'efficacité de chaque équilibrage?

3. Un directeur souhaite assigner des tâches à des postes de travail le plus efficacement possible et obtenir une production horaire de 4 unités. Ce service utilise un temps de travail de 56 minutes par heure. Assignez les tâches présentées aux postes de travail (les temps sont en minutes) en utilisant la règle qui suit.
   a) Vous devez respecter l'ordre selon lequel la plupart des tâches se suivent (en utilisant le coefficient de position le plus élevé).
   b) Quelle est l'efficacité?

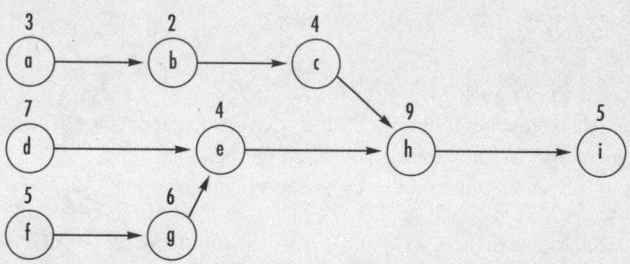

4. Un important fabricant de taille-crayons prévoit ajouter une nouvelle ligne de taille-crayons à son entreprise. Il vous demande d'équilibrer le processus, compte tenu des temps de tâches et des rapports de priorité suivants. Supposez que le cycle de production doit être le plus faible possible.
   a) Tracez le diagramme d'antécédence.
   b) Assignez les tâches aux postes dans l'ordre où le plus grand nombre possible de tâches se suivent.
   c) Déterminez le pourcentage de temps improductif.
   d) Calculez le taux de production qui pourrait être prévu pour cette chaîne en supposant que chaque jour de travail compte 420 minutes.
   e) Quel est le cycle le plus court permettant d'utiliser uniquement deux postes de travail? Ce cycle est-il réalisable? Déterminez les tâches que vous assigneriez à chaque poste.

Tâche	Durée (minutes)	Tâche suivante
a	0,2	b
b	0,4	d
c	0,3	d
d	1,3	g
e	0,1	f
f	0,8	g
g	0,3	h
h	1,2	fin

f) Déterminez le pourcentage de temps improductif qui découlerait de l'installation de deux postes.

g) Avec un tel aménagement, quelle est la production quotidienne?

h) Déterminez le taux de production avec un cycle maximal.

5. Dans le contexte d'un important projet de rénovation d'usine, on a demandé aux ingénieurs industriels d'équilibrer les opérations d'assemblage révisées pour obtenir une production de 240 unités par journée de 8 heures. Les temps de tâches et les rapports de priorité sont présentés dans le tableau ci-contre.

a) Tracez le diagramme d'antécédence.

b) Déterminez le cycle maximal.

c) Déterminez le nombre minimal de postes nécessaires.

d) Assignez les tâches aux postes de manière à ce que le plus grand nombre possible de tâches se suivent.

e) Calculez le pourcentage de temps improductif pour l'affectation demandée en d).

Tâche	Durée (minutes)	Tâche suivante
a	0,2	b
b	0,4	c
c	0,2	f
d	0,4	e
e	1,2	g
f	1,2	g
g	1,0	fin

6. Douze activités, dont les contraintes de temps et de priorité sont présentées dans le tableau suivant, doivent être assignées à des postes utilisant un cycle d'opérations de 1,5 minute. Deux règles heuristiques seront mises en œuvre: 1) le coefficient de position le plus élevé et 2) le nombre le plus élevé de tâches qui se suivent.

En cas d'égalité, choisissez le temps de tâche le plus court.

a) Tracez le diagramme d'antécédence de cette chaîne.

b) Assignez les tâches aux postes.

c) Calculez le pourcentage de temps improductif pour chacune des règles.

Activité	Durée (minutes)	Activités précédentes ou préalables
a	0,1	–
b	0,2	a
c	0,9	b
d	0,6	c
e	0,1	–
f	0,2	d, e
g	0,4	f
h	0,1	g
i	0,2	h
j	0,7	i
k	0,3	j
l	0,2	k

7. Pour l'ensemble des tâches présentées ci-dessous:

a) Tracez le diagramme d'antécédence.

b) Déterminez le temps de cycle maximal en secondes pour une production souhaitée de 500 unités toutes les 7 heures. Pourquoi un gestionnaire utiliserait-il un temps de cycle de 50 secondes?

c) Déterminez le nombre minimal de postes nécessaires pour une production de 500 unités par jour.

d) Équilibrez la chaîne en utilisant la règle heuristique du coefficient de position le plus élevé. Utilisez un cycle de 50 secondes.

e) Calculez le pourcentage de temps improductif de la chaîne.

Activité	Durée (secondes)	Activités précédentes
A	45	–
B	11	A
C	9	B
D	50	–
E	26	D
F	11	E
G	12	C
H	10	C
I	9	F, G, H
J	10	I
Total	193	

8. Un atelier fonctionne 400 minutes par jour. Le directeur de l'atelier souhaite atteindre une production de 200 unités par jour pour la chaîne de montage, qui comporte les tâches élémentaires présentées dans le tableau ci-contre.

a) Tracez le diagramme d'antécédence.

b) Assignez les tâches selon la règle heuristique du plus grand nombre possible de tâches qui se suivent.

c) Attribuez les tâches selon la règle heuristique du coefficient de position le plus élevé.

d) Calculez le pourcentage de temps improductif pour chaque règle. Selon ce critère, laquelle donne le meilleur ensemble d'assignations?

Tâche	Tâches suivantes	Durée (minutes)
a	b, c, d	0,5
b	e	1,4
c	e	1,2
d	f	0,7
e	g, j	0,5
f	i	1,0
g	h	0,4
h	k	0,3
i	j	0,5
j	k	0,8
k	m	0,9
m	fin	0,3

9. Disposez six services dans des locaux formant une grille de 2 × 3 de manière à respecter les conditions suivantes : 1 près de 2 ; 5 près de 2 et de 6 ; 2 près de 5 ; et 3 loin de 1 et de 2.

10. À l'aide de l'information donnée au problème précédent, élaborez un tableau relationnel selon la technique de Muther en utilisant les lettres A, O et X. Supposez que toute paire de services non mentionnée a une évaluation de 0.

11. À l'aide de l'information donnée dans la grille ci-contre, déterminez si l'aménagement des ci-contre suggéré est approprié. Sinon, modifiez-le pour respecter les conditions.

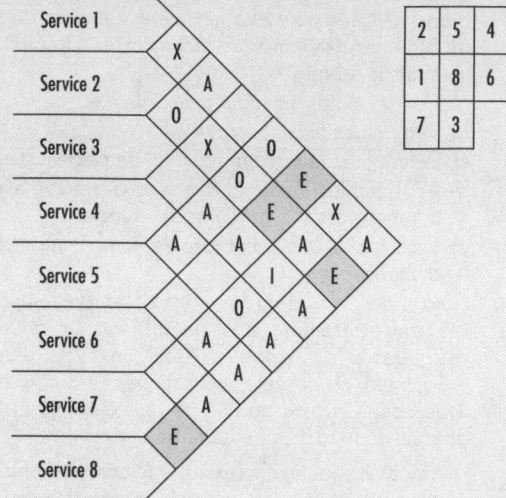

12. Disposez les huit services présentés dans la grille relationnelle suivante dans des locaux de format 2 × 4. Remarque : Le service 1 doit se trouver à l'emplacement indiqué.

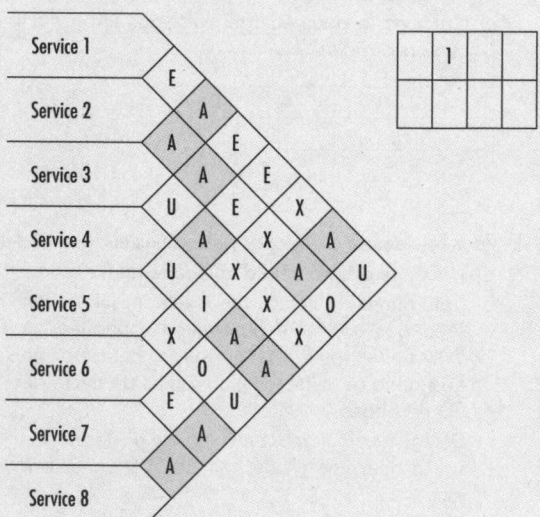

13. Disposez les services dans des locaux de format 3 × 3 de manière à respecter les conditions présentées dans la grille relationnelle suivante. Le service 5 doit occuper le coin inférieur gauche du tableau 3 × 3.

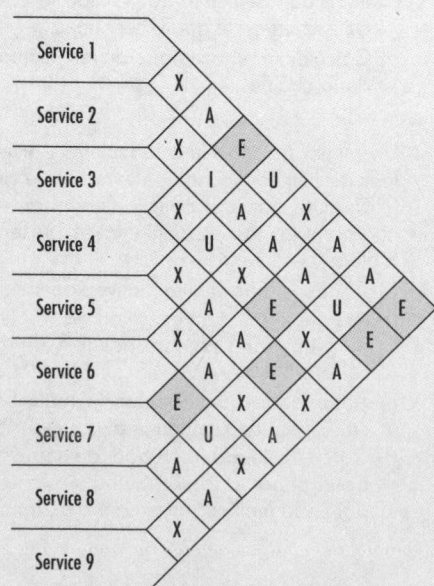

14. Pour le nouvel aménagement du siège social d'une entre-prise, déterminez la position des services qui réduira au minimum les coûts de transport. Utilisez les données du tableau suivant. Supposez que les distances sont les mêmes dans les deux sens. Le schéma illustre les locaux. Calculez un coût de 1 $ par mètre de voyage.

Local A	Local B	Local C
	Local D	

De	Vers	Distance entre les locaux (mètres)			
		A	B	C	D
A		–	40	80	70
B			–	40	50
C				–	60
D					–

De	Vers	Nombre de déplacements par jour entre les services			
		1	2	3	4
1		–	10	20	30
2			–	40	40
3				–	25
4		50	50	30	–

15. On veut aménager huit cellules de travail dans un édifice en forme de L. L'emplacement des cellules 1 et 3 est déterminé selon le schéma ci-contre. En supposant que les coûts de transport sont de 1 $ la charge par mètre, concevez, à l'aide de l'information donnée dans le tableau qui suit, un amé-nagement qui réduira au minimum les coûts de transport. Calculez les coûts totaux. (On suppose que les distances sont les mêmes dans les deux sens.)

A 1	B	
C	D	E 3
F	G	H

De	Vers	Distance (mètres)							
		A	B	C	D	E	F	G	H
A		–	40	40	60	120	80	100	110
B			–	60	40	60	140	120	130
C				–	45	85	40	70	90
D					–	40	50	40	45
E						–	90	50	40
F							–	40	60
G								–	40
H									–

De	Vers	Intensité de la circulation (charges par jour)							
		1	2	3	4	5	6	7	8
1		–	10	5	90	365	135	125	.0
2		0	–	140	10	0	35	0	120
3		0	220	–	110	10	0	0	200
4		0	110	240	–	10	0	0	170
5		5	40	100	180	–	10	40	10
6		0	80	40	70	0	–	10	20
7		0	45	20	50	0	40	–	20
8		0	0	0	20	0	0	0	–

16. Concevez un aménagement-processus qui réduira au minimum la distance parcourue par les patients d'une clinique médicale, en utilisant l'information suivante sur les visites projetées dans les différents services par les patients et les distances entre les locaux. Calculez une distance de 10 m entre l'aire de réception et chaque emplacement potentiel. Utilisez le format présenté.

De	Vers	Distance entre les locaux (en mètres)					
		A	B	C	D	E	F
A		–	40	80	100	120	160
B			–	40	60	80	120
C				–	20	40	80
D					–	20	40
E						–	40
F							–

De	Vers	Déplacement entre les services (par jour)						Réception
		1	2	3	4	5	6	
Réception		10	10	200	20	0	100	–
1		–	0	0	80	20	40	10
2		0	–	0	0	0	20	40
3		40	0	–	10	190	10	10
4		30	50	0	–	10	70	0
5		60	40	60	30	–	20	10
6		10	100	0	20	0	–	30

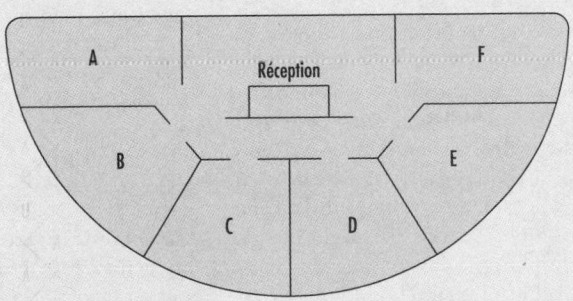

17. Dix laboratoires seront conçus selon l'aménagement circulaire illustré ci-dessous. Craignant une congestion dans l'entrée comme celle qu'il avait connue avec un aménagement similaire, le nouveau directeur des laboratoires souhaite réduire au minimum la circulation entre les bureaux. De plus, à l'entrée, les déplacements sont limités par un passage allant dans le sens antihoraire. Élaborez un aménagement approprié.

De	Vers	Nombre de déplacements par jour entre les services									
		1	2	3	4	5	6	7	8	9	10
1		–	40	1	20	20	4	0	2	6	5
2		0	–	2	15	25	10	2	12	13	6
3		50	35	–	10	13	4	0	4	7	1
4		6	1	8	–	0	14	10	20	22	11
5		3	2	7	35	–	22	5	9	19	10
6		5	5	10	0	2	–	15	0	1	20
7		20	16	50	4	9	2	–	1	3	0
8		10	6	14	2	4	44	13	–	1	25
9		5	5	18	1	2	40	30	42	–	32
10		30	30	35	20	15	5	40	10	15	–

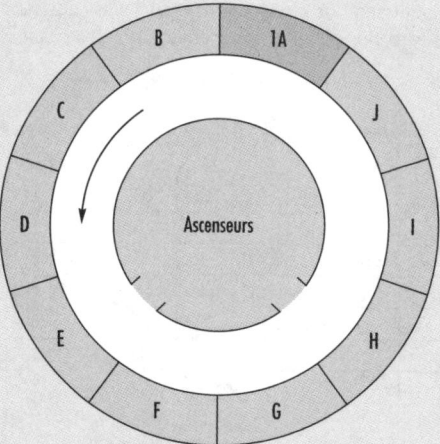

18. Rééquilibrez la chaîne d'opérations du problème 7, à la page 237. Cette fois, utilisez la règle du temps d'opération le plus long. En cas d'égalité, donnez la priorité à la règle du plus grand nombre de tâches consécutives. Quel est le pourcentage de temps improductif de votre chaîne ?

Cas
Les opérations de Morton Salt

www.mortonintl.com

Introduction

Morton Salt est une filiale de Morton International, un fabricant de produits chimiques spécialisés, de sacs gonflables et de produits du sel. L'usine de production de sel de Silver Springs, dans l'État de New York, est l'une des six usines de production de sel en importance aux États-Unis. Cette usine emploie environ 200 personnes, dont certaines sont spécialisées et d'autres pas. Elle fabrique des produits à base de sel destinés aux marchés du traitement de l'eau, de l'alimentation, et aux secteurs industriels et agricoles. Pour le marché de l'alimentation, l'entreprise produit des boîtes de conserve rondes de 780 g (26 oz). Ce marché, qui représente 15 % de la production globale, est le plus lucratif.

La production de sel

On obtient le matériau brut de base, le sel, par l'injection d'eau dans des cavernes salées situées à environ 730 m sous terre. Les dépôts de sel dissous dans l'eau sont pompés ensuite vers la surface ; la saumure ainsi produite est transformée en cristaux de sel. On fait bouillir l'eau salée, et la plus grande partie du liquide s'évapore pour ne laisser que des cristaux de sel et un peu d'humidité, qui est retirée pendant le processus de séchage. On achemine alors le sel vers les silos de stockage. Ce processus dure environ six semaines. Au début du processus, la production de sel est de 45 t à l'heure. L'accumulation progressive de tartre fait diminuer la production qui atteint 75 % de son taux de départ à la sixième semaine. À cette étape, on arrête le processus pour nettoyer l'équipement et enlever le tartre avant de reprendre la production.

Le sel reste stocké dans les silos jusqu'à son utilisation dans la production ou pour son expédition en vrac aux clients industriels. Des convoyeurs transportent le sel à chaque secteur de production, dont celui de la fabrication de boîtes de conserve rondes. Le texte qui suit traite de cette production.

La production de boîtes de conserve rondes

La production annuelle de boîtes de conserve rondes est d'environ 3,8 millions d'unités. Presque 70 % de cette production est destinée à la marque de commerce Morton et le reste, à des marques privées. À la société Morton, deux chaînes de production parallèles à haute vitesse sont en fonction. Les deux chaînes de production empruntent les mêmes processus au début de la chaîne, puis elles se divisent en deux chaînes identiques. Chacune des chaînes de production peut fabriquer 9 600 boîtes à l'heure (160 boîtes à la minute). Le taux de production est stable, car les machines utilisées dans ce processus ne sont pas flexibles. Les opérations sont entièrement normalisées, la seule variable étant l'apposition de l'étiquette de la marque. Une chaîne de production unique demande 12 employés, tandis que les deux chaînes réunies demandent uniquement 18 employés en raison du partage d'une partie du processus. Les travailleurs affectés à cette chaîne accomplissent des tâches répétitives qui exigent peu de compétences.

L'usine fabrique aussi bien le sel que les boîtes de conserve pour le conditionnement. Des cylindres fermés assortis d'un couvercle et d'un fond forment les boîtes de conserve. Les boîtes sont en carton, sauf le bec verseur du couvercle, qui est en aluminium. Deux feuilles d'aggloméré sont collées ensemble et roulées par la suite, constituant ainsi la partie cylindrique. La colle tient les matériaux ensemble et empêche l'humidité de pénétrer. On coupe le tube lors d'un processus effectué en deux étapes : on le coupe premièrement en longs segments, puis ceux-ci sont découpés en morceaux de la taille d'une boîte. À partir d'un ruban continu de carton, on découpe les pièces du dessus et du dessous des boîtes. Une courroie achemine les pièces détachées vers les chaînes de montage où sont assemblées et collées les boîtes de conserve. Le sel est ensuite versé dans les boîtes, et on ajoute le bec verseur. Finalement, on charge les boîtes de conserve sur des palettes et on les entrepose en attendant l'expédition aux distributeurs.

La qualité

Pendant le processus de production, on vérifie la qualité à plusieurs reprises. Au début, lorsque le sel est tiré des puits, on surveille sa pureté. On y ajoute de l'iode et un composé antiadhésif, puis on vérifie le taux de ces produits par analyse chimique. La grosseur des cristaux est importante. Pour obtenir la grosseur désirée et enlever les morceaux plus gros, on tamise le sel, ce qui risque de mélanger au sel de très fines particules de métal. On enlève ces particules avec des aimants placés à des endroits stratégiques du processus. Si, pour quelque raison que ce soit, on pense que le sel est contaminé, on le destine alors à un produit non comestible.

On contrôle la qualité des boîtes de conserve surtout par inspection visuelle : pour vérifier l'opération d'assemblage, on pèse de façon exacte les boîtes pleines, on vérifie si les étiquettes sont bien droites et si les becs verseurs en métal sont solidement attachés.

La chaîne de production est sensible aux boîtes de conserve déformées ou endommagées et s'arrête souvent, ce qui cause des retards dans la production. Cela réduit considérablement la possibilité qu'une boîte de conserve défectueuse passe à travers les mailles, mais diminue la productivité. En outre, le sel de ces boîtes de conserve défectueuses doit être jeté. Le coût de la qualité est assez élevé en raison de la quantité de produits jetés, du nombre élevé d'inspecteurs et des tests de laboratoire approfondis qui sont nécessaires.

La planification de la production et le stockage

L'usine peut vendre la totalité du sel qu'elle produit. Le chargé de production a pour tâche de distribuer le sel qui est emmagasiné dans les silos vers les diverses zones de production en tenant compte des capacités de production de chaque secteur et du niveau des stocks existants. Un point majeur : il faut s'assurer que la capacité de stockage est suffisante dans les silos pour recevoir le sel qui provient de la production de saumure.

L'entretien et la réparation du matériel

Le matériel date des années 1950 et demande un certain entretien, mais des bris surviennent malgré tout. L'usine possède son propre atelier d'usinage où les machinistes réparent les pièces détachées ou en fabriquent de nouvelles, car il n'existe plus de pièces pour ce matériel désuet.

Questions

1. Décrivez brièvement la production de sel, de la production de saumure jusqu'à l'obtention des boîtes de conserve rondes finies.

2. Décrivez brièvement les procédures de contrôle de la qualité mises en œuvre dans la production de boîtes de conserve rondes.

3. Pourquoi l'entreprise voudrait-elle conserver cet ancien matériel de traitement au lieu d'en acquérir un autre, neuf et plus moderne ?

4. À quel endroit du spectre produit-processus classeriez-vous la production de sel ?

5. Calculez environ combien de tonnes de sel sont produites chaque année. Équivalences : 1 t équivaut à 2 000 lb, et 1 lb équivaut à 16 oz.

6. Quelles améliorations pourriez-vous apporter à cette usine ?

Bibliographie

Apple, James M. *Plant Layout and Material Handling*, 3e édition, New York, J. Wiley & Sons, 1977, 600 p.

Benedetti, C. *Introduction à la gestion des opérations*, 4e édition, Montréal, Chenelière/McGraw-Hill, 2002, chap. 3 et 10.

Bureau international du travail. *Introduction à l'étude du travail*, 3e édition, Genève, 1996, 524 p.

Cohen, Morris, et Uday M. Apte. *Manufacturing Automation*, Burr Ridge (IL), McGraw-Hill, 1997.

Francis, R.L., et J.A. White. *Facility Layout and Location: An Analytical Approach*, Englewood Cliffs (NJ), Prentice Hall, 1987.

Groover, Mikell P. *Automation, Production Systems and Computer-Aided Manufacturing*, 2e édition, Englewood Cliffs (NJ), Prentice-Hall, 1987.

Hill, Terry. *Manufacturing Strategy*, 3e édition, Burr Ridge (IL), R.D. Irwin, 2001.

Kilbridge, M.D., et L. Wester. «A Heuristic Method of Assembly Line Balancing», *Journal of Industrial Engineering*, n° 12, juillet et août 1961.

Milas, Gene H. «Assembly Line Balancing... Let's Remove the Mystery», *Industrial Engineering*, mai 1990, p. 31-36.

Muther, Richard. *Systematic Layout Planning*, Boston, Cahner's Book, 1973.

Muther, R., et K. McPherson. «Four Approaches to Computerized Layout Planning», *Industrial Engineering*, n° 2, 1970, p. 39-42.

Tompkins, J.A., J.A. White, Y.A. Bozer et J.M.A. Tanchoco. *Facilities Planning*, 3e édition, New York, John Wiley, 2003, 750 p.

«Schumpeter/Mittel-Management», *The Economist*, 27 novembre 2010, p. 74.

6

Chapitre 7

L'organisation scientifique du travail

Plan du chapitre

Objectifs d'apprentissage

Connaître l'importance de l'organisation scientifique du travail ;

Distinguer les deux principales approches de l'étude du travail ;

Distinguer les avantages des inconvénients liés à la spécialisation ;

Expliquer l'expression « rémunération fondée sur le savoir » ;

Expliquer l'objectif de l'étude des méthodes de travail et décrire ses étapes ;

Présenter les techniques couramment utilisées pour l'étude des temps et des mouvements ;

Analyser les conséquences des conditions de travail sur la conception des tâches et le rendement des travailleurs ;

Définir la notion de temps normal de travail ;

Décrire et comparer les différentes méthodes de mesure du travail ;

Décrire l'échantillonnage du travail et effectuer des calculs ;

Comparer l'étude par chronométrage et l'échantillonnage du travail ;

Comparer les systèmes de rémunération au temps et les systèmes de rémunération au rendement.

7.1 Introduction

Ce chapitre est consacré à l'organisation scientifique du travail (OST), aussi appelée l'« étude du travail ». Cette notion englobe la conception des postes de travail, la mesure du travail, l'établissement de la durée du travail, la juste rémunération des employés et la qualité de vie au travail.

Dans ce chapitre, on constatera que toutes les décisions de gestion sont basées sur une donnée primordiale : combien de temps une tâche prend-elle ? Si on ne connaît pas cette donnée, aucune décision administrative ne peut être prise, que ce soit l'établissement du nombre de ressources nécessaires, du coût du produit, du prix de vente, de la date de livraison, etc. L'OST influe sur toutes les fonctions de l'entreprise, et ce, dans tous les secteurs de l'économie. En chirurgie, il faut connaître le temps limite disponible pour une intervention sur un organe principal, sans que celle-ci laisse des séquelles au patient. Dans le domaine des arts, le moment d'entrée en scène d'un artiste est déterminant pour la réussite du spectacle. Dans le domaine militaire, la cadence des tirs d'artillerie est souvent une question de vie ou de mort. En course automobile, l'organisation du travail aux puits de ravitaillement est remarquable et s'exécute dans un temps record.

Certains gestionnaires ont tendance à minimiser l'importance de l'OST et de ses composantes, surtout la mesure des temps. Une telle attitude s'est toujours traduite par des échecs. D'autres continuent à croire que l'OST date de l'époque du début de l'ère industrielle. Comme toute science, l'OST a évolué, et ses effets sont d'une importance primordiale pour accroître la productivité et le niveau de vie de toute société moderne.

L'organisation scientifique du travail est le fondement de l'activité humaine rationnelle. Nous essayerons maintenant de mieux faire comprendre ce domaine. Pour créer les biens et les services à offrir à ses clients, toute organisation fait appel à des ressources humaines : elle ne peut l'éviter. L'organisation rationnelle des ressources humaines au moyen de la conception des postes de travail et des tâches à accomplir, basée sur une approche scientifique, est l'un des aspects les plus anciens et fondamentaux de la gestion des opérations. On l'a souvent délaissée dans l'enseignement de la gestion des opérations au profit de domaines plus à la mode. Or, chaque fois que l'économie se trouve dans une situation précaire nécessitant une rectification, ce domaine revient systématiquement au premier plan. Il en est de même quand des études révèlent une insatisfaction généralisée des travailleurs quant à leurs conditions de travail. Dans le domaine hospitalier, où les problèmes d'insatisfaction sont récurrents, on entend souvent la phrase : c'est un problème d'organisation du travail et non pas de ressources. De plus, le souci grandissant des gestionnaires pour augmenter la productivité a fait de ce secteur un élément clé de l'amélioration continue.

Il est important pour les gestionnaires de faire de la conception des systèmes de travail une composante à part entière de la stratégie opérationnelle. En dépit des progrès considérables de l'informatique et de l'industrialisation, les personnes demeurent le point central de l'entreprise ; elles sont responsables de sa réussite ou de ses échecs, peu importe la technologie utilisée. Aucune technologie ne remplacera les travailleurs : elle n'est que le prolongement des capacités humaines.

Les sujets abordés dans ce chapitre – la conception des tâches, l'analyse des méthodes de travail, la mesure du travail, l'étude des mouvements, l'ergonomie, les normes de travail et les mesures incitatives – ont tous des conséquences sur la productivité. Ils n'ont pas l'éclat de la haute technologie, mais ils représentent les fondements de l'OST ou de l'**étude du travail** (ÉT). D'autres lui préfèrent l'expression « ergonomie », sachant que ce mot est l'amalgame des deux mots grecs, *ergon* (travail) et *nomos* (administrer). Ce domaine est analysé en détail, car il s'agit d'une science à part entière à laquelle se sont ajoutées la biomécanique, la physiologie humaine, etc. au fil des ans.

Précisons d'emblée que les travailleurs constituent un apport précieux et sont source de créativité. Ils effectuent les tâches et connaissent les problèmes qui se posent. Trop souvent, les gestionnaires ne tiennent pas compte de la contribution de leurs employés, par ignorance ou orgueil mal placé. Les conflits entre les syndicats et la direction représentent un autre obstacle. Malgré tout, certaines entreprises tentent de favoriser la collaboration entre les employés et les gestionnaires.

Par ailleurs, un nombre croissant d'entreprises se concentrent sur l'amélioration de la qualité de vie au travail et tentent de susciter de la fierté et du respect aux travailleurs. Plusieurs entreprises tirent des gains étonnants du fait de rendre les travailleurs plus aptes à prendre des décisions.

Les gens travaillent pour diverses raisons, notamment pour gagner un salaire. Cependant, ils travaillent aussi pour entretenir des relations sociales, donner un sens à leur vie, obtenir une reconnaissance sociale, assurer leur épanouissement personnel ou autre. Ces motivations jouent un rôle déterminant dans la vie des travailleurs; les gestionnaires doivent donc leur accorder une place particulière dans la conception des systèmes de travail.

Ce chapitre décrit les composantes de l'OST:

- l'étude des méthodes (le «quoi», le «qui» et le «où»);
- la mesure du travail (la durée);
- l'étude des mouvements et l'ergonomie (l'humain dans une situation de travail);
- la rémunération (la juste rémunération).

Il faut noter que nous nous inspirons de la philosophie véhiculée par le Bureau international du travail (le BIT), organisme évoluant sous l'égide de l'ONU, qui préfère utiliser le terme «étude du travail» plutôt qu'«organisation scientifique du travail».

7.2 L'organisation scientifique du travail

L'**organisation scientifique du travail (OST)**, ou étude du travail (ÉT), est la fonction de la gestion des opérations qui vise à tirer le meilleur parti possible des ressources humaines, financières et techniques de l'entreprise nécessaires à la création des biens et des services[1].

Cette définition met en évidence le fait que les ressources de l'entreprise se subdivisent principalement en trois types: les ressources humaines, les ressources techniques et les ressources financières ou économiques. Il convient d'insister sur l'importance de l'intégration de ces trois types de ressources. En effet, un des problèmes qui se posent aux entreprises est que certains gestionnaires, ayant en apparence des visions généralistes, tendent parfois à privilégier l'un ou l'autre des facteurs mentionnés, selon leur formation ou leurs croyances. Ceux qui privilégient l'aspect «technique» mettent l'accent sur les ressources techniques. Ils choisissent des projets et conçoivent des postes de travail où le côté technique est priorisé, l'activité humaine se limitant à servir la machine. Les gestionnaires qui adoptent un point de vue plus «financier» placent les objectifs économiques en premier, sans se soucier de l'impact de leurs décisions sur l'humain, en les justifiant avec des arguments du type: «c'est une décision économique». Les «humanistes» se basent plutôt sur l'aspect humain, bien que cela mène parfois à la perte de l'ensemble des emplois de l'entreprise.

Encore une fois, il faut souligner l'importance de l'intégration des trois types de ressources (*voir la figure 7.1*). Le vrai défi qui attend le gestionnaire est l'utilisation judicieuse et optimale de ces trois facteurs. La phrase qui suit illustre bien l'intégration des trois facteurs.

N'oublions jamais que l'humain est techniquement économique.

C'est pour cette raison que, depuis le début l'ère industrielle du XXe siècle, l'ingénieur Frank Gilbreth, et surtout son épouse Lillian Gilbreth, psychologue industrielle, ont subdivisé l'OST en trois parties: l'étude des méthodes, la mesure du travail, l'étude des mouvements et l'ergonomie.

L'OST peut être abordée selon deux approches:

1. l'approche axée sur la conception, qui privilégie la conception d'un système de travail à partir du néant;
2. l'approche axée sur l'amélioration, qui consiste à étudier les systèmes en place pour mettre au point des systèmes plus commodes et efficaces.

Il va sans dire que ces deux approches ont chacune leurs caractéristiques et qu'elles posent des défis différents aux gestionnaires.

Il convient de souligner que des spécialistes se sont consacrés au domaine de l'étude du travail. Ces personnes sont connues aujourd'hui dans l'entreprise sous divers titres, en fonction de l'importance du travail à effectuer et du secteur (produits ou services) où elles travaillent. Leurs principaux titres sont: ingénieurs industriels, spécialistes en organisation et méthodes, **agents d'étude des méthodes,** agents d'amélioration. Quel que soit leur titre, l'important est qu'elles possèdent des connaissances d'ordre technique, économique et humain et qu'elles les appliquent avec rigueur et intégrité.

Organisation scientifique du travail (OST)

Fonction qui vise à tirer le meilleur parti possible des ressources humaines, financières et techniques nécessaires à la création des biens et des services.

7

▼ **FIGURE 7.1**

Interdépendance des trois facteurs

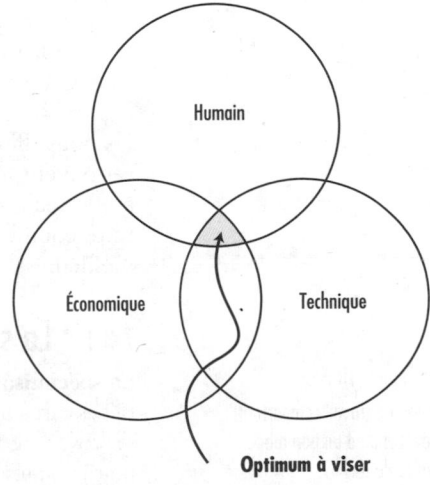

---

1. G. Kanawaty, *Introduction à l'étude du travail*, Genève, Bureau international du travail (BIT), 1996, 524 p.

7.3 L'approche axée sur la conception de l'organisation scientifique du travail

L'étude du travail selon l'approche axée sur la conception définit le contenu d'un emploi, les méthodes et les conditions dans lesquelles le travail sera effectué. L'objectif est de créer un système de travail productif et efficace. Les concepteurs des tâches à exécuter à un poste de travail se posent quatre questions : Qui exécutera la tâche ? Comment celle-ci sera-t-elle effectuée ? Où sera-t-elle accomplie ? Dans quelles conditions ?

Pour réussir, la conception d'une étude du travail doit :

1. être effectuée par un personnel expérimenté qui possède la formation et l'expérience appropriées ;
2. respecter les objectifs de l'entreprise ;
3. être présentée sous forme écrite ;
4. être comprise et adoptée par la direction et les employés.

Conception des tâches
Action de définir le contenu des emplois et les méthodes de travail.

Les facteurs qui influent sur la **conception des tâches** et les conséquences des différentes options sont parfois si complexes qu'une personne ne possédant pas de solides connaissances dans le domaine risque fort d'oublier des aspects importants. Il faut consulter les travailleurs et les gestionnaires afin de tirer profit de leurs connaissances et les informer des démarches entreprises. Les employés sont une source d'innovations très intéressantes quant aux améliorations à apporter au travail. Le soutien offert par la direction aux concepteurs des tâches dépend de l'engagement et de la participation des gestionnaires. Il est habituellement plus facile de faire accepter un concept à ces deux groupes si ces derniers ont pris part au processus. Finalement, un dossier écrit décrivant les tâches à accomplir à un poste de travail peut servir de référence si une polémique employeur-employé est soulevée à ce sujet.

Actuellement, la conception des méthodes de travail s'inspire de deux écoles de pensée. La première est l'« école du rendement », qui met l'accent sur une approche systématique et logique de la définition des tâches ; la seconde est connue sous le nom d'« école du comportement » parce qu'elle s'appuie sur la satisfaction des désirs et des besoins. Dans le passé, on accordait beaucoup d'importance à l'approche basée sur le rendement, la seule que l'on connaissait, à la suite des travaux de Frederick Winslow Taylor dans les années 1905. Comme toute science, l'OST a évolué et l'approche comportementale, apparue notamment avec Lillian Gilbreth dans les années 1930, s'est amorcée dans les années 1950. Aujourd'hui, elle influence plusieurs aspects du travail. Cette approche rappelle aux gestionnaires la complexité des êtres humains et souligne le fait que l'approche basée sur le seul rendement n'est pas toujours appropriée.

Toutefois, le point de vue comportemental a été discrédité dans les années 1970 à la suite de la publication d'un rapport faisant état des problèmes qui existent dans les systèmes de travail[2]. Ce rapport révélait une insatisfaction apparemment généralisée chez les travailleurs. Deux points ont attiré l'attention des concepteurs professionnels des postes de travail : 1) plusieurs travailleurs estimaient que leur emploi était inintéressant ; 2) les travailleurs voulaient avoir plus de contrôle sur leur emploi. La question centrale semblait être le degré de spécialisation ou de segmentation des tâches liées à l'emploi : une forte spécialisation semblait engendrer beaucoup d'insatisfaction. Il faut noter que la spécialisation des postes de travail est l'une des principales sources de conflit entre les défenseurs de l'approche basée sur le rendement et les défenseurs de l'approche comportementale. Si on ajoute à cela les différentes visions du travail exprimées par les nouvelles générations de travailleurs (générations dites X et Y), les gestionnaires actuels se retrouvent alors devant des défis inédits. Encore une fois, il est clair qu'aucune école de pensée à elle seule ne peut prétendre détenir la solution aux problèmes de gestion des opérations. Le juste équilibre, le discernement et l'adaptation à des situations particulières seront toujours les meilleures façons d'optimiser le fonctionnement de l'organisation.

7.3.1 La spécialisation

Spécialisation
Poste de travail comportant l'exécution d'un nombre limité de tâches.

La **spécialisation** consiste à limiter un poste de travail à un domaine précis. L'ensemble des tâches nécessaires à l'exécution d'un travail est segmenté en plusieurs postes spécialisés, chaque poste se voyant confier des tâches définies à exécuter. Les professeurs se spécialisent dans certaines matières ; les médecins, les avocats et les chercheurs se consacrent exclusivement à une spécialité ;

---

2. Upjohn Institute for Employment Research, *Work in America*, Cambridge (Massachusetts), MIT Press, 1973.

certains mécaniciens d'automobiles se spécialisent dans la réparation des transmissions ; des cuisiniers s'occupent uniquement de la préparation de gâteaux de mariage. On trouve les travailleurs des chaînes d'assemblage au bas de cette échelle ; leurs emplois sont spécialisés, mais moins prestigieux. La spécialisation a pour principal avantage de permettre à une personne de se concentrer et, dans l'accomplissement d'une tâche particulière, d'y devenir efficace et de s'y épanouir.

Parfois, les connaissances ou le degré de formation que doit posséder un spécialiste, ainsi que la complexité de son poste, laissent supposer que cette personne est très satisfaite de son travail. Cela semble particulièrement vrai dans le cas des « professionnels ». Toutefois, certains travailleurs sont spécialisés dans des tâches moins bien considérées. Le poseur de boulons sur des roues d'automobiles, la couturière de boutons des manches de chemises sont des exemples de postes très spécialisés. Les emplois qu'ils occupent ont pour principal avantage d'augmenter la productivité et de réduire les coûts unitaires. On leur doit également le niveau de vie élevé que connaissent aujourd'hui les pays industrialisés. Ce type de postes permet aussi aux pays en émergence de trouver leur place parmi les pays industrialisés, tout en permettant au consommateur d'acquérir des objets à bas prix.

Malheureusement, bon nombre de ces emplois, très monotones ou ennuyeux, créent de l'insatisfaction chez les travailleurs industriels. Cependant, il serait erroné de conclure que tous les travailleurs s'opposent à ce type de travail. Certains préfèrent un emploi dont les exigences et les responsabilités sont limitées. Par ailleurs, d'autres sont tout simplement incapables d'occuper des emplois plus exigeants. Néanmoins, plusieurs travailleurs sont frustrés, et cette frustration se manifeste par un haut taux de rotation du personnel, de l'absentéisme ou autre ; dans l'industrie manufacturière, l'absentéisme qui en découle directement grimpe jusqu'à 20 %. Il arrive aussi que les travailleurs aient recours à des tactiques de ralentissement délibéré ou portent peu d'attention à la qualité des produits pour exprimer leur insatisfaction. La monotonie de la tâche entraîne de l'inattention, qui est à l'origine de nombreux accidents. Un autre phénomène prend de l'ampleur dans les sociétés les plus industrialisées : le taux de dénatalité et les tâches répétitives inintéressantes font en sorte que les entreprises ont de la difficulté à recruter des travailleurs responsables. Dans les grandes nations industrielles, on essaie de compenser ce phénomène par l'embauche de travailleurs immigrants : le cas des emplois saisonniers dans le secteur de l'agriculture en est un exemple. En périphérie des grands centres urbains, à cause de cette pénurie de main-d'œuvre, certaines entreprises rappellent leurs employés retraités pour effectuer des tâches manufacturières nécessitant un certain savoir-faire. Il est vrai que la technologie et l'automatisation remplacent jusqu'à un certain point l'humain dans les tâches répétitives, mais elles y ajoutent une autre problématique.

La gravité de ces problèmes a amené les agents d'étude des méthodes et d'autres spécialistes à en tenir compte lorsqu'ils conçoivent des postes de travail et à trouver des solutions. Ces sujets seront abordés dans les sections suivantes. Le tableau 7.1 résume les avantages et les inconvénients de la spécialisation, aussi bien pour l'employeur que pour l'employé. Toutefois, il convient d'éviter de généraliser dans l'un ou l'autre cas.

▾ **TABLEAU 7.1**

Principaux avantages et inconvénients de la spécialisation

Avantages	
Pour la direction :	**Pour la main-d'œuvre :**
1. Formation simplifiée	1. Faibles exigences en matière d'éducation et de compétences
2. Productivité élevée	2. Responsabilités minimales
3. Faible coût salarial	3. Effort mental minime

Inconvénients	
Pour la direction :	**Pour la main-d'œuvre :**
1. Difficulté à inculquer le souci de la qualité	1. Travail monotone
2. Insatisfaction des travailleurs, ce qui peut entraîner de l'absentéisme, une forte rotation du personnel, des tactiques de perturbation, une faible attention accordée à la qualité	2. Occasions d'avancement limitées
	3. Peu de contrôle sur le travail
	4. Peu d'occasions d'autosatisfaction

7.3.2 L'approche comportementale de l'organisation du travail

En vue de rendre les tâches plus intéressantes, lors de la conception du travail, les professionnels du domaine utiliseront les notions suivantes : l'élargissement des tâches, la rotation des postes de travail, l'enrichissement des tâches et de l'industrialisation ou des opérations automatisées. Analysons les trois premières.

Élargissement des tâches

Action consistant à accorder au travailleur une part plus grande de l'ensemble de la tâche par un accroissement horizontal des tâches.

L'élargissement des tâches consiste à donner aux travailleurs une plus grande partie de la tâche à effectuer. Il s'agit d'un accroissement horizontal : le travail supplémentaire se situe au même niveau de compétence et de responsabilité que la tâche première. L'élargissement des tâches vise à rendre le travail plus intéressant ; pour ce faire, on augmente la variété des compétences requises et on permet au travailleur de participer davantage aux opérations globales. Par exemple, on peut élargir la tâche d'un travailleur de la fabrication en le rendant responsable d'une séquence d'activités plutôt que d'une seule activité. Dans le domaine des services, certaines entreprises d'assurance spécialisent leurs agents afin que ceux-ci répondent aux besoins d'un groupe de clients. Cependant, l'agent peut offrir une panoplie de services d'assurance à ce groupe et ne se limite pas à l'assurance automobile ou à l'assurance habitation. Dans ce domaine, on a vu apparaître la notion IARD (incendie, accident et risques divers).

Rotation des postes de travail

Échange périodique des tâches entre les travailleurs.

La rotation des postes de travail désigne l'échange périodique des tâches entre les travailleurs. Une entreprise peut adopter cette approche pour éviter que certains employés soient contraints d'effectuer des tâches monotones. Cette approche fonctionne bien quand il est possible de transférer les travailleurs à des postes plus intéressants ; il est peu avantageux de demander aux travailleurs d'échanger leurs tâches quand ces dernières sont également monotones. La rotation des postes de travail permet aux travailleurs d'améliorer leur expérience d'apprentissage et de remplacer des travailleurs en cas de maladie ou d'absentéisme. L'employeur dispose aussi d'employés qui peuvent se remplacer les uns les autres en cas de problèmes.

Enrichissement des tâches

Accroissement des responsabilités en matière de planification et de coordination par un accroissement vertical des tâches.

L'enrichissement des tâches signifie une augmentation du niveau de responsabilités en matière de planification et de coordination. On parle parfois d'« accroissement vertical des tâches ». Par exemple, dans un supermarché, quand on demande à un commis aux stocks de commander les produits manquants, on accroît ses responsabilités. L'approche basée sur l'enrichissement des tâches est axée sur le potentiel de stimulation lié à la satisfaction des travailleurs.

Outre le fait de recourir aux trois processus décrits ci-dessus, les entreprises doivent aussi choisir les emplacements des postes de travail, l'endroit où elles vont s'implanter (_voir le chapitre 8_), la flexibilité des heures de travail et le mode de formation des équipes de travail.

7.3.3 Les équipes de travail

Les efforts des entreprises pour survivre à la compétition, devenir plus efficaces et mieux servir les clients les ont amenées à réorganiser les équipes de travail. Des changements importants dans la structure de certains milieux ont augmenté le recours au travail en équipe et ont modifié les politiques de rémunération des employés, particulièrement dans les systèmes de production et d'opération épurée ou allégée (_lean manufacturing_). Lors de l'organisation du travail, les entreprises désireuses d'implanter les approches décrites ci-dessous devront concevoir l'OST en conséquence.

Auparavant, les emplois non routiniers, tel le service aux plaintes des clients ou d'amélioration des processus, étaient généralement assignés à une ou plusieurs personnes relevant d'un même supérieur. Par exemple, il pouvait s'agir du service des plaintes ou du service d'amélioration des processus. Aujourd'hui, les responsabilités sont partagées entre les membres d'**équipes autonomes,** qui décident souvent entre eux de la manière d'accomplir le travail. Il en est de même dans les entreprises manufacturières, où des équipes, assignées à un assemblage décident entre elles de la répartition des tâches, des horaires, etc.

Les équipes autonomes, ou **équipes autogérées,** sont constituées en vue d'améliorer le travail en équipe et la participation des travailleurs. Bien que ces équipes ne possèdent pas une autorité absolue pour la prise de décisions, elles sont généralement habilitées à apporter des changements dans les méthodes de travail qu'elles dirigent. Le principe sous-jacent à la notion d'équipe est le suivant : les employés, qui connaissent mieux que quiconque le processus de travail, sont les mieux placés pour apporter des changements susceptibles d'améliorer ce travail. Parce qu'ils sont personnellement intéressés et qu'ils participent aux changements, ils tendent à travailler plus efficacement afin d'obtenir les résultats souhaités. Pour que ces équipes fonctionnent adéquatement, chaque membre doit posséder une formation en ce qui concerne la qualité, l'amélioration des processus et le travail en équipe. La mise sur pied d'équipes autogérées présente plusieurs avantages, tels que :

Équipe autogérée

Équipe habilitée à apporter certains changements dans les processus de travail.

- L'entreprise a moins besoin de gestionnaires ; en général, un seul gestionnaire peut superviser plusieurs équipes.
- Les équipes autonomes sont plus en mesure de résoudre les problèmes opérationnels.
- Les travailleurs ont intérêt à ce que le processus fonctionne ; ils prennent moins de temps à suggérer et à appliquer les améliorations nécessaires.
- Le travail en équipe fournit généralement un produit de plus grande qualité, et la productivité est accrue. Les travailleurs ont un taux de satisfaction plus élevé, ce qui réduit la rotation de personnel et le taux d'absentéisme.
- On observe une baisse des frais de formation des nouveaux travailleurs et du nombre de postes à combler.

Malgré ces avantages, les entreprises peuvent avoir du mal à adopter la notion d'équipe. En effet, plusieurs irritants découlent de la création des équipes autogérées. En voici quelques-uns :

- Les gestionnaires, surtout les cadres intermédiaires, se sentent souvent menacés par les équipes, car celles-ci assument de plus en plus les fonctions qui, traditionnellement, leur revenaient.
- Des conflits personnels entre les membres de l'équipe peuvent dégénérer et miner l'efficacité de l'ensemble du groupe.

Pour réussir la mise sur pied d'équipes autonomes, Robert Bacal, expert en la matière, suggère de suivre les étapes suivantes[3] :

1. Adopter une vision et des objectifs clairement définis et acceptés par l'ensemble des membres de l'équipe.
2. Définir les compétences nécessaires à l'atteinte des objectifs de l'équipe.
3. S'assurer que chaque membre de l'équipe comprend le rôle et les fonctions de ses coéquipiers.
4. S'assurer que les procédures et les normes de travail sont clairement acceptées et partagées.
5. Mettre en place un programme de reconnaissance du travail bien accompli.
6. S'assurer que l'équipe comprend son rôle à l'intérieur de l'organisation.
7. S'assurer au préalable des bonnes relations interpersonnelles entre les membres.

De très belles réussites ont été réalisées grâce à la **gestion participative,** comme en témoigne le cas décrit dans l'article *Alimentation R. Denis*[4]. Cette entreprise, à force de persévérance, de rigueur, de mobilisation des employés et des employeurs et d'intégrité d'application, a réussi à transformer une situation économiquement et socialement catastrophique en un modèle pour l'industrie[5]. Anciennement, les poursuites judiciaires, le sabotage, les injures et les représailles étaient courants, et l'entreprise cumulait des dettes prohibitives. Aujourd'hui, avec la participation de toutes les personnes concernées, le taux de satisfaction des employés atteint 93 %, la formation ne représente plus que 5 % de la masse salariale et les employés ont un plan de participation aux profits (*voir la section 7.7*).

Malgré toutes ces embûches, lorsque ces approches sont jumelées à des actions respectueuses des personnes, elles permettent d'améliorer concrètement la qualité de vie au travail (QVT), et elles augmentent la motivation et la satisfaction des travailleurs. La conséquence est l'amélioration de la qualité des produits, des services à la clientèle et de la compétitivité de l'entreprise. Plusieurs entreprises participent actuellement à des programmes visant à améliorer la qualité de vie au travail ou pensent sérieusement à le faire.

7.4 Les conditions de travail

La **qualité de vie au travail (QVT)** est en relation directe avec les **conditions de travail** des employés dans l'entreprise. Elle est une source énorme de satisfaction pour les travailleurs dans leur milieu. Les dirigeants des organisations ont souvent failli à leur responsabilité de

---

3. Robert Bacal, *The six Deadly Sins of Team-Building* (www.performance-appraisals.org).

4. *La Presse Affaires*, 6 décembre 2004, p. 6.

5. Pour de plus amples informations, voir le www.hec.ca/centredecas/fr.

fournir un milieu adéquat à leurs travailleurs, et les gouvernements ont dû intervenir pour réglementer ces conditions.

Voici un autre exemple de l'importance de l'intégration de l'environnement PESTE (facteurs politiques, économiques, sociaux, technologiques et écologiques) : les entreprises recherchant les avantages « économiques » ont négligé l'aspect « social » (l'humain) ; le « politique » a dû intervenir pour légiférer et, à l'aide du volet « technologique » (l'ergonomie), on essaie de créer un meilleur « environnement ».

Les conditions de travail constituent un aspect important de l'organisation scientifique du travail. Des facteurs physiques comme la température, l'humidité, la ventilation, l'éclairage, le bruit, la conception des outils et la position de travail (hauteur des sièges, des tables et des établis, etc.) ont des conséquences directes sur le rendement des travailleurs et leur sécurité, donc sur la productivité de l'entreprise et l'atteinte des cinq objectifs des opérations (*voir le chapitre 1*). La science qui se penche sur cet aspect de la gestion des opérations est l'ergonomie (*voir la section 7.2*). Comme on l'a déjà dit : ce mot vient des mots grecs *ergon* (travail) et *nomos* (administrer). En effet, l'ergonomie a vu le jour par et pour l'étude du travail. On entend par **ergonomie** la science qui étudie l'interface personne-machine. Elle a pour objectif la conception et l'amélioration de l'environnement quantitatif et qualitatif du travail de l'être humain.

Cette relation est omniprésente dans tout modèle sociotechnique. On concevra alors des postes de travail (sièges, tables, établis, etc.), des outils (pinces, tournevis, volants de véhicules, stylos, claviers, etc.) en fonction de l'utilisateur dans un environnement physique décent. Dans l'interface personne-machine, la notion de machine représente aussi bien l'équipement spécialisé utilisé pour exécuter une tâche que les chaises, les établis, l'éclairage, la ventilation, la conception des stylos, des claviers, des outils de travail, etc. En ergonomie, dans un poste de travail, l'humain n'existe pas pour servir une machine, l'alimenter, décharger les pièces fabriquées, etc. C'est plutôt la machine qui est le prolongement des capacités de l'humain. Par exemple, une bicyclette devient le prolongement du potentiel humain à se déplacer. Quand on regarde les premières ébauches des machines de Leonard de Vinci, on comprend tout le sens de cette science qu'est l'ergonomie. C'est cette vision de l'organisation du travail que les pionniers du génie industriel, notamment Frederick Winslow Taylor (env. 1900) et Frank et Lillian Gilbreth (env. 1920), ont essayé de faire accepter avec plus ou moins de succès. Aujourd'hui, l'ergonomie dépasse largement les frontières initiales pour englober la biomécanique, la physiologie humaine, etc. La profession d'**ergonome**[6] (ou ergonomiste) est en pleine évolution.

L'International Ergonomics Association distingue trois domaines fondamentaux relevant de l'ergonomie :

- le domaine physique – l'aménagement des postes de travail, le micromouvement répétitif, la santé et la sécurité ;
- le domaine cognitif – les charges mentales, le temps de prise de décisions, l'interface personne-ordinateur, le stress au travail ;
- le domaine comportemental et organisationnel – la communication, le travail d'équipe, le **télétravail (travail à distance)**.

L'approche comportementale ayant été traitée à la sous-section 7.3.2, les deux autres domaines sont présentés brièvement.

L'article suivant décrit une application des principes de l'ergonomie.

7.4.1   Les facteurs ergonomiques environnementaux

Analysons quelques-uns des principaux facteurs ergonomiques.

La température et l'humidité. Le rendement au travail dépend de la température qui doit se situer à l'intérieur d'une zone de confort. Celle-ci est fonction du degré d'effort requis par le travail : plus le travail est difficile, plus la zone de confort est petite.

Le chauffage et la climatisation sont moins problématiques dans les bureaux que dans les usines et autres milieux de travail où les plafonds sont hauts (la chaleur monte) et où il y a souvent une circulation constante de camions et d'autre matériel de déplacement et de

---

Ergonomie

Science qui étudie l'interface personne-machine-environnement.

7

Ergonome

Spécialiste de l'ergonomie ; conçoit et évalue les tâches, les fonctions, les produits, les systèmes et l'environnement de travail pour les rendre compatibles aux besoins, aux capacités et aux limites physiologiques de l'humain.
www.iea.cc

Télétravail

Activité professionnelle exercée en dehors des bureaux de l'employeur et pour laquelle on fait appel aux technologies de l'information et de la communication pour transmettre de l'information à distance.

---

6. Selon l'International Ergonomics Association.

Lecture
Téléphone cellulaire et ergonomie[7]
Par Claudio Benedetti, m. ing., et Réjean Messier, ing.

Cet article n'a pas pour objectif de critiquer l'outil très important, dans certains cas voire indispensable, qu'est le téléphone cellulaire et tous ses dérivés, mais tend plutôt à attirer l'attention quant aux dangers découlant du mode d'utilisation qui, dans certains cas, s'avère dangereux pour la sécurité routière.

Imaginons la situation suivante. Une personne d'affaires, tout en conduisant son automobile, est en communication téléphonique importante ; la cigarette au bec, elle note les informations qui lui sont transmises. Voilà qu'une bordée de crachin frappe le pare-brise : est-ce une situation impossible ?

Des inconditionnels de la téléphonie cellulaire répondraient que la solution à cette situation des plus dangereuses est le téléphone à combiné à distance fixe de haute-fidélité, dont le développement à grande échelle ne saurait tarder. Mais nous oublions des principes d'ergonomie fondamentaux.

Dans sa plus simple expression, l'ergonomie est la science qui étudie l'interface personne-machine.

Dans notre cas, cette interface est assurée par des liens de communication. Classiquement, ces liens sont de trois types : auditif, visuel et sensoriel. Si l'un de ces axes est absent ou déficient, on a tendance à compenser par les restants. Ainsi, lors d'une conversation téléphonique importante, nous focalisons toute notre attention sur l'auditif, les deux autres étant absents, et nous tolérons difficilement toute autre source de distraction autour de nous.

Et la sécurité routière dans tout ça ? La conduite automobile est un poste de travail à part entière. Une interface personne-machine s'établit et les trois axes de communications sont présents. L'utilisation du téléphone cellulaire en situation de conduite affecte dangereusement l'attention du conducteur, ce qui porte préjudice à son entourage. Les gens d'affaires, grands utilisateurs du cellulaire, acceptent-ils que leurs employés, tout en opérant des équipements importants, soient dérangés par l'entourage, collègues, téléphone, etc. ?

L'outil est important et il est là pour rester ; c'est sa mauvaise utilisation qui doit nous inciter à une réglementation. Parmi les suggestions possibles, l'utilisation en situation d'immobilisation du véhicule peut être envisagée, et le conducteur avisé ne devrait pas attendre pour s'autodiscipliner.

manutention. Ces conditions font en sorte qu'il est difficile de maintenir une température constante. Les solutions à ces problèmes sont diverses : port de vêtements appropriés, chauffage de la pièce ou recours à des dispositifs de climatisation.

L'humidité constitue également une variable importante dans le maintien d'un milieu de travail confortable. En effet, il existe une relation directe entre la température et le taux d'humidité.

La ventilation. Les odeurs désagréables et les émanations de gaz nocifs dérangent les travailleurs et nuisent à leur santé. De plus, si la fumée et les poussières ne sont pas périodiquement retirées, l'air peut rapidement devenir vicié. Des systèmes de ventilation et de climatisation sont utilisés principalement pour changer et climatiser l'air ambiant.

L'éclairage. La quantité de lumière requise dépend largement du type de travail effectué ; plus le travail est minutieux, plus le degré d'éclairage requis est élevé. Il faut aussi éviter l'éblouissement. Du point de vue de la sécurité, il est important de s'assurer d'un bon éclairage dans les vestibules, les escaliers et les autres zones dangereuses. Cependant, un fort niveau d'éclairage dans toutes les zones de l'entreprise n'est généralement pas souhaitable.

Parfois, la lumière du jour peut servir de source de lumière. Outre le fait d'être gratuite, elle comporte de nets avantages psychologiques et elle est fortement recommandée par les spécialistes du domaine. Les employés qui travaillent dans des pièces sans fenêtres se sentent coupés du monde extérieur et peuvent éprouver des problèmes psychologiques. Il suffit de penser aux sous-mariniers, aux mineurs et aux astronautes, qui sont contraints de passer du temps sous des lampes solaires pour retrouver leur équilibre physiologique. Par ailleurs, l'incapacité à contrôler la lumière naturelle (lorsque le temps est nuageux, par exemple) peut entraîner des changements considérables dans l'intensité de la lumière.

Le bruit et la vibration. Le bruit est un son indésirable. Il est provoqué par les vibrations des machines ou du matériel et par les humains. Le bruit est un grand irritant, qui risque

---

7. Revue *Infoproductivité*, Société canadienne de génie industriel, 2e trimestre, 1993.

FIGURE 7.2 ▼

Valeurs en décibels (dB)
de sons typiques

d'entraîner des erreurs et des accidents. Il peut également endommager l'ouïe s'il est suffisamment fort. La figure 7.2 présente les niveaux sonores de certains bruits courants.

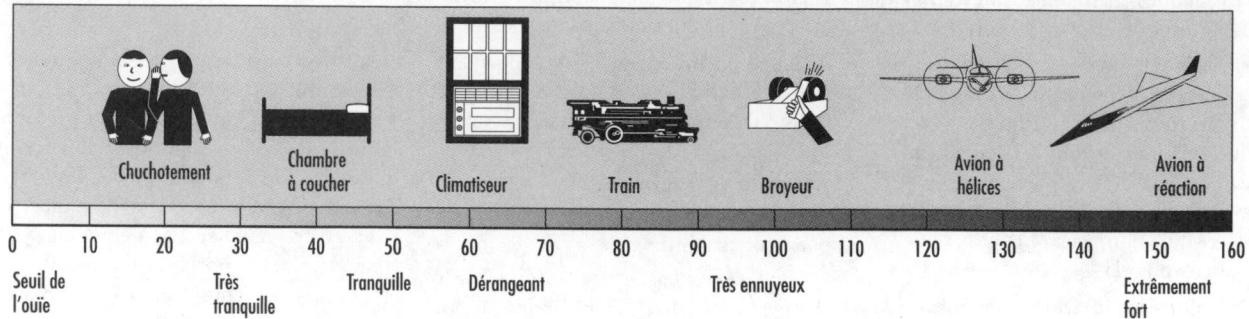

Pour contrôler efficacement le bruit, il faut d'abord mesurer les sons incommodants à l'aide d'un **sonomètre.** L'unité de mesure du bruit est le décibel (dB). Dans le cas d'une nouvelle installation (approche conception), la sélection et la disposition du matériel peuvent éliminer ou réduire plusieurs problèmes potentiels. Lorsqu'on cherche à améliorer la situation actuelle, il faut concevoir à nouveau ou remplacer le matériel existant. Parfois, on peut isoler la source de bruit des autres zones de travail. Si cela n'est pas possible, les murs et les plafonds ou des écrans acoustiques qui dévient les ondes sonores peuvent s'avérer utiles. Parfois, la seule solution possible consiste à fournir des dispositifs de protection aux personnes qui travaillent dans les lieux environnants. Par exemple, les employés qui guident les avions à réaction dans les zones d'atterrissage portent des dispositifs de protection sur les oreilles. N'oublions pas que le bruit cause une perte d'audition graduelle et permanente de la personne exposée, laquelle ne s'en rendra compte que plus tard.

L'élimination des bruits nocifs peut être insuffisante. Il faut aussi tenir compte des vibrations dans la conception des tâches, même en l'absence de bruit. Les vibrations proviennent des outils, des machines, des véhicules, des activités humaines, des systèmes de climatisation, des pompes, etc. Les mesures de correction incluent le capitonnage, les stabilisateurs, les amortisseurs, le bourrage et les garnitures en caoutchouc.

Les pauses au travail. La fréquence, la longueur et le moment des pauses peuvent avoir des conséquences considérables sur la productivité et la qualité de la production. La figure 7.3

FIGURE 7.3 ▸

Relation typique entre le
rendement du travailleur
et l'heure de la journée

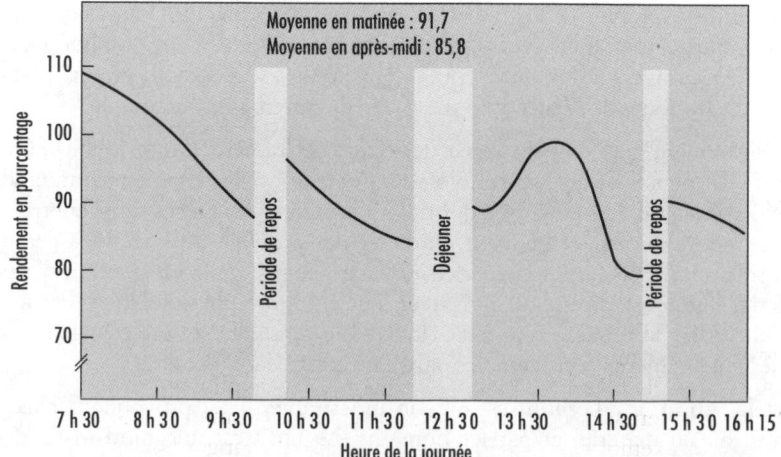

illustre la relation entre l'efficacité d'un travailleur et ses pauses. Elle révèle que l'efficacité décline généralement tout au long de la journée, mais montre aussi que les pauses prises à midi et durant la journée provoquent une hausse de rendement.

Le degré de difficulté mentale ou physique du travail constitue une variable importante dans le taux de déclin du rendement et a une nette influence sur la nécessité des pauses. Les travailleurs des aciéries, par exemple, doivent prendre des pauses de 15 min toutes les heures à cause de la difficulté de leur emploi. Cependant, l'effort physique n'est pas le seul élément qui entre en jeu dans la nécessité de prendre des pauses au travail.

La sécurité et les accidents. La sécurité au travail est l'un des points essentiels faisant partie de la conception des tâches. Ce secteur requiert une attention constante de la part des gestionnaires, des employés et des concepteurs.

Pour l'employeur, les accidents ne peuvent être acceptables, car ils sont coûteux en assurance, en compensation et en perte d'heures de travail. Ils entraînent la perte d'employés qualifiés, nécessitent l'embauche et la formation de remplaçants, l'interruption de la production, des travaux de réparation au matériel ou aux produits endommagés et une augmentation des coûts d'exploitation. Pour les travailleurs, les accidents engendrent de la souffrance physique, de l'angoisse, une perte potentielle de revenus et une perturbation de la routine au travail. Les travailleurs ne peuvent être motivés s'ils ne se sentent pas protégés par leur employeur et qu'ils se sentent en constant danger, physiquement et psychologiquement.

Les deux principales causes d'accidents sont la négligence des personnes et les conditions dangereuses. En ce qui concerne la négligence, mentionnons les actions dangereuses telles que la conduite de véhicules à des vitesses élevées, l'alcool au volant, le non-usage du matériel de protection, l'insouciance par rapport aux mesures de sécurité, l'irrespect des procédures de sécurité (courir, lancer des objets, omettre des étapes, ne pas respecter les avis sur les panneaux de signalisation), le mauvais usage des outils et du matériel et l'imprudence dans les zones dangereuses. Les conditions environnementales dangereuses peuvent provenir des éléments suivants : poulies, chaînes, machines et matériel de manutention non protégés et mal entretenus ; corridors, escaliers et quais de chargement mal éclairés ; déchets toxiques, gaz, vapeurs, radiations. La protection contre ces risques environnementaux inclut le recours à un éclairage approprié, l'identification des zones dangereuses, l'utilisation de matériel de protection (casques, lunettes, cache-oreilles anti-bruit, gants, bottes et vêtements spéciaux), les dispositifs de protection (protecteurs de machines, aiguilles à double commande qui obligent l'opérateur à utiliser ses deux mains), le matériel d'urgence (douches, extincteurs, sorties de secours) et des procédures de sécurité comprenant des instructions détaillées. L'entretien ménager (planchers propres, allées dégagées et élimination des déchets) et de bonnes procédures de maintenance des équipements et des bâtisses constituent des éléments de sécurité fondamentaux, mais ils sont fréquemment négligés. D'ailleurs, les organisations, aussi bien privées que publiques, qui éprouvent des difficultés économiques ont souvent tendance à couper dans les programmes d'entretien et de maintenance.

Pour qu'un programme de sécurité et de prévention des accidents soit efficace, les travailleurs et les gestionnaires doivent collaborer. Il faut que les travailleurs soient familiarisés avec les procédures et les attitudes à adopter. Ils peuvent contribuer à réduire les dangers en les mentionnant à la direction. Celle-ci doit mettre en vigueur les procédures de sécurité et utiliser un matériel de protection. Si les superviseurs permettent aux travailleurs de passer outre aux procédures de sécurité ou ignorent les violations commises, les travailleurs auront tendance à prendre moins de précautions : le laisser-aller s'installe. Certaines entreprises organisent des concours pour comparer les dossiers de sécurité dans les différents services. Il est malheureusement impossible d'éliminer tous les accidents, même si ces derniers nuisent de façon sérieuse au moral des travailleurs, augmentent les coûts d'exploitation et minent la productivité. Pour les prévenir, on a parfois recours à des affiches (*voir le SIMDUT, décrit ci-après*), surtout si elles expliquent en termes précis comment éviter les accidents. C'est la responsabilité des gestionnaires de l'entreprise de créer un environnement exempt de situations potentiellement dangereuses. Toutefois, il revient au personnel de respecter les directives et d'être conscient des problèmes que la négligence et l'insouciance peuvent entraîner.

Dans ce domaine, on peut donner un exemple type de l'application du modèle PESTE[8]. En effet, les pressions sociales (S) ont incité les pays occidentaux à promulguer des lois sur la santé et la sécurité des travailleurs en milieu de travail. La technologie (T) a alors mis au point des moyens pour assurer cette sécurité, tandis que les entreprises y ont consacré des ressources économiques (E). À l'instar des pays industrialisés, le gouvernement canadien a légiféré dans ce domaine (P). Au Québec, c'est la **CSST** qui assure l'application de la *Loi sur la santé et la sécurité au travail*. Elle aide les entreprises désireuses de promouvoir et d'améliorer les conditions de santé et de sécurité. Les lois fédérales et provinciales comportent des règlements précis ; des inspecteurs veillent à leur respect en procédant à des inspections effectuées soit aléatoirement, soit sur demande, à la suite de plaintes dûment déposées et signalant des conditions dangereuses, y compris pour l'environnement. Parmi les plus belles réalisations dans le domaine, on peut citer le **SIMDUT,** qui est une norme pancanadienne pour réglementer la manutention des matières dangereuses.

Les responsables de l'application de la *Loi sur la santé et la sécurité au travail* sont habilités à émettre des avertissements, à imposer des peines et même à demander des fermetures par voie juridique en raison de conditions jugées trop dangereuses.

7.4.2 Les facteurs ergonomiques : les postes de travail

Une conception adéquate des postes de travail améliore le temps de réponse du travailleur, diminue la fatigue indue, les maladies causées par de mauvaises positions de travail, les blessures et la démotivation. En outre, la nature même du travail change. Les tâches des travailleurs demandent de plus en plus l'utilisation des ordinateurs, donc la position assise, une attention visuelle soutenue et de la rapidité manuelle. Les blessures ne sont plus superficielles comme les brûlures et les coupures. Elles sont plutôt internes : des maux de dos ou de la nuque, des problèmes de vision, des douleurs liées au canal carpien qui sont causées par la position de travail, les micromouvements ou les tâches répétitives et rapides. Le tableau 7.2 et la figure 7.4 présentent et illustrent les principes à respecter pour les postes nécessitant l'utilisation d'un ordinateur.

CSST

Commission de la santé et de la sécurité au travail du Québec.

SIMDUT[9]

Le Système d'information sur les matières dangereuses utilisées au travail (SIMDUT) constitue la norme nationale canadienne en matière de communication des renseignements sur les dangers. Les éléments essentiels du SIMDUT sont des mises en garde sur les étiquettes des contenants de « produits contrôlés », des fiches signalétiques et des programmes d'éducation et de formation pour les travailleurs.

TABLEAU 7.2 ————————— ▶

Principes d'ergonomie pour les postes de travail munis d'un ordinateur

- Relâcher les épaules
- Appuyer le dos sur le dossier du siège
- Appuyer le plus souvent les bras sur les appuis-bras du siège
- Garder le menton parallèle au plancher, avec un léger recul
- Maintenir la nuque en position naturelle droite, sans la pencher vers l'avant, le haut ou les côtés
- Appuyer les pieds sur le plancher ou un repose-pieds
- Garder les pieds distants de 30 cm l'un de l'autre
- Maintenir les poignets droits et en position naturelle, sans subir de tension
- Éviter de s'affaisser sur le siège
- Modifier l'angle du siège ou la position environ une fois toutes les 2 h
- Rétracter le menton pour regarder plus bas
- Positionner l'écran devant l'opérateur, et non de côté, à une distance de 45 à 72 cm
- Positionner l'écran de manière à travailler sans devoir relever ou baisser la tête ; porter une attention particulière aux porteurs de lunettes à double foyer pour éviter les tensions à la nuque
- Se lever et s'étirer au moins une fois par heure

---

8. Le modèle PESTE : environnement politique, économique, social, technologique et écologique (*voir le chapitre 1*).
9. Source : Santé Canada (www.sc-hc.ga.ca).

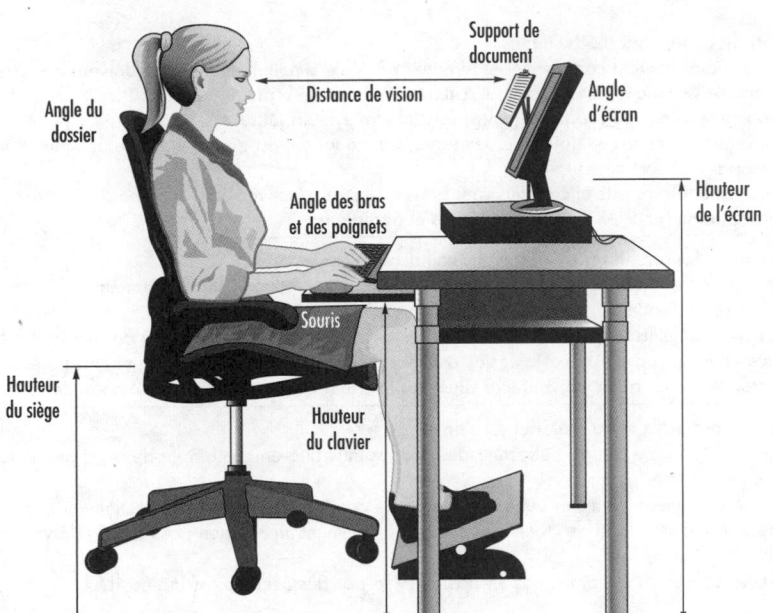

◀**FIGURE 7.4**

Poste de travail recommandé

7.4.3 L'étude des mouvements

L'**étude des mouvements** est l'étude systématique des mouvements que l'être humain effectue au cours d'une opération. S'intéressant aux mouvements de l'humain en situation de travail, elle fait partie intégrante de l'ergonomie. Elle a pour objectif d'éliminer les mouvements inutiles et de trouver la séquence de mouvements qui favorise une efficacité maximale. Ainsi, l'étude des mouvements peut améliorer la productivité. La pratique actuelle de l'étude des mouvements découle des recherches effectuées par Frank Gilbreth, qui a conçu cette méthode à partir de son observation du métier de maçon, au début du XXᵉ siècle. Grâce aux techniques de l'étude des mouvements, Frank Gilbreth a permis de multiplier par trois le nombre moyen de briques posées à l'heure, et ce, même s'il n'était pas maçon de métier. Quand on songe au fait que le briquetage est pratiqué depuis des siècles, les réalisations de Gilbreth sont encore plus remarquables.

Les analystes de l'étude des mouvements recourent à plusieurs techniques pour concevoir des procédures toujours plus simples et efficaces. Les plus couramment utilisées sont :

- les **principes de l'étude des mouvements** ;
- l'analyse des therbligs (*voir la page suivante*) ;
- l'étude des micromouvements ;
- les diagrammes.

Les travaux de Frank Gilbreth ont permis à Ralph M. Barnes de définir ce qu'il convient d'appeler les « principes d'économie de mouvements[10] ». Ces principes se divisent en trois catégories : l'utilisation du corps, la disposition des lieux de travail et la conception des outils et du matériel. Le tableau 7.3, à la page suivante, dresse une liste d'exemples de ces principes.

En élaborant des méthodes de travail efficaces sur le plan des mouvements, l'analyste poursuit les objectifs suivants :

- éliminer les mouvements superflus ;
- combiner des activités ;
- réduire la fatigue ;
- améliorer la disposition des lieux de travail ;
- améliorer la conception des outils et du matériel.

Étude des mouvements

Étude systématique des mouvements que l'être humain effectue au cours d'une opération.

Principes de l'étude des mouvements

Directives pour concevoir des procédures de travail efficaces sur le plan des mouvements.

---

10. R.M. Barnes, *Motion & Time Study : Design and Measurement of Work*, 7ᵉ édition, New York, J. Wiley & Sons, 1980, 689 p.

TABLEAU 7.3

Principes de l'étude
des mouvements selon
Ralph M. Barnes

A. L'utilisation du corps humain. Exemples :
1. Les deux mains doivent commencer et terminer un geste simultanément et ne doivent pas être improductives en même temps, sauf durant les périodes de repos.
2. Les mouvements effectués par les mains doivent être symétriques.
3. Le mouvement dynamique doit aider les travailleurs quand c'est possible et être minimisé s'il doit être maîtrisé par un effort musculaire.
4. Les mouvements arrondis et continus sont préférables aux mouvements en ligne droite brisés par des changements de direction soudains et abrupts.

B. La disposition et les conditions du lieu de travail. Exemples :
1. Il faut fournir des emplacements fixes pour les outils et le matériel afin de permettre la meilleure séquence possible et d'éliminer ou de réduire la recherche.
2. Le plus souvent, utiliser la gravité pour dégager et transporter les pièces afin de réduire les temps de déplacement ; quand c'est possible, des éjecteurs doivent retirer automatiquement les pièces finies.
3. Les matériaux et les outils doivent être situés à l'intérieur de la zone de travail normale.

C. La conception des outils et du matériel. Exemples :
1. Quand c'est possible, on doit effectuer des coupes multiples en combinant deux ou plusieurs outils en un seul.
2. Les leviers, poignées, roues et autres dispositifs de commande doivent être facilement accessibles à l'opérateur et conçus afin de donner le meilleur rendement mécanique possible. Ils doivent aussi solliciter les muscles les plus forts.
3. Les pièces doivent être maintenues en position fixe par des accessoires inamovibles.

Source : Adapté de B. W. Niebel, *Motion and Time Study*, Burr Ridge (Illinois), Richard D. Irwin inc., 1993, p. 206-207.

Therblig

Mouvement élémentaire
d'une tâche.

Les **therbligs** sont des mouvements élémentaires. Le mot « therblig » est l'anagramme de Gilbreth qui se lit de droite à gauche (sauf pour le « th »). Le principe de l'analyse des therbligs consiste à scinder en therbligs et à définir les mouvements effectués. En analysant ces mouvements, on essaiera, dans l'ordre, de les éliminer, de les combiner ou de les réordonner. Il en résultera des mouvements plus simples et plus productifs. Bien qu'on ne puisse procéder à l'étude complète de cette notion, voici une liste des therbligs plus courants :

- rechercher : rechercher un article avec les mains ou les yeux ;
- sélectionner : choisir parmi un groupe d'objets ;
- saisir : empoigner un objet ;
- tenir : retenir un objet après l'avoir saisi ;
- déplacer la charge : déplacer un objet après l'avoir tenu ;
- libérer la charge : déposer l'objet.

Les therbligs comprennent aussi les actions suivantes : inspecter, positionner, planifier, reposer et retarder.

La description d'une tâche à l'aide de therbligs exige une quantité considérable de travail. Cependant, pour les tâches courtes et répétitives, l'analyse des therbligs peut être justifiée. Elle s'est avérée très utile pour la programmation des robots industriels.

Étude des micromouvements

Recours au cinéma et à la
reprise au ralenti pour étudier
les mouvements très rapides.

On doit également à Frank Gilbreth et à sa femme Lillian l'introduction du cinéma dans l'étude des mouvements. Cette approche s'appelle l'**étude des micromouvements.** On l'a appliquée non seulement dans l'industrie de la fabrication, mais aussi dans d'autres secteurs comme les sports et les soins de santé. Visionner la tâche au ralenti permet aux analystes d'étudier les mouvements trop rapides pour être perçus par l'œil humain. De plus, on peut consulter les films et les vidéos en permanence, non seulement pour former les travailleurs et les analystes, mais aussi pour régler les conflits portant sur les méthodes de travail.

Les coûts élevés de l'étude des micromouvements limitent son application à des activités répétitives. Par contre, il existe de nombreuses situations où elle pourrait s'avérer avantageuse. On peut citer par exemple les cas où des améliorations mineures peuvent entraîner de grandes économies en raison du nombre de répétitions de l'opération, ou lorsque d'autres considérations justifient le fait d'y recourir (par exemple pour les procédures chirurgicales).

Les analystes des études de mouvements utilisent souvent des diagrammes comme outils d'analyse et pour consigner leurs résultats. Les diagrammes des activités et les graphiques d'activités multiples comme ceux qui ont été décrits plus haut peuvent être très utiles. Les analystes peuvent utiliser les **graphiques des mouvements simultanés,** aussi appelés « graphiques des deux mains » (*voir la figure 7.5*), pour étudier les mouvements simultanés des

GRAPHIQUE D'ACTIVITÉS

OPÉRATEUR: Ken Reisch
DATE: 21 mai
OPÉRATION: Montage

PIÈCE: Doigt de laçage
MÉTHODE: Proposée
TABLEAU: Joseph Riley

ÉCHELLE TEMPORELLE (Fractions de secondes)	COMPOSANTE TEMPORELLE	DESCRIPTION DE LA MAIN GAUCHE	SYMBOLE	CLASSE DE MOUVEMENTS	SYMBOLE	DESCRIPTION DE LA MAIN DROITE	COMPOSANTE TEMPORELLE	ÉCHELLE TEMPORELLE (Fractions de seconde)
4 548 / 4 560	12	Atteindre le doigt	RE		RE	Atteindre le doigt	12	4 548 / 4 560
4 579	19	Saisir le doigt	G		G	Saisir le doigt	19	4 579
	31	Mouvoir le doigt	M		M	Mouvoir le doigt	31	
4 610	75	Positionner et relâcher le doigt	P RL		P RL	Positionner et relâcher le doigt	75	4 610
4 685	15	Atteindre la pince	RE		RE	Atteindre la pince	15	4 685
4 700	15	Saisir la pince	G		G	Saisir la pince	15	4 700
4 715								4 715
7 541	12	Saisir le montage	G		G	Saisir le montage	12	7 541
7 559	18	Mouvoir et relâcher le montage	M RL		M RL	Mouvoir et relâcher le montage	18	7 559

RÉSUMÉ

%	TEMPS	RÉSUMÉ DE LA MAIN GAUCHE	SYMB.	RÉSUMÉ DE LA MAIN DROITE	TEMPS	%
8,56	249	Atteindre	RE	Atteindre	245	8,4
7,49	218	Saisir	G	Saisir	221	7,6
12,16	354	Mouvoir	M	Mouvoir	413	14,2
30,47	887	Positionner	P	Positionner	1 124	38,6
39,33	1 145	Utiliser	U	Utiliser	876	30,1
1,03	30	Attente	I	Attente	0	0,0
0,96	28	Relâcher	RL	Relâcher	32	1,1
100,0	2 911	TOTAUX			2 911	100,0

Source: B. W. Niebel, *Motion and Time Study,* 8e édition, Burr Ridge (Illinois), Richard D. Irwin, 1988, p. 229. © 1988 par Richard D. Irwin inc. Reproduit avec autorisation.

◂**FIGURE 7.5**

Graphique des mouvements simultanés ou des deux mains

7

deux mains. (Il est intéressant de noter que peu importe si les gens sont droitiers ou gauchers, ces personnes n'ont aucune difficulté à utiliser les deux mains pour accomplir une tâche.) Ces diagrammes sont précieux pour l'étude des opérations comme la saisie des données, la couture, les interventions chirurgicales, les opérations dentaires et certaines opérations de montage. Comme on l'a déjà mentionné, la programmation des mouvements des robots industriels en fait aussi grand usage.

7.5 L'étude des méthodes

L'étude des méthodes (EM) consiste à analyser de façon systématique les méthodes actuellement utilisées afin de mettre au point et d'implanter des méthodes plus commodes et plus efficaces[11].

Étude des méthodes (EM)

Analyse systématique des méthodes actuelles pour élaborer et implanter des méthodes plus simples et plus efficaces.

---

11. C. Benedetti, *Introduction à la gestion des opérations,* 3e édition, Laval, Éditions Études Vivantes, 1991, p. 355.

L'étude des méthodes se concentre sur le milieu physique de travail ainsi que sur le mouvement des matériaux et des travailleurs. Cette étude concerne davantage l'approche amélioration que l'approche conception. Plus la méthode est simple, plus elle sera facilement implantée et adoptée par les travailleurs et plus elle sera efficace. Le mot clé de l'étude des méthodes est la simplicité ; toute autre considération serait inutile.

L'analyse des méthodes de travail constitue la source par excellence d'amélioration de la productivité. Elle est très utile quand on se trouve face à :
1. des changements dans les outils et le matériel ;
2. des changements dans la conception des produits ou l'élaboration de nouveaux produits ;
3. des changements dans les matériaux ou les procédures ;
4. des changements dans les règlements gouvernementaux ou les ententes contractuelles ;
5. d'autres facteurs (comme les accidents et les problèmes de qualité).

On effectue une analyse des méthodes de travail pour des emplois existants (approche amélioration) ou pour de nouveaux emplois (approche conception). Dans le cas d'un emploi existant, la procédure consiste habituellement à demander à l'analyste d'observer le travail en cours d'exécution et ensuite à faire des améliorations. Dans le cas d'un nouvel emploi, il est nécessaire d'établir une méthode de travail. L'analyste doit se fier à une description des tâches et doit être capable de visualiser l'opération.

La procédure de base de l'EM, appelée communément « démarche fondamentale de l'EM », comprend les étapes suivantes :

1. Choisir	5. Faire adopter
2. Enregistrer	6. Implanter
3. Examiner	7. Assurer le suivi
4. Mettre au point	

Étape 1 – Choisir la méthode à étudier

On décide du poste, de la méthode ou du processus de travail à étudier en tenant compte des considérations techniques, économiques et humaines. Le choix du projet se fait en collaboration avec les opérateurs et le superviseur ou gestionnaire concernés. Parfois, un contremaître ou un superviseur exigera qu'on se penche sur certaines opérations. À d'autres moments, l'analyse des méthodes de travail s'inscrira dans le contexte d'un programme global mis en œuvre en vue d'accroître la productivité et de réduire les coûts.

On choisit généralement d'étudier les opérations qui sont :
a) effectuées par une main-d'œuvre importante ;
b) fréquemment exécutées ;
c) dangereuses, fatigantes, désagréables ou bruyantes ;
d) problématiques (par exemple des problèmes de qualité ou des goulots d'étranglement dans l'ordonnancement).

Étape 2 – Enregistrer les données

Une fois que le poste ou le projet à étudier est défini, on recueille les données liées au projet : c'est l'étape de l'enregistrement. L'opérateur et le superviseur concernés doivent valider les données relatives au poste ou au projet. L'utilisation de tableaux, de graphiques et de diagrammes conçus à cette fin est utile pour illustrer les méthodes de travail.

Toutes les activités requises pour l'exécution des travaux, et ce, dans tous les secteurs économiques, peuvent être représentées à l'aide de cinq symboles (*voir la figure 7.6*). Ces activités sont les suivantes :

Opération : si l'objet est transformé ou apprêté, si des renseignements sont donnés ou reçus, si des calculs sont effectués ;

Contrôle : si l'objet est vérifié relativement à la qualité et à la quantité ;

Transport : si l'objet est changé de place, sauf si ce transport fait partie intégrante d'une opération ;

Attente : appelé « stockage temporaire », s'il y a arrêt temporaire du produit entre deux activités successives ;

Stockage : si l'objet est entreposé.

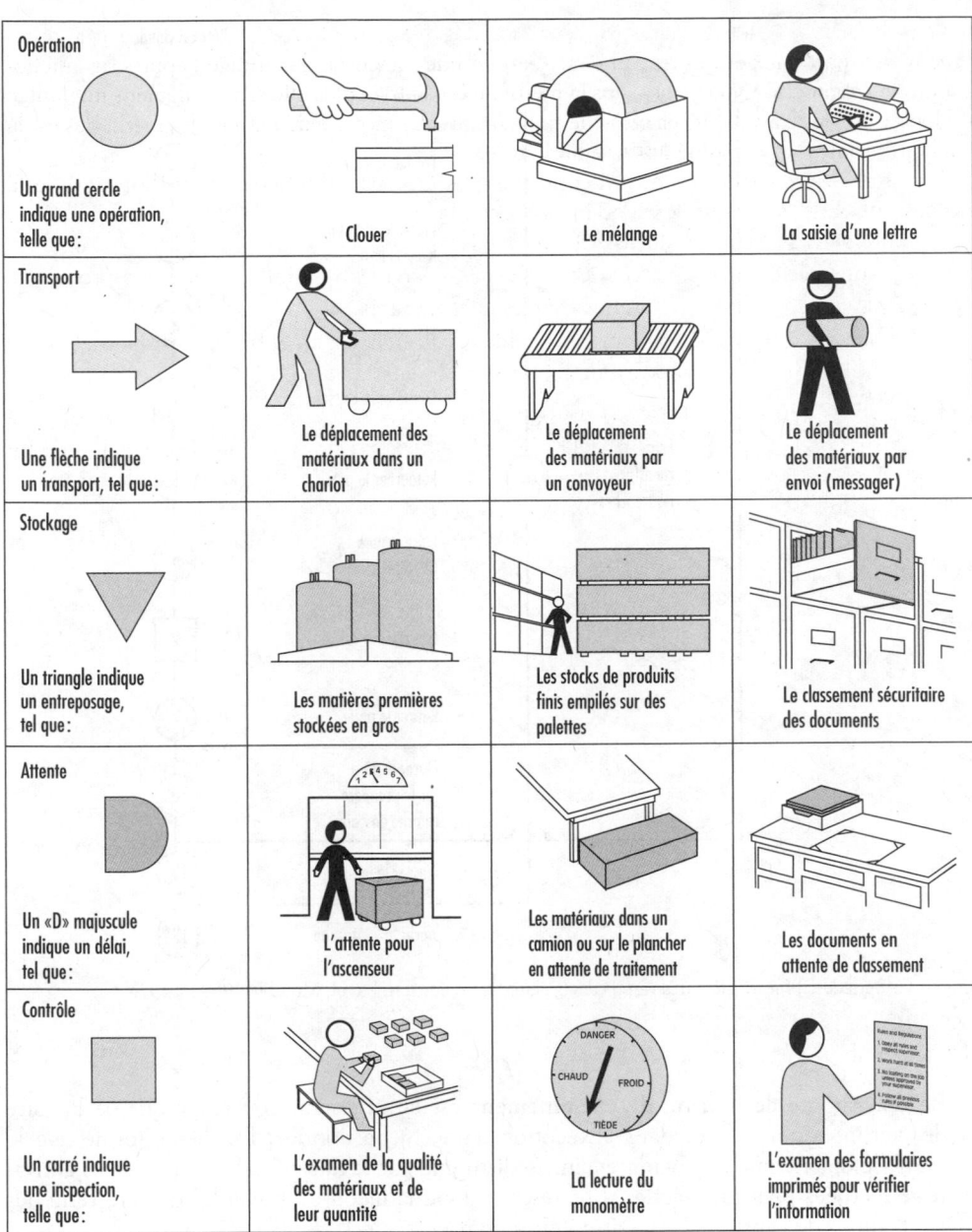

◄ **FIGURE 7.6**
Symboles des cinq
activités principales

Source: B. W. Niebel, *Motion and Time Study*, 8ᵉ édition, Burr Ridge (Illinois), Richard D. Irwin, 1988, p. 33.
© 1988 par Richard D. Irwin inc. Reproduit avec autorisation.

Pour décrire un procédé, aussi bien réel que proposé, on utilise des diagrammes et des graphiques. Les principaux types sont décrits ci-après.

- **Le graphique d'analyse de processus (GAP)** est la représentation graphique de la suite des opérations et des contrôles nécessaires à l'exécution d'une tâche donnée. Le GAP renseigne sur les activités de base de l'exécution d'une tâche, indépendamment des contraintes inhérentes au lieu et des problèmes vécus: c'est ce qui doit être fait idéalement. Il s'agit du document le plus important et le plus utilisé pour décrire la procédure de travail. La figure 7.7, à la page suivante, montre un graphique d'analyse de processus représentant les étapes de la préparation d'un hamburger.

Graphique d'analyse de processus (GAP)

Représentation graphique de la suite des opérations et des contrôles nécessaires à l'exécution d'une tâche donnée.

FIGURE 7.7

Graphique d'analyse de processus

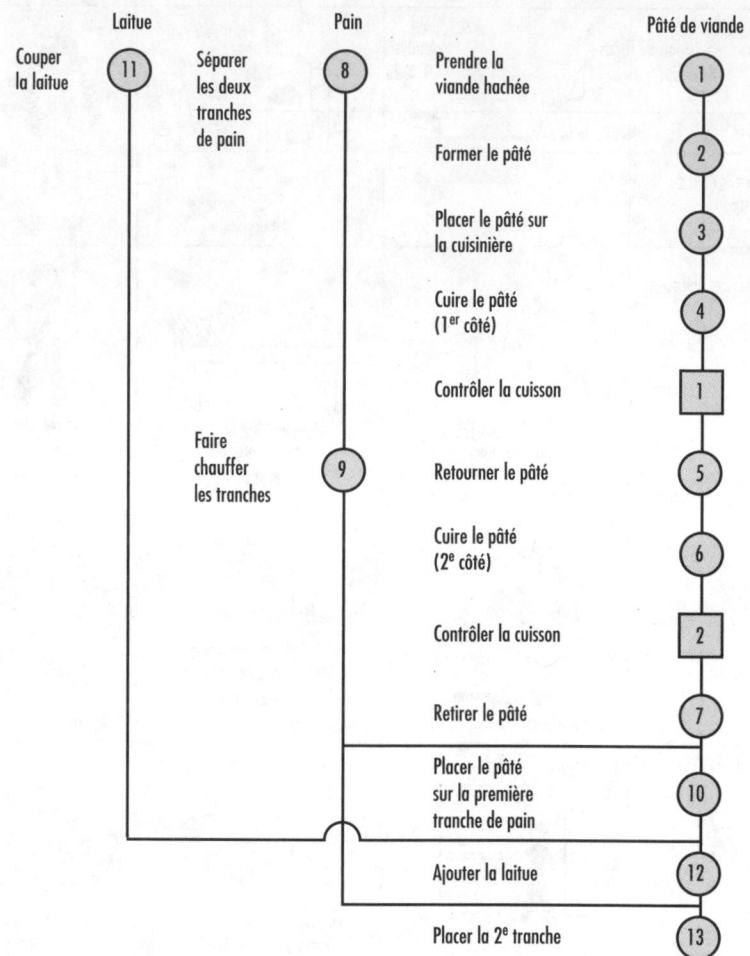

Source : C. Benedetti, *Introduction à la gestion des opérations*, 1re édition, Laval, Mondia, 1980, p. 257.

- **Le diagramme de flux ou de cheminement** est la représentation graphique de la suite des activités qui entrent dans l'exécution d'une tâche donnée. De même forme que le GAP, le diagramme de cheminement se distingue par le fait qu'il décrit toutes les activités effectuées pour une tâche; il représente donc la façon de travailler compte tenu des contraintes de l'entreprise (les attentes, le transport, etc.).

Graphique de déroulement

Graphique utilisé pour examiner la séquence globale des activités en se concentrant sur les mouvements de l'opérateur ou le flux des matières.

- **Le graphique de déroulement** est un graphique d'analyse indiquant, dans l'ordre, les étapes du circuit franchies par un produit, un procédé ou une personne. On trouve le graphique de déroulement-matière, le graphique de déroulement-matériel et le graphique de déroulement-exécutant. La figure 7.8 montre l'application d'un graphique de déroulement dans le secteur des services.

Diagramme d'activités multiples

Diagramme utilisé pour déterminer les portions d'un cycle de travail durant lesquelles le ou les opérateurs et le ou les équipements sont occupés ou improductifs.

- **Le diagramme d'activités multiples** est un graphique qui représente les activités de plus d'un sujet (personne, machine, produit ou service) au regard d'une même graduation de temps pour en faire ressortir la relation d'interdépendance. On distingue les **diagrammes personne-machine,** personnes-machines, personne-produits, personnes-patient, personne-clients, etc. L'échelle chronologique est importante dans un graphique d'activités multiples comme celui de la figure 7.9.

Le diagramme ou graphique d'activités multiples travailleur-machine permet de visualiser les portions d'un cycle de travail durant lesquelles l'opérateur et le matériel sont occupés ou improductifs. L'analyste peut facilement voir quand l'opérateur et la machine travaillent de façon indépendante, à quel moment leurs activités se chevauchent ou sont interdépendantes. On peut utiliser ce type de diagramme pour déterminer le nombre de machines ou la quantité de matériel que peut gérer l'opérateur.

Tâche : réquisition de fonds de caisse	Analyste D. Kolb	Page 1 de 2	Opération	Transport	Contrôle	Délai	Stockage
Détails de la méthode							
Réquisition faite par chef du service			●	⇨	□	D	▽
Déposer dans panier de cueillette			○	⇨	□	●	▽
Au service de la comptabilité			○	►	□	D	▽
Compte et signature vérifiés			○	⇨	■	D	▽
Somme approuvée par trésorier			●	⇨	□	D	▽
Somme comptée par caissier			●	⇨	□	D	▽
Somme consignée par commis-comptable			●	⇨	□	D	▽
Fonds de caisse mis dans enveloppe			●	⇨	□	D	▽
Fonds de caisse apportés au service			○	►	□	D	▽
Fonds de caisse vérifiés			○	⇨	■	D	▽
Reçu signé			●	⇨	□	D	▽
Fonds de caisse stockés dans coffre de sécurité			○	⇨	□	D	▼
			○	⇨	□	D	▽

Source : E. M. Awad, *Systems Analysis and Design*, 4ᵉ édition, Burr Ridge (Illinios), Richard D. Irwin, 1985, p. 113.
© 1985 par Richard D. Irwin inc. Reproduit avec autorisation.

Produit : Aliments en vrac			Opérateur : L.W.
Processus : Poids/prix			Tracé par : R.G.

Étape	Employé	Temps (en secondes)	Machine
1	Recevoir sac de plastique du client et placer sur balance	0 — 1	
2	Entrer le prix/kg	2	
3		3	Calcule et affiche le prix total. Produit autocollant du prix
4	Obtenir autocollant du prix et retirer sac	4 — 5	
5	Placer autocollant du prix sur sac	6 — 7	
6	Remettre sac au client	8	

Résumé

	Employé		Machine	
	Temps (en secondes)	%	Temps (en secondes)	%
Travail	7	87,5	1	12,5
Improductivité	1	12,5	7	87,5

Étapes 3 et 4 – Examiner et mettre au point la nouvelle méthode

L'examen et la mise au point de la nouvelle méthode consistent à examiner d'une façon logique et impartiale les données recueillies sur les activités d'un poste ou d'un lieu de travail afin de trouver une meilleure méthode d'exécution. La méthode utilisée est appelée « méthode actuelle », et la nouvelle méthode sera la « méthode proposée ».

Pour chaque activité représentée dans les graphiques de la méthode actuelle, on se posera les cinq questions suivantes :

QUOI ? Qu'est-ce qui est fait à ce poste ?

COMMENT ? Comment le travail est-il exécuté ?

QUAND ? À quel moment le travail est-il exécuté ?

QUI ? Qui exécute le travail ?

OÙ ? Où le travail est-il exécuté ?

Ces questions visent à :
1. **éliminer** les activités moins nécessaires,
2. **combiner** deux ou plusieurs activités en une seule,
3. **réordonner** les activités pour simplifier la tâche globale du poste,
4. **simplifier** les activités les plus compliquées et les plus fastidieuses.

Certains analystes expérimentés dressent une liste des questions qu'ils se posent afin d'apporter des idées d'améliorations. Voici, par ordre d'importance, des exemples typiques de questions :
1. Pourquoi y a-t-il un délai ou un stockage à cet endroit ?
2. Comment peut-on diminuer les distances parcourues ou les supprimer ?
3. Peut-on réduire la manutention des matériaux ?
4. Un réaménagement des lieux de travail augmenterait-il l'efficacité ?
5. Peut-on regrouper des activités similaires ?
6. Le recours à du matériel supplémentaire ou amélioré serait-il utile ?
7. Le travailleur a-t-il de nouvelles idées d'améliorations ?

Étape 5 – Faire adopter la nouvelle méthode

Après avoir choisi la méthode améliorée, la personne responsable de l'étude des méthodes doit convaincre le personnel concerné de la nécessité d'adopter ce nouveau processus. Elle doit « vendre » son idée et convaincre en premier lieu son propre chef et la direction du service en question afin de s'assurer de leur soutien. Ensuite, et c'est le plus important, elle assiste le directeur du service, l'aide à convaincre le personnel de la valeur de la nouvelle méthode et offre tout le soutien technique nécessaire.

Étape 6 – Implanter la nouvelle méthode

Souvent, la responsabilité de l'étude du travail s'arrête à la cinquième étape, l'implantation de la nouvelle méthode devenant la responsabilité d'autres services (par exemple le génie industriel, la maintenance ou le service visé). Il en résulte un manque de motivation du personnel responsable de l'EM, qui ne peut mettre en œuvre ses propositions. Par ailleurs, il arrive que l'équipe responsable de l'implantation saisisse mal l'esprit dans lequel l'étude a été menée, omette ou minimise l'importance de certaines recommandations, ce qui entraîne souvent l'échec du projet. On a déjà fait remarquer que nombre d'études, pourtant valables, finissent au fond d'un tiroir, faute de temps pour en appliquer les recommandations. Il est donc très important que l'équipe qui a conçu le projet le termine.

Finalement, l'application de la nouvelle méthode doit inclure la formation du personnel. En effet, une nouvelle façon de procéder modifiera les habitudes. Par conséquent, il faut prendre le temps de montrer au personnel la nouvelle façon de travailler et veiller à ce qu'il l'adopte.

Étape 7 – Assurer le suivi

Cette dernière étape consiste à surveiller l'utilisation de la nouvelle méthode et à enregistrer les résultats obtenus. Le fait d'assurer le suivi permet de connaître les avantages et les inconvénients de la nouvelle méthode et de recueillir des informations qui seront utiles dans l'avenir. Il s'agit aussi de l'étape de la rétroaction, qui vérifie l'atteinte des objectifs fixés initialement. Il arrive souvent qu'après un certain temps, le personnel du service où l'étude a été menée soit porté à retourner à l'ancienne méthode, par habitude. Il faut alors voir à ce que la nouvelle méthode soit correctement utilisée, et ce, de manière constante.

Il importe aussi de rencontrer à nouveau les membres de ce personnel pour garder un contact avec eux et créer une atmosphère de confiance en vue d'études futures. D'ailleurs, on reproche souvent à certaines firmes de conseillers en étude du travail de ne pas assurer le suivi. L'implantation ne finit pas le jour où l'on commence à utiliser les nouvelles méthodes; une étude des méthodes complète nécessite des rectifications, des mises au point et la formation du personnel.

7.6 La mesure du travail

La conception des tâches détermine le contenu d'un poste de travail, tandis que l'analyse des méthodes de travail établit la manière dont les tâches sont effectuées à ce poste. Par définition, la **mesure du travail** consiste à établir la durée nécessaire pour accomplir une tâche selon une norme de rendement spécifique. Les temps de tâches constituent des informations précieuses pour la planification de la main-d'œuvre nécessaire, l'estimation des coûts de celle-ci, l'établissement des horaires, du budget et la conception des systèmes de rémunération au rendement. De plus, les standards de temps fournissent au travailleur une indication sur la production attendue. Les standards de temps indiquent le temps nécessaire à un travailleur moyen pour exécuter une tâche donnée dans des conditions précises. Les normes incluent le temps prévu des activités plus les délais naturels.

Le **temps normal** (appelé parfois « temps standard ») est le laps de temps qu'un travailleur spécialisé mettrait pour effectuer la tâche précisée, en travaillant à un rythme soutenu, en utilisant des méthodes, des outils, du matériel et des matières premières donnés et compte tenu des dispositions du lieu de travail.

Quand on définit un standard de temps pour une tâche, il est essentiel de fournir une description complète des paramètres de la tâche, car le temps effectif nécessaire pour l'accomplir est sensible à tous ces facteurs. En effet, les changements apportés par une étude des méthodes à l'un des paramètres peuvent influer sur les exigences temporelles. Ces changements entraîneront systématiquement une nouvelle étude des temps qui permettra d'actualiser le temps normal de travail.

Par ailleurs, dans la pratique, des changements mineurs ne justifient pas les dépenses occasionnées par une nouvelle étude des tâches. En conséquence, les normes de bon nombre de tâches peuvent être légèrement imprécises. On peut pallier cet inconvénient en effectuant des études de temps de façon périodique pour les actualiser.

On détermine les standards de temps de plusieurs manières. Certaines petites entreprises et celles qui offrent des services font souvent des estimations subjectives. Les méthodes reconnues, qui sont couramment utilisées pour mesurer le travail, sont les suivantes:

1. le chronométrage;
2. les données de référence ou des temps élémentaires;
3. les normes de temps prédéterminés;
4. les observations instantanées ou la mesure du travail par sondage.

7.6.1 Le chronométrage

Vers la fin du XIXe siècle, Frederick Winslow Taylor a introduit l'utilisation du chronométrage dans la mesure du travail. Actuellement, il s'agit de la méthode la plus utilisée. Le chronométrage est particulièrement approprié pour les tâches courtes et répétitives; son avantage majeur est sa flexibilité d'utilisation.

On utilise la **mesure du travail par chronométrage** pour établir une norme de temps basée sur les observations d'un ou de plusieurs travailleurs réalisées au cours d'un certain nombre de **cycles**. On l'applique ensuite au travail de tous les autres membres de l'entreprise effectuant la même tâche. Pour ce faire, on se sert de chronomètres spécialement gradués en centièmes de minute afin de faciliter le calcul des moyennes. Récemment, des logiciels utilisant la technologie des ordinateurs de poche ont été conçus. L'entreprise

---

Mesure du travail

Détermination du temps nécessaire pour accomplir une tâche et une norme de rendement définies.

Temps normal (standard)

Temps requis pour qu'un travailleur qualifié effectue une tâche précise en travaillant à un rythme soutenu, en utilisant les méthodes, les outils, le matériel et les matières premières donnés dans des conditions définies.

Mesure du travail par chronométrage

Élaboration, à l'aide d'un chronomètre, d'un standard de temps basé sur les observations d'un travailleur réalisées au cours d'un certain nombre de cycles.

Cycle

Série complète d'éléments nécessaires pour effectuer un travail donné ou pour produire une unité de bien ou de service.

québécoise Laubrass[12] s'est taillé une position internationale enviable grâce à cette technologie, et plusieurs multinationales dans le domaine des services, de la distribution et du secteur manufacturier (Target, Banque Royale du Canada, Coca Cola et autres) l'ont adoptée.

Quel que soit l'outil de mesure utilisé, les étapes de base sont les suivantes :
1. Définir les tâches à étudier et prévenir les travailleurs qu'ils seront observés.
2. Déterminer le nombre de cycles à observer.
3. Chronométrer la tâche et le taux de rendement des travailleurs.
4. Calculer le temps standard.

Analysons chacune de ces étapes.

L'analyste doit bien connaître la tâche étudiée, car il n'est pas rare de voir les travailleurs tenter d'ajouter des mouvements durant l'étude, en vue d'obtenir une norme qui leur accorde davantage de temps. De plus, l'analyste s'assure que la tâche est effectuée de la bonne manière avant d'établir le standard de temps.

Dans la plupart des cas, l'analyste divise toutes les tâches en mouvements « élémentaires » (appelés **éléments**), par exemple « atteindre » ou « saisir », qu'il mesure plusieurs fois. Ce processus est nécessaire pour plusieurs raisons : certains mouvements ne sont pas effectués tout le temps, et la division aide à obtenir une meilleure analyse. De plus, le rythme de travail de l'employé ne peut être le même pour tous les éléments de la tâche, tout le long d'une même journée. Enfin, ce processus permet de constituer un dossier des temps élémentaires dont il peut se servir pour établir les temps d'autres tâches similaires. Cette question sera abordée plus loin.

Il est important d'informer les travailleurs qu'ils seront observés au cours de l'étude afin d'éviter toute forme de soupçon ou de malentendu. Les travailleurs sont parfois mal à l'aise quand on les étudie et craignent les changements qui risquent d'en découler. L'analyste doit discuter de ces questions avec eux avant de commencer en vue d'atténuer leurs craintes et d'obtenir leur collaboration.

Attardons-nous quelques instants sur le choix du travailleur à observer. Certains analystes choisissent le travailleur moyen, c'est-à-dire le plus représentatif du groupe d'employés étudié. D'autres préfèrent choisir le **travailleur qualifié,** c'est-à-dire celui qui est reconnu comme ayant les qualités physiques et intellectuelles nécessaires et qui a acquis les connaissances et habiletés requises pour effectuer la tâche selon des normes de sécurité, de qualité et de quantité. Il est clair que ces deux points de vue sont passablement différents.

Le nombre de cycles à chronométrer dépend de trois facteurs : 1) la variabilité des temps observés, 2) l'erreur admissible et 3) l'intervalle ou le degré de confiance souhaité. En règle générale, on définit la précision souhaitée en calculant un pourcentage de la moyenne des temps observés. À titre d'exemple, on peut dire qu'on est certain à 95 % (degré de confiance) que la mesure de temps qu'on vient d'effectuer est un temps normal avec une marge d'erreur de 10 % (erreur admissible). Le nombre d'observations à effectuer pour atteindre cet objectif (taille de l'échantillon) est calculé ainsi :

$$ n = \left(\frac{zs}{a\bar{x}} \right)^2 \tag{7-1} $$

où z = variable aléatoire de la distribution normale nécessaire pour obtenir le degré ou l'intervalle de confiance désiré

s = écart type de l'échantillon

a = erreur admissible exprimée en pourcentage

$\bar{x}$ = moyenne de l'échantillon

Les valeurs de z les plus communément utilisées sont :

La valeur de z s'obtient à l'aide de la table de distribution normale (*voir la table A en annexe*).

Intervalle de confiance souhaité (en pourcentage)	Variable aléatoire z
90,0	1,65
95,0	1,96
95,5	2,00
98,0	2,33
99,0	2,58

Élément

Partie distincte d'une tâche dont le début et la fin sont clairement précisés ; cette partie peut correspondre à un ou à plusieurs mouvements de l'exécutant ou de la machine ; elle est choisie afin de faciliter le chronométrage : le temps idéal d'un élément varie de 0,05 à 0,33 min.

7

Travailleur qualifié

Travailleur qui possède le savoir-faire, les connaissances et les autres qualités nécessaires pour exécuter le travail selon des normes satisfaisantes de sécurité, de quantité et de qualité[13].

---

12. Pour plus d'information, il est possible de joindre Charles Brassard, de Laubrass, aux numéros de téléphone suivants : 866-526-8040 ou 514-526-8040.

13. BSI, *Glossary of Terms Used in Management Services*, BSI 3138, Londres, 1991.

On peut également utiliser une autre formule quand l'erreur admissible ou la précision souhaitée est donnée sous forme de valeur (par exemple plus ou moins 1 min relativement à la moyenne effective) plutôt qu'en pourcentage :

$$n = \left(\frac{zs}{e}\right)^2 \qquad (7\text{-}2)$$

où e = précision ou marge d'erreur maximale admissible en unités de temps

Pour faire une estimation préliminaire de la taille de l'échantillon, on prend générale-ment un petit nombre d'observations (de 10 à 20, par exemple) et on calcule les valeurs de $\bar{x}$ et de s qu'on utilisera dans la formule 7-1 ou 7-2, selon le cas. L'exemple 1 indique la procédure à suivre pour s'assurer de la pertinence du nombre de mesures de temps par chronométrage.

Exemple 1

Un agent d'étude veut déterminer le temps nécessaire pour effectuer une tâche particulière. En utilisant un chronomètre gradué en centièmes de minute, il effectue initialement 50 lectures, dont la moyenne des temps chronométrés est de 6,4 min avec un écart type de 2,1 min. La politique de l'entreprise est d'avoir un degré de confiance (ou d'assurance) de 95 %. Combien de lectures aurait-il dû prendre si l'erreur admissible était de :

a) ±10 % ?
b) ±0,5 min ?

Solution

a) Calcul du nombre de lectures à ±10 % :
   $s = 2,1$ min ; $\bar{x} = 6,4$ min ; $a = 10$ %

La variable aléatoire z de la table normale centrée réduite donne, pour un intervalle de confiance de 95 %, $z = 1,96$.
À partir de l'équation 7-1, on a :

$$n = \left(\frac{zs}{a\bar{x}}\right)^2 = \left(\frac{1,96(2,1)}{0,10(6,4)}\right)^2 = 41,36 \ (\approx 42)$$

Cela signifie que le nombre de lectures initiales (50) est satisfaisant, compte tenu du degré de précision désiré.

b) Calcul du nombre de lectures à ±0,5 min :
   $e = 0,50$ min

À partir de l'équation 7-2, on a :

$$n = \left(\frac{zs}{e}\right)^2 = \left(\frac{1,96(2,1)}{0,5}\right)^2 = 67,77 \ (\approx 68)$$

Cela signifie que le nombre de lectures initiales (50) est insuffisant, compte tenu du degré de précision désiré. L'analyste devra prendre 18 lectures supplémentaires (68 − 50 lectures ini-tiales), qu'il recalcule s et $\bar{x}$ pour l'ensemble des 68 lectures et qu'il revérifie la valeur de n.

7.6.2 La composition d'un temps normal par chronométrage

Un temps normal TN (ou temps standard) établi par chronométrage est composé :
a) d'un temps observé moyen ;
b) d'un facteur d'allure ;
c) du temps de base ;
d) de différentes majorations.

Les analystes et autres professionnels du domaine utilisent l'expression « temps normal, toutes majorations incluses ». Cela signifie que le travailleur devrait respecter le temps normal (ou standard) dans 100 % des cas, et ce, durant tout le quart de travail. La figure 7.10, à la page suivante, illustre la composition d'un temps normal (ou standard).

a) Le **temps observé moyen (*TOM*)** est la moyenne des temps directement observés et chronométrés.

$$TOM = \frac{\sum x_i}{n} \qquad (7\text{-}3)$$

où TOM = temps observé moyen

$\sum x_i$ = somme des temps observés

n = nombre des observations

b) Le facteur d'allure est estimé par le **jugement d'allure (*JA*)**, qui est une estimation subjective de la cadence du travail observé. Ainsi, selon son jugement, l'agent pourrait allouer un **facteur d'allure (*FA*)** de 120 % à un employé dont la cadence de travail est considérée comme supérieure à la moyenne, ou bien un *FA* de 75 % pour une cadence inférieure à la moyenne. Seuls l'expérience et un entraînement appropriés peuvent habiliter l'agent d'étude à utiliser correctement le *JA*, qui demeure une estimation subjective. Autrement, il est fortement conseillé d'utiliser un *FA* neutre, soit 100 %. Les évaluations du jugement d'allure constituent une source de conflits considérable entre la direction et les travailleurs. Bien que personne n'ait pu trouver une manière de contourner ces évaluations subjectives, il n'en demeure pas moins que leur pertinence ne fait pas de doute. La formation au moyen de films tournés à différentes vitesses n'est pas suffisante. Il faut que l'analyste se soumette à des recyclages périodiques et à une autoévaluation.

c) Le **temps de base (*TB*)** s'obtient en corrigeant le *TOM* par le *FA*.

$$TB = TOM \times FA \qquad (7\text{-}4)$$

d) Au temps de base, on ajoute les majorations appropriées pour obtenir le temps normal *TN*.

FIGURE 7.10   ▶

Composition d'un temps normal ou standard (alloué)

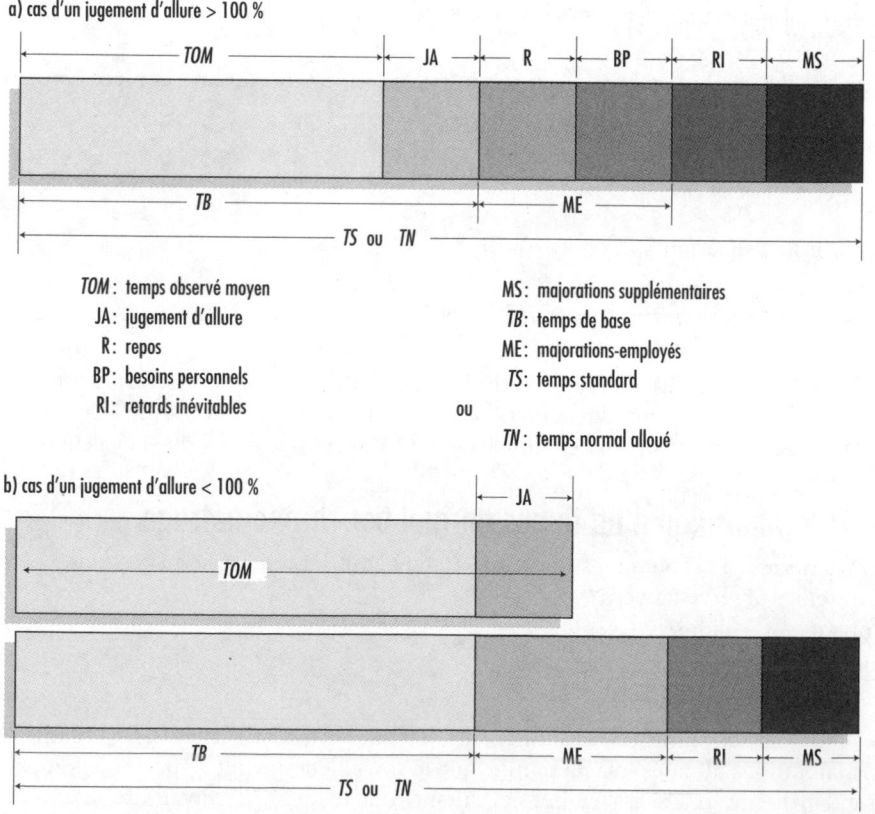

a) cas d'un jugement d'allure > 100 %

TOM : temps observé moyen

JA : jugement d'allure

R : repos

BP : besoins personnels

RI : retards inévitables

MS : majorations supplémentaires

TB : temps de base

ME : majorations-employés

TS : temps standard

ou

TN : temps normal alloué

b) cas d'un jugement d'allure < 100 %

Source : C. Benedetti, *Introduction à la gestion des opérations*, 3ᵉ édition, Laval, Éditions Études Vivantes, 1991, p. 379.

Les **majorations,** exprimées en pourcentage, se divisent principalement ainsi :
- les majorations pour retards inévitables (RI) – délais accordés pour des retards indépendants de la volonté (échanges d'information avec ses supérieurs et collègues, entretien de l'équipement, bris de machines et autres aléas) ;
- les majorations pour besoins personnels (BP) – permettent aux employés de se reposer de la fatigue causée par le travail et de satisfaire leurs besoins physiologiques et psychologiques ;
- les majorations supplémentaires (MS) – sont nécessaires dans des situations spéciales de travail (environnement spécial, type de produit manipulé, non-conformité de la matière première ou de l'état de l'équipement, etc.). Ce sont les seules qui soient entièrement à la discrétion de l'entreprise.

Les majorations peuvent être basées sur le temps de tâche ou sur le temps travaillé.

Si les majorations sont fonction du temps de tâche, le calcul du temps normal ou standard se fait ainsi :

$$TN = TB + TB \times Maj = TB\,(1 + Maj) \tag{7-5}$$

où TN = temps standard ou normal

TB = temps de base

Maj = majorations exprimées en pourcentage

On utilise cette formule quand différentes tâches présentent diverses majorations. Si les majorations sont basées sur le pourcentage du temps travaillé, le calcul se fait ainsi :

$$\left(\frac{1}{1 - Maj}\right) \tag{7-6}$$

Exemple 2

Calculez le temps normal si le temps de base est de 1,00 min dans les deux situations suivantes :
a) les majorations sont de 20 % du temps de tâche ;
b) les majorations sont de 20 % du temps travaillé.

Solution

a) Temps normal si les majorations sont de 20,00 % du temps de tâche :

$$TN = TB\,(1 + Maj) = 1,00\,(1 + 0,20) = 1,00 \times 1,20 = 1,20 \text{ minute}$$

b) Temps normal si les majorations sont de 20,00 % du temps travaillé :

$$TN = TB\left(\frac{1}{1 - Maj}\right) = 1,00\left(\frac{1}{1 - 0,20}\right) = 1,25 \text{ minute}$$

Le tableau 7.4, à la page suivante, illustre certaines majorations typiques. Dans la pratique, ces dernières dépendent du jugement de l'analyste en ce qui concerne l'étude des temps de tâches, l'échantillonnage du travail (décrit plus loin dans ce chapitre) ou les négociations entre la main-d'œuvre et la direction. L'exemple 3 illustre le processus d'une étude des temps de tâches à partir des temps observés jusqu'aux temps standards.

Exemple 3

Une étude des temps de tâches d'une opération de montage a produit les temps observés suivants pour un élément d'un cycle auquel l'analyste a accordé un facteur d'allure (FA) ou évaluation d'efficacité de 1,10. À l'aide d'une majoration de 20 % du temps de tâche, déterminez le temps normal pour cette opération.

_i_ Observation	Temps observé (en minutes)	Observation	Temps observé (en minutes)
1	1,12	6	1,18
2	1,15	7	1,14
3	1,16	8	1,14
4	1,12	9	1,19
5	1,15	TOTAL	10,35

Solution

$$n = 9 \; ; \qquad FA = 1{,}13 \; ; \qquad Maj = 0{,}20$$

a) $\quad TOM = \dfrac{\sum x_i}{n} = \dfrac{10{,}35}{9} = 1{,}15$ minute

b) $\quad TB = TOM \times FA = 1{,}15 \, (1{,}10) = 1{,}27$ min

c) $\quad TN = TB \, (1 + Maj) = 1{,}27 \, (1 + 0{,}20) = 1{,}27 \times 1{,}20 = 1{,}52$ min

Remarquons que si on observe un temps anormalement court, on suppose généralement que ce temps est attribuable à une erreur d'observation et on l'élimine. Si une des observations de l'exemple 3 avait été de 0,10, on l'aurait éliminée. D'autre part, si on a noté un temps anormalement long, on vérifiera s'il est attribuable à un élément cyclique ou irrégulier

TABLEAU 7.4 ▶

Pourcentages de majorations typiques pour des conditions de travail

7

	Pourcentage
A. Majorations constantes :	
1. Majoration personnelle	5
2. Majorations pour la fatigue de base	4
B. Majorations variables :	
1. Majoration pour une position debout	2
2. Majoration pour une position anormale :	
a) Légèrement anormale	0
b) Anormale (penchée)	2
c) Très anormale (couchée, étirée)	7
3. Majoration pour effort physique et musculaire (soulever, tirer ou pousser) : Poids soulevé (en kg) :	
2	0
5	1
7	2
10	3
12	4
15	5
18	7
20	9
22	11
25	13
30	17
35	22
4. Majoration pour mauvais éclairage :	
a) Légèrement en dessous du niveau recommandé	0
b) Très en dessous	2
c) Très inapproprié	5
5. Conditions atmosphériques (chaleur et humidité) – variable	0 –10
6. Niveau d'attention :	
a) Précision moyenne	0
b) Fin : précis	2
c) Grande précision	5
7. Niveau sonore :	
a) Continu	0
b) Intermittent – fort	2
c) Intermittent – très fort	5
d) Très aigu – fort	5
8. Tension mentale :	
a) Processus relativement complexe	1
b) Complexe ou grand besoin d'attention	4
c) Très complexe	8
9. Monotonie :	
a) Faible	0
b) Moyenne	1
c) Élevée	4
10. Ennui :	
a) Plutôt ennuyant	0
b) Ennuyant	2
c) Très ennuyant	5

Source : B. W. Niebel, *Motion and Time Study*, 8ᵉ édition, Burr Ridge (Illinois), Richard D. Irwin, 1988, p. 416.
© 1988 par Richard D. Irwin inc. Reproduit avec autorisation.

(par exemple récupérer un outil ou une pièce qui est tombé, procéder à un nettoyage du poste ou à un changement d'outils toutes les 0,5 h, etc.).

Malgré l'utilité et les avantages évidents qu'on peut tirer de la mesure du travail par chronométrage, il faut souligner certaines limites. D'abord, la mesure du travail ne peut étudier que les tâches observables, ce qui élimine la plupart des tâches de gestion et de création, qui comportent des aspects mentaux difficilement mesurables avec un chronomètre. De plus, les coûts élevés de cette étude font en sorte qu'il n'est pas possible d'analyser les opérations irrégulières et les tâches rarement effectuées. Finalement, cette méthode de mesure du travail perturbe la routine normale du travail ; les travailleurs s'y opposent souvent, car ils se sentent épiés durant l'étude.

7.6.3 Les données de référence

Les **données de référence,** aussi appelées le **temps élémentaire,** proviennent des études des temps de tâches de l'entreprise. Au fil des ans, le service responsable de l'étude des temps et des méthodes peut compiler les temps d'éléments communs à plusieurs tâches et constituer un catalogue. Après un certain temps, on dispose d'une banque de données de référence sur les temps élémentaires, ce qui évite à l'analyste de refaire chaque fois une étude complète.

La procédure à suivre pour établir un temps standard à partir de la méthode des données de référence est la suivante :

1. Analyser la tâche en vue de définir les éléments standards.
2. Vérifier le **catalogue des temps élémentaires** pour trouver les éléments dont les temps sont consignés et l'utilisation du chronomètre pour obtenir d'autres données, au besoin.
3. Modifier les temps dans le catalogue, s'il y a lieu (étape expliquée ci-dessous).
4. Obtenir le temps normal et l'accroissement à l'aide de la synthèse des temps élémentaires et le temps standard à l'aide des majorations pertinentes.

Dans certains cas, les temps consignés dans les dossiers peuvent ne pas s'appliquer avec exactitude à une tâche précise. Par exemple, les temps élémentaires peuvent se trouver dans un dossier concernant les mouvements « déplacer l'outil de 3 cm » et « déplacer l'outil de 9 cm », alors que la tâche en question comporte un déplacement de 6 cm. Cependant, il est souvent possible d'établir une estimation du temps souhaité par interpolation des valeurs consignées dans les dossiers.

Cette approche permet principalement d'épargner temps et argent en supprimant l'étude des temps et la répétition du chronométrage pour chaque tâche. Le deuxième avantage est que le travail est moins perturbé, l'analyste n'ayant pas à chronométrer toutes les tâches des travailleurs. Le troisième avantage est qu'il n'est pas nécessaire d'effectuer le jugement d'allure, puisque ce dernier a déjà été posé lors des premières mesures. D'autre part, l'inconvénient majeur de cette méthode réside dans le fait que si les données initiales consignées dans le catalogue ont été mal établies, l'erreur se répercutera sur toutes les études de temps ultérieures. Pour éviter de prendre ce risque, il faut s'assurer de la pertinence de ces mesures, idéalement en les faisant valider par plusieurs spécialistes du domaine de l'étude du travail. C'est pour pallier ce problème que la méthode des normes de temps prédéterminés, expliquée ci-dessous, a été mise au point.

7.6.4 Les normes de temps prédéterminés

Afin d'établir les **temps prédéterminés,** on s'est basé sur les données publiées dans le catalogue des temps élémentaires. La méthode la plus souvent utilisée est la MTM (*Methods-Time Measurement*), qui a été créée vers la fin des années 1940 aux États-Unis par le Methods Engineering Council. Les tableaux de MTM sont basés sur une recherche approfondie concernant le temps normal des mouvements fondamentaux de l'humain, quel que soit le poste de travail. Pour utiliser cette approche, l'analyste divise la tâche en divers micromouvements fondamentaux : atteindre, saisir, mouvoir, positionner, tourner, lâcher, effectuer un mouvement du corps, etc., mesurer les distances (le cas échéant) et le degré de difficulté du mouvement. Il se reporte à la table de données appropriée pour obtenir les temps de ces micromouvements. On obtient le temps normal de la tâche en additionnant les temps des mouvements fondamentaux observés. L'unité de base de la mesure du temps, selon la MTM, est le **tmu** (*time measurement unit*), où :

1 tmu = 1 cmh = 0,0006 minute = 0,036 seconde.

Temps élémentaire

Durée d'éléments communs basée sur les études de temps faites par l'entreprise.

Catalogue des temps élémentaires

Dossier où sont consignés les temps des éléments communs à plusieurs tâches.

tmu

Un *tmu* équivaut à un cent-millième d'heure (1 tmu = 1 cmh).

Cette approche est si raffinée qu'elle a permis de mesurer le temps nécessaire à la rétine de l'œil pour focaliser un objet : 20 cmh.

Une minute de travail peut comprendre plusieurs mouvements fondamentaux ; une tâche typique peut comporter plusieurs centaines de mouvements fondamentaux. L'analyste doit donc posséder diverses compétences pour décrire correctement l'opération et préparer des estimations réalistes des temps requis. Établir des temps standards prédéterminés exige une grande compétence. Les analystes doivent suivre une formation et être accrédités pour pouvoir exécuter ce type d'observations. Le tableau 7.5 présente un aperçu du type de renseignements fournis dans les tables de MTM.

Parmi les avantages des temps standards prédéterminés, mentionnons les suivants :

1. Les temps standards sont basés sur les mouvements d'un grand nombre de travailleurs dans des conditions contrôlées ; ils ont été établis et validés par des équipes de spécialistes.
2. L'analyste n'a pas à formuler un jugement d'allure pour définir la norme.
3. Les opérations des travailleurs observés ne sont pas perturbées.
4. Les normes peuvent être établies avant qu'une tâche soit accomplie.

Bien que les défenseurs des temps prédéterminés soutiennent que la précision de cette méthode est supérieure à celle des études par chronométrage, plusieurs experts sont en désaccord. Pour certains, trop de temps d'activités sont liés à une seule opération pour qu'on puisse les généraliser à partir des données publiées. D'autres croient que les analystes perçoivent les divisions des mouvements élémentaires de diverses manières et que cela influe négativement sur l'évaluation des temps : les estimations varient d'un analyste à l'autre. D'autres encore prétendent que les analystes ne s'entendent pas sur le degré de difficulté attribué à une tâche donnée et qu'ils obtiennent donc différents temps standards.

On pourrait disserter longtemps sur les avantages et les inconvénients des **normes de temps prédéterminés.** Néanmoins, ces normes sont de loin plus fiables que celles de toute autre méthode de mesure de temps. De plus, elles sont les seules à être reconnues par les lois

7

Normes de temps prédéterminés

Système de mesure du travail utilisant des temps préétablis pour chaque mouvement fondamental du corps humain afin de déterminer le temps exigé pour réaliser une tâche dans des conditions définies.

	Mouvoir -M-					AVEC EFFORT			
Distance en cm	M_A	M_B	M_C	m M_B M_Bm	m (B)	kg	Constant	Coefficient dynamique	Description des cas
≤ 2	2,0	2,0	2,0	1,7	0,3	de 0		1	
4	3,1	3,8	4,5	2,6	1,2	à 1,25	0		A
6	4,1	5,0	5,8	3,1	1,9	> 1,25		1,04	Mouvoir un objet jusqu'à
8	5,1	6,0	7,0	3,7	2,3	à 2,5	1,9		l'autre main ou contre
10	6,1	6,9	8,0	4,2	2,7	> 2,5		1,09	une butée.
12	7,0	7,7	8,9	4,8	2,9	à 5	3,3		
14	7,7	8,5	9,6	5,4	3,1				
16	8,3	9,2	10,3	5,9	3,3	> 5		1,15	B
18	8,9	9,9	11,0	6,5	3,4	à 7,5	5,2		Mouvoir un objet jusqu'à
20	9,6	10,5	11,7	7,0	3,5	> 7,5		1,21	un emplacement approximatif
22	10,2	11,1	12,3	7,6	3,5	à 10	7,1		ou indéfini.
24	10,8	11,7	13,0	8,2	3,5	> 10		1,27	
26	11,4	12,2	13,7	8,7	3,5	à 12,5	9,0		
28	12,1	12,7	14,4	9,3	3,4	> 12,5		1,34	
30	12,7	13,2	15,1	9,8	3,4	à 15	10,9		C
35	14,2	14,4	16,8	11,2	3,2	> 15		1,40	Mouvoir un objet jusqu'à
40	15,8	15,6	18,4	12,6	3,0	à 17,5	12,8		un emplacement précis
45	17,4	16,8	20,1	14,0	2,8	> 17,5		1,46	ou avec précaution.
50	18,9	18,0	21,8	15,4	2,6	à 20	14,7		
55	20,5	19,2	23,5	16,8	2,4	> 20		1,52	
60	22,1	20,4	25,2	18,1	2,3	à 22,5	16,6		
65	23,6	21,6	26,9	19,5	2,1				
70	25,2	22,8	28,6	20,9	1,9				
75	26,8	24,0	30,3	22,3	1,7				
80	28,3	25,2	32,0	23,7	1,5				
par 5 en sus	1,6	1,2	1,7	1,4					

Source : Bureau international du travail, Table MTM, « Mouvoir-M (Move) », *Introduction à l'étude du travail*, Genève, 1996, p. 406.

▲ **TABLEAU 7.5**

Extrait des tables de MTM

sur les normes du travail dans les pays industrialisés. Leur véritable inconvénient réside dans le fait qu'elles sont coûteuses, en temps et en argent, à effectuer, et qu'elles ne peuvent être appliquées que par des professionnels du domaine, ingénieurs industriels et autres.

Finalement, soulignons que plusieurs autres familles de normes de temps prédéterminés ont été conçues directement à partir de la MTM. Mentionnons les MTM 2 et 3, moins précises que la première, mais plus faciles et plus générales, le GSD (*General Sewing Data*) dans le domaine du vêtement, le MCD (*Master Clerical Data*) dans le secteur des services, et le dernier venu, le MOST et sa version simplifiée Mini MOST[14], qui sont de plus en plus populaires.

7.6.5 La mesure du travail par sondage

La **mesure du travail par sondage,** aussi appelée méthode des **observations instantanées,** est une méthode de mesure du travail qui consiste à observer et à noter à intervalles irréguliers les activités effectuées à un poste de travail. En recueillant et en compilant les observations, on détermine le pourcentage d'occupation d'un employé et d'un poste de travail, ainsi que le type d'activité qui l'occupe le plus.

Contrairement à toutes les méthodes de mesure du travail vues jusqu'ici, la méthode par sondage ne requiert ni mesure directe ni observations longues, coûteuses en temps et contrariantes pour l'observateur et les personnes observées. L'observateur effectue de brèves observations au hasard, à intervalles totalement irréguliers, à différents moments de la journée. Il note simplement et objectivement l'activité réalisée à ce moment-là. Le mot « objectivement » revêt une grande importance quand il s'agit d'observations instantanées, car il ne faut pas biaiser l'étude. Par exemple, l'observateur indique que la machine est en situation d'arrêt ou de délai, que le commis est en pause-café, que la secrétaire est en situation de prise de données, que le menuisier coupe ou cloue, etc. En compilant le résultat de ses observations, il peut connaître le pourcentage de temps que l'employé consacre à telle ou telle activité (*voir l'exemple 4*).

Après 300 observations effectuées en trois semaines à différents moments de la journée, on a noté que pendant une période de 8 h de travail, un agent de banque exécute les travaux suivants :

Observations instantanées

Méthode qui consiste, au moyen d'échantillonnages statistiques d'observations prises au hasard, à trouver la fréquence en pourcentage d'une tâche donnée.

Exemple 4[15]

Tâche	Nombre d'observations	Journée de 8 heures (480 minutes)
Servir clients à la caisse	186/300 ≈ 62%	0,62 × 8 h ≈ 5 h (300 min)
Préparer caisse	18/300 ≈ 6%	0,06 × 8 h ≈ 0,48 h (30 min)
Balancer et fermer caisse	30/300 ≈ 10%	0,10 × 8 h ≈ 0,80 h (48 min)
Tâches connexes	9/300 ≈ 3%	0,03 × 8 h ≈ 0,24 h (15 min)
Attente	1/300 ≈ 0,3%	0,003 × 8 h ≈ 0,027 h (1,6 min)
Repos, pauses-café, repas	56/300 ≈ 18,7%	0,187 × 8 h ≈ 1,50 h (90 min)
TOTAL	**300**	**8 heures**

Sachant que durant la période étudiée, 34 clients ont été servis par jour en moyenne, le temps nécessaire pour servir un client à la caisse est de : 5 h × 60 min = 300 min ;

300 min ÷ 34 clients = 8,82 min/client

---

14. *Maynard Operation Sequence Technique* (MOST).

15. Adapté de C. Benedetti, *Introduction à la gestion des opérations*, 3ᵉ édition, Laval, Éditions Études Vivantes, 1991, p. 381.

Bien que la méthode par sondage puisse être utilisée pour définir les temps normaux, comme l'a montré l'exemple plus haut, elle est aussi fréquemment utilisée pour :
- effectuer des études sur le taux d'utilisation et d'occupation du matériel et des autres ressources de l'entreprise ;
- analyser des tâches non répétitives.

Par exemple, la méthode par sondage permet de déterminer le taux d'utilisation de la salle de radiographie d'un hôpital ou le temps que passe un préposé à l'entretien à effectuer d'autres tâches que le nettoyage des planchers.

Puisque les tâches non répétitives requièrent des connaissances et des habiletés plus larges que les tâches répétitives, il est important de les connaître pour déterminer la valeur du poste de travail, donc sa rémunération. Ainsi, si on réalise qu'une secrétaire passe la majeure partie de son temps à effectuer des travaux sur ordinateur autres que du traitement de texte, son poste aura une plus grande valeur que la personne qui se limite à répondre au téléphone et à dactylographier. Les observations instantanées sont un excellent outil pour effectuer la description de tâches, valider ces dernières et estimer leur valeur.

Basée principalement sur des principes statistiques, la méthode par sondage doit comporter un pourcentage d'erreur et un intervalle de confiance (*voir la figure 7.11*) pour la valeur de $\bar{p}$.

$\bar{p}$ = nombre de fois qu'une tâche est effectuée sur le nombre total d'observations

= pourcentage de temps passé à effectuer une tâche spécifique

On dira alors qu'on est certain avec un degré de certitude (ou de confiance) déterminé que la valeur de $\bar{p}$ se trouve à l'intérieur de l'intervalle $(\bar{p} \pm e)$. En faisant appel aux notions de la distribution normale, on peut ajouter que l'erreur e commise si on considère $\bar{p}$ comme étant la vraie valeur de p, avec une certitude déterminée par la valeur z, est de :

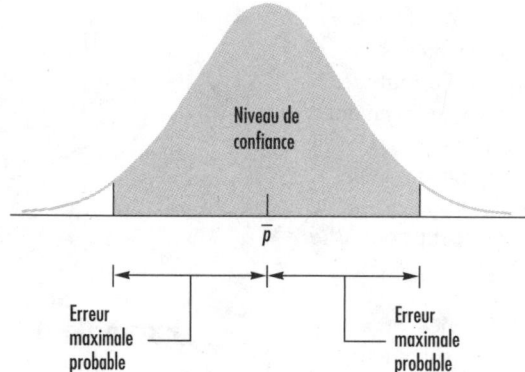

FIGURE 7.11

Un intervalle de confiance pour l'estimation de la proportion véritable est basé sur la distribution normale

$$e = z \sqrt{\frac{\bar{p}(1-\bar{p})}{n}} \tag{7-7}$$

où e = erreur admissible

z = variable de la table normale centrée réduite nous assurant l'intervalle de confiance souhaité

n = nombre d'observations effectuées

$\bar{p}$ = pourcentage moyen de l'activité observé

= nombre d'observations de l'activité ÷ nombre total d'observations effectuées.

Si on veut connaître le nombre idéal d'observations n à effectuer, compte tenu d'une erreur admissible e et d'un degré de confiance défini, alors :

$$n = \left(\frac{z}{e}\right)^2 \bar{p}(1-\bar{p}) \tag{7-8}$$

Exemple 5

Le gérant d'un supermarché veut savoir combien de temps un de ses commis passe à changer les prix de la marchandise. Il souhaite être certain à 98 % que la marge d'erreur de l'estimation du temps ne dépasse pas 5 %. Combien d'observations faut-il effectuer ?

Solution

$e = 0,05$

$z = 2,33$ pour un degré de confiance de 98 % (*voir la table A en annexe*)

Puisque p est inconnu, on effectue 20 observations préliminaires, et on calcule le nombre d'observations indiquant que l'employé changeait les prix. On remarque que sur les 20 observations, le commis a changé les prix 10 fois. Donc,

$\bar{p} = 10 \div 20 = 0,50$

Solution (suite)

$$n = \left(\frac{z}{e}\right)^2 \bar{p}(1 - \bar{p}) = \left(\frac{2,33}{0,05}\right)^2 0,50\,(1 - 0,50) = 542,89, \text{ soit} \approx 543 \text{ lectures.}$$

Par contre, si pour les 20 observations préliminaires, on avait observé 2 changements de prix, alors $\bar{p} = 2 \div 20 = 0,10$. De plus,

$$n = \left(\frac{2,33}{0,05}\right)^2 0,10\,(1 - 0,10) = 195,44 \text{ ou} \approx 196 \text{ lectures}$$

Supposons maintenant qu'après 100 observations, y compris les 20 premières, on trouve $\bar{p} = 0,11$, alors:

$$n = \left(\frac{2,33}{0,05}\right)^2 0,11\,(1 - 0,11) = 212,60 \approx 213 \text{ lectures}$$

Pour réussir une mesure du travail par sondage, il est recommandé de suivre les étapes suivantes:

1. Désigner le ou les travailleurs ou les machines à étudier.
2. Informer les travailleurs et leurs superviseurs des buts de l'étude afin d'éviter de susciter de la méfiance.
3. Effectuer un nombre préliminaire d'observations, habituellement $n = 50$ observations.
4. Préparer un programme d'observations aléatoires réparties sur plusieurs quarts de travail (ne jamais les faire au même moment).
5. Noter les tâches effectuées durant l'observation le plus succinctement possible (utiliser un langage télégraphique).
6. S'assurer que le nombre n d'observations préliminaires est conforme à la marge d'erreur admissible par l'entreprise.

Pour confirmer la dimension aléatoire des observations instantanées ou par sondage, l'analyste a recours aux tables de **nombres aléatoires** (*voir le tableau 7.6*).

◄ **TABLEAU 7.6**

Extrait des tables de nombres aléatoires

	1	2	3	4	5	6
1	6912	7264	2801	8901	4627	8387
2	3491	1192	0575	7547	2093	4617
3	4715	2486	2776	2664	3856	0064
4	1632	1546	1950	1844	1123	1908
5	8510	7209	0938	2376	0120	4237
6	3950	1328	7343	6083	2108	2044
7	7871	7752	0521	8511	3956	3957
8	2716	1396	7354	0249	7728	8818
9	2935	8259	9912	3761	4028	9207
10	8533	9957	9585	1039	2159	2438
11	0508	1640	2768	4666	9530	3352
12	2951	0131	4359	3095	4421	3018

Supposons qu'on doit réaliser une étude s'étalant sur une période de 7 jours, dans un bureau administratif où les employés travaillent 8 h/jour. On veut connaître le moment où l'on doit faire chacune des 3 premières lectures. On peut suivre un processus qui consiste à choisir au hasard un nombre aléatoire dans la table: le premier chiffre indique le jour, le deuxième, l'heure et le troisième, la minute de l'observation. Les deux premiers paramètres sont représentés par un seul chiffre significatif, puisqu'il y a seulement 7 jours dans la semaine et 8 heures dans la journée de travail. Le troisième paramètre, le moment de l'observation (en minutes), est représenté par deux chiffres significatifs. Pour commencer, on détermine le jour de chacune des trois observations. On choisit au hasard le premier nombre: celui de la première colonne et de la première ligne: on lit 6912. Le 6 indique le 6ᵉ jour; le 9, le 9ᵉ jour, qui est rejeté puisqu'il n'y a que 7 jours; le 1, le 1ᵉʳ jour; le 2, le 2ᵉ jour. Les trois jours pour les observations sont donc les 6ᵉ, 1ᵉʳ et 2ᵉ jours. Pour déterminer l'heure des observations, on choisit au hasard le 2ᵉ nombre aléatoire de la table, 1ʳᵉ colonne, 2ᵉ ligne: on lit 3491. Donc, les 3e, 4e et 1re heures des jours 6, 1 et 2. Pour le moment en minutes, on prend au hasard le nombre de la 3e ligne et de la 1re colonne de la table et on lit : 4715. Donc, la 47e minute et la 15e minute. Pour la 3e observation, on lit arbitrairement à la 2e colonne et à la 3e ligne : 24. Les observations doivent donc être faites aux instants suivants.

Jour	Heure	Minute
6	3	47
1	4	15
2	1	24

l'étude ne permettra pas de déceler certaines situations qui surviennent de façon irrégulière ou cyclique. Seuls l'expérience et le type de travail observé aideront l'agent d'étude à déterminer l'horizon de temps couvert par l'étude.

Jour	Heure	Minute
1	4	15
2	1	24
6	3	47

Pour faciliter la tâche, on replace les moments des observations dans l'ordre chronologique.

Soulignons à nouveau que l'étude devrait se dérouler sur une période suffisamment longue pour permettre d'observer la plus grande variété possible de situations de travail. Si les observations sont faites à des moments trop rapprochés,

Pour conclure, il faut retenir que la mesure du travail par sondage est la meilleure méthode pour étudier les tâches dans le secteur des services, où les activités des travailleurs varient énormément. Le tableau 7.7 présente les avantages et les inconvénients de la méthode par sondage.

TABLEAU 7.7 ▸

Comparaison de l'échantillonnage du travail et de l'étude par chronométrage

Avantages de la méthode par sondage

1. Les observations sont réparties sur une période donnée, ce qui fait que les résultats sont moins sujets à des fluctuations à court terme.

2. Le travail est peu perturbé.

3. Les travailleurs se méfient moins de cette méthode.

4. Les études sont moins longues et moins coûteuses, et les exigences concernant les compétences de l'analyste sont moins grandes.

5. Il est possible d'interrompre les études sans nuire aux résultats.

6. L'analyste peut effectuer plusieurs études et suivre plusieurs travailleurs simultanément.

7. Il ne requiert pas de chronomètre.

8. Il est approprié pour les tâches non répétitives.

Inconvénients de la méthode par sondage

1. Les mouvements que comporte l'exécution d'une tâche sont moins détaillés.

2. Les travailleurs peuvent modifier leurs habitudes de travail lorsqu'ils aperçoivent l'agent d'étude, ce qui invalide les résultats.

3. Dans plusieurs cas, il n'existe aucun dossier sur la méthode employée par le travailleur.

4. Les observateurs peuvent ne pas parvenir à s'entendre sur un horaire aléatoire des observations.

5. La méthode ne convient pas aux tâches courtes et répétitives.

6. Il peut falloir beaucoup de temps pour passer d'un lieu de travail à un autre afin de respecter l'aspect aléatoire de cette étude.

7.7 La rémunération

La rémunération est un point important à considérer lors de la conception des systèmes de travail. Les entreprises doivent établir des régimes de rémunération appropriés pour leurs employés. Si les salaires sont trop bas, on aura de la difficulté à attirer et à garder des employés et des gestionnaires compétents. Si les salaires sont trop élevés, les coûts trop importants peuvent entraîner une baisse des profits ou forcer l'entreprise à accroître ses prix, ce qui peut nuire à la survie de l'entreprise. Selon F.W. Taylor, le principe à respecter est d'offrir un juste salaire pour une journée honnête de travail.

Rémunération au temps

Rémunération basée sur le temps pendant lequel un employé a travaillé.

Rémunération au rendement

Rémunération basée sur la quantité produite par un employé.

Les entreprises ont recours à deux systèmes de base pour rémunérer leurs employés : les systèmes de rémunération au temps et les systèmes de rémunération au rendement. Dans les systèmes de **rémunération au temps,** également appelés « systèmes de rémunération horaire », les employés sont payés en fonction du temps pendant lequel ils travaillent. Dans les systèmes de **rémunération au rendement,** les employés sont payés en fonction de la quantité produite pendant une période de paye, ce qui associe directement leur salaire à leur rendement.

Les systèmes de rémunération au temps sont plus utilisés que les systèmes de rémunération au rendement, particulièrement pour les emplois de bureau, d'administration et de gestion, mais aussi pour les cols bleus. Le calcul des salaires est direct, et les gestionnaires peuvent facilement estimer les coûts de la main-d'œuvre pour une catégorie d'emplois donnée. C'est pourquoi on y a recours plus souvent. En outre, les employés préfèrent ce système, car leur paye est stable et ils connaissent exactement la somme de leur salaire pour chaque période de paye. Ce système leur permet aussi d'éviter de subir la pression exercée par l'entreprise dans le contexte d'un système de rémunération au rendement.

Par ailleurs, plusieurs emplois se prêtent difficilement au système de rémunération au rendement. Dans certains cas, il peut être difficile, voire impossible, de mesurer la production, par exemple lorsqu'il s'agit d'un travail créatif ou cérébral. D'autres emplois comportent des activités irrégulières ou revêtent des formes de production si différentes que la mesure du rendement et l'établissement de la paye sont relativement complexes. À cause de ces problèmes et d'autres inconvénients (*voir le tableau 7.8*), un système intermédiaire a été mis au point. Dans ce système, le travailleur est assuré d'un salaire de base auquel s'ajoute une **prime au rendement** en fonction du rendement supplémentaire fourni.

Dans le cas des chaînes d'assemblage, le recours à des primes individuelles pourrait perturber le flux des travaux; c'est pourquoi on utilise alors des primes de groupe. Finalement, la qualité est aussi importante que la quantité. Par exemple, en ce qui concerne les soins de santé, on met généralement l'accent sur la qualité des soins et le nombre de patients traités. Ce principe doit s'appliquer dans tous les secteurs de l'économie : on n'accorde pas de prime uniquement sur la quantité, mais sur l'ensemble des objectifs de la production[16], soit la quantité, la qualité, les coûts et les délais.

Contrairement à des idées préconçues, il existe des cas où les primes sont souhaitables. Celles-ci récompensent les travailleurs pour leur travail, ce qui, en règle générale, les encourage à mieux performer que dans un système de rémunération au temps. Les incitatifs ont comme avantage de ne faire varier que certains coûts variables malgré l'accroissement de la production. Puisque les coûts fixes demeurent inchangés, les coûts globaux par unité diminuent si la production augmente. Les travailleurs préfèrent parfois les **régimes d'incitation** au rendement, car il y a une relation directe entre leurs efforts et leur paye : un régime d'incitation constitue, pour eux, l'occasion d'augmenter leurs revenus.

Par contre, les systèmes de rémunération au rendement entraînent plus de travail administratif : le calcul des salaires est plus complexe, il faut mesurer la production, établir des normes, les augmentations du coût de la vie sont difficiles à intégrer aux régimes d'incitation et il faut prévoir des dispositions pour les cas d'exception. Le tableau 7.8 énumère les principaux avantages et inconvénients des systèmes de rémunération au temps et au rendement.

Prime au rendement
Rémunération combinant la rémunération au temps à une prime supplémentaire basée sur l'effort.

◄ TABLEAU 7.8

Comparaison des systèmes de rémunération au temps et au rendement

		Gestion		Travailleur
RÉMUNÉRATION AU TEMPS				
Avantages	1.	Les coûts de la main-d'œuvre sont stables.	1.	La paye est stable.
	2.	Cette forme de rémunération est facile à gérer.	2.	Moins de pressions sont exercées sur les employés pour augmenter leur production que dans les systèmes de rémunération au rendement.
	3.	Le calcul de la paye est simple.		
	4.	La production est stable.		
Inconvénients	1.	On ne récompense pas les travailleurs qui augmentent leur production.	1.	Les efforts supplémentaires ne sont pas récompensés.
RÉMUNÉRATION AU RENDEMENT				
Avantages	1.	Les coûts unitaires sont plus faibles.	1.	La paye est directement proportionnelle aux efforts.
	2.	La production est plus élevée.	2.	Il est possible de gagner plus d'argent.
Inconvénients	1.	Le calcul du salaire est plus complexe.	1.	La paye fluctue.
	2.	Il faut mesurer la production.	2.	Les travailleurs peuvent être pénalisés en raison de facteurs indépendants de leur volonté (comme le bris des machines).
	3.	La qualité peut en souffrir.		
	4.	Il est difficile d'y intégrer les augmentations salariales.		
	5.	L'établissement des horaires est plus compliqué.		

16. Voir la section 1.4, chapitre 1, *Les objectifs des opérations et les responsabilités des gestionnaires*.

Si on veut tirer profit au maximum d'un régime d'incitation, ce dernier doit être :
- précis ;
- uniforme ;
- juste ;
- facile à comprendre ;
- facile à appliquer.

De plus, il devrait y avoir une relation évidente entre l'effort et la rémunération, et aucune limite salariale ne devrait être imposée. Les systèmes de rémunération au rendement peuvent être axés sur la production de chaque individu ou sur celle d'un groupe.

Terminons en soulignant le fait suivant : il est surprenant que les primes au rendement, qui ont été tellement décriées par la société en général, soient maintenant largement répandues dans les hautes sphères administratives, aussi bien dans le privé que dans les sociétés d'État et les syndicats.

7.7.1 Les régimes d'incitation individuels

Les régimes d'incitation individuels peuvent revêtir plusieurs formes. Le régime le plus simple est la prime à la pièce. En vertu de ce régime, la paye d'un travailleur est directement proportionnelle à sa production. On garantit au travailleur un salaire minimal de base, peu importe son rendement. Le salaire de base est calculé à partir d'une norme de production : un travailleur dont la production est au-dessous de cette norme reçoit quand même le salaire de base, ce qui ne pénalise pas les nouveaux employés inexpérimentés. De plus, cette mesure protège les travailleurs contre les pertes salariales provoquées par des délais, des bris et des problèmes similaires hors de leur contrôle.

7.7.2 Les régimes d'incitation de groupe

On utilise actuellement une grande variété de régimes d'incitation de groupe, qui mettent l'accent sur le partage des gains de productivité avec les employés. Certains sont exclusivement centrés sur le rendement, tandis que d'autres rémunèrent les employés aussi bien pour leur rendement que pour leur contribution à la réduction des coûts des matériaux ou autres. Les quatre régimes suivants reflètent bien les principales caractéristiques de la plupart des régimes actuellement en vigueur.

Le plan Scanlon. Cette politique a pour principale caractéristique d'encourager la diminution des coûts de main-d'œuvre en permettant aux travailleurs de partager les gains qui en découlent. Le régime comprend la formation de comités de travailleurs en vue de proposer des améliorations.

Le plan Kaiser. Comme dans le régime Scanlon, des comités sont formés pour trouver des manières de réduire les coûts et il y a partage des épargnes réalisées par les employés. Cependant, les travailleurs partagent aussi les gains découlant des diminutions de coûts des matériaux et des fournitures.

Le plan Lincoln. Conçu par la Lincoln Electric Company à Cleveland en Ohio, ce régime comprend la participation aux bénéfices, l'élargissement des tâches et la gestion participative. Comme les autres plans, des comités d'évaluation sont formés pour faire des suggestions. Les trois principales composantes sont un régime de salaire à la pièce, une prime de rendement annuelle et une option d'achat d'actions.

Le plan Kodak. Ce régime combine le taux de salaire majoré et une prime de rendement annuelle liée aux bénéfices de l'entreprise plutôt que des incitations plus traditionnelles. On encourage les travailleurs à se fixer des objectifs et à déterminer des niveaux de rendement raisonnables. La participation des employés doit en principe les rendre plus aptes à produire à un taux majoré.

L'approche basée sur l'équipe met l'accent sur celle-ci plutôt que sur le rendement des individus. Il s'agit d'une forme d'incitation de groupe que bon nombre d'entreprises utilisent à l'heure actuelle dans le contexte des programmes d'amélioration continue et pour résoudre des problèmes.

7.7.3 La rémunération fondée sur le savoir

Alors que les entreprises adoptent de plus en plus des systèmes de **production épurée** (ou allégée) (*voir le chapitre 15*), plusieurs changements ont des conséquences directes sur le milieu de travail. Tout d'abord, les barrières au sein de l'entreprise tombent, et le nombre de gestionnaires tend à diminuer. De plus, le fait de mettre l'accent sur la qualité, la productivité et la flexibilité valorise grandement les travailleurs capables d'effectuer plusieurs tâches. Des entreprises ont établi des systèmes de rémunération pour récompenser ces employés flexibles et polyvalents. Elles encouragent leur formation pour accroître leurs compétences. On appelle ce système **rémunération fondée sur le savoir.**

Plusieurs pays industrialisés ont compris l'importance de ce phénomène et offrent des avantages fiscaux aux personnes et aux entreprises pour accroître la formation pertinente. À cet égard, le gouvernement du Québec a adopté la *Loi favorisant le développement de la formation de la main-d'œuvre* (projet de loi 90). Une portion de la paye du travailleur est basée sur ses connaissances et ses compétences. On tient compte de trois volets de compétences: les compétences horizontales reflètent la variété des tâches que le travailleur est capable d'effectuer; les compétences verticales désignent les tâches de gestion que le travailleur peut accomplir et les compétences approfondies représentent les résultats sur le plan de la qualité et de la productivité. Ici aussi la vigilance est de rigueur, car plusieurs organisations ont abusé des avantages fiscaux liés à la formation en les appliquant à des activités non pertinentes ou totalement injustifiées.

7.7.4 La rémunération des gestionnaires

Plusieurs entreprises qui avaient l'habitude de rémunérer leurs cadres supérieurs en fonction du rendement reconsidèrent maintenant cette politique. En raison de l'importance accordée actuellement au service à la clientèle et à la qualité, on restructure les systèmes de rémunération de façon à refléter les nouvelles caractéristiques du rendement. Dans ces entreprises, la rémunération des cadres est de plus en plus liée au succès de l'entreprise ou de la division dont le cadre est responsable. Cette approche diffère nettement de celle des années 1990, qui consistait à accroître la rémunération des cadres supérieurs, même quand les travailleurs étaient mis à pied et que l'entreprise enregistrait des pertes. Des abus ont aussi été observés dans ce contexte. Le plus souvent, les cadres étaient juges et parties dans l'établissement de leur prime, ou encore ils sous-évaluaient les revenus de l'entreprise pour montrer ensuite qu'ils avaient dépassé les attentes.

7.7.5 Les nouvelles approches des régimes d'incitation[17]

Il importe maintenant de présenter quelques réflexions sur les idées préconçues qui circulent dans le domaine des régimes d'incitation.

Le client paye son fournisseur en fonction du bien ou du service reçu, et ce, en respectant les cinq objectifs de base: les quantités requises, les spécifications établies (qualité), les délais prévus, les lieux de livraison précisés et les prix convenus. De plus, l'ensemble des professionnels qui occupent des fonctions dites « libérales » (médecins, avocats, ingénieurs, entrepreneurs, etc.) sont payés en fonction de l'acte posé: ils sont payés au rendement, pour peu qu'ils respectent les cinq objectifs mentionnés. Il est impensable qu'un fournisseur de produits et de services soit payé si le client est insatisfait.

Si on transpose ce principe à la relation employeur-employé, on ne peut prétendre que le système de prime au rendement favorisera les quantités au détriment de la qualité. Le travailleur doit être rémunéré en fonction du respect des cinq objectifs précités. Par exemple, il y a quelques années, on a découvert que l'assemblage d'une automobile de marque Lada, qui connaissait des problèmes de qualité sérieux, exigeait 450 h, tandis que celui d'une Toyota du même type ne prenait que 15 h! On est donc capable de produire mieux plus rapidement. Dans le cas de Toyota, la fonction étude des méthodes de travail avait joué pleinement son rôle. Même si on lui accorde tout le temps voulu, une personne dont la formation est inadéquate, qui ne dispose pas des outils appropriés et de bonnes conditions ne peut rivaliser avec son vis-à-vis qui jouit de toute l'infrastructure nécessaire à son travail. Dans un tel contexte, on comprend que l'expression « si tu veux un travail de qualité, donne-moi le temps » ne s'applique pas littéralement, surtout si l'on ne sait pas comment travailler.

17. C. Benedetti, *Infoproductivité*, SCGI, 4ᵉ trimestre, 2000.

Rémunération fondée sur le savoir

Rémunération qui récompense les travailleurs ayant suivi une formation en vue d'améliorer leurs compétences.

7.8 Conclusion

L'organisation scientifique du travail (ou étude du travail) englobe principalement l'étude des mouvements, l'étude des méthodes, la mesure du travail, l'ergonomie et la rémunération.

La conception des postes de travail, qui avait autrefois tendance à se concentrer sur l'efficacité, se soucie du contenu des emplois et des méthodes de travail, notamment de l'aspect comportemental des tâches et de la satisfaction des travailleurs. L'intérêt grandissant pour la productivité a suscité la révision de la conception des tâches. Or, les tâches habituellement associées à une forte productivité sont souvent celles qui constituent la plus grande source d'insatisfaction chez les travailleurs, une situation paradoxale pour les concepteurs de tâches.

Les analystes utilisent parfois l'analyse des méthodes de travail et les techniques d'étude des mouvements pour améliorer l'efficacité des tâches, sans aborder les aspects comportementaux de celles-ci. Les conditions de travail et l'ergonomie sont également des aspects essentiels de l'organisation scientifique des tâches (OST), non seulement à cause des facteurs comportementaux et du rendement, mais aussi en raison des préoccupations liées à la santé et à la sécurité des travailleurs.

La mesure du travail consiste à définir le temps nécessaire pour effectuer une tâche. Cette information est cruciale pour évaluer les délais proposés au client, l'estimation des coûts, l'établissement du budget, la prévision et la planification des ressources, l'ordonnancement des tâches et la rémunération des travailleurs. Les méthodes les plus utilisées sont l'étude par chronométrage et les temps prédéterminés. L'étude par sondage du travail est une technique très flexible, qu'on peut aussi bien utiliser dans le secteur manufacturier que dans celui des services pour obtenir des données sur les temps des activités. On se sert souvent de cette méthode pour évaluer la proportion de temps passée par un travailleur à effectuer un aspect précis d'une tâche.

Les entreprises peuvent choisir parmi une variété de régimes de rémunération. Il est important de procéder avec rigueur, car une fois le régime adopté, celui-ci est habituellement difficile à modifier.

Avant de terminer, revenons brièvement sur le rôle de l'agent d'étude et sur sa place au sein de l'entreprise. Les agents d'étude sont des spécialistes qui ont reçu une formation adéquate et sérieuse sur le plan technique et surtout sur le plan humain. Plusieurs facteurs font toutefois en sorte que leur tâche demeure difficile. Ainsi, à l'occasion des premières études du travail du XXe siècle, plusieurs personnes se sont improvisées agents d'étude sans vraiment connaître les principes de base de la discipline. De plus, on continue malheureusement trop souvent à utiliser l'OST comme outil de contrôle des employés en ne faisant appel qu'à la mesure de temps. On se permet parfois de diminuer les normes de temps en augmentant les vitesses, sans changer les méthodes de travail, en s'appuyant sur la seule impression que les employés sont inefficaces. Ces abus, souvent attribuables à l'ignorance de la véritable fonction de l'OST, ont provoqué l'hostilité et la méfiance des employés au regard de ces études ; ces préjugés étaient justifiés, mais ils ont fait oublier les avantages qu'on peut tirer de l'OST. Non seulement l'agent d'étude doit-il affronter ces préjugés, mais il doit aussi faire face à un autre problème, celui de la **résistance au changement.**

Le tableau 7.9 présente le résumé des formules contenues dans ce chapitre. ●

7

Résistance au changement

Toute personne, quelle que soit sa formation, sera toujours réticente à voir une tierce personne changer ses habitudes, ses façons de travailler et de fonctionner. L'agent d'étude doit être conscient de ces problèmes et agir avec beaucoup de finesse et de diplomatie pour convaincre les personnes concernées par l'étude du bien-fondé de la nouvelle méthode proposée. Il doit prendre le temps nécessaire pour répondre à leurs questions et ne rien leur cacher. S'il veut réussir sa tâche, l'agent doit également jouir de la confiance et de l'appui total des gestionnaires de l'entreprise. C'est seulement à ce moment que l'OST, première responsable de l'accroissement de la productivité, aura atteint son objectif : être au service de l'amélioration du niveau de vie.

Mesure du travail

A. Taille de l'échantillon

$$n = \left(\frac{zs}{a\bar{x}} \right)^2 \qquad (7\text{-}1)$$

$$n = \left(\frac{zs}{e} \right)^2 \qquad (7\text{-}2)$$

B. Temps observé moyen

$$TOM = \frac{\sum x_i}{n} \qquad (7\text{-}3)$$

C. Temps de base

$$TB = TOM \times FA \qquad (7\text{-}4)$$

D. Temps normal

$$TN = TB\,(1 + Maj)\,; \; (Maj = \text{majorations en temps de tâche}) \qquad (7\text{-}5)$$

$$TN = TB \left(\frac{1}{1 - Maj} \right)\,; \; (Maj = \text{majoration en temps travaillé}) \qquad (7\text{-}6)$$

Observations instantanées ou par sondage

A. Erreur maximale

$$e = z \sqrt{\frac{\bar{p}\,(1 - \bar{p})}{n}} \qquad (7\text{-}7)$$

B. Taille de l'échantillon

$$n = \left(\frac{z}{e} \right)^2 \bar{p}\,(1 - \bar{p}) \qquad (7\text{-}8)$$

a = erreur exprimée en pourcentage
e = erreur maximum acceptable
FA = facteur d'allure
n = nombre d'observations
TB = temps de base
TOM = temps observé moyen
TN = temps normal ou standard
s = écart type
$\bar{p}$ = pourcentage moyen de l'activité observé

Terminologie

7

Problèmes résolus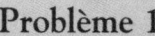

Problème 1

Un agent d'étude des temps de tâches a chronométré une opération de montage pendant 30 cycles : le temps observé moyen (*TOM*) est de 18,75 min par cycle. Il a estimé que le facteur d'allure (*FA*) est de 96 % et qu'une majoration (*Maj*) de 15 % est suffisante. En supposant que le facteur de majoration est fonction du temps de travail, déterminez le temps observé moyen, le temps de base (*TB*) et le temps normal (*TN*) ou temps standard.

Solution

$TOM = 18,75$ min

$TB = TOM \times FA = 18,75 \text{ min} \times 0,96 = 18 \text{ min}$

$TN = TB \left(\dfrac{1}{1 - Maj} \right) = 18 \left(\dfrac{1}{1 - 0,15} \right) = 18 \times 1,176 = 21,17 \text{ min}$

Problème 2

Un analyste en génie industriel souhaite estimer le nombre d'observations nécessaires pour obtenir une erreur maximale précise, avec un degré de confiance de 95,5 %.

Une étude préliminaire a donné un *TOM* de 5,2 min avec un écart type de 1,1 min. Déterminez le nombre total d'observations nécessaires si :

a) une erreur maximale de ±6 % de la moyenne de l'échantillon est acceptée ;
b) une erreur maximale de 0,40 min est acceptée.

Solution

a) $x = 5,2$ min ; $z = 2,00$ pour 95 %
$s = 1,1$ min ; $a = 0,06$
$$n = \left(\frac{zs}{ax} \right)^2 = \left(\frac{2,00\ (1,1)}{0,06\ (5,2)} \right)^2 = 49,72 \ (\approx 50 \text{ observations})$$

b) $e = 0,40$
$$n = \left(\frac{zs}{e} \right)^2 = \left(\frac{2,00\ (1,1)}{0,40} \right)^2 = 30,25 \ (\approx 31 \text{ observations})$$

Problème 3

Mesure par sondage. On a demandé à un analyste de préparer une estimation de la proportion de temps que passe un opérateur d'un tour industriel à régler la machine, avec un degré de confiance de 90 %. En se fiant à son expérience antérieure, l'analyste croit que la proportion sera d'environ 30 % ($\overline{p}$).

a) Si l'analyste effectue 400 observations, quelle erreur maximale pourra-t-on associer à l'estimation?

b) De quelle taille devrait être l'échantillon pour que l'analyste obtienne une erreur maximale de ±5 %?

$\overline{p} = 0,30$

Pour un intervalle de confiance de 90 %, $z = 1,65$

Solution

a) $e = z \sqrt{\dfrac{\overline{p}(1 - \overline{p})}{n}} = 1,65 \sqrt{\dfrac{0,3(1 - 0,3)}{400}} = 0,038$

b) $n = \left(\dfrac{z}{e}\right)^2 \overline{p}(1 - \overline{p}) = \left(\dfrac{1,65}{0,05}\right)^2 0,3(1 - 0,3) = 228,69$ ou 229

Questions de discussion et de révision

1. Qu'est-ce que l'OST et quel est son rôle?

2. Quels sont les principaux avantages et inconvénients de la spécialisation du point de vue de la direction? Du point de vue du travailleur?

3. Comparez les termes suivants: élargissement des tâches et enrichissement des tâches.

4. Que veut dire le SIMDUT et à quoi sert-il?

5. Expliquez l'expression «système de rémunération fondée sur le savoir» et ses liens avec la flexibilité et la polyvalence des travailleurs, et ce, à tous les points de vue.

6. En quoi consistent les équipes de travail autogérées? Quels en sont les avantages potentiels?

7. Certaines entreprises japonaises ont adopté une politique de rotation des gestionnaires entre les différents postes de gestion. À l'opposé, les gestionnaires américains se spécialisent dans certains secteurs (comme la finance ou la gestion des opérations). Discutez des avantages et des inconvénients de chacune de ces approches. Laquelle préférez-vous? Expliquez votre réponse.

8. Sur quels principes s'appuie l'étude des méthodes? Comment les classe-t-on?

9. Dans quelles situations l'étude des méthodes de travail est-elle nécessaire? De quelle façon améliore-t-elle la productivité?

10. En quoi des outils comme le graphique d'analyse de processus et les diagrammes d'activités multiples travailleur-machine sont-ils utiles?

11. Qu'est-ce qu'un temps normal (TN)? De quoi est-il composé?

12. Quelles sont les principales utilisations de la mesure du travail et des temps standards qui en découlent?

13. Peut-on éviter l'évaluation du jugement d'allure en étudiant un groupe de travailleurs et en calculant la moyenne de leurs temps? Expliquez brièvement votre réponse.

14. Énumérez les différences entre le travailleur moyen et le travailleur qualifié.

15. Quelles sont les principales limites du chronométrage?

16. Commentez l'énoncé suivant: À tout moment donné, les temps normalisés de plusieurs tâches ne seront pas rigoureusement exacts.

    a) Quelle est la raison de cet énoncé?

    b) Cela veut-il dire que ces standards sont inutiles? Expliquez votre réponse.

17. Pourquoi les travailleurs s'opposent-ils parfois à la mesure du travail?

18. Quels sont les principaux avantages et inconvénients:

    a) des systèmes de rémunération au temps?

    b) des régimes d'incitation?

19. Qu'est-ce que la méthode des observations instantanées? En quoi diffère-t-elle des autres méthodes de mesure du travail?

20. Qu'est-ce que l'ergonomie et comment influence-t-elle le travail?

Problèmes ❯

1. Un analyste a chronométré une opération de coupe de métal pendant 50 cycles. Le temps moyen par cycle était de 10,40 min et l'écart type, de 1,20 min pour un travailleur ayant un facteur d'allure de 120%. En supposant une majoration de 16% du temps de tâche, trouvez le temps normal (standard) pour cette opération.

2. Une tâche chronométrée pendant 60 cycles avait une moyenne de 1,2 min par pièce. Le facteur d'allure était de 95%, et les majorations pour la journée de travail atteignaient 10%. Déterminez chacun des temps suivants:

   a) le temps observé moyen;

   b) le temps de base;

   c) le temps normal.

3. Une étude des temps de tâches a été effectuée pour une tâche qui comporte quatre mouvements. Les temps observés et les facteurs d'allure pour les six cycles sont présentés dans le tableau suivant.

		Observations (en minutes)					
Élément	FA (en pourcentage)	1	2	3	4	5	6
1	90	0,44	0,50	0,43	0,45	0,48	0,46
2	85	1,50	1,54	1,47	1,51	1,49	1,52
3	110	0,84	0,89	0,77	0,83	0,85	0,80
4	100	1,10	1,14	1,08	1,20	1,16	1,26

   a) Déterminez le temps observé moyen pour chacun des éléments.

   b) Trouvez le temps de base par élément.

   c) En supposant une majoration de 15% du temps de tâche, calculez le temps normal par cycle.

4. À partir des temps observés (en minutes) pour quatre éléments d'un cycle, déterminez le temps observé moyen (TOM) pour chaque élément.

   Remarque: Le deuxième élément ne se produit que tous les deux cycles.

	Cycle					
Élément	1	2	3	4	5	6
1	4,1	4,0	4,2	4,1	4,1	4,1
2	–	1,5	–	1,6	–	1,4
3	3,2	3,2	3,3	3,2	3,3	3,3
4	2,7	2,8	2,7	2,8	2,8	2,8

5. À partir des temps observés (en minutes) pour cinq mouvements d'une tâche, déterminez le temps observé (TO) pour chaque mouvement.

   Remarque: Certains mouvements ne sont effectués que périodiquement.

	Temps observé					
Élément	1	2	3	4	5	6
1	2,1	2,0	2,2	2,1	2,1	–
2	–	1,1	–	1,0	–	1,2
3	3,4	3,5	3,3	3,5	3,4	3,3
4	4,0	–	–	4,2	–	–
5	1,4	1,4	1,5	1,5	1,5	1,4

6. À l'aide du tableau 7.4, à la page 268, trouvez un pourcentage de majoration pour un mouvement qui requiert que le travailleur: 1) soulève un poids de 5 kg tout en se tenant debout dans une position légèrement anormale; 2) travaille sous un éclairage un peu au-dessous des normes recommandées; 3) soit entouré de bruits forts et intermittents. Ce mouvement est très monotone. Incluez une majoration personnelle de 5% et une majoration de fatigue de base de 4% du temps de tâche.

7. Au cours d'une étude de 40 cycles, une opération travailleur-machine comporte 3,3 min de temps-machine par cycle. Le temps du travailleur était en moyenne de 1,9 min par cycle, et le travailleur a obtenu un facteur d'allure de 120% (la machine est à 100%). À mi-chemin au cours de

l'étude, le travailleur a pris une pause de 10 min. En supposant un facteur de majoration de 12%, déterminez le temps normal pour cette tâche.

8. Une convention collective récemment négociée accorde aux travailleurs d'un service de livraison 24 min de repos (soit 10 min pour les besoins personnels et 14 min pour les délais inévitables) toutes les 4 h de travail. L'agent d'étude a observé un temps moyen de 6,0 min par cycle pour un travailleur à qui il a attribué un facteur d'allure de 95%. Quel est le temps normal (standard) de cette opération?

9. Les données du tableau suivant représentent les observations d'une étude de temps effectuée dans une menuiserie.

   a) D'après les observations, déterminez le temps normal pour l'opération, en supposant une majoration de 15%.

   b) Combien d'observations seraient nécessaires afin d'estimer le temps moyen pour l'élément 2 en acceptant une erreur de ±1% de sa valeur réelle avec un degré de confiance de 95,5%?

   c) Calculez le nombre d'observations nécessaires dans le cas d'une erreur de 0,01 min et d'un degré de certitude de 95,5% pour l'élément 2.

		Observations (en minutes par cycle)					
Mouvement	Évaluation d'efficacité (en pourcentage)	1	2	3	4	5	6
1	110	1,20	1,17	1,16	1,22	1,24	1,15
2	115	0,83	0,87	0,78	0,82	0,85	1,32*
3	105	0,58	0,53	0,52	0,59	0,60	0,54

* Délai inhabituel; ne pas en tenir compte.

10. Combien d'observations un analyste d'une étude des temps doit-il prendre pour une opération qui a un écart type de 1,5 min par pièce, si l'objectif consiste à estimer le temps moyen par pièce à l'intérieur de 0,4 min, avec un intervalle de confiance de 95,5%?

11. Combien de cycles de travail faut-il chronométrer pour estimer le temps de cycle moyen à l'intérieur de 2% de la moyenne de l'échantillon, avec un degré de certitude de 99%, si une étude pilote a permis d'obtenir les temps (en minutes) suivants: 5,2; 5,5; 5,8; 5,3; 5,5 et 5,1? L'écart type est de 0,253 min par cycle.

12. Au cours d'une enquête menée pour estimer le pourcentage de temps morts des chargeurs de fret des messageries aériennes, un analyste a découvert que ces équipements de chargement étaient improductifs dans 6 des 50 observations.

   a) Quel est le pourcentage approximatif de temps improductif?

   b) D'après les résultats initiaux, combien d'observations seraient requises, approximativement, pour estimer le pourcentage effectif de temps improductif à l'intérieur de 5%, avec un degré de confiance de 95%?

13. Un poste dans un bureau d'assurances nécessite des conversations téléphoniques avec les assurés. Le directeur du bureau estime que les employés passent environ la moitié de leur temps au téléphone. Combien d'observations sont nécessaires dans une étude du travail par sondage pour estimer le pourcentage de temps passé au téléphone, avec 6% d'erreur et un intervalle de confiance de 98%?

14. On veut établir un plan d'observation instantanée (par sondage) qui consiste en 8 observations durant un quart de travail de 8 h. On utilise la table des nombres aléatoires en lisant le dernier chiffre des nombres pour les heures, en commençant par la colonne 4, de haut en bas (1, 7, 4, 4, 6, etc.) Pour les minutes, on lit la troisième ligne de gauche à droite (47, 15, 24, 86, etc.). Présentez le plan dans l'ordre chronologique.

15. La gestionnaire d'une clinique médicale veut connaître le temps moyen passé à répondre au téléphone aux patients. Pour ce faire, elle a recours à la méthode par sondage, avec 200 observations instantanées prises aléatoirement et étalées sur une période de 50 jours ouvrables. La clinique est ouverte 5 jours par semaine, 8 h par jour. On vous demande d'établir un plan pour les 11 premières observations:

   a) pour les jours, en lisant les deux premiers chiffres des nombres de la ligne 4, de gauche à droite (16, 32, 15, 46, etc.) et en continuant à la ligne 5, s'il y a lieu;

   b) pour les heures, en lisant le premier chiffre des nombres de la colonne 1, du haut vers le bas (6, 4, 3, 1, etc.);

   c) pour les minutes, en lisant les deux premiers chiffres des nombres de la colonne 4, du bas vers le haut (30, 46, 10, etc.). Si c'est nécessaire, reprendre la colonne 4 du bas vers le haut avec les deux derniers chiffres des nombres (95, 66, 39, etc.).

   Présentez le plan dans l'ordre chronologique. On suppose que l'étude débute le lundi 1er mars et qu'il n'y a pas de jours fériés durant les mois de mars, d'avril et de mai.

16. Un analyste de trafic urbain procède à une étude s'étalant sur 40 jours, 5 jours par semaine, de 16 h à 19 h. On vous demande d'établir un plan d'observation pour les 10 premières lectures en respectant les conditions suivantes:

a) pour les jours, utilisez la colonne 5 du haut vers le bas, en lisant les deux premiers chiffres des nombres (46, 20, 38, etc.) et ensuite en remontant la colonne avec les deux derniers chiffres des nombres (27, 93, 56, etc.);

b) pour les heures, utilisez la ligne 1 de gauche à droite, et notez seulement les nombres 4, 5 et 6. Si c'est nécessaire, continuez sur la ligne 2;

c) pour les minutes, utilisez la colonne 6 du haut vers le bas en lisant les deux derniers chiffres des nombres (87, 17, 64, etc.); notez seulement les valeurs comprises entre 0 et 60. Si c'est nécessaire, utilisez ensuite les deux premiers chiffres des nombres de la colonne 6, du haut vers le bas (83, 46, 00, 19, etc.).

Présentez le plan dans l'ordre chronologique en jours, suivis des heures, suivies des minutes.

Bibliographie

Barnes, Ralph M. *Motion and Time Study: Design and Measurement of Work*, 8e édition, New York, John Wiley & Sons, 1980.

Benedetti, Claudio. *Introduction à la gestion des opérations*, 3e édition, Laval, Éditions Études Vivantes, 1991, chap. 9.

Carlisle, Brian. «Job Design implications for Operations Managers», *International Journal of Operations and Production Management*, vol. 3, n° 3, 1983, p. 40-48.

Cunningham, J. Barton, et Ted Eberle. «A Guide to Job Enrichment and Redesign», *Personnel*, février 1990, p. 56-61.

Duhaime, Brian. «Who Needs a Boss?», *Fortune*, 7 mai 1990, p. 52-60.

Hodson, William K. *Maynards Industrial Engineering Handbook*, 4e édition, New York, McGraw-Hill, 1992.

Hutchinson, R. D. *New Horizons for Human Factors in Job Design*, New York, McGraw-Hill, 1981.

Jorgensen, Karen. *Pay for Results: A Practical Guide to Effective Employee Compensation*, Santa Monica (Calif.), Merritt Publishing, 1996.

Kanawaty, Georges. *Introduction à l'étude du travail*, 3e édition, Genève, BIT, 1996.

Konz, S. *Work Design: Industrial Ergonomics*, 2e édition, New York, John Wiley & Sons, 1981.

Larson, Carl E., et Frank M. Lofasto. *Teamwork: What Must Go Right/What Can Go Wrong*, Newbury Park (Calif.), Sage Publications, 1989.

Meyers, Fred E., *Motion and Time Study for Lean Manufacturing*, 2e édition, Upper Saddle River (N.J.), Prentice Hall, 1999.

Mundel, Marvin E. *Motion and Time Study*, 5e édition, Englewood Cliffs (N.J.), Prentice Hall, 1978.

Nadler, G. *Work Design*, édition revue, Burr Ridge (Ill.), Richard D. Irwin, 1970.

Niebel, B., et A. Freivalds. *Methods Standards & Work Design*, 10e édition, New York, McGraw-Hill, 1999.

Osborn, Jack D., et autres. *Self-Directed Work Teams*, Burr Ridge (Ill.), Richard D. Irwin, 1990.

Sakamoto, Shigeyasu. «Key to Productivity: Work Measurement, An International Survey Report», *MTM Journal of Methods: Time Measurement*, vol. 1.

7

Supplément du chapitre 7

Les courbes d'apprentissage

Plan du supplément

Objectifs d'apprentissage

Comprendre la notion de courbes d'apprentissage et leurs applications;

Évaluer le temps d'opération en tenant compte de l'apprentissage;

Connaître les limites de la loi de Wright;

Connaître les possibilités d'application de la loi de Caquot.

S-7

S-7.1   La notion de courbes d'apprentissage

La notion de courbes d'apprentissage, aussi appelées «courbes expérientielles», est basée sur le principe que toutes les activités humaines s'améliorent avec l'expérience. Ainsi, plus on effectue une tâche, plus on acquiert de connaissance et d'expérience: le temps nécessaire pour effectuer la tâche diminue. Ce principe se reflète sur les cinq objectifs de la production. En effet, avec l'expérience, une personne produit plus (quantité), se trompe moins (meilleure qualité), prend moins de temps à produire (délais de production plus courts). Par conséquent, les coûts unitaires diminuent.

Le degré d'apprentissage varie en fonction de plusieurs facteurs: l'environnement de travail; la capacité et les connaissances des travailleurs; le temps investi dans leur formation; le nombre de mises en route; le choix de l'équipement, des outils et des gabarits disponibles; la conception du produit; les méthodes de travail. Le plus important de ces facteurs est la complexité de la tâche à effectuer: plus la tâche est simple et répétitive, plus le temps nécessaire à l'apprentissage et celui pour atteindre un rythme d'exécution stable seront courts. À l'inverse, plus la tâche est complexe, plus le temps d'apprentissage sera long; l'écart entre le temps d'exécution de la première unité et le temps d'exécution d'une unité après avoir acquis l'expérience pertinente est donc plus important[1].

En 1936, T. P. Wright a été le premier à mesurer et à modéliser la notion de courbes d'apprentissage au cours de ses observations portant sur la fabrication des carlingues dans l'industrie aéronautique[2]. Il a énoncé ce qu'on appelle la «loi de Wright». Plus tard, le Français Caquot formulera une loi complémentaire à celle de Wright (*voir la section S-7.4*), mais qui s'appliquera surtout à la fabrication en très grandes séries, comme dans l'industrie du vêtement[3].

S-7.2   La loi de Wright

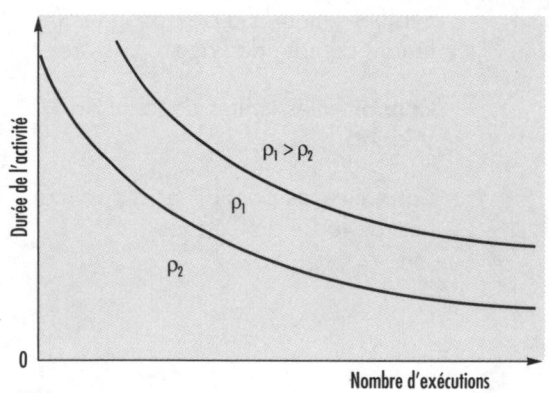

FIGURE S-7.1

Effet de l'apprentissage: le temps par unité diminue en fonction du nombre d'exécutions

À chaque dédoublement de la tâche exécutée (nombre de fois où on l'exécute) ou des produits fabriqués, le temps de l'opération décroît selon le coefficient ρ (prononcer *rhô*).

La figure S-7.1 illustre la courbe d'apprentissage classique.

Dans ce graphique, on voit clairement que la courbe d'apprentissage varie en fonction de ρ (en pourcentage). Plus ρ est petit, plus la courbe est abrupte. Cette courbe est logarithmique. On dira que:

Le temps nécessaire à la n^e exécution d'une tâche est égal au temps nécessaire à la première exécution de la tâche multiplié par un facteur F_l, fonction de ρ.

$$T_{n^e} = T_{1^e} \times F_l \tag{7S-1}$$

où: T_{n^e} = temps nécessaire à l'exécution de la n^e tâche;

T_{1^e} = temps nécessaire à la première exécution de la tâche;

F_l = pour la n^e tâche, ce facteur est donné à la table B à la fin du manuel.

Les facteurs F_l présentés dans ce tableau sont fonction de coefficients d'apprentissage ρ les plus communément utilisés. Si on souhaite calculer des facteurs F_l issus d'autres coefficients ρ, l'équation 7S-2 sera nécessaire.

$$F_l = (n_e)^{(\ln\rho/\ln 2)} \tag{7S-2}$$

---

1. Voir la notion de travailleur qualifié à la section 7.5.1.

2. T. P. Wright, «Factors Affecting the Cost of Airplanes», *Journal of Aeronautical Sciences*, n° 3, février 1936.

3. C. Benedetti et J. Guillaume, *La gestion des approvisionnements et des stocks*, Laval, Éditions Études Vivantes, 1992, p. 179 et 181.

Parfois, on désire connaître le temps cumulatif pour exécuter l'ensemble des N unités (ou tâches). On calcule le temps nécessaire pour exécuter N fois la tâche ainsi :

$$T_N = T_{1^e} \times F_2 \tag{7S-3}$$

où T_N = temps cumulatif pour l'ensemble des N exécutions

T_{1^e} = temps nécessaire à la première exécution de la tâche

F_2 = facteur cumulatif des F_1 se trouvant dans la table B à la fin du manuel, fonction du coefficient d'apprentissage ρ et du nombre N d'exécutions

D'autres facteurs externes influent sur les courbes d'apprentissage. La notion d'apprentissage de l'organisation[4] entre alors en jeu. En effet, l'entreprise aussi apprend de meilleures méthodes de planification et d'ordonnancement des travaux, de motivation, de contrôle et d'amélioration continue, ce qui se traduit par de meilleures façons de faire. Des spécialistes se sont intéressés à la notion d'organisation apprentie et à ses effets sur les temps et les coûts de fabrication.

En pratique, ces courbes ne sont pas parfaitement continues ; des soubresauts et des brisures sont observés. Si des interventions de gestion surviennent durant l'apprentissage (amélioration des méthodes de travail, de gestion ou autres phénomènes naturels totalement incontrôlables), on observera des soubresauts (*voir la figure S-7.2*). Dans de tels cas, des lissages et des corrections seront nécessaires.

Il faut noter que puisque les courbes d'apprentissage sont logarithmiques, on peut les tracer sur des feuilles logarithmiques, comme l'illustre la figure S-7.3.

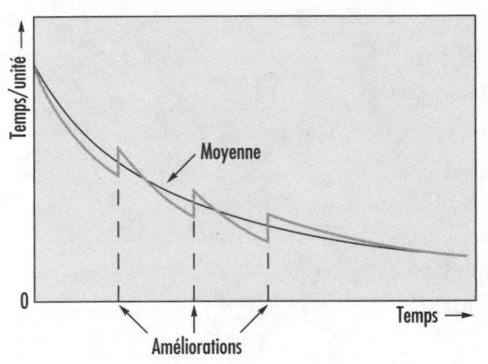

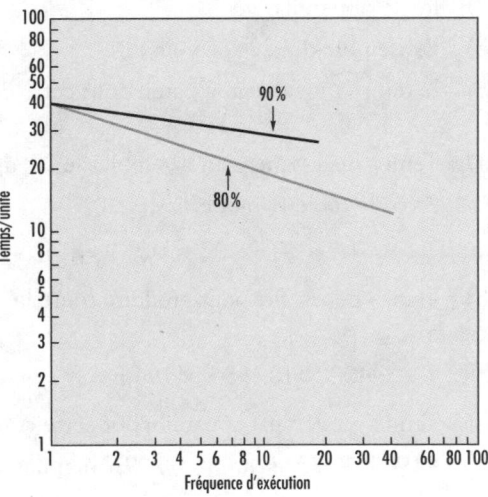

◀**FIGURE S-7.2**

Effet des améliorations sur le processus d'apprentissage

◀**FIGURE S-7.3**

Représentation logarithmique de la courbe d'apprentissage

Exemple 1

Un employé qualifié a pris 10 h pour exécuter une tâche pour la 1re fois. La 2e fois, il lui a fallu 8 h ; la 4e fois, 6,5 h ; la 8e fois, 5,12 h et la 16e fois, 4,096 h.

a) Déterminez le coefficient ρ dans ce contexte ;

b) Connaissant le coefficient ρ, combien de temps l'employé a-t-il pris pour exécuter la tâche la 3e fois ?

c) S'il faut au moins 15 exécutions pour qu'un employé atteigne un rythme stable de travail appelé « plateau », déterminez le temps d'apprentissage nécessaire pour former un nouvel employé.

Solution

a) Selon le principe de la courbe d'apprentissage, à chaque dédoublement de la tâche, le temps décroît selon un coefficient ρ.

T_2 / T_1 = 8/10 = 0,80 ou 80 %
T_4 / T_2 = 6,5/8 = 0,8125 ou 81,25 %
T_8 / T_4 = 5,12/6,5 = 0,7877 ou 78,77 %
T_{16} / T_8 = 4,1/5,12 = 0,8008 ou 80,08 %

─────────

4. « The learning organisation », *Infoproductivité*, SCGI.

Solution (suite)

En moyenne, la durée décroît selon un coefficient ρ de :

$$\frac{(0,80 + 0,8125 + 0,7877 + 0,8008)}{4} = 0,80025 \approx 80\,\%$$

b) Temps nécessaire pour exécuter la tâche la 3ᵉ fois ;

À l'aide de la table B, on obtient :

Temps de la 3ᵉ exécution = temps de la 1ʳᵉ exécution × F_1

$T_{3^e} = T_{1^e} \times F_1 = 10 \times 0,702 = 7,02$ h

Avec la formule :

$T_{3^e} = T_{1^e} \times F_1 = 10 \times (n_e)^{(\ln \rho/\ln 2)} = 10 \times (3)^{(\ln 0,8/\ln 2)} = 10 \times 0,702 = 7,02$ h

c) Temps nécessaire pour atteindre la stabilité :

$T_N = T_{1^e} \times F_2$ (on trouve la valeur de F_2 à la table B).

$T_{15} = 10 \times 8,511 = 85,11$ h.

Il faut donc prévoir près de 85 heures de formation pour qu'un nouvel employé atteigne un rythme de travail normal : c'est le « temps de formation ».

S-7

Exemple 2

La société Grenadier aéronautique reçoit un contrat de 20 appareils à livrer dans les meilleurs délais. L'assemblage du premier appareil a nécessité 400 h. On vous demande d'estimer le temps nécessaire pour assembler (ρ = 80) :

a) le 20ᵉ appareil ;

b) l'ensemble des 20 appareils ;

c) le temps moyen par appareil pour cette commande.

Solution

a) Temps nécessaire pour assembler le 20ᵉ appareil :

Avec la table B, on obtient :

$T_{20^e} = T_{1^e} \times F_1 = 400 \times 0,381 = 152,4$ h

b) Temps nécessaire pour produire toute la commande :

$T_{20^e} = T_{1^e} \times F_2$
$T_{20} = 400 \times 10,485 = 4\,194$ h

c) Temps moyen par appareil pour cette commande :

$4\,194$ h ÷ 20 appareils = 209,7 h/appareil

Exemple 3

Le directeur des opérations de Grenadier aéronautique croit que des problèmes imprévus ont nui à l'assemblage de la première unité et que le temps de 400 h n'est pas représentatif. Il estime que le temps d'assemblage de la 3ᵉ unité, qui atteint 276 h, est plus représentatif. En vous basant sur ces données, calculez le temps que l'assemblage de la première unité aurait dû nécessiter.

Solution

On sait que : $T_{3^e} = T_{1^e} \times F_1$

Dans la table B, la valeur de F_1 pour de 80,00 % et $n = 3^e$ unité, est de 0,702. Alors,

276 h $= T_{1^e} \times 0,702$

$T_{1^e} = 276$ h ÷ 0,702 = 393,2 h (temps estimé pour la première unité)

S-7.3 Les applications et les limites de la courbe d'apprentissage

La courbe d'apprentissage s'avère très utile, entre autres pour :

1. la planification et l'ordonnancement de la main-d'œuvre (gestion des opérations) ;
2. l'approvisionnement et la négociation des contrats d'achat (gestion des approvisionnements) ;

3. l'estimation des prix de revient des nouveaux produits (gestion financière) ;

4. la prévision, la planification et le contrôle des temps et des coûts de formation des nouveaux employés, qu'on peut voir à la figure S-7.4 (gestion des ressources humaines).

La figure S-7.4 représente, à titre indicatif, l'utilité des courbes d'apprentissage pour évaluer la capacité des nouveaux employés à effectuer une tâche, par rapport au temps standard de la tâche. Dans cet exemple, on voit que, par rapport à un temps de formation d'une semaine, le travailleur C effectue la tâche en moins de temps que le temps standard moyen, ce qui n'est pas le cas pour le travailleur A.

Lorsqu'on utilise les courbes d'apprentissage, on doit :

1. savoir que les coefficients d'apprentissage diffèrent d'une entreprise à l'autre et, à l'intérieur d'une même entreprise, d'un type de tâche ou produit à un autre ;

2. faire attention à la généralisation et à l'extrapolation : une courbe d'apprentissage atteindra tôt ou tard sa limite, c'est-à-dire son plateau ou l'état stable ;

3. évaluer le temps de la première unité avec beaucoup de rigueur : son estimation gagne toujours à être révisée avant d'être fixée définitivement ;

4. savoir que les courbes d'apprentissage sont pertinentes au moment de lancer ou de mettre en route de nouveaux procédés ou produits : dans le cas de la production de masse où un plateau est atteint, les gains sont minimes (*voir la figure S-7.5*) ;

5. tenir compte du fait que les petites séries, les fréquentes interruptions et les grandes variations dans la conception des produits altèrent grandement les coefficients ρ.

S-7

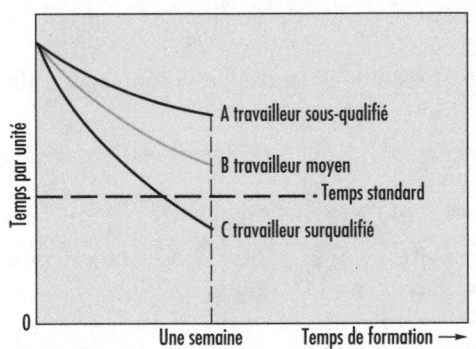

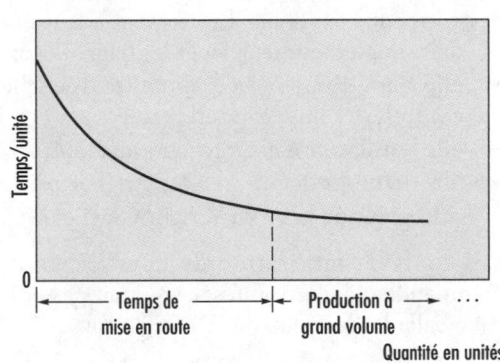

◀**FIGURE S-7.4**

Application de la courbe d'apprentissage pour l'évaluation des compétences

◀**FIGURE S-7.5**

Les courbes d'apprentissage sont utiles pour les petites séries

Exemple 4

Sachant qu'un nouvel employé a mis 10 min pour exécuter la première fois une tâche donnée, on désire connaître le nombre de fois qu'il devra l'exécuter pour atteindre le temps normal (ou temps standard) de 6 min ($T_{n^e} = 6$ min). L'entreprise utilise un coefficient d'apprentissage convenu de ρ = 90 %.

Solution

a) On détermine le nombre d'exécutions nécessaires, selon la table B avec ρ = 90 %.

$$T_{n^e} = T_{1^e} \times F_l$$
$$6 \text{ min} = 10 \text{ min} \times F_l$$
$$F_l = 6 \text{ min} \div 10 \text{ min} = 0,6$$

À partir de la table B, à la colonne F_l correspondant à ρ = 90 %, on cherche la valeur la plus près de 0,6. On trouve 0,603 à 28 unités et 0,596 à 30 unités. Par extrapolation, on peut supposer qu'après la 29ᵉ exécution de la tâche, l'employé aura atteint le rythme normal de ses collègues (le plateau).

Pour conserver une certaine marge de manœuvre, on convient que l'employé aura besoin de 30 exécutions, et le temps cumulé sera de :

$$T_{30} = T_{1^e} \times F_2$$
$$T_{30} = 10 \text{ min} \times F_2 = 10 \text{ min} \times 20{,}727 = 207{,}27 \text{ min ou } \sim 3 \text{ h } 30$$

On vient d'obtenir le temps de formation.

Voici une méthode mathématique pour calculer le nombre d'exécutions de la tâche, sans l'aide de la table B :

1) On calcule le nombre de tâches selon l'équation 7S-1, à la page 286 :

$$T_{n^e} = T_{1^e} \times F_l = 10 \text{ min} \times F_l$$
$$F_l = 6 \text{ min} \div 10 \text{ min} = 0,6$$

Solution *(suite)*

2) À partir de l'équation 7S-2, à la page 286, on a:

$$F_I = (n_e)^{(\ln \rho/\ln 2)} = 0,6$$

$$0,6 = (n_e)^{(\ln 0,9/\ln 2)} = n_e^{\,(-0,105\,360\,5/0,693\,147\,2)} = n_e^{\,-0,1520}$$

Donc, $n = \sqrt[-0,1520]{0,600} = 28,809 \approx 29$

S-7.4 La loi de Caquot

Dans le cas de la fabrication de grandes séries, où la segmentation des tâches est poussée à l'extrême, la loi de Wright devient inapplicable. La loi de Caquot prend alors le relais. Cette loi est basée sur le principe mathématique suivant:

$$T_n = T_i \left(\frac{Q_i}{Q_n} \right)^{1/4} \tag{7S-4}$$

où T_n = temps de la n^e unité
  T_i = temps de la i^e unité
  Q_n = rang de la n^e unité
  Q_i = rang de la i^e unité
  $n > i$

Les avantages de cette loi sont les suivants:
- l'hypothèse du dédoublement du volume de production n'est pas nécessaire;
- elle peut s'appliquer directement aux coûts plutôt que seulement aux durées: pour cela, il faut simplement remplacer les temps T par les coûts C dans la formule 7S-4;
- elle tient compte des économies d'échelle relatives aux coûts d'approvisionnement, de contrôle, de mise en route, etc.;
- elle s'utilise sans avoir recours aux tables;
- elle porte sur de très grandes séries de production.

On voit que la loi de Wright et celle de Caquot sont complémentaires.

Exemple 5

Les coûts de fabrication de la 6 000e unité ont été évalués à 1,25 \$. On reçoit une commande de 1 000 unités, ce qui fait passer la production à 7 000 unités.
  Calculez les coûts de la 7 000e unité.

Solution

En remplaçant la valeur des temps T dans la formule par la valeur des coûts C, on obtient:

$$C_n = C_i \left(\frac{Q_i}{Q_n} \right)^{(1/4)} = 1,25 \left(\frac{6\,000}{7\,000} \right)^{(1/4)} = 1,20\,\$/\text{unité}$$

Problèmes résolus

Problème 1

Une chaîne d'assemblage fonctionne avec un ρ de 90%. Pour l'assemblage d'un nouveau produit, on a mesuré un temps de 28 h. Estimez:
a) le temps nécessaire pour assembler les 5 premières unités;
b) le temps nécessaire pour assembler les unités 20 à 25 inclusivement.

Solution

a) Selon la table B, pour l'ensemble des 5 unités avec $\rho = 90\%$:

$$T_N = T_{1^e} \times F_2$$
$$T_5 = 28 \times 4,339 = 121,49\,\text{h}$$

b) Le temps des unités 20 à 25 inclusivement se calcule ainsi:

$$T_N = T_{1^e} \times F_2$$

$T_{25} - T_{19} = (T_{1^e} \times F_2)$ pour 25 $- (T_{1^e} \times F_2)$ pour 19, car la 20e unité est incluse
$$= 28 \times 17,713 - 28 \times 13,974 = 28 \times (17,713 - 13,974)$$
$$= 28 \times 3,739 = 104,692\,\text{h}$$

Problème 2

Ayant mesuré les temps de fabrication des six premières unités, un gestionnaire aimerait déterminer le coefficient ρ de son entreprise.

Unité n°	Durée de fabrication en heures
1	15,9
2	12,0
3	10,1
4	9,1
5	8,4
6	7,5

Solution

À chaque dédoublement de la tâche, le temps de l'opération décroît selon un coefficient ρ.

$$\frac{\text{Unité 2}}{\text{Unité 1}} = \frac{12}{15,9} = 0,755 \;;\; \frac{\text{Unité 4}}{\text{Unité 2}} = \frac{9,1}{12} = 0,758 \;;\; \frac{\text{Unité 6}}{\text{Unité 3}} = \frac{7,5}{10,1} = 0,743$$

Bien qu'il y ait une légère différence entre les rapports, on peut conclure qu'en moyenne, un coefficient ρ de 75 % est une bonne évaluation.

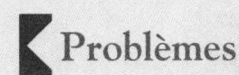

Problèmes

1. Une entreprise se spécialisant dans la remise à neuf des cabines d'avions reçoit 18 appareils à rénover. Un coefficient $\rho = 80$ % est jugé acceptable. Le technicien en génie industriel a estimé qu'il faut 300 h pour rénover le premier appareil. Déterminez le temps nécessaire pour terminer le 5e appareil, les 5 premiers appareils et l'ensemble de la commande.

2. Calculez le temps nécessaire pour terminer la 4e unité d'un lot de 12, sachant que la 1re unité a nécessité 80 h. Vous simulerez des ρ de 72 %, de 87 % et de 95 %.

3. Un entrepreneur aimerait soumissionner pour un projet d'installation de 30 systèmes de sécurité d'aéroport. Or, ce type de projet est nouveau pour lui. Il prévoit qu'au fur et à mesure de l'avancement des travaux, son entreprise acquerra de l'expérience et le temps d'installation diminuera en conséquence. Sachant qu'un ρ de 85 % est valable et que son équipe a mis 8 jours pour installer le premier système, combien de jours doit-il prévoir pour installer les 10 premiers systèmes ? les 10 suivants ? les 10 derniers ?

4. On a mis 20 h pour exécuter une tâche pour la première fois. Calculez le temps nécessaire pour exécuter cette même tâche la 3e fois et la 4e fois, avec un ρ de 82 %.

5. La directrice d'un service de réclamation pour une société d'assurance aimerait connaître le coefficient d'apprentissage de son service pour répondre aux clients par téléphone. Elle dispose des informations suivantes :

Appel	Durée (en minutes)
1er	46
2e	39
3e	35
4e	33
5e	32
6e	30

   a) Déterminez ρ ;

   b) Ayant déterminé ρ, calculez le temps moyen consacré à chaque appel pour les 30 premières réclamations.

6. Des étudiants en gestion des opérations doivent effectuer 4 exercices du même niveau de difficulté. Un étudiant a réussi à faire le 1er travail en 50 min. En supposant qu'un ρ de 70 % est acceptable, en combien de temps pourra-t-il terminer les autres travaux ?

7. Un sous-traitant a terminé en 600 h le calibrage de 4 satellites de télécommunications sur un lot de 6. Si vous utilisez un coefficient d'apprentissage de 75 %, en combien de temps pourra-t-il terminer le calibrage des 2 autres ?

8. La 5e unité d'un lot de 25 unités a été faite en 14,5 h. Si la norme est un $\rho = 90$ %, déterminez :

   a) le temps nécessaire pour la 10e unité ;

   b) le temps nécessaire pour atteindre le plateau, c'est-à-dire la 25e unité ;

   c) le temps standard des unités fabriquées dans une situation stable.

9. Le coût de production d'un objet est de 8,50 $/h en main-d'œuvre, le coût de la matière première atteint 20 $/unité et le coût de la mise en route s'élève à 50 $. Les frais généraux de fabrication équivalent à 50 % des coûts de production. Le coefficient d'apprentissage utilisé est de 90 %. Le produit peut être acheté au prix de 88,50 $/unité. La 1re unité a nécessité 5 h de travail.

   a) Établissez le coût unitaire pour un lot de 20 unités.

   b) Déterminez le niveau d'indifférence entre l'option d'achat et l'option de fabrication.

10. Une entreprise suit rigoureusement le programme de formation de ses nouveaux employés. Ce programme stipule qu'un employé a atteint son niveau de compétence acceptable pour une certaine tâche quand il l'exécute pour la 6e fois en 6 h ou moins ; les travailleurs qui ne parviennent pas à respecter cette norme minimale sont affectés à d'autres postes. Trois employés (A, B et C) sont actuellement en formation. L'employé A exécute la tâche la 1re fois en 9 h et la 2e fois, en 8 h. L'employé B effectue le même travail en des temps de 10 h et de 8 h, et l'employé C, en des temps de 12 h et de 9 h. Selon vous, lequel est le plus habilité à occuper ce poste ? Expliquez votre réponse.

11. Le temps nécessaire pour fabriquer la 5 000e unité a été de 2,45 min. Déterminez le temps nécessaire pour fabriquer la 5 500e et la 6 000e unité. Estimez le temps moyen qu'il faut pour fabriquer un lot de production compris entre la 5 000e et la 6 000e unité.

12. Le coût de production de la 8 000e unité a été évalué à 4,50 $/unité. Quel est le coût de la 10 000e unité si le système atteint son état stable à la 10 000e ? Quel est le coût de la 15 000e unité ?

13. Une tâche possède un ρ de 0,82 %. Les 4 premières fois qu'on a exécuté la tâche, on a noté les temps suivants : 30,5 min, 28,4 min, 27,2 min et 27 min. Le coefficient d'apprentissage utilisé est-il valable ? Expliquez votre réponse.

14. La 5e unité d'un lot de 10 unités a nécessité 5 h de travail. La 6e unité est rendue à sa 2e h de travail, mais elle n'est pas encore terminée. Calculez le temps de travail nécessaire pour terminer l'ensemble de la commande, sachant que le coefficient d'apprentissage est de 75 %.

15. Trois employés doivent réaliser la même tâche. Les temps pris par chaque employé pour exécuter la tâche les 2 premières fois apparaissent ci-dessous. Évaluez le nombre de fois que chaque employé devra répéter la tâche pour atteindre le plateau, au temps standard ou normal de 7 h par tâche.

Employé	1re fois (heures)	2e fois (heures)
Arthur	11,0	9,9
Bérengère	10,5	8,4
Chrysostome	12,0	10,2

16. Durandale a pris 30 min pour rédiger sa 1re contravention et 25 min pour rédiger sa 2e contravention. Évaluez le temps de formation nécessaire pour que Durandale atteigne le temps normal de 18 min par contravention.

17. Une analyste construit des bases de données. Sa feuille de route indique une diminution systématique du temps nécessaire par base de données (*voir le tableau ci-dessous*). Combien d'études doit-elle exécuter pour atteindre un plateau de 19 min ?

Étude	1	2	3	4	5	6	7	8
Temps (en minutes)	55	41	35,2	31	28,7	26,1	24,8	23,5

18. Un manufacturier de vêtements désire connaître le nombre d'exécutions nécessaires pour que chacun des employés suivants atteigne le temps normal (standard) de 1 min et 45 s pour une opération donnée. Chaque employé a déjà accompli la tâche 2 000 fois, et les temps correspondants sont donnés ci-dessous.

Employé	Temps de la 2 000e exécution
Xénophore	2,50 minutes
Artémise	2,45 minutes

Chapitre 8

La localisation

Plan du chapitre

Objectifs d'apprentissage

Connaître les raisons incitant les entreprises à prendre des décisions en matière de localisation ;

Comprendre l'importance de la localisation pour toutes les activités de l'entreprise ;

Déterminer les paramètres à considérer lors d'une décision de localisation ;

Décrire les principaux facteurs qui influent sur les décisions de localisation ;

Connaître le processus décisionnel nécessaire pour prendre ce type de décisions ;

Utiliser certaines techniques pour résoudre des problèmes de localisation ;

Savoir à quel moment la décision de relocalisation est nécessaire.

Toute entreprise doit prendre des décisions concernant sa localisation, appelée aussi « emplacement ». Comme nous le verrons tout au long du chapitre, ces décisions se prennent à différents moments de l'existence de l'entreprise : au moment de sa fondation, à l'occasion de projets d'amélioration et d'expansion ou lors d'une refonte globale de la stratégie d'opération.

Habituellement, la question de la localisation se pose pour une entreprise quand la demande pour les produits et les services s'accroît et que l'entreprise ne peut y répondre en prenant de l'expansion à partir de l'emplacement actuel. L'ajout d'un nouvel emplacement constitue alors une option à envisager.

Or, la prise de décisions en matière de localisation se présente de façon différente en fonction du secteur économique dans lequel évolue l'entreprise : primaire, secondaire ou tertiaire. Bien que les étapes de la démarche soient sensiblement les mêmes, les considérations plus spécifiques au secteur industriel différeront.

Dans les secteurs primaires de l'économie, la décision de la localisation des entreprises est fonction de la disponibilité des intrants de base. Par exemple, les entreprises minières et pétrolières s'installent là où la ressource existe. Une fois la ressource épuisée, elles se relocalisent. Dans le cas de l'industrie des ressources renouvelables, le domaine de la pêche ou de la foresterie par exemple, si l'épuisement temporaire de la ressource est bien géré, les entreprises peuvent se relocaliser temporairement pour retourner à l'emplacement initial par la suite. Malheureusement, c'est ce que l'industrie des pêcheries n'a pas réussi à faire. Par ailleurs, certaines nations ont appris à bien gérer leurs ressources forestières.

Dans le secteur secondaire, outre les considérations énumérées ci-dessus, on doit tenir compte de la disponibilité et des coûts des ressources de production telles que l'énergie, les capitaux, la matière première, la main-d'œuvre, la proximité des marchés et des fournisseurs potentiels, les politiques des différents paliers de gouvernement, les taxes, les réseaux de communication et de transport, etc.

Finalement, les entreprises de services comme les banques, les chaînes de restauration rapide, les supermarchés et les magasins de vente au détail considèrent le choix de l'emplacement comme faisant partie de la stratégie marketing. Elles recherchent donc des points de services qui leur permettront de s'approcher de leur marché et de prendre de l'expansion tout en gardant leurs coûts relativement bas. Dans ces cas, les décisions en matière de localisation se traduisent essentiellement par l'ajout de nouveaux emplacements à un système existant. Dans le secteur des services (commerce de détail, santé, enseignement, loisirs, etc.), le facteur le plus important à considérer est la proximité du marché : il faut s'approcher du client.

Les entreprises doivent aussi considérer la relocalisation lorsque des changements concernent le marché ou que les coûts d'exploitation de l'emplacement actuel atteignent des niveaux inacceptables.

Dans le présent chapitre, nous étudions les différentes étapes de l'analyse de localisation. Nous commençons par un bref aperçu des raisons qui incitent les entreprises à prendre des décisions de localisation. Nous décrivons ensuite la nature de ces décisions et une procédure générale pour la mise au point et l'évaluation des choix de localisation.

Au départ, nous adoptons une approche qualitative de la prise de décisions concernant la localisation, pour ensuite développer les considérations quantitatives. Ici aussi, le modèle PESTE revêt toute son importance pour analyser et prendre une décision éclairée. Il faut tenir compte des considérations politiques (les lois), économiques (les coûts d'exploitation), sociales (les ressources humaines et l'achalandage) et techniques, ainsi que le respect de l'écologie pour assurer un développement durable.

8.2 La nature des décisions de localisation

Plusieurs entreprises ne prennent que rarement des décisions en matière de localisation. Pourtant, cette situation peut avoir de sérieuses répercussions sur leurs activités. Dans cette section, nous examinons l'importance des décisions de localisation, les objectifs classiques recherchés par les gestionnaires lors de leurs choix et certaines des options dont ils disposent.

8.2.1 L'importance stratégique des décisions de localisation

Les décisions portant sur la localisation revêtent une importance considérable lors de la conception des systèmes de production. Puisqu'elles impliquent un engagement à long terme, les erreurs commises deviennent difficiles à corriger. À la section 6.8, on a expliqué succinctement l'impact de la localisation sur les aménagements global et spécifique et sur les postes de travail de l'entreprise. La localisation étant la première étape du cycle décisionnel (*voir la figure 8.1*), une erreur à ce stade se répercutera sur toutes les autres décisions des opérations de l'entreprise. Ces décisions ont souvent des conséquences sur les besoins en investissements, les coûts d'exploitation, les recettes ainsi que sur les activités d'exploitation. Un mauvais choix de localisation peut entraîner des coûts de transport excessifs, une pénurie de main-d'œuvre qualifiée, la perte de l'avantage concurrentiel, un approvisionnement inapproprié en matières premières ou une situation dommageable aux opérations.

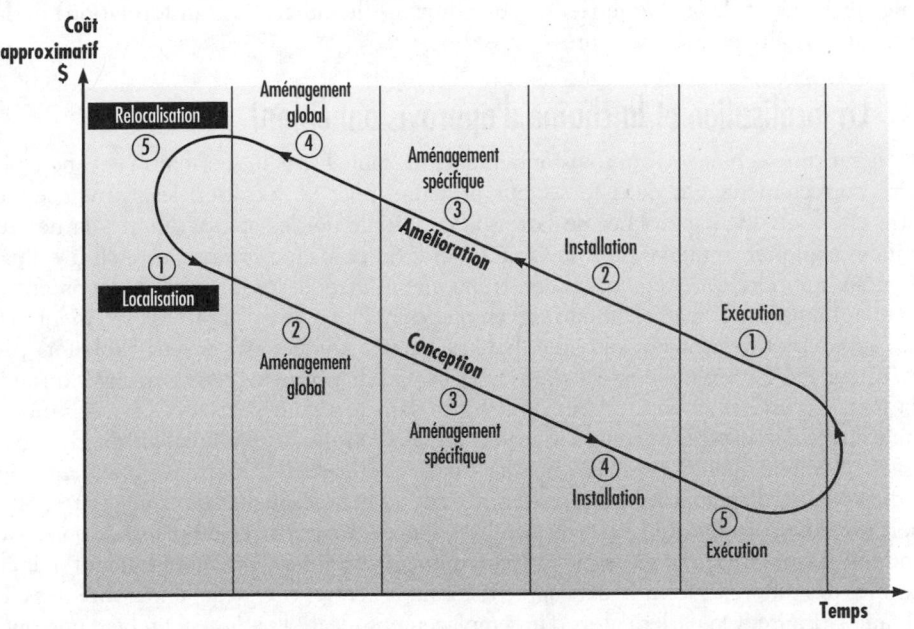

Source : C. Benedetti, *Introduction à la gestion des opérations*, 4e édition, Montréal, Chenelière/McGraw-Hill, 2002, p. 295.

FIGURE 8.1

Cycle conception-amélioration

Dans le secteur des services, un mauvais emplacement peut occasionner des coûts d'exploitation élevés ou la perte de clients si les points de service sont trop éloignés. Le choix de la localisation a un impact certain sur la compétitivité de l'entreprise.

À titre d'exemple, soulignons le cas de l'emplacement de l'aéroport de Montréal (ADM). En 1968, le gouvernement décidait de doter Montréal, la deuxième plus grande ville canadienne et la métropole du Québec, d'un grand aéroport international, entre autres à cause de la tenue des Jeux olympiques de 1976 et d'une expansion prévue à long terme. Ce nouvel aéroport devait remplacer celui de Dorval (décision politique). Ce dernier était trop proche des centres urbains, le bruit et le trafic (considérations sociales et écologiques du modèle PESTE) ne faisaient que s'accroître. Le choix s'est arrêté sur la région de Mirabel, au nord de Montréal. Des petites villes comme Sainte-Scholastique, Sainte-Monique et Saint-Canut ont été expropriées pour faire place au nouvel aéroport (décisions politiques, sociales, économiques). Des études de compaction de sol, de vents dominants et d'approvisionnement en eau grâce à la nappe phréatique ou à la rivière du Nord passant à proximité ont été effectuées (facteurs technologiques). Les prévisions (*voir le chapitre 3*) démontraient, au lancement, que Mirabel était conçu pour recevoir 40 M de passagers annuellement en 1990. Or, dans les faits, on n'a compté que 2,5 M de passagers cette année-là. En 2007, la décision de relocaliser l'aéroport à Dorval a été prise, au grand désespoir des habitants et à un coût inutile et exorbitant (considérations économiques). Cet exemple réel démontre l'intégration des cinq facteurs lors de la prise de décisions en matière de localisation et l'impact d'une décision erronée sur toute la chaîne des événements à long terme.

8.2.2 Les objectifs des décisions de localisation

En général, les organismes à but lucratif fondent leurs décisions sur le potentiel de profit, tandis que les entreprises à but non lucratif tentent de trouver un équilibre entre les coûts et le niveau de service à la clientèle. Logiquement, toutes les entreprises devraient choisir le meilleur emplacement possible, mais cela ne se passe pas toujours ainsi.

Souvent, aucun emplacement précis n'est supérieur à un autre ; plusieurs sont acceptables, comme l'illustre la grande variété des localisations où se trouvent les entreprises prospères. De plus, le nombre d'emplacements à examiner pour choisir le meilleur semble être trop grand pour qu'une recherche exhaustive soit faisable. Pour cette raison, la plupart des entreprises ne visent pas à trouver le meilleur choix ; elles espèrent déterminer un certain nombre d'emplacements acceptables parmi lesquels choisir.

Cependant, le lieu où placer physiquement une entreprise doit tenir compte de son positionnement dans la chaîne d'approvisionnement du produit ou du service offert. Faut-il privilégier le début de la chaîne (le secteur primaire), le milieu (la transformation) ou la fin (le secteur tertiaire et le service après-vente) ?

8.2.3 La localisation et la chaîne d'approvisionnement

Pour gérer une chaîne d'approvisionnement, il faut bien le connaître et pouvoir la décrire correctement. Or, dans le secteur primaire, pour se localiser, les entreprises n'ont d'autre choix que de s'approcher de la ressource initiale qui les approvisionne : la nature. Si la mine à exploiter se trouve dans le Grand Nord, ou en pleine brousse, et qu'il n'y a pas de route pour atteindre cette région, on construira une route pour s'y rendre et on approchera les ressources humaines et matérielles du site en question. La chaîne d'approvisionnement débute avec l'approvisionnement en ressource, habituellement unique, qu'on veut exploiter : pêche, forêt, mine, etc. Par exemple, la localisation d'un port de pêche ne peut se trouver qu'au bord de la mer. Cependant, à l'autre bout du spectre, dans le secteur tertiaire, on dispose de plusieurs sources d'approvisionnement. Comme on le verra plus en profondeur au chapitre 11, consacré spécifiquement à ce sujet, on préfère parler de « réseau d'approvisionnement » plutôt que de « chaîne d'approvisionnement ». En outre, la proximité du client à servir revêt une importance majeure lorsqu'il est question de coûts de transport et de distribution des marchandises. Il faut alors trouver un emplacement pour l'entreprise. Cet emplacement doit être à proximité des différents fournisseurs approvisionnant l'entreprise et de la majorité des clients qu'il faut satisfaire. On parlera alors d'un emplacement idéal, d'où la recherche d'une optimisation du système. On doit tenir compte de l'impact économique, du service à la clientèle, de l'achalandage, du réseau de transport, etc. Il en est de même pour le secteur manufacturier qui s'approvisionne en plusieurs matières premières et en pièces différentes provenant de divers fournisseurs. On doit aussi ajouter le besoin en ressources énergétiques spécifiques et en ressources humaines compétentes. Dans toutes ces situations, les modèles quantitatifs s'avèrent d'une grande utilité pour la prise de décisions. Certains de ces modèles sont décrits dans ce chapitre.

8.2.4 Les choix de localisation

Lors de la prise de décisions en matière de localisation, les gestionnaires se trouvent habituellement devant quatre situations classiques, chacune ayant des caractéristiques différentes.

1. Développer l'installation existante. C'est une option attrayante, surtout si l'emplacement comporte des caractéristiques favorables que l'entreprise ne trouve pas ailleurs et que le potentiel existe. Les coûts d'expansion sont souvent inférieurs à ceux qu'entraînent les autres options.

2. Ajouter de nouveaux emplacements. Utilisée surtout par les entreprises de vente au détail, cette option consiste à implanter de nouveaux points de service tout en conservant ceux qui existent déjà. Dans de tels cas, il est essentiel de tenir compte des conséquences sur l'ensemble du réseau existant. L'ouverture d'un nouveau magasin dans un centre commercial peut simplement attirer des clients qui utilisaient déjà un autre magasin de la même chaîne, plutôt que d'accroître la part de marché : c'est ce qu'on appelle le « phénomène du cannibalisme ». Par ailleurs, l'ajout d'un emplacement peut constituer une stratégie défensive conçue pour conserver sa part de marché ou empêcher les concurrents de pénétrer le marché. Dans le domaine manufacturier, l'ajout d'un nouveau site de production peut s'avérer bénéfique pour s'approcher du marché. Cependant, le transfert de production cause parfois des problèmes d'insécurité de la part de la main-d'œuvre des usines déjà existantes.

3. Déménager à un autre emplacement. Dans un tel cas, on doit évaluer les coûts d'un déménagement et les avantages qui en découlent par rapport aux coûts et aux avantages du maintien dans les locaux actuels. Ce sont les changements sur le plan du marché, l'épuisement des matières premières et des ressources ainsi que des coûts d'exploitation élevés attribuables à une infrastructure vieillissante qui amènent les entreprises à considérer cette option. La **relocalisation** a des impacts sociaux énormes (*voir cette notion de l'environnement PESTE au chapitre 1*) et se fait rarement sans heurts car, outre les considérations d'ordre économique et technique, on voit apparaître des pressions sociales, politiques et écologiques visant soit à garder l'entreprise à sa place d'origine, soit à l'attirer vers d'autres communautés.

4. Maintenir le *statu quo*. Finalement, si une analyse détaillée des emplacements potentiels ne révèle aucun avantage à l'une des options décrites ci-dessus, une entreprise peut choisir le *statu quo*, du moins pendant un certain temps, en attendant que d'autres facteurs apparaissent. Malheureusement, cette approche présente plus d'inconvénients que d'avantages et elle se traduit souvent par des coûts futurs plus élevés, tout en faisant perdre à l'organisation sa part du marché. On observe cette situation dans les organisations publiques, parapubliques et péripubliques, où trop d'intervenants utilisant plusieurs approches légalistes retardent le développement des services à la population. Les retards d'implantation d'hôpitaux, de traçage de routes, de déménagement d'écoles, etc., en sont des illustrations.

8.3 La procédure générale de prise de décisions de localisation

La manière dont une entreprise aborde la prise de décisions en localisation est fonction de sa taille, de la nature et de l'ampleur de ses activités. Les nouvelles entreprises et les PME (petites et moyennes entreprises) tendent à adopter une approche plutôt informelle. Les nouvelles entreprises s'installent généralement dans une région donnée simplement parce que ses propriétaires viennent de cette région. En effet, les gestionnaires de PME souhaitent souvent travailler près de leur famille ; c'est pour cette raison qu'ils ont tendance à localiser leur entreprise près de leur communauté d'origine, afin que celle-ci en bénéficie.

Les grandes entreprises, qui n'ont pas d'attache formelle à une communauté particulière, adoptent généralement une approche plus analytique, plus cérébrale, en se détachant de toute émotivité. Habituellement, elles envisagent une vaste gamme d'emplacements géographiques avant de décider où s'implanter. Dans ce chapitre, on se penchera surtout sur cette approche plus formelle.

La procédure généralement utilisée comprend les étapes suivantes :

1. Déterminer les critères pour évaluer les options de localisation : accroissement des profits, disponibilité des services communautaires, etc.
2. Déterminer les facteurs importants, comme la proximité des marchés ou des matières premières.
3. Élaborer des solutions de rechange :
   a) circonscrire la région choisie ;
   b) définir un petit nombre de communautés dignes d'intérêt ;
   c) déterminer les possibilités de sites parmi ces communautés.
4. Évaluer les solutions de rechange et faire une sélection.

La première étape dépend simplement des préférences de la direction. Les étapes 2 à 4 exigent un examen plus approfondi.

8.4 Les facteurs influant sur les décisions de localisation

Tel qu'il a été mentionné à la section précédente, selon la nature de l'entreprise, plusieurs facteurs influent sur les décisions en matière de localisation. Ainsi, dans le secteur de la production manufacturière, les facteurs dominants sont habituellement la disponibilité d'une source d'énergie abondante et à faible coût, l'approvisionnement en eau, la proximité des matières premières et des fournisseurs des différents composants. Les centrales hydroélectriques exigent de grandes quantités d'eau; les industries lourdes, comme les aciéries et les alumineries, ont besoin de grandes quantités d'électricité, et ainsi de suite. On installe alors des alumineries près de centrales électriques, lesquelles sont construites près des sources d'eau. Les ressources humaines, dans ce cas, déménageront là où elles seront nécessaires. Les services à assurer aux ressources humaines suivront et devront s'y adapter. Les ressources humaines et les services sont beaucoup plus flexibles et adaptables que les ressources minières et énergétiques.

Pour ce qui est des services, les facteurs dominants sont en rapport avec le marché : trafic, aspect pratique, emplacement des concurrents, proximité du marché. Par exemple, les entreprises de location de voitures s'installent près des aéroports et du centre des villes, là où se trouve la grande majorité de leurs clients. Les coûts de transport peuvent être un autre facteur important : disponibilité des routes, des chemins de fer, des voies maritimes, etc.

Lorsqu'une entreprise a déterminé les facteurs qui lui semblent les plus importants, elle réduit le nombre de choix possibles de localisations et cerne une zone géographique précise. Ensuite, elle définit dans cette région un nombre restreint de possibilités et de sites au sujet desquels elle effectuera une analyse plus détaillée. Les facteurs liés à la communauté et au site sont souvent interdépendants. Il est donc logique de les considérer en même temps.

8.4.1 La disponibilité des matières premières

Les entreprises s'établissent à proximité de la source même des matières premières pour trois raisons principales : la nécessité, la nature périssable des ressources et les coûts de transport. Pour les exploitations minières, l'agriculture, la foresterie et les pêches, la nécessité entre en ligne de compte. Par contre, les entreprises agroalimentaires effectuant la mise en conserve, la congélation des fruits et des légumes frais, le traitement des produits laitiers, la transformation des grains, etc., doivent considérer à la fois la nature périssable de leurs produits et la proximité des clients. D'autre part, dans le cas des industries, puisque le traitement de la matière première élimine une bonne part du volume et du poids des produits (ce qui les rend beaucoup moins coûteux à transporter après traitement), elles seront plus sensibles aux coûts de transport. C'est le cas, entre autres, de l'électrolyse de l'aluminium, de la fabrication de fromage et de la papeterie, chacun de ces secteurs ayant des besoins qui lui sont propres.

Quand les facteurs de production (intrants) proviennent de différents endroits, certaines entreprises choisissent de s'installer à la croisée des chemins des diverses sources d'approvisionnement. Par exemple, les aciéries utilisent de grandes quantités de charbon et de minerai de fer; plusieurs sont situées à égale distance des terrains houillers et des mines de fer. Les coûts de transport sont souvent la raison principale pour laquelle les fournisseurs s'implantent à proximité de leurs clients et de leurs points d'approvisionnement.

Pour leur part, les supermarchés et autres méga-entreprises de vente au détail ont recours à des entrepôts régionaux pour desservir plusieurs points de vente au détail. La localisation de ces entrepôts supplémentaires est fonction du réseau d'entrepôts et des points de vente au détail existants, c'est-à-dire du réseau de distribution actuel, ainsi que des changements démographiques à venir.

8.4.2 L'emplacement des marchés

Dans le cadre de leur stratégie concurrentielle, les entreprises à but lucratif s'installent près des marchés à servir ayant un grand potentiel, tandis que les entreprises à but non lucratif choisissent des emplacements en fonction des besoins des utilisateurs de leurs services. D'autres facteurs à considérer sont les coûts de distribution et la nature périssable des produits finis.

Les entreprises de vente au détail et celle de services se localiseront habituellement au centre des marchés qu'elles servent. Pensons notamment aux entreprises de restauration rapide, aux stations-service, aux nettoyeurs à sec et aux supermarchés. En général, leurs produits et ceux de leurs concurrents sont similaires; la facilité d'accès devient alors un facteur important pour attirer les clients et se distinguer de la concurrence. Les facteurs que constituent la concurrence ou la commodité d'accès sont également importants pour déterminer l'emplacement des banques, des hôtels, des ateliers de réparation d'automobiles, des pharmacies, des kiosques de vente de journaux et des centres commerciaux. De même, les médecins, les dentistes, les avocats, les établissements financiers, les coiffeurs et les esthéticiennes servent généralement des clients habitant dans une région bien délimitée. En d'autres termes, les entreprises cherchent des emplacements caractérisés par de fortes densités de population ou un trafic élevé.

Les pressions exercées par la concurrence sur les opérations de vente au détail peuvent être des facteurs extrêmement cruciaux. Dans certains cas, un marché peut être trop petit pour justifier la présence de deux ou plusieurs concurrents (par exemple une franchise de vente de hamburgers par quartier est suffisante). Dans ce cas, la recherche d'un emplacement potentiel se limite à un territoire où il n'y a pas de concurrents. Le contraire s'applique également; il pourrait être souhaitable pour certaines entreprises de se localiser près des concurrents. Les grands magasins se situent souvent les uns près des autres, et les petits aiment s'installer dans les centres commerciaux qui ont comme piliers de grands magasins, car ceux-ci exercent un pouvoir d'attraction considérable. La complémentarité joue alors un grand rôle dans ces situations. La prolifération des mégacentres regroupant des concessionnaires de marques différentes d'automobiles est un exemple frappant, qui se traduit par l'attirance du client vers une région donnée.

À cause de la nature périssable de leurs produits, certaines entreprises (par exemple les boulangeries, les fleuristes et les poissonneries) doivent se situer à proximité de leur marché. Dans d'autres situations, les coûts de manutention et de distribution sont déterminants. On décidera alors de limiter la zone desservie. C'est le cas des fournisseurs de sable, de gravier, de bois de chauffage, etc. Enfin, d'autres entreprises exigent un contact étroit avec la clientèle et tendent donc, elles aussi, à s'installer à l'intérieur de la région qu'elles prévoient servir. Entrent dans cette catégorie les couturiers, les rénovateurs de maisons, les services de réparation à domicile, les ébénistes, les nettoyeurs de tapis, les services d'entretien de pelouses et de jardins, etc.

Plusieurs services gouvernementaux se trouvent à proximité des marchés auxquels ils s'adressent. Ainsi, les bureaux de poste sont généralement répartis partout dans les régions métropolitaines. Quant à la police et aux services de soins de santé d'urgence, ils doivent répondre rapidement aux appels de la population. Ils seront situés à proximité de lieux à forte densité de citoyens et dans des emplacements centraux, tout en étant capables de servir les populations des régions périphériques.

L'avantage d'avoir accès directement aux marchés locaux n'est pas réservé aux entreprises de services. Les entreprises manufacturières visionnaires l'ont compris, même si, à première vue, cela risquait de leur coûter cher. Du point de vue du coût de la main-d'œuvre uniquement, il aurait été plus avantageux pour les entreprises d'automobiles asiatiques de continuer à produire en Asie (Inde ou Chine) et de vendre en Amérique du Nord ou en Europe. Elles ont préféré implanter leurs nouvelles usines près des marchés à desservir. Cela a diminué considérablement leurs coûts de manutention, de transport et d'entreposage, tout en contribuant à adapter leur produit aux besoins des consommateurs locaux et à améliorer l'image de l'entreprise vis-à-vis des populations locales.

Des systèmes d'information, souvent informatisés pour gérer l'ensemble des bases de données, ont été développés pour aider les décideurs à comparer plusieurs emplacements géographiques. C'est ce qu'on appelle les **SIG** ou **systèmes d'information géographique.** Les données qu'on y trouve regroupent des informations sur la démographie (l'âge, les revenus, le niveau d'éducation, le pouvoir d'achat, etc.), les routes d'accès, la géographie territoriale, la disponibilité des services publics, les données climatiques et autres (*voir la figure 8.2*). Les SIG permettent donc d'avoir un accès rapide à cette multitude de données relatives à un territoire et d'en faire une analyse judicieuse.

▼ **FIGURE 8.2**

Exemple de différentes couches d'informations pouvant être contenues dans un SIG

8

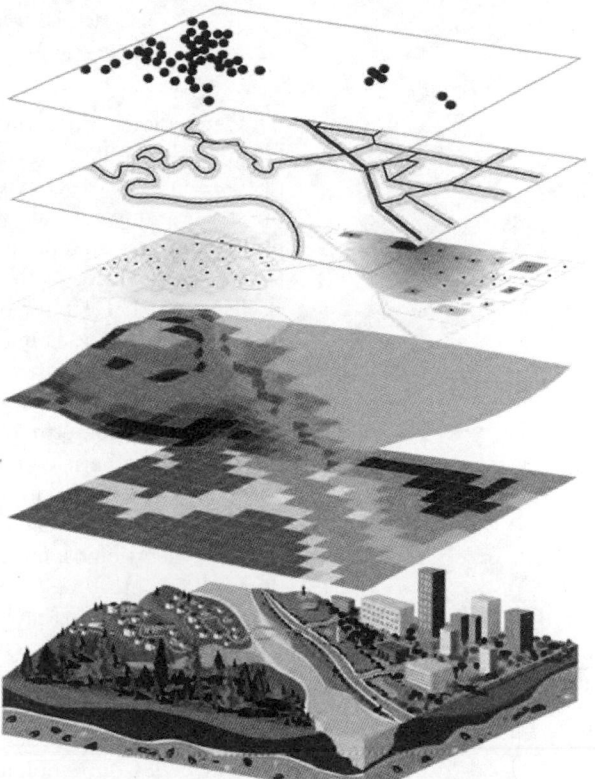

Système d'information géographique (SIG)

Base de données, habituellement informatisée, regroupant l'ensemble des informations des ressources physiques et humaines disponibles par région.

8.4.3 Les facteurs concernant la main-d'œuvre

www.gildan.com

Les principaux facteurs concernant la main-d'œuvre sont la disponibilité, la qualification et les salaires.

Les coûts de la main-d'œuvre sont très importants pour les entreprises dont les coûts de production ont un fort contenu en main-d'œuvre. La délocalisation qu'ont subie les industries du textile et du vêtement est partiellement attribuable aux coûts élevés de la main-d'œuvre dans les pays industrialisés. À un certain moment, cette industrie, sous la pression de la mondialisation de l'économie, s'est déplacée dans des régions du monde où les coûts de la main-d'œuvre sont faibles : Amérique centrale, Asie du Sud-Est, Europe de l'Est. Dans de tels cas, il faut fabriquer de grands lots pour bénéficier d'économies d'échelle et compenser la hausse des coûts de transport. Le tableau 8.1 illustre cette tendance dans le cas de la société Gildan, une entreprise faisant partie de l'industrie du vêtement de sport (bas, T-shirt, tricot, etc.).

TABLEAU 8.1 ▶

Répartition des installations et de la main-d'œuvre de la société Vêtements de sport Gildan

Lieu	Nombre d'implantations	Nombre approximatif d'employés
Québec	3 (siège social, teinture, tricot)	800
Mexique	2 (couture)	1 800
États-Unis	2 (coupe, distribution)	350
Nicaragua	2 (couture)	1 500
Barbade	1 (vente)	100
République dominicaine	1 (tissage)	500
Haïti	2 (couture)	1 300
Honduras	5 (tricot, teinture, coupe, couture)	5 000
	1 (chaussettes)	2 000

Source : R. Boudreau, *La Presse, cahier Affaires*, 30 décembre 2005, p. 5.

Cependant, la délocalisation a un autre effet pervers : le fait de fabriquer de grands lots entraîne des coûts de gestion de stocks importants, ce qui va à l'encontre des principes de juste-à-temps, de stock zéro et de production épurée (*voir les chapitres 12 et 15*). Actuellement, on assiste à une relocalisation pour se rapprocher des grands centres de consommation. Ce phénomène est dû à de nouvelles tendances du milieu manufacturier qui favorisent les politiques de stock zéro, de réponse rapide (*quick response*) et de juste-à-temps (*just in time – voir le chapitre 13*). De plus, bien que les coûts unitaires initiaux soient moins élevés dans les pays où les coûts de la main-d'œuvre sont faibles, les coûts finaux (qui incluent le transport, le dédouanement, les pertes et le gaspillage dans le transport, la faible productivité des travailleurs) ont, dans plusieurs cas, annulé les avantages initiaux du coût de la main-d'œuvre.

Force est d'admettre que l'implantation d'usines dans des pays en voie d'industrialisation n'a pas uniquement comme résultat la recherche des coûts de production les plus faibles. L'impact sur les populations locales est énorme : création d'emplois, baisse de la criminalité, accroissement du niveau de vie, création de PME connexes (entreprises de soutien à la production, électriciens, mécaniciens, restauration, services médicaux et de loisirs, construction domiciliaire, etc.). Le partage des richesses entre les pays riches et les pays en développement commence avec le partage du travail ; une réflexion sérieuse sur ce sujet doit être considérée.

La compétence des employés est un autre facteur dont il faut tenir compte. Certaines entreprises qui privilégient la spécialisation des tâches (*voir le chapitre 7*) préfèrent former de nouveaux employés plutôt que de dépendre uniquement de la main-d'œuvre disponible. Cependant, la plupart des entreprises manufacturières qui recherchent des ouvriers non qualifiés et celles qui emploient du personnel scientifique et technique désirent s'établir dans les endroits où il y a une forte densité de ce type de travailleurs. Pour cela, les entreprises à haute technologie se localiseront autour d'organisations ou dans des zones où la technologie est bien développée. Les exemples les plus frappants sont la Silicon Valley en Californie et le Grand-Duché de Luxembourg.

Les attitudes des travailleurs (rotation de personnel, rigueur au travail, absentéisme, etc.) peuvent différer d'un endroit à l'autre et d'une culture à l'autre. Les travailleurs des grands centres urbains et ceux des petites villes des régions rurales ont des attitudes différentes, de même que les travailleurs venant de diverses régions du pays ou de différents pays (l'élément « S » de « social » dans le modèle PESTE).

Lorsqu'il s'agit d'une relocalisation, quelques entreprises offrent à leurs employés le maintien de leur poste s'ils acceptent de déménager. Malgré cela, les employés hésitent souvent, surtout s'ils doivent quitter leur famille et leur communauté. De plus, quand les deux conjoints travaillent, le problème s'accentue. Certaines multinationales visionnaires ont développé des programmes de relocalisation tenant compte de l'ensemble de la famille ; nous y reviendrons.

8.4.4 Les considérations communautaires

Plusieurs communautés cherchent à attirer de nouvelles entreprises, car celles-ci sont source d'emplois, de recettes fiscales et de développement. D'autre part, les régions ne veulent pas des entreprises qui créent des problèmes de pollution et diminuent leur qualité de vie. Les associations locales combattent alors activement leur implantation. Une entreprise peut avoir à faire d'énormes efforts pour convaincre les représentants locaux qu'elle sera une « citoyenne responsable ». De plus, certaines compagnies découvrent que même si la communauté leur est en général favorable, les résidants vivant à proximité de leurs installations peuvent s'opposer à leur implantation en raison du niveau accru de bruit, de circulation ou de pollution. Mentionnons, par exemple, la résistance des communautés à l'expansion des aéroports, aux changements de zonage, à la construction d'installations nucléaires, à l'implantation d'usines de traitement et de recyclage de matières résiduelles et à la construction d'autoroutes.

Du point de vue de l'entreprise, plusieurs facteurs déterminent le choix d'une communauté : la disponibilité d'infrastructures dans les domaines de l'éducation, de la consommation, de la culture et des loisirs, du transport, de la religion ; la qualité des services de police et de pompiers ainsi que des soins médicaux ; l'attitude de la population envers l'entreprise et la taille de la communauté. Ce dernier facteur peut être particulièrement important, car si une entreprise devient le principal employeur de la région, la décision de mettre fin à ses activités ou de les réduire aura des conséquences économiques sérieuses sur une petite communauté.

D'autres facteurs concernant la communauté sont les coûts et la disponibilité des services publics et du logement, les règlements environnementaux, les taxes (impôts divers dont l'impôt foncier, taxes directes ou indirectes) et souvent, une liste d'attraits offerts par l'État ou les gouvernements locaux comme des émissions d'obligations, des exonérations d'impôts, des prêts à faible taux d'intérêt, des subventions et la formation des travailleurs.

8.4.5 Les facteurs concernant le site

Les principaux éléments à considérer lors du choix d'un site sont le terrain, le transport et le zonage.

L'évaluation des sites potentiels gagnerait à être faite par des ingénieurs, surtout dans le cas de l'industrie lourde, pour la construction de grands édifices ou pour des installations comportant des exigences particulières. Les conditions du sol, les facteurs de charge et les taux de drainage sont des éléments exigeant souvent une expertise certaine en évaluation.

En raison de l'engagement à long terme habituellement requis, les coûts concernant le terrain peuvent être secondaires comparativement à d'autres facteurs comme les possibilités d'expansion, les services publics, les systèmes d'égouts – et toute restriction quant à ces facteurs qui pourrait influencer négativement la croissance – et un espace de stationnement suffisant pour les employés et les clients. De plus, pour plusieurs entreprises, les voies d'accès par camion ou voie ferrée sont importantes.

Les parcs industriels peuvent représenter des solutions valables pour les entreprises dont les activités se situent dans les secteurs de la fabrication légère, de l'assemblage, de l'entreposage ou du service à la clientèle. Généralement, les infrastructures (réseaux électrique, téléphonique, de distribution du gaz naturel, d'aqueduc et d'égout) et les restrictions de zonage n'exigent pas une attention particulière. Souvent, ces parcs industriels réglementent les types d'activités qu'une entreprise peut effectuer, ce qui peut limiter les possibilités d'expansion. Parfois, des règlements sévères régissent la taille, la forme et les caractéristiques architecturales des édifices, ce qui réduit les choix en matière de gestion et d'expansion.

Pour les entreprises dont les cadres, les représentants, le personnel technique et administratif voyagent souvent, la diversité et la qualité de l'infrastructure des moyens de transport (aéroport, chemin de fer, autoroutes, horaires, possibilité de combiner plusieurs moyens de transport, etc.) revêtent une grande importance.

Le tableau 8.2 résume certains des facteurs qui influent sur la prise de décisions en matière de localisation.

TABLEAU 8.2 ▶

Facteurs influant sur les décisions en matière de localisation

Niveau	Facteurs	Considérations
Régional	Localisation des matières premières ou des fournitures	Proximité, modes et coûts de transport, quantité disponible
	Localisation des marchés	Proximité, coûts de distribution, marchés ciblés, pratiques et restrictions commerciales
	Main-d'œuvre	Disponibilité (générale et compétences précises), démographie de la main-d'œuvre, attitudes face au travail, taux de syndicalisation, productivité, échelles salariales, lois sur le chômage
Communautaire	Qualité de vie	Écoles, lieux de culte, centres commerciaux, logement, transport, divertissement, activités récréatives, coût de la vie
	Services	Soins médicaux, sécurité publique, service de pompiers
	Attitudes	Pour et contre
	Impôts	Fédéral, provincial, municipal-local, direct et indirect
	Règlements environnementaux	Fédéraux, provinciaux, municipaux
	Services publics	Coûts et disponibilité
	Soutien au développement	Émissions d'obligations, exonérations d'impôts, prêts à faible taux d'intérêt, subventions
Site	Terrain	Coûts, niveau de développement requis, caractéristiques du sol et drainage, possibilités d'expansion, stationnement
	Transport	Routier, fluvial, ferroviaire, aérien
	Environnementaux-juridiques	Restrictions de zonage

En dernier lieu, signalons que les télécommunications ont eu, depuis la dernière décennie, un impact de plus en plus grand sur les décisions de localisation. La quantité de données de toutes sortes (voix, sons, images) qui sont transmises a littéralement explosé. Pour cette raison, les entreprises recherchent des sites qui disposent de réseaux de télécommunications abondants et de qualité (lignes téléphoniques, fibres optiques, câblodistribution). Les régions où de longs délais sont nécessaires pour l'obtention de lignes de communication sont désavantagées à cet égard. Ce dernier facteur peut contribuer à relativiser d'autres facteurs comme le faible coût de la main-d'œuvre ou les aides financières accordées par les divers paliers de gouvernements.

8.4.6 Les autres facteurs

Le climat, les impôts et le niveau de taxes jouent un rôle important dans les décisions en matière de localisation. Par exemple, après plusieurs hivers rigoureux consécutifs, des ouragans et des mouvements sismologiques à répétition, les entreprises songent parfois à déménager leurs installations dans des endroits où le climat est plus doux, surtout si les retards de livraison et les perturbations provoqués par l'incapacité des travailleurs à se rendre au travail ont été fréquents. C'est aussi le cas des entreprises dont le procédé de production (utilisation de grands fours de séchage pour la peinture, la cuisson des émaux, etc.) est très énergivore. Une augmentation de 1 °C de la température extérieure moyenne d'une région se traduit par une réduction énorme des coûts annuels de fonctionnement des fours industriels, donc par une pollution et une émanation de gaz à effet de serre moindres. Les zones à températures extrêmes entraînent des coûts d'opération élevés.

De même, l'instabilité politique ou l'impôt sur le revenu (des particuliers et des entreprises) poussent certaines entreprises à se relocaliser. L'interventionnisme politique et l'augmentation inconsidérée des taxes et des impôts découragent les industries à s'installer, surtout dans une économie qui a tendance à se mondialiser de plus en plus. D'une part, certains pays offrent des incitatifs financiers aux entreprises afin qu'elles créent des emplois pour leurs habitants. D'autre part, les pays en voie de développement imposent parfois des tarifs pour protéger leurs jeunes entreprises de la compétition extérieure, ce qui réduit la compétition « étrangère » à laquelle doit faire face une entreprise. À titre d'exemple, avant que l'Accord de libre-échange nord-américain (ALENA) n'élimine les restrictions, l'usine de l'entreprise américaine Fisher-Price Toy Company, située à Matamoros, au Mexique, n'avait pas le droit de vendre dans ce pays les jouets Muppet qu'elle y fabriquait. Les entreprises américaines ayant des usines au Mexique pouvaient importer des matières premières sans payer de frais de douane, mais elles devaient exporter toute leur production.

En Allemagne, les coûts de production élevés ont poussé plusieurs entreprises à relocaliser une partie de leurs installations dans des pays où les coûts sont bas. Parmi ces entreprises, mentionnons le géant des produits industriels Siemens (une usine de semi-conducteurs située en Grande-Bretagne), les compagnies de produits pharmaceutiques Bayer (une usine au Texas), Hoechst A.G. (une usine en Chine), les constructeurs d'automobiles Mercedes (des usines en Espagne, en France et aux États-Unis) et BMW (à Spartansburg, en Caroline du Sud).

À la lumière de ces exemples, la situation de l'industrie de l'automobile mérite d'être analysée plus particulièrement. Les compagnies qui font partie de cette industrie doivent tenir compte de nombreux facteurs : la disponibilité de la main-d'œuvre qualifiée, l'infrastructure de transport, la présence de fournisseurs de composants et de pièces de rechange pour les machines, la présence de services (conseillers techniques dans tous les domaines du génie, de l'informatique, du marketing, du droit), la proximité des marchés et leur capacité à consommer le produit fabriqué, les règles gouvernementales et les accords commerciaux. Parmi tous les secteurs industriels étudiés, l'industrie de l'automobile est la plus sensible à l'environnement PESTE (*voir le chapitre 1*). Pour toutes ces raisons, plusieurs entreprises ont décidé de s'installer au Canada (entreprises nippones et américaines), aux États-Unis (japonaises et allemandes) et au Mexique (allemandes), ce qui a eu un impact énorme sur le développement des régions touchées. La plus grande usine de Volkswagen au monde est située à Puebla, au Mexique. Plusieurs entreprises françaises et italiennes ont aussi des installations en Amérique du Sud.

8.5 Les stratégies d'entreprises à sites multiples

Le phénomène de la mondialisation des marchés conduit de plus en plus d'entreprises à se doter d'installations dans plusieurs pays. Ces entreprises adoptent différentes stratégies, dont les principales sont :
a) la stratégie usine-produit ;
b) la stratégie usine-marché ;
c) la stratégie usine-procédé.

Analysons chacune de ces stratégies et leurs impacts sur le mode de fonctionnement.

8.5.1 La stratégie usine-produit

La **stratégie usine-produit** est une politique de fonctionnement qui consiste à centraliser la production dans des usines spécialisées. Par exemple, dans une entreprise fabriquant des électroménagers, on centralisera la fabrication des laveuses pour l'ensemble du marché à servir dans une seule usine ; on fera de même pour la fabrication des réfrigérateurs, etc. Chaque directeur d'usine peut alors se concentrer sur l'amélioration du produit dont il a la responsabilité et s'assurer d'une standardisation du produit. Cette spécialisation encourage le développement d'une main-d'œuvre compétente à tous les niveaux, ce qui permet des économies d'échelle substantielles. C'est cette approche plutôt économique que Bombardier a adoptée en centralisant le bureau de recherche sur les motomarines au sud des États-Unis et celui qui se spécialise dans les motoneiges, au Québec.

8.5.2 La stratégie usine-marché

La **stratégie usine-marché** est une politique selon laquelle chaque usine est conçue pour servir une zone géographique particulière. Elle doit alors fabriquer presque tous les produits offerts par l'entreprise et approvisionner la région qui lui est assignée. Cette approche exige une coordination centralisée des activités si l'on veut s'assurer d'une certaine uniformité de la qualité des produits. Elle est intéressante dans l'industrie alimentaire, où la notion de biens périssables est primordiale, ou quand les coûts de livraison sont élevés en raison de la taille des produits. Bien que les coûts tendent à être plus élevés avec cette stratégie, on peut réaliser des épargnes considérables sur les coûts de livraison et d'entreposage. En outre, l'entreprise peut être plus compétitive, car elle est plus proche de son marché et répond plus rapidement à ses besoins, et ce, pour la gamme complète des produits offerts. Cette approche est plutôt axée sur le marketing.

8.5.3 La stratégie usine-procédé

Selon la **stratégie usine-procédé,** chaque usine se concentrera sur un ou plusieurs aspects du processus de fabrication. Par exemple, dans l'industrie chimique, une usine se spécialisera dans la fabrication de l'acide sulfurique nécessaire à l'ensemble des autres usines de l'entreprise. Dans l'industrie aérospatiale, Airbus a adopté cette approche : ses installations en Espagne et en Allemagne se spécialisent dans la fabrication d'éléments du fuselage, de la voilure, de la carlingue, etc., tandis que l'assemblage final est effectué à Toulouse, en France[1]. On développe ainsi une compétence hors pair du point de vue du procédé. Cette approche est également intéressante quand la matière première utilisée est fournie par la nature (mines, foresterie, etc.). On doit alors s'approcher le plus possible de la matière pour procéder au traitement initial et la distribuer ensuite aux autres usines de transformation. Cette approche est plutôt technique.

L'industrie de l'automobile combine les stratégies usine-procédé et usine-produit. En effet, certaines usines se spécialisent dans la fabrication de moteurs, d'alternateurs, d'éléments de carrosserie, alors que d'autres se spécialisent dans la fabrication du produit final : modèle familial en Ontario, camions légers en Alabama, etc.

8.6 La localisation des entreprises de services et du commerce de détail

Les entreprises de services et de vente au détail ont des préoccupations différentes de celles des entreprises de fabrication en ce qui concerne la localisation. D'une part, la proximité des matières premières n'a habituellement pas d'importance, pas plus que tout ce qui concerne les exigences relatives à la transformation de la matière. En revanche, la proximité du client est primordiale.

Les entreprises de vente au détail et de services accordent beaucoup d'importance au volume du trafic et à la facilité d'accès. Certaines peuvent accorder plus d'attention à des facteurs propres à la nature du produit ou de leurs clients. Si une entreprise est unique, la proximité du marché a peu d'importance. Cependant, les entreprises de vente au détail de taille moyenne ou petite préfèrent habituellement les emplacements qui se trouvent à proximité d'autres détaillants (mais pas nécessairement près des concurrents) en raison du volume de trafic élevé et, pour les clients, de la commodité que représente l'accès aux autres services. Par conséquent, on observe que les grands magasins ont tendance à s'établir en premier, souvent en tant que magasins piliers dans les centres commerciaux ; les petits détaillants, eux, occupent l'espace restant.

Dans certains cas, les entreprises souhaitent se localiser à proximité des concurrents pour profiter de la concentration de clients potentiels, mais aussi et surtout si leurs services sont complémentaires. Cette vision de complémentarité avantage aussi bien les clients et, par le fait même, les entreprises complémentaires. Ainsi, on verra les boulangers s'installer près des bouchers ou des épiceries spécialisées, des cafés-restaurants près des salles de cinéma ou de théâtre, etc. En plus des magasins des centres commerciaux et des concessionnaires d'automobiles, on trouve ces autres exemples : un restaurant servant des hamburgers, situé près d'une pizzéria, elle-même située près d'un restaurant proposant des mets orientaux, etc. Les services médicaux connexes se trouvent souvent à proximité des hôpitaux pour la commodité des patients. Les cabinets de médecins peuvent également se situer près des hôpitaux ou être

---

1. Depuis juin 2000, le Royaume-Uni a adhéré activement au consortium.

regroupés dans des cliniques spécialisées, établies dans d'autres centres ; de même, les pharmacies s'installent fréquemment près de cliniques médicales.

Parfois, il est essentiel de ne pas se trouver près de la compétition directe, comme une autre franchise de la même chaîne de restauration rapide. Les restaurants et les boutiques spécialisées se situent souvent à l'intérieur et aux alentours des centres commerciaux pour profiter du trafic élevé.

Toutes les entreprises décrites précédemment doivent tenir compte de l'efficacité des services de transport. De plus, le stationnement est crucial pour le secteur de la vente au détail. Les centres-villes ont un désavantage concurrentiel par rapport aux centres commerciaux pour ce qui est d'attirer les clients, car ceux-ci offrent beaucoup d'espace de stationnement et se trouvent à proximité des secteurs résidentiels. Cette tendance est irréversible, quelles que soient les stratégies et les protestations mises en avant.

Une approche récente a vu le jour dans l'aménagement urbain, qui exerce une influence grandissante sur la décision de la localisation des entreprises de services, soit celle du TOD (*transit-oriented development*) ou **aménagement axé sur le transport en commun.** Elle consiste à développer des commerces et des services à proximité des grands axes de transport en commun, principalement les grandes lignes de métro, de trains, d'autobus ou de tramway. Autour des grandes stations, on trouve alors des développements majeurs d'installation de services et de commerces en tout genre. Il s'ensuit une amélioration et un accroissement de l'achalandage ne nécessitant pas l'utilisation de l'automobile, puisque le tout se trouve à une distance accessible par déplacement piétonnier.

Finalement, dans les régions urbaines, la sécurité des clients peut être un facteur clé pour les entreprises de services qui accueillent les clients (contrairement aux services à domicile comme les services de réparation et de nettoyage de tapis).

Le tableau 8.3 met en évidence les considérations du secteur manufacturier et du secteur des services concernant la localisation.

> **Aménagement axé sur le transport en commun (TOD)**
> Aménagement de zones urbaines accueillantes pour les piétons, situées à proximité de réseaux de transports collectifs (Office de la langue française).

Production et distribution (produit) Objectif : COÛTS	Service et commerce de détail (service) Objectif : REVENU
Coûts des moyens de transport	Démographie : âge, revenu, éducation
Disponibilités et coûts de l'énergie	Concentration de la population
Disponibilité, compétence et coûts de la main-d'œuvre	Compétition directe et indirecte
Coûts des installations (location et propriété)	Volume du trafic urbain
	Accessibilité et facilité des moyens de transport, stationnement, etc.

> ◄ **TABLEAU 8.3**
> Comparaison des considérations liées à la localisation : produit—service

8.7 La localisation au niveau international

Une entreprise qui envisage de s'installer à l'extérieur de son pays d'origine doit évaluer attentivement l'ensemble des avantages et des inconvénients d'une telle décision. Beaucoup a été dit relativement à la relocalisation dans des pays où les salaires sont bas. Or, les prix d'un objet et d'un service comportent beaucoup plus que le coût de la main-d'œuvre, ce que bon nombre d'entreprises omettent de considérer. Parmi ces éléments, mentionnons entre autres la stabilité du gouvernement du pays et son attitude envers les entreprises étrangères. Les restrictions que ce gouvernement impose sur les importations peuvent constituer un obstacle à la réception du matériel et des pièces de rechange. Des problèmes peuvent aussi découler des différences linguistiques et culturelles. Les entreprises étrangères ont souvent besoin du personnel technique de leur siège social. Or, il n'est pas facile de convaincre les travailleurs de déménager à l'étranger, surtout s'ils doivent quitter leur famille, de vivre dans des communautés différentes et de placer leurs enfants dans des écoles qui ne correspondent pas à leurs normes. Les entreprises déploient des efforts supplémentaires pour éliminer ces obstacles en fournissant des primes d'éloignement, des allocations de logement et des écoles pour les enfants de leurs employés à l'étranger. De plus, elles essaient de faire en sorte que ces employés soient familiers avec les us et coutumes de l'endroit et qu'ils connaissent la langue qui y est parlée.

Les tendances récentes quant à la localisation en pays étranger, particulièrement dans le secteur de la fabrication, englobent aussi des facteurs d'ordre compétitif et technologique. Une de ces tendances est née à l'étranger, surtout chez les constructeurs d'automobiles qui se sont implantés en Amérique du Nord. Une telle attitude n'était pas due à la recherche d'une main-d'œuvre bon marché, comme on a tendance à le penser chaque fois qu'une entreprise délocalise ses activités. Plusieurs ont décidé d'implanter leurs usines en Amérique du Nord pour différentes raisons : se rapprocher d'un énorme marché pour les automobiles, les camions et autres véhicules ; avoir accès à une main-d'œuvre qualifiée ; profiter de la disponibilité accrue des fournisseurs de composants. Ces entreprises ont pu alors réduire les délais de livraison, les niveaux de stocks de produits finis et les frais de livraison, et éviter les tarifs douaniers ou les quotas susceptibles de frapper les importations. De plus, il est plus efficace et moins cher de transporter des pièces d'automobiles et de les assembler sur place que de subir les coûts de transport de la voiture sous forme de produit fini.

L'adoption de l'ALENA (_voir le chapitre 1_) en 1994 a influencé plusieurs décisions de localisation en raison de la réduction et de l'élimination de divers tarifs douaniers ainsi que de la stabilité politique que cet accord a engendrées. Cependant, les actes terroristes du 11 septembre 2001 ont perturbé quelque peu cette approche en allongeant les délais aux postes de douanes en Amérique du Nord. C'est pour cette raison que de nouveaux accords ont été rédigés entre le Canada et les États-Unis dans le but d'accélérer les transactions douanières.

La fabrication juste-à-temps (_voir le chapitre 15_), qui encourage les fournisseurs et les clients à s'installer à proximité les uns des autres pour réduire les délais de livraison, est une autre tendance. Dans les secteurs de fabrication légère (comme l'électronique), la main-d'œuvre bon marché joue un rôle moins important que la proximité des marchés ; les utilisateurs de composants électroniques souhaitent que les fournisseurs se trouvent le plus près possible de leurs installations de fabrication. Par conséquent, il est de plus en plus fréquent de voir de petites usines s'implanter à proximité des marchés. Dans certaines industries, ces **micro-usines** automatisées fabriquant seulement quelques produits se localisent à proximité des marchés pour réduire les délais de livraison. Or, elles sont aussi très facilement relocalisables.

Il est possible que les progrès réalisés sur le plan des technologies de l'information permettent un jour aux entreprises manufacturières de recueillir et de distribuer l'information qui relie les services des achats, du marketing et de la distribution à ceux de la conception, de l'ingénierie et de la fabrication (_voir la notion de progiciels de gestion intégrée aux chapitres 13 et 14_). Par conséquent, tous les services auront moins besoin d'être situés à proximité les uns des autres, et les installations de production pourront se situer près des principaux marchés.

Le tableau 8.4 dresse la liste des facteurs importants à considérer lors de la prise de décisions en localisation internationale.

Deux autres raisons incitent les entreprises à localiser leurs installations de fabrication dans les pays où se trouve leur marché. Tout d'abord, cela permet de réduire les sentiments négatifs de la population à l'égard de l'entreprise étrangère. Ainsi, les usines japonaises installées au Canada ou aux États-Unis embauchent des travailleurs locaux pour la production de leurs voitures. La deuxième raison concerne la fluctuation et la dépréciation des devises. Ces changements peuvent avoir des conséquences considérables sur les prix de vente, donc sur les profits. La fluctuation des devises entraîne une variation du prix des biens importés, mais pas des biens produits ayant un certain contenu local. Par exemple, si la valeur de la devise d'un pays chute par rapport à celle d'autres pays, les prix des produits fabriqués localement ne varient pas, mais ces mêmes produits, s'ils sont importés, deviendront plus coûteux. Si la demande est élastique, la demande pour des biens fabriqués à l'étranger diminuera. De plus, les fluctuations du taux de change entre les différentes devises peuvent entraîner une hausse du coût des pièces fournies par les producteurs étrangers. En s'implantant dans un pays donné et en s'approvisionnant auprès des fournisseurs locaux, les manufacturiers éviteront les conséquences des fluctuations de la devise.

8

Micro-usine

Petite usine fabriquant un nombre limité de produits et située à proximité des marchés principaux.

8.8 L'évaluation des choix de localisation

Comme on peut le voir, le choix d'une localisation dépend d'un grand nombre de facteurs qualitatifs dont l'importance varie selon la nature de l'entreprise et ses objectifs, ainsi que de facteurs plus quantitatifs tels que les coûts de revient, de transport, de manutention et d'entreposage. Dans cette section, nous explorerons l'aspect quantitatif de la prise de décisions en localisation. Il existe plusieurs méthodes quantitatives pour évaluer le choix d'une localisation. Les plus communes sont :

- l'analyse économique de la localisation ;
- la technique des pondérations ;

Environnement	Facteurs à considérer
Politique Le gouvernement	• Politiques sur la propriété étrangère d'installations de production • Exigences locales en fait de contenu • Restrictions sur les importations • Règlements environnementaux • Normes locales sur les produits • Questions relatives à la stabilité
Économique	• Avantages financiers (subventions) • Taux de taxation • Taux d'imposition • Taux d'inflation • Taux d'intérêt • Fluctuation du taux de change
Social : Main-d'œuvre Préférence des clients Différences culturelles	• Niveau de formation et d'éducation des employés • Lois du travail • Règlements limitant le nombre d'employés étrangers • Loyauté envers les produits fabriqués localement • Différences linguistiques • Conditions de vie pour les travailleurs étrangers et leurs personnes à charge • Vacances et traditions religieuses
Technologique	• Taux d'innovation • Disponibilité des centres de recherche et de développement • Disponibilité et qualité des matières premières, de l'énergie, de l'infrastructure et du transport
Écologique	• Respect de la nature • Responsabilisation sociale face au développement durable • Niveau de traitement des matières dangereuses (transport et élagage) • Lois et réglementations respectueuses de l'environnement

◄**TABLEAU 8.4**

Facteurs à considérer lors de la prise de décisions en matière de localisation à l'étranger

8

- la méthode du centre de gravité ;
- le modèle du transport.

Nous présentons les trois premières méthodes dans les sections qui suivent. La description de la quatrième méthode, le modèle du transport, est disponible au www.cheneliere.ca/stevenson.

8.8.1 L'analyse économique de la localisation

Il est plus simple et sécurisant d'effectuer une comparaison des options de localisation en recourant à une analyse économique.

L'analyse économique d'une localisation comporte trois étapes :

1. Déterminer les coûts fixes et les coûts variables liés à chaque option de localisation.
2. Sur un même graphique, tracer les droites des coûts totaux pour toutes les options de localisation.
3. Déterminer l'emplacement qui nécessite le coût total le plus bas pour le niveau prévu de production ou celui qui engendrera le profit le plus élevé.

Cette méthode suppose ce qui suit :

1. Les coûts fixes sont constants pour toute la période de production.
2. Les coûts variables sont linéaires pour toute la production.
3. Le plan de prévisions des volumes de production est connu.
4. Un seul produit est pris en compte.

Pour effectuer une analyse des coûts, on calcule le coût total relatif à chaque emplacement selon l'équation :

$$\text{Coût total} = CF + cvu \times Q \tag{8-1}$$

où CT = coûts totaux

CF = coûts fixes

cvu = coûts variables par unité

Q = quantité ou volume de production

Exemple 1

Quatre sites sont proposés à une entreprise pour sa prochaine expansion. Les coûts fixes et les coûts variables de chaque emplacement apparaissent au tableau ci-contre :

Site	Coûts fixes (CF)	Coûts variables par unité (CV)
A	250 000 $	11 $/u
B	100 000 $	30 $/u
C	150 000 $	20 $/u
D	200 000 $	35 $/u

a) Pour les quatre choix, on demande de tracer l'évolution des coûts sur un graphique.

b) Pour chaque localisation, il faut déterminer la zone idéale d'activités.

c) Si la fonction prévision assure des ventes de 8 000 unités par année, quel est le choix optimal de localisation ?

Solution

L'approche à utiliser pour résoudre ce type de problème s'apparente à la notion de niveau d'indifférence (*voir le chapitre 5*).

a)

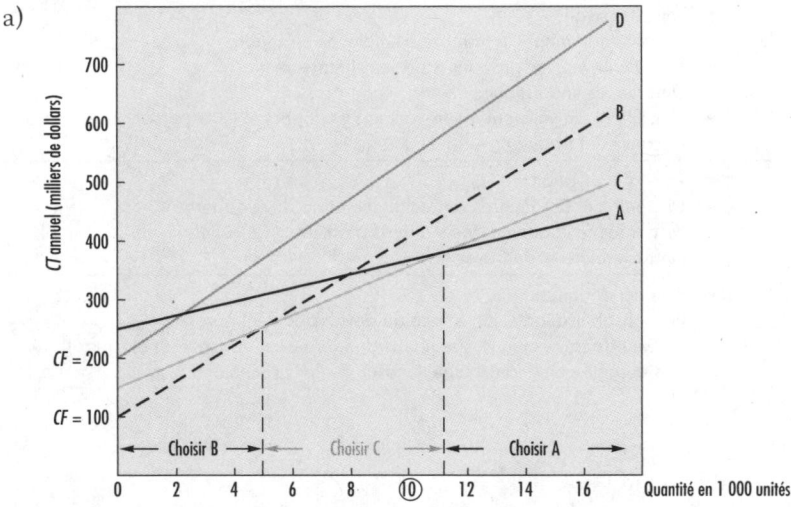

Afin de faciliter le traçage du graphique, le tableau ci-dessous indique les coûts totaux annuels de chacune des options pour une quantité annuelle de 10 000 unités, choisie au hasard.

Site	Coûts fixes CF	Coûts variables CV	Coûts totaux (CT) CT = CF + CV
A	250 000 $	11 $/u × 10 000 u	360 000 $
B	100 000 $	30 $/u × 10 000 u	400 000 $
C	150 000 $	20 $/u × 10 000 u	350 000 $
D	200 000 $	35 $/u × 10 000 u	550 000 $

Pour chacune des options présentes, on trace la droite en reliant le point des CF sur l'ordonnée au point correspondant à la valeur des CT calculée pour une quantité de 10 000 unités. On obtient ainsi le graphique présenté ci-dessus. L'analyse du graphique montre que le choix du site D n'est jamais intéressant. En effet, les coûts totaux de ce site ne sont jamais les moins élevés, et ce, peu importe la quantité produite.

b) Pour trouver les zones où les coûts de chacune des options restantes (A, B et C) sont les plus bas, on détermine les niveaux d'indifférence des CT : B par rapport à C, C par rapport à A et, finalement, B par rapport à A.

Le niveau d'indifférence entre B et C implique que : CT de B = CT de C
$100\,000\,\$ + 30\,\$/u \times Q = 150\,000\,\$ + 20\,\$/u \times Q$; $Q = 5\,000$ unités/an.

Selon le graphique tracé en a), cela signifie qu'en dessous de 5 000 unités, le site B est préférable et qu'à un niveau d'activité supérieur à 5 000 unités, le choix C s'impose.

Le niveau d'indifférence entre C et A implique que : CT de C = CT de A
$150\,000\,\$ + 20\,\$/u \times Q = 250\,000\,\$ + 11\,\$/u \times Q$; $Q = 11\,111$ unités/an.

Cela signifie qu'en dessous de 11 111 unités, le site C est préférable et qu'à un niveau d'activité supérieur, le choix A s'impose.

Le niveau d'indifférence entre B et A implique que : CT de B = CT de A
$100\,000\,\$ + 30\,\$/u \times Q = 250\,000\,\$ + 11\,\$/u \times Q$; $Q = 7\,895$ unités/an.

Cela signifie qu'en dessous de 7 895 unités, le site B est préférable à A et qu'à un niveau d'activité supérieur, le choix A s'impose.

En analysant ces données et en les reportant sur le graphique, on peut conclure que :

- de 0 à 5 000 unités : B est le meilleur choix ;
- de 5 000 à 11 111 unités : C est le meilleur choix ;
- plus de 11 111 unités : A est le meilleur choix.

c) Pour un volume annuel de 8 000 unités, le choix C s'impose.

Les profits escomptés avec le choix retenu se calculent par :

$$\text{Profit total} = Q(r - cvu) - CF \tag{8-2}$$

où r = revenu par unité

Le problème résolu 2, à la page 313, illustre l'analyse des profits.

D'autres paramètres quantitatifs viennent influer sur le choix de la localisation. Parmi ceux-ci, une attention particulière doit être accordée aux coûts de transport.

8.8.2 La technique des pondérations

Une décision de localisation typique comporte des données qualitatives et quantitatives, qui varient en fonction des situations et des besoins propres à chaque entreprise. On utilise alors une des techniques les plus utilisées lors de toute prise de décisions, soit la **technique des pondérations.** Celle-ci a l'avantage de fournir une base pour l'évaluation et la comparaison des différentes options en associant une valeur composite à chaque option. Son avantage principal réside dans le fait qu'elle quantifie des évaluations personnelles qualitatives et les intègre dans un ensemble.

Voici la procédure d'application de la technique des pondérations :

1. Déterminer les facteurs pertinents (comme l'emplacement du marché, l'approvisionnement en eau, l'espace de stationnement, le potentiel de revenu). Ces facteurs étant très variables, ils seront modifiés en fonction des entreprises, des objectifs, des secteurs industriels, des époques, etc.
2. Attribuer une pondération à chaque facteur : les pondérations (ou poids relatif) indiquent l'importance relative d'un facteur par rapport aux autres. Généralement, la somme des pondérations est égale à 1,00.
3. Décider d'une échelle commune à tous les facteurs (de 0 à 100, par exemple).
4. Pour chaque option de localisation, coter les différents facteurs selon l'échelle définie en 3.
5. Multiplier la pondération du facteur par le résultat obtenu en 4 et faire la somme pondérée des facteurs.
6. Choisir l'option qui correspond au meilleur résultat.

Avec la technique des pondérations, on recherche parfois l'option qui offre la valeur maximale, si les facteurs représentent des revenus, des profits ou des parts de marché, et parfois on recherche la valeur minimale, si les facteurs représentent des coûts (transport, distances à parcourir, etc.). L'exemple suivant illustre cette procédure dans le cas d'une maximisation.

Une entreprise d'impression de photos a l'intention d'ouvrir une nouvelle succursale. Le tableau suivant contient de l'information sur deux emplacements potentiels. Les options sont évaluées sur une échelle de 0 à 100, la plus haute valeur étant souhaitée.

Technique des pondérations
Approche systématique alliant des évaluations qualitatives et quantitatives pour comparer différentes options.

8

Exemple 2

Solution

Facteur	Pondération	Résultats (sur 100)		Résultats pondérés	
		Option 1	Option 2	Option 1	Option 2
Proximité du magasin actuel	0,10	100	60	0,10(100) = 10,0	0,10(60) = 6,0
Circulation	0,05	80	80	0,05(80) = 4,0	0,05(80) = 4,0
Loyer	0,40	70	90	0,40(70) = 28,0	0,40(90) = 36,0
Taille	0,10	86	92	0,10(86) = 8,6	0,10(92) = 9,2
Aménagement	0,20	40	70	0,20(40) = 8,0	0,20(70) = 14,0
Coûts d'exploitation	0,15	80	90	0,15(80) = 12,0	0,15(90) = 13,5
Total	1,00			70,6	82,7

L'option 2 est préférable, car sa somme pondérée est la plus élevée.

8.8.3 Les coûts de transport et le modèle du transport

Les coûts de transport, qui sont attribuables à la manutention, à la circulation et au transport des matières premières, des produits ou des personnes, jouent un rôle important dans le choix de la localisation. En effet, les décisions concernant la localisation d'une entreprise, la manutention et la circulation des ressources nécessaires à ses activités sont des décisions intégrées. Si une installation est l'unique source ou destination de livraison, on peut inclure les coûts de transport dans l'analyse économique de la localisation en intégrant les coûts de transport par unité expédiée aux coûts variables par unité. S'il y a des matières premières, on convertit les coûts de transport en coûts par unité de production afin d'obtenir une correspondance avec d'autres coûts variables. Par contre, s'il y a livraison de biens provenant de plusieurs sources et vers plusieurs points de réception et qu'il faut ajouter un nouvel emplacement (point d'envoi ou de réception) au système, on doit entreprendre une analyse distincte des coûts du transport. Dans de tels cas, le **modèle du transport,** dont l'algorithme est décrit à la sous-section S-8.2.1 (disponible en ligne au www.cheneliere.ca/stevenson). On peut également y recourir si l'on construit plusieurs installations ou si l'on met au point un système entièrement nouveau. On utilise ce modèle pour analyser les configurations considérées en estimant les coûts minimaux relatifs à chacune d'elles. Le problème résolu 1, à la page 313, illustre succinctement une application combinant les résultats d'une analyse de transport à ceux de l'analyse économique de la localisation.

Pour en savoir plus sur le modèle du transport, il est possible de consulter le supplément du chapitre 8 (disponible en ligne au www.cheneliere.ca/stevenson).

Modèle du transport

Algorithme servant à trouver la combinaison optimale pour approvisionner un certain nombre de points de réception à partir d'un certain nombre de points sources.

8.8.4 La méthode du centre de gravité

La **méthode du centre de gravité** permet de déterminer l'emplacement d'un centre de distribution qui minimisera les coûts de distribution de l'ensemble du réseau de distribution de l'entreprise. Les coûts de distribution y sont traités comme une fonction linéaire de la distance et de la quantité livrée. Les coûts ne sont pas nécessairement financiers, mais peuvent être évalués en ce qui a trait au travail en transport (*voir le chapitre 6*) pour chacune des coordonnées x et y, comme on peut le voir aux équations 8-4 et à l'exemple 4, à la page 312.

Avec cette méthode, il faut utiliser une carte précise et dessinée à l'échelle pour indiquer les emplacements des destinations. Un système de coordonnées est placé sur la carte pour déterminer les emplacements possibles. La position du point d'origine (0 ; 0) du système de coordonnées n'a pas d'importance. Une fois le système de coordonnées en place, on détermine les coordonnées de chaque destination (*voir la figure 8.3, parties A et B*).

Si les quantités à livrer à chaque emplacement sont égales, on obtient les coordonnées du centre de gravité (soit la localisation du centre de distribution) en calculant la moyenne des coordonnées x et la moyenne des coordonnées y (*voir la figure 8.3*) avec les formules suivantes :

Méthode du centre de gravité

Méthode de localisation d'un centre de distribution qui réduit les coûts de distribution de l'ensemble du réseau.

$$\bar{x} = \frac{\sum\limits_{i=1}^{n} x_i}{n} \; ; \; \bar{y} = \frac{\sum\limits_{i=1}^{n} y_i}{n} \tag{8-3}$$

où x_i = coordonnée x de la destination i
y_i = coordonnée y de la destination i
n = nombre de destinations

Par contre, si le nombre d'unités transportées n'est pas le même, ce qui est habituellement le cas, on utilise une moyenne pondérée pour déterminer le centre de gravité ; on représente les quantités transportées par une pondération des facteurs.

Les formules deviennent alors :

$$\bar{x} = \frac{\sum\limits_{i=1}^{n} x_i Q_i}{\sum\limits_{i=1}^{n} Q_i} \; ; \; \bar{y} = \frac{\sum\limits_{i=1}^{n} y_i Q_i}{\sum\limits_{i=1}^{n} Q_i} \tag{8-4}$$

où Q_i = quantité à livrer à la destination i (c'est la pondération)
x_i = coordonnée x de la destination i
y_i = coordonnée y de la destination i

A. Carte montrant la destination

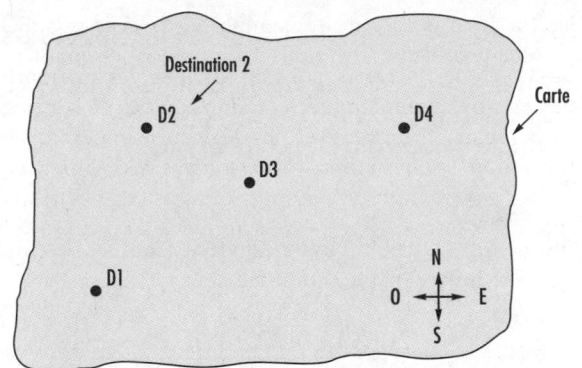

B. Ajouter un système de coordonnées

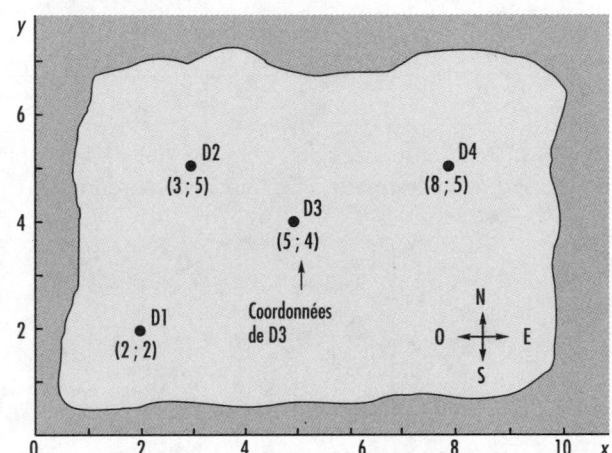

C. Centre de gravité des quatre destinations

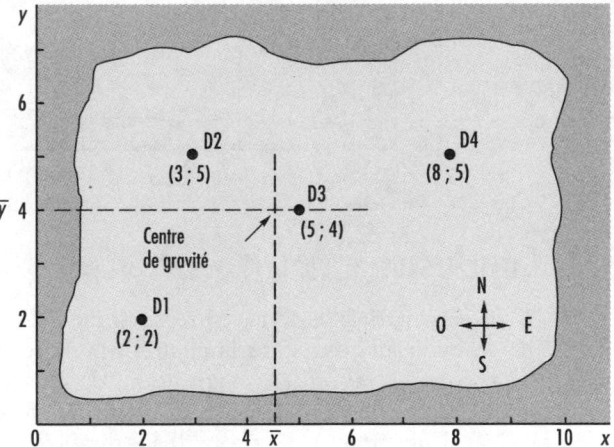

On détermine les coordonnées du centre de gravité pour le problème illustré à la figure 8.3 C, en supposant que les livraisons entre le centre de gravité et chacune des quatre destinations sont de quantités égales.

Exemple 3

On obtient les coordonnées des destinations à partir de la figure 8.3 B :

Solution

$$\bar{x} = \frac{\sum_{i=1}^{n} x_i}{n} = \frac{18}{4} = 4,5$$

$$\bar{y} = \frac{\sum_{i=1}^{n} y_i}{n} = \frac{16}{4} = 4$$

Destination	x ; y
D1	2 ; 2
D2	3 ; 5
D3	5 ; 4
D4	8 ; 5
Total	18 ; 16

Ainsi, le centre de gravité est en (4,5 ; 4), ce qui le situe un peu à l'ouest de la destination D3 (*voir la figure* 8.3 C).

Exemple 4

Dans la situation décrite à l'exemple 3 (*voir la figure 8.3 B, à la page précédente*), on nous informe que les quantités livrées ne sont pas égales. Ces quantités sont indiquées dans le tableau ci-contre.

On désire connaître le centre de gravité.

Destination	x ; y	Quantité hebdomadaire
D1	2 ; 2	800
D2	3 ; 5	900
D3	5 ; 4	200
D4	8 ; 5	100
		2 000

Solution

Puisque les quantités à livrer diffèrent selon les destinations, on utilise la notion de travail en transport moyen par coordonnées *x* et *y*.

$$\bar{x} = \frac{\sum_{i=1}^{n} x_i Q_i}{\sum_{i=1}^{n} Q_i} = \frac{2(800) + 3(900) + 5(200) + 8(100)}{2\,000} = \frac{6\,100}{2\,000} = 3,05 \qquad \text{(arrondir à 3)}$$

$$\bar{y} = \frac{\sum_{i=1}^{n} y_i Q_i}{\sum_{i=1}^{n} Q_i} = \frac{2(800) + 5(900) + 4(200) + 5(100)}{2\,000} = \frac{7\,400}{2\,000} = 3,7$$

Ainsi, les coordonnées du centre de gravité sont approximativement (3 ; 3,7), ce qui le situe au sud de la destination D2, qui a les coordonnées (3 ; 5) (*voir la figure 8.4*).

FIGURE 8.4 ▶

Centre de gravité pour l'exemple 4

8

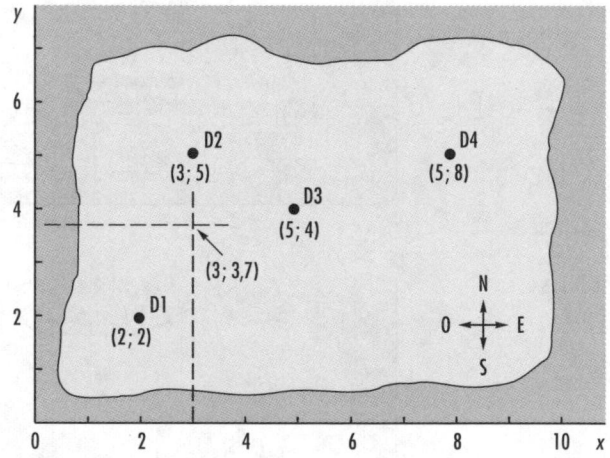

8.9 Conclusion

L'exploitation de toute entreprise, que celle-ci soit nouvelle ou déjà établie et sans égard à sa nature, implique de prendre des décisions de localisation, notamment en raison d'une expansion, de changements sur le plan du marché, de l'épuisement des matières premières et de l'introduction de nouveaux produits et de nouveaux services. L'importance des choix de localisation ou de relocalisation est amplifiée par l'engagement à long terme que comportent ces décisions ainsi que par leurs conséquences potentielles sur l'exploitation du système.

Les principales options de localisation mises à la disposition des entreprises déjà existantes sont les suivantes :

a) prendre de l'expansion à l'emplacement actuel ;
b) déménager à un nouvel emplacement ;
c) conserver les installations en place tout en ajoutant une autre installation dans un nouvel emplacement ;
d) ne rien faire.

Parmi les principaux facteurs à considérer lors d'une étude de localisation, mentionnons :

a) l'emplacement des matières premières ;
b) la disponibilité de la main-d'œuvre ;
c) le marché ;

d) la communauté ;
e) le site ;
f) le climat.

En ce qui concerne les emplacements à l'extérieur du pays, certains peuvent être intéressants sur le plan des coûts de main-d'œuvre et de l'abondance des matières premières ; un nouveau pays peut également s'avérer un marché potentiel pour les produits ou services de l'entreprise. Cependant, quand elles ne sont pas prêtes à affronter les préjugés et surtout à reconnaître et à respecter les différences linguistiques et culturelles, c'est-à-dire l'environnement PESTE du pays hôte, certaines entreprises éprouvent des problèmes au niveau international. Une préparation adéquate et à long terme est primordiale avant de se lancer dans cette option.

Pour réduire les options de localisation, une approche communément adoptée consiste d'abord à repérer un pays ou une région qui semble satisfaire aux besoins globaux et ensuite à choisir un site pour en faire une analyse plus approfondie.

Il existe plusieurs méthodes quantitatives qui permettent d'assister les décideurs lors de l'évaluation des options. Les méthodes décrites dans ce chapitre comprennent l'analyse économique de la localisation, la technique des pondérations et la méthode du centre de gravité. On a brièvement fait mention du modèle du transport.

Il existe plusieurs progiciels permettant d'analyser la localisation. Outre le fait de procéder aux analyses dont on a déjà parlé, ces progiciels emploient la programmation linéaire ou les algorithmes de programmation en numérotation mixte et des approches heuristiques pour obtenir des solutions raisonnables aux problèmes de localisation. ●

Terminologie

8

Problèmes résolus

Problème 1

Analyse des coûts

Un concessionnaire de machines agricoles cherche un emplacement pour son quatrième entrepôt de la province du Québec. Il dispose de trois choix : Granby, Sherbrooke et Cowansville. Le site de Granby comporterait des coûts fixes de 4 000 $ par mois et des coûts variables de 4 $ l'unité. Celui de Sherbrooke aurait des coûts fixes de 3 500 $ par mois et des coûts variables de 5 $ l'unité et celui de Cowansville, des coûts fixes de 5 000 $ par mois et des coûts variables de 6 $ l'unité. L'emplacement de Granby ferait augmenter les coûts de transport de 19 000 $ par mois, celui de Sherbrooke, de 22 000 $ et celui de Cowansville, de 18 000 $. Sachant qu'il faut satisfaire à une demande de 800 unités par mois, quel emplacement entraînerait les coûts totaux les plus bas ?

Solution

Volume donné = 800 unités par mois

	CF par mois	*CV* à l'unité	Coûts de transport par mois
Granby	4 000 $	4 $	19 000 $
Sherbrooke	3 500 $	5 $	22 000 $
Cowansville	5 000 $	6 $	18 000 $

Coûts totaux mensuels = *CF* + *CV* + Coûts de transport
Granby : 4 000 $ + 4 $/unité × 800 unités + 19 000 $ = 26 200 $ ou 32,75 $/*u*
Sherbrooke : 3 500 $ + 5 $/unité × 800 unités + 22 000 $ = 29 500 $ ou 36,87 $/*u*
Cowansville : 5 000 $ + 6 $/unité × 800 unités + 18 000 $ = 27 800 $ ou 34,75 $/*u*
Le choix de Granby se traduirait par les coûts les plus bas.

Problème 2

Analyse des profits.

Un fabricant d'agrafeuses doit déménager son entreprise. Il considère actuellement deux sites. Les coûts fixes seraient de 8 000 $ par mois pour le site A et de 9 400 $ par mois pour le site B. Les coûts variables à l'unité sont de 5 $ pour le site A et de 4 $ pour le site B. La production mensuelle est stable à 8 800 unités depuis quelques années et ne devrait pas connaître de variations dans un avenir rapproché. Sachant que les agrafeuses se vendent 6 $ l'unité, quel est l'emplacement qui génère le profit le plus élevé ?

Solution

Profit = Q(r − cvu) − CF

Site	Revenu	CF	CV	Profit mensuel
A	52 800 $	8 000 $	44 000 $	800 $ ou 0,091 $/u
B	52 800 $	9 400 $	35 200 $	8 200 $ ou 0,932 $/u

Le site B produira le profit mensuel le plus élevé.

Problème 3

Application de la technique des pondérations
Déterminez le meilleur emplacement, étant donné les informations suivantes. Les emplacements ont été évalués sur une échelle de 0 à 100, la valeur la plus élevée étant souhaitée.

Facteur	Pondération	Emplacement	
		A	B
Coûts de la main-d'œuvre	0,50	20	40
Coûts du matériel	0,30	10	30
Disponibilité des fournisseurs	0,20	50	10
Total	1,00		

Solution

En combinant les pondérations des résultats des emplacements, on constate que l'emplacement B offre le résultat global le plus élevé.

Facteur	Pondération	Emplacement		Résultats combinés	
		A	B	A	B
Coûts de la main-d'œuvre	0,50	20	40	0,50(20) = 10	0,50(40) = 20
Coûts du matériel	0,30	10	30	0,30(10) = 3	0,30(30) = 9
Disponibilité des fournisseurs	0,20	50	10	0,20(50) = 10	0,20(10) = 2
	1,00			23	31

Problème 4

Centre de gravité
Calculez le centre de gravité de ces quatre destinations.

Destination	Coordonnées cartésiennes (x, y)	Quantité transportée par semaine
D1	3, 5	20
D2	6, 8	10
D3	2, 7	15
D4	4, 5	15
	TOTAL	60

Solution

Si les quantités transportées par semaine étaient toutes identiques, on aurait utilisé les équations 8-3, à la page 310, pour calculer le centre de gravité. Dans ce problème, puisque les quantités hebdomadaires sont différentes, on utilise les équations 8-4, à la page 310.

$$\bar{x} = \frac{\sum_{i=1}^{n} x_i Q_i}{\sum_{i=1}^{n} Q_i} = \frac{3(20) + 6(10) + 2(15) + 4(15)}{60} = \frac{210}{60} = 3,5$$

$$\bar{y} = \frac{\sum_{i=1}^{n} y_i Q_i}{\sum_{i=1}^{n} Q_i} = \frac{5(20) + 8(10) + 7(15) + 5(15)}{60} = \frac{360}{60} = 6,0$$

Donc, le centre de gravité se trouve aux coordonnées x = 3,5 ; y = 6,0.

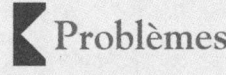

1. Comment la fonction localisation peut-elle influer sur le système de production ?
2. Commentez l'énoncé suivant : On accorde souvent trop d'importance aux décisions relatives à la localisation ; le fait que presque tous les types d'entreprises se trouvent partout au pays signifie que la recherche d'un emplacement approprié ne constitue pas un problème.
3. Quels facteurs liés à la communauté influent sur les décisions en matière de localisation ?
4. Qu'est-ce qu'on entend par phénomène de cannibalisme lorsqu'on multiplie les points de services.
5. Décrivez les similitudes et les différences en matière de localisation pour ce qui est du secteur manufacturier et des deux autres secteurs.
6. Quels sont les avantages d'une localisation au niveau international ? Quels sont les inconvénients ?
7. Définissez et expliquez les stratégies à envisager pour les entreprises à sites multiples.
8. Pourquoi l'industrie du vêtement a-t-elle changé deux fois de stratégie de localisation ? Quelles sont ses tendances actuelles ?
9. Expliquez la notion du TOD (aménagement axé sur le transport en commun) et son impact sur le développement durable et l'écologie.
10. Qu'est-ce qui caractérise l'industrie automobile en matière de localisation au niveau international ?
11. Discutez des tendances récentes concernant la localisation et des stratégies futures possibles.

Problèmes

1. Une nouvelle entreprise doit déterminer l'emplacement de son usine. Elle dispose de deux options : se situer à proximité des principales matières premières ou près de ses principaux clients. La localisation à proximité des matières premières donnerait lieu à des coûts fixes et variables plus bas qu'une localisation près des marchés, mais les propriétaires estiment que le volume des ventes diminuerait, car les clients tendent à favoriser les fournisseurs locaux. Les revenus par unité seraient de 185 $ dans chaque cas. À l'aide des données suivantes, déterminez l'endroit où les profits seraient les plus élevés.

	Chicoutimi	Montréal
Coûts annuels fixes (en M$)	1,2	1,4
Coûts variables par unité	36 $	47 $
Demande annuelle prévue (en unités)	8 000	12 000

2. La propriétaire de Sous-marins inc. souhaite faire prendre de l'expansion à son entreprise en ajoutant un nouveau point de vente. Elle considère trois emplacements, chacun ayant les mêmes coûts de main-d'œuvre et de matières (nourriture, contenants de service, serviettes, etc.) de 1,76 $ par sandwich. Les sandwichs se vendent 2,65 $ chacun dans tous les points de vente. Les coûts de la location et du matériel seraient de 5 000 $ par mois pour l'emplacement A, de 5 500 $ par mois pour l'emplacement B et de 5 800 $ par mois pour l'emplacement C.

   a) Pour chacun de ces emplacements, déterminez le volume nécessaire permettant de réaliser un profit mensuel de 10 000 $.
   b) Si les ventes prévues en A, en B et en C sont respectivement de 21 000 $, de 22 000 $ et de 23 000 $ par mois, à quel emplacement les profits seraient-ils les plus élevés ?

3. Un petit producteur de machines-outils souhaite déménager dans un édifice plus grand. Deux options s'offrent à lui. L'emplacement A entraîne des coûts annuels fixes de 800 000 $ et des coûts variables de 14 000 $ l'unité ; l'emplacement B, des coûts annuels fixes de 920 000 $ et des coûts variables de 13 000 $ l'unité. Les articles finis se vendent 17 000 $ chacun.

   a) Pour quel volume de production les deux emplacements entraîneraient-ils le même coût ?
   b) Pour quelle étendue du volume de production le choix A serait-il supérieur ? le choix B ?

4. Une entreprise qui construit des bateaux a décidé d'accroître une de ses lignes de produits. Les installations actuelles étant limitées, l'entreprise considère trois options : A, relocalisation ; B, sous-traitance ; C, agrandissement des installations actuelles.

   L'option A comporterait des coûts fixes considérables, mais des coûts variables relativement faibles : les coûts fixes totaliseraient 250 000 $ par année et les coûts variables, 500 $ par bateau. Pour la sous-traitance, les coûts par bateau s'élèveraient à 2 500 $. L'agrandissement exigerait des coûts annuels fixes de 50 000 $ et des coûts variables de 1 000 $ par bateau.

   a) Trouvez l'étendue du volume de production pour laquelle chacune des options est optimale.
   b) Quelle option entraînerait le coût total le plus bas pour un volume annuel prévu de 150 bateaux ?
   c) Quels autres facteurs doit-on considérer si l'on choisit entre l'expansion et la sous-traitance ?

5. Reprenez le problème 4 en tenant compte de l'information supplémentaire suivante : l'expansion entraînerait une augmentation des coûts de transport de 70 000 $ par année, la sous-traitance, une hausse de 25 000 $ par année et l'ajout d'un nouvel emplacement, un accroissement de 4 000 $ par année.

6. Une entreprise montréalaise qui a récemment enregistré un fort taux de croissance cherche à louer une petite usine soit à Halifax, à Winnipeg ou à Toronto. Préparez une analyse financière pour les trois emplacements, sachant que les coûts annuels de l'édifice, du matériel et de l'administration s'élèveraient à 40 000 $ pour Halifax, à 60 000 $ pour Winnipeg et à 100 000 $ pour Toronto. La main-d'œuvre et les matériaux devraient totaliser 8 $ l'unité à Halifax, 4 $ l'unité à Winnipeg et 5 $ l'unité à Toronto. L'emplacement de Halifax ferait augmenter les coûts de transport

de 50 000 $ par année, l'emplacement de Winnipeg, de 60 000 $ par année et l'emplacement de Toronto, de 25 000 $ par année. Le volume annuel prévu est de 10 000 unités.

7. Un mécanicien à la retraite aimerait ouvrir un atelier de traitement antirouille pour les automobiles. Les clients seraient des concessionnaires de voitures locaux. Deux garages sont envisagés, un dans le centre-ville et l'autre, en banlieue. L'emplacement du centre-ville entraînerait des coûts mensuels fixes de 7 000 $ et des coûts de main-d'œuvre, de matériaux et de transport de 30 $ par voiture. L'emplacement situé en banlieue comporterait des coûts mensuels fixes de 4 700 $ et des coûts de main-d'œuvre, de matériaux et de transport de 40 $ par voiture. Le prix à demander au concessionnaire, dans les deux cas, serait de 90 $ par voiture.

a) À quel emplacement le profit serait-il le plus élevé si la demande mensuelle était de 200 voitures ? de 300 voitures ?

b) Pour quel volume de production les deux sites permettraient-ils de réaliser le même profit mensuel ?

8. Pour chacun des quatre types d'entreprises présentés ci-dessous, évaluez l'importance de chaque facteur à considérer lors de la prise de décisions relatives à la localisation en utilisant les cotes suivantes :

F = importance faible, M = importance modérée et G = grande importance.

Facteur	Banque locale	Aciérie	Entrepôt d'aliments	École publique
Attrait de l'édifice				
Commodité d'accès pour les clients				
Coûts de la construction				
Coûts et disponibilité de la main-d'œuvre				
Coûts de transport				
Équipements antipollution				
Grande quantité d'électricité				
Proximité des matières premières				

9. En utilisant la technique des pondérations, déterminez l'emplacement que vous choisiriez (A, B ou C) en vous basant sur le résultat combiné maximal.

Facteur	Coefficient de pondération	Emplacement		
		A	B	C
Commodité d'accès	0,15	80	70	60
Stationnements	0,20	72	76	92
Zone d'information	0,18	88	90	90
Trafic de clients	0,27	94	86	80
Coûts d'exploitation	0,10	98	90	82
Voisinage	0,10	96	85	75
	1,00			

10. Désirant choisir le site du nouveau siège social, un gestionnaire a commandé l'évaluation des facteurs considérés comme étant importants, et ce, pour plusieurs villes. Les données obtenues, sur une échelle de 10 points, sont les suivantes :

a) Si le gestionnaire évalue les facteurs de façon identique, quel serait le classement des villes ? (Considérez des coefficients de pondération égaux pour tous les facteurs.)

Facteur	Emplacement		
	A	B	C
Services commerciaux	9	5	5
Services communautaires	7	6	7
Coûts des propriétés	3	8	7
Coûts de construction	5	6	5
Coût de la vie	4	7	8
Taxes	5	5	4
Transport	6	7	8

b) Si les services commerciaux et les coûts de construction étaient associés à des pondérations équivalant au double des pondérations des autres facteurs, quel serait le classement des villes ?

11. Un fabricant de jouets produit des jouets dans cinq usines au pays. Il faut déterminer la localisation d'un nouvel entrepôt centralisé d'où seront expédiées les matières premières (des barils contenant du plastique en poudre). Les quantités mensuelles à livrer à chaque usine sont les mêmes. Le tableau suivant présente les coordonnées des cinq usines. Déterminez les coordonnées de l'entrepôt centralisé.

Usine	$(x;y)$
A	3 ; 7
B	8 ; 2
C	4 ; 6
D	4 ; 1
E	6 ; 4

12. Un fabricant de vêtements pour dames dispose de quatre usines au Mexique. Les coordonnées $(x; y)$ de chaque usine apparaissent ci-dessous. Déterminez l'emplacement idéal du nouvel entrepôt de matières premières (rouleaux de tissu) qui minimiserait les coûts de distribution. Les quantités hebdomadaires à livrer à chaque usine sont indiquées ci-dessous.

Usine	$(x;y)$	Quantité hebdomadaire
A	5 ; 7	15
B	6 ; 9	20
C	3 ; 9	25
D	9 ; 4	30

13. Une entreprise se spécialisant dans l'enfouissement de déchets dangereux souhaite réduire les coûts de manutention vers ses cinq centres d'enfouissement. Elle doit décider du site du nouveau centre de traitement des déchets avant enfouissement. En tenant compte des emplacements des centres de réception et des quantités à expédier quotidiennement, déterminez l'emplacement optimal du centre de traitement.

Emplacements des centres d'enfouissement $(x; y)$	Quantité (tonnes par jour)
10 ; 5	26
4 ; 1	9
4 ; 7	25
2 ; 6	30
8 ; 7	40

14. Déterminez le centre de gravité des destinations présentées sur la carte suivante. Les quantités expédiées mensuellement sont indiquées dans le tableau.

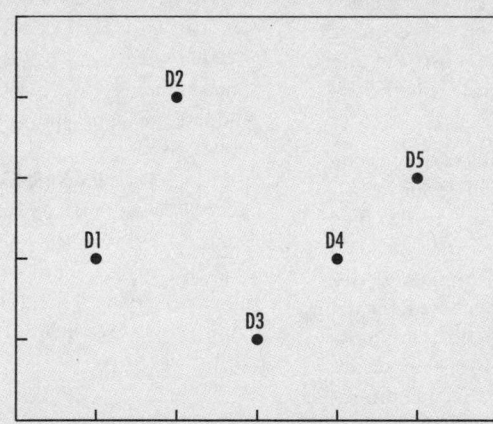

Destination	Quantité
D1	900
D2	300
D3	700
D4	600
D5	800

8

Lecture
Stratégie mondiale : GM construit ses usines dans des pays en voie de développement pour créer de nouveaux marchés

www.gm.com

par Rebecca Blumenstein

Rosario, en Argentine – Dans la banlieue de la ville qui se situe à plus de 10 000 km de Detroit, des bulldozers travaillent 24 heures sur 24 pour déplacer la terre fertile en vue de construire une usine de montage d'automobiles pour General Motors Corp.

L'usine moderne, située sur une route déserte autrefois totalement éloignée du monde de l'automobile, est au cœur de la politique de localisation énergique de GM qui consiste à installer des usines au niveau international. GM construit tranquillement un nombre si élevé d'usines dans un si grand nombre de pays que le chef de file de l'industrie automobile a décidé d'épargner de l'argent en construisant simultanément et selon le même modèle des usines en Argentine, en Pologne, en Chine et en Thaïlande.

Cette « stratégie des quatre usines », l'expansion internationale la plus importante que GM ait connue, est réalisée au coût d'au moins 2,2 milliards de dollars. La société a conçu les usines pour qu'elles se ressemblent toutes, au point où les ingénieurs pourraient oublier dans quel pays ils se trouvent. Et les chaînes de montage sont établies de telle sorte qu'un bris de robot en Thaïlande, qui aurait pu constituer un problème d'ingénierie coûteux et exiger le recours à un expert, peut se résoudre par un simple coup de fil à Rosario, en Argentine, ou à Shanghai, en Chine.

Possibilité d'expansion et efficacité

Les nouvelles usines de GM comportent une autre caractéristique tout aussi essentielle. Elles sont construites pour qu'il soit facile de les agrandir lorsque la demande en provenance des marchés que constituent les pays en voie de développement s'accroîtra. De plus, elles sont construites en forme de U géant pour que les fournisseurs puissent y transporter une gamme croissante de modules et de sections du produit fini déjà montés afin de réduire les coûts, ce que GM ne peut faire aux États-Unis à cause des revendications syndicales.

Les nouvelles usines illustrent, plus que tout, comment la nature des multinationales est en train de changer au moment où le marché actuel se mondialise. Il y a quelques années seulement, les usines de GM en Amérique du Sud produisaient à la chaîne des Chevy Chevette, qui n'avaient pas été fabriquées aux États-Unis depuis plusieurs années. L'industrie de l'automobile en général percevait les petits pays comme un dépotoir de l'ancienne technologie et des modèles désuets.

Maintenant, elle cherche des possibilités de croissance future en concentrant ses investissements dans les pays en voie de développement et en les transformant en salles d'exposition pour la technologie de pointe et la fabrication épurée. GM poursuit cette stratégie mondiale plus vigoureusement que ses rivaux, même si tous les autres constructeurs d'automobiles savent qu'il est nécessaire de pénétrer les marchés naissants : il est à noter que certains ont déjà une présence étrangère considérable. Personne, cependant, ne construit des usines à l'échelle de GM, qui a récemment annoncé son intention de construire une cinquième usine encore plus évoluée dans le sud du Brésil.

L'usine complète de Rosario est conçue en vue d'être épurée. Le coût total, 350 millions de dollars, est un des plus bas parmi les nouvelles usines de GM, qui avait l'habitude de débourser 1 milliard de dollars pour une nouvelle usine, peu importe la taille. De plus, l'investissement couvre les frais engagés pour des presses géantes modernes qui emboutiront les tôles plus rapidement que toute autre presse de GM, et une usine de moteurs qui livrera sur la chaîne d'assemblage des moteurs dotés de modules de climatisation, de transmissions et de courroies déjà installés.

Les travailleurs accompliront plusieurs tâches – un des principes clés de la fabrication épurée – et seront affectés à des équipes travaillant de manière autonome. Tous les travailleurs seront responsables d'un processus complet de l'opération de montage, y compris le nettoyage et l'entretien de base des machines. Au Japon, cette façon de faire est normale, mais elle est inconcevable dans une usine de GM en Amérique du Nord à cause des règles de travail établies par le syndicat, selon lesquelles seules des catégories précises de travailleurs qualifiés peuvent réparer et entretenir les machines.

Bien que les quatre usines soient conçues pour être identiques, elles ont quand même quelques différences, comme la protection antirouille des machines en fonction du climat humide de la Thaïlande et des façons de contourner le mauvais système de transport en Chine. « Nous ferons livrer les pièces à l'usine de Shanghai par bicyclette », fait remarquer un des cadres de l'entreprise.

Questions

1. Décrivez brièvement la stratégie des quatre usines de GM au niveau international.
2. Quels signes révèlent que GM a adopté une approche de mondialisation ?
3. Dressez la liste des composantes de la fabrication épurée de l'usine de Rosario.
4. Quelles sont les conditions (non liées à la main-d'œuvre) dont GM a dû tenir compte en concevant chacune des usines ?

8

Bibliographie

Ballou, Ronald H. *Business Logistics Management: Planning and Control*, 2ᵉ édition, Englewood Cliffs (NJ), Prentice Hall, 1999.

Ferdows, Kasra. «Making the most of Foreign Factories», *Harvard Business Review*, mars-avril 1997, p 73-88.

Francis, R.L., J.A. White et Leon F. McGinnis Jr. *Facilities Layout and Location: An Analytical Approach*, 3ᵉ édition, Upper Saddle River (NJ), Prentice Hall, 1998.

Grimshaw, David J. *Bringing Geographical Information Systems into Business*, New York, John Wiley & Sons, 2000.

Lyne, Jack. «Quality-of-Life Factors Dominate Many Facility Location Decisions», *Site Selection Handbook*, août 1988, p. 868-870.

Schmenner, R.W. *Making Business Location Decisions*, Englewood Cliffs (NJ), Prentice Hall, 1982.

Tompkins, J.A., J.A. White, Y.A. Bozer et J.M.A. Tanchoco. *Facilities Planning*, 3ᵉ édition, John Wiley, 2003, 750 p.

8

Partie IV

La qualité

Chapitre 9

La gestion de la qualité

Plan du chapitre

Objectifs d'apprentissage

Définir le mot « qualité » ;

Expliquer l'importance de la qualité ainsi que les conséquences d'une mauvaise qualité ;

Connaître des facteurs déterminants de la qualité ;

Énumérer les divers coûts liés à la qualité ;

Distinguer le niveau, la politique, l'assurance et le contrôle de la qualité ;

Connaître les fondements des normes de qualité : ISO 9000 et ISO 14000 ;

Analyser la philosophie des maîtres à penser dans le domaine de la qualité ;

Comprendre le concept de la gestion intégrale de la qualité ou qualité totale ;

Connaître les étapes d'un projet d'amélioration de la qualité ;

Décrire et utiliser les outils classiques pour l'amélioration continue de la qualité.

9.1 Introduction

Qualité
Aptitude d'un produit ou d'un service à satisfaire ou à surpasser de manière continue les attentes du client.

9

www.honda.com
www.nissanmotors.com
www.toyota.com

Parmi les cinq objectifs des opérations[1] (quantité, qualité, temps, lieu et coûts), celui qui porte le plus à confusion est la **qualité.** Pourtant, la qualité est l'objectif qui doit être le plus recherché et le plus intégrant. En effet, on pourrait parler de la qualité du respect des temps de livraison au même titre que de la qualité du respect des quantités promises, etc. D'autre part, cet objectif prend plusieurs sens, selon les personnes. Pour le client, la qualité se définit par le taux de satisfaction dans le cas d'un produit ou d'un service par rapport au prix déboursé pour l'acquérir. Une première définition valable de la « qualité » pourrait être l'aptitude d'un produit ou d'un service à satisfaire ou à surpasser de manière régulière les attentes des clients. Avant l'intensification de la concurrence étrangère sur le marché nord-américain dans les années 1970 et 1980, les clients avaient souvent accès à des produits fabriqués localement qui étaient de qualité insatisfaisante par rapport à leur coût. Longtemps (et malheureusement encore trop souvent), la qualité n'a pas été la préoccupation première de beaucoup de dirigeants d'entreprise et d'organisme. Ces derniers se sont concentrés davantage sur les coûts, les profits ou les avantages personnels, et les besoins du client.

En raison de cette manière de penser, les entreprises étrangères se sont emparées d'une importante part du marché, bien que leurs prix soient plus élevés. Dans le secteur de l'automobile, les principaux fabricants, dont Honda, Nissan, BMW, Audi, Hyundai et Toyota, sont devenus d'importants acteurs de l'industrie automobile. La crise économique de 2008 a démontré d'une façon éloquente la faiblesse de l'industrie automobile américaine, pendant que Honda, Hyundai et Toyota se sont bâti une bonne réputation quant à la qualité et la fiabilité de leurs voitures. Même si Toyota a vécu une période durant laquelle sa qualité a été mise en cause, sa part du marché n'a été que très légèrement touchée, sinon pas du tout. Cette entreprise a vécu la même situation que Mercedes-Benz 10 années plus tôt, alors que celle-ci était tombée en huitième place quant à la qualité. Néanmoins, ces deux entreprises ont eu la capacité et l'humilité de reconnaître leurs faiblesses. Elles ont mis sur pied des programmes d'amélioration et ont compris qu'il ne faut jamais s'arrêter : la qualité est un domaine en évolution continuelle. C'est ce que nous tenterons d'expliquer tout au long de la section traitant de la qualité. Dans des secteurs d'activité tels que l'électronique et les télécommunications, le scénario s'est répété et des entreprises, inconnues il y a 10 ou 15 ans, sont devenues des chefs de file au niveau mondial : par exemple LG et Samsung.

Plusieurs entreprises en Amérique du Nord ont changé leur manière de percevoir la qualité et se sont mises à valoriser ce concept. Elles ont embauché des consultants, fait participer leur personnel – notamment des cadres supérieurs – à des séminaires et mis en œuvre de nombreux programmes d'amélioration de la qualité. Ces entreprises ont clairement reconnu

---

1. Voir les cinq objectifs liés à la production au chapitre 1.

que la qualité n'est pas liée à une fonction particulière de l'entreprise : la qualité fait partie intégrante du produit ou du service. Dans les années 1990, les industriels nord-américains avaient réussi à réduire momentanément le fossé qui les séparait des entreprises étrangères. Cependant, même si un produit présente une excellente qualité dans un domaine, cela n'assure pas nécessairement la satisfaction du client. Ainsi, la Buick Régal[2] était reconnue comme la voiture la plus fiable disponible ; pourtant, sa part du marché n'était pas à la hauteur de cette renommée. L'objectif qualité doit être considéré dans un ensemble, aussi bien du point de vue des produits que des services, d'où la notion de qualité intégrale, aussi appelée « qualité totale ou QT ». Néanmoins, cette dernière n'est pas toujours comprise et acceptée. Les mauvais prêts consentis par les établissements bancaires dans les années 2000 en sont un exemple. Cette situation s'est traduite, à la fin de la décennie (2008-2009), par le scandale des investissements dits « toxiques ». C'est pour ces raisons que les efforts de plusieurs entreprises ne furent qu'éphémères et ils sont retombés très vite dans leurs habitudes.

9.2 L'évolution de la gestion de la qualité

Avant la révolution industrielle, des artisans spécialisés effectuaient toutes les étapes de la production. La fierté et la réputation constituaient leur motivation principale à exécuter un travail soigné. Au Moyen Âge et plus tard, des confréries, des associations et des corporations de professionnels permettaient de transmettre cette mentalité grâce à des stages d'apprentissage destinés aux nouveaux travailleurs. Une personne ou une équipe était responsable de l'ensemble du produit.

La division du travail a modifié cette façon de procéder : chaque personne est devenue responsable d'une petite portion du produit. La fierté découlant d'une exécution soignée s'est amenuisée, car les travailleurs ne pouvaient plus s'identifier au produit final. L'atteinte de l'objectif qualité incombait au contremaître. Le contrôle de la qualité devenait totalement aléatoire : tantôt inexistant ou fortuit, tantôt complet et d'une rigueur excessive.

Or, comme il a été précisé à plusieurs reprises : on ne peut améliorer ce qu'on ne peut mesurer. Donc, la qualité commence avec la **métrologie.**

À partir de la Révolution française, le système métrique s'est implanté à toute l'Europe ; on le connaît aujourd'hui sous le nom de « système international (SI) ». En normalisant la façon de mesurer les objets, ce système a permis aux fournisseurs et aux clients de mieux communiquer les spécifications des produits offerts ou recherchés (poids, taille, mesures, etc.). La notion de calibrage était née, et les armées napoléoniennes l'ont appliquée à tout leur armement. Les armées pouvaient donc bénéficier d'un approvisionnement fiable, standardisé, ce qui leur a procuré pendant longtemps un avantage sur leurs adversaires. L'application civile de la mesure et le calibrage des produits ont contribué à l'essor et à l'avancement considérable de l'Europe durant tout le XIXe siècle, les États-Unis étant à cette époque une nation industrielle en voie de devenir.

Frederick Winslow Taylor est considéré comme le « père de l'OST » (*voir le chapitre 7*). Au début du XXe siècle, il a introduit aux États-Unis la mesure et le contrôle de la qualité des produits dans sa liste de priorités de la gestion de la fabrication. G.S. Radford a amélioré les méthodes de Taylor en insistant sur le principe selon lequel il faut tenir compte de la qualité très tôt dans la phase de conception de la production. Il a réussi à prouver qu'une qualité supérieure augmente la productivité, d'où une réduction des coûts de production. Encore aujourd'hui, beaucoup de gestionnaires et de travailleurs comprennent mal cette notion.

En 1924, W. Shewhart, de la société Bell Telephone Laboratories, a créé les cartes de contrôle statistique de la qualité, outil d'une grande utilité qui n'est pas encore utilisé à sa juste valeur dans le domaine des services. Vers 1930, H.F. Dodge et H.G. Romig, également de Bell Telephone Laboratories, ont mis au point les plans d'échantillonnage. (Le chapitre 10 est consacré exclusivement aux cartes de contrôle et aux plans d'échantillonnage.) Malgré tout, le contrôle statistique de la qualité n'a été largement utilisé qu'à partir de la Seconde Guerre mondiale, quand les gouvernements en guerre l'ont imposé à tous leurs fournisseurs. En effet, à ce moment-là, on accordait une grande importance au contrôle de la qualité pour vérifier les importantes livraisons d'armes en provenance de différents fournisseurs. Les belligérants appliquaient et amélioraient systématiquement les techniques d'échantillonnage. À

Métrologie

Science qui s'intéresse à la mesure des caractéristiques physiques des objets, à la définition des unités et des étalons, aux méthodes, aux techniques et aux appareils de mesure utilisés ainsi qu'à la précision obtenue.

---

2. J.D. Powers, *Business Week*, 19 décembre 2003.

la fin des années 1940, les principales facultés de génie enseignaient aux professionnels et aux cadres des entreprises à utiliser ces mêmes techniques d'échantillonnage statistique. En même temps, des organisations professionnelles de promotion de la qualité ont vu le jour partout aux États-Unis, dont l'American Society for Quality Control (ASQC, maintenant appelée ASQ) et l'Institute of Industrial Engineers. Au Québec, la Société canadienne de génie industriel (SCGI, fondée en 1960), l'Association québécoise de la qualité (AQQ, à la fin des années 1980) et le Mouvement québécois de la qualité (MQQ, au début des années 1990) ont vu le jour. Au fil des ans, ces associations ont fait la promotion de la qualité au moyen de publications, de séminaires, de conférences et de programmes de formation. Les facultés de génie, suivies plus tard par celles de gestion, ont commencé à établir des programmes formels dans le domaine. Malgré cela, beaucoup reste à faire. En effet, comme il a été précisé à la section 9.1, la qualité est un objectif en constante évolution.

Au cours des années 1950, sous la poussée d'un nombre grandissant d'experts du domaine, la notion de qualité a évolué pour devenir l'assurance de la qualité. Le Japon a été le premier pays à suivre les conseils de ces experts (*voir la sous-section 9.3.2*). À peu près en même temps, l'approche « coût-qualité » a vu le jour. Cette approche met l'accent sur la définition et la mesure précise et complète du coût de la qualité. On souhaite ici obtenir une diminution des coûts grâce à la prévention, en prônant l'utilisation des techniques de contrôle de la qualité pour y parvenir (*voir la sous-section 9.3.3*). Outre le Japon, ces approches ont été adoptées par l'industrie de la Corée du Sud et de la Chine.

Dans le milieu des années 1950, on a proposé le concept de maîtrise totale de la qualité. La notion de qualité, jusque-là axée sur la fabrication, est incluse dans la conception des produits et le choix des matières premières. L'engagement de la haute direction dans l'amélioration de la qualité donne naissance à la notion de gestion de la qualité (*voir la sous-section 9.3.4*).

Durant les années 1960, la philosophie du « zéro défaut » (*voir la sous-section 9.3.5*) a acquis une popularité croissante. Elle se concentre sur la motivation et la conscience des employés en vue d'une recherche de la perfection. Ce mode de pensée découle du succès qu'a connu la Martin Company avec sa production d'un missile « parfait » destiné à l'armée américaine.

Vers la fin des années 1970, les principes de l'assurance de la qualité sont introduits dans le secteur des services, notamment dans les secteurs gouvernemental, de la santé, des services bancaires et du tourisme.

La qualité a rapidement évolué pour passer de l'assurance de la qualité à l'adoption d'une approche stratégique. Jusque-là, on se concentrait surtout sur la recherche et la correction des défectuosités avant que les produits soient offerts sur le marché. Il s'agissait d'une approche réactive. L'approche stratégique, formulée notamment par David Garvin, professeur de Harvard, est dynamique; elle est axée sur la prévention des erreurs (*voir G.S. Radford, mentionné plus haut*). Selon cette approche, la qualité, la productivité et les profits sont étroitement liés. Malheureusement, il existe encore trop de personnes qui doutent que la qualité et la productivité puissent aller de pair : cette vision est une erreur fondamentale qui a de graves conséquences.

L'approche stratégique en qualité consiste à mettre l'accent sur la satisfaction de la clientèle. Elle fait intervenir tous les échelons de la direction ainsi que les travailleurs dans un effort continu en vue d'accroître la qualité du travail. Elle vise à réduire le gaspillage sous toutes ses formes et les coûts qui y sont rattachés.

9.3 Les maîtres à penser dans le domaine de la qualité

Un noyau d'experts de la qualité a élaboré les nouvelles pratiques visant à atteindre l'objectif qualité. Parmi les plus connus, mentionnons Shewhart, Deming, Juran, Feigenbaum, Crosby, Ishikawa et Taguchi. Ingénieurs de formation, ces grands penseurs ont exercé une influence considérable sur la gestion, l'assurance et le contrôle de la qualité ainsi que sur les philosophies de gestion de l'entreprise moderne.

9.3.1 Walter Shewhart

Walter Shewhart, pionnier du contrôle de la qualité moderne, est reconnu incontestablement comme le père du contrôle statistique de la qualité. Il a été le premier à mettre au point les outils fondamentaux de tout système structuré de contrôle de la qualité, soit les incontournables cartes de contrôle. Aujourd'hui, plusieurs variantes de ces outils sont utilisées (*voir le chapitre 10*). W. Shewhart a fortement influencé ses deux amis, W.E. Deming et J.M. Juran. Ces derniers ont repris le flambeau pour transformer la qualité d'un simple contrôle en une responsabilisation sociale et une philosophie de gestion.

9.3.2 W. Edwards Deming

W. Edwards Deming (1900-1993) a été le premier vrai maître à penser dans le domaine de la gestion de la qualité. Professeur de statistiques à l'Université de New York dans les années 1940, il s'est installé au Japon après la Seconde Guerre mondiale pour aider les Japonais à améliorer la qualité et la productivité de leurs entreprises. Il a été le premier à y introduire les méthodes de contrôle statistique de la qualité, ce qui leur a permis de reconstruire leurs industries ravagées par suite de la Seconde Guerre mondiale. Avant cette période, les produits nippons souffraient d'une renommée peu enviable à cause de leur piètre qualité.

Les Japonais ont été si impressionnés que, dès 1951, après une série de conférences données par Deming, ils ont créé le **prix Deming,** récompense remise annuellement aux entreprises qui se distinguent grâce à des programmes de gestion de la qualité. Vénéré au Japon, Deming a été longtemps rejeté par les gens d'affaires américains qui étaient concentrés sur la recherche des profits rapides et à court terme. Les Américains lui reprochaient son discours trop franc et direct ; ils ne comprenaient pas sa vision de construction et de survie à long terme. En fait, Deming a travaillé au Japon pendant près de 30 ans avant d'être reconnu dans son propre pays. Avant son décès, les entreprises américaines se sont tournées vers lui. Elles ont alors adhéré à sa philosophie et lui ont demandé de l'aide pour établir des programmes d'amélioration de la qualité. Hélas, contrairement à leurs homologues asiatiques, peu de gestionnaires nord-américains se souviennent de lui aujourd'hui. Plusieurs de nos établissements de formation ont oublié ses enseignements. Selon Deming, les entreprises occidentales cumulent les sept tares décrites ci-après.

1. Les entreprises occidentales manquent de constance dans leur orientation lorsqu'il est question de prévoir les produits et les services qui occuperont un marché, pérenniseront l'activité de la société et permettront d'offrir des emplois.

2. Elles mettent l'accent sur les bénéfices à court terme, ce qui s'oppose à la constance décrite ci-dessus. Cette attitude est alimentée par la crainte d'une prise de contrôle inamicale, ainsi que par l'influence de banquiers et de propriétaires avides de dividendes.

3. L'évaluation est basée sur l'efficacité, le mérite ou des entretiens annuels.

4. Elles mettent l'accent sur la mobilité des cadres dirigeants.

5. La gestion des entreprises est soumise à l'utilisation exclusive de chiffres visibles, avec peu ou aucune considération pour les données inconnues ou inconnaissables.

6. Les entreprises sont à l'origine de coûts médicaux excessifs.

7. Elles doivent assumer des dépenses excessives liées aux garanties, gonflées à cause des honoraires d'avocats occupés à réclamer ou à contester les réclamations.

À la lecture de ces sept points, on comprend les raisons pour lesquelles la société occidentale rejetait la vision de Deming. Son héritage le plus important demeure sa liste de 14 points qu'il estimait nécessaires pour atteindre la qualité dans une entreprise (*voir le tableau 9.1 à la page suivante*). Selon lui, les employés ne sont pas la source de l'inefficacité et de la mauvaise qualité d'un système. La haute direction en est la principale responsable et il lui revient de corriger le système pour obtenir les résultats souhaités. Deming insiste sur la nécessité de réduire la variation de la production (l'écart par rapport à la moyenne) en distinguant les causes particulières de la variation (rectifiables) des causes communes de la variation (aléatoires).

Les composantes clés des 14 points de Deming sont la constance des objectifs, l'amélioration continue et la connaissance profonde et globale des systèmes. Cette connaissance intégrale comporte :

1. la connaissance du processus ;

2. une théorie des variations ;

3. une théorie de la connaissance ;

4. la psychologie.

Elle intègre aussi les croyances et les valeurs concernant l'apprentissage qui ont permis au Japon de devenir une puissance économique mondiale.

Prix Deming

Prix institué par la Japan Union of Scientists and Engineers (JUSE) et remis annuellement aux entreprises qui se distinguent par des programmes de gestion de la qualité.

9

Le point de départ de l'approche de Deming est le suivant : la connaissance du système et du processus s'adresse à « tous », c'est-à-dire à tous les membres de l'entreprise travaillant en vue d'atteindre l'optimisation. À cette fin, selon lui, la direction doit éliminer la concurrence interne. La réduction des variations est une clé importante de l'amélioration de la qualité ; elle nécessite la distinction entre les variations aléatoires et celles qui sont attribuables à des situations spéciales, pour se concentrer sur ces dernières. Ces deux types de variations seront étudiés en profondeur au chapitre 10.

Selon Deming, la connaissance est basée sur la théorie, et l'apprentissage ne peut se faire au sein d'une entreprise si la théorie de la connaissance est négligée. Il estime aussi que la psychologie est la composante la plus puissante d'une connaissance approfondie. Les travailleurs souhaitent créer et apprendre, mais la haute direction pose souvent des gestes inconsciemment, comme l'établissement de systèmes d'évaluation qui privent les personnes de leur motivation. Pour atteindre la qualité, la direction doit, au contraire, motiver les travailleurs afin qu'ils unissent leurs efforts dans le but d'atteindre un objectif commun. Finalement, il est nécessaire d'embrasser la notion de connaissance profonde dans son ensemble pour en tirer profit.

TABLEAU 9.1 ▼

Les 14 points de Deming[3]

1. Se fixer des objectifs d'amélioration des produits et des services qui soient cohérents avec la volonté de devenir concurrentiel, de rester en affaires et de fournir du travail.

2. Adopter la nouvelle philosophie : dans cette nouvelle ère économique, on ne peut plus vivre avec les niveaux communément acceptables de délais, d'erreurs et de matériel défectueux.

3. Ne pas attendre le contrôle des extrants pour atteindre la qualité. Demander plutôt des preuves statistiques de l'intégration de la qualité au produit ou au service. Établir une approche préventive dans toutes les composantes du système : machines, main-d'œuvre, méthode, matière, milieu (les « 5 M »).

4. Cesser d'acheter en courant les rabais. Rechercher les contrats à long terme avec les mêmes fournisseurs pour réduire les coûts. Les relations loyales doivent être basées sur le respect mutuel afin de créer un climat de confiance visant l'amélioration permanente fournisseurs-clients. Cette approche nécessite l'adoption préalable des 14 points.

5. L'amélioration du système opérationnel doit être permanente pour augmenter la qualité et la productivité et réduire les coûts. C'est aux gestionnaires de travailler continuellement à perfectionner les systèmes en déterminant les occasions et les sujets d'amélioration des connaissances théoriques pour les matières premières, la maintenance, les équipements, la formation, la supervision et le perfectionnement.

6. Mettre en place des méthodes modernes de formation sur les lieux de travail.

7. Développer chez les superviseurs un esprit de meneurs et une aptitude à aider le personnel dans son travail et à mieux faire fonctionner l'équipement. La responsabilité des contremaîtres doit viser la qualité plutôt que la quantité, ce qui améliorera automatiquement la productivité. La direction doit se préparer à donner suite immédiatement aux rapports présentés par les contremaîtres qui font état de problèmes liés à des défectuosités intrinsèques, des machines mal entretenues, de mauvais outils et d'une définition floue des opérations.

8. Éliminer les craintes afin que tous les employés travaillent efficacement pour l'entreprise.

9. Abattre les barrières entre les services. Les employés de la recherche et développement (R&D), de la conception, des ventes et de la production doivent former une équipe.

10. Éliminer les affiches, les slogans, la gestion par objectifs de quantité, de qualité ou de productivité. Les ressources affectées à ces campagnes seraient plus profitables à la formation du personnel, à l'élimination des causes entraînant la non-amélioration ou de faiblesse des résultats.

11. Éliminer les normes de travail qui recommandent des quotas. (Deming a observé que l'employé qui a atteint l'objectif fixé n'est pas motivé à se dépasser, d'où une baisse d'innovation ou d'amélioration.)

12. Rapprocher les travailleurs et leur donner la fierté d'un travail bien fait.

13. Instituer un vigoureux programme d'éducation et de formation.

14. La transformation est l'affaire de tous. Créer une structure au sein de la haute direction pour l'amener à travailler en respectant les 13 points susmentionnés.

Source : W. Edwards Deming, *Quality, Productivity, and Competitive Position*, Cambridge (Massachusetts), MIT, Center for Advanced Engineering Study, 1982, p. 16-17.

9.3.3 Joseph M. Juran

Comme Deming, Joseph M. Juran (1904-2008), ingénieur électrique de formation, a enseigné aux fabricants japonais à améliorer la qualité de leurs biens. On peut aussi le considérer comme un des principaux responsables du succès du Japon et de la Corée. Il a fait son premier voyage au Japon quelques années après la publication de son livre, *Quality Control Handbook*, en 1951.

---

3. C. Benedetti et J. Guillaume, *Gestion des approvisionnements et des stocks*, Laval, Éditions Études Vivantes, 1992, p. 93.

Parmi tous les maîtres à penser au regard de la qualité, Juran est le plus près de Deming, bien que son approche diffère quant à l'importance accordée aux méthodes statistiques et aux actions que les entreprises doivent mettre en œuvre pour atteindre la qualité. Alors que l'approche de Deming est axée sur la « transformation », Juran estime qu'une entreprise est en mesure de gérer la qualité. Il ne croit pas que la gestion de la qualité soit aussi difficile que l'estimait Deming, même s'il admet que la plupart des programmes de qualité échouent parce que les entreprises ne savent pas à quel point il est difficile d'élaborer de nouveaux processus. La **qualité, selon Juran,** débute avec la connaissance des besoins des clients. De plus, Juran estime que la qualité est l'aptitude à l'usage (*quality is fitness for use*). Cette notion consiste à assurer qu'un produit, un service ou une structure soit apte à remplir son rôle convenablement en fonction de conditions précises. Selon lui, la direction est en mesure de résoudre environ 80 % des problèmes de qualité ; par conséquent, c'est à elle de les corriger. Il décrit la gestion de la qualité comme une trilogie constituée de la planification de la qualité, du contrôle de la qualité et de l'amélioration de celle-ci[4]. Juran soutient qu'il est nécessaire de planifier la qualité pour établir des processus capables de répondre à des normes de qualité. Le contrôle de la qualité est essentiel pour quiconque veut savoir à quel moment une mesure de correction s'impose, et l'amélioration de la qualité permet de trouver de meilleures façons de procéder. Le point principal de la philosophie de Juran est l'engagement de la direction dans l'amélioration continue.

On attribue à Juran le mérite d'avoir été l'un des premiers à mesurer les coûts de la qualité et d'avoir démontré que, si on arrive à diminuer les coûts qui découlent de la mauvaise qualité[5], les profits augmenteront. Il a aussi établi une approche en 10 étapes pour améliorer la qualité (*voir le tableau 9.2*).

Qualité selon Juran

La qualité est l'aptitude à l'usage, c'est-à-dire l'aptitude à remplir son rôle convenablement selon des conditions indiquées.

www.brasnah.com/
Qualite/lavision.htm
www.juran.ca

▾ **TABLEAU 9.2**

Les 10 étapes de Juran pour améliorer la qualité

1. Sensibiliser les gens à la nécessité de l'amélioration et aux occasions d'amélioration.	7. Accorder de la reconnaissance.
2. Établir des objectifs d'amélioration.	8. Communiquer les résultats.
3. Améliorer l'organisation afin que les gens puissent atteindre ces objectifs.	9. Tenir compte des résultats.
4. Fournir de la formation continue à tous les membres de l'entreprise.	10. Préserver la dynamique de l'entreprise en intégrant les améliorations annuelles dans les systèmes et les processus.
5. Mener à bien des projets destinés à résoudre les problèmes.	
6. Faire mention des progrès.	

Source : Joseph M. Juran, *Quality Control Handbook*, New York, McGraw-Hill, 1951.

9.3.4 Armand Vallin Feigenbaum

Armand Vallin Feigenbaum (1920-) a élaboré la théorie des « coûts de non-conformité » pour convaincre la haute direction de jouer un rôle dans l'amélioration de la qualité. Quand on demande aux gens de s'engager, on exige beaucoup plus que la simple participation. À l'âge de 24 ans, Feigenbaum était le principal expert de la qualité à la société General Electric. Selon lui, la qualité n'est pas simplement qu'un ensemble d'outils et de techniques, mais un domaine complet. Il a constaté que lorsque des améliorations étaient apportées à un processus, d'autres secteurs de l'entreprise s'en trouvaient également améliorés.

Sa compréhension de la théorie des systèmes lui a permis de créer un environnement dans lequel les gens peuvent apprendre à partir des succès des autres. Grâce à son leadership et à son idée de milieu de travail ouvert, il a instauré le travail en équipe interfonctionnel. En 1961, en publiant son manuel *Total Quality Control*, il étayait les principes de la qualité en 40 étapes. Le tableau 9.3, à la page suivante, présente la liste des principales notions de Feigenbaum et ce qui le distingue des autres maîtres à penser.

D'après Feigenbaum, c'est le client qui définit la qualité, ce à quoi Deming était en total désaccord. En effet, ce dernier soutenait qu'il revenait aux entreprises d'apprendre à connaître leurs clients et à anticiper leurs besoins.

---

4. J.M. Juran, « The Quality Trilogy », *Quality Progress*, vol. 10, n° 8, août 1986, p. 19-24.

5. On peut se procurer la série vidéo de *Juran on Quality* au Juran Institute, à Wilton (Connecticut).

1. La maîtrise totale de la qualité est un système qui intègre l'élaboration, le maintien et les efforts en vue de l'amélioration de la qualité dans une entreprise. Ce système permettra à l'ingénierie, au marketing, à la production et au service après-vente de fonctionner à des niveaux économiques optimaux tout en satisfaisant la clientèle.

2. L'aspect « maîtrise » du contrôle de la qualité doit comporter l'établissement de normes de qualité, l'évaluation de la performance par rapport à ces normes, l'adoption de mesures de correction, le cas échéant, et la planification de l'amélioration des normes.

3. Les facteurs qui influent sur la qualité peuvent être divisés en deux principales catégories : les facteurs technologiques et les facteurs humains, ces derniers étant les plus importants.

4. Les coûts d'opération de la qualité peuvent être divisés en quatre catégories : les coûts de prévention, d'évaluation, de défaillance interne et de défaillance externe.

5. Il est important de contrôler la qualité à la source.

Source : Adapté de l'ouvrage de P. Capezio et D. Morehouse, *Taking the Mystery Out of TQM*, 2ᵉ édition, Franklin Lakes (New Jersey), Career Press, ©1995, p. 100-101.

TABLEAU 9.3 ▲

Les principaux éléments de la philosophie de la qualité selon Feigenbaum

9.3.5 Philip B. Crosby

Philip B. Crosby a travaillé à la société Martin Marietta dans les années 1960. C'est à ce moment-là qu'il a créé la notion de « zéro défaut » et a popularisé l'expression « Faites-le bien dès la première fois ». Il a mis l'accent sur la prévention et s'est opposé à l'idée qu'« il y aura toujours un certain niveau de défectuosités ». Vice-président de la qualité à la société ITT dans les années 1970, il a contribué à faire de la qualité une préoccupation pour les cadres de l'entreprise. Dans son livre *Quality is Free*, paru en 1979, il explique les notions de qualité en termes simples.

Crosby estime que tout niveau de défectuosité doit toujours être considéré comme inacceptable et que la direction doit instaurer des programmes qui aideront l'organisation à atteindre l'objectif zéro défaut.

Parmi les principaux points avancés par Crosby, mentionnons les suivants[6] :

1. La haute direction doit prouver son engagement dans la qualité et montrer sa volonté d'obtenir une bonne qualité.

2. La direction doit persévérer dans ses efforts en vue d'atteindre une bonne qualité.

3. La direction doit clairement préciser le niveau de qualité désiré et ce que les travailleurs doivent accomplir pour l'atteindre.

4. Faites-le bien dès la première fois.

Contrairement aux autres maîtres à penser, Crosby soutient que l'atteinte de la qualité peut être relativement simple. Dans son livre *Quality Without Tears*, il introduit la notion de la « qualité sans coûts ». Selon cette notion, les coûts d'une mauvaise qualité sont beaucoup plus élevés que ce à quoi on pourrait s'attendre, et les coûts liés aux améliorations de la qualité se paieront toujours d'eux-mêmes.

9.3.6 Kaoru Ishikawa

Kaoru Ishikawa (1915-1989) était ingénieur chimiste de formation. Cet expert japonais de la qualité a fortement subi l'influence de Deming et de Juran, bien qu'il ait lui-même grandement contribué à la qualité totale. Parmi ses principales contributions, mentionnons l'élaboration du diagramme cause-effet (également appelé « diagramme en arêtes de poisson » ou « diagramme d'Ishikawa ») pour résoudre des problèmes et mettre en place des cercles de qualité faisant participer les travailleurs à l'amélioration de la qualité. Ces diagrammes seront décrits plus loin dans ce chapitre.

Ishikawa a été le premier expert de la qualité à attirer l'attention sur le **client interne** : dans toute organisation, chaque personne fournit des objets et des services à une personne qui la suit dans la chaîne des opérations. Donc, toute personne (ou service) est le client d'une personne en aval, et elle est aussi le fournisseur de toute personne en amont.

Ishikawa a aussi été l'un des premiers à encourager les entreprises à unir tous leurs travailleurs pour atteindre un objectif commun. De plus, il est largement reconnu pour ses efforts en vue de rendre « convivial » le contrôle de la qualité pour les travailleurs. Certains plans orthogonaux d'expérience portent son nom[7].

Client interne

À l'intérieur d'une organisation, personne ou service à qui l'on fournit les objets et les services créés.

---

6. P. Crosby, *Quality Without Tears : The Art of Hassle-Free Management*, New York, McGraw-Hill, 1984.

7. Les plans d'expérience, et les plans orthogonaux qui s'y rattachent, sont couverts dans les ouvrages spécialisés.

9.3.7 Genichi Taguchi

Genichi Taguchi (1924-), autre ingénieur praticien, est reconnu pour l'élaboration de la « fonction de perte », formule qui détermine les coûts d'une piètre qualité. Selon lui, l'écart d'une pièce par rapport à une norme cause une perte, et l'effet combiné des écarts de toutes les pièces par rapport à la norme définie peut être important, même si chaque écart est petit. À l'opposé, Deming croyait qu'il était impossible de déterminer les coûts effectifs du manque de qualité, et Crosby estimait qu'il serait difficile d'appliquer cette notion à la plupart des entreprises américaines. Néanmoins, la méthode de Taguchi a aidé la Ford Motor Cie à réduire les pertes liées aux réclamations sous garantie par une diminution des variations dans la production des transmissions.

9.3.8 Taiichi Ohno et Shigeo Shingo

Taiichi Ohno et Shigeo Shingo, ingénieurs japonais à la société Toyota, ont notamment élaboré la philosophie et les applications de la méthode *kaïzen*, terme japonais signifiant « amélioration continue ». Cette approche est responsable des succès de la gestion intégrale de la qualité dans l'ensemble des entreprises l'ayant adoptée (*voir le chapitre 15*).

Le tableau 9.4 résume les principales contributions des maîtres à penser de la gestion de la qualité moderne.

◄ **TABLEAU 9.4**

Principaux maîtres à penser de la qualité totale

Contributions principales	
Cavé	Les cartes de contrôle
Crosby	La qualité est gratuite ; la philosophie zéro défaut
Deming	Les 14 points ; les causes particulières et les causes communes de la variation
Feigenbaum	La qualité est un champ complet ; le client définit la qualité
Ishikawa	Les diagrammes cause-effet, les cercles de qualité
Juran	La qualité, c'est l'aptitude à l'usage ; la trilogie de la qualité
Shewhart	Les cartes de contrôle
Taguchi	Le plan d'expérience
Ohno et Shingo	L'amélioration continue (la méthode *kaïzen*)

9.3.9 Les autres pionniers

À côté de ces grands noms, on ne peut passer sous silence d'autres grands acteurs du domaine et porteurs de flambeau qui ont influencé plusieurs générations de gestionnaires de la qualité. Les plus connus sont mentionnés ci-après.

- René Cavé, diplômé de l'École polytechnique de Paris et ingénieur militaire en chef de l'Armement, a développé en 1953 une approche originale du contrôle statistique. Cette vision se base sur le respect des normes demandées, ce que le client veut, et non pas sur les capacités d'opération de l'entreprise, ce que l'entreprise peut faire. Cette approche demeure révolutionnaire pour plusieurs gestionnaires nord-américains. Elle est à la base de la philosophie du **balisage, parangonnage** (*benchmarking*) ou analyse comparative (*voir la sous-section 9.11.4*). Nous y reviendrons au chapitre 10.
- Pierre F. Caillebot, ingénieur chez Hydro-Québec, a été un pionnier de renommée internationale pour le développement des normes canadiennes Z299 et des normes internationales ISO 9001. Il demeure un membre actif de l'Organisation internationale de normalisation (ISO).
- Joseph N. Kélada, professeur aux Hautes Études commerciales de Montréal, a influencé par ses ouvrages plusieurs administrateurs à propos de l'importance de la qualité totale pour la survie de leur entreprise. Il a été parmi les pionniers à souligner l'importance de la qualité totale dans le secteur des services. Ses écrits sont aujourd'hui la norme en ce qui concerne la qualité dans le monde des services.
- Youssef A. Youssef est professeur à l'École de technologie supérieure de Montréal. Grâce à son approche linéaire, directe, basée sur la simplicité et le pragmatisme, il a mis l'accent sur l'importance de la mesure de la qualité comme bougie d'allumage de tout programme de qualité. Il a été à l'origine du premier certificat professionnel en qualité dans le domaine, influençant ainsi plusieurs générations de techniciens, d'ingénieurs et d'administrateurs.

9.4 Les notions de base de la qualité

Pour pouvoir déployer un effort sérieux en vue de gérer la qualité, il faut d'abord clairement comprendre la signification du mot « qualité ».

9.4.1 Les caractéristiques et les dimensions de la qualité

Le mot « qualité » revêt plusieurs sens. Il désigne parfois la catégorie d'un produit, comme les catégories de viande, d'œufs ou de légumes : catégorie A, etc. Dans d'autres cas, il fait référence aux matériaux, à la main-d'œuvre et à des caractéristiques particulières comme « à l'épreuve de l'eau » ou « arôme subtil ». Enfin, il est parfois associé aux coûts : « bon marché » ou « coûteux ».

À partir des exemples précédents, on voit que les caractéristiques d'un objet, c'est-à-dire sa qualité, peuvent être soit d'ordre quantitatif et mesurable (le prix, la taille, le poids, etc.) ou d'ordre qualitatif (l'arôme, le goût, etc.). De plus, la notion de qualité variera en fonction du type de client : **client consommateur, client industriel.** Le client consommateur choisit la qualité des produits en fonction de leur disponibilité : l'image d'une télévision perfectionnée de grande qualité des années 1970 n'est plus comparable avec la notion actuelle d'une image haute définition. Le client industriel, quant à lui, définira la qualité attendue de son fournisseur en fonction des spécifications du produit désiré. Il ne veut pas forcément la meilleure qualité, mais la qualité spécifiée, ni plus ni moins. En fait, il est évident que du point de vue du client, la qualité ne concerne pas un seul aspect d'un produit ou d'un service, mais plusieurs dimensions.

La qualité des produits

Bien que la notion de qualité varie en fonction des produits, des services et des clients, David Garvin a détaillé les caractéristiques de la qualité des produits, du point de vue quantitatif et qualitatif, en définissant les **dimensions de la qualité** mentionnées ci-après[8].

1. La performance — les principales caractéristiques du produit ou du service
2. L'esthétique — l'apparence, l'impression, le parfum, l'arôme, le goût
3. Les caractéristiques spéciales — les caractéristiques supplémentaires
4. La conformité — une réponse satisfaisant les attentes des clients.
5. La fiabilité — une performance stable et prévisible, pas de variabilité
6. La durabilité — la vie utile du produit ou du service
7. La perception — l'évaluation personnelle, subjective et indirecte de la qualité (comme la réputation)
8. Le service après-vente — le traitement des plaintes ou le suivi de la satisfaction de la clientèle

Il faut insister sur le fait que le coût n'est pas considéré ici comme une dimension de la qualité. Le tableau 9.5 présente les dimensions de la qualité qui s'appliquent à une automobile. On peut alors comparer différentes automobiles avec des caractéristiques ou dimensions semblables.

9

Dimension de la qualité

Approche pour déterminer la qualité d'un produit à l'aide de huit caractéristiques spécifiques.

TABLEAU 9.5 ▸

Dimensions de la qualité de produit dans l'industrie automobile

Dimension	Exemple
1. Performance	Tout fonctionne : assemblage, finition, tenue de route, accélération, freinage
2. Esthétique	Design intérieur et extérieur du véhicule
3. Caractéristiques spéciales	Freins ABS, porte-gobelet, chaîne stéréo, ergonomie intérieure, sécurité des passagers
4. Conformité	Respect des spécifications et des tolérances fixées par le manufacturier
5. Fiabilité	Fonctionnement sans défaillance des différents composants durant des périodes précisées et connues
6. Durabilité	Vie utile du véhicule, résistance à la corrosion et au vieillissement
7. Perception	Image perçue dans l'industrie
8. Service après-vente	Réseau de concessionnaires et son efficacité

_____

8. Cette classification est inspirée de l'article de David A. Garvin, « What Does *Product Quality* Really Mean ? », *Sloan Management Review*, vol. 26, n° 1, 1984, p. 25-43.

La qualité des services

Dans le secteur des services, les caractéristiques de la qualité sont définies selon les dimensions suivantes[9] :

1. La tangibilité — l'apparence physique des lieux, des équipements et de l'aménagement
2. L'accessibilité — la disponibilité et la facilité à joindre les services de l'organisation
3. La fiabilité — la capacité de réponse systématique, précise et disponible
4. La capacité de réponse — la volonté et le potentiel des opérateurs à dépanner le client dans des situations spéciales
5. Les délais — le temps de réponse
6. L'assurance — la perception, de la part du client, que l'offreur du service cherche à bien le servir et qu'il connaît son produit
7. La courtoisie — le traitement de la clientèle par les employés de première ligne (ceux qui sont en contact direct avec le client)

Le tableau 9.6 présente les dimensions de la qualité appliquées à un atelier de mécanique automobile. Il permet de comparer différents ateliers à l'aide d'une même liste de caractéristiques ou de dimensions.

Dimension	Exemple
1. Tangibilité	Propreté et hygiène des lieux et du personnel
2. Accessibilité	Facilité d'accéder aux garages
3. Fiabilité	La réparation a-t-elle été effectuée selon les besoins exprimés ?
4. Capacité de réponse	Les questions et les appréhensions ont-elles été satisfaites clairement ou minimalement ?
5. Délais	Respect des temps prévus pour les travaux
6. Assurance	Les offreurs du service connaissaient-ils leur tâche ?
7. Courtoisie	Le service à la clientèle était-il à la hauteur de l'image projetée ?

◄ TABLEAU 9.6

Dimensions de la qualité des services dans la réparation automobile

9

Soulignons le fait que l'établissement des dimensions de la qualité fournit un canevas commun pour comparer différents produits ou services et éventuellement améliorer leur qualité. Il est vrai que la définition des dimensions demeure subjective : elle est vue par les yeux de l'analyste. Cependant, cette subjectivité est identique pour tous les produits ou services dont il est question, d'où une certaine constance dans la comparaison. Pour minimiser l'effet de cette subjectivité, il est important de quantifier, de mesurer le plus possible les dimensions, d'où la notion de caractéristiques quantitatives. Comme on l'a déjà précisé, on ne peut améliorer ce qu'on ne peut mesurer. À titre d'exemple, au lieu de dire : ce garage répond plus rapidement aux réparations demandées, on pourrait obtenir un indice du taux de réponse, par exemple 95 % des réparations sont réalisées dans les délais prescrits.

Or, il faut adapter la définition des caractéristiques à la raison d'être de l'entreprise et l'interpréter adéquatement dans chaque situation. Par exemple, la notion de délais de réponse (cinquième dimension) est différente dans un restaurant rapide et un restaurant de classe moyenne ou grande. Dans le premier cas, on recherche la rapidité ; dans l'autre, on désire un temps de réflexion pour le choix des repas. De plus, dans un même restaurant, les clients du midi et ceux du soir auront des attentes différentes quant aux délais de réponse. La mesure de la satisfaction de cette dimension devrait en tenir compte.

9.4.2   Les phases décisionnelles de la qualité

Pour établir la qualité d'une entreprise, il est suggéré de suivre les étapes ou **phases de décisions** principales suivantes :

- déterminer le niveau de qualité ;
- définir la politique de qualité ;
- rédiger un manuel de qualité

---

9. Adapté de V.A. Zeithhaml, A. Parasuraman et L.L., Berry, *Delivering Quality Service and Balancing Customer Expectations*, New York, The Free Press, 1990 ; et de J.R. Evans et W.M. Lindsey, *The Management and Control of Quality*, 3ᵉ édition, St-Paul (Minnesota), West Publishing, 1996.

Niveau de qualité

Décision stratégique définissant le degré de qualité à promettre au client.

Politique de qualité

Décision tactique établissant les caractéristiques des ressources et des moyens à utiliser pour atteindre le niveau de qualité désiré.

Manuel de qualité

Document énonçant la politique sur la qualité et décrivant le système qualité d'un organisme.

9

Assurance de la qualité

Ensemble d'activités systématiques prévues et nécessaires à l'obtention d'une confiance suffisante dans le comportement satisfaisant en activité d'une structure, d'un système ou d'une composante.

Qualité de conception

Intention des concepteurs d'inclure ou d'exclure des caractéristiques dans un produit ou un service.

Le **niveau de qualité** est une décision stratégique : il s'agit ici de définir le type de marché auquel on s'adresse et le degré de qualité, la disponibilité, les délais de livraison, les prix et autres spécifications qu'on veut assurer au client. Par exemple, un stylo Bic et un Mont Blanc n'auront pas le même niveau de qualité, bien qu'ils remplissent la même fonction de base : écrire. Ils satisferont des clientèles et des besoins différents. Il revient à la haute direction de définir le niveau de qualité à offrir.

Une fois le niveau de qualité arrêté, on définira la **politique de qualité.** Il s'agit ici de déterminer les ressources ou les « 5 M » (*voir le chapitre 1*), utilisés pour créer les biens et les services selon le niveau de qualité précisé.

D'une façon succincte, la phase de décisions sur la politique de qualité couvre les choix suivants :

1er M : Matières premières achetées — le choix des matières à utiliser et des fournisseurs attitrés ;

2e M : Main-d'œuvre — les personnes de métier à embaucher, leur niveau de formation et l'actualisation de leurs compétences ;

3e M : Machines et équipement — le type d'équipement, son degré de complexité et de flexibilité, la remise à neuf périodique nécessaire pour assurer son bon fonctionnement ;

4e M : Méthodes — les types de procédés et les méthodes de travail à adopter ;

5e M : Milieu — la localisation, l'aménagement des postes de travail, l'éclairage, la ventilation et la sécurité des travailleurs en milieu de travail.

Toutes les directives de fonctionnement fixées durant la phase de décisions sur la politique de qualité seront énoncées par écrit dans un document appelé **manuel de qualité.** Ce manuel est présenté à tout auditeur ou client désirant connaître les actions entreprises par l'organisation pour assurer l'atteinte du niveau de qualité, et qui en fait foi.

Il ne faut pas oublier que dans tout système d'opération, la meilleure qualité obtenue à l'extrant est fonction de la plus faible qualité dans les éléments utilisés (les 5 M). C'est le raisonnement classique, déjà vu lors de l'établissement de l'équilibrage des chaînes d'opération, qui s'applique ici, à savoir que « la force d'une chaîne dépend de son maillon le plus faible ». Ainsi, on ne peut avoir un produit fini dont la qualité dépasse la qualité de la matière première utilisée. Le respect des politiques de qualité, inscrites dans le manuel de qualité, donnera comme résultat l'**assurance de la qualité.** Pour assurer la qualité dans un marché qui s'est résolument internationalisé, on a créé un organisme international de normalisation : l'International Organization for Standardization — ISO (ou Organisation internationale de normalisation), sujet qui sera abordé plus loin.

Les deux chapitres concernant la qualité traitent de différentes politiques de qualité qui permettent d'atteindre le niveau de qualité désiré. La sous-section 9.4.3 présente les facteurs qui déterminent le niveau de qualité.

9.4.3 Les facteurs déterminants de la qualité

Quatre facteurs principaux déterminent le degré de satisfaction au regard d'un produit ou d'un service :

1. La conception ou le design (les spécifications)
2. Le degré de conformité par rapport à la conception
3. La facilité d'utilisation
4. Le service après-vente

La phase de la conception constitue le point de départ du niveau de qualité final. C'est au moment de la conception que sont précisées les caractéristiques du produit ou du service : sa taille, sa forme et son créneau sur le marché. La **qualité de conception** désigne l'intention des concepteurs d'inclure ou d'exclure, lors de la conception du produit ou du service, certaines caractéristiques. Par exemple, on trouve aujourd'hui sur le marché plusieurs modèles d'automobiles. Ces modèles se distinguent sur le plan de la taille, de l'apparence, de l'espace, de la performance, de la consommation de carburant, du confort et des matériaux utilisés. Ces différences reflètent les choix des concepteurs qui détermineront la qualité de conception. Leurs décisions doivent tenir compte des attentes des clients, des fonctions de la production ou du service, de la sécurité, de la responsabilité (durant la production et après la livraison), des coûts et d'autres facteurs semblables[10].

Les concepteurs peuvent déterminer les attentes des clients à partir de l'information fournie par le service marketing, qui procédera à des études de marché menées auprès des consommateurs. Le marketing peut organiser des **groupes de discussion** de consommateurs pour obtenir leur point de vue sur un produit ou un service (ce qu'ils aiment ou pas, ce qu'ils souhaiteraient). Soulignons que ces consommateurs peuvent être internes ou externes (*voir la notion de client interne décrite plus haut et celle de client externe décrite plus loin*).

Les designers doivent travailler en étroite collaboration avec les responsables des opérations pour s'assurer de la fabricabilité des produits, c'est-à-dire si le service de production dispose des équipements, de la capacité et des habiletés nécessaires pour créer l'objet. Une mauvaise conception entraîne des problèmes de production ou de service après-vente. Par exemple, il peut être difficile d'obtenir les matériaux, de respecter les spécifications ou de suivre les procédures d'utilisation. Si, au départ, la conception est discutable, aucun procédé de fabrication ne pourra donner la qualité souhaitée au produit. On ne peut s'attendre à ce qu'un travailleur produise de bons résultats si les procédures de travail et les outils fournis sont inadéquats. D'autre part, une excellente conception ne peut pas compenser une mauvaise fabrication. Le lien entre le niveau de qualité et la politique de qualité est plus qu'évident. C'est cette notion qui a été expliquée dans la section sur l'ingénierie simultanée (*voir la sous-section 4.6.5*).

La **qualité de conformité** désigne le degré de qualité des biens par rapport aux fins visées par les concepteurs. Résultant de la politique de qualité adoptée, elle est influencée par les facteurs de production (intrants) tels que la capacité des machines, les compétences, la formation et la motivation de la main-d'œuvre, l'engagement de la conception dans la production, le processus de contrôle et des opérations, et finalement les mesures correctives (politique de résolution de problèmes, par exemple).

La qualité ne s'arrête pas au moment où le produit ou le service est vendu ou livré. La facilité d'utilisation et les instructions destinées aux utilisateurs y contribuent également. Ces deux éléments font en sorte – mais ne garantissent pas – que le produit sera utilisé de la bonne façon et qu'il continuera de fonctionner de manière appropriée et sûre. Souvent les entreprises impliquées dans des litiges de responsabilité civile soutiennent que les blessures et les dommages ont été provoqués à cause d'un mauvais emploi du produit par l'utilisateur. Ce raisonnement s'applique aussi au secteur des services. Les clients doivent être clairement informés de ce qu'ils doivent faire ou non, car ils risquent d'effectuer une action qui nuira à la qualité du service. Donnons simplement l'exemple du médecin qui oublie de préciser au patient de prendre le médicament avant les repas et non à jeun ou celui de l'avocat qui omet d'informer son client du délai prescrit pour déposer une plainte.

Une bonne part de l'éducation des consommateurs prend la forme de directives ou d'étiquettes imprimées. Ainsi, les fabricants doivent s'assurer que ces dernières sont clairement visibles et faciles à comprendre, qu'il s'agisse des instructions de déballage, d'assemblage, d'utilisation, d'entretien et de réglage du produit, ou encore des directives en cas de problèmes (par exemple se rincer les yeux à l'eau, appeler un médecin, provoquer ou non le vomissement, débrancher l'appareil immédiatement après usage, etc.). L'usage de la langue bien parlée et écrite revêt ici une importance primordiale pour éviter les mauvaises interprétations. Dans la mesure du possible, l'utilisation de pictogrammes universels ainsi que de **détrompeurs** (*poka-yoke* en japonais) est fortement conseillée pour éviter toute mauvaise utilisation. Ainsi, dans certains guichets automatiques, l'utilisateur ne peut insérer la carte dans la fente de la machine que d'une seule façon.

Pour plusieurs raisons, les produits ne fonctionnent pas toujours comme on le prévoyait, et les services ne produisent pas toujours les résultats souhaités. Quelle qu'en soit la raison, du point de vue de la qualité, il est important de remédier à la situation – par le rappel ou la réparation des produits, la rectification, le remplacement, le rachat ou la réévaluation d'un service – et de faire le nécessaire pour que le produit ou le service soit conforme à la norme prescrite.

Groupe de discussion

Groupe de consommateurs, dans les études de marché, qui expriment leur opinion sur un produit ou un service.

Qualité de conformité

Degré de respect de la qualité des produits et des services offerts par rapport aux objectifs annoncés.

Détrompeur (*poka-yoke*)

Dispositif technique le plus simple possible mis en place pour éviter toute erreur humaine lors de la réalisation ou de l'utilisation des produits ou des services.

---

10. Voir la section 4.8 sur le déploiement de la fonction qualité (DFQ).

Le suivi de l'utilisation du produit, les sondages et les enquêtes après-vente auprès du client constituent les approches par excellence pour recueillir l'information permettant de procéder aux corrections et aux améliorations, et ce, d'une façon continue, d'où la philosophie d'amélioration continue qui sera présentée plus loin.

9.4.4 Les conséquences de la non-qualité

Toute organisation qui veut adopter une démarche qualité doit reconnaître la portée de la qualité de ses produits ou de ses services et en tenir compte dans l'élaboration et le maintien d'un programme d'assurance qualité. Une qualité non conforme touche l'entreprise à plusieurs points de vue, principalement en ce qui concerne :

- la perte de parts de marché ;
- la responsabilité civile ;
- la productivité ;
- les coûts.

Une mauvaise conception peut entraîner la perte de parts de marché (*voir le chapitre 4*). Dans le cas d'une organisation à but lucratif, si l'on ne porte pas suffisamment attention à la qualité, on risque de détruire l'image de l'entreprise, d'où une perte de clientèle. Dans le cas d'organisations sans but lucratif, on s'expose aux critiques et aux contrôles des organismes gouvernementaux.

Une conséquence néfaste pour le producteur est la réaction des consommateurs qui reçoivent des pièces défectueuses ou des produits et des services insatisfaisants. Toutes les recherches dans le domaine ont démontré que, s'il est vrai qu'un client satisfait partagera son expérience avec quelques personnes, un client insatisfait le fait savoir à 19 autres personnes en moyenne !

Malheureusement, l'entreprise qui offre le produit est souvent la dernière à être informée de cette insatisfaction. Les gens se plaignent rarement au fournisseur de la mauvaise qualité. En fait, selon ces mêmes études, ils se plaignent généralement à leurs contacts les plus immédiats (un vendeur ou un gérant, par exemple), et ces plaintes sont rarement transmises en amont de la chaîne d'approvisionnement. La réaction la plus immédiate consiste simplement à se tourner vers les produits ou les services des concurrents. En général, moins de 5 % des clients insatisfaits formulent des plaintes formelles[11], et souvent ces dernières ne sont pas prises en considération.

Plusieurs gestionnaires donnent comme directives au service à la clientèle après-vente le mandat de minimiser et d'étouffer les plaintes. Le client est considéré comme un plaignant qui ne peut pas savoir ce qu'il veut. Cette attitude est carrément suicidaire.

Les entreprises doivent accorder une attention particulière à leur responsabilité civile en cas de dommages ou de blessures provoqués par une conception défectueuse ou une mauvaise fabrication. Cette préoccupation s'applique tant aux produits qu'aux services. Par exemple, un bras de commande de direction mal conçu ou son assemblage défectueux peut entraîner une perte de contrôle du véhicule. En 2009 et 2010, le cas des pédales d'accélération mal conçues de Toyota en est un autre exemple, qui a failli coûter cher au fabricant : le fait de prendre ses responsabilités et d'être à l'écoute du client l'a sauvé. D'autre part, si l'on demande à un émondeur d'attacher avec un câble une branche maîtresse au tronc d'un arbre et que, par la suite, cette branche tombe et endommage la voiture d'un voisin, on pourrait rendre l'émondeur responsable de l'accident (procédure de raccordement mal conçue ou exécution professionnelle inappropriée). Les responsabilités civiles concernant des produits de mauvaise qualité ont été déterminées par voie juridique. Pour une entreprise, les coûts associés à la responsabilité civile peuvent parfois être considérables, surtout s'il y a un grand nombre d'unités en circulation, comme dans le cas de l'industrie automobile, ou encore si la population risque de subir des blessures ou des dommages (accidents dans les centrales nucléaires, fuite de pétrole dans le golfe du Mexique au printemps 2010 : la pétrolière BP s'en est sortie avec difficulté).

Les garanties écrites explicites ainsi que les garanties générales implicites assurent la sûreté du produit si celui-ci est utilisé convenablement. Le producteur n'a pas à préciser toutes les conditions et les caractéristiques d'un produit pour assurer la garantie de son bon

---

11. The Ernst & Young Quality Improvement Consulting Group, *Total Quality : An Executive's Guide for the 1990s*, Burr. Ridge (Illinois), Irwin Professional Publishing, 1990, p. 6-7.

fonctionnement dans des conditions normales. Par contre, il doit spécifier certaines caractéristiques spéciales et les conditions dans lesquelles elles jouent un rôle. Une porte est censée permettre ou empêcher l'accès à un lieu: il n'est pas nécessaire de le mentionner. Une porte coupe-feu est censée protéger les lieux contre un incendie à l'intérieur de certaines limites d'installation et d'utilisation à préciser. Les tribunaux ont eu tendance à étendre la portée de ces garanties à d'autres utilisations, même si celles-ci n'avaient pas été prévues initialement par le producteur. Leurs interventions ont des répercussions à tous les points de vue. En effet, le cas du fabricant automobile Mitsubishi, qui a fait l'objet d'une enquête à la suite de plaintes de clients, en est un exemple[12]. Durant l'exercice financier 2005-2006, cette entreprise a vu ses ventes diminuer de 4 G$ à cause de problèmes de qualité connus et non déclarés. Seulement en 2005, le fabricant automobile Ford avait versé plus de 255 M$ en pénalités, à la suite de poursuites liées à des accidents de la route causés par des anomalies bien connues. À l'époque, il aurait été plus sage pour Ford d'investir dans la qualité plutôt que dans les frais juridiques (*voir l'article de la page suivante*). C'est ce qu'elle a fait par la suite. Au cours de la débâcle de l'industrie automobile nord-américaine de 2009-2010, Ford a été la seule à refuser l'aide des gouvernements américain et canadien pour sortir du marasme, et elle a été la première à afficher des profits en 2010 et 2011. Ce résultat a été obtenu grâce au travail acharné à l'intérieur même de l'entreprise et dans l'ordre suivant: écoute du client, développement de nouveaux produits, projet d'amélioration de qualité, suivi des produits grâce à la rétroaction des concessionnaires, etc. Le fabricant de pneus Firestone a fait l'objet d'une enquête dans de nombreux pays à la suite de plaintes du même type, et sa survie a été mise en cause. Plusieurs gouvernements ont légiféré pour poursuivre au criminel les gestionnaires d'entreprises ayant mis consciemment sur le marché des produits dangereux.

Le secteur des soins de la santé est un secteur qui, depuis plus de 40 ans, s'est toujours refusé à faire face aux problèmes de qualité. Les réclamations pour erreurs médicales ainsi que les frais d'assurance ont contribué à la hausse vertigineuse des coûts et constituent maintenant un problème généralisé. Les études sur la qualité dans les établissements de santé de la D[re] Joan Kahn, effectuées il y a plus de 30 ans, ont toujours été ignorées. Les données suivantes[13] et l'article signé par Marie-Claude Malboeuf (*voir la rubrique Lecture à la page suivante*), sont éloquents:

« Les erreurs de soins au Québec:
1. Chaque année, 15 000 Québécois subissent un accident thérapeutique qui aurait pu être évité, dont 670 à 1 340 décèdent, selon les experts.
2. Un accident sur trois survient lors d'une chirurgie.
3. Chaque accident prolonge en moyenne de deux jours le séjour à l'hôpital, d'où l'engorgement du système. »

Des études similaires aux États-Unis démontrent que les erreurs médicales sont responsables de 98 000 décès annuellement, comparativement à 43 500 qui sont dus aux accidents de la route, 42 300 au cancer du sein et 16 500 au sida[14]. Parmi les erreurs les plus courantes, on note entre autres:
- un mauvais diagnostic à la suite d'une analyse de sang erronée;
- une communication déficiente entre les professionnels de la santé (médecins, infirmières et autres);
- une programmation et un calibrage inexacts des équipements, techniquement de plus en plus complexes;
- un dosage inapproprié des prescriptions médicales.

Or, aux États-Unis, les institutions médicales ont compris les causes du problème. Elles ont donc pris un virage fortement inspiré de la gestion des opérations. En effet, le plus grand employeur d'ingénieurs industriels et de professionnels en gestion des opérations aux États-Unis depuis 2001 est le secteur médical.

---

12. I.M. Kunii, «Was there a Cover-Up at Mitsubishi?», *Business Week*, 9 octobre 2000, p. 68.

13. Sources: *The incidence of adverse eventsamonghospital patients in Canada*, 2004; Recherche complémentaire du groupe de recherche interdisciplinaire en santé de l'Université de Montréal, 2004; Rapports de l'Association canadienne de protection médicale, 2004; Rapport Francœur sur les accidents médicaux évitables, 2001.

14. Robert Pear, «Group Asking U.S. for New Vigilance in Patient Safety», *NewYork Times*, 30 novembre 1990, p. 1.

Lecture
Des accidents coûteux pour Ford
par Bloomberg

La stratégie de Ford Motor d'aller devant les tribunaux pour contester des poursuites liées à des accidents de la route a coûté au constructeur plus de 255 millions de dollars américains en verdicts qu'il a perdus l'an dernier.

Ainsi, Ford a perdu sept verdicts de 20 millions $US ou plus l'an dernier dans des poursuites alléguant des anomalies liées à des capotages et d'autres accidents, comparativement à un seul autre verdict défavorable contre le reste de l'industrie, selon des données de Bloomberg.

Le nombre de défaites coûteuses, plus grand qu'au cours des cinq années précédentes mises ensemble, pourrait amener Ford à revoir sa stratégie de refuser de régler avant d'aller en cour, soutient Robert Rabin, professeur de droit à l'Université Stanford.

Ces verdicts pourraient aussi affecter les efforts du constructeur pour améliorer son image au chapitre de la sécurité et pour regagner des parts de marché, indiquent des analystes.

Vulnérables

« Les constructeurs automobiles sont particulièrement vulnérables aux affaires impliquant de grosses sommes d'argent parce que les types d'atteintes telles que la paraplégie ou les brûlures graves sont celles qui commandent les verdicts les plus coûteux », ajoute M. Rabin, qui se spécialise dans les causes de défectuosités de produits.

À l'issue des sept verdicts les plus coûteux rendus l'an dernier, Ford a été condamné à payer 255,3 millions $US en dommages-intérêts. En 2005, on a compté 13 verdicts de plusieurs millions liés à des accidents rendus contre Ford, depuis une affaire de 61 millions $US en Floride à une cause de 2,3 millions $US en Caroline du Sud, démontrent des données de Bloomberg.

DaimlerChrysler a perdu le seul autre verdict l'an dernier dans une cause de plus de 20 millions $US, selon Bloomberg.

Plus efficace selon Ford

De l'an 2000 à 2004, Ford a perdu six causes de 20 millions $US ou plus, alors que le reste de l'industrie en a perdu cinq.

Amener les causes devant le tribunal est plus efficace sur le plan des coûts parce que Ford remporte entre 70 % et 80 % de ces affaires, soutient pour sa part Kathleen Vokes, porte-parole de Ford.

« L'expérience acquise en 13 ans nous a appris, poursuit-elle, que le fait d'être prêts, capables et déterminés à défendre nos produits et nos gens constitue la meilleure façon de contrôler nos frais de litige. Le rare gros verdict maintenu en appel est plus que compensé par toutes les autres causes que nous gagnons ou que nous réglons selon des dispositions favorables. »

Source : *La Presse*, lundi 20 février 2006, cahier de l'auto, p. 11.

Lecture
LE SYSTÈME NE POURRAIT PAS ÊTRE PIRE
Un silence que la loi a peine à briser
par Marie-Claude Malboeuf

Les erreurs commises dans les hôpitaux québécois tuent deux fois plus que les accidents de la route. Et les malades qui n'en meurent pas ont souvent l'impression que poursuivre leur médecin ne servira qu'à les achever... Faut-il les indemniser tous, sans chercher à qui la faute ? Compte-rendu d'une idée qui ne laisse personne indifférent.

Le mauvais nom sur le bracelet d'hôpital. Une paire de ciseaux oubliée près des poumons. Une surdose de soluté. Un cancer monstrueux jamais détecté. Des trompes de Fallope mal ligaturées. Une ambulance aux appareils détraqués...

Tous les mois, 112 malades québécois perdent la vie à la suite d'un accident thérapeutique qui n'aurait pas dû avoir lieu (les routes, elles, font 54 morts chaque mois). Et 1 250 autres patients se retrouvent aveugles, handicapés, ébouillantés, infectés, blessés...

Les experts souffrent plutôt de voir comment on abandonne les victimes à leur sort. « Le système ne pourrait pas être pire : il n'y a à peu près personne d'indemnisé ! lance le professeur Daniel Gardner, spécialiste de la responsabilité civile à l'Université Laval. On dit aux victimes qu'elles ont la liberté de poursuivre, mais prouver la faute est presque impossible à faire. Et celles qui réussissent nous disent : "Mon Dieu que j'ai souffert pour en arriver là !" »

« Dans certains domaines, il faut envisager la solidarité sociale. »

Invité lui aussi à l'UQAM, à l'occasion d'un colloque du Groupe de recherche en droit international et comparé de la consommation, le professeur belge Jean-Luc Fagnard a donc participé à un projet de réforme dans son pays. S'il faut accuser son médecin d'incompétence, ce dernier voudra forcément se défendre et il s'ensuivra un duel interminable, explique le professeur. Un duel dont seuls les avocats sortent gagnants.

Après cinq ans de lutte, le mari de la Saguenéenne Lyne Saint-Cyr — morte d'un cancer du sein diagnostiqué trop tard — a ainsi reçu... 10 000 $. Cet été, la Cour d'appel lui a accordé 130 000 $ en dommages et frais d'expertises. Mais se battre lui en avait coûté 120 000 $.

Que faire ? Imiter la CSST ou la Société d'assurance automobile (SAAQ) en indemnisant les victimes sans les obliger à identifier un coupable — ce qu'on appelle le *no-fault*, suggère Robert Tétrault, professeur de droit social à l'Université de Sherbrooke. « Malgré quelques histoires d'horreur, ils fonctionnent bien. Entre l'accidenté de la route qui se débat parce qu'on refuse de lui payer un sixième mois d'incapacité et le patient qui n'a rien du tout, il y a une marge. »

Les tribunaux sont peut-être plus généreux. « Mais c'est beaucoup parce que les avocats en droit de la santé ne s'intéressent qu'aux cas très lourds, indique M. Tétrault. Et après avoir donné 100 000 $ à son avocat, l'indemnisation n'est pas totale non plus. »

Pour le Dr Yves Dugré, de la Fédération des médecins spécialistes, le *no-fault* pourrait de toute façon devenir essentiel dans certaines pratiques. « Sinon, les médecins pourraient en venir à refuser de faire des interventions risquées, comme des accouchements lors de grossesses à risques. »

D'après les adversaires du *no-fault*, placer les médecins derrière une vitre pare-balles les rendra imprudents. Mais le professeur Fagnard n'y croit pas. Pas avec le droit pénal et les comités de discipline, dit-il.

De plus, « la plupart des humains ont le réflexe moral spontané de vouloir éviter de blesser autrui. Nos maladresses et nos distractions ne sont pas le fruit de notre volonté. C'est bien malgré nous que nous sommes terriblement imparfaits. »

Écrasés par le poids de la culpabilité et de leur sentiment d'incompétence, certains fautifs se sont même suicidés.

Plusieurs études ont ainsi démontré que la hantise des poursuites nuit à certains médecins, qui multiplient les examens superflus ou figent au mauvais moment. « Pour sauver ses patients, le médecin doit pouvoir prendre des risques », rappelle aussi le professeur Fagnard.

Trop cher

Malgré tout, l'idée d'une réforme a des adversaires farouches. Dont l'Association canadienne de protection médicale (ACPM), qui parle de coûts astronomiques. D'après une étude commandée à la firme Secor Conseil, indemniser tous les traumatismes évitables coûterait au moins 2,6 milliards par an. « C'est 10 fois plus que ce que nous déboursons aujourd'hui. Au lieu de s'investir, de mettre de l'énergie une fois que l'accident est arrivé, recentrons le débat : agissons avant », plaide ainsi la Dre Martine Gagnon.

On croirait entendre le même discours alarmiste qu'aux débuts de l'assurance automobile, déplore le professeur Daniel Gardner. « Pourtant, on a eu la preuve que ce qui permet de sauver des coûts, c'est d'intervenir tout de suite. Si on laisse la personne mijoter, tout s'aggrave aux plans physique et psychologique. »

En matière médicale, les experts entrevoient toutefois de rudes batailles. « Pour montrer que l'accident était évitable, il faudra quand même faire une preuve compliquée, il faudra quand même jeter un blâme », prévient Me Jean-Pierre Ménard, qui pilote la moitié des poursuites des malades québécois.

« Les victimes recevront moins d'argent et ça ne sera pas plus simple, dit-il, parce que l'organisme payeur aura un budget et ne sera pas nécessairement plus généreux ou plus compatissant. »

Devant les tribunaux, des centaines de patients échouent déjà, concède l'avocat. « Mais c'est parce que trop d'avocats qui ne s'y connaissent pas acceptent des causes indéfendables, dit-il. La *malpractice* n'est pas toujours médicale, elle peut aussi être légale ! »

Pour l'expert en droit de la santé François Tôth, le problème est autrement plus profond. « Je n'attaque pas les médecins, mais mon propre système, qui est un formidable frein à la justice. Il est long, cher et compliqué. Par sa propre inertie, il constitue un formidable outil de contestation », affirme le professeur, qui enseigne à l'Université de Sherbrooke.

Plutôt que de tout chambarder, on pourrait donc améliorer le système actuel, dit-il.

D'ici là, les médecins sont coincés par les progrès de la science. On les veut désormais infaillibles, alors que les possibilités de décisions — et donc d'erreurs — explosent, rappelle en effet le professeur Fagnard. « Pour une erreur qui se produit, il y en a au moins 1 000 qui ont été évitées, souligne de son côté la Dre Micheline Sainte-Marie, de l'Hôpital de Montréal pour enfants. C'est l'exception et non la règle. Vous n'entrez pas à l'hôpital pour mourir... La vaste majorité des malades en sort pas mal mieux. »

Source : *La Presse*, lundi 23 novembre 2005, p. A-2 et A-3.

Quel que soit le secteur économique, la productivité et la qualité sont étroitement liées. Une mauvaise qualité nuit à la productivité durant le processus de fabrication si les pièces sont défectueuses et qu'il faut les modifier, ou si un monteur doit essayer plusieurs pièces avant de trouver celle qui convient parfaitement. De plus, une piètre qualité des outils et du matériel peut entraîner des blessures et des produits défectueux, qu'il faut alors refaire ou éliminer, ce qui réduit la production utilisable, issue d'une quantité donnée de facteurs de production (intrants). La même situation se produit pour un service : si ce dernier est mauvais, il faut le fournir de nouveau, ce qui réduit la productivité. Inversement, l'amélioration et le maintien d'une bonne qualité ont un effet positif sur la productivité.

Une qualité non conforme accroît les coûts engagés par l'entreprise, donc la productivité fait en sorte que la bonne qualité augmente. Cet énoncé a pour corollaire que la bonne qualité augmente la productivité et diminue les coûts de revient, d'où une augmentation des profits. Bien que ces notions soient prouvées quantitativement et qualitativement, peu de gestionnaires en saisissent vraiment le sens.

Dans la section suivante, les relations coûts-qualité seront décrites plus en détail.

9.4.5 Les coûts de la qualité

Toute tentative pour régler les problèmes de qualité doit tenir compte des coûts associés à celle-ci. On peut classer ces coûts en deux grandes classes, chacune étant divisée en deux catégories :

1. Les coûts de la non-qualité ou de défaillance :
   a) liés à la défaillance interne ;
   b) liés à la défaillance externe.
2. Les coûts de la qualité :
   a) concernant le contrôle ;
   b) concernant la prévention.

Les **coûts de défaillance** sont attribuables aux pièces ou aux produits non conformes. Les **défaillances internes** sont celles que l'on constate dans les processus de production ou d'opération ; les **défaillances externes** sont celles qu'on trouve après avoir livré le produit ou le service au client.

Les défaillances internes se produisent pour diverses raisons : matériel défectueux livré par les fournisseurs, réglage imprécis des machines, mauvaise mise en route, méthodes de travail inappropriées, négligence, manutention des matières inadéquate, maintenance insuffisante des équipements et entretien inapproprié de l'infrastructure (bâtisse, terrain). Les coûts de défaillance interne comprennent les pertes de temps de production, les rejets, le réusinage et la remise en fabrication, les coûts liés aux enquêtes, les dommages occasionnés au matériel et les blessures subies par les employés. Les coûts de la remise en fabrication comprennent entre autres le salaire des employés et les ressources supplémentaires qui sont nécessaires pour effectuer le travail (le matériel, l'énergie et les matières premières, par exemple). En plus de ces coûts, mentionnons des éléments comme la réinspection des pièces remises en fabrication, la perturbation des échéanciers, les coûts supplémentaires engagés pour garder les pièces et les matériaux en stock et toute la paperasserie, souvent inutile, nécessaire pour comptabiliser les articles jusqu'à ce que ceux-ci soient réintégrés dans les processus.

Les défaillances externes comprennent les pièces défectueuses ou une mauvaise qualité de service que le producteur ne perçoit pas. Les coûts qui en découlent comprennent les travaux couverts par les garanties, la gestion des plaintes, les remplacements, les responsabilités civiles et les litiges, les dédommagements versés aux clients ou les rabais utilisés pour compenser le non-respect de la qualité, la perte d'achalandage et de ventes. À tout cela s'ajoute évidemment la perte de la renommée de l'entreprise, notion qualitative, difficilement mesurable mais réelle. Le tableau 9.7 résume les coûts d'obtention de la qualité.

Coûts de défaillance

Coûts causés par des produits ou des services non conformes.

Défaillance interne

Défaillance observée durant la création du produit ou du service.

Défaillance externe

Défaillance observée après la livraison au client.

TABLEAU 9.7 ▶

Résumé des coûts de la qualité

Catégorie	Description	Exemples
Coûts de défaillance interne	Coûts relatifs aux produits ou aux services défectueux avant que ceux-ci soient livrés aux clients.	Coûts de la remise en fabrication, de la résolution des problèmes, des pertes de matériaux et de produits, des débris, des temps de panne.
Coûts de défaillance externe	Coûts liés à la livraison au client de produits ou de services ne respectant pas les normes établies.	Biens retournés, coûts de la remise en fabrication, coûts de la garantie, perte d'achalandage, réclamation pour responsabilité civile et pénalités.
Coûts de contrôle ou d'évaluation	Coûts connexes à la mesure, à l'évaluation et à la vérification des matériaux, des pièces, des produits et des services afin d'évaluer leur conformité aux normes de qualité définies.	Matériel d'inspection, vérification, laboratoires, inspecteurs et interruption de la production afin de prélever des échantillons.
Coûts de prévention	Coûts relatifs à la diminution des problèmes potentiels de qualité.	Programmes d'amélioration de la qualité, formation, surveillance, collecte et analyse des données et coûts de conception.

Les **coûts de contrôle** résultent de l'inspection, de la vérification et d'autres activités visant à découvrir les produits ou services défectueux ou à s'assurer qu'il n'y a pas de pièces défectueuses. Ils comprennent principalement les coûts des inspections, de la vérification, du matériel d'essai, des laboratoires, des vérifications de la qualité et des essais sur le terrain.

Les **coûts de prévention** concernent toutes les tentatives entreprises pour éliminer les anomalies: systèmes de planification et d'administration, relations avec les fournisseurs, formation, procédures de contrôle de la qualité et soin supplémentaire accordé à la conception et à la production en vue de réduire les probabilités de malfaçons.

Nombreux sont ceux qui pensent que la gestion des coûts totaux de la qualité consiste à équilibrer les coûts de non-qualité avec ceux de la qualité et à trouver le niveau optimal entre les deux. La figure 9.1 illustre l'évolution des coûts totaux de la qualité en fonction de l'effort consenti à la recherche de la qualité. On y voit que les **coûts totaux de la qualité** (ou coûts-qualité) correspondent à la somme des coûts de la non-qualité et des coûts de la qualité.

Coûts totaux de la qualité (ou coûts-qualité) = Coûts de la non-qualité + Coûts de la qualité

Coûts de contrôle

Coûts des activités visant à évaluer la conformité du produit aux normes établies afin d'évaluer les écarts et de les corriger au besoin.

Coûts de prévention

Coûts liés à la prévention des défectuosités.

◀**FIGURE 9.1**

Coûts-qualité

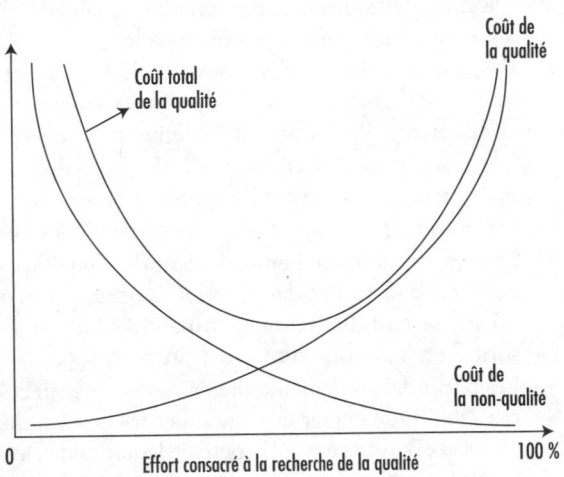

Plus l'effort est axé sur la recherche de la qualité, plus les coûts de la non-qualité diminuent; par contre, plus les coûts de la qualité augmentent.

Certains pensent que les coûts nécessaires pour obtenir un niveau de qualité plus élevé dépasseraient les avantages qui s'y rattachent. Ce raisonnement est vrai tant que la concurrence est inexistante. Or, avec l'éveil du client (industriel ou consommateur), les coûts de la non-qualité sont beaucoup plus élevés que les coûts associés à une bonne politique de qualité. La notion de **retour sur la qualité,** inspirée de la notion de retour sur investissement (*return on investment* — ROI) dans le domaine des finances et de la gestion a ainsi été élaborée. En fonction de cette approche, la qualité est mesurée selon le retour financier qu'elle suscite. La qualité est alors évaluée selon sa dimension économique, mais il faut éviter de viser la **surqualité,** celle que le consommateur n'est pas prêt à payer.

Pour d'autres, on ne devrait viser qu'un seul niveau de qualité: le niveau de qualité à **zéro défaut** (*voir la sous-section 9.3.5*). Selon cette philosophie, peu importe le niveau de qualité défini, les produits et les services offerts ne doivent comporter aucune défaillance quant à la qualité annoncée: les coûts requis pour atteindre un niveau de qualité encore plus élevé sont inférieurs aux bénéfices à réaliser. Axée sur le long terme, cette philosophie comporte la mise en œuvre, d'une façon continue, d'un ensemble de processus intégrant toutes les fonctions de l'entreprise.

Retour sur la qualité

Retour sur les investissements effectués en qualité.

Zéro défaut

Philosophie d'entreprise visant à n'offrir au client aucun bien ou service défectueux.

9.5 La responsabilité de la qualité

Quels que soient l'organisme, le secteur économique ou le domaine industriel, le type de produits ou de services offerts, le titre du service ou de structure organisationnelle, les groupes directement responsables de la qualité sont la haute direction, les concepteurs, les responsables de l'approvisionnement, de la production et des opérations, de l'assurance de la qualité, de l'emballage et de l'expédition, des ventes et marketing et du service après-vente. Ils sont tous concernés par la qualité que peut offrir l'entreprise.

La haute direction a la responsabilité ultime d'assurer la qualité. Elle est responsable des étapes suivantes: déterminer le niveau de qualité, définir la politique de qualité, fournir les moyens pour l'atteindre, en faire le suivi pour assurer l'atteinte des objectifs (*voir la sous-section 9.4.2*). Elle mettra en place des programmes de motivation et de formation continue pour les employés de tous les niveaux ainsi que des programmes d'amélioration continue de la qualité (*voir la sous-section 9.12.3*). Elle doit donner l'exemple. Sans l'engagement direct de la haute direction et le respect des employés, tous les programmes demeureront vains. Toutefois, la responsabilité d'assurer la qualité incombe à toutes les composantes de l'entreprise.

- Les responsables de la conception des produits et des services (*voir les chapitres 4 et 5*) déterminent la qualité voulue dès le début. Ces décisions portent aussi bien sur les caractéristiques courantes et spéciales du produit que sur sa fabricabilité et sa facilité d'utilisation. Il faut aussi tenir compte des procédures à suivre pour l'entretien et de la maintenance des produits après la vente.

- Les responsables de l'approvisionnement veillent à fournir à l'entreprise les ressources selon la politique de qualité établie. Les écarts se traduiront par l'incapacité des opérateurs à assurer le niveau de qualité attendu.

- Les responsables des opérations et de la production font en sorte que les procédés de travail et les produits qui en découlent soient conformes aux spécifications fixées par les concepteurs. Ils s'occupent également du suivi et du contrôle des procédés.

- Les responsables de l'assurance de la qualité, en coopération avec les responsables des opérations, procèdent à l'inspection et au contrôle des produits à l'entrée et à la sortie, à la détermination des causes des écarts et à leur élimination.

- Les responsables de l'emballage et de l'expédition s'assurent que les objets arrivent à bon port, en bon état et dans les délais promis. Grand nombre de plaintes des clients, surtout quand la mondialisation des marchés fait en sorte que les produits arrivent de partout, sont dues à des bris durant le transport.

- Les responsables du marketing et des ventes, en collaboration avec les concepteurs, ont la responsabilité de cerner et d'anticiper les besoins du client. Ils sont en contact direct avec les clients et doivent être à l'écoute de leurs désirs. Des mesures de la qualité doivent être élaborées à l'aide d'indicateurs précis, ce qui n'est malheureusement pas toujours le cas. Les entreprises ne sont plus des pousseurs de produits sur le marché (approche *marketing push*), mais doivent avoir une vision (*marketing pull*, selon Deming). Beaucoup reste à faire dans ce domaine.

- Les responsables du service à la clientèle reçoivent les commentaires et les plaintes de première ligne. Ce sont eux qui en savent le plus sur le produit lorsque celui-ci est entre les mains du client. Ils doivent être à l'écoute et ne pas avoir comme rôle d'étouffer les plaintes. Ils doivent être habilités à agir pour résoudre les problèmes du client et en aviser les autres services afin que les procédures opérationnelles soient corrigées en conséquence. Ils sont tenus de connaître parfaitement le produit et les opérations pour comprendre la nature des plaintes et pouvoir conseiller les concepteurs lors de la révision et de l'amélioration. Leur connaissance scientifique et technique du secteur doit être fondamentale, ce qui n'est malheureusement pas toujours le cas.

9.5.1 L'éthique et la gestion de la qualité

On ne peut assurer la qualité d'un produit ou d'un service si toutes les personnes de l'entreprise ne se sentent pas personnellement concernées. L'ennemi principal de la qualité est la négligence et la non-responsabilisation. Plusieurs entreprises paient cher l'individualisme de leur personnel. Les machines et les ressources, aussi bien financières que matérielles, ne peuvent assurer la qualité si les humains qui les manipulent ne se sentent pas concernés. La notion d'éthique est donc primordiale et aucune politique, aussi rigoureuse soit-elle, ne pourra contenir et prévoir toutes les situations causant la non-qualité. Les clients informés, les associations de protection du consommateur, les ordres professionnels et les groupes de pression aident en partie à corriger ce problème. Il n'en demeure pas moins que, comme le répétait Deming, la connaissance profonde du système, l'engagement, le respect et l'empathie sont les mots clés, qu'on peut résumer par l'expression « éthique professionnelle ». Bon nombre de crimes économiques, volontaires ou non, sont dus à un manque d'éthique professionnelle. La catastrophe de l'usine de l'Union Carbide à Bhopal[15] en Inde, survenue le 3 décembre 1984, et celle de Walkerton[16] étaient parfaitement évitables. Le domaine des services n'est pas en reste, et les scandales des criminels en cravate étaient parfaitement prévisibles : il suffit de

---

15. Voir le site d'Union Carbide Corporation (www.bhopal.com).

16. « En mai 2000, la paisible ville de Walkerton, en Ontario, est frappée par la pire épidémie à la bactérie *E. coli* de l'histoire du pays. Sept personnes meurent et 2 300 des 5 000 résidants tombent malades après avoir bu de l'eau contaminée. » Voir : *Alerte à l'eau contaminée* (http://archives.radio-canada.ca/sante/sante_publique/dossiers/1670, page consultée le 8 octobre 2010).

mentionner Ivar Kreuger (Wall Street, 1923-1932), Michael Milken (1988-1990), Vincent Lacroix (2007), Bernard Madoff (2008) et Earl Jones (2009). Ces quelques exemples montrent que le manque d'éthique et la mauvaise qualité qui s'ensuit ne datent pas d'hier : elle couvre toutes les périodes, les domaines et les niveaux de scolarité. Le manque d'éthique se traduit inexorablement par des catastrophes économiques (ici les établissements bancaires en faillite avec les « prêts toxiques ») et un appauvrissement de l'ensemble de la société.

C'est pour cette raison que les gouvernements souhaitent entre autres que les gestionnaires soient tenus personnellement responsables de la non-qualité (*voir la sous-section 9.4.4*) et non seulement dans le domaine des produits, mais aussi dans celui des services. Il est clair que la notion d'éthique et de responsabilisation doit faire partie de l'éducation dès le plus jeune âge ; elle peut difficilement être ajoutée à la formation à l'aide d'un logiciel ou d'une nouvelle technique de gestion, comme le croient certains penseurs de la formation professionnelle.

9.6   Les prix décernés pour la qualité de gestion et pour la performance globale

Pour motiver les entreprises à la recherche continue de la qualité et de l'excellence, la majorité des pays industriels ont suivi l'exemple du Japon, le premier à instaurer une reconnaissance annuelle des entreprises ayant le plus performé en ce qui a trait à la qualité et à la productivité. En effet, la **JUSE** a créé le prix Deming en 1951, qui se caractérise par l'utilisation de la mesure et l'analyse quantitative des données, plus particulièrement les données statistiques. En France, Jean-Marie Gogue[17] a créé, en novembre 1980, le Prix industrie et qualité, selon le modèle précité. Actuellement en Europe, on trouve l'European Quality Award, qui est la plus haute distinction pour les entreprises en ce qui concerne la qualité. Aux États-Unis, en 1987, le Congrès adoptait le Malcolm Baldrige National Quality Improvement Act pour inciter les entreprises américaines à améliorer la qualité de leurs produits et services. Nommé en l'honneur de Malcolm Baldrige, industriel et ancien ministre américain du Commerce, le **prix Malcolm Baldridge** a pour objectif d'inciter les entreprises à améliorer la qualité, de reconnaître les réalisations des entreprises américaines sur le plan de la qualité et de faire connaître les programmes les plus efficaces dans le domaine de la qualité. On décerne deux prix au maximum par année dans chacune des trois catégories suivantes : grand fabricant, grande entreprise de services et petite entreprise (500 employés ou moins).

Au Canada, l'Institut national de la qualité (INQ) a instauré en 1983 le prix Canada pour l'excellence. Ce prix, qui est décerné selon sept critères subdivisés en plusieurs sous-critères, vise à reconnaître l'excellence des entreprises canadiennes dans les domaines manufacturiers, des services et de l'éducation. En 1999, un Prix de la qualité de vie au travail (Healthy Workplace Award) a été ajouté pour souligner les efforts de promotion de la qualité de vie au travail. Des médailles d'or, d'argent et de bronze sont offertes pour chaque taille d'entreprise : grande, moyenne et petite.

En s'inspirant du modèle américain, le ministère du Développement économique, de l'Innovation et de l'Exportation du Québec (MDEIE), en collaboration avec le **Mouvement québécois de la qualité (MQQ)**, a lancé en 1998 les **Grands Prix québécois de la qualité** (*voir la figure 9.2 à la page suivante*) pour reconnaître les organisations qui se sont distinguées par la qualité de leur gestion et leur performance globale, et ce, dans tous les domaines d'activité : manufacturier, services privés et publics, etc. C'est le MQQ qui est l'organisme chargé d'administrer ce système de reconnaissance. Au Québec, octobre est le mois consacré à la qualité, et les activités débutent avec la remise des Grands Prix par le premier ministre du Québec. Tout comme les systèmes de reconnaissance dont ils sont inspirés, les entreprises participantes sont regroupées en plusieurs catégories :

- les PME manufacturières indépendantes (moins de 250 employés) ;
- les PME de services indépendantes (moins de 250 employés) ;
- les grandes entreprises manufacturières, établissements ou filiales de grandes entreprises (250 employés et plus) ;
- les grandes entreprises de services, établissements ou filiales de grandes entreprises (250 employés et plus) ;
- les organismes publics.

Japanese Union of Scientists and Engineers (JUSE)
Fondée par l'agence des sciences et des technologies du Japon en mai 1946 pour reconstruire l'industrie et l'économie japonaise de l'après-guerre.

www.nqi.ca

www.mdeie.gouv.qc.ca
www.qualite.qc.ca

17. Ingénieur civil des mines, spécialiste de renommée internationale dans le domaine de la qualité.

Les prix sont décernés aux entreprises selon les distinctions décrites ci-après.

TABLEAU 9.8

Catégories de prix et conditions d'obtention

	Conditions d'obtention
Mention	Obtenir entre 400 et 499 points sur 1 000
Grande Mention	Obtenir 500 points ou plus, et aucune faiblesse majeure notée par le jury de sélection
Grand Prix	Respecter les exigences d'une grande mention ; Obtenir des résultats considérés comme tout à fait remarquables par le jury de sélection

À titre d'exemple, mentionnons les lauréats 2009 :

- Aluminerie Alouette, catégorie grande entreprise manufacturière, établissement ou filiale de grande entreprise (récipiendaire d'un Grand Prix) ;
- Héma-Québec, catégorie organisme public (récipiendaire d'une Grande Mention) ;
- Groupe Novatech inc., catégorie grande entreprise manufacturière, établissement ou filiale de grande entreprise (récipiendaire d'une Grande Mention) ;
- Chaussures Régence inc., catégorie PME manufacturière indépendante (récipiendaire d'une Mention).

FIGURE 9.2

Dépliant publicitaire des Grands Prix québécois de la qualité

Le référentiel à la base des Grands Prix québécois de la qualité

La méthode d'évaluation et de sélection des candidatures, structurée et rigoureuse, utilise les critères du **QUALImètre.**

Ce système de mesure de la performance, mis en place au Québec en 1994 par le secteur privé et le gouvernement du Québec, correspond à celui qu'utilisent les organisations américaines qui s'inscrivent au Malcolm Baldrige National Quality Award. À l'instar des principaux États industrialisés, le Québec dispose ainsi d'un système de reconnaissance de classe mondiale, qui guide les organisations vers les plus hauts sommets.

QUALImètre

Outil permettant d'évaluer la performance des entreprises québécoises.

PROFIL ORGANISATIONNEL
ENVIRONNEMENT GLOBAL, PARTENAIRES, DÉFIS
ET DÉVELOPPEMENT DURABLE

1 LEADERSHIP

2 PLANIFICATION STRATÉGIQUE

5 ATTENTION ACCORDÉE AUX RESSOURCES HUMAINES

7 RÉSULTATS DE L'ORGANISATION

3 ATTENTION ACCORDÉE AUX CLIENTS ET AU MARCHÉ

6 GESTION DES PROCESSUS

4 MESURE, ANALYSE ET GESTION DE L'INFORMATION

◀**TABLEAU 9.9**

Critères d'évaluation et pointage
du système QUALImètre
Les sept sections du questionnaire
et leur pondération

Section	Éléments évalués	Points
1. Le leadership	1.1 Le leadership de la haute direction	70
	1.2 La gestion de l'organisation et la responsabilité sociale	50
		(120 points)
2. La planification stratégique	2.1 L'élaboration de la stratégie	40
	2.2 Le déploiement de la stratégie	45
		(85 points)
3. L'attention accordée aux clients et au marché	3.1 La connaissance des clients et du marché	40
	3.2 La relation avec la clientèle et la satisfaction des clients	45
		(85 points)
4. La mesure, l'analyse et la gestion de l'information	4.1 La mesure, l'analyse et la revue de la performance organisationnelle	45
	4.2 La gestion de l'information et du savoir organisationnel	45
		(90 points)
5. L'attention accordée aux ressources humaines	5.1 L'organisation du travail	35
	5.2 La formation et le développement des employés	25
	5.3 Le bien-être et la satisfaction des employés	25
		(85 points)
6. La gestion des processus	6.1 Les processus qui créent la valeur de l'organisation	45
	6.2 Les processus de soutien et la planification opérationnelle	40
		(85 points)
7. Les résultats de l'organisation	7.1 Les résultats relatifs aux produits et services	100
	7.2 Les résultats relatifs à la clientèle	70
	7.3 Les résultats financiers et les résultats relatifs au marché	70
	7.4 Les résultats relatifs aux ressources humaines	70
	7.5 Les résultats relatifs à l'efficacité opérationnelle	70
	7.6 Les résultats relatifs au leadership et à la responsabilité sociale	70
		(450 points)
	Total : 1 000 points	

Source : *Le QUALImètre, le système de mesure de la performance des organisations*, édition 2010.

Les entreprises qui souhaitent poser leur candidature présentent un dossier à partir d'un guide-questionnaire rigoureux établi par des spécialistes du gouvernement, de l'industrie et du Mouvement québécois de la qualité. Elles y décrivent les approches qu'elles utilisent, comment elles les déploient et les résultats qu'elles obtiennent selon les 7 points présentés au tableau 9.9. Après une première évaluation des dossiers de présentation, des équipes d'évaluation, dont l'expertise et la formation sont diversifiées, se déplacent dans l'organisation pour rencontrer les dirigeants et le personnel afin de compléter l'information contenue au dossier. À la lumière des rapports des équipes d'évaluation, le jury, formé de personnalités du domaine de la qualité, accorde les prix mentionnés au tableau 9.8. Tous les candidats reçoivent finalement un rapport d'évaluation écrit des forces et faiblesses de l'ensemble de sa gestion, ainsi que son pointage.

Les Grands Prix québécois de la qualité permettent de sensibiliser les entreprises à l'importance de la qualité de l'ensemble de leur gestion. La grande majorité des entreprises participantes trouvent le processus motivant et certaines font des pas de géants sur le plan de l'amélioration de la qualité et de la compétitivité. Par contre, certains détracteurs avancent que le processus de participation exige du temps et des efforts considérables de la part des employés et des cadres supérieurs. D'autres préféreraient voir des clients satisfaits parrainer leurs candidats plutôt que voir les candidats eux-mêmes soumettre leur dossier. Finalement, le fait de remporter un prix ne signifie pas qu'une entreprise ait résolu tous les problèmes de qualité de sa gestion.

« Adapté du référentiel du Malcolm Baldrige National Quality Award, le QUALImètre est un outil de diagnostic de classe mondiale qui permet aux organisations québécoises de comparer leurs pratiques avec celles des meilleures entreprises à travers le monde. Il vise à scruter l'organisation afin de détecter ses forces et les éléments à améliorer, même si ces derniers sont très subtils, car ceux-ci feront la différence dans la compétition internationale. Alors que d'autres outils de diagnostic divisent l'organisation en silos pour analyser chacun d'eux, le QUALImètre propose une structure d'analyse systémique, un système orienté vers les résultats. Si la valeur accordée à ces derniers est considérable, les pratiques qui y mènent ainsi que leur déploiement dans l'ensemble de l'organisation sont passés en revue, ce qui permet de s'assurer du maintien des résultats. Sa structure rend le QUALImètre pertinent pour tous les types d'entreprises ou d'organismes, quels que soient leur domaine ou leur taille[18]. »

9.7 La certification de la qualité : les normes ISO

Plusieurs entreprises qui font affaire au niveau international reconnaissent l'importance de la certification de la qualité. Cette reconnaissance leur permet d'ouvrir et de pénétrer plus facilement de nouveaux marchés. Les nations les plus industrialisées ont alors senti le besoin de mettre en œuvre des normes d'opérations communes.

Ayant été fondée en Europe, où se situe la majeure partie des entreprises certifiées, l'Organisation internationale de normalisation (ou International Organization for Standardization — ISO) a pour objectif de promouvoir des normes communes à l'échelle mondiale qui facilitent les échanges commerciaux et qui permettent d'utiliser une langue commune en matière d'opérations, de productivité et de réduction des coûts. Il existe plusieurs familles de **normes ISO,** les plus connues étant l'ISO 9000, l'ISO 14000 et 24700. L'ISO est constituée de corps de normalisation nationaux représentant 156 pays. Au Canada, le corps des représentants est le **Conseil canadien des normes**[19]. Il faut noter que le Canada a été le premier pays à élaborer et à publier des normes sur les systèmes de qualité à des fins civiles, et ce, dès 1975. Les normes ISO sont largement inspirées des normes canadiennes (les normes Z299, etc.). Au Québec, le Bureau des normes du Québec est l'organisme privilégié permettant d'obtenir la certification. Les travaux de l'ISO sont effectués par 192 comités techniques et 541 sous-comités.

---

18. Adapté de : *Le QUALImètre*, Mouvement québécois de la qualité (www.qualite.qc.ca/Formation/diagnostic-organisationnel/notre-outil-le-qualimetre, page consultée le 1er février 2011).

19. Standards Council of Canada : 270, Albert, Ottawa (Ontario, Canada), H1P 6N7 (www.scc.ca).

9.7.1 Les normes ISO 9000

La plus populaire des normes ISO, la série **ISO 9000,** est une convention internationale qui comprend un ensemble de normes concernant la gestion et l'assurance de la qualité. Une entreprise étant reconnue selon ces normes se dira certifiée ISO-9001-2008, c'est-à-dire à la suite de la dernière révision de 2008. Ces normes sont essentielles pour faire des affaires au niveau international. Les entreprises doivent passer par un processus qui comporte une étude des procédures de qualité, ainsi qu'une évaluation sur les lieux appelée « audit ». L'ensemble du processus, de la demande à l'enregistrement, prend de 12 à 18 mois. Avec l'enregistrement vient l'inscription à un répertoire ISO. Les entreprises cherchant des fournisseurs peuvent y trouver une liste des entreprises enregistrées, auxquelles la préférence est généralement accordée par rapport à celles qui ne sont pas inscrites. Plus de 100 000 entreprises du monde entier y sont répertoriées.

Pour être enregistrées, les entreprises doivent réviser, améliorer et définir des fonctions telles que le contrôle des processus, l'inspection, les achats, la formation, l'emballage et la livraison. Le processus de révision comporte une autoévaluation en profondeur, qui donne lieu à la détermination et à l'atténuation des problèmes. Les entreprises inscrites doivent subir une série de vérifications internes sur une base continue approximativement tous les six mois et une autre par des « auditeurs » externes tous les trois ans.

En plus des avantages évidents d'un enregistrement pour les entreprises qui cherchent à travailler au niveau international, l'ISO 9000 est aussi très utile pour les entreprises qui ne possèdent pas de système de gestion de la qualité, en donnant des directives pour en établir un.

La dernière version 2008 des normes ISO 9000 se base sur le **processus** qui, selon la terminologie ISO, est un « système d'activités qui utilise des ressources pour transformer des éléments de sortie ».

Les entrées peuvent être :
- du matériel (processus de transformation industrielle) ;
- de l'information (processus de définition d'une commande, processus de développement logiciel) ;
- de la main-d'œuvre (processus de formation).

Après un certain nombre d'étapes, les entrées (intrants) sont transformées en extrants et dotées de caractéristiques différentes. Le processus :
- est insensible aux frontières créées par l'organigramme ou les hiérarchies, et aux frontières entre les fournisseurs et les utilisateurs ;
- a des objectifs et des mesures et/ou indicateurs associés permettant d'évaluer ses sorties par rapport aux objectifs attendus ;
- consomme des ressources : la combinaison de ces ressources permet de créer le résultat attendu, avec un rendement qui doit être mesuré.

Depuis les normes ISO 9000-2000, on insiste pour distinguer procédure et processus. Une **procédure** est « une manière spécifiée d'effectuer une activité ou un processus » (ISO 9000).

C'est essentiellement une séquence de tâches, comportant aussi des entrées et des sorties, et pour laquelle on s'est efforcé de décrire « comment » et dans quel « ordre » on fait les choses, et « qui » les fait. Une procédure n'a pas d'objectif, de mesure ou de ressource qui lui sont associés. Elle peut avoir des mesures associées relatives à la réalisation d'une tâche, mais elle n'a normalement pas de mesure d'efficacité associée.

Les normes ISO 9000 contiennent les procédures concernant :
- la maîtrise des documents ;
- les enregistrements qualité ;
- la communication avec le client ;
- la revue de direction ;
- la détermination des besoins en formation ;
- la maintenance ;
- le traitement des plaintes ;
- la revue de contrats ;
- la conception ;
- les achats ;
- l'évaluation des fournisseurs ;
- la vérification des produits achetés ;
- le calibrage ;
- la satisfaction des clients ;
- la maîtrise des contrôles et des essais ;
- les audits qualité internes ;
- la gestion des non-conformités ;
- les actions correctives ;
- les actions préventives.

ISO 9000

Ensemble de normes internationales concernant la gestion et l'assurance du système qualité d'une organisation.

Processus

Selon la terminologie ISO, un processus est un système d'activités qui utilise des ressources pour transformer des éléments de sortie.

9

Procédure

Une manière spécifiée d'effectuer une activité ou un processus (ISO).

Selon l'ISO 9000, le système qualité doit respecter huit principes à partir desquels la norme est établie. Ces principes sont contenus dans un manuel de qualité (*voir la sous-section 9.4.2*) et sont présentés dans les tableaux 9.10 et 9.11.

TABLEAU 9.10 ▶

Principes des normes ISO 9000 revues en 2008

1. L'orientation client
2. Le leadership
3. L'implication du personnel
4. L'approche processus
5. Le management par approche système
6. L'amélioration continue
7. L'approche factuelle pour la prise de décision
8. Les relations mutuellement bénéfiques avec les fournisseurs

TABLEAU 9.11 ▶

Manuel de qualité selon l'ISO 9000 version 2008

1. **Généralité**
   1.1 Index et révisions
   1.2 Introduction
   1.3 Exclusions

2. **Présentation de l'entreprise**
   2.1 Activités de l'entreprise
   2.2 Histoire de l'entreprise

3. **Définitions et conventions**
   3.1 Définitions et terminologie
   3.2 Liste d'abréviations

4. **Système de management de qualité**
   4.1 Exigences générales
   4.2 Documentation et enregistrements

5. **Responsabilité de la direction**
   5.1 Engagement de la direction
   5.2 Écoute client
   5.3 Politique qualité
   5.4 Planification du système de qualité
   5.5 Responsabilité, autorité et communication
   5.6 Revue de direction

6. **Management des ressources**
   6.1 Mise à disposition des ressources
   6.2 Ressources humaines
   6.3 Infrastructures
   6.4 Environnement de travail

7. **Réalisation du produit**
   7.1 Planification de la réalisation des produits
   7.2 Processus relatifs aux clients
   7.3 Conception et développement
   7.4 Achats
   7.5 Opérations
   7.6 Maîtrise des dispositifs de surveillance et de mesure

8. **Mesures, analyses et amélioration**
   8.1 Planification des essayages et mesurages
   8.2 Surveillance et mesures
   8.3 Maîtrise du produit non conforme
   8.4 Analyse des données
   8.5 Amélioration continue

Pour terminer cette section, insistons sur le fait important suivant : contrairement à l'idée répandue, la certification ISO 9001 ne garantit pas la qualité des produits ou des services à l'extrant ; elle assure que l'organisation certifiée possède un système documenté de gestion d'affaires.

9.7.2 La norme ISO 14000

À la suite de la catastrophe nucléaire de Tchernobyl en Ukraine, en avril 1986, l'Organisation internationale de normalisation a introduit un nouvel ensemble de normes en 1996 : l'ISO 14000. Ce sont des normes de management environnemental pour les entreprises. Elles visent à évaluer le rendement d'une entreprise sur le plan de ses responsabilités par rapport à l'environnement. Au départ, l'ISO 14000 était un programme volontaire de directives et de certification. Les normes de certification couvrent trois plans principaux :

- les systèmes de gestion — le développement et l'intégration de systèmes de responsabilités environnementales dans la planification des affaires ;
- les opérations — la consommation des ressources naturelles et de l'énergie ;
- les systèmes environnementaux — la mesure, l'évaluation et la gestion des émissions de déchets.

Les partisans de ces nouvelles normes espèrent que celles-ci seront aussi populaires que les normes ISO 9000 dans la communauté internationale et que les entreprises accorderont plus d'attention à leurs responsabilités environnementales. La figure 9.4 présente les composantes du modèle ISO 14000.

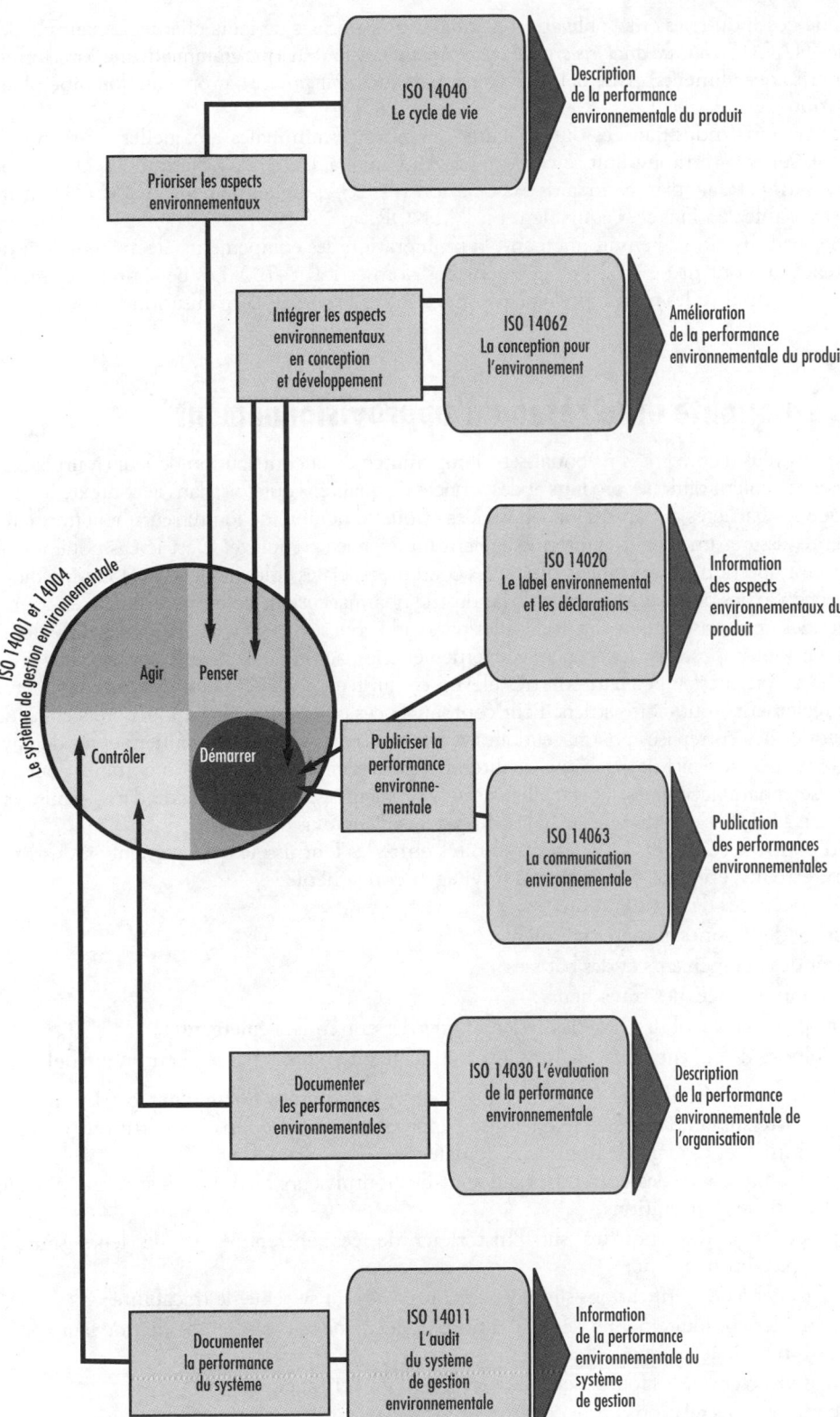

Source : *The ISO 14000 Model*, 2002, adapté par C. Benedetti en octobre 2005 et soumis pour approbation.

9.7.3 Les autres normes de qualité

Plusieurs industries ont conçu leurs propres normes de qualité, auxquelles elles ont convenu d'adhérer ; par le fait même, leurs fournisseurs ont également dû s'y conformer. C'est le cas de l'industrie alimentaire, pharmaceutique, automobile et aérospatiale. Les fournisseurs de toutes sortes de ces industries ont l'obligation d'adhérer aux normes de leurs clients. L'exemple des normes HACCP (*hazard analysis critical control point*) et PASA (programme d'amélioration de la salubrité des aliments) et de la GMP (*good manufacturing pratice*), propre au domaine pharmaceutique, est éloquent.

Les nations industrialisées ont chacune des normes minimales auxquelles tout produit distribué sur son territoire doit se conformer. Au Canada, c'est l'Association canadienne de normalisation (Canadian Standards Association — CSA, anciennement ACNOR) qui en est responsable ; en France, l'équivalent est l'AFNOR.

La sensibilisation à l'environnement, la prolifération des équipements électroniques et de la bureautique ont mené au développement des normes ISO 24700. Les personnes désireuses de mieux connaître les normes ISO peuvent consulter le site de l'organisation (www.iso.org/iso/fr/home.htm).

9.8 La qualité et le réseau d'approvisionnement

De plus en plus d'entreprises reconnaissent l'importance de la contribution de leurs fournisseurs lorsqu'elles veulent offrir des produits et des services de qualité. Toutefois, dans le contexte actuel, alors que les barrières tarifaires sont supprimées et que le nombre de fournisseurs hors frontières augmente, assurer une qualité uniforme devient un exercice complexe. C'est le cas notamment lorsqu'il est question de pays émergents, où les coutumes sociales et les modes d'exploitation diffèrent beaucoup des nôtres. La situation de l'industrie pharmaceutique en est un exemple éloquent. En effet, les entreprises qui évoluent dans les pays industrialisés doivent se plier à des règlements stricts qui sont imposés par les agences gouvernementales, au risque de perdre leur permis. Ainsi, les coûts de production peuvent être très élevés, ce qui n'est pas le cas dans les pays émergents où les règlements sont moins stricts. Pour contourner ces contraintes et diminuer leurs coûts de production, des entreprises pharmaceutiques ont fait l'erreur de s'approvisionner auprès de pays émergents. Les produits de mauvaise qualité ont ainsi engendré des coûts importants pour les entreprises pharmaceutiques. Pour pallier de tels problèmes, la solution réside dans la mise en place d'un système de gestion de la qualité du système d'approvisionnement.

Un contrôle sévère et des relations étroites entre les fournisseurs et les clients industriels doivent être mis en place. Les critères à privilégier concernent :

- les procédures de travail adéquates ;
- l'usage des bonnes matières premières ;
- l'état des équipements et des bâtisses ;
- les connaissances des travailleurs ;
- surtout la responsabilisation des gestionnaires des entreprises émergentes ;
- la volonté de ces entreprises à être systématiquement auditées par le client industriel.

Les critères précités sont conformes aux valeurs préconisées notamment par Deming et Juran. La liste suivante résume et généralise l'approche à adopter dans l'impartition (ou l'externalisation[20]), et ce, dans de nombreux domaines :

1. faire affaire avec des entreprises qui sont des fournisseurs reconnus, ayant un contrôle strict de leurs opérations ;
2. procéder à des enquêtes sur l'historique de ces entreprises et de leurs sources d'approvisionnement ;
3. procéder à des vérifications sur place et connaître leur système de traçabilité ;
4. procéder conjointement à des évaluations de leurs fournisseurs et s'assurer de leur application et de leur respect ;
5. n'approuver que les fournisseurs qui acceptent de s'engager par écrit ;
6. connaître les relations entre ces entreprises et ses propres fournisseurs ;
7. se méfier des prix trop bas ;
8. rechercher les entreprises qui sont des fournisseurs ayant une certification du type ISO ou autre ;
9. établir des relations avec des entreprises tierces ;
10. traduire les objectifs de qualité en des indicateurs mesurables afin qu'ils soient compris et utilisés par les employés et revus périodiquement.

20. Adapté de : *Improving Quality and Reducing Risk in Offshoring*, Supply Chain Digest, 7 juillet 2007.

9.9 La gestion intégrale de la qualité

Les gestionnaires ont pour principal rôle de gérer les opérations quotidiennes d'une entreprise et d'assurer sa survie. La qualité est un élément important de succès de cette responsabilité stratégique.

Bien que cet objectif paraisse évident, vers la fin des années 1980, la satisfaction du client est devenue un but en soi. Offrir un haut niveau de qualité est considéré comme un élément capital du succès de l'entreprise. La plupart des grandes entreprises qui l'ont fait ont réussi. Elles ont d'abord survécu à la forte compétition, qui avait fixé un haut niveau de qualité, puis reconquis quelques-uns de leurs anciens marchés. Des entreprises plus petites adoptent également des buts semblables. Le cas de Harley Davidson dans l'industrie de la motocyclette est significatif. Cette société, après avoir frôlé la faillite dans les années 1980, a été capable de ressusciter et de reprendre sa place. En Europe, l'industrie française de l'automobile (Renault, Peugeot) a repris après une période où sa survie même était menacée. Renault, avec sa prise en charge de Nissan, peut prétendre à la quatrième place mondiale dans l'industrie.

Vers la fin du XXe siècle, les entreprises se sont engagées dans ce qui est devenu une « révolution de la qualité ». Amorcée au Japon, cette révolution s'est répandue en Europe, en Amérique du Nord et dans d'autres parties du monde, notamment en Corée, en Chine et en Inde. Elle comporte une toute nouvelle façon d'envisager et de gérer la qualité, car elle englobe l'entreprise en entier. Cette approche a reçu plusieurs noms mais, dans le cadre de cet ouvrage, nous parlerons de « gestion intégrale de la qualité » ou GIQ. L'expression **gestion intégrale de la qualité (GIQ) ou qualité totale (QT**[21]**)** fait référence à une recherche de qualité qui met à contribution tous les membres de l'entreprise.

L'approche GIQ peut être résumée comme suit :

1. Connaître les attentes du client. On recourt à des sondages, à des groupes de discussion, à des interviews ou à toute autre technique qui tient compte des désirs du client dans le processus de prise de décisions. Il ne faut pas oublier d'inclure le client interne (la personne suivante dans le processus de fabrication), de même que le **client externe** (le client ultime, à qui est destiné le produit).

2. Concevoir des produits et des services qui combleront et dépasseront les attentes du client. Il faut faire en sorte que les produits et les services soient faciles à utiliser et à produire.

3. Concevoir un processus opérationnel qui donnera de bons résultats du premier coup. On doit découvrir à quel moment les erreurs risquent de se produire et tenter de les prévenir. Le cas échéant, il faut en trouver la cause afin de réduire leur fréquence. On s'efforce de rendre le processus « exempt de toute erreur », à l'aide de détrompeurs (*poka-yoke*).

4. Vérifier les résultats et s'inspirer de cette information pour améliorer le système. On ne doit jamais mettre fin aux efforts déployés en vue d'obtenir une amélioration.

5. Appliquer ces mêmes notions à l'ensemble de la chaîne d'approvisionnement (*voir le chapitre 16*), des fournisseurs aux clients en passant par la distribution.

Les programmes de GIQ réussissent grâce au dévouement et aux efforts combinés de tous les membres de l'entreprise. Comme on l'a mentionné, les cadres supérieurs doivent s'engager et participer, sinon la GIQ ne sera qu'une autre tendance passagère. Deux concepts de base sous-tendent cette approche : un effort incessant d'amélioration appelé **amélioration continue** ou *kaïzen* (en japonais) et un objectif de satisfaction de la clientèle (répondre aux attentes du client ou les surpasser). Les 10 points suivants présentent l'ensemble des outils pour implanter la philosophie de qualité totale (ou GIQ).

1. L'amélioration continue (*kaïzen*). L'amélioration continue consiste à améliorer tous les facteurs liés au processus de transformation des ressources de production (intrants) en produits finis (extrants) sur une base continue. Ces facteurs sont le matériel, les méthodes, les matériaux et les gens.

Bien que le concept d'amélioration continue ne soit pas nouveau, peu d'entreprises l'ont adopté rigoureusement en Amérique du Nord. Au Japon, où il est utilisé depuis des années sous le nom de *kaïzen*, il est devenu la pierre angulaire de l'approche de la production[22]. Devant

Gestion intégrale de la qualité (GIQ) ou qualité totale (QT)

Philosophie de gestion qui fait appel à la participation de tous les membres de l'organisation à un effort continu en vue d'améliorer la qualité et de satisfaire la clientèle.

9

Amélioration continue

Philosophie selon laquelle on cherche à améliorer continuellement les procédés d'opération, les produits et les services pour répondre et surpasser les besoins du client.

Kaïzen

Terme japonais qui désigne l'amélioration continue. On réserve cette expression à l'amélioration du processus d'opération.

---

21. L'expression « gestion intégrale de la qualité » (GIQ) ou « qualité totale » (QT) est traduite de l'anglais *total quality management* (TQM) ou *total quality control* (TQC). Certains auteurs utilisent l'expression « management de la qualité ».

22. I. Masaaki, *Kaïzen : The Key to Japanese Competitive Success*, New York, McGraw-Hill, 1989 ; *Gemba Kaïzen : A Common Sense Low-Cost Approach to Management*, New York, McGraw-Hill, 1997, 354 p.

le succès de l'industrie japonaise, plusieurs entreprises ont révisé leurs approches et se sont intéressées à l'amélioration continue.

2. Le parangonnage (*benchmarking*, analyse comparative ou balisage). Le parangonnage (*voir la sous-section 9.12.5*) comprend la détermination des organisations qui sont les meilleures dans leur domaine, celles qui représentent la référence optimale, et l'étude de la méthode qu'elles emploient, en vue d'apprendre comment on peut améliorer une opération. Il n'est pas nécessaire que cette entreprise soit dans le même domaine. Par exemple, Xerox s'est servie de la manière de remplir les commandes de l'entreprise de commandes par correspondance L.L. Bean comme référence optimale.

3. L'autonomisation des employés. L'**autonomisation** est le fait de donner aux employés la responsabilité des améliorations et l'autorité nécessaire pour effectuer des changements en ce sens, ce qui les motive fortement. La prise de décisions est ainsi entre les mains de ceux qui sont le plus près de la tâche et qui possèdent la meilleure compréhension des problèmes et des solutions.

4. Le travail en équipe. Le recours à des équipes pour résoudre des problèmes et atteindre un consensus permet de bénéficier de la synergie de groupe. Il favorise la participation, l'esprit de coopération et le partage des valeurs entre les employés.

5. Les décisions basées sur les faits plutôt que sur les perceptions. La direction doit recueillir et analyser l'information pour la prise de décisions.

6. La connaissance des outils. Les employés et les cadres d'organisations doivent être formés à l'utilisation des outils (généralement sous forme de contrôle statistique) de gestion de la qualité.

7. La qualité des fournisseurs. Les fournisseurs doivent participer aux efforts visant à atteindre des normes de qualité et à améliorer la qualité afin de pouvoir livrer des pièces et des matériaux de qualité dans les délais impartis.

8. Les champions. Cette expression s'inspire des champions en sport de combat japonais. Elle désigne le porteur de flambeau d'un projet au sein de l'organisation (*voir la sous-section 9.10.3*).

9. La qualité à la source. Chaque employé est responsable de la qualité de son travail. La **qualité à la source** inclut les notions de « faites-le bien » et de « si c'est brisé, réparez-le ». On demande aux employés de fournir des biens ou des services qui satisfont aux normes, de trouver et de corriger les erreurs qui se produisent. En fait, chaque employé devient le contrôleur de la qualité de son travail. Lorsque le travail passe à l'opération suivante du processus (le client interne) ou lorsque cette étape est la dernière du processus (le client externe ou ultime), l'employé « certifie » que son travail respecte les normes de qualité.

Ce processus a plusieurs effets : 1) il donne la responsabilité de la qualité à la personne directement concernée ; 2) il supprime le rapport conflictuel qui existe souvent entre les contrôleurs de la qualité et les employés de la production ; 3) il motive les employés qui, ayant le plein contrôle de leur travail, en retirent de la fierté. Les contrôleurs de la qualité reviennent alors à leur rôle initial : celui de conseillers.

10. Les fournisseurs. Les fournisseurs sont des partenaires qui font partie du processus. Il est donc important d'entretenir avec eux des relations à long terme. Les fournisseurs sont ainsi plus intéressés à offrir des biens et des services de qualité. On attend des fournisseurs qu'ils procurent également une qualité à la source, ce qui réduit ou élimine le besoin d'inspecter leurs livraisons. Il serait erroné de considérer la GIQ comme un amas de techniques. Il s'agit avant tout d'une nouvelle attitude par rapport à la qualité, qui doit être au cœur même de la culture d'entreprise. Donc, pour vraiment récolter les fruits de la GIQ, c'est la culture de l'entreprise, définie par les personnes qui y travaillent, qu'il faut modifier.

Il est important de se rappeler que la haute direction est la pierre angulaire des succès et des échecs de la GIQ. C'est ce que résume le premier des 14 principes de l'approche Toyota, ces derniers s'étant grandement inspirés des enseignements de Deming.

1ᵉʳ principe : « Baser les décisions de gestion sur le long terme, quitte à oublier temporairement les objectifs financiers à court terme… Créer de la valeur pour le client, la société et l'économie : c'est le point de départ. Évaluer chaque fonction de l'entreprise par rapport à sa capacité d'atteindre ses objectifs[23]. »

Or, même les gestionnaires de Toyota changent ces principes et en dévient. Tantôt ils y croient et agissent en conséquence, surtout en situation de crise, lorsqu'il faut réorienter l'entreprise pour

Qualité à la source
Philosophie qui rend chaque employé responsable de la qualité de son travail.

9

---

23. Jefrey K. Liker, *The Toyota Way*, New York, McGraw-Hill, 2004.

assurer sa survie. Tantôt c'est la recherche des bénéfices à court terme, les retours sur investissement et les gratifications qui priment, et l'avenir importe peu. Le tableau 9.12 montre la différence qui existe entre les entreprises appliquant la GIQ et les entreprises plus traditionnelles.

Aspect	Gestion traditionnelle	GIQ
Mission globale	Accroître au maximum le rendement du capital investi	Atteindre et surpasser la satisfaction du client
Objectifs	Accent mis sur le court terme	Équilibre entre le long terme et le court terme
Direction	Pas toujours ouverte; objectifs pas toujours cohérents	Ouverte; encourage la participation des employés; objectifs cohérents
Rôle du directeur	Donner des ordres; les faire respecter	Guider, éliminer les obstacles, bâtir la confiance
Exigences du client	Non prioritaires; peuvent être confuses	Priorité ultime; exigences définies et comprises par l'ensemble des intervenants
Problèmes	Blâmer quelqu'un; punir	Cerner les problèmes et les résoudre
Résolution de problèmes	Non systématique; individuelle	Systématique; effectuée par des équipes
Amélioration	Sporadique	Continue
Fournisseurs	Concurrents	Associés
Emplois	Limités, spécialisés; beaucoup d'efforts individuels	Étendus, plus généraux; beaucoup de travail en équipe
Accent	Sur les produits	Sur les processus

◀**TABLEAU 9.12**

Comparatif des modes de gestion: gestion traditionnelle et GIQ

9.9.1 Les obstacles à la GIQ

Beaucoup d'entreprises ont essayé d'adopter une approche intégrale de la qualité. Les expériences n'ont pas toujours été des plus heureuses, et certaines ont carrément abandonné. Indiscutablement, toutes les recherches ont démontré que les échecs sont dus à la manière dont la GIQ a été introduite et implantée, et non à cause de ses principes. Voici la liste des raisons d'échec les plus communes[24]:

1. Incompréhension d'une définition commune de la qualité au sein de l'entreprise: manque de coordination dans les tâches, dans l'interprétation des indices de mesure; pas de leader sur place.

2. Absence d'un plan de changement stratégique: aucune personne en autorité pour porter le flambeau.

3. Manque de vision concernant l'approche client: celui-ci est considéré comme une personne qui dérange.

4. Pas de communication entre les fonctions et entre les services: chaque fonction travaille en vase clos, la qualité est considérée comme étant la responsabilité de la production.

5. Pas d'autonomisation des employés: cette notion est utilisée comme un leurre auprès des employés à qui l'on n'accorde aucune autorité, dans la réalité.

6. Le groupe qualité est considéré comme un mal nécessaire, au même titre qu'un service d'incendie ou de police: il est un empêcheur de tourner en rond. La qualité doit être vue comme un mode de vie, d'où la vision qualité.

7. L'accent est mis sur les revenus à court terme: «On est ici pour faire de l'argent. S'il n'y a pas de retour sur investissement immédiat, laissons tomber.» L'attitude de s'attaquer aux symptômes de la qualité (les plaintes du client) plutôt qu'aux causes rattrape très vite l'organisation.

8. L'existence à l'intérieur de l'organisation d'une chasse gardée, où personne ne veut faire un effort de concertation commune.

9. Habitude de demander aux employés un surcroît de travail pour s'occuper de la qualité, qui n'est pas vue comme faisant partie intégrante de la tâche. Le souci de la qualité n'est pas une «tâche connexe».

---

24. Adapté de G. Salegna et F. Fazel, «Obstacles to Implementing Quality», *Quality Progress Magazine*, 20 juillet 2000, p. 53.

10. Absence de motivation et d'engagement de tout un chacun : cela doit commencer par le plus haut niveau, sans quoi la gestion intégrale est vouée à l'échec.

Le mot d'ordre pour la réussite appartient à la haute direction qui doit avoir un grand leadership. La haute direction demeure la grande responsable. Répétons-le : on délègue l'autorité, jamais la responsabilité.

9.9.2 Les critiques de la GIQ

Malgré tout ce qui a été énoncé, il faut éviter de tomber dans l'autre extrême. C'est malheureusement ce qu'ont fait certains gestionnaires qui ont voulu trop bien faire. Mentionnons quelques pièges qu'il convient d'éviter :

1. Un entêtement aveugle à l'implantation : des gestionnaires zélés qui, à vouloir placer la qualité en grande priorité, oublient les besoins immédiats du client, qui se serait satisfait de moins.
2. Des programmes et des actions qualité individuels, qui détonnent avec le reste de l'organisation.
3. Des décisions pour la recherche de la qualité qui n'ajoutent rien à la performance du produit. Par exemple, installer des fils d'alimentation de 3 m de long sur des réfrigérateurs d'usage courant alors que la norme de l'industrie est de 2 m.
4. L'absence d'un programme structuré pour l'implantation, causant des faux départs et ajoutant de la confusion auprès d'employés déjà inquiets.
5. Oublier que des projets d'améliorations continues ne doivent pas se faire au détriment des projets d'amélioration découlant de situations urgentes.

La situation suivante résume notre expérience des implantations malheureuses de ce type de programme :
- On demande aux employés d'adhérer à la gestion participative pour implanter l'amélioration continue afin de rationaliser (opérations épurées) et de dégraisser les emplois.
- On est ensuite surpris de la démotivation qui s'ensuit.

9.10 La procédure de résolution de problèmes

L'adoption d'une méthodologie structurée de résolution de problèmes est un préalable fondamental de la GIQ. Soulignons que toutes les approches développées au cours des dernières années en résolution de problèmes sont fortement inspirées de l'étude des méthodes (*voir le chapitre 7*). Pour réussir, on doit respecter une approche systématique. Le tableau 9.13 décrit les étapes de base du processus de résolution de problèmes en GIQ et les compare avec l'approche fondamentale élaborée en étude des méthodes.

Un aspect important de la résolution de problèmes propre à l'approche de la GIQ consiste à éliminer la cause du problème afin que celui-ci ne se reproduise pas. En effet, les problèmes observés sont des symptômes : le défi consiste à déterminer les causes. C'est pourquoi, en GIQ, on considère les problèmes comme des « occasions d'amélioration » et l'on s'attaque à l'amélioration du processus : c'est lui qui est la cause du problème.

9.10.1 L'amélioration du processus

Amélioration ou réingénierie du processus

Approche systématique comprenant le recueil d'information, la mesure et l'analyse du processus d'opération en vue de l'améliorer.

L'**amélioration ou réingénierie du processus** est une approche systématique qui comprend la documentation, la mesure et l'analyse d'un processus afin d'améliorer son fonctionnement. L'amélioration du processus est incluse dans la procédure de résolution de problèmes.

Les objectifs typiques de l'amélioration d'un processus sont la satisfaction du client, l'atteinte d'une qualité supérieure, la diminution du gaspillage, la réduction des coûts, l'augmentation de la productivité, l'accroissement des cadences. Ils correspondent à l'atteinte et à l'amélioration des cinq objectifs des opérations : la quantité, la qualité, les délais, les lieux et les coûts.

Une adaptation de cette vision l'a rendue plus réductrice au domaine des services administratifs, dans la fonction publique, les établissements d'enseignement, l'hôtellerie et le tourisme, la santé. On a vu apparaître la notion de **réingénierie du processus administratif (RPA).** Celle-ci a été très bien reçue et implantée dans l'administration du secteur manufacturier, financier et de l'enseignement. En revanche, elle tarde dans certains milieux de la santé. Le tableau 9.14 présente un survol de l'amélioration du processus. Les prochaines sections décrivent différentes approches développées pour l'amélioration du processus.

1. **Définir le problème et fixer un objectif d'amélioration**
   Définissez attentivement le problème; n'allez pas trop vite à cette étape, car elle servira de point de départ à la résolution du problème.

2. **Recueillir l'information**
   La solution doit être basée sur des faits. Le graphique d'analyse de processus (GAP), le diagramme de Pareto, l'histogramme, les cartes de contrôle, les graphiques chronologiques, le diagramme d'Ishikawa et autres sont des outils qui permettent d'enregistrer objectivement le processus actuel d'opération. Ces outils sont étudiés plus loin dans le chapitre.

3. **Analyser le problème**
   Les outils disponibles sont encore une fois le diagramme de Pareto et le diagramme d'Ishikawa.

4. **Rechercher des solutions possibles**
   Les méthodes appropriées comprennent les séances de remue-méninges, les interviews, les enquêtes et autres.

5. **Choisir une solution**
   Assurez-vous que les critères de choix de la solution sont clairs. (Reportez-vous à l'objectif fixé à l'étape 1.) Appliquez ces critères aux solutions possibles et choisissez la meilleure.

6. **Appliquer la solution**
   Informez tout le monde.

7. **Assurer le suivi de la solution pour voir si son objectif est atteint**
   Si la réponse est «non», modifiez la solution ou retournez à l'étape 1. Les outils disponibles sont les différentes cartes* de contrôle et les graphiques chronologiques.

_____

* Voir le chapitre 10.

◄**TABLEAU 9.13**
Étapes de base de la résolution d'un problème

A. **La représentation du processus***

1. Recueillir de l'information sur le processus; définir chaque étape du processus
   À chaque étape, déterminer:
   • les facteurs et les résultats,
   • les gens qui y participent,
   • toutes les décisions qui sont prises.
   S'informer sur le temps, le coût, l'espace utilisé, le gaspillage, le moral et le taux de roulement des employés, le taux d'accidents de travail, les conditions de travail et l'application des normes de santé et de sécurité, les ventes et l'état des profits et pertes, la qualité et la satisfaction des clients.

2. Tracer le graphique d'analyse de processus qui décrit de façon précise les méthodes de travail. Il faut noter que le manque de détails empêchera la production d'une analyse significative et que l'excès de détails dérangera les analystes, ce qui s'opposerait au but. S'assurer que les activités, les décisions et les opérations importantes sont représentées.

B. **L'analyse du processus**

1. Se poser les questions suivantes:
   • La suite est-elle logique?
   • Quelles étapes ou activités a-t-on oubliées?
   • Y a-t-il des dédoublements?

2. À chaque activité, se poser, dans l'ordre, les questions suivantes:
   • Cette étape crée-t-elle de la valeur ajoutée**?
   • Y a-t-il du gaspillage à cette étape?
   • Pourrait-on l'éliminer, la combiner, la coordonner ou la simplifier?
   • Pourrait-on en réduire le temps?
   • Pourrait-on en réduire les coûts?

C. **La reconfiguration du processus**
   Au moyen des résultats de cette analyse, reconfigurez le processus; c'est ce qu'il convient d'appeler la «réingénierie du processus». Dans le secteur des services, principalement dans l'administration de l'entreprise, on parle de «réingénierie de processus administratif» (RPA). Peu importe le contexte, la réingénierie du processus consiste à préciser les améliorations possibles: réduire le temps, les coûts, l'espace, le gaspillage, le roulement de personnel, les accidents ou les problèmes de sécurité; remonter le moral des employés; améliorer les conditions de travail; augmenter les ventes et les profits, la qualité et la satisfaction du client.

_____

* Voir le chapitre 7, section 7.5.

** Voir la notion de production à valeur ajoutée (PVA) au chapitre 15.

◄**TABLEAU 9.14**
Vue d'ensemble de l'amélioration du processus

9

FIGURE 9.5
A. Cycle de Shewhart
B. Spirale de Deming

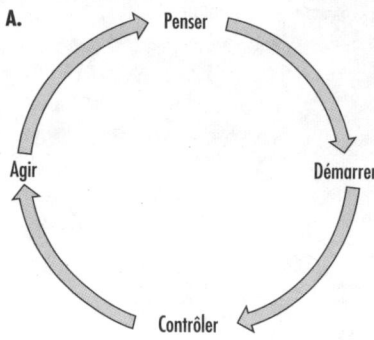

A.

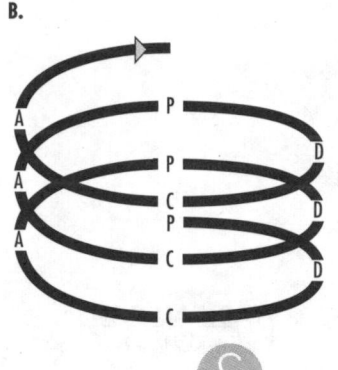

B.

9

Cycle de Shewhart ou du PDCA

Cadre en quatre étapes délimitant les programmes d'amélioration du processus (penser/démarrer/contrôler/agir).

Programme six sigma

Projet d'entreprise en six étapes conçu pour améliorer la qualité, réduire tout type de coûts et accroître la satisfaction du client.

9.10.2 Le cycle de Shewhart ou du PDCA

Le **cycle de Shewhart ou du PDCA** (penser/démarrer/contrôler/agir, de l'anglais *plan*, *do*, *check*, *act*) sert de base conceptuelle à l'amélioration continue. Quelques années après la création de ce cycle par Shewhart, son collègue Deming l'a représenté sous forme de spirale pour faire ressortir la dimension continue du cycle. La figure 9.5 A illustre le cycle de Shewhart et la figure 9.5 B, la **spirale de Deming.**

Le cycle PDCA se divise en quatre étapes :

Penser. *Étudier* le processus en cours. *Recueillir* l'information pour détecter les problèmes. *Examiner* l'information pour élaborer un plan d'amélioration. *Préciser* les mesures d'évaluation du plan.

Démarrer. *Mettre en œuvre* le plan, à petite échelle si possible. *Relever* tous les changements effectués durant cette étape. *Recueillir* systématiquement de l'information pour l'évaluation.

Contrôler. *Évaluer* la collecte d'information de l'étape «démarrer». *Vérifier* si les résultats correspondent étroitement aux buts initiaux de l'étape «penser».

Agir. Si les résultats sont bons, *normaliser* la nouvelle méthode et la *communiquer* à toutes les personnes participant au processus. *Former* le personnel en vue de la mise en œuvre de la nouvelle méthode. Si les résultats sont mauvais, *réviser* le plan et répéter le processus ou mettre fin au projet.

En utilisant systématiquement cette approche dans toutes les situations où des problèmes ont été observés, l'organisation adoptera une politique d'amélioration continue qui se traduira par une philosophie de gestion applicable à tous les niveaux hiérarchiques et à tous les secteurs administratifs. D'autres développeurs ont mis de l'avant des modèles semblables de spirales pour revoir et améliorer les processus, comme la spirale de la qualité de Joseph Juran ou de Donna Summers, avec le PDSA (*plan*, *do*, *study*, *act*[25]).

9.10.3 Les programmes six sigma

L'expression **qualité six sigma** peut avoir plusieurs connotations. Initialement, il s'agit d'une approche statistique utilisée en contrôle de la qualité, qui sera développée au chapitre 10 et distinguée par l'appellation «qualité six sigma». Dans ce contexte, il s'agit d'élaborer des procédés d'opération qui produisent un maximum de 3,5 défauts par million. D'une façon plus qualitative, cette expression a été récupérée pour décrire une méthodologie de résolution de problèmes ayant pour but de minimiser les coûts et d'améliorer la satisfaction du client. C'est le sujet de la présente section. Il s'agit d'utiliser un certain nombre d'outils et de techniques sur des projets bien précis pour atteindre des objectifs stratégiques. Les **programmes six sigma,** comme plusieurs entreprises ont l'habitude de les appeler, sont utilisés dans tout le cycle d'opération, aussi bien pour les services que pour les produits. De nombreuses entreprises les ont adoptés et en ont fait un mode de gestion pour accroître la qualité, minimiser les coûts et épurer les opérations (*voir la notion de production épurée au chapitre 15*). C'est le cas de Motorola, la pionnière dans les années 1980, de Texas Instrument, d'Eastman Kodak, d'Allied Signal et surtout de General Electric, dont le PDG Jack Welch, dans les années 1990, en avait fait son *credo*.

Un programme six sigma comporte des volets sur le management et d'autres techniques. Le volet management fournit les composantes de la direction (leadership), définit la priorité des projets et les indicateurs de performance justes et équitables, fournit des directives concernant la sélection et la formation des personnes concernées. Du point de vue technique, le programme permet d'introduire des outils d'amélioration de la performance, tels que

---

25. Donna Summers, *Quality*, 2ᵉ édition, Prentice Hall, 2000, p. 67.

la métrologie, les statistiques, les sciences naturelles et l'ingénierie, pour réduire les variations dans les procédés.

Comme dans tout ce qui concerne le management de la qualité, pour assurer la réussite d'un tel programme, l'engagement au plus haut niveau est essentiel. La notion de **champion** sera ainsi mise de l'avant. Une terminologie typique au programme six sigma comporte une hiérarchie des responsables de projet inspirée des sports de combat japonais : les champions de programme, les maîtres ceinture noire, les ceintures noires et les ceintures vertes.

Voici quelques-unes des responsabilités des champions :

- déterminer et classer les programmes dans l'ordre d'importance ;
- sélectionner et évaluer les candidats à la gestion des programmes ;
- gérer les ressources affectées par programme ;
- soutenir le maître ceinture noire ;
- garantir la réussite des programmes.

Les maîtres ceinture noire sont des connaisseurs chevronnés des outils statistiques et de la métrologie (indicateurs de performance, etc.), avec une vaste expérience pratique de l'organisation. Ils sont les mentors et les accompagnateurs (*coach*) des ceintures noires.

Les **ceintures noires** :

- sont les garants d'un programme spécifique six sigma ;
- sont à la tête de l'équipe responsable du projet ;
- ont suivi une formation en six sigma d'au moins quatre semaines et ont réussi un examen ; ont aussi déjà mis en œuvre un ou plusieurs projets ;
- jouent un rôle pivot dans la réussite des programmes ;
- sont des agents de changement ;
- facilitent le travail d'équipe, d'où le terme « facilitateurs » ;
- ont reçu une solide formation initiale en génie ou en science de la gestion des opérations ;
- possèdent de grandes qualités de chef et sont doués d'entregent.

Les **ceintures vertes** sont les membres de l'équipe d'un programme six sigma.

Les projets peuvent porter sur les sujets suivants : la réduction des plaintes, des coûts, des délais de livraison, des stocks, des variations entre les produits fabriqués ou entre les services offerts ; l'augmentation de la productivité. Le tableau 9.15 présente les étapes d'un programme six sigma qui sont désignées par les lettres **DMAAIC**. Il est important de comparer ces étapes avec celles de l'approche fondamentale en organisation scientifique du travail (*voir le chapitre 7*), pour saisir les similitudes entre toutes ces méthodes.

Champion

Dans les programmes d'amélioration de la qualité en GIQ, personne responsable de la réussite des programmes six sigma.

▼ TABLEAU 9.15

Comparaison entre les approches six sigma et l'OST

Étapes d'un programme six sigma	Approche fondamentale en OST
• DÉFINIR	• CHOIX
• MESURER	• MESURE
• ANALYSER	• ANALYSE
• APPROUVER	• DÉVELOPPEMENT
• IMPLANTER	• ADOPTION
• CONTRÔLER	• IMPLANTATION
	• SUIVI

9.11 Les outils de base de l'amélioration continue

DMAAIC

Étapes d'un programme six sigma : définir, mesurer, analyser, approuver, implanter, contrôler.

Il existe de nombreux outils pour la résolution de problèmes et l'amélioration du processus. Ces outils sont utiles pour la collecte et l'interprétation de l'information et servent de base à la prise de décisions. Les principaux outils, connus sous l'appellation « les sept outils de base de la qualité » et illustrés à la figure 9.6, sont les suivants :

a) le graphique d'analyse de processus (GAP) ou l'ordinogramme ;
b) la feuille de relevé ou de vérification ;
c) le diagramme de dispersion (corrélation) ;
d) l'histogramme ;
e) le diagramme et l'analyse de Pareto ;
f) les cartes de contrôle ;
g) les diagrammes cause-effet d'Ishikawa.

Organigramme fonctionnel

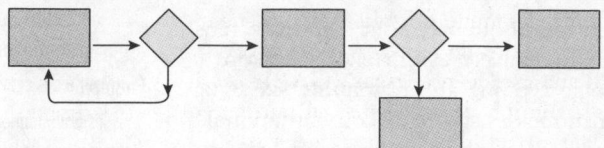

Diagramme des étapes d'un processus ou ordinogramme-graphique d'analyse de processus.

Feuille de relevés ou de vérification

	Jour			
Défectuosité	1	2	3	4
A	///		////	/
B	//	/	//	///
C	/	////	//	////

Outil facilitant l'organisation et la collecte d'information ; consiste en un pointage des problèmes ou autres événements selon leur catégorie.

Diagramme de dispersion (corrélation)

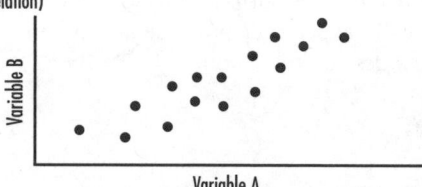

Graphique qui montre le degré et la direction de la dépendance entre deux variables.

Histogramme

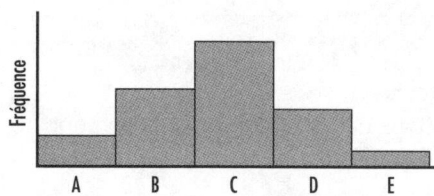

Graphique qui montre une distribution de fréquence empirique.

Diagramme de Pareto

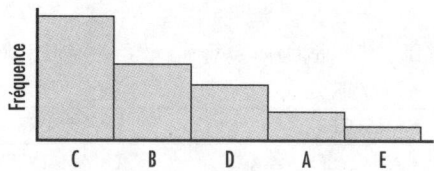

Classification des caractéristiques d'un produit, d'un service ou d'un processus par ordre décroissant d'importance.

Carte de contrôle

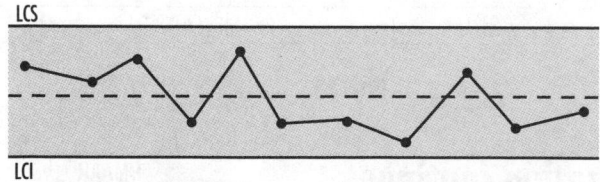

LCS = Limite de contrôle supérieure
LCI = Limite de contrôle inférieure

Graphique qui représente chronologiquement les caractéristiques des biens ou des services produits.

Diagramme d'Ishikawa (cause-effet)

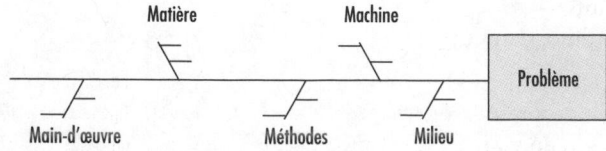

Diagramme qui sert à circonscrire les causes d'un problème ; on l'appelle également « diagramme en arête de poisson ».

FIGURE 9.6

Les sept outils de base de la qualité

9.11.1 Le graphique d'analyse de processus ou l'ordinogramme

Un **ordinogramme ou organigramme fonctionnel** est un diagramme qui représente visuelle-ment le processus utilisé par l'entreprise. Il existe plusieurs façons de représenter les procédés utilisés, mais la plus rigoureuse demeure le **graphique d'analyse de processus (GAP),** décrit au chapitre 7 (*voir la section 7.5*). En tant qu'outil de résolution de problèmes, il permet de visualiser et de connaître le procédé utilisé tout en aidant par la suite les analystes à trouver les endroits où le problème se produit. La figure 9.7 A illustre un GAP et la figure 9.7 B, un ordinogramme.

Les losanges de l'organigramme fonctionnel représentent les moments de prise de déci-sions dans le processus et les rectangles, les procédés. Les flèches indiquent la direction du flot caractérisant les étapes du processus. Pour construire un organigramme fonctionnel simple, on commence par énumérer les étapes du processus. On classe ensuite chaque étape en tant que procédé ou moment de décision (vérification). Il faut éviter d'inclure trop de détails, car ces derniers pourraient le rendre incompréhensible, et s'assurer de n'omettre aucune activité.

Ordinogramme ou organigramme fonctionnel

Diagramme des activités d'un processus.

FIGURE 9.7

Organigramme fonctionnel

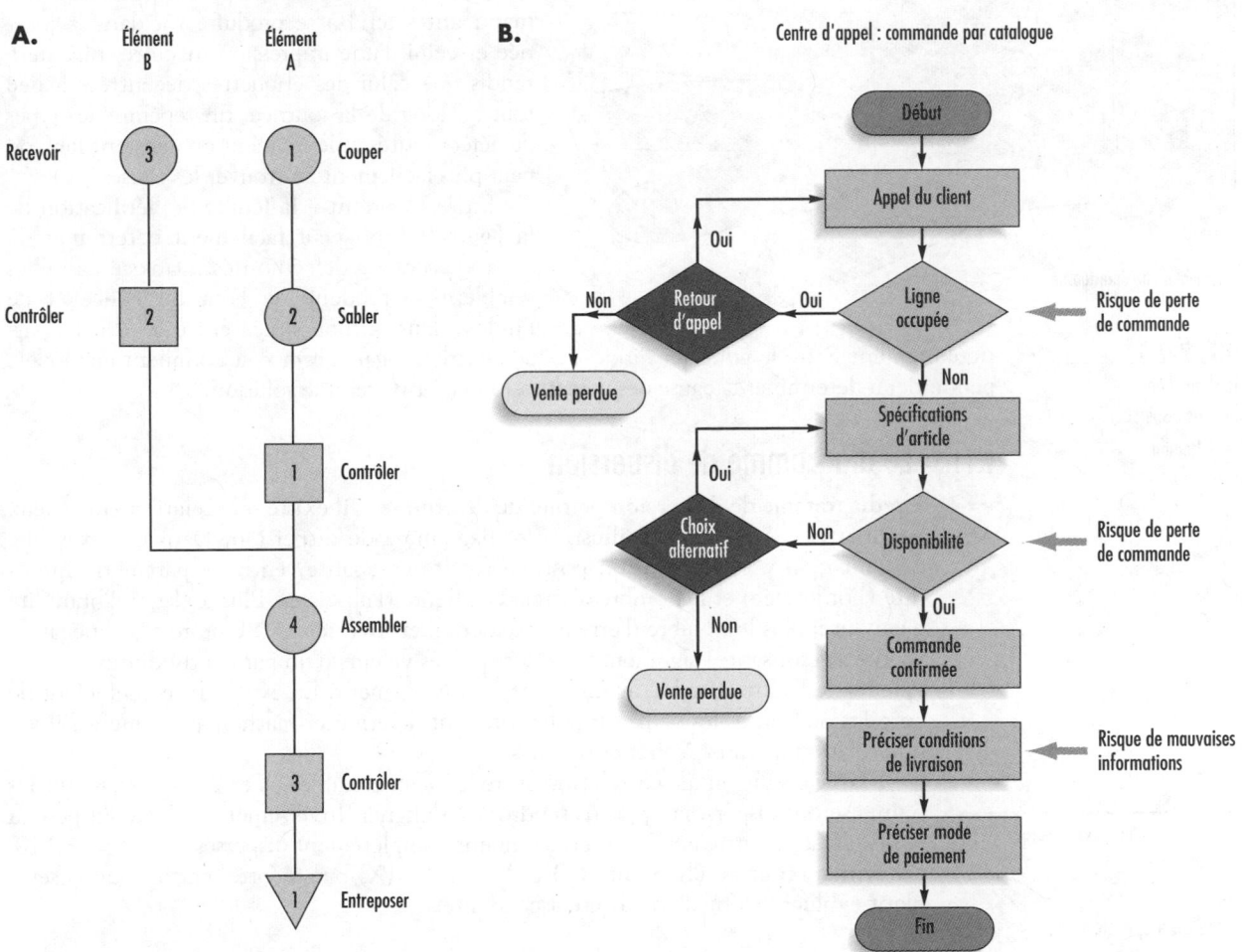

A.

Élément B — Recevoir 3 — Contrôler 2

Élément A — Couper 1 — Sabler 2 — Contrôler 1 — Assembler 4 — Contrôler 3 — Entreposer 1

B. Centre d'appel : commande par catalogue

Début → Appel du client → Ligne occupée — Oui → Retour d'appel — Oui → (retour Appel du client) / Non → Vente perdue

Ligne occupée — Non → Spécifications d'article → Disponibilité — Non → Choix alternatif — Oui (retour Spécifications d'article) / Non → Vente perdue

Disponibilité — Oui → Commande confirmée → Préciser conditions de livraison → Préciser mode de paiement → Fin

Risque de perte de commande (Ligne occupée)

Risque de perte de commande (Disponibilité)

Risque de mauvaises informations (Préciser conditions de livraison)

9.11.2 La feuille de relevés

Appelée aussi **feuille de vérification** ou **feuille de contrôle,** la **feuille de relevés** est un outil simple, utilisé fréquemment pour définir un problème. La présentation des feuilles de relevés facilite la consignation et l'organisation de l'information en vue de la collecte et de l'analyse ; cette information peut se résumer à de simples marques de vérification. Ces feuilles sont conçues pour aider les utilisateurs dans leur collecte d'information.

Il existe divers types de feuilles et plusieurs présentations. Les plus fréquentes sont celles qui permettent de noter le genre et le lieu des défectuosités. Les figures 9.8 et 9.9, à la page suivante, illustrent des modèles de feuilles de vérification. La figure 9.8 montre des pointages

Feuille de relevés

Outil servant à consigner et à organiser l'information pour circonscrire les problèmes.

FIGURE 9.8

Exemple de feuille de vérification

Jour	Heure	Type de défectuosité					Total
		Étiquette manquante	Étiquette décentrée	Impression sale	Étiquette détachée	Autres	
Ma	8-9	IIII	II				6
	9-10		III				3
	10-11	I	III	I			5
	11-12		I		I	I (Déchirée)	3
	1-2		I				1
	2-3		II	III	I		6
	3-4		II	IIIII			8
Total		5	14	10	2	1	32

FIGURE 9.9

Feuille de vérification à objectif particulier

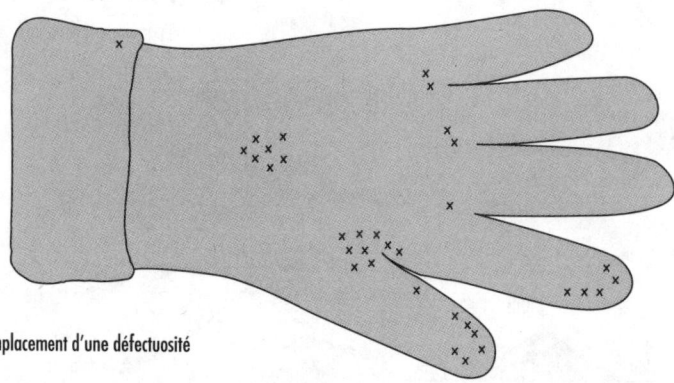

× = Emplacement d'une défectuosité

FIGURE 9.10

Étude de corrélation : diagramme de dispersion

Humidité – Nombre d'erreurs à l'heure

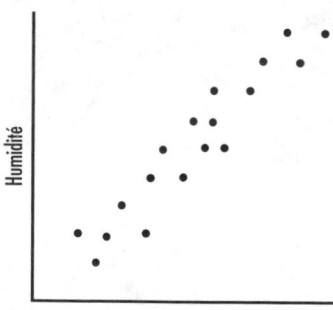

Diagramme de dispersion

Graphique illustrant la relation entre deux variables.

Histogramme

Graphique de la distribution fréquentielle d'une caractéristique ou d'une dimension.

qui décrivent le type de défectuosité et le moment où celle-ci s'est produite. Le problème d'étiquettes manquantes tend à se produire tôt dans la journée et celui d'une impression maculée, plus tard, tandis que celui des étiquettes décentrées a lieu tout au long de la journée. En repérant les types de défectuosités et le moment où elles ont lieu, on peut plus facilement en trouver les causes.

En se reportant à la feuille de vérification de la figure 9.9, on peut facilement déterminer où se produisent les défectuosités. Dans ce cas, elles semblent se produire au bout du pouce et de l'index, dans la zone située entre les doigts, particulièrement entre le pouce et l'index, et au centre des gants. On voit comment ce modèle peut aider à déterminer la cause des défectuosités et à trouver une solution.

9.11.3 Le diagramme de dispersion

Un **diagramme de dispersion** permet de déterminer s'il existe une relation entre deux paramètres. La figure 9.10 illustre un diagramme de dispersion. Dans cet exemple, on voit qu'il y a une relation positive (pente croissante) entre le paramètre humidité (l'ordonnée) et le nombre d'erreurs à l'heure (l'abscisse). Plus le degré d'humidité augmente, plus le nombre d'erreurs augmente, et inversement. Une relation négative (pente décroissante) signifierait que lorsque les valeurs d'un paramètre diminuent, les valeurs de l'autre variable augmentent, et inversement. En évaluant le coefficient de corrélation[26] entre les deux variables, on peut déterminer mathématiquement s'il y a une relation de cause à effet entre elles.

Plus le coefficient de corrélation entre les deux variables (X et Y) est fort, moins les points seront dispersés et plus ils tendront à s'aligner. Inversement, s'il y avait peu ou pas de relation entre eux, les points seraient complètement dispersés. À la figure 9.10, la corrélation entre l'humidité (Y) et les erreurs (X) paraît forte, car les points semblent évoluer le long d'une droite ascendante.

9.11.4 L'histogramme

Un **histogramme** est un graphique qui permet de visualiser la distribution fréquentielle d'une caractéristique du produit. On obtient alors de l'information sur la fréquence des valeurs observées. On peut aussi voir la symétrie de la distribution ou la présence de valeurs inhabituelles. Par exemple, dans l'histogramme de la figure 9.11, on remarque deux sommets relativement aux temps nécessaires à un procédé de service de réparation après-vente. Cela suggère l'existence de deux distributions ayant des temps de réparation différents, qui peuvent

_____

26. Voir les notions de régression linéaire et de coefficient de corrélation au chapitre 3.

être dus à deux employés, chacun prenant un temps de service différent, ou bien à l'utilisation de deux procédés de travail différents.

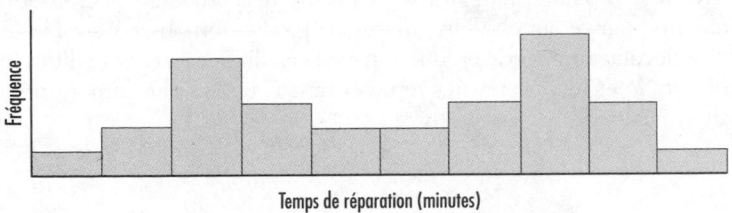

Temps de réparation (minutes)

◄**FIGURE 9.11**

Histogramme
Fréquence – Temps de
réparation (en minutes)

Loi de Pareto

Méthode de classement des
caractéristiques analysées dans
l'ordre décroissant d'importance.
Près de 20 % des problèmes causent
80 % des plaintes et des rejets.

Carte de contrôle

Représentation graphique d'une
caractéristique d'un produit
en fonction du temps.

▼**FIGURE 9.12**

Diagramme de Pareto basé sur
l'information de la figure 9.8

9.11.5 L'analyse de Pareto

L'analyse ou la loi de Pareto, aussi appelée la « classification ABC » ou « classification du 80-20[27] », est une technique qui vise à attirer l'attention des analystes sur les problèmes les plus importants. Selon la **loi de Pareto,** du nom de l'économiste italien du XIXe siècle Vilfredo Pareto, un petit nombre d'éléments est généralement responsable d'un grand pourcentage des cas totaux (plaintes, défectuosités, problèmes ou autres). La loi de Pareto consiste à classer les caractéristiques analysées dans l'ordre décroissant d'importance. On classe les cas selon leur degré d'importance et l'on essaie de résoudre ceux qui causent le plus grand nombre de plaintes, qu'on désignera par la lettre A, en laissant momentanément les moins importants (les cas désignés par la lettre C). Selon cette règle, on peut découvrir par exemple qu'environ 80 % des plaintes de clients proviennent de 20 % des défauts réalisés ; qu'environ 80 % des pannes de machines découlent de 20 % du parc de machines ou que 80 % des défectuosités de produits proviennent de 20 % des causes de défectuosité. Une application plus détaillée de cette loi est présentée au chapitre 12 traitant de la gestion des stocks.

Il est souvent utile de tracer un graphique qui montre les défectuosités par catégories, organisées dans un ordre décroissant d'importance. La figure 9.12 illustre ce genre de graphique : il correspond aux données de la feuille de relevé de la figure 9.8. L'importance du problème d'étiquettes décentrées devient apparente. Les gestionnaires et les employés gagneraient à résoudre ce problème. Un projet d'amélioration du type programme six sigma peut être utilisé. Une fois ce problème résolu, on pourra se concentrer sur le suivant, soit l'« impression maculée » et ainsi de suite. On utilisera ensuite d'autres feuilles de vérification pour recueillir l'information visant à vérifier si l'on a réduit ou éliminé les défectuosités de ces catégories ou bien si d'autres sont apparues. Un nouveau diagramme de Pareto pourrait montrer par exemple que le défaut « décentré » devient moins important.

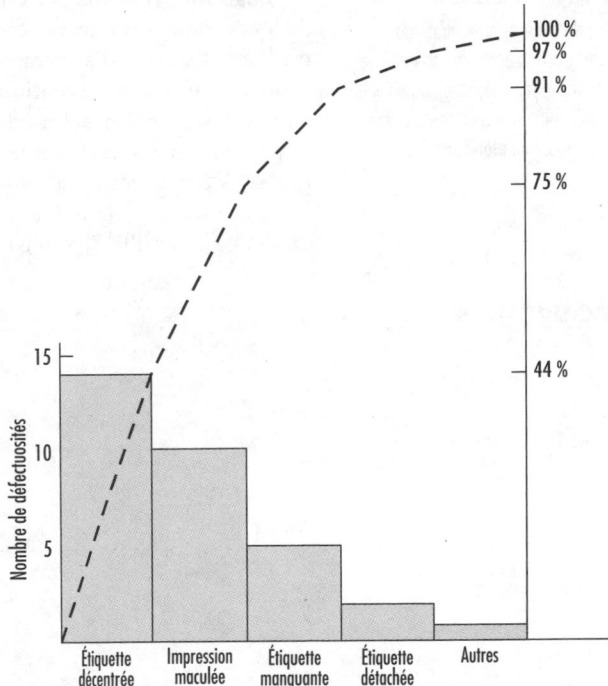

9.11.6 Les cartes de contrôle

On a recours à un graphique appelé communément une **carte de contrôle,** conçu par Schewhart, pour surveiller chronologiquement un processus et vérifier si le résultat du processus est aléatoire. Un tel graphique permet de détecter la présence de causes rectifiables de variations. La figure 9.13 montre une carte de contrôle. La caractéristique la plus importante des cartes de contrôle est le paramètre temps. En effet, ce type de graphique indique le moment, représenté sur l'axe des abscisses, où un problème s'est produit et peut guider vers la cause du problème. Les différentes formes des cartes de contrôle sont étudiées en détail au chapitre 10.

▼**FIGURE 9.13**

Carte de contrôle

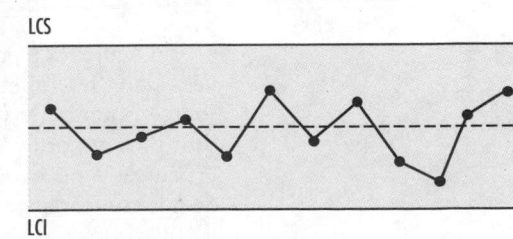

---

27. Voir la sous-section 12.3.4, *La gestion des stocks,* pour d'autres applications de la loi de Pareto.

Diagramme de production

Diagramme utilisé pour suivre l'évolution des résultats dans le temps.

Le **diagramme de production,** illustré à la figure 9.14, est une variante des cartes de contrôle. Il sert à suivre l'évolution d'une caractéristique dans le temps et à déterminer les tendances qui peuvent se produire. La figure 9.14 illustre une tendance décroissante dans la fréquence des accidents pour ce qui est d'un procédé de production observé sur plusieurs mois. L'avantage principal des diagrammes de production est la facilité de traçage et d'interprétation.

Les cartes de contrôle et leurs variantes représentent l'outil le plus important et efficace pour le contrôle de la qualité.

FIGURE 9.14

Un diagramme de production montre la performance dans le temps

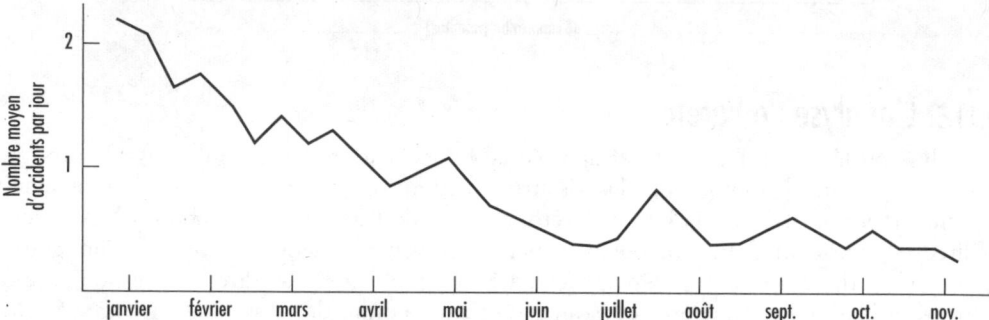

9.11.7 Le diagramme d'Ishikawa

Diagramme d'Ishikawa

Appelé aussi « diagramme cause-effet » ou « diagramme en arête de poisson », représentation graphique établissant un lien entre les causes possibles d'un problème (l'effet).

Le **diagramme d'Ishikawa** est une méthode structurée de recherche des causes d'un problème et de leurs effets. Du nom de son créateur, l'ingénieur japonais Ishikawa (*voir la sous-section 9.3.6*), on l'appelle aussi **diagramme en arête de poisson** à cause de sa forme. Cet outil aide à organiser les efforts de résolution de problèmes en regroupant en catégories les facteurs pouvant causer ces problèmes. En effet, quand on analyse un procédé, on observe les problèmes dans le procédé, qui sont habituellement formulés sous forme de plaintes. Le défi consiste à déterminer, à partir des symptômes, ce qui cause ces problèmes. On utilise fréquemment cet outil après les séances de remue-méninges pour organiser les idées. La figure 9.15 illustre la forme du diagramme d'Ishikawa (ou **diagramme de cause-effet**).

FIGURE 9.15

Format général de diagramme cause-effet

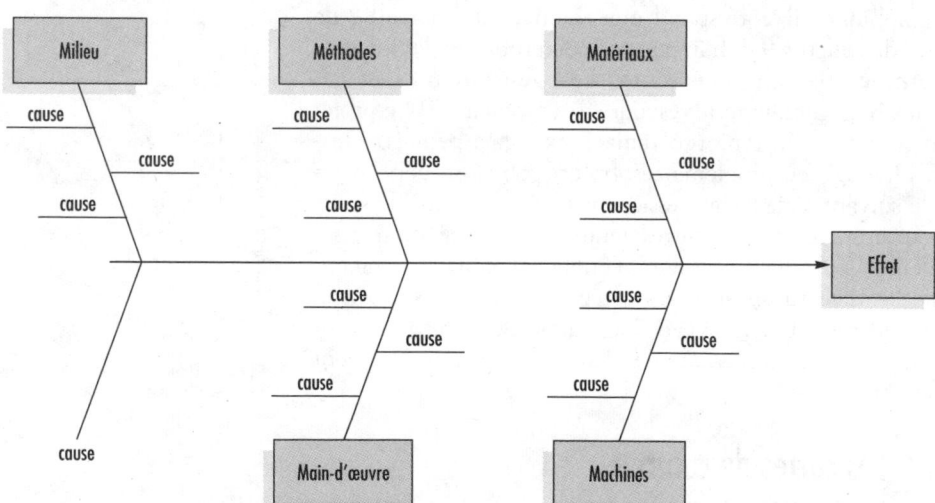

La figure 9.16 présente un exemple d'application d'un tel diagramme sur les erreurs observées dans les billets d'avion. Chacun des éléments énumérés dans le diagramme est une source potentielle (la cause) d'erreurs (l'effet). Selon la nature de l'erreur, certaines causes sont plus importantes que d'autres. Si, à ce moment-là, la cause n'est pas encore déterminée, il peut être nécessaire d'effectuer une recherche supplémentaire de la cause première, donc de faire une analyse plus poussée. On obtient souvent de l'information plus précise en posant les questions fondamentales suivantes : « qui ? », « quoi ? », « où ? », « quand ? », « pourquoi ? » et « comment ? » ; on se concentre ainsi sur les éléments qui semblent être les sources (les causes) de problèmes les plus plausibles (les effets).

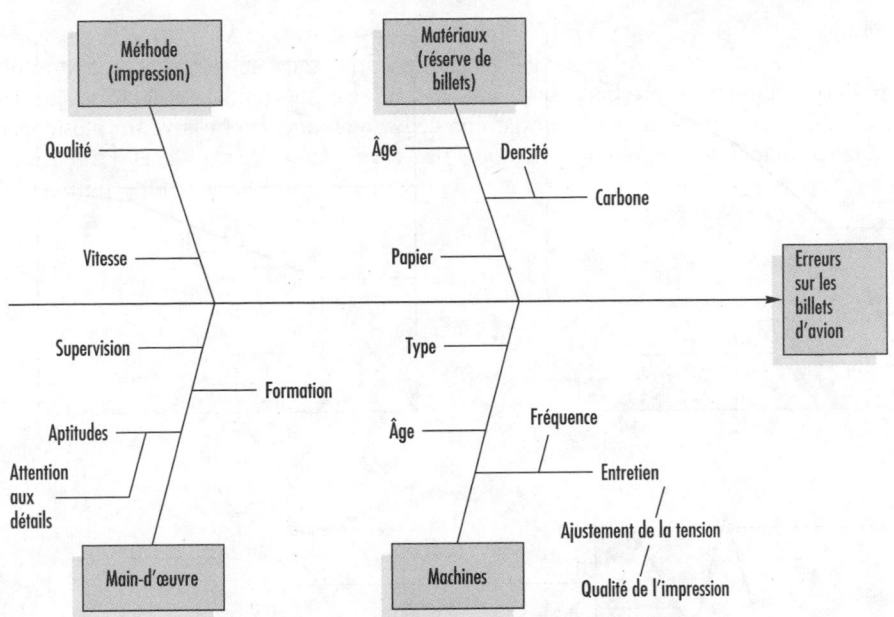

9.11.8 L'application des outils de l'amélioration continue

Cette section contient quelques illustrations de l'utilisation d'outils graphiques pour l'amélioration du processus ou des produits. La figure 9.17 comprend une feuille de vérification dont on se sert pour élaborer un **diagramme de Pareto** des types de plaintes observés, puis un diagramme de Pareto plus détaillé du type de plaintes se produisant le plus fréquemment, suivi (à droite) d'un diagramme cause-effet de ce type de plaintes. On peut aussi recourir à des diagrammes cause-effet supplémentaires, comme celui des plaintes par emplacement.

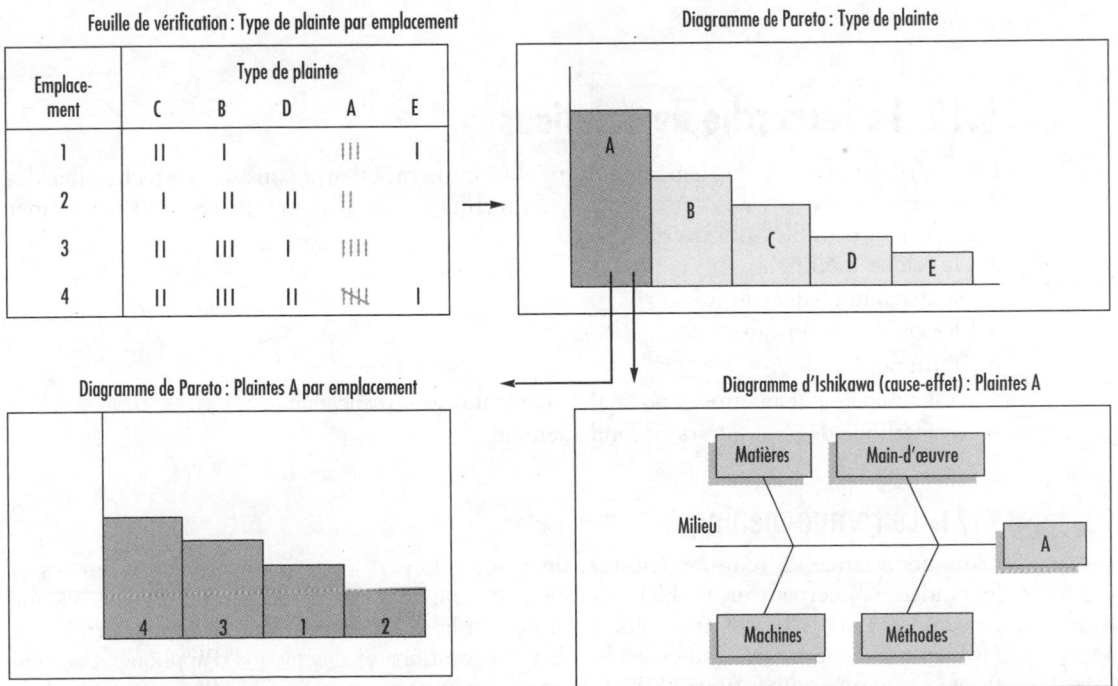

La figure 9.18, à la page suivante, montre comment les diagrammes de Pareto mesurent le taux d'amélioration obtenu par un scénario d'erreurs antérieures et postérieures à un programme d'amélioration.

La figure 9.19, à la page suivante, fait voir comment les cartes de contrôle permettent de faire le suivi de deux phases d'amélioration d'un processus initialement hors de contrôle.

FIGURE 9.18 ▸

Comparaison : avant et après l'usage des diagrammes de Pareto

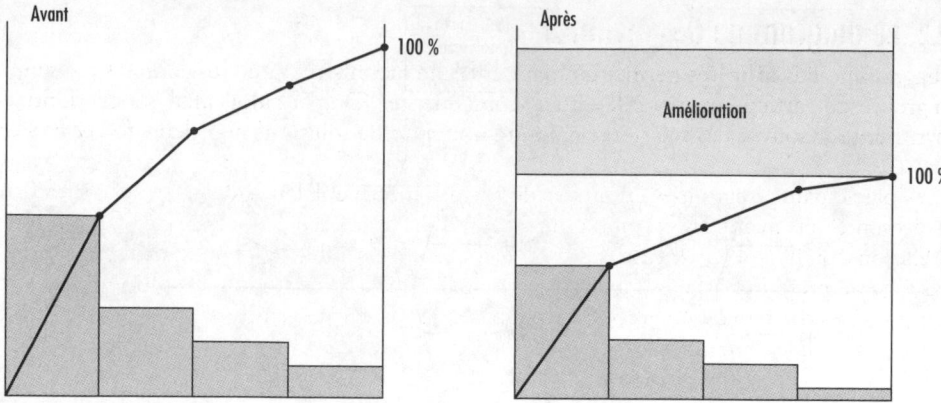

FIGURE 9.19 ▸

Emploi d'une carte de contrôle pour faire le suivi des améliorations

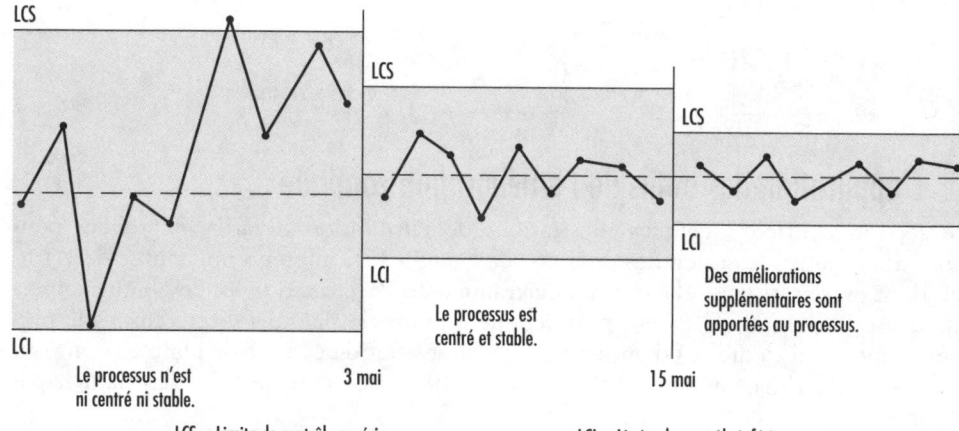

LCS = Limite de contrôle supérieure   LCI = Limite de contrôle inférieure

9.12 La recherche de solutions

La quatrième étape de la démarche de résolution de problèmes consiste à « rechercher des solutions possibles ». Dans cette section, les techniques les plus populaires pour déterminer ces solutions possibles sont décrites, soit :
- le remue-méninges ;
- le diagramme des affinités ;
- les cercles de qualité ;
- l'interview ;
- le balisage – parangonnage ou analyse comparative – (*benchmarking*) ;
- la méthode des sept questions fondamentales.

9.12.1 Le remue-méninges

Remue-méninges

Méthode visant à encourager la libre circulation des idées au sein d'un groupe de personnes, en vue de résoudre des problèmes types.

Dans une séance de **remue-méninges,** un groupe de personnes partagent leurs pensées et leurs idées concernant un problème, et ce, dans une atmosphère de détente et sans aucune contrainte. Une telle technique vise à stimuler la libre circulation des idées pour cerner des problèmes, découvrir des causes, rechercher des solutions et des façons d'appliquer ces solutions. Dans une authentique séance de remue-méninges, on ne juge pas. Les membres de l'équipe ne peuvent imposer de solutions ou de points de vue ; toutes les idées sont les bienvenues. On laisse libre cours à l'imagination et à la créativité. Le plus grand danger de ces séances est de critiquer, de minimiser et de détruire les suggestions des membres participants, aussi originales soient-elles : c'est ce qui provoque l'échec de ce type de séance.

9.12.2 Le diagramme des affinités

Le **diagramme des affinités** permet d'organiser d'une façon structurée les données provenant d'un groupe de participants pour des études subséquentes. On peut alors analyser ces données, les synthétiser, trouver des relations, produire une suite de solutions avec leurs forces et leurs faiblesses.

Les participants, regroupés en atelier de travail, inscrivent leurs idées sur des papiers qui sont présentés en avant à l'ensemble du groupe. Un animateur les classe par famille selon les relations qu'il établit. Même si cette technique ressemble au remue-méninges, elle a l'avantage de présenter à l'ensemble des participants les données, idées et solutions qui s'apparentent. Les participants peuvent les visualiser, et ils ont le temps d'en discuter et de les améliorer. Un diagramme des affinités est construit en classant les données selon des **classes d'affinités** (*voir la figure 9.20*). L'avantage principal de ce diagramme est la possibilité pour les participants d'utiliser les deux hémisphères du cerveau : le côté droit, producteur d'idées ; le côté gauche, analytique et organisateur.

Diagramme des affinités

Technique qui permet d'organiser d'une façon structurée les données provenant d'un groupe de participants et concernant une situation problématique, pour des études subséquentes.

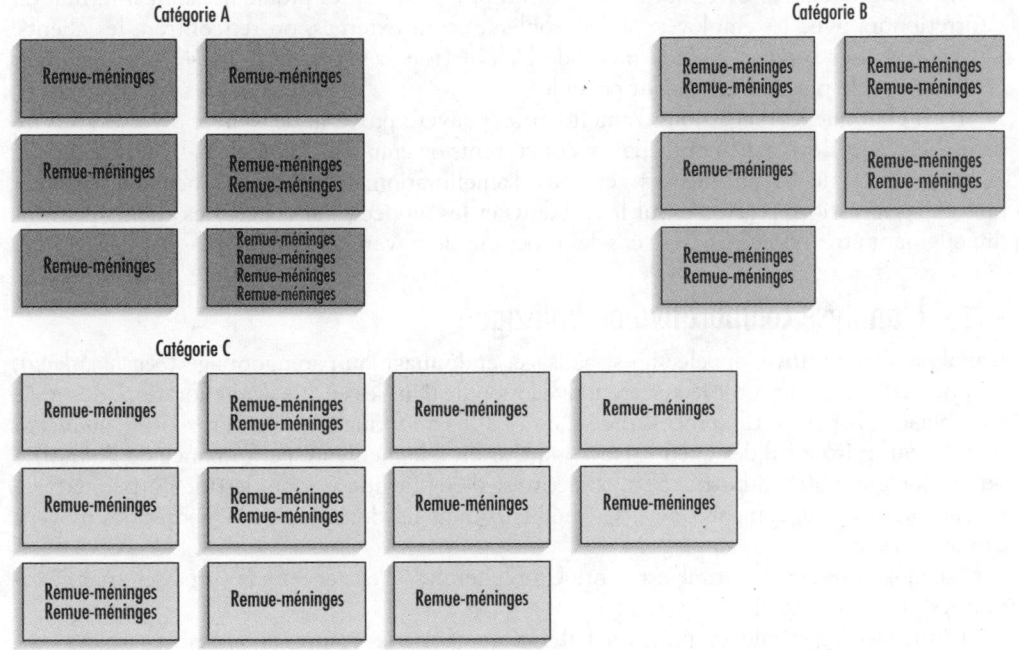

◄**FIGURE 9.20**

Schéma d'un diagramme des affinités

9.12.3 Les cercles de qualité et l'amélioration continue

Pour amener les employés à contribuer à l'amélioration de la qualité, une méthode très utilisée depuis les années 1970 était le **cercle de qualité.** Le cercle est constitué d'un certain nombre d'employés volontaires qui se rencontrent périodiquement pour élaborer des façons d'améliorer les produits et les processus. Les cercles de qualité sont des occasions importantes de faire participer les employés aux actions de l'entreprise et, s'ils sont bien dirigés, ils deviennent une source précieuse de motivation. En effet, les cercles de qualité prouvent l'intérêt et le respect de la direction à la contribution de ses ressources humaines.

Moins structurés et formels que les programmes d'amélioration continue du type *kaïzen*, les cercles de qualité évoluent et se transforment souvent en amélioration continue. La principale différence concerne le niveau d'autorité accordé aux équipes. En règle générale, les cercles de qualité ont très peu d'autorité pour mettre en œuvre des changements, à moins que ces derniers soient mineurs. Les équipes d'amélioration continue possèdent beaucoup plus d'autorité. Donc, l'autonomie dont elles disposent est une motivation supplémentaire. Le point commun entre les cercles de qualité et les programmes d'amélioration continue est l'engagement et le fonctionnement par équipe de travail.

Cercle de qualité

Groupe restreint d'employés volontaires d'un centre d'opération, qui se rencontrent périodiquement pour discuter de l'amélioration possible des produits et du processus.

L'approche par équipe fonctionne tant que les décisions sont basées sur un consensus. On peut appliquer une ou plusieurs des méthodes suivantes :

- La liste de réduction est une méthode qui s'applique à une liste de problèmes réels ou potentiels et à leurs solutions. Elle a pour but de réduire la liste d'éléments observés en amenant à se poser des questions sur la faisabilité technique et financière des solutions proposées et leur capacité à résoudre le problème.
- La méthode du bilan consiste à énumérer les forces et les faiblesses de chaque solution retenue et à centrer la discussion sur les sujets importants.
- Les comparaisons par paires consistent à comparer chaque solution de la liste initiale avec toutes les autres, deux par deux. Pour chaque paire, les membres d'une équipe choisissent la solution qu'ils préfèrent. Cette méthode oblige à choisir entre les solutions retenues. Elle est plus efficace lorsqu'il y en a peu (cinq ou six, par exemple).

9.12.4 L'interview

Interview

Technique visant à cerner les problèmes et à recueillir de l'information par la rencontre directe avec les personnes concernées.

L'**interview** est une autre technique mise à la disposition des entreprises pour cerner des problèmes ou recueillir de l'information sur un problème. Si les problèmes sont internes, on s'entretiendra avec les employés ; si les problèmes sont externes, on rencontrera les clients. On peut utiliser l'approche de la méthode Delphi (*voir la sous-section 3.8.4*) pour recueillir l'information le plus objectivement possible.

Il est clair que les suggestions d'amélioration peuvent provenir de sources diverses : service de recherche et développement, clients, concurrents ou employés. Toutefois, la satisfaction de la clientèle est le but ultime des activités d'amélioration, et les clients peuvent formuler plusieurs suggestions précieuses sur les produits et les services. Par contre, les clients peuvent difficilement être efficaces dans le cas des processus de travail.

9

9.12.5 L'analyse comparative ou balisage

Analyse comparative ou balisage (parangonnage, étalonnage, *benchmarking*)

Démarche d'évaluation de biens, de services ou de pratiques d'une organisation par comparaison avec les modèles qui sont reconnus comme des normes de référence.

L'**analyse comparative,** appelée aussi balisage, **étalonnage** ou parangonnage (*benchmarking*), est une méthode qui peut injecter un nouveau souffle dans les efforts d'amélioration. Résumée au tableau 9.16, elle est le processus de mesure de la performance d'une entreprise, au regard d'un besoin primordial des clients, par comparaison à la meilleure performance de l'industrie ou de quelque autre industrie. Son objectif est d'établir une norme destinée à permettre à l'organisation de se comparer avec les meilleurs dans un domaine et d'élaborer des moyens d'amélioration.

Lorsque la référence ultime est connue, on cherche à l'égaler ou à la surpasser en améliorant les processus actuels.

D'une façon générale, un projet de balisage comporte les étapes suivantes :

1. Désigner le processus à améliorer (par exemple l'enregistrement des commandes, la distribution, le service après-vente).
2. Trouver une organisation qui excelle dans ce processus, la meilleure de préférence, dite la « référence ultime » ou le « chef de file ».
3. Communiquer avec l'entreprise de référence ultime et l'interviewer sur place.
4. Analyser l'information et étudier son processus.
5. S'en inspirer pour améliorer le processus actuel.

TABLEAU 9.16 ▸

Méthode d'analyse comparative ou balisage

1. Quelle entreprise est le chef de file (la référence optimale) ?
2. Comment fonctionne-t-elle ?
3. Quelle est notre méthode actuelle ?
4. Que peut-on changer pour égaler ou dépasser le chef de file ?

Le choix d'un chef de file dans le même secteur industriel est parfois une tâche difficile, car ce chef de file peut être réticent à donner de l'information sur ses procédés. Pour contourner ce problème, plusieurs consultants effectuent des études de référence optimale et rendent l'information disponible par la suite à d'autres entreprises, sans en révéler la source.

L'identification de plusieurs entreprises qui sont les chefs de file mondiaux dans divers secteurs constitue une autre option. Par exemple, la Xerox Corporation se sert de plusieurs références optimales : Procter &Gamble pour la participation des employés ; Florida Power and Light et Fuji Xerox pour le processus de qualité ; Kodak et Canon pour la production à grand volume ; American Express pour le recouvrement des factures ; AT&T et Hewlett-Packard pour la recherche et le développement ; Wal-Mart et Hershey Foods pour la distribution, et Cummings Engine pour l'ordonnancement et la rédaction des calendriers de travail. L'approche Toyota en gestion des opérations est souvent considérée comme le modèle à adopter, et ce, dans tous les secteurs.

9.12.6 La méthode des sept questions fondamentales

La remise en question du processus en cours fournit d'importantes indications sur les raisons pour lesquelles le processus actuel ne fonctionne pas aussi bien qu'il le devrait. La **méthode des sept questions fondamentales** est l'une des méthodes de remise en question (*voir le tableau 9.17*).

Méthode des sept questions fondamentales
Approche systématique pour revoir un processus, qui consiste à poser les sept questions : « quoi ? », « pourquoi ? », « où ? », « quand ? », « qui ? », « comment ? » et « combien ? ».

◄**TABLEAU 9.17**

Méthode des sept questions fondamentales

Catégorie	Sept questions fondamentales	Questions types	Objectif
Sujet	Quoi ?	Que fait-on ?	Définir l'objet de l'analyse
But	Pourquoi ?	Pourquoi est-ce nécessaire ?	Éliminer les tâches inutiles
Lieu	Où ?	Où est-ce accompli ? Pourquoi est-ce fait ici ? Serait-il préférable de le faire ailleurs ?	Améliorer l'endroit
Séquence	Quand ?	Quand est-ce accompli ? Serait-il préférable de le faire à un autre moment ?	Améliorer la séquence
Main-d'œuvre	Qui ?	Qui le fait ? Quelqu'un d'autre le ferait-il mieux ?	Améliorer la séquence ou la production
Méthode	Comment ?	Comment est-ce fait ? Existe-t-il une meilleure méthode ?	Simplifier les tâches, améliorer la production
Coût	Combien ?	Combien cela coûte-t-il actuellement ? Quel serait le nouveau coût ?	Choisir une méthode supérieure

Source : Adapté de l'ouvrage d'Alan Robinson, *Continuous Improvement in Operations, A Systematic Approach to Waste Reduction*, Cambridge (Massachusetts), Productivity Press, 1991, p. 246.

9.13 Conclusion

En adoptant une vision de qualité fondée sur les enseignements de Deming, plusieurs entreprises se sont bâti une réputation enviable pour la grande qualité de leurs produits. Leur succès est aussi dû à l'utilisation de techniques de gestion très différentes de celles qui sont habituellement employées en Amérique du Nord, fondées sur le rendement du capital investi à court terme. Les gestionnaires qui gardent une approche uniquement économique sont invités à réexaminer et à modifier leurs façons de procéder afin d'améliorer la qualité.

On définit la qualité en fonction de la satisfaction de la clientèle. Les conséquences d'une mauvaise qualité sont la perte de parts de marché, des poursuites au civil, une diminution de la production, un accroissement des coûts et ultimement une menace à la survie de l'entreprise, comme c'est actuellement le cas pour l'industrie automobile américaine. Les facteurs déterminants de la qualité sont la conception, la conformité à la conception, la facilité d'utilisation et le service après la livraison.

La gestion moderne de la qualité vise à prévenir les erreurs plutôt qu'à les découvrir plus tard : il faut être proactif plutôt que réactif.

Les groupes économiques et politiques visionnaires ont pris le virage technologique préconisé par la recherche de la qualité, et ils se préoccupent de l'amélioration de la qualité pour assurer la compétitivité. Des prix sont décernés annuellement aux entreprises qui se distinguent sur le plan de la gestion de la qualité, dans tous les pays industrialisés, pour souligner et promouvoir la recherche de l'excellence.

Les principaux facteurs clés de la gestion de la qualité ainsi que les normes internationales de qualité ISO 9000, ISO 14000 et 24700 ont été présentés.

La gestion intégrale de la qualité (GIQ) ou qualité totale (QT) consiste à mettre à contribution toutes les fonctions de l'entreprise pour satisfaire le client à tous les points de vue : quantité, qualité, délais, lieux et coûts. Elle mobilise tous les employés de l'entreprise à tous les niveaux. Elle a pour force motrice la poursuite incessante de la satisfaction du client, et sa philosophie de base est l'amélioration continue. La formation des cadres et des employés en ce qui concerne les concepts, les outils et les procédés de gestion de la qualité est une importante facette de cette approche. Les équipes font partie intégrante de la GIQ.

Les deux principaux aspects de l'approche de la GIQ sont la résolution des problèmes et l'amélioration du processus.

Pour réussir l'implantation de la GIQ, la haute direction (point de vue stratégique) doit s'approprier la philosophie de la GIQ en donnant l'exemple. De plus, la grande majorité des employés (point de vue tactique) doit être convaincue de son importance. Dans le cas contraire, si un des groupes n'est pas « vendu » à l'idée, la GIQ demeurera un concept vide de sens. Les entreprises ayant échoué lors de l'implantation ont toutes en commun le manque de conviction d'un des deux groupes, pour des raisons diverses. Malgré tout, la responsabilité première revient à la haute direction.

Il est de première importance de se rappeler les principes suivants :

- On délègue l'autorité, jamais la responsabilité.
- En gestion de la qualité, il ne suffit pas de participer ; il faut s'engager.
- L'amélioration continue pour la recherche de la qualité est un processus sans fin.
- On ne peut améliorer ce qu'on ne peut mesurer. ●

Terminologie

9

Problème

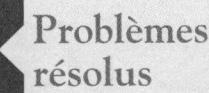
Problèmes résolus

Le service de police a observé et quantifié le nombre d'infractions suivant durant une fin de semaine. On vous demande de traiter ces données sous la forme d'une feuille de relevé et d'un diagramme de Pareto.

Observations

Contravention numéro	Type d'infraction	Contravention numéro	Type d'infraction
1	Vitesse excessive	11	Permis expiré
2	Permis expiré	12	Stationnement interdit
3	Virage interdit	13	Virage interdit
4	Vitesse excessive	14	Stationnement interdit
5	Stationnement interdit	15	Vitesse excessive
6	Stationnement interdit	16	Stationnement interdit
7	Vitesse excessive	17	Stationnement interdit
8	Stationnement interdit	18	Stationnement interdit
9	Virage interdit	19	Vitesse excessive
10	Stationnement interdit	20	Stationnement interdit

Solution

Feuille de relevé

Infraction dans l'ordre d'importance	Fréquence	Probabilité
Vitesse excessive	5	25 %
Permis expiré	2	10 %
Virage interdit	3	15 %
Stationnement interdit	10	50 %
TOTAL	20	100 %

Diagramme de Pareto

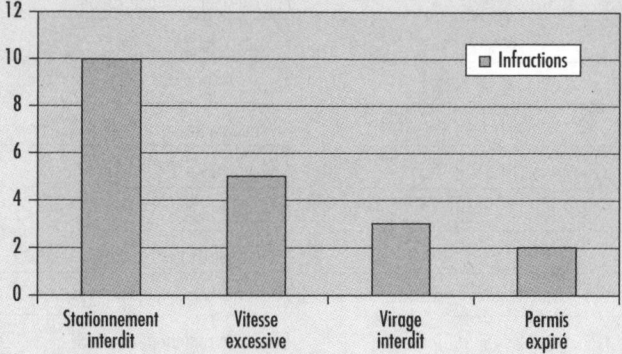

Questions de discussion et de révision

1. Distinguez la vision de la qualité qu'ont les clients consommateurs de celle qu'ont les clients industriels.

2. Quels sont les liens entre le niveau de qualité et la politique de qualité?

3. Comment le secteur juridique intervient-il dans le domaine de la qualité? Donnez-en un exemple.

4. À quoi servent les différents prix institués pour reconnaître la qualité?

5. Nommez les sections que comportent les Grands Prix de la qualité.

6. Dressez une liste des dimensions de la qualité et expliquez-les.

7. Que signifient les expressions «qualité de conception» et «qualité de conformité»?

8. Nommez certaines des conséquences d'une mauvaise qualité.

9. Utilisez les dimensions de la qualité pour décrire les caractéristiques des produits et de services suivants:

 a) un téléviseur;

 b) un repas au restaurant (produit);

 c) un repas au restaurant (service);

 d) faire peinturer une maison.

10. Listez les facteurs déterminants de la qualité.

11. En quoi la gestion moderne de la qualité se distingue-t-elle de l'approche par «contrôle de qualité»?

12. Choisissez l'un des maîtres à penser de la qualité et décrivez brièvement ses principales contributions à la gestion de la qualité.

13. Qu'est-ce que l'ISO 9000? Quelle importance l'enregistrement à l'ISO 9000 a-t-il pour les entreprises de classe mondiale?

14. Expliquez brièvement comment une entreprise peut réduire ses coûts de production en améliorant la qualité de ses produits ou de ses services.

15. Quels sont les liens entre l'éthique et la gestion de la qualité?

16. Établissez la distinction entre le contrôle, l'assurance et la gestion de la qualité.

17. Quels sont les principaux éléments de l'approche par la GIQ? Quelle est la force motrice de la GIQ (qualité totale)?

18. Décrivez brièvement chacun des sept outils classiques de l'amélioration continue.

19. Définissez et expliquez la référence optimale et la séance de remue-méninges.

20. Qu'est-ce qu'un programme six sigma, à quoi sert-il, quelle est sa structure et quelles sont les responsabilités des membres de l'équipe?

21. Expliquez les méthodes suivantes:

 a) le cycle penser/démarrer/contrôler/agir;

 b) la méthode des sept questions fondamentales.

22. Décrivez les diverses étapes de la résolution de problèmes.

1. Préparez une feuille de relevé et classez les données suivantes (qui concernent un atelier de réparation d'automobiles) selon la loi de Pareto.

Numéro de billet	Tâche	Numéro de billet	Tâche
1	Pneus	16	Pneus
2	Changement d'huile et lubrification	17	Changement d'huile et lubrification
3	Pneus	18	Freins
4	Batterie	19	Pneus
5	Changement d'huile et lubrification	20	Freins
6	Changement d'huile et lubrification	21	Changement d'huile et lubrification
7	Changement d'huile et lubrification	22	Freins
8	Freins	23	Transmission
9	Changement d'huile et lubrification	24	Freins
10	Pneus	25	Changement d'huile et lubrification
11	Freins	26	Batterie
12	Changement d'huile et lubrification	27	Changement d'huile et lubrification
13	Batterie	28	Batterie
14	Changement d'huile et lubrification	29	Freins
15	Changement d'huile et lubrification	30	Pneus

2. Le directeur d'un service de réparation de matériel de climatisation a compilé les 41 appels de demande de service reçus la semaine précédente (*voir le tableau suivant*). Avec cette information, on vous demande de préparer, pour chaque type de client, une feuille de relevés des problèmes et de tracer ensuite un diagramme de Pareto.

Numéro de la tâche	Problème/ Type de client	Numéro de la tâche	Problème/ Type de client	Numéro de la tâche	Problème/ Type de client
301	D/R	315	D/C	329	O/C
302	O/R	316	O/C	330	B/R
303	B/C	317	C/C	331	B/R
304	B/R	318	B/R	332	C/R
305	C/C	319	O/C	333	O/R
306	B/R	320	D/R	334	O/C
307	D/R	321	D/R	335	B/R
308	B/C	322	O/R	336	C/R
309	C/R	323	D/R	337	O/C
310	B/R	324	B/C	338	O/R
311	B/R	325	D/R	339	D/R
312	D/C	326	O/R	340	B/R
313	B/R	327	C/C	341	O/C
314	C/C	328	O/C		

Légende

Type de problème:
B : bruit excessif
C : chaleur excessive
D : défectuosité du matériel
O : odeur

Type de client:
C : client commercial
R : client résidentiel

9

3. À partir des observations d'un analyste concernant un processus de fabrication d'écrans à cristaux liquides, tracez une carte de contrôle des défectuosités. Les employés ont une pause de 15 min à 10 h 15, une autre à 15 h 15 et une interruption de 1 h pour le repas du midi. Quelles sont vos conclusions ?

Début des intervalles	Nombre de défectuosités	Début des intervalles	Nombre de défectuosités	Début des intervalles	Nombre de défectuosités
08 h 00	1	10 h 45	0	14 h 15	0
08 h 15	0	11 h 00	0	14 h 30	2
08 h 30	0	11 h 15	0	14 h 45	2
08 h 45	1	11 h 30	1	15 h 00	3
09 h 00	0	11 h 45	3	15 h 30	0
09 h 15	1	13 h 00	1	15 h 45	1
09 h 30	1	13 h 15	0	16 h 00	0
09 h 45	2	13 h 30	0	16 h 15	0
10 h 00	3	13 h 45	1	16 h 30	1
10 h 30	1	14 h 00	4	16 h 45	3

4. Tracez un diagramme de production pour les données suivantes concernant les appels au 911 reçus durant une soirée. Utilisez des intervalles de 5 min (nombre d'appels reçus durant chaque intervalle de 5 min : de 0 à 4 min inclusivement, de 5 à 9 min inclusivement, etc.). Note : Il peut y avoir deux appels ou plus dans la même minute, et trois téléphonistes étaient en service. Quelles conclusions pouvez-vous tirer du diagramme de production ?

Appel	Heure	Appel	Heure	Appel	Heure	Appel	Heure
1	1 h 03	12	1 h 36	23	1 h 56	34	2 h 08
2	1 h 06	13	1 h 39	24	2 h 00	35	2 h 11
3	1 h 09	14	1 h 42	25	2 h 00	36	2 h 12
4	1 h 11	15	1 h 43	26	2 h 01	37	2 h 12
5	1 h 12	16	1 h 44	27	2 h 02	38	2 h 13
6	1 h 17	17	1 h 47	28	2 h 03	39	2 h 14
7	1 h 21	18	1 h 48	29	2 h 03	40	2 h 14
8	1 h 27	19	1 h 50	30	2 h 04	41	2 h 16
9	1 h 28	20	1 h 52	31	2 h 06	42	2 h 19
10	1 h 29	21	1 h 53	32	2 h 07		
11	1 h 31	22	1 h 56	33	2 h 08		

5. Une lampe ne fonctionne pas lorsqu'on l'allume. Tracez un diagramme d'Ishikawa afin d'analyser les causes possibles du problème.

6. Tracez un diagramme cause-effet pour analyser les causes possibles d'une livraison tardive de pièces commandées à un fournisseur.

7. Tracez un diagramme en arête de poisson pour déterminer les raisons pour lesquelles une machine a produit une grande série de pièces défectueuses.

8. Tracez un diagramme de dispersion pour les séries de données suivantes. Expliquez la relation entre les deux variables, le cas échéant. Placez la première variable sur l'axe des abscisses (x) et la deuxième variable sur l'axe des ordonnées (y).

a) Âge   24 30 22 25 33 27 36 58 37 47 54 28 42 55
Taux d'absentéisme 6 5 7 6 4 5 4 1 3 2 2 5 3 1

b) Température (en degrés Celsius) 16 15 20 17 25 13 22 27 23 16 23
Taux d'erreur 1 2 0 0 3 3 1 5 2 1 3

9. Tracez un graphique d'analyse de processus qui décrit le fait de se rendre à la bibliothèque pour étudier. Le graphique doit comprendre les éléments suivants : vérifier si le livre est disponible à la bibliothèque, si on a du papier, un marqueur, etc. ; se rendre à la bibliothèque ; trouver un endroit pour étudier à la bibliothèque ; prévoir un autre endroit si celui qu'on a trouvé devient trop fréquenté.

9

10. Les étudiants désirant s'inscrire à un cours découvrent souvent que celui-ci n'est plus disponible. Tracez un graphique de cause à effet décrivant les différentes raisons qui peuvent expliquer cette situation.

11. Un enquêteur d'accidents de la route aimerait savoir pourquoi le nombre d'accidents, sur un tronçon de l'autoroute, a subitement augmenté. On vous demande de l'assister en traçant un diagramme cause-effet.

12. On veut analyser le niveau de service des prescriptions sur ordonnance d'une pharmacie. En vous référant aux notions de dimensions de la qualité, préparez un tableau pour évaluer les caractéristiques de qualité de la pharmacie.

Cas
La chaîne de production de repas congelés à la dinde

Le directeur général d'une entreprise qui prépare des repas congelés a reçu de nombreuses plaintes des supermarchés concernant ses repas congelés à la dinde. Il a donc chargé son assistante, Anne, d'enquêter à ce sujet et de faire ses recommandations.

La première tâche d'Anne consistait à déterminer les problèmes à l'origine des plaintes. La plupart des plaintes concernaient cinq non-conformités ou défauts : un emballage insuffisamment rempli, un article manquant, un article renversé ou mélangé, un goût inacceptable et un emballage mal scellé.

Anne a ensuite pris des échantillons de repas provenant des deux chaînes de production et les a examinés, et elle a noté tout problème qui se présentait. Le tableau suivant résume les résultats obtenus. Ces données ont été compilées après l'inspection d'environ 800 repas congelés. Quelles recommandations Anne peut-elle faire au directeur général ?

NON-CONFORMITÉS OBSERVÉES

Date	Heure	Chaîne de production	Insuffisamment rempli	Article manquant	Renversé ou mélangé	Goût inacceptable	Mal scellé
5/12	09:00	1		✓✓	✓	✓✓✓	
5/12	13:30	2			✓✓		✓✓
5/13	10:00	2				✓	✓✓✓
5/13	13:45	1	✓✓		✓✓		
5/13	15:30	2		✓✓	✓✓✓		✓
5/14	08:30	1		✓✓✓		✓✓✓	
5/14	11:00	2	✓		✓	✓✓	
5/14	14:00	1			✓		✓
5/15	10:30	1		✓✓✓		✓✓✓✓	
5/15	11:45	2			✓	✓✓	
5/15	15:00	1.	✓		✓		
5/16	08:45	2				✓✓	✓✓
5/16	10:30	1		✓✓✓		✓✓✓	
5/16	14:00	1					
5/16	15:45	2	✓	✓✓✓✓✓	✓	✓	✓✓

Cas
Les marchés Tip Top

Les marchés Tip Top font partie d'une chaîne régionale de supermarchés. Karen, gérante de l'un des magasins, s'inquiétait de la quantité importante de plaintes des clients à son magasin, surtout les mardis. Elle est donc passée au service à la clientèle pour obtenir les rapports sur les plaintes des huit derniers mardis afin de connaître la source du problème. Les rapports apparaissent à la page suivante.

Karen vous demande d'analyser ces données et de lui suggérer des améliorations. Dans ce but, vous préparez une feuille de vérification, un diagramme de Pareto et un relevé de production. Ensuite, vous tracez un diagramme d'Ishikawa pour la catégorie dominante de votre diagramme de Pareto. Après votre analyse, dressez une liste de suggestions pour régler les problèmes liés aux plaintes des clients.

1er juin

il n'y a plus de yogourt à l'orange

le pain est rassis

les files d'attente sont trop longues

on m'a surfacturé

on m'a chargé deux fois le prix

la viande sentait mauvais

on m'a facturé un article que je n'ai pas acheté

je n'ai pas pu trouver les éponges

la viande sentait mauvais

il fait trop froid dans le magasin

il n'y a pas d'éclairage dans le stationnement

le caissier n'est pas aimable

le produit n'est pas frais

le yogourt au citron est périmé

je n'ai pas pu trouver le riz

le lait est périmé

le commis à l'étalage est impoli

il n'y a plus de crème glacée à l'érable et aux noix

il y a quelque chose de vert dans la viande

je n'ai pas aimé la musique

les files d'attente sont trop longues

8 juin

le poisson avait une drôle d'odeur

il n'y a plus de pain diététique

la boîte de conserve est endommagée

il n'y a plus de petits pains à hamburgers

le poisson n'est pas frais

le caissier n'est pas serviable

la viande avait mauvais goût

le guichet bancaire a mangé ma carte

le plancher est glissant

la musique joue trop fort

on m'a sous-facturé

il n'y a plus de roses

la viande est avariée

on m'a surfacturé deux articles

il fait trop chaud dans le magasin

il n'y a plus de glace

le téléphone ne fonctionne plus

on m'a surfacturé

les petits pains sont rassis

le pain est périmé

15 juin

je désirais une quantité plus petite

il fait trop froid dans le magasin

il n'y a plus de céréales Croc Nature

il n'y a plus de Riz minute

le caissier est impoli

le poisson avait un goût douteux

la crème glacée était fondue

on m'a fait payer deux fois les petits pains

l'attente était trop longue à la caisse

le prix de l'article était inexact

on m'a surfacturé

le poisson avait une odeur douteuse

le prix réduit n'a pas été respecté

je n'ai pas pu trouver l'aspirine

on ne m'a pas assez facturé

les files d'attente sont trop longues

il n'y a plus de Coca-cola diète

la viande sentait mauvais

on m'a surfacturé les œufs

le pain n'est pas frais

je n'ai pas aimé la musique

j'ai perdu mon portefeuille

on m'a surfacturé le pain

22 juin

le lait est périmé

il fait trop chaud dans le magasin

la viande contient un corps étranger

il fait trop froid dans le magasin

les œufs sont brisés

je n'ai pas pu trouver le saindoux

il n'y a plus de Tide 2,2 kg

le poisson est vraiment mauvais

les vitres sont sales

je n'ai pas pu trouver les flocons d'avoine

il n'y a plus de papier essuie-tout Bounty

on m'a surfacturé le jus d'orange

les files d'attente à la caisse sont trop longues

je n'ai pas pu trouver les lacets à chaussures

il n'y a plus de confiture aux fraises Kraft

il n'y a plus de céréales Frosty Flakes

il n'y a plus de muffins anglais

29 juin

la file d'attente est trop longue

il n'y a plus de savon Palmolive

il n'y a plus de Bisquick

les œufs sont brisés

le magasin est malpropre

il fait trop froid dans le magasin

le caissier est trop lent

il n'y a plus de lait écrémé

les toilettes sont malpropres

je n'ai pas pu trouver les éponges

les files d'attente sont longues

il n'y a plus de Tide 1 kg

il n'y a plus de soupe Campbell au poulet

il n'y a plus de saucisses au pepperoni

les files d'attente sont trop longues

la viande n'est pas fraîche

6 juillet

il n'y a plus de pailles

il n'y a plus de nourriture pour les oiseaux

on m'a surfacturé le beurre

il n'y a plus de ruban adhésif

le commis à l'étalage s'est montré peu serviable

j'ai perdu mon enfant

la viande avait l'air gâtée

on m'a surfacturé le beurre

il n'y a plus de bettes à carde

il y a trop de monde dans le magasin

il n'y a plus de bain moussant

il n'y a plus de savon Dial

il fait trop chaud dans le magasin

le prix ne correspond pas à l'annonce

vous devriez ouvrir davantage de caisses

les paniers à provisions sont difficiles à manœuvrer

il y a des détritus dans les allées

il n'y a plus de Drano

il n'y a plus de chou chinois

il fait trop chaud dans le magasin

les planchers sont sales et glissants

il n'y a plus de noix grillées Diamond

13 juillet

il y a une erreur dans le prix des spaghettis

il y a de l'eau sur le plancher

le magasin a l'air désordonné

il fait trop chaud dans le magasin

les files d'attente sont trop longues

on ne m'a pas demandé assez cher

il n'y a plus de riz brun

il n'y a plus de champignons

on m'a surfacturé

l'attente à la caisse est trop longue

le caissier est impoli

il n'y a plus de fromage à la crème

9

on m'a demandé trois fois le prix	les toilettes sont malpropres	les files d'attente sont trop longues
pénurie de Saran Wrap	il fait trop chaud dans le magasin	le téléphone est défectueux
pénurie de pains de savon Palmolive	j'ai trouvé de l'argent dans une allée	le toit coule
le panier à provisions est brisé	le prix de la viande est inexact	il y a des liquides renversés dans l'allée des boissons gazeuses
je n'ai pas pu trouver l'aspirine	on m'a surfacturé le pain	
il n'y a plus de sacs d'emballage en papier	il y a des clous sur le plancher	il n'y a plus de beignes à la confiture
il n'y a plus de pailles	il n'y a plus de Tide 1 kg	il n'y a plus de graines pour oiseaux sauvages
	il n'y a plus de serviettes de table de fantaisie	il n'y a plus de biscuits pour chiens
20 juillet	il n'y a plus de ketchup Heinz	il n'y a plus de vaporisateur contre les insectes
je n'ai pas pu trouver les aliments congelés	il n'y a plus de confiture aux pêches	
les files d'attente sont trop longues	il n'y a pas d'éclairage dans le stationnement	
il n'y a plus de Riz minute		

Lecture
Les programmes d'amélioration de la qualité ne garantissent pas les résultats

Au cours des dernières années, les entreprises nord-américaines ont dépensé des millions de dollars pour des programmes d'amélioration de la qualité. Malheureusement, ces programmes ne livrent pas toujours les résultats escomptés. Le McKinsey Consulting Group a élaboré la série de directives suivantes destinée aux gestionnaires, concernant les programmes d'amélioration de la qualité :

1. *Ne pas adopter l'amélioration continue si des changements radicaux sont nécessaires.* Des ventes médiocres et des bénéfices réduits signifient souvent qu'il faut plus que des améliorations. Les programmes d'amélioration continue sont indiqués pour une entreprise ayant déjà atteint un haut niveau de qualité et qui souhaite améliorer encore ses opérations.

2. *Rattacher les programmes d'amélioration de la qualité à la planification stratégique.* Par la suite, on fixe des objectifs pour ce programme et on évalue les cadres supérieurs selon l'atteinte de ces objectifs. Laissez

néanmoins les employés de niveau inférieur fixer leurs propres buts afin de les faire participer et de les amener à accroître leur productivité.

3. *Axer les programmes sur le seuil de rentabilité d'un marché.* Par exemple, les clients perçoivent difficilement la différence entre un rendement de livraison juste-à-temps de 90 % et un autre de 95 %, mais ils voient la différence entre un rendement de 90 % et un autre de 99 %. On fixe donc un seuil de rentabilité, et on essaie d'apporter une amélioration de rendement qui influe sur ce seuil.

4. *Choisir un seul thème à la fois.* Tout le monde doit avancer dans la même direction pour atteindre les objectifs. Cependant, un objectif unique risque de devenir un but final ; une fois qu'il sera atteint, on n'essaiera pas de s'améliorer davantage.

5. *Accorder autant d'importance aux résultats qu'au processus.* Se concentrer seulement sur le processus peut conduire à l'oubli des

objectifs et amener le personnel associé au programme à attacher plus d'importance sur le « comment on travaille » plutôt que sur le « pourquoi ». On doit plutôt fixer des objectifs précis sous forme de résultats quantifiables.

Questions

1. De quels moyens une entreprise dispose-t-elle pour vérifier l'efficacité de son programme d'amélioration de la qualité ?

2. Expliquez l'importance de l'évaluation des programmes d'amélioration de la qualité.

3. Expliquez le raisonnement qui sous-tend chacune des directives.

Source : Inspiré de l'article de Graham Sharman, « When Quality Control Gets in the Way of Quality », *The Wall Street Journal*, © 1992.

Bibliographie

Ansari, Shahid, et coll. *Measuring and Managing Quality Costs*, New York, McGraw-Hill, 1997.

Baillargeon, G. *Statistique appliquée et outils d'amélioration de la qualité*, 2ᵉ édition, Trois-Rivières, Éditions SMG, 2001.

Besterfield, Dale H., Carol Besterfield-Michna et Glen H. Besterfield, *Besterfield-Sacre Mary Total Quality Management*, 3ᵉ édition, Englewood Cliffs (N. J.), Prentice Hall, 2003.

Brassard, Michael, et Diane Ritter. *The Memory Jogger™ II*, Methuen (Mass.), GOAL/QPC, 1994.

Crosby, Philip. *Quality without Tears : the Art of Hassle-Free Management*, New York, McGraw-Hill, 1984.

Deming, W. E. *Hors de la crise*, Paris, Economica, 1991.

Evans J. R., et W. M. Lindsey. *The Management and Control of Quality*, 3ᵉ édition, St. Paul (Minn.), West Publishing, 1996.

Garvin, David A. *Managing Quality*, New York, The Free Press, 1988.

Gitlow, Howard S., Alan et Rosa Oppenheim. *Quality Management : Tools and Methods for Improvement*, 2ᵉ édition, Richard D. Irwin, 1995.

Juran, Joseph, M. « The Quality Trilogy », *Quality Progress*, vol. 10, n° 8, août 1986, p. 19-24.

Juran, Joseph M. *Juran's Quality Handbook*, New York, McGraw-Hill, 1999.

Juran, Joseph M., et Frank M. Gryna. *Quality Planning and Analysis, from Product Development to Use*, 4ᵉ édition, New York, McGraw-Hill, 2001.

Kahn, Joan. *Gestion de la qualité dans les établissements de santé*, Montréal, ARC, 1987.

Kélada, Joseph N. *Qualité totale : amélioration continue et réingénierie*, Pierrefonds, Quafec, 2000.

Kunii, Irene M. « Was there a cover-up at Mitsubishi ? », *Business Week*, 9 octobre 2000, p. 68.

Masaaki, Imaï. *Kaïzen : The Key To Japanese Competitive Success*, New York, McGraw-Hill, 1989.

Masaaki, Imaï. *Gemba Kaïzen : Commonsense Low-Cost Approach to Management*, New York, McGraw-Hill, 1997.

Mitra, Amitava. *Fundamentals of Quality Control and Improvement*, 2ᵉ édition, 1998.

Mouvement québécois de la qualité. *Le QUALImètre*.

MQQ et MIC. *Grands Prix québécois de la qualité*.

Nguyen, Nha. *Gestion de la qualité*, Montréal, Chenelière Éducation, 2006.

Salegna, G., et F. Fazel. « Obstacles to Implementing Quality », *Quality Progress Magazine*, ASQC, 20 juillet 2000, p. 53.

Summers, Donna. *Quality*, 2ᵉ édition, Englewood Cliffs (N. J.), Prentice Hall, 2000, p. 67.

Zeithhaml, Valerie A., A. Parasuraman et L. L. Berry. *Delivering Quality Service and Balancing Customer Expectations*, New York, The Free Press, 1990.

Chapitre 10

Le contrôle de la qualité

Plan du chapitre

10

Objectifs d'apprentissage

Déterminer et décrire les différents éléments du processus de contrôle de la qualité, et ce qui s'y rapporte ;

Définir les étapes du contrôle de la qualité : en cours d'opération, à la réception et à l'expédition ;

Connaître les éléments d'une carte de contrôle ;

Distinguer les différentes cartes de contrôle ;

Utiliser et interpréter les cartes de contrôle pour suivre l'évolution des procédés des entreprises manufacturières et celles des services ;

Expliquer le rôle des plans d'échantillonnage ;

Utiliser et interpréter des courbes d'efficacité ;

Utiliser les plans d'échantillonnage ISO 2859 ou Mil-Std-105E.

10.1 Introduction

En règle générale, toute entreprise moderne et structurée utilise des procédés et des ressources afin d'assurer la qualité[1] du produit ou du service offert. Pour que le client reçoive un produit conforme aux spécifications, l'organisation doit procéder à un suivi de la qualité de ses opérations : c'est le rôle du contrôle de la qualité. Avec un bon système de contrôle de la qualité, même une entreprise ayant des méthodes de travail discutables peut offrir des produits de qualité à ses clients. Toutefois, cette façon de procéder peut lui coûter très cher. En effet, un bon système de contrôle de la qualité rejettera tous les mauvais produits, et seuls les bons produits seront livrés : les plaintes des clients seront ainsi réduites au minimum. Cependant, le pourcentage de produits défectueux par rapport aux produits livrables sera inacceptable, et les coûts des opérations seront fort élevés. Nous allons donc étudier le rôle du contrôle de la qualité. De plus, puisque le fait de contrôler et de mesurer la qualité des extrants permet de connaître le niveau de qualité offert par l'entreprise, il sera possible d'améliorer les opérations et les produits offerts. Comme nous l'avons déjà précisé, on ne peut améliorer que ce qu'on peut mesurer. Le contrôle de la qualité est à la base de l'amélioration continue, notion qui a été vue au chapitre 9.

La figure 10.1 illustre l'évolution du contrôle de la qualité.

FIGURE 10.1 ►

Évolution du contrôle de la qualité

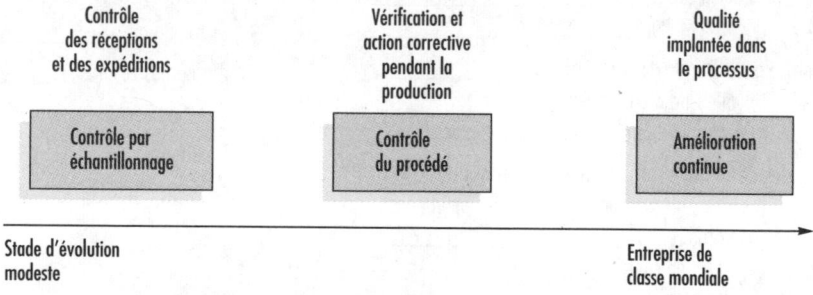

Dans ce chapitre, nous étudions les différents systèmes de la fonction contrôle de la qualité, qui peut s'effectuer à tous les niveaux et à toutes les étapes du processus opérationnel.

10.2 Le contrôle de la qualité : définitions

Rappelons brièvement les différentes notions concernant le contrôle de la qualité. Le contrôle de la qualité est la vérification de la conformité d'un bien ou d'un service par rapport aux spécifications.

_____

1. Voir les cinq objectifs des opérations présentés au chapitre 1.

Comme toutes les fonctions de contrôle, le **contrôle de la qualité** est une fonction qui sert *a posteriori* à fournir de l'information sur un état de fait : le produit fini ou le service offert répond-il aux normes établies ? Dans le cas de produits finis ou de services offerts directement au client, il est souvent trop tard pour agir : on peut réagir, c'est-à-dire qu'on essaiera par la suite de ne pas répéter l'erreur. Dans le cas de produits en cours de fabrication et de matières premières, on procède parfois à leur mise en quarantaine s'ils ne répondent pas aux normes. Les lots de produits n'ayant pas passé les tests de contrôle de la qualité sont mis de côté en attendant une inspection exhaustive : les produits récupérables et réparables sont remis en production, les autres sont rejetés. Soulignons la distinction entre le contrôle de qualité et l'**inspection à 100 %,** bien qu'on ait l'habitude de les confondre.

L'**assurance de la qualité (AQ)** – (*voir le chapitre* 9) est l'ensemble des activités (prévues et systématiques) nécessaires pour pouvoir utiliser un produit, un service ou une structure en toute confiance. Antérieure à la fabrication du produit, l'assurance de la qualité consiste à définir des moyens et des techniques pour prévenir et éviter les déviations dans les caractéristiques du produit par rapport aux spécifications initiales. Pour établir un programme d'AQ, les responsables se servent des informations obtenues grâce au contrôle de la qualité afin de dicter les moyens qui permettront de contrôler la qualité plus efficacement.

Finalement, la **gestion de la qualité** (*voir le chapitre* 9) est l'ensemble des activités de planification, d'organisation, de direction et de contrôle destinées à établir, à améliorer et à maintenir la qualité des biens et des services produits de la façon la plus économique possible tout en tenant compte des désirs de l'utilisateur.

Au même titre que toutes les activités de gestion, la gestion de la qualité comprend des étapes *a priori* et *a posteriori*. Elle englobe l'assurance de la qualité qui, elle, comprend le contrôle de la qualité. Grâce à la gestion de la qualité, l'entreprise émet des directives et fixe des objectifs, définit le niveau de qualité (*voir le chapitre* 9), les contraintes opérationnelles et budgétaires, qu'elle transmet ensuite au responsable de l'assurance de la qualité qui, à son tour, précisera au responsable du contrôle la nature des tests à effectuer, où et comment les effectuer. En suivant ces directives, le gestionnaire du contrôle informe le gestionnaire de l'assurance de la qualité du nombre et du type de défauts observés, ainsi que des conditions qui existaient au moment de l'observation. Ce dernier gestionnaire analyse ces informations, puis prépare un rapport pour le responsable de la gestion de la qualité en le sensibilisant à la nécessité ou non de réviser les directives. La figure 10.2 illustre le transfert d'informations et de directives entre ces trois intervenants.

Contrôle de la qualité

Vérification de la conformité des spécifications d'un bien ou d'un service offert par rapport aux spécifications établies.

Inspection à 100 %

Vérification exhaustive des lots de produits ayant échoué aux tests de contrôle de la qualité, dans le but de les trier et de récupérer certains d'entre eux.

▾ **FIGURE 10.2**

Interdépendance de la gestion, de l'assurance et du contrôle de la qualité

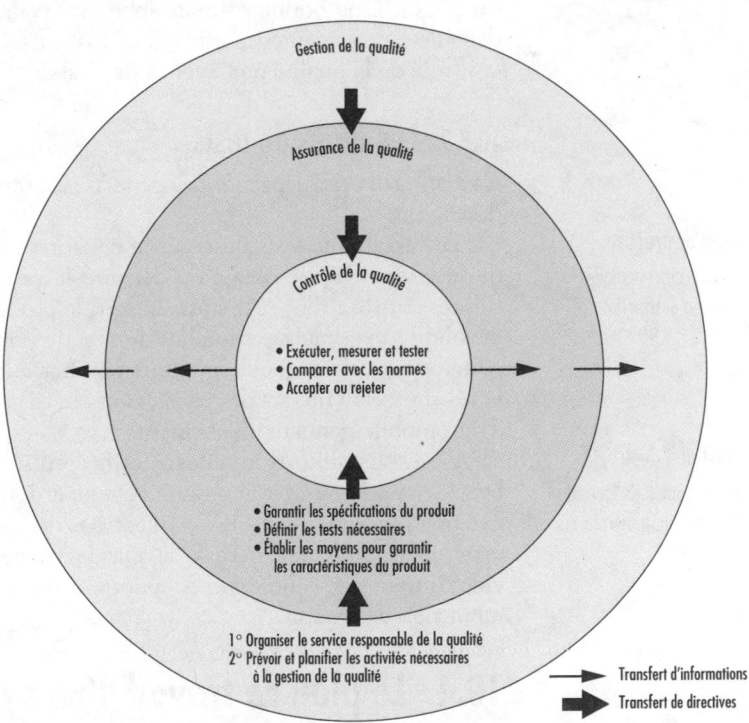

Source : C. Benedetti, *Introduction à la gestion des opérations*, 1re édition, Laval, Mondia, 1980.

10.3 La classification des défauts et des tests

Le rôle principal du contrôle de la qualité est de vérifier les caractéristiques du produit créé, d'évaluer ces dernières par rapport aux normes à l'aide d'examens ou de tests et d'accepter le produit ou de le rejeter.

On a vu que les caractéristiques des produits peuvent être d'ordre quantitatif (mesurables) ou qualitatif (non mesurables). Tout écart par rapport aux normes préétablies sera considéré comme un **défaut,** ou une **non-conformité** selon le vocabulaire ISO. Or, tous les défauts n'ont pas la même importance. Il est donc important de les distinguer et, par le fait même, de classifier les tests en fonction du type de défauts.

Non-conformité

Communément appelée « défaut », une non-conformité représente tout ce qui est à l'extérieur des normes et des caractéristiques quantitatives ou qualitatives définies.

10.3.1 Les types de défauts

Les défauts sont classés en trois catégories principales :

a) *les défauts mineurs*, qui n'altèrent pas la raison d'être du produit ou le rôle qu'il doit jouer, et qui ne nuisent pas à son fonctionnement ; il s'agit surtout de défauts liés à l'apparence ;

b) *les défauts majeurs*, qui altèrent la raison d'être du produit et réduisent son utilisation ; ils sont surtout d'ordre fonctionnel ;

c) *les défauts critiques*, qui nuisent directement ou indirectement à la sécurité des utilisateurs.

Toute nation possède des organismes qui légifèrent pour protéger les consommateurs. Au Canada, l'Association canadienne de normalisation (ACNOR ou CSA[2]) a cette responsabilité. Les entreprises peuvent à leur guise définir les défauts mineurs et majeurs, mais elles ne peuvent unilatéralement déclarer mineur un défaut qui a été reconnu comme critique par la CSA. Certains défauts, en apparence mineurs, sont parfois majeurs, et inversement. Soulignons que, contrairement à la croyance populaire, les types de défauts (mineurs, majeurs et critiques) sont indépendants des coûts nécessaires pour les corriger. Par exemple, une nouvelle auto dont la peinture manque de lustre n'est pas considérée comme ayant un défaut majeur, bien que les coûts de correction se chiffrent en centaines de dollars. Par contre, l'installation de mauvais fusibles dans la boîte des circuits électriques est un défaut critique, mais peu coûteux à corriger.

L'une des premières tâches des responsables de l'assurance de la qualité est de s'assurer que les responsables des opérations distinguent correctement les différents types de défauts. Avec l'expérience, on a constaté que plusieurs conflits stériles entre les travailleurs, et parfois même entre les membres de la direction, sont dus à une compréhension différente de la notion de défaut. Une bonne connaissance du niveau de qualité souhaité et de la politique qui en découle permettrait de clarifier ces situations. Une fois les types de défauts définis, l'équipe de contrôle de la qualité procédera à des tests.

10.3.2 Les types de tests

Il existe deux principaux types de tests : les tests ou essais destructifs et les tests ou essais non destructifs.

Les **essais ou tests destructifs** consistent à vérifier les caractéristiques du produit par sa destruction. On est obligé de détruire le produit pour connaître ses caractéristiques et ses limites d'utilisation. À la suite du test, le produit en sort altéré, par exemple lorsqu'on vérifie la solidité maximale des feuilles de tôle, le pourcentage de gras d'une tranche de fromage, la composition chimique de produits pharmaceutiques, la tension maximale d'un câble d'acier, la résistance à l'impact des pare-chocs ou les caractéristiques de déformation d'une carrosserie d'automobile pendant un accident.

Les **essais ou tests non destructifs** consistent à vérifier les caractéristiques du produit sans briser ou endommager le produit. On peut donc effectuer ces tests sans altérer le produit. Par exemple, presque toutes les vérifications des caractéristiques dimensionnelles ou qualitatives (sauf celles qui concernent la saveur des aliments), la vérification du rendement des circuits électroniques et celles qui se rapportent au domaine des services sont des tests majoritairement non destructifs.

10.4 Le plan de travail d'un système de contrôle de la qualité

Pour qu'un système de contrôle de la qualité soit efficace, il doit répondre aux six questions fondamentales suivantes :

> QUOI contrôler ?
> COMMENT contrôler ?
> QUI contrôle ?
> OÙ contrôler ?
> COMBIEN contrôler ?
> QUAND contrôler ?

Procédons à l'analyse de chacune de ces questions.

Essai ou test destructif
Vérification des caractéristiques du produit par sa destruction.

Essai ou test non destructif
Vérification des caractéristiques du produit, sans altération de celui-ci.

10

---

2. CSA (Canadian Standards Association), anciennement ACNOR.

10.4.1 Quoi et comment contrôler ?

On commence par déterminer les caractéristiques qu'on veut vérifier et les paramètres à utiliser. Les dimensions de la qualité (*voir la sous-section 9.4.1*) sont alors très utiles : performance, esthétique, caractéristiques spéciales, conformité, fiabilité, durabilité, qualité perçue et service après-vente.

On détermine ensuite la manière de les mesurer et le type d'équipement ou d'outils mathématiques dont on se servira pour évaluer la qualité des biens ou des services. Toute la science de la **métrologie** est alors exploitée : on choisit les poids et les mesures, ainsi que les sondages et les indicateurs appropriés ; on détermine le calibrage des équipements, etc., selon le type de produits ou de services à évaluer.

Métrologie

Science qui s'intéresse aux aspects théoriques et pratiques des poids et des mesures.

10.4.2 Qui contrôle ?

À cette étape, on détermine qui est responsable du contrôle de la qualité. Dans le cas de la production à l'unité et de la production interrompue, quand les quantités produites sont petites et que l'entreprise recourt à des travailleurs de métier, il n'est pas rare que l'on confie la responsabilité du contrôle de la qualité aux employés. Par contre, l'arrivée des chaînes d'assemblage et de la segmentation des tâches, tout en minimisant le nombre de travailleurs directement affectés à la fabrication, a favorisé la création de nouvelles classes d'employés : les contrôleurs de la qualité et les inspecteurs. Actuellement, avec la robotisation et l'automatisation massive, on a de moins en moins besoin d'opérateurs chargés de la fabrication du produit. On tend également à les responsabiliser au regard de la qualité grâce à des programmes de formation soutenue et à les rendre autonomes, d'où le concept d'**autonomisation** (*voir la section 9.9*). Les opérateurs possèdent le savoir ; ils ont le pouvoir et le devoir d'intervenir sur le procédé si le produit ne répond plus aux normes de qualité définies. Toutefois, des contrôleurs de la qualité attitrés sont responsables de tests plus poussés qui exigent l'utilisation d'équipement ou de laboratoire et qui sont conduits sur de longues périodes. Par exemple, ce sont eux qui vérifient la résistance d'un produit à des températures élevées, en laboratoire, tandis que ce sont les opérateurs qui vérifient les caractéristiques dimensionnelles de ce même produit directement sur la chaîne.

Autonomisation

Autoriser les employés à intervenir sur le procédé pour le corriger et l'améliorer. Ils possèdent le savoir, et ils ont le pouvoir et le devoir d'intervenir.

10

10.4.3 Où contrôler ?

Avec les produits et les services qui exigent une multitude d'activités de transport, de manipulation et d'entreposage, les possibilités d'altération de la qualité augmentent : bris durant le transport ou la manutention, mauvaises conditions d'entreposage, etc. Or, étant donné que chaque contrôle augmente le coût de revient de l'objet, il est important de réduire le nombre d'interventions, surtout si celles-ci sont du type destructif. Rappelons qu'une vérification est une activité qui n'augmente pas la valeur du produit : les contrôles[3] n'entraînent pas une valeur ajoutée. Les étapes principales de contrôle dans un processus, telles qu'elles sont illustrées de façon succincte à la figure 10.3, sont exécutées à l'entrée, en cours d'opération et à la sortie. Le contrôle des intrants et des extrants se fait par lot et respecte, dans les deux cas, les mêmes principes mathématiques. Le contrôle de la fabrication et des opérations est différent, car au cours d'un procédé, le produit subit des transformations. Nous y reviendrons plus loin.

▼ **FIGURE 10.3**

Étapes principales du contrôle de la qualité

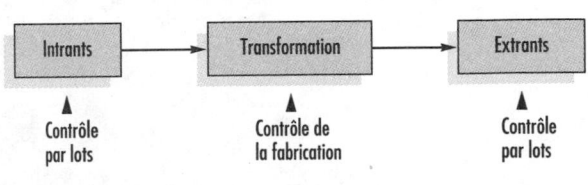

Il existe des techniques mathématiques et statistiques qui permettent de déterminer le lieu idéal pour instaurer un contrôle. L'étude de ces techniques déborde le cadre de ce manuel. Néanmoins, voici une approche intuitive relativement valable qui peut aider à situer les lieux de contrôle :

1. À la réception – On gagnerait à contrôler à l'entrée toutes les matières premières et tous les éléments acquis par l'entreprise. Bien que cela paraisse logique *a priori*, peu d'entreprises appliquent ce principe avec rigueur et elles préfèrent déléguer cette responsabilité aux fournisseurs.

2. À l'expédition – C'est la dernière chance offerte à l'entreprise de s'assurer de la qualité de ses produits. L'entreprise peut ainsi éviter beaucoup de conflits avec les clients et

———————————————

3. Voir la notion d'opération à valeur ajoutée (OVA) au chapitre 1.

supprimer des coûts de transport, de manipulation, de service après-vente et les effets d'insatisfaction.

3. Avant une opération coûteuse – Le principe est simple : ne pas ajouter de valeur à un produit déjà défectueux.

4. Avant une opération irréversible – Après cette opération, aucune correction n'est possible. Ajouter de la crème avariée sur un gâteau entraîne le rejet de l'ensemble. Coller ou souder deux pièces dont l'une est non conforme cause le même problème.

5. Avant une opération de finition – Ce genre d'opération, par exemple peinturer, vernir ou même assembler, masque les défauts qui réapparaîtront incessamment.

Dans le secteur des services, le contrôle de la qualité porte sur les intrants : les services requis (nettoyage, déneigement), les matières utilisées, le personnel embauché ; et sur les extrants : réparations d'automobiles ou d'autres types d'appareils, coupes de cheveux, soins de beauté et de santé, etc. Le tableau 10.1 montre des exemples du contrôle de la qualité dans le secteur des services.

TABLEAU 10.1 ▸

Exemples de points de contrôle de la qualité dans le secteur des services

Type d'entreprise	Points de contrôle	Caractéristiques à contrôler
Restauration minute	Caissiers	Précision
	Employés au comptoir	Attitude, apparence, productivité
	Salle à manger	Apparence, propreté
	Terrains et immeubles	Sécurité, éclairage, disponibilité, entretien, conditions sanitaires
	Cuisine	Propreté, entreposage des aliments, respect des normes sanitaires
Hôtellerie	Facturation	Précision, ponctualité, assiduité
	Terrains et immeubles	Apparence et sécurité
	Réception	Apparence, langage, file d'attente, courtoisie
	Service ménager	Rigueur, rapidité et productivité
	Personnel	Apparence, attitude, langage
	Réservations	Respect : surréservation versus sous-réservation, taux d'occupation
	Restauration	Cuisine, menus variés, qualité des repas, facturation
	Service aux chambres	Ponctualité, courtoisie
	Approvisionnement	Commandes, réception, stocks
Supermarché	Caissiers	Précision, courtoisie, productivité
	Livraisons	Respect des délais et de la marchandise
	Fruits et légumes	Fraîcheur, variété, disponibilité, rotation
	Allées et entrepôts	Dégagement
	Gestion des stocks	Pas de ruptures de stocks
	Étalages	Apparence, disponibilité des produits
	Paniers à provisions	État, propreté, disponibilité, vol et vandalisme
	Stationnement	Sécurité, éclairage
	Personnel	Apparence, attitude, courtoisie
Secteur médical	Salle d'attente	Apparence, confort, hygiène
	Salle d'examen	Température, confidentialité
	Médecins	Connaissances, attention, empathie
	Personnel assistant	Intentionné, confidentialité, complicité positive
	Dossier patient	Précis, à jour, confidentialité
	Autres	Assiduité, temps d'attente, précision des rendez-vous

10.4.4 Combien contrôler ?

Les produits de faible valeur et fabriqués en grande quantité exigent peu de contrôle. En effet, les coûts attribuables à un manque de qualité sont très faibles, et le procédé de fabrication est très fiable puisqu'il est extrêmement rodé. En outre, l'apprentissage et l'expérience acquise réduisent au minimum les erreurs possibles : c'est le cas pour la fabrication des clous, des feuilles de papier, des trombones. Ces types de produits requièrent peu de contrôle. Par contre, les produits de grande valeur, fabriqués en petites séries et dont la mauvaise qualité entraîne des coûts élevés exigeront un processus de contrôle de la qualité exhaustif. C'est le cas des moteurs d'avion, des équipements de guidage et autres. On parle alors de **contrôle à 100 %**.

De leur côté, les produits vitaux et fabriqués en grande quantité ou devant subir un contrôle destructif, tels que les produits alimentaires et pharmaceutiques, ne peuvent être contrôlés à 100 % ; ils le sont soit automatiquement, soit à l'aide d'un **contrôle par échantillonnage**. Un autre facteur important influe sur le choix entre le contrôle à 100 % et celui par échantillonnage. Il a été prouvé scientifiquement et empiriquement que, pour des grands lots, le contrôle à 100 % ne donne pas les résultats escomptés, la monotonie de la tâche ayant un impact énorme sur la vigilance des contrôleurs : un contrôle par échantillonnage donne alors des résultats aussi satisfaisants. Imaginons qu'on est obligé de vérifier la concentration des agents actifs pharmaceutiques des pilules, une après l'autre. Or, plus la taille de l'échantillon est grande, plus les informations fournies par les tests sont valables et plus les coûts du contrôle de la qualité sont élevés, surtout si l'on procède à un contrôle destructif. L'inverse est aussi vrai : de petits échantillons sont peu coûteux, mais ils donnent aussi peu d'information. Ces notions relèvent du domaine du **contrôle statistique des procédés (CSP)** et seront analysées plus en profondeur aux sections 10.5 et suivantes.

Une approche économique traditionnelle a longtemps été avancée pour déterminer le nombre d'unités à vérifier (*voir la figure 10.4*). Elle consiste à établir un équilibre entre les coûts du contrôle de la qualité et ceux de la non-qualité (*voir la sous-section 9.4.5*). À la figure 10.4, on suppose que les coûts de contrôle sont linéaires, ce qui explique pourquoi la quantité optimale à vérifier se situe au point d'intersection entre les coûts du contrôle et ceux de la non-qualité. Cela n'est pas toujours le cas, car les coûts dus au contrôle ne sont pas toujours linéaires (*voir la figure 9.1 à la page 339*). Le point faible de cette approche est le suivant : comment peut-on évaluer les coûts de la non-qualité des produits défectueux quand la santé et la sécurité des usagers sont en jeu ?

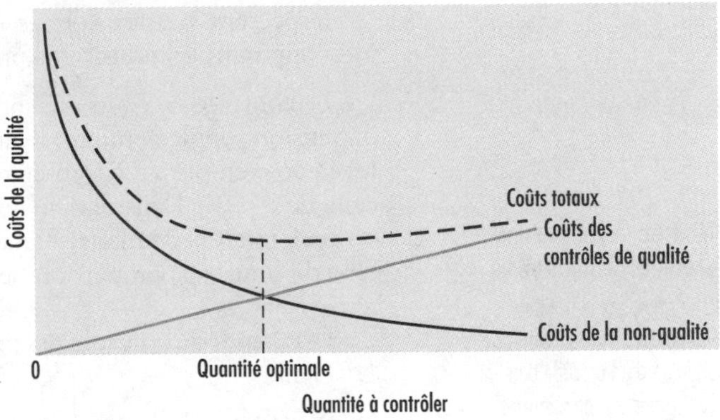

Contrôle à 100 %
Contrôle de la totalité des biens et des services créés.

▲ FIGURE 10.4

Approche économique pour déterminer la quantité à contrôler

10.4.5 Quand contrôler ?

Nous abordons ici une question rarement soulevée : à quelle fréquence doit-on procéder à un prélèvement ? René Cavé (*voir la sous-section 9.3.9*), ingénieur militaire en chef de l'armée française, a mis au point une méthode simple et efficace, dont les principes sont expliqués ci-après.

Pour déterminer, en cours de production, la fréquence ou la cadence des prélèvements C d'échantillons à des fins de contrôle de la qualité :

$$C = \frac{\sqrt{n \times L}}{v} \tag{10-1}$$

où v = la cadence ou la vitesse de production par unité de temps (*voir l'OST, au chapitre 7*)
n = la taille des échantillons prélevés
L = le nombre d'unités ou la taille du lot à fabriquer

Exemple 1

Soit $n = 10$ unités ; $v = 40$ unités/min ; $L = 10\,000$ unités.

Alors $C = \dfrac{\sqrt{n \times L}}{v} = \dfrac{\sqrt{10\,u \times 10\,000\,u}}{40\,u/\text{min}} = 8$ min approximativement

Cela signifie qu'on doit prélever des échantillons de taille 10 toutes les 8 min.

Exemple 1 *(suite)*

La proportion d'unités prélevées et contrôlées q par lots L se calcule ainsi :

$$q = \sqrt{\frac{n}{L}} \qquad\qquad (10\text{-}2)$$

En appliquant cette formule à l'exemple ci-dessus, on obtient :

$$q = \sqrt{\frac{n}{L}} = \sqrt{\frac{10\,u}{10\,000\,u}} = 3,2\,\%$$

Cela signifie que 3,2 % du lot de 10 000 unités doit être contrôlé.

Donc, pour un lot de 10 000 unités, 320 unités seront contrôlées (10 000 × 0,032), et elles seront prélevées à raison de 10 unités toutes les 8 min.

10.5 Le contrôle statistique des procédés

Nous avons vu que le contrôle de la qualité peut se faire soit par lots, dans le cas des produits reçus et livrés, soit durant les opérations. On effectue le contrôle des opérations pour suivre le procédé tout au long de la création des produits ou des services. Globalement, les étapes du contrôle des opérations sont les suivantes :

1. Prélever des échantillons à intervalles réguliers, selon la cadence des opérations.
2. Réaliser les tests sur les échantillons.
3. Mesurer les échantillons.
4. Rapporter les observations sur des cartes appelées « cartes de contrôle ».
5. Si les mesures respectent les normes définies, continuer la production. Si les mesures ne respectent pas les normes établies, arrêter la production, procéder aux corrections qui s'imposent et inspecter la production défectueuse pour récupérer les bons produits.

Le contrôle en cours de fabrication diffère du contrôle par lots du fait qu'on introduit une dimension supplémentaire : le moment où le test est effectué. Un échantillon de 5 unités, prélevé par exemple à 8 h, renseigne sur la production de 8 h, mais non sur celle de 7 h 59 ni sur celle de 8 h 01. Dans ce domaine, l'utilisation des méthodes statistiques devient primordiale : on parlera alors de **maîtrise statistique des procédés de fabrication.** Ces méthodes permettent de limiter la proportion de produits non conformes et visent à atteindre un objectif de zéro défaut.

Les étapes du contrôle des procédés se résument ainsi :
1. Définir.
2. Mesurer.
3. Comparer avec les normes.
4. Évaluer et décider.
5. Prendre des actions correctives (au besoin).
6. Évaluer les actions correctives.

Il est intéressant de comparer la similitude de ces étapes avec celles qui sont utilisées dans les programmes six sigma de gestion intégrale de la qualité (*voir le chapitre* 9).

10.5.1 La variabilité d'un procédé

Toute activité, qu'elle soit manuelle, automatisée ou autre, comporte naturellement un certain taux de variabilité : elle ne peut être parfaitement stable. Les variations naturelles qui la caractérisent sont appelées **variations aléatoires** et sont dues à un ensemble de facteurs qui interagissent. Elles sont fonction de la variation des 5 M (matières premières, machines, main-d'œuvre, méthodes et milieu).

Toutefois, il existe un autre type de variations : les **variations spéciales** ou causes spéciales. Les variations spéciales sont habituellement attribuables à des facteurs qu'on peut déterminer. Ainsi, l'état, l'âge et l'entretien des machines peuvent causer de grandes variations dans la qualité des produits finis, variations qui auraient pu être évitées. La fatigue des travailleurs, la monotonie des tâches, l'usure des outils, le manque d'entretien périodique, le bruit, la température ou un fournisseur négligent sont autant de causes de variations spéciales.

En prélevant des échantillons aléatoirement et en reportant sur un graphique deux paramètres statistiques de l'échantillon, soit la moyenne et l'écart type, on peut observer s'ils

10

Maîtrise statistique des procédés de fabrication
Utilisation des méthodes statistiques pour s'assurer de la stabilité d'un procédé d'opération conformément aux normes.

Variations aléatoires
Variations naturelles subies par un procédé.

Variations spéciales
Variations dans un procédé qui sont attribuables à des causes particulières.

obéissent approximativement à la distribution statistique normale. Tant que les échantillons se situent autour de la moyenne, au sens statistique, et ce, à l'intérieur de deux bornes ou limites définies, on est en présence d'un **procédé sous contrôle statistique,** aussi appelé **procédé stable** ou maîtrisé statistiquement.

Au sens statistique, un procédé, présenté par la distribution normale, est considéré comme stable quand:

95,44 % des valeurs se trouvent entre la moyenne (μ) et ±2 écarts types (σ); (μ ±2σ);

99,74 % des valeurs se trouvent entre la moyenne (μ) et ±3 écarts types (σ); (μ ±3σ).

La figure 10.5 illustre ces notions.

Or, on peut créer des limites pour les unités produites ou pour des moyennes d'échantillons prélevés. La distribution des unités est représentée par la distribution des X, tandis que celle des moyennes des échantillons sera représentée par la distribution des $\overline{X}$. Dans le domaine de la production manufacturière à grande échelle, pour obtenir une meilleure information, on préfère prélever des échantillons de plusieurs unités à intervalles réguliers plutôt qu'une seule unité à la fois, car les échantillons sont habituellement distribués[4] selon la loi de Laplace-Gauss (ou distribution normale) autour de la moyenne. Or, les caractéristiques du produit annoncées au client concernent l'unité produite et non celles des échantillons prélevés. Donc, les gestionnaires doivent bien comprendre la différence et en tenir compte au moment de préciser les caractéristiques du produit lorsqu'ils s'adressent au client. Pour une même production, la figure 10.6 montre la distinction entre la distribution des unités X et la distribution de moyennes des échantillons $\overline{X}$.

Plus le nombre d'unités par échantillon (appelé la taille n de l'échantillon) est grand, plus la distribution est réduite et centrée autour de la moyenne: c'est la loi de la distribution centrée réduite en statistique. Plus la taille de l'échantillon n tend vers 1, plus la distribution des $\overline{X}$ sera identique à celle des X. La relation entre les deux distributions respecte l'équation suivante:

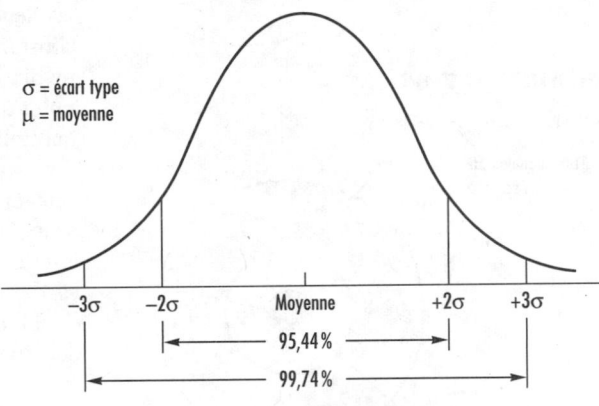

▼ **FIGURE 10.5**

Intervalles de confiance à ±2σ et à ±3σ autour de la moyenne

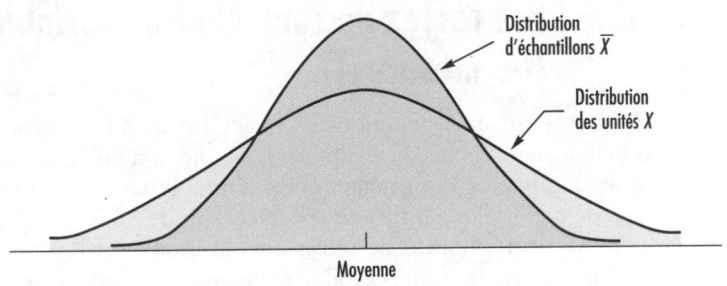

◄ **FIGURE 10.6**

Relations entre la distribution d'unités X et celle de moyennes d'échantillons $\overline{X}$ d'une même production

$$\sigma_{\bar{x}} = \frac{\sigma_x}{\sqrt{n}}$$ (10-3)

où σ_x = écart type de la distribution des unités

$\sigma_{\bar{x}}$ = écart type de la distribution des moyennes des échantillons de taille n

n = taille des échantillons (nombre d'unités par prélèvement)

Cela dit, les limites de la distribution des $\overline{X}$ sont toujours plus étroites que celles de la distribution des X (les unités), et plus la taille de l'échantillon est grande, plus ces limites seront restreintes. Tant que les caractéristiques des échantillons se situent à l'intérieur de ces limites, la production sera considérée comme étant sous contrôle.

En se basant sur ces notions statistiques, W.A. Shewhart (*voir la sous-section 9.3.9*) a élaboré, en 1931, une méthode pour suivre les variations de la production dans le temps. Ainsi, il a ajouté une dimension chronologique aux distributions statistiques: les **cartes de contrôle** étaient nées.

Outil principal du contrôle de la qualité des procédés de fabrication, la carte de contrôle est la représentation graphique des échantillons prélevés en fonction du temps; on y trouve

───────────

4. Le lecteur est invité à revoir le théorème central limite selon lequel la distribution de la moyenne d'échantillons n, pris à même une population N, obéit à une distribution normale.

une limite supérieure et une limite inférieure de contrôle à ne pas dépasser. Habituellement, on calcule ces limites en fonction d'un intervalle de confiance de ±3 écarts types, bien qu'on fixe parfois des limites plus restreintes de ±2 écarts types et de ±1 écart type pour suivre de plus près l'évolution du procédé.

Il existe deux grandes familles de cartes de contrôle, qui se subdivisent elles-mêmes en divers types :

a) par variables ou mesures ($\overline{X}$, R) (*voir la section 10.6*) ;
b) par attributs ou calibre (*voir la section 10.7*).

10.5.2 La distinction entre précision et exactitude

Avant de présenter les cartes de contrôle, il est important de bien saisir la distinction entre la précision et l'exactitude. La **précision** est une évaluation de la constance d'actions. La figure 10.7 A montre que les flèches sont toutes lancées autour du même point et il y a peu de variabilité entre elles. Cependant, la cible est manquée : on est en présence d'une situation précise mais non exacte. La figure 10.7 B montre que les flèches sont dans la cible, mais qu'elles sont dispersées sans aucune constance : il s'agit d'une situation exacte, mais avec une précision à revoir. La figure 10.7 C montre une situation exacte et précise. Il faut noter qu'il est plus facile de corriger la situation illustrée à la figure 10.7 A que celle qui est montrée à la figure 10.7 B.

La précision ne répond pas nécessairement à ce qui est demandé : on peut être précis dans l'erreur. Malheureusement, plusieurs organisations sont souvent précises dans leurs erreurs : elles répètent toujours les mêmes erreurs. L'**exactitude** évalue la justesse des valeurs et elle répond à ce qui est demandé. On peut être précis sans être exact, et inversement.

Le défi des cartes de contrôle est de trouver des indices mesurant ces deux paramètres.

10.6 Les cartes de contrôle par variables (ou mesures)

Ces cartes suivent l'évolution des caractéristiques mesurables du produit : sa longueur, son poids, sa résistance ohmique, son voltage, etc.

Pour illustrer le principe, considérons le cas où il faut couper des tiges de métal d'une longueur spécifiée, soit de 10,00 cm ±0,10 cm. Ces limites sont des **limites de tolérance** qui indiquent les spécifications du produit : toutes les unités produites doivent s'y conformer. Celles qui ne s'y conforment pas sont des pièces défectueuses, ou des non-conformités selon le vocabulaire ISO. Dans notre exemple, la limite de tolérance supérieure (*LTS*) est de 10,10 cm et la limite de tolérance inférieure (*LTI*), de 9,90 cm. On a prélevé six échantillons contenant 5 unités (6 prélèvements de taille $n = 5$ chacun) à intervalles réguliers de 60 min (*voir les données au tableau 10.2*).

À ce stade de l'analyse, si on fixe les limites à respecter pour les moyennes des échantillons de taille $n = 5$ à 10,00 cm ± 0,10 cm, la carte de contrôle pour les $\overline{X}$ ressemble à celle de la figure 10.8.

FIGURE 10.7 A ▾

Situation précise mais non exacte

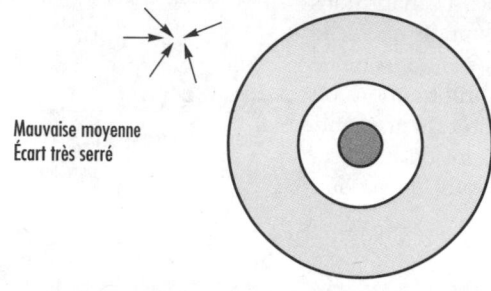

Mauvaise moyenne
Écart très serré

FIGURE 10.7 B ▾

Situation exacte mais non précise

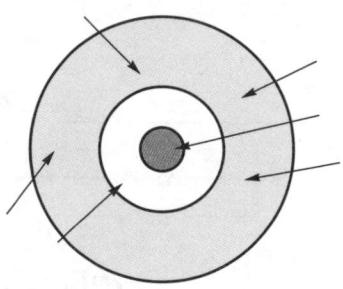

Bonne moyenne
Mauvais écart

FIGURE 10.7 C ▾

Situation idéale

Bonne moyenne
Exactitude

Bon écart
Précision

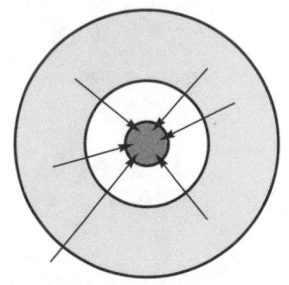

Limites de tolérance

Limites que doivent nécessairement respecter toutes les unités produites.

TABLEAU 10.2 ▸

Échantillon	Heure de prélèvement	Mesure (en centimètres)					Moyenne $\overline{X}$
1	8 h 00	10,07	10,04	10,00	9,60	9,91	9,92
2	9 h 00	9,68	10,03	9,92	10,07	10,04	9,95
3	10 h 00	10,02	10,00	10,04	10,08	10,06	10,04
4	11 h 00	10,07	10,26	10,03	9,80	10,04	10,04
5	12 h 00	10,13	10,10	10,05	10,12	10,15	10,11
6	13 h 00	9,94	9,87	9,84	10,03	9,92	9,92

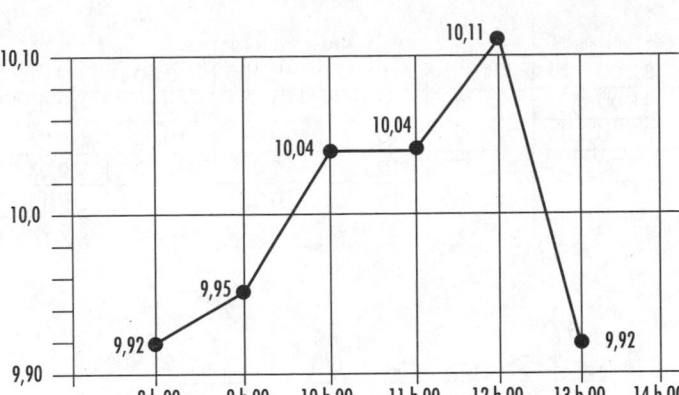

◂ **FIGURE 10.8**

Carte de contrôle pour les $\overline{X}$

Source : C. Benedetti, *Introduction à la gestion des opérations*, 3ᵉ édition, Laval, Éditions Études Vivantes, 1991, p. 328.

La carte de contrôle pour les grandeurs mesurables indique que l'échantillon 5 ($\overline{X} = 10,11$ cm) est hors limites. Deux questions se posent alors :

- À quel moment la production est-elle sortie des limites ?
- Quelle est la qualité des tiges fabriquées entre 11 h et 13 h (l'intervalle hors normes) ?

À ce moment-là, il faut :
- arrêter la production pour rectifier le procédé ;
- contrôler à 100 % la production entre 11 h et 13 h.

Pour y arriver, l'entreprise doit posséder un bon système de **traçabilité** pour être en mesure d'isoler les lots produits entre les prélèvements ; si on place les mauvaises productions avec les bonnes, on ne pourra plus les distinguer à moins de procéder à une inspection exhaustive. Une politique de traçabilité évite la contamination des lots, mais son utilité va beaucoup plus loin. Elle permet à l'entreprise de retracer de mauvais lots après plusieurs mois, voire des années, et de procéder à des campagnes de rappel auprès de la population. Des entreprises ont gagné de la crédibilité auprès des consommateurs après avoir pris leurs responsabilités concernant des lots défectueux (Molson, Agropur, Toyota, etc.).

En retournant à notre cas, on a poursuivi l'inspection des lots jusqu'à 13 h, moment où l'on est certain que la production se situe dans les limites. Or, en analysant le tableau 10.2, à la page précédente, on se rend compte que, bien que les échantillons 3 et 4 aient la même moyenne acceptable (10,04 cm), certaines tiges de l'échantillon 4 sont hors normes (la 2ᵉ à 10,26 cm et la 4ᵉ à 9,80 cm). La situation se répète pour les échantillons 1, 2 et 6, et pourtant les $\overline{X}$ sont à l'intérieur des limites. Ce résultat s'explique ainsi :

1. On a placé des $\overline{X}$, les moyennes des échantillons, sur une carte de contrôle ayant des limites fixées pour X, la longueur de chaque tige.
2. Contrairement aux unités prises individuellement, un échantillon de taille n est représenté par sa moyenne et son écart type (approximé par l'étendue R).

Donc, un système de cartes de contrôle par mesures comporte ou respecte nécessairement les éléments suivants :
a) un contrôle des moyennes $\overline{X}$;
b) un contrôle des **étendues R,** parfois désignées par l'expression *range* :

$$R = X_{max} - X_{min} \, ;$$

c) des **limites de contrôle** à $\pm 3\sigma$ pour les $\overline{X}$; ces limites sont plus serrées que les limites de tolérance pour les X (*voir l'équation 10-3 à la page 383*) afin de s'assurer que toutes les unités seront conformes aux limites de tolérance ;
d) un échantillon est considéré comme bon, et la production dont il provient est acceptée si et seulement si les deux paramètres de l'échantillon ($\overline{X}$ et R) se situent à l'intérieur de leurs limites de contrôle respectives.

Appliquons ces notions au cas des tiges de métal. Le calcul des R et la carte de contrôle pour les étendues apparaissent au tableau 10.3 et à la figure 10.9, à la page suivante.

Traçabilité
Capacité de retracer les lots entre les prélèvements.

Étendue ou *range* R
Différence entre la plus grande et la plus petite valeur d'un échantillon.

Limites de contrôle
Limites fixées à $\pm 3\sigma$ qui assurent un intervalle de confiance à 99,74 %.

TABLEAU 10.3 _____▸

Échantillon	Heure de prélèvement	Mesure (en centimètres)					Étendue R
1	8 h 00	10,07	10,04	10,00	9,60	9,91	0,47
2	9 h 00	9,68	10,03	9,92	10,07	10,04	0,39
3	10 h 00	10,02	10,00	10,04	10,08	10,06	0,08
4	11 h 00	10,07	10,26	10,03	9,80	10,04	0,46
5	12 h 00	10,13	10,10	10,05	10,12	10,15	0,10
6	13 h 00	9,94	9,87	9,84	10,03	9,92	0,19

FIGURE 10.9 _____▸

Carte de contrôle de l'étendue R

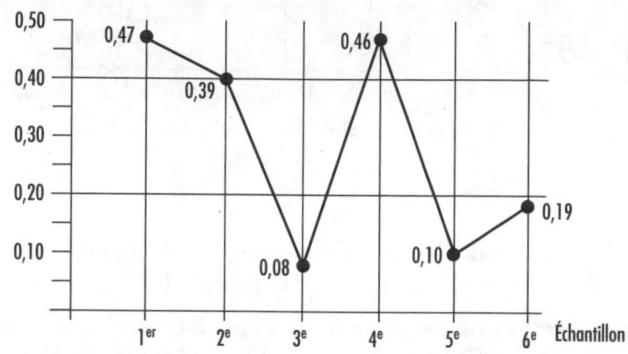

À ce stade de l'analyse, la limite maximale des étendues peut se calculer de la façon suivante :
Limite maximale = Limite de tolérance supérieure – Limite de tolérance inférieure

$$LTS - LTI = 10,10 - 9,90 = 0,20 \text{ cm}$$

L'analyse de la carte de contrôle des étendues indique que les échantillons 1, 2 et 4 sont inacceptables. Donc, dans ce cas, seule la production de 10 h et de 13 h est acceptée, le cinquième échantillon étant rejeté sur la carte des $\overline{X}$. Les cartes de contrôle des $\overline{X}$ indiquent la tendance, soit l'orientation qu'une production tend à prendre, tandis que la carte des R indique la variabilité, le manque de constance entre les différentes unités produites.

Dans les sections suivantes, nous mettons en place une procédure mathématique permettant de déterminer les limites de **contrôle par variables (ou mesures).** Deux façons de procéder sont présentées :

a) en fonction des opérations,

b) en fonction des spécifications.

10.6.1 Les cartes de contrôle en fonction des opérations (approche ±3σ)

En Amérique du Nord, les cartes de contrôle en fonction des opérations ($\overline{X}$ et R) sont les plus courantes et souvent les seules connues. Si une entreprise possède déjà les cartes de contrôle appropriées pour un procédé de fabrication, les gestionnaires doivent simplement s'assurer que le procédé s'y conforme. Par contre, si on ne dispose pas de limites fixées ni de cartes de contrôle pour suivre l'évolution du procédé, et si on veut mettre en place un contrôle statistique par mesures en fonction des opérations, il faut suivre les étapes décrites ci-après.

Voici les étapes pour tracer des cartes de contrôle en fonction des opérations :

1. Prélever un minimum de $k = 20$ échantillons de taille $n = 5$ chacun (ou $k = 25$ et $n = 4$).

2. Calculer $\overline{X}$ et R de chaque prélèvement.

   $\overline{X}$ = Moyenne d'un prélèvement

$$\overline{X} = \frac{\sum_{i=1}^{n} X_i}{n} \text{ ; moyenne d'un prélèvement} \tag{10-4}$$

$$R = X_{max} - X_{min} \text{ ; étendue d'un prélèvement} \tag{10-5}$$

3. Calculer $\overline{\overline{X}}$ et $\overline{R}$.

$$\overline{\overline{X}} = \frac{\sum_{i=1}^{k} \overline{X}_i}{k} \text{ ; moyenne des moyennes } \overline{X}_i \tag{10-6}$$

$$\overline{R} = \dfrac{\sum\limits_{i=1}^{k} R_i}{k} \; ; \text{moyenne des étendues } R_i \qquad (10\text{-}7)$$

k = Nombre de prélèvements

4. Calculer les limites de contrôle provisoires ainsi :

Limites pour les $\overline{X}$ $\qquad LCS = \overline{\overline{X}} + A_2 \times \overline{R}$ $\qquad\qquad (10\text{-}8)$
$\qquad\qquad\qquad\qquad \overline{\overline{X}} = $ valeur centrale
$\qquad\qquad\qquad\qquad LCI = \overline{\overline{X}} - A_2 \times \overline{R}$

Limites pour les R $\qquad LCS = D_4 \times \overline{R}$ $\qquad\qquad\qquad\qquad (10\text{-}9)$
$\qquad\qquad\qquad\qquad LCI = D_3 \times \overline{R}$ (très peu utilisé et approximé à 0)

Les facteurs A_2, D_4 et D_3 sont tirés de la table C, à la fin du manuel (*Facteurs des cartes de contrôle en fonction des opérations*). Ils sont fonction de la taille n des échantillons prélevés et sont calculés pour un intervalle de confiance de $\pm 3\,\sigma$. On y présente aussi des facteurs pour des intervalles de confiance de $\pm 2\,\sigma$ et de $\pm 1\,\sigma$.

5. Placer les points $\overline{X}$ et R prélevés sur les cartes de contrôle et vérifier s'ils respectent les limites provisoires établies à l'étape 4.

Si tous les points sont à l'intérieur des limites et distribués aléatoirement autour de la moyenne, ces limites seront déclarées officielles et toutes les productions futures devront s'y conformer. Sinon, le procédé étant considéré comme instable, on reprendra la procédure à partir de l'étape 3, après avoir éliminé les prélèvements hors limites. Il faut reprendre cette procédure plusieurs fois. Si le nombre de prélèvements restants est considéré comme insuffisant, on est en présence d'un procédé particulièrement instable. Il faut alors recommencer l'étude à partir du début.

À des fins d'illustration, on considère 25 prélèvements de taille $n = 4$. Un auditeur veut mettre en place un système de contrôle des délais de négociation des prêts pour l'ensemble des succursales d'une grande banque. Il a noté le temps nécessaire (en heures) pour l'octroi de prêts dans quatre succursales pilotes ($n = 4$), et ce, à intervalles réguliers. Ces données ont été recueillies 25 fois, d'où les 25 échantillons ($k = 25$) de taille $n = 4$ chacun.

Exemple 2

L'élaboration d'un système de contrôle statistique du procédé

Échantillon	Mesure (en heures)				Moyenne $\overline{X}$	Étendue R
1	12,11	12,10	12,11	12,08	12,10	0,03
2	12,15	12,12	12,10	12,11	12,12	0,05
3	12,09	12,09	12,11	12,15	12,11	0,06
4	12,12	12,10	12,08	12,10	12,10	0,04
5	12,09	12,14	12,13	12,12	12,12	0,05
6	12,09	12,14	12,13	12,12	12,12	0,05
7	12,09	12,11	12,09	12,15	12,11	0,06
8	12,11	12,10	12,11	12,08	12,10	0,03
9	12,15	12,12	12,10	12,11	12,12	0,05
10	12,12	12,10	12,08	12,10	12,10	0,04
11	12,11	12,10	12,11	12,08	12,10	0,03
12	12,15	12,12	12,10	12,11	12,12	0,05
13	12,09	12,14	12,13	12,12	12,12	0,05
14	12,09	12,09	12,11	12,15	12,11	0,06
15	12,15	12,12	12,10	12,11	12,12	0,05
16	12,09	12,15	12,11	12,09	12,11	0,06
17	12,12	12,10	12,08	12,10	12,10	0,04
18	12,12	12,10	12,08	12,10	12,10	0,04
19	12,12	12,10	12,08	12,10	12,10	0,04
20	12,15	12,12	12,10	12,11	12,12	0,05
21	12,12	12,10	12,08	12,10	12,10	0,04
22	12,09	12,09	12,11	12,15	12,11	0,06
23	12,09	12,14	12,13	12,12	12,12	0,05
24	12,11	12,10	12,11	12,08	12,10	0,03
25	12,09	12,14	12,13	12,12	12,12	0,05
				TOTAL	302,75	1,16

10

Solution

Les observations apparaissent en caractères romains dans le tableau de la page précédente, et les calculs de $\overline{X}$ et de R, en italique. La taille des échantillons est de $n = 4$ et le nombre de prélèvements, de $k = 25$.

$$\overline{\overline{X}} = \frac{\sum\limits_{i=1}^{k} \overline{X}_i}{k} = \frac{302,75}{25} = 12,11\ \text{h} \qquad \overline{R} = \frac{\sum\limits_{i=1}^{k} R_1}{k} = \frac{1,16}{25} = 0,046\ \text{h}$$

Les facteurs A_2 et D_4 se trouvent à la table C ($n = 4$).

Carte $\overline{X}$: $LCS = \overline{\overline{X}} + A_2 \times \overline{R} = 12,11 + 0,729 \times 0,046 = 12,14\ \text{h}$

$\overline{\overline{X}} = $ valeur centrale $= 12,11\ \text{h}$

$LCI = \overline{\overline{X}} - A_2 \times \overline{R} = 12,11 - 0,729 \times 0,046 = 12,08\ \text{h}$

Carte R : $LCS = D_4 \times \overline{R} = 2,282 \times 0,046 = 0,10\ \text{h}$

Ces limites de contrôle représentent les limites provisoires. En examinant les $\overline{X}$ et les R dans les cartes appropriées, on note que le procédé est contrôlé statistiquement. En effet, toutes les observations sont distribuées aléatoirement sur les deux cartes (*voir les figures ci-dessous*). Étant donné que le système est sous contrôle statistique, toutes les succursales devraient être en mesure de respecter ces normes.

Insistons ici sur le fait que ces cartes ont été tracées pour des $n = 4$. Donc, pour l'ensemble de l'entreprise, il faut en moyenne entre 12,08 et 12,14 h pour accorder 4 prêts, et l'écart maximal entre les délais de ces 4 prêts est de 0,10 h, soit 6 min (60 min × 0,10 h = 6 min). Il est donc normal que certains prêts dépassent (individuellement) les limites de contrôle (12,14 – 12,08), comme c'est notamment le cas du 1er prêt du 2e prélèvement, etc. (*voir le tableau des données à la page précédente*).

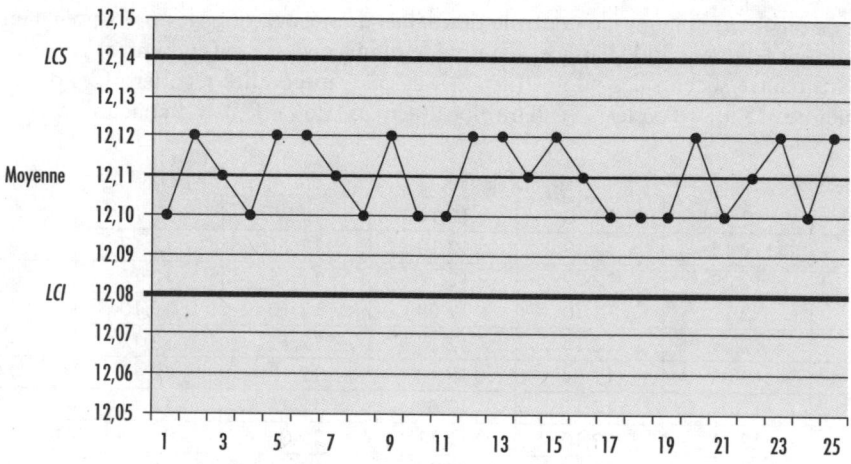

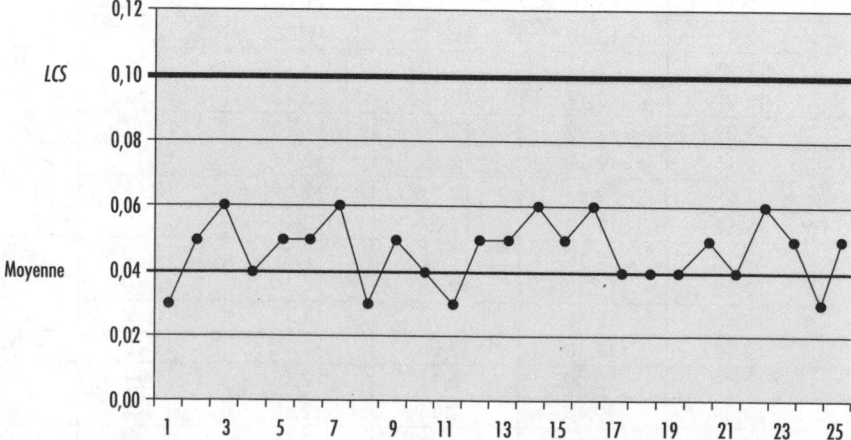

On a prélevé 20 échantillons de taille $n = 8$ afin de connaître le temps requis pour nettoyer un circuit électronique avant soudure. Le calcul de la moyenne des moyennes d'échantillons $\overline{\overline{X}}$ et de la moyenne des étendues $\overline{R}$ donne respectivement 3 min et 0,016 min. On demande de fixer des limites de contrôle à $\pm 3\sigma$.

$n = 8 ; k = 20 ; \overline{\overline{X}} = 3$ min $; \overline{R} = 0,016$

Les facteurs A_2, D_3 et D_4 pour $n = 8$ se trouvent à la table 3.

Carte $\overline{X}$:

$LCS = \overline{\overline{X}} + A_2 \times \overline{R} = 3 + 0,373 \times 0,016 = 3,006$ min

Valeur centrale : $\overline{\overline{X}} = 3$ min

$LCI = \overline{\overline{X}} - A_2 \times \overline{R} = 3 - 0,373 \times 0,016 = 2,994$ min

Carte R :

$LCS = D_4 \times \overline{R} = 1,864 \times 0,016 = 0,03$ min

$LCI = D_3 \times \overline{R} = 0,136 \times 0,016 = 0,002$ min (tend vers 0)

Il faut noter que les *LCI* (limites de contrôle inférieures) pour les R ne sont utilisées que dans des situations particulières. Pour les besoins de notre étude, ces limites sont approximées à zéro.

La figure 10.10 A montre une grande variation des moyennes (tendance due à un désalignement possible du procédé dans le cas illustré) sur une carte $\overline{X}$. La figure 10.10 B illustre un haut taux de variabilité, lequel est visible sur la carte R.

Les cartes de contrôle par variables en fonction des opérations présentent une lacune : elles fixent des limites de contrôle en fonction de la capacité de production et non en fonction des spécifications. En d'autres mots, elles informent sur la précision et non sur l'exactitude. Néanmoins, elles permettent de connaître notre capacité de travail (*voir la notion de capabilité à la section 10.9*). La grande majorité des manufacturiers en Amérique du Nord l'utilisent, principalement parce que c'est la seule méthode qu'ils connaissent.

Une approche plus originale est présentée à la section 10.6.2.

◄**FIGURE 10.10**

Contrôle par variables : complémentarité des cartes $\overline{X}$ et R

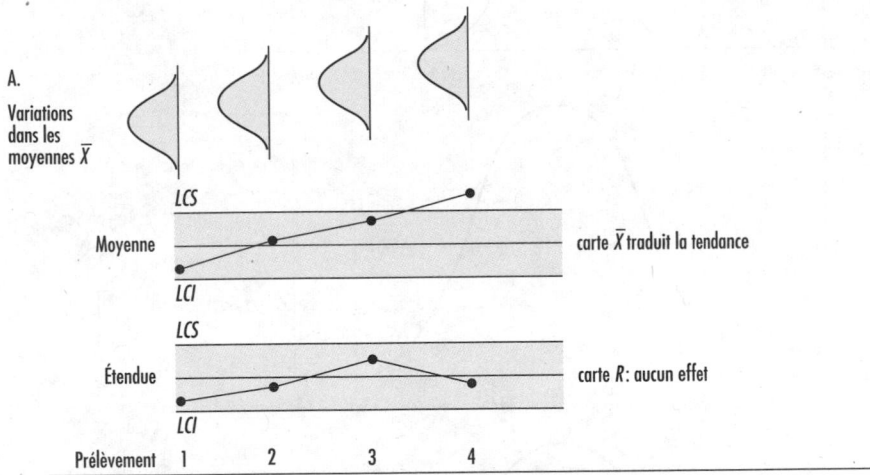

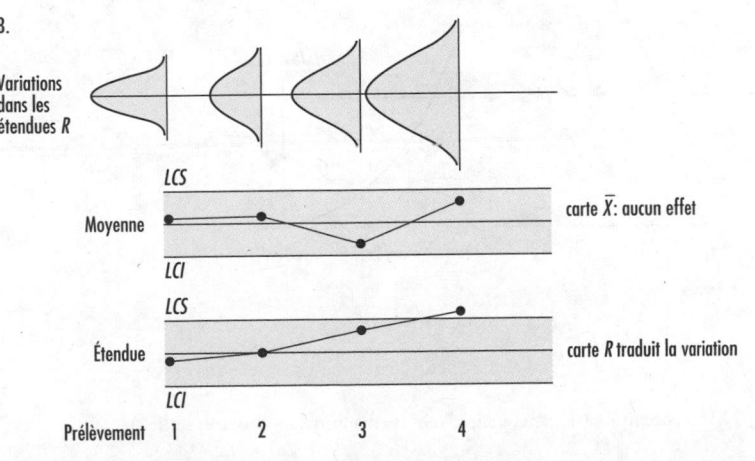

10.6.2 Les cartes de contrôle en fonction des spécifications

C'est René Cavé, en 1956, qui a conçu les cartes de contrôle par mesures ou variables en fonction des spécifications. Au cours des ans, cette approche a subi plusieurs modifications. Les limites de contrôle sont déterminées *a priori* à partir des spécifications demandées soit par le client, soit par le service de conception, de design ou d'ingénierie. Ainsi, le calcul des limites est plus facile, mais il est plus difficile de les faire respecter par les services de production. En effet, cette approche exige un effort de la part de tous les intervenants pour changer les façons de faire habituelles et répondre aux exigences du client, que celui-ci soit externe ou interne. Si on réalise que les facteurs actuels de production ne permettent pas de respecter les limites, on devra travailler sur les 5 M[5] pour satisfaire les clients, de plus en plus exigeants par rapport à la qualité. L'entreprise moderne ne peut plus se reposer sur ses lauriers; elle doit s'améliorer continuellement. Cette méthode est à la base des nouvelles approches d'amélioration continue ou *kaïzen* (*voir la sous-section 10.7.3*) et de l'approche six sigma, conçue par Motorola dans les années 1990 (*voir la section 10.9*). De plus, quand une entreprise veut instaurer l'analyse comparative ou *benchmarking* (*voir la sous-section 9.12.5*), elle doit établir des objectifs à atteindre, lesquels ne peuvent être fixés en fonction de ses capacités actuelles de production, qui sont définies par ses limites de contrôle. Ses objectifs doivent être déterminés en fonction du milieu ou de la demande du client, en d'autres mots en fonction des spécifications. Il ne suffit pas qu'une analyse soit précise, celle-ci doit être exacte.

FIGURE 10.11 ▸

Comparaison des distributions à ±3σ, à ±4σ et à ±6σ

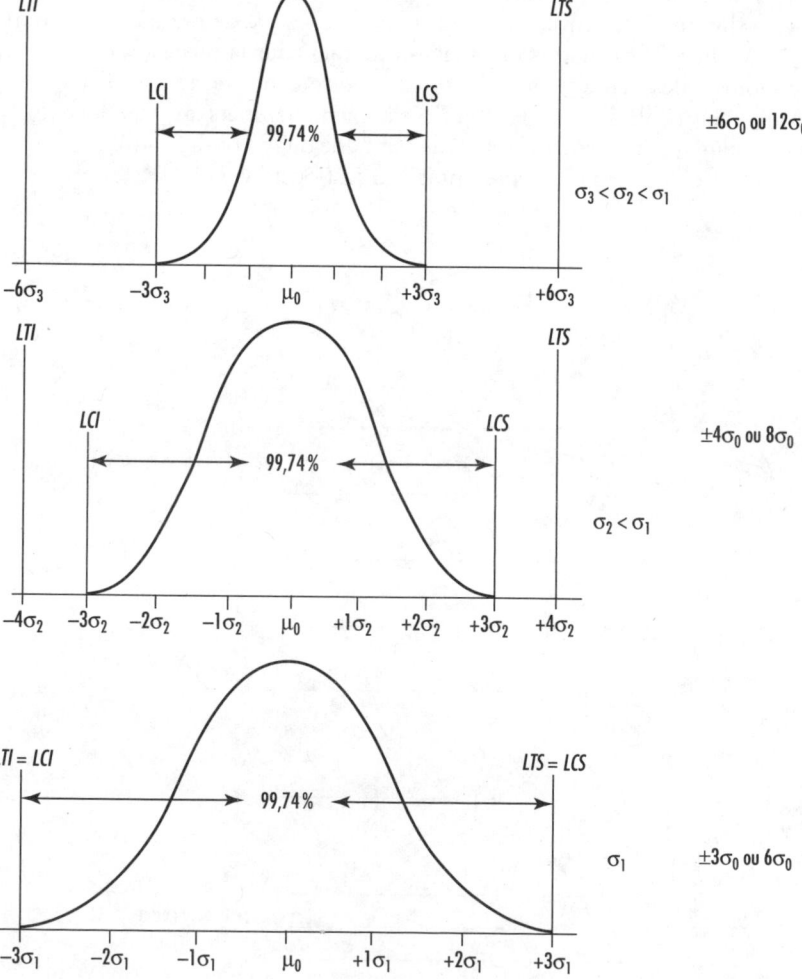

———————————————————

5. Voir le modèle des 5 M au chapitre 1 (matière, main d'œuvre, machine, méthode et milieu).

Décrivons maintenant les étapes de l'élaboration des cartes de contrôle en fonction des spécifications.

Solution (suite)

1. À partir des limites de tolérance supérieure et inférieure spécifiées (LTS et LTI) par le requérant, calculer la moyenne visée μ_0 et l'écart type visé σ_0.

$$\mu_0 = \frac{LTS + LTI}{2} \tag{10-10}$$

$$\sigma_0 = \frac{LTS - LTI}{8} \tag{10-11}$$

Pour calculer σ_0, on ne devrait jamais utiliser un dénominateur inférieur à 6, car l'écart entre LTS et LTI serait inférieur à $6\sigma_0$; le σ_0 ainsi calculé serait trop grand et l'on risquerait de ne pas respecter les spécifications requises. La figure 10.11 de la page précédente illustre l'effet d'écarts types calculés avec $6\sigma_0$, $8\sigma_0$ ou $12\sigma_0$.

2. Calculer les limites de contrôle à $\pm 3\sigma$ pour les échantillons prélevés.

Pour les moyennes $\overline{X}$: $LCS = \mu_0 + A'_2 \times \sigma_0$

Valeur centrale $= \overline{\overline{X}} = \mu_0$

$$LCI = \mu_0 - A'_2 \times \sigma_0 \tag{10-12}$$

Pour les étendues R : $LCS = D'_4 \times \sigma_0$

$$LCI = D'_3 \times \sigma_0 \tag{10-13}$$

Le facteur A'_2, qu'on trouve à la table C, est fonction de la taille des échantillons prélevés. On le calcule ainsi :

$$A'_2 = \frac{3}{\sqrt{n}} \tag{10-14}$$

Le gestionnaire peut aussi fixer des limites de surveillance à $\pm 2\sigma$ et à $\pm 1\sigma$; les facteurs correspondants, désignés par A'_{2b} et A'_{2c}, apparaissent à la table C. Ces facteurs permettent de définir des limites de surveillance qui serviront de repères pour signaler des situations potentiellement dangereuses.

On veut produire des unités dont le poids doit être compris entre 5,40 g et 5,50 g. Déterminez les limites des cartes de contrôle pour des échantillons de taille $n = 4$.

Exemple 4

Une application dans le domaine manufacturier

Solution

$$\mu_0 = \frac{LCS + LCI}{2} = \frac{5,50 + 5,40}{2} = 5,45 \text{ g}$$

$$\sigma_0 = \frac{LCS - LCI}{8} = \frac{5,50 - 5,40}{8} = 0,0125 \text{ g}$$

Pour les moyennes $\overline{X}$: $LCS = \mu_0 + A'_2 \times \sigma_0 = 5,45 + 1,500 \times 0,0125 = 5,469 \text{ g}$

Valeur centrale $= \overline{\overline{X}} = \mu_0 = 5,45 \text{ g}$

$LCI = \mu_0 - A'_2 \times \sigma_0 = 5,45 - 1,500 \times 0,0125 = 5,431 \text{ g}$

Pour les étendues R : $LCS = D'_4 \times \sigma_0 = 4,699 \times 0,0125 = 0,059 \text{ g}$

$LCI = D'_3 \times \sigma_0 = 0$

Les valeurs A'_2, D'_4 et D'_3 se trouvent à la table C à la fin du manuel pour $n = 4$ (*Facteurs des cartes de contrôle en fonction des spécifications*).

10.7   Les cartes de contrôle par attributs (ou calibre)

Le **contrôle par attributs,** aussi appelé «contrôle par calibre», est le plus ancien système de contrôle de la qualité. Les armées napoléoniennes ont été les premières à l'utiliser pour s'assurer de l'uniformité de leurs approvisionnements, d'où l'emploi de l'expression «calibre» pour l'armement. Le principe de base est fort simple. Supposons qu'on désire contrôler le diamètre des billes d'un roulement à billes. On fabrique deux tamis : le premier avec des trous de la dimension du diamètre maximal accepté pour les billes et le deuxième, avec des trous de la dimension du diamètre minimal. On tamise toutes les billes : les unités trop grandes restent dans le tamis supérieur (rejet pour excès), et les unités trop petites traversent le tamis inférieur (rejet pour défaut). Celles qui ont passé à travers le tamis supérieur et qui sont restées sur le tamis inférieur sont les bonnes unités. L'expression *go/no-go* pour « décision de poursuite/arrêt » est couramment utilisée pour désigner le contrôle par attributs. Ce système peut s'appliquer à 100 % parce qu'il est peu coûteux, et son automatisation est fort simple. De la même façon, en adaptant le système, on pourrait contrôler par attributs les égratignures sur des bouteilles, le nombre de bactéries présentes dans l'eau ou le nombre de crimes commis dans un secteur de la ville pendant une période donnée. Le contrôle par attributs s'applique très bien dans le domaine des services, comme on le verra plus loin.

Il existe plusieurs types de cartes de contrôle par attributs. Les plus connues sont :

np : carte en fonction du nombre de mauvaises unités ;
p : carte en fonction de la proportion de mauvaises unités ;
c : carte en fonction du nombre de défauts par unité.

Le tableau 10.4 compare les cartes de contrôle par attributs.

TABLEAU 10.4

Comparaison des contrôles par attributs principaux

Carte *np* : nombre de mauvaises unités par prélèvement
1. Quand la caractéristique à contrôler est « bon », « pas bon » (pas de situation intermédiaire).
   Exemple : Une ampoule fonctionne ou non.
2. Quand les observations concernent un nombre *k* d'échantillons de taille *n* chacun.

Carte *p* : pourcentage de mauvaises unités par prélèvement
Même description que pour la carte *np*, mais les tailles des échantillons *n* varient d'un prélèvement à un autre à l'intérieur de la limite de ±25 %. Exemple : Plus petit échantillon *n* = 75 ; plus grand échantillon *n* = 125.

Carte *c* : nombre de défauts par unité prélevée
1. Égratignures, bosses, écailles, erreurs par dossier.
2. Nombre d'erreurs par dossier, nombre de plaintes par client, nombre d'appels par jour.
3. Bactéries par litre, défauts par mètre de tissu ou de tapis, ou par mètre carré de plancher.

10.7.1 L'élaboration des cartes de contrôle par attributs : *np* et *p*

Le principe des cartes de contrôle par attributs ou calibre est le même que par variables, à savoir :

Les limites de contrôle (*LC*) sont déterminées par l'équation : moyenne ±3 écarts types :
$LC = \mu \pm 3\sigma$

Des limites de surveillance (*LS*) de ±2 écarts types peuvent être utilisées au besoin :
$LS = \mu \pm 2\sigma$

Contrairement aux cartes par variables, qui sont basées sur la loi normale, les cartes *p* et *np* obéissent à une distribution statistique binomiale. Si les limites sont déjà fixées, les gestionnaires n'auront qu'à s'assurer que le procédé respecte les normes. Par contre, si l'on doit déterminer les limites, la procédure à suivre pour l'élaboration des cartes de contrôle est semblable à celle pour les cartes par variables ou mesures.

Carte de contrôle *np* (nombre de mauvaises unités)

1. Prélever un minimum de *k* = 20 échantillons de taille *n* chacun.
2. Déterminer le nombre de défauts par prélèvement.
3. Calculer le pourcentage moyen de défauts *p*.

$$\bar{p} = \frac{\sum de\ défauts}{nombre\ total\ d'observations} = \frac{\sum D}{k \times n} \qquad (10\text{-}15)$$

4. Calculer l'écart type σ_{np} de la distribution des défauts ainsi :

$$\sigma_{np} = \sqrt{n\bar{p}(1 - \bar{p})} \qquad (10\text{-}16)$$

5. Calculer les limites de contrôle provisoires selon l'équation $LC = \mu \pm 3\sigma$, d'où :

$$LCS = n\bar{p} + 3\sqrt{n\bar{p}(1 - \bar{p})}$$

$$Valeur\ centrale = n\bar{p} \qquad (10\text{-}17)$$

$$LCI = n\bar{p} - 3\sqrt{n\bar{p}(1 - \bar{p})}$$

6. Placer les défauts observés à l'étape 2 sur la carte de contrôle et vérifier si les limites provisoires calculées à l'étape 5 sont respectées.

Si tous les points sont à l'intérieur des limites provisoires et distribués aléatoirement autour de la moyenne $n\bar{p}$, ces limites seront déclarées officielles et toutes les productions futures devront s'y conformer. Sinon, le procédé est considéré comme instable et il faudra reprendre la procédure en rejetant les prélèvements hors limites.

Carte de contrôle p (proportion de mauvaises pièces par prélèvement)

1. Prélever un minimum de $k = 20$ prélèvements de taille n chacun.
2. Pour chaque prélèvement, calculer p, la proportion de mauvaises pièces par prélèvement.

$$p = \frac{d}{n} \qquad\qquad (10\text{-}18)$$

où d = nombre de défauts observés durant un prélèvement;
n = taille de l'échantillon prélevé.

3. Calculer le pourcentage moyen de défauts par échantillon $\bar{p}$.

$$\bar{p} = \frac{\sum p}{k} \qquad\qquad (10\text{-}19)$$

$\bar{p}$ peut aussi se calculer à l'aide de l'équation 10-15 de la façon suivante:

$$\bar{p} = \frac{\sum de\ défauts}{nombre\ total\ d'observations} = \frac{\sum D}{k \times n}$$

4. Calculer l'écart type σ_p de la distribution des défauts:

$$\sigma_p = \sqrt{\frac{\bar{p} \times (1-\bar{p})}{n}} \qquad\qquad (10\text{-}20)$$

5. Calculer les limites de contrôle provisoires selon le principe $LC = \mu \pm 3\sigma$.

$$LCS = \bar{p} + 3\sqrt{\frac{\bar{p}(1-\bar{p})}{n}}$$

$$\text{Valeur centrale} = \bar{p} \qquad\qquad (10\text{-}21)$$

$$LCI = \bar{p} - 3\sqrt{\frac{\bar{p}(1-\bar{p})}{n}}$$

6. Placer les proportions de défauts calculées à l'étape 2 sur la carte de contrôle et vérifier si les limites provisoires calculées à l'étape 5 sont respectées.

Si tous les points se situent à l'intérieur des limites provisoires et sont distribués aléatoirement autour de la moyenne $\bar{p}$, ces limites seront déclarées officielles et toutes les productions futures devront s'y conformer. Sinon, le procédé est considéré comme instable, et l'on devra reprendre la procédure en rejetant les prélèvements hors limites.

Exemple 5

La responsable d'une entreprise fabriquant des composants électroniques voudrait mesurer la qualité des microprocesseurs produits. Elle prélève 20 échantillons de taille 100 chacun (*voir les observations ci-contre*) et vérifie si le courant passe ou non. On vous demande de tracer une carte de contrôle pour le nombre de défauts de cette production.

Échantillon	Nombre de défauts (d)	Échantillon	Nombre de défauts (d)
1	4	11	8
2	10	12	12
3	12	13	9
4	3	14	10
5	9	15	21
6	11	16	10
7	10	17	8
8	22	18	12
9	13	19	10
10	10	20	16

Solution

$$\bar{p} = \frac{\sum de\ défauts}{nombre\ total\ d'observations} = \frac{\sum D}{k \times n} = \frac{220}{20 \times 100} = 0{,}11$$

Solution *(suite)*

Limite de contrôle supérieure

$$LCS = n\bar{p} + 3\sqrt{n\bar{p}(1-\bar{p})} = 100 \times 0,11 + 3\sqrt{100 \times 0,11(1-0,11)}$$
$$= 11 + 3 \times 3,13 = 20,4$$

Valeur centrale $= n\bar{p} = 11$

Limite de contrôle inférieure

$$LCI = n\bar{p} - 3\sqrt{n\bar{p}(1-\bar{p})} = 100 \times 0,11 - 3\sqrt{100 \times 0,11(1-0,11)}$$
$$= 11 - 3 \times 3,13 = 1,6$$

En reportant les points sur la carte de contrôle provisoire (*voir la figure 10.12*), on voit que deux points sont hors des limites : le 8e et le 15e.

FIGURE 10.12 ▶

Carte *np* provisoire

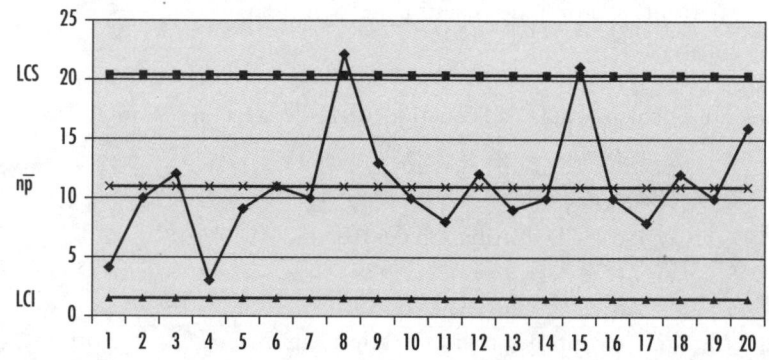

TABLEAU 10.5 ▶

Prélèvements retenus

Échantillon	Nombre de défauts (*d*)	Échantillon	Nombre de défauts (*d*)
1	4	10	8
2	10	11	12
3	12	12	9
4	3	13	10
5	9	14	10
6	11	15	8
7	10	16	12
8	13	17	10
9	10	18	16

Moyenne = 0,0983

Il faudra retirer ces deux prélèvements et reprendre les calculs avec les 18 prélèvements restants (*voir le tableau 10.5*), d'où la nouvelle carte à la figure 10.13 avec de nouvelles limites de contrôle qui sont calculées ci-dessous :

$$\bar{p} = \frac{\sum D}{k \times n} = \frac{177}{18 \times 100} = 0,0983$$

$$LCS = n\bar{p} + 3\sqrt{n\bar{p}(1-\bar{p})} = 100 \times 0,0983 + 3\sqrt{100 \times 0,0983(1-0,0983)} = 18,77$$

Moyenne $= \bar{p} = 0,0983$

$$LCI = n\bar{p} - 3\sqrt{n\bar{p}(1-\bar{p})} = 100 \times 0,0983 - 3\sqrt{100 \times 0,0983(1-0,0983)} = 0,90$$

FIGURE 10.13 ▶

Carte *np*

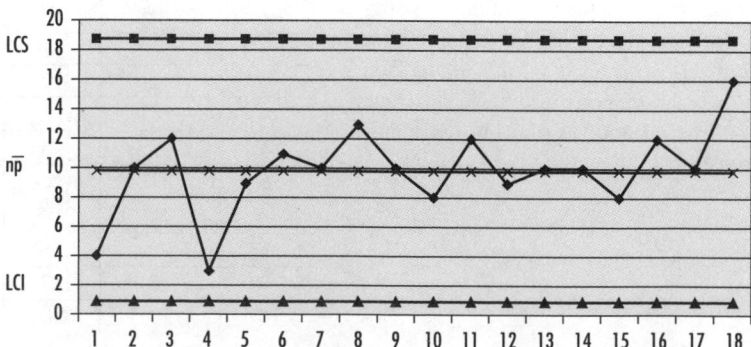

Or, qu'advient-il si un prélèvement se situe au-dessous de la limite inférieure, par exemple avec zéro défaut ? Devrait-on le rejeter ? Bien qu'il soit hors limites, cet échantillon est exceptionnellement bon : on ne le rejette pas. Alors à quoi cela sert-il de calculer les limites inférieures pour les cartes par attributs ? À déterminer les productions exceptionnellement bonnes et les conditions qui prévalaient à ce moment-là afin de les reproduire.

Déterminez, dans la situation suivante, des limites de contrôle et de surveillance pour la fraction de défauts. On a calculé le nombre de mauvaises pièces par échantillon de 50 unités prélevées.

Échantillon (n = 50)	Nombre de défauts (d)	Échantillon (n = 50)	Nombre de défauts (d)
1°	2	11°	3
2°	5	12°	6
3°	6	13°	4
4°	6	14°	6
5°	5	15°	5
6°	6	16°	6
7°	5	17°	3
8°	7	18°	4
9°	5	19°	5
10°	6	20°	8

Échantillon	Fraction de $\bar{p}$ défectueux	Échantillon	Fraction de p défectueux
1°	$\bar{p} = 2/50 = 0{,}04$	11°	0,06
2°	0,10	12°	0,12
3°	0,12	13°	0,08
4°	0,12	14°	0,12
5°	0,10	15°	0,10
6°	0,12	16°	0,12
7°	0,10	17°	0,06
8°	0,14	18°	0,08
9°	0,10	19°	0,10
10°	0,12	20°	0,16

$$\bar{p} = \frac{\sum p}{k} = \frac{2{,}06}{20} = 0{,}103$$

$$\sigma = \sqrt{\frac{\bar{p}(1 - \bar{p})}{n}} = \sqrt{\frac{0{,}103(1 - 0{,}103)}{50}}$$

$LCS = \bar{p} + 3\sigma_p = 0{,}103 + 3 \times 0{,}043 = 0{,}232 = 23{,}20\,\% \; (0{,}232\,0)$

$LSS = \bar{p} + 2\sigma_p = 0{,}103 + 2 \times 0{,}043 = 0{,}189 = 18{,}90\,\% \; (0{,}189\,0)$

Valeur centrale $= \bar{p} = 0{,}103 = 10{,}3\,\%$

$LSI = \bar{p} - 2\sigma_p = 0{,}103 - 2 \times 0{,}043 = 0{,}017\,0 = 1{,}70\,\%$

$LCI = \bar{p} - 3\sigma_p = 0{,}103 - 3 \times 0{,}043 = -0{,}026 = 0$

10.7.2 L'élaboration des cartes de contrôle par attributs : c

La carte de contrôle par attributs $\bar{c}$ sert à contrôler un procédé dont on veut relever le nombre de défauts par unité. Comme toutes les cartes de contrôle par attributs, elle s'applique facilement dans le domaine des services. Ainsi, le nombre d'erreurs par déclaration de revenus, le nombre de plaintes par client et le nombre d'erreurs par patient dans un hôpital peuvent être contrôlés avec cette méthode. Étudions tout d'abord les principes de ce type de contrôle.

En statistique, on utilise la loi de Poisson pour la carte c, et les limites se calculent selon les mêmes principes statistiques vus jusqu'à présent, soit :

$$LC = \mu \pm 3\sigma$$

La moyenne (μ) et l'écart type (σ_c), selon la loi de Poisson, se calculent ainsi :

$$\mu = \bar{c} = \frac{\sum c}{n} \tag{10-22}$$

$$\sigma_c = \sqrt{\frac{\sum c}{n}} \tag{10-23}$$

où n = nombre d'unités observées

c = nombre de défauts par unité

Alors, les limites de contrôle se calculent de la manière suivante :

$$LCS = \bar{c} + 3\sqrt{\bar{c}}$$
$$\text{Valeur centrale} = \bar{c}$$
$$LCI = \bar{c} - 3\sqrt{c}$$

(10-24)

Des limites de surveillance de $\pm 2\sigma$ peuvent être utilisées au besoin.

Si les limites sont déjà fixées, les gestionnaires n'ont qu'à s'assurer qu'elles sont respectées. Sinon, ces derniers doivent les calculer en suivant la même procédure que pour les cartes p et np, à savoir :

1. Observer un certain nombre d'échantillons.
2. Déterminer le nombre de défauts par échantillon c.
3. Calculer la moyenne $\bar{c}$ et les limites provisoires.
4. Reporter les points c sur la carte provisoire et s'assurer que ces points respectent les limites.
5. Adopter officiellement les limites si le procédé est stable (contrôlé statistiquement).

Exemple 7

Une application dans le domaine juridique

Solution

On détermine le nombre de fautes d'orthographe par page d'un rapport judiciaire. Les données apparaissent ci-contre :

Déterminez les limites d'une carte de contrôle par attributs.

$$\bar{c} = \frac{\sum c}{n} = \frac{45}{18} = 2,5$$

$$LCS = \bar{c} + 3\sqrt{\bar{c}} = 2,5 + 3 \times \sqrt{2,5} = 7,24$$

$$\text{Valeur centrale} = \bar{c} = 2,5$$

$$LCI = \bar{c} - 3\sqrt{\bar{c}} = 2,5 - 3 \times \sqrt{2,5} = -2,24 = 0$$

puisqu'on ne peut avoir un nombre d'erreurs négatif.

Échantillon (page)	Erreurs (c)	Échantillon (page)	Erreurs (c)
1	3	10	1
2	2	11	3
3	4	12	4
4	5	13	2
5	1	14	4
6	2	15	2
7	4	16	1
8	1	17	3
9	2	18	1

La carte de contrôle $\bar{c}$ apparaît ci-contre. Étant donné que tous les points sont à l'intérieur des limites, on peut en déduire que le procédé est stable, c'est-à-dire que la façon actuelle de travailler produit en moyenne 2,5 fautes par page ; le gestionnaire peut s'attendre à observer jusqu'à 7,24 fautes d'orthographe par page.

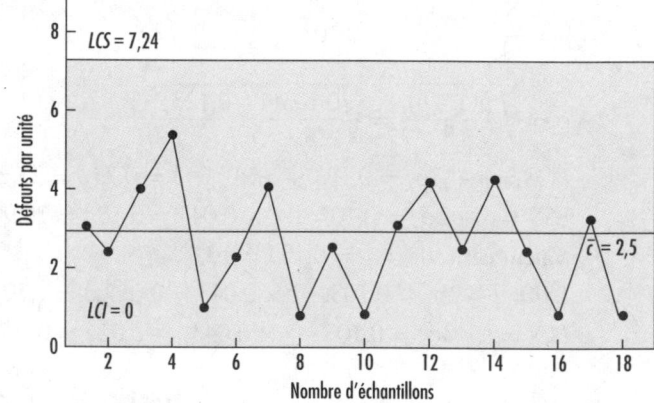

Finalement, avant de procéder à l'utilisation d'une carte de contrôle c, il est important de classer les types de défauts dans les trois catégories suivantes : mineurs, majeurs et critiques. En effet, tous les défauts n'ont pas la même importance. Dans certaines entreprises, on voit parfois une carte pour les défauts mineurs, une deuxième pour les défauts majeurs et une dernière pour les défauts critiques. Une autre façon de faire consiste à pondérer différemment les défauts : par exemple, un défaut mineur vaut 1 point, un défaut majeur vaut 5 points et un défaut critique, 10 points ou plus ; c'est le système par points d'inaptitude.

10.7.3 Les applications en amélioration continue[6]

Les cartes de contrôle par calibre sont à la base de la philosophie de l'amélioration continue (*voir le chapitre 9*). L'amélioration continue (*kaïzen* en japonais) est une philosophie d'entreprise qui prône l'amélioration continue des opérations pour atteindre et dépasser les objectifs de qualité, de quantités, de délais, de coûts et de service promis aux clients.

---

6. Revue *Infoproductivité*, SCGI, décembre 2000.

Rappelons qu'on ne peut améliorer ce qu'on ne peut mesurer.

Selon Deming[7], la première étape de l'amélioration continue consiste à connaître l'état actuel des opérations et à le faire connaître à l'ensemble des employés en l'affichant. Le contrôle de la qualité a longtemps visé le *statu quo* : on établissait des normes de qualité, les limites des cartes, et on s'assurait de les respecter. Deming, de son côté, propose de les rendre publiques. L'affichage des cartes de contrôle par attributs (sur le nombre de rejets np, sur le pourcentage de rejets p ou sur le nombre de défauts par unité c) aura un effet direct sur le personnel de l'entreprise. Les gestionnaires pourront visualiser périodiquement la qualité de leurs opérations, tandis que les travailleurs s'efforceront, par fierté, d'abaisser le nombre de rejets. Effectivement, dans les jours suivant l'affichage, on note généralement une stabilisation du nombre de rejets à l'intérieur des limites, ce qui, *a priori*, n'est pas une mauvaise chose puisque, dans le pire scénario, la situation de rejet se stabilise et l'on obtient le niveau de qualité souhaité. Après un certain temps, il n'est pas rare de voir le nombre moyen de défauts décroître tout naturellement pour de nouveau se stabiliser à un niveau inférieur au précédent. Il est alors temps de refaire les cartes en fonction de la nouvelle situation, c'est-à-dire avec des limites inférieures, et de s'assurer de stabiliser statistiquement le processus. À ce stade, s'il n'est plus possible d'abaisser naturellement le nombre de défauts, de rejets ou de plaintes, cela signifie qu'avec le processus actuellement utilisé, on ne peut faire mieux. Le gestionnaire devra alors passer par l'amélioration du processus lui-même (les 5 M) pour toute amélioration supplémentaire. Il devra reconsidérer le choix des matières premières, de la main-d'œuvre, des machines, des méthodes et du milieu environnant.

L'exemple ci-après illustre la démarche qui intègre le contrôle des procédés comme outil d'amélioration continue.

Une entreprise de téléphone soupçonne un nombre anormal d'erreurs dans la facturation faite au client. Pour s'en assurer, elle procède, sur une période de 20 jours, à l'observation et au dénombrement des erreurs en prélevant au hasard 100 factures par jour.

À la suite du parangonnage (balisage) avec son secteur industriel, l'entreprise sait que le nombre moyen d'erreurs de facture admissible est de 10 % ($\bar{p} = 0,1$). En utilisant une carte $\bar{p}$, les limites qu'elle doit respecter se calculent ainsi :

Jour	Pourcentage d'erreurs	Jour	Pourcentage d'erreurs
1	14	11	8
2	11	12	12
3	12	13	21
4	3	14	10
5	10	15	9
6	11	16	10
7	10	17	8
8	13	18	12
9	22	19	10
10	10	20	16

$$\text{LCS} = \bar{p} + 3\sqrt{\frac{\bar{p}(1-\bar{p})}{n}} = 0,1 + 3\sqrt{\frac{0,1(1-0,1)}{100}} = 0,19 = 19\%$$

$$\text{Valeur centrale} = \bar{p} = 0,10 = 10\%$$

$$\text{LCI} = \bar{p} - 3\sqrt{\frac{\bar{p}(1-\bar{p})}{n}} = 0,1 - 3\sqrt{\frac{0,1(1-0,1)}{100}} = 0,01 = 1\%$$

Cela signifie que, si elle veut se comparer avec l'industrie, elle devrait s'attendre à réaliser un maximum de 19 % d'erreurs et, malheureusement, jamais moins que 1 % d'erreurs. Une journée où elle atteindrait moins que 1 % d'erreurs serait une journée exceptionnellement bonne (anormale).

En plaçant ses observations sur la carte de contrôle admise dans ce secteur industriel, l'entreprise observe que son procédé n'est pas sous contrôle au 9e et au 13e jour, où le nombre d'erreurs est anormalement élevé. Sans cette illustration (*voir la figure 10.14*), il aurait été difficile de juger.

En informant tout simplement les employés de la situation qui prévaut, par exemple au moyen de l'affichage systématique des cartes de contrôle, on observe habituellement un réajustement du procédé.

▼ **FIGURE 10.14**

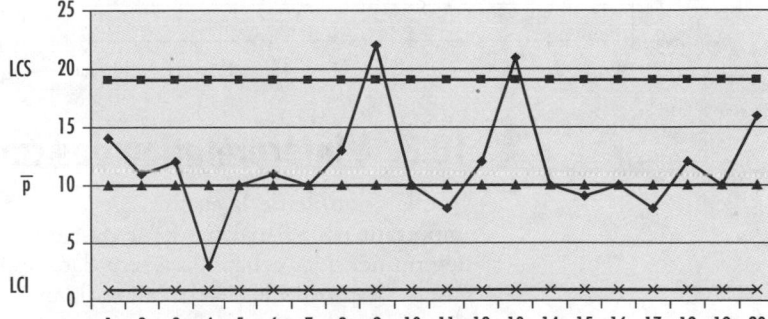

7. W.E. Deming, *Hors de la crise*, Paris, Economica, 1991, 352 p.

Jour	Pourcentage d'erreurs	Jour	Pourcentage d'erreurs
61	8	71	7
62	4	72	5
63	6	73	6
64	7	74	11
65	8	75	9
66	6	76	5
67	2	77	4
68	10	78	8
69	6	79	7
70	8	80	6

Après deux mois d'observations, on a enregistré les données ci-contre, par jour ouvrable :

En plaçant ces données sur la carte de la manière habituelle, on obtient la figure 10.15.

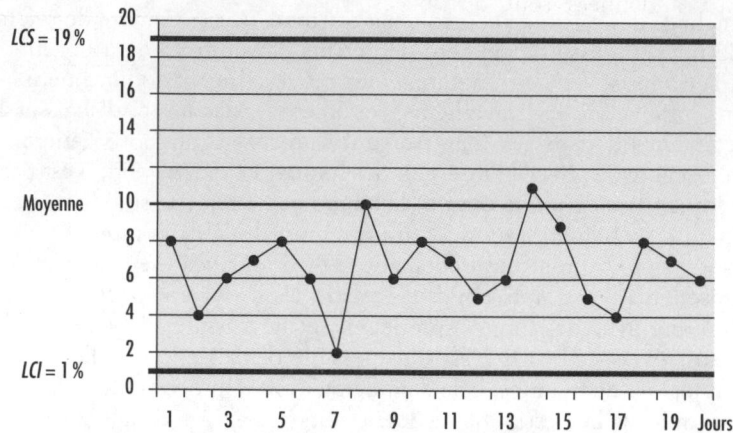

FIGURE 10.15 ▸

On est en mesure de constater une nette amélioration dans le taux d'erreurs. À la lumière des informations recueillies de la 61e à la 80e observation, des analystes visionnaires gagneraient à recalculer de nouvelles limites, d'où :

$$\overline{p} = \frac{\sum erreurs}{nb\ jours \times 100\ factures/jour} = \frac{133}{20 \times 100} = 6,65\% = 0,0665$$

Et les nouvelles limites, plus serrées, sont :

$$LCS = \overline{p} + 3\sqrt{\frac{\overline{p}(1-\overline{p})}{n}} = 0,0665 + 3\sqrt{\frac{0,0665(1-0,0665)}{100}} = 0,1412 = 14,12\%$$

Valeur centrale $= \overline{p} = 0,10$

FIGURE 10.16 ▾

$$LCI = \overline{p} - 3\sqrt{\frac{\overline{p}(1-\overline{p})}{n}} = 0,0665 - 3\sqrt{\frac{0,0665(1-0,0665)}{100}} = -0,0082 = 0\%$$

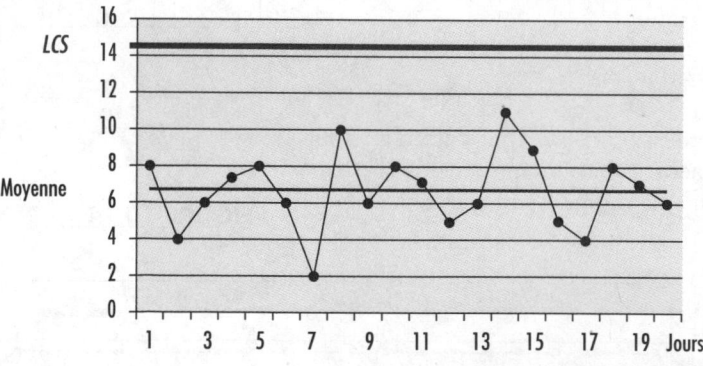

La nouvelle carte de contrôle aura la forme illustrée à la figure 10.16.

Même avec des limites plus serrées, les résultats demeurent sous contrôle statistique. On observe une amélioration notable du nombre d'erreurs et on peut exiger que le procédé respecte ces nouvelles limites. Si on remarque que le procédé se stabilise et qu'on souhaite l'améliorer encore plus, il faut alors travailler sur les 5 M. Cette démarche est sans fin, d'où l'expression « amélioration continue », car il ne faut pas oublier que l'objectif ultime est zéro défaut (*voir le chapitre 9*).

10.8 L'interprétation des cartes de contrôle

Que le contrôle de la qualité soit fait à l'aide de cartes par variables ou par attributs, il est important pour l'analyste de ne pas se limiter à reporter les observations sur les cartes et à déterminer si les échantillons sont dans les limites ou pas. Il faut être capable d'interpréter les cartes, de prédire les tendances et de prévenir les situations où la variabilité du procédé est due à des causes bien connues (variations spéciales). La présentation et l'analyse des situations spéciales les plus communes sont décrites ci-après.

10.8.1 La situation idéale sous contrôle statistique

C'est le cas d'un procédé stable, statistiquement sous contrôle. Les données sont distribuées aléatoirement autour de la moyenne, et aucune ne se trouve à l'extérieur des limites. Aucune variation spéciale n'est détectée (*voir la figure 10.17*).

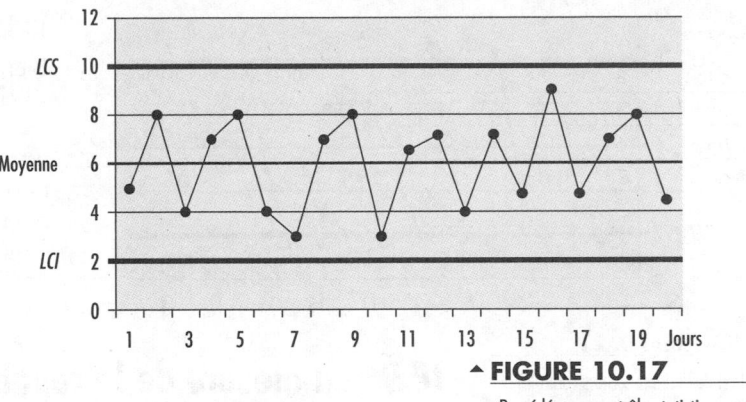

▲ **FIGURE 10.17**

Procédé sous contrôle statistique

10.8.2 La situation précise mais non exacte

La figure 10.18 représente le cas type d'un procédé désaxé. Bien que tous les points soient à l'intérieur des limites et que peu de variations aient été détectées d'un prélèvement à l'autre, les données ne sont pas distribuées autour de la moyenne. C'est le cas, par exemple, d'une embouteilleuse qui a été réglée pour remplir les contenants selon la quantité minimale requise. Un simple réglage du procédé corrigera la situation.

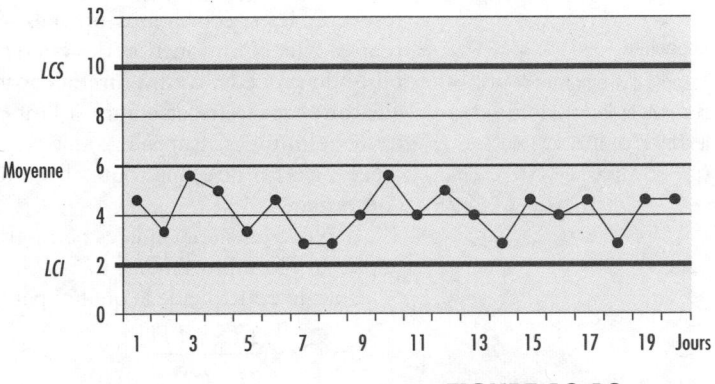

▲ **FIGURE 10.18**

Procédé désaxé (précis mais non exact)

10.8.3 Les variations cycliques

Les variations cycliques sont habituellement causées par les facteurs suivants :

- un changement de quart ;
- des équipes d'employés différentes ;
- des fournisseurs de matières premières différents ;
- des changements de politique, de supervision, de méthode de travail, etc.

Par exemple, dans le domaine des services, la situation pourrait être la suivante : les 6 premiers échantillons ont été prélevés pendant que l'équipe de travail était supervisée par un cadre rigoureux mais motivant, et le nombre d'erreurs par jour était bas, les limites se situant entre 2 et 10 erreurs par jour. Un autre gestionnaire plus indulgent l'a remplacé et a supervisé le travail, ce qui est représenté par les échantillons 7 à 13. Le premier cadre revient par la suite (*voir la figure 10.19*).

◄ **FIGURE 10.19**

Variations cycliques

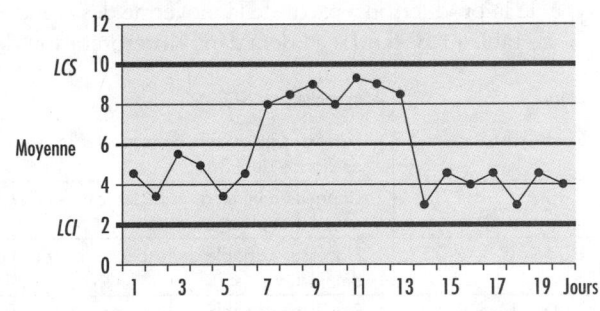

10.8.4 La situation avec tendance

Dans la figure 10.20, on enregistre une nette tendance vers la hausse des observations. Bien qu'aucune mauvaise unité n'ait été produite, il s'agit d'une situation alarmante à laquelle il faut remédier immédiatement. On évite ainsi de produire des mauvaises unités et de devoir les rejeter, avec tous les coûts que cela comporte.

▼ **FIGURE 10.20**

Tendance

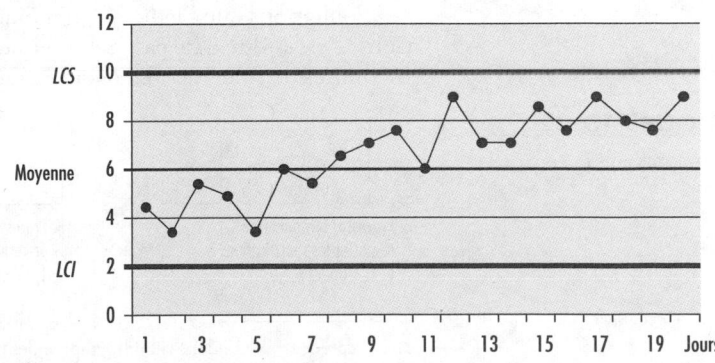

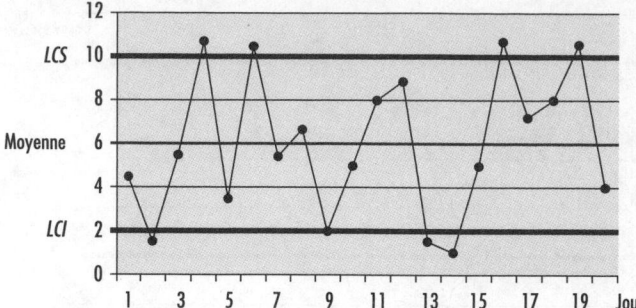

FIGURE 10.21

Trop de variations (hors contrôle)

Capabilité

Capacité d'un processus de produire des biens et des services respectant les limites de tolérance spécifiées, appelées « spécifications ».

10

10.8.5 **La situation hors contrôle**

Bien que la moyenne des mesures soit égale à la valeur centrale (6) de la carte, on remarque que les données sont totalement dispersées (*voir la figure 10.21*). On est en présence d'un cas totalement hors contrôle et à plusieurs moments, les limites ne sont pas respectées. Les analystes auraient dû intervenir plusieurs fois.

10.9 **La mesure de la capabilité des procédés**

Il arrive souvent que des entreprises veuillent savoir si le procédé qu'elles utilisent permet de respecter les spécifications prévues. Ayant déjà des informations sur les limites de contrôle (cartes $\overline{X}$ et R en fonction des opérations), le gestionnaire désire mesurer *a posteriori* la **capabilité** du procédé, c'est-à-dire la capacité d'un processus à présenter seulement des variations aléatoires tout en demeurant à l'intérieur des limites de tolérance, les causes spéciales étant toutes éliminées. Rappelons que les limites de tolérance s'appliquent à chacune des unités créées, c'est-à-dire que toutes les unités fabriquées, et non pas les échantillons, doivent s'y conformer.

Il existe plusieurs indices permettant de mesurer la capabilité des processus opérationnels, le plus utilisé étant l'indice C_p[8].

Pour le contrôle de la qualité par variables (ou mesures), l'indice C_p se calcule ainsi :

$$C_p = \frac{LTS - LTI}{6 \times \hat{\sigma}} \qquad (10\text{-}25)$$

où LTS et LTI représentent les limites de tolérance spécifiées

$\hat{\sigma}$ = estimation de l'écart type de la production à partir de $\overline{R}$

$$\hat{\sigma} = \frac{\overline{R}}{d_2} \qquad (10\text{-}26)$$

d_2 se trouve à la table C, et il est fonction de la taille n des échantillons prélevés.

Insistons sur le fait que cette relation est très importante, car elle permet d'estimer l'écart type de la production à partir de la moyenne des étendues R.

Le tableau 10.6 nous guidera dans l'interprétation des valeurs de l'indice C_p.

TABLEAU 10.6

Interprétation de l'indice C_p

Indice C_p	Interprétation
$C_p < 1,00$	Processus incapable de respecter les spécifications ; équivaut à un intervalle de confiance de $\pm 3\sigma$.
$1,00 < C_p < 1,33$	Capacité minime à respecter les spécifications ; équivaut à un intervalle de confiance de $\pm 3\sigma$ et plus.
$1,34 < C_p < 2,00$	Processus capable de respecter les spécifications ; équivaut à un intervalle de confiance de $\pm 4\sigma$ et plus.
$2,00 < C_p$	Processus capable de respecter les spécifications et de les dépasser ; équivaut à un intervalle de confiance de $\pm 6\sigma$ et plus.

Soulignons que l'indice C_p n'indique que la capacité du processus à respecter les spécifications, c'est-à-dire à ne pas présenter une grande variabilité qui le rende incapable de respecter les limites de tolérance. La figure 10.22 illustre ce phénomène.

FIGURE 10.22

Comparaison de C_p

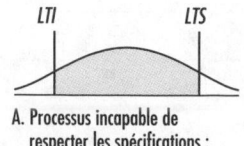

A. Processus incapable de respecter les spécifications : $C_p < 1,00$

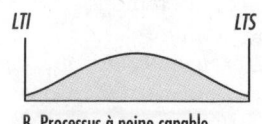

B. Processus à peine capable de respecter les spécifications : $1,00 < C_p < 1,33$

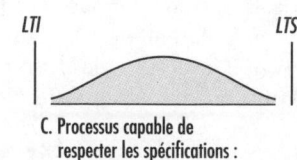

C. Processus capable de respecter les spécifications : $1,34 < C_p < 2,00$

8. Le lecteur trouvera dans la bibliographie des ouvrages traitant des indices C_{pu}, C_{pl} et C_{pk}.

L'indice de capabilité C_p n'indique pas l'alignement du procédé à l'intérieur des limites, c'est-à-dire son ajustement par rapport à la moyenne désirée. Il existe d'autres indices permettant d'y arriver (*voir les notions de C_{pu}, de C_{pl} et de C_{pk} dans les livres spécialisés*), bien que la carte de contrôle puisse l'illustrer facilement.

Pour le contrôle de la qualité par attributs, l'indice de capabilité d'un processus C_p se calcule de la façon suivante :

$C_p = n\bar{p}$ (contrôle du nombre de défauts)

$C_p = \bar{p}$ (contrôle de la proportion de défauts)

$C_p = \bar{c}$ (contrôle du nombre de défauts par unité)

Exemple 8

La responsable d'un service de production a le choix entre trois machines pour produire un objet dont les spécifications fournies par le service d'ingénierie sont $LTI = 1,00$ mm et $LTS = 1,60$ mm. Les estimations des écarts types de la production de chaque machine sont les suivantes :

Machine	$\hat{\sigma}$ = écart type
A	0,10 mm
B	0,08 mm
C	0,13 mm

Quelle est la capabilité de chaque machine et laquelle est la plus apte à respecter les spécifications ?

Solution

Machine A :　$C_p = \dfrac{LTS - LTI}{6\hat{\sigma}} = \dfrac{1,60 - 1,00}{6 \times 0,10} = 1,00$

Machine B :　$C_p = \dfrac{LTS - LTI}{6\hat{\sigma}} = \dfrac{1,60 - 1,00}{6 \times 0,08} = 1,25$

Machine C :　$C_p = \dfrac{LTS - LTI}{6\hat{\sigma}} = \dfrac{1,60 - 1,00}{6 \times 0,13} = 0,78$

On voit que la machine C ($C_p < 1,00$) ne pourra jamais respecter les spécifications désirées, quoi que fasse la gestionnaire. La machine A est à peine capable de respecter les spécifications ($C_p = 1,00$), et encore faut-il qu'elle soit bien réglée. Par conséquent, la machine B ($1,00 < C_p < 1,33$) serait la plus apte à respecter les spécifications.

Contrairement à la croyance populaire, ce n'est pas dans le domaine médical que le taux de qualité est le plus élevé (certains taux d'erreurs y dépassent parfois 30 %), et surtout pas dans le domaine des services, financiers ou autres, mais plutôt dans le secteur de l'électronique, comme l'atteste le développement du principe de $\pm 6\sigma$. En se basant sur la notion de C_p, le manufacturier en électronique Motorola a élaboré l'approche **qualité six sigma** ou $\pm 6\sigma$. Il ne faut pas confondre un programme six sigma, tel qu'il est présenté à la sous-section 9.10.3, et la qualité six sigma. La qualité six sigma signifie qu'il y a 12 écarts types

www.motorola.com

entre la limite de tolérance inférieure et la limite de tolérance supérieure. Si on la compare avec l'approche $\pm 3\sigma$, ou $\pm 6\sigma$, où l'intervalle de confiance est de 99,74 % (*voir la table de la loi normale à la fin du manuel*), l'approche $\pm 6\sigma$, avec un écart type beaucoup plus petit, permet d'assurer un intervalle de confiance beaucoup plus grand, comme le montre la figure 10.23.

Avec l'approche $\pm 3\sigma$, le procédé risque de produire 100 % − 99,74 % = 0,26 % de mauvaises pièces ou 1 300 ppm (parties par million) d'unités rejetées par excès (*LTS* non respectée) et 1 300 ppm rejetées par défaut (*LTI* non respectée), le pourcentage total des mauvaises pièces étant approximativement de 2 600 ppm ou 0,26 %.

Rappelons que 1 ppm = 1 / 1 000 000 = (1 / 10 000) % = 0,000 1 %

Selon l'approche $\pm 6\sigma$, le procédé risque de produire 100 % − 99,999 66 % = 0,000 34 % de mauvaises pièces (1,7 ppm d'unités rejetées par excès et 1,7 ppm rejetées par défaut). Le tableau 10.7, à la page suivante, résume les données comparatives des deux approches.

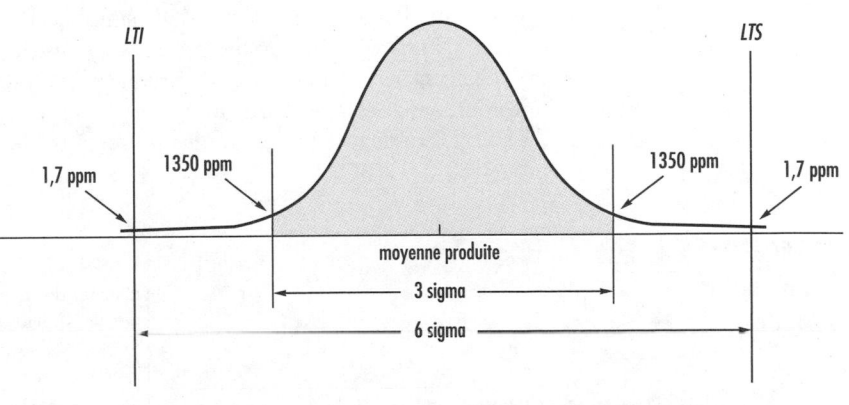

▲ **FIGURE 10.23**

Comparaison des approches $\pm 3\sigma$ et $\pm 6\sigma$

TABLEAU 10.7 ▸

Comparaison des approches
±3σ et ±6σ

Comparaison	Approche ±3σ LTS – LTI = 6σ	Approche ±6σ LTS – LTI = 12σ
Intervalle de confiance	99,74 %	99,999 66 %
Rejets pour excès > LTS	0,13 % ou ~1 300 ppm	0,000 17 % = 1,7 ppm
Rejets pour défauts < LTI	0,13 % ou ~1 300 ppm	0,000 17 % = 1,7 ppm

Lecture
La qualité six sigma (6σ)

www.motorola.com

L'entreprise américaine Motorola a été la première à développer et à utiliser l'approche six sigma (6σ). Cette approche signifie que le procédé produit un taux d'erreur possible de 3,4 erreurs (pièces défectueuses, retards dans les livraisons ou autres types d'erreurs) par million d'unités. En d'autres mots, le pourcentage des unités qui se trouvent au-delà de ±6 écarts types de la moyenne n'est que de 0,0003 % ! À titre indicatif, mentionnons que pour plusieurs entreprises très performantes, un taux d'erreur de 1,00 % est considéré comme excellent (99,00 % de bons produits). Or, pour des entreprises à haut taux de production (ne pas confondre avec la notion de haut taux de productivité) tels les services postaux, qui manipulent près de

1 000 000 de colis par jour, un taux d'erreur de 1,00 % se traduit par 10 000 colis perdus ou endommagés par jour. Dans le cas des services de santé, un taux d'erreur de 1,00 % signifierait qu'on accepte que pour 100 patients traités, 1 patient risque d'être mal diagnostiqué ou de recevoir le mauvais traitement. Soulignons que dans l'industrie manufacturière, la grande majorité des entreprises qui ont adopté un contrôle de la qualité formel fonctionnent à ±3σ, avec un intervalle de confiance de 99,74 % ; dans ce cas, on peut s'attendre à un taux de défauts ou d'erreurs de près de 2 600 défauts par million (2 600 ppm) comparativement à 3,4 ppm selon l'approche six sigma (±4,5σ plus ±1,5σ par sécurité, d'où

±6σ). Le fait de passer de ±3σ, avec 2 600 ppm, à ±6σ, avec 3,4 ppm, se traduit par une amélioration de la qualité de 800 %, ce qui ne se fait pas du jour au lendemain. Bombardier, l'entreprise canadienne qui a le plus réussi dans ce domaine, a adopté une approche par étapes, d'une façon sectorielle, en commençant par l'aérospatiale, les trains et wagons, les motoneiges et motomarines, et finalement l'équipement récréatif. La société General Electric a adopté une approche plus draconienne en investissant, en 1997 seulement, 400 M$ en formation afin de devenir pour l'année 2001 une entreprise six sigma dans tous ses secteurs d'activité, des plastiques au secteur financier.

10.9.1 L'amélioration de la capabilité d'un processus

L'amélioration de la capabilité d'un processus d'opération implique de s'attaquer à sa variabilité. Habituellement, cela demande la simplification, l'automatisation et la normalisation des procédés, la standardisation des produits, la mise à niveau et le surclassement de l'équipement utilisé, ainsi qu'une formation technique approfondie du personnel. Cette dernière n'est pas une mince tâche, surtout que de nos jours, on a tendance à responsabiliser uniquement l'industrie. Le tableau 10.8 résume les principaux éléments pouvant améliorer la capabilité des procédés.

TABLEAU 10.8 ▸

Éléments d'amélioration
des capabilités

Éléments	Exemples
Simplification	Éliminer des activités, réduire le nombre de pièces, utiliser des pièces modulaires
Normalisation	Normaliser les procédures de travail, les gabarits d'assemblage, les équipements utilisés
Standardisation	Standardiser les produits fabriqués, minimiser le nombre de modèles offerts
Mise à niveau et surclassement	Procéder à des innovations technologiques, remplacer les équipements ou les éléments d'équipements usés
Automatisation	Automatiser les opérations répétitives sujettes à provoquer l'ennui, donc l'inattention, donc les accidents
Utilisation de détrompeurs ou dispositifs anti-erreurs (*poka-yoke*)	Éviter le risque d'erreur

10.9.2 La fonction économique selon Taguchi

L'ingénieur et expert en qualité japonais Genichi Taguchi (*voir la sous-section 9.3.7*) a notamment conçu ce qu'il convient d'appeler l'**approche économique de Taguchi.** Il va un pas plus loin que R. Cavé, qui avait développé une approche où l'on doit respecter les spécifications. Selon Taguchi, il ne suffit pas de respecter les balises (les limites spécifiées), mais de le faire avec le moins de variations possible, toute variation étant source de coûts plus élevés, et plus le procédé est centré sur la moyenne, plus il y a réduction de coûts. Toute variation par rapport à la moyenne se traduit sous forme de non-qualité. Selon Taguchi, des indices de capabilité élevés se manifestent par une augmentation de la qualité, le client ayant le droit de recevoir ce qui lui a été promis, ni plus ni moins. La vision de Taguchi est illustrée à la figure 10.24.

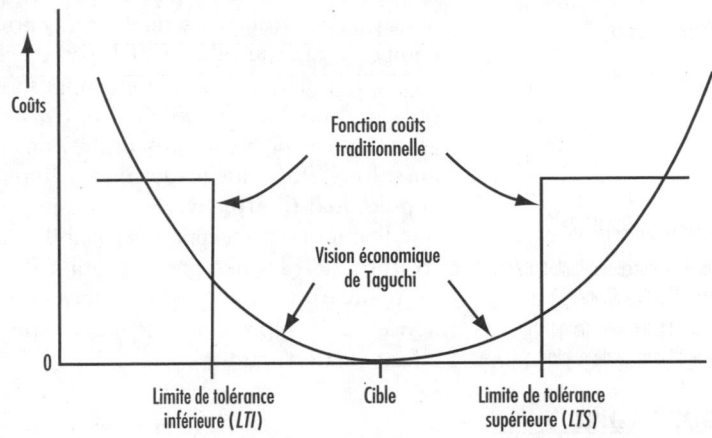

▲ **FIGURE 10.24**

Comparaison de l'approche économique de Taguchi et de l'approche traditionnelle

Pour plusieurs, cette vision paraît contradictoire avec la notion d'amélioration continue. L'amélioration continue du procédé sert à atteindre les objectifs fixés lors de l'établissement du niveau de qualité et de la politique de qualité qui s'ensuit (*voir la sous-section 9.4.2*). Or, selon Taguchi, ce n'est pas à l'étape de production qu'on doit essayer d'améliorer le produit : cette tâche doit être réalisée lors de la conception du produit et du procédé. En cours d'opération, on doit s'assurer que le procédé vise au maximum la cible des spécifications émises au moment de la conception, avec une variabilité qui tend vers zéro.

10.10 Le contrôle des lots : les plans d'échantillonnage

Jusqu'à présent, nous avons analysé les procédures de contrôle des processus, tant pour les biens tangibles que pour les biens intangibles (les services). Dans cette section, nous analysons les méthodes de contrôle des lots de produits reçus ou expédiés au client. Cette approche permet de se prononcer sur la qualité d'un lot au complet, reçu ou expédié, et non pas sur la production à un moment donné de la journée ; c'est pour cela que le **contrôle par lots** est parfois appelé « contrôle des réceptions » ou « contrôle des expéditions[9] ».

Quand on reçoit un lot de produits, on peut procéder à un contrôle exhaustif à 100 % dans la mesure où :

- le nombre d'unités reçues est relativement restreint ;
- le contrôle est non destructif.

Supposons qu'une quincaillerie reçoit une grande quantité de boulons. Elle ne peut logiquement contrôler toutes les boîtes reçues pour s'assurer de la qualité des boulons. On suggère plutôt la procédure suivante :

1. Recevoir le lot global de N unités.
2. Prélever aléatoirement n unités à même le lot N.
3. Vérifier les n unités : si on note c mauvaises unités ou moins sur n, on accepte le lot N ; sinon, on le rejette.

Il revient au gestionnaire de décider de la taille n de l'échantillon à prélever, qui peut même être exhaustif selon les besoins, et le **nombre d'acceptation c,** c'est-à-dire la limite maximale des unités non conformes permises dans l'échantillon de taille n pour que le lot de taille N soit accepté. C'est ce qu'on appelle un « plan d'échantillonnage », qui sera défini un peu plus loin. La figure 10.25 illustre la procédure.

Contrôle par lots

Procédure de contrôle de la qualité d'un lot de taille N fini et délimité.

Nombre d'acceptation c

Limite maximale du nombre de défauts (non-conformités) permis dans l'échantillon de taille n pour qu'on puisse accepter le lot de taille N.

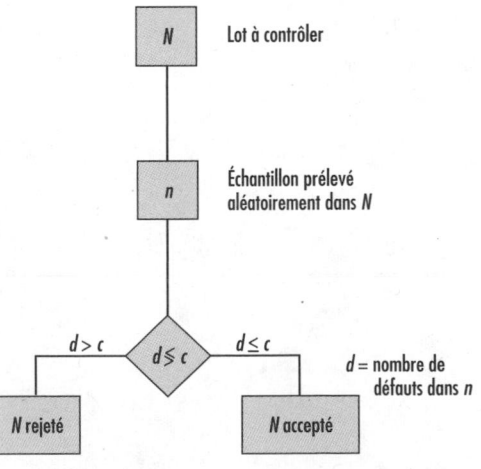

▲ **FIGURE 10.25**

Procédure de contrôle par lots

Or, si l'on base le sort d'un lot de taille N sur les résultats d'un échantillon de taille n, il y a risque d'erreur. Si le lot reçu est petit et qu'on procède à une vérification exhaustive (à 100%), le risque de se tromper est faible ; par contre, si le lot est très grand, même une vérification à 100% comporte un risque d'erreur de la part du contrôleur de la qualité.

Pour illustrer la situation, supposons qu'un accord entre le client et le fournisseur stipule que les lots de taille N sont déclarés valables dans la mesure où la valeur de p_0, le pourcentage de mauvaises unités, ne dépasse pas une certaine limite convenue. Tant et aussi longtemps que le fournisseur livre des lots dont le pourcentage p de mauvaises unités, appelé **qualité effective,** est tel que $p \leq p_0$, les lots seront déclarés bons et la probabilité que le client les accepte, la **probabilité d'acceptation,** sera de $P_a = 100\%$. Si $p > p_0$, la probabilité qu'il les accepte tombera à $P_a = 0$. À titre indicatif, et bien que les pourcentages de mauvaises unités soient volontairement élevés pour mieux illustrer le phénomène, la figure 10.26 représente un p_0 convenu de 7,50% entre le fournisseur (l'expéditeur) et le client (le destinataire).

Probabilité d'acceptation

Probabilité d'accepter un lot d'une qualité effective donnée, à la suite de l'application d'un plan d'échantillonnage déterminé.

FIGURE 10.26 ▸

Courbe d'efficacité idéale

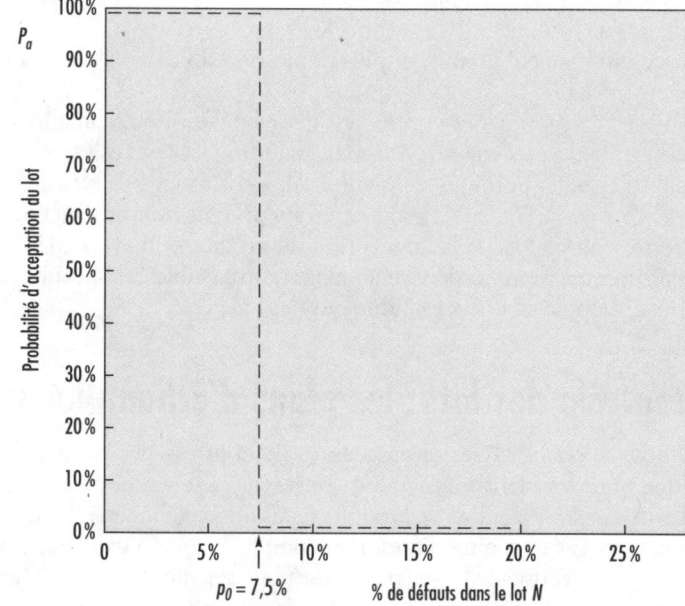

Or, comme il existe un risque d'erreur, la situation décrite à la figure 10.27 est plus susceptible de se produire :

où d = nombre de défauts observés dans n

c = nombre d'acceptation fixé

FIGURE 10.27 ▸

Procédure de contrôle par lots avec risque d'erreur

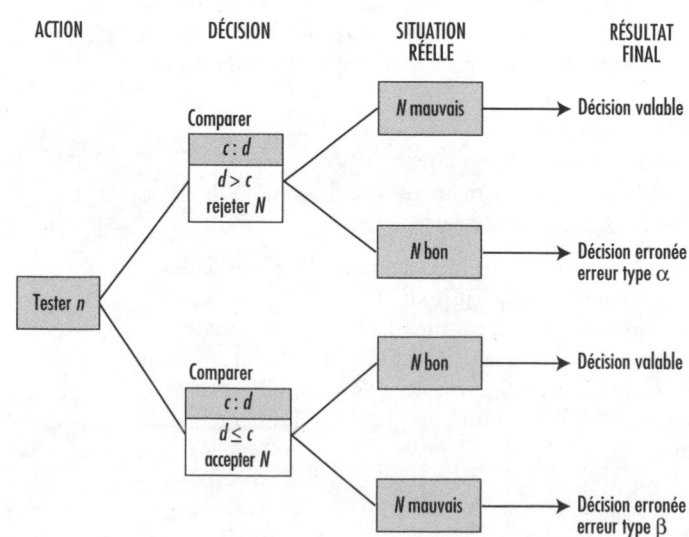

On voit dans cette figure que si l'on rejette un lot de taille N dont le pourcentage de mauvaises unités est acceptable, le fournisseur se considérera comme injustement puni. C'est ce qu'on appelle le **risque du fournisseur**[10] ou **risque α,** c'est-à-dire le risque de se voir refuser un lot dont le pourcentage de mauvaises unités est acceptable ; ce pourcentage est défini par la notion de **niveau de qualité acceptable (NQA),** souvent désigné par l'expression *AQL* (*acceptable quality level*). Par contre, si, après vérification, le client accepte des lots mauvais en pensant qu'ils sont bons, il sera en mauvaise posture : c'est le **risque du client (du receveur)** ou **risque β.** Le risque du client est le risque d'accepter un lot comportant un niveau à peine tolérable de mauvaises unités ; ce niveau est appelé **niveau de qualité toléré (NQT),** désigné aussi par l'expression *LTPD* (*lot tolerance percent defective*). Rappelons que les statisticiens appellent le risque α l'erreur du type I et le risque β, l'erreur du type II.

Le niveau de qualité toléré et le niveau de qualité acceptable sont des qualités effectives convenues par les deux parties, le receveur et l'expéditeur :

La probabilité d'acceptation d'un lot ayant une qualité effective de *NQA* est de $P_a = 1 - α$;
La probabilité d'acceptation d'un lot ayant une qualité effective de *NQT* est de $P_a = β$.

Compte tenu de toutes les situations possibles, le gestionnaire doit définir un **plan d'échantillonnage.** Il s'agit d'une procédure qui permet de définir la taille de l'échantillon *n* et le nombre d'acceptation *c* afin de minimiser le risque α du fournisseur et le risque β du client. Chaque plan d'échantillonnage est représenté par une courbe appelée **courbe d'efficacité,** où l'ordonnée représente la probabilité d'acceptation P_a et l'abscisse, la qualité effective du lot, c'est-à-dire le pourcentage *p* de mauvaises unités présentes :

$$P_a = \text{Fonction } (p).$$

La figure 10.28 montre une courbe d'efficacité représentant un plan d'échantillonnage et ses paramètres : le risque α avec son *NQA* correspondant et le risque β avec son *NQT* correspondant. Il est intéressant de comparer cette courbe avec la courbe idéale illustrée à la figure 10.26.

10

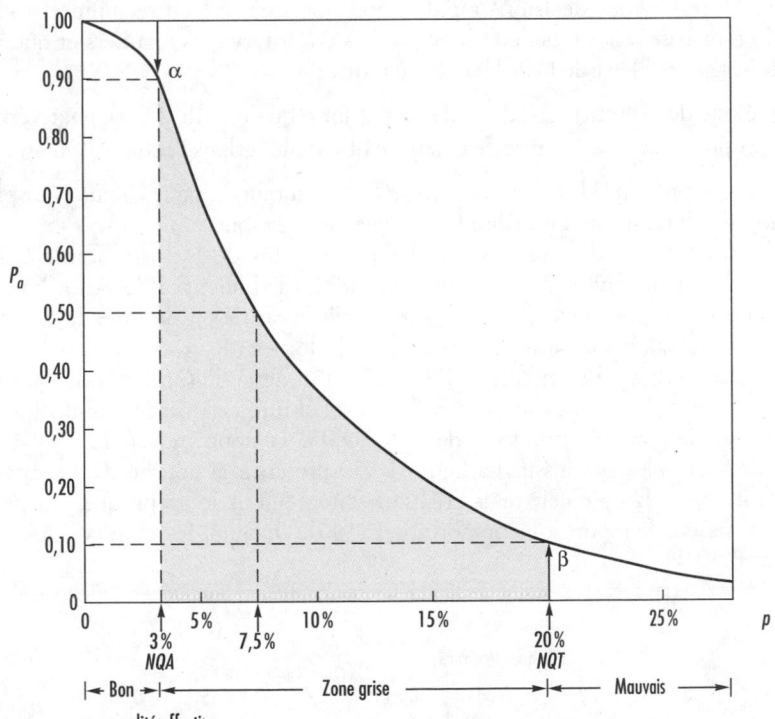

◀**FIGURE 10.28**

Courbe d'efficacité

---

10. Appelé aussi « risque du producteur », mais cette expression est trop limitative.

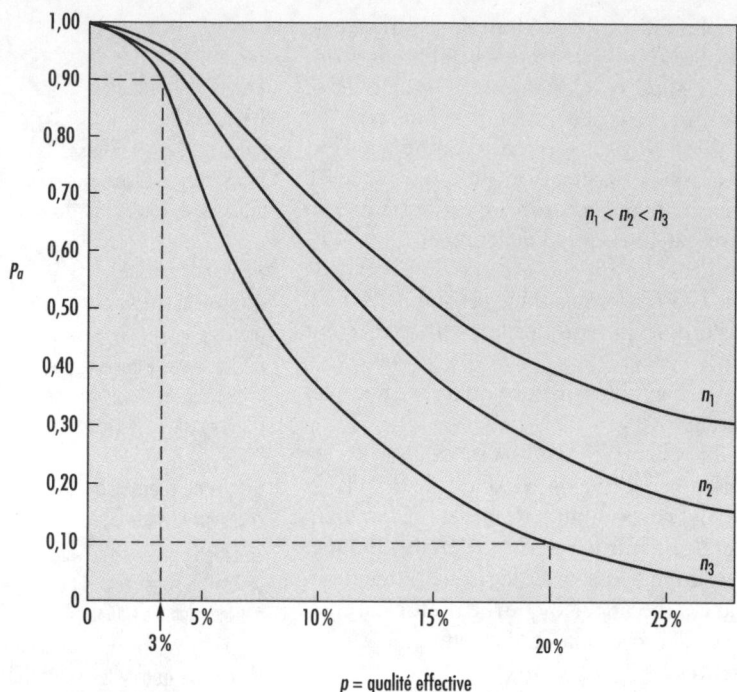

p = qualité effective

FIGURE 10.29 ▲

Effet de la variation de n sur la probabilité d'acceptation P_a

Toutefois, en variant les paramètres n et c, on rend les plans d'échantillonnage plus ou moins discriminatoires. Ainsi, pour la même taille d'échantillon, par exemple $n = 100$, un nombre d'acceptation $c = 2$ donnera un plan d'échantillonnage plus sévère que $c = 4$. Et pour un même nombre d'acceptation, par exemple $c = 2$, un plan d'échantillonnage avec $n = 100$ sera plus sévère qu'avec $n = 80$. La notion de «sévérité» n'est pas une fonction linéaire entre n et c, mais plutôt exponentielle: on ne peut conclure que le plan (n, c) (100, 2) est deux fois plus discriminatoire que (100, 4). La figure 10.29 illustre l'effet d'une variation de la taille de l'échantillon n sur la courbe d'efficacité, avec c constant. Cependant, on peut conclure ce qui suit:

- pour un nombre d'acceptation c constant, plus n est grand, plus la courbe d'efficacité est abrupte, ce qui donne un plan d'échantillonnage discriminatoire mais plus coûteux;
- pour une taille d'échantillon n constante, plus c est petit, plus la pente de la courbe d'efficacité est abrupte, ce qui donne un plan d'échantillonnage plus sévère ou discriminatoire.

10.10.1 L'utilité de la courbe d'efficacité

Bien qu'à première vue elle puisse paraître longue à construire, la courbe d'efficacité aide le gestionnaire à prendre des décisions rapidement: une simple lecture suffit. Par exemple, si on reçoit du fournisseur des lots de taille $N = 2\ 000$ à intervalles réguliers et que notre plan d'échantillonnage (n, c) est de (10, 1), cela veut dire:

- qu'on prélève des échantillons de taille 10 par lot reçu de taille 2 000, pour vérification;
- qu'on accepte le lot si le nombre de défauts d observables dans l'échantillon est: $d \leq c = 1$.

Tant que le rapport $n/N < 5\%$, on utilise la loi binomiale pour calculer les probabilités d'acceptation des lots; sinon, on utilise la loi hypergéométrique.

Le tableau 10.9 reproduit une partie des probabilités de la loi binomiale. Le lecteur pourra trouver dans les livres de statistique des tables exhaustives de la loi binomiale. En consultant cette table, on s'aperçoit que pour $c = 1$, si on reçoit des lots de $p = 0,05$ (5 %) de mauvaises unités, la probabilité qu'on accepte le lot est: $P_a = 0,913\ 9$ ou 91,39%. Pour un lot de $p = 10\%$ de qualité effective, $P_a = 0,7361$ et ainsi de suite. Tandis que si on avait décidé d'un nombre d'acceptation de $c = 3$, la probabilité qu'on accepte un lot ayant une qualité effective de $p = 5\%$ aurait été de $P_a = 99,9\%$ et pour un $p = 10\%$, $P_a = 98,72\%$. On aurait alors été plus permissif. La figure 10.30 présente la courbe d'efficacité illustrant cette situation. Sans la calculer, mais en lisant directement le graphique, on peut prédire que si le fournisseur livre un lot comportant 22 % de défauts, les chances qu'on l'accepte sont d'environ 30 %.

TABLEAU 10.9 ▼

n	x						p = qualité effective						
		0,05	0,10	0,15	0,20	0,25	0,30	0,35	0,40	0,45	0,50	0,55	0,60
10	0	0,5987	0,3487	0,1969	0,1074	0,0563	0,0282	0,0135	0,0060	0,0025	0,0010	0,0003	0,0001
$c = 1$	1	0,9139	0,7361	0,5443	0,3758	0,2440	0,1493	0,0860	0,0464	0,0233	0,0107	0,0045	0,0017
	2	0,9885	0,9298	0,8202	0,6778	0,5256	0,3828	0,2616	0,1673	0,0996	0,0547	0,0274	0,0123
	3	0,9990	0,9872	0,9500	0,8791	0,7759	0,6496	0,5138	0,3823	0,2660	0,1719	0,1020	0,0548

Quand les lots sont très grands (5 000 ou plus) par rapport aux échantillons prélevés, on utilise la loi de Poisson à la place de la loi binomiale. La moyenne de la loi de Poisson est alors exprimée par la lettre λ:

$$\mu = np = \lambda$$

et la probabilité d'acceptation P_a est calculée ainsi:

$$P(acc) = e^{-\mu} \frac{\mu^x}{x!} \tag{10-27}$$

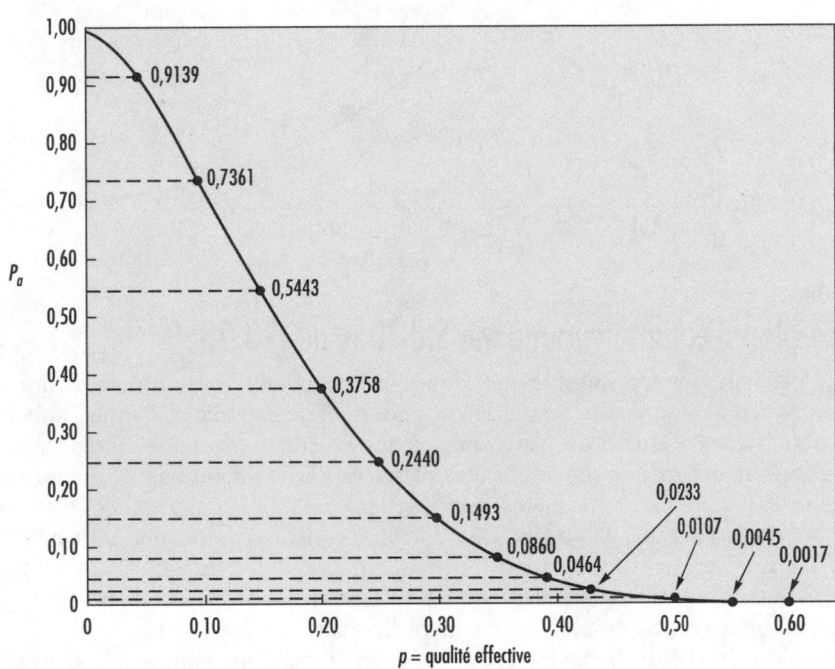

◂ **FIGURE 10.30**

Courbe d'efficacité pour
$n = 10 ; c = 1$

On souhaite construire la courbe d'efficacité pour le plan d'échantillonnage suivant: $n = 80, c = 2$.

Les lots reçus sont de $N = 5000$, et l'on utilise la loi de Poisson.

Exemple 9

Une application de la loi de Poisson pour tracer la courbe d'efficacité d'un plan d'échantillonnage

Solution

Sachant que $n = 80$ et $c = 2$, pour un $p = 0,01$, alors on a:

$\lambda = np = 80 \times 0,01 = 0,8$

P_a = probabilité d'avoir 0 défaut dans un échantillon de taille $n = 80$ +
     probabilité d'avoir 1 défaut dans un échantillon de taille $n = 80$ +
     probabilité d'avoir 2 défauts dans un échantillon de taille $n = 80$

$$P_{(acc)} = P(x; \lambda) = P(x; 0,8) = \sum_{x=0}^{2} \left(e^{-\lambda} \frac{\mu^x}{x!} \right) = P(0; 0,8) + P(1; 0,8) + P(2; 0,8)$$

$$= \left(e^{-0,8} \frac{0,8^0}{0!} \right) + \left(e^{-0,8} \frac{0,8^1}{1!} \right) + \left(e^{-0,8} \frac{0,8^2}{2!} \right) = 0,953$$

On procède de la même façon pour $p = 0,02$ et ainsi de suite, d'où le tableau suivant:

Qualité effective, p	$\lambda = np$	Probabilité d'acceptation cumulative: probabilité d'avoir 0, 1 et 2 défauts par échantillon de taille n
0,01	80(0,01) = 0,8	0,953
0,02	1,6	0,783
0,03	2,4	0,570
0,04	3,2	0,380
0,05	4,0	0,238
0,06	4,8	0,143
0,07	5,6	0,082
0,08	6,4	0,046

La figure 10.31 illustre la courbe d'efficacité de ce plan d'échantillonnage.

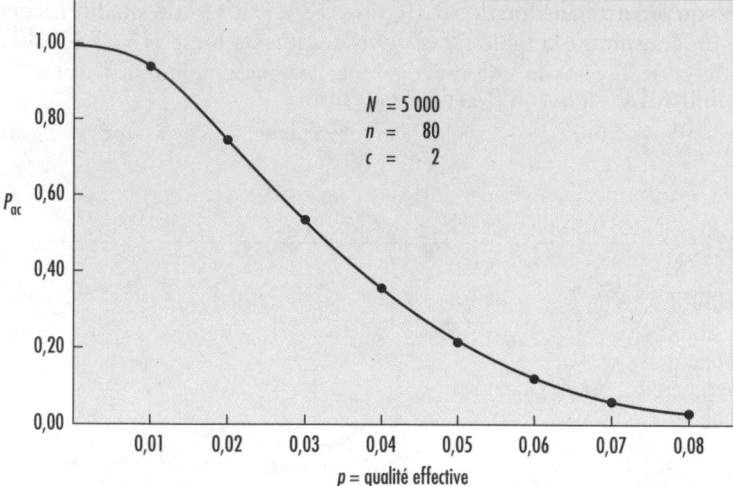

FIGURE 10.31 Courbe d'efficacité pour l'exemple 9

10.10.2 **Le plan d'échantillonnage Mil-Std-105E ou ISO 2859**

Les plans d'échantillonnage sont d'une grande utilité pour les gestionnaires, que ceux-ci soient fournisseurs ou clients. Durant la Seconde Guerre mondiale, l'armée américaine a commandé le développement de plans simples qui étaient destinés à faciliter l'acceptation ou le rejet des marchandises transigées. Les plans les plus courants supposent un risque du fournisseur de $\alpha = 0{,}05$ et un risque du receveur de $\beta = 0{,}10$. Par la suite, ces plans ont subi plusieurs modifications afin de s'adapter au domaine civil; c'est ainsi que sont nés les plans **ISO 2859** (International Organization for Standardization), ANSI/ASQC Z1.4 (American National Standard Institute/American Society for Quality Control) et AFNOR NFX06-022. Le plus répandu de ces plans est le plan d'échantillonnage Mil Standard 105-E.

Le plan **Mil-Std-105E,** harmonisé avec l'ISO 2859, est d'une grande simplicité d'utilisation. Il existe en plusieurs versions. Voici les modalités de fonctionnement de ce plan.

Le gestionnaire doit décider:
- des niveaux de contrôle désirés;
- du plan souhaité parmi les plans disponibles.

Les niveaux de contrôle

Il existe trois modalités ou niveaux de contrôle:
- normal – quand il n'y a aucune raison de se méfier du fournisseur parce que ce dernier contrôle son procédé;
- réduit – quand le fournisseur a fait ses preuves en produisant au moins 10 lots consécutifs tout en respectant les paramètres désirés;
- renforcé – le plus sévère et le plus coûteux en ce qui a trait au temps et à la vérification. On l'utilise lorsque la situation est problématique ou en cas d'incertitude.

Seulement le niveau de contrôle normal, le plus communément utilisé, est présenté ici.

Les plans disponibles

Les plans d'échantillonnage Mil-Std-105E (ISO 2859) offrent trois plans au gestionnaire:
- Le plan simple – On prélève un échantillon à des fins de vérification avec le nombre d'acceptation c (on accepte ou l'on rejette).
- Le plan double – On prélève un premier échantillon de taille réduite, on compare le nombre de non-conformités avec le c correspondant: on accepte, on rejette ou l'on prélève un deuxième échantillon pour vérification. Le plan double permet de prendre des décisions à partir d'échantillons de plus petite taille.
- Le plan multiple – On prélève une succession de petits échantillons si les précédents sont refusés. Le plan multiple permet de faire jusqu'à sept prélèvements successifs, chacun étant de petite taille, ce qui est moins coûteux. Toutefois, l'ensemble des sept prélèvements est plus grand que l'échantillon du plan simple.

Les tables des plans simple, double et multiple à contrôle normal sont présentées à la table D, à la fin du manuel. Illustrons le fonctionnement des plans Mil-Std-105E.

Supposons qu'on reçoit des lots de 5 000 unités et que le niveau de qualité acceptable (*NQA*) est de 1,5 %. En consultant la table D, vis-à-vis des lots de taille $N = 3\,201$ à 10 000 unités, on lit la lettre-code L dans la colonne ombrée, la plus commune. L'utilisation d'un plan simple et d'un plan double est explorée ci-après.

Le plan simple (table D-1) – La ligne correspondant à la lettre-code L signifie qu'on doit prélever un échantillon de taille $n = 200$. La ligne du haut indique les *NQA* possibles. Au croisement de la colonne 1,5 % et de la ligne de la lettre-code L, on lit:
- $Ac = 7$: on accepte jusqu'à sept défauts;
- $Re = 8$: lorsqu'on observe huit défauts ou plus, on rejette le lot.

Le plan double (table D-2) – Vis-à-vis de la lettre-code L, on lit:
- premier échantillon, $n = 125$: $Ac = 3$, $Re = 7$. Si le nombre de défauts observés est de 4, 5 ou 6, on prélève un deuxième échantillon de taille $n = 125$;
- pour l'échantillon total vérifié: $n = 250$: $Ac = 8$; $Re = 9$.

Il faut noter que dans ces tables, les *NQA* possibles sont exprimés en pourcentage de mauvaises unités par lot. Toutefois, à partir de la colonne 15 inclusivement et jusqu'à la colonne 1 000, on voit apparaître le nombre de défauts sur 100 unités et non pas le pourcentage de mauvaises unités. Les flèches indiquent les données pertinentes.

10.11 Conclusion

Tout au long de ce chapitre, nous avons vu que le contrôle de la qualité sert de base à la recherche et à l'atteinte de l'objectif qualité, un des cinq objectifs de la gestion des opérations. Sans contrôle de qualité, on ne peut assurer cette dernière au client. Or, l'entreprise moderne ne peut en rester là si elle veut s'améliorer et demeurer concurrentielle: l'assurance et la gestion de la qualité doivent suivre, d'où la nécessité de l'amélioration continue ou *kaïzen*.

Nous avons ensuite exploré les outils de contrôle en cours d'opération et ceux qui s'effectuent par lots. Les cartes de contrôle représentent l'outil principal pour surveiller le processus opérationnel, tandis que les plans d'échantillonnage servent au contrôle des réceptions et des expéditions. Nous avons présenté les différentes cartes de contrôle: par variables, par attributs, en fonction des opérations, ainsi qu'une approche originale en fonction des spécifications. Ensuite, nous avons appliqué les cartes de contrôle par attributs au domaine des services, où les techniques statistiques de contrôle des procédés tardent à être adoptées. En effet, il reste beaucoup de travail à faire dans ce secteur, même au Japon, où la notion de qualité est pourtant omniprésente dans l'industrie manufacturière. Nous avons procédé à l'interprétation des cartes de contrôle et à l'analyse des indices de capabilité. Nous avons démystifié plusieurs notions telles que précision et exactitude, qualité six sigma et approche économique de Taguchi.

En ce qui concerne le contrôle par lots, différents plans d'échantillonnage ont été explorés. Nous avons insisté sur le principal, le plan Mil-Std-105E, en raison de sa simplicité d'application. ●

10

Problèmes résolus

Problème 1

Élaboration d'une carte de contrôle par variables en fonction du procédé

La procédure pour traiter de nouveaux comptes bancaires est censée prendre 10 min en moyenne. Cinq séries d'observations de taille 4 ont été effectuées à intervalles réguliers, et les données sont présentées ci-dessous. On vous demande de calculer les limites de cartes de contrôle en fonction des opérations. Le procédé est-il sous contrôle statistique ?

Prélèvement	X_1	X_2	X_3	X_4
1	10,2	9,9	9,8	10,1
2	10,3	9,8	9,9	10,4
3	9,7	9,9	9,9	10,1
4	9,9	10,3	10,1	10,5
5	9,8	10,2	10,3	9,7

Solution

a) Calcul de la moyenne $\bar{X}$ et de l'étendue R.

Prélèvement	X_1	X_2	X_3	X_4	$\bar{X}$	R
1	10,2	9,9	9,8	10,1	10,0	0,4
2	10,3	9,8	9,9	10,4	10,1	0,6
3	9,7	9,9	9,9	10,1	9,9	0,4
4	9,9	10,3	10,1	10,5	10,2	0,6
5	9,8	10,2	10,3	9,7	10,0	0,6
					$\bar{\bar{X}} = 10,04$	$\bar{R} = 0,52$

Moyenne des $\bar{X}$: $\bar{\bar{X}} = \dfrac{\Sigma \bar{X}}{k} = \dfrac{10,0 + 10,1 + 9,9 + 10,2 + 10,0}{5} = 10,04$ min

Moyenne des R : $\bar{R} = \dfrac{\Sigma R}{k} = \dfrac{0,4 + 0,6 + 0,4 + 0,6 + 0,6}{5} = 0,52$ min

b) Calcul des limites

Les facteurs A_2, D_3 et D_4 pour $n = 4$ se trouvent à la table C.

Carte $\bar{X}$: $LCS = \bar{\bar{X}} + A_2 \times \bar{R} = 10,04 + 0,729 \times 0,52 = 10,42$ min
$\quad\quad\quad LCI = \bar{\bar{X}} - A_2 \times \bar{R} = 10,04 - 0,729 \times 0,52 = 9,66$ min
Carte $\bar{R}$: $LCS = D_4 \times \bar{R} = 2,282 \times 0,52 = 1,19$ min
$\quad\quad\quad LCI = D_3 \times \bar{R} = 0 \times 0,52 = 0$

c) Toutes les valeurs étant à l'intérieur des limites provisoires, on peut conclure qu'il s'agit d'un procédé contrôlé statistiquement, bien que le traçage des points sur les cartes de contrôle s'impose toujours. De plus, le nombre de prélèvements n'est pas suffisant puisqu'il est inférieur à 20.

10

Problème 2

Élaboration de cartes en fonction des spécifications

a) En vous basant sur les données du problème précédent, tracez des cartes de contrôle et de surveillance en fonction des spécifications pour des prélèvements de taille $n = 4$, sachant que les limites de tolérance acceptables sont de $LTS = 10,8$ min et de $LTI = 9,2$ min.

b) Comparez ensuite les limites ainsi calculées avec celles du problème 1.

c) Calculez l'indice de capabilité correspondant.

Solution

a) Les tolérances sont: $LTS = 10,8$ min; $LTI = 9,2$ min.

$$\mu_0 = \frac{LTS + LTI}{2} = \frac{10,80 + 9,20}{2} = 10,00 \text{ min}$$

$$\sigma_0 = \frac{LTS - LTI}{8} = \frac{10,80 - 9,20}{8} = 0,20 \text{ min}$$

Les facteurs A'_2, D'_3 et D'_4 pour $n = 4$ se trouvent à la table C.

Les limites de contrôle

Pour les moyennes $\overline{X}$: $LCS = \mu_0 + A'_2 \times \sigma_0 = 10,00 + 1,500 \times 0,20 = 10,30$ min

$LCI = \mu_0 - A'_2 \times \sigma_0 = 10,00 - 1,500 \times 0,20 = 9,70$ min

Pour les étendues R: $LCS = D'_4 \times \sigma_0 = 4,699 \times 0,20 = 0,94$ min

$LCI = D'_3 \times \sigma_0 = 0 \times 0,2 = 0,00$ min

Les limites de surveillance à $\pm 2\sigma$

Pour les moyennes $\overline{X}$: $LCS = \mu_0 + A'_{2b} \times \sigma_0 = 10,00 + 1,000 \times 0,20 = 10,20$ min

$LCI = \mu_0 - A'_{3b} \times \sigma_0 = 10,00 - 1,000 \times 0,20 = 9,80$ min

Pour les étendues R: $LCS = D'_{3b} \times \sigma_0 = 3,819 \times 0,20 = 0,76$ min

$LCI = D'_{3b} \times \sigma_0 = 0,299 \times 0,2 = 0,06$ min

b) On remarque que les limites sont plus sévères que celles des cartes en fonction des opérations établies au problème 1. Il en est de même pour la carte R, ce qui laisse soupçonner que le procédé n'est pas très performant par rapport aux exigences.

c) On calcule le C_p en se basant sur l'écart type des fabrications $\hat{\sigma}$.

$$\text{Écart type des fabrications} = \hat{\sigma} = \frac{\overline{R}}{d_2} = \frac{0,520}{2,059} = 0,253$$

$$C_p = \frac{LTS - LTI}{6 \times \overline{R}/d_2} = \frac{1,600}{6 \times 0,253} = 1,056$$

Cela confirme nos soupçons. Bien que la carte en fonction des opérations ait laissé présager que tout allait bien, le calcul du C_p confirme que le procédé est à peine capable de respecter les spécifications et que des non-conformités sont à prévoir. La comparaison des deux cartes R laisse croire que la situation est symptomatique.

Le fait qu'un procédé soit stable ou contrôlé statistiquement ne prouve pas qu'il soit capable de respecter les spécifications.

Problème 3

Carte par attributs

On vous demande d'élaborer un contrôle statistique approprié à $\pm 2\sigma$ pour le processus suivant. À l'expédition, un contrôleur de la qualité a déterminé une moyenne de 3,9 égratignures de la même importance sur les carrosseries des automobiles.

Solution

Puisque ce problème concerne le contrôle du nombre de défauts par unité, la carte c s'impose.

$LCS = \bar{c} + 2\sqrt{\bar{c}} = 3,9 + 2\sqrt{3,9} = 7,85$ égratignures

Valeur centrale $= \bar{c} = 3,9$

$LCI = \bar{c} - 2\sqrt{\bar{c}} = 3,9 - 2\sqrt{3,9} = -0,05 = 0$

Problème 4

Carte par attributs
Un contrôle du démarrage de tondeuses à gazon indique que sur 100 unités, 4 n'ont pas démarré du premier coup. On vous demande d'élaborer un contrôle statistique approprié à $\pm 3\sigma$ pour le processus.

Solution

Puisque ce problème concerne le pourcentage d'unités défectueuses, on utilisera ici une carte $\bar{p}$, bien que le contrôle $\bar{p}$ puisse aussi être utilisé.

$\bar{p} = 0,04$

$LCS = \bar{p} + 3\sqrt{\dfrac{\bar{p}(1 - \bar{p})}{n}} = 0,04 + 3\sqrt{\dfrac{0,04\,(1 - 0,04)}{100}} = 0,0988 = 9,88\%$

Valeur centrale $= \bar{p} = 0,04$

$LCS = \bar{p} - 3\sqrt{\dfrac{\bar{p}(1 - \bar{p})}{n}} = 0,04 - 3\sqrt{\dfrac{0,04(1 - 0,04)}{100}} = -0,0188 = -1,88\% = 0$

Problème 5

Cadence des prélèvements
Un procédé permet de fabriquer des lots de 150 000 unités à la fois, à une cadence de 144 unités à la minute. Sachant qu'on prélève des échantillons de 4 unités à la fois, déterminez la cadence des prélèvements et le pourcentage d'unités prélevées par lot.

Solution

$L = 150\,000$; $n = 4$; $v = 144$ unités/min

$C = \dfrac{\sqrt{n \times L}}{V} = \dfrac{\sqrt{4\,u \times 150\,000\,u}}{144\,u/min} \approx 5,4$ min

On doit prélever des échantillons de taille 4 toutes les 5 min approximativement.

Le pourcentage d'unités prélevées sera :

$q = \sqrt{\dfrac{n}{L}} = \sqrt{\dfrac{4}{150\,000}} \approx 0,52\%$

Questions de discussion et de révision

1. Listez les étapes nécessaires à l'implantation de cartes de contrôle en fonction des opérations.

2. Énumérez les types de défauts.

3. À quoi servent les cartes de contrôle?

4. Nommez les différents types de cartes de contrôle et décrivez leur utilité.

5. Expliquez la différence entre précision et exactitude. Les cartes R mesurent-elles la précision ou l'exactitude?

6. Quelle différence y a-t-il entre les limites de tolérance, de contrôle et de surveillance? À quoi servent ces limites?

7. Pourquoi les limites de contrôle sont-elles plus restreintes que les limites de tolérance?

8. Qu'est-ce qu'un procédé stable ou sous contrôle statistique?

9. Si tous les points se situent à l'intérieur des limites de contrôle, peut-on être assuré que le procédé est sous contrôle statistique? Expliquez votre réponse.

10. Un de vos clients vous informe de son intention de modifier les spécifications du produit que vous lui fournissez. Les nouvelles spécifications sont plus sévères que la capacité de votre procédé. Expliquez brièvement les possibilités dont vous disposez pour résoudre cette situation.

11. Expliquez la différence entre les cartes de contrôle en fonction des opérations et les cartes de contrôle en fonction des spécifications.

12. Qu'est-ce qu'un plan d'échantillonnage et à quoi sert-il ?

13. Qu'est-ce qu'un nombre d'acceptation ?

14. Quels sont les principaux paramètres d'une courbe d'efficacité ?

15. Vous désirez rendre votre plan d'échantillonnage plus discriminatoire. Quelles actions pourriez-vous prendre ?

16. Expliquez brièvement l'approche économique de Taguchi.

17. À quoi servent les indices de capabilité ?

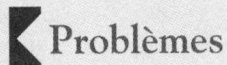

Problèmes

1. Un procédé de moulage de pièces pour des laveuses à vaisselle doit respecter les limites de tolérance suivantes : 24 kg et 25 kg. La distribution de la production suit une loi normale, avec un écart type de 0,2 kg. Quel est le pourcentage de la production qui ne respectera pas les limites de tolérance ?

2. Une embouteilleuse fonctionne avec une moyenne de 1 l et un écart type de 0,01 l. Ces données ont été recueillies à partir de 25 prélèvements de taille 5 effectués directement en entreprise.

   a) Déterminez les limites de contrôle pour les bouteilles avec un intervalle de confiance à 99,74 %.

   b) Placez les données suivantes sur un graphique délimité par les limites de contrôle calculées précédemment et interprétez-les : 1,05 ; 1,01 ; 0,99 ; 1,02 ; 0,99 ; 1,00. Y a-t-il une tendance ?

   c) Le procédé est-il sous contrôle statistique ?

3. On désire contrôler le temps d'attente moyen à la caisse d'un centre commercial. On a convenu que 6 prélèvements de taille 10 chacun étaient suffisants ; les moyennes et les étendues apparaissent ci-contre.

   a) Déterminez les limites de contrôle et de surveillance pour ce procédé.

   b) Le procédé est-il sous contrôle statistique ? Expliquez votre réponse.

Prélèvement	$\bar{X}$	R
1	3,06	0,42
2	3,15	0,50
3	3,11	0,41
4	3,13	0,46
5	3,06	0,46
6	3,09	0,45

4. On veut contrôler le temps nécessaire pour effectuer la mise à niveau des programmes d'ordinateur. La durée nominale déterminée par parangonnage est de 80 min. On fait 6 prélèvements de taille 5 chacun. Calculez les limites de contrôle pour ce procédé, placez les points sur une carte et déterminez si le procédé est sous contrôle.

Prélèvement	X_1	X_2	X_3	X_4	X_5
1	79,2	78,8	80,0	78,4	81,0
2	80,5	78,7	81,0	80,4	80,1
3	79,8	79,4	80,4	80,3	80,8
4	78,9	79,4	79,7	79,4	80,6
5	80,5	79,6	80,4	80,8	78,8
6	79,7	80,6	80,5	80,0	81,1

5. Un contrôleur de la qualité d'un centre d'appel de cartes de crédit prélève des échantillons de 200 unités et observe le nombre d'erreurs dans les réponses.

Échantillon :	1	2	3	4
Nombre d'erreurs :	4	2	5	9

   a) Déterminez le pourcentage d'erreurs par prélèvement.

   b) Quelle est votre estimation du pourcentage d'erreurs pour ce centre d'appel ?

   c) On vous informe que les limites à respecter sont de 4,7 % et de 0,3 %. Le centre d'appel est-il contrôlé statistiquement ?

   d) Plusieurs semaines plus tard, on vous informe que le centre d'appel s'est amélioré et qu'il produit, en moyenne, 2 % d'erreurs. Calculez les nouvelles limites de contrôle à respecter.

   e) Placez les données ci-dessus sur la carte de contrôle établie en d). Le centre d'appel est-il sous contrôle ?

6. Une entreprise a déterminé que la taille des lots économiques à lancer en production est de 8 000 unités. La cadence de production est de 80 unités/h. Si l'on décide de prélever des échantillons de taille 4, déterminez :

a) la cadence des prélèvements;

b) le nombre de prélèvements par lot;

c) le pourcentage correspondant d'unités vérifiées.

7. Au problème 6, on a décidé de prélever des échantillons de taille $n = 2$. Déterminez:

a) la cadence des prélèvements;

b) le nombre d'unités vérifiées par lot;

c) le nombre de prélèvements par lot;

d) Comparez les résultats du problème 8 avec ceux du problème 9.

8. Un centre médical procède à des radiographies par résonance magnétique. Souvent, les radiographies ne sont pas concluantes, et il faut les reprendre. Tracez une carte de contrôle à deux écarts types pour le nombre de reprises, sachant qu'on a prélevé des échantillons de taille 200 et que le nombre de reprises observé sur 15 prélèvements est: 1, 2, 5, 2, 0, 2, 1, 6, 2, 0, 2, 7, 3, 2, 1. Si des échantillons ne respectent pas les limites provisoires, procédez aux corrections qui s'imposent pour fixer les limites officielles.

9. Calculez les limites à deux écarts types pour le problème précédent en utilisant une carte $\overline{p}$.

10. La gérante d'un bureau de poste reçoit des plaintes au sujet du service postal. Pour obtenir des données quantifiables sur la situation, elle procède au dénombrement des plaintes sur une période de 14 jours ouvrables. Le nombre de plaintes recueillies est le suivant, le bureau de poste desservant 220 clients en moyenne par jour.

Jour	Plaintes	Jour	Plaintes
1	4	8	12
2	10	9	13
3	14	10	7
4	8	11	6
5	9	12	4
6	6	13	2
7	5	14	10

a) La gérante vous demande de déterminer les limites d'une carte de contrôle appropriée pour son service. Celui-ci est-il sous contrôle? Y a-t-il une tendance?

b) Quelques semaines plus tard, on vous demande de reprendre l'étude et vous enregistrez les données suivantes: 6, 4, 5, 6, 3, 11, 15, 14, 18, 17, 15, 16, 19, 18, 20. En plaçant ces lectures sur la carte précédente, que pouvez-vous conclure? Devez-vous recalculer les limites ou entreprendre d'autres actions?

11. Calculez les limites d'une carte de contrôle à $\pm 3\sigma$ pour le nombre de défauts par bobine de câble d'acier. Ce procédé est-il sous contrôle?

Bobine	Défauts	Bobine	Défauts
1	2	8	0
2	3	9	2
3	1	10	1
4	0	11	3
5	1	12	1
6	3	13	2
7	2	14	0

12. En révisant les calendriers concernant les revenus d'impôts des particuliers, une analyste note le nombre d'erreurs qui ont été commises par les vérificateurs. Ces données sont présentées dans le tableau suivant. À l'aide d'une carte de contrôle à $\pm 2\sigma$, déterminez si le procédé est sous contrôle.

Déclaration	Erreurs	Déclaration	Erreurs
1	5	9	5
2	3	10	8
3	5	11	3
4	7	12	4
5	4	13	5
6	6	14	6
7	8	15	6
8	4	16	7

13. Référez-vous aux données du problème 12. Plusieurs jours plus tard, l'analyste observe la situation suivante. En plaçant les observations sur la carte élaborée au problème 12, que peut-elle conclure?

Déclaration	Erreurs	Déclaration	Erreurs
1	4	9	8
2	3	10	9
3	3	11	7
4	4	12	8
5	3	13	4
6	2	14	2
7	9	15	3
8	8	16	3

10

14. On vous informe que les spécifications au problème 4 sont de 78 min – 81 min. En vous basant sur les informations disponibles, estimez le pourcentage des mises à niveau qui respecteront les limites annoncées.

15. On veut contrôler le diamètre de barres de métal. On sait que le procédé présente un écart type de 0,146 cm. On a prélevé 39 échantillons de taille $n = 5$ chacun.

Échantillon	$\bar{X}$	R	Échantillon	$\bar{X}$	R	Échantillon	$\bar{X}$	R
1	3,86	0,30	14	3,81	0,24	27	3,81	0,42
2	3,90	0,20	15	3,83	0,32	28	3,86	0,40
3	3,83	0,31	16	3,86	0,35	29	3,98	0,41
4	3,81	0,28	17	3,82	0,27	30	3,96	0,30
5	3,84	0,30	18	3,86	0,44	31	3,88	0,26
6	3,83	0,38	19	3,84	0,42	32	3,76	0,26
7	3,87	0,40	20	3,87	0,43	33	3,83	0,28
8	3,88	0,36	21	3,84	0,46	34	3,77	0,22
9	3,84	0,38	22	3,82	0,44	35	3,86	0,43
10	3,80	0,22	23	3,89	0,28	36	3,80	0,30
11	3,88	0,24	24	3,86	0,46	37	3,84	0,32
12	3,86	0,30	25	3,88	0,48	38	3,79	0,26
13	3,88	0,48	26	3,69	0,38	39	3,85	0,28

À l'aide de cartes de contrôle par variables (mesures) à $\pm 1\sigma$, à $\pm 2\sigma$ et à $\pm 3\sigma$, déterminez si le procédé est sous contrôle.

16. On vous informe, au problème 15, que le procédé mis en œuvre pour fabriquer des barres de métal doit respecter les spécifications suivantes : $LTS = 4,24$; $LTI = 3,36$.

a) Calculez l'indice C_p du procédé utilisé. Quelle est votre conclusion?

b) En fixant des limites de contrôle à $\pm 1\sigma$, à $\pm 2\sigma$ et à $\pm 3\sigma$ en fonction des spécifications et en plaçant les $\bar{X}$ et les R des données du problème 15 sur les cartes correspondantes, que pouvez-vous conclure?

c) Estimez les unités par excès ou par défaut que ce procédé risque de produire (non-conformités par rapport aux spécifications).

17. Une entreprise assure le service sous garantie d'un de ses produits. On veut contrôler statistiquement les dépenses du service après-vente. On a calculé, sur une période de 60 jours ouvrables, les coûts en milliers de dollars (k\$). Établissez les limites de contrôle statistique dans cette situation. Quelle est votre conclusion?

Jour	Coûts (k\$)	Jour	Coûts (k\$)	Jour	Coûts (k\$)
1	27,69	21	28,60	41	26,76
2	28,13	22	20,02	42	30,51
3	33,02	23	26,67	43	29,35
4	30,31	24	36,40	44	24,09
5	31,59	25	32,07	45	22,45
6	33,64	26	44,10	46	25,16
7	34,73	27	41,44	47	26,11
8	35,09	28	29,62	48	29,84
9	33,39	29	30,12	49	31,75
10	32,51	30	26,39	50	29,14
11	27,98	31	40,54	51	37,78
12	31,25	32	36,31	52	34,16
13	33,98	33	27,14	53	38,28
14	25,56	34	30,38	54	29,49
15	24,46	35	31,96	55	30,81
16	29,65	36	32,03	56	30,60
17	31,08	37	34,40	57	34,46
18	33,03	38	25,67	58	35,10
19	29,10	39	35,80	59	31,76
20	25,19	40	32,23	60	34,90

18. À partir des données du problème résolu 1, on vous informe que les limites de tolérance sont les suivantes :

$LTI = 9,65$ mm et $LTS = 10,35$ mm.

a) Déterminez les limites d'une carte de contrôle en fonction des spécifications selon l'approche $\pm 3\sigma$, pour des échantillons de taille $n = 4$.

b) Peut-on placer les observations du problème résolu 1 sur ces cartes de contrôle? Justifiez votre réponse.

19. Au problème précédent, recalculez les limites de la carte de contrôle selon l'approche $\pm 6\sigma$, pour des échantillons de taille $n = 4$.

20. Un fabricant de microprocesseurs observe, depuis quelque temps, une moyenne de 0,03 (3%) de mauvaises unités par quart de travail avec un écart type de 0,003. Les limites ont été fixées depuis longtemps : $LTS = 4\%$ et $LTI = 2\%$. Le procédé actuel est-il sous contrôle?

21. On possède les informations suivantes sur les capacités de cinq machines et les spécifications du client. Déterminez les machines qui sont en mesure de satisfaire les exigences de ce client.

Machine	Écart type	Tolérance acceptée
1	0,02	±0,05
2	0,04	±0,07
3	0,10	±0,18
4	0,05	±0,15
5	0,01	±0,04

22. Une entreprise reçoit des lots de 4 000 disjoncteurs à la fois. Sa politique d'échantillonnage consiste à prélever des échantillons de $n = 20$ et à vérifier les dommages dus au transport. Si une unité de l'échantillon est défectueuse, le lot est soumis à un contrôle à 100%. Tracez une courbe d'efficacité pour cette situation en utilisant des qualités effectives des lots $p = 0,05\%$, $p = 0,10\%$, $p = 0,15\%$, $p = 0,20\%$, etc.

23. Des vérificateurs financiers prélèvent des échantillons de comptes de crédit sur un lot de 8 000 comptes. En cas d'erreur, ils procèdent à une vérification exhaustive de l'entreprise.

a) Tracez une courbe d'efficacité pour des échantillons de 15 comptes en utilisant $p = 0,1\%$, $p = 0,2\%$, $p = 0,3\%$, etc.

b) Tracez une courbe d'efficacité pour des échantillons de 150 comptes en utilisant les mêmes valeurs de p.

24. Avant de livrer des lots de 3 000 livres, une imprimerie veut procéder à un contrôle par échantillonnage en utilisant le plan Mil-Std-105E.

a) Si le niveau de qualité acceptable est de 0,1% de livres ayant des défauts, déterminez les paramètres n et c à utiliser.

b) Déterminez les mêmes paramètres si le NQA est de 0,4%.

c) Déterminez les mêmes paramètres si l'entreprise adopte un plan double et si le NQA est de 0,1% et de 0,4%.

d) Déterminez les mêmes paramètres si l'entreprise adopte un plan multiple et si le NQA est de 0,1% et de 0,4%.

25. En adoptant le plan double avec un $NQA = 0,45\%$, l'imprimeur mentionné dans le problème 24 découvre une mauvaise unité au premier prélèvement.

a) Que doit-il faire?

b) Au deuxième prélèvement, il observe une autre mauvaise unité. Quelle sera sa décision?

Cas
Les outils Le Tigre

Michelle Philippe est vice-présidente de l'entreprise Les outils Le Tigre. Ayant reçu le mandat de lancer la production d'un nouveau produit, elle demande à son technicien industriel, Jim Lapolice, de vérifier la capabilité du procédé du four utilisé dans le procédé de corroyage. Pour ce faire, Jim procède de la façon suivante : il prélève 18 échantillons aléatoires contenant chacun 20 unités, il mesure la caractéristique de cuisson pertinente au four, puis il calcule la moyenne et l'étendue de chaque prélèvement (*voir le tableau suivant*).

En se basant sur ses observations, Jim conclut que le procédé est incapable de respecter la spécification relative à l'épaisseur désirée (1,20 cm).

Michelle est très déçue des résultats, car elle espérait que le lancement de ce nouveau produit permettrait à l'entreprise de fonctionner à plein rendement. De plus, les propriétaires de l'entreprise ont décrété un gel des investissements à 100 000 $; l'acquisition d'un nouveau four représenterait au moins quatre fois cette limite.

De son côté, Jim, en collaboration avec les équipes techniques et les opérateurs du four, a procédé à plusieurs modifications pour voir si des améliorations pouvaient être apportées afin de respecter la spécification. Malheureusement, toutes ses tentatives sont restées vaines. Ne pouvant se résigner à l'échec, Michelle a contacté un de ses anciens professeurs et lui a soumis le problème. Son professeur lui a suggéré de procéder à de nouvelles observations en prenant des échantillons de plus petite taille mais plus souvent. Il lui propose de vous embaucher comme stagiaire pour procéder à l'exercice. D'un commun accord, Michelle et Jim ont prélevé 27 échantillons de taille 5 chacun.

Comme vous êtes stagiaire à la société Les outils Le Tigre, Michelle et Jim vous demandent de préparer un rapport sur ce problème en répondant aux questions suivantes :

1. Comment Jim a-t-il pu conclure que le procédé était incapable de respecter la spécification ? (Suggestion : Estimez l'écart type du procédé par σ avec $A_2\overline{R} \approx 3\dfrac{\sigma}{\sqrt{n}}$)

2. La deuxième série d'observations fournit-elle de nouvelles informations ? Expliquez votre réponse.

3. En supposant que le problème peut être résolu techniquement, déterminez quel serait l'impact sur l'indice de capabilité du procédé. Formulez une évaluation.

4. Si les prélèvements de petite taille fournissent des informations différentes de celles que fournissent les prélèvements de grande taille, pourquoi ne pas toujours prendre des échantillons de petite taille ?

Échantillon	Moyenne	Étendue	Échantillon	Moyenne	Étendue
1	45,01	0,85	10	44,97	0,91
2	44,90	0,89	11	45,11	0,84
3	45,02	0,86	12	44,96	0,87
4	45,00	0,91	13	45,00	0,86
5	45,04	0,87	14	44,92	0,89
6	44,98	0,9	15	45,06	0,87
7	44,91	0,86	16	44,94	0,86
8	45,04	0,89	17	45,00	0,85
9	45,00	0,85	18	45,03	0,88

Échantillon	Moyenne	Étendue	Échantillon	Moyenne	Étendue
1	44,96	0,42	15	45,00	0,39
2	44,98	0,39	16	44,95	0,41
3	44,96	0,41	17	44,94	0,43
4	44,97	0,37	18	44,94	0,40
5	45,02	0,39	19	44,87	0,38
6	45,03	0,40	20	44,95	0,41
7	45,04	0,39	21	44,93	0,39
8	45,02	0,42	22	44,96	0,41
9	45,08	0,38	23	44,99	0,40
10	45,12	0,40	24	45,00	0,44
11	45,07	0,41	25	45,03	0,42
12	45,02	0,38	26	45,04	0,38
13	45,01	0,41	27	45,03	0,40
14	44,98	0,40			

10

Bibliographie

Baillargeon, G. *Maîtrise statistique des procédés*, 4ᵉ édition, Trois-Rivières, Éditions SMG, 1995.

Baillargeon, G. *Plans d'échantillonnage en contrôle de la qualité*, 4ᵉ édition, Trois-Rivières, Éditions SMG, 1995.

Baillargeon, G. *Statistiques appliquées et outils d'amélioration de la qualité*, 2ᵉ édition, Trois-Rivières, Éditions SMG, 2001.

Benedetti, Claudio. *Introduction à la gestion des opérations*, 3ᵉ édition, Laval, Éditions Études Vivantes, 1991, chap. 8.

Besterfield, Dale H. *Quality Control*, 6ᵉ édition, Englewood Cliffs (N. J.), Prentice Hall, 2001.

Cavé, René. *Le contrôle des fabrications*, 3ᵉ édition, Paris, Eyrolles, 1966.

Deming, W. E. *Hors de la crise*, Paris, Economica, 1991.

Duncan, A. J. *Quality Control and Industrial Statistics*, 5ᵉ édition, Richard D. Irwin, 1986.

Grant, E. L., et R. S. Leavenworth. *Statistical Quality Control*, 7ᵉ édition, New York, McGraw-Hill, 1996.

Gryna, Frank Jr. *Quality Planning and Analysis*, 4ᵉ édition, New York, McGraw-Hill, 2001.

Harry, M., et R. Schroeder. *Six Sigma, the Breakthrough*, Doubleday Random House, 2000.

Juran, Joseph M. *Juran's Quality Handbook*, New York, McGraw-Hill, 1999.

Mitra, Amitava. *Fundamentals of Quality Control and Improvement*, Englewood Cliffs (N. J.), Prentice Hall, 1998.

Montgomery, D. C. *Design and Analysis of Experiments*, 6ᵉ édition, New York, John Wiley & Sons, 2005.

Montgomery, D. C. *Introduction to Statistical Quality Control*, 5ᵉ édition, New York, John Wiley & Sons, 2005.

Ryan, Thomas. *Statistical Methods for Quality Improvement*, 2ᵉ édition, New York, John Wiley & Sons, 2000.

Vardemans, S. B. et J. M. Jobe. *Statistical Quality Assurance Methods for Engineers*, New York, John Wiley & Sons, 1999.

Partie V

La gestion et l'exploitation du système

Chapitre 11

La gestion des chaînes et du réseau d'approvisionnement

Plan du chapitre

Objectifs d'apprentissage

Connaître la terminologie propre au domaine des approvisionnements ;

Décrire les éléments et les objectifs de la chaîne d'approvisionnement ;

Distinguer la chaîne d'approvisionnement du réseau d'approvisionnement ;

Connaître les quatre tendances principales de la gestion de la chaîne d'approvisionnement ;

Comprendre la complexité d'un réseau d'approvisionnement ;

Énumérer les éléments stratégiques, tactiques et opérationnels du réseau d'approvisionnement ;

Décrire les éléments de la sous-traitance et de l'impartition ;

Connaître le rôle et l'importance de la fonction achat ;

Énumérer les éléments clés du code de déontologie de la fonction achats ;

Énumérer les caractéristiques principales d'un bon fournisseur ;

Discuter des avantages et des inconvénients du partenariat clients-fournisseurs ;

Décrire la fonction logistique et sa gestion ;

Objectifs d'apprentissage (*suite*)

Connaître les caractéristiques des sous-traitants logistiques (3PL) ;

Concevoir un réseau d'approvisionnement efficace ;

Connaître l'importance critique de l'information pour l'ensemble des approvisionnements et de la logistique et l'échange de données informatisées (EDI) ;

Connaître les éléments, les forces et les faiblesses du commerce électronique.

11.1 Introduction

Le fait d'offrir au client le bon produit, au bon moment et au bon endroit procure un énorme avantage concurrentiel. Rappelons le rôle et les objectifs des opérations présentés au chapitre 1 : créer des biens et des services utiles en respectant la quantité et la qualité requises, au bon moment, au bon endroit et aux coûts les plus justes. Nous avions alors présenté trois écoles de pensée qui, historiquement, ont influencé la gestion des opérations (*voir la section 1.6*), la troisième école étant l'école logistique, basée sur l'intégration des moyens pour atteindre des objectifs intégrés. À quoi cela sert-il d'offrir les meilleurs produits au coût le plus bas si on les livre au mauvais endroit et en retard ? L'ensemble des activités nécessaires pour assurer l'atteinte de ces objectifs porte plusieurs noms, selon les gestionnaires : distribution, logistique ou gestion de la **chaîne d'approvisionnement.** C'est un processus complexe grâce auquel toutes les entreprises (privées, publiques, parapubliques, du secteur primaire, secondaire ou tertiaire) acheminent les biens et services des fournisseurs aux clients. C'est ce que nous développerons plus en détail tout au long du chapitre.

Les chaînes d'approvisionnement sont appuyées par la logistique (*voir la section 11.6*). Or, la notion de logistique n'est pas récente. Depuis des siècles, les armées et tout groupe organisant une expédition ont élaboré des techniques plus ou moins sophistiquées pour assurer l'intendance de leur personnel. D'ailleurs, le sieur de Frontenac était bien intendant du Logis de la Nouvelle-France (*voir l'inscription sous son monument, à Québec*).

Plus récemment, les entreprises ont eu tendance à oublier ces notions pendant quelques décennies. Or, elles y reviennent en force, surtout avec la mondialisation des marchés, des fournisseurs et de la concurrence. Robert Sabath, vice-président de Mercer Management Consulting, une firme de Chicago, affirmait : « La logistique, longtemps considérée comme un centre de coûts sans intérêt, est soudainement devenue une fonction hautement stratégique. » Compaq Computer, qui figure parmi les plus grands manufacturiers d'ordinateurs, estime avoir perdu près d'un milliard de dollars en ventes parce que ses produits n'étaient pas disponibles pour la vente au bon endroit et au bon moment. À ce moment-là, le directeur financier, Daryl White, déclarait : « Nous avons fait tout ce qui était en notre pouvoir pour devenir concurrentiel : changer le processus de recherche et développement, de mise en marché, de stratégie publicitaire. Il manquait quand même une pièce à notre casse-tête : la logistique. Les possibilités de gains dans ce domaine sont tout à fait incroyables et méconnues[1]. »

En raison de leur nature et du secteur économique dans lequel elles évoluent, les entreprises n'ont pas les mêmes chaînes d'approvisionnement. La figure 11.1 illustre le cheminement type des produits dans la chaîne d'approvisionnement d'une entreprise du secteur secondaire et d'une autre du secteur tertiaire. Notez les nombreuses activités de manutention et de circulation entre les différentes sources et les points de service. L'importance de la synchronisation des expéditions et des réceptions de marchandises en ce qui concerne la quantité, les délais, l'état (qualité) des marchandises, les lieux de livraison et les coûts est

Chaîne d'approvisionnement
Mouvement des biens et des services à partir des fournisseurs jusqu'aux clients en passant par les entrepôts, les lieux de traitement et de distribution.

www.compaq.com

FIGURE 11.1

Cheminement type des produits dans la chaîne d'approvisionnement d'une entreprise

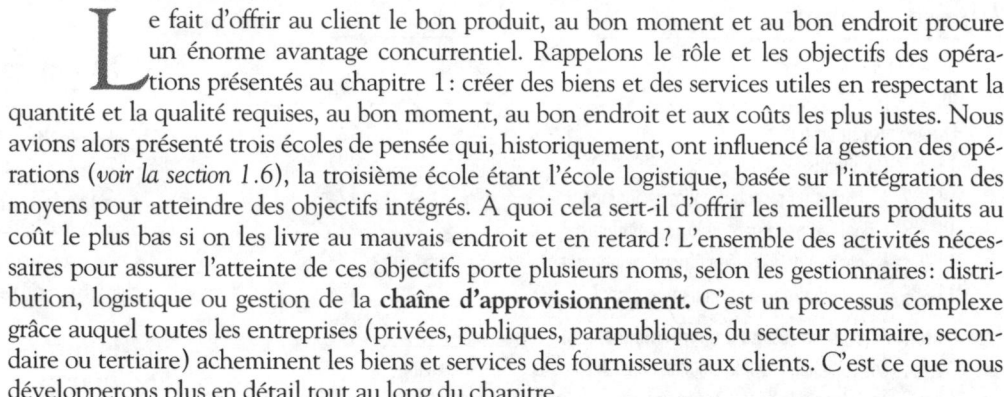

Opération   Transfert (logistique)

Secteur primaire **EXPLOITATION** → Secteur secondaire **TRANSFORMATION** → Secteur tertiaire **SERVICES**

Retour à la nature – développement durable

_____

1. Extrait de l'article « The Goods », *Fortune*, Time Inc., 28 novembre 1994.

le défi principal que doit relever tout gestionnaire faisant partie de la chaîne. La qualité de son travail sera mesurée par l'atteinte de ces cinq objectifs.

On souhaite souligner ici une nouvelle dimension de la chaîne d'approvisionnement dont plusieurs facettes demeurent inexplorées. Dans un univers où la notion de développement durable doit prendre sa pleine dimension, jumelée à l'environnement PESTE (politique, économique, social, technologique et surtout écologique), on considère que la chaîne d'approvisionnement ne doit plus être limitée à sa définition restrictive actuelle, sous forme linéaire classique: du fournisseur au consommateur (industriel ou individuel). Cette chaîne doit être un cycle fermé: de la Terre à la Terre. Ici la notion de **chaîne intégrale d'approvisionnement** est proposée. Cette définition implique et responsabilise les trois secteurs économiques: le primaire, le secondaire (la transformation) et le tertiaire (les services) (*voir la figure 11.1*) pour assurer un enrichissement continu et durable.

Procédons maintenant à l'étude systématique des différentes notions de la chaîne d'approvisionnement.

11.2 L'approvisionnement

Aucune organisation ou société n'est autosuffisante. Toutes font partie d'une énorme chaîne de distribution, même de plusieurs chaînes (*voir la figure 11.2*). Chaque fois qu'un bien progresse dans la chaîne, de l'amont à l'aval, une valeur lui est ajoutée et son importance augmente pour le consommateur. Pour cette raison, certains comparent ce phénomène à la **chaîne de valeur.** Selon le positionnement d'une entreprise dans la chaîne, elle aura à tenir compte de la **composante demande** et de la **composante approvisionnement.** La composante demande représente le nombre d'étapes, en aval, séparant l'entreprise et le client; et la composante approvisionnement représente le nombre d'étapes, en amont, séparant l'entreprise et le fournisseur initial. À titre d'exemple, si on se réfère à la figure 11.2 A, le distributeur grossiste dispose d'une composante demande de deux étapes avant d'atteindre le client consommateur, tandis que le détaillant n'aura qu'une seule composante demande à franchir. Conséquemment, le distributeur grossiste a une composante approvisionnement de quatre étapes.

Chaîne intégrale d'approvisionnement

Mouvement des biens et des services à partir des fournisseurs, passant par les entrepôts, les lieux de traitement et de distribution jusqu'au consommateur, et ensuite des lieux de récupération et de recyclage jusqu'au retour au fournisseur.

▼**FIGURE 11.2**

Chaînes d'approvisionnement types

A. Entreprise manufacturière

B. Entreprise de distribution (commerce de détail)

C. Chaîne intégrale d'approvisionnement

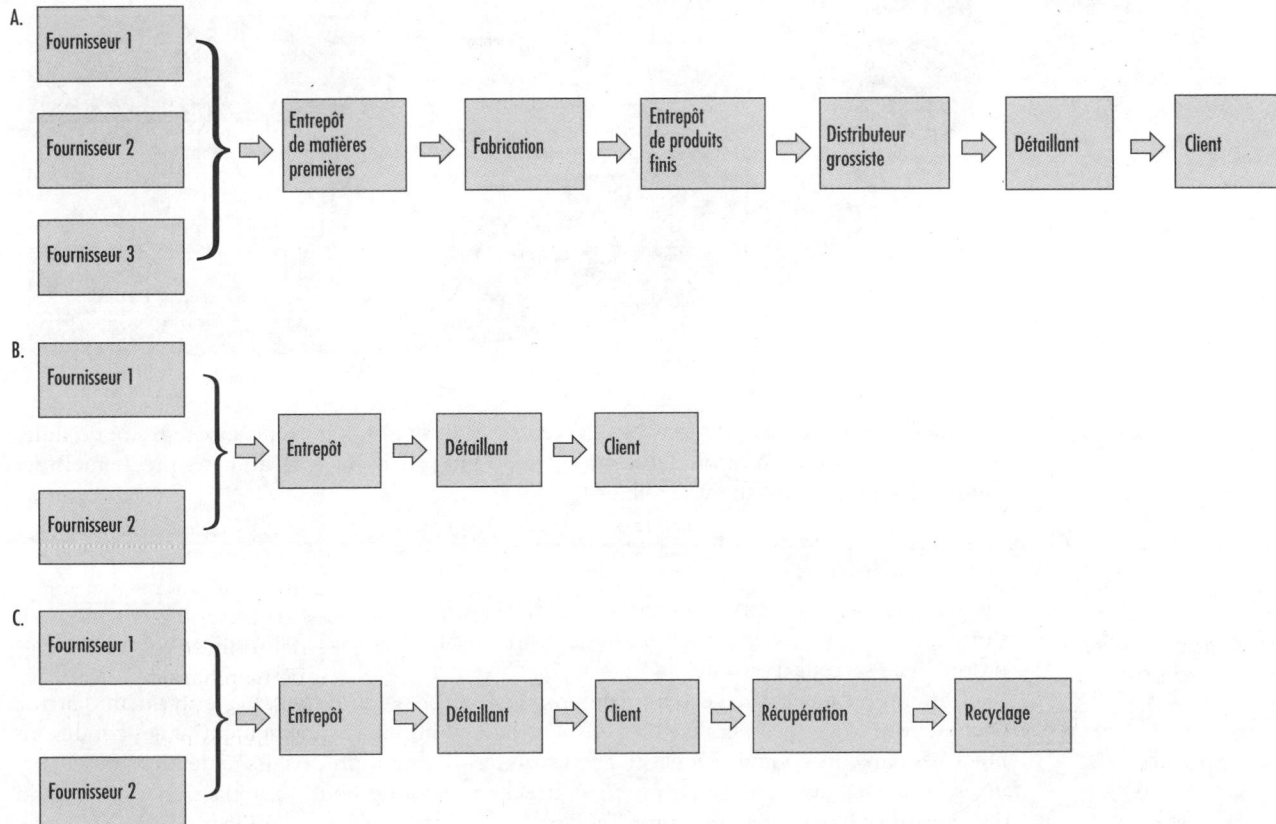

La figure 11.3 montre un exemple simple de la chaîne d'approvisionnement du pain. Il va sans dire que dans certains cas de produits à plusieurs éléments, la chaîne se compliquera rapidement. Ainsi, même si on est en présence d'une entreprise de boulangerie et qu'il est facile de concevoir la chaîne du blé, de la farine au pain, les camions qui sont illustrés jouent un grand rôle pour cette boulangerie et leur gestion s'impose. Leur approvisionnement en essence doit être planifié ainsi que les pièces nécessaires à leur entretien mécanique. Il en va de même pour tous les produits d'emballage du pain et ceux qui sont nécessaires au fonctionnement de la boulangerie. L'approvisionnement continu de tous les éléments de la chaîne revêt alors une importance capitale : advenant une pénurie d'un de ces éléments, le fonctionnement de l'entreprise est compromis. On voit donc que l'approvisionnement n'est plus linéaire et que la chaîne d'approvisionnement devient en fait un **réseau d'approvisionnement.**

Réseau d'approvisionnement

Chaînes d'approvisionnement multiples.

FIGURE 11.3 ▶

De la ferme au consommateur

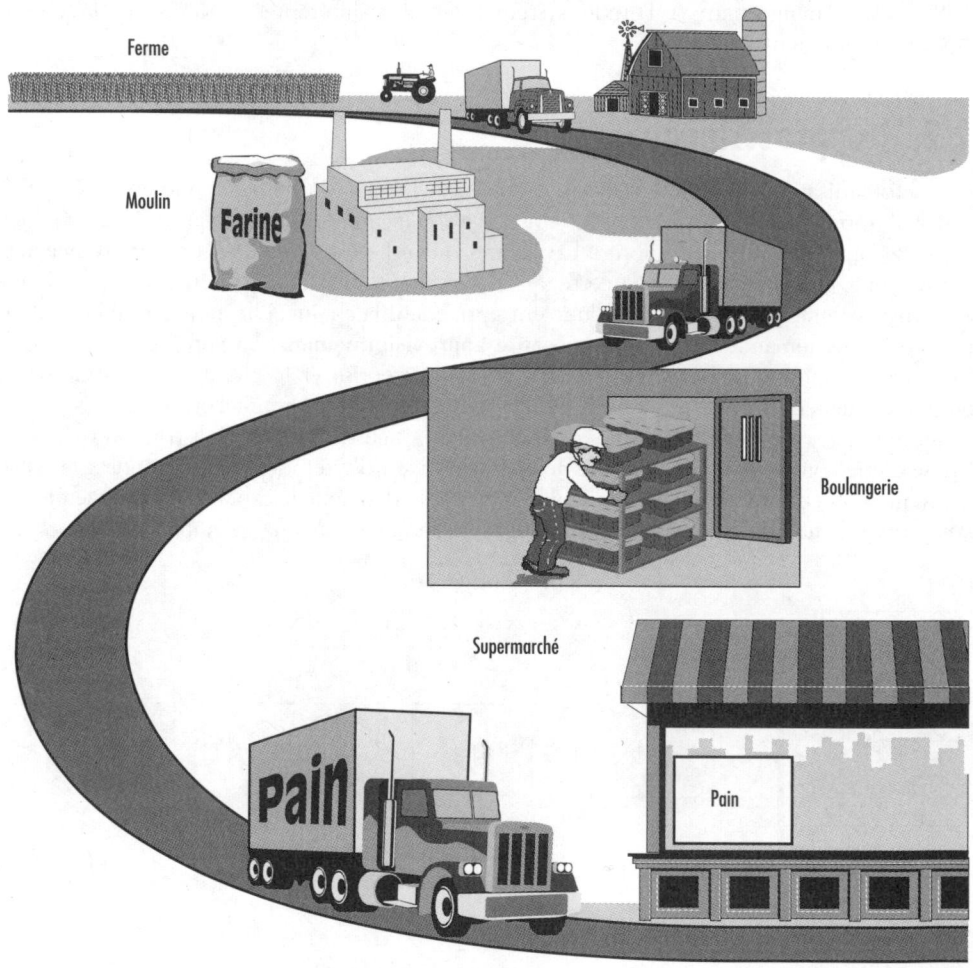

Ferme

Moulin

Farine

Boulangerie

Supermarché

pain

Pain

L'approvisionnement de tous ces éléments nécessaires aux entreprises est assuré de différentes façons : achat, location, fabrication, etc. Il importe donc de définir très précisément les sources d'approvisionnement possibles.

11.2.1   Définitions

Achat

Échange de propriété de biens et de services moyennant paiement.

Acquisition

Obtention de l'usage de biens ou de services, avec ou sans titre de propriété.

Jusqu'ici, nous avons utilisé les termes « achat », « approvisionnement », « chaîne d'approvisionnement ». Il convient maintenant de définir ces termes ainsi que d'autres termes qui sont propres à ce secteur d'activité.

On entend par **achat** l'échange de propriété de biens ou de services entre deux parties, l'acheteur et le vendeur, contre un paiement ou une promesse de paiement, à des conditions précisées dans un contrat d'achat. L'**acquisition** est l'obtention de l'usage de biens ou de services, avec ou sans titre de propriété. Cet échange donne lieu à la rédaction d'un contrat d'acquisition. On peut acquérir un objet par achat, sous-traitance ou location. Par exemple, on peut acquérir un service en sous-traitant l'entretien et la gestion du parc de stationnement de notre usine à une entreprise spécialisée dans ce type de service. Le parc demeure notre possession, mais le sous-traitant est responsable, pour la durée du contrat, de l'entretien et de la sécurité des lieux, etc.

L'**approvisionnement** comprend l'acquisition, la manutention, la conservation, le conditionnement, la liquidation rationnelle des surplus d'actifs et des rebuts. L'approvisionnement englobe l'achat, l'acquisition et même, pour certaines entreprises, la fabrication du produit. L'approvisionnement fournit à l'entreprise les biens ou les produits qu'elle offrira à ses clients. Les moyens utilisés sont donc au choix du gestionnaire : achat direct, location, fabrication interne ou confiée en sous-traitance, etc.

La **gestion des approvisionnements** (*voir la sous-section 11.2.4*) consiste en l'ensemble des activités de préparation (prévisions, planification), d'exécution (organisation, transmission, réception, manutention, transport, entreposage), de direction des tâches et de suivi (contrôle), pour tout ce qui a trait aux échanges de biens et de services nécessaires à l'entreprise. En d'autres termes, c'est la PODC (planifier, organiser, diriger et contrôler) de l'approvisionnement.

Dans les entreprises manufacturières, on voit apparaître une autre fonction importante, soit la **gestion des matières.** La gestion des matières prévoit, planifie, coordonne et contrôle le mouvement (le « flux ») des matières de l'acquisition à l'expédition. Elle doit s'assurer de l'approvisionnement continu à tous les postes de transformation de l'usine.

En raison de la mondialisation des marchés, de plus en plus d'entreprises possèdent des centres de distribution partout sur le territoire qu'elles desservent. C'est le cas par exemple des brasseries, des magasins IKEA, des pétrolières, etc., qui doivent assurer le trafic des marchandises entre les centres de production, l'usine principale ou des usines sous-traitantes, et les différents centres de distribution. C'est le rôle de la **distribution matérielle (ou physique),** qui s'occupe de la manutention, du transport externe, de la gestion des stocks et de l'entreposage externe des marchandises. La distribution physique succède à la gestion des matières.

Finalement, pour assurer un flux continu des matières entre les fournisseurs, les centres de production et les centres de distribution, on fait appel à une superfonction de l'entreprise : la logistique. La logistique, présentée à la section 11.6, englobe toutes les fonctions définies jusqu'ici dans ce chapitre. Le tableau 11.1 montre l'interdépendance de ces fonctions. La logistique est à l'entreprise ce que le système sanguin est à tout être vivant. Elle ne transforme pas les objets, mais en assure le flot.

Approvisionnement

Fonction consistant à fournir à l'entreprise tous les biens et services nécessaires pour satisfaire aux exigences du client.

Gestion des matières

Ensemble des activités de planification, d'organisation, de direction et de contrôle du flux des matières à l'intérieur de l'usine.

Distribution matérielle (ou physique)

Ensemble des activités liées à la manutention et à la distribution des produits, des sources de fabrication jusqu'aux points de consommation.

TÂCHE	FONCTION		
	Gestion des matières	**Distribution physique**	**Logistique**
Réception des matières et entreposage	X		X
Circulation interne	X		X
Entreposage interne des produits finis	X		X
Circulation externe		X	X
Entreposage externe		X	X

◄ **TABLEAU 11.1**

Interdépendance fonctionnelle

Source : C. Benedetti et J. Guillaume, *Gestion des approvisionnements et des stocks*, Laval, Éditions Études Vivantes, 1992.

11.2.2 L'utilité d'un réseau d'approvisionnement

Tant que les entreprises opéraient et concentraient leurs efforts d'approvisionnement avec une vision simple et linéaire d'une chaîne, elles pouvaient se débrouiller relativement bien. Or, la compétition, la mondialisation des marchés et la complexité des réseaux de distribution imposent des contraintes supplémentaires qu'il faut gérer. Les facteurs principaux qui ont obligé les entreprises à développer des réseaux de distribution efficaces sont énumérés ci-après.

1. Le besoin d'améliorer les opérations. Plusieurs entreprises visionnaires ont adopté des stratégies d'opérations épurées (*operations lean*) ou bien des stratégies de qualité totale. Cela exige des sources d'approvisionnement fiables en temps et en qualité.

2. Le recours de plus en plus élevé à l'impartition et à la sous-traitance (*voir la sous-section 11.2.3*). L'ouverture des marchés, les accords de libre-échange, l'émergence de nouvelles économies secondées par des systèmes manufacturiers de conception récente et efficace font en sorte que le nombre de sous-traitants augmente. Le recours systématique à l'impartition et à la sous-traitance modifie les processus d'opération de l'entreprise. Ainsi, si l'on reçoit un produit de différents fournisseurs, il est important d'assurer une normalisation minimale des méthodes pour le **conditionnement et l'emballage,** d'étiquetage et d'identification, pour ne nommer que celles-là. La sous-section 11.2.3 analyse plus en détail l'impartition, la sous-traitance et leur impact sur l'entreprise.

3. Les coûts de transport élevés. Ces coûts proviennent surtout de l'utilisation massive du transport routier, parmi les moins efficaces des moyens de transport de marchandises, même s'ils ont l'avantage d'assurer une plus grande flexibilité.

4. La compétition accrue. Qu'elle soit due aux concurrents directs ou qu'elle soit subie par les fournisseurs, qui doivent s'efforcer d'améliorer leur service, on doit continuellement suivre l'évolution des marchés et des disponibilités des sources d'approvisionnement.

5. La réalité de la mondialisation. Outre le fait d'accentuer les facteurs déjà mentionnés et d'accroître l'éventail des fournisseurs potentiels, la mondialisation des marchés rallonge les chaînes d'approvisionnement, d'où les problèmes suivants: délais plus longs, risques d'accidents et de modification des termes plus élevés, etc. Or, la mondialisation des marchés et la multiplication des transports soumettent la planète à une énorme contrainte écologique. Les embouteillages monstres des camions à deux et trois remorques sur plus de 100 km de long, qui ont duré plus de quatre jours en Chine, en Inde et au Mexique et d'autres pays, causent des empreintes écologiques négatives. Pour sauver sur les coûts de fabrication, on supporte des coûts de transport et l'écologie planétaire en subit les conséquences.

6. L'importance du commerce électronique. Outre le fait d'assurer des communications et des transferts d'information rapides, ces nouvelles technologies de l'information exigent des investissements importants en ressources de toutes sortes, telles que l'équipement et les logiciels, dont la durée de vie est souvent très courte (obsolescence rapide). Le commerce électronique exige aussi une normalisation des processus d'affaires fournisseur-client difficile à réaliser. Le commerce électronique permet au donneur d'ordre, l'industriel client, d'avoir accès à des fournisseurs à travers la planète : les fournisseurs ne sont plus limités à une région. Ainsi, les fournisseurs bénéficient d'un choix plus large, mais cela change fondamentalement les règles de fonctionnement : transport, devises étrangères, lois internationales de commerce, **incoterms** et autres.

7. La complexité des réseaux d'approvisionnement. Les réseaux d'approvisionnement sont rarement stables. Plusieurs aléas entrent en ligne de compte, et il faut s'assurer d'avoir des solutions de rechange. Plus le nombre de fournisseurs et la longueur de la chaîne augmentent, plus le risque de rupture du réseau s'accroît.

8. La gestion des stocks. La base de toute gestion d'approvisionnement est une saine gestion des stocks. Lorsque cette dernière est chaotique, le réseau de distribution qui en découle ne peut être viable.

Un autre phénomène intéressant est celui de l'**effet coup de fouet (effet Forrester).** Bien qu'il soit connu et observé depuis des siècles, ce n'est que récemment que les professionnels des réseaux d'approvisionnement et de distribution ont reconnu son importance et investi dans l'étude de ses effets. Présentons succinctement le principe : pour pallier des ruptures de stock potentielles, les gestionnaires ont tendance à posséder des stocks de plus en plus grands au fur et à mesure qu'on remonte la chaîne d'approvisionnement. Il en résulte un empilement de produits de plus en plus important et injustifié, avec tout ce que cela comporte en coûts de stocks. Donc, une simple variation de la demande en aval entraîne de grandes variations au début de la chaîne. Récemment, beaucoup d'études et de recherches ont été consacrées à ce phénomène afin de le maîtriser. Les figures 11.4 A et 11.4 B illustrent l'effet coup de fouet, qui augmente les coûts de possession et d'entreposage.

Les avantages d'un réseau d'approvisionnement efficace sont énormes, et des entreprises comme Les soupes Campbell, Midas Canada, Dell Computer et Hewlett-Packard ont réduit jusqu'à 75 % leurs coûts d'approvisionnement et augmenté leur part de marché de 5 à 29 %[2]. Pour les grossistes alimentaires, il s'agit d'un défi quotidien, car ils doivent aussi composer avec les délais de péremption courts de leurs produits. La bonne gestion des approvisionnements a permis à Wal-Mart de devenir la plus grande entreprise de la planète. Des entreprises

11

Incoterms

Expression formée à partir de *l'international commerce terminology*; règles internationales pour l'interprétation des termes utilisés dans les contrats de vente avec l'étranger.

Effet coup de fouet (effet Forrester)

Inflation systématique des stocks en amont de la chaîne d'approvisionnement, causée par de simples variations dans la demande en aval.

www.campbellsoups.com
www.midas.ca
www.hp.com
www.walmart.com

---

2. M. Fisher, « What is the Right Supply Chain for your Product ? », *Harvard Business Review*, mars-avril 1997, p. 105-116.

◄FIGURE 11.4 A
Illustration de l'effet coup de fouet

◄FIGURE 11.4 B
Effet coup de fouet sur la chaîne d'approvisionnement

comme IKEA, Costco et Carrefour, avec des points de vente à travers la planète, et le groupe Auchan, présent dans 12 pays et qui, en 50 ans, avec actuellement 262 000 collaborateurs, est devenu l'un des principaux groupes de distribution dans le monde, ont pris le virage international pour leurs réseaux d'approvisionnement.

www.ikea.com
www.costco.ca
www.carrefour.com
www.auchan.com

11.2.3   L'approvisionnement et la sous-traitance

La **sous-traitance** concerne l'approvisionnement en composants, en produits finis ou en services à l'extérieur de l'entreprise, par opposition à leur fabrication à l'interne. Si quelques entreprises pratiquent peu la sous-traitance, préférant faire presque tout elles-mêmes, d'autres l'utilisent beaucoup. Par exemple, certains fabricants d'ordinateurs personnels achètent, auprès des fournisseurs externes spécialisés, presque tous les composants des ordinateurs qu'ils fabriquent. En réalité, ils assemblent à peine les ordinateurs. Les services aussi peuvent être sous-traités ; ainsi, il n'est pas rare que des entreprises sous-traitent le traitement des données, la gestion de la paye et des avantages sociaux, l'entretien, le service après-vente et les réparations, les services alimentaires, etc.

Souvent, les notions de sous-traitance et d'impartition sont confondues, bien que la distinction apparaisse dans les définitions données. Habituellement, la sous-traitance est utilisée quand une entreprise ne peut exécuter une tâche par manque de ressources. L'**impartition** est une décision stratégique à plus long terme, où une entreprise décide de se départir totalement d'une tâche qu'elle effectuait à l'interne. Par exemple, on s'impartit des travaux ménagers, du service d'informatique, de l'approvisionnement en pneus, etc.

Notez qu'on utilise de plus en plus le terme « impartition » pour l'approvisionnement en services (de restauration, d'informatique, juridiques) et « sous-traitance » pour les produits. On dira par exemple : 1) nous décidons de sous-traiter la fabrication des freins à l'extérieur plutôt que de les faire nous-mêmes (sous-traitance) ; 2) nous avons décidé de nous départir du service d'informatique et de confier cette tâche à ABC Services informatiques (impartition).

Malgré cela, les raisons et les démarches menant à ces décisions sont semblables.

La principale raison tient au fait que la source externe peut fournir des composants, des pièces ou des services plus efficacement et à meilleur prix. En effet, les fournisseurs externes peuvent être des producteurs à grande échelle d'une pièce ou d'un service en particulier. Le produit peut donc être fourni à un coût moindre que s'il était fabriqué par l'entreprise. L'expertise et les connaissances sont les motifs les plus justifiables de la sous-traitance et de l'impartition. Dans ce cas, la sous-traitance rend l'entreprise plus flexible et lui permet de se concentrer sur son activité principale. Par exemple, dans l'industrie automobile, les fabricants avaient l'habitude de produire leurs propres pneus. Or, l'expertise des pneumatiques est totalement différente de celle des voitures. Donc, aujourd'hui, tous les fabricants automobiles se fient à des fournisseurs externes pour leur approvisionnement en pneus.

Toutefois, l'externalisation, qui consiste à faire fabriquer l'objet à l'extérieur, comporte des risques. Parmi ceux-ci, mentionnons la perte de contrôle et d'expertise, d'où une plus grande

Sous-traitance

Action par laquelle une entreprise (le donneur d'ordre) confie à un tiers (le sous-traitant) l'exécution complète ou partielle d'un bien ou d'un service selon les directives qui lui sont données.

Impartition

Action par laquelle une entreprise concède à un tiers la production d'un produit ou la prestation d'un service.

11

dépendance à l'égard des fournisseurs et l'incapacité de développement à l'interne. C'est ce qui est arrivé à certains fabricants d'automobiles qui dépendent de fournisseurs externes pour l'approvisionnement en moteurs. Ils se retrouvent maintenant dans une situation précaire.

Généralement, une entreprise prend en considération les facteurs suivants pour décider de sous-traiter :

1. Le coût de fabrication d'un produit à l'interne comparativement au coût d'achat à l'extérieur, y compris les frais de mise en route.
2. La stabilité de la demande et son côté saisonnier.
3. La qualité procurée par les fournisseurs comparativement à celle que peut procurer l'entreprise.
4. Le désir de maintenir un contrôle rigoureux sur les opérations.
5. La disponibilité de production dans l'entreprise.
6. Le temps de mise en route pour chaque solution de rechange.
7. Les brevets, l'expertise, etc. (s'ils représentent des motifs de sous-traitance).
8. La volatilité de la technologie (si une technologie change, il peut être préférable d'avoir recours à un fournisseur).
9. L'intégration du produit ou du service à l'ensemble des autres activités de l'entreprise.

Concluons cette section en soulignant que la décision de recourir peu ou beaucoup à l'approvisionnement auprès de fournisseurs externes est une décision stratégique des organisations et elle a un impact énorme sur l'économie d'une nation.

11.2.4 La gestion de la chaîne d'approvisionnement

Gestion d'une chaîne d'approvisionnement
Gestion de l'ensemble des activités, des méthodes et des outils qui visent à optimiser les processus de commande, de production et de livraison des produits et des services.

La **gestion d'une chaîne d'approvisionnement** consiste à planifier, à organiser, à diriger et à contrôler (PODC) les activités à tous les niveaux et tout au long d'une chaîne d'approvisionnement, celle-ci étant déjà définie. L'objectif est de satisfaire les besoins du client en quantité suffisante, en qualité satisfaisante, au bon moment, à la bonne place et à des coûts minimaux.

À quelques rares exceptions près, la gestion de la chaîne d'approvisionnement suit une approche identique à celle de la gestion des opérations. Les éléments principaux de la GCA (gestion de la chaîne d'approvisionnement) sont listés au tableau 11.2.

TABLEAU 11.2

Principaux éléments de la gestion de la chaîne d'approvisionnement

Élément	Responsabilités	Sujet traité aux chapitres
Besoins du client	Détermination des produits et des services exigés par le client (quoi)	3, 4
Prévisions	Détermination des quantités requises et du moment où elles sont requises (combien et quand)	3
Conception	Détermination des types de produits et de la méthode de production à adopter en fonction des délais de livraison (comment)	4
Planification	Équilibrage entre la demande et les capacités d'approvisionnement – ordonnancement (quand)	5, 11, 12, 16
Production	Respect des quantités produites et des normes de qualité	9, 10, 13
Stocks	Atteinte des exigences de quantités disponibles en stock, et gestion des coûts de possession et de commande	12, 13, 14
Achat – acquisition	Évaluation des fournisseurs et approvisionnement en biens et en services des opérations	11
Fournisseurs	Atteinte des objectifs concernant la quantité, la qualité, les délais, la flexibilité et les services	11
Localisation	Étude des sites et des centres de distribution	8
Logistique	Études concernant la manutention, l'emballage et le conditionnement, l'entreposage et la circulation des produits et des services	11

Selon cette vision, la satisfaction des besoins du client est l'objectif ultime de la chaîne, tous les autres éléments servent à l'atteindre. La fonction marketing, deuxième élément, doit être visionnaire pour déterminer et prévoir ses besoins, et ce, encore une fois, en quantité, qualité, temps, lieux et coûts (QQTLC) (*voir le chapitre 1*). Selon cette approche, on décide du portefeuille produit-processus au moment de la conception. On procède ensuite à la planification, à l'ordonnancement, où l'on doit équilibrer les capacités de l'entreprise avec les besoins exprimés du client, et au contrôle de la qualité des activités à accomplir. Viennent ensuite le contrôle et la gestion des stocks : des stocks insuffisants causeront une rupture ; des stocks trop importants entraîneront des coûts de possession et d'entreposage inutiles. Les achats assurent le lien entre les entreprises et leurs fournisseurs externes. Leurs responsabilités incluent le choix du fournisseur, les négociations, l'établissement de partenariats, la recherche de nouvelles sources d'approvisionnement. La localisation des centres de distribution des fournisseurs est un autre élément important. Que le fournisseur soit une autre entreprise ou une de nos divisions, il est important de connaître la source principale qui nous fournira, la distance à laquelle elle se situe, les délais de livraison, la facilité et les coûts de transport qui y sont directement reliés.

Le dernier élément, la logistique, est présenté à la section 11.6.

11.2.5 Le réseau d'approvisionnement global

À la suite du recul des barrières commerciales internationales et de la conclusion d'accords de libre-échange, de plus en plus d'entreprises étendent leurs opérations mondialement, ce qui leur ouvre des marchés pour leurs produits et services. La mondialisation des marchés a également augmenté le nombre de concurrents ; même les entreprises qui avaient l'habitude de produire à l'intérieur de frontières nationales sécurisantes font face à la concurrence étrangère. Depuis le début du XXIe siècle, la Chine est devenue l'usine de la planète et l'Inde, le fournisseur de services par excellence pour l'ensemble des économies.

Contrairement à la gestion d'une chaîne d'approvisionnement classique (basée sur une approche locale et pour un seul élément), un **réseau d'approvisionnement global** comporte une suite de fournisseurs, chacun pour un élément ou un service, le tout formant un réseau couvrant l'ensemble de la planète.

La gestion du réseau d'approvisionnement global, qui se traduit par la présence d'innombrables fournisseurs, pose des défis énormes. En effet, les distances et les temps de mise en route deviennent de plus en plus déterminants à mesure que la chaîne d'approvisionnement s'étire à travers le monde. Le fait d'avoir à négocier dans plusieurs langues et avec des personnes de cultures différentes augmente les difficultés. Les diverses devises, les fluctuations monétaires ainsi que la nécessité d'utiliser des moyens de transport supplémentaires sont d'autres facteurs à considérer. Dans ce qu'il convient d'appeler le « village global », l'ouverture d'esprit et la connaissance d'autres langues et cultures sont des atouts indispensables aux nouveaux gestionnaires en approvisionnement.

11.3 La conception d'un réseau d'approvisionnement

La création d'un réseau d'approvisionnement consiste à relier les marchés (en aval), le **réseau (ou les chaînes) de distribution,** les centres de transformation et les fournisseurs en amont (notez l'utilisation du pluriel dans la définition). Le réseau permet d'assurer un flux continu et fiable de l'approvisionnement des produits, des denrées et des services. Pour cela, tous les acteurs doivent pouvoir partager en temps réel les informations concernant :
a) leurs plans de prévisions ;
b) l'état des commandes ;
c) les niveaux de stocks.

On peut alors imaginer que l'échange des données informatisées (ÉDI) est une technologie incontournable (*voir la sous-section 11.6.4*).

11.3.1 Les conditions pour la création de la chaîne d'approvisionnement

Pour réussir l'établissement d'une chaîne d'approvisionnement efficace d'un élément, certaines conditions minimales doivent être respectées, à savoir :

La confiance. Il est important que les acteurs, fournisseurs et receveurs puissent se prévaloir d'un soutien mutuel. Ils doivent partager les mêmes visions et philosophies d'affaires.

Des communications efficaces. Tel qu'il a été mentionné préalablement, la communication des informations entre les différents partenaires doit être assurée en temps réel. À cette fin, on s'efforce d'utiliser des technologies d'information similaires ou au moins compatibles.

La visibilité de la chaîne d'approvisionnement. Les partenaires ne doivent rien se cacher : les informations sur le niveau des stocks, l'état des expéditions et d'autres informations du genre doivent être disponibles. Tout partenaire doit avoir accès à ces informations.

Réseau de distribution
Réseau d'établissements commerciaux, de commerçants et d'intermédiaires, indépendants ou non, par lequel le produit est rendu disponible au consommateur.

11

Gestion par événement
Capacité de détection et de réaction rapide à tout événement imprévu.

La capacité à gérer par événement. Les partenaires doivent pouvoir réagir à des événements imprévus. Cela suppose l'application des mesures suivantes : un suivi systématique du procédé, une communication immédiate des écarts par rapport aux plans initiaux, la simulation des solutions potentielles et la mesure de la performance à long terme des fournisseurs, des transporteurs et de tout autre acteur de la chaîne.

Les indicateurs de performance. Pour mesurer l'efficacité de la chaîne d'approvisionnement et éventuellement l'améliorer, il faut établir des indices de performance du taux de livraison, de rotation des stocks, du niveau de qualité des marchandises livrées, de la rapidité de réaction, etc. Dans le commerce de détail, on utilise souvent l'indice du **niveau ou taux de service** (*voir la sous-section 13.5.3*).

Niveau ou taux de service
Pourcentage, en temps réel, des articles requis par le client et livrés sans rupture de stock, selon les conditions annoncées.

www.supply-chain.org

Après avoir assuré la chaîne d'approvisionnement pour un élément, on répétera cette approche pour les autres éléments du produit afin d'obtenir un réseau d'approvisionnement pour l'ensemble du produit fini.

Le Supply Chain Council, une société regroupant des professionnels qui travaillent dans l'approvisionnement dans plusieurs pays, a développé un modèle de mesure de performance appelé **indicateurs SCOR** (*supply chain operations reference*) (*voir le tableau 11.3*), dont l'objectif est de normaliser les indicateurs de performance entre les plus grands donneurs d'ordre de la planète.

On ne le répétera jamais assez : un réseau d'approvisionnement efficace ne peut être assuré sans l'intégration totale de tous les aspects du réseau : fournisseurs, entrepôts, usines, distributeurs, détaillants. On doit avoir la collaboration de tous pour la planification et la coordination des activités. Tous les acteurs doivent convenir d'objectifs communs. Le partage des informations en temps réel et la confiance sont essentiels, à défaut de quoi rien ne pourra se réaliser et tous les plans et politiques seront perdus dans les oubliettes.

TABLEAU 11.3 ▶

Indicateurs SCOR (*supply chain operations reference*)

Aspect	Indices
Fiabilité	Respect de la date
	Délai d'approvisionnement
	Taux de réponse à même les stocks
Flexibilité	Délai d'exécution de la commande
Coûts	Coûts de la chaîne d'approvisionnement
	Nombre d'intervenants dans la chaîne
	Valeur ajoutée des différents intervenants
Actifs – utilités	Condition de paiement (nombre de jours pour payer, escompte et crédits, etc.)
	Retour sur investissement
	Nombre de jours de stock en main

Or, un tel objectif n'est pas facile à atteindre, à cause de la méfiance qui existe entre les fournisseurs et les clients.

Le partage et l'échange d'informations doivent être réciproques entre les différents partenaires de la chaîne : données sur les ventes et les livraisons passées et prévues, niveau de stocks, ruptures de stock appréhendées, pannes opérationnelles, retards, problèmes de conventions collectives. Le temps nécessaire pour disposer de ces informations a une valeur énorme, d'où la nécessité de bénéficier d'informations rapides en temps réel. En outre, plus le nombre d'étapes que doivent franchir les informations pour être disponibles augmente, plus les risques d'erreurs, de mauvaises interprétations et d'obsolescence des informations augmentent. Arrivées en bout de ligne, ces informations deviennent non pertinentes, dépassées, voire dangereuses, car le receveur, en s'y fiant de bonne foi, prendra des décisions erronées.

Pour éviter ces risques d'erreurs, les professionnels du domaine ont développé l'approche du **PPPR (partenariat prévision, planification et réapprovisionnement).** C'est une nouvelle politique de fonctionnement qui relie un ou plusieurs acteurs de la chaîne d'approvisionnement. Elle débute par des accords entre les partenaires afin d'élaborer un même plan d'affaires pour un projet commun, les deux partenaires étant propriétaires du procédé et du plan spécifiques. Comme dans tout plan d'affaires, on y verra les quantités à vendre, leurs caractéristiques et les échéances. Les plans de promotions, les modifications permises sans approbation d'un des partenaires et celles qui exigent l'approbation de l'ensemble des partenaires sont aussi incluses dans l'accord.

PPPR (partenariat prévision, planification et réapprovisionnement)
Politiques pour assurer le réapprovisionnement des chaînes en se basant sur le partage d'informations concernant les plans de prévisions, de planification et d'approvisionnement en responsabilisant et impliquant les partenaires client-fournisseurs.

Encore une fois, le mot clé est la confiance et le respect, qui représentent beaucoup plus que des dispositions de contrat. En effet, l'accord dépasse souvent le simple partage d'informations sur les quantités vendues ; il peut aussi comporter des informations technologiques confidentielles.

L'exemple le plus frappant pour illustrer cette approche est le lien entre le motoriste d'avions General Electric, par exemple, et des avionneurs comme Airbus, Boeing, Canadair, Bell hélicoptère, Embraer et autres. Bien que les avionneurs puissent être en concurrence, le motoriste respecte tous les termes du plan d'affaires et l'avionneur se réserve le droit d'avoir d'autres fournisseurs de moteurs, par exemple Rolls Royce, Pratt & Whitney ou autres.

11.3.2 Les étapes de conception d'une chaîne d'approvisionnement

Pour créer une chaîne d'approvisionnement efficace, on suggère les cinq étapes suivantes :

1. Fixer des objectifs stratégiques et tactiques pour encadrer le processus d'approvisionnement.
2. Intégrer et coordonner les tâches à accomplir dans la section interne de la chaîne, c'est-à-dire à l'intérieur de l'entreprise. Cela exige de :
   a) briser les barrières créées par les objectifs corporatifs fonctionnels pointus (achats, ventes, expéditions, production, etc.) ;
   b) s'assurer que l'ensemble recherche l'atteinte d'un objectif global ;
   c) s'assurer de la circulation et du transfert des informations pertinentes en temps réel, en ayant à l'esprit qu'un surplus d'informations est nuisible ;
   d) coordonner les activités.
3. Coordonner les activités à l'externe, entre les fournisseurs, d'une part, et les clients d'autre part. Cela implique une structure d'informations, de réception et de commande.
4. Coordonner la planification, l'exécution et le contrôle des tâches sur la chaîne d'approvisionnement et éventuellement sur le réseau. Il en va de même pour les informations.
5. Au besoin, développer un réseau de **partenaires stratégiques.** Ainsi, deux entreprises ayant des produits ou des services complémentaires peuvent s'associer pour partager un marché spécifique. Un fournisseur de papier et un fournisseur d'encre pourront établir un partenariat stratégique pour satisfaire aux exigences d'un client particulier ; un fournisseur peut s'occuper des stocks d'un client dans une région où ce client ne dispose pas de réseau de distribution, etc.
6. Implanter une démarche de **gestion des retours.** De nos jours, avec les achats par catalogue et Internet, et avec le désir d'assurer un service de soutien après-vente efficace, les entreprises ont l'obligation d'assurer un service de gestion de la chaîne d'approvisionnements des retours (*voir la sous-section 11.6.3*).

> **Partenaires stratégiques**
>
> Deux ou plusieurs entreprises ayant des produits ou des services complémentaires qui joignent leurs ressources pour réaliser des objectifs mutuellement bénéfiques.

Bien que les étapes n'aient pas la même complexité de réalisation et de durée, on recherchera toujours les objectifs suivants :

1. la qualité de service ;
2. la flexibilité maximale ;
3. la rapidité de service et de réponse ;
4. le niveau de service ;
5. les coûts minimaux.

On a maintes fois souligné l'importance des objectifs de qualité et de niveau de service à des coûts minimaux. Il en va de même avec la notion de flexibilité : savoir réagir rapidement à toute modification ou tout imprévu. Presque tous les fournisseurs le comprennent. La rapidité de service et de réponse est un objectif de plus en plus recherché et c'est dans ce domaine qu'un fournisseur pourra se distinguer des autres. Plus on sera capable de répondre rapidement à la demande, en réduisant la chaîne d'approvisionnement, le transfert d'informations (en aval et en amont) et le transfert des paiements, plus la création de la valeur ajoutée se fera rapidement.

11.3.3 La gestion des retours : la responsabilisation environnementale

De plus en plus, les produits sont retournés aux fournisseurs ou à l'industriel, et ce, pour diverses raisons telles que :
- des produits défectueux ;
- des produits non conformes à la demande initiale ;
- un programme de rappel de produits défectueux ;
- des produits obsolètes ;
- des produits invendus ;
- des composants remplacés sur place ;
- des produits à recycler ;
- la mise au rebut.

11

On estime qu'au Canada, les coûts des retours se chiffrent à 12 G$ et à 110 G$ aux États-Unis. C'est le cas, entre autres, des pneus, des bouteilles de boissons, des batteries automobiles, etc. Dans le passé, on avait tendance à jeter tout simplement ces produits retournés. De nos jours, on applique plutôt le modèle PESTE. En effet, avec la responsabilisation de la société (domaine social) par rapport à l'écologie, le politique a légiféré pour que les entreprises récupèrent ces produits (contribution économique et technique), dont les valeurs certaines étaient souvent minimisées. On récupère ces produits soit dans le but de les recycler ou de les revendre pour d'autres utilisations. Les produits obsolètes servent souvent à d'autres utilisations ou à d'autres usages. Un nouveau secteur industriel, très important, vient d'être créé pour réaliser toutes ces activités : la récupération, le retransport vers les lieux de retransformation, refabrication, redistribution, etc. Toute une nouvelle chaîne d'opérations est en marche. Cette approche est très populaire dans plusieurs pays européens sensibles à l'écologie et elle tend à gagner rapidement le reste de la planète. « Lorsque le système de logistique existant est modifié pour accommoder les retours de marchandises, on parle de **logistique inversée.** Par contre, lorsque les marchandises sont retournées au moyen d'un système de logistique distinct, on parle plutôt de logistique inverse, de logistique à rebours ou de **logistique des retours** » (Office québécois de la langue française, 2004).

Pour minimiser les coûts et les effets négatifs de la gestion des retours et en augmenter l'efficacité, on a besoin d'un bon contrôle des entrées et d'un procédé d'évitement. D'une part, un bon contrôle des entrées est un processus qui permet de trier adéquatement les marchandises retournées et d'imputer les coûts des retours correctement. Il est ensuite possible de procéder à des améliorations des politiques de retours. D'autre part, le procédé d'évitement permet de minimiser les erreurs commises lors de la livraison des produits. Ainsi, on s'assure dès le départ que le bon produit est envoyé ; la multiplication des emballages est minimisée, et tout autre moyen pour simplifier et éliminer les retours est mis en œuvre.

L'ensemble des politiques susmentionnées fait appel à une boucle dans un circuit fermé (*voir la figure 11.1 à la page 420*).

Logistique inversée

« Processus de planification, d'implantation, de suivi et de contrôle qui vise à maximiser la création de valeur et l'utilisation de procédés adéquats de traitement des flux inverses de produits par une gestion efficiente des matières premières, des encours de production, des produits finis et de l'information pertinente, du point de consommation au point d'origine » (Office québécois de la langue française, 2004).

11.3.4 L'amélioration du réseau d'approvisionnement

Une fois les chaînes d'approvisionnement ainsi que le réseau d'approvisionnement et de distribution qui en découle sont mis en place et opérationnels, on doit continuellement rechercher l'amélioration du système. Comme on l'a déjà précisé dans les chapitres traitant de la qualité, il s'agit d'un processus continu. En gestion de la chaîne d'approvisionnement, on atteint cet objectif par :

* l'intégration des membres de la chaîne d'approvisionnement ;
* l'équilibrage volontaire et constant des membres ;
* l'optimisation du flux des produits, des services et de l'information (en aval, en amont et vice versa) ;
* la minimisation des temps de réponse à une demande ;
* la minimisation des étapes et de la longueur de la chaîne d'approvisionnement ;
* l'accroissement de la vitesse du transfert d'information (ultimement en temps réel).

L'analyste qui souhaite améliorer la chaîne d'approvisionnement doit relever plusieurs défis. En voici quelques-uns.

a) *Les barrières entre différentes entreprises.*

Chaque entreprise possède sa culture propre et son mode de fonctionnement. De plus, à l'intérieur d'une même entreprise, les objectifs de différents départements sont souvent contradictoires, d'où les barrières qui se créent entre eux. Par exemple, l'objectif de la fonction achat étant l'acquisition d'objets au moindre coût, l'acheteur aura tendance à acheter de grandes quantités pour bénéficier de remises quantitatives (*voir le chapitre 13*). Une telle décision implique l'entreposage de grands stocks et accroît les coûts de possession et de gestion des entrepôts. L'objectif de la chaîne d'approvisionnement est atteint grâce à l'ouverture et au partage de l'information. Or, il est souvent difficile de changer des habitudes ancrées depuis longtemps.

b) *L'implication des intervenants de tous les niveaux.*

On doit convaincre le chef de direction, le conseil d'administration, les gestionnaires de tous les niveaux et les employés des avantages qui découlent de la chaîne d'approvisionnement pour la compétitivité de l'entreprise. Le changement d'attitude et de façon de faire n'est pas facilement acquis, surtout quand viennent s'ajouter des politiques d'impartition et de sous-traitance systématiques.

c) *La prise de décision et l'arbitrage*[3].

Pour améliorer un système d'approvisionnement en place, l'analyste doit équilibrer les efforts de l'entreprise pour atteindre les objectifs suivants, qui entrent souvent en contradiction :

1. *Le lot économique et les coûts de possession* : plus les lots acquis (achetés, fabriqués, soustraités ou autres) sont bas, plus les coûts d'entreposage sont bas. On a donc tendance à s'approvisionner en lots de taille minimale (*voir le chapitre 13*).

2. *Les coûts de transport et de possession* : plus les lots sont petits pour minimiser les coûts de possession, plus on doit commander souvent et plus les coûts de transport augmentent. Pour résoudre une telle situation, des solutions seraient d'adopter des politiques de **plein chargement** plutôt que des **chargements partiels** des camions ou conteneurs, de diminuer la taille du moyen de transport ou de recourir au transbordement. Le **transbordement** est une technique qui consiste à ne pas placer en entrepôt les produits en provenance du fournisseur. Dès qu'ils arrivent sur le quai, les produits sont automatiquement transbordés dans des camions pour livraison immédiate aux clients : l'utilisation des entrepôts est réduite au minimum. La majorité des détaillants de meubles et d'électroménagers ont adopté cette politique.

3. *Le délai de livraison et les coûts de transport* : plus on désire des délais de livraison courts, plus les moyens de transport sont coûteux. L'avion coûte plus cher que le camion. De plus, pour minimiser les frais de transport, les fournisseurs préfèrent utiliser de gros moyens de transport à pleine charge. Cette façon de procéder requiert d'attendre que le camion ou le conteneur soit plein, d'où des délais plus longs. De bonnes prévisions et les échanges d'informations peuvent aider à résoudre partiellement le problème.

4. *Les variétés de produits et les coûts de stocks* : plus on veut offrir de choix de produits (produits sur commande), plus les coûts d'exploitation augmentent : une plus grande variété d'options, de fournisseurs, de moyens d'entreposage entraîne des coûts en conséquence. Plus on offre des produits standards, plus les coûts de gestion de la chaîne baissent, et moins le choix du client est grand (*voir le chapitre 4*). Une solution réside dans la **différenciation retardée** (*voir les chapitres 4 et 15*). Par exemple, un fabricant d'automobiles offrira les produits sans certaines options, lesquelles seront choisies par l'acheteur final, au dernier moment. Au chapitre 4, on a expliqué les notions de produits sur commande ou standards (*voir la section 4.3*).

5. *Le niveau de service et les coûts des stocks* : plus on veut assurer un niveau de service élevé au client (lui assurer un taux de réponse rapide à toutes ses demandes), plus le niveau des stocks sera élevé, d'où des coûts de possession élevés. Une solution est de multiplier les points de distribution à travers un territoire, mais cela entraîne plusieurs intermédiaires, lesquels augmentent les coûts de commande (manipulation, etc.). Les entreprises d'aujourd'hui ont tendance à appliquer la désintermédiation pour minimiser les coûts de manutention multiples. On comprend donc que les objectifs soient contradictoires. L'analyste doit alors développer des solutions qui équilibrent ces coûts, et le gestionnaire aura à les gérer. Insistons sur le fait que la **désintermédiation** est la solution pour minimiser les coûts des longues chaînes d'approvisionnement sans valeur ajoutée.

d) *Les petites entreprises*.

Les petites et moyennes entreprises sont très réticentes à faire partie d'une chaîne d'approvisionnement. D'une part, elles doivent s'arrimer au processus administratif (système et technologie d'information) et opérationnel d'un client en particulier, avec tout ce que cela comporte en investissement, en plus de la perte d'autonomie. D'autre part, elles sont à la merci de ce client, souvent plus puissant, qui n'hésite pas à briser le contrat et à changer de fournisseur si les termes ne lui conviennent plus. Les petites entreprises ne peuvent non plus se permettre le luxe d'avoir plusieurs clients, leur capacité opérationnelle étant limitée et l'arrimage à des systèmes d'information différents impliquant des coûts prohibitifs. Néanmoins, pour pouvoir survivre dans l'environnement économique actuel, elles se doivent de composer avec ces réalités : le défi est de taille.

Transbordement

Transfert des marchandises d'un moyen de transport à un autre, sans passage en entrepôt.

Différenciation retardée

Délai apporté à la fabrication du produit fini en attendant les modifications possibles des composants et d'autres modules de base.

11

Désintermédiation

« Principe selon lequel on tend à faire en sorte que la distribution d'un produit ou d'un service se fasse directement, de manière à favoriser la disparition d'une partie des intermédiaires entre les producteurs et les consommateurs » (Office québécois de la langue française, 2002).

---

3. Extrait de Hau Lee et C. Billington, « Managing Supply Chain », *Sloan Management Review*, printemps 1992, p 65-68.

e) *Les incertitudes et les variabilités.*

On ne vit pas dans un environnement déterministe, où toutes les données sont fixes, précises et connues, mais dans un milieu (PESTE) en constante mouvance avec des variations dans les caractéristiques des produits, la demande et les délais de livraison. Ajoutons à cela les imprévus de toutes sortes; la gestion du réseau devient un défi énorme. Une façon de procéder est d'établir des politiques de fonctionnement selon des modèles déterministes et de garder des solutions de rechange pour pallier les situations probabilistes ou stochastiques. Il est clair que plus on dispose de solutions pour des cas exceptionnels, plus les coûts du système augmentent, et inversement. D'autre part, sans solution de rechange, les coûts des cas d'exception, quand ils deviennent réalité, sont prohibitifs.

f) *Les délais de réponse.*

Une politique d'approvisionnement se mesure principalement au temps de réponse à la demande. Plus il est court, plus il sera apprécié par le demandeur et plus le fournisseur sera compétitif. Il est donc important de réduire les délais d'approvisionnement et de réagir rapidement à toute éventualité. Les politiques de juste-à-temps jouent ici un rôle important.

Le tableau 11.4 résume certaines solutions disponibles pour différents problèmes d'approvisionnement.

TABLEAU 11.4 ◂

Analyse comparative des solutions aux problèmes d'approvisionnement

Problème type	Solution	Avantages	Risques potentiels
Niveau de stocks élevé	Petites commandes répétées, transbordement	Réduction des coûts de possession	Surutilisation des réseaux routiers, coûts de commande élevés, coûts élevés des fournisseurs
Long délai d'approvisionnement	Désintermédiation, différenciation retardée	Réaction rapide	Peut être infaisable concrètement
Nombre élevé de composants	Production modulaire par élément	Moins d'éléments entreposés, simplification des commandes	Perte de flexibilité
Coûts élevés liés à la qualité	Impartition	Baisse des coûts, problèmes internes réduits, concentration élevée sur les opérations restantes	Perte de contrôle
Variabilité	Réduction des délais, meilleures prévisions, réduction du ratio produits/variété de service	Meilleure relation demande – approvisionnement	Perte de variabilité

11

11.4   Les achats et les acquisitions

Dans le secteur manufacturier, il a été estimé que près de 60 % du coût de revient des produits fabriqués provient de l'achat de pièces et de matériaux. Si on ajoute à cela les coûts de l'énergie et des services (consultation, main-d'œuvre spéciale) nécessaires à la fabrication des produits, on frôle les 80 %. Dans le secteur tertiaire (distributeurs, grossistes et commerces de détail), ces coûts dépassent facilement les 90 %. À la sous-section 11.2.1, on a distingué les achats et les acquisitions, et on a établi leurs liens avec l'approvisionnement. Or, pour grand nombre de petites et moyennes entreprises, ces tâches reviennent aux responsables des achats. Parmi les tâches qui leur incombent, listons les principales :

- la recherche des fournisseurs ;
- la négociation des contrats d'achat ;
- le maintien et la mise à jour de la base de données des fournisseurs ;
- la gestion des relations d'affaires avec les fournisseurs ;
- l'obtention des biens et des services selon les objectifs fixés (délais, quantité, qualité, coûts et lieux) ;
- la compréhension des besoins des demandeurs ;
- l'amélioration des relations demandeurs-fournisseurs.

On voit que, contrairement aux idées préconçues et dépassées, les acheteurs ne sont pas uniquement des négociateurs de prix. La fonction achats est une composante importante du réseau d'approvisionnement, surtout depuis que les entreprises recherchent la fiabilité du réseau, l'amélioration continue de la qualité, les opérations épurées et l'impartition rationnelle intelligente. De plus, les **relations d'affaires interentreprises** sont en grande mutation avec les placements d'ordre par le réseau Internet et la mondialisation des marchés : les donneurs d'ordre affichent les appels d'offres sur le réseau; des fournisseurs de partout sur la planète soumissionnent sur le réseau. D'un coup, les relations classiques client-fournisseur viennent de changer. Explorons maintenant les relations entre la fonction achats et les autres fonctions à l'intérieur d'une entreprise.

11.4.1 Les achats et les autres fonctions de l'entreprise

En tant que fonction de service par rapport à l'ensemble des autres fonctions de l'entreprise, c'est-à-dire le marketing, la production, etc., les achats servent de lien avec les fournisseurs (*voir la figure 11.5*). Analysons ces liens.

Que ce soit dans le secteur manufacturier ou celui des services, les départements de production et d'opération représentent les principaux demandeurs de produits et de services. Pour s'assurer que l'approvisionnement de l'entreprise en produits de toutes sortes soit adéquat, il faut mettre en place un réseau de communication complet et précis qui transmet les besoins en ce qui concerne les quantités, la qualité, les délais, les lieux et les prix les plus économiques. Toute modification sur le plan des spécifications des produits, des quantités requises ou autres doit être immédiatement communiquée au service des achats, et ce, à un moment où il est encore possible de faire des changements.

Souvent, les achats ont besoin de conseils d'ordre juridique pour négocier les termes des contrats qui lieront l'entreprise aux fournisseurs majeurs, surtout si les contrats sont à long terme et mettent en jeu des sommes considérables. La rédaction des soumissions et l'interprétation des lois dans le cas d'achats hors frontières sont autant de situations où les avis juridiques sont nécessaires. Les liens avec le service juridique de l'entreprise sont donc importants.

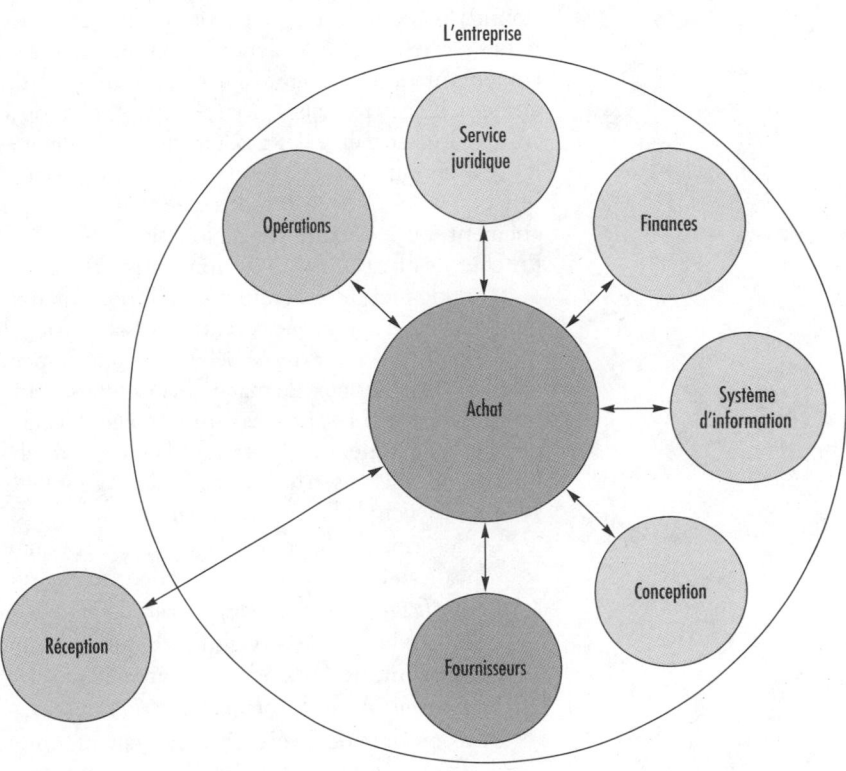

Comme le service des finances contrôle les comptes fournisseurs, il doit être informé du fait que le fournisseur a honoré ses livraisons. Le service des finances procédera alors au paiement. Il doit exhorter le service des achats à rechercher d'une façon juste les remises sur achats en gros et les prix les plus bas, bien qu'il ne s'agisse pas du seul objectif. Ce point est souvent source de conflits entre les deux services.

Les services de recherche et développement ainsi que d'ingénierie préparent les spécifications des matériaux sous forme de plans et devis; ces spécifications doivent être transmises au service de l'approvisionnement. En raison de ses contacts avec les fournisseurs, ce service est souvent bien placé pour informer les designers des nouveaux produits et des améliorations apportées aux matériaux. De plus, le personnel des services de conception peut travailler conjointement avec celui des achats pour déterminer si des changements dans les spécifications, la conception ou les matériaux peuvent réduire le coût des achats (*voir la sous-section 11.2.4*).

Enfin, le service de réception vérifie les produits achetés à leur arrivée pour déterminer si les objectifs de qualité, de quantité et de temps ont été atteints, puis il achemine les biens vers un entrepôt temporaire. Tout retard d'expédition doit être signalé. Le service de comptabilité doit être averti de la réception des expéditions pour faire les paiements. L'évaluation et le suivi des fournisseurs peuvent alors être effectués facilement.

Les fournisseurs collaborent étroitement avec le service des achats pour connaître les matériaux qui seront achetés et les spécifications sur le plan de la qualité, de la quantité et des livraisons. Le service doit évaluer les fournisseurs : prix, fiabilité, etc. (*voir la sous-section 11.5.1*). De bonnes relations avec les fournisseurs permettent de modifier des commandes et d'apporter des changements à la dernière minute, sans compter que les fournisseurs constituent une bonne source d'informations sur les améliorations apportées aux produits et aux matériaux ; à moyen et à long terme, ces relations s'avèrent fructueuses pour les deux parties.

11.4.2 Le cycle des achats et de l'approvisionnement

Souvent, on confond cycle d'approvisionnement et cycle d'achat.

Le cycle d'approvisionnement commence par le plan global de production (PGP), connu aussi sous l'expression « programme intégré de production » (*voir le chapitre 12*). À cette étape, les gestionnaires, informés des besoins des clients, doivent décider de la façon dont ils approvisionneront l'entreprise pour satisfaire aux exigences du marché : produire la totalité des biens requis par le marché, les acheter, en produire une partie et sous-traiter le reste, acheter certains composants, en produire d'autres et procéder à l'assemblage final, etc. Une fois ces décisions arrêtées, les gestionnaires procéderont à l'achat ou à l'acquisition des matières et du matériel, des composants et même des produits finis, selon leur stratégie. Dans le cas du commerce de détail, les gestionnaires procéderont directement à l'achat. Finalement, pour les autres entreprises de services, telles que les entreprises de transport, les hôpitaux, l'hôtellerie, la restauration, l'enseignement, où il n'existe pas de fonction fabrication, on parlera plutôt de l'approvisionnement. En effet, les gestionnaires devront satisfaire l'ensemble des besoins de l'entreprise : acquisition ou achat de mobilier, d'ordinateurs, d'équipements médicaux, de literie, etc. Analysons maintenant le cycle d'achat, que certaines personnes appellent le « cycle d'approvisionnement ».

Le cycle d'achat externe débute par une demande provenant d'un service de l'entreprise qui a besoin de matériaux, de matériel (machines, équipement de bureau, etc.), de services d'experts (experts comptables, juristes ou ingénieurs spécialisés) ou de tout autre produit ou service disponible à l'extérieur de l'entreprise. Le cycle d'achat se termine quand le service des achats est informé de la livraison du service ou du produit en question. Les principales étapes du cycle sont :

1. *La réception de la demande d'achat.*

   La description du produit (c'est-à-dire ses qualités), la quantité requise, les dates de livraison souhaitées et l'identité du client seront spécifiées.

2. *La vérification de la non-disponibilité du produit dans l'entreprise.*

   Si le produit ou le service est disponible à même l'entreprise, la demande est satisfaite. Autrement, on passe à la prochaine étape.

3. *La transmission de la commande au fournisseur.*

   Si le produit demandé est relativement simple et peu coûteux, la commande est passée directement au fournisseur. Chaque entreprise définit un plafond aux dépenses que le service des achats peut engager ; en deçà de ce plafond, le service dispose d'un pouvoir discrétionnaire. Dans le cas de produits demandant de gros investissements ou l'achat de matières premières d'une façon continue, récurrente et sur de longues périodes, on procédera par voie d'appels d'offres. Les différents fournisseurs soumissionneront en conséquence et un **contrat-cadre** liera le fournisseur et l'acheteur. Dans ces situations, on demandera la collaboration de plusieurs autres services de l'entreprise pour assister l'acheteur, tels que l'ingénierie, la conception, le service à la clientèle, les experts juridiques et les comptables.

4. *Le suivi de la commande.*

   Le suivi de la commande permet au service des achats d'assurer le respect des conditions d'achat par le fournisseur. Ce suivi doit être fait à des moments précis, de sorte qu'on puisse apporter des modifications quand il en est encore temps. En outre, la prudence exige qu'on élabore des solutions de rechange et qu'on soit en mesure de les appliquer pour faire face à d'éventuels changements par rapport aux plans initiaux ou retards dans la livraison. Pour cela, une politique de suivi rigoureux doit être mise en place.

5. *La réception des commandes.*

   Le service de réception vérifie l'état des marchandises reçues et la quantité. Parfois, il est également responsable du contrôle de la qualité. Dans d'autres cas, il incombera au service qui veille à l'assurance de la qualité de procéder à ce contrôle. Les produits sont mis alors en quarantaine avant d'être rendus disponibles pour la production. Si les produits ne correspondent pas à la qualité requise, ils seront retournés au fournisseur moyennant un crédit, échangés ou soumis à une inspection exhaustive, selon les accords conclus avec le fournisseur (*voir la section 10.9*). Dans un cas comme dans l'autre, le service des réceptions informera les responsables des services de l'approvisionnement, des finances et de la production de la situation, et le dossier du fournisseur sera mis à jour en conséquence.

11

Contrat-cadre

Contrat à long terme avec un fournisseur ayant pour objet des livraisons successives, dans des conditions prédéterminées et déclenchées par des appels de la part de l'acheteur.

11.4.3 L'achat centralisé et l'achat décentralisé

Deux visions organisationnelles de la fonction achat et de ses composantes se sont toujours affrontées : doit-on centraliser ou décentraliser cette fonction ?

Lorsque les achats sont centralisés dans un même service et sous la responsabilité du même groupe de personnes, on peut obtenir des prix plus bas, car on négocie et on achète de grandes quantités pour l'ensemble de l'entreprise : on bénéficie alors de substantielles remises sur achats en gros. On obtient un meilleur service et plus d'attention de la part des fournisseurs. On assure aussi une standardisation des biens et des services achetés. De plus, on peut confier l'approvisionnement en certains types de produits aux acheteurs spécialisés dans le domaine, qui, avec le temps, acquerront de plus en plus de connaissances.

D'autre part, avec des achats décentralisés, les services seront placés tout près des services demandeurs et s'occuperont spécifiquement de leurs besoins. La **décentralisation** permet aux fournisseurs de mieux comprendre les besoins du requérant et d'y être plus sensibles. Le fait d'acheter chez des fournisseurs locaux signifie une réponse beaucoup plus rapide et des épargnes substantielles. La communauté où est implantée l'entreprise réagit très positivement à cette politique. Par contre, la difficulté principale que pose la décentralisation réside dans la difficulté d'assurer des normes de qualité identiques à travers l'ensemble de l'entreprise.

Il n'existe pas de règles absolues quant à la meilleure structure organisationnelle à adopter, chacune ayant ses forces et ses faiblesses. Cependant, la tendance générale est à la **centralisation** des activités stratégiques et à la décentralisation des activités tactiques. Ainsi, en décentralisant les achats de biens urgents, de petits articles, de services courants nécessaires aux opérations quotidiennes, on atteint la souplesse nécessaire à ce type d'activités. En centralisant les achats des pièces ou des éléments majeurs, on assure l'atteinte des normes de qualité pour l'ensemble de l'entreprise[4].

Décentralisation
Autorité sur l'approvisionnement déléguée à des niveaux hiérarchiques plus proches de l'exécution.

Centralisation
Autorité sur l'approvisionnement exercée par quelques individus aux niveaux hiérarchiques supérieurs, proches de la haute direction.

11.4.4 L'application de l'analyse de la valeur

À la sous-section 4.8.3, on a présenté les principes de l'analyse de la valeur. On démontre ici comment cette approche est utile aux achats. En effet, l'analyse de la valeur a été développée par l'acheteur principal de General Electric, l'ingénieur L.D. Miles. En raison d'une pénurie de matériaux durant la Seconde Guerre mondiale, Miles a trouvé des substituts aux matières généralement utilisées. Il a élaboré une approche qui mettait l'accent sur la notion de meilleur achat.

Rappelons que l'**analyse de la valeur**[5] est un processus logique et systématique de conception de nouveaux produits ou de modification de produits existants, dont le but est de réduire les coûts inutiles, et de maintenir et d'améliorer la performance des produits existants. L'analyse se fait à partir des réponses à la série de questions qui apparaissent au tableau 11.5.

Analyse de la valeur
Processus systématique de remise en question des produits actuellement utilisés pour en réduire les coûts et en améliorer la performance.

◀ TABLEAU 11.5
Vue générale de l'analyse de la valeur

1. Sélectionner un produit qui a un volume annuel en dollars élevé ; ce peut être l'achat d'une pièce, d'un matériau ou d'un service.

2. Spécifier la fonction du produit.

3. Répondre aux questions suivantes :
   a) Ce produit est-il nécessaire ? Ajoute-t-il de la valeur ? Peut-il être éliminé ?
   b) Existe-t-il d'autres sources pour ce produit ?
   c) Le produit peut-il être fourni à l'interne ?
   d) Quels sont les avantages du présent arrangement ?
   e) Quels sont les inconvénients du présent arrangement ?
   f) Peut-on remplacer le produit (par une autre pièce, un autre matériau ou un autre service) ?
   g) Peut-on rendre les spécifications moins rigoureuses pour réduire les coûts ou gagner du temps ?
   h) Peut-on combiner deux pièces ou plus ?
   i) Peut-on effectuer plus (ou moins) d'opérations sur le produit pour réduire les coûts ?
   j) Les fournisseurs ont-ils des suggestions d'améliorations ?
   k) Les employés ont-ils des suggestions d'améliorations ?
   l) Peut-on améliorer l'emballage ou en réduire les coûts ?

4. Analyser les réponses obtenues et faire des recommandations.

À cause des coûts élevés que ce processus peut entraîner, on le réserve aux produits coûteux ou à grand volume de consommation. La démarche s'apparente à une gestion de projet (*voir le chapitre 17*). On ne procédera pas à une analyse à chaque commande.

---

4. C. Benedetti et J. Guillaume, *Gestion des approvisionnements et des stocks*, Laval, Éditions Études Vivantes, 1992, p. 44-45.

5. Ce concept a été élaboré par Francine Constantineau, ingénieure en analyse de la valeur.

Bien que le service de l'approvisionnement et des achats n'ait pas l'autorité nécessaire pour apporter des changements basés sur les résultats d'une analyse de la valeur, il peut faire des suggestions aux unités d'exploitation, aux concepteurs et aux fournisseurs en vue d'améliorer la qualité des biens achetés ou de réduire leur coût. Le personnel du service des achats a une vision différente de l'analyse car, en raison de son association avec les fournisseurs, il détient de l'information souvent inconnue des autres services de l'entreprise. Si les besoins pour une pièce ou un produit exigent des connaissances techniques plus étendues, il est suggéré de former une équipe multidisciplinaire, constituée de représentants des services de conception ou d'exploitation et de l'approvisionnement, dans le but de mener l'analyse des besoins.

11.4.5 Les achats juste-à-temps (JAT)

L'adoption de techniques de fabrication JAT par des entreprises a posé de nouveaux défis pour leur service des achats. Elle a également facilité certains aspects des achats, notamment le fait d'avoir à négocier avec moins de fournisseurs et d'établir des relations à long terme avec ceux qui mettent l'accent sur la collaboration plutôt que sur une politique de bas prix. Si c'est possible, certaines entreprises préfèrent travailler avec des fournisseurs locaux, ce qui facilite en quelque sorte les activités du service de l'approvisionnement. Cependant, il faut adopter une nouvelle philosophie d'achat et s'assurer que les fournisseurs feront la livraison des biens de façon ponctuelle. La livraison ponctuelle est généralement le premier besoin des opérations JAT, suivie des lots de petite taille. Le chapitre 15 traitera ce sujet.

11.4.6 La détermination des prix

Généralement, il existe trois façons de connaître et de déterminer les prix des objets à acheter : la publication d'une liste de prix, la soumission et la négociation.

Dans le cas d'achats de produits ou de services communs à petit volume, les entreprises les achètent à des prix fixes, connus et prédéterminés. Pour l'achat de ce même type de produits, mais à gros volume, l'approche par voie d'appels d'offres et de soumissions sera privilégiée. Le service de l'approvisionnement de l'entreprise fait des appels d'offres (dans la presse écrite ou sur invitation) aux fournisseurs potentiels, leur demandant de soumissionner pour des quantités et selon des spécifications précises. Les services gouvernementaux et parapublics suivent obligatoirement cette démarche pour leurs achats.

L'approche par voie de négociation est utilisée dans des situations particulières : quand les spécifications des biens sont vagues ou peu connues, quand les besoins sont très spécialisés et que peu de fournisseurs sont disponibles, et dans les situations de sécurité publique. C'est le cas par exemple des agences spatiales ou des cliniques médicales spécialisées dans des traitements très pointus pour lesquels les fournisseurs d'appareils sont uniques.

Plusieurs mythes subsistent à l'égard de l'approche négociée :

1. La négociation est une confrontation gagnant-perdant.
2. L'objectif principal consiste à obtenir le prix le plus bas possible.
3. Chaque négociation est une transaction isolée[6].

Personne n'aime se faire flouer. De plus, les deux parties, l'acheteur et le client, ont besoin de profits justes et raisonnables pour survivre et y ont droit. Donc, l'approche « à prendre ou à laisser » ou celle qui consiste à tirer profit au maximum des moments de faiblesse temporaire d'une des parties ne sont d'aucune utilité et auront des effets néfastes à long terme. Deming, dans ses 14 critères de qualité (*voir le chapitre 9*), souligne bien cette vision juste et raisonnable, où la relation gagnant-gagnant s'avère très profitable à long terme.

11.4.7 L'éthique en achat

Bien que l'éthique et l'honnêteté soient des vertus importantes dans toute profession, elles revêtent encore plus d'importance dans la fonction achats, où les tentations et pressions de toutes sortes sont énormes. Plusieurs scandales ont eu lieu dans le cas de transactions entre acheteurs (donneurs d'ordre) et clients, et ont fait la une des journaux. Au niveau gouvernemental, où la divulgation de l'information fait force de loi, le citoyen a pu en être informé. Dans le secteur privé, il est beaucoup plus difficile de connaître les règles régissant les transactions. Les acheteurs

6. R.J. Tersine, *Production/Operations Management : Concepts, Structure, and Analysis*, 2ᵉ édition, New York, North Holland Publishing, 1985, p. 598.

détiennent souvent un grand pouvoir, et les fournisseurs sont pressés de conclure une vente. La mondialisation des marchés ajoute une dimension culturelle importante entre les partenaires d'affaires : des façons de faire peuvent être acceptées dans une nation et totalement rejetées ailleurs. Encore une fois, la notion de PESTE est présente ici avec les dimensions sociale et politique.

Des associations de professionnels d'acheteurs et d'approvisionneurs ont établi des guides pour réglementer ces relations, et des codes d'éthique ont été officiellement établis et acceptés. En voici quelques-unes :

Association canadienne de gestion des achats (ACGA)

Corporation des approvisionneurs du Québec (CAQ), affiliée à la Purchasing Management Association of Canada (PMAC)

Institute for Supply Management

National Association of Purchasing Management (États-Unis)

www.caq.qc.ca
www.pmac.ca
www.ism.ws

Des programmes de formation et d'accréditation sont aussi offerts aux professionnels du domaine, tel le Programme d'accréditation des approvisionneurs professionnels agréés PMAC.

Le tableau 11.6 énumère quelques principes régissant ces relations.

◄TABLEAU 11.6

Extraits du code de déontologie de la CAQ* et de la PMAC**

A. Valeurs :

1. **Honnêteté et intégrité**
   Maintenir un standard d'intégrité irréprochable dans toute relation d'affaires, tant à l'intérieur qu'à l'extérieur des entreprises pour lesquelles ils travaillent.

2. **Professionnalisme**
   Contribuer au développement de normes rigoureuses de compétence professionnelle chez leurs subordonnés.

3. **Gestion responsable**
   Utiliser avec le maximum d'efficience les ressources dont ils ont la charge, et ce, dans le meilleur intérêt de leur employeur.

4. **Intérêt public**
   S'abstenir d'utiliser leur autorité d'office pour leur bénéfice personnel et rejeter et dénoncer toute pratique commerciale irrégulière.

5. **Conformité aux lois en ce qui concerne :**
   a) les lois du pays dans lequel ils pratiquent ;
   b) les statuts et règlements de la Corporation ou de l'Institut ;
   c) les obligations contractuelles.

B. Normes de comportement éthique de la pratique professionnelle d'approvisionneur

1. Garder bien en vue dans toute transaction les intérêts de leur employeur, croire en sa politique et mettre tout en œuvre pour la réaliser.

2. Être réceptif aux conseils avisés de leurs collègues, sans pour autant compromettre les responsabilités de leur fonction.

3. Acheter en évitant les préjugés et en s'efforçant d'obtenir la valeur maximale pour chaque dollar dépensé.

4. Se tenir à la fine pointe du progrès tant du point de vue de l'achat des matières que des procédés de fabrication et établir des méthodes pratiques dans l'exercice de leurs fonctions.

5. Participer à des programmes de perfectionnement professionnel de façon à améliorer leur savoir et leur rendement.

6. Être honnête et sincère dans toute transaction et dénoncer toute pratique malhonnête en affaires.

7. Recevoir avec promptitude et courtoisie tous ceux et celles qui se présentent dans le but de traiter des affaires avec eux.

8. Se conformer au code de déontologie de l'Association canadienne de gestion des achats ainsi que de la Corporation et des Instituts affiliés et encourager les autres à faire de même.

9. Conseiller et aider leurs collègues acheteurs dans l'exercice de leurs fonctions.

10. Collaborer avec tous les organismes et individus travaillant à promouvoir les activités de la profession d'approvisionneur et à en rehausser le prestige.

* Corporation des approvisionneurs du Québec.
** Purchasing Management Association of Canada.

11.5 Les fournisseurs

Les bons **fournisseurs** sont un maillon vital de la chaîne d'approvisionnement. Les livraisons en retard ou les produits manquants ou défectueux peuvent causer de graves problèmes aux fabricants en altérant les horaires de production, en augmentant les coûts des stocks et en retardant les livraisons de produits finis. Des perturbations chez les fournisseurs de services (transporteurs, cafétéria, etc.) peuvent avoir les mêmes effets sur l'entreprise cliente.

Conscients de l'importance de choisir le bon fournisseur, des organismes ont publié des répertoires à l'intention des acheteurs potentiels. Dans ces listes, le Répertoire Thomas est le plus connu. Le Centre de recherche industrielle du Québec (CRIQ) a publié un répertoire en trois volumes qui présente l'ensemble des fournisseurs de la province. Les attachés commerciaux et industriels des divers consulats et ambassades mettent aussi à la disposition des industries locales des répertoires des fournisseurs de leur pays.

11.5.1 Le choix des fournisseurs

Quand on choisit des fournisseurs, outre les coûts, la qualité des produits et des services et les délais de livraison, il existe plusieurs autres éléments clés à considérer. Le tableau 11.7 présente une liste de ces éléments et les questions à se poser. Il s'agit d'une liste plus indicative qu'exhaustive. De plus, l'importance de chaque facteur diffère souvent d'une entreprise à l'autre et à l'intérieur d'une entreprise, d'un produit ou d'un service à l'autre. Par conséquent, le gestionnaire doit décider de l'importance à accorder à chaque facteur pour chaque produit ou service et, en fonction de ses décisions, choisir le fournisseur approprié.

TABLEAU 11.7 ➤

Le choix d'un fournisseur : facteurs à considérer

Délais de livraison et respect des délais	• Quels sont les délais de livraison du fournisseur ? • Y a-t-il des procédures ? • Quelles procédures le fournisseur utilise-t-il pour assurer des livraisons à temps ? • Quelles procédures le fournisseur utilise-t-il pour corriger les problèmes de livraison ?
Gestion et assurance de la qualité	• Quelles procédures le fournisseur utilise-t-il pour le contrôle et l'assurance de la qualité ? • Existe-t-il une politique d'amélioration de la qualité ? • Existe-t-il des procédures de suivi pour déterminer et corriger les causes de non-conformité quant aux quantités, aux délais, aux lieux de livraison ?
Flexibilité (à l'égard du client)	• Dans quelle mesure le fournisseur accepte-t-il des changements de quantités, d'horaires de livraison ou de produits et services ?
Localisation	• Le fournisseur est-il situé à proximité ?
Prix	• Les prix sont-ils raisonnables, étant donné la quantité de marchandises et les services fournis ? • Le fournisseur est-il prêt à négocier les prix ? • Le fournisseur est-il prêt à faire des efforts pour réduire les coûts (et les prix) ?
Modifications de produits ou de services (par le fournisseur)	• Quel préavis le fournisseur donne-t-il à ses clients lors de changements dans ses produits et services ? • Dans quelle mesure l'acheteur a-t-il son mot à dire en ce qui a trait aux changements ?
Réputation et stabilité financière	• Quelle est la réputation du fournisseur ? • Quelle est sa stabilité financière ?
Autres points	• Le fournisseur a-t-il d'autres gros clients plus importants ? Si c'est le cas, il risque de donner la priorité à leurs besoins plutôt qu'aux vôtres.

11.5.2 L'évaluation des sources d'approvisionnement

À bien des égards, les facteurs qui orientent le choix d'un fournisseur ressemblent à ceux qui influencent l'achat de n'importe quel bien de consommation, automobile, meubles, électroménagers, etc. L'entreprise considérera le prix, la qualité, la réputation du fournisseur, son expérience avec celui-ci et le service après-vente. Ce processus s'appelle l'**analyse du fournisseur.** La principale différence se situe dans le fait qu'une organisation, en raison des quantités commandées et de ses besoins en vue de ses opérations, indique souvent aux fournisseurs des spécifications détaillées sur les matériaux et les pièces désirés – même si souvent elles achètent des produits standards.

Les principaux facteurs à considérer pour évaluer les fournisseurs sont :

1. *Le prix* (compte tenu de toutes les remises offertes). Il s'agit du facteur le plus évident, bien qu'il ne s'agisse pas nécessairement du plus important.

2. *La qualité.* On peut être disposé à dépenser plus d'argent pour obtenir une meilleure qualité.

3. *Les services.* Les services spéciaux avant et après-vente peuvent parfois être déterminants dans le choix d'un fournisseur : remplacement de produits défectueux, directives pour l'utilisation du matériel, réparation du matériel et service après-vente, soutien et conseils pour le bon choix des produits.

4. *La localisation.* Le lieu où se situe le fournisseur peut avoir un impact sur les temps d'expédition, les coûts de transport et le temps de réponse pour les commandes urgentes ou les

Analyse du fournisseur

Évaluation des sources d'approvisionnement en ce qui concerne le prix, la qualité, la réputation et le service.

11

services d'urgence. De plus, comme on l'a déjà mentionné, des achats locaux peuvent aider l'économie locale et créer de bonnes relations avec la communauté. Malheureusement, plusieurs multinationales ont souvent péché à cet égard.

5. *La politique de gestion des stocks du fournisseur.* Si un fournisseur garde des pièces de rechange à portée de la main, il peut aider en cas de panne de matériel. D'autre part, la capacité du fournisseur à retracer les lots qu'il livre est une notion importante en cas de défectuosité et de politique de rappel.

6. *La flexibilité.* La volonté et la capacité d'un fournisseur à répondre aux changements de la demande et à accepter des modifications de conception sont d'autres caractéristiques importantes à mettre dans la balance lors du choix.

11.5.3 La certification des fournisseurs

La certification des fournisseurs consiste en un examen détaillé des politiques et des capacités des fournisseurs. Ayant établi une liste de fournisseurs accrédités, on s'assure de leur fiabilité et de leur capacité à répondre à la demande selon les cinq objectifs (*voir le chapitre 1*) ou à la surpasser, ce qui est particulièrement important quand on cherche à établir une relation à long terme avec le fournisseur. Les fournisseurs accrédités sont parfois appelés des « fournisseurs de classe mondiale ». Un des avantages, pour l'acheteur, du recours à un fournisseur accrédité, est le fait qu'il permet d'éliminer ou de minimiser l'inspection à la réception et les mises à l'essai des biens livrés. Et même si les problèmes ne sont pas tous éliminés, les risques sont beaucoup moins grands qu'avec des fournisseurs non accrédités. Un acheteur ne peut pas commander d'un fournisseur non accrédité sans avoir demandé préalablement l'autorisation.

Ces relations dépassent souvent les frontières d'une nation, surtout en ce qui concerne l'approvisionnement en énergie ou en matières premières. La situation délicate qui a placé Hydro-Québec en février 2005 vis-à-vis de ses clients de la Nouvelle-Angleterre en est un exemple frappant. En effet, à la suite de deux reportages télévisés, Hydro-Québec n'a pu démontrer sa capacité à assurer la sécurité de ses installations et de ses barrages hydroélectriques. Les clients ne pouvaient pas accepter une situation où leur fournisseur d'énergie risquait d'être victime de quelque panne que ce soit. Ils ont exigé et obtenu des correctifs immédiats. Ce sont des situations beaucoup plus graves qu'il n'y paraît, car il en va de la sécurité publique et de celle de la Nation.

Plutôt que de mettre au point leur propre programme de certification, certaines entreprises ont adopté l'accréditation internationale selon la norme ISO 9000, la plus utilisée au monde (*voir le chapitre 9*).

11.5.4 L'audit des fournisseurs

Un fournisseur certifié doit prouver qu'il mérite la confiance que lui accorde son client. Les vérifications périodiques sont un moyen de rester informé des capacités de production du fournisseur (ou du service), du niveau de qualité et de livraison et des solutions apportées. Elles permettent aussi à l'acheteur de vérifier le rendement du fournisseur. En cas de problèmes, un acheteur en est informé avant qu'ils ne s'aggravent. Voici les facteurs généralement touchés par une vérification : le style de gestion, l'assurance de la qualité, la gestion des matières, les processus utilisés, les politiques d'amélioration continue, les procédures en cas d'action corrective et leur suivi.

L'audit est aussi une étape importante du programme de certification du fournisseur comme fournisseur attitré de l'organisation.

11.5.5 Les relations client-fournisseur

Plusieurs entreprises continuent de considérer leurs fournisseurs comme des adversaires et s'en méfient. D'autres, adoptant l'exemple japonais et l'approche Deming de partenariat avec les fournisseurs (*voir le chapitre 9*), sont de plus en plus conscientes de l'importance d'établir avec eux des relations saines et durables. Des avantages certains en découlent, notamment la capacité et la volonté des fournisseurs d'accepter des modifications dans les dates de livraison, les quantités, les spécifications des produits et de s'adapter aux situations urgentes. De plus, les fournisseurs peuvent souvent aider l'acheteur en cernant les problèmes potentiels de conditionnement des marchandises et en lui proposant des produits qui lui sont inconnus, mais mieux adaptés à ses besoins. Les Japonais ont une expression pour décrire cet esprit de collaboration et de partenariat de tous les intervenants de la chaîne d'approvisionnement, et ce, à tous les niveaux, même les finances et les ressources humaines : le *keyretsu* (**ou maillage des fournisseurs**). Cet esprit de collaboration et de partenariat a souvent été souligné dans le présent chapitre.

Keyretsu

Maillage de fournisseurs visant à assurer une chaîne d'approvisionnement répondant aux besoins de l'entreprise cliente à tous les niveaux, dans le respect de l'indépendance de toutes les parties.

L'approche classique pour le choix du fournisseur, basée uniquement sur des considérations économiques, relève d'une vision à court terme manquant d'envergure. Malheureusement, malgré tous les discours et les cycles économiques, c'est toujours l'approche qui prévaut dans nombre d'organisations. La majorité des entreprises japonaises, quant à elles, se fient à un nombre restreint de fournisseurs bien sélectionnés et attitrés. En Amérique du Nord, les entreprises préfèrent transiger avec plusieurs fournisseurs : craignent-elles la dépendance envers un seul fournisseur (ne pas mettre tous ses œufs dans le même panier) ? Pensent-elles profiter d'avantages en les plaçant en concurrence les uns par rapport aux autres ? C'est cette seconde stratégie qu'avait privilégiée Ignacio Lopez, vice-président approvisionnement à la société Volkswagen dans le milieu des années 1990, et qui s'est soldée par un échec lamentable. Or, entre se placer en situation de dépendance totale envers un fournisseur et utiliser les fournisseurs comme bon nous semble, sans aucun lien professionnel, il existe des situations intermédiaires dictées par le jugement, la mesure et l'évaluation systématique des avantages et des inconvénients. Le tableau 11.8 compare les deux visions des relations client-fournisseur.

TABLEAU 11.8 ▸

Avantages et inconvénients du partenariat client-fournisseur

Facteurs	Fournisseurs alliés	Fournisseurs adversaires
Nombre de fournisseurs	Un ou plusieurs	Plusieurs ; les placer en concurrence les uns avec les autres
Durée des relations	Long terme	Peut être courte
Bas prix	Relativement important	Considération majeure
Fiabilité	Grande	Peut être faible
Coopération	Grande	Faible
Qualité	Assurée à la source ; assurée par le fournisseur	Contrôlée par le client ; peut ne pas se fier aux fournisseurs
Quantité d'échanges	Grande	Peut être faible en raison des nombreux fournisseurs
Localisation	Proximité importante pour assurer de courts temps de livraison et de service	Très dispersée
Flexibilité	Relativement grande	Relativement faible

Un sondage effectué auprès de 1 000 clients et fournisseurs a permis de dégager un consensus sur neuf points avantageux pour les deux parties et contribuant à leur compétitivité globale :
1. La réduction des coûts rattachés au processus d'achat.
2. La réduction des coûts de transport.
3. La réduction des coûts de production des fournisseurs et des clients industriels.
4. L'amélioration de la qualité.
5. L'amélioration de la conception des produits.
6. La réduction des délais entre la conception de nouveaux produits et leur mise en marché.
7. L'amélioration de la satisfaction du client.
8. La réduction des coûts de gestion des stocks (*voir la sous-section 12.3.3*).
9. La facilité de lancer de nouveaux produits et procédés de production.

Pour compléter et assurer une collaboration où les clients et les fournisseurs s'impliquent vraiment, l'approche de la PPPR[7] (CPFR – *collaborative planning forecasting and replenishment*) présentée à la sous-section 11.3.1 est fondamentale. Cette approche est ni plus ni moins que de la gestion des opérations appliquée spécifiquement aux approvisionnements, mais où les deux partenaires, le fournisseur et le receveur, sont coresponsables. Pour les produits les concernant, les partenaires partagent le même plan de prévision, de planification, de transport, d'entreposage, de normes de qualité et de facturation, en fonction de la demande.

Il existe cependant un obstacle de taille à la création d'un partenariat et d'une relation client-fournisseur équilibrée : la réticence des fournisseurs à faire confiance à leur client. Les

———

7. L'OLF suggère l'expression **planification partagée des approvisionnements,** pour un « processus de collaboration entre distributeurs et fournisseurs qui permet de déterminer et d'organiser les activités relatives à la prévision des ventes et les activités relatives, dans la chaîne logistique, aux approvisionnements ». Nous la considérons comme trop restrictive à la fonction planification.

fournisseurs sont ceux qui ont le plus à perdre, car ils doivent souvent investir temps et argent pour se plier aux exigences du client, supporter parfois des stocks de produits pour leur client, sans être certains de leur loyauté. De plus, avec les technologies de l'information de plus en plus sophistiquées, les fournisseurs se voient obligés d'adopter les plateformes informatiques des différents clients. La propension des entreprises occidentales à changer constamment le personnel responsable des achats et à modifier leur stratégie en invoquant des raisons économiques a laissé plusieurs fournisseurs très amers, surtout quand le client est une entreprise beaucoup plus grande que la leur. La solution appartient au client, qui doit assurer le fournisseur de sa loyauté avant d'exiger la sienne.

11.6 La logistique

Cette notion est apparue pour la première fois d'une façon structurée dans le secteur militaire, au XVIIe siècle. En effet, les armées françaises de l'époque devaient assurer le « logis » à leurs troupes dans leurs nombreuses campagnes militaires, d'où l'origine du mot (*voir la section 11.1*). Depuis, ces approches ont été raffinées et appliquées dans le domaine civil, bien que le domaine militaire demeure celui qui s'y intéresse le plus.

La **logistique** est la fonction de l'entreprise qui s'occupe du mouvement, du « flux » de l'ensemble des matériaux, depuis les fournisseurs jusqu'au client, en passant par l'ensemble des points de distribution et d'entreposage. Elle comprend la manutention, la circulation et l'entreposage, aussi bien internes qu'externes. Le tableau 11.1, à la page 423, présente ces activités.

La logistique s'occupe donc de l'acheminement de tous les produits utilisés par l'entreprise : matières premières, produits en cours, composants, produits finis et produits **ERO (entretien, réparation, opération).** La logistique est le flux sanguin de l'entreprise. Elle ne s'occupe pas de la transformation des produits, tâche qui incombe à la production, mais elle est responsable d'apporter les produits au bon moment, au bon endroit, en bon état et aux meilleurs coûts possibles. De nos jours, on l'associe également à la logistique de l'information, quand on étend cette notion aux flux, au transport, à l'acheminement et à l'archivage (entreposage) des données dans l'entreprise.

Logistique
Gestion intégrale du processus d'acheminement des matières nécessaires à la production et de leur distribution à l'ensemble des points de consommation desservis par l'entreprise.

11.6.1 La circulation

La **circulation** est une fonction d'environnement importante pour l'entreprise, car elle a une influence sur le milieu dans lequel les activités vont se dérouler. Parfois, elle est sous la responsabilité de la gestion des opérations. Dans d'autres situations, où il existe une fonction logistique dans l'entreprise, elle sera sous la responsabilité de cette dernière. La circulation dépend de l'aménagement des postes de travail et elle influe sur la **manutention** des objets transportés.

L'**aménagement** des locaux, la manutention des biens et des services (telle l'information) et la circulation des personnes et des matières sont intimement reliés.

La figure 11.6, à la page suivante, illustre la circulation interne des matières dans une entreprise manufacturière type :

1. des véhicules de transport externe à la réception ;
2. de la réception à l'entreposage des matières premières ;
3. de l'entrepôt de matières premières aux points de consommation (production) ;
4. d'un centre de production en amont au suivant, en aval ;
5. de la production aux entrepôts de produits finis ;
6. des entrepôts de produits finis à l'expédition ;
7. de l'expédition aux véhicules de transport externe.

Une bonne gestion des matières permet de coordonner les activités de manutention et de circulation afin d'assurer la synchronisation parfaite de toutes ces étapes à l'intérieur de l'entreprise. Cette même gestion, appliquée aux différentes usines et aux entrepôts externes de l'entreprise, sera sous la responsabilité de la distribution physique ou matérielle. Certaines grosses entreprises ajoutent la fonction **gestion du transport,** qui est responsable de la gestion des services d'expédition et de réception.

De nos jours, l'ordinateur joue un rôle prépondérant dans le suivi des marchandises, de leur point de départ à leur point d'arrivée, et ce, tout au long du processus. Les gestionnaires

Circulation
Mouvement et cheminement des biens et des services à l'intérieur de l'entreprise ; dépend de la manutention et de l'aménagement.

Manutention
Moyens de manipulation et de transport des biens et des services à l'intérieur de l'entreprise ; dépend de la circulation et de l'aménagement.

Aménagement
Disposition du matériel, des locaux et des installations d'une entreprise ; dépend de la circulation et de la manutention.

Gestion du transport
Planification, organisation, direction et contrôle des réceptions et des expéditions.

FIGURE 11.6

Circulation interne des matières dans une entreprise manufacturière type

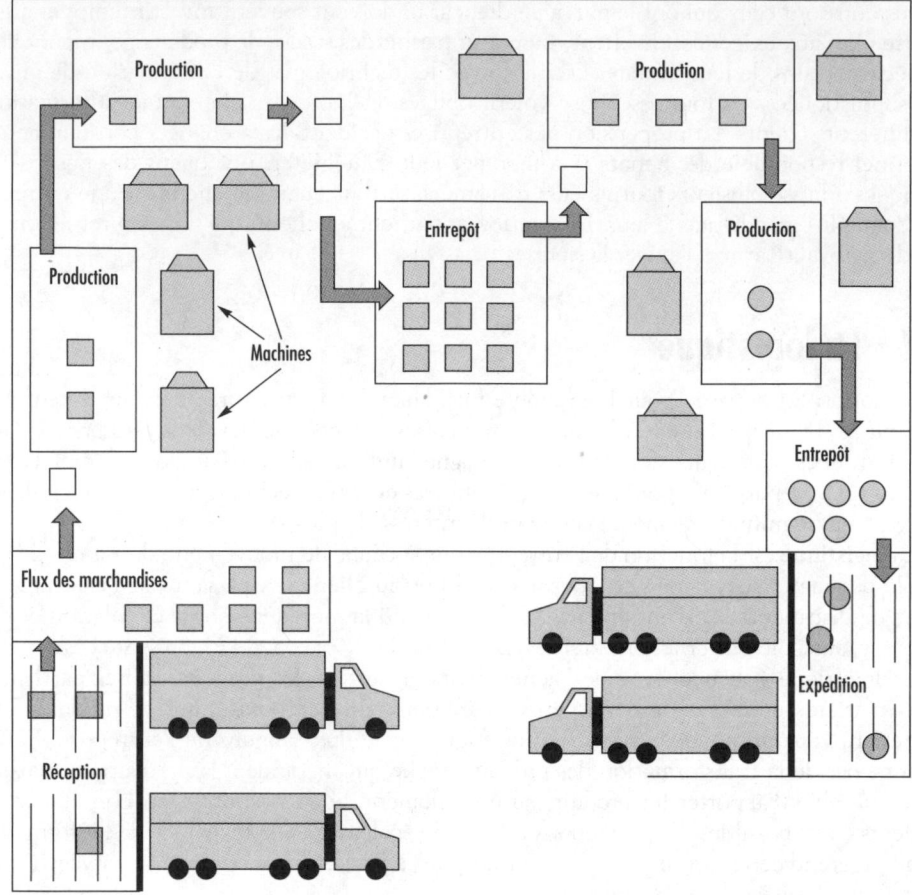

11

auront à décider du meilleur moyen de transport à utiliser (ferroviaire, maritime ou autre), des routes à suivre et des solutions de rechange en cas de problèmes de trafic routier (construction, barrage routier, conditions météorologiques). Les satellites sont maintenant d'un usage courant pour retracer rapidement des transporteurs.

11.6.2 L'estimation des coûts de transport

Les gestionnaires sont souvent confrontés à un dilemme: transport et livraison rapides à des coûts élevés ou transport et livraison plus lents mais plus économiques. Par exemple, les frais de livraison sont moins coûteux si le transport est effectué de nuit ou si la livraison se fait en mode normal plutôt qu'en mode urgent. Évidemment, il existe des situations d'urgence où l'aspect économique ne doit pas intervenir dans la décision: catastrophes naturelles, où les secours doivent arriver coûte que coûte; risque de perdre un client important à cause d'un délai imprévu, etc. Dans les situations normales, le gestionnaire devra considérer le coût comme une mesure de l'efficacité du service, à savoir le rapport qualité de service/coût. Les principaux aspects à considérer sont les coûts de transport versus les coûts de possession (*voir la sous-section 13.3.3*). Dans notre présentation, on suppose que le produit du fournisseur est **payable à la réception,** et l'indicateur utilisé est le coût de possession.

Le **coût de possession incrémentiel (Cei)** est calculé par:

Coûts de possession incrémentiels

Coûts engagés en utilisant un moyen de transport plus lent.

$$Cei = Ce\left(\frac{j}{365}\right) \tag{11-1}$$

où Ce = coût de possession d'une unité durant l'année
    j = nombre de jours gagnés
    365 = nombre de jours dans une année

Il est à noter que dans certains cas, le coût de possession est exprimé en termes de pourcentage I de la valeur de l'unité entreposée. Dans de tels cas:

$$Ce = c \times I \qquad (11\text{-}2)$$

où c = valeur de l'unité entreposée

Exemple 1

Déterminez le moyen de transport idéal, sachant que le coût de possession annuel est $Ce = 1\,000\$$. Deux choix sont proposés:
- livraison en un jour: 40$;
- livraison en trois jours: 35$ avec le transporteur A et 30$ avec le transporteur B.

Solution

Nombre de jours gagnés (avec la livraison en 1 jour) = 2 jours

Le coût de possession incrémentiel est:

$$Cei = Ce \left(\frac{j}{365}\right) = 1\,000 \times \frac{2}{365} = 5,48\$$$

Comparons la livraison en un jour et la livraison en trois jours avec le transporteur A. Si on choisissait la livraison en un jour, le coût serait de 5$ de plus (40$ – 35$) en coût de transport, mais on sauverait 5,48$ en coût incrémentiel d'entreposage.

$$5\$ < 5,48\$$$

Le choix de la livraison en un jour est plus intéressant que celui qui est offert par le transporteur A.

Comparons maintenant la livraison en un jour et la livraison en trois jours avec le transporteur B, dont le coût est de 30$. Le choix serait de prendre la livraison en trois jours du transporteur B, car:

$$\text{Économie de } (40\$ - 30\$) = 10\$ > 5,48\$$$

11.6.3 La planification des besoins de distribution (PBD/DRP)

La **planification des besoins de distribution (PBD**[8]**)** (*distribution requirements planning* – DRP) est une stratégie de planification des besoins nécessaires à un réseau de distribution. Elle est particulièrement utile pour la gestion des stocks et des entrepôts à plusieurs échelons (des entrepôts d'usines vers les entrepôts régionaux, puis vers les entrepôts distributeurs, et enfin les entrepôts clients). La PBD s'inspire de la planification des ressources de production – PRP/MRP-II (*voir la section 14.9*). Un des pionniers de la PBD a été André J. Martin. À l'emploi des Laboratoires Abbott, où les notions de date de péremption, de réseaux de distribution, de trafic et de transport prennent toute leur importance, il a développé et appliqué avec succès cette approche principalement pour l'industrie pharmaceutique. En commençant par la demande en aval (à la fin) et en remontant la chaîne d'approvisionnement, on obtient les calendriers de réapprovisionnement échelonnés vers l'amont (le début). Les mouvements des stocks seront alors déplacés en conséquence à travers toute la chaîne. De nos jours, les gestionnaires utilisent la PBD pour planifier et coordonner le transport, l'entreposage, la main-d'œuvre, le matériel de transport (toutes les ressources logistiques nécessaires) et les flux financiers. Aux États-Unis, les supermarchés Spartan sont passés maîtres dans l'application de la PBD.

Planification des besoins de distribution (PBD)

Système destiné à la gestion des stocks et à la planification des besoins d'un réseau de distribution.

www.spartanstores.com

11.6.4 L'échange de données informatisées (EDI)

La communication des informations en temps réel est la clé de la réussite de toute stratégie de réseau d'approvisionnement et de logistique. De nos jours, les réseaux informatiques sont d'une grande utilité pour atteindre ce but. L'**échange de données informatisées (EDI)** est la transmission directe de transactions interentreprises, d'un ordinateur à l'autre, par l'intermédiaire du réseau Internet. Ce genre de transmission concerne les bons de commande, les notes d'expédition, les notes de crédit ou de débit, et plus encore. Listons quelques-uns des nombreux avantages d'un tel système:
- les transferts électroniques de fonds;
- l'élimination de la paperasse;
- la réduction des temps de mise en route et des stocks;

Échange de données informatisées (EDI)

Transmission directe d'informations par réseau électronique convenue entre différentes organisations.

8. Certains auteurs utilisent l'expression **planification des ressources de distribution (PRD)**.

- la réduction du travail de bureau;
- la facilitation des systèmes juste-à-temps;
- l'amélioration du contrôle des opérations;
- l'augmentation de la précision;
- l'augmentation de la productivité.

L'utilisation de l'EDI avec d'autres entreprises fait partie d'une stratégie destinée à obtenir un avantage concurrentiel en augmentant la performance de la logistique. De plus, dans certains environnements JAT, l'EDI sert de *kanban* entre le fabricant et le fournisseur.

L'échange de données informatisées a conduit au:

- B2B (*business to business*), système reliant des entreprises et des industries diverses;
- B2C (*business to customer*), système reliant des fournisseurs et des clients, en particulier dans le commerce de détail.

Au point de vue technologique, il existe deux techniques assurant l'EDI:

a) le code à barres;
b) la RFID.

Code à barres

Code formé de lignes noires et de chiffres qui contiennent une variété d'informations et que peuvent lire des lecteurs optiques.

Le **code à barres** utilise une technologie visuelle qui combine des lignes noires parallèles d'épaisseurs variables et des chiffres placés sur les produits de consommation. Un code spécifique, le **code universel des produits (CUP),** est lu par des lecteurs optiques à balayage transversal qui utilisent l'information à des fins diverses: enregistrement des prix et des quantités, impression de reçus de vente et mise à jour des données d'inventaire (*voir la figure de la sous-section 13.3.1, à la page 496*).

Identification par radiofréquence ou fréquence radio (RFID)

Technologie qui permet d'identifier les objets en utilisant les fréquences radio pour transmettre les informations à l'aide de puces mémoire ou de dispositifs électroniques.

Une technologie plus récente fait appel à des puces électroniques émettant par radiofréquence les informations pour identifier les produits, d'où l'expression **identification par radiofréquence ou fréquence radio (RFID).** Cette technologie, bien qu'elle soit ancienne dans le domaine militaire, a trouvé de nombreuses applications dans le domaine civil, du manufacturier au commerce de détail en passant par la santé, les bibliothèques, les services de messagerie, etc. L'avantage énorme de la RFID (qui est auditive) sur le code à barres (qui est visuel) est qu'elle n'a pas besoin que le lecteur soit dirigé sur l'étiquette du code placée sur le produit. Le lecteur est un appareil qui capte une fréquence radio émise par le dispositif électronique placé dans ou sur l'objet. Quelle que soit la position de la puce électronique sur le produit, l'information sera transmise. Le plus grand détaillant de la planète, Wal-Mart, a exigé que ses 100 plus grands fournisseurs adoptent la RFID à partir de janvier 2005. L'effet domino fait en sorte qu'à leur tour, ces fournisseurs l'exigent de leurs fournisseurs et ainsi de suite. Les articles ci-dessous sont des exemples des applications de la RFID dans plusieurs domaines.

11

Bulletin
Des puces émettrices pour traverser la frontière
par Tristan Péloquin

Après les empreintes digitales et les données biométriques, les douaniers américains en sont à implanter des puces émettrices radio dans les documents de voyage des visiteurs étrangers qui traversent la frontière canadienne ou mexicaine.

Connues sous le nom de puces RFID (*radio frequency identification*), ces minuscules dispositifs émettent un signal radio qui peut être lu jusqu'à 10 mètres de distance. Cette technologie, de plus en plus utilisée dans le commerce (notamment dans les entrepôts) fait l'objet de tests des

douaniers américains depuis quelques jours dans cinq postes frontaliers, dont celui d'Alexandria, près de l'Ontario.

Si les tests s'avèrent concluants, l'utilisation de la technologie RFID sera étendue à tous les ports, aéroports et postes frontaliers américains.

En principe, les citoyens canadiens n'auront pas à s'y soumettre, puisqu'ils sont exemptés du programme US-VISIT. Il faut toutefois souligner qu'une loi récemment adoptée par le Congrès obligera, d'ici 2007, les Canadiens à présenter un «document

sécuritaire» lorsqu'ils traverseront la frontière américaine. Le président Bush a indiqué en avril que l'utilisation de données biométriques ou d'autres technologies permettant d'assurer le «maintien du flux frontalier» sont envisagées.

Les puces à radiofréquence sont insérées dans un document appelé I-94, qui contient différentes données personnelles ainsi que le statut juridique du porteur.

Jointe au téléphone à Washington, Cynthia Obas, porte-parole du programme US-VISIT, a assuré que la technologie

RFID testée dans les postes frontaliers est « parfaitement sécuritaire sur le plan de la protection de la vie privée ». « Les puces n'émettent qu'un code qui ne contient aucune donnée personnelle. Ces informations sont plutôt contenues dans une base de données accessible uniquement pour les autorités compétentes », a-t-elle précisé.

Dans un document diffusé par le département de la Sécurité intérieure (*Homeland Security*), l'utilisation de la technologie RFID est avant tout présentée comme une solution qui permettrait « d'accélérer les procédures à la frontière tout en assurant la sécurité des voyageurs ».

Levée de boucliers

L'utilisation de plus en plus fréquente de ces puces radio provoque une levée de boucliers chez les différents groupes de défense du droit à la vie privée. « De manière générale, on considère que cette technologie est efficace pour tracer des marchandises, mais dès qu'elle s'immisce dans la vie citoyenne, c'est une autre paire de manches », commente Damien Fox, coordonnateur de l'organisme Frontière électronique du Canada, qui veille au respect de la Charte des droits et libertés.

L'organisme déplore le fait que ces puces émettrices ne peuvent être désactivées sans les détruire. « N'importe quelle personne qui possède un lecteur RFID peut accéder au signal qui est émis par la puce, sans même que la personne qui la transporte en soit informée, poursuit M. Diamond. Cela soulève de sérieuses questions d'éthique et même de sécurité. »

Rien n'indique par ailleurs que les autorités américaines n'installeront pas de capteurs RFID un peu partout, notamment dans des endroits touristiques, souligne M. Diamond. « Au bout du compte, on se retrouve avec un outil qui ouvre la porte à toutes sortes de dérapages, mais qui ne règle pas nécessairement le problème de base pour lequel il a été adopté », commente-t-il.

Le bureau du Commissariat à la vie privée et la Commission d'accès à l'information du Québec surveillent actuellement l'implantation de la technologie RFID. Aucun des deux organismes n'a cependant écrit de rapport sur la question.

Chose certaine, si la tendance se maintient, les systèmes d'identification par radiofréquence risquent d'être monnaie courante d'ici peu. Le prix de certaines puces est passé, en quelques années, de plusieurs dizaines de dollars à seulement 0,40 $. Une vingtaine d'entreprises actives dans ce secteur ont récemment créé un consortium dans le but de faire baisser le prix à 0,05 $ l'unité... et de supplanter le code-barre, déjà « vieux » de 30 ans.

Source : Tristan Péloquin, *La Presse*, 16 août 2005, p. A15.

Que ce soit par code à barres ou RFID, l'objectif est l'identification et le retraçage des produits, des personnes et des services dans la fabrication et la distribution. Dans la distribution, ces techniques permettent aux entreprises de suivre les produits en entrepôt et sur la route, jusqu'à la livraison. Ainsi, les gestionnaires, surtout avec la RFID, peuvent déterminer instantanément l'emplacement d'un produit dans le système. Dans la fabrication, elles permettent de surveiller la progression des produits, tout au long du processus de production. De plus, on peut fournir aux opérateurs des directives de processus précises. On les utilise aussi pour la mise à jour des données sur les produits stockés, le contrôle de la qualité et de la production, le triage et l'emballage automatiques des produits. De plus, en identifiant les employés ou les patients dans un hôpital, on peut faire le suivi de leur présence et de l'endroit où ils se trouvent, ainsi que de leur dossier personnel. Évidemment, toute une nouvelle approche d'éthique et de législation protégeant la vie privée doit être mise en place. Encore une fois, notre modèle de la PESTE relève les interdépendances entre le technologique, le social et le politique.

Néanmoins, des informations précises et à jour sur la quantité, la qualité, le lieu ainsi que d'autres données procurent aux entreprises une incroyable capacité de suivi et de contrôle des produits. Ils permettent aux gestionnaires d'effectuer des améliorations considérables en ce qui concerne la productivité et l'efficacité, et d'offrir un service à la clientèle d'un niveau très élevé.

Dans le commerce de détail, il existe de nombreuses autres applications de l'EDI comportant une communication électronique entre les détaillants et les fournisseurs. La plus concrète est décrite ci-dessous.

Les détaillants utilisent le balayage du code universel des produits (CUP) par lecteur optique ou par RFID au point de vente (*point-of-sale* : POS), c'est-à-dire aux caisses : on y effectue la lecture des prix (*price-lock-up* : PLU) afin d'assurer le suivi des achats des consommateurs.

En s'appuyant sur la détermination en temps réel de la disponibilité des produits et des habitudes d'achat des consommateurs, on peut assurer un système de **réponse ou réaction rapide** (**quick response**) jumelé à un réapprovisionnement juste-à-temps.

La **réponse efficace** ou **optimale au consommateur** (**REC ou ROC**[9]) ou (*efficient consumer response* – ECR) est une variante de la réaction ou réponse rapide utilisée par les magasins à grande surface pour fournir aux magasins, aux distributeurs et aux fournisseurs des données clés sur les modèles d'achat afin que tous prennent de meilleures décisions ou fassent de meilleurs réapprovisionnements.

Réponse ou réaction rapide (*quick response*)

Mode de gestion des approvisionnements reliant les fournisseurs aux clients et permettant de s'ajuster plus rapidement aux fluctuations de la demande.

Réponse efficace ou optimale au consommateur (REC ou ROC)

Stratégie de chaîne d'approvisionnement consistant à réduire les coûts de la chaîne reliant le fournisseur au client en éliminant les tâches qui ne contribuent pas à la satisfaction réelle du besoin du demandeur, d'où un accroissement de l'efficacité des processus de la chaîne.

---

9. Certains auteurs préfèrent les expressions « réponse optimale au consommateur (ROC) » ou encore « réponse continuellement renouvelée ».

Les approches de réponse rapide ont de nombreux avantages ; entre autres celui de réduire la dépendance par rapport aux prévisions et d'ajuster plus étroitement l'approvisionnement et la demande. De plus, il est possible de faire des économies sur les coûts de transport et de stocks.

L'entreprise Wal-Mart possède un réseau satellite pour échanger ces données électroniquement. Les fournisseurs accèdent directement aux données des points de vente en temps réel, ce qui leur permet d'améliorer leur gestion des prévisions et des stocks. Wal-Mart utilise aussi bien ce système pour envoyer des bons de commande à ses fournisseurs que pour recevoir d'eux des factures.

11.6.5 La sous-traitance logistique (3PL)

Le raisonnement, qui a prévalu dans les entreprises quand les gestionnaires se sont demandé s'ils devaient faire ou acheter le produit à vendre au client, est réapparu au moment où ils se sont retrouvés devant les questions suivantes :

* Doit-on continuer d'assurer nous-mêmes le transport et la livraison, domaine où nous ne possédons pas d'expertise ?
* Ne vaut-il pas mieux impartir cette tâche aux experts et nous concentrer sur notre propre domaine d'expertise ?

Prestataire de service logistique (3PL)

Entreprise externe qui accomplit des activités logistiques pour le compte d'un industriel.

Pour cela, des entreprises tierces, d'où l'expression anglaise 3PL (*third party logistics*), ou **prestataires de service logistique,** se sont développées pour offrir de la prestation de services logistiques. Ces entreprises se spécialisant dans l'offre de services logistiques deviennent des **sous-traitants logistiques.** Elles offrent plus que la simple livraison de colis en ajoutant des services d'entreposage et de gestion des stocks pour leurs clients. Elles gèrent alors des entrepôts, des centres de distribution et tout le réseau qui s'y rattache. L'article suivant décrit une situation concrète.

Lecture
Logistique et chaîne d'approvisionnement : changement de stratégie chez UPS

par Claudio Benedetti, ing., M. Ing.

La méthode classique utilisée par le fabricant d'automobiles Ford pour transporter les voitures de l'usine aux concessionnaires était l'utilisation des remorques du type Rube Goldberg. Ceci peut prendre jusqu'à un mois de délai de livraison, sans compter les risques d'égarement durant le trajet. De plus, Ford ne pouvait assurer aux concessionnaires des dates de livraison précises. Des témoignages rapportent que l'on perdait la trace de wagons complets de train remplis d'automobiles.

Pour contourner ces problèmes, Ford décida en 2001 de faire appel à United Parcel Service Inc. (UPS). De concert avec les concessionnaires d'automobiles Ford et les ingénieurs de UPS, un procédé d'identification, de triage, de distribution, de retraçage et de suivi des véhicules a été développé. Ce procédé découle de celui utilisé par UPS pour suivre les 13,8 millions de colis manipulés quotidiennement. Un document en code-barre attaché au pare-brise permet de suivre les 4 millions de véhicules produits annuellement par les 19 usines nord-américaines de Ford. De plus, UPS a conçu un réseau sur mesure de livraison et de distribution des produits, en épurant la manipulation, les identifications excessives et le routage aux différents centres de distribution à travers le continent, et ce, jusqu'aux 7 000 concessionnaires.

Résultat :

1. délai actuel de livraison des véhicules aux concessionnaires est de 10 jours en moyenne, soit une réduction des délais de 40 % comparativement à l'approche initiale ;
2. réduction de millions de dollars pour Ford en frais de transport, d'identification et d'égarement d'unités ;
3. facilité pour les 6 500 concessionnaires en Amérique du Nord de connaître quels sont les modèles les plus en demande par région et leur disponibilité.

Un autre système plus sophistiqué est en développement, lequel fait appel au RFID* et Ford s'apprête à donner en impartition à UPS sa chaîne d'approvisionnement des pièces de rechange.

Depuis 1907, date de sa fondation à Seattle, UPS traînait une réputation d'entreprise conservatrice. Actuellement, elle a réussi à se réinventer une image de fournisseur de services de transport, d'entreposage et d'expert en logistique. En 2003, sur un chiffre d'affaires de 33,5 kM$, UPS a réalisé des profits de 2,9 kM$. De ce montant, à peine 6 % provenaient de services logistiques, soit 2 kM$. Cependant, si UPS continue sur cette voie, les experts lui prévoient un potentiel d'accroissement de plus de 20 % de son chiffre d'affaires global.

La volonté du PDG Michael L. Eskew est de profiter du savoir-faire développé par

UPS depuis près d'un siècle dans le trafic, la manutention et la livraison de colis, pour devenir le gestionnaire du réseau de distribution des grandes entreprises nord-américaines : ordonnancement du transport par avion, bateau, train et camion. Ceci comprendra nécessairement l'entreposage des marchandises en transit, d'où la gestion des centres de distribution.

Le mot d'ordre de UPS à ses clients est devenu :

- concentrez-vous sur vos politiques de développement de produits et de marketing ;
- laissez-nous la gestion de votre chaîne d'approvisionnement.

Selon M.L. Eskew, les entreprises pourront alors améliorer leur liquidité, leur productivité et leur service à la clientèle.

Selon les experts, ce changement de stratégie d'entreprise comporte aussi des risques. Les contrats de logistique à long terme créent des marges de profit inférieures aux transports de colis : de 2 à 5 % maximum, comparativement à 15 %. Selon James Valentine, analyste financier de Morgan Stanley, les contrats assurant la logistique offrent de grandes possibilités de revenus, mais aussi des marges de profit restreintes. Les experts de l'industrie s'accordent pour dire que le transport de petites livraisons est plus profitable.

Nous sommes encore une fois confrontés au dilemme, maintes fois vécu en production, entre les produits sur commande et les produits standards : service sur commande, difficile à prévoir et à planifier, mais assurant une marge de profit élevée ; service standard et continu, plus facile à prévoir, à planifier et à organiser, mais des marges plus modestes.

UPS affirme que ses nouvelles stratégies lui ont permis :

1. d'enregistrer près de 2 kM$ d'accroissement dans le chiffre d'affaires du secteur logistique pour l'année 2003 ;
2. de noter que les investissements à long terme en logistique sont moins élevés

que la livraison classique de colis, du point de vue camions, avions, immobilier (bâtisses et terrains), technologie ;
3. de prévoir que les profits augmenteront une fois les investissements initiaux absorbés.

Un autre exemple type de l'application de la stratégie d'impartition liant UPS et un producteur est le contrat avec le manufacturier allemand de sandales Birkenstock.

Anciennement, les marchandises étaient transportées par bateau de l'usine allemande et livrées au centre de distribution nord-américain de Birkenstock en Californie, en passant par le canal de Panama. De là, les produits étaient distribués aux détaillants du continent.

La procédure actuelle est la suivante :

1. les produits sont fabriqués à St. Katherin et à Alsa, en Allemagne ;
2. ils sont emballés en caisse et des codes-barres identifient les destinations en Amérique du Nord ;
3. des camions UPS en Europe transportent les caisses des usines allemandes au port de Rotterdam ;
4. des navires transportent les conteneurs vers le port de Newark au New Jersey ;
5. UPS les dédouane et les transporte tout proche par camion à son entrepôt de Carteret (NJ) ;
6. quelques minutes après leur arrivée, les conteneurs sont ouverts, les produits triés et les camions UPS les distribuent aux 3 000 magasins de détail ;
7. tout au long de leur voyage à travers les routes en Amérique du Nord, un balayage (scan) électronique des codes-barres assure le suivi des marchandises jusqu'à leur destination finale.

Selon Gene Kunde, PDG de Birkenstock US, 100 % de la collection printemps 2004 fut livrée dans les délais prévus de trois semaines, ce qui représente une réduction de 50 % des délais des années précédentes où, en plus, on enregistrait des pertes.

L'association entre Jockey International (JI) et UPS est d'un autre ordre. Ainsi UPS gère spécifiquement un entrepôt pour JI : UPS prend les commandes des clients de JI par Internet et les satisfait directement à partir de cet entrepôt, les marchandises étant livrées par les camionneurs de UPS. Toute réclamation de non-conformité subséquente sera prise en charge par les représentants de UPS.

Avec Toshiba US-Canada, UPS gère un atelier de réparation des ordinateurs portables et le service après-vente. Tandis que pour Philips Systèmes Médicaux en Europe, UPS livrera et installera les appareils à rayons X.

Les concurrents d'UPS commencent eux aussi à lorgner cette part du marché. C'est le cas de DHL, division américaine de Deutsche Post, et de FedEx.

Cette nouvelle stratégie est l'œuvre principale de M.L. Eskew qui, dès 2002, a réussi à convaincre la haute direction de UPS de prendre le virage logistique. UPS a dépensé plus de 1 kM$ pour acquérir 25 entreprises de financement international, de transports, transitaires, d'agents de dédouanement et d'autres services de logistique. Mais tout ne s'est pas déroulé sans anicroche. Ainsi Costco, client potentiel, s'était détourné lors des négociations trop rigides de la part des représentants de UPS. Ce n'est qu'au début de 2004 que Costco a renoué avec UPS.

L'objectif que M.L. Eskew s'est donné pour le futur est de convaincre le plus grand nombre de grandes entreprises que UPS peut remplir le chaînon manquant de leur chaîne d'approvisionnement, soit la logistique.

---

* RFID : *radio frequency identification* ou « méthode d'identification par radio fréquence (MIRF) ». Une puce est insérée dans l'étiquette, contenant toutes les informations désirées. Cette puce peut être soit passive ou active.

Source : *Infoproductivité*, Société canadienne de génie industriel, septembre 2004, p. 6 et 10.

11.7 Le commerce électronique

La présence universelle de l'informatique, du réseau Internet, de la mondialisation des marchés et la prolifération des technologies de l'information, qui ont été décrites dans ce

www.dhl.com

Commerce électronique

Ensemble des activités commerciales effectuées par l'entremise des réseaux informatiques, y compris la promotion et la vente en ligne de produits et de services, ainsi que la correspondance électronique.

chapitre, ont donné naissance à une nouvelle forme de relation d'affaires, soit le **commerce électronique.** Les entreprises communiquent, entre elles et directement avec leurs clients consommateurs sur le réseau, les besoins et l'offre des produits et des services, les tarifications, les facturations et autres. On a vu apparaître les ventes, les achats, le traçage des commandes et des expéditions et les commandes par courriel. Les sous-traitants logistiques, tels que UPS, FedEx et DHL (Deutsche Post), ont vu leurs activités tripler avec le commerce électronique.

Deux activités principales caractérisent le fonctionnement du commerce électronique :
a) le site Web sur le réseau Internet ;
b) l'exécution de la commande.

Le site qui présente les activités de l'entreprise constitue la façade, le portail par lequel les clients auront le premier contact avec l'entreprise. Des sommes considérables sont investies dans cette activité, dite de première ligne : contact direct avec le client. Une fois la commande reçue, il faut y donner suite. Les services dits de deuxième ligne entrent alors en action : **exécution de la commande,** retrait dans l'entrepôt du produit, emballage, expédition, livraison, facturation, réapprovisionnement de l'entrepôt dégarni. C'est ici que les entreprises ont le plus de difficulté et que l'insatisfaction du client se fait le plus sentir : erreurs dans le produit, dans la facturation et des délais trop longs sont quelques-uns des irritants les plus communs. C'est aussi ici que les entreprises investissent le moins, car malheureusement la majorité des entreprises qui se sont lancées dans l'aventure du commerce électronique sont guidées par une vision marketing simpliste : j'ai eu la commande, c'est ce qui compte ; le reste est de trop. Si l'on ajoute à cela les fluctuations de la demande et le manque de préparation des entreprises à y faire face, on se retrouve rapidement devant des clients désabusés. La compagnie Toys'R'Us, ne pouvant satisfaire à une forte demande durant une période des fêtes de Noël, a été obligée d'offrir des coupons-rabais de 100 $ à des clients insatisfaits.

Exécution de la commande

Activités d'opération depuis la réception d'une commande jusqu'à l'expédition du produit commandé.

Lors des premières expériences du commerce électronique, les entreprises pionnières dans le domaine pensaient pouvoir agir seulement en tant qu'intermédiaires entre le client consommateur et le fabricant du produit. Elles espéraient pouvoir utiliser les entrepôts du fabricant et lui demander de livrer directement au client. Certaines ont réussi leur pari, surtout celles qui s'occupaient de produits de consommation restreints ou très spécialisés. Mais, pour la majorité, cela fut un échec lamentable, car le producteur s'est retrouvé face à de multiples demandes et il était le seul apte à fixer les priorités parmi les demandes à satisfaire. C'est pour ces raisons que des entreprises du domaine, par exemple Amazon.com, Barnesandnoble.com et autres, ont repensé leurs stratégies d'opération en créant d'énormes entrepôts pour pouvoir gérer eux-mêmes la demande des clients. D'autres entreprises ont préféré avoir recours aux sous-traitants logistiques, même si elles partagent avec ceux-ci une partie de leurs profits. Cette deuxième stratégie comporte le risque de perte de contrôle de la priorité des commandes et même de la structure de prix. Or, il est vrai qu'une entreprise de commerce de détail fonctionnant uniquement par commerce électronique est une entreprise virtuelle, ne disposant pas des capitaux ni de l'infrastructure des entreprises classiques. Elle recherchera alors des alliances stratégiques avec des entreprises dites **briques (clic) et mortier.**

Entreprise briques (clic) et mortier

Expression désignant une entreprise qui existe à la fois dans Internet et dans le monde réel où elle dispose d'installations matérielles.

Le commerce électronique se fait aussi interentreprises (B2B) sur un site électronique appelé la **place du marché électronique.**

Ce site met en contact trois acteurs principaux :
- *l'acheteur* : en ayant accès à une panoplie de vendeurs, celui-ci bénéficie d'une plus grande information sans avoir à procéder à une recherche longue et coûteuse ;
- *le vendeur* : il profite de canaux de distribution s'adressant à des clients sérieux. Il n'aura pas à supporter tout seul les frais de la publicité et de la commercialisation de ses produits ;
- *le gestionnaire du site ou agent* : en mettant en contact des acheteurs et des vendeurs, il s'assure d'une commission sur la transaction avec des frais de fonctionnement réduits au minimum.

Mentionnons que, sur les sites commerciaux individuels, on aura un seul vendeur et plusieurs clients. Dans le cas des places de marché électronique, c'est un site Web qui met en relation plusieurs vendeurs avec plusieurs acheteurs. On peut alors consulter les catalogues de l'ensemble des fournisseurs, les comparer, effectuer des appels d'offres, faire des enchères et suivre en permanence les prix et l'état du marché.

Le tableau 11.9 résume les avantages du commerce électronique.

- Les entreprises bénéficient d'une visibilité globale, et le client profite d'un accès rapide et global à l'information.
- Les entreprises augmentent leur compétitivité et la qualité des services en permettant un accès immédiat aux services offerts. Elles peuvent aussi suivre en temps réel les choix du client.
- Les entreprises peuvent évaluer le degré d'intérêt du client par rapport aux différents services offerts en mesurant le nombre d'entrées électroniques effectuées.
- On peut connaître des informations détaillées sur les choix du client, ce qui permet la différenciation entre les caractéristiques standards recherchées et celles sur commande (exemple : le choix des configurations des ordinateurs commandés par Internet).
- Les temps de réponse de la chaîne d'approvisionnement sont réduits, surtout pour les demandes de formulaires des services gouvernementaux ou des logiciels commandés.
- La désintermédiation des détaillants est accrue, d'où une réduction des coûts du produit.
- La facturation est simplifiée, et ses coûts sont minimisés par l'élimination de nombreuses transactions comptables et d'archivage inutiles.
- Le commerce électronique permet la création de compagnies virtuelles qui n'ont pas à supporter des coûts d'entrepôts et de stocks, d'où la réduction des coûts du produit.
- Les petites entreprises, manufacturières et de détail, y trouvent leur compte, car le commerce électronique ne nécessite pas de gros investissements en infrastructures et en marketing.

◀ TABLEAU 11.9

Avantages du commerce électronique[10]

11.8 Conclusion

Une chaîne et, dans un sens plus large, un réseau d'approvisionnement sont constitués de l'ensemble des activités et des ressources qui jouent un rôle dans la création et la livraison des biens et des services, du fournisseur initial au client final. Elle couvre donc les trois secteurs économiques, soit les secteurs primaire (l'exploitation), secondaire (la transformation) et tertiaire (les services de distribution). En respectant l'environnement PESTE (politique, économique, social, technologique et écologique), cette approche englobe aussi la récupération et le recyclage pour fermer la boucle et retourner au secteur primaire. Cette dimension de récupération et de logistique du recyclage prend de plus en plus d'importance dans le monde d'aujourd'hui et c'est un phénomène irréversible. Les gouvernements (P), les investissements (É), les sociétés (S), les procédés (T) se doivent de prendre très au sérieux l'écologie de la planète (E).

La gestion des réseaux d'approvisionnement représente une nouvelle vision pour beaucoup d'organisations. Ces entreprises ont tendance à focaliser leur attention uniquement sur leurs propres activités d'opération pour réduire les coûts et augmenter leur profitabilité, sans se douter des avantages énormes que la gestion des approvisionnements procure : réduction des coûts des stocks, disponibilité des produits, flexibilité à répondre à la demande (réaction rapide), satisfaction du client (réponse efficace au consommateur). Pour gérer un réseau d'approvisionnement, il faut :

- revoir les modes d'opération habituels (réingénierie des processus) ;
- accroître le nombre de sous-traitants et externaliser des tâches (impartition), d'où le rallongement de la chaîne d'approvisionnement et les coûts de transport qui s'y rattachent, surtout avec la mondialisation des marchés ;
- alourdir la fonction achats par la gestion des fournisseurs et les contrats ; faire face à des délais de plus en plus courts exigés par le client, jumelés à une variabilité croissante des produits et des durées de vie plus courtes.

Les éléments d'un réseau d'approvisionnement sont : les prévisions, la conception et la production des produits et des services, la planification des opérations et des transports, les achats et la gestion des stocks, la gestion des fournisseurs, la logistique.

La logistique comporte le mouvement des produits, des services et de l'information à l'intérieur de la chaîne ou du réseau d'approvisionnement (localisation et aménagement des centres de distribution, manutention et circulation des objets interdépartements et interentreprises). La logistique est le système sanguin de l'entreprise.

Un réseau d'information et sa logistique ne peuvent opérer sans un système d'information fiable. L'efficacité du réseau dépendra de la capacité de fournir les informations en temps réel. L'échange de données informatisées (EDI) y joue un rôle important. L'EDI a augmenté la

---

10. D. Simchi-Levi, P. Kaminsky et E. Simchi-Levi, *Designing and Managing the Supply Chain : Concepts, Strategy and Case Studies*, New York, Irwin/McGraw-Hill, 2000, p. 235.

productivité et la précision de la gestion des chaînes d'approvisionnement, et il a amélioré le contrôle des opérations. Cette technologie a donné naissance au commerce électronique qui, à son tour, a bouleversé l'approche classique des échanges commerciaux.

La fonction achats est le premier et le dernier maillon de la chaîne reliant l'entreprise et ses fournisseurs. Elle assure le choix, l'évaluation, la négociation et les relations avec les fournisseurs.

L'objectif ultime du réseau d'approvisionnement est l'atteinte absolue de son efficacité. Il faut abattre les barrières qui empêchent l'intégration, servir d'arbitre entre les différentes options dont les paramètres (délais, coûts, demandes et autres) varient continuellement. La confiance, la loyauté et le respect des partenaires sont des concepts importants pour créer un PPPR (partenariat prévision, planification et réapprovisionnement) fiable.

Voici certains sites qui présentent des informations supplémentaires sur les chaînes d'approvisionnement. ●

www.infochain.org
www.clm.org
www.supply-chain.org
www.caq.qc.ca
www.pmac.ca
www.mmdonline.com
www.cita-acti.ca
www.logistics-mag.com

Association canadienne de gestion de la chaîne d'approvisionnement et de la logistique – Canadian Supply Chain and Logistics Management (CSL)

Council of Logistics Management (CLM)

Supply Chain Council

Corporation des approvisionneurs du Québec (CAQ)

Association canadienne de la gestion des achats ACGA – Purchasing Management Association of Canada (PMAC)

Materials Management & Distribution

Association canadienne de transport industriel

Logistics Magazine : le magazine de la planification logistique

Terminologie

Achat (p. 422)

Acquisition (p. 422)

Aménagement (p. 441)

Analyse de la valeur (p. 435)

Analyse du fournisseur (p. 438)

Approvisionnement (p. 423)

Association canadienne de gestion des achats (ACGA) (p. 437)

Centralisation (p. 435)

Chaîne d'approvisionnement (p. 420)

Chaîne de valeur (p. 421)

Chaîne intégrale d'approvisionnement (p. 421)

Chargement partiel (p. 431)

Circulation (p. 441)

Code à barres (p. 444)

Code universel des produits (CUP) (p. 444)

Commerce électronique (p. 448)

Composante approvisionnement (p. 421)

Composante demande (p. 421)

Conditionnement et emballage (p. 424)

Contrat-cadre (p. 434)

Coûts de possession incrémentiels (*Cei*) (p. 442)

Décentralisation (p. 435)

Désintermédiation (p. 431)

Différenciation retardée (p. 431)

Distribution matérielle (ou physique) (p. 423)

Échange de données informatisées (EDI) (p. 443)

Effet coup de fouet (effet Forrester) (p. 424)

Entreprise briques (clic) et mortier (p. 448)

ERO (entretien, réparation, opérations) (p. 441)

Exécution de la commande (p. 448)

Fournisseur (p. 437)

Gestion d'une chaîne d'approvisionnement (p. 426)

Gestion des approvisionnements (p. 423)

Gestion des matières (p. 423)

Gestion des retours (p. 429)

Gestion du transport (p. 441)

Gestion par événement (p. 428)

Identification par radiofréquence ou fréquence radio (RFID) (p. 444)

Impartition (p. 425)

Incoterms (p. 424)

Indicateurs SCOR (p. 428)

Keyretsu (ou maillage des fournisseurs) (p. 440)

Logistique (p. 441)

Logistique des retours (p. 430)

Logistique inversée (p. 430)

Problème 1

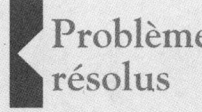

Problème résolus

Déterminez la meilleure politique d'expédition, sachant que l'expéditeur A coûte 400 $ avec un délai de deux jours et que l'expéditeur B coûte 350 $ avec un délai de cinq jours. La valeur de la marchandise à expédier est de 6 000 $, et le coût de possession annuel est de 25 % de la valeur entreposée.

Solution

Économie sur le coût du transport = 400 $ – 350 $ = 50 $

$Ce = I \times c = 0,25 \times 6000\,\$ = 1500\,\$$ par an

$D = 5$ jours – 2 jours = 3 jours gagnés

Le coût de possession incrémentiel est

$$Cei = Ce\left(\frac{j}{365}\right) = 1500 \times \frac{3}{365} = 12,33\,\$$$

12,33 < 50 $

Le coût de possession incrémentiel étant inférieur à l'économie sur le coût du transport, on retiendra l'expéditeur B, qui offre un délai de cinq jours.

11

1. Décrivez brièvement la gestion des chaînes d'approvisionnement.
2. Distinguez chaîne d'approvisionnement, réseau d'approvisionnement, approvisionnement global et approvisionnement intégral.
3. Énumérez les éléments de la chaîne d'approvisionnement et du réseau qui en découle.
4. Qu'est-ce que l'effet coup de fouet?
5. Qu'est-ce que le partenariat stratégique et à quoi sert-il?
6. Quels sont les effets du commerce électronique sur la chaîne d'approvisionnement?
7. Énumérez les avantages et les inconvénients du commerce électronique.
8. Qu'est-ce que le PPPR et quels sont les obstacles à son implantation?
9. Expliquez ce qu'est l'EDI (échange de données informatisées) et les avantages qu'il peut procurer.
10. Décrivez le cycle des achats.
11. Qu'est-ce que la désintermédiation et comment influe-t-elle sur la chaîne d'approvisionnement?
12. Distinguez le code à barres de la RFID. Précisez leurs limites, avantages et inconvénients.
13. Comment l'échange de données informatisées influe-t-il sur la logistique?
14. Quelles sont les relations entre la logistique et la chaîne d'approvisionnement?
15. Décrivez l'approche du transbordement et ses effets sur les opérations des entrepôts.
16. Décrivez brièvement l'interaction entre le service de l'approvisionnement et d'autres domaines fonctionnels de l'entreprise, comme les services de la comptabilité et de la conception.
17. Qu'est-ce que l'analyse de la valeur? Pourquoi l'approvisionnement est-il bien placé pour effectuer cette analyse?
18. Comparez la centralisation et la décentralisation de la fonction achat.

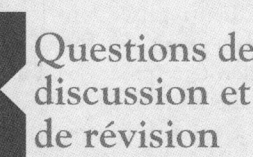

Questions de discussion et de révision

19. Devrait-on toujours choisir le fournisseur proposant la combinaison de la meilleure qualité et du plus bas prix avant les autres? Pourquoi?

20. En quoi consistent l'analyse et la certification des fournisseurs?

21. Discutez de l'importance de créer de bonnes relations avec le fournisseur. Comparez les visions du fournisseur en tant qu'associé et en tant qu'adversaire.

22. Quelles sont les raisons qui amènent les entreprises à choisir une stratégie d'impartition de leur logistique? Discutez des avantages et des inconvénients d'une telle politique.

Problèmes

1. Le responsable de la logistique d'une société doit choisir entre deux entreprises d'expédition, l'une proposant un délai de deux jours et l'autre, de cinq jours. S'il opte pour le délai de cinq jours, il lui en coûtera 135$ de moins qu'avec le délai de deux jours. Le coût d'entreposage est de 10$ par unité par année. Il doit expédier 2 000 unités. Quelle solution lui suggéreriez-vous? Expliquez votre réponse.

2. Déterminez quelle solution d'expédition serait la plus économique pour 80 boîtes de pièces. Chaque boîte vaut 200$, et les coûts d'entreposage représentent 30% de la valeur de l'unité entreposée par année.

Solution	Coût d'expédition
Le lendemain	300$
Deux jours	260$
Six jours	180$

3. La présidente d'une entreprise doit choisir entre deux expéditeurs potentiels, dont les conditions de livraison apparaissent ci-dessous.

Trois cents caisses d'une valeur de 140$ chacune doivent être livrées. Le coût d'entreposage annuel représente 35% de la valeur de la caisse. Quel est le choix le plus économique?

Expéditeur 1		Expéditeur 2	
Conditions (délais de livraison)	Tarifs	Conditions (délais de livraison)	Tarifs
2 jours	500$	2 jours	525$
3 jours	460$	4 jours	450$
9 jours	400$	7 jours	410$

Cas
Les prévisions à la société Sears Canada[11]

Sears Canada déconseille aux entreprises évoluant dans le commerce de détail d'établir des plans de prévisions pour éviter les ruptures de stock.

L'entreprise, dont le siège social canadien est situé à Toronto, a réussi l'application d'un processus d'approvisionnement basé sur la réponse rapide (*quick response*). Ce faisant, l'entreprise s'est départie du fardeau des prévisions et l'a placé sous la responsabilité du fournisseur. Avec ses 110 points de vente à travers le pays, Sears est le plus grand détaillant du Canada. Conseillée par Andersen Consulting, devenue Accenture, l'entreprise a procédé à la réingénierie de son système d'approvisionnement afin d'épurer la chaîne de l'achat à la livraison, jusqu'au paiement final. Bill Turner, vice-président marchandisage et distribution, explique cette transformation: «Notre objectif est d'assurer au consommateur la disponibilité des produits en bonne quantité, au bon moment.» Il fallait agir rapidement, car

Wal-Mart, le grand concurrent, venait d'acquérir 120 magasins de Woolco. Ce nouveau concurrent venait s'ajouter à Home Depot et à Price/Costco, qui ne font qu'accroître leur part de marché. Selon Turner, Sears était fière de son système complexe mais efficace d'approvisionnement: plusieurs procédures différentes étaient auparavant utilisées pour accomplir la même tâche. En les simplifiant et en les normalisant, Sears est passée de 37 procédures d'approvisionnement à 4; de plusieurs méthodes de distribution à une seule, basée sur le flux continu; de 31 méthodes de paiement à une seule. Tout cela s'est fait en quatre mois et a exigé deux équipes de travail: une équipe travaillant en fonction transversale et une autre, proche de la base. Les changements concernent les points suivants:

1. La négociation. Une négociation basée sur les faits est amorcée avec les fournisseurs pour les inciter à produire avec un niveau toujours plus élevé de qualité.

2. Les commandes. La procédure en vigueur pour passer les commandes est basée sur le stock zéro; elle est déclenchée par la demande des consommateurs.

3. Le transport-distribution. Les produits passent moins de temps en entrepôt, allant directement de la réception au consommateur, d'où une réduction des coûts d'entreposage.

4. La réception. Une procédure normalisée a été mise en place dans l'ensemble des magasins pour la réception des produits.

5. Le paiement. Le paiement des fournisseurs est assuré par l'échange de données informatisées (EDI).

Mary Tolan, une consultante à la société Andersen qui a participé au projet, souligne que la livraison directe des produits de grande taille du fournisseur au consommateur est une réussite de la réingénierie de Sears.

11. Traduit et adapté d'un article de *Chain Store Age*, vol. 71, août 1995, p. 44-46.

D'après elle, les fournisseurs livraient auparavant aux entrepôts de Sears de grandes quantités de produits de grande taille. Cette méthode exigeait beaucoup de manutention de la part des employés de Sears, de grands entrepôts très coûteux, sans parler de tous les inconvénients qui en découlaient. Au bout du compte, le consommateur finissait par payer la facture.

La méthode actuelle a changé cette procédure du tout au tout. Quand un client achète une laveuse Whirlpool, le vendeur s'assure par réseau électronique de la disponibilité de l'appareil au point de distribution du fabricant. Il passe la commande directement par EDI et confirme au client la date et le lieu de livraison selon ses désirs. Le fabricant livre le produit à l'entrepôt de réception de Sears, et l'article est immédiatement expédié par Sears au consommateur. Près de 100 articles de grande taille sont présentement traités de cette façon, y compris les produits Whirlpool, GE, Sanyo et Goldstar. Selon Mary Tolan, une économie de 65 M$ a été réalisée en un an, assortie d'une augmentation du taux de satisfaction des clients de 11 %.

Ce processus sera normalisé pour l'ensemble des produits de grande taille, précise Bill Turner. Sears ne procède plus à l'établissement d'un plan de prévisions, laissant cette tâche aux fournisseurs.

Par contre, Sears s'engage à transmettre aux fournisseurs toutes les informations concernant les quantités vendues par catégorie de produits, ses plans de marketing et ses stratégies de ventes promotionnelles. Le fournisseur s'engage à réduire les délais de livraison et à réapprovisionner le détaillant en marchandises à mesure que celles-ci sont vendues.

Sears a dû restructurer son organisation pour s'adapter à cette nouvelle façon de faire.

Bill Turner conclut en disant : « Aujourd'hui, nos acheteurs sont sensibilisés à tout ce qui influerait sur nos marges de profit, surtout la fiabilité des délais de livraison et la disponibilité des produits. »

11

Bibliographie

Fisher, M. «What is the Right Supply Chain for your Product?», *Harvard Business Review*, mars/avril 1997, p. 105-116.

Lee, Hau, et C. Billington. «Managing Supply Chain», *Sloan Management Review*, printemps 1992, p 65-68.

Simchi-Levi, D., P. Kaminsky et E. Simchi-Levi. *Designing and Managing the Supply Chain : Concepts, Strategy and Case Studies*, New York, Irwin/McGraw-Hill, 2000, p. 235.

11

Chapitre 12

La planification globale

Plan du chapitre

Objectifs d'apprentissage

Connaître ce qu'est la planification globale ou intégrée et son utilité ;

Énumérer les variables dont les gestionnaires doivent tenir compte lors de l'établissement d'une planification globale et expliquer quelques-unes des stratégies pour y arriver ;

Décrire quelques-unes des techniques utilisées par les planificateurs pour rédiger des plans globaux (ou intégrés) de production (PGP) ;

Différencier le plan global de production (PGP) et le plan directeur de production (PDP) ;

Établir des plans directeurs de production (PDP) à partir des plans globaux de production (PGP).

12.1 Introduction

Quel que soit le secteur économique dans lequel une entreprise évolue, sa responsabilité première est de répondre aux besoins de ses clients. Les activités récurrentes et systématiques des organisations sont toutes focalisées sur la réponse à ces besoins, et ce, en fonction d'un horizon de temps défini : quotidien, hebdomadaire, saisonnier, annuel ou autre. Une boulangerie doit fournir du pain à ses clients en respectant la quantité demandée, le temps voulu, la qualité souhaitée, à la bonne place et au prix le plus juste ; un hôpital doit rendre des services médicaux à la population qu'elle dessert selon ces mêmes critères (*voir les cinq objectifs des opérations au chapitre 1*). Si l'organisation manque à cette responsabilité, son existence même est remise en cause. Une maison d'enseignement qui est incapable de répondre à la demande de la population a échoué dans sa mission. Or, cette demande provient de plusieurs sources, notamment du plan de prévisions (*voir le chapitre 3*) et du carnet de commandes, c'est-à-dire les commandes qui émanent directement du client. Considérées ensemble, ces différentes sources représentent la demande totale. Une fois la demande totale établie, les gestionnaires de l'entreprise doivent organiser l'ensemble des ressources et des opérations de l'organisation (les capacités) pour satisfaire les besoins de la société selon les objectifs des opérations. La planification des opérations entre alors en scène à long, à moyen et à court terme (*voir la figure 12.1*). La **planification globale (ou programmation intégrée) de la production (PGP)** est une méthode de planification de la capacité de production à moyen terme. Elle couvre généralement un horizon de 2 à 12 mois et peut porter sur une période allant jusqu'à 18 mois. Au niveau national, on observe parfois des plans triennaux et quinquennaux. La planification globale est particulièrement utile pour les entreprises qui subissent des fluctuations (saisonnières ou autres) de la demande totale et de leurs propres capacités à y répondre. La planification globale a pour but d'établir un plan de production (dans les secteurs primaires et secondaires de l'économie) ou des opérations (dans le secteur tertiaire), qui permettra d'exploiter efficacement l'ensemble des ressources humaines, matérielles et techniques de l'entreprise, afin de satisfaire la demande totale.

Les gestionnaires du domaine ou **planificateurs,** en concertation avec les responsables de l'entreprise, ont pour mandat d'établir les taux optimaux de production pour répondre à la **demande totale.** Cela signifie qu'ils doivent déterminer les niveaux de main-d'œuvre et de stocks nécessaires, le mode d'opération (qui peut comporter les ressources internes de l'entreprise, l'impartition, la **sous-traitance,** les ressources occasionnelles) et l'acceptation de situations avec des commandes en souffrance ou autres moyens.

Les objectifs de ce chapitre sont l'étude du concept de la programmation globale ou intégrée, l'évaluation des coûts qui en découlent, l'établissement des stratégies possibles en tenant compte de leurs forces et de leurs faiblesses, et la présentation des stratégies et des politiques les plus communes.

12.1.1 La planification : survol

En ce qui concerne la capacité, les entreprises doivent prendre des décisions à long terme, à moyen terme et à court terme. Les décisions à long terme s'appliquent à la sélection des produits et des services (par exemple le type de produits ou de services à offrir), à la localisation, à la taille des installations, au choix des équipements ainsi qu'à l'aménagement des lieux. Les décisions à moyen terme concernent les niveaux généraux d'emploi, la production et les stocks qui, à leur tour, influent sur les décisions de capacité à court terme. Ces dernières consistent donc essentiellement à déterminer la meilleure façon d'obtenir les résultats désirés, compte tenu des contraintes qui découlent des décisions à moyen et à long terme ; elles incluent entre autres l'ordonnancement des emplois, de la main-d'œuvre et du matériel. La figure 12.1 décrit les trois niveaux de prise de décisions en matière de capacité. Les décisions concernant la capacité à long terme ont été abordées au chapitre 5 ; l'ordonnancement ainsi que les sujets connexes seront traités au chapitre 15. Ici nous discutons essentiellement de la planification des capacités de production à moyen terme.

Plusieurs entreprises préparent leur plan d'affaires en y incluant aussi bien la planification à moyen terme que la planification à long terme. Le **plan d'affaires** établit des directives pour l'entreprise en tenant compte de ses stratégies et de ses politiques, de ses prévisions quant à la demande, de la compétition et des conditions économiques et politiques, soit de l'ensemble des facteurs du modèle PESTE (politiques, économiques, sociaux, technologiques et écologiques).

Planification globale (ou programmation intégrée) de la production (PGP)

Simplement définie, il s'agit de la planification des capacités de production à moyen terme, période couvrant généralement de 2 à 12 mois.

Planificateur

Personne responsable de la rédaction et du suivi des plans et des programmes adoptés par l'entreprise pour satisfaire la demande totale.

12

Demande totale

Combinaison du plan de prévisions et du carnet de commandes.

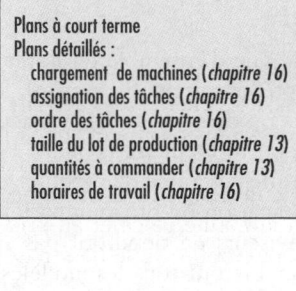
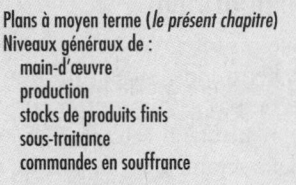
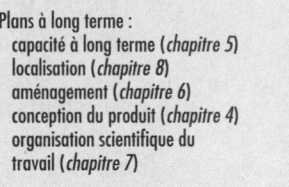
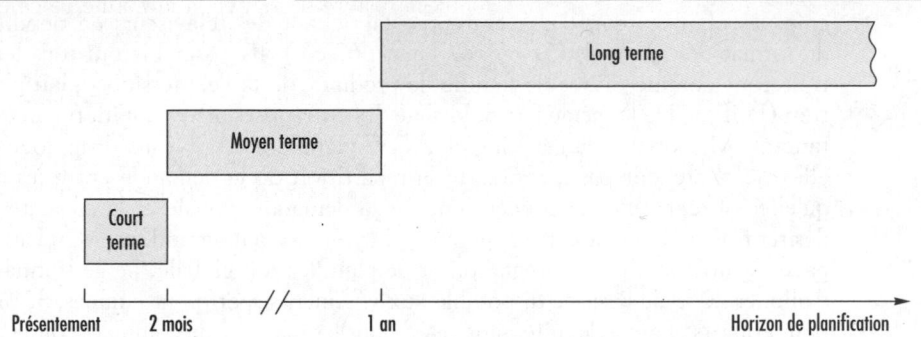

Plans à court terme
Plans détaillés :
    chargement de machines (*chapitre 16*)
    assignation des tâches (*chapitre 16*)
    ordre des tâches (*chapitre 16*)
    taille du lot de production (*chapitre 13*)
    quantités à commander (*chapitre 13*)
    horaires de travail (*chapitre 16*)

Plans à moyen terme (*le présent chapitre*)
Niveaux généraux de :
    main-d'œuvre
    production
    stocks de produits finis
    sous-traitance
    commandes en souffrance

Plans à long terme :
    capacité à long terme (*chapitre 5*)
    localisation (*chapitre 8*)
    aménagement (*chapitre 6*)
    conception du produit (*chapitre 4*)
    organisation scientifique du travail (*chapitre 7*)

Long terme

Moyen terme

Court terme

Présentement   2 mois   1 an   Horizon de planification

▲ **FIGURE 12.1**

Survol des niveaux de planification

Le plan d'affaires a pour principal objectif la coordination des plans à moyen terme des diverses fonctions de l'entreprise comme la mise en marché, les opérations et les finances. Dans les entreprises manufacturières, la coordination intègre aussi la gestion de l'ingénierie et des installations. Les plans doivent s'adapter au cadre défini dans les stratégies et les objectifs à long terme de l'entreprise ainsi qu'aux limites imposées dans les décisions à long terme, par exemple les installations et les budgets d'investissement. Le plan d'affaires guide le processus de planification de chaque fonction de l'entreprise. Pour la fonction opération, une fois que le plan global de production (ou plan global des opérations dans le secteur des services) a été dressé, une planification plus détaillée en découle : c'est le plan directeur de production[1] (PDP). La figure 12.2 illustre l'ordre chronologique de la planification.

◀ **FIGURE 12.2**

Ordre chronologique de planification

12

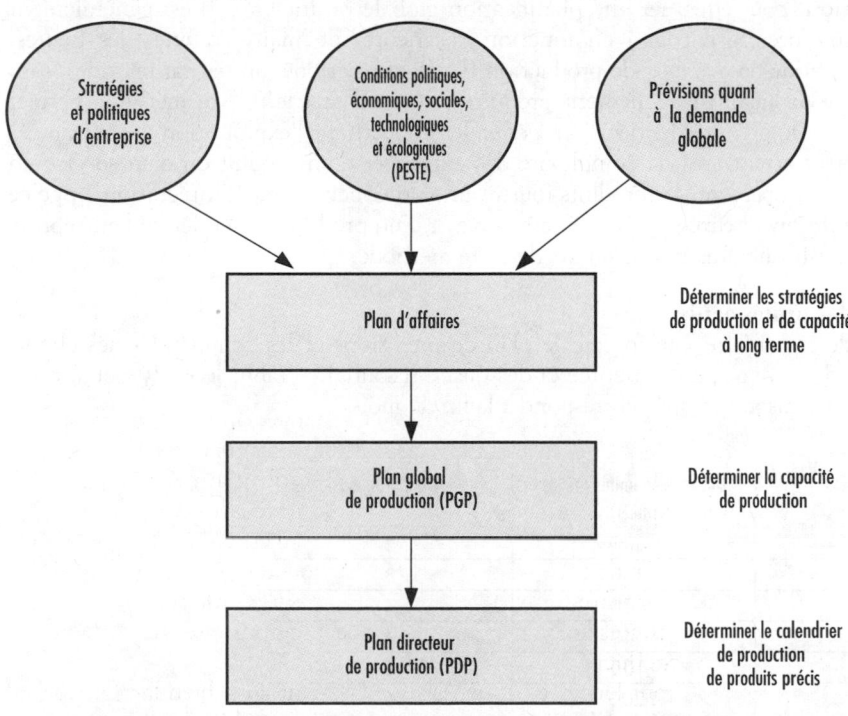

Stratégies et politiques d'entreprise

Conditions politiques, économiques, sociales, technologiques et écologiques (PESTE)

Prévisions quant à la demande globale

Plan d'affaires — Déterminer les stratégies de production et de capacité à long terme

Plan global de production (PGP) — Déterminer la capacité de production

Plan directeur de production (PDP) — Déterminer le calendrier de production de produits précis

—————

1. Par habitude, plusieurs entreprises désignent le plan directeur (ou détaillé) de production par le « plan maître », traduction de *master plan scheduling*.

12.1.2 La notion d'intégration

La planification globale ou intégrée est essentiellement une vue d'ensemble de la planification des opérations de l'entreprise sur un horizon de temps prédéterminé. En général, les planificateurs essaient de ne pas se concentrer sur des produits ou des services en particulier, à moins que l'entreprise n'ait qu'un seul produit ou service à offrir. Ils mettent plutôt l'accent sur un groupe de produits semblables ou, parfois, sur une famille complète de produits, d'où la notion d'intégration. Par exemple, pour effectuer une planification ou programmation intégrée, les planificateurs d'une entreprise fabriquant des téléviseurs ne tiendront pas compte du format des appareils (52 cm, 62 cm ou 67 cm). Ils rassembleront tous les modèles et les traiteront comme une seule famille de produits, de là l'expression «plan global de production (PGP)». De la même façon, lorsque des entreprises de restauration rapide comme les restaurants McDonald, Burger King ou A&W planifient les niveaux d'emploi et de production, elles ne cherchent pas à connaître la répartition de la demande entre les diverses options qu'elles offrent; elles se concentrent sur la demande globale et la capacité globale qu'elles désirent offrir. Lorsque cette approche est appliquée à un grand magasin, l'attribution de l'espace est une décision d'intégration et de planification globale. Le gestionnaire peut décider d'allouer 20 % de l'espace disponible aux vêtements sport pour femmes, 30 % aux vêtements pour enfants et ainsi de suite, sans égard pour les marques de commerce ou la portion réservée aux pantalons pour enfants. La mesure intégrée peut être exprimée en nombre de mètres carrés ou de présentoirs.

Un établissement d'enseignement utilisera la notion d'ÉTC (étudiant à temps complet) pour mesurer ses capacités de service de sa clientèle. Si, pour une session, on a un étudiant inscrit à deux cours et un autre à un seul cours, sachant qu'un étudiant à temps complet suit cinq cours par session, alors on considère que ces deux étudiants représentent: (2 + 1) cours/ 5 cours = 3/5 ou 0,6 ÉTC.

Dans chacun de ces exemples, une approche globale permet aux planificateurs de prendre des décisions intégrées en matière de capacité à moyen terme sans avoir à se préoccuper de détails très précis. De cette manière, ils s'intéresseront davantage aux décisions globales concernant les niveaux de production, d'emploi et de stocks. Ils regroupent alors la demande pour tous les produits en quelques catégories (ou une seule) et effectuent leur planification à partir de ces données.

En conclusion, pour effectuer une planification globale ou intégrée, il est généralement commode de mesurer la capacité en fonction des heures de main-d'œuvre, des heures-machines par période ou des taux de production (barils par période, unités par période), sans se préoccuper de la quantité réellement produite d'un seul article. Cette méthode permet aux planificateurs de prendre des décisions générales concernant l'exploitation des ressources sans devoir porter attention à la complexité des exigences d'un produit ou d'un service en particulier. Le regroupement des produits fournit une unité acceptable d'intégration, appelée **unité équivalente ou intégrée,** qui est établie à partir d'un produit particulier de l'entreprise. L'exemple 1 fournit une illustration simple de cette méthode.

Exemple 1

L'application des unités équivalentes[2]

La demande à satisfaire, qui intègre le plan de prévisions et les commandes des clients sur un horizon de six mois, est présentée ci-dessous. On souhaite établir le PGP, sachant que chaque date de livraison indiquée correspond à la fin du mois.

Produit	Quantité en unités réelles (mois)	Date promise
A	300	2
B	300	3
C	300	4
D	40	4
E	100	5
F	1 200	6

2. C. Benedetti, *Introduction à la gestion des opérations*, 3ᵉ édition, Laval, Éditions Études Vivantes, 1991, p. 184-188.

Puisque la complexité de fabrication diffère d'un produit à l'autre, il serait erroné d'additionner les unités de chacun des six produits pour définir les capacités de production. Il faut donc au préalable établir une unité de mesure commune, appelée « unité équivalente ». Les gestionnaires détermineront alors la capacité d'opération de l'entreprise en fonction du produit le plus commun, appelé le « produit de base ». Dans cet exemple, on suppose qu'il s'agit du produit A. On sait que l'entreprise, compte tenu de ses capacités disponibles, est capable de produire 400 unités par mois du produit A. Tous les autres produits seront estimés en unités équivalentes du produit A. Ainsi, si on estime qu'une unité du produit B nécessite trois fois plus de temps que son équivalent A, alors le temps nécessaire pour produire 300 unités réelles (Ur) de B équivaudra au temps requis pour produire 900 unités équivalentes (Ué) de A, soit plus de deux mois de travail, puisqu'en un mois on est capable de faire 400 Ué de A :

Ué de A = Ur de B × 3 (équivalent en A) = 300 Ur × 3 = 900 Ué

En estimant les autres produits de la même façon, on obtient le tableau suivant :

Produit	Date promise (mois)	Quantité (unités réelles)	Équivalence	Quantité (unités équivalentes)
A	2	300	1,0	*300*
B	3	300	3,0	*900*
C	4	300	1,0	*300*
D	4	40	5,0	*200*
E	5	100	5,0	*500*
F	6	1 200	0,5	*600*
				Σ = *2 800*

Note : Les données sont en romain et les résultats, en italique.

En additionnant les unités équivalentes, on voit que l'entreprise doit satisfaire une demande totale (*DT*) de 2 800 Ué (unités équivalentes de A). Sachant que la capacité est de 400 unités/mois de A, donc de 2 400 Ué sur l'horizon de six mois, on sait dès le départ que l'entreprise devra recourir à d'autres moyens pour satisfaire la *DT* : la sous-traitance, les heures supplémentaires ou d'autres solutions. Il reste maintenant à décider du moment où les produits seront fabriqués. Pour cela, à ce stade, on ne tiendra compte que des unités équivalentes. Plusieurs solutions s'offrent au planificateur, pourvu que ce dernier respecte les quantités requises et les délais de livraison promis. Une solution pourrait être celle qui est présentée à la figure 12.3.

On peut représenter le PGP sous la forme du tableau 12.1.

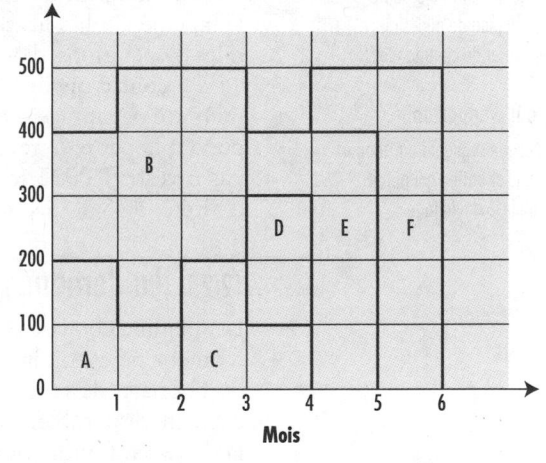

► **FIGURE 12.3**

Plan global de production

Client (commandes/produits)		Mois						Demande totale Ué
		1	2	3	4	5	6	
A	Opération interne (unités)	200	100					300
	Sous-traitance (unités)							0
B	Opération interne	200	300	200				700
	Sous-traitance		100	100				200
C	Opération interne			200	100			300
	Sous-traitance							0
D	Opération interne				200			200
	Sous-traitance							0
E	Opération interne				100	400		500
	Sous-traitance							0
F	Opération interne						400	400
	Sous-traitance					100	100	200
Total (Ué)	Opération interne	*400*	*400*	*400*	*400*	*400*	*400*	*2 400*
	Sous-traitance	*0*	*100*	*100*	*0*	*100*	*100*	*400*

◄ **TABLEAU 12.1**

Plan global de production (PGP) avec limite à 400 unités

12

Selon cette solution, qualifiée de provisoire, on voit qu'aux mois 2 et 3, 100 unités équivalentes du produit B seront confiées à la sous-traitance. Le planificateur peut décider de la modifier et de concentrer cette commande de 200 unités équivalentes au mois 3, pourvu que le total des produits du type B soit disponible à la fin du mois 3. Ce raisonnement pourrait également s'appliquer au produit du type F. À ce stade, il faut noter que les quantités analysées sont des unités équivalentes et non des unités réelles. Il faudra faire la conversion en unités réelles ; il s'agit d'un des rôles du plan directeur de production (PDP) et de la désintégration du PGP (*voir la section 12.7*).

La programmation intégrée débute avec la détermination de la demande totale ou globale, le plan de prévisions et le carnet de commandes, pour un horizon de temps à moyen terme. On établit ensuite un plan provisoire visant à satisfaire la demande en fixant les niveaux de production, d'emploi et de stock de produits finis. Les planificateurs envisageront différents plans, chacun étant examiné en fonction des coûts et de la faisabilité. Si un plan semble valable mais comporte certaines lacunes, on le retravaillera. On doit éliminer un plan insatisfaisant et en considérer d'autres jusqu'à ce qu'on trouve le plus acceptable. La **simulation** est une technique qui peut s'avérer très utile pour tester les différents plans. Le plan global de production (PGP) est essentiellement le résultat de l'intégration de l'ensemble de la demande.

12.2 Les objectifs de la planification globale

Dans cette section, nous étudions les concepts soutenant l'objectif fondamental de la planification globale ou intégrée, cet objectif étant la recherche de l'équilibre entre l'offre (la capacité de l'entreprise) et la demande totale (le plan de prévisions et les commandes des clients). Si l'offre et la demande ne sont pas en équilibre, l'entreprise en subira les effets. La recherche de l'équilibre du système entraîne des coûts à équilibrer avec les coûts d'opportunité.

La planification globale de production, ou programmation intégrée de production, est l'étape de la planification des activités de l'entreprise qui permet d'établir les stratégies générales d'opérations, d'où découle le **plan global (ou programme intégré) de production (PGP)**.

Le **coût d'opportunité** désigne le manque à gagner par rapport à une situation qui aurait rapporté davantage. Le coût d'opportunité d'une action A par rapport à une action B correspond à la perte de revenu subie si l'on choisit A plutôt que B. Par exemple, on décide de ne pas investir 1 000 $ (décision A) pendant un an plutôt que de placer cette somme à un taux d'intérêt de 5 % (décision B). Le coût d'opportunité (ou manque à gagner) de A s'élève à 50 $.

12.2.1 La demande et la capacité

Les planificateurs se préoccupent de la demande anticipée sous deux angles : la quantité et le moment précis où la demande surviendra. Plusieurs situations peuvent se présenter au cours de l'horizon de temps considéré. Par exemple, la demande anticipée totale peut excéder la capacité disponible, être inférieure à celle-ci ou être d'abord inférieure, puis l'égaliser et enfin la dépasser. En fonction des fluctuations de la demande, les planificateurs tentent de maintenir un équilibre approximatif entre les ressources de l'entreprise (la capacité) et la demande. On peut atteindre cet équilibre en changeant soit la capacité, soit la demande, ou encore les deux. Ce faisant, les planificateurs cherchent à réduire les coûts du plan de production, bien que d'autres objectifs puissent être visés : c'est la recherche de la solution optimale.

12.2.2 Les intrants de la planification globale

Pour instaurer un PGP, il faut collecter plusieurs données de base. Tout d'abord, il faut connaître les ressources disponibles pour l'horizon couvert par la planification. Ensuite, on doit déterminer la demande totale à partir de la prévision de la demande et des commandes des clients. Finalement, les planificateurs doivent tenir compte de toutes les politiques touchant les changements dans les niveaux de la main-d'œuvre et leurs impacts. Par exemple, la baisse de la demande place parfois l'entreprise dans une situation de surcapacité sur le plan de la main-d'œuvre ; l'organisation se trouve alors obligée de remercier des employés. Certaines entreprises considèrent les licenciements comme extrêmement indésirables et n'y ont recours qu'en dernier ressort, quitte à soutenir des coûts de fonctionnement élevés, et ce, même si aucune commande n'est reçue ni produite. Le tableau 12.2 énumère les principaux intrants et extrants à considérer lors d'une planification globale.

Plan global (ou programme intégré) de production (PGP)

Plan qui décrit la stratégie générale d'utilisation des capacités, adoptée par l'entreprise, pour satisfaire la demande totale, représentée par le plan de prévisions et le carnet de commandes.

Coût d'opportunité

Manque à gagner par rapport à une situation qui aurait rapporté davantage.

INTRANTS	EXTRANTS
Ressources disponibles	
• taux de production	Coût total du plan global de production (PGP) choisi
• main-d'œuvre	
• équipements et installations (physiques)	
Demande totale	Niveaux espérés :
• plan de prévisions	• de stocks ;
• carnet de commandes	• d'utilisation de la main-d'œuvre
Politiques	• d'utilisation des ressources physiques
• d'embauche et de remerciement	• de sous-traitance
• d'heures supplémentaires	• de commandes en souffrance
• de sous-traitance	
• d'impartition	
Coûts	
• de fonctionnement (temps normal de travail, heures supplémentaires, sous-traitance)	
• d'entreposage	
• de mise en route	
• des commandes en souffrance	

◄**TABLEAU 12.2**

Intrants et extrants de la planification globale des opérations (PGP)

Dans le domaine des services, une difficulté vient s'ajouter à la notion de **survente, ou surréservation.** En effet, dans le domaine du transport, de l'hôtellerie et du tourisme, on a tendance à réserver ou à vendre plus de places que les ressources réelles disponibles de l'entreprise. La raison principale est de compenser les pertes occasionnées par les défections (les clients qui ne se présentent pas). Certaines cliniques médicales le pratiquent aussi. Il en est de même dans le domaine de la vente au détail avec la survente.

Survente ou surréservation
Vente de produits ou de services dépassant les capacités réelles disponibles, afin de compenser les pertes dues aux défections.

12.2.3 Les choix concernant la demande et la capacité

On peut influer sur l'établissement de la planification globale de différentes façons, par exemple en intervenant sur la demande, les capacités ou les ressources présentes dans l'entreprise. Étudions ces options plus en détail.

Les choix concernant la demande – Les principales façons d'influencer la demande sont :

1. La détermination des prix. On utilise couramment les différentiels de prix pour transférer la demande des périodes de pointe aux périodes tranquilles. Quelques hôtels, par exemple, offrent des tarifs plus bas pour des séjours de fin de semaine et certaines lignes aériennes, des tarifs réduits sur les vols de nuit. Les cinémas proposent des prix réduits certains jours de la semaine, et des restaurants offrent des «spéciaux pour matinaux», afin de transférer une partie de la demande plus forte (repas du midi) vers une période traditionnellement moins achalandée. Avec une tarification efficace, la demande ainsi transférée provoquera un meilleur équilibrage ou lissage des ressources, bien que cela entraîne un coût d'opportunité. Un facteur important à considérer est le degré d'élasticité du prix du produit ou du service ; plus l'élasticité est grande, plus il est possible de modifier les tendances de la demande avec des prix appropriés.

2. La promotion. La publicité et les autres formes de promotion, comme les étalages et le marketing direct, peuvent parfois être très efficaces pour favoriser le transfert de la demande. Il faut alors planifier le moment où il convient de déployer ces efforts et connaître le taux et les modèles de réponse si l'on veut obtenir les résultats escomptés. Or, on a moins de contrôle sur le moment où survient la demande que sur la détermination des prix ; la promotion peut parfois aggraver la condition qu'elle devait améliorer.

3. Les commandes en souffrance. Quand le carnet de commandes et le plan global sont chargés, on peut transférer la demande à d'autres périodes en recourant à des retards planifiés dans la livraison : les commandes jugées moins importantes seront exécutées plus tard, quitte à ne pas respecter les délais promis et à en subir les conséquences. L'efficacité de cette méthode dépend des relations avec les clients et du niveau de dangerosité de la compétition. Elle met l'entreprise dans une situation de vulnérabilité si la concurrence est agressive et réussit à satisfaire la clientèle plus rapidement. En outre, il peut être difficile de déterminer les **coûts de pénurie** puisqu'ils incluent la perte de ventes, l'insatisfaction des clients et de la paperasserie supplémentaire.

4. La nouvelle demande. Plusieurs entreprises font face à un problème de grande variation de la demande. Ainsi, la demande pour le transport par autobus tend à augmenter pendant les périodes de pointe du matin et de la fin de l'après-midi par rapport aux autres périodes. Si on peut organiser, par exemple, des voyages pour les écoles, les clubs et les groupes du troisième âge, on utilisera l'excédent de la capacité pendant ces temps de relâche. La même situation se produit dans plusieurs établissements de restauration rapide, qui sont ouverts pour le déjeuner afin de mieux exploiter leurs capacités, et dans plusieurs entreprises d'horticulture qui utilisent leur matériel pendant les mois d'hiver pour le déneigement. Des entreprises manufacturières qui connaissent des demandes saisonnières pour certains produits (par exemple des souffleuses à neige) fabriqueront parfois des produits complémentaires (par exemple des tondeuses à gazon, du matériel de jardinage) qui utilisent les mêmes processus de production. Elles nivellent ainsi la main-d'œuvre, le matériel et les installations.

Les choix concernant la capacité – Les principales options pour intervenir sur la capacité sont décrites ci-après.

1. L'embauche et le licenciement des travailleurs. Le degré des besoins en main-d'œuvre pour les opérations détermine l'impact des changements du niveau de main-d'œuvre sur la capacité. En outre, il faut tenir compte des besoins physiques nécessaires de chaque employé. Par exemple, si un supermarché a généralement 10 caisses ouvertes sur 14 (nombre maximal physiquement disponible), on peut ouvrir les 4 autres caisses et ajouter 4 caissiers si le besoin se fait sentir en période de pointe. Toutefois, cette possibilité peut être limitée par les autres ressources nécessaires pour soutenir les employés; on pourra difficilement ajouter 3 nouvelles caisses (passer de 14 à 17), même si les employés sont disponibles. Inversement, il peut y avoir une limite minimale quant au nombre de travailleurs requis pour qu'une opération demeure viable (comme la permanence). Il arrive que les conventions collectives restreignent les embauches et les licenciements qu'une entreprise peut effectuer. De plus, en raison des problèmes sérieux engendrés par les mises à pied des travailleurs, certaines entreprises adoptent des politiques interdisant ou limitant les ajustements à la baisse de la main-d'œuvre. Par ailleurs, l'embauche suppose qu'il existe des réserves de travailleurs. Cependant, ces dernières varient et, en période de faible disponibilité de personnel, l'entreprise a de la difficulté à appliquer cette méthode.

Le recours à l'embauche et au licenciement comporte certains coûts tels que le recrutement, la sélection et la formation des nouveaux employés. Les notions des courbes d'apprentissage (*voir le supplément du chapitre 7*) revêtent ici leur pleine importance. La qualité peut aussi en souffrir. On peut réaliser quelques économies en réembauchant les employés récemment remerciés. Les coûts de licenciement comprennent les indemnités de cessation d'emploi, les coûts du rajustement de la main-d'œuvre restante, les risques de susciter de la rancœur envers l'entreprise de la part des employés licenciés et une certaine baisse du moral des employés restants qui, malgré les affirmations de l'entreprise, peuvent craindre de perdre leur emploi. Certaines entreprises considèrent que les employés sont un capital plutôt qu'un coût variable; elles rejettent cette méthode en gérant les temps de baisse d'activité (relâche) de manière différente. Malheureusement, malgré toutes les déclarations alléguant que la main-d'œuvre devrait être traitée avec plus de considération et non pas comme une simple ressource parmi les autres, un long chemin reste à faire.

2. Les heures supplémentaires et les périodes de relâche. Le recours aux heures supplémentaires ou aux périodes de relâche constitue une méthode moins draconienne que l'embauche et le licenciement des travailleurs pour modifier la capacité. De plus, on peut l'utiliser dans l'ensemble de l'entreprise ou de manière sélective, selon les besoins. Cette méthode s'applique rapidement et facilement. Elle permet à l'entreprise de conserver une base stable d'employés qualifiés qui peuvent ainsi augmenter leur revenu. Le recours aux heures supplémentaires est intéressant pour répondre aux demandes saisonnières; il évite l'embauche et la formation des gens qui seront mis à pied pendant la basse saison. Selon l'organisation du travail, il est souvent nécessaire d'employer toute une équipe plutôt que d'embaucher une ou deux personnes. Faire travailler toute l'équipe en heures supplémentaires est donc préférable à l'embauche d'autres personnes. Certaines conventions collectives permettent aux travailleurs de refuser de faire des heures supplémentaires. Dans ces cas, il peut être difficile de réunir une équipe ou de garder toute une chaîne de production en marche après les heures normales de travail. Bien que les travailleurs apprécient le revenu additionnel des heures supplémentaires, ils n'aiment ni être appelés sans préavis ni les fluctuations imprévisibles. Le recours systématique, et dans certains cas obligatoire, aux heures supplémentaires peut provoquer une baisse de productivité, une qualité moindre, une augmentation du nombre d'accidents et des coûts de revient plus élevés.

Lorsque la demande est inférieure à la capacité, on peut profiter des périodes de relâche pour former ou recycler les employés. De telles périodes permettent aussi aux travailleurs de résoudre des problèmes qui traînent et d'améliorer des processus, et à l'entreprise de conserver ses travailleurs qualifiés.

3. **Les travailleurs à temps partiel.** Dans certains cas, l'embauche de travailleurs à temps partiel ou sur appel constitue une option valable. Or, cela dépend beaucoup de la nature du travail, de la formation, des aptitudes requises ainsi que des conventions collectives. Un travail saisonnier qui exige peu d'aptitudes professionnelles se prête bien au travail à temps partiel, qui coûte généralement moins cher en salaires et en avantages sociaux. Cependant, les syndicats voient cette option de travail d'un mauvais œil parce qu'en général, il diminue le pouvoir et la cote syndicale. Les grands magasins, les restaurants, les supermarchés, les parcs et les industries de loisirs, les stations touristiques, les agences de voyages, les hôtels et autres entreprises de services ayant des demandes saisonnières font souvent appel aux travailleurs à temps partiel. Pour que cette solution soit économiquement viable, les entreprises des secteurs économiques où la demande est saisonnière doivent pouvoir engager des employés à temps partiel ou saisonniers au besoin.

4. **Les stocks.** Une autre façon de répondre à une demande variable consiste à produire des biens durant les périodes de basse activité et à les vendre pendant les périodes de haute demande. Pour cela, on crée et on conserve des stocks jusqu'au moment opportun. Or, ces stocks coûtent de l'argent. Ces coûts comprennent non seulement les frais d'entreposage et le loyer de l'argent engagé qui pourrait être investi autrement, mais aussi les coûts des assurances, de la désuétude, de la détérioration, du gaspillage, des dommages et autres. Les stocks sont généralement renouvelés durant les périodes où la capacité excède la demande, et ils sont écoulés durant les périodes où la demande excède la capacité (*voir le chapitre 13*). Cette méthode convient davantage aux industries manufacturières qu'aux industries de services. En effet, à part dans le secteur du commerce de détail, les biens manufacturés peuvent être entreposés tandis qu'en général, les services ne peuvent l'être. Cependant, pour les services, une méthode analogue consiste à rationaliser ou encore à effectuer une partie du service durant les périodes de relâche (organiser les lieux de travail, faire des travaux de maintenance). Malgré ces possibilités, les entreprises de services n'ont pas tendance à recourir aux stocks pour faire face aux variations de la demande.

5. **La sous-traitance.** La sous-traitance permet aux planificateurs d'acquérir une capacité temporaire, même s'ils perdent en partie le contrôle sur la production et que cette option peut se solder par des coûts plus élevés ainsi que des problèmes de qualité. La décision de fabriquer ou d'acheter le produit, ou d'effectuer soi-même le service au lieu d'impartir la tâche à une autre entreprise pour faire le travail, dépend généralement de facteurs comme la capacité disponible, l'expertise relative, les considérations sur le plan de la qualité, les coûts, la quantité ainsi que la stabilité de la demande.

Dans certains cas, une entreprise peut choisir d'effectuer une partie du travail elle-même et d'externaliser systématiquement le reste afin de s'assurer d'une certaine souplesse et de se protéger contre toute perte de contrôle. De plus, elle se dote ainsi d'un outil de négociation avec les sous-traitants et garde une longueur d'avance si elle décide plus tard de prendre complètement en charge l'opération. L'**impartition**[3] est une sous-traitance sur une base régulière et à plus long terme.

12

Impartition
Action consistant pour l'entreprise à confier à un tiers, en tout ou en partie, la réalisation d'activités plutôt que d'exécuter celles-ci en interne, l'impartiteur conservant la responsabilité de définir les résultats attendus et même, dans certains cas, les moyens de réalisation[4].

12.3 Les stratégies de base pour répondre aux variations de la demande

Lors de la rédaction d'un plan global de production, les gestionnaires disposent d'un large éventail de possibilités pour adapter la capacité à la demande. Puisque les décisions qui influencent la demande font plutôt partie du domaine du marketing, nous nous concentrerons ici sur les options concernant la capacité relevant des opérations, tout en incluant les commandes en souffrance.

---

3. Dans certains milieux, appelée « infogérance ».

4. © Institut canadien des comptables agréés, 2006.

Les stratégies de planification globale les plus communes sont :
* conserver une main-d'œuvre stable ;
* répondre à la demande, période par période (stratégie synchrone) ;
* maintenir un taux de production stable (stratégie d'équilibre) ;
* utiliser une combinaison de différentes stratégies de planification.

Bien que d'autres stratégies soient possibles, celles qui viennent d'être mentionnées donnent un aperçu du fonctionnement de la planification intégrée dans un grand nombre d'entreprises. Avec une **stratégie de production synchrone,** il y a concordance entre la capacité et la demande : la production planifiée pour chaque période est égale à la demande prévue pour cette même période. La **stratégie du taux nivelé** consiste à établir un taux d'opération moyen constant pour satisfaire la demande, les variations de la demande étant absorbées par les stocks cumulés en période de basse activité. Avec une **stratégie d'équilibre de la capacité,** les variations de la demande sont absorbées grâce à une combinaison de stocks, d'heures supplémentaires, de travailleurs à temps partiel, de sous-traitance et de commandes en souffrance. Il ne faudrait pas confondre la stratégie d'équilibre et celle du taux nivelé.

Plusieurs entreprises considèrent qu'une main-d'œuvre stable est un atout. Puisque les changements provoqués par l'embauche et le licenciement peuvent nettement influer sur la motivation des employés et perturber l'organisation dans son ensemble, des entreprises préfèrent répondre aux variations de la demande par d'autres moyens. De plus, les variations du nombre de travailleurs peuvent être très coûteuses, et il y a toujours un risque que la main-d'œuvre qualifiée ne soit pas disponible au moment voulu. Les syndicats tendent à favoriser une main-d'œuvre constante pour assurer la stabilité et la sécurité d'emploi à leurs membres. Plusieurs conflits de travail portent sur la sécurité d'emploi, et la planification globale joue un rôle majeur dans ces situations.

Pour maintenir un niveau de production stable, satisfaire la demande et absorber les fluctuations, les planificateurs ont recours à une combinaison judicieuse de sous-traitance, de commandes en souffrance, d'équipes sur appel, d'heures supplémentaires et de stocks. La sous-traitance requiert des investissements pour évaluer les sources d'approvisionnement et elle entraîne de possibles augmentations des coûts, une réduction du contrôle sur la production, en plus des précautions à prendre sur le plan de la qualité. Les commandes en souffrance peuvent entraîner des pertes de ventes, une tenue de livres plus compliquée et un service à la clientèle de moindre niveau. Les équipes sur appel apportent une certaine flexibilité à l'entreprise, mais ne peuvent s'engager de façon sérieuse dans le travail. Les heures supplémentaires peuvent être intéressantes pour les employés qui veulent arrondir leur paye, mais elles ont leurs limites. Concrètement, on ne peut pas doubler les quantités produites à l'aide des heures supplémentaires ; une augmentation d'un maximum de 20 % peut être obtenue. Enfin, le fait d'absorber les fluctuations à l'aide des stocks peut entraîner des coûts importants : argent bloqué dans les stocks, installations d'entreposage assez importantes et autres frais rattachés aux stocks. De plus, les stocks ne constituent généralement pas une solution de rechange pour les entreprises de services. Cependant, le recours aux stocks comporte certains avantages : coûts minimes de recrutement, de formation, d'heures supplémentaires et de temps d'arrêt, réduction des problèmes de motivation, exploitation optimale et nivelée du matériel et des installations.

Une stratégie de production synchrone suppose une grande capacité et une flexibilité permettant de s'adapter à la demande, période par période. Le principal avantage de cette méthode est qu'elle permet de conserver les stocks à un niveau assez bas, ce qui peut engendrer des économies substantielles pour une entreprise. À tort, certains gestionnaires ont associé et confondu cette stratégie à celle du stock zéro et du juste-à-temps (JAT). L'inconvénient majeur est le manque de stabilité dans les opérations, lesquelles doivent constamment s'adapter aux variations de la demande. De même, lorsque la demande prévue diffère de la demande réelle, il peut y avoir une baisse de motivation puisqu'il devient bientôt évident pour les travailleurs et les gestionnaires que leurs efforts ont été gaspillés. La figure 12.4 illustre une stratégie synchrone et une stratégie équilibrée ou nivelée.

Finalement, les entreprises peuvent choisir parmi une combinaison de ces stratégies. Par exemple, il est possible de posséder un niveau relativement bas de ressources et d'employés, auxquels on peut assurer un niveau d'occupation stable, tout en faisant face aux variations et aux soubresauts de la demande à l'aide de la sous-traitance ou d'autres solutions. Les planificateurs disposent alors d'une plus grande flexibilité pour répondre à une demande variable et peuvent essayer plusieurs solutions. Par contre, l'absence d'un objectif clair peut causer de la confusion et de l'insécurité chez les employés.

Stratégie de production synchrone

Établissement d'un équilibre entre la capacité et la demande par rajustement continu de la production selon la demande.

Stratégie d'équilibre de la capacité

Maintien d'un taux constant de production en temps normal ; les variations de la demande sont absorbées grâce à une combinaison d'options.

12

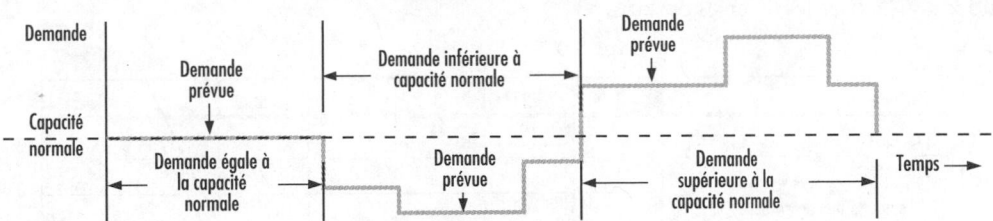

A. Modèle de demande variable

◄**FIGURE 12.4**

Un modèle de demande variable
et comparaison de stratégies
de production synchrone
et de production nivelée

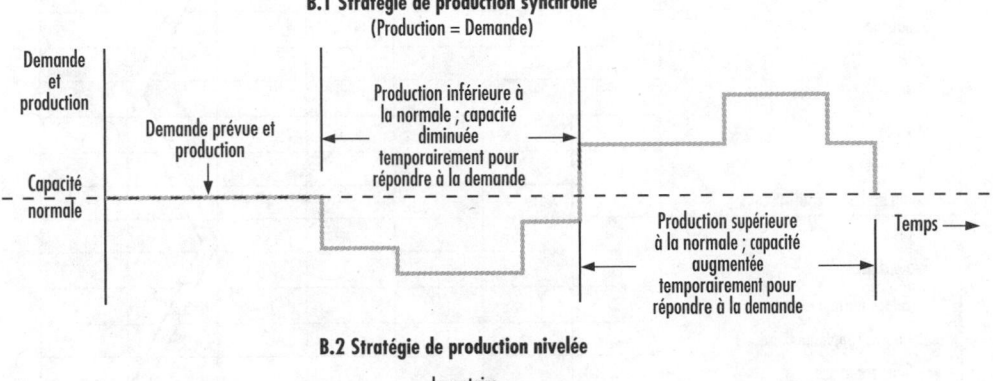

B.1 Stratégie de production synchrone
(Production = Demande)

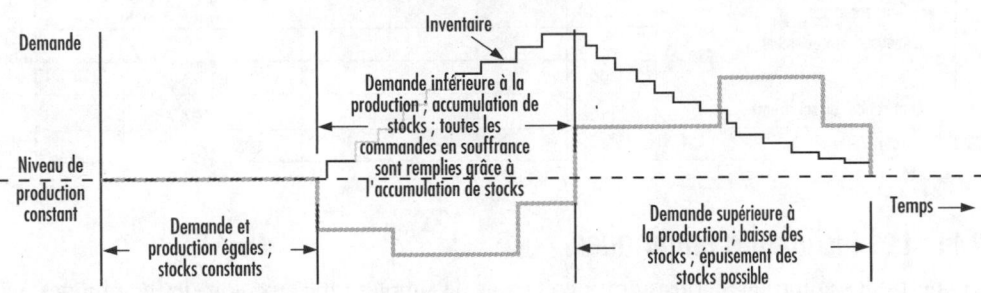

B.2 Stratégie de production nivelée

12.4 Les techniques de la planification globale

Il existe plusieurs techniques pour assister les décideurs dans la mise en place d'un programme intégré. En général, elles se classent dans l'une des catégories suivantes : les techniques empiriques ou intuitives, basées sur l'expérience (approches par essais et erreurs) et les techniques mathématiques. Dans la pratique, on utilise souvent des techniques informelles, même si beaucoup de recherches ont été consacrées aux techniques mathématiques. Moins courantes, celles-ci servent souvent de base pour comparer l'efficacité des techniques de rechange et analyser leur sensibilité. Il sera donc intéressant de les étudier brièvement.

La procédure habituelle de la programmation intégrée pour établir un plan global de production (PGP) comprend les étapes suivantes :

1. Déterminer la demande totale (le plan de prévisions plus les commandes des clients pour chaque période).

2. Déterminer les capacités de l'entreprise (heures normales de travail, heures supplémentaires, sous-traitance pour chaque période).

3. Définir les politiques appropriées pour l'entreprise (par exemple, conserver des stocks de sécurité représentant 5 % de la demande, maintenir une main-d'œuvre relativement stable ou autre).

4. Déterminer les coûts unitaires des heures normales de travail, des heures supplémentaires, de la sous-traitance, du stockage, des commandes en souffrance, des licenciements, etc.

5. Élaborer des plans de rechange et calculer leurs coûts.

6. Si des plans satisfaisants sont élaborés, choisir celui qui atteint davantage les objectifs globaux de l'entreprise. Autrement, retourner à l'étape 5.

Une feuille de travail comme celle de la figure 12.5, à la page suivante, peut être un outil utile pour définir la demande, la capacité et les coûts de chaque plan. Ces feuilles de travail peuvent prendre plusieurs formes : fichiers électroniques, tableurs ou autres, selon le choix et le degré d'informatisation de l'organisation elle-même. De plus, les graphiques peuvent aider à visualiser les diverses options.

FIGURE 12.5 ▶

Exemple de feuille de travail

Période	1	2	3	4	5		Total
Prévision							
Production							
Temps normal de travail							
Heures supplémentaires			.				
Sous-traitance							
Production – Prévision							
Stocks							
Initial							
Final							
Moyen							
Commandes en souffrance							
Coûts							
Production							
Temps normal de travail							
Heures supplémentaires							
Sous-traitance							
Embauche/Licenciement							
Stocks							
Commandes en souffrance							
Total							

12.4.1 Les techniques empiriques

Les méthodes empiriques consistent à créer soit de simples tableaux, soit des graphiques qui permettent aux planificateurs de comparer visuellement les exigences projetées de la demande avec la capacité actuelle. On évalue ensuite les diverses solutions selon leurs coûts totaux. Le choix de la stratégie est arrêté de manière empirique, d'après l'expérience du gestionnaire, l'approche par essais et erreurs et les besoins du moment. Cette façon de procéder est simple, pragmatique, facile à appliquer et à présenter au personnel de l'entreprise.

Les graphiques peuvent aider à élaborer les options. Certains planificateurs préfèrent des graphiques cumulatifs, tandis que d'autres optent pour un plan ventilé par période. Par exemple, la figure 12.6, à la page 469, illustre un graphique cumulatif pour le plan de production nivelé de l'exemple 2, à la page 468 : la courbe représente la demande et la ligne en pointillé, le taux de production cumulé. Il faut noter l'utilisation des stocks cumulés durant les cinq premières périodes pour satisfaire la demande excédentaire de la période 6. À titre comparatif, soulignons que la figure 12.4, à la page précédente, représentait l'évolution de la demande et de la capacité par période. Les graphiques ont pour principal avantage de donner une description visuelle du plan.

Les trois exemples qui suivent illustrent l'élaboration et la comparaison des programmes intégrés de la production ou PGP (planification globale de la production). Dans le premier, la production en heures normales de travail est stable, et les stocks absorbent les variations de la demande. Dans le deuxième exemple, on utilise un taux de production normal plus bas, et l'on a recours d'une part aux heures supplémentaires, et, d'autre part, aux travailleurs temporaires surnuméraires. Dans tous ces cas, il peut y avoir une certaine quantité de commandes en souffrance, bien que cette situation soit à éviter.

Pour ces exemples, ainsi que pour les autres exemples et problèmes de ce chapitre, on part des hypothèses suivantes :

1. La capacité de production normale est la même durant toutes les périodes. Les vacances, le nombre de jours travaillés par mois, etc., ne sont pas pris en compte. Ainsi, on suppose que, chaque mois, on produit le même nombre d'unités, indépendamment du nombre de jours. Cette hypothèse simplifie les calculs.

2. Les coûts sont déterminés de façon linéaire en dollars par unité et sont fonction des coûts de production, des commandes en souffrance, des heures supplémentaires, etc. Ils donnent souvent une bonne approximation de la réalité, bien qu'ils ne soient pas toujours précis, car ils varient plutôt par paliers.

3. Les plans sont réalisables; cela signifie qu'il y a une quantité de stocks suffisante, que les sous-traitants offrant une qualité et une capacité appropriées sont prêts et, au besoin, qu'on peut effectuer des changements dans la production.

4. On peut représenter tous les coûts liés à une option par une somme forfaitaire ou par des coûts unitaires indépendants de la quantité requise. Une fois encore, la représentation discrète par paliers des coûts est plus réaliste, mais à des fins d'illustration et par souci de simplicité, l'hypothèse initiale est acceptable.

5. L'estimation des coûts est réaliste; les coûts sont constants pour l'horizon considéré.

6. Les stocks se constituent et s'épuisent à un rythme uniforme, et la production suit également un rythme uniforme à chaque période, selon le principe premier produit, premier sorti (premier entré, premier sorti — PEPS). Cependant, on traite les commandes en souffrance comme si elles existaient pendant une période entière, même si elles tendent à s'accumuler vers la fin des périodes où elles apparaissent. Cette hypothèse est donc peu réaliste, mais elle simplifie les calculs.

Dans les exemples et les problèmes de ce chapitre, on utilise les équations suivantes pour déterminer le nombre de travailleurs, la quantité en stock et les coûts de chaque plan de production:

a) Calcul du nombre de travailleurs disponibles par période:

$$
\begin{array}{ccccc}
\text{Nombre de} & & \text{Nombre de} & \text{Nombre de nouveaux} & \text{Nombre de travailleurs} \\
\text{travailleurs} & = & \text{travailleurs à la fin de} & + \text{ travailleurs au} & - \text{ licenciés au début} \\
\text{par période} & & \text{la période précédente} & \text{début de la période} & \text{de la période}
\end{array}
$$

b) Calcul de la quantité de stock à la fin d'une période donnée:

$$
\begin{array}{ccccc}
\text{Stocks} & & \text{Stocks} & \text{Production} & \text{Quantité utilisée pour} \\
\text{à la fin de} & = & \text{à la fin } (S_f) \text{ de la} & + \text{ de la période} & - \text{ répondre à la demande} \\
\text{la période } (S_f) & & \text{période précédente} & \text{actuelle} & \text{de la période actuelle}
\end{array}
$$

c) Calcul des stocks moyens pour une période (S_{moy}):

$$S_{moy} = \frac{S_f + S_i}{2}, \text{ où } S_f = \text{stock final}; S_i = \text{stock initial}$$

On détermine les coûts d'un plan particulier pour une période donnée en additionnant les coûts suivants:

$$
\begin{array}{ccccc}
\text{Coût} & \text{Coût de production} & \text{Coût des variations} & \text{Coût} & \text{Coût des} \\
\text{pour une} & \text{(temps normal de travail} & \text{de main-d'œuvre} & \text{des stocks} & \text{commandes} \\
\text{période} = & \text{+ heures supplémentaires} + & \text{(coût d'embauche} + & + & \text{en souffrance} \\
& \text{+ sous-traitance)} & \text{ou de licenciement)} & &
\end{array}
$$

Ces coûts sont représentés de la façon suivante:

Type de coût	Méthode de calcul
Production	
Temps normal de travail (*TN*)	Coût normal à l'unité × Quantité en production normale
Heures supplémentaires (*HS*)	Coût à l'unité en heures supplémentaires × Quantité produite en heures supplémentaires
Sous-traitance (*ST*)	Coût à l'unité de la sous-traitance × Quantité sous-traitée
Variation de la main-d'œuvre	
Embauche	Coût par embauche × Nombre de personnes engagées
Licenciement	Coût d'un licenciement × Nombre de licenciements
Stock	Coût unitaire de possession × Stocks moyens
Commandes en souffrance	Coût unitaire des commandes en souffrance × Nombre d'unités des commandes en souffrance

Les exemples suivants illustrent seulement trois des nombreuses options qu'on peut essayer; d'autres peuvent avoir un coût moindre. Par tâtonnements, on ne peut jamais être complètement sûr d'avoir trouvé le plan dont le coût est le plus bas, à moins d'avoir évalué chaque option. Toutefois, le but de ces exemples est d'illustrer le processus d'élaboration et d'évaluation d'un programme intégré plutôt que de déterminer le programme optimal. Les problèmes proposés à la fin de ce chapitre présentent d'autres stratégies de PGP.

En pratique, l'efficacité d'un bon PGP dépend de l'ingéniosité et de la persévérance du planificateur. Un tableur de type Excel peut éliminer le fardeau du calcul inhérent aux techniques par tâtonnements.

Exemple 2

La variation dans le niveau des stocks

Les planificateurs d'un fabricant de plusieurs modèles de tracteurs-jouets s'apprêtent à dresser le plan global de production pour un horizon de temps de six mois. Ils ont recueilli les informations suivantes:

Mois	1	2	3	4	5	6	Total
Prévisions (unités)	200	200	300	400	500	200	1 800
Coûts							

Coûts

    Production

        Temps normal de travail (TN) = 2 \$/tracteur
        Heures supplémentaires (HS) = 3 \$/tracteur
        Sous-traitance (ST) = 6 \$/tracteur

      Stock = 1 \$/tracteur par période pour un stock moyen

Coût de pénurie (C_p) = 5 \$/tracteur en souffrance par période

1 employé fabrique 20 unités/mois

On cherche à évaluer les coûts d'un PGP avec un taux nivelé de production en heures normales de travail, qui utilise principalement le stock pour absorber les variations de la demande, tout en assumant des coûts de pénurie dus aux commandes en souffrance. Aucun stock de produits finis n'est disponible au début de la première période. On sait que le taux de production nivelé actuel est de 300 unités (tracteurs) par mois en temps normal de travail (TN) (1 800/6 = 300). Aucun stock n'est prévu pour la fin de l'horizon de six mois. Il y a 15 travailleurs. Pour simplifier, on suppose que le même nombre d'unités est produit chaque mois et que chaque mois est constitué d'un même nombre de jours ouvrables.

Solution

Mois	1	2	3	4	5	6	Total
Prévisions (unités)	200	200	300	400	500	200	1 800
Production (unités)							
Temps normal (TN)	300	300	300	300	300	300	1 800
Heures supplémentaires (HS)	–	–	–	–	–	–	
Sous-traitance (ST)	–	–	–	–	–	–	
Production – Prévisions (unités)	100	100	0	–100	–200	100	0
Stock (unités)							
Initial	0	100	200	200	100	0	
Final	100	200	200	100	0	0	
S_{moy}	50	150	200	150	50	0	600
Commandes en souffrance (unités)	0	0	0	0	100	0	100
Coûts (\$)							
Production							
Temps normal	600	600	600	600	600	600	3 600
Heures supplémentaires	–	–	–	–	–	–	
Sous-traitance	–	–	–	–	–	–	
Embauche/Licenciements	–	–	–	–	–	–	
Stock	50	150	200	150	50	0	600
Commandes en souffrance	0	0	0	0	500	0	500
TOTAL	650	750	800	750	1 150	600	4 700

Il faut noter que la production totale en heures normales de travail de 1 800 unités équivaut à la demande totale prévue. Les stocks finaux équivalent aux stocks initiaux, plus la quantité suivante : Production – Prévisions. Si le résultat (Production – Prévisions) est négatif, cela signifie que le stock diminue d'autant durant cette période. Si le stock disponible est insuffisant, les commandes en souffrance sont égales à la quantité manquante, comme à la période 5. On résout ce problème en utilisant la production excédentaire de la période 6.

Calcul des coûts : les coûts normaux de fonctionnement pour chaque période sont de 300 unités × 2 $/unité = 600 $. Les coûts des stocks = Stocks moyens × 1 $/unité. Les coûts des commandes en souffrance sont de 5 $/unité manquante. Les coûts totaux de ce plan, pour l'horizon de temps de 6 mois, s'élèvent à 4 700 $, soit un coût unitaire de :

$$\frac{4\,700\,\$}{DT + S_f - S_i} = \frac{4\,700\,\$}{1\,800\,u} \simeq 2,61\,\$/u\,;\,DT = \text{demande totale}$$

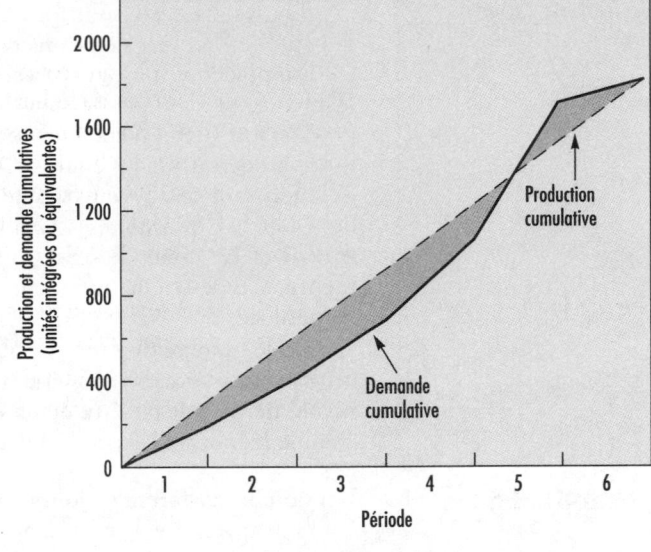

Graphique cumulatif

Le tableau ci-dessus présente les calculs effectués pour chacune des six périodes couvertes par le PGP ainsi que le coût global pour l'ensemble de l'horizon de temps.

La figure 12.6 illustre la solution avec le taux de production nivelé, selon un graphique cumulatif. La courbe représente la demande et la ligne en pointillé, le taux de production cumulé.

Le recours aux heures supplémentaires

Après avoir étudié le PGP réalisé à l'exemple 2, les planificateurs souhaitent élaborer un programme de rechange. Sachant qu'un employé prendra bientôt sa retraite, plutôt que de le remplacer, ils voudraient réduire la main-d'œuvre et avoir recours aux heures supplémentaires afin de compenser la perte éventuelle de production. Les données suivantes sont fournies : le taux de production nivelé résultant du départ de l'employé est de 280 unités/mois ; la quantité maximale décidée et produite en heures supplémentaires (*HS*) est de 40 unités. Le nouveau programme, selon cette politique, apparaît ci-dessous.

Exemple 3

Solution

Mois	1	2	3	4	5	6	Total
Prévisions (unités)	200	200	300	400	500	200	1 800
Production (unités)							
Temps normal (*TN*)	280	280	280	280	280	280	1 680
Heures supplémentaires (*HS*)	0	0	40	40	40	0	120
Sous-traitance (*ST*)	–	–	–	–	–	–	
Production – Prévisions (unités)	80	80	20	−80	−180	80	0
Stock (unités)							
Initial	0	80	160	180	100	0	
Final	80	160	180	100	0	0	
S_{moy}	40	120	170	140	50	0	520
Commandes en souffrance (unités)	0	0	0	0	80	0	80
Coûts ($)							
Production							
Temps normal	560	560	560	560	560	560	3 360
Heures supplémentaires	0	0	120	120	120	0	360
Sous-traitance	–	–	–	–	–	–	
Embauche/Licenciements	–	–	–	–	–	–	
Stock	40	120	170	140	50	0	520
Commandes en souffrance	0	0	0	0	400	0	400
TOTAL	600	680	850	820	1 130	560	4 640

Analysons cette solution. La quantité d'unités produites en heures supplémentaires doit pallier la perte de production de 20 unités par mois pendant 6 mois, soit 120 unités. Ce remplacement est prévu vers le milieu de la programmation (mois 3, 4 et 5), puisque la plus forte demande a lieu durant cette période. Une planification plus hâtive de la production augmenterait les coûts d'entreposage des produits finis; une planification plus tardive accroîtrait les coûts de pénurie. Globalement, les coûts totaux de ce programme s'élèvent à 4 640 $, soit 60 $ de moins que le programme précédent, ou un coût unitaire de 4 640 $/1 800 unités × 2,58 $/unité. Les coûts de production en heures normales de travail et les coûts de stock ont baissé, et les coûts en heures supplémentaires ont augmenté. Ce deuxième programme permet de réaliser des économies sur le plan des coûts de pénurie.

Or, le nombre de jours ouvrables par mois diffère, les mois de 30 jours, ceux de 31 jours et ceux ayant plusieurs jours fériés (Noël, jour de l'An, fête nationale et autres). Donc, le taux nivelé ne devrait pas être établi en unités par mois, mais plutôt en unités par jour ouvrable, comme le montre l'exemple 4 ci-dessous.

Exemple 4

Un nombre différent de jours ouvrables par mois

Une entreprise doit satisfaire une demande totale de 1 800 unités étalée sur un horizon de 6 mois. Le nombre de jours ouvrables par mois et la demande par mois apparaissent dans le tableau ci-dessous.

Période	Mois	1	2	3	4	5	6	Quantité totale
Jours ouvrables		20	20	22	18	21	19	120 jours
Demande totale (*DT*)		200	200	300	400	500	200	1 800 unités

On nous informe que l'entreprise dispose au début du premier mois d'un stock initial (S_i) de 100 unités, et on souhaite terminer à la fin du sixième mois avec un stock final (S_f) de 220 unités. On demande d'établir un PGP dans cette situation.

Solution

Le nombre d'unités optimal à produire par jour ouvrable pour satisfaire la *DT* se calcule ainsi :

$$\text{Unités par jour ouvrable} = \frac{DT + (S_f - S_i)}{Nombre\ de\ jours} = \frac{1\ 800 + (220 - 100)}{120} = 16\ u/jour$$

Si on dispose d'une capacité de 16 unités/jour (u/j), au mois de janvier, on produira 20 j × 16 u/j = 320 u et ainsi de suite pour chacun des 6 mois. Le tableau ci-dessous, calculé à l'aide du tableur Excel, illustre le PGP.

DEMANDE TOTALE (*DT*)	Mois	Période						Quantité totale
		1	2	3	4	5	6	
	Jours ouvrables	20	20	22	18	21	19	120
		200	200	300	400	500	200	1 800
PRODUCTION								
C *TN* u/j =	16	320	320	352	288	336	304	1 920
A *HS* u/j =	3 $/h							0
P *ST* mensuelle	100							0
A Production totale		320	320	352	288	336	304	1 920
C STOCK								
I Initial	**100**	100	220	340	392	280	116	
T Final		220	340	392	280	116	220	
É Moyen		160	280	366	336	198	168	
S Commandes en souffrance								0 ▸

| | Mois | Période | | | | | | Quantité totale |
		1	2	3	4	5	6	
Coûts de production								
C TN$/u =	2 $	640 $	640 $	704 $	576 $	672 $	608 $	3 840 $
O HS$/u =	3 $	– $	– $	– $	– $	– $	– $	– $
Û ST$/u =	6 $	– $	– $	– $	– $	– $	– $	– $
Embauche et T licenciement =								– $
S Coûts de stock $/u =	1 $	160 $	280 $	366 $	336 $	198 $	168 $	1 508 $
Coûts de pénurie $/u =	5 $	– $	– $	– $	– $	– $	– $	– $
Coûts totaux		800 $	920 $	1 070 $	912 $	870 $	776 $	5 348 $

Le coût unitaire pour cet horizon de temps est de:

$$\frac{co\hat{u}t\ total}{DT + (S_f - S_i)} = \frac{5\,348\$}{1800u + (220 - 100)u} = 2,79\,\$/u$$

Le PGP serait tout autre si on disposait d'une capacité de seulement 15 u/j.

12.4.2 Les techniques mathématiques

Il existe plusieurs techniques mathématiques pour faire la programmation intégrée et établir des plans globaux de production (PGP). Ces techniques vont des modèles mathématiques de programmation jusqu'à la recherche informatique en passant par les modèles heuristiques. Parmi les plus connues, mentionnons:

a) la programmation linéaire;

b) les règles de décision linéaire;

c) la simulation.

La programmation linéaire

On applique ici les principes de programmation linéaire présentés dans le supplément du chapitre 6 (disponible sur le web). Ainsi, sachant que l'objectif du PGP est de satisfaire la demande totale compte tenu d'un ensemble de contraintes, et ce, tout en minimisant les coûts de fonctionnement, on associe alors:

• les coûts de fonctionnement à la fonction objective;

• la capacité aux contraintes;

• la demande aux différentes dimensions des équations de contrainte.

E.H. Bowman[5] a proposé de modéliser la situation à l'aide du modèle de transport présenté dans le supplément du chapitre 8 (disponible sur le web). En modifiant le modèle de transport pour l'adapter à la planification globale et en tenant compte des paramètres ci-dessous, on obtient une solution telle que présentée au tableau 12.4, à la page 473, où:

r = coût unitaire de production en temps normal de travail

t = coût unitaire de production en heures supplémentaires

s = coût unitaire de production en sous-traitance

h = coût unitaire d'entreposage par période

b = coût unitaire de pénurie par période

n = nombre de périodes couvertes

On pourra ainsi déterminer un PGP optimal.

Le modèle du PGP établi selon cette approche est illustré au tableau 12.3, à la page suivante.

---

5. E.H. Bowman, « Production Planning by the Transportation Model of Linear Programming », *Journal of Operations Research Society*, vol. 4, février 1956, p. 100-103.

TABLEAU 12.3 _____ ▶

Une solution selon le
modèle de transport

Offre	Demande				Stock final période n	Capacité inutilisée	Capacité disponible
	Période 1	Période 2	Période 3	...			
Période — Stocks initiaux	0	h	$2h$	...	nh	0	S_1
1 Temps normal de travail	r	$r+h$	$r+2h$	...	$r+nh$	0	R_1
Heures supplémentaires	t	$t+h$	$t+2h$	...	$t+nh$	0	O_1
Sous-traitance	s	$s+h$	$s+2h$	...	$s+nh$	0	S_1
2 Temps normal de travail	$r+b$	r	$r+h$	...	$r+(n-1)h$	0	R_2
Heures supplémentaires	$t+b$	t	$t+h$	...	$t+(n-1)h$	0	O_2
Sous-traitance	$s+b$	s	$s+h$	...	$s+(n-1)h$	0	S_2
3 Temps normal de travail	$r+2b$	$r+b$	r	...	$r+(n-2)h$	0	R_3
Heures supplémentaires	$t+2b$	$t+b$	t	...	$t+(n-2)h$	0	O_3
Sous-traitance	$s+2b$	$s+b$	s	...	$s+(n-2)h$	0	S_3
Demande				...			Total

Dans ce tableau, il convient de noter les éléments ci-après.

a) Le coût de l'unité produite en heures normales de travail à la première période (ligne 1) pour satisfaire la demande de la période 2 (colonne 2) est donné par $(r + h)$. Cette même unité, si elle sert à satisfaire la demande de la période 3, coûte $(r + 2h)$, et ainsi de suite.

b) Le coût de l'unité en souffrance à la première période (colonne 1), si celle-ci est compensée par la production de la période 2 (ligne 2), est donné par $(r + b)$, et ainsi de suite. Soulignons que cette situation devrait être évitée, car il est rarement souhaitable de planifier des pénuries.

L'exemple 5 illustre l'application du modèle de transport à la planification globale.

Exemple 5 _____

On vous demande d'établir un plan global de production selon le modèle de transport, pour la situation ci-dessous :

	Période		
	1	2	3
Demande (unités)	550	700	750
Capacité (unités)			
Temps normal de travail (*TN*)	500	500	500
Heures supplémentaires (*HS*)	50	50	50
Sous-traitance (*ST*)	120	120	100
Stocks initiaux (unités)	100		
Coûts ($/unité)			
Temps normal de travail	60		
Heures supplémentaires	80		
Sous-traitance	90		
Coût d'entreposage des produits finis	1 $/unité par mois		
Coût de pénurie	3 $/unité par mois		

Le modèle de transport et la solution apparaissent au tableau 12.4.

12

Solution

◄ **TABLEAU 12.4**
Une solution selon le modèle de transport

	Offre	Demande			Capacité totale disponible (offre)	Capacité inutilisée
		Période 1	Période 2	Période 3		
Période	Stocks initiaux	0 — 100	1	2	100	0
1	Temps normal de travail	60 — 450	61 — 50	62	500	0
	Heures supplémentaires	80	81 — 50	82	50	0
	Sous-traitance	90	91 — 30	92	120	0 — 90
2	Temps normal de travail	63	60 — 500	61	500	0
	Heures supplémentaires	83	80 — 50	81	50	0
	Sous-traitance	93	90 — 20	91 — 100	120	0
3	Temps normal de travail	66	63	60 — 500	500	0
	Heures supplémentaires	86	83	80 — 50	50	0
	Sous-traitance	96	93	90 — 100	100	0
	Demande	550	700	750	2090	90

Analysons plus en détail cette solution pour cet exemple précis.

a) Les coûts d'entreposage des produits finis sont de 1 $/unité par période (les coûts sont indiqués dans le coin supérieur droit de chaque cellule du tableau). Les unités, produites au cours d'une période et transférées pour satisfaire la demande d'une période ultérieure, comporteront un coût d'entreposage.

b) Les modèles de programmation linéaire de ce type exigent qu'il y ait égalité entre l'offre (la capacité) et la demande. Une colonne artificielle a été ajoutée (capacité inutilisée) pour satisfaire cette exigence. On suppose ici qu'il ne « coûte » rien de ne pas utiliser la capacité : un coût de cellule de 0 $ a alors été assigné.

c) Aucun coût de pénurie n'était nécessaire.

d) Les quantités (par exemple 100 et 450 dans la colonne 1) sont les quantités de production ou de stocks qui seront utilisées pour répondre à la demande de la période 1. Ainsi, la demande de 550 unités pour la période 1 sera comblée par 100 unités en stock et 450 unités provenant de la production en heures normales de travail. Si la politique de l'entreprise n'autorise pas les commandes en souffrance, les cases en question seront hachurées de façon à ne pas permettre leur utilisation. Cette même approche peut être utilisée s'il n'est pas possible que le produit soit entreposé pour des raisons particulières, comme dans le cas de produits périssables.

Les principales limites des modèles de programmation linéaire sont la supposition de relations linéaires entre les variables, l'incapacité d'ajuster continuellement les taux de production et le besoin de préciser un seul objectif (minimiser les coûts, par exemple) au lieu de viser des objectifs multiples (par exemple, minimiser les coûts tout en maintenant la main-d'œuvre à un niveau constant).

12

Les règles de décision linéaire

Les **règles de décision linéaire** permettent de modéliser mathématiquement et d'une façon intégrée les coûts de fonctionnement en heures normales de travail, en heures supplémentaires, en sous-traitance et autres ainsi que les coûts de stockage et de pénurie, les coûts d'embauche et de remerciement de la main-d'œuvre et tout autre coût lié aux variations des capacités d'opération en vue de satisfaire la demande, et ce, d'une façon optimale. Cette méthode, conçue par Charles Holt, Franco Modigliani, John Muth et Herbert Simon[6], est basée sur des équations différentielles permettant d'optimiser les coûts. Bien que difficilement applicable en raison de sa lourdeur et du nombre de données précises et fixes qu'elle nécessite, cette méthode représente un intérêt lorsqu'on désire poser une balise ou atteindre un but ultime.

La simulation

De nos jours, l'utilisation des ordinateurs permet aux planificateurs de simuler plusieurs modèles de plans globaux de production pour choisir celui qui est le plus adapté à leurs besoins. Il faut noter que « le plus adapté » ne signifie pas nécessairement « le plus économique ». Le gestionnaire préférera parfois le PGP qui satisfait le mieux les exigences précises des clients ou les besoins de l'environnement interne (problèmes de ressources humaines ou matérielles) et externe (PESTE), même s'il coûte un peu plus cher à réaliser : ce sont alors des visions à plus long terme qui prévalent. On peut maintenant se procurer plusieurs logiciels de simulation qui permettent de simuler tout genre de situation à des coûts minimes, sans nuire aux opérations.

Le tableau 12.5 présente le résumé des différentes techniques de programmation intégrée.

TABLEAU 12.5

Résumé des techniques de programmation intégrée

Technique	Méthode de résolution	Caractéristiques
Tableur	Heuristique (essais et erreurs)	Intuitivement intéressant, facile à saisir ; solution pas nécessairement optimale
Programmation linéaire	Optimiser	Informatisée ; hypothèses linéaires pas toujours valables
Règle de décision linéaire	Optimiser	Complexe, demande un effort considérable pour obtenir de l'information pertinente sur les coûts et pour construire un modèle ; estimations des coûts pas toujours valables
Simulation	Heuristique (essais et erreurs)	On peut étudier des modèles dans des conditions variées

12.5 La planification globale dans le secteur des services

Les deux formes de programmation intégrée, dans le cas des produits et des services, sont similaires sur plusieurs aspects. Toutefois, la programmation intégrée doit être adaptée au domaine des services. Cette adaptation découle des différences qui existent entre les produits tangibles (les produits manufacturés) et les produits intangibles que sont les services. Ces distinctions sont décrites ci-après.

1. **Les services sont créés au moment où on les fournit.** Contrairement à la production manufacturière, il n'est pas possible d'entreposer la plupart des services, par exemple la planification financière, l'expertise fiscale ou les changements d'huile. On ne peut donc pas constituer de stock pendant une période lente en prévision d'une future demande. Par ailleurs, une capacité de service inutilisée est essentiellement perdue. En conséquence, il devient important d'établir une concordance entre la capacité et la demande.

2. **La demande pour les services est difficile à prévoir.** Elle est très variable en quantité et en temps, donc difficilement prévisible. Dans certaines situations, les clients ont besoin du service rapidement (par exemple, les services de la police, des pompiers ou de l'urgence médicale). Dans d'autres cas, c'est la qualité du service que les clients recherchent, et ces derniers iront ailleurs si leurs désirs ne sont pas comblés. Ces facteurs font en sorte que les fournisseurs de services doivent prévoir la demande, ce qui crée une situation contradictoire. Par conséquent, on doit porter une grande attention aux niveaux de capacité prévus.

---

6. Adapté de l'ouvrage de M.P. Groover, *Automation, Production Systems and Computer-Aided Manufacturing*, 2ᵉ édition, Englewood Cliffs, Prentice Hall, 1987, chap. 6.

3. **La capacité nécessaire peut être difficile à prévoir.** La mesure des capacités (les ressources nécessaires) dans le secteur des services est très variable comparativement au secteur de la fabrication. Il est donc plus difficile d'établir les besoins en ce qui concerne ces capacités. Par exemple, quelle serait la capacité (la cadence de travail) d'une personne qui peinture l'intérieur des maisons ? Le nombre de chambres par jour ou le nombre de mètres carrés à l'heure sont des mesures possibles ; or, les pièces sont de tailles différentes et la quantité de détails peut varier énormément, ce qui implique l'emploi d'outils différents, de sorte qu'il est difficile de déterminer la capacité du peintre. De la même façon, les caissiers d'une banque sont appelés à traiter une grande variété de transactions et de demandes d'information, d'où la difficulté de mesurer leur capacité.

4. **La flexibilité de la main-d'œuvre est un atout.** Les fournisseurs de services sont souvent responsables d'une assez grande variété de tâches. Cette flexibilité entraîne, dans une certaine mesure, une planification plus facile que pour la fabrication. Comme dans le secteur de la fabrication, on a recours, dans le secteur des services, à des travailleurs à temps partiel et saisonniers, surtout dans le domaine touristique.

5. **Le client peut être l'opérateur.** Cette caractéristique est propre au système de libre-service, guichet automatique bancaire ou autres. Le client, qui est aussi l'opérateur, s'adapte automatiquement aux changements de la demande.

12.6 Du plan global de production au plan directeur de production (PDP)

Nous avons vu que le plan global de production (PGP) est défini en unités équivalentes, ou « unités intégrées ». Une fois le PGP établi selon la stratégie retenue, c'est-à-dire lorsque les décisions sont prises concernant la sous-traitance, les heures supplémentaires, les heures normales de travail, etc., il convient de redéfinir les quantités d'unités à produire en unités réelles. C'est ce qu'on appelle la **désintégration du plan global de production (PGP).** Il faut détailler le programme intégré selon les exigences des produits afin de déterminer les besoins en ce qui concerne la main-d'œuvre (compétences, nombre de personnes), les matériaux et les stocks. Ce processus est décrit au chapitre 13. Pour le moment, il est utile de comprendre la nécessité de la désintégration et sa signification.

Le travail avec des unités équivalentes facilite la programmation intégrée à moyen terme. Cependant, pour mettre en œuvre le plan de production, on doit convertir ou décomposer ces unités intégrées en unités de produits ou de services réels qui seront offerts. Par exemple, un fabricant de tondeuses à gazon peut avoir une programmation intégrée de 200 tondeuses en janvier, de 300 en février et de 400 en mars. Cette entreprise peut produire des tondeuses à propulsion motrice (les manuelles), des tondeuses à propulsion motrice (les mécaniques) et des tondeuses autoportées. Même si toutes les tondeuses contiennent plusieurs pièces semblables et que leur fabrication comporte des opérations similaires, des différences concernant les matériaux, les pièces et les opérations subsistent. Ainsi, parmi les 200, 300 et 400 tondeuses à gazon à produire durant ces trois mois, il faut déterminer précisément le nombre de tondeuses de chaque modèle à fabriquer avant même d'acheter les matériaux et les pièces appropriés, d'ordonnancer les opérations et de prévoir les besoins en stock.

Le résultat de la désintégration du PGP est le **plan (ou programme) directeur de production (PDP)** (*voir la figure 12.7*). Ce dernier indique le moment précis de la commande ou de la livraison et la quantité réelle à fabriquer des produits finis pour un horizon déterminé, souvent d'environ six à huit semaines. Le PDP fait ressortir la production prévue pour les produits individuels plutôt que pour un groupe complet de produits, de même que le calendrier de production. Il contient des informations importantes pour la mise en marché, la production et la date d'expédition des commandes.

Avant de fixer le PDP, on peut faire une planification sommaire des capacités (PSC) ou plutôt un **plan directeur provisoire des capacités (PDPC[7])** pour vérifier la faisabilité du

Désintégration du plan global de production (PGP)

Processus servant à passer du programme intégré (PGP) vers un ou plusieurs plans directeurs de production (PDP).

Plan ou programme directeur de production (PDP)

Résultat de la désintégration du PGP, défini en unités réelles ; il indique le moment précis de la commande et la quantité d'articles finis individuels à produire sur une période déterminée.

Plan directeur provisoire des capacités (PDPC)

Équilibre approximatif entre la capacité et la demande, établi en vue de vérifier la faisabilité d'un programme directeur de production.

12

▼ **FIGURE 12.7**

Du plan global au plan directeur de production (PDP)

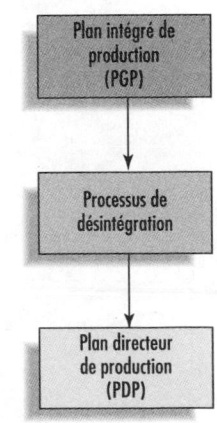

---

7. En anglais *rough-cut capacity planning* (RCCP). En 1999, l'Office de la langue française a défini le RCPP ainsi :
« **Nomenclature de charge par produit (ou macrogamme)** — État fournissant, pour chaque produit ou famille de produits, soit la charge globale d'un ensemble de postes de charge, soit la charge détaillée d'un ou de plusieurs postes clés. Les macrogammes sont utilisées pour l'estimation des besoins en capacité du programme directeur de production. »

programme directeur de production prévu avec les capacités disponibles. Ce plan provisoire permet de vérifier la capacité de production et celle des installations, des entrepôts, de la main-d'œuvre, des fournisseurs, du financement, etc., pour s'assurer que le programme directeur de production (PDP) est réalisable. Si le PDPC est vérifié, il devient le PDP et il servira de base pour la planification à court terme. Il faut noter que si, par exemple, le plan global de production couvre une période de 12 mois, le programme directeur de production n'en couvrira qu'une portion. Donc, un PGP peut être désintégré en plusieurs PDP. De plus, le PDP peut être mis à jour chaque mois, même s'il couvre deux ou trois mois. Par exemple, le programme directeur de production du fabricant de tondeuses à gazon serait probablement mis à jour à la fin de janvier pour inclure tout changement dans la production prévue pour février et mars, ainsi que de nouvelles informations sur la production prévue en avril.

La figure 12.8 présente un exemple simple de désintégration du plan intégré (PGP), afin de clarifier la notion de désintégration : les totaux des unités équivalentes (intégrées) et désintégrées sont égaux. Or, ce n'est pas toujours le cas, et il peut être plus difficile de désintégrer un PGP.

FIGURE 12.8 ►

Désintégration du plan global de production : tondeuses à gazon

Plan global de production	Production prévue pour le mois (unités équivalentes)	Janvier	Février	Mars
		200	300	400

Plan directeur de production	Production prévue pour le mois (unités réelles)	Janvier	Février	Mars
	Manuelles	100	100	100
	Mécaniques	75	150	200
	Autoportées	25	50	100
	TOTAL	200	300	400

12.7   Le système du plan directeur de production (PDP)

Le programme directeur de production indique la quantité en unités réelles et le moment précis où celles-ci sont requises (les dates de livraison) pour chaque produit ou service offert à l'intérieur même de l'entreprise, mais pas les quantités globales offertes par l'entreprise à l'ensemble de ses clients : le PDP ne montre pas les produits confiés en sous-traitance. Pour cela, le PDP est le cœur de la planification des opérations internes de l'entreprise. D'autre part, un tel programme peut prévoir une livraison de 50 caisses pour le 1er mai. Il ne s'agit pas nécessairement d'une exigence de production, car il peut y en avoir beaucoup plus en stock. Par contre, s'il y a 40 caisses en stock, il faudra produire 10 caisses pour compléter la livraison. Parfois, il est plus économique de produire de grandes quantités et de stocker temporairement les surplus. Si la taille du lot de production a été fixée à 70 caisses pour des raisons propres à l'entreprise, advenant le cas où l'on aurait besoin de 50 caisses supplémentaires, on lancerait un cycle de production de 70 caisses, et les 20 caisses excédentaires seraient gardées en stock.

Comme tout système, le système du PDP est formé principalement d'intrants, du processus de création du PDP et finalement des extrants. À des fins de simplification, nous omettons ici le suivi (la rétroaction) du PDP et l'environnement dans lequel le système évolue. La figure 12.9 et la figure 12.10, à la page 478, illustrent les systèmes du plan directeur de production (PDP) avec les intrants, le processus et les extrants.

FIGURE 12.9 ►

Établissement du plan directeur de production (système de PDP)

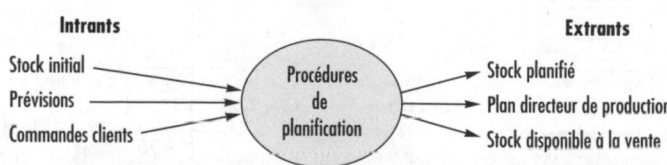

12.7.1 Les intrants du plan directeur de production (PDP)

Les informations initiales de base du programme directeur de production sont composées de quatre sources ou intrants :

1. les stocks initiaux (S_i), qui correspondent à la quantité réelle disponible à la période précédente ;
2. les prévisions pour chaque période couverte par le PDP ;
3. les commandes clients, qui sont les quantités déjà réservées à des clients particuliers ;
4. le plan global de production duquel découlera le PDP.

12.7.2 Le processus de désintégration du plan directeur de production (PDP)

Pour montrer le processus de désintégration, revenons à l'exemple 1 (*voir page 458*).

Rappelons les données de la situation :

Exemple 6

Produit	Date promise (mois)	Quantité (unités réelles)	Équivalence	Quantité (unités équivalentes)
A	2	300	1,0	300
B	3	300	3,0	900
C	4	300	1,0	300
D	4	40	5,0	200
E	5	100	5,0	500
F	6	1 200	0,5	600
				$\Sigma = 2\,800$

Rappelons aussi les données du tableau 12.1, repris ci-dessous, qui représentait le PGP retenu, avec une capacité de 400 unités équivalentes du produit de base A.

Client (commandes/produits)		Mois 1	2	3	4	5	6	Demande totale Ué
A	Opération interne (unités)	200	100					300
	Sous-traitance (unités)							0
B	Opération interne	200	300	200				700
	Sous-traitance		100	100				200
C	Opération interne			200	100			300
	Sous-traitance							0
D	Opération interne				200			200
	Sous-traitance							0
E	Opération interne				100	400		500
	Sous-traitance							0
F	Opération interne						400	400
	Sous-traitance					100	100	200
Total (Ué)	Opération interne	400	400	400	400	400	400	2 400
	Sous-traitance	0	100	100	0	100	100	400

Le PDP découlant de la désintégration du PGP ne montrera que les unités réelles faites sur place, c'est-à-dire produites à l'intérieur même de l'entreprise. Le tableau 12.6 représente le PDP résultant.

Solution

Produits (unités réelles)	Mois 1	2	3	4	5	6	Quantités à fabriquer
A	200	100					300
B	67	100	66				233
C			200	100			300
D				40			40
E				20	80		100
F						800	800

◄ **TABLEAU 12.6**

Plan directeur de production (PDP) avec limite à 400 unités

Ce PDP, sous forme de tableau ou autre, est l'extrant, principal fruit de la désintégration du PGP. Il servira à l'établissement de la planification des besoins en matières (PBM/MRP, *voir le chapitre 14*), à l'ordonnancement et à une multitude d'autres fonctions de l'entreprise.

12.7.3 Les extrants du plan directeur de production (PDP)

Stock disponible à la vente
Stock de produit non réservé, disponible en entreprise.

Le processus du programme directeur de production fournira les informations période par période pour déterminer les stocks planifiés ou réservés à des clients particuliers, les besoins de production et les stocks non réservés qui en résultent, appelés **stocks disponibles à la vente.** La connaissance des stocks non réservés, disponibles à la vente, permet au service du marketing de servir d'une façon réaliste les clients en ce qui concerne la livraison des nouvelles commandes.

On établit le programme directeur de production en effectuant d'abord un calcul préliminaire des **stocks projetés ou planifiés.** On détermine alors le moment où des stocks additionnels (c'est-à-dire en production) seront requis. L'exemple suivant illustre la démarche.

Exemple 7

Une entreprise fabriquant des pompes industrielles veut préparer un programme directeur de production pour les mois de juin et de juillet. Le service des ventes a prévu une demande de 120 pompes en juin et de 160 pompes en juillet, réparties également pendant les 4 semaines de chaque mois: 30 par semaine en juin et 40 par semaine en juillet (*voir la figure 12.10*). On sait que des stocks initiaux de 64 pompes sont disponibles au début de l'horizon de temps ($S_i = 64$).

FIGURE 12.10
Prévisions hebdomadaires des besoins en pompes

	Juin				Juillet			
	1	2	3	4	5	6	7	8
Prévisions	30	30	30	30	40	40	40	40

La figure 12.11 fournit les trois principales données du programme directeur: les stocks initiaux (S_i), les prévisions et les commandes clients par période. Avec cette information, on doit déterminer:

a) les stocks projetés ou planifiés;
b) le programme ou plan directeur de production (PDP);
c) les stocks disponibles à la vente.

FIGURE 12.11
Calendrier illustrant les prévisions, les commandes clients et les stocks initiaux

Stock initial	Juin				Juillet			
64	1	2	3	4	5	6	7	8
Prévisions	30	30	30	30	40	40	40	40
Commandes clients (réservées)	33	20	10	4	2			

Solution

1. On calcule les stocks projetés, une semaine à la fois, jusqu'à ce qu'ils tombent au-dessous d'un certain seuil. Dans cet exemple, le seuil désiré est fixé à zéro. On poursuit donc le calcul jusqu'à ce que les stocks projetés deviennent négatifs.

Les stocks projetés se calculent ainsi:

$$\text{Stocks projetés} = \text{Stocks de la semaine précédente} - \text{Besoins de la semaine courante} \qquad (12\text{-}1)$$

12

Pour les besoins de la semaine courante, on choisit la quantité la plus importante entre les prévisions et les commandes clients (réservées). Pour la semaine 1, puisque les commandes clients (33) sont plus importantes que les prévisions (30), on utilise (33) et on obtient :

Stocks projetés = 64 − 33 = 31

La figure 12.12 présente les stocks projetés pour les trois premières semaines (c'est-à-dire jusqu'à ce que la quantité disponible prévue devienne négative).

Solution (suite)

Stock initial 64	Juin				Juillet			
	1	2	3	4	5	6	7	8
Prévisions	30	30	30	30	40	40	40	40
Commandes clients (réservées)	33	20	10	4	2			
Stock projeté	31	1	−29					

Les commandes clients sont supérieures aux prévisions de la semaine 1 : les stocks projetés sont de 64 − 33 = 31.

Les prévisions sont plus importantes que les commandes clients de la semaine 2 : les stocks projetés s'élèvent à 31 − 30 = 1.

Les prévisions sont plus importantes que les commandes clients de la semaine 3 : les stocks projetés équivalent à 1 − 30 = −29.

◀**FIGURE 12.12**

Les stocks projetés sont calculés par période, jusqu'à l'obtention de quantités nulles ou négatives. Stocks projetés = S_i − Max (entre prévisions ou commandes clients)

Lorsque les stocks projetés deviennent négatifs, cela signifie qu'il faut produire pour regarnir les stocks. Ainsi, des stocks projetés négatifs entraîneront le lancement d'un lot de production. Si on a choisi comme taille de lot de production 70 pompes, cela signifiera que chaque fois qu'on lancera une production, 70 pompes seront fabriquées (_la détermination de la taille d'un lot est présentée au chapitre 13_). Les stocks projetés négatifs de la troisième semaine exigeront le lancement d'une production de 70 pompes pour combler la rupture des stocks projetée de 29 pompes, ce qui grossira les stocks de 41 pompes (70 − 29 = 41) pour la demande future.

Ces calculs se poursuivent pendant tout l'horizon de temps couvert par le programme. Chaque fois que les stocks projetés deviennent négatifs, on lance un autre lot de 70 pompes en production, ce qui permet d'obtenir la colonne PDP. Le tableau 12.7 illustre ces calculs.

Semaine	Stocks de la semaine précédente	Besoins*	Stocks nets avant le PDP		(70) PDP		Stocks projetés
1	64	33	31				31
2	31	30	1				1
3	1	30	−29	+	70	=	41
4	41	30	11				11
5	11	40	−29	+	70	=	41
6	41	40	1				1
7	1	40	−39	+	70	=	31
8	31	40	−9	+	70	=	61

◀**TABLEAU 12.7**

Calcul du plan directeur de production (PDP) et des stocks projetés

* Pour chaque semaine, les besoins représentent la valeur la plus élevée entre les prévisions et les commandes clients.

2. En combinant les résultats des calculs (_voir le tableau 12.7_) aux informations initiales présentées à la figure 12.12, on aura, à la figure 12.13 (_voir page suivante_), la planification du PDP. On voit, aux semaines 3, 5, 7 et 8, à la ligne PDP, les effets des lancements de production des lots de 70 unités.

3. On calcule les stocks disponibles à la vente.

Il est maintenant possible de déterminer la quantité de stocks non réservés disponible à la vente (_voir la figure 12.14 à la page suivante_). Il existe plusieurs méthodes pour y arriver. Celle qu'on utilise ici exige une procédure de « **projection** dans le futur » : l'addition des

12

Solution (suite)

FIGURE 12.13

Le PDP avec stocks projetés

			Juin			Juillet		
64	**1**	**2**	**3**	**4**	**5**	**6**	**7**	**8**
Prévisions	30	30	30	30	40	40	40	40
Commandes clients (réservées)	33	20	10	4	2			
Stock projeté	31	1	41	11	41	1	31	61
PDP			70		70		70	70

commandes clients, semaine après semaine, jusqu'à la semaine où apparaît un lot lancé en production dans le PDP.

La quantité de produits disponibles à la vente se calcule :

- pour la première semaine ;
- pour chaque semaine durant laquelle on lance un lot en production.

Donc, dans notre exemple, il faudra calculer la quantité pour les semaines 1, 3, 5, 7 et 8.

Pour la semaine 1 :

Quantité disponible à la vente = Stock initial (S_i) + Lot lancé en production – Somme des commandes clients, jusqu'au lancement en production du prochain lot

Quantité disponible à la vente = $64 + 0 - (33 + 20) = 11$.

Ces stocks ne sont pas réservés à un client particulier ; ils peuvent donc être livrés à la semaine 1 et/ou 2, c'est-à-dire qu'ils peuvent être répartis sur les semaines jusqu'au lancement du prochain lot, selon les besoins. Pour toutes les autres semaines couvertes par le PDP, le stock initial (S_i) est retiré de l'équation, d'où :

Quantité disponible à la vente = Lot lancé en production – Somme des commandes clients jusqu'au lancement en production du prochain lot

Ainsi pour les semaines 3, 5, 7 et 8 :

Quantité disponible à la vente semaine 3 = $70 - (10 + 4) = 56$
Quantité disponible à la vente semaine 5 = $70 - (2) = 68$
Quantité disponible à la vente semaine 7 = $70 - (0) = 70$
Quantité disponible à la vente semaine 8 = $70 - (0) = 70$

La figure 12.14 résume les résultats de nos calculs.

FIGURE 12.14

PDP avec stock disponible à la vente (non réservé)

			Juin			Juillet		
64	**1**	**2**	**3**	**4**	**5**	**6**	**7**	**8**
Prévisions	30	30	30	30	40	40	40	40
Commandes clients (réservées)	33	20	10	4	2			
Stock projeté	31	1	41	11	41	1	31	61
PDP			70		70		70	70
Disponible à la vente (non réservé)	11		56		68		70	70

À mesure que l'on prend des commandes, on les inscrit au programme, et les quantités disponibles à la vente sont mises à jour pour tenir compte de ces commandes. Le service des ventes et le service du marketing peuvent se servir des données sur les quantités disponibles à la vente pour promettre des dates de livraison réalistes aux clients.

12.7.4 La stabilisation du plan directeur de production (PDP)

Tout changement apporté au plan directeur de production (PDP) est très perturbateur, surtout s'il touche les périodes du début du programme. Habituellement, plus le changement survient tardivement, moins il risque de causer des problèmes.

On divise souvent l'horizon de temps couvert par un PDP en quatre étapes ou phases. On appelle **limites de période** les lignes de séparation entre les phases.

Limite de période
Borne, déterminée par l'entreprise, fixant la date limite pour apporter des modifications dans le PDP.

Phase 1. Cette phase correspond aux premières périodes couvertes par le plan, les changements sont les plus dérangeants. Par conséquent, une fois fixée, cette portion du programme est généralement gelée : aucun changement, sauf en situation critique, ne sera effectué sans la permission des plus hautes instances de l'entreprise. On vise ainsi à atteindre un haut niveau de stabilité dans le système de production.

Phase 2. À cette étape, soit durant les deux ou trois périodes suivantes selon les politiques propres à l'entreprise, les changements sont perturbateurs, mais à un moindre niveau : le programme est considéré comme étant ferme, et on y apportera seulement des changements exceptionnels.

Phase 3. À cette étape, la direction considère que le programme est plein, ce qui veut dire que toute la capacité disponible a été employée. Bien que les changements touchent quand même le programme, leur effet est moins sérieux : des modifications seront effectuées s'il y a une bonne raison de le faire.

Phase 4. Dans cette dernière phase, la direction perçoit le programme comme étant ouvert, ce qui veut dire que toute la capacité n'a pas été allouée. En général, c'est le moment où l'on inscrit de nouvelles commandes au programme.

La figure 12.15 illustre un exemple de limites de période.

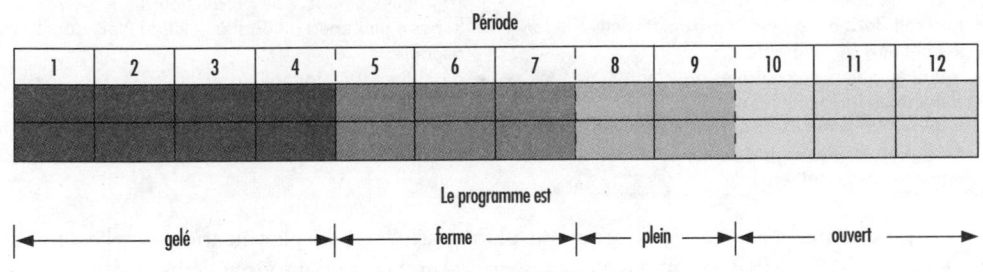

12.7.5 Les responsables du plan directeur de production (PDP)

Les professionnels responsables de l'ensemble des tâches liées à la planification sont appelés planificateurs, coordonnateurs, chargés de projet ou agents de planification. Parfois, ils sont regroupés dans un service déterminé de planification, qui est chargé d'organiser la planification pour l'ensemble de l'entreprise. Dans les limites des politiques et des ressources globales de l'entreprise, les tâches principales sont notamment les suivantes :
- établir des PGP et des PDP ;
- déterminer les délais de livraison des commandes ;
- déterminer l'impact des nouvelles commandes sur les plans établis ;
- suivre et assurer la réalisation des plans ;
- proposer des solutions de contingence en cas de déviation des plans initiaux ;
- fixer les limites des capacités des ressources actuelles et en proposer de nouvelles.

Il existe peu de formation offerte dans ce domaine. Pour cela, les professionnels se sont regroupés dans des associations offrant de la formation et assurant l'échange d'information, la plus connue étant l'APICS (Advanced Productivity Innovation and Competitive Success). Cette association offre aussi un programme de formation menant à un titre reconnu, le CPIM (Certified Production and Inventory Manager) très recherché par les entreprises. Ce titre est une reconnaissance professionnelle en gestion de la production et des stocks.

www.apics.org

12.8 Conclusion

La planification globale de production (PGP), appelée aussi la « programmation intégrée », détermine des niveaux généraux d'utilisation des ressources de l'entreprise pour ce qui est de la main-d'œuvre, des machines et des équipements, de la production et des stocks pour des horizons de temps couvrant de 2 à 12 mois. Dans le spectre de la planification, elle se classe entre les décisions générales à long terme et les décisions plus détaillées à court terme. Elle débute avec des prévisions globales pour l'horizon de planification et se termine avec la préparation et la mise en œuvre de programmes applicables à des produits et à des services précis.

L'intégration des produits ou des services en un seul « produit » offert constitue la base de la programmation intégrée. L'établissement d'une unité de mesure commune, appelée « unité équivalente », pour l'ensemble des produits permet aux planificateurs de considérer les niveaux généraux d'emploi et de stocks sans avoir à s'inquiéter des détails précis qui se prêtent davantage à la planification à court terme. Les planificateurs utilisent le plus souvent des techniques empiriques (graphiques et tableaux) pour élaborer les PGP. Il existe également différentes techniques mathématiques ; néanmoins, la complexité et les hypothèses restrictives en limitent l'usage.

Une fois élaboré le plan global de production (PGP), la programmation est désintégrée ou répartie selon les besoins précis de chaque produit, ce qui donne le plan ou programme directeur de production (PDP). Le plan directeur de production (PDP) indique les quantités prévues et le moment où les productions auront lieu. Les intrants du plan directeur de production sont les niveaux de stocks, les prévisions quant à la demande et les commandes des clients. Un plan directeur provisoire des capacités PDPC est testé pour vérifier sa faisabilité, avant de fixer le PDP. Les résultats sont la production projetée, les besoins en stocks projetés ainsi que les stocks disponibles projetés non réservés, qualifiés aussi de « disponibles à la vente ».

Le tableau suivant compare les deux plans étudiés dans ce chapitre.

PGP	PDP
Plan global de production (appelé aussi « plan ou programme intégré de production »)	Plan directeur de production (PDP), (appelé aussi « programme directeur de production »)
• horizon de 2 à 12 mois approximativement, selon les besoins de l'entreprise ;	• horizon plus court ou égal à celui du PGP, dont il découle ;
• défini en unités équivalentes ou intégrées ;	• désintègre les informations du PGP ;
• représente les quantités offertes par l'entreprise, indépendamment de la provenance (temps normal de travail, heures supplémentaires, sous-traitance, équipes sur appel, etc.).	• est défini en unités réelles ;
	• représente les quantités produites directement en entreprise.

La prochaine étape de la séquence de planification est la planification des besoins de matières (PBM ou MRP – *manufacturing resource planning*) et l'ordonnancement des travaux, que nous étudierons aux chapitres 14 et 16. ●

Terminologie

Coût d'opportunité (p. 460)

Coût de pénurie (p. 462)

Demande totale (p. 456)

Désintégration du plan global de production (PGP) (p. 475)

Impartition (p. 463)

Limite de période (p. 481)

Nomenclature de charge par produit (ou macrogamme) (p. 475)

Plan d'affaires (p. 456)

Plan directeur provisoire des capacités (PDPC) (p. 475)

Plan global (ou programme intégré) de production (PGP) (p. 460)

Plan (ou programme) directeur de production (PDP) (p. 475)

Planificateur (p. 456)

Planification globale (ou programmation intégrée) de la production (PGP) (p. 456)

Projection (p. 479)

Règle de décision linéaire (p. 474)

Simulation (p. 460)

Sous-traitance (p. 456)

Stock disponible à la vente (p. 478)

Stock projeté ou planifié (p. 478)

Stratégie d'équilibre de la capacité (p. 464)

Stratégie de production synchrone (p. 464)

Stratégie du taux nivelé (p. 464)

Survente ou surévaluation (p. 461)

Unité équivalente ou intégrée (p. 458)

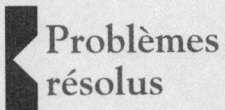

Problème 1

Pour préparer un programme intégré, une directrice a obtenu le plan de prévisions de la demande pour les neuf prochains mois. La demande est saisonnière, relativement élevée durant les périodes 3, 4 et 8 (*voir le tableau ci-dessous*) :

Période (mois)	1	2	3	4	5	6	7	8	9	Total
Prévisions (unités)	190	230	260	280	210	170	160	260	180	1 940

Le service dispose en ce moment de 20 personnes à temps plein, chacune produisant 10 unités/mois, au coût de 6 $/unité. Les coûts d'entreposage sont de 5 $/unité par mois et les coûts de pénurie, de 10 $/unité par mois. La directrice envisage l'embauche de deux personnes à partir de la période 1, l'une d'elles travaillerait sur une base temporaire jusqu'à la période 5. Cela entraînerait un coût d'embauche et de formation de 500 $, en plus des coûts de production.
a) Quelle est la logique de ce plan de production ?
b) Déterminez les coûts totaux du plan de production, y compris les coûts de production, les stocks et les coûts de pénurie.

Solution

a) Avec la main-d'œuvre actuelle de 20 personnes produisant chacune 10 unités/période, la capacité de production en heures normales de travail est de 1 800 unités pour les neuf mois, soit 140 unités de moins que la demande prévue. L'ajout d'un travailleur augmenterait la capacité à 1 800 + 90 = 1 890 unités. Il manquerait encore 50 unités, soit la quantité produite par un travailleur temporaire en 5 périodes. Puisque l'un des deux sommets saisonniers se produit assez tôt, il serait logique de faire commencer le travailleur temporaire immédiatement pour éviter une partie des coûts de pénurie.

b) Le plan global de production pour cette stratégie apparaît ci-dessous, avec les coûts détaillés pour chacune des périodes :

Période (mois)	1	2	3	4	5	6	7	8	9	Total
Prévisions (unités)	190	230	260	280	210	170	160	260	180	1 940
Production (unités)										
Temps normal de travail	220	220	220	220	220	210	210	210	210	1 940
Heures supplémentaires	–	–	–	–	–	–	–	–	–	–
Sous-traitance	–	–	–	–	–	–	–	–	–	–
Production – Prévisions (unités)	30	–10	–40	–60	10	40	50	–50	30	0
Stocks (unités)										
Initial	0	30	20	0	0	0	0	20	0	
Final	30	20	0	0	0	0	20	0	0	
Moyen	15	25	10	0	0	0	10	10	0	70
Commandes en souffrance (unités)	0	0	20	80	70	30	0	30	0	230
Coûts ($)										
Production										
Temps normal de travail à 6 $/unité	1 320	1 320	1 320	1 320	1 320	1 260	1 260	1 260	1 260	11 640
Heures supplémentaires										
Sous-traitance										
Stocks à 5 $/unité	75	125	50	0	0	0	50	50	0	350
Commandes en souffrance à 10 $/unité	0	0	200	800	700	300	0	300	0	2 300
TOTAL	1 395	1 445	1 570	2 120	2 020	1 560	1 310	1 610	1 260	14 290

12

Remarques :

a) L'entreprise ne recourt ni à la sous-traitance ni aux heures supplémentaires.

b) Les coûts d'entreposage se calculent ainsi :

Stock moyen × Coût unitaire d'entreposage

Exemple : Période 1 : $S_{moy} = 15$ unités

Coût unitaire d'entreposage : 5 $/unité par mois

Coûts d'entreposage période 1 : 15 unités × 5 $/unité = 75 $

Les coûts totaux de ce programme sont de 14 290 $, plus les coûts de 500 $ pour l'embauche et le licenciement, et le total s'élève à 14 790 $. La directrice peut considérer d'autres coûts et d'autres options avant d'adopter ce plan.

On peut aussi utiliser la feuille de calcul Excel appropriée pour obtenir la solution :

	A	B	C	D	E	F	G	H	I	J	K	L	M	N	O
1	T12-1 Plan global														
2															
3	Période		1	2	3	4	5	6	7	8	9	10	11	12	Total
4	Prévisions		190	230	260	280	210	170	160	260	180				1 940
5	Production = Extrants														
6	Temps normal de travail (TN)		220	220	220	220	220	210	210	210	210				1 940
7	Sur appel														0
8	Heures supplémentaires														0
9	Sous-traitance														0
10	Production-prévision		30	-10	-40	-60	10	40	50	-50	30	0	0	0	0
11	Stocks														
12	Initial		0	30	20	0	0	0	0	20	0	0	0	0	
13	Final		30	20	0	0	0	0	20	0	0	0	0	0	
14	Moyen		15	25	10	0	0	0	10	10	0	0	0	0	70
15	En souffrance		0	0	20	80	70	30	0	30	0	0	0	0	230
16	Coûts														
17	Production = Extrants														
18	Temps normal de travail (TN)	6	1 320	1 320	1 320	1 320	1 320	1 260	1 260	1 260	1 260	0	0	0	11 640
19	Sur appel		0	0	0	0	0	0	0	0	0	0	0	0	0
20	Heures supplémentaires		0	0	0	0	0	0	0	0	0	0	0	0	0
21	Sous-traitance		0	0	0	0	0	0	0	0	0	0	0	0	0
22	Embauche/licenciements														0
23	Stocks	5	75	125	50	0	0	0	50	50	0	0	0	0	350
24	En souffrance	10	0	0	200	800	700	300	0	300					2 300
25	Total		1 395	1 445	1 570	2 120	2 020	1 560	1 310	1 610	1 260	0	0	0	14 290
26															
27															

Feuil1 / Feuil2 / Feuil3

Problème 2

Une entreprise manufacturière dans le domaine du vêtement a établi son plan de prévisions pour les 8 prochaines semaines (*voir le tableau ci-dessous*).

	Période								Quantité totale
	1	2	3	4	5	6	7	8	
Prévision	1 200	1 200	1 400	3 000	1 200	1 200	1 200	1 200	11 600

L'entreprise a l'habitude d'embaucher des travailleurs occasionnels aux périodes 3 et 4. Les coûts d'embauche et de formation sont de 50 $/employé. Elle a l'intention d'embaucher 2 travailleurs saisonniers à la semaine 3, pour qu'ils puissent débuter à la semaine 4 et produire 2 000 unités de plus pour cette semaine. Établissons le plan global de production à partir de l'information suivante :

• Capacité de la main-d'œuvre actuelle par semaine : 1 200 unités
• Coûts de la main-d'œuvre habituelle : 4 $/unité
• Coûts de la main-d'œuvre saisonnière : 5 $/unité
• Coûts de pénurie : 1 $/unité manquante

Solution

Le fichier Excel illustre la solution pour cette situation.

	A	B	C	D	E	F	G	H	I	J	K
1						Période					Quantité totale
2			1	2	3	4	5	6	7	8	
3	PRÉVISION		1200	1200	1400	3000	1200	1200	1200	1200	11600
4	PRODUCTION										
5	TN		1200	1200	1200	1200	1200	1200	1200	1200	9600
6	Sur appel					2000					2000
7	HS										
8	Sous-traitance ST										0
9	Production — D.T.		0	0	-200	200	0	0	0	0	0
10	STOCKS										
11	Initial		0	0	0	0	0	0	0	0	
12	Final		0	0	0	0	0	0	0	0	
13	Moyen		0	0	0	0	0	0	0	0	
14	Commande en souffrance				200						200
15	Coûts de production										
16	TN \$/u =	4,00 \$	4 800,00 \$	4 800,00 \$	4 800,00 \$	4 800,00 \$	4 800,00 \$	4 800,00 \$	4 800,00 \$	4 800,00 \$	38 400,00 \$
17	Sur appel \$/u =	5,00 \$	- \$	- \$	- \$	10 000,00 \$	- \$			- \$	10 000,00 \$
18	ST \$/u =	6,00 \$	- \$	- \$	- \$	- \$	- \$			- \$	- \$
19	Embauche =	50,00 \$			100,00 \$						100,00 \$
20	Coûts de stocks \$/u =	1,00 \$	- \$	- \$	- \$	- \$	- \$	- \$	- \$	- \$	- \$
21	Coûts de pénurie \$/u =	1,00 \$	- \$	- \$	200,00 \$	- \$	- \$	- \$	- \$	- \$	200,00 \$
22	Coûts totaux		4 800,00 \$	4 800,00 \$	5 100,00 \$	14 800,00 \$	4 800,00 \$	4 800,00 \$	4 800,00 \$	4 800,00 \$	48 700,00 \$
23											
24											
25											

Feuil1 **Feuil2** Feuil3

Problème 3

Préparez un plan selon le modèle de la figure 12.13, à la page 480, pour la situation suivante. Les prévisions pour chaque période sont de 70 unités. Le stock initial est de zéro. La règle du programme directeur de production consiste à planifier la production si les stocks projetés sont négatifs. La taille du lot de production est de 100 unités. Le tableau suivant indique les commandes clients.

Période	Commandes des clients
1	80
2	50
3	30
4	10

Solution

Période	(A) Stocks de la période précédente	(B) Besoins*	(C = A – B) Stocks nets avant le PDP	PDP	(PDP + C) Stocks projetés
1	0	80	–80	100	20
2	20	70	–50	100	50
3	50	70	–20	100	80
4	80	70	10	0	10

* Les besoins correspondent à la quantité la plus grande entre les prévisions et les commandes clients durant chaque période.

Stock initial = 0	Période			
	1	2	3	4
Prévisions	70	70	70	70
Commandes clients	80	50	30	10
Stocks projetés	20	50	80	10
PDP	100	100	100	0
Disponibles à la vente	20	50	60	0

12

1. Quels sont les trois niveaux de planification qui concernent les directeurs des opérations? Quels types de décisions prend-on à chaque niveau?

2. Quelles sont les trois phases de la planification à moyen terme?

3. Qu'est-ce que la planification globale de production? Quel est son objectif?

4. Pourquoi le PGP est-il nécessaire?

5. Quelles sont les variables les plus communes des décisions de programmation intégrée dans le secteur manufacturier? dans le secteur des services?

6. Quelle difficulté peut éprouver, en matière de programmation intégrée, une entreprise offrant une variété de produits ou de services par rapport à une entreprise n'offrant qu'un produit ou quelques-uns?

7. Discutez brièvement des avantages et des inconvénients de chacune de ces stratégies de planification:

   a) maintenir un niveau stable de production et laisser les stocks absorber les fluctuations de la demande;

   b) changer la quantité de main-d'œuvre afin de répondre à la demande;

   c) maintenir une quantité constante de main-d'œuvre, mais faire varier les heures travaillées pour répondre à la demande.

8. Quels sont les principaux avantages et les principales limites des techniques informelles et empiriques (graphiques et tableaux) en matière de PGP?

9. Décrivez brièvement les techniques de planification énumérées ci-dessous et donnez pour chacune un avantage et un inconvénient:

   a) la programmation linéaire;

   b) la règle de décision linéaire;

   c) la simulation.

10. Quels sont les intrants du plan directeur de production (PDP)? Quels en sont les extrants?

11. Distinguez la sous-traitance de l'impartition.

Problèmes ▶

1. Reportez-vous à l'exemple 1 (*voir page 458*). Établissez un plan global et le plan directeur qui en découle, en respectant la consigne de minimiser le nombre de types de produits différents à fabriquer chaque mois, et le nombre de types de produits différents à donner en sous-traitance chaque mois.

2. Reportez-vous à l'exemple 2 (*voir page 468*). Le président de l'entreprise a décidé de fermer l'usine pour les vacances et pour des travaux de maintenance pendant la période 4. Après l'installation, le coût unitaire restera le même, mais le taux de production en heures normales de travail sera de 450 unités/période. Donc, la production en heures normales de travail est la même que dans l'exemple 2 pour les périodes 1, 2 et 3; elle est de 0 pour la période 4 et de 450 pour chacune des périodes restantes. Cependant, il faut tenir compte des prévisions de 400 unités pour la période 4. Préparez un plan global de production et calculez son coût total.

3. Reportez-vous à l'exemple 2 (*voir page 468*). Supposez que le taux normal de production tombe à 290 unités par période, à cause d'un changement prévu dans les exigences de production. Les coûts ne changeront pas. Préparez un plan global de production et calculez ses coûts totaux pour chacune des options suivantes:

   a) Utilisez les heures supplémentaires à un taux fixe de 20 unités/période selon les besoins. Planifiez des stocks finaux de 0 à la période 6. Les commandes en souffrance ne peuvent excéder 90 unités/période.

   b) Utilisez la sous-traitance à un taux maximal de 50 unités/période; on ne peut utiliser la même quantité sous-traitée pour chaque période. Prévoyez des stocks finaux de 0 pour la dernière période. Une fois encore, les commandes en souffrance ne peuvent excéder 90 unités/période. Comparez ces deux programmes.

4. Reportez-vous à l'exemple 3 (*voir page 469*). Préparez un programme qui réduira au minimum le coût total en tenant compte de l'information suivante:

   • On ne peut utiliser une combinaison d'heures supplémentaires et de sous-traitance.

   • On peut recourir à la sous-traitance pendant plus de 2 périodes.

   • Sont permis par période: jusqu'à 50 unités sous-traitées et jusqu'à 40 unités fabriquées en heures supplémentaires.

   • La sous-traitance coûte 6 $/unité et les heures supplémentaires, 3 $/unité. (Suggestion: Utilisez la sous-traitance seulement lorsque les unités en heures supplémentaires sont insuffisantes pour réduire les commandes en souffrance à 80 unités ou moins.)

   • On souhaite un stock final de 0 à la période 6.

5. Reportez-vous à l'exemple 3 (*voir page 469*). Déterminez si un plan d'utilisation de la sous-traitance à un taux maximal de 50 unités/période selon les besoins, sans heures supplémentaires, peut entraîner un coût total inférieur au programme de l'exemple 3. Le stock final désiré est de 0 à la période 6.

6. T.C. Leblanc est le directeur de la société Engins verts, un fabricant de tondeuses à gazon et de souffleuses/aspirateurs de feuilles mortes. Il doit préparer un plan global de production selon les prévisions de la demande pour des moteurs (*voir le tableau suivant*). Le service a une capacité de

production normale de 130 moteurs/mois; la production normale coûte 60 $/moteur; les stocks initiaux sont de 0 moteur; les heures supplémentaires coûtent 90 $/moteur.

a) Élaborez une stratégie de production synchrone qui respecte les prévisions et calculez le coût total de votre programme.

b) Comparez les coûts à un programme nivelé qui utilise les stocks pour absorber les fluctuations. Le coût de stockage est de 2 $/moteur par mois. Les commandes en souffrance coûtent 90 $/moteur par mois.

Mois	1	2	3	4	5	6	7	8	Total
Prévisions	120	135	140	120	125	125	140	135	1 040

7. Le directeur des Tissus régionaux, Christof Tisserand, a élaboré les prévisions indiquées dans le tableau ci-dessous pour des rouleaux de tissu. Les chiffres sont donnés en centaines de rouleaux. Le service a une capacité normale de 275 centaines de rouleaux (hr) par mois, sauf pour le septième mois, où la capacité sera de 250 hr. La production normale coûte 40 $/centaine de rouleaux (40 $/hr). Les travailleurs peuvent être affectés à d'autres tâches si la production se situe au-dessous de la normale. Les stocks initiaux sont de 0 rouleau.

a) Élaborez une stratégie de production synchrone qui respecte les prévisions et calculez le coût total de votre plan. Les heures supplémentaires coûtent 60 $/centaine de rouleaux.

b) Le coût total serait-il inférieur avec une production normale, sans heures supplémentaires, si le directeur faisait appel à un sous-traitant pour traiter l'excédent de la capacité normale à un coût de 50 $ pour 100 rouleaux? Les commandes en souffrance ne sont pas permises. Les coûts de stockage sont de 2 $ pour 100 rouleaux par mois.

Mois	1	2	3	4	5	6	7	Total
Prévisions	250	300	250	300	280	275	270	1 925

8. L'entreprise Plaisir d'été fabrique un assortiment de produits pour la pratique des activités récréatives et les loisirs. La demande totale pour les six prochains mois est la suivante:

Mois	Mars	Avril	Mai	Juin	Juillet	Août	Septembre	Total
Prévisions	50	44	55	60	50	40	51	350

Élaborez des programmes intégrés à partir de l'information suivante:
- Coût normal de production: 80 $/unité
- Coût de production en heures supplémentaires: 120 $/unité
- Capacité normale: 40 unités/mois
- Capacité en heures supplémentaires: 8 unités/mois
- Coût de la sous-traitance: 140 $/unité
- Capacité de la sous-traitance: 12 unités/mois
- Coût des stocks: 10 $/unité par mois
- Coût de pénurie: 20 $/unité
- Stocks initiaux: 0 unité
- Nombre d'employés: 5

Préparez un PGP en utilisant chacune des directives suivantes et calculez le coût total de chaque programme. Quel plan est le moins coûteux?

a) Utilisez la production normale. Complétez en utilisant les stocks, les heures supplémentaires et la sous-traitance selon les besoins. Les commandes en souffrance ne sont pas permises.

b) Utilisez un plan nivelé. Prenez une combinaison de commandes en souffrance, de sous-traitance et de stocks pour traiter les variations de la demande.

9. La société Pour l'amour de l'eau produit et distribue de l'eau embouteillée en plusieurs saveurs. Un planificateur a élaboré une prévision intégrée pour la demande des six prochains mois (les quantités sont en citernes d'eau):

Mois	Mai	Juin	Juillet	Août	Septembre	Octobre	Total
Prévisions	50	60	70	90	80	70	420

Utilisez l'information suivante pour élaborer des PGP. Une unité représente 10 000 bouteilles ou 1 citerne.
- Coût de production en temps normal de travail: 10 $/unité
- Capacité de production normale: 60 unités/mois
- Coût de production en heures supplémentaires: 16 $/unité
- Coût de la sous-traitance: 18 $/unité

12

- Coût de stockage : 2 $/unité par mois
- Coût de pénurie : 50 $/unité par mois
- Coût d'embauche : 200 $/travailleur
- Coût de licenciement : 500 $/travailleur
- Stocks initiaux : 0 unité

Élaborez un programme intégré en utilisant chacune des directives suivantes et calculez les coûts totaux pour chacun d'eux. Lequel est le plus économique ?

a) Servez-vous de la production nivelée. Complétez en utilisant les heures supplémentaires selon les besoins.

b) Utilisez une combinaison d'heures supplémentaires (maximum de 10 unités/période), de stocks et de sous-traitance (maximum de 10 unités/période) pour traiter les variations de la demande.

c) Utilisez jusqu'à 15 unités d'heures supplémentaires par période et les stocks pour traiter les variations de la demande.

10. La société Ameublement chaleureux produit une variété de produits d'ameublement. Le comité de planification désire préparer un programme intégré pour les six prochains mois en utilisant l'information suivante :

	Mois					
	1	2	3	4	5	6
Demande	160	150	160	180	170	140
Capacité						
Temps normal de travail	150	150	150	150	160	160
Heures supplémentaires	10	10	0	10	10	10

	Coût unitaire
Temps normal de travail	50 $/unité
Heures supplémentaires	75 $/unité
Sous-traitance	80 $/unité
Stocks, par période	4 $/unité

Un maximum de 10 unités peut être sous-traité par mois. Les stocks initiaux sont de zéro. Élaborez un programme qui réduit les coûts totaux. Les commandes en souffrance ne sont pas permises.

11. Reportez-vous au problème résolu 1, à la page 483. Préparez deux programmes intégrés de plus. Désignez le programme donné par A. Pour le programme B, engagez un travailleur de plus au coût de 200 $ pour cette période. Comblez toute insuffisance en utilisant la sous-traitance à 8 $/unité, avec un maximum de 20 unités/période (autrement dit, utilisez la sous-traitance pour réduire les commandes en souffrance lorsque la prévision excède la production normale). Il faut noter que les stocks finaux devraient être de 0 pour la période 9. Donc, on a l'équation suivante : Prévision totale = Production totale + Quantité sous-traitée. Les commandes en souffrance ne peuvent excéder 80 unités/période, ce qui constitue une contrainte supplémentaire. Pour le programme C, supposez qu'aucun travailleur n'est engagé (donc la production normale est de 200 unités/période au lieu de 210, comme dans le programme B). Utilisez la sous-traitance selon les besoins, mais pas pour plus de 20 unités/période. Calculez les coûts totaux de chaque programme. Quel programme est le plus économique ?

12. Reportez-vous au problème résolu 1, à la page 483. Supposez que l'option suivante consiste à recourir à des travailleurs à temps partiel pour les périodes de forte demande saisonnière. Le coût unitaire, y compris l'embauche et la formation, est de 11 $. Le taux de production est de 10 unités/travailleur par période, pour tous les travailleurs. On peut utiliser un maximum de 10 travailleurs à temps partiel, et le nombre de travailleurs à temps partiel doit être le même dans toutes les périodes concernées. Les stocks finaux de la période 9 devraient être de 10 unités. La limite des commandes en souffrance est de 20 unités/période. Essayez de prévoir les commandes en souffrance le plus tôt possible. Calculez les coûts totaux de ce programme et comparez-les aux coûts du programme donné dans la solution au problème.

13. Reportez-vous au problème résolu 1, à la page 483. Préparez un plan global en utilisant les heures supplémentaires (9 $/unité, pour une production maximale de 25 unités/période) et la variation des stocks. Tentez de réduire les commandes en souffrance. Les stocks finaux de la période 9 devraient être de 0, et la limite des commandes en souffrance est de 60 unités/période. Remarquez l'équation suivante : Production totale planifiée = Production en temps normal de travail + Production en heures supplémentaires. Calculez les coûts totaux de votre programme et comparez-les aux coûts totaux du programme donné dans la solution du problème.

14. Reportez-vous au problème résolu 1, à la page 483. Préparez un PGP en utilisant une combinaison donnée de licenciements (100 $/travailleur), de sous-traitance (8 $/unité pour un maximum de 20 unités/période, que vous devez utiliser pour 3 périodes consécutives) et d'heures supplémentaires (9 $/unité pour un maximum de 20 unités/période et de 50 pour l'ensemble des 9 périodes). Calculez les coûts totaux et comparez-les avec ceux des autres programmes que vous avez élaborés. Quel programme est le plus économique ? On commence avec 21 travailleurs.

12

15. Vérifiez la solution à l'aide du modèle de transport présenté à l'exemple 5 (*voir page 472*).

16. Reportez-vous à l'exemple 5 (*voir page 472*). Supposons qu'une augmentation des coûts d'entreposage et d'autres coûts élève les coûts de stockage à 2 $/unité par mois. Si tous les autres coûts et quantités restent les mêmes, quelle est la solution, selon le modèle de transport?

17. Reportez-vous à l'exemple 5 (*voir page 472*). Supposons que la capacité en heures normales de travail est réduite à 440 unités à la période 3 pour permettre un contrôle de sécurité du matériel dans toute l'entreprise. Quels seraient les coûts d'un programme optimal comparativement à ceux du programme de l'exemple 5? Tous les coûts et les quantités sont les mêmes qu'à l'exemple 5, sauf pour la production en heures normales de travail de la période 3.

18. Résolvez le problème 17 en utilisant des coûts de stockage de 2 $/unité par période.

19. La société Bicyclettes Legros de Blainville fournit des roues de bicyclettes en deux tailles différentes à son client, Bicyclettes Lepetit, une société située de l'autre côté de la ville. David Legros, propriétaire de l'entreprise, vient tout juste de recevoir la commande de Bicyclettes Lepetit pour les six prochains mois.

	Roues de 50 cm	Roues de 60 cm
Novembre	1 000	500
Décembre	900	500
Janvier	600	300
Février	700	500
Mars	1 100	400
Avril	1 100	600

a) Dans quelles circonstances David pourra-t-il élaborer un seul plan global plutôt que deux (un pour chaque grandeur de roues)? Justifiez qualitativement votre réponse en un maximum de cinq lignes.

b) Actuellement, David emploie 28 employés hautement qualifiés à temps plein; chacun d'eux peut produire 50 roues par mois. Étant donné que la main-d'œuvre qualifiée est rare dans la région de Blainville, David aimerait élaborer un programme de production nivelé. Il n'y a aucun stock de roues finies disponible en ce moment, mais David aimerait disposer de 300 roues à la fin du mois d'avril. Le client, la société Bicyclettes Lepetit, tolérera les commandes en souffrance jusqu'à concurrence de 200 unités par mois. Illustrez votre plan nivelé sous forme de tableau.

c) Calculez les coûts annuels totaux de votre PGP en utilisant les coûts suivants:

Temps normal de travail	5,00 $/unité	Embauche	300 $/travailleur
Heures supplémentaires	7,50 $/unité	Licenciement	400 $/travailleur
Temps partiel	ND	Stocks	1 $/unité par mois
Sous-traitance	ND	Commandes en souffrance	6 $/unité par mois

20. Établissez un plan directeur de production (PDP) pour des pompes industrielles (*voir l'exemple 7 à la page 478, semblable à la figure 12.13 à la page 480*). Utilisez les mêmes données que dans l'exemple, mais changez la règle du plan directeur de production qui se lit comme suit: «planifiez la production lorsque les stocks projetés sont négatifs» pour «planifiez la production lorsque les stocks projetés sont inférieurs à 10».

21. Révisez le PDP illustré à la figure 12.13, à la page 480, à la lumière des données suivantes: actuellement, nous sommes à la fin de la semaine 1; les commandes clients sont de 25 unités pour la semaine 2, de 16 unités pour la semaine 3, de 11 unités pour la semaine 4, de 8 unités pour la semaine 5 et de 3 unités pour la semaine 6. Utilisez la règle du programme directeur de production pour lancer la production lorsque les stocks projetés sont négatifs.

22. Préparez un plan directeur semblable à celui qui est illustré à la figure 12.13, à la page 480, à partir de l'information suivante: la prévision pour chaque semaine est de 50 unités. La règle du plan directeur de production (PDP) consiste à planifier la production si les stocks projetés sont négatifs. Les commandes clients (quantités **réservées**) sont:

Semaine	Commandes clients
1	52
2	35
3	20
4	12

Fixez la taille des lots de production à 75 unités; il n'y a aucun stock initial.

23. Déterminez les stocks disponibles à la vente pour chaque période du problème 22.

12

24. Préparez un calendrier semblable à celui de la figure 12.14, à la page 480, pour la situation suivante : la prévision est de 80 unités pour chacune des 2 premières périodes et de 60 unités pour chacune des 3 périodes suivantes. Les stocks initiaux sont de 20 unités. L'entreprise utilise une stratégie de production synchrone pour déterminer la taille de chaque lot de production, avec une limite supérieure fixée à 70 unités/lot. Les stocks de réserve désirés sont de 10 unités. Remarque : Les stocks disponibles à la vente sont basés sur une production admissible maximale et ne comprennent pas de stocks de réserve. Les commandes clients (quantités réservées) sont :

Période	Commandes clients
1	82
2	80
3	60
4	40
5	20

Cas
Le Vignoble de l'eau

Georgette Mercier est responsable du marketing de l'embouteilleur d'eau minérale Le Vignoble de l'eau. Elle prévoit un accroissement des ventes à la suite d'une très bonne revue de presse dans un magazine de santé.

Son plan de prévisions pour les six prochains mois, en réservoirs d'eau de 100 hl (hectolitres) — (un réservoir contient 10 000 bouteilles de 1 l chacune), apparaît ci-dessous.

Mois	Prévision
Mai	50
Juin	60
Juillet	70
Août	90
Septembre	80
Octobre	70
Total	420

Le responsable des opérations, Marc Messier, dispose de l'information suivante :

- Coûts de production normale : 10 $/unité
- Capacité de production normale : 60 unités/mois
- Coûts de production en heures supplémentaires : 16 $/unité
- Coûts de la sous-traitance : 18 $/unité
- Coûts de possession : 2 $/unité par mois
- Coûts de pénurie : 50 $/unité par mois de retard
- Stock initial : 0 unité
- 1 unité = 100 hl = 10 000 bouteilles

L'entreprise essaie d'établir un plan global de production optimal. Pour y arriver, on envisage les trois plans suivants :

- une stratégie nivelée appuyée par la possibilité d'une production en heures supplémentaires d'un maximum de 10 réservoirs/mois ;
- une stratégie mixte d'heures supplémentaires, de sous-traitance et de variations des stocks ;
- l'utilisation des heures supplémentaires pour produire jusqu'à 15 réservoirs/mois, appuyée par les variations des stocks.

Analysez et comparez les trois plans.

Bibliographie

Brandimarte, P., et A. Villa. *Modeling Manufacturing Systems : From Aggregate Planning to Real Time Control*, New York, Springler, 1999.

Fogarty, Donald W., John H. Blackstone Jr. et Thomas R. Hoffman. *Production and Inventory Management*, 2ᵉ édition, Cincinnati (Ohio), South-Western Publishing Co., 1991.

Nahmias, Stephen. *Production and Operations Analysis*, 4ᵉ édition, New York, McGraw-Hill, 2001.

Silver, E. A., D. F. Pyke et R. Peterson. *Inventory management and Production Planning and Scheduling*, New York, John Wiley & Sons, 1998.

Sipper, Daniel, et Robert Bulfin Jr. *Production : Planning, Control and Integration*, New York, McGraw-Hill, 1997.

Vollmann, Thomas E., William L. Berry et D. Clay Whybark. *Manufacturing Planning and Control for Supply Chain Managements*, 5ᵉ édition, New York, McGraw-Hill/ Irwin, 2005.

Ware, Norman, et Donald W. Fogarty. « Master Schedule/ Master Production Schedule : The Same or Different ? », *Production and Inventory Management Journal*, 1ᵉʳ trimestre, 1990, p. 34-37.

La gestion des stocks

Objectifs d'apprentissage

Distinguer les différents types de stocks et énumérer les raisons de possession de stocks ;

Connaître le rôle des stocks ;

Distinguer la demande dépendante de la demande indépendante ;

Énumérer les principaux facteurs d'une gestion efficace des stocks ;

Distinguer les systèmes d'inventaires périodiques et permanents ;

Décrire la méthode ABC et l'appliquer au domaine des stocks ;

Expliquer les objectifs de la gestion des stocks ;

Décrire le modèle de la *QÉC* en réception instantanée et en réception échelonnée, leurs hypothèses et limites ;

Décrire le modèle de lot économique et ses applications dans le milieu manufacturier ;

Décrire le modèle de remise sur achat ;

Décrire des modèles de points de commande en situations déterministe et probabiliste ;

Décrire des situations où le modèle pour vente unique est applicable ;

Distinguer et décrire les évolutions des stocks et les évolutions des coûts de stocks selon les différents modèles.

13.1 Introduction

La réussite de la plupart des entreprises repose sur une bonne gestion des stocks, et ce, autant pour des raisons d'ordre économique qu'opérationnel : des coûts sont liés aux stocks et ceux-ci ont un impact sur les opérations. Malheureusement, trop de gestionnaires ne reconnaissent pas l'importance de la gestion des stocks ou n'en comprennent pas les mécanismes.

Dans ce chapitre, nous étudierons les concepts de base d'une bonne gestion des stocks, notamment la gestion des produits finis, des matières premières, des pièces achetées et des marchandises dans le secteur du commerce au détail. Nous expliquerons les diverses fonctions d'un inventaire, la nécessité d'une gestion efficace des stocks, les objectifs du contrôle des stocks et les techniques permettant de déterminer la quantité et le moment où il convient de commander.

Stock

Produits placés dans des entrepôts ou des magasins en attente d'une utilisation future.

Les **stocks** sont des produits placés dans des entrepôts ou des magasins en attente d'une utilisation future. Ils varient selon le type d'activité de l'entreprise ou de l'organisation. Ainsi, des entreprises manufacturières conservent des réserves de matières premières, de pièces achetées, d'articles semi-finis et de produits finis, y compris des pièces de rechange pour les machines, des outils et autres fournitures. Dans le commerce au détail, les boutiques gardent des stocks de vêtements, de meubles, de tapis, de papeterie, d'appareils ménagers, de jouets, d'articles de sport, de peinture, d'outils, etc. Les hôpitaux conservent des médicaments, du matériel chirurgical, des appareils électroniques de surveillance des signes vitaux, de la literie, etc. Les supermarchés stockent des aliments frais et en conserve, des aliments emballés et congelés, des produits domestiques, des revues, des aliments préparés, des produits laitiers, des fruits, des légumes, etc.

Demande indépendante ou consommation indépendante

Besoins en produits, habituellement des produits finis, exprimés directement par le client.

En vue de la planification et du contrôle des stocks, il est important de distinguer la demande indépendante de la demande dépendante. La **demande indépendante ou consommation indépendante** concerne les produits ou articles finis vendus directement au client. Habituellement, on ne peut connaître précisément à l'avance la demande pour une période donnée, car le hasard entre en ligne de compte. Pour cette raison, la prévision joue un rôle important dans les décisions en approvisionnement. Toute la gestion des stocks des produits finis et une bonne partie de celle des matières premières répondent à un modèle de gestion de demande indépendante. Dans ce chapitre, nous nous intéressons exclusivement à la gestion des articles en demande indépendante.

Demande dépendante ou consommation dépendante

Besoins en matières premières, en composants et autres matières liés aux opérations de l'entreprise. La demande dépendante découle de la demande indépendante.

La **demande dépendante ou consommation dépendante** concerne en général des produits en cours de production ou des composants qu'on utilisera pour la production du produit final. La demande (c'est-à-dire la consommation) pour des composants dépend du nombre d'unités finales à produire. Par exemple, les besoins en pneus d'un constructeur d'automobiles dépendent simplement du nombre de voitures à produire. Si chaque voiture nécessite à l'assemblage 5 pneus, le nombre total de pneus d'un lot de production de 200 voitures sera : $200 \times 5 = 1\ 000$ pneus. La demande dépendante découle du programme directeur de production ou PDP (*voir le chapitre 12*) et de la nomenclature du produit fini. La demande dépendante se calcule en fonction d'un plan de production. Au chapitre 14, nous nous pencherons sur la demande dépendante.

13.2 L'importance des stocks

Les stocks sont des ressources cruciales pour toute organisation, et ce, quel que soit le secteur économique. Non seulement sont-ils nécessaires aux opérations, mais ils contribuent à répondre aux besoins du client. Pour comprendre l'importance des stocks, considérons ceci : même si la quantité et la valeur des stocks que possèdent les entreprises varient énormément, 30 % de l'actif réel et presque 90 % du fonds de roulement d'une entreprise sont investis dans les stocks. En effet, parmi les indicateurs de rendement financier les plus utilisés, on trouve le rendement en capital investi : bénéfice après impôts divisé par l'actif total. Or, les stocks représentent une part importante de l'actif total. Donc, leur diminution cause une augmentation importante du rendement du capital investi.

Analysons maintenant les types de stocks que peut posséder une entreprise ainsi que l'influence des stocks sur les opérations.

13.2.1 Les types de stocks

On établit en général six types de stocks en fonction des entreprises :

1. les stocks de matières premières ;
2. les stocks des produits en cours (*pec*) ;
3. les stocks de composants ;
4. les stocks de produits finis ;
5. les stocks en transit ;
6. les stocks **ERO (entretien, réparation, opération).**

Les stocks de matières premières représentent les matières initialement acquises qui seront transformées par les opérations de fabrication en produits finis ou autres composants propres à la consommation.

Les stocks de produits en cours, appelés aussi « produits semi-finis », représentent les matières premières ayant subi des transformations partielles.

Les composants sont constitués de pièces qui entrent dans la composition des produits finis. Ils peuvent être achetés d'un fournisseur externe ou fabriqués par l'entreprise même. Dans l'industrie automobile, les pneus, les batteries et les chaînes stéréo en sont des exemples.

Les stocks en transit représentent des matières acquises, achetées à l'extérieur ou fabriquées par l'entreprise, et destinées à un client particulier. Ces stocks sont entreposés momentanément et ne sont que de passage.

Les stocks ERO (entretien, réparation, opération) représentent les produits et autres éléments nécessaires à l'entretien des équipements et des bâtisses, à la réparation et aux opérations des machines et autres types d'équipements utilisés dans l'entreprise. Les classeurs, les chemises, les gants chirurgicaux, les balais, les encres, les crayons, les huiles, les détergents, les courroies, les matrices des presses, les gabarits, les draps et les couvertures en sont des exemples. Contrairement aux cinq premiers types de stocks, qui sont entreposés dans des entrepôts, les stocks ERO sont entreposés dans des magasins.

Les entreprises de services ne possèdent que quelques-uns de ces types de stocks, en fonction du secteur dans lequel elles évoluent. Ainsi, dans le commerce de détail, on ne trouve pas de stocks de matières premières, mais plutôt des stocks de produits finis et, parfois, de composants en tant que pièces de rechange pour le service après-vente. Un hôtel aura surtout des stocks ERO ; un restaurant tiendra chacun de ces types de stocks. On peut conclure que les stocks ERO sont présents dans tous les secteurs d'activité.

13.2.2 Le rôle des stocks

Pour demeurer concurrentielle, une entreprise doit constamment adapter ses opérations à l'évolution et au besoin du marché. Or, il est difficile pour les entreprises de connaître les besoins des clients (*voir le chapitre 3*). En effet, les marchés actuels se caractérisent par une demande de plus en plus fluctuante, tant en ce qui concerne le temps que la quantité et les spécifications. D'autre part, il est possible que les fournisseurs de l'entreprise A, par exemple, ne puissent lui assurer un approvisionnement continu en tout temps : ces fournisseurs subissent eux-mêmes des variations, lesquelles se répercuteront sur A. Ce même phénomène client-fournisseur se répète à l'intérieur de A, entre ses différents services de production : le service X est le fournisseur du service Y, et ainsi de suite. Comment faire pour assurer une circulation fluide et continue de la matière du fournisseur au client ? C'est le rôle des stocks de pallier ces variations, à la manière de « réservoirs » qui régularisent le flux des matières en absorbant et en amortissant leurs variations. La figure 13.1, à la page suivante, illustre une analogie entre les stocks et un système de réservoirs d'eau.

D'une façon plus précise, le rôle des stocks consiste à :

1. répondre à la demande anticipée ;
2. niveler les taux de production ;
3. dissocier les éléments du système de production-distribution ;
4. éliminer les risques de rupture de stock ;
5. minimiser les cycles de commandes ;
6. se protéger des augmentations de prix et profiter des remises sur achats en gros ;
7. faciliter les opérations ;
8. bénéficier des remises sur quantités.

FIGURE 13.1 ▶

Analogie entre les stocks
et les réservoirs d'eau

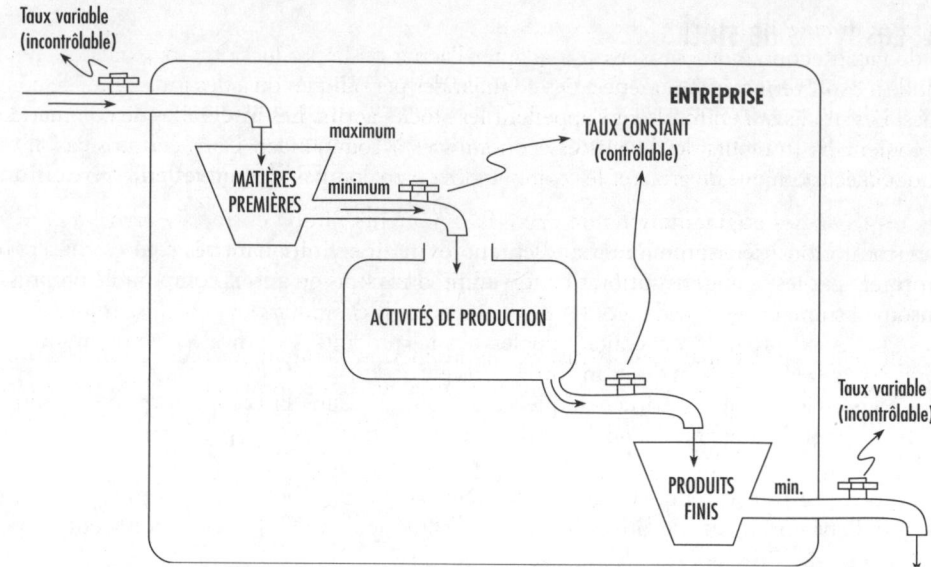

Source : C. Benedetti, *Introduction à la gestion des opérations*, 3ᵉ édition, Laval, Éditions Études Vivantes, 1991, p. 260.

Examinons chacun de ces éléments.

1. Répondre à la demande anticipée de la clientèle. Un client peut être quelqu'un qui entre pour acheter une nouvelle chaîne stéréo, un mécanicien qui demande un outil au service responsable des outils ou une opération manufacturière. On appelle ces stocks des « stocks par anticipation », car on les conserve pour satisfaire une demande anticipée moyenne.

2. Niveler les taux de production. Les entreprises qui connaissent des variations saisonnières de la demande augmentent souvent leurs stocks pendant les périodes de basse activité pour répondre aux besoins excessifs des périodes très actives. On appelle ces stocks des « stocks saisonniers ». Les entreprises de transformation de fruits et légumes, les magasins qui vendent des cartes de souhaits, des skis, des tondeuses ou des arbres de Noël gèrent des stocks saisonniers. Ils devront prévoir la demande des périodes de haute activité et accumuler, quand c'est possible, des stocks en conséquence.

3. Dissocier les éléments du système de production-distribution. Les systèmes de production et de distribution de la majorité des entreprises manufacturières sont souvent intimement liés. Les nouvelles approches juste-à-temps (*voir le chapitre 15*) entraînent cette interdépendance à l'extrême limite. Or, une perturbation quelconque du système de production (panne majeure, incendie, grève, etc.) aura des répercussions immédiates sur le système de distribution (service à la clientèle et autres) de l'entreprise. Les stocks permettent l'indépendance des deux systèmes : les variations de l'un des systèmes auront peu ou pas d'impact sur l'autre. Par contre, elles entraîneront des coûts qu'il faudra évaluer. Vaut-il mieux garder la production et la distribution intimement liées (sans stocks tampons entre les deux) ou bien assumer les coûts des stocks tampons et avoir des systèmes indépendants ? C'est le dilemme que les gestionnaires devront trancher (*voir le chapitre 11*).

4. Éliminer les risques de rupture de stock. Les livraisons retardées et les hausses inattendues de la demande augmentent les risques de **rupture de stock.** Des conditions climatiques défavorables, des ruptures de stock chez les fournisseurs, la livraison de mauvais intrants, des problèmes de qualité, etc., peuvent entraîner des ruptures de stock. On peut l'éviter en conservant des stocks de sécurité, soit des stocks dépassant la demande moyenne. Ces stocks permettent de compenser les variations de la demande et le délai d'approvisionnement. Il en est de même pour éviter les **pénuries** des matières.

5. Minimiser le nombre de commandes. Pour réduire le nombre de commandes passées aux fournisseurs, les entreprises achètent souvent de grandes quantités, qui excèdent leurs besoins et qu'elles entreposent par la suite. Ainsi, au lieu de commander une fois par mois de petites quantités, elles auront tendance à commander seulement trois fois ou même deux fois par année, mais en plus grande quantité. Dans le même ordre d'idées, la production de grandes quantités est plus économique. Mais là aussi, il faut stocker la production excédentaire en vue

Rupture de stock

Situation où les stocks d'une matière sont provisoirement épuisés.

Pénurie

Situation où les stocks d'une matière sont caractérisés par une rareté dans son approvisionnement.

13

d'un usage futur. Ainsi, l'entreposage de stocks permet à une entreprise d'acheter et de produire de façon économique sans avoir à adapter l'achat ou la production aux exigences de la demande à court terme, ce qui mène à des commandes périodiques ou à des intervalles de commandes. Les stocks qui en résultent s'appellent les **stocks actifs.** Les intervalles de commandes ne découlent pas toujours des quantités économiques à commander. Dans certains cas, il est pratique ou économique de grouper les commandes ou de commander à intervalles fixes.

6. Se protéger des augmentations de prix. Par moments, si une entreprise arrive à prévoir une augmentation importante de prix, elle s'approvisionnera en quantités plus grandes pour se protéger de cette augmentation. La capacité d'entreposer des stocks supplémentaires permet aussi à une entreprise de profiter des remises sur les commandes plus importantes.

7. Faciliter les opérations. Les opérations de production s'étalent sur une certaine période (elles ne sont pas instantanées). Cela implique en général l'existence d'un certain stock de produits en cours (les *pec*) de fabrication. De plus, l'entreposage momentané des produits – y compris les matières premières, les *pec* et les produits finis sur les sites de production, ainsi que les marchandises stockées dans les entrepôts – conduit à la constitution de stocks en transit. La **loi de Little** permet de quantifier les stocks moyens en possession dans un système particulier (entreprise, organisation, entrepôt ou autre). Selon cette loi, pour une matière donnée, le stock moyen en possession est égal au taux de consommation de cette matière multiplié par le temps moyen que cette matière séjourne dans le système. À titre d'exemple, si le taux de consommation d'une matière donnée est de 5 unités/jour et que cette matière demeure en moyenne 10 jours en entrepôt, alors le stock moyen en possession de cette matière est de :

> 5 unités/jour × 10 jours = 50 unités

Loi de Little

Le stock moyen d'une matière dans un système est égal à son taux de consommation multiplié par le temps moyen passé dans ledit système.

8. Bénéficier des remises sur quantités. Une politique efficace de gestion de stock aide l'entreprise à tirer avantage des escomptes offerts par les fournisseurs sur des achats de grandes quantités. Dans la majorité des cas, ces remises (escomptes) sur achat s'avèrent intéressantes. Cependant, il arrive souvent qu'elles ne soient que des leurres. C'est le cas, par exemple, lorsque les taux de consommation sont plus grands que les durées jusqu'aux dates de péremption. Il faut donc être vigilant par rapport à ces offres. La sous-section 13.4.3 traite plus spécifiquement de ces notions.

Un phénomène important concernant les stocks s'est produit en 2001, à la suite des événements du 11 septembre. En effet, plusieurs entreprises entretenaient des relations client-fournisseur importantes de chaque côté des frontières canado-américano-mexicaine. Ces entreprises gardaient des stocks en réserve d'au maximum 48 heures, les fournisseurs s'engageant à approvisionner leurs clients selon un juste-à-temps fiable. À la suite des événements du 11 septembre, le pouvoir politique a décidé de resserrer les vérifications aux frontières. Par conséquent, les délais nécessaires pour franchir les douanes sont devenus de plus en plus importants. La chaîne d'approvisionnement s'est alors brisée, ce qui a conduit à des conséquences économiques et technologiques importantes. Les clients, dont les stocks suffisaient pour satisfaire leurs besoins durant au maximum 48 heures, se trouvaient alors en rupture de stock. Les livraisons juste-à-temps ne pouvant plus être assurées, les entreprises ont dû garder des stocks en réserve pour pallier ces retards. Ainsi, les coûts des stocks ont augmenté. Cet exemple illustre bien l'impact des facteurs de l'environnement PESTE (politique, économique, social, technologique et écologique) sur les activités quotidiennes et la gestion des opérations. Nous reviendrons sur le sujet dans les chapitres traitant de la chaîne d'approvisionnement et du juste-à-temps.

13.2.3 Les objectifs de la gestion des stocks

Un contrôle inadéquat des stocks peut entraîner un surplus ou une rupture de stock d'un article. Le sous-approvisionnement entraîne la perte de livraisons, l'insatisfaction des clients et l'étranglement de la production ; le surapprovisionnement accapare inutilement des fonds et des ressources qui pourraient être utilisées plus efficacement ailleurs. Même si le surapprovisionnement peut sembler le moindre des deux maux, son coût peut être énorme lorsque le coût de possession des stocks est élevé, et l'entreprise risque facilement de perdre le contrôle. Il est courant que des gestionnaires d'entreprises découvrent qu'ils ont en leur possession un stock d'articles permettant de répondre à leurs besoins pour les 10 prochaines années ! L'acheteur, ou le responsable des approvisionnements selon le cas, peut alors penser avoir fait une bonne affaire en achetant de grandes quantités à moindres coûts, mais il faut également se soucier du taux de consommation, des dates de péremption, de l'espace disponible en entrepôt, etc.

La **gestion des stocks** touche deux points fondamentaux : le niveau de qualité du service à la clientèle, c'est-à-dire le fait d'avoir la bonne marchandise en quantité suffisante, au bon moment et au bon endroit, et les coûts de transmission de commandes et de possession de stocks. Reprenons ces points en détail.

L'objectif global de la gestion des stocks est d'atteindre des niveaux de qualité satisfaisants de service à la clientèle tout en gardant les coûts totaux des stocks dans des limites raisonnables. Dans ce but, le décideur tente d'avoir des stocks équilibrés. Il doit prendre deux décisions capitales : à quel moment et quelle quantité commander. Ce chapitre se consacre en grande partie à des modèles permettant de prendre ces décisions.

Il existe plusieurs façons d'évaluer l'efficacité de la gestion des stocks et son rendement. La plus évidente est certainement de mesurer la satisfaction de la clientèle en fonction du nombre de **commandes en souffrance** et de plaintes des clients. Un autre indice est fourni par le calcul du **taux de rotation des stocks,** qui correspond au ratio du coût annuel des marchandises vendues à l'investissement moyen dans les stocks. Le ratio de la rotation des stocks indique combien de fois par année on renouvelle les stocks. En général, plus le ratio est élevé, mieux c'est, car cela signifie qu'on utilise au maximum les stocks. Cette manière de mesurer a un avantage : on peut comparer les entreprises de tailles différentes au sein d'une même industrie.

Un autre indice est le nombre de jours pour lesquels on maintient des stocks. Ici, on détermine le nombre de jours pendant lesquels les stocks actuels peuvent suffire à la demande. Dans ce cas, un équilibre est souhaitable ; un nombre élevé de jours peut indiquer une trop grande quantité entreposée, tandis qu'un nombre faible de jours peut impliquer un risque de rupture de stock.

> **Taux de rotation des stocks**
> Rapport de la valeur des sorties, consommations ou ventes d'un article, d'une famille d'articles ou de l'ensemble des articles à la valeur du stock physique moyen correspondant, généralement calculée sur une base annuelle.

13.3 Les exigences d'une gestion efficace des stocks

Les gestionnaires des stocks ont deux tâches fondamentales à accomplir :
a) établir un système de contrôle des stocks ;
b) prendre des décisions quant à la quantité à commander (quantité), au moment où il faut commander (temps), à l'endroit où il convient de le faire (lieu) et aux prix les plus intéressants (coût).

Il est important de faire le lien entre ces objectifs et ceux de la gestion des opérations énumérés au chapitre 1 (quantité, qualité, temps, lieux et coûts) et leurs interdépendances. Nombreuses sont les situations où la recherche uniquement des prix les plus bas a souvent causé de graves problèmes. Pour accomplir leurs tâches, les responsables de la gestion des stocks doivent posséder :
1. un système de prise d'inventaire (contrôle des stocks de produits en cours et commandés) ;
2. une prévision fiable de la demande qui comprend un indice d'erreur de prévision possible ;
3. une connaissance des délais d'approvisionnement et de la variabilité de ces délais ;
4. une évaluation raisonnable des coûts de possession des stocks, de transmission de commandes et de pénurie ;
5. un système de classification des articles en stock.

13.3.1 Le contrôle des stocks

Rappelons le cycle de gestion : planifier, organiser, diriger et contrôler (PODC).

Tout système de gestion est voué à l'échec à défaut d'un bon système de contrôle, car le cycle de gestion ne peut progresser si on ne connaît pas la situation actuelle. Dans le cycle de la gestion des stocks, le **contrôle des stocks** joue exactement ce rôle. Comme toutes les fonctions de contrôle, le contrôle des stocks est une fonction *a posteriori* : il indique l'état des stocks à un moment donné. Un système ordonné de contrôle des stocks doit fournir à tout moment des informations concernant :
a) la nature du produit ou du groupe de produits ;
b) ses spécifications ;
c) la quantité en stock ;
d) la date d'entrée ;
e) la date de sortie ;
f) au besoin, les conditions particulières d'entreposage et de manutention.

Toutes ces informations, et d'autres le cas échéant, figurent sur des fiches classées par produit ou par groupe de produits ; ce sont les **fiches de stock.**

Le contrôle à l'aide des fiches de stock permet de connaître d'une façon continue et permanente le niveau des stocks de produits, d'où la notion d'inventaire permanent. Dans le domaine des services, les transactions bancaires (dépôts et retraits) sont des exemples d'enregistrement continu du niveau de l'argent en stock (compte en banque). La figure 13.2 illustre un exemple de fiche de stock. Des systèmes sur fichiers Excel peuvent facilement être construits et adaptés sur mesure aux besoins des entreprises.

Fiche de stock

Document indiquant, pour chaque produit, l'historique des quantités en stock.

◂**FIGURE 13.2**

Fiche de stock utilisée pour le contrôle d'inventaire

Un dénombrement ou inventaire physique des quantités en stock informe sur l'importance exacte des quantités en stock. Il permet de confirmer les données sur les quantités qui apparaissent dans les fiches de stock et de corriger les erreurs qui auraient pu se glisser en raison de mauvais enregistrements, d'oublis d'inscriptions, d'emplacements erronés, de coulage (mini-larcins) et autres. L'inventaire physique peut être exécuté à des périodes fixes (annuellement ou semi-annuellement par exemple), d'où la notion d'**inventaire périodique** (par opposition à ceux qui sont faits d'une façon continue).

Les **inventaires permanents** sont parfois trop complexes pour qu'on puisse les utiliser dans certains secteurs d'activité. Par exemple, dans les épiceries, on préfère utiliser la méthode d'inventaires périodiques rapprochés. On procède à un décompte des quantités en stock à intervalles réguliers et courts (chaque jour, chaque semaine, chaque mois). À partir de ces informations, on décide des quantités à commander (QC).

Une autre méthode d'approvisionnement est la **méthode à deux casiers,** selon laquelle deux conteneurs sont utilisés pour chaque article à contrôler. On prélève les articles du premier conteneur jusqu'à épuisement des stocks. C'est alors le moment de commander de nouveau. On dépose parfois un formulaire de commande au fond de ce premier conteneur. Quant au deuxième, il contient assez de marchandises pour répondre à la demande jusqu'à la réception de la commande, même si cette dernière est retardée ou si la consommation dépasse les prévisions. L'avantage de ce système est qu'il n'est pas nécessaire d'enregistrer chaque retrait de stock ; par

Inventaire périodique ou inventaire intermittent

Décompte physique des articles en stock à intervalles fixes.

Inventaire permanent

Système d'enregistrement continu des mouvements des quantités en stock.

Méthode à deux casiers ou méthode à double casier

Deux conteneurs sont nécessaires ; on passe une commande lorsque le premier est vide.

13

contre, le formulaire de renouvellement peut ne pas être remis pour plusieurs raisons (on l'a perdu, la personne responsable a oublié de le remettre au responsable des commandes, etc.).

On peut faire les inventaires permanents par lots ou à l'aide de micro-ordinateurs. Pour les inventaires par lots, on recueille périodiquement les fiches de stock et on les enregistre. Dans ce cas, une hausse brusque de la demande peut entraîner une réduction des stocks au-dessous du seuil du point de commande entre les prises d'inventaire périodiques. On peut atténuer ce problème en procédant à de fréquentes prises par lots.

Quant aux inventaires faits par ordinateurs, ils ont l'avantage d'être toujours à jour, car les transactions sont enregistrées en temps réel.

Les supermarchés, les magasins qui effectuent des ventes au rabais et les grands magasins ont toujours beaucoup utilisé les prises d'inventaire périodiques. Aujourd'hui, la plupart d'entre eux ont adopté les systèmes de vérification informatisés : un appareil de lecture au laser lit un **code universel des produits (CUP)** ou code à barres imprimé sur l'étiquette d'un article ou sur l'emballage.

Code universel des produits (CUP)

Méthode de codification : code à barres imprimé sur l'étiquette de l'article qui donne des renseignements sur cet article.

Le zéro placé à gauche du code à barres identifie le produit comme étant un article d'épicerie. Les cinq premiers chiffres (14800) désignent le fabricant (Mott's) et les cinq derniers chiffres (23208), l'article en particulier (compote de pommes). Les articles vendus en petits paquets, comme les bonbons et la gomme à mâcher, ont un nombre à six chiffres.

Les lecteurs CUP représentent un changement important dans les systèmes de prises d'inventaire. Outre le fait d'augmenter la vitesse et la précision, ils fournissent aux gestionnaires de l'information continue sur les stocks, permettent de diminuer la fréquence des prises d'inventaire périodiques, évitent de devoir calculer la taille de la commande à passer et améliorent la qualité du service à la clientèle en indiquant le prix et la quantité de chaque article sur la facture du client.

Le code à barres est également important dans des secteurs autres que celui du commerce de détail, à savoir les industries de fabrication et les services. Dans la fabrication, les codes à barres des pièces, des produits en cours et des produits finis facilitent énormément le décompte et la surveillance des tâches. Grâce à eux, on peut aussi faire l'acheminement, la programmation, le tri et l'empaquetage automatiques. Dans le domaine pharmaceutique, ce système tend à devenir la norme. Certains hôpitaux ont adopté le code à barres pour identifier la personne dans son dossier patient. Cette méthode est d'une grande utilité quand le patient, à cause de son état physiologique, ne peut s'exprimer convenablement. Un autre développement technologique est en train de révolutionner le domaine, soit les **RFID** (*radio frequency identification* – *voir l'article ci-dessous*). D'ici quelques années, ce système remplacera complètement le code à barres. En effet, parmi les plus grandes entreprises du commerce au détail de la planète, Wal-Mart et Target ont demandé à leurs fournisseurs d'adopter les puces RFID pour identifier les marchandises reçues. À leur tour, ces fournisseurs (souvent manufacturiers ou grossistes) ont demandé à leurs fournisseurs d'adopter les RFID. L'effet domino s'est alors vite fait ressentir dans la chaîne d'approvisionnement.

13

Lecture
La reconnaissance par RFID dans les services
par Claudio Benedetti

Depuis quelque temps, la reconnaissance et l'identification des objets par radio fréquence ou RFID (*radio frequency identification*) est en train de révolutionner le commerce au détail et, par le fait même, les entreprises manufacturières qui les approvisionnent. D'autres applications des mêmes RFID prennent actuellement forme, par exemple dans l'agriculture pour le traçage du cheptel animal, dans les bibliothèques et ainsi de suite. Que ce soit à l'aide de puces actives ou passives, cette technologie est en train de supplanter définitivement son prédécesseur, le code à barres.

Rappelons brièvement quelques concepts. La distinction majeure entre les RFID et le code à barres vient du fait que ces derniers utilisent une technologie visuelle : pour avoir accès à l'information, il faut diriger précisément le lecteur (le faisceau lumineux) sur l'étiquette du code à barres. Les lectures se font objet par objet. En RFID, on utilise des fréquences radio. L'identificateur, émetteur ou lecteur, lit les informations, quelle que soit la position de la puce électronique. On peut donc lire à distance de grandes quantités d'objets. Pour

l'employé d'une caisse enregistreuse dans le commerce au détail, les avantages sont énormes. La technologie des RFID n'est pas récente ; le secteur militaire et plusieurs entreprises manufacturières tel le secteur de l'automobile* l'utilisent depuis près de 10 ans.

Plus proches de nous, les recherches menées par les grandes firmes de consultants en Amérique du Nord indiquent que les entreprises investissent depuis 2003 dans cette technologie à un taux composé de 40 %. On prévoit que cette tendance se maintiendra jusqu'en 2008.

Le plus grand détaillant et aussi la plus grande entreprise de la planète, Wal-Mart, exige que ses 100 fournisseurs principaux adoptent les RFID pour identifier l'ensemble des palettes et des produits qui lui sont livrés à partir de janvier 2005. Les trois principaux centres de distribution de Wal-Mart et 150 magasins seront opérationnels avec cette technologie. Vers le mois d'octobre 2005, trois autres centres de distribution, 900 magasins et les 200 autres fournisseurs devront s'y conformer. L'effet domino est qu'à moyen terme, ces mêmes fournisseurs exigeront l'utilisation de la même technologie de leurs propres fournisseurs. Force est d'admettre que les autres clients de ces fournisseurs auront aussi à adopter cette approche. Toute la chaîne logistique et d'approvisionnement se retrouvera modifiée. Des problèmes de taille se dessinent à l'horizon:

a) l'intégration de cette technologie aux autres fonctions de l'entreprise: à part les entrepôts, la fonction approvisionnement et les achats, les finances, le système comptable et les autres secteurs devront s'adapter à l'approche;

b) la capacité des fournisseurs et des développeurs de la technologie à répondre à la demande des entreprises désireuses de s'y convertir.

La trop grande demande en un temps aussi court placera les fournisseurs dans une situation où il leur sera difficile de satisfaire toutes les entreprises qui veulent se convertir.

Citons quelques avantages majeurs des RFID: identification, traçage simplifié et accru; prise d'inventaire plus rapide et plus précise; information continue de l'état des stocks à tous les niveaux et endroits de l'entreprise (centre de distribution, entrepôts majeurs, étagères, etc.); meilleure connaissance des habitudes des consommateurs, rapidité de réaction vis-à-vis des besoins; accroissement de la qualité du service après-vente; prévention des pertes et de la redondance des commandes; sécurité accrue.

Or, d'autres secteurs des services sont en train d'explorer, voire d'implanter directement cette technologie: les entreprises de transport aérien, les bagagistes, les entreprises de courrier, les hôpitaux, les buanderies industrielles, les hôtels, les casinos, les bibliothèques. Les établissements d'enseignement, les services correctionnels et les gouvernements sont en train d'étudier sérieusement l'implantation des RFID.

Une application typique des RFID est illustrée ci-après:

a) une puce passive au coût approximatif actuel de 0,03 $ est introduite dans le bagage d'un voyageur;

b) l'objet recherché est égaré dans un ensemble d'autres bagages;

c) un appareil détecteur à la recherche du bagage concerné se promène dans l'entrepôt;

d) l'appareil détecteur reconnaît le signal de la puce du bagage.

Des entreprises ont implanté cette technologie pour identifier, retracer et récupérer leurs palettes ou leurs conteneurs éparpillés dans l'entreprise ou chez leurs partenaires d'affaires, fournisseurs ou clients. Des bibliothèques, telle celle du Vatican, l'utilisent actuellement pour leurs livres de grande valeur. Éventuellement, cette approche deviendra la norme dans le secteur. Certains hôpitaux ont implanté ce système conçu par Siemens. Dès l'arrivée d'un patient, on passe à son poignet un bracelet muni d'une puce contenant toutes les informations pertinentes à son sujet. Avec l'appareil de lecture, les professionnels de la santé peuvent ainsi avoir accès au dossier du patient sans le déranger.

* Installation à l'entreprise BMW, à Jacksonville aux États-Unis.

Source: Adapté de *Info-Productivité*, décembre 2004.

13.3.2 Les informations sur les prévisions quant à la demande et au délai d'approvisionnement

Puisqu'on utilise les stocks pour répondre à la demande de la clientèle, il faut absolument que les données sur la quantité et le moment de la demande soient fiables. Il faut également savoir combien de temps prendra la livraison des commandes et dans quelle mesure ces **délais d'approvisionnement ou de livraison** peuvent varier. Le besoin de stock supplémentaire augmente avec cette variabilité; il permet en effet de diminuer le risque d'une rupture de stock entre les livraisons. Ainsi, il existe un lien de cause à effet direct entre les prévisions de la demande et la gestion des stocks.

La disponibilité en temps est de plus en plus importante en gestion des stocks. C'est pour cette raison que la notion de **point de vente** a été élaborée. On enregistre électroniquement et directement la transaction: qu'est-ce qu'on a livré, en quelle quantité, à quel moment précis et où la livraison a-t-elle été effectuée (quoi, combien, où et quand). Les entreprises modernes disposent de toutes ces informations en temps réel. Cela permet au gestionnaire de connaître immédiatement et à tout moment le niveau de stock et les produits ou services les plus demandés, ce qui l'aide à décider de la nécessité de se réapprovisionner.

Délai d'approvisionnement ou de livraison

Intervalle compris entre la transmission et la réception de la commande.

Point de vente

Enregistrement de la vente en temps réel.

13.3.3 Les coûts des stocks

Pour chaque article qui transite par l'entreprise durant l'année, les coûts totaux des stocks (CT) comprennent quatre types de coûts:
- les coûts totaux d'acquisition (C_{ta});
- les coûts totaux de possession, appelés parfois « coûts d'entreposage » (C_{te});

- les coûts totaux de passation de commandes (C_{tc}) ;
- les coûts totaux de pénurie et de rupture de stock (C_{tp}).

$$CT = C_{ta} + C_{te} + C_{tc} + C_{tp}$$

Analysons brièvement chacun de ces éléments.

Coûts d'acquisition (C_a)
Coûts d'achat ou de fabrication.

Les **coûts d'acquisition (C_a)** représentent la valeur financière des marchandises. Si le produit est acheté d'un fournisseur externe, ces coûts représenteront le montant payé pour l'acheter. Si le produit est fabriqué par l'entreprise elle-même pour garnir les stocks de produits finis prêts à la vente, ces coûts représenteront les coûts de fabrication.

Coûts de possession (ou d'entreposage) des stocks (C_e)
Coûts de possession d'un article en stock pour une certaine période, généralement un an.

Les **coûts de possession (ou d'entreposage) des stocks (C_e)** concernent la possession physique d'articles en entrepôt. Ils incluent le taux d'intérêt du capital investi dans le stock, l'assurance, les impôts, la dévaluation de la monnaie, l'obsolescence, la détérioration, les défectuosités, les vols, les bris et les coûts d'entreposage comme tels (chauffage, éclairage, loyer, sécurité, tous rattachés aux frais des entrepôts). Ils incluent également les coûts d'opportunité liés aux fonds immobilisés qui pourraient servir à autre chose. Notez que c'est la portion variable de ces coûts qui est concernée.

Généralement, les impôts ainsi que le coût du financement et des assurances sont déterminés d'après la valeur des stocks. Toutefois, le coût d'entreposage ou de possession est également sensible à la nature même des biens stockés. Ainsi, les articles qui se dissimulent facilement (par exemple les petits appareils photo, les baladeurs, les calculatrices) ou qui sont très onéreux (voitures, téléviseurs) sont sujets au vol. Les fruits de mer, les viandes et les volailles, les fruits et les légumes frais ainsi que les aliments cuisinés peuvent se détériorer rapidement. Les produits laitiers, les vinaigrettes, les médicaments, les piles électriques et les pellicules de films ont aussi une durée limitée d'entreposage.

On détermine les coûts de possession des stocks selon les deux méthodes suivantes : relativement au pourcentage du prix unitaire ou en ce qui a trait à la valeur financière par unité entreposée durant l'année. Les coûts annuels de possession des stocks représentent généralement entre 20 % et 40 % de la valeur d'un article ($20\% < I < 40\%$). En d'autres mots, le coût de possession ou d'entreposage d'un article d'une valeur de 1 \$ pendant une période d'un an se situerait entre 0,20 \$ et 0,40 \$.

Coûts de commande ou de passation de commande (C_c)
Coûts associés au fait de donner une commande au fournisseur.

Les **coûts de commande ou de passation de commande (C_c)** sont les coûts engagés pour choisir le fournisseur, négocier et traiter la commande. Ils comprennent la détermination de la quantité requise, la préparation des factures, les coûts de transport, l'inspection des marchandises reçues pour en vérifier la qualité et la quantité, et l'acheminement des marchandises vers un lieu d'entreposage temporaire. Les coûts de commande s'expriment généralement en valeurs financières fixes, peu importe la taille de la commande.

Or, dans le cas où une entreprise fabrique ses propres produits au lieu de les commander à un fournisseur, les coûts de mise en route (réglage des machines, changement des outils, modification des procédés) sont associés aux coûts de commande. Ce sont des frais fixes, peu importe la taille du lot lancé en production, qui se révèlent souvent très élevés en temps, en argent, parfois en centaines de milliers de dollars, et en produits gaspillés lors de la fabrication des premières unités (appelés la « gâche »).

Coûts de pénurie (C_p) ou de rupture de stock
Coûts associés à une demande non satisfaite en raison d'un manque de produits disponibles, souvent exprimés sous forme de perte de profit unitaire.

Parmi les autres coûts de base se trouvent les **coûts de pénurie (C_p) ou de rupture de stock** dus à une pénurie ou à une rupture de stock. Ces derniers surviennent lorsque la demande dépasse la réserve disponible en stock. Ces coûts peuvent comprendre le coût d'opportunité pour une vente manquée, la perte d'achalandage, les frais de retard et autres coûts semblables. De plus, si la rupture de stock touche un article réservé à l'usage interne (par exemple un article utilisé dans la chaîne d'assemblage), on considère le coût de la perte de production ou du temps d'arrêt comme un coût de rupture de stock. De tels coûts peuvent facilement atteindre des centaines de dollars ou plus par minute de production perdue. Les coûts de rupture de stock sont parfois difficiles à calculer.

13.3.4 La classification des stocks : la loi de Pareto[1]

La responsabilité première des gestionnaires des stocks est de minimiser les niveaux de stocks, tout en maintenant un niveau de service à la clientèle fiable. Or, si on a en entrepôt une dizaine, voire dans certains cas des milliers d'articles différents, lesquels de ces produits doit-on commencer à organiser pour minimiser les coûts ? Il faut se doter d'un moyen qui permet de concentrer

---

1. C. Benedetti et J. Guillaume, *Gestion des approvisionnements et des stocks*, Laval, Éditions Études Vivantes, 1993, section 6.4.

son attention sur les produits les plus importants. La **loi de Pareto,** appelée aussi la «méthode ABC» ou «méthode du 80-20», est l'outil idéal. Appliquée ici à la gestion des stocks, cette méthode convient à toutes les situations où il faut placer des activités par ordre de priorité.

De façon générale, il n'y a pas de rapport d'équivalence entre la distribution d'une série de faits observés et le nombre de faits. Ainsi, il serait difficile d'affirmer que dans un groupe de n personnes, la distribution des personnes qualifiées d'«obèses», de «taille moyenne» ou de «minces» correspondra exactement à une proportion de un tiers de n par groupe! Il est plutôt possible qu'on dénombre environ 10% de personnes obèses, 20% de personnes minces et 70% de personnes de taille moyenne: la distribution des faits observés n'est pas proportionnelle au nombre d'observations.

Fort de ces observations, un marchand de chandails, par exemple, entreposera plus d'unités de taille moyenne. Il aura ainsi avantage à mieux contrôler ses stocks de chandails de taille moyenne (offrir un choix de couleurs plus étendu, etc.); en d'autres mots, puisque cette taille représente la plus grosse part de son marché, il devra s'en occuper d'une façon particulière. On peut appliquer ce raisonnement à d'autres domaines. Si l'on met en relation les deux dimensions (individus et quantités), on pourra remarquer, par exemple, que 20% de l'ensemble des constructeurs d'automobiles réalisent 70% des ventes totales de cette industrie, que 25% de la population totale possède 75% des richesses nationales ou encore que 15% de l'ensemble des pays assurent à eux seuls 70% de la production mondiale de pétrole. De même, on remarque que dans l'entreprise, 20% des articles, en ce qui concerne le nombre, représentent environ 80% des articles en ce qui a trait à la valeur.

En s'appuyant sur ce principe et en l'appliquant aux stocks, la méthode ABC classe les produits entreposés ainsi:

1. **Articles de classe A:** Ils représentent près de 20% des articles entreposés et une valeur (financière) se situant entre 60% et 80% de la valeur totale des stocks.

2. **Articles de classe B:** Ils représentent 15% à 40% des articles entreposés et une valeur se situant entre 15% et 20% de la valeur totale des stocks.

3. **Articles de classe C:** Ils constituent la majeure partie des articles entreposés (soit de 40% à 75%), mais leur valeur est la plus faible (5% à 20% de la valeur des stocks).

Soulignons que le pourcentage accordé à chaque classe est à titre indicatif et nullement restrictif; il peut donc varier de quelques points d'une classe à l'autre selon les situations étudiées. Cette façon de classer les produits contribue à attirer notre attention sur les vrais enjeux. Ainsi, pour réduire, au moyen d'un meilleur système de gestion des stocks, les capitaux immobilisés dans nos entrepôts, il serait plus avantageux de réduire la classe A que la classe C. De même, il est plus logique de consacrer plus d'efforts et d'argent à protéger, à contrôler et à optimiser les stocks d'articles de classe A que de classe C. Le tableau 13.1 présente, à titre indicatif, le degré de contrôle à exercer sur chacune des classes.

Loi de Pareto

Classification des stocks selon leur importance avec, comme résultante, une répartition des efforts de contrôle.

▼ **TABLEAU 13.1**

Degré de contrôle par classe

13

Classe	Degré de contrôle	Prise d'inventaire optimale à entreposer	Priorité d'étude et quantité
A	Très serré et structuré Données précises Délai d'approvisionnement bien défini Délai de livraison serré	À l'unité si possible Très fréquente: mensuelle à trimestrielle	Plus haute priorité Quantité à commander bien définie Surveillance fréquente pour améliorer les conditions d'entreposage
B	Serré à moyen Données pertinentes Délai d'approvisionnement Délai de livraison d'importance moyenne	À l'unité ou par lots Fréquente (annuelle ou semi-annuelle)	Priorité moyenne; dépend de l'importance du problème particulier Quantité optimale définie de préférence
C	Le plus simple et le moins cher possible Délai de livraison peu important	Par lots ou en vrac La moins fréquente possible (annuelle)	Priorité en cas de problème évident seulement

Source: C. Benedetti, *Introduction à la gestion des opérations*, 3e édition, Laval, Éditions Études Vivantes, 1991, p. 273.

Dans certains cas, quand un nombre assez important d'articles est entreposé, on préfère subdiviser les classes A, B et C en sous-classes (AA, AB, AC, BA, BB, BC, CA, etc.) ou même créer une classe D. Il faut alors recalculer le pourcentage accordé à chaque classe. Finalement, il est dangereux de penser qu'on peut relâcher totalement le contrôle de la classe C, sous prétexte qu'elle est la moins importante, et se permettre une pénurie de ces produits. En effet, sur une chaîne d'assemblage d'automobiles, s'il est vrai qu'un manque de moteurs (classe A) empêchera l'assemblage des véhicules, un manque de joints d'étanchéité de portes (produits classés C) aura le même effet. Par contre, l'achat et le stockage nécessiteront un contrôle plus serré pour les moteurs que pour les joints d'étanchéité.

Exemple 1

Numéro d'article	Consommation annuelle (unités)	×	Coût unitaire ($/unité)	Consommation annuelle ($)
A1	2 500		360	900 000
A2	1 000		70	70 000
A3	2 400		500	1 200 000
A4	1 500		100	150 000
A5	700		70	49 000
A6	1 000		1 000	1 000 000
A7	200		210	42 000
A8	1 000		4 000	4 000 000
A9	8 000		10	80 000
A10	500		200	100 000
			TOTAL	7 591 000

Classez les articles en stock dans la catégorie A, B ou C selon leur valeur financière annuelle en fonction des informations suivantes :

À l'occasion de sa dernière prise d'inventaire, un gestionnaire a recueilli les informations présentées ci-dessous relativement aux articles entreposés dans son entreprise. Il désire les classer par ordre d'importance selon la méthode ABC.

Solution

En plaçant les articles par ordre décroissant de la consommation annuelle en dollars, on aura :

Numéro d'article (identification)	Consommation annuelle ($)	Pourcentage du capital en stock	Valeur cumulative	Classe	Pourcentage d'articles
A8	4 000 000	52,69 %		A	
A3	1 200 000	15,81 %	68,50 %	A	20 %
A6	1 000 000	13,17 %		B	
A1	900 000	11,86 %		B	
A4	150 000	1,98 %	27,01 %	B	30 %
A10	100 000	1,32 %		C	
A9	80 000	1,05 %		C	
A2	70 000	0,92 %		C	
A5	49 000	0,65 %		C	
A7	42 000	0,55 %	4,49 %	C	50 %
	7 591 000	100,00 %	100,00 %		100 %

FIGURE 13.3 ▶

Ventilation ABC type selon la valeur financière annuelle relative des articles et le nombre d'articles par catégorie

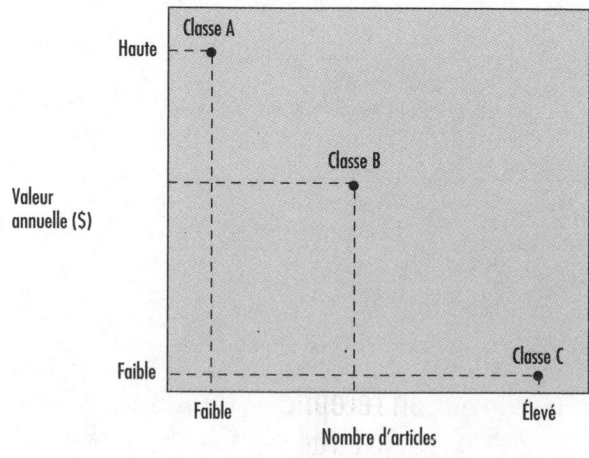

Le produit A8 (consommation annuelle = 4 M$) représente 1 article sur les 10 articles entreposés (10 %). À lui seul, il représente 52,69 % de la consommation de l'année (4 000 000 $/7 591 000 $). En appliquant ce raisonnement à l'ensemble, le gestionnaire peut, selon son propre jugement, classer les articles A8 et A3 dans la catégorie A (20 % des articles et 68,50 % de la consommation annuelle), A6, A1 et A4, articles de la classe B et le reste des articles dans la classe C.

La figure 13.3 montre une classification des articles en trois catégories.

Bien que la valeur financière annuelle soit le premier facteur considéré pour classer les articles en stock, on pourrait tenir compte d'autres facteurs (comme le risque d'obsolescence ou de rupture de stock, l'éloignement d'un fournisseur) et faire des exceptions pour certains articles (par exemple en changeant le classement d'un article C pour qu'il devienne un article A). La figure 13.3 illustre le principe de la méthode ABC. Cette méthode est aussi utilisée dans plusieurs autres situations, par exemple pour améliorer les opérations, notamment le service à la clientèle. Un gestionnaire peut attirer l'attention sur les principaux aspects du service à la clientèle en les classifiant ainsi : très importants, importants ou de moindre importance. Mais il faut éviter de souligner les aspects mineurs du service à la clientèle au détriment des aspects importants.

La méthode ABC sert aussi de guide pour effectuer un **inventaire tournant,** soit un décompte physique des articles en stock. Le but de l'inventaire tournant est de réduire l'écart entre les quantités inscrites sur les fiches de stock et les quantités réelles disponibles. La précision est capitale, parce que des fiches imprécises peuvent entraîner des arrêts de production, une déficience du service à la clientèle et des coûts de possession de stocks inutilement élevés.

> **Inventaire tournant**
> Décompte physique des articles en stock.

En ce qui concerne l'inventaire tournant, on doit surtout se concentrer sur les questions suivantes :

1. Quel est le degré de précision requis ?
2. À quel moment faudrait-il planifier l'inventaire tournant ?
3. Qui devrait le faire ?

L'APICS, anciennement l'American Production and Inventory Control Society, suggère les limites suivantes pour garantir la précision des fiches de stock des différentes classes d'articles :

www.apics.org

Classe	Précision
A	±0,2 %
B	±1 %
C	±5 %

Certaines entreprises se basent sur des événements particuliers pour déclencher l'inventaire tournant, tandis que d'autres le font sur une base périodique (programmée). Parmi les événements susceptibles de déclencher un décompte physique des stocks, mentionnons une rupture de stock pour un article supposément disponible d'après les fiches de stock ou un rapport d'inventaire montrant un niveau faible ou nul d'entreposage d'un article.

Pour effectuer l'inventaire tournant, certaines entreprises font appel au personnel de l'entrepôt pendant les périodes de basse activité, tandis que d'autres engagent des entreprises externes pour le faire sur une base périodique. Le recours à une entreprise externe permet d'effectuer une vérification indépendante de l'inventaire et peut réduire le risque de problèmes créés par des employés malhonnêtes.

13.4 La quantité à commander : le modèle de la *QÉC*

Procédons maintenant à la détermination du nombre d'unités d'un produit qu'il convient de commander, appelé la « quantité à commander » (QC).

On détermine souvent la quantité à commander (QC) au moyen des modèles de la **quantité économique à commander (QÉC)** ou **lot économique,** ou **série économique de réapprovisionnement.** Les modèles de QÉC permettent de déterminer la quantité à commander en optimisant l'équation des coûts totaux des stocks :

$$CT = C_{ta} + C_{te} + C_{tc} + C_{tp}$$

Il s'agit de trouver le juste équilibre entre les coûts totaux d'acquisition (C_{ta}), les coûts totaux de possession (C_{te}), les coûts totaux de commande (C_{tc}) et les coûts totaux de pénurie (C_{tp}). À des fins de simplification, on commencera par équilibrer les coûts de possession (C_{te}) et de commande (C_{tc}). Les coûts C_{ta} et C_{tp} seront abordés dans les sous-sections 13.4.3 et suivantes.

Trois modèles de taille de commandes seront étudiés dans cet ouvrage :

- le modèle de base : quantité économique à commander en réception instantanée ;
- le modèle de quantité économique à commander en réception échelonnée ;
- le modèle de remise sur quantité.

> **Quantité économique à commander (*QÉC*) ou lot économique, ou série économique de réapprovisionnement**
> Quantité commandée qui optimise les coûts totaux des stocks : acquisition, entreposage, commandes et pénurie.

13

13.4.1 La quantité économique à commander en réception instantanée

On détermine souvent la quantité à commander au moyen d'un modèle de quantité économique à commander, soit la *QÉC*. On utilise ce modèle pour trouver la quantité commandée qui réduira les coûts annuels de possession et ceux de transmission de commandes.

TABLEAU 13.2

Hypothèses qui sous-tendent l'utilisation du modèle QÉC de base

1.	Un seul produit en cause
2.	Connaissance de la demande annuelle à satisfaire
3.	Taux de consommation à peu près constant durant l'année
4.	Délai de livraison (ou d'approvisionnement) constant
5.	Chaque commande livrée en une seule fois (réception instantanée)
6.	Pas de remise sur achat en gros

À ce stade de l'analyse, on omet d'inclure le coût d'acquisition des articles dans le coût total parce que celui-ci est indépendant de la quantité commandée, sauf dans le cas des remises sur achats en gros.

L'utilisation de ce modèle implique plusieurs hypothèses, énumérées au tableau 13.2.

La transmission de commandes et la consommation (ou utilisation) des stocks suivent un modèle périodique. La figure 13.4 illustre l'évolution des stocks sur trois cycles. Le premier cycle commence à la réception des unités QC (quantité commandée et reçue).

FIGURE 13.4 ▶

Graphique d'évolution des stocks

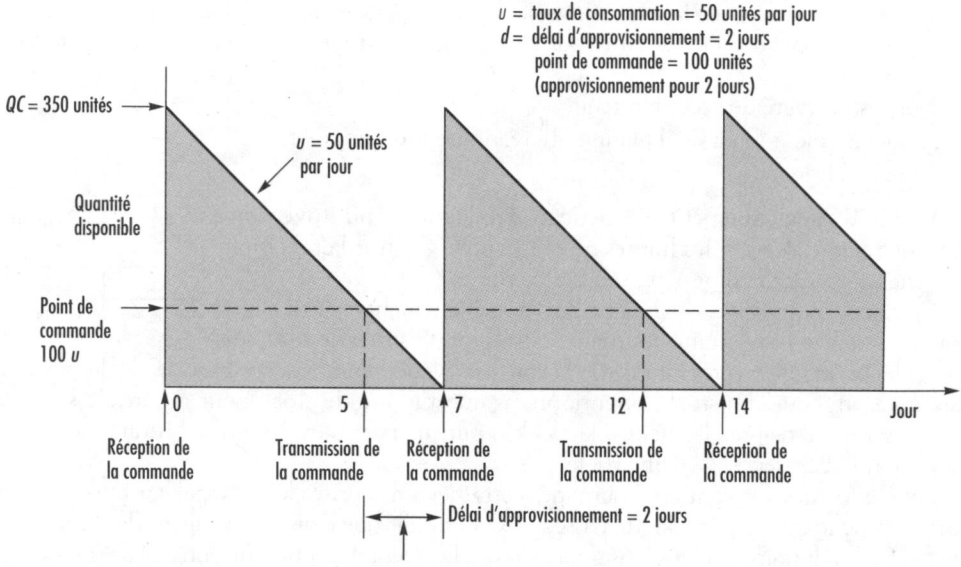

Cette livraison sera ensuite consommée à un taux d'utilisation ou de consommation constant u. Lorsque les stocks descendent à un niveau qui correspond à ce qui sera consommé pendant le délai de livraison, on commande au fournisseur une nouvelle quantité QC. Puisqu'on suppose que le taux d'utilisation u et le délai d'approvisionnement d sont tous les deux stables, on recevra la commande au moment précis où les stocks disponibles tomberont à zéro.

De cette façon, on organise les commandes de manière à éviter à la fois les surplus et les ruptures de stock.

Étant donné qu'on omet à ce stade les coûts d'acquisition (C_{ta}) et de pénurie (C_{tp}), la quantité optimale à commander représente un compromis entre les coûts totaux de possession des stocks (C_{te}) et les coûts de commande (C_{tc}) : selon la grosseur de la commande, un type de coût augmentera pendant que l'autre diminuera. Par exemple, si les quantités commandées sont petites, le stock moyen gardé en entrepôt (S_{moy}) sera faible, ce qui entraînera de faibles coûts de possession. Par contre, une commande de petite taille nécessitera des commandes plus fréquentes durant l'année, ce qui augmentera le nombre de commandes et les coûts annuels de commande qui en découlent. Inversement, de grandes quantités diminueront le nombre de commandes et les coûts annuels de commande qui s'y rattachent, mais entraîneront des niveaux de **stocks moyens** plus élevés et, de ce fait, des coûts plus élevés de possession des stocks. La figure 13.5 (A et B) illustre ces deux extrêmes.

Stock moyen d'une période

$$S_{moy} = \frac{S_{max} + S_{min}}{2}$$

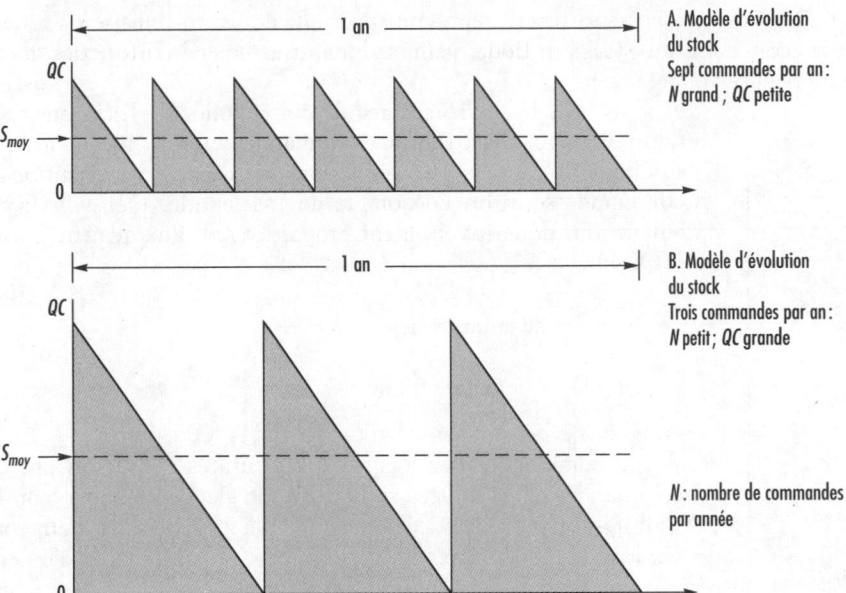

A. Modèle d'évolution
du stock
Sept commandes par an:
N grand ; *QC* petite

B. Modèle d'évolution
du stock
Trois commandes par an:
N petit ; *QC* grande

N : nombre de commandes
par année

La solution idéale serait une taille de commande qui représente l'équilibre entre les coûts de commande et les coûts d'entreposage.

Le coût annuel d'entreposage ou de possession (C_{te}) se calcule ainsi :

$$C_{te} = S_{moy} \times C_e \tag{13-1}$$

où C_{te} = coûts totaux annuels de possession ($)

S_{moy} = stock moyen entreposé durant l'année

$$S_{moy} = \frac{S_{max} + S_{min}}{2}$$

$C_e = I \times C_a$ = coût unitaire de possession ($/u) $\qquad$ (13-2)

I = coût de possession exprimé en pourcentage du coût unitaire du produit entreposé durant l'année (%)

C_a = valeur unitaire du produit entreposé ($/u)

Par exemple, si l'unité nous coûte 40 $/u ($C_a$) à l'achat et que le coût de possession (I) a été estimé à 30 % de la valeur de l'objet, alors :

$$C_e = I \times C_a = 0,3 \times 40,00\,\$/u = 12\,\$/u$$

Il nous en coûte donc en moyenne 12 $ par année pour chaque unité gardée en entrepôt. Si on a, en tout temps, une moyenne de 150 unités en entrepôt, alors :

$$C_{te} = S_{moy} \times C_e = 150\,u \times 12\,\$/u = 1\,800\,\$ \text{ par année}$$

Pour les modèles classiques décrits à la figure 13.5 (A et B), étant donné que l'on considère des situations où les QC sont consommées en totalité à la fin de chaque sous-période, le stock moyen (S_{moy}) est calculé par :

$$S_{moy} = \frac{QC}{2} \tag{13-3}$$

où QC = quantité commandée en unités

Les coûts totaux de possession seront évalués par :

$$C_{te} = \frac{QC}{2} \times (I \times C_a) \text{ ou} \tag{13-4}$$

$$C_{te} = \frac{QC}{2} \times C_e$$

13

FIGURE 13.6

Graphiques d'évolution des coûts

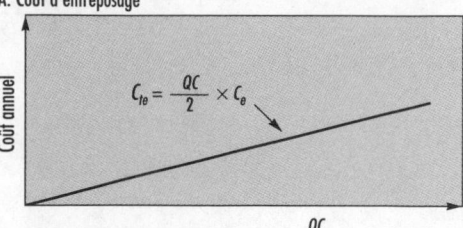

A. Coût d'entreposage

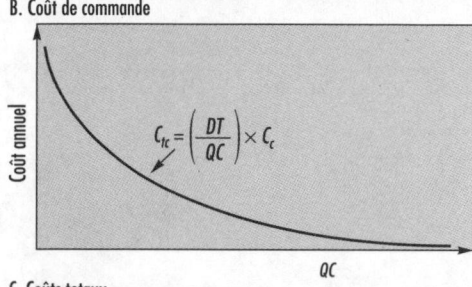

B. Coût de commande

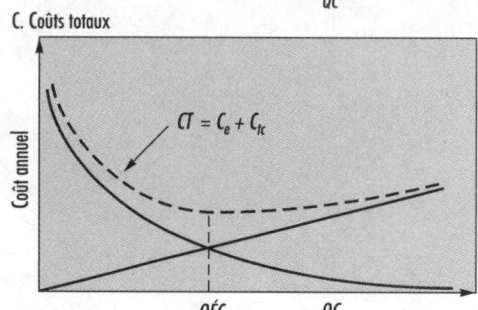

C. Coûts totaux

Les coûts totaux de possession sont représentés par une équation linéaire en fonction de la quantité commandée (QC). Ces coûts varient donc directement en fonction de la QC, comme on peut le voir à la figure 13.6 A.

À l'inverse, les coûts totaux de commande (C_{tc}) diminueront proportionnellement aux quantités commandées : pour une même période, habituellement l'année, plus on commande de grandes quantités, moins on commande souvent. Le nombre de commandes (N) et le C_{tc} qui en découlera sont donc inversement proportionnels aux quantités commandées (QC).

$$\text{Nombre de commandes} = N = \frac{DT}{QC} \tag{13-5}$$

où DT = demande totale

Ainsi, si le besoin annuel total est de 12 000 unités (DT) et qu'on décide de commander par lots de 1 000 unités (QC), on procédera à 12 commandes. Par contre, si l'on décide de commander par lots de 2 000 unités, on procédera à 6 commandes, et ainsi de suite. Pour commander par lots de 6 000 unités 2 fois par année, on aura besoin d'un entrepôt pouvant contenir l'équivalent de 6 000 unités, tandis que des commandes par lots de 1 000 unités exigeraient un entrepôt de 1 000 unités seulement. Encore une fois, on voit la nécessité de bien évaluer les différentes politiques d'approvisionnement.

Une fois le nombre de commandes déterminé, les coûts totaux de commande s'évaluent par :

$$C_{tc} = \frac{DT}{QC} \times C_c \qquad \text{ou bien} \qquad C_{tc} = N \times C_c \tag{13-6}$$

C_c = coût de passation d'une commande
C_{tc} = coûts totaux de passation des commandes pour la période, habituellement l'année
N = nombre de commandes

La figure 13.6 B illustre l'effet des QC (l'abscisse) sur les C_{tc} (l'ordonnée).

À partir des deux types de coûts étudiés ci-dessus (C_{te} et C_{tc}), le CT des marchandises traitées en stock devient :

$$CT = C_{te} + C_{tc} = \frac{QC}{2} \times C_e + \frac{DT}{QC} \times C_c \tag{13-7}$$

Soulignons que la période couverte par ces calculs est habituellement l'année, bien que, dans certains cas, on puisse préférer la saison ou la demi-année. Dans de tels cas, il faut s'assurer que les unités de temps utilisées dans les équations seront respectées.

La figure 13.6 C illustre l'évolution des coûts totaux (CT) en fonction des quantités commandées (QC). Remarquons que les coûts totaux sont à leur minimum quand la courbe des coûts totaux de possession croise celle des coûts totaux de commande. La quantité à commander qui correspond à ces coûts totaux minimaux est la quantité économique à commander. La $QÉC$ se trouve au point d'inflexion de la dérivée de l'équation des CT.

$$CT = \frac{QC}{2} \times C_e + \frac{DT}{QC} \times C_c$$

Alors, en dérivant l'équation des CT par rapport à la QC et en la faisant égaler à zéro, on a :

$$\frac{d(CT)}{d(QC)} = \frac{C_e}{2} - \frac{DT}{(QC)^2} \times C_c$$

$$\frac{C_e}{2} = \frac{DT}{(QC)^2} \times C_c$$

Si l'on isole QC, la quantité économique à commander ($QÉC$) en unités sera :

$$QÉC = \sqrt{\frac{2DT \times C_c}{C_e}} \tag{13-8}$$

Cette *QÉC* sera celle qui minimisera les *CT* et représentera le juste équilibre entre les C_{te} et les C_{tc}. Avec la *QÉC*, les coûts totaux de possession seront égaux aux coûts totaux de commande.

Avec la *QÉC*, C_{te} (\$) = C_{tc} (\$)

Une autre façon d'écrire l'équation de la *QÉC*, sachant que $C_e = I \times C_a$, est :

$$QÉC = \sqrt{\frac{2DT \times C_c}{I \times C_a}}$$

La durée d'un **intervalle de commande *i*,** c'est-à-dire le temps écoulé entre deux commandes successives, se calcule par :

$$i = \frac{QÉC}{DT} \times \text{Nombre de jours par année}$$

Le coût annuel total associé à la possession des stocks et à la transmission d'une commande de stock de *QÉC* unités est :

CT = Coût annuel de possession des stocks + Coût annuel de commande

$$= \frac{QÉC}{2} \times C_e + \frac{DT}{QÉC} \times C_c$$

Intervalle de commande *i*
Temps écoulé entre deux commandes successives.

Pour un certain type de pneus, les prévisions de ventes d'un distributeur sont, pour l'année prochaine, d'environ 9 600 pneus. Le coût annuel de possession des stocks est de 16\$ par pneu et le coût de commande, de 75\$. Le distributeur est en activité 288 jours par an.

Déterminez :
a) la *QÉC* ;
b) le nombre optimal de commandes annuelles du distributeur ;
c) la durée de l'intervalle de commande ;
d) le coût annuel total des stocks si l'on procède en fonction de la *QÉC*.

Exemple 2

a) Calcul de la *QÉC* :

C_a = 9 600 pneus
C_e = 16\$/*u* par année
C_c = 75\$ par commande

$$QÉC = \sqrt{\frac{2DT \times C_c}{C_e}} = \sqrt{\frac{2 \times 9\ 600\ u \times 75\$}{16\$\ u}} \doteq 300 \text{ pneus}$$

b) Nombre de commandes par année *N* avec la *QÉC* :

$$N = \frac{DT}{QC} = \frac{9\ 600 \text{ pneus}}{300 \text{ pneus/commande}} = 32 \text{ commandes}$$

c) Intervalle de commande avec la *QÉC* :

$$i = \frac{QÉC}{DT} \times N^{bre} \text{ jours/an} = \frac{300 \text{ pneus}}{9\ 600 \text{ pneus}} \times 288 \text{ jours} = 9 \text{ jours}$$

d) *CT* avec la *QÉC* :

$$CT = C_{te} + C_{tc} = \frac{QÉC}{2} \times C_e + \frac{DT}{QÉC} \times C_c = S_{moy} \times C_e + N \times C_e$$

CT = (300 unités/2) × 16\$/unité + 32 commandes × 75\$/commande
 = 2 400\$ + 2 400\$ = 4 800\$

Soulignons que $C_{te} = C_{tc}$ avec la *QÉC*.

Solution

La compagnie Orbite 2000 assemble des moniteurs de sécurité. Elle achète 3 600 écrans par année au coût de 65\$/unité. Les coûts de commande et de possession ont été estimés à 31\$ par commande et à 20 % du coût de l'unité achetée (*I* = 20 %).

On vous demande de calculer la quantité économique à commander et les coûts totaux correspondants.

Exemple 3

Solution

$DT = 3\ 600$ écrans
$C_c = 31\ \$/\text{commande}$
$I = 20\%$
$C_a = 65\ \$/\text{écran}$

$$QÉC = \sqrt{\dfrac{2DT \times C_c}{I \times C_a}} = \sqrt{\dfrac{2 \times 3\ 600\ u \times 31\ \$}{0,20 \times 65\ \$\ u}} = 131\ \text{écrans}$$

$$C_e = I \times C_a = 0,20 \times 65\ \$/\text{écran} = 13\ \$/\text{écran entreposé}$$

$$CT = C_{te} + C_{tc} = \dfrac{QÉC}{2} \times C_e + \dfrac{DT}{QÉC} \times C_c = \dfrac{131}{2} \times 13\ \$ + \dfrac{3\ 600\ u}{131\ u} \times 31\ \$$$

$$CT = 852\ \$ + 852\ \$ = 1\ 704\ \$$$

Commentaire. Les coûts de possession des stocks et de commande, de même que la demande annuelle, sont des données généralement estimées plutôt que des valeurs précises. Par conséquent, il faut envisager la *QÉC* comme une quantité approximative plutôt qu'une quantité exacte. Ainsi, le fait d'arrondir la valeur calculée est parfaitement acceptable; si l'on utilisait une valeur comportant plusieurs décimales, cela pourrait donner une idée fausse sur sa précision. Une question évidente se pose: quelle est alors la pertinence d'une *QÉC* approximative en matière de réduction des coûts?

Toute la théorie de la *QÉC* est d'ordre indicatif. Elle sert à orienter les gestionnaires vers l'optimum et ne doit jamais être considérée de façon dogmatique. Notons que la courbe des *CT* est passablement aplatie autour de la *QÉC*, ce qui justifie l'utilisation d'une approximation. En d'autres mots, même si la *QÉC* calculée diffère de la *QÉC* réelle, les coûts totaux n'augmenteront pas beaucoup, surtout dans le cas de quantités plus grandes que la *QÉC* réelle, parce que la courbe de coût total s'élève très lentement à droite de la *QÉC* (*voir la figure 13.7*).

FIGURE 13.7 ▸

Courbe du coût total relativement aplatie près de la *QÉC*.

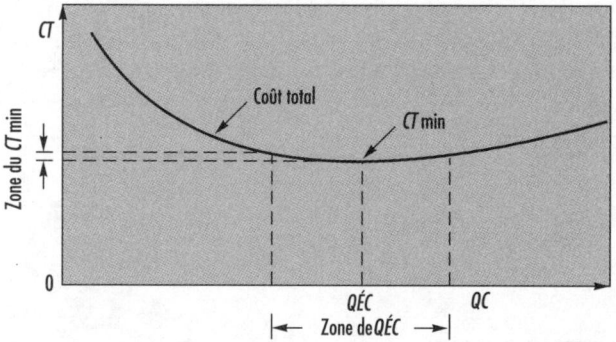

13.4.2 La quantité économique à commander en réception échelonnée: les lots économiques

Le modèle de *QÉC* de base s'appuie sur le postulat que chaque commande est livrée à un seul moment (réapprovisionnement instantané). Cependant, dans certains cas, si l'entreprise est à la fois fabricant et utilisateur ou si les livraisons sont réparties dans le temps, les stocks sont reconstitués progressivement plutôt qu'immédiatement.

De plus, si le taux de consommation *u* (la sortie des stocks) et le taux de livraison ou de production *p* (l'arrivée des stocks) sont équivalents, il n'y a pas d'accumulation de stocks parce qu'on utilise immédiatement toute la production. La question de la taille des lots ne se posera pas. Mais le plus fréquemment, le taux de production ou de livraison du fournisseur *p* dépasse le taux de consommation *u*, créant la situation décrite à la figure 13.8. Dans le cas de la production destinée à garnir les stocks de produits finis, cette situation ne se produit que pendant une portion de chaque cycle parce que le taux de production est supérieur au taux de consommation. Une fois les livraisons *p* terminées, la consommation *u*, qui n'arrête pratiquement pas, se poursuit pendant tout le cycle. Par exemple, si le taux de production (*p*) est de 20 u/jour et le taux de consommation (*u*), de 5 u/jour, le taux de reconstitution des stocks (*p − u*) sera:

p = taux de production = 20 u/jour
u = taux de consommation ou d'utilisation = 5 u/jour
$(p - u)$ = taux de reconstitution des stocks = $20 - 5 = 15$ u/jour

Graphique d'évolution des stocks
en réception échelonnée

Tant que la production (les entrées) est en cours, le niveau des stocks continue à augmenter; lorsque la production cesse, le niveau des stocks commence à diminuer. Quand la quantité de stock disponible est épuisée, on reprend la production et le cycle se répète.

Dans le cas des stocks de produits finis, si une entreprise fabrique elle-même les produits qui sont ensuite entreposés, elle devient son propre fournisseur. Les coûts de mise en route sont alors associés aux coûts de commande. Chaque lot ou série lancé en production devient une QC (quantité commandée) et il convient alors de trouver le **lot économique,** c'est-à-dire celui qui représentera le juste équilibre entre les coûts de mise en route et les coûts d'entreposage des produits finis. On appellera ces quantités économiques à lancer en production les « lots économiques », bien que l'approche et les formules utilisées pour les calculer soient identiques. Par contre, notons que dans ces cas, les coûts de mise en route seront passablement plus élevés que les coûts de transmission d'une commande à un fournisseur externe. De plus, les coûts I d'entreposage (en pourcentage) sont plus élevés pour des produits finis que pour des matières premières. Par souci de clarification, on utilisera l'expression $QÉC$ pour désigner les commandes provenant de fournisseurs externes et $LÉ$ pour celles qui proviennent de la production interne.

Lot économique

Série ou lot qui, lancé en production, équilibre les coûts de mise en route et les coûts d'entreposage.

En situation de réception échelonnée, l'équation des CT s'écrit:

$$CT = C_{te} + C_{tc} = (S_{max}/2) \times C_e + N \times C_c$$

où C_{te} = coûts totaux de possession

C_{tc} = coûts totaux de commande

S_{max} = stock maximal entreposé

N = nombre de commandes

La quantité économique à commander ou la série économique à lancer en production se calcule par:

$$LÉ = QÉC = \sqrt{\left(\frac{2DT \times C_c}{C_e}\right)\left(\frac{p}{p-u}\right)} \tag{13-9}$$

où p = taux de production

u = taux de consommation

DT = demande totale

C_c = coût d'une mise en route

C_e = coût unitaire de possession = $I \times C_a$

$QÉC = LÉ$ = lot ou série économique

Une autre façon de calculer la $QÉC$ en réception échelonnée est:

$$QÉC = \sqrt{\left(\frac{2DT \times C_c}{C_e\left(1-\frac{u}{p}\right)}\right)} \tag{13-10}$$

Le stock maximal se calcule par:

$$S_{max} = LÉ\left(1 - \frac{u}{p}\right) \text{ ou } S_{max} = QÉC\left(1 - \frac{u}{p}\right) \tag{13-11}$$

Le stock moyen se calcule par:

$$S_{moy} = \frac{S_{max}}{2}$$

La période s'écoulant entre deux commandes successives i (intervalle entre deux commandes successives) se calcule directement en jours par:

$$i = \frac{LÉ}{u} \text{ ou } i = \frac{QÉC}{u} \tag{13-12}$$

La **période de reconstitution des stocks (PRS)** se calcule par:

$$PRS = \frac{S_{max}}{(p-u)} = \frac{LÉ}{p} \tag{13-13}$$

Période de reconstitution des stocks (PRS)

Période s'écoulant du début des réceptions des marchandises au moment d'arrêt des réceptions.

Exemple 4

Une entreprise de jouets consomme 48 000 roues par année pour un modèle de camion miniature. Elle fabrique elle-même les roues à un taux de 800 unités par jour ouvrable. Les camions sont assemblés tout au long de l'année selon un taux de production constant. Les coûts d'entreposage des roues sont de 1,00 $/u par année. Les coûts de mise en route d'un lot de roues sont de 45 $. L'entreprise fonctionne 240 jours par année. Calculez:

a) la taille du lot ou de la série économique;
b) les coûts totaux associés au lot économique;
c) l'intervalle écoulé entre deux lots successifs;
d) la période de reconstitution des stocks.

Solution

DT = 48 000 roues/année

Coûts de mise en route = C_c = 45 $/mise en route

Coûts unitaires de possession = C_e = 1 $/roue par année

taux de production = p = 800 roues/jour

taux de consommation ou d'utilisation = u = 48 000 roues/240 jours = 200 roues/jour

a) Calcul du lot économique:

$$LÉ = \sqrt{\left(\frac{2DT \times C_c}{C_e}\right)\left(\frac{p}{p-u}\right)} = \sqrt{\left(\frac{2 \times 48\,000 \times 45}{1}\right)\left(\frac{800}{800-200}\right)} = 2\,400 \text{ roues}$$

b) Calcul des coûts totaux associés au lot économique:

$$CT = C_{te} + C_{tc} = S_{moy} \times C_e + N \times C_c = \frac{S_{max}}{2} \times C_e + \frac{DT}{LÉ} \times C_c$$

Calculons en premier S_{max}:

$$S_{max} = LÉ\left(1 - \frac{u}{p}\right) = 2\,400\left(1 - \frac{200}{800}\right) = 2\,400 \times 0,75 = 1\,800 \text{ roues}$$

Les coûts totaux sont alors:

$$CT = \frac{1\,800\text{ u}}{2} \times 1\,\text{\$ u} + \frac{48\,000}{2\,400} \times 45\,\text{\$} = 900\,\text{\$} + 900\,\text{\$} = 1\,800\,\text{\$}$$

Notons encore une fois qu'avec le $LÉ$, $C_{te} = C_{tc}$, dans notre exemple = 900 $.

c) Intervalle entre deux lots:

$$i = \frac{LE}{u} = \frac{2\,400\text{ u}}{200\text{ u/jour}} = 12 \text{ jours}$$

Une série sera lancée en production tous les 12 jours.

d) Période de reconstitution des stocks:

$$PRS = \frac{LÉ}{p} = \frac{2\,400\text{ u}}{800\text{ u/jour}} = 3 \text{ jours}$$

Chaque série prendra trois jours à produire.

13

13.4.3 **Les remises sur quantité**

Les **remises sur quantité** sont des rabais consentis pour des commandes importantes, offerts aux clients pour les inciter à acheter en grandes quantités. Prenons l'exemple illustré au tableau 13.3. Un fabricant d'équipement chirurgical publie sa liste de prix pour les boîtes de bandes de gaze. Notez que le prix d'une boîte diminue à mesure que la quantité commandée augmente.

Or, pour bénéficier de ces remises, le client devra consentir à acheter de plus grosses quantités, donc à entreposer de plus grands stocks, ce qui aura pour effet d'augmenter les coûts totaux de possession (C_{te}). Par contre, le fait d'acheter de plus grandes quantités à la fois entraînera une diminution du nombre de commandes, d'où une baisse des coûts de commande. On voit que dans ces situations, l'analyse visant l'optimisation des coûts totaux des stocks (CT) doit tenir compte de trois types de coûts : les coûts de possession, de commande et d'acquisition. L'équation des CT devient alors :

$$CT = C_{ta} + C_{te} + C_{tc}$$

où C_{ta} = coût d'acquisition = $DT \times C_a$

DT = demande totale, c'est-à-dire consommation totale durant la période

C_a = coût d'achat unitaire
C_{te} = coûts totaux de possession
C_{tc} = coûts totaux de commande

Tant que le coût unitaire d'achat demeure constant, la valeur du C_{ta} n'a aucun effet sur la forme de la courbe des CT en fonction de la QC, ni sur la quantité économique à commander (QÉC), comme l'illustre la figure 13.9. La courbe n'est déplacée que vers le haut, et ce, en fonction de la valeur de C_{ta}.

Par contre, les variations du coût d'acquisition (C_a) en fonction des QC (quantités commandées) auront un effet direct sur l'évolution des coûts totaux (*voir la figure 13.10*).

Analysons le graphique de la figure 13.10. On remarque qu'aucune des courbes représentant les CT ne s'applique à l'ensemble des quantités commandées (QC). L'évolution de la courbe des CT se fait par échelons. Le point le plus bas de la courbe de CT_1 (sa QÉC) tombe dans la zone de 45 à 70 boîtes : il en est de même pour la courbe CT_3. Donc, ces deux situations ne sont pas applicables en raison des données du problème, seuls les CT_2 sont réalisables.

Un autre phénomène digne d'intérêt est l'évaluation du coût unitaire de possession (C_e). Si le C_e est constant quelle que soit la valeur de l'objet entreposé, par exemple à 2 $/unité entreposée, la remise sur quantité n'aura pas d'effet sur le C_e, mais uniquement sur les coûts totaux de possession C_{te}, comme on l'a mentionné précédemment. Dans un tel cas, la QÉC ne changera pas ; seuls les CT varieront, comme l'illustre le graphique A de la figure 13.11 à la page suivante. Par contre, si le coût d'entreposage est évalué en ce qui a trait au pourcentage de la valeur de l'unité en possession, par exemple I = 20 %, le C_e

Remise sur quantité

Rabais sur les prix d'acquisition accordés pour des quantités commandées à grand volume.

◀ **TABLEAU 13.3**

Prix à l'achat en fonction des quantités commandées

Quantité commandée	Coût d'acquisition
1 à 44	C_1 = 2,00 $/bte
45 à 69	C_2 = 1,70 $/bte
70 et plus	C_3 = 1,40 $/bte

◀ **FIGURE 13.9**

Effet du coût d'acquisition sur les CT

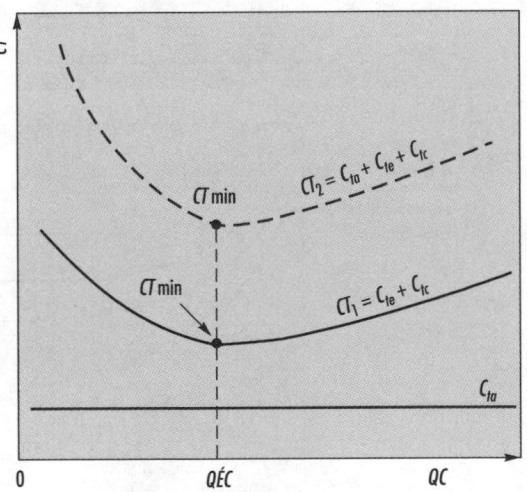
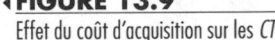

▼ **FIGURE 13.10**

Effet d'une variation du coût d'acquisition sur les CT

13

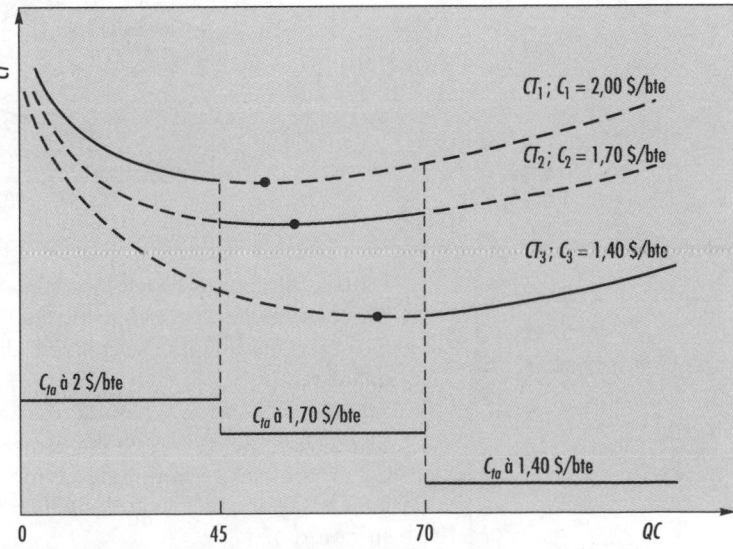

variera en fonction du coût unitaire d'acquisition. Dans de tels cas, la QÉC variera en fonction des coûts d'acquisition, comme l'illustre le graphique B de la figure 13.11.

Bien que la meilleure façon de déterminer le choix optimal parmi les différentes remises sur quantité demeure l'évaluation de chaque proposition, la procédure suivante peut accélérer la prise de décision dans le cas d'un C_e (coût unitaire de possession) constant :

1. Calculer la QÉC commune.
2. Si la QÉC se trouve dans la zone acceptable de coût d'acquisition minimal, on a les CT optimaux.
3. Si la QÉC ne se trouve pas dans la zone de coût d'acquisition minimal, évaluer les CT à la quantité minimale permettant de bénéficier du coût unitaire d'acquisition le plus bas, comparer avec les CT calculés en situation de QÉC et choisir la meilleure situation.

FIGURE 13.11 ▶

Effet des remises sur achats
en gros sur les QÉC

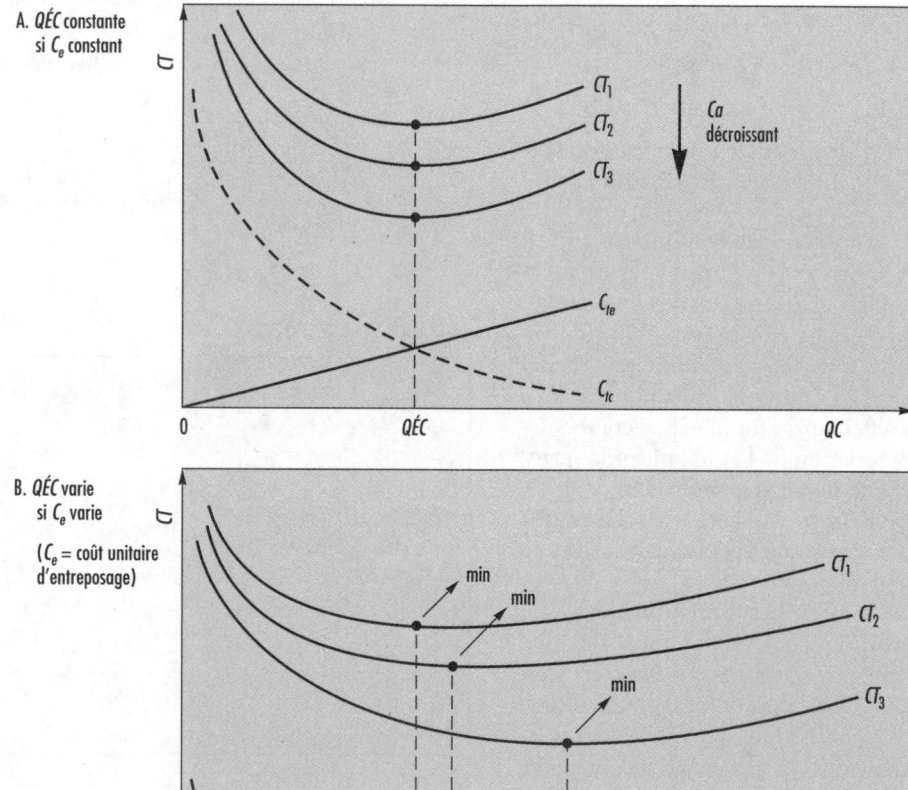

13

Dans les situations où le C_e varie, la procédure suivante s'avère intéressante :

1. Calculer la QÉC pour chacune des tranches des coûts d'acquisition.
2. S'assurer que les QÉC se trouvent dans les zones permettant de bénéficier des remises sur quantité.
3. Si une QÉC se trouve dans la zone de coût d'acquisition minimal, on a les CT optimaux.
4. Si la QÉC ne se trouve pas dans la zone de coût d'acquisition minimal, évaluer les CT à la quantité minimale permettant de bénéficier du coût unitaire d'acquisition le plus bas, comparer avec les CT calculés en situation de QÉC et choisir la meilleure situation.

Le service d'entretien d'un hôpital consomme près de 816 caisses de nettoyeur liquide par an. Les coûts de commande sont de 12 $/commande et les coûts de possession (C_e), de 4 $/caisse par an. Une nouvelle liste de prix nous est soumise par le fournisseur :

Quantité commandée (caisses)	Coût ($/caisse)
moins de 50	20
50 à 79	18
80 à 99	17
100 ou plus	16

On vous demande de déterminer la meilleure politique d'achat et les coûts totaux correspondants.

1. Étant donné que le C_e est constant à 4 $/caisse, calculons la QÉC commune.

$$QÉC = \sqrt{\left(\frac{2DT \times C_c}{C_e}\right)} = \sqrt{\left(\frac{2 \times 816 \times 12}{4}\right)} = 70 \text{ caisses}$$

2. La QÉC se trouve dans la zone correspondant à 18 $ la caisse. Les coûts totaux dans ce cas sont :

$$CT = C_{ta} + C_{te} + C_{tc}$$

$$CT = (DT \times C_a) + \left(\frac{QÉC}{2}\right) \times C_e + \left(\frac{DT}{QÉC}\right) \times C_c$$

$$= 816 \text{ caisses} \times 18\$/caisse + \frac{70}{2} \text{ caisses} \times 4\$/caisse + \left(\frac{816}{70}\right) \times 12\$ = 14\,968\$$$

Étant donné que la QÉC n'est pas dans la zone de coût d'acquisition minimal, vérifions les CT pour chacune des zones où le coût d'acquisition est inférieur, et ce, pour la quantité minimale nous permettant de bénéficier de la remise.

Pour des quantités commandées QC = 80 caisses, C_a = 17 $/caisse et les CT sont :

$$CT_{80 \text{ caisses}} = 816 \times 17\$/caisse + \left(\frac{80}{2}\right) \times 4\$/caisse + \left(\frac{816}{80}\right) \times 12\$ = 14\,154\$$$

Pour des quantités commandées QC = 100 caisses, c = 16 $/caisse et les CT sont :

$$CT_{100 \text{ caisses}} = 816 \times 16\$/caisse + \left(\frac{100}{2}\right) \times 4\$/caisse + \left(\frac{816}{100}\right) \times 12\$ = 13\,354\$$$

Le meilleur choix consiste à commander par lots de 100 caisses.

La figure 13.12, illustre l'évolution des coûts dans une telle situation.

En terminant, avant de prendre sa décision finale, le gestionnaire doit vérifier :
a) la disponibilité de l'espace d'entrepôt pour ces quantités ;
b) le taux de consommation du produit dans l'entreprise, afin de déterminer si le fait de garder d'aussi grandes quantités n'entraîne pas de risques de détérioration.

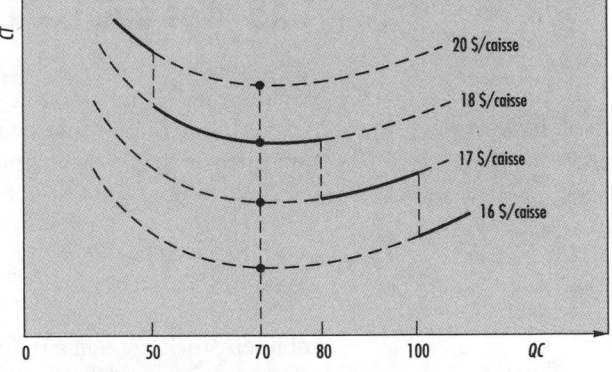

La compagnie Choc électrique utilise 4 000 interrupteurs par an. Les coûts de commande sont de 30 $, et les coûts d'entreposage sont évalués à 40 % du coût de l'unité gardée en entrepôt. La liste de prix du fournisseur indique les conditions suivantes : On vous demande de déterminer la meilleure politique d'achat et les coûts totaux correspondants.

Quantité commandée (interrupteurs)	Coût ($/unité)
1 à 499	0,90
500 à 999	0,85
1 000 ou plus	0,80

1. Calculons la QÉC pour chaque tranche de prix, en commençant par le coût le moins élevé, et vérifions la QÉC réalisable.

$$QÉC_{0,80} = \sqrt{\frac{2DT \times C_c}{I \times C_a}} = \sqrt{\frac{2 \times 4\,000 \times 30}{0,40 \times 0,80}} = \sqrt{\frac{2 \times 4\,000 \times 30}{0,32}} = 866 \text{ interrupteurs}$$

Cette situation n'est pas réalisable, car à 866 unités, le coût unitaire d'acquisition est de 0,85 $.

$$QÉC_{0,85} = \sqrt{\frac{2 \times 4\,000 \times 30}{0,40 \times 0,85}} = \sqrt{\frac{2 \times 4\,000 \times 30}{0,34}} = 840 \text{ interrupteurs}$$

Cette situation est réalisable, car elle se trouve dans la zone acceptable de 500 à 999 interrupteurs.

2. Calculons les *CT* correspondants et comparons-les avec les *CT* pour 1 000 unités :

$$CT_{840} = 4\,000 \times 0{,}85\$ + \frac{840}{2} \times 0{,}34\$ + \left(\frac{4\,000}{840}\right) \times 30\$ = 3\,686\$$$

$$CT_{1\,000} = 4\,000 \times 0{,}80\$ + \frac{1\,000}{2} \times 0{,}32\$ + \left(\frac{4\,000}{1\,000}\right) \times 30\$ = 3\,480\$$$

Le meilleur choix consiste à commander par lots de 1 000 interrupteurs.
La figure 13.13 illustre cette situation.

FIGURE 13.13

Évolution des *CT* (exemple 6)

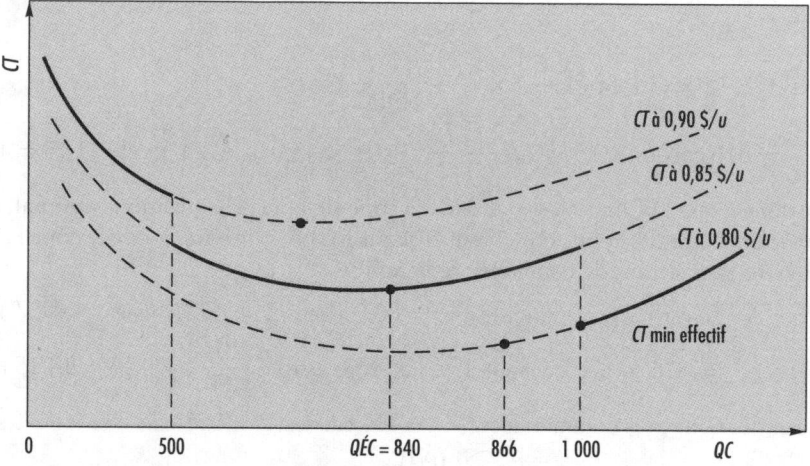

13.5   Les points de commande : à quel moment commander ?

Point de commande (*PC*) ou seuil de commande

Moment où la quantité disponible d'un article atteint un niveau susceptible de déclencher le processus de réapprovisionnement.

13

Les modèles de *QÉC* indiquent quelle quantité commander, mais pas à quel moment commander. Pour savoir à quel moment commander, il faut utiliser des modèles qui déterminent le **point de commande (PC) ou seuil de commande** en ce qui concerne la quantité : le point de commande arrive lorsque la quantité disponible atteint un niveau prédéterminé, qui inclut généralement la consommation prévue pendant le délai d'approvisionnement et, au besoin, un coussin supplémentaire pour éviter une rupture de stock pendant ce délai. Pour savoir quand le point de commande est atteint, il faut tenir un inventaire permanent.

La préoccupation principale du gestionnaire est de commander lorsque la quantité disponible en stock est suffisante pour répondre à la demande pendant la période de livraison de cette commande (délai d'approvisionnement). Or, on peut se retrouver face à deux situations. La première, quand toutes les données concernant les délais d'approvisionnement, les taux de consommation et les ruptures de stock sont connues et précises, est un environnement déterministe. Par contre, si ces données ne sont pas connues avec précision et qu'on doit se baser sur des estimations, avec tous les aléas de l'environnement externe (*PESTE*) et interne (pannes, arrêt de travail imprévu, etc.), il s'agit d'une situation probabiliste, couverte à la sous-section 13.5.2.

13.5.1   Le point de commande en situation déterministe

Quatre facteurs déterminent le point de commande (*PC*) :
a) le taux de consommation (*u*) basé en général sur des prévisions de ventes ;
b) le délai d'approvisionnement (*d*) ;
c) l'importance de la demande ou la variabilité du délai d'approvisionnement ;
d) le risque acceptable de rupture de stock.

Si la demande u et le délai d'approvisionnement d sont tous les deux fixes, le point de commande (PC) se calcule par :

$$PC = u \times d \qquad (13\text{-}14)$$

où u = taux de consommation (unités par jour ou par semaine)
d = délai d'approvisionnement (en jours ou en semaines)

Remarque : La demande et le délai d'approvisionnement sont évalués en fonction des mêmes unités de temps.

Tijean achète les vitamines Deux par jour, qui sont livrées chez lui par un livreur, 7 jours après que Tijean a placé la commande. À quel moment devrait-il renouveler sa commande ?

Consommation = 2 comprimés/jour = u
Délai d'approvisionnement = 7 jours = d
PC = Consommation × Délai d'approvisionnement
= 2 comprimés par jour × 7 jours = 14 comprimés

Tijean devrait donc renouveler sa commande lorsqu'il lui reste 14 comprimés.

Lorsqu'il y a une variabilité dans la demande, la consommation ou le délai d'approvisionnement, il est possible que la demande réelle excède la demande prévue. Par conséquent, il devient nécessaire de garder un stock additionnel ou **stock de sécurité** pour réduire le risque de rupture de stock pendant le délai d'approvisionnement.

Dans ces cas, le point de commande se calcule par :

$$PC = u \times d + \text{Stock de sécurité} \qquad (13\text{-}15)$$

Par exemple, si la demande prévue pendant le délai d'approvisionnement est de 100 unités et que la quantité désirée de stock de sécurité est de 10 unités, le PC sera de 110 unités.

L'équation 13-15 ci-dessus, plus générale que l'équation 13-14, est valable en « situation déterministe », où toutes les données en présence sont connues et précises. On analysera en détail des « situations probabilistes » à la sous-section 13.5.2.

La figure 13.14 illustre de quelle manière le stock de sécurité peut réduire le risque de rupture de stock pendant le délai d'approvisionnement (d). Notez que la provision en vue d'une rupture de stock n'est nécessaire que pendant le délai d'approvisionnement. Une fois la commande reçue et les stocks reconstitués, le risque de rupture est nul et réapparaîtra une nouvelle fois à la fin du cycle.

Le gestionnaire doit évaluer avec soin les coûts de possession d'un stock de sécurité tout en tenant compte de la réduction du risque de rupture de stock. Le **niveau de service** est inversement proportionnel au risque de rupture de stock. Plus le risque de rupture de stock augmente, moins le niveau de service qu'une entreprise peut assurer à ses clients est élevé, et vice versa. Ainsi, un niveau de service de 95 % signifie que la probabilité que la demande ne dépasse pas l'offre pendant le délai d'approvisionnement est de 95 %. Le risque d'une rupture de stock et le niveau de service sont complémentaires : un niveau de service à la clientèle de 95 % implique un risque de rupture de stock de 5 %, c'est-à-dire :

Niveau de service = 100 % – Risque de rupture de stock

Les facteurs suivants influent sur le niveau de stock de sécurité à maintenir en situation probabiliste :
a) le taux de consommation moyen ;
b) le délai d'approvisionnement (ou délai de livraison) moyen ;

Stock de sécurité

Stock conservé pour répondre à la demande normale et se protéger contre les variations aléatoires durant les délais de réapprovisionnement.

Exemple 7

Solution

▾ **FIGURE 13.14**

Effet des stocks de sécurité sur le point de commande

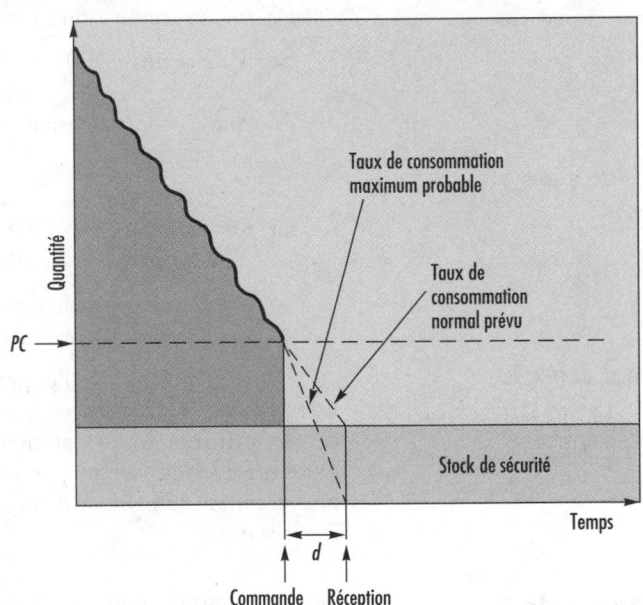

Niveau de service

Probabilité que la demande ne dépasse pas l'offre durant une période donnée.

c) la variabilité de la demande et du délai d'approvisionnement ;
d) le niveau de service désiré.

Le maintien d'un niveau de service constant pendant un cycle de commande exige qu'on tienne compte de la variabilité du taux de la demande ou du délai d'approvisionnement. Plus cette variabilité est grande, plus la quantité nécessaire en stock de sécurité est importante. De même, en présence d'une certaine variation dans la demande ou du délai d'approvisionnement, l'accroissement du niveau de service entraîne un stock de sécurité plus élevé. Le choix d'un niveau de service peut refléter les coûts de rupture de stock (ventes perdues, insatisfaction du client) ou peut simplement représenter la politique de l'entreprise. Par exemple, un gestionnaire peut désirer obtenir un niveau particulier de service pour un article précis.

13.5.2 Le point de commande en situation probabiliste

Rappelons les différentes situations où s'appliquent les modèles probabilistes, appelés aussi « modèles stochastiques » :
a) taux de consommation variables, délais d'approvisionnement fiables et stables ;
b) délais d'approvisionnement variables, taux de consommation fiables et stables ;
c) variations des taux de consommation et des délais d'approvisionnement.

Or, quelle que soit la situation, le principe général de la détermination du point de commande (PC) en situation probabiliste est soumis à l'équation générale suivante :

PC = Consommation moyenne durant la période de livraison + Stock de sécurité

Stock de sécurité (Ss) = z × Écart type de la consommation durant la période de livraison

Alors, PC = Consommation moyenne + $z \times \sigma_{d,u}$ (13-16)

$$Ss = z \times \sigma_{d,u}$$ (13-17)

où z = variable aléatoire de la distribution normale, z est fonction du risque de pénurie acceptable et du niveau de service à assurer au client

$\sigma_{d,u}$ = écart type de la demande (ou de la consommation u) durant le délai d'approvisionnement d

Stock de réserve

Stock servant à la préparation d'une commande.

On trouvera parfois l'expression **stock de réserve** pour désigner les stocks de sécurité, bien que ces deux notions ne soient pas exactement les mêmes. Toutefois, dans ce chapitre, on les utilisera indistinctement. Plus précisément, le stock de réserve est un stock qui alimente le stock de préparation d'une commande ; en d'autres termes, quand on prépare une commande à livrer à un client, le stock de réserve est la quantité mise de côté pour le satisfaire.

13

Exemple 8

Le contremaître d'un chantier de construction sait par expérience que la consommation de sable durant la période de livraison (d) suit une loi normale, avec une moyenne de 50 t et un écart type de 5 t. Sachant que le contremaître est prêt à prendre un risque de rupture de stock (pénurie) de 3 %, déterminez :
a) le stock de sécurité Ss à garder ;
b) le point de commande.

Solution

a) Stock de sécurité : Ss = $z \times \sigma_{d,u}$
   Pour un risque de 3 %, le niveau de service sera de :

   100 % – 3 % = 97 %
   La table normale nous donne, pour 97 %, z = 1,88.
   Sachant que $\sigma_{d,u}$ = 5 t, alors :
   Stock de sécurité = 1,88 × 5 = 9,40 t

b) Le PC se calcule par :
   PC = Consommation moyenne + Stock de sécurité = 50 + 9,40 = 59,40 t

La figure 13.15 illustre la relation entre le niveau de service et le risque de pénurie.

Dans les cas où seuls les taux de consommation varient, le point de commande se calcule par l'équation :

$$PC = \bar{u} \times d + z\sqrt{d} \times \sigma_u \quad (13\text{-}18)$$

où PC = point de commande
$\bar{u}$ = taux de consommation moyen ou demande moyenne
d = délai d'approvisionnement ou de livraison
σ_u = écart type des taux de consommation
z = variable aléatoire de la distribution normale

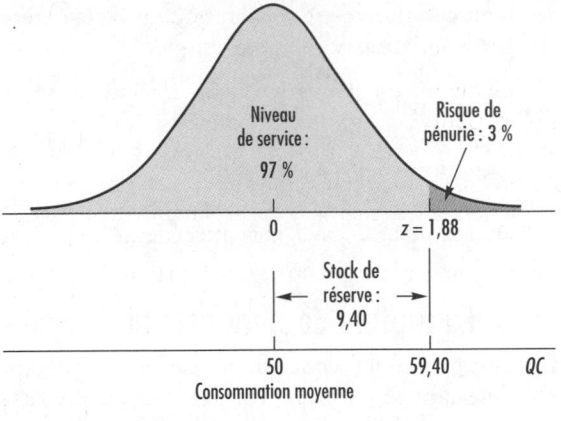

◂**FIGURE 13.15**

PC suivant une demande normale

Soulignons la différence entre le taux de consommation u (quantité consommée par période) et la consommation (quantité) dans l'écriture des différentes formules de PC :

$$\text{Consommation} = \text{Taux de consommation} \times \text{Délai} = u \times d$$

Un restaurant consomme en moyenne 50 pots de sauce par semaine avec un écart type de 3 pots. On aimerait assurer aux clients un niveau de service de 90 % et un stock de sécurité valable pour 2 semaines, qui est le délai de livraison assuré par le fournisseur. En supposant que la demande suit une distribution normale, on vous demande de déterminer le point de commande.

Exemple 9

Un niveau de service de 90 % équivaut à un risque de pénurie de 10 %. Selon la distribution normale : $z = 1,28$.

Solution

L'équation 13-18 donne

$$PC = \bar{u} \times d + z\sqrt{d} \times \sigma_u = 50 \times 2 + 1,28\sqrt{2} \times 3 = 100 + 5,43 = 105,43$$

Dans les cas où seuls les délais de livraison (ou d'approvisionnement) varient, le calcul du point de commande se fait par l'équation :

$$PC = u \times \bar{d} + z \times u \times \sigma_d \quad (13\text{-}19)$$

où PC = point de commande
u = taux de consommation ou demande
$\bar{d}$ = délai de livraison ou d'approvisionnement moyen
σ_d = écart type des délais de livraison
z = variable aléatoire de la distribution normale

Finalement, quand les délais d'approvisionnement et les taux de consommation varient, on a :

$$PC = \bar{u} \times \bar{d} + z\sqrt{\bar{d} \times \sigma_u^2 + \bar{u}^2 \times \sigma_d^2} \quad (13\text{-}20)$$

où $\bar{u}$ et σ_u = moyenne et écart type de la distribution de la demande
$\bar{d}$ et σ_d = moyenne et écart type de la distribution des délais d'approvisionnement

Dans ces équations, les taux de consommation (u) et les délais (d) doivent être définis selon la même échelle de temps. Ainsi, si d est en semaines, u doit être calculé en termes de quantité par semaine ; si d est en jours, u doit être calculé en termes de quantité par jour.

La figure 13.16 illustre l'évolution des stocks en situation probabiliste de variation dans la demande et dans les délais de livraison.

▾**FIGURE 13.16**

Rôle des *Ss*

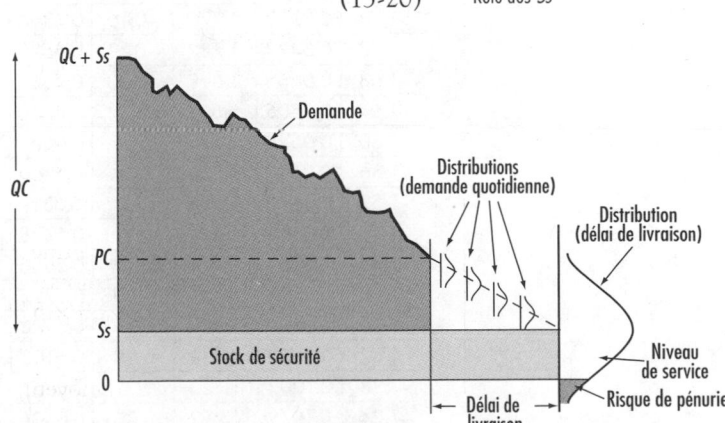

Pour conclure cette section traitant de la détermination des points de commandes *PC* en situation probabiliste, on peut affirmer:

a) taux de consommation variables, délais d'approvisionnement fiables et stables: appliquer l'équation 13-18, à la page précédente;

b) délais d'approvisionnement variables, taux de consommation fiables et stables: appliquer l'équation 13-19, à la page précédente;

c) variations des taux de consommation et des délais d'approvisionnement: appliquer l'équation 13-20, à la page précédente.

13.5.3 La rupture de stock et le niveau de service

Pour un niveau de service donné, le calcul du point de commande *PC* ne permet pas de prévoir la quantité probable d'unités manquantes, c'est-à-dire la rupture de stock possible. Or, cette information s'avère souvent indispensable au gestionnaire. L'équation suivante définit le nombre probable d'unités en souffrance par cycle de commande.

$$E(n) = E(z) \times \sigma_{u,d} \tag{13-21}$$

où $E(n)$ = nombre probable d'unités en souffrance par cycle de commande

$E(z)$ = valeur calculée selon la loi normale et en fonction du niveau de service espéré (*voir le tableau 13.4*)

$\sigma_{u,d}$ = écart type de la distribution de la consommation durant la période de livraison

TABLEAU 13.4

Niveau de service espéré, loi normale

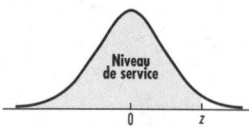

z	(*NSc*) Niveau de service par cycle	$E(z)$	z	(*NSc*) Niveau de service par cycle	$E(z)$	z	(*NSc*) Niveau de service par cycle	$E(z)$	z	(*NSc*) Niveau de service par cycle	$E(z)$
−2,40	0,0082	2,403	−0,80	0,2119	0,920	0,80	0,7881	0,120	2,40	0,9918	0,0030
−2,36	0,0091	2,363	−0,76	0,2236	0,889	0,84	0,7995	0,112	2,44	0,9927	0,0020
−2,32	0,0102	2,323	−0,72	0,2358	0,858	0,88	0,8106	0,104	2,48	0,9934	0,0020
−2,28	0,0113	2,284	−0,68	0,2483	0,828	0,92	0,8212	0,097	2,52	0,9941	0,0020
−2,24	0,0125	2,244	−0,64	0,2611	0,798	0,96	0,8315	0,089	2,56	0,9948	0,0020
−2,20	0,0139	2,205	−0,60	0,2743	0,769	1,00	0,8413	0,083	2,60	0,9953	0,0010
−2,16	0,0154	2,165	−0,54	0,2877	0,740	1,04	0,8508	0,077	2,64	0,9957	0,0010
−2,12	0,0170	2,126	−0,52	0,3015	0,712	1,08	0,8599	0,071	2,68	0,9963	0,0010
−2,08	0,0188	2,087	−0,48	0,3156	0,684	1,12	0,8686	0,066	2,72	0,9967	0,0010
−2,04	0,0207	2,048	−0,44	0,3300	0,657	1,16	0,8770	0,061	2,76	0,9971	0,0010
−2,00	0,0228	2,008	−0,40	0,3446	0,630	1,20	0,8849	0,056	2,80	0,9974	0,0008
−1,96	0,0250	1,969	−0,36	0,3594	0,597	1,24	0,8925	0,052	2,84	0,9977	0,0007
−1,92	0,0294	1,930	−0,32	0,3745	0,576	1,28	0,8997	0,048	2,88	0,9980	0,0006
−1,88	0,0301	1,892	−0,28	0,3897	0,555	1,32	0,9066	0,044	2,92	0,9982	0,0005
−1,84	0,0329	1,853	−0,24	0,4052	0,530	1,36	0,9131	0,040	2,96	0,9985	0,0004
−1,80	0,0359	1,814	−0,20	0,4207	0,507	1,40	0,9192	0,037	3,00	0,9987	0,0004
−1,76	0,0392	1,776	−0,16	0,4364	0,484	1,44	0,9251	0,034	3,04	0,9988	0,0003
−1,72	0,0427	1,737	−0,12	0,4522	0,462	1,48	0,9306	0,031	3,08	0,9990	0,0003
−1,68	0,0465	1,699	−0,08	0,4681	0,440	1,52	0,9357	0,028	3,12	0,9991	0,0002
−1,64	0,0505	1,661	−0,04	0,4840	0,419	1,56	0,9406	0,026	3,16	0,9992	0,0002
−1,60	0,0548	1,623	0,00	0,5000	0,399	1,60	0,9452	0,023	3,20	0,9993	0,0002
−1,56	0,0594	1,586	0,04	0,5160	0,379	1,64	0,9495	0,021	3,24	0,9994	0,0001
−1,52	0,0643	1,548	0,08	0,5319	0,360	1,68	0,9535	0,019	3,28	0,9995	0,0001
−1,48	0,0694	1,511	0,12	0,5478	0,342	1,72	0,9573	0,017	3,32	0,9995	0,0001
−1,44	0,0749	1,474	0,16	0,5636	0,324	1,76	0,9608	0,016	3,36	0,9996	0,0001
−1,40	0,0808	1,437	0,20	0,5793	0,307	1,80	0,9641	0,014	3,40	0,9997	0,0001
−1,36	0,0869	1,400	0,24	0,5948	0,290	1,84	0,9671	0,013			
−1,32	0,0934	1,364	0,28	0,6103	0,275	1,88	0,9699	0,012			
−1,28	0,1003	1,328	0,32	0,6255	0,256	1,92	0,9726	0,010			
−1,24	0,1075	1,292	0,36	0,6406	0,237	1,96	0,9780	0,009			

13

−1,20	0,1151	1,256	0,40	0,6554	0,230	2,00	0,9772	0,008			
−1,16	0,1230	1,221	0,44	0,6700	0,217	2,04	0,9793	0,008			
−1,12	0,1314	1,186	0,48	0,6844	0,204	2,08	0,9812	0,007			
−1,08	0,1401	1,151	0,52	0,6985	0,192	2,12	0,9830	0,006			
−1,04	0,1492	1,117	0,56	0,7123	0,180	2,16	0,9846	0,005			
−1,00	0,1587	1,083	0,60	0,7257	0,169	2,20	0,9861	0,005			
−0,96	0,1685	1,049	0,64	0,7389	0,158	2,24	0,9875	0,004			
−0,92	0,1788	1,017	0,68	0,7517	0,148	2,28	0,9887	0,004			
−0,88	0,1894	0,984	0,72	0,7642	0,138	2,32	0,9898	0,003			
−0,84	0,2005	0,952	0,76	0,7764	0,129	2,36	0,9909	0,003			

L'exemple suivant illustre l'application de ce principe.

Exemple 10

Pour une période donnée, sachant que l'écart type de la consommation, qui suit une distribution normale, est de 20 unités, on vous demande de :
a) déterminer la quantité probable en souffrance si l'on veut assurer au client un **niveau de service par cycle** de commande de 90 % ;
b) déterminer, si l'on accepte des ruptures de stock de 2 unités par cycle en moyenne, le niveau de service par cycle (*NSc*) de commande qu'on pourra alors assurer aux clients.

Solution

a) Calcul de la quantité probable en souffrance :

$$\sigma_{u,d} = 20 \text{ unités}$$

À un niveau de service de 90 %, le tableau 13.4 nous donne $E(z) = 0,048$.
Le nombre probable d'unités en souffrance sera alors :

$$E(n) = E(z) \times \sigma_{u,d} = 0,048 \times 20 = 0,96 = 1 \text{ unité}$$

b) Calcul du niveau de service :

Si $E(n) = 2$, alors $E(z) = E(n)/\sigma_{u,d} = 2/20 = 0,10$

Par interpolation du tableau 13.4, on obtient un niveau de service par cycle (*NSc*) de 81,50 % pour chaque cycle de commande.

Soulignons que $E(n)$ indique un nombre approximatif d'unités en souffrance par cycle de commande. Si l'on désire connaître le nombre probable d'unités en souffrance durant l'année, on procédera au calcul suivant :

$$E(N) = E(n)\frac{DT}{QC} \qquad (13\text{-}22)$$

où $E(N)$ = nombre d'unités en souffrance durant l'année
DT = demande totale durant l'année
QC = quantité commandée par cycle
et $DT/QC = N$ = nombre de commandes passées durant l'année

Exemple 11

À partir des informations suivantes, calculez le nombre probable d'unités en souffrance durant l'année.

$DT = 1\,000$ unités ; $QC = 250$ unités/commande ; $E(n) = 2,5$ unités/cycle

Solution

N = Nombre de commandes pour l'année = DT/QC = 1 000 u/250 u/commande
= 4 commandes
$E(N)$ = 2,5 u/cycle × 4 commandes = 10 unités durant l'année

Jusqu'ici, on a calculé le niveau de service par cycle de commande. Or, il arrive parfois qu'on veuille le déterminer pour l'ensemble de l'année. Le résultat de ce calcul peut refléter un niveau de service différent de celui qu'on a calculé pour un cycle, car le niveau

13

de service annuel dépend du nombre de commandes effectuées durant l'année, comme le montre l'exemple suivant. En supposant que $DT = 1\,000$ et qu'on a en stock seulement 990 unités, alors on aura une pénurie de 10 unités seulement et un niveau de service annuel de 990/1 000 = 0,99 ou 99 %.

Le **niveau de service annuel(NSa)** se calcule par :

$$NSa = 1 - \frac{E(N)}{DT} \tag{13-23}$$

Sachant que : $E(N) = E(n)\dfrac{DT}{QC} = E(z)\sigma_{u,d}\left(\dfrac{DT}{QC}\right)$

alors $NSa = 1 - \dfrac{E(z)\sigma_{u,d}}{QC}$ $\tag{13-24}$

Exemple 12

Sachant que le niveau de service par cycle de commande est de 90 %, $DT = 1\,000$ unités, $QC = 250$ et $\sigma_{u,d} = 16$ (écart type de la distribution de la consommation), calculez :
a) le niveau de service annuel ;
b) le stock de sécurité pouvant assurer un niveau de service annuel de 98 %.

Solution

a) Calcul du NSa (niveau de service annuel) :
au tableau 13.4, à la page 518, un niveau de service par cycle de 90 % donne un $E(z) \approx 0,048$.

$$NSa = 1 - \frac{E(z)\sigma_{u,d}}{QC} = 1 - 0,048 \times \frac{16}{250} = 0,997$$

Donc, un niveau de service par cycle de 90 % se traduit, pour la situation étudiée, par un niveau de service annuel de 99,7 %.

b) Calcul du stock de sécurité correspondant à un NSa de 98 % :
Si l'on désire un NSa de 98 %, le $E(z)$ correspondant est de :

$$0,98 = 1 - \frac{E(z) \times 16}{250} ; E(z) = 0,312$$

Dans le tableau 13.4, à la page 518, $E(z) = 0,312$ se trouve entre $E(z) = 0,307$ (où $z = 0,20$) et 0,324 (où $z = 0,16$). On peut approximer par interpolation un $z = 0,19$.
Sachant que le stock de sécurité Ss se calcule par $Ss = z \times \sigma_{u,d}$

$$Ss = 0,19 \times 16 = 3,04 \text{ ou } {\sim}3 \text{ unités}$$

Cela veut dire que le fait de garder un Ss de 3 unités nous assurera un NSa de 98 %.

Pour conclure, soulignons que :
a) pour une situation donnée, le niveau de service annuel est supérieur ou égal au niveau de service par cycle : $NSa \geq NSc$;
b) les entreprises préfèrent fixer en premier un niveau de service annuel et, par la suite, le NSc et le Ss (stock de sécurité) correspondants, comme on l'a fait à l'exemple 12 b.

13.6 Le modèle d'approvisionnement à intervalle fixe

Méthode d'approvisionnement à intervalle fixe ou à période fixe (*IAF*)

Méthode d'approvisionnement où les livraisons se font automatiquement à des périodes fixes et prédéterminées.

On utilise la **méthode d'approvisionnement à intervalle fixe ou à période fixe (*IAF*)** lorsqu'on doit faire des commandes à intervalles fixes (chaque semaine, deux fois par mois, etc.). Cette méthode est aussi appelée « approvisionnement à période fixe » ou « approvisionnement à une date fixe ». À chaque point de commande, il faut se poser la question : quelle quantité doit-on commander en vue de la prochaine livraison, cette livraison se faisant à date fixe ? Si la demande est variable, la quantité à commander variera à chaque intervalle. Cette approche est très différente des modèles de *QÉC* et de points de commande, où la taille des lots commandés reste généralement la même d'un intervalle à l'autre, tandis que la durée des intervalles varie (elle est plus courte si la demande est supérieure à la moyenne, plus longue si la demande est inférieure à la moyenne).

Pourquoi effectue-t-on les commandes selon des **intervalles d'approvisionnement fixes (*IAF*)** ? Bien que plusieurs entreprises manufacturières rejettent cette politique d'approvisionnement pour les produits importants ou ceux qui sont achetés en grandes quantités, le modèle à intervalle fixe représente des avantages certains dans plusieurs situations, surtout dans le secteur des services. En effet, on ne peut pas toujours suivre à la trace le niveau de stocks des produits entreposés, que ce soit au moyen de l'inventaire permanent ou d'un autre moyen. On préférera alors, dans certains cas, regrouper les produits acquis d'une même source et passer périodiquement une commande consolidée. Les épiceries et les établissements de commerce au détail procèdent de cette façon.

Or, en situation déterministe, quand le taux de consommation et le délai de livraison sont parfaitement connus et constants, le modèle des intervalles d'approvisionnement fixes (*IAF*) et ceux qu'on a étudiés précédemment (*QÉC* et *PC*) sont gérés de la même façon. Par contre, le mode de gestion diffère quand le taux de consommation et les délais de livraison varient et qu'on est en situation probabiliste. Dans cet ouvrage, on analysera uniquement les situations de taux de consommation variables et de délais de livraison constants, car elles sont les plus communes. À titre indicatif, la figure 13.17 illustre l'évolution de stock avec une *QC* fixe (13.17 A) et avec un intervalle ou période fixe (13.17 B). Remarquons que, dans le modèle de *QC* fixe, les commandes sont données au point de commande déterminé en unités, comme on l'a analysé à la section 13.5; en situation d'*IAF* (intervalles d'approvisionnement fixes), la commande est donnée à une date fixe.

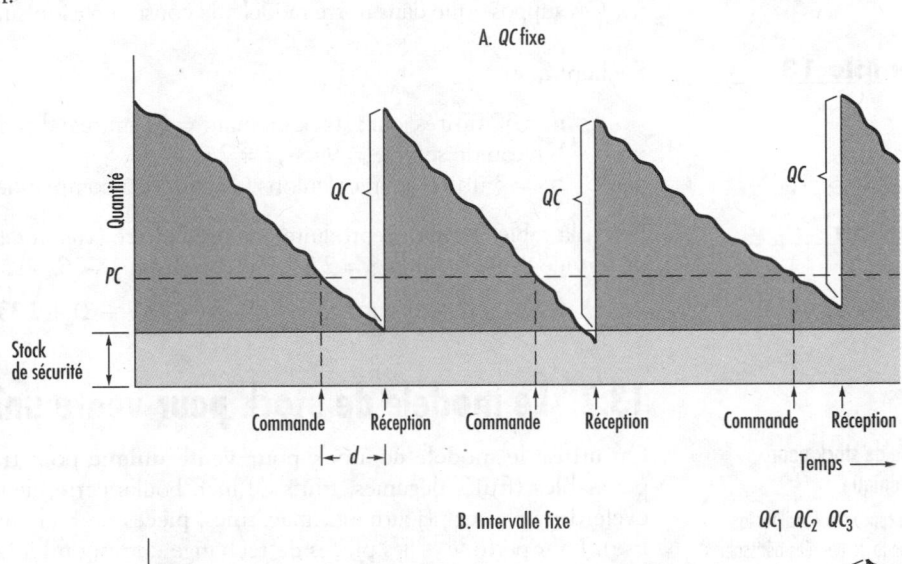

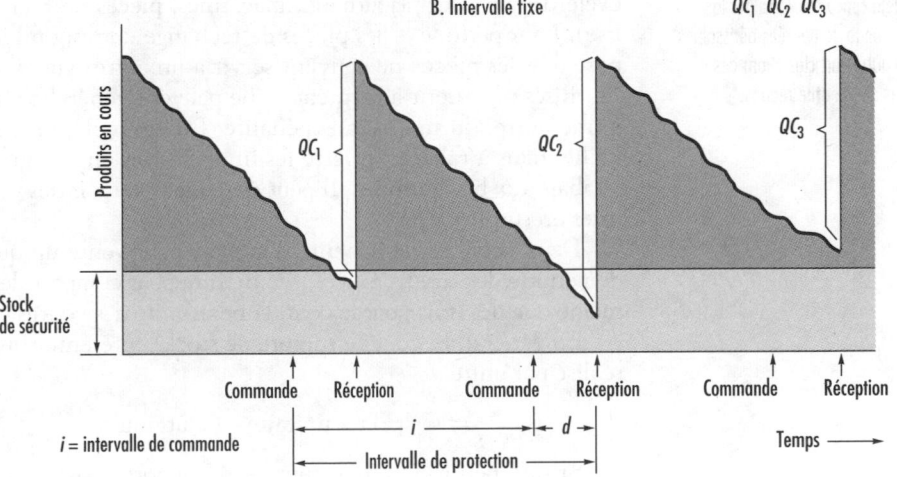

Le modèle d'*IAF* est plus sensible aux ruptures de stock que les modèles de la *QÉC* ou du *PC*. En effet, supposons qu'on détecte une augmentation soudaine du taux de consommation; si on fonctionne selon les modèles de *QÉC* ou de *PC*, on peut passer une commande supplémentaire à n'importe quel moment. Dans le modèle d'*IAF*, il faudra attendre la prochaine livraison et commander en plus grande quantité à ce moment. À la figure 13.17 B, ce phénomène est illustré au deuxième cycle. Les autres différences majeures entre ces approches sont le niveau de contrôle et le suivi de l'évolution des stocks. Contrairement aux modèles d'approvisionnement à intervalle variable, qui exigent qu'on fasse un suivi serré et continu de l'évolution du niveau des stocks pour savoir à quel moment commander, le modèle d'*IAF* sera plus simple à gérer. Il suffit de déterminer à des moments précis la quantité à commander *QC*, et cela, par une simple inspection du niveau de stock.

Les quantités à commander (*QC*) en situation d'approvisionnement à intervalle fixe (*IAF*) se calculent par:

Quantité à commander = Consommation prévue durant l'intervalle de protection + Stock de sécurité – Quantité en main.

L'**intervalle de protection (IP)** = Délai de livraison (*d*) + Durée de l'intervalle (*i*) qu'on s'est fixé dans le modèle (*voir la figure 13.17 B*).

$$IP = i + d \tag{13-25}$$
$$\text{Donc, } QC = \bar{u}\,(i+d) + z\sigma_u \sqrt{(i+d)} - S_a \tag{13-26}$$

où QC = quantité à commander
z = variable aléatoire de la distribution normale
σ_u = écart type de la distribution de la consommation
S_a = stock actuel en main au moment de la commande

On suppose que dans notre modèle, la consommation suit une distribution normale.

Exemple 13

Sachant que :

$\bar{u}$ = 30 unités/jour ; stock en main = 71 unités ; d = 2 jours ;
Niveau de service = 99 % ; i = 7 jours ;
σ_u = 3 unités/jour, calculons la quantité à commander, QC.

Solution

Selon la table normale reproduite à la fin du livre (*voir la table A de l'annexe*) pour un niveau de service de 99 %, alors $z = 2,33$. Par l'équation 13-26, on a :

$$QC = \bar{u}\,(i+d) + z\,\sigma_u \sqrt{(i+d)} - S_a = 30(7+2) + 2,33 \times 3\sqrt{(7+2)} - 71 = 220 \text{ unités}$$

13.7 Le modèle de stock pour vente unique

Modèle de stock pour vente unique

Modèle conçu pour faciliter la commande de denrées périssables ou d'autres articles ayant des cycles de vie utile réduits.

On utilise le **modèle de stock pour vente unique** pour traiter les commandes de denrées périssables (fruits, légumes, fruits de mer, boulangerie, fleurs) et pour les articles ayant un cycle de vie court (journaux, magazines, pièces de rechange pour de l'équipement spécialisé). La « période » des pièces de rechange correspond à la vie de l'équipement, si on suppose que les pièces ne peuvent servir à un autre type d'équipement. Les biens invendus ou inutilisés se situent à part, car ils ne peuvent généralement pas être transférés d'une période à une autre, du moins sans pénalité. Par exemple, on peut vendre les aliments cuisinés la veille, mais à rabais ; on jette les fruits de mer en surplus et l'on offre les magazines périmés à rabais aux bouquinistes. Il peut également y avoir des frais afférents à la vente de marchandises en surplus.

Deux coûts se rattachent au modèle pour vente unique : les coûts de rupture de stock ou de pénurie des stocks. Le coût de rupture peut compter des frais pour perte d'achalandage, de même que des frais pour le coût d'opportunité des ventes perdues.

En général, le coût de rupture de stock représente simplement le profit qui aurait pu être réalisé par unité.

$$C_{rupture} = C_p = \text{Prix unitaire} - \text{Coût unitaire}$$

Si une pénurie ou une rupture se rapporte à un article utilisé dans la production ou à une pièce de rechange pour une machine, le coût de rupture C_p est le coût réel de la perte de production.

Coût d'obsolescence et de détérioration

Coûts associés à une baisse de la valeur financière des produits en stock ou à une différence entre le coût d'acquisition et la valeur de récupération des articles en surplus à la fin d'une période.

Les **coûts d'obsolescence et de détérioration** concernent les articles en surplus à la fin de la période. Ces coûts représentent la différence entre le coût d'acquisition et la valeur de récupération.

$$C_{détérioration} = C_d = \text{Coût d'acquisition} - \text{Valeur de récupération}$$

L'objectif du modèle pour vente unique est de déterminer la quantité à commander ou le niveau de stock qui, à long terme, réduira les coûts d'obsolescence et de rupture de stock.

Plus loin, on étudiera deux catégories de problèmes : ceux où l'on peut évaluer la demande avec une distribution continue (une distribution théorique comme la distribution uniforme ou normale) et ceux où l'on peut évaluer la demande avec une distribution discontinue (par exemple la prévision des ventes par analogie ou une distribution théorique comme celle de Poisson).

Le type de marchandise permet de choisir le modèle approprié. Par exemple, comme la demande pour le pétrole, les liquides et les gaz tend à varier sur une échelle continue, ce genre de marchandises se prête donc à la distribution continue. La demande pour les tracteurs, les voitures et les ordinateurs s'exprime en nombre d'unités requises et se prête à une distribution de type discontinu. En termes mathématiques, on dit que les premiers suivent des variations continues, tandis que les autres suivent des variations discrètes.

13.7.1 Les niveaux de stocks continus

Il peut être plus facile d'imaginer le concept de détermination d'un niveau de stock optimal lorsque la demande est uniforme. Imaginons qu'un niveau de stock est le point d'équilibre d'une balançoire. Remplaçons les personnes à chaque bout de la balançoire par: le coût de détérioration et d'obsolescence unitaire (C_d) à une extrémité et le coût unitaire de pénurie (C_p), à l'autre bout. Le niveau de stock optimal (S_o) sera le pivot de la balançoire: il équilibre le poids des coûts (*voir la figure 13.18*).

▼ **FIGURE 13.18**

S_o et équilibrage entre C_d et C_p

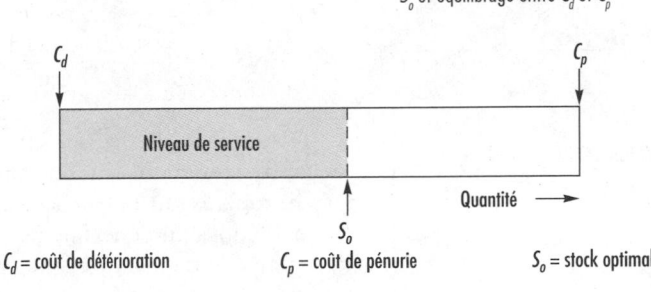

C_d = coût de détérioration C_p = coût de pénurie S_o = stock optimal

Le niveau de service est la probabilité que la demande n'excédera pas le niveau de stock, et le calcul du niveau de service est la clé pour trouver le niveau optimal de stock, S_o.

$$NS_o = \frac{C_p}{C_d + C_p} \tag{13-27}$$

où NS_o = niveau de service optimal
  C_p = coût unitaire de pénurie
  C_d = coût de détérioration et d'obsolescence à l'unité

Il y a pénurie ou rupture de stock si la demande réelle est supérieure à S_o; C_p se trouve donc à l'extrême droite de la distribution. De la même manière, si la demande est inférieure à S_o, il y a un surplus, donc C_d est à l'extrême gauche de la distribution. Lorsque $C_d = C_p$, le niveau de stock optimal se situe au centre de la distribution. Si un coût est supérieur à un autre, S_o est plus près du coût le plus élevé.

Chaque semaine, Cynthia, la gérante du Bar du cidre, commande du cidre au prix de 0,20\$ le litre. La demande varie uniformément de 300 à 500 litres par semaine. Le produit est vendu à 0,80\$ le litre. Le cidre invendu n'a pas de valeur de récupération et ne peut se conserver plus d'une semaine. Déterminez le niveau de stock optimal et le risque de rupture de stock correspondant.

Exemple 14

C_d = Coût unitaire − Valeur de récupération à l'unité

  = 0,20\$ − 0\$

  = 0,20\$ l'unité

C_p = Prix de vente unitaire − Coût unitaire

  = 0,80\$ − 0,20\$

  = 0,60\$ l'unité

$$NS_o = \frac{C_p}{C_d + C_p} = \frac{0,60\$}{0,20\$ + 0,60\$} = 0,75, \text{ soit } 75\%$$

Le **stock optimal** S_o à garder en notre possession pour *assurer* un niveau de service NS_o défini se calcule par:

$$S_o = D_{min} + NS_o (D_{max} − D_{min}) \tag{13-28}$$

Dans l'exemple du cidre, puisqu'on doit répondre à la demande 75% du temps, pour une distribution uniforme, le stock optimal devra se situer au niveau de la demande minimale plus 75% de la différence entre les demandes minimale et maximale:

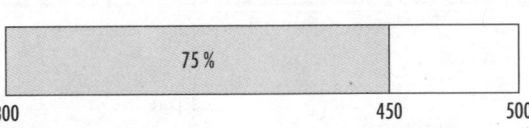

$$S_o = 300 + 0,75 (500 − 300) = 450 \text{ litres}$$

Le risque de rupture de stock est de $1,00 − 0,75 = 0,25$ ou 25%.

Solution

Stock optimal

$$S_o = D_{min} + NS_o (D_{max} − D_{min})$$

13

Exemple 15

Le Bar du cidre vend aussi un mélange de jus de cerise et de cidre. La distribution de la demande pour le mélange est à peu près normale, avec une moyenne de 200 litres par semaine et un écart type de 10 litres par semaine. Sachant que le coût de pénurie est de $C_p = 0,60\$$ le litre et le coût de détérioration, de $C_d = 0,20\$$ le litre, déterminez le stock optimal pour le mélange de jus.

Solution

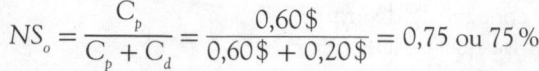

$$NS_o = \frac{C_p}{C_p + C_d} = \frac{0,60\$}{0,60\$ + 0,20\$} = 0,75 \text{ ou } 75\,\%$$

Donc, 75 % de l'espace situé sous la courbe normale doit se trouver à gauche du niveau de stock. La table normale nous indique qu'une valeur de z située entre $+0,67$ et $+0,68$, soit $0,675$, conviendrait. Ainsi :

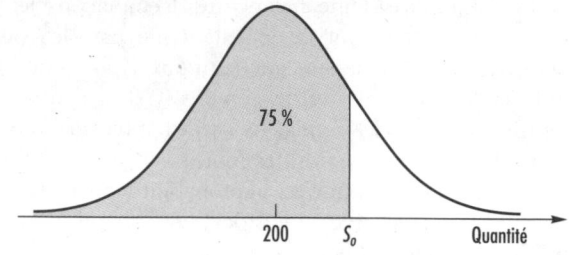

$S_o =$ Moyenne $+ z\sigma$
$S_o = 200\,$litres $+ 0,675\,(10\,$litres$)$
$\quad = 206,75\,$litres

FIGURE 13.19

Niveau de stock
discontinu (discret)

13.7.2 Les niveaux de stocks discontinus

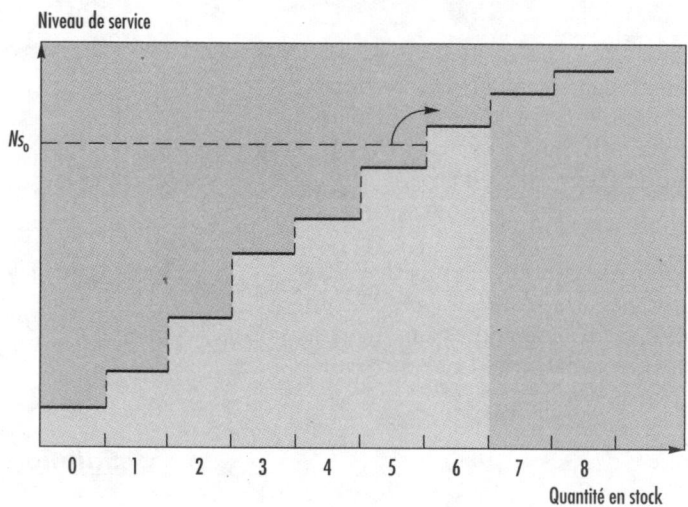

Lorsque les niveaux de stocks sont discontinus, le niveau de service NSo pourrait ne pas coïncider avec une quantité réaliste (par exemple, la quantité optimale peut se trouver entre 5 et 6 unités). La solution consiste à stocker au prochain niveau le plus élevé (ici, 6 unités). En d'autres mots, on choisira le niveau de stock qui permet d'égaler ou de dépasser le niveau de service désiré. La figure 13.19 illustre ce concept.

L'exemple 16 montre l'utilisation d'une distribution empirique, et l'exemple 17 illustre l'utilisation de la distribution de Poisson.

13

Exemple 16

Les données existantes sur l'utilisation des pièces de rechange pour plusieurs grandes presses hydrauliques serviront à prédire la consommation des pièces pour une nouvelle presse récemment acquise. Les informations concernant la fréquence d'utilisation passée des pièces de rechange apparaissent ci-dessous. Les coûts de pénurie comprennent les dépenses liées aux arrêts de production et les coûts d'une commande spéciale. Ces coûts atteignent environ 4 200 $ par unité manquante. Les pièces de rechange coûtent 800 $ chacune, et les pièces inutilisées ont une valeur de récupération nulle. Trouvez le niveau de stock optimal (S_o).

Nombre	Utilisation des pièces Fréquence	Fréquence cumulative
0	0,20	0,20
1	0,40	0,60
2	0,30	0,90
3	0,10	1,00
4 ou plus	1,00	

Solution

$$C_p = 4\,200\$\,;\, C_d = 800\$\,;\, NS_o = \frac{C_p}{C_p + C_d} = \frac{4\,200\$}{4\,200\$ + 800\$} = 0,84$$

La colonne Fréquence cumulative indique le pourcentage de temps où la demande ne dépassait pas une certaine quantité (était égale ou inférieure). Par exemple, la demande ne dépasse pas une pièce de rechange 60 % du temps ou deux pièces de rechange 90 % du temps. Donc, pour obtenir un niveau de service d'au moins 84 %, il faudra stocker deux pièces de rechange (aller, par exemple, vers le prochain niveau de stock le plus élevé).

On veut évaluer la demande pour un type de roses chez un fleuriste. La consommation actuelle est de 4 douzaines de roses par jour et suit une distribution statistique selon la loi de Poisson. Le profit sur les roses est de 3 $ la douzaine. Les fleurs en surplus sont soldées et mises en vente le jour suivant avec une perte de 2 $ la douzaine. En supposant que toutes les fleurs en solde sont vendues, quel est le niveau optimal d'unités en stock ?

$$C_p = 3\$; C_d = 2\$; NS_o = \frac{C_p}{C_p + C_d} = \frac{3\$}{3\$ + 2\$} = 0,60$$

On trouve les fréquences cumulatives à l'aide de la table de Poisson (*voir la table E de l'annexe*) pour une moyenne de 4. Le tableau ci-contre est un extrait de la table de Poisson.

Comparons le niveau de service aux fréquences cumulatives. Pour avoir un niveau de service d'au moins 0,60, il faut conserver 4 douzaines de fleurs en stock. Notons un dernier point à propos des niveaux de stock discontinus : si le niveau de service cal-culé est exactement égal à la probabilité cumulative associée à l'un des niveaux de stock, alors il y a deux niveaux de stocks équivalents en ce qui concerne la réduction du coût à long terme : celui

Consommation moyenne (dz/jour)	Fréquence cumulative
0	0,018
1	0,092
2	0,238
3	0,434
4	0,629
5	0,785
...	...

dont la probabilité est égale et celui qui est immédiatement supérieur. Ainsi, dans l'exemple précédent, si le ratio avait égalé 0,629, il n'y aurait eu aucune différence entre un stock de 4 douzaines par jour et un stock de 5 douzaines par jour.

13.8 Conclusion

Les stocks sont des éléments essentiels aux opérations de tout type d'entre-prise. Or, une bonne gestion visera un niveau de stock minimal. Il y a deux raisons à cela. Premièrement, les stocks tendent à masquer les problèmes ; il devient plus facile de vivre avec des problèmes que de les éliminer. Deuxièmement, les stocks sont coûteux à garder. Par conséquent, une bonne stratégie d'opérations est de chercher à diminuer les stocks : 1) en réduisant la taille des lots des commandes et 2) en réduisant le stock de sécurité.

Les entreprises qui ont appris à tenir compte des coûts liés à la gestion des stocks fonctionnent avec des tailles de lots optimales. En plus des éléments habi-tuels qu'il faut considérer en ce qui concerne les coûts liés aux stocks (par exemple les coûts d'exploitation des entrepôts, de la manutention et de l'obsolescence), ces entreprises sont beaucoup plus sensibles aux coûts occasionnés par les arrêts de travail, les produits en cours dus à une mauvaise planification ou concep-tion des postes de travail (incapacité de rapprocher les machines des opérateurs) et les problèmes cachés concernant la qualité du produit et les bris d'équi-pement causés par une mauvaise maintenance. Pour ces raisons, plusieurs grandes entreprises n'ayant pas compris ces notions continuent à enregistrer une augmentation continuelle des coûts de possession des stocks. La figure 13.20 montre l'impact d'une aug-mentation des coûts de possession (C_e) sur la QÉC (quantité économique à commander).

Rappelons qu'en ce qui concerne la QÉC, les coûts de possession (C_e) et les coûts de commande (C_c) sont égaux, en parfait équilibre. De plus, on devrait réévaluer les coûts d'entreposage, car ils sont constamment à la hausse.

Autre élément qui incite à minimiser les QÉC : les coûts de commande associés, dans le cas des entreprises manufacturières, aux coûts de mise en route et de lancement d'une série en production. On peut citer de nombreux cas où des efforts de recherche

▾ **FIGURE 13.20**

Effet d'une augmentation des C_e sur la QÉC

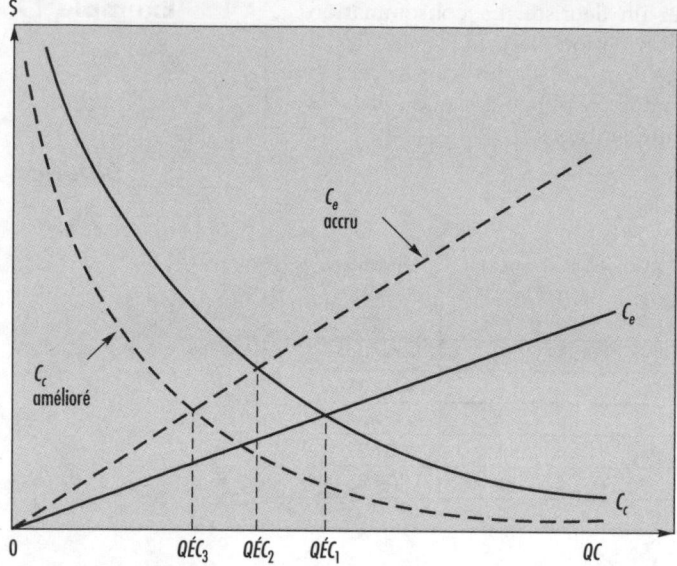

FIGURE 13.21 ▲

Effet combiné des C_e et des C_c sur la *QÉC*

ont réduit ces coûts. Cependant, si la réduction liée aux coûts de possession provient d'une réévaluation de ces derniers, la réduction liée aux coûts de commande ou de réglage doit provenir d'une poursuite active de l'amélioration. Toutes les approches d'amélioration continue de production épurée ou allégée (des *kaïzen*, des *benchmarking* ou balisages) contribuent à cela. Et ensemble, toutes ces réductions conduisent à des tailles de lots de plus en plus petites (*voir la figure 13.21*).

Finalement, les entreprises peuvent obtenir des réductions supplémentaires des niveaux de stock en réduisant la quantité de stock de sécurité. Si elles réduisent le délai d'approvisionnement et sa variabilité, les stocks de sécurité baisseront.

Les entreprises peuvent souvent procéder à ces réductions en travaillant avec les fournisseurs, en les choisissant proches de leur entrepôt et en réduisant les tailles des lots.

La loi de Pareto ou méthode ABC est utile lorsqu'on cherche à obtenir ces réductions. On étudie toutes les phases de l'opération, en commençant par celles qui présentent le meilleur potentiel d'amélioration. Des résultats rapides prouveront aux gestionnaires et aux travailleurs que cette stratégie est avantageuse, ce qui les encouragera à fournir des efforts supplémentaires.

Enfin, il est important de tenir des fiches de stock précises et à jour. Il faut périodiquement refaire les évaluations des coûts de possession des stocks, des coûts de mise en route ou de commande, des délais d'approvisionnement et, au besoin, les mettre à jour.

Une bonne gestion des stocks est souvent le signe que l'entreprise est bien gérée. En effet, pour y arriver, on doit planifier soigneusement les niveaux de stock de manière à équilibrer les coûts de possession des stocks et un service à la clientèle adéquat. Une saine gestion des stocks nécessite d'instaurer un système pour retracer les transactions de stock, de posséder une information précise sur la demande et les délais d'approvisionnement, de faire des évaluations réalistes de certains coûts rattachés à l'inventaire, d'établir un système de priorités pour classifier les articles en stock et de répartir les efforts de contrôle.

Dans ce chapitre, nous avons étudié cinq méthodes pour gérer une demande indépendante des articles en stock : la *QÉC*, en réception instantanée et échelonnée, le *LÉ*, le *PC*, l'intervalle d'approvisionnement fixe (*IAF*) et le modèle de stock pour vente unique. On utilise les quatre premières si les unités non utilisées peuvent être transférées aux périodes subséquentes. On se sert du modèle de stock pour vente unique quand on ne peut transférer ces unités. Le modèle de quantité économique à commander (*QÉC*) s'intéresse à la quantité précise à commander. Les méthodes basées sur le point de commande (*PC*) indiquent le moment de la commande : on les utilise surtout dans les situations où il y a des variations de la demande ou du délai d'approvisionnement. De plus, elles indiquent le niveau de service et le niveau de stock de sécurité. Quant au modèle de stock pour vente unique, il sert pour les articles qui ont des dates de péremption. Le tableau 13.5 résume toutes les méthodes exposées dans ce chapitre. ●

TABLEAU 13.5 ▾

Résumé des formules

Modèle	Formule	Symboles
1. QÉC en réception instantanée	$QÉC = \sqrt{\dfrac{2DT \times C_c}{C_e}}$ ou $QÉC = \sqrt{\dfrac{2DT \times C_c}{I \times C_a}}$ $C_e = I \times C_a$ $CT = C_{te} + C_{tc} = \dfrac{Qc}{2} \times C_e + \dfrac{DT}{QC} \times C_c$ $i = \dfrac{QÉC}{DT} \times$ Nombre de jours par année Nombre de commandes $= N = \dfrac{DT}{QC}$ $S_{max} = QÉC$	$QÉC =$ quantité économique à commander $C_a =$ demande totale $I =$ fraction de la valeur c (\$/u) de l'unité en stock $C_a =$ coût unitaire d'acquisition $C_e =$ coûts unitaires de possession $C_{te} =$ coûts totaux d'entreposage $C_c =$ coûts de transmission d'une commande $C_{tc} =$ coûts totaux de commande $i =$ intervalle de commande (en jours)
2. QÉC et LÉ en réception échelonnée	$LÉ = QÉC = \sqrt{\left\lvert \dfrac{2DT \times C_c}{C_e} \right\rvert \left\lvert \dfrac{p}{p-u} \right\rvert}$ $S_{max} = QÉC\left(1 - \dfrac{u}{p}\right)$ $PRS = \dfrac{S_{max}}{p - u} = \dfrac{LÉ}{p}$ $i = \dfrac{QÉC}{u}$	$LÉ =$ lot économique $= QÉC$ $p =$ taux d'approvisionnement (production) $u =$ taux d'utilisation (consommation) $S_{max} =$ stock maximal $PRS =$ période de reconstitution des stocks
3. Remise sur quantité	$CT = C_{ta} + C_{te} + C_{tc}$	$C_{ta} =$ coûts totaux d'acquisition

4. Point de commande
  a) stock de sécurité
  b) consommation et délai fixes
  c) consommation variable
  d) délai variable
  e) consommation et délai variables
	$PC = u \times d + Ss$
	
	$Ss = z \times \sigma_{d,u}$
	
	$PC = u \times d$
	
	$PC = \bar{u} \times d + z\sqrt{d} \times \sigma_u$
	
	$PC = u \times \bar{d} + z \times u \times \sigma_d$
	
	$PC = \bar{u} \times \bar{d} + z\sqrt{d \times \sigma_u^2 + \bar{u}^2 \times \sigma_d^2}$
		$PC =$ point de commande
		$\bar{d} =$ délai de livraison
		$d =$ délai de livraison moyen
		$\bar{\sigma}_d =$ écart type de livraison
		$\bar{u} =$ taux de consommation moyen
		$\sigma_u =$ écart type de la consommation
		$z =$ variable aléatoire normale
		$Ss =$ stock de sécurité ou de réserve

5. Point de commande
  a) pénurie par cycle
  b) pénurie par année
  c) NSa
	$E(n) = E(z) \times \sigma_{u,d}$
	
	$E(N) = E(n)\dfrac{DT}{QC}$
	
	$NSa = 1 - \dfrac{E(z)\sigma_{u,d}}{QC}$
		$E(n) =$ nombre probable d'unités en pénurie par cycle de commande
		$E(z) =$ valeur calculée selon la loi normale et en fonction du niveau de service espéré
		$\sigma_{u,d} =$ écart type de la distribution de la consommation durant la livraison
		$E(N) =$ nombre d'unités en pénurie durant l'année
		$NSa =$ niveau de service annuel

6. Intervalle d'approvisionnement fixe	$QC = \bar{u}\,(i + d) + z\,\sigma_u\sqrt{(i + d)} - S_a$	$NS_c =$ niveau de service par cycle $Nsa =$ niveau de service annuel $S_a =$ stock actuel en main $I - d =$ intervalle de protection
7. Modèle de stock pour vente unique	$NS_o = \dfrac{C_p}{C_p + C_d}$ $S_o = D_{min} + NS_o\,(D_{max} - D_{min})$	$NS_o =$ niveau de service optimal $S_o =$ stock optimal $C_p =$ coût de pénurie $C_d =$ coût de détérioration

13

Terminologie

13

Problèmes résolus

Problème 1

Réception instantanée

Un fabricant de jouets utilise environ 32 000 microprocesseurs par année. Ces pièces sont consommées à un taux constant pendant les 240 jours de l'année où l'usine est en activité. Le coût annuel de possession est de 0,60 \$/u et le coût de commande, de 24 \$. Évaluez:

a) la taille optimale de commande;

b) l'intervalle de commande exprimé en jours.

Solution

a) DT = 32 000 morceaux par année; C_c = 24 \$; C_e = 0,60 \$ l'unité par année

$$QÉC = \sqrt{\frac{2DT \times C_c}{C_e}} = \sqrt{\frac{2 \times 32\ 000 \times 24}{0,60}} = 1\ 600 \text{ unités de microprocesseurs}$$

b) $i = \dfrac{QÉC}{DT} = \dfrac{1\ 600 \text{ unités}}{32\ 000 \text{ unités}} \times 240 \text{ jours} = 12 \text{ jours}$

$QÉC/DT$ = 1 600 unités/32 000 unités par année = 1/20 année (c'est-à-dire 1/20 × 240) ou 12 jours

Problème 2

Lot économique en réception échelonnée
La Compagnie Dine est à la fois fabricant et utilisateur de joints de laiton. L'entreprise fonctionne 220 jours par année et utilise les joints à raison de 50 par jour. On peut en fabriquer 200 par jour. Le coût d'entreposage annuel est de 1 $ par joint, et le coût de réglage et de mise en route des machines est de 35 $ par série.
a) Déterminez la taille des lots économiques à lancer en production.
b) Combien de séries y aura-t-il environ par année ?
c) Calculez la taille de l'entrepôt nécessaire.
d) Calculez la période de consommation pure.

Solution

Calcul du *LÉ* :
a) $DT = 50$ unités par jour $\times$ 220 jours par année $= 11\ 000$ unités par année
$C_c = 35\ \$$
$C_e = 1\ \$$ l'unité par année
$p = 200$ unités par jour
$u = 50$ unités par jour

$$LÉ = \sqrt{\left(\frac{2DT \times C_c}{C_e}\right)\left(\frac{p}{p-u}\right)} = \sqrt{\left(\frac{2 \times 11\ 000 \times 35}{1}\right)\left(\frac{200}{200-50}\right)} = 1\ 013 \text{ unités}$$

b) Nombre de séries par année : $\dfrac{DT}{LÉ} = \dfrac{11\ 000}{1\ 013} = 10,86$ ou 11

c) Taille maximale de l'entrepôt $= S_{max} = LÉ\left(1 - \dfrac{u}{P}\right) = 1\ 013\left(1 - \dfrac{50}{200}\right) = 759,75\ \boldsymbol{u} \simeq 760\ u$

d) Période de consommation pure = Intervalle de commande − Période de reconstitution des stocks
$i = \dfrac{LÉ}{u} = 1\ 013$ unités/50 unités par jour $= 20,26$ jours

$PRS = \dfrac{LÉ}{P} = 1\ 013$ unités/200 unités par jour

Période de consommation pure $= 5,065$ jours $= 20,26 - 5,065 = 15,20$ jours

Problème 3

Remise sur quantité
Une entreprise manufacturière évoluant dans le secteur du vêtement utilise environ 3 400 litres de teinture chimique par année. Actuellement, l'entreprise achète 300 litres par commande au prix de 3 $/litre. Le fournisseur vient tout juste d'annoncer que les commandes de 1 000 litres ou plus sont offertes à 2 $/litre. À chaque commande, l'entreprise manufacturière dépense 100 $ et elle estime le coût annuel de possession à 17 % du prix d'achat.
a) Calculez la taille de commande qui minimise les coûts totaux d'approvisionnement en teinture.
b) Si le fournisseur offrait la remise pour les lots d'au moins 1 500 litres au lieu de 1 000 litres, quelle taille de commande réduirait le coût total ?

Solution

$DT = 3\ 400$ litres par année ; $C_c = 100\ \$$; $I = 17\ \%$

Quantité (litres)	Prix ($/litre)
1 à 999	3
1 000 et plus	2

a) Calculons la *QÉC* à 2 $/litre :
Les échelles de prix sont :

$$QÉC_2 = \sqrt{\frac{2DT \times C_c}{C_e}} = \sqrt{\frac{2 \times 3\ 400 \times 100}{0,17 \times 2}} = 1\ 414 \text{ litre}$$

Puisque cette quantité est disponible à 2 $/litre, c'est la quantité optimale.

b) Lorsqu'on offre la remise sur tout achat de 1 500 litres, l'échelle de *QÉC* à 2 $/litre est inaccessible. Par conséquent, il devient nécessaire de calculer la *QÉC* à 3 $/litre et de comparer le coût total de cette taille de commande avec le coût total au moyen de la quantité de seuil de prix (par exemple 1 500).

$$QÉC_3 = \sqrt{\frac{2DT \times C_c}{C_e}} = \sqrt{\frac{2 \times 3\ 400 \times 100}{0,17 \times 3}} = 1\ 155 \text{ litres}$$

$$CT_{1\,155} = C_{ta} + \frac{Q\acute{E}C}{2} \times C_e + \frac{DT}{Q\acute{E}C} \times C_c$$

$$TC_{1\,155} = 3 \times 3\,400 + \frac{1\,155}{2} \times 0,17$$

$$\times\, 3 + \frac{3\,400}{1\,155} \times 100$$

$$= 10\,200\$ + 294,53\$ + 294,37\$$$

$$= 10\,789\$$$

$$TC_{1\,500} = 2 \times 3\,400 + (1\,500/2) \times 0,17$$

$$\times\, 2 + (3\,400/1\,500) \times 100$$

$$= 6\,800\$ + 255\$ + 226,67\$$$

$$= 7\,282\$$$

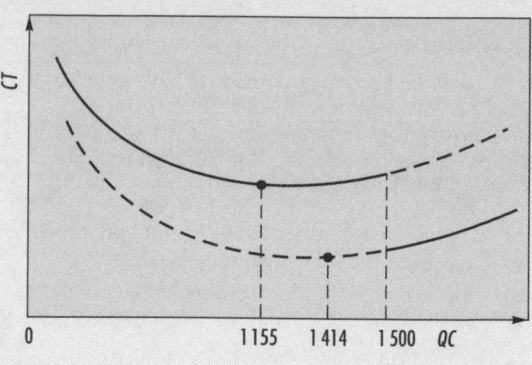

Comme cela permettrait une diminution du coût total, la quantité optimale de commande est de 1 500 litres.

Problème 4

Le point de commande en situation de demande variable et de délai constant
Le service d'entretien d'un hôtel utilise environ 400 débarbouillettes par jour. La quantité réelle tend à varier selon le nombre de clients. La consommation suit une distribution normale avec une moyenne de 400 débarbouillettes/jour et un écart type de 9 débarbouillettes/jour. L'entreprise qui livre les débarbouillettes a un délai d'approvisionnement de 3 jours. Si la politique de l'hôtel est de maintenir un risque de pénurie de 2 %, combien de débarbouillettes faut-il avoir au minimum au point de commande et quelle quantité peut être considérée comme un stock de sécurité?

Solution

$\bar{u} = 400$ débarbouillettes par jour; $d =$ 3 jours

$\sigma_u = 9$ débarbouillettes/jour; risque = 2 %, donc le niveau de service = 98 %
Selon la table A de l'annexe, la valeur de z pour un niveau de 98 % est de $z =$ 2,055.
$PC = \bar{u} \times d + z\sqrt{d} \times \sigma_u = 400 \times 3 +$ 2,055 $\sqrt{3} \times 9 = 1\,200 + 32,03 \cong$ 1 232 débarbouillettes

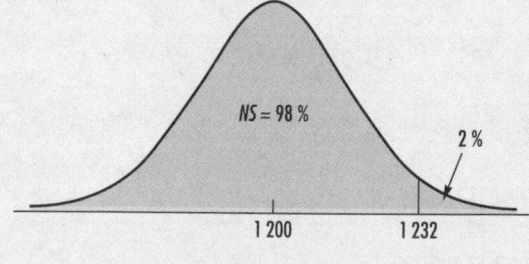

Le stock de sécurité est d'environ 32 débarbouillettes.

Problème 5

Le point de commande pour une demande constante et un délai d'approvisionnement variable
L'hôtel de l'exemple précédent consomme environ 600 savonnettes par jour, avec peu ou pas de variations. Le délai d'approvisionnement suit une distribution normale, qui est d'environ 6 jours en moyenne avec un écart type de 2 jours. On souhaite offrir un niveau de service de 90 %. Calculez le point de commande.

Solution

$u = 600$ savonnettes par jour = taux de consommation moyen
$NS = 90 \%$, alors $z = +1,28$ (d'après la table A de l'annexe)
$\bar{d} = 6$ Jours = délai de livraison moyen
$\sigma_d = 2$ jours = écart type du délai de livraison
$PC = u \times \bar{d} + z \times u \times \sigma_d = 600\,(6) +$ 1,28 (600) 2 = 5 136 savonnettes

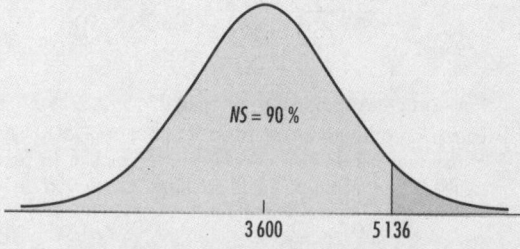

13

Problème 6

Le PC pour un taux de demande variable et un délai d'approvisionnement variable
Un hôtel doit remplacer 25 verres brisés par jour. Cette quantité comporte une variation normale, avec un écart type de 3 verres par jour. On commande les verres à un fournisseur de Limoges. Le délai d'approvisionnement, avec une distribution normale, est d'environ 10 jours, avec un écart type de 2 jours. Calculez le point de commande pour un niveau de service de 95%.

Solution

$\bar{u} = 25$ verres par Jour; $\bar{d} = 10$ Jours
$\sigma_u = 3$ verres par jour; $\sigma_d = 2$ jours
$NS = 95\%$, donc $z = +1,65$ (*voir la table A de l'annexe*)

$PC = \bar{u} \times \bar{d} + z\sqrt{\bar{d} \times \sigma_u^2 + \bar{u}^2 \times \sigma_d^2} =$
$25 \times 10 + 1,65\sqrt{10 \times 3^2 + 25^2 \times 2^2} =$
334 verres

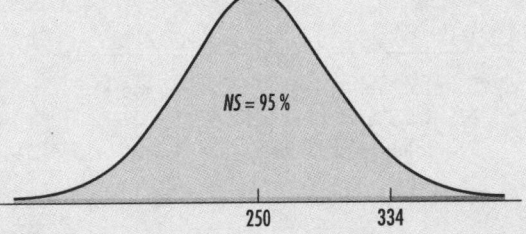

$NS = 95\%$

250   334

Problème 7

Les ruptures de stock et les niveaux de service
Le gérant d'un magasin de fournitures de bureau décide d'assurer un niveau de service annuel de 96% pour un certain modèle de répondeur téléphonique. Le magasin vend environ 300 appareils de ce modèle par année. Le coût de possession est de 5$ l'unité par an, le coût de commande est de 25$ et $\sigma_{u,d} = 7$ = écart type de la consommation.

a) Quel est le nombre moyen d'unités manquantes par année correspondant au niveau annuel de service indiqué?

b) Quel est le nombre moyen d'unités manquantes par cycle qui donnera le niveau de service annuel désiré?

c) Quel niveau de service en fait de délai d'approvisionnement faut-il atteindre pour obtenir un niveau de service annuel de 96%?

Solution

$NSa = 96\%$; $DT = 300$ unités; $C_e = 5\$/u$; $C_c = 25\$$; $\sigma_{u,d} = 7$

a) $E(N) = (1 - NS_a)\,DT = (1 - 0,96)(300) = 12$ unités

b) $E(N) = E(n)\dfrac{DT}{Q\acute{E}C}$

En isolant $E(n)$, on aura:

$E(n) = \dfrac{E(N)}{DT/Q\acute{E}C} = \dfrac{12}{300/Q\acute{E}C}$

Le calcul de la $Q\acute{E}C$ donne:

$Q\acute{E}C = \sqrt{\dfrac{2 \times DT \times C_c}{C_e}} = \sqrt{\dfrac{2 \times 300 \times 25}{5}} = 54,77 \approx 55$

Alors $E(n) = 12 \div (300/55) = 2,2$

c) Pour trouver le niveau de service du délai d'approvisionnement, on doit connaître la valeur de $E(n)$. Puisque la valeur de $E(n)$ est de 2,2 et que $E(n) = E(z)\sigma_{u,d}$, alors, $2,2 = E(z)(7)$. La solution devient $E(z) = 2,2/7 = 0,314$. L'interpolation du tableau 13.4, à la page 518, donne le niveau de service approximatif du délai d'approvisionnement. Ainsi,

$\dfrac{0,307 - 0,314}{0,307 - 0,324} = \dfrac{0,5793 - x}{0,5793 - 0,5636}$

La solution est:

$x = 0,5728$

Problème 8

L'intervalle d'approvisionnement fixe
Tous les 30 jours, un laboratoire commande une quantité de produits chimiques à un même fournisseur. Le délai d'approvisionnement est de 5 jours. L'adjoint du directeur du laboratoire doit déterminer la quantité à commander. Une vérification des stocks a révélé que 11 contenants de 25 ml sont disponibles. La consommation quotidienne est à peu près normale, avec une moyenne de 15,2 ml par jour et un écart type de 1,6 ml par jour. Le niveau de service désiré est de 95 %.
a) Combien de contenants de produits chimiques faut-il commander?
b) Quelle est la quantité moyenne de stock de sécurité?

Solution

a) $\bar{u} = 15{,}2$ ml; $\sigma_u = 1{,}6$ ml; $d = 5$ jours
$NS = 95\,\%$, d'où $z = 1{,}65$
Intervalle de protection $= i + d = 30 + 5 = 35$

$S_a = $ Stock en main $= 11$ contenants $\times \dfrac{25 \text{ ml}}{\text{contenants}} = 275$ ml

$QC = \bar{u}\,(i + d) + z\,\sigma_u \sqrt{i + d} - Sa = 15{,}2\,(30 + 5) + 1{,}65 \times 1{,}6 \sqrt{30 + 5} - 275 = 272{,}62$ ml

En convertissant cette information en nombre de contenants, on obtient :

$\dfrac{272{,}62 \text{ ml}}{25 \text{ ml/contenant}} = 10{,}90 \approx 11$ contenants

b) Le stock de sécurité : $Ss = 1{,}65 \times 1{,}6 \sqrt{30 + 5} = 15{,}62$ ml

Problème 9

Modèle de stock pour vente unique
Une entreprise d'installation en câblodistribution utilise une certaine pièce d'équipement pour laquelle elle conserve 2 pièces de rechange. Celles-ci coûtent 500 $ chacune et n'ont pas de valeur de récupération. On peut modéliser la distribution du nombre de bris des pièces grâce à la loi de Poisson à environ 2 par cycle de vie de l'équipement. Les coûts de possession et de rebut sont minimes. Évaluez l'échelle apparente du coût de pénurie.

Solution

Cs est une valeur inconnue $C_e = 500$ $

La table de Poisson (*voir la table E de l'annexe*) donne ces valeurs pour une moyenne de 2,0 :

Pour un niveau optimal de stock, on arrondit généralement le niveau de service à un niveau de stock réaliste. Ainsi, on sait que pour obtenir le niveau optimal de 2 unités, le niveau de service se trouve entre 0,406 et 0,677. En posant le niveau de service tout d'abord à 0,406, puis à 0,677, on peut tracer des limites sur l'échelle des coûts de pénurie possibles.

Nombre de bris	Probabilité cumulative
0	0,135
1	0,406
2	0,677
3	0,857
4	0,947
5	0,983
...	...

$$\frac{C_p}{C_p + 500} = 0{,}406$$

La solution est $C_p = 341{,}75$ $
De même,

$$\frac{C_p}{C_p + 500} = 0{,}677$$

La solution est $C_p = 1\,047{,}99$ $. Ainsi, la marge probable du coût de pénurie est comprise entre 341,75 $ et 1 047,99 $.

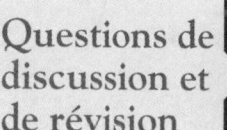
Questions de discussion et de révision

1. Pourquoi les entreprises gardent-elles des stocks?
2. Quelles sont les exigences d'une gestion efficace des stocks?
3. Décrivez brièvement chacun des coûts associés aux stocks.
4. Décrivez le rôle de la demande dépendante et de la demande indépendante en gestion des stocks.
5. Pourquoi l'utilisation des ratios de rotation des stocks serait-elle inadéquate pour comparer la gestion des stocks d'entreprises évoluant dans des domaines différents?

6. Énumérez les principales hypothèses du modèle de la *QÉC*.

7. Comment pourriez-vous répondre à la critique selon laquelle les modèles de *QÉC* tendent à donner des résultats inexacts parce que les valeurs *DT*, C_e et C_c sont au mieux approximatives ?

8. Que sont les remises sur achats en gros ? Quels sont les trois coûts dont il faut tenir compte dans une décision en matière de taille de commande lorsqu'il y a des remises ?

9. Qu'est-ce que le stock de sécurité et quel est son but ? Distinguez les stocks de sécurité des stocks de réserve.

10. Dans quelles circonstances devrait-on conserver un niveau de stock de sécurité :

    a) élevé ?   b) faible ?   c) nul ?

11. Que signifie l'expression « niveau de service » ? De façon générale, comment le niveau de service est-il lié au niveau de stock de sécurité conservé ?

12. Décrivez brièvement la méthode ABC (loi de Pareto) et son utilité dans le domaine du contrôle des stocks.

13. L'acheteur d'une entreprise qui assemble des climatiseurs dans un pays d'Amérique latine a remarqué que le coût des compresseurs augmente considérablement à chaque commande. L'entreprise utilise une méthode de *QÉC* pour déterminer la taille de commande. Quel est l'impact de cette escalade des prix sur la taille de commande ? Quels facteurs autres que le prix doit-on prendre en considération ?

14. Expliquez comment une réduction de la période de mise en route peut entraîner une diminution de la quantité moyenne de stock d'une entreprise et en quoi cette réduction est avantageuse.

15. Qu'est-ce que le modèle pour vente unique et dans quelles circonstances doit-on l'appliquer ?

16. Dans le modèle pour vente unique, le niveau optimal des stocks peut-il être inférieur à la demande anticipée ? Expliquez brièvement votre réponse.

17. Citez quelques méthodes qui permettent à une entreprise de réduire son niveau de stock.

Problèmes

1. Le directeur d'un atelier de mécanique automobile tente de mieux répartir les efforts de contrôle des stocks en adoptant la loi de Pareto de contrôle des stocks. En tenant compte de la consommation mensuelle résumée dans le tableau suivant, classez les articles dans les catégories A, B ou C selon leur consommation monétaire.

Article	Coût unitaire ($/u)	Consommation (u/mois)
4021	1 400	50
9402	12	300
4066	700	40
6500	20	150
9280	1 020	10
4050	140	80
6850	15	2 000
3010	20	400
4400	5	7 000

2. Le tableau suivant donne des informations sur les coûts unitaires et la consommation mensuelle pour un échantillon de 6 articles pris au hasard parmi une liste de 2 000 articles en stock dans un centre de services de santé.

   a) Classez ces articles selon la méthode ABC.

   b) Comment le directeur pourrait-il utiliser cette information ?

   c) Après avoir révisé votre plan, le directeur décide de placer l'article P05 dans la catégorie A. Quelles sont les diverses hypothèses pouvant motiver sa décision ?

Article	Coût unitaire ($/u)	Consommation (u/mois)
K34	10	200
K35	25	600
K36	36	150
M10	16	25
M20	20	80
Z45	80	200
F14	20	300
F95	30	800
F99	20	60
D45	10	550
D48	12	90
D52	15	110
D57	40	120
N08	30	40
P05	16	500
P09	10	30

3. Une grande boulangerie achète de la farine en sacs de 25 kg. Elle consomme en moyenne 4 860 sacs par année. Il en coûte 4 $ par commande pour préparer et recevoir une livraison de farine. Les coûts de possession annuels sont de 30 $ par sac.

13

a) Trouvez la quantité économique à commander.

b) Quel est le nombre moyen de sacs disponibles?

c) Combien de commandes par année y aura-t-il?

d) Calculez le coût total de commande et de possession de la farine.

e) Si le coût de commande augmentait de 1 $ par commande, comment cela influerait-il sur le coût total annuel?

4. Un grand cabinet d'avocats utilise en moyenne 40 rames de papier à photocopier par jour. L'entreprise est en activité 260 jours par an. Les coûts de stockage et de possession du papier sont de 3 $ par rame par année, et le coût de commande et de réception d'une commande de papier est d'environ 6 $.

a) Quelle taille de commande réduirait les coûts totaux annuels de commande et de possession?

b) Calculez le coût total annuel selon la taille de commande trouvée en a).

c) Les coûts annuels de commande et de possession correspondent-ils à la *QÉC*? (Ne pas tenir compte de l'arrondissement.)

d) Le directeur administratif commande en ce moment des lots de 200 rames de papier. Les partenaires de l'entreprise s'attendent à ce que le bureau soit géré de façon efficace. Croyez-vous que le directeur devrait utiliser la taille de commande optimale plutôt que des lots de 200 rames de papier? Justifiez votre réponse.

5. La pépinière Fleur de lys utilise 750 pots en argile par mois. Elle achète ces pots à raison de 2 $ l'unité. Les coûts d'entreposage représentent 25 % du coût par pot, et les coûts de commande sont de 30 $.

a) Déterminez la quantité économique à commander et les coûts annuels totaux correspondants.

b) Si les coûts réels d'entreposage équivalent à peu près au double de l'évaluation actuelle et que la pépinière continue de commander selon la QÉC trouvée en a), quel coût supplémentaire l'entreprise devrait-elle absorber?

6. Un distributeur de fruits et légumes utilise 800 cageots par mois à raison de 10 $ l'unité. La gérante a estimé le coût de possession annuel à 35 % du prix d'achat par cageot et les coûts de commande, à 28 $. Actuellement, elle place une commande par mois. Combien l'entreprise économiserait-elle chaque année en coûts de commande et de possession si elle utilisait la *QÉC*?

7. Un directeur reçoit le plan de prévision de ventes pour la prochaine année. Les prévisions de la demande sont de 600 unités pour le premier semestre de l'année et de 900 unités pour le deuxième. Le coût de possession annuel est de 2 $ l'unité et les coûts de commande, de 55 $.

a) En supposant que la demande mensuelle est constante pendant chaque période de 6 mois (par exemple 100 unités par mois pendant les 6 premiers mois), évaluez une taille de commande qui réduirait le montant des coûts de commande et de possession, et qui pourrait servir pour chaque période.

b) Pourquoi est-il important de supposer que la demande sera constante pendant chaque période?

c) Si le fournisseur est prêt à offrir un rabais de 10 $ par commande pour des commandes de multiples de 50 unités (par exemple 50, 100, 150), doit-on saisir cette occasion? Si oui, quelle est la quantité à commander?

8. Une usine évoluant dans le secteur agroalimentaire utilise environ 27 000 pots en vitre par mois pour ses jus de fruits. En raison des contraintes d'entreposage, on utilise une taille de séries de 4 000 pots. Le coût mensuel de possession est de 0,18 $ par pot, et le coût de commande est de 60 $. L'entreprise fonctionne en moyenne 20 jours par mois.

a) Quelle pénalité l'entreprise assume-t-elle avec la taille de commande actuelle?

b) Le directeur souhaiterait commander 10 fois par mois, mais il devrait justifier tout changement dans la taille de commande. Une solution serait de simplifier l'exécution de la commande pour réduire le coût de commande (C_c). Quel est le coût de commande qui permettrait au directeur de justifier une commande tous les 2 jours?

c) Après avoir analysé le coût de commande, le directeur peut le réduire à 50 $. De quelle autre manière le directeur pourrait-il justifier une taille de commande cohérente avec une commande aux 2 jours?

9. La charcuterie Boporc peut produire 5 000 saucisses par jour. Elle fournit les magasins et les restaurants locaux à un taux de 250 saucisses par jour. Les coûts de mise en route de l'équipement de production sont de 22 $. Les coûts annuels d'entreposage sont de 0,15 $ l'unité. L'usine est en exploitation 300 jours par année. Déterminez:

a) la taille du lot économique à produire;

b) le nombre de séries lancées en production par année;

c) la durée (en jours) d'une série.

13

10. Une entreprise de produits chimiques fabrique du bisulfate de sodium en sacs de 50 kg. La demande pour ce produit est de 20t par jour. La capacité de production est de 50t par jour.

    Les coûts de réglage et de mise en route sont de 100$, et les coûts de stockage et de possession sont de 5$/t par année. L'entreprise fonctionne 200 jours par an.

    a) Quelle quantité de sacs par série correspond à la quantité optimale?

    b) Quel est le stock moyen dans ces conditions?

    c) Quelle est la durée approximative (en jours) d'un lot de production?

    d) En moyenne, combien de séries par année y aura-t-il?

    e) Combien l'entreprise pourrait-elle économiser annuellement, si l'on pouvait réduire le coût de mise en route à 25$ par lot de production?

11. Une entreprise s'apprête à lancer la production d'un nouveau produit. La directrice du service qui fabrique l'un des composants du produit veut savoir à quelle fréquence la machine servant à fabriquer cet article pourra servir à d'autres tâches. La machine produira 200 unités par jour, dont 80 seront utilisées quotidiennement pour l'assemblage du produit final. On fera l'assemblage 5 jours par semaine, 50 semaines par année. La directrice estime qu'il faudra 1 jour entier de réglage de la machine pour une série de production, et ce, au coût de 300$. Les coûts de possession des stocks sont de 10$ l'unité par année.

    a) Déterminez la taille du lot économique et les coûts totaux correspondants.

    b) Quelle est la durée en jours d'un intervalle de production?

    c) Pendant la production, quel sera le taux de reconstitution des stocks?

    d) Si la directrice désire fabriquer un autre produit entre les productions des séries de l'article initial et que, pour cela, un minimum de 10 jours par cycle est nécessaire, aura-t-elle assez de temps?

12. Un manufacturier de séchoirs à cheveux achète une bonne partie des composants, sauf l'élément chauffant, qu'il produit au taux de 800 unités par jour, et ce, par lot de 2 000 unités à la fois. L'assemblage est effectué au taux de 300 unités par jour, à raison de 250 jours par année.

    a) Déterminez le nombre de lots d'éléments chauffants lancés en fabrication durant l'année.

    b) Si on lance la fabrication d'un lot d'éléments au moment où aucun élément n'est en stock, déterminez le nombre d'éléments en stock 2 jours après le début de la production des éléments.

    c) Déterminez le stock moyen des éléments, sachant que les lots sont lancés quand les stocks sont à zéro.

    d) Pour fabriquer l'élément chauffant, on utilise une cellule de production qui pourrait servir à fabriquer un autre composant pour l'entreprise. Le temps de mise en route nécessaire pour passer de l'élément au composant est de 4 jours. Le temps de mise en route pour retourner du composant à l'élément est d'une demi-journée. A-t-on assez de temps pour produire des composants entre deux lots d'éléments chauffants?

13. Une entreprise électronique utilise 18 000 boîtes par année. Les coûts de possession sont de 0,60$/boîte par année, et les coûts de commande sont de 96$. On dispose de la liste de prix suivante. Déterminez:

    a) la quantité à commander optimale;

    b) le nombre de commandes par année.

Nombre de boîtes	Prix ($/boîte)
De 1 000 à 1 999	1,25
De 2 000 à 4 999	1,20
De 5 000 à 9 999	1,18
10 000 ou plus	1,15

14. Une bijouterie achète des pierres semi-précieuses pour fabriquer des bracelets et des bagues. Le fournisseur les offre à 8$ la pierre pour des commandes de 600 pierres ou plus, à 9$ la pierre pour des commandes de 400 à 599 pierres et à 10$ la pierre pour des quantités plus petites. L'entreprise est en activité 200 jours par année. Le taux de consommation est de 25 pierres par jour, et les coûts de commande sont de 48$.

    a) Si les coûts de possession sont de 2$ par année pour chaque pierre, trouvez la quantité de commandes qui réduira le coût total annuel.

    b) Si les coûts annuels de possession atteignent 30% du prix unitaire, quelle est la taille de commande optimale?

    c) Si le délai d'approvisionnement est de 6 jours ouvrables, à quel moment l'entreprise devrait-elle commander?

15. Un fabricant d'appareils de musculation achète les molettes d'un fournisseur qui offre les prix suivants: moins de 1 000 molettes, 5$ chacune; de 1 000 à 3 999, 4,95$; de 4 000 à 5 999, 4,90$ et 6 000 ou plus, 4,84$. Les coûts de commande sont de 50$, les coûts annuels de possession sont de 40% du coût d'acquisition, et la consommation annuelle est de 4 900 molettes. Trouvez une quantité à commander qui réduira le coût total.

13

16. Une entreprise souhaite stocker les appareils de commande à distance. La demande mensuelle prévue est de 800 unités. On peut acheter les appareils soit du fournisseur A, soit du fournisseur B. Voici leurs listes de prix :

Fournisseur A		Fournisseur B	
Quantité	Prix ($/u)	Quantité	Prix ($/u)
1 à 199	4,00	1 à 149	4,10
200 à 399	3,80	150 à 349	3,90
400 +	3,60	350 +	3,70

Le coût de commande est de 40 $, et le coût annuel de possession est de 6 $ l'unité.

a) Quel fournisseur devrait-on choisir ?

b) Quelle est la quantité optimale à commander si l'on cherche à réduire les coûts annuels totaux ?

17. La propriétaire d'un petit restaurant a résumé les listes de prix de quatre fournisseurs (*voir le tableau suivant*) d'huile végétale. Sa consommation mensuelle est de 300 litres, le coût de commande est de 10 $ et le coût de possession mensuel, de 0,50 $ le litre.

Quel fournisseur devrait-elle choisir et quelle serait la meilleure quantité à commander si elle veut diminuer les coûts mensuels totaux ?

Fournisseur W		Fournisseur X		Fournisseur Y		Fournisseur Z	
Quantité (l)	Prix ($/l)	Quantité (l)	Prix ($/l)	Quantité (l)	Prix ($/l)	Quantité (l)	Prix ($/l)
1 à 99	25	1 à 79	25	1 à 25	27	1 à 59	26
100 à 399	24	80 à 139	24	26 à 89	25	60 à 139	25
400 +	22	140 à 299	23	90 à 199	24	140 à 249	24
		300 +	22	200 +	23	250 +	23

18. L'éditrice d'un journal utilise chaque jour environ 800 m de fil de fer pour attacher les ballots de journaux pour la livraison. Le journal est publié du lundi au samedi. Le délai d'approvisionnement est de 6 jours ouvrables. Quelle est la quantité optimale en stock à associer au point de commande, étant donné que l'entreprise désire un niveau de service de 95 % et que les risques de pénurie pour divers niveaux de stock de sécurité sont : 1 500 m, 0,10 ; 1 800 m, 0,05 ; 2 100 m, 0,02 et 2 400 m, 0,01 ?

19. Vous disposez des informations suivantes :

- demande anticipée pendant le délai d'approvisionnement = 300 unités ;

- écart type de la demande pendant le délai d'approvisionnement = 30 unités.

Trouvez les valeurs suivantes, en supposant que la demande pendant le délai d'approvisionnement est distribuée normalement :

a) le point de commande produisant un risque de pénurie de 1 % pendant le délai d'approvisionnement ;

b) le stock de sécurité nécessaire pour obtenir un risque de pénurie de 1 % pendant le délai d'approvisionnement.

c) Est-ce qu'un risque de rupture de stock de 2 % demanderait plus ou moins de stock de sécurité qu'un risque de 1 % ? Expliquez votre réponse. Si le risque acceptable était de 3 % au lieu de 1 %, est-ce que le point de commande serait plus grand, plus petit ou semblable ? Expliquez votre réponse.

20. Vous disposez des informations suivantes :

- demande durant le délai d'approvisionnement = 600 kg ;

- écart type de la demande durant le délai d'approvisionnement = 52 kg ;

- risque acceptable d'une rupture de stock pendant le délai d'approvisionnement = 4 %.

a) Déterminez le stock de sécurité.

b) À quel moment devrait-on renouveler la commande de cet article ?

21. La demande pour la crème glacée à l'érable à la crémerie Douce Crème peut être évaluée, selon une distribution normale, à une moyenne de 21 kg par semaine avec un écart type de 3,5 kg par semaine. Le nouveau directeur désire obtenir un niveau de service de 90 %. Le délai d'approvisionnement est de 2 jours, et la crémerie est ouverte 7 jours par semaine. (Suggestion : Calculez sur une base hebdomadaire.)

a) Si l'on utilise le modèle du point de commande, quel serait le point de commande correspondant au niveau de service désiré ?

b) Si l'on utilise un modèle d'approvisionnement à intervalle fixe au lieu de la méthode de point de commande, quelle est la taille de lot requise pour un niveau de service de 90 % avec un intervalle de commande de 10 jours et une réserve disponible de 2 kg au point de commande ?

c) Le directeur a adopté la méthode du point de commande décrite au point a). Après avoir passé une commande, il reçoit un appel du fournisseur disant que la commande sera retardée à cause de problèmes à son usine, mais qu'il promet de livrer la commande sur place dans 2 jours. Après avoir raccroché, le directeur vérifie la réserve de crème glacée à l'érable et découvre que depuis la dernière commande, on en a vendu 2 kg. En supposant que la promesse du fournisseur est vraie, quelle est la probabilité que la crémerie manque de cette sorte de crème glacée avant la livraison ?

22. Le service de moulage par injection d'une entreprise utilise en moyenne 30 litres d'un lubrifiant spécial chaque jour. On reconstitue les stocks de lubrifiant lorsque la quantité disponible est de 170 litres. La livraison d'une commande prend 4 jours. Le stock de sécurité est de 50 litres, ce qui donne un risque de rupture de stock de 9%. Quelle est la quantité de stock de sécurité nécessaire, si le risque acceptable de rupture de stock est de 3%?

23. Une entreprise utilise 85 circuits électriques par jour. La personne responsable des commandes suit la règle suivante : commander lorsque la quantité disponible tombe à 625 unités. On reçoit les commandes environ 6 jours plus tard. La période de livraison suit une distribution normale, avec une moyenne de 6 jours et un écart type de 1,1 jour. Quelle est la probabilité que la réserve soit épuisée avant la réception de la commande?

24. Un magasin de chaussures propose un article d'un fournisseur qui n'offre que ce produit. La demande de l'article a changé récemment, et le gérant du magasin doit décider quand le commander. Il désire éviter une rupture de stock pendant le délai d'approvisionnement avec une probabilité d'au moins 96%. Il s'attend à ce que la demande tourne autour d'une douzaine d'unités par jour, avec un écart type de 2 unités par jour. Le délai d'approvisionnement est variable, 4 jours en moyenne avec un écart type de 1 jour. Supposez qu'il s'agit d'une distribution normale, sans variation saisonnière.

    a) À quel moment le gérant devrait-il passer la commande pour assurer la probabilité souhaitée?

    b) Pourquoi la méthode serait-elle inapplicable en cas de variations saisonnières?

25. La gérante d'un lave-auto reçoit une liste de prix révisée de la part du fournisseur de savon avec, en plus, la promesse d'un délai d'approvisionnement plus court. Auparavant, le délai d'approvisionnement était de 4 jours. Dorénavant, le fournisseur promet une réduction de 25% de ce délai. La consommation annuelle de savon est de 4 500 litres. Le lave-auto est ouvert 360 jours par année. En supposant que sa consommation quotidienne est normale avec un écart type de 2 litres par jour, que le coût de commande est de 30$ et le coût annuel de possession, de 3$, et sachant que la liste de prix révisée (coût par litre) est représentée dans le tableau suivant, déterminez :

    a) la quantité à commander optimale ;

    b) le point de commande approprié si le risque acceptable d'une rupture de stock est de 1,5%.

Quantité (l)	Prix ($/l)
1 à 399	2,00
400 à 799	1,70
800 +	1,62

26. Un petit centre de photocopie utilise en moyenne 5 rames de 500 feuilles de papier par semaine. Par expérience, on peut représenter la consommation par une distribution normale, avec un écart type d'une demi-rame par semaine. Le traitement d'une commande nécessite 2 semaines. Le coût de commande est de 2$, et le coût de possession annuel est de 0,20$ par rame de papier.

    a) Trouvez la quantité économique à commander pour réduire les coûts de commande et d'entreposage en supposant que le centre est en exploitation 52 semaines par année.

    b) Si le centre de photocopie passe une commande lorsque la réserve disponible est de 12 rames de papier, calculez le risque de rupture de stock.

    c) Si l'on utilise un intervalle périodique de 7 semaines pour commander au lieu d'un point de commande et que le centre de photocopie commande 36 rames quand la quantité disponible est de 12 rames de papier, quel est le risque de rupture de stock?

27. La compagnie d'alimentation Ned naturel vend des arachides en écales au kilogramme. L'entreprise a observé que d'habitude, la demande quotidienne est distribuée normalement, avec une moyenne de 80 kg et un écart type de 10 kg. Le délai d'approvisionnement est également normalement distribué avec une moyenne de 8 jours et un écart type de 1 jour.

    a) Quel PC présenterait un risque de rupture de stock de 10% durant le délai d'approvisionnement?

    b) Quel est le nombre anticipé d'unités (en kilogrammes) manquantes par intervalle?

28. Le supermarché Régional est ouvert 360 jours par année. La consommation quotidienne de ruban de caisse enregistreuse est, en moyenne, de 10 rouleaux. Le coût de commande du ruban est de 1$, et les coûts de possession sont de 0,40$ le rouleau par année. Le délai d'approvisionnement est de 3 jours.

    a) Quelle est la $QÉC$?

    b) Quel serait le PC procurant un niveau de service de 96% pendant le délai d'approvisionnement?

    c) À 96%, quel est le nombre anticipé d'unités manquantes par intervalle? Par année?

    d) Quel est le niveau de service annuel?

29. Une station-service utilise 1 200 caisses d'huile par année. Le coût de commande est de 40$, et le coût annuel d'entreposage est de 3$ par caisse. Le propriétaire de la station-service a opté pour un niveau de service annuel de 99%.

    a) Quel est le niveau approprié de stock de sécurité, si la demande pendant le délai d'approvisionnement est distribuée normalement avec une moyenne de 80 caisses et un écart type de 5 caisses?

    b) Quel est le risque d'une rupture de stock pendant le délai d'approvisionnement?

13

30. La demande hebdomadaire pour l'essence diesel dans le garage d'un parc de véhicules est de 250 litres. Le garage est en activité 52 semaines par année. La consommation hebdomadaire est normale et caractérisée par un écart type de 14 litres. Le coût de possession de l'essence est de 1 $/litre par mois, et une commande d'essence coûte 20 $ en services administratifs. Le délai d'approvisionnement de l'essence diesel est d'une demi-semaine. Trouvez le niveau de stock de sécurité nécessaire si le directeur désire :

    a) un niveau de service annuel de 98 %. Quelle est la conséquence d'un stock de sécurité négatif ?

    b) un nombre anticipé d'unités manquantes par intervalle inférieur à 5 l.

31. Une pharmacie utilise le mode d'approvisionnement à intervalle fixe pour plusieurs articles en stock. Le propriétaire souhaite un niveau de service de 98 %. Trouvez la taille de commande correspondant à ce niveau de service pour les articles du tableau, selon un intervalle de commande de 14 jours et un délai d'approvisionnement de 2 jours.

Article	Demande quotidienne moyenne	Écart type	Quantité disponible
K033	60	5	420
K144	50	4	375
L700	8	2	160

32. Une directrice doit élaborer des systèmes de commande de stock pour deux nouveaux articles en production, P34 et P35. On peut commander l'article P34 à tout moment, mais l'article P35 ne peut être commandé qu'une fois toutes les 4 semaines. L'entreprise fonctionne 50 semaines par année, et la consommation hebdomadaire des deux articles est normalement distribuée. La directrice a rassemblé l'information suivante sur les articles :

	Article P34	Article P35
Demande moyenne par semaine	60 unités	70 unités
Écart type	4 unités/semaine	5 unités/semaine
Coût unitaire	15 $	20 $
Coût d'entreposage	30 %	30 %
Coût de commande	70 $	30 $
Délai d'approvisionnement	2 semaines	2 semaines
Risque acceptable de rupture de stock	2,5 %	2,5 %

    a) À quel moment la directrice devrait-elle commander chaque article ?

    b) Calculez la quantité à commander pour l'article P34.

    c) Calculez la quantité à commander pour l'article P35 si 110 unités sont disponibles au moment de la commande.

33. À partir du tableau suivant :

    a) classez les articles selon la loi de Pareto : A, B ou C ;

    b) trouvez la quantité économique à commander pour chaque article (en arrondissant à l'unité entière la plus proche).

Article	Demande annuelle approximative (u)	Coût de commande ($)	Coût d'entreposage (%)	Prix à l'unité ($/u$)
H4-010	20 000	50	20	2,50
H5-201	60 200	60	20	4,00
P6-400	9 800	80	30	28,50
P6-401	16 300	50	30	12,00
P7-100	6 250	50	30	9,00
P9-103	4 500	50	40	22,00
TS-300	21 000	40	25	45,00
TS-400	45 000	40	25	40,00
TS-041	800	40	25	20,00
V1-001	26 100	25	35	4,00

34. La demande du samedi pour les beignes à la confiture chez Don's Doughnut est indiquée dans le tableau suivant. Trouvez le nombre optimal de beignes à stocker par douzaine si la main-d'œuvre, les ingrédients et les frais généraux coûtent 0,80 $ la douzaine, si le prix de vente des beignes est de 1,20 $ la douzaine et si l'on vend les beignes restants le jour suivant à moitié prix. Quel est le niveau de service fourni ?

Demande (douzaines)	Fréquence relative
19	0,01
20	0,05
21	0,12
22	0,18
23	0,13
24	0,14
25	0,10
26	0,11
27	0,10
28	0,04
29	0,02

13

35. Dans le contexte d'un plan d'expansion, une entreprise de services publics désire acheter une turbine et doit maintenant décider du nombre de pièces de rechange à commander. On peut acquérir la pièce n° X135 au prix de 100 $ l'unité.

    Les coûts de possession des stocks et de rebut sont évalués à 145 % du prix d'achat pendant le cycle de vie de la turbine. Une rupture de stock coûterait environ 88 000 $ à cause de l'arrêt des opérations, de la passation de commande et d'« achats spéciaux ». La compilation de données à partir d'équipement similaire fonctionnant dans des conditions semblables suggère que la demande pour les pièces de rechange ressemblera à une distribution de Poisson avec une moyenne de 3,2 pièces pour le cycle de vie utile de la machine.

    a) Quel est le nombre optimal de pièces de rechange à commander ?

    b) Pour quelle échelle de coût de rupture de stock la décision de ne pas stocker de pièces de rechange serait-elle la meilleure stratégie ?

36. La poissonnerie Le Squale achète chaque jour de l'espadon de Boston à 14 $/kg et le vend 19 $/kg. À la fin de chaque jour ouvrable, l'entreprise revend le poisson en surplus à un fabricant de nourriture pour chats à raison de 8 $/kg. On peut évaluer la demande quotidienne selon une distribution normale, avec une moyenne de 80 kg et un écart type de 10 kg. Quel est le niveau optimal des stocks ?

37. Une épicerie vend des fruits et légumes frais achetés d'un cultivateur local. La demande pour les fraises fraîches de saison peut être raisonnablement évaluée selon une distribution normale, avec une moyenne de 40 paniers par jour et un écart type de 6 paniers par jour. Les coûts de détérioration sont de 0,35 $ par panier. L'épicier commande 49 paniers par jour.

    a) Quel est le coût implicite de pénurie par panier ?

    b) Ce coût vous paraît-il raisonnable ?

38. On évalue la demande pour du gâteau au chocolat dans une pâtisserie du quartier selon une distribution de Poisson, avec une moyenne de 6 par jour. Le gérant évalue les coûts de préparation à 9 $ l'unité. Les gâteaux frais se vendent 12 $; ceux de la veille, 9 $. Quel est le niveau adéquat de stock si l'on revend la moitié des gâteaux de la veille et qu'on jette le reste ?

39. Burger Prince achète du bœuf haché de première qualité à 1 $/500 g. Une grande enseigne à l'entrée garantit que la viande est fraîche du jour. On vend toute la viande en surplus à la cafétéria de l'école secondaire du coin à 0,80 $/500 g. On peut faire 4 hamburgers avec 500 g de viande. Les hamburgers se vendent 0,60 $ l'unité. La main-d'œuvre, les frais généraux, les petits pains et les condiments coûtent 0,50 $ par hamburger. La demande est distribuée normalement avec une moyenne de 200 kg par jour et un écart type de 25 kg par jour. Quelle est la quantité à commander optimale ? (Remarque : Le coût de pénurie doit être calculé en dollars par 500 g.)

40. La demande pour des machines à nettoyer les tapis à l'entreprise Claude Loutou est présentée dans le tableau suivant. On loue les machines à la journée seulement. Le profit sur les nettoyeurs de tapis est de 10 $ par jour. Claude possède 4 machines.

Demande	Fréquence relative
0	0,30
1	0,20
2	0,20
3	0,15
4	0,10
5	0,05
	1,00

    a) En supposant que la décision de Claude quant au stock soit optimale, quelle est l'étendue (la marge) implicite de coût d'obsolescence par machine ?

    b) On a présenté votre réponse à l'entreprise. Elle soutient que le montant est trop faible. Est-ce que cela suggère une augmentation ou une réduction du nombre de machines à tapis à posséder ? Expliquez votre réponse.

    c) Supposons maintenant que les 10 $ de profit soient plutôt le coût d'obsolescence par jour pour chaque machine et que le coût de rupture de stock soit inconnu. En supposant que le nombre optimal de machines est de 4, quelle est l'étendue (la marge) implicite du coût de rupture de stock par machine ?

41. Un ingénieur de maintenance doit prendre une décision concernant le nombre de pièces de rechange d'un module spécifique à garder en magasin pour une machine nouvellement acquise. Le module coûte 200 $ l'unité, avec une valeur de rebut de 50 $. Le délai de livraison d'un module manquant est de 2 jours. Lorsqu'un module en panne n'est pas remplacé immédiatement, l'arrêt de production coûte 500 $ par jour à l'entreprise. Les statistiques de besoin de remplacement de ce module sont connues par expérience et apparaissent ci-dessous.

Nombre de modules à remplacer par année	Probabilité
0	0,10
1	0,50
2	0,25
3	0,15

    Déterminez le nombre de modules à garder en stock en tout temps.

42. Une boulangerie désire prévoir le nombre de gâteaux de mariage à préparer pour la prochaine longue fin de semaine d'été. Chaque gâteau coûte 33 $ à produire et se vend 60 $. Près du tiers est invendu. Les gâteaux sont alors vendus à moitié prix le lundi. Le reste est donné le mardi à une association caritative. Les ventes des périodes passées nous informent que :

Nombre de gâteaux vendus	Probabilité
0	0,15
1	0,35
2	0,30
3	0,20

    Compte tenu de ces informations, combien de gâteaux doit-on préparer pour maximiser les profits ?

43. Volage Aviation assure la liaison aérienne Montréal – baie des Froideurs. Sachant que les passagers ont tendance à ne pas se présenter pour ces vols, le transporteur procède à de la sur-réservation. Le taux de défection suit une loi normale avec une moyenne de 18 et un écart type de 4,55 passagers. Les profits par billet vendu sont de 99 $. Si un passager ayant acquis un billet arrive en retard et ne peut être servi à cause de la surréservation, la compagnie le dédommage en lui offrant une place en première classe, d'où une pénalité pour elle de 200 $. Déterminez le nombre optimal de places en surréservation que Volage Aviation peut se permettre.

44. La pharmacie d'un hôpital commande un médicament spécifique dès que le niveau des stocks atteint 18 unités. Le délai de livraison est de 3 jours. Connaissant le taux de consommation des 10 derniers jours, déterminez le niveau de service que la pharmacie est en mesure d'assurer. (Suggestion : Utilisez l'équation 13-18, à la page 517.)

Cas
La compagnie Dewey Broche

De : Martin Crâneur, directeur des ventes
À : Alain Legros, président

Cher Alain,
Nous avons connu une année très décevante. Nous avons raté notre quota de 10 % à 15 % dans presque tous les domaines, et je nourrissais pourtant des espoirs particuliers. Lorsque nous avons décidé d'ouvrir quatre entrepôts plutôt que d'expédier la marchandise uniquement à partir de notre usine principale, je croyais que cela permettrait d'offrir un meilleur service à la clientèle. Comme le dernier entrepôt a été inauguré en mai dernier, juste avant la forte saison estivale, certains problèmes ne sont peut-être dus qu'à un manque d'expérience. Mais je crois que c'est plus grave que ça.

Nos employés d'entrepôt peuvent garder un stock pendant un mois. Je sais que vous êtes convaincu que l'augmentation substantielle des stocks vient de notre nouvelle politique. Toutefois, je ne peux concevoir qu'il soit nécessaire de garder plus de stock disponible. Une réserve d'un mois est une réserve d'un mois, peu importe qu'on ait un entrepôt ou quatre.

À mon avis, le vrai problème est le service à la clientèle. Notre personnel de vente est démoralisé. Les employés ne peuvent tout simplement pas sortir le stock des entrepôts parce qu'il n'y a pas de stock disponible. On expédie encore 40 % des commandes des clients à partir de l'usine principale, et le personnel d'entrepôt me dit que ces commandes ont priorité et que leurs commandes d'approvisionnement en stock sont mises de côté.

Alain, nous devons résoudre ce problème.

Il est inutile d'avoir une équipe de vente si nous n'avons pas de stock pour elle. Je propose qu'on oblige nos usines à expédier les commandes aux entrepôts de distribution de la même façon qu'ils le font à nos clients. Elles devraient traiter les entrepôts de distribution affiliés comme des clients. En fait, ce sont leurs plus gros clients, et elles devraient les traiter en tant que tels. Je propose également de supprimer la politique de stock de sécurité d'un mois. Laissons le personnel d'entrepôt stocker ce qu'il juge nécessaire pour soutenir l'équipe de vente, sans le limiter. Je serais en faveur d'une rencontre avec mes directeurs régionaux et le personnel des entrepôts de distribution affiliés pour leur expliquer ce qu'ils devraient réellement commander.

Alain, ce programme d'entrepôts affiliés a été aussi décevant pour moi que pour vous. Je sais que vous vous inquiétez de l'augmentation des stocks, mais j'attribue ce fait à une mauvaise gestion des entrepôts. Et très franchement, je ne crois pas que le personnel de l'entrepôt de distribution comprenne les problèmes que nous éprouvons sur le terrain et qu'il nous offre le type de soutien dont nous avons besoin. Sans ce soutien, nous n'avons aucune chance d'atteindre notre objectif de vente. Au lieu de vendre, je passe la majeure partie de mon temps à jouer au psychologue auprès d'un personnel de vente démoralisé.

Amicalement,
Martin

De : Robert Ellers, gestionnaire des stocks
À : Alain Legros, président

Cher Monsieur,
Vous m'avez demandé de répondre à la lettre de Martin Crâneur du 5 janvier. Je ne sais par où commencer, car le programme d'implantation des entrepôts nous a vraiment déchirés.

Nous avons cru que l'ajout d'entrepôts de distribution impliquait simplement de diviser une partie du stock entre les entrepôts. Au lieu de cela, nous avons dû augmenter les stocks de façon très importante. Nous ne recevons aucun plan directeur de la part des entrepôts satellites. Tout ce que nous recevons, ce sont des commandes. Nous ne connaissons pas leurs niveaux de stocks à la réception des commandes et nous recevons celles-ci seulement de deux à trois semaines avant l'expédition. C'est alors que la vérité éclate : nous avons une rupture de stock pour un certain article. Nous voici avec une commande de client et une demande d'approvisionnement d'un entrepôt. Lequel satisfaire en priorité ? L'entrepôt en a-t-il réellement besoin ? Nous savons que le client, lui, en a besoin. En réalité, nous attendons que l'entrepôt crie, tout en sachant l'effet néfaste que cela peut avoir sur le service à la clientèle des entrepôts de distribution.

Monsieur, je suis plus inquiet cette année que je ne l'étais l'an dernier. Certains entrepôts ont eu tendance à garder des stocks faibles pendant la basse saison afin de pouvoir se vanter du taux de rotation de leurs stocks. Puis, pendant la haute saison, ils s'attendent à ce que j'ouvre de nouveau le robinet pour les approvisionner à leur guise. Nous n'avons pas assez d'espace d'entreposage à l'usine pour reconstituer les stocks nécessaires pendant la basse saison afin que les gens puissent continuer à travailler à un rythme constant. Nous avons besoin de ce surplus de stock pour pouvoir offrir

13

un bon service pendant la haute saison. La direction de l'usine m'a dit à plusieurs reprises que nous devons faire travailler les employés à un rythme constant.

Tout cela m'amène à vous suggérer une nouvelle politique. Normalement, nous devrions fabriquer une taille de lots correspondant à une réserve de trois mois. Pourquoi ne pas simplement expédier une réserve de trois mois à chaque entrepôt affilié ? Ainsi, nous n'aurions pas à nous soucier d'eux jusqu'à la production du prochain lot. De cette façon, ils ne pourraient plus se plaindre de ne pas recevoir leur juste part.

L'un des éléments troublants dont vous n'avez peut-être pas entendu parler est le fait que Frank, notre directeur du transport, a suggéré que nous pourrions désormais envoyer la marchandise aux entrepôts de la côte ouest par voie maritime. Cela signifierait passer par le canal de Panama, ce qui augmenterait beaucoup notre délai d'approvisionnement et réduirait notre flexibilité. Il prétend que cette mesure nous ferait faire des économies de 50 000 $ en frais de transport.

Monsieur, je suis presque au bout du rouleau. La solution serait peut-être d'avoir un système informatique en ligne reliant tous les entrepôts. Cela nous permettrait d'éviter une rupture de stock dans un entrepôt grâce à la livraison d'un autre entrepôt. En septembre dernier, j'ai fait une vérification : les articles en pénurie à l'entrepôt de Winnipeg étaient presque tous en réserve dans le système, c'est-à-dire que nous les avions en stock, soit à Vancouver, à Toronto, à London (Ontario) ou à l'entrepôt principal. Ce genre de système informatique serait coûteux, mais il constitue peut-être la solution à notre problème de service.

Amicalement,
Robert Ellers

Question

La compagnie Dewey Broche a des problèmes sérieux. Il faut rectifier plusieurs fausses conceptions à propos de la gestion des stocks. En tant que consultant engagé par le président, M. Alain Legros, les lettres précédentes vous donnent assez d'informations pour faire quelques recommandations très utiles. Rédigez un rapport détaillé et incluez une discussion sur les niveaux de service dans le cas où l'investissement total dans les stocks reste constant.

Source : Reproduit avec l'autorisation d'Olivier W. Wright, *Production and Inventory Management in the Computer Age*, Boston, Cahners, 1974.

Cas
Une tournée des opérations : la boulangerie Bruegger's Bagel

La boulangerie Bruegger's Bagel fabrique et vend une variété de bagels, dont les bagels nature, aux graines de pavot, aux raisins et à la cannelle, ainsi que du fromage à la crème en plusieurs saveurs. Les bagels constituent la principale source de revenus de l'entreprise.

Le marché du bagel est florissant, avec des revenus d'environ trois milliards de dollars à l'échelle nord-américaine. Ils sont non seulement faibles en gras, mais aussi nourrissants et savoureux ! Les investisseurs aiment l'industrie du bagel parce qu'elle peut générer des profits importants : il n'en coûte que 0,10 $ pour faire un bagel et l'on peut le vendre 0,50 $ ou davantage. Bien que ces dernières années, certaines entreprises n'aient pas très bien réussi, ce n'est pas le cas de Bruegger's Bagel, qui est le chef de file national avec plus de 450 magasins où l'on vend des bagels, du café ou des sandwiches pour emporter ou consommer sur place. Plusieurs magasins de la chaîne génèrent 800 000 $ de ventes par année.

On fait la production de bagels en lots, selon la saveur, et toutes les saveurs sont préparées chaque jour. Chez Bruegger's, la production de bagels commence à l'usine de traitement, où les ingrédients principaux (la farine, l'eau, la levure et les épices) sont mélangés à l'aide d'un mélangeur spécial. Lorsque la pâte est bien mélangée, on la transfère dans une autre machine qui la façonne en bagels individuels. Une fois formés, on les achemine vers les magasins dans des camions réfrigérés. Lorsque les bagels arrivent au magasin, on les entrepose temporairement pour les faire lever. Les deux étapes finales de traitement sont l'ébullition dans un chaudron d'eau et de malt pendant 1 minute et la cuisson au four pendant environ 15 minutes.

Le processus est décrit dans la figure de la page suivante. La qualité est à la base de la prospérité d'une entreprise. Les clients jugent de la qualité des bagels par leur apparence (taille, forme et brillance), leur goût et leur texture. Les clients sont également sensibles au service au moment de l'achat. Bruegger's accorde une attention particulière à la qualité, et ce, à chaque étape : choix des fournisseurs d'ingrédients, surveillance attentive des ingrédients, maintien de l'équipement en bonne condition, vérification de la production. Dans les magasins, on demande aux employés d'être attentifs et de retirer les bagels déformés lorsqu'ils en trouvent.

(On les renvoie à l'usine principale où on les taille en forme de chips. Puis ils sont envoyés dans les magasins où on les vend, ce qui réduit le gaspillage.) On choisit avec soin les employés qui travaillent dans les magasins. On les forme pour qu'ils puissent se servir de l'équipement et offrir le niveau souhaité de service à la clientèle.

L'entreprise fonctionne avec des stocks minimaux de matières premières, des stocks de bagels partiellement achevés à l'usine et très peu de stocks dans les magasins. On procède de cette façon pour maintenir, d'une part, un niveau élevé de fraîcheur du produit final grâce à la livraison constante d'un produit frais aux magasins et, d'autre part, des coûts faibles. En effet, de faibles niveaux de stock impliquent un espace de stockage réduit.

13

Questions

1. Bruegger's Bagel conserve assez peu de stock, que ce soit à son usine ou dans ses magasins de détail. Énumérez les avantages et les inconvénients de cette politique.

2. La qualité est très importante pour Bruegger's.

a) Quelles sont les qualités des bagels recherchées par les clients ?

b) À quels stades du processus de production les employés vérifient-ils la qualité des bagels ?

c) Énumérez les étapes du processus de production, en commençant avec l'achat des ingrédients et en finissant avec la vente, et indiquez comment on peut améliorer la qualité à chaque étape.

3. Quels modèles d'inventaire pourrait-on utiliser pour commander les ingrédients des bagels ? À votre avis, quel serait le modèle le plus approprié pour décider du nombre de bagels à fabriquer dans un lot particulier ?

4. Bruegger's Bagel possède des machines pour fabriquer les bagels dans ses usines. Une autre possibilité serait d'avoir une machine dans chaque magasin. Quels seraient les avantages de cette solution ?

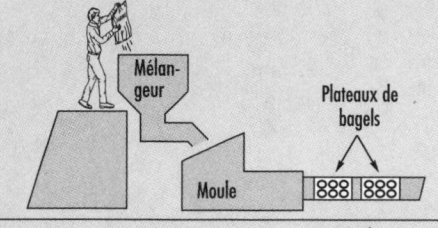

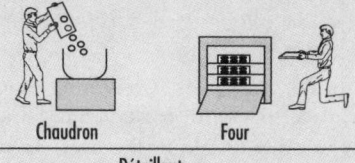

Boulangerie   Détaillant

13

Bibliographie

Benedetti, Claudio, et J. Guillaume. *Gestion des approvisionnements et des stocks*, Éditions Études Vivantes, 1992.

Brooks, Roger B., et Larry W. Wilson. *Inventory Record Accuracy: Unleashing the Power of Cycle Counting*, Essex Junction (Vt), Oliver Wight Publications Ltd., 1993.

Fogarty, Donald W., John H. Blackstone et Thomas R. Hoffman. *Production and Inventory Management*, 2e édition, Cincinnati (OH), South-Western Publishing Co., 1991.

Hopp, Wallace J., et Mark L. Spearman. *Factory Physics*, 2e édition, New York, Irwin/McGraw-Hill, 2001.

Nollet, Jean, Michel R. Leenders et Harold E. Fearon. *La gestion des approvisionnements et des matières*, Boucherville, Gaëtan Morin Éditeur, 1993.

Peterson, R., et E.A. Silver. *Decision Systems for Inventory Management and Production Planning*, 3e édition, New York, John Wiley & Sons, 1998.

Tersine, Richard J. *Principles of Inventory and Materials Management*, 4e édition, New York, Elsevier North-Holland, 1994.

Vollman, Thomas E., William L. Berry et D. Clay Whybark. *Manufacturing Planning and Control Systems*, 4e édition, Burr Ridge (Ill.), Richard D. Irwin, 1997.

13

Chapitre 14

La planification des besoins matières

Plan du chapitre

Objectifs d'apprentissage

Décrire les conditions nécessaires pour gérer les opérations selon l'approche de la planification des besoins matières (PBM/MRP) ;

Décrire le système de la PBM/MRP avec ses intrants, le processus de fonctionnement et ses extrants ;

Traduire les besoins d'un plan directeur de production (PDP) en un plan besoins matières (PBM) ;

Rédiger un plan besoins matières (PBM), avec tous ses éléments ;

Connaître les caractéristiques, les avantages et les inconvénients de la PBM/MRP ;

Décrire la planification des ressources de production (PRP/MRP-II) et la différencier de la PBM/MRP ; les relations entre la PBM/MRP et la planification des besoins en capacité (PBC) ;

Décrire la planification des ressources de l'entreprise et les progiciels (PRE/ERP), ses caractéristiques, avantages et inconvénients ;

Connaître les relations entre les différents plans : plan besoins matières PBM, plan des besoins en capacité PBC, planification des ressources de production PRP, planification des besoins de distribution PBD et planification des ressources de l'entreprise PRE/ERP.

14.1 Introduction

Au chapitre 3, nous avons vu comment prévoir la demande et les besoins des clients, d'où le plan de prévisions. Au chapitre 12, nous avons appris comment, à partir des plans de prévisions et le carnet de commandes (la demande totale *DT*), on gère les opérations pour satisfaire à cette demande. C'est la planification globale, d'où résulteront le plan global ou intégré de production (PGP) et le plan directeur de production (PDP) qui en découle. Ensuite, au chapitre 13, nous avons étudié la façon de gérer les stocks pour satisfaire à la demande provenant des clients. On utilisait alors plusieurs modèles d'évolution des stocks pour déterminer la quantité économique à commander (QÉC). On gère alors ce qu'il convient d'appeler les « besoins de la demande indépendante de l'entreprise ». Il est maintenant temps d'aborder la détermination des besoins matières qui découle ou qui dépend de l'ensemble de ces décisions. En d'autres termes, on doit déterminer les besoins de la demande dépendante, celle qui dépend de l'ensemble des décisions. C'est le rôle de la planification des besoins matières. Dans ce chapitre, nous étudierons les tenants et les aboutissants de la PBM, connue aussi sous l'acronyme de sa dénomination anglaise MRP (*material requirement planning*). De la planification des besoins matières (PBM/MRP) découle le plan besoins matières, PBM. Nous verrons les avantages, les limites et les inconvénients d'une telle approche en soulignant les embûches à éviter pour réussir sa mise en place et assurer son bon fonctionnement. Nous explorerons ensuite les variantes et l'évolution de la PBM/MRP telles que la planification des ressources de production, ou PRP/MRP-II, et la planification des besoins en capacité, ou PBC (*capacity requirement planning*). Nous terminerons par une brève description de l'approche par progiciel de gestion intégrée ERP (*enterprise requirement planning*).

14.2 La demande dépendante et la demande indépendante

Dans toute organisation, le choix des stratégies de gestion des stocks dépend du type de demande auquel l'entreprise doit répondre. Au chapitre 13, on a brièvement présenté les deux types de demande : la **demande dépendante** et la **demande indépendante.** Analysons-les plus en détail.

Quand la consommation d'un article A découle des besoins concernant la fabrication d'un produit X, la demande de A est alors qualifiée de « demande dépendante ». Par exemple, les matières premières, les pièces, les produits en cours et les composants nécessaires à l'assemblage d'une automobile sont des articles dont la demande est dépendante, car cette dernière dépend du nombre de voitures à produire. Par contre, la demande pour le produit fini, la voiture, est considérée comme une demande indépendante, car celle-ci ne dépend d'aucun autre produit. Certains auteurs préfèrent les appeler « demande incontrôlable » pour la demande indépendante et « demande contrôlable » pour la demande dépendante[1].

Une fois que le plan global et le plan directeur de production (PGP et PDP) sont ajustés aux différents types de variations (saisonnières, cycliques et autres), les besoins en produits dont la demande est indépendante sont, de façon générale, relativement équilibrés et stables. Par contre, la consommation ou demande dépendante a tendance à être sporadique et discontinue. On la qualifie de « discrète » car, à certains moments, on a besoin de grandes quantités d'articles et à d'autres moments, le besoin pour ces mêmes articles est nul (*voir la figure 14.1 à la page suivante*). À titre d'exemple, si un fabricant de tondeuses à gazon décide de planifier sa production de façon cyclique, il fabriquera pendant un mois des tondeuses mécaniques, le mois suivant, des tondeuses électriques, puis le suivant, des tondeuses-tracteurs. Plusieurs matières premières et composants sont communs aux trois produits fabriqués, et d'autres sont spécifiques à chaque modèle. Les éléments communs aux trois produits seront stockés de façon continue, car ils sont nécessaires tout au long des opérations, et on doit garder un stock de sécurité. Les éléments spécifiques dont la demande est discontinue

Demande dépendante

Besoins en produits, habituellement des matières premières, des composants et des produits en cours, qui dépendent des besoins concernant la fabrication. La demande dépendante découle de la demande indépendante.

Demande indépendante

Besoins en produits, habituellement des produits finis, directement demandés par le client externe ou interne. La demande indépendante peut représenter des produits standards ou fabriqués sur commande.

14

---

1. C. Benedetti et J. Guillaume, *Gestion des approvisionnements et des stocks*, Éditions Études Vivantes, Laval, 1992, p. 207.

et fonction de la production de chaque modèle seront stockés selon les besoins de la fabrication, par exemple toutes les huit ou neuf semaines ; le reste du temps, le stock demeure à zéro. En résumé, les articles dont la consommation est fonction d'une demande indépendante doivent être stockés de façon continue, et un stock de sécurité est nécessaire ; les articles dont la consommation est fonction d'une demande dépendante et dont les besoins sont facilement prévisibles n'ont pas besoin de stock de sécurité. La figure 14.1 illustre l'évolution des deux types de demande.

FIGURE 14.1 ▶

Comparaison : demande dépendante et demande indépendante

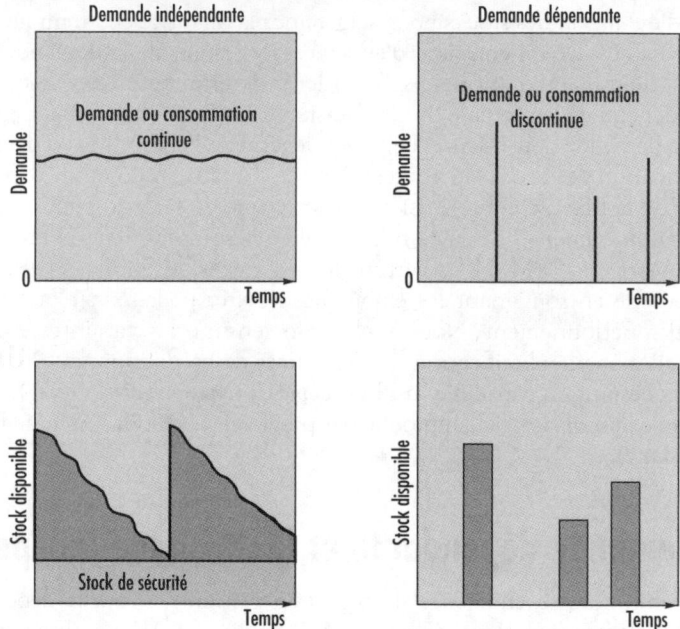

14.3 La planification des besoins matières : un système

Planification des besoins matières (PBM/MRP)

Technique de planification de l'ensemble des composants en demande dépendante nécessaires à la réalisation du plan directeur de production.

La **planification des besoins matières,** généralement connue sous les abréviations **MRP** ou **PBM/MRP,** est un système de planification informatisé, conçu pour déterminer, ordonnancer et commander les stocks de produits en demande dépendante et ayant comme résultat un plan besoins matières ou PBM.

À partir du plan directeur de production (PDP) d'un ensemble de produits à fabriquer, on déterminera les besoins en matières premières, en composants et autres éléments nécessaires à la fabrication des produits. On procède selon un ordonnancement en amont, c'est-à-dire qu'on part de la date où l'on aura besoin de ces matières et on recule dans le temps. En utilisant les délais de livraison et d'autres informations, on déterminera la quantité et le moment pour commander. Ainsi, les besoins pour un **produit fini** vont générer une demande pour des composants et d'autres éléments, dits de « niveau inférieur », qui sont nécessaires à la fabrication du produit fini, l'horizon de temps habituellement utilisé étant exprimé en semaines. L'objectif est de planifier (ordonnancer) ces commandes de façon à garder le niveau de stock le plus bas possible tout en respectant les objectifs de quantité et de temps.

La planification des besoins matières est autant une philosophie de gestion qu'une technique. Elle sert de trait d'union entre, d'une part, la planification et l'ordonnancement des opérations et, d'autre part, la gestion des stocks.

Historiquement, la planification et l'ordonnancement des opérations de production entraînaient les problèmes suivants :

a) un énorme travail pour déterminer, planifier et commander de grandes quantités d'éléments nécessaires à la production des produits finis ;

b) la difficulté d'assurer le suivi des commandes et le respect des délais de livraison des éléments ;

c) l'absence de différenciation entre les éléments en demande dépendante et les éléments en demande indépendante ;

d) l'identification d'éléments et de composants communs à plusieurs produits finis.

Ces problèmes avaient pour conséquence des niveaux de stock énormes (composants et autres produits en cours). On commandait plusieurs fois les mêmes éléments sans se douter que des stocks existaient ailleurs dans l'entreprise. Dans les années 1970, les entreprises ont commencé à distinguer les types de demande (dépendante et indépendante) et ont compris qu'il fallait les gérer séparément. Joseph Orlicky[2], George Plossl et Oliver Wight ont conçu un nouveau mode de gestion et l'ont fait connaître par l'intermédiaire de l'APICS, l'Association pour la gestion des opérations (Association for Operations Management, anciennement American Production and Inventory Control Society).

La planification des besoins matières PBM/MRP peut être représentée facilement à l'aide d'un système, c'est-à-dire avec ses intrants, une procédure ou un processus d'opération et ses extrants.

Les intrants de base du système de la PBM/MRP sont :

- le plan ou programme directeur de production (PDP) (*voir la section 12.6*) ;
- la nomenclature du produit à fabriquer (*voir la sous-section 14.4.2*) ;
- la structure du produit (*voir la sous-section 14.4.2*) ;
- le niveau des stocks ;
- les délais de livraison.

À partir de ces informations, le planificateur procède à une série d'itérations mathématiques pour déterminer la quantité, les délais et le type d'éléments nécessaires à la fabrication : c'est le processus de la PBM/MRP (*voir la section 14.5*).

Les extrants du système (*voir la section 14.6*) sont de deux ordres :

1. les extrants primaires :
   - les commandites planifiées,
   - un plan des besoins nets,
   - un plan des besoins planifiés (lancements décalés ou planifiés),
   - un rapport sur l'état des stocks en demande dépendante ;
2. les extrants secondaires :
   - un rapport sur les performances du système,
   - un rapport sur les cas d'exception.

En résumé, la PBM/MRP est conçue pour répondre aux trois questions suivantes : De quel produit a-t-on besoin ? Combien en faut-il ? Quand doit-il être disponible ?

La figure 14.2 résume le système de planification des besoins matières. Dans les pages suivantes, nous analyserons plus en détail les composantes du système de la PBM/MRP.

www.apics.org
www.apicsmontreal.org

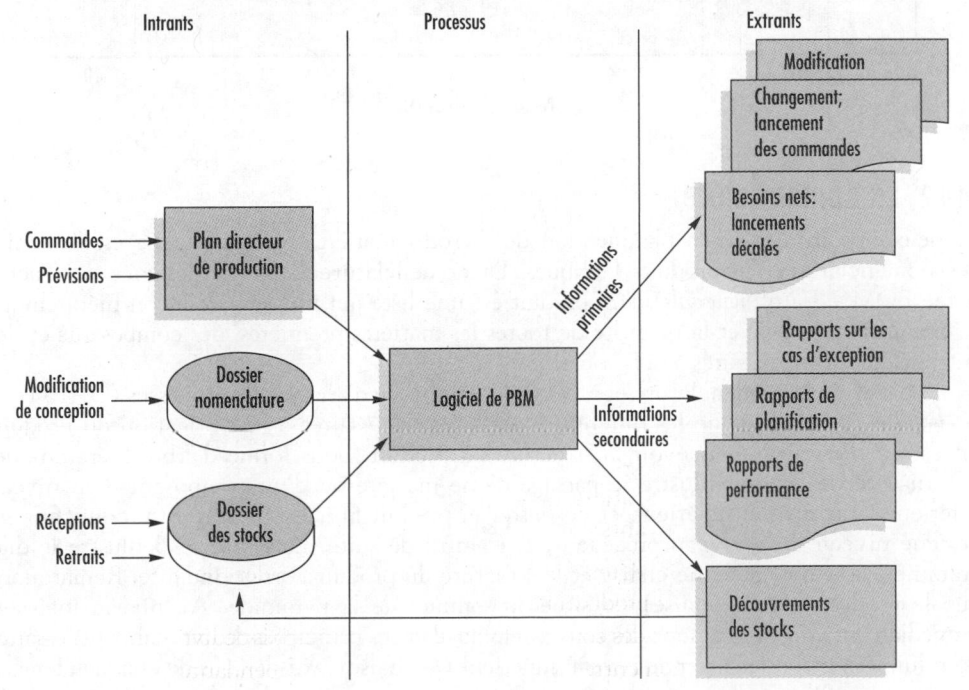

◄ FIGURE 14.2

Système de la planification des besoins matières (PBM/MRP)

14

---

2. J. Orlicky, *Material Requirement Planning*, New York, McGraw-Hill, 1975.

14.4 Les intrants du système de la PBM/MRP

Les principaux intrants de la planification des besoins matières sont le plan directeur de production, le dossier des nomenclatures des produits à fabriquer et un fichier informatif sur l'état des stocks. Procédons à l'étude systématique de ces intrants.

14.4.1 Le plan directeur de production (PDP)

Plan ou programme directeur de production (PDP)

Succinctement, le PDP est un plan décrivant le type de produits à fabriquer, les quantités et le moment de la fabrication.

Rappelons ce qu'est un **plan directeur de production** (*la définition exhaustive du PDP est présentée au chapitre 12, section 12.6*). Découlant du plan global de production, appelé aussi « programme intégré de production », le plan ou programme directeur de production (PDP) décrit le type de produits finis à fabriquer, les quantités et le moment de la fabrication. La figure 14.3 illustre une partie d'un PDP. On y voit les délais et le nombre d'unités du produit fini X nécessaires : 100 unités doivent être prêtes à la semaine 5 et 150 à la semaine 8.

	Semaines							
Produit X	1	2	3	4	5	6	7	8
Quantité					100			150

FIGURE 14.3

PDP du produit X

Les quantités apparaissant au PDP sont déterminées à partir d'un plan prévisionnel (*voir le chapitre 3*), de commandes fermes en provenance des clients et des centres de distribution de l'entreprise. Le PDP couvre un horizon de temps défini par le gestionnaire. Ce temps est découpé en intervalles, habituellement des semaines. Néanmoins, il n'est pas rare que, pour les périodes lointaines, les intervalles soient supérieurs à une semaine : bimensuels, mensuels ou plus. Cela est dû au fait qu'une planification provisoire est établie à titre d'essai et est revue à mesure que les travaux avancent. Bien que la détermination de l'horizon de temps soit à la discrétion du gestionnaire, il est important que le PDP couvre le **délai cumulé** nécessaire pour fabriquer le produit fini. La figure 14.4 illustre, sur un horizon de 10 semaines, le délai cumulé nécessaire de 9 semaines.

Délai cumulé

Durée de réalisation totale du produit fini, à partir du délai de réception de la matière première jusqu'à sa finition.

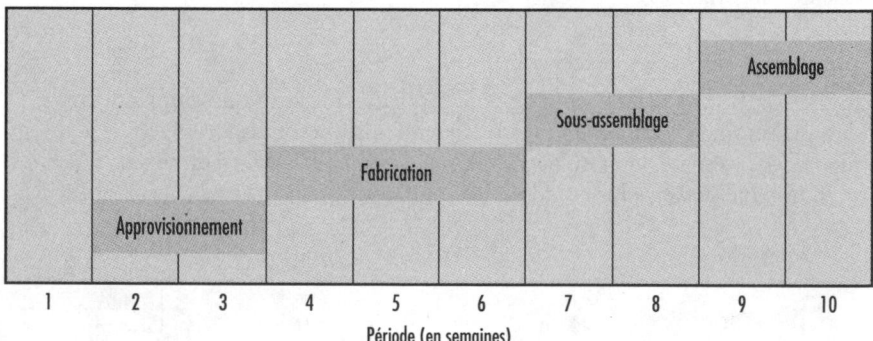

FIGURE 14.4

Horizon de temps couvrant le délai cumulé de production

14

14.4.2 La nomenclature

Nomenclature

Liste indiquant, de façon hiérarchique et exhaustive, le type et la quantité de matières premières et d'autres composants nécessaires à la fabrication du produit.

Le deuxième intrant de la planification des besoins matières en importance est le fichier des nomenclatures des produits fabriqués. La **nomenclature** (souvent désignée par l'acronyme BOM – *bill of materials*) d'un produit est une liste qui indique, de façon hiérarchique et exhaustive, le type et la quantité de toutes les matières premières, des composants et des autres éléments nécessaires à sa fabrication.

À partir de la nomenclature et à l'aide du graphique d'analyse de processus (GAP) (*voir le chapitre 7*), qui indique les différentes activités nécessaires à la fabrication du produit, on est en mesure de concevoir la structure du produit. Sous forme d'arbre hiérarchique, la structure de produit illustre le passage d'une matière ou d'un composant d'un niveau inférieur à un niveau supérieur, et ce, jusqu'au produit fini. Le niveau du produit fini est désigné niveau 0, le niveau précédent, 1, et ainsi de suite. La figure 14.5 illustre le diagramme d'assemblage d'une chaise et la structure du produit correspondante. Remarquons que le produit fini (la chaise) est situé au sommet de la pyramide. Au niveau inférieur immédiat, on voit les éléments de sous-assemblage et les principaux composants nécessaires pour lui permettre de passer au niveau supérieur (la chaise). Au-dessous de chaque élément de sous-assemblage, d'autres éléments inférieurs apparaissent, et ainsi de suite jusqu'à la matière première.

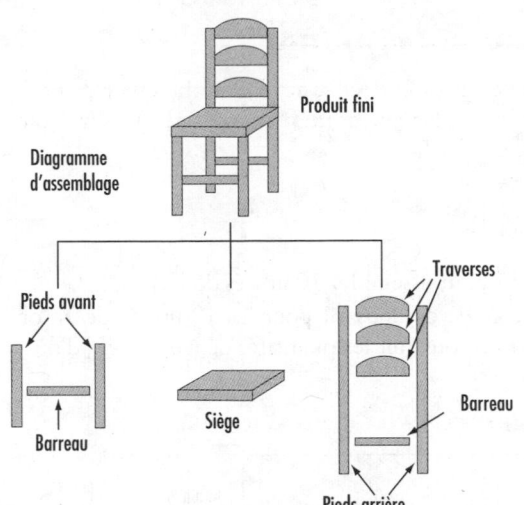

Diagramme d'assemblage

Produit fini

Pieds avant

Barreau

Siège

Traverses

Barreau

Pieds arrière

Diagramme d'assemblage et structure du produit (chaise)

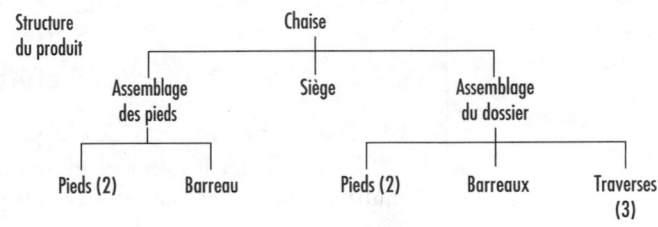

Structure du produit

Chaise

Assemblage des pieds

Siège

Assemblage du dossier

Pieds (2) Barreau

Pieds (2) Barreaux Traverses (3)

La **structure d'un produit** fait voir l'interdépendance des différents éléments qui le composent et leur imbrication afin d'obtenir le produit final.

Considérons maintenant la structure du produit X (*voir la figure 14.6*), composée de deux éléments B et d'un élément C. Chaque B exige trois éléments D et un seul E; chaque D nécessite quatre E. De l'autre côté de l'arbre, on voit que chaque C a besoin de deux E et de deux F. Ces besoins sont représentés par des niveaux, le

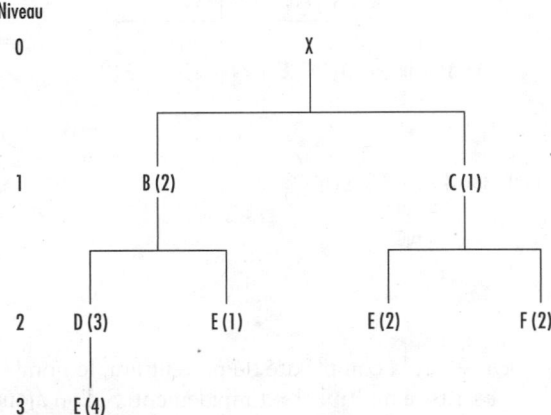

Niveau

0 — X

1 — B (2) — C (1)

2 — D (3) — E (1) — E (2) — F (2)

3 — E (4)

Structure du produit X

Structure du produit

Représentation graphique hiérarchisée montrant le passage des matières et des autres composants d'un niveau inférieur à un niveau supérieur, jusqu'au produit fini.

niveau 0 étant celui du produit fini et, dans notre exemple, le niveau 3 étant le niveau le plus bas. Un élément (ou composant) d'un niveau i quelconque est appelé le **produit parent** de l'élément du niveau inférieur $i + 1$; en même temps, il sera le composant de l'élément du niveau supérieur $i - 1$. Plus le niveau est petit, plus haut on se situe dans la hiérarchie; l'inverse est aussi vrai.

À partir des informations présentées à la figure 14.6,

a) calculez le nombre d'unités de B, C, D, E et F nécessaires pour assembler 1 unité de X;

b) déterminez les quantités requises de chacun de ces composants pour permettre l'assemblage de 10 unités de X, sachant que le stock indique:

Exemple 1

Composant	Stock initial
B	4
C	10
D	8
E	60

a) La quantité nécessaire de chaque composant pour une unité de X:

Solution

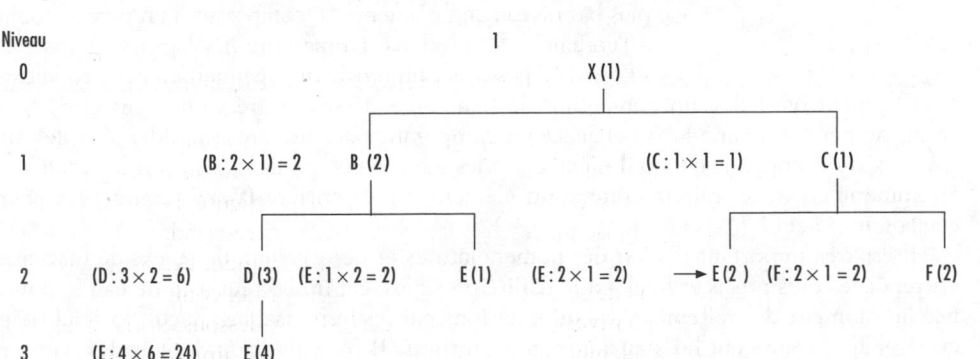

Niveau

0 — X (1)

1 — (B : 2 × 1) = 2 B (2)   (C : 1 × 1 = 1) C (1)

2 — (D : 3 × 2 = 6) D (3) (E : 1 × 2 = 2) E (1)   (E : 2 × 1 = 2) ➔ E (2) (F : 2 × 1 = 2) F (2)

3 — (E : 4 × 6 = 24) E (4)

14

Solution *(suite)*

Composant	Calcul				Quantité
B	2 B par X				2
C	1 C par X				1
D	3 D par B	×2 B par X			6
E →	4 E par D	×3 D par B	×2 B par X	24	
E →	1 E par B	×2 B par X		2	
E →	2 E par C	×1 C par X		2	
Total de E					28
F	2 F par C	×1 C par X			2

b) La quantité nécessaire de chaque composant pour assembler 10 unités de X:

Pour calculer les besoins en matières de chaque composant pour les 10 unités de X, on multiplie par 10 les quantités calculées en a) et on soustrait les quantités déjà en stock, d'où:

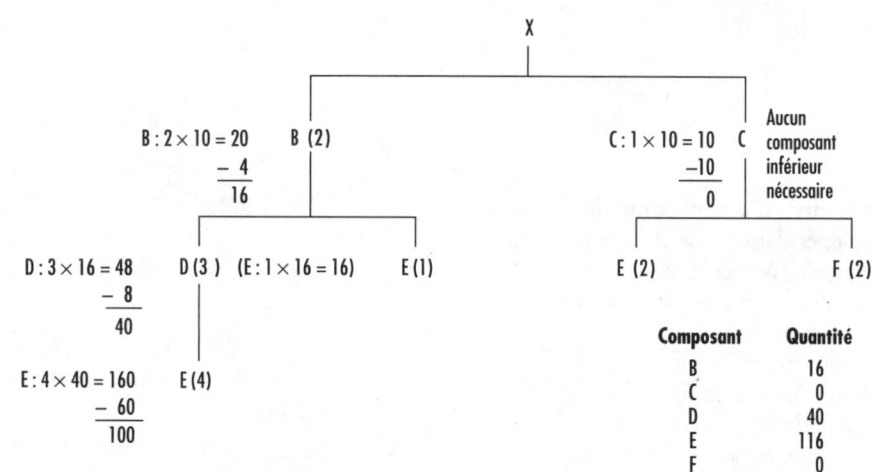

Or, selon la complexité du produit fini, le nombre de niveaux augmentera et les besoins en composants se multiplieront rapidement. Si l'on ajoute à cela l'obligation de respecter des délais de toutes sortes et d'avoir sous la main des stocks de composants et de matières, la planification des besoins matières sera plus difficile à réaliser. Il est impensable d'appliquer cette approche manuellement; l'utilisation de l'ordinateur devient indispensable. Des logiciels ont été conçus pour calculer les besoins matières en commençant par le niveau le plus élevé. Quand ils rencontrent un composant commun à plusieurs endroits de la structure et que celui-ci apparaît à plusieurs niveaux, comme l'élément E dans l'exemple 1, à la page précédente, ces logiciels peuvent réorganiser la structure du produit afin de faire coïncider un composant commun à son niveau d'apparition le plus bas. On appelle cette réorganisation le **codage de plus bas niveau.**

La figure 14.7 illustre le codage de plus bas niveau du composant E apparaissant à l'exemple 1 et à la figure 14.6, à la page précédente. Quand un composant est commun à plusieurs produits finis, des corrections supplémentaires sont apportées au codage de plus bas niveau afin d'amener ce composant à un niveau commun à l'ensemble des produits. La majorité des logiciels traitant de la PBM/MRP possèdent un programme permettant cette codification.

Or, qu'arrive-t-il si un composant de haut niveau est enterré et ne peut être abaissé? Si on ne peut d'aucune façon abaisser un composant pour le faire coïncider avec les autres niveaux où il apparaît ET qu'il n'exige pas les mêmes composants, alors on le codifiera différemment et on le traitera comme un élément à part entière (*voir la figure 14.8 pour les composants G et G.1*).

Il est très important d'avoir des nomenclatures et des niveaux de stocks de matières en entrepôt les plus précis et fidèles à la réalité possibles, car une erreur à ce niveau sera amplifiée au moment du traitement des informations par les responsables: aucun logiciel ne peut corriger les erreurs qui lui sont fournies à l'intrant. Il n'est pas rare de voir des entreprises en apparence organisées travailler avec des nomenclatures totalement non représentatives de la réalité: des changements sont apportés au produit sans que les personnes affectées à

FIGURE 14.7 ▼

Codage de plus bas niveau du composant E

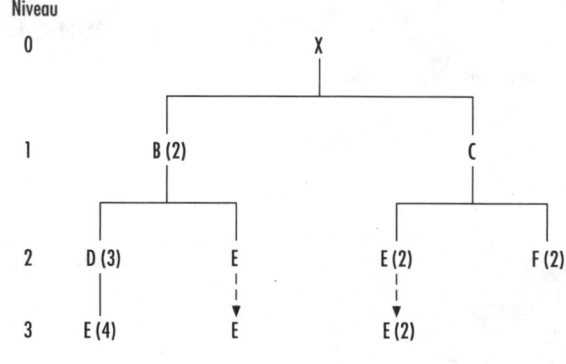

14

Codage de plus bas niveau

Réorganisation de la structure du produit et de sa nomenclature de façon à faire coïncider les composants communs à leur niveau d'apparition le plus bas.

la PBM/MRP soient avisées. Des révisions systématiques des nomenclatures doivent être entreprises à intervalles réguliers et d'autres au besoin, à chaque variation des spécifications du produit. Il en est de même sur le niveau des stocks, dont la précision et les mises à jour doivent refléter la réalité. Quand les responsables gèrent en croyant posséder déjà une certaine quantité en stock, les commandes qu'ils placeront seront erronées. Les erreurs de nomenclatures et des quantités de matières qu'on possède donnent des PBM inutiles et causent des pertes considérables, de temps, d'argent et beaucoup de frustrations.

14.4.3 L'état des stocks

Le troisième intrant de la PBM en importance est l'information concernant le niveau et l'état des stocks, renseignements qui apparaissent dans des dossiers ou des fichiers des stocks. Le fichier des stocks comprend l'ensemble des **fiches de stocks** (*voir le chapitre 13*) des produits entreposés. Pour chaque produit, les fiches indiquent à tout moment la quantité disponible, le lieu d'entreposage, les quantités reçues et retirées, les commandes annulées, les délais de livraison, le nom des fournisseurs ainsi que d'autres informations pertinentes. Des renseignements erronés auront un impact désastreux sur la PBM.

Même dans le cas où l'entreprise dispose d'un système de contrôle des stocks bien structuré, les gestionnaires devront faire preuve de rigueur et assurer un suivi constant des fiches des stocks pour être certains de la pertinence et de la fiabilité des informations y apparaissant, sous peine de perdre le contrôle; tout le processus de la planification des besoins matières serait alors inutile.

14.5 Le processus de la planification des besoins matières (PBM/MRP)

La planification des besoins matières (PBM/MRP) transforme (explose) les produits à fabriquer apparaissant au plan directeur de production (PDP) sous forme de besoins en matières premières, en composants et autres éléments de sous-assemblage, et ce, dans un horizon de temps défini.

La figure 14.9 illustre ce principe. On voit que pour que le produit final X puisse être livré à la semaine 11, le composant de sous-assemblage A doit être disponible au début de la semaine 9; il en va de même pour l'autre composant B, ce produit nécessitant deux semaines d'assemblage. Sachant que A requiert deux semaines de production, par un ordonnancement en amont (on remonte dans le temps), on calcule que sa production doit débuter au début de la semaine 6; parallèlement, la production du composant B doit débuter à la semaine 7. En procédant ainsi et en remontant dans le

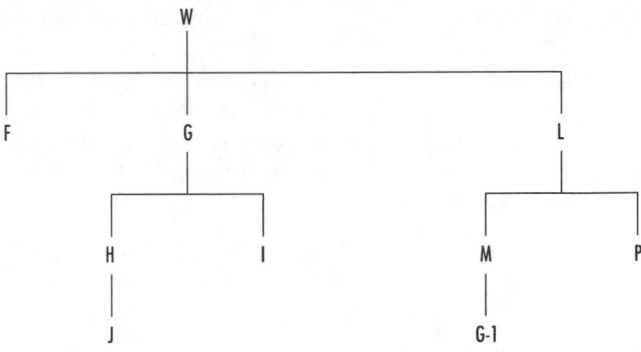

▲ **FIGURE 14.8**

Composants G, G-1;
G: parent de H, I et composant de W;
G-1: composant de M

Fiche de stock

Document qui permet de suivre les mouvements des stocks d'un article en entrepôt. On y trouve: les spécifications, la quantité en stock, les dates d'entrée et de sortie et au besoin les conditions particulières d'entreposage et de manutention.

▼ **FIGURE 14.9**

Graphique de Gantt représentant les points de commande et les délais de livraison lors de l'assemblage d'un produit

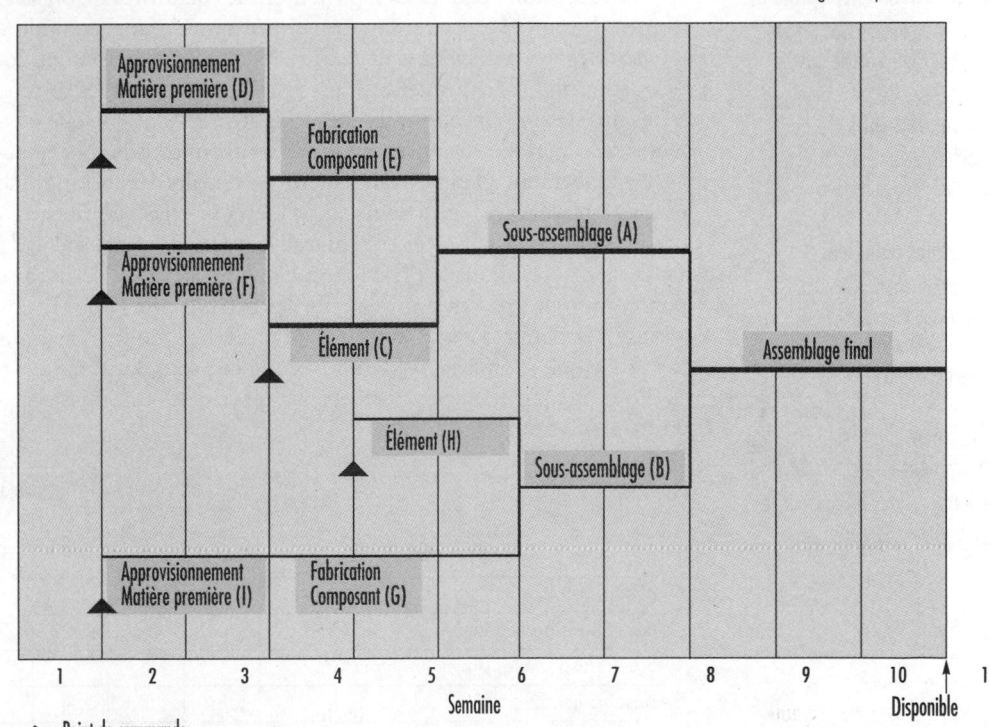

Point de commande

Besoins bruts (Bb)

Besoins totaux pour un élément (matière première, composants, produits en cours ou produits finis) pendant une période donnée.

temps, on doit lancer l'approvisionnement en matières premières D, F et I au plus tard à la semaine 1.

Les quantités de composants ainsi générées sont appelées les **besoins bruts (Bb),** car on ne tient pas compte des quantités disponibles en stock ni des commandes déjà passées, tandis que, pour une période *t*, les vraies quantités à commander sont désignées par l'expression besoins nets (Bn) et calculées ainsi :

$$
\begin{array}{llllll}
\text{Besoins nets} & = & \text{Besoins bruts} & - & \text{Stocks en main} & + & \text{Stocks de} \\
\text{pour la période } t & & \text{pour la période } t & & \text{au début de} & & \text{sécurité} \\
& & & & \text{la période } t & & \\
Bn_t & = & Bb_t & - & \text{Stock}_t & + & Ss \quad (14\text{--}1)
\end{array}
$$

On majore parfois les besoins nets pour tenir compte des pertes subies au moment de la fabrication, de la manutention ou de la livraison et de tout autre gaspillage. Dans ce chapitre, pour simplifier, on omettra ce type de correction ainsi que la majoration pour le stock de sécurité. La quantité de matière faisant l'objet d'une commande et le moment planifié pour la recevoir sont désignés par l'expression « réception planifiée », tandis que la date du lancement de cette commande au fournisseur est appelée « lancement planifié » ou encore « besoin », ou « lancement décalé ». On peut donc faire les affirmations suivantes.

Les besoins bruts indiquent les besoins totaux pour un élément quelconque (produit fini, matière première, composant, élément de sous-assemblage ou autre). Les besoins bruts des produits finis apparaissent au plan directeur (PDP). Les besoins en matières pour tous les autres éléments apparaîtront sous la rubrique « lancement planifié ».

Réceptions programmées ou prévues

Quantité de matières dont la réception est programmée pour le début de la période concernée.

Les **réceptions programmées ou prévues** représentent les commandes passées avant l'horizon de temps couvert par le plan besoins matières considéré et dont la réception est prévue pour le début de la période.

Le **stock en main (stock projeté)** représente la quantité de matières disponible ou bien celle qui sera disponible à une période donnée.

Les **besoins nets** représentent la quantité de matières nécessaire pour une période.

Stock en main (stock projeté)

Quantité de matières disponible au début d'une période donnée.

Les **réceptions planifiées** représentent les quantités qu'on s'attend à recevoir à une période donnée. Lorsque l'on commande en choisissant des lots de taille variable, les réceptions planifiées sont égales aux besoins nets. Si les commandes se font par lots de taille fixe préétablie, les réceptions planifiées peuvent dépasser les besoins nets : les surplus seront alors placés en stock. À des fins de simplification, dans ce chapitre, on suppose que ces surplus seront disponibles au début de la période suivante, où ils apparaîtront sous la rubrique « stocks en main ».

Besoins nets (Bn)

Quantité de matières nécessaire pour une période donnée.

Réceptions planifiées

Quantité de matières dont la livraison ou la disponibilité est planifiée pour le début d'une période donnée.

Le **lancement planifié (lancement ou besoin décalé)** indique le moment où il faut passer les commandes aux fournisseurs, aussi bien externes qu'internes. À ce moment, la quantité de matières équivaut à la réception planifiée, mais elle est décalée dans le temps, selon un ordonnancement en amont, d'un délai équivalent au délai de livraison. Les lancements planifiés d'un composant parent vont générer les besoins bruts pour le composant suivant, c'est-à-dire celui qui apparaît dans la structure du produit. Une fois la commande passée, elle est retirée de la rubrique « lancement planifié » et placée sous la rubrique « réception programmée ».

14

Lancement planifié (lancement ou besoin décalé)

Quantité de matières commandée à une période donnée.

Pour chaque élément considéré, on inscrira les informations du plan besoins matières sous la forme suivante :

	Semaine							
	1	2	3	4	5	6	7	8
Rubrique : Élément X								
Besoins bruts								
Réceptions programmées								
Stock (disponible) projeté en main								
Besoins nets								
Réceptions planifiées								
Lancements planifiés								

L'exemple 2 illustre le fonctionnement simple d'une planification des besoins matières.

Un fabricant de volets en bois reçoit une commande de 100 unités à livrer au début de la semaine 4 et une autre de 150 unités à livrer au début de la semaine 8. Chaque volet est composé de 4 lattes de bois et de 2 cadres. Les lattes de bois sont fabriquées par l'entreprise, et le délai de fabrication est de 1 semaine. Les cadres sont commandés à un fournisseur externe, et le délai de livraison est de 2 semaines. L'assemblage final requiert 1 semaine de travail. Une réception de 70 lattes est programmée pour le début de la semaine 1. Le fabricant nous demande de déterminer la quantité et le moment de la réception planifiée pour chaque élément (produit fini et composants), et ce, selon les politiques de commande suivantes :

a) on commande lot pour lot, c'est-à-dire selon les besoins ;

b) on commande par lots fixes de 320 unités pour les cadres et de 70 unités pour les lattes.

a) Planification selon une politique lot pour lot.

   1. On commence par établir le PDP (programme directeur de production) du produit fini.

Semaine	1	2	3	4	5	6	7	8
Quantité				100				150

   2. On trace la structure du produit « volet ».

   3. On procède à la planification des besoins matières selon une politique de lot pour lot. La figure 14.10 illustre le plan besoins matières (PBM) qui découle d'une politique de lotissement lot pour lot.

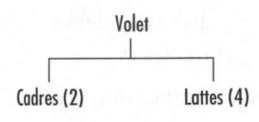

Volet
Cadres (2) — Lattes (4)

◄ FIGURE 14.10

Plan besoins matières avec lotissement lot pour lot

PDP

Semaine	S_i*	1	2	3	4	5	6	7	8
Quantité					100				150

Volets d^{**} = 1 semaine

		1	2	3	4	5	6	7	8
Besoins bruts					100				150
Réceptions programmées									
Stocks en main									
Besoins nets					100				150
Réceptions planifiées					(100)				(150)
Lancements planifiés				(100)				(150)	

multiplier par 2   multiplier par 2

Cadres (2 × volets)   d = 2 semaines

		1	2	3	4	5	6	7	8
Besoins bruts				200		300			
Réceptions programmées									
Stocks en main									
Besoins nets				200		300			
Réceptions planifiées				(200)		(300)			
Lancements planifiés		(200)			(300)				

multiplier par 4   multiplier par 4

Lattes (4 × volets)   d = 1 semaine

		1	2	3	4	5	6	7	8
Besoins bruts				400		600			
Réceptions programmées	70	70							
Stocks en main	70	70	70	70					
Besoins nets				330		600			
Réceptions planifiées				(330)		(600)			
Lancements planifiés			(330)		(600)				

* S_i = stock initial.

** d = délais

14

Analysons plus en détail la solution de la figure 14.10, à la page précédente. Selon les informations disponibles, le PDP indique les quantités de volets (produits finis) nécessaires: 100 unités à la semaine 4 et 150 à la semaine 8. Les besoins bruts en volets (*voir la section réservée aux volets à la figure 14.10*) indiquent 100 unités à la semaine 4 et 150 à la semaine 8. Aucun stock n'étant disponible, les besoins nets sont identiques aux besoins bruts. Étant donné qu'on peut commander exactement ce dont on a besoin, les réceptions planifiées sont identiques aux besoins nets. Comme on a besoin d'une semaine pour procéder à l'assemblage des volets, il faut planifier 100 volets à la semaine 3 et 150 à la semaine 7. Voyons maintenant nos besoins en cadres. Or, il faut 2 cadres par volet. Donc, on a des besoins bruts de 200 unités à la semaine 3 et de 300 à la semaine 7. En procédant pour les cadres de la même façon que pour les volets, on obtient des lancements planifiés de 200 cadres à la semaine 1 et de 300 à la semaine 5. Finalement, les lancements planifiés des volets vont générer des besoins bruts de 400 lattes à la semaine 3 et de 600 lattes à la semaine 7. Or, des réceptions de 70 lattes sont programmées à la première semaine, d'où les stocks en main en conséquence. Les besoins nets à la semaine 3 sont alors de (400 – 70) 330 lattes, et un lancement doit être planifié au début de la semaine 2. Un autre lancement est aussi planifié pour le début de la semaine 6.

b) Planification par lots fixes de 320 pour les cadres et de 70 pour les volets.

La figure 14.11 illustre le plan besoins matières (PBM) qui découle de cette nouvelle politique de lotissement.

FIGURE 14.11 ▶

PBM avec lotissement par lots fixes

PDP									
Semaine	S_i^*	1	2	3	4	5	6	7	8
Quantité					100				150

Volets										
	Besoins bruts					100				150
d** = 1 semaine	Réceptions programmées									
Taille du lot: lot pour lot	Stocks en main									
	Besoins nets					100				150
	Réceptions planifiées					100				150
	Lancements planifiés				100				150	

multiplier par 2   multiplier par 2

Cadres										
(2 × volets)	Besoins bruts				200				300	
	Réceptions programmées									
d = 2 semaines	Stocks en main				120	120	120	120	140	
Taille du lot: multiples de 320	Besoins nets				200				180	
	Réceptions planifiées			320				320		
	Lancements planifiés		320				320			

multiplier par 4   multiplier par 4

Lattes										
(4 × volets)	Besoins bruts				400				600	
	Réceptions programmées	70								
d = 1 semaine	Stocks en main	70	70	70	20	20	20	20	50	
Taille du lot: multiples de 70	Besoins nets				330				580	
	Réceptions planifiées			350				630		
	Lancements planifiés		350				630			

* S_i = stock initial.
** d = délais

Dans le cas où l'on passe une commande par lots fixes, les réceptions planifiées dépasseront les besoins nets, et les surplus ainsi générés apparaîtront aux stocks en main de la période suivante. Les commandes de cadres (*voir la figure 14.11 sous « cadres »*) étant passées par lots de 320 unités et les besoins nets à la semaine 3 étant de 200, on enregistre un surplus de (320 − 200) 120 cadres, qui apparaissent à la ligne « stocks en main » au début de la semaine 4. De même, les besoins nets à la semaine 7 étant de (300 − 120) 180 unités, et les commandes étant passées par lots fixes (multiples de 320), les stocks en main à la semaine 8 sont de 140. La même procédure se répète pour les lattes.

Solution *(suite)*

Le PBM fournit les informations sur les besoins en matières pour les différents éléments composant un produit fini. Dans le cas de l'exemple 2, à la page 553, on peut illustrer ces informations de la façon suivante (*voir la figure 14.12*).

L'exemple 2, à la page 553, analysait un cas de planification des besoins matières pour un simple volet avec deux niveaux, le niveau 0 (produit fini) et le niveau 1 (ses composants). Il est facile d'imaginer la complexité d'une PBM/MRP pour des produits à plusieurs niveaux, pour lesquels il faut établir le plan besoins matières d'un élément apparaissant à plusieurs niveaux. Ajoutons que ce même élément peut être nécessaire à la fabrication de plusieurs autres produits (*voir l'exemple 3*).

Considérons l'élément « support type D » nécessaire aux produits finis A et C, dont les structures de produit apparaissent à la figure 14.12. On désire établir le PBM du support D.

Exemple 3

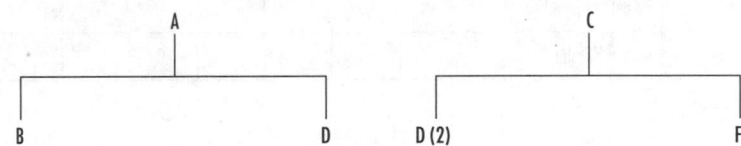

◀**FIGURE 14.12**

Deux produits différents avec composant commun D

On nous informe que tous les délais d'approvisionnement sont de 1 semaine, que les stocks en main de D sont de 110 unités et qu'aucune réception n'est programmée. Le plan directeur de production (PDP) indique un besoin de 80 unités de A à la semaine 4 et de 50 unités de C à la semaine 5.

Pour ne pas surcharger la démonstration, les éléments B et F ont été volontairement omis, car ils n'interviennent ni comme parents ni comme composants de l'élément D. La planification des besoins matières pour l'élément D, nécessaire aux produits finis A et C, apparaît à la figure 14.13.

Solution

◀**FIGURE 14.13**

Plan besoins matières pour l'élément D

14

PDP

Semaine	S_i^*	1	2	3	4	5	6
Quantité A	0				80		
Quantité C	0					50	

Élément :	Semaine	S_i^*	1	2	3	4	5	6
A	Besoins bruts					80		
Délai :	Réceptions prévues							
1 semaine	Stocks en main	0						
Taille du lot :	Besoins nets					80		
lot pour lot	Réceptions planifiées					80		
	Besoins décalés				80			

Solution *(suite)*

Élément :	Semaine	S_i^*	1	2	3	4	5	6
C	Besoins bruts						50	
Délai :	Réceptions prévues							
1 semaine	Stocks en main	0						
Taille du lot :	Besoins nets						50	
lot pour lot	Réceptions planifiées						50	
	Besoins décalés					50		

multiplier
par 2

Élément :	Semaine	S_i^*	1	2	3	4	5	6
D	Besoins bruts				80	100		
Délai :	Réceptions prévues							
1 semaine	Stocks en main	110	110	110	110	30		
Taille du lot :	Besoins nets					70		
lot pour lot	Réceptions planifiées					70		
	Besoins décalés				70	·		

* S_i = stock initial.

Détermination de l'origine des besoins

Processus de détermination des éléments parents ayant généré les besoins en matières des composants.

Un autre point important au sujet de la PBM/MRP est qu'elle permet la **détermination de l'origine des besoins** (*pegging*, terme couramment utilisé), qui consiste à vérifier la structure du produit du bas vers le haut afin de déterminer les éléments parents qui seraient touchés par des variations dans la livraison d'un élément. Cette activité, dont l'importance est évidente, peut paraître simple au premier abord, mais elle devient rapidement complexe en fonction du nombre de niveaux et des besoins multiples dans le cas d'un élément.

Encore une fois, un ordinateur et des logiciels performants sont essentiels pour les planificateurs, les responsables des achats et des approvisionnements et autres gestionnaires désirant administrer les opérations et la gestion des stocks en demande dépendante à l'aide de la PBM/MRP.

14.5.1   La mise à jour du plan besoins matières (PBM)

PBM/MRP en mode régénérateur

Méthode de révision périodique du PBM.

Le **plan besoins matières (PBM)** n'est pas un plan statique : il évolue et doit être mis à jour continuellement. Ainsi, des commandes sont terminées et livrées, d'autres sont en cours de production, d'autres enregistrent des retards et de nouvelles s'ajoutent. Il existe deux méthodes pour la mise à jour du PBM initial, soit la **PBM/MRP en mode régénérateur** et la **PBM/MRP par variations nettes (ou continues)**.

PBM/MRP par variations nettes (ou continues)

Méthode de révision continue du PBM.

La révision du plan besoins matières selon le mode régénérateur consiste à effectuer périodiquement une révision du PBM initial en se basant sur les variations enregistrées durant un horizon de temps. On peut comparer cette méthode à une méthode de production par lots : on collige les informations et on les ajoute de façon périodique. Le PBM révisé qui en résulte est conçu de la même manière que le PBM initial (éclatement de la nomenclature, niveau par niveau).

La révision du PBM par variations nettes consiste à corriger le PBM à mesure que les changements surviennent : éléments défectueux renvoyés au fournisseur, retards, etc. Seuls les éléments touchés par ces changements seront corrigés et, en se basant sur la détermination de l'origine des besoins, on corrige les éléments parents.

Chacune de ces méthodes de révision possède ses avantages et ses inconvénients. Le mode régénérateur coûte moins cher, il n'a pas besoin de correction continue et s'applique très bien dans le cas de produits dont la demande et les caractéristiques sont relativement stables. Avec le temps, certains écarts de la demande par excès sont corrigés par les écarts par défaut : on peut avoir trop commandé à une période donnée, mais comme les besoins ont augmenté (gaspillage, pertes ou autres), on consommera les surplus à la période suivante. Ce principe comporte un inconvénient : les informations et les corrections tardent à arriver et à être appliquées. Pour sa part, le mode par **variations nettes** ou continues permet de suivre à la trace l'évolution des besoins matières et de connaître la situation exacte à tout moment. Par contre, les coûts de fonctionnement d'un tel système sont élevés.

14.6 Les extrants du système de la PBM/MRP

Le principal extrant de la planification des besoins matières (la PBM/MRP) est le plan besoins matières (le PBM). Tel qu'il a été mentionné brièvement à la section 14.3, il existe d'autres extrants, soit les extrants primaires et les extrants secondaires.

14.6.1 Les extrants primaires

Le plan de production et le plan concernant l'état et le niveau des stocks font partie des extrants primaires. Ils incluent :

a) les commandes planifiées, soit les commandes de fabrication aux fournisseurs internes et les commandes d'approvisionnement aux fournisseurs externes à passer dans le futur ;

b) un plan des besoins nets indiquant les quantités et le moment où les matières doivent être disponibles ;

c) les lancements planifiés indiquant le moment où les commandes doivent être passées, soit en production, soit aux fournisseurs ;

d) les modifications apportées au plan initial quant aux quantités et aux dates de livraison.

14.6.2 Les extrants secondaires

Les extrants secondaires sont des rapports sur les performances du système. Ils sont constitués :

a) d'un rapport sur les performances du système indiquant la capacité du système à répondre adéquatement aux demandes du client, aussi bien interne qu'externe ; il est principalement constitué de données statistiques avec leurs analyses ;

b) d'un rapport sur les cas d'exception, qui donne un aperçu du nombre de modifications apportées au PBM initial ainsi que leurs origines.

Il va sans dire que d'autres types d'extrants et de rapports peuvent facilement être émis à partir de la PBM/MRP, car n'oublions pas que cette approche représente une source énorme d'informations de toutes sortes.

14.7 Les autres facteurs à considérer

Il existe une multitude d'autres facteurs qui, introduits au cours d'une PBM/MRP, viennent influencer le PBM qui en résulte. Ils dépendent des politiques internes de l'entreprise et du secteur industriel dans lequel elle évolue. Analysons-en quelques-uns.

14.7.1 Les stocks de sécurité et les délais de sécurité

Théoriquement, à part le produit fini, qui dépend des besoins en composants et autres éléments traités par la PBM/MRP, de la précision du PDP, de l'invariabilité des nomenclatures et des structures des produits, la planification des besoins matières ne requiert aucun stock de sécurité : c'est d'ailleurs le principal avantage de la PBM/MRP. Or, en pratique, il en va tout autrement.

Par exemple, si une panne d'équipement survient à un procédé goulot, ou si la livraison d'une matière est retardée ou si toute autre situation hors de contrôle survient, cela entraînera des pénuries de matières aux postes d'opérations suivants, ceux qui sont en aval. De plus, les ruptures de stock peuvent être de durée indéterminée. Appliquons cette situation à tous les niveaux de la structure du produit et on se retrouvera rapidement en situation de perte de contrôle du système : l'avantage majeur de la PBM/MRP vient de disparaître. Il faut donc corriger le fonctionnement du système pour éviter ces situations indésirables qui pourraient survenir à tout moment. Pour cela, les gestionnaires doivent d'abord déterminer les opérations sujettes à des pénuries. Quand les délais de livraison risquent de causer des problèmes, on parle de **délai de sécurité** plutôt que de « stock de sécurité » : on passe alors les commandes plus tôt, pour donner au fournisseur une marge dans son délai de livraison, même si l'on s'expose à recevoir la marchandise trop tôt. Parfois, on préfère fonctionner avec des stocks de sécurité : on commande plus que nécessaire, bien que cela augmente les coûts de stocks (*voir le chapitre 13*). Les gestionnaires doivent gérer judicieusement les différentes situations pour déterminer la politique la plus appropriée à leurs besoins particuliers.

De façon générale, il est conseillé de choisir l'approche « stocks de sécurité » pour les produits finis sensibles à des demandes aléatoires, et l'approche « délai de sécurité » pour les composants de ces mêmes produits. Une manière simple de déterminer la taille nécessaire des stocks de sécurité est d'accroître d'un certain pourcentage les lancements planifiés en fonction du niveau de service et de disponibilité désiré. On peut faire la même chose avec les délais de sécurité.

Encore une fois, la pertinence et la précision des données sont de rigueur. Quels que soient les modes de calculs, les stratégies et les politiques adoptées, si les données concernant les délais de livraison et les quantités sont fausses, la planification des besoins matières se traduira par un PBM non représentatif. On commandera trop tôt ou trop tard, on aura trop de stocks ou pas assez, avec tous les problèmes qui en découlent.

14.7.2 Les techniques de lotissement

Que l'on soit en situation de demande dépendante ou indépendante, la **détermination de la taille des lots (technique de lotissement)** à commander est une décision importante. Au chapitre 13, on a procédé à une série d'analyses pour déterminer la taille des lots en situation de demande indépendante. Pour les produits en demande dépendante, la situation est tout autre.

Un des principaux objectifs de la gestion des matières est de minimiser les coûts totaux des stocks, c'est-à-dire d'équilibrer les coûts de commande ou de mise en route avec les coûts d'entreposage. On a vu que la caractéristique principale de la demande dépendante est sa discontinuité (*voir la section 14.2*). De plus, les horizons de temps considérés sont petits, donc l'approche privilégiant les lots économiques devient plus difficile à appliquer. Prenons l'exemple de la situation décrite à la figure 14.14.

FIGURE 14.14 ▾

Demande pour l'élément K

	Période				
	1	2	3	4	5
Demande	70	50	1	80	4
Demande cumulative	70	120	121	201	205

La demande pour l'élément K varie de 1 à 80 unités, sans qu'aucune tendance ne soit décelée. On pourrait réaliser des économies en regroupant les commandes plutôt qu'en passant une commande par période. Il faudrait alors évaluer la pertinence de cette politique et les coûts qui en découleraient en raison des grandes quantités commandées et entreposées. L'effet cascade sur les composants de bas niveau rend ce calcul très difficile. De plus, la variabilité de la demande et le court horizon de temps exigeront une révision et une mise à jour continuelles de la taille des lots. Pour ces raisons, il existe une multitude de techniques de lotissement allant des plus compliquées, où l'on tient compte de tous les coûts possibles, aux plus simples, parfois même simplistes. À noter que dans plusieurs situations, ces dernières ont été les plus performantes. Nous présentons ci-dessous les techniques de **lotissement** les plus communes.

14

Lotissement

Technique de détermination de la taille des lots à produire ou à commander.

Les commandes lot pour lot

C'est la technique de **lot pour lot (lotissement)** la plus simple : on commande en fonction des quantités exactes dont on a besoin. L'exemple 2, à la page 553, utilisait cette politique de lotissement.

Les caractéristiques principales de cette approche sont :

a) la facilité à déterminer la taille du lot à commander ;
b) les coûts d'entreposage ou de possession tendant vers zéro ;
c) le nombre de commandes élevé ;
d) le nombre de mises en route élevé ;
e) la difficulté à bénéficier d'économies d'échelle ;
f) la difficulté à appliquer des politiques de normalisation (standardiser les contenants et les bacs utilisés pour le transport ou autres).

Si l'on réussit à réduire les coûts de commande et de mise en route, par exemple avec l'approche du **SMED** ou **mise en route rapide** (moins de 10 minutes) – *single minute exchange of die*, l'approche lot pour lot devient très intéressante.

Les commandes par lots ou quantités économiques

On utilise les mêmes principes que pour l'établissement du modèle de la *QÉC* (quantité économique à commander auprès d'un fournisseur externe) ou du *LÉC* (lot économique à commander au fournisseur interne) (*voir le chapitre 13*). Cette technique permet de grandes économies si la consommation du produit est forte, relativement continue et stable. Elle s'applique très bien aux composants ou aux éléments de bas niveaux, matières premières ou autres, présents dans plusieurs produits. Par contre, plus la consommation est discontinue, moins cette approche est intéressante.

Les commandes à périodes fixes

Cette approche est sensiblement identique à celle de l'intervalle d'approvisionnement fixe (*voir la section 13.6*). On commande des quantités suffisantes pour un nombre de périodes fixe, par exemple deux ou trois périodes. Ce nombre est déterminé soit intuitivement, soit en fonction de l'historique de la consommation. On utilise le plus souvent une règle très simple : on commande pour répondre à la demande des deux périodes futures. Par exemple, dans la situation décrite à la figure 14.14, si l'on appliquait la règle des deux périodes, il faudrait commander et recevoir (70 + 50) 120 unités au début de la période 1, (1 + 80) 81 au début de la période 3, etc. On peut aussi décider de commander à la période 3 assez d'éléments K pour couvrir en plus la période 5, soit 85 unités (1 + 80 + 4).

14.7.3 La planification des besoins matières dans les services

Comme ce fut le cas pour plusieurs autres domaines de la gestion des opérations, la philosophie de la PBM/MRP a également été adoptée par le secteur des services. On observe des applications de la PBM/MRP dans les services surtout dans des situations où des emballages sont nécessaires, ou quand la manipulation est très présente dans les tâches à accomplir. C'est le cas des entreprises se spécialisant dans la préparation alimentaire à grande échelle (les traiteurs) et des services de nettoyage industriel. Ainsi, les traiteurs qui travaillent dans un hôpital, pour une ligne aérienne, pour l'armée ou dans un navire de croisière ont à déterminer les quantités des différents ingrédients nécessaires à partir des recettes, c'est-à-dire de la nomenclature. Des éléments communs apparaissent comme composants pour plusieurs produits finis. Les temps de transformation (la cuisson) et de livraison ainsi que les dates de péremption doivent être considérés. Tout cela doit apparaître dans un plan besoins matières qui permet de gérer les stocks et de mieux estimer les prix de revient.

On observe aussi l'utilisation de la PBM/MRP dans des projets de rénovation à grande échelle, par exemple pour un grand hôtel, un centre hospitalier ou les bureaux d'un ministère, où des activités multiples et répétitives sont effectuées. On expose les besoins matières des différents produits et éléments en détaillant leur dépendance d'une façon hiérarchique, d'où une structure de produits. Ainsi, l'ordonnancement (*voir le chapitre 16*) et l'estimation des coûts du projet sont effectués plus facilement et d'une façon structurée.

14.8 Les avantages et les limites de la PBM/MRP

La gestion de la demande dépendante assistée par la planification des besoins matières est souvent remise en cause lors de son implantation. L'argument avancé le plus commun est : « Cela fait 30 ans que nous fonctionnons sans ce système et sans problèmes ; pourquoi nous l'imposer maintenant ? » Passons en revue les forces, les précautions à prendre et les embûches à éviter pour assurer sa réussite.

14.8.1 Les avantages

La planification des besoins matières offre les avantages suivants :

1. la réduction des stocks de produits en cours ;
2. la facilité à suivre et à déterminer les besoins matières ;
3. la possibilité d'évaluer les besoins en capacité générés par un plan directeur de production ;

4. la possibilité d'allouer des temps de production ;
5. la possibilité de déterminer facilement le taux de consommation des stocks par **déduction automatique.**

À partir de révisions périodiques de la nomenclature, la déduction automatique est une procédure qui permet de connaître la quantité utilisée des éléments nécessaires pour faire le produit fini sans être obligé de colliger les informations directement sur le plancher d'usine.

En plus des planificateurs des opérations, utilisateurs classiques du PBM, plusieurs autres gestionnaires se servent des informations fournies par le PBM. Parmi ceux-ci, mentionnons : les directeurs des services de production, qui peuvent ainsi connaître le taux d'utilisation de leurs ressources, émettre et suivre les programmes de production ; les responsables du service à la clientèle, qui doivent promettre des délais de livraison fiables et réalistes aux clients ; enfin, les responsables des achats et des approvisionnements.

Rappelons que tous les bénéfices qu'on peut retirer de la PBM/MRP dépendent de la précision et de la fiabilité des informations fournies à l'entrée du système. Une préparation importante et rigoureuse de l'entreprise doit être effectuée avant d'implanter une gestion des opérations basée sur la PBM/MRP.

14.8.2 Les exigences

Pour réussir l'implantation et assurer le bon fonctionnement de la planification des besoins matières, il faut :

1. un ordinateur et un logiciel capables de traiter et de garder en mémoire une grande quantité de données ;
2. des données précises et mises à jour concernant :
   a) les plans directeurs de production (PDP),
   b) les nomenclatures,
   c) le niveau des stocks ;
3. des dossiers de données intègres.

On l'a prouvé maintes fois tout au long du chapitre : la rigueur est la qualité essentielle à la réussite d'une PBM/MRP. L'implantation de la PBM/MRP étant chère et ardue, il est important de bien connaître et d'évaluer les tenants et les aboutissants d'un tel système de planification. Malheureusement, plusieurs entreprises ont sous-estimé les étapes de préparation et les efforts à fournir pour réussir sa mise en œuvre. Elles ont commis plusieurs erreurs : nomenclatures et structures de produits inexistantes ou obsolètes à la suite de modifications non documentées, délais de livraison et temps de production approximatifs, mauvaise identification des éléments et des composants, etc.

Pour toutes ces raisons, l'implantation prend plus d'une année. Il faut tenir compte de la formation du personnel de l'entreprise dans son ensemble ; il faut préparer, former, éduquer et convaincre toutes les personnes. À cela s'ajoute la période d'apprentissage pendant laquelle des erreurs se produiront ; les gestionnaires devront apprendre à les corriger et à les gérer positivement. Malgré tout, la PBM/MRP est appréciée par les entreprises ayant réussi sa mise en œuvre, surtout parce qu'elle leur permet de réduire les stocks. Mais loin de nous l'idée qu'il s'agit là d'une solution miracle et qu'elle remplacera le bon jugement des gestionnaires. De nos jours, plusieurs entreprises adoptent une approche plus large intégrant d'autres ressources : la MRP-II ou la planification des ressources de production (PRP).

14.9 La planification des ressources de production (PRP/MRP-II)

Au début des années 1980, la planification des besoins matières a évolué pour inclure la planification, la programmation et l'ordonnancement de l'ensemble des ressources de l'entreprise, ce qui a donné lieu au développement de la **planification des ressources de production : PRP ou MRP-II** (*manufacturing resources planning*). La PRP n'est pas une version améliorée de la PBM/MRP, mais plutôt une méthode de planification qui intègre d'autres fonctions de l'entreprise au lieu de se concentrer uniquement sur les besoins matières. Les deux principales fonctions intégrées sont la fonction finances et la fonction marketing. En effet, trop souvent, les fonctions d'une entreprise opèrent en vase clos, sans

---

3. Office québécois de la langue française, 1994.

réel échange d'information entre elles. Pour être vraiment efficaces, toutes les fonctions doivent avoir des objectifs communs. La PRP sert précisément à cela, car elle permet d'intégrer le service d'ingénierie, l'approvisionnement, les ressources humaines, la planification, etc. La PRP devient alors le cœur du processus de planification (*voir la figure 14.15*).

On commence par intégrer les demandes de toutes les sources possibles : prévisions, commandes fermes en provenance des clients externes et internes (les centres de distribution), etc. Ensuite, les fonctions production, marketing, finances et ressources humaines élaborent et adoptent conjointement un plan global de production (ou plan intégré) et les plans ou programmes directeurs de production correspondants. Bien que les personnes rattachées à la production soient les principales responsables pour ce qui est de fournir les données nécessaires au PGP et au PDP et de réaliser ces plans, les autres fonctions sont aussi, à leur manière, directement concernées. En effet, elles ont toutes participé à l'établissement des objectifs : la fonction finances assure la disponibilité des fonds nécessaires aux opérations, le marketing fournit les informations concernant les clients et assure la distribution des produits, les ressources humaines fournissent la main-d'œuvre adéquate à tous les niveaux de la chaîne d'opérations, etc.

Il arrive souvent que l'entreprise soit obligée de dévier de ses plans initiaux : des périodes de modifications doivent être prévues en conséquence. Une fois tout cela réalisé, le PDP est gelé pour la période. C'est à ce moment que la PBM/MRP entre en action pour créer le plan besoins matières. Vient ensuite le plan des besoins en capacité (PBC), qui sera présenté à la prochaine section (*14.10*). Encore une fois, à ce stade, on peut faire des ajustements avant de geler le plan. Finalement, l'ordonnancement des travaux peut débuter, suivi du lancement de la production (*voir le chapitre 16*).

À mesure que les travaux sont effectués, des informations commencent à arriver. Les gestionnaires recueillent et analysent ces données. C'est le rôle de la fonction contrôle de la production : déterminer le nombre d'unités fabriquées, le centre d'opérations qui les a produites, le lieu et le moment de la fabrication. Des modifications peuvent être nécessaires compte tenu de ces nouvelles informations. Cette fonction a aussi la responsabilité du suivi des plans et de la « traçabilité » des commandes. Sa tâche est continue. En fonction de ces informations, d'autres modifications sont apportées. Pour y arriver, il est primordial que les informations fournies par les responsables du contrôle de la production arrivent à temps pour pouvoir corriger le système, le cas échéant.

Par ailleurs, la plupart des systèmes de PRP peuvent simuler des plans provisoires pour vérifier leur faisabilité et déterminer les différentes solutions possibles. En procédant à plusieurs répliques (des tours ou passes de solutions), le gestionnaire des opérations pourra présenter au niveau hiérarchique supérieur de l'entreprise les commandes que les ressources actuelles de l'entreprise permettent de réaliser. L'évaluation du potentiel de l'entreprise à réaliser le PRP est la planification des besoins en capacité.

14.10 La planification des besoins en capacité (PBC)

Une des caractéristiques principales de la planification des ressources de production (PRP ou MRP-II) est sa capacité à aider les gestionnaires à planifier les besoins en capacité : ressources matérielles, techniques et autres. La **planification des besoins en capacité (PBC)** est le

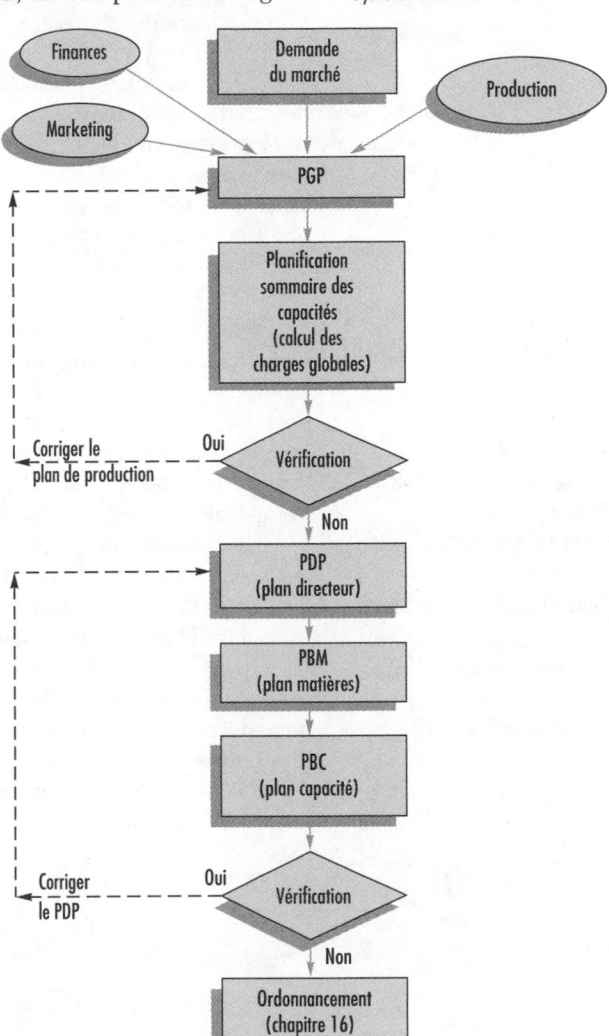

FIGURE 14.15

Système de la PRP

Planification des besoins en capacité (PBC[4])

Planification des besoins matières pour chaque poste de charge au cours d'une période, afin de vérifier la capacité de l'entreprise à réaliser le PDP.

14

---

4. L'office québécois de la langue française (2008) définit le PBC par : « Planification des besoins de matières pour chaque poste de charge au cours d'une période donnée, afin de déterminer la capacité disponible d'une unité de production et de faire, s'il y a lieu, les ajustements nécessaires. »

processus qui permet de déterminer les besoins en capacité à court terme : il en résulte le plan des besoins en capacité.

Les intrants nécessaires à la planification des besoins en capacité sont les lancements planifiés fournis par le PBM, les charges de travail actuelles des ressources de l'entreprise, les durées et les délais de production ainsi que les gammes de production. Les extrants incluent les charges de travail de chaque centre de travail (ou poste de charge). Si des centres de travail présentent des charges surutilisées ou des temps inoccupés, on peut alors modifier en conséquence les tailles de lots, les **lancements de commandes,** les stocks de sécurité, le lotissement et même les gammes de production, pour les adapter.

Globalement, l'entreprise utilise la procédure suivante. Elle commence par établir un PDP provisoire, qui détermine les commandes à satisfaire, à ne pas confondre avec la productivité qu'il serait possible d'atteindre ; le PDP peut être faisable ou pas, selon la disponibilité des ressources (matières, personnel et équipement). Or, la PBM/MRP n'indique pas la faisabilité du PDP, mais nous informe uniquement sur les besoins matières qui y sont rattachés. C'est pour cette raison qu'un PBM provisoire permet de vérifier la capacité des ressources de l'entreprise à atteindre les objectifs du PDP. Si l'entreprise se rend compte que c'est impossible, elle optera alors pour des solutions de rechange : augmenter les capacités, réduire le PDP, etc. Ensuite, dès qu'elle est assurée d'atteindre les objectifs du PDP, celui-ci est figé ou gelé dans le temps, afin qu'on puisse établir des plans des besoins matières.

La stabilité d'un programme de production à court terme est primordiale pour commencer les travaux dans les différents centres de production, sinon le PBM est totalement inutile. On utilise parfois l'expression « système nerveux » pour indiquer le degré de réaction à toute variation dans le processus de planification. Souvent, une petite variation à un niveau supérieur de la « structure du produit » s'amplifie dans le reste de la structure, d'où des effets énormes aux niveaux les plus bas : délais de livraison, augmentation des produits en cours, coûts d'entreposage accrus. Pour amoindrir la gravité de ce type de situation, certaines entreprises ont établi des **limites de périodes** durant lesquelles elles permettent des modifications de commandes.

Par exemple, on peut avoir des limites de périodes de 4, de 8 ou de 12 semaines. Plus la limite est grande, plus la restriction sur les modifications est élevée. Ainsi, une commande ayant une limite fixée à 12 semaines signifie que pour pouvoir procéder à une modification, il faut que celle-ci soit apportée 12 semaines à l'avance. Certaines entreprises déterminent des limites de périodes doubles : une pour les caractéristiques du produit et une autre pour les quantités à commander. Elles peuvent aussi avoir une limite à long terme et une autre à plus court terme, moyennant une pénalité. Il existe cependant un danger de perte de clientèle si les entreprises fixent des limites de périodes trop restrictives, car les concurrents en bénéficient en offrant plus de latitude aux clients, d'où un meilleur service à la clientèle. Encore une fois, il faut trouver le juste milieu entre des limites restrictives permettant des PDP, des PBM et des PBC gelés et faciles à gérer au risque de perdre des clients et des limites qui offrent beaucoup de flexibilité aux clients avec, en contrepartie, de continuelles modifications de leur part.

La figure 14.16 illustre le processus d'établissement d'un plan des besoins en capacité (PBC). Le lecteur est invité à analyser le passage des plans provisoires aux plans finaux. Le plan retenu est ensuite converti en besoins en ressources (ou capacités) sous forme de **rapport de charges de travail** (par centre de travail) : on attribue une charge de travail à chaque centre de travail, puis on compare la charge requise avec la charge disponible.

La figure 14.17 présente un rapport de charges illustrant les charges actuelles, les charges dues aux lancements planifiés et les charges dues aux lancements en attente ou possibles. La droite horizontale désignée « capacité » indique la capacité disponible. Voyant que

---

Limites de périodes

Laps de temps durant lesquels l'entreprise permet des modifications de commandes.

Rapport de charges de travail

Pour une capacité donnée, document comparant les charges de travail actuelles et futures avec les capacités disponibles.

FIGURE 14.16 ▾

Relations PBM-PBC

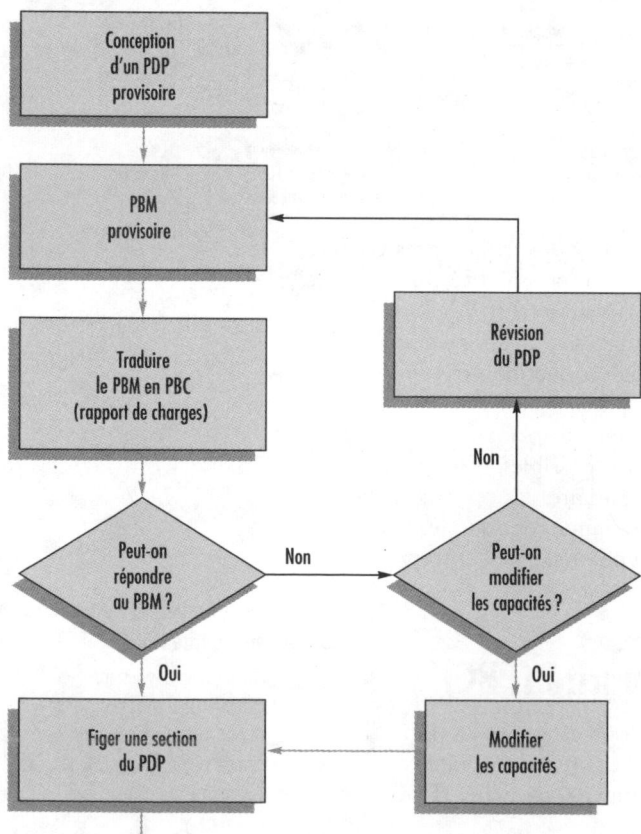

Source : Stephen Love, *Inventory Control*, New York, McGraw-Hill, 1979, p. 164. Reproduit avec la permission de l'éditeur.

14

les capacités disponibles peuvent satisfaire à la demande, les planificateurs gèleront la section qu'ils jugent satisfaisante : aucune modification n'y sera apportée. Grâce au graphique, on constate que les lancements planifiés à la période 4 causeront une surcharge de travail. On pourrait résoudre le problème en transférant certaines commandes à d'autres périodes. On peut appliquer le même raisonnement à la période 11. On pourrait aussi faire appel aux heures supplémentaires, à l'ajout de ressources ou à la sous-traitance, ou encore effectuer une révision complète du plan de production : avant tout, il est important de respecter les délais de livraison promis aux clients.

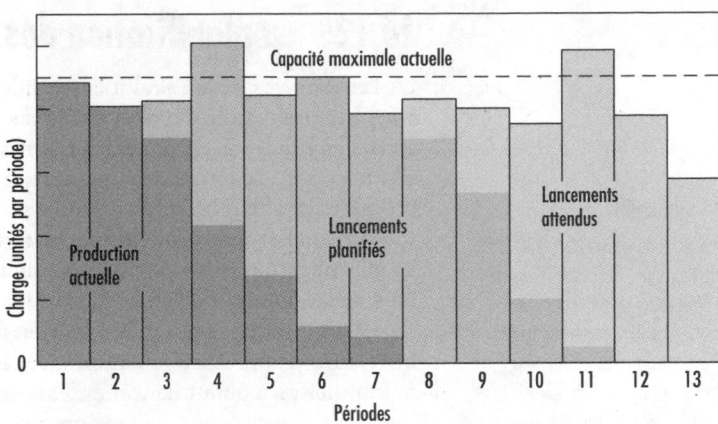

▲ **FIGURE 14.17**

Exemple de rapport de charges

Une fois terminée la planification des besoins en capacité, il faut convertir le plan en besoins machines et main-d'œuvre. Cette conversion se fait facilement dans la mesure où l'on dispose des temps et des standards d'opération. Par exemple, si la fabrication de 100 unités de A est programmée au service X, et que chaque unité requiert un temps standard de 2 heures-personnes et de 1,5 heure-machine, on aura besoin de :

Main-d'œuvre : 100 u × 2 h-pers./u = 200 heures-personnes ;
Machines : 100 u × 1,5 h-m/u = 150 heures-machines.

À la suite de ces évaluations, on peut vérifier le niveau d'utilisation des ressources d'un secteur, d'une machine ou d'un service de l'entreprise. Ainsi, dans notre exemple, si le service dispose de 200 heures-machines et de 200 heures-personnes, le taux d'utilisation sera de 100 % pour la main-d'œuvre et de (150/200 = 0,75) 75 % pour les machines, d'où une sous-utilisation de la capacité des machines.

14.11 La planification des besoins de distribution (PBD)

En collaboration avec l'APICS, André Martin a développé une approche de gestion des distributions s'appuyant sur les notions de la planification des besoins matières. Il l'a d'abord expérimentée avec succès dans le contexte d'une industrie pharmaceutique de l'ouest de Montréal. Cette approche étend la PBM/MRP à tous les échelons des centres de distribution de l'entreprise, où qu'ils soient au point de vue géographique, y compris sur les matières en transit, celles qui sont transportées d'un point à un autre, d'où la **planification des besoins de distribution (PBD)**. On commence à la fin de la chaîne (en aval) et on remonte le circuit de distribution jusqu'au tout début de l'entrepôt des matières premières (en amont), afin d'établir les calendriers de réapprovisionnement. L'ensemble des gestionnaires de l'entreprise pourra utiliser la PBD pour coordonner les calendriers des transporteurs, des entrepôts, des travailleurs, des équipements et des financements qui s'y rattachent, afin de planifier la reconstitution des stocks et le réapprovisionnement des entrepôts.

Planification des besoins de distribution (PBD[5])

Méthode qui permet de calculer et de déterminer de façon permanente dans le temps les besoins en approvisionnement des produits d'un réseau de distribution.

Il en résulte un réseau intégré des données de l'entreprise qui tient compte des éléments suivants :

- la demande totale (prévue et carnet de commandes) ;
- les stocks en main, de sécurité et de réserve ;
- les réceptions programmées ;
- les délais de livraison et de production.

L'intégration de la PBM et de la PBD permet une meilleure synchronisation entre la demande et les approvisionnements, des niveaux de stocks plus bas et un système de distribution plus efficace. Notons ici que les approvisionnements comprennent aussi bien les matières premières, les produits finis produits par l'entreprise ou achetés de sous-traitants.

14

5. Office québécois de la langue française, 2007.

14.12 La planification des ressources de l'entreprise (PRE/ERP)

La dernière étape de l'évolution de cette philosophie de gestion, amorcée avec la PBM/MRP, est la planification des ressources de l'entreprise (PRE/ERP – *enterprise resource planning*). Cette approche a été mise au point par le groupe Gartner de Stamford, au Connecticut. On a vu que la PBM/MRP planifie les besoins matières. La planification des ressources de production (PRP/MRP-II) s'étend à la planification et à l'ordonnancement des travaux, tout en impliquant d'autres fonctions de l'entreprise telles que les finances et le marketing. La planification des besoins en capacité (PBC) permet de valider si les ressources disponibles peuvent répondre à la demande. La planification des ressources de l'entreprise (PRE) s'applique à l'ensemble des fonctions de l'entreprise, et tend même à s'appliquer à toute la chaîne d'approvisionnement. Or, compte tenu de la quantité énorme d'informations à manipuler provenant de toutes les sources, l'utilisation de l'ordinateur et de logiciels spécialisés est inévitable. Par extension, on identifie communément la PRE/ERP à un **progiciel de gestion intégrée (PGI) ERP.**

Comme tous les autres plans décrits dans ce chapitre, la planification des ressources de l'entreprise à l'aide du progiciel ERP évolue autour de la PBM/MRP. Cependant, elle comporte l'avantage de normaliser les informations de toutes les fonctions de l'entreprise afin de les partager et de prendre des décisions en tenant compte des impacts sur l'ensemble de l'entreprise. Il va sans dire que cette approche exige un support informatique de plus en plus important, caractérisé par des logiciels assez dispendieux à acquérir, à installer et à utiliser. On peut trouver sur le marché un grand nombre de fournisseurs de ces logiciels de plus en plus performants et imposants en ce qui concerne la taille et le nombre de modules (*voir la liste ci-contre des cinq plus importants*[6]).

Progiciel ERP

Progiciel de gestion intégrée (PGI) de l'ensemble des opérations de l'entreprise, englobant entre autres les ressources financières, humaines, de transformation, le marketing, le commerce électronique, l'approvisionnement et la distribution.

Fournisseur	Part du marché
SAP	30,33 %
Oracle Applications	21,38 %
The Sage Group	17,44 %
Microsoft Dynamics	14,25 %
SSA Global Technologies	7,22 %

www.sap.com
www.oracle.com

14.12.1 L'ABC du progiciel de gestion intégrée PGI/ERP[7]

Cette sous-section vise à répondre aux questions suivantes :

1. Qu'est-ce qu'un PGI/ERP et comment fonctionne-t-il ?
2. Combien de temps l'implantation du PGI/ERP prend-elle ?
3. Quels sont les avantages pour l'entreprise ?
4. Quels sont les coûts réels ?
5. Quel est le retour sur investissement ?
6. Quels sont les coûts cachés ?
7. Comment configurer le progiciel ?
8. Comment les entreprises ont-elles géré la mise en œuvre d'un tel système ?
9. Comment l'associer au commerce électronique ?

1. Qu'est-ce qu'un PGI/ERP et comment fonctionne-t-il ? Un progiciel de gestion intégrée ERP sert à intégrer l'information de toutes les activités de l'ensemble des ressources de l'entreprise. À cette fin, il est donc primordial de normaliser la façon de faire de chaque service. Il en résulte que tout le monde sait ce que tout le monde fait, en temps réel.

Par exemple, quand l'agent du service des ventes reçoit une commande et qu'il remplit les documents pertinents, il a automatiquement accès au niveau des stocks de l'entreprise, au crédit du client et à son historique, au taux d'occupation du service des expéditions et à ses capacités à livrer, au taux d'occupation et aux capacités de la production. Il peut également savoir si la commande doit être fabriquée, en cas de stocks dégarnis, ou si le produit demandé est une commande spéciale. Simultanément, tous les autres services sont informés de la situation. Dès que la commande passe une étape de production et qu'elle est acheminée à la suivante, l'information est transmise à tout le monde, et ce, jusqu'à l'expédition. Il est alors facile de retracer la commande durant son séjour dans l'entreprise.

Selon la même logique, l'entreprise dispose des informations sur l'ensemble des processus administratifs, des dossiers des employés, des rapports financiers et autres.

L'agent du service des ventes n'est plus qu'un simple preneur de commandes, puisqu'il doit répondre au client sur la capacité de l'entreprise à livrer la commande en ce qui a trait à la

14

---

6. Selon Gartner Dataquest (www.gartner.com), données de 2005.

7. Traduit et adapté de C. Koch, D. Slater et E. Baatz, *ABC : An Introduction to ERP*, CXO Media, 2008.

quantité et au délai : il devient imputable. De plus, il a accès aux informations sur la solvabilité du client : il peut donc en discuter avec lui. Il en va de même pour les responsables des entrepôts et ceux de la production, qui doivent tenir à jour les informations sur le niveau des stocks ou sur le taux d'occupation des ressources (humaines et matérielles) d'une façon précise.

Avec l'approche d'une planification des ressources de l'entreprise par progiciel ERP, les employés sont beaucoup plus responsabilisés vis-à-vis de leurs tâches.

2. Combien de temps l'implantation d'un PGI/ERP prend-elle ? Contrairement aux prétentions trop optimistes véhiculées par plusieurs représentants des progiciels PGI/ERP, l'installation et la mise en application prennent entre un an et trois ans, dépendamment de la taille de l'entreprise, de son processus administratif actuel et de son niveau de préparation.

Certaines entreprises se sont targuées de l'avoir fait en un temps record de six mois. On apprend après coup qu'elles utilisent seulement le module comptable, qui est le premier module installé dans la majorité des cas. Or, le service de comptabilité étant habituellement le plus ordonné de l'entreprise, il est donc facile et logique de débuter par celui-ci. Mais si l'application du système PGI/ERP est limitée au service de comptabilité, on se rend vite compte qu'en définitive, on a installé un système comptable très dispendieux.

Le vrai défi dans la mise en œuvre du système est de faire changer les façons de faire de chaque service et de les normaliser : il faut alors affronter et surmonter la résistance au changement. La seule façon d'y arriver est de convaincre les personnes de l'utilité du nouveau système et des avantages réels qui en découlent.

3. Quels sont les avantages pour l'entreprise ? En normalisant les processus, le PGI/ERP permet de regrouper les informations concernant les ressources financières, manufacturières et humaines.

a) L'intégration des informations financières

Les différents services sont obligés de fonctionner selon les mêmes bases de données et les mêmes outils de mesure et de comparaison (indicateurs et autres). À titre d'exemple, le service de comptabilité et finances, les ventes et le marketing devront fournir leurs données selon le même horizon de temps ; pas question que chacun opère avec des indicateurs de performance qui l'avantagent, selon la période de temps.

b) L'intégration des processus manufacturiers

On s'assure que la façon de fabriquer le produit est identique d'une usine à l'autre. Cette normalisation est encore plus importante de nos jours, où la mondialisation fait en sorte que, pour une multinationale ayant des usines à travers la planète, un même produit pourrait être fabriqué de différentes façons, selon le pays, ce qui mine la crédibilité de l'entreprise.

c) L'intégration des informations humaines

Surtout pour les multinationales, il arrive que le salaire des employés diffère d'une usine à l'autre et d'un secteur à l'autre. Dans un souci d'équité, on peut alors normaliser la rémunération plus facilement, en fonction de la tâche accomplie, du nombre de jours travaillés et d'autres considérations sociales et géographiques.

Soulignons que les progiciels actuels de PRE/ERP ont été conçus pour les entreprises manufacturières d'unités discrètes (électroménagers, véhicules, vêtements, etc.) et non pour des processus continus (raffineries, entreprises chimiques, sidérurgiques et autres). De plus, ces progiciels exigent que l'entreprise modifie ses façons de faire pour s'adapter aux progiciels et non l'inverse. Il s'agit d'une sérieuse polémique entre les fournisseurs des progiciels actuels et leurs clients.

4. Quels sont les coûts réels ? Le centre de recherche META Groupe[8] a sondé 63 entreprises nord-américaines, petites, moyennes et grandes et plusieurs secteurs manufacturiers qui utilisent avec succès ces progiciels. Le paramètre sondé était les coûts totaux de possession (CTP), qui incluent les coûts d'acquisition du logiciel et des équipements, des services de consultation professionnels internes et externes, de formation, de mise à jour, d'optimisation, et ce, pour une période couvrant l'année de mise en œuvre et les deux années opérationnelles suivantes. Les CTP sur trois ans variaient entre 400 k\$ et 300 M\$, avec une moyenne de 15 M\$.

Donc, il s'agit d'un projet majeur, à long terme, qui ne peut être pris à la légère. La haute direction de l'entreprise doit être pleinement consciente des enjeux et doit s'impliquer

_____

8. META Groupe fait partie du groupe Gartner (www.gartner.com).

directement tout au long de l'implantation. Il est impensable qu'elle délègue cette tâche à une équipe et qu'elle continue à fonctionner comme avant.

5. Quel est le retour sur investissement? Selon le groupe META, les entreprises ayant installé et utilisé avec succès le progiciel ont observé que les retours sur investissement commencent à partir de 8 à 31 mois. La médiane des épargnes annuelles observée était de 1,6 M$. Le PGI/ERP n'est pas une machine ajoutée aux ressources de l'entreprise. Il s'inscrit dans une nouvelle philosophie de gestion: il ne peut et ne doit pas être mesuré selon les paramètres classiques. Par conséquent, il ne faut pas espérer un retour sur investissement immédiat.

6. Quels sont les coûts cachés? La liste suivante présente les coûts les plus souvent sous-estimés ou tout simplement oubliés par les compagnies ayant entrepris l'aventure du PGI/ERP.

a) Les coûts de formation

Ces coûts sont souvent sous-estimés et sont surtout causés par les heures supplémentaires ou par l'embauche d'employés surnuméraires pour remplacer les employés en formation.

b) Les coûts d'intégration et de vérification

La vérification du bon fonctionnement du système et les simulations que l'entreprise doit faire avant d'adopter définitivement le PGI/ERP sont rarement prévues lors de l'établissement des budgets prévisionnels.

c) Les coûts de conversion des données

Il s'agit du temps en main-d'œuvre nécessaire pour modifier les données actuelles sous leur nouvelle forme.

d) Les coûts d'analyse des données

En convertissant les données des différents services, il arrive souvent qu'on remarque des données redondantes ou inutiles. Un «ménage» est alors tout indiqué. Dans certains cas, ce ménage se transforme en cauchemar, car on supprime parfois des données très pertinentes. Les personnes ayant expérimenté le transfert de leurs données de leur ancien ordinateur vers un nouveau, surtout si ce dernier opère avec une nouvelle plateforme, en savent quelque chose.

e) Les coûts liés aux consultants

Les frais des consultants externes peuvent vite prendre des proportions démesurées. Il est faux de prétendre que cela est uniquement la faute de certains consultants cupides. En effet, plusieurs consultants ont offert plus aux entreprises que la demande initiale, les entreprises étant souvent très exigeantes ou se fiant trop aux consultants. Comme dans toute gestion de projet (*voir le chapitre 17*), il est primordial que l'entreprise confie à l'un de ses cadres la responsabilité du dossier à l'interne. Ce cadre connaît la culture interne et détectera les situations potentiellement critiques. De plus, ce gestionnaire de projet déterminera les besoins et orientera le consultant de façon à utiliser efficacement les ressources de ce dernier.

f) La fuite des cerveaux

Les employés d'expérience ayant implanté le système sont courtisés par des entreprises concurrentes. Les effets négatifs, économiques et autres, sont inestimables. Plusieurs administrations, par orgueil, ont tendance soit à les sous-estimer, soit à les ignorer. Des projets d'installation et de mise en œuvre ont souvent été compromis dans les six premiers mois à la suite de la fuite de ces cerveaux.

g) Les coûts des mises à jour

L'utilisation du système implique un travail continu: mises à jour des modules du progiciel, ajouts de nouveaux produits ou de nouvelles ressources, main-d'œuvre à former, nouvel équipement à acquérir. Ce ne sont que quelques exemples des modifications qu'il faut entrer régulièrement dans le système.

h) Les coûts liés à une dépression post-PGI

Selon Deloitte Consulting, parmi 64 entreprises observées de la liste Fortune 500, 25 % ont enregistré une baisse de productivité dès l'implantation du système. L'ensemble du personnel doit s'habituer à la nouvelle approche qu'il ne maîtrise pas encore. Lors de l'embauche de nouvelles personnes, une courbe d'apprentissage doit être considérée. On peut imaginer que l'application de ce genre de mesure à l'ensemble de l'entreprise et à tous les niveaux peut causer des frustrations importantes, surtout quand les patrons se retrouvent jugés au même niveau de maîtrise que leurs employés, ou même à un niveau inférieur.

14

www.deloitte.com

7. Comment configurer le progiciel PGI/ERP? Le progiciel est fondé sur des milliers de tableaux de bases de données interconnectées. De concert avec les futurs utilisateurs, les techniciens du système d'information (SI) établissent les processus opérationnels. Chaque tableau possède un interrupteur de décision qui oriente le logiciel d'un chemin de l'ordinogramme à un autre, et ainsi de suite. La configuration exige une profonde connaissance de la gestion des opérations d'entreprises, ce qui malheureusement n'est pas présentement le cas de certains professionnels du domaine. De plus, certaines écoles et facultés n'ont pas encore complètement saisi cette dimension. Une fois ces tableaux configurés, une réingénierie des processus administratifs (RPA) est effectuée selon le modèle de la planification des ressources de l'entreprise par PGI/ERP.

8. Comment les entreprises ont-elles géré la mise en œuvre d'un tel système? On a observé trois approches de mise en œuvre.

a) Le big bang

Cette façon de procéder était la plus commune à la fin des années 1990. En fait, elle consiste en une application immédiate du progiciel à une date déterminée. L'ensemble de l'entreprise doit s'y conformer à partir de cette date. Pour une entreprise récente, n'ayant pas plus de cinq ans d'existence, cette approche, bien que brutale, peut fonctionner. Dans le cas de certaines PME, surtout dans le domaine de l'électronique, où la main-d'œuvre a une formation à jour et où la culture d'entreprise est presque inexistante, cette approche a réussi. Pour d'autres, où plusieurs services avaient déjà acquis ou élaboré, au prix de grands efforts, leurs propres logiciels de contrôle, de gestion et de développement (AutoCAD et autres), l'approche du big bang a été une catastrophe. Une approche mitoyenne est à envisager, avec une période de convivialité pour passer du système actuel ou nouveau ; par contre, les coûts seront alors plus élevés.

b) Le franchisage

Cette approche s'applique aux multinationales ayant plusieurs usines à travers la planète et plusieurs divisions (par exemple, une division dans l'agroalimentaire, une autre dans l'énergie, une troisième dans l'imprimerie, etc.). On installe le PGI/ERP pour chaque usine, en commençant par celle qui possède la meilleure chance de réussite. Le projet pilote est ensuite étendu aux autres. On garde ensuite une maxi PRE/ERP pour intégrer l'information des usines ou des divisions entre elles, mais surtout pour les ressources financières et humaines.

c) L'étapisme

L'étapisme est l'approche suggérée pour les moyennes entreprises ayant une culture technologique déjà inculquée. On commence par mettre en place le système par secteur pour l'étendre ensuite à l'ensemble de l'entreprise. Puisque la PRE/ERP a été développée après la PRP/MRP-II, qui a suivi la PBM/MRP, logiquement on devrait commencer par l'appliquer à la production et aux stocks, et l'étendre ensuite aux autres secteurs. Or, généralement, dans les PME, la gestion de la production est parmi les secteurs les moins bien structurés. On préfère alors introduire le système dans un service organisé et que l'on connaît bien pour ensuite l'étendre aux autres. C'est habituellement par le service de la comptabilité et la fonction finances de l'entreprise que l'on débutera, en prenant bien garde de ne pas en rester là.

9. Comment l'associer au commerce électronique? De nos jours, toutes les entreprises manufacturières reçoivent des composants et des produits en cours d'une multitude de fournisseurs externes. Elles doivent gérer une immense chaîne d'approvisionnement. Le réseau Internet est devenu la norme pour relier la chaîne. Les fournisseurs des PGI/ERP ont tardé à s'y conformer. Cependant, quelques-uns se sont créé une niche assez intéressante en modifiant leur approche. C'est le défi qui les attend dans l'avenir.

14.12.2 Les progiciels PRE/ERP dans le domaine des services

Comme nous l'avons démontré, la gestion de l'entreprise selon l'approche de la **planification des ressources de l'entreprise** découle de la PBM/MRP : elle s'appliquait donc initialement au domaine manufacturier. Des logiciels intégrants ont été développés pour cet usage, d'où les progiciels de gestion intégrée PRE/ERP. Le secteur des services postaux, où l'on traite des quantités énormes de colis, de lettres et autres, se prêtait très bien à l'implantation des PRE/ERP, ce qui a été fait. Les entreprises de génie-conseil, principaux consultants du secteur manufacturier, ont découvert les avantages de cette approche pour leur propre entreprise, leurs clients du secteur bancaire, les entreprises de transport et de construction. Actuellement, cette approche est présente dans plusieurs entreprises qui travaillent dans les services : services publics, maisons d'enseignement, ministères, etc.

Dans le domaine manufacturier, la PRE/ERP s'occupe de la planification, de l'ordonnancement, de la distribution, des entrepôts et du prix de revient. Dans les maisons d'enseignement, qui font partie du secteur des services, on utilise ces progiciels pour avoir accès au dossier étudiant, connaître les cours préalables, la disponibilité de places par cours groupe, l'ordonnancement des cours, des locaux, des enseignants et autres professionnels de laboratoire, la comptabilisation des frais de scolarité et autres. Dans le domaine hospitalier, il en est de même avec le dossier des patients, les médications, l'ordonnancement des salles d'opération et du personnel médical, la disponibilité et l'état des outils et des équipements médicaux, de la préparation et du suivi des diètes, etc.

Le mot clé qui résume la planification des ressources de l'entreprise (PRE/ERP) est « intégration ».

14.13 Conclusion

La planification des besoins matières (PBM/MRP) est un système d'information applicable à des situations de demande dépendante (matières premières, composants et produits en cours). Il en découle un plan besoins matières (le PBM). Le processus de planification débute par un plan global de production, suivi par des plans directeurs de production établis à partir des commandes provenant du client interne ou externe. Ces plans permettent de connaître les quantités à produire et le moment où celles-ci doivent être disponibles. Les produits finis sont éclatés ou explosés en besoins élémentaires grâce à l'utilisation des nomenclatures et des structures des produits. Ensuite, à l'aide de la procédure typique de la PBM/MRP, un plan besoins matières (PBM) est généré, où apparaîtront les quantités de composants nécessaires, la date à laquelle ils doivent être disponibles et la date de lancement de la production. La caractéristique principale du PBM est le décalage qui existe entre les besoins exprimés et le moment où l'on passe la commande pour combler ces mêmes besoins.

La réussite de l'implantation et l'utilité de la PBM/MRP dépendent essentiellement de la disponibilité, de la fiabilité et de la précision des informations fournies à l'entrée du système, soit les fichiers des stocks, les nomenclatures, les délais de production et le plan directeur de production (PDP). Les entreprises ne possédant pas ce type d'informations ne peuvent espérer réussir l'implantation de ce mode de gestion. Elles doivent préalablement investir temps et argent pour préparer les opérations à la PBM/MRP.

Il existe des variantes de la planification des besoins matières, qui s'étend à l'ensemble des opérations de l'entreprise. On voit apparaître la planification des ressources de production (PRP/MRP-II) et la planification des ressources de l'entreprise (PRE/ERP), qui exigent la participation et l'intégration des autres fonctions de l'entreprise (finances, marketing, ingénierie, ressources humaines, etc.). Cette approche de gestion des matières a donné naissance à une philosophie d'intégration et de normalisation des informations de l'entreprise qui s'appuie sur des progiciels de gestion intégrée ERP.

La planification des besoins matières et des ressources est une approche de plus en plus utilisée par les entreprises et elle devient la norme dans le domaine de la gestion des opérations. ●

14

Terminologie

Besoins bruts (Bb) (p. 552)	Détermination de l'origine des besoins (p. 556)
Besoins nets (Bn) (p. 552)	Détermination de la taille des lots (technique de lotissement) (p. 558)
Codage de plus bas niveau (p. 550)	
Déduction automatique (p. 560)	Fiche de stock (p. 551)
Délai cumulé (p. 548)	Lancement de commande (p. 562)
Délai de sécurité (p. 558)	Lancement planifié (lancement ou besoin décalé) (p. 552)
Demande dépendante (p. 545)	Limites de périodes (p. 562)
Demande indépendante (p. 545)	Lot pour lot (lotissement) (p. 558)

Problème 1

Problèmes résolus

Voici la structure du produit fini W. Refaites la structure afin de respecter le principe du codage de plus bas niveau. Déterminez ensuite les quantités nécessaires de chaque élément pour l'assemblage de 100 unités du produit fini W.

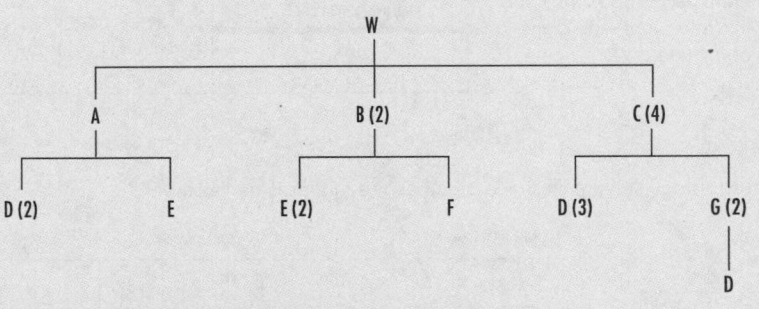

Solution

Pour chaque composante, nous ajoutons le nombre d'unités nécessaires pour le produit fini W. La nouvelle structure du produit apparaît ci-dessous.

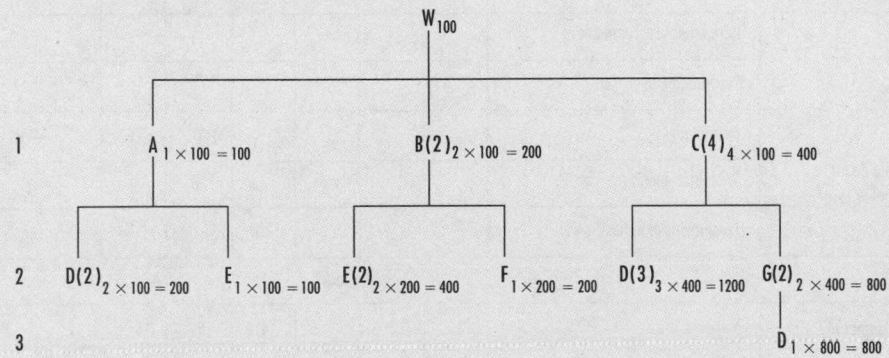

Les besoins en matières pour chaque composant apparaissent ci-contre.

Niveau	Élément	Quantité (1 W)	Quantité (100 W)
0	W	1	100
1	A	1	100
	B	2	200
	C	4	400
2	E	5	500
	F	2	200
	G	8	800
3	D	22	2 200

14

Problème 2

Soit la structure du produit fini E, décrite ci-après. Déterminez les quantités à commander de l'élément R nécessaires pour la livraison de 120 unités de E au début de la semaine 5. Les délais de livraison pour les composants des niveaux 0 et 1 sont de 1 semaine, et de 2 semaines pour les composants du niveau 2. Des réceptions sont programmées : 60 unités de M pour la fin de la semaine 1 et 100 unités de R pour le début de la semaine 1. L'entreprise fonctionne selon une politique de lot pour lot.

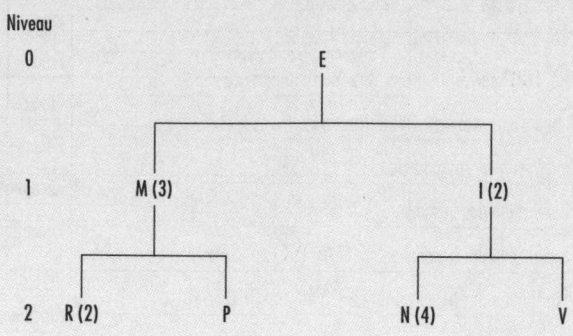

Solution

Un graphique simple illustrant l'assemblage de E et sa relation avec R aura la forme suivante ; nous avons omis sciemment le composant I, car il n'intervient pas dans la demande de R.

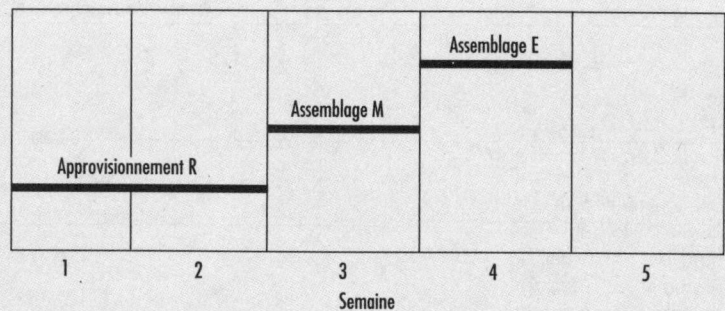

Le tableau suivant illustre le plan besoins matières de l'élément R.

Modèle PBM pour E

PDP	Semaine	1	2	3	4	5	6	7	8
	Quantité					120			

Élément E	Semaine	1	2	3	4	5	6	7	8
	Besoins bruts					120			
d = 1 sem.	Réceptions programmées								
	Stocks en main								
Taille du lot : lot pour lot	Besoins nets					120			
	Réceptions planifiées					120			
	Lancements planifiés				120				

Élément M	Semaine	1	2	3	4	5	6	7	8
3 M/E	Besoins bruts				360				
d = 1 sem.	Réceptions programmées		60						
	Stocks en main		60	60	60				
Taille du lot : lot pour lot	Besoins nets				300				
	Réceptions planifiées				300				
	Lancements planifiés			300					

14

Élément R	Semaine	1	2	3	4	5	6	7	8
2 R/M	Besoins bruts			600					
d = 1 sem.	Réceptions programmées	100							
	Stocks en main	100	100	100					
Taille du lot : lot pour lot	Besoins nets			500					
	Réceptions planifiées			500					
	Lancements planifiés	500							

Analysons les résultats de ce tableau. On voit au PDP 120 unités de E à la semaine 5.

Élément E :
Dans le paragraphe réservé aux besoins en unités de E, on voit, sous la rubrique «besoins bruts», 120 unités de E à la semaine 5 ; 120 unités en besoins nets à la semaine 5 (pas de stocks en main ni de stocks programmés), 120 unités en réceptions planifiées à la semaine 5 et décalées d'une semaine ; des besoins décalés ou lancements planifiés de 120 unités à la semaine 4.

Élément M :
Dans le paragraphe réservé aux besoins en unités de M, on voit, sous la rubrique «besoins bruts», 360 unités de M (120 E × 3 M/E) à la semaine 4 ; des réceptions programmées à la fin de la semaine 1, donc disponibles uniquement au début de la deuxième semaine, de 60 unités, qui apparaîtront sous la rubrique «stocks en main» à la semaine 2. Les besoins nets à la semaine 4 sont de 300 unités (360 − 60) décalées d'une semaine ; les besoins décalés ou lancements planifiés sont de 300 unités à la semaine 3.

Élément R :
Le paragraphe 3 est réservé aux besoins en unités de R. On voit qu'une commande de 500 unités de R doit être lancée à la première semaine.

Problème 3

Planification des besoins en capacité
On vous fournit le plan de production ci-dessous ainsi que les standards de production de l'entreprise. On vous demande de calculer les besoins en ressources pour chaque semaine. Calculez ensuite les taux d'utilisation par semaine, sachant que vous disposez de 250 heures-machines et de 200 heures-personnes.

Plan de production				
Semaine	1	2	3	4
Quantité	200	300	100	150
Temps standard				
Main-d'œuvre	0,5 h/u			
Machine	1,0 h/u			

Solution

Le tableau ci-contre convertit les temps unitaires en temps globaux nécessaires à la production de chaque semaine.

Semaine	1	2	3	4
Quantité	200	300	100	150
Temps main-d'œuvre	100	150	50	75
Temps machines	200	300	100	150

Le tableau suivant présente le calcul des taux d'utilisation par semaine et par ressource.

En analysant les résultats, on remarque une surutilisation des machines à la semaine 2 et une sous-utilisation les autres semaines. Des mesures

Semaine	1	2	3	4
Main-d'œuvre	50%	75%	25%	37,5%
Machine	80%	120%	40%	60%

correctives de lissage de la production doivent être prises. Par exemple, on pourrait transférer une partie de la production vers la semaine 1 et/ou la semaine 3, ces deux semaines disposant de ressources sous-utilisées.

1. Quelles sont les différences entre la demande dépendante et la demande indépendante ?
2. Dans quelles situations est-il intéressant d'utiliser la PBM/MRP ? Comment cette approche peut-elle être utile dans le domaine des services ? Donnez-en des exemples.
3. Décrivez brièvement les notions suivantes : PDP, nomenclature, fichier des stocks, besoins bruts, besoins nets, codage de plus bas niveau, planification décalée.

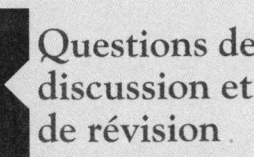

Questions de discussion et de révision

4. Comment peut-on insérer les stocks de sécurité dans le PBM?

5. Dans quelles situations les stocks de sécurité peuvent-ils être créés lors d'une PBM/MRP?

6. Qu'est-ce qu'un délai de sécurité?

7. Quelles sont les différences entre un PBM en mode variations nettes et un PBM en mode variations régénératrices?

8. Décrivez les conditions nécessaires à l'introduction et à la bonne marche de la PBM/MRP.

9. Quels sont les avantages et les limites de la PBM/MRP?

10. Comment la PBM/MRP peut-elle contribuer à accroître ou à réduire la productivité?

11. En quoi la PBM/MRP et la PRP/MRP-II sont-elles distinctes? Interdépendantes?

12. Qu'est-ce que le lotissement et à quoi sert-il? Quelle est son importance du point de vue de la demande discontinue?

13. Quelles sont les différences entre la réception planifiée et la réception programmée?

14. Quels sont les impacts des variations saisonnières sur la PBM/MRP?

15. Énumérez les coûts inhérents dont il faut tenir compte lors de l'implantation de la PRE/ERP.

16. Qu'est-ce que la planification des besoins en distribution?

Problèmes

1. a) En considérant la structure de produit suivante, déterminez la nomenclature du produit fini E.

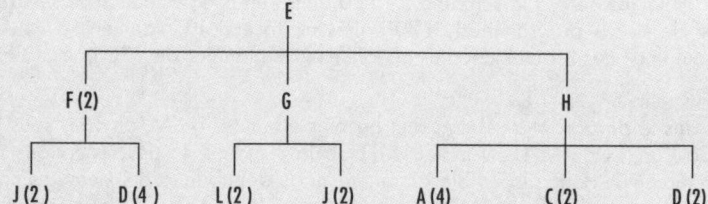

b) Tracez la structure du produit d'une brocheuse à papier.

Élément	Composant
Brocheuse	assemblage du haut et de la base
Assemblage du haut	couvert, ressort, assemblage côtés
Couvert	
Ressort	
Assemblage côtés	glissière, ressort
Glissière	
Ressort	
Assemblage de la base	base, couvert caoutchouc (2), percuteur
Base	
Percuteur	
Couvert caoutchouc	

2. On vous fournit les informations suivantes (*voir le tableau et la structure du produit correspondante*).

Élément	Produit fini	B	C	D	E	F	G	H
Délai	1	2	3	3	1	2	1	2
Stock en main	0	10	10	25	12	30	5	0

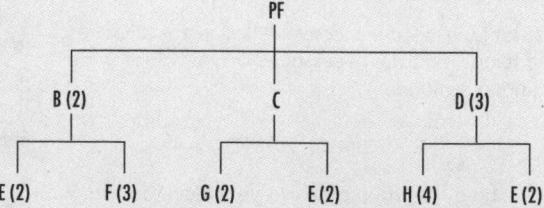

a) Combien d'unités supplémentaires de l'élément E sont nécessaires, sachant qu'il faut assembler 20 unités de plus du produit fini PF?

b) On doit livrer le PF au début de la semaine 11. Déterminez la date la plus éloignée possible pour le début des travaux.

3. Le tableau suivant indique les délais et les stocks en main des éléments nécessaires à l'assemblage du produit fini PF.

a) Combien d'unités supplémentaires de l'élément B sont nécessaires, sachant qu'il faut assembler 40 unités de plus du produit fini PF?

b) On doit livrer le PF au début de la semaine 8. Déterminez la date la plus tard possible pour le début des travaux.

Élément	Délai de livraison	Stock en main	Composants
PF	1	–	L(2), C(1), K(3)
L	2	10	B(2), J(3)
C	3	15	G(2), B(2)
K	3	20	H(4), B(2)
B	2	30	
J	3	30	
G	3	5	
H	2	–	

14

4. On désire livrer 80 unités de E au début de la semaine 6. On sait que :
   - J est commandé par caisses de 30 unités ;
   - Trois caisses de J ont été commandées : la 1re doit être livrée à la semaine 3, la 2e à la semaine 4 et la dernière à la semaine 5 ;
   - Les délais de production sont de 2 semaines pour E et B, et de 1 semaine pour J ;
   - B est fabriqué en lots économiques (LÉ) de 120 unités ;

   Les inventaires démontrent des stocks initiaux de 60 B et de 20 J.

   a) Établissez le plan besoins matières pour l'élément J.
   b) Établissez le PBM pour J selon une politique du codage du plus bas niveau.
   c) En partant du PBM de la question a), à la semaine 4, on vous informe que la demande de E est passée de 80 unités à 70. Déterminez les stocks des éléments B et J à la fin de la 6e semaine.

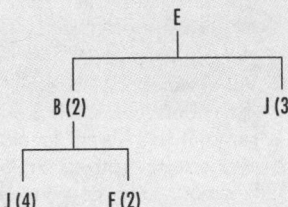

5. Le produit fini P a besoin des composants K, L et W. Les composants ont des délais de fabrication de 2 semaines, tandis que le délai d'assemblage du produit fini est de 1 semaine.

   - Les matières premières nécessaires sont : pour K, 3 G et 4 H ; pour L, 2 M et 2 N ; pour W, 3 Z. Les stocks en main sont de 20 L, 40 G et 200 H.
   - Les matières premières ont des délais de livraison de 1 semaine.
   - Les réceptions programmées sont de 10 K au début de la semaine 3, 30 K au début de la semaine 6 et 200 W au début de la semaine 3.
   - Les livraisons planifiées sont de 100 P à la semaine 6 et de 100 autres à la semaine 7.
   - La matière première G est l'objet de pertes (gaspillage) de 10 % dont il faudra tenir compte ; les commandes de H se font par lots de 200 unités.

   On vous demande d'établir :

   a) une structure du produit ;
   b) un graphique d'assemblage du produit fini P ;
   c) le PDP du produit P ;
   d) le PBM des éléments K, G et H selon une politique de lot pour lot.

6. La structure du produit ci-après représente l'assemblage d'une table T. Vous devez livrer une commande de 100 tables au jour 4, une autre de 150 au jour 5 et une dernière de 200 au jour 7. Une réception de 100 tiges de bois est programmée au jour 2. Toutes les réceptions sont planifiées pour le début des jours spécifiés. Vous disposez de 120 pieds en stock, plus un stock de sécurité de 10 %. Dans vos entrepôts, 60 traverses sont disponibles. Les délais de livraison apparaissent ci-après. Rédigez un plan besoins matières selon une politique de lot pour lot.

Quantité	Délai (jours)
1 – 200	1
201 – 550	2
551 – 999	3

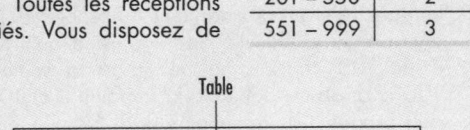

7. On a besoin de 80 unités du produit fini X au début de la 6e semaine et de 30 autres unités au début de la 8e semaine. Le composant D ne peut être commandé que par caisses de 50 unités, et des livraisons d'une caisse de D sont déjà programmées aux semaines 1, 3, 5 et 7. On possède des stocks de 30 B et de 20 D. Les délais de livraison sont fonction des quantités commandées, et la cadence de production est de 100 unités par semaine. Déterminez le plan besoins matières pour l'élément D.

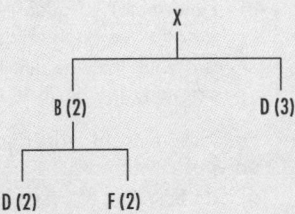

8. Mamma mia électronique distribue trois modèles de lecteurs DVD. L'entreprise achète trois circuits de base distincts (E, F et G) d'un fournisseur asiatique, auxquels elle intègre au besoin un, deux ou quatre composants du type D provenant d'un fournisseur ukrainien. Tous les délais de livraison sont de 1 semaine, sauf pour le produit C (2 semaines). Le dernier inventaire indique des stocks illimités des composants E, F et G, 10 unités de B, 10 de C et 25 de D. À part D qui est commandé par boîtes de 100, tous les éléments sont commandés en lot pour lot. Une réception de 100 unités de D est prévue à la semaine 1. Le PDP indique une demande de 40 unités de A pour la 4e semaine, de 60 unités de B pour la 5e semaine et de 30 unités de C pour la 6e semaine. Établissez un PBM pour l'ensemble des composants et de leurs produits parents.

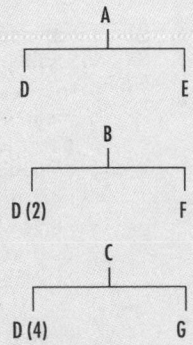

14

9. Vous avez reçu une commande de 50 tronçonneuses à livrer au début de la semaine 8, avec les informations inscrites ci-dessous :
   a) Tracez la structure du produit et le graphique d'assemblage des tronçonneuses.
   b) Établissez le PBM de la matière première E.

Élément	Délai de livraison	Stock en main	Composants
Tronçonneuse	2	15	A (2), B (1), C (3)
A	1	10	E (3), D (1)
B	2	5	D (2), F (3)
C	2	30	E (2), D (2)
D	1	20	
E	1	10	
F	2	30	

10. Vous venez de recevoir une commande de 40 robots industriels à livrer au début de la semaine 7. Avec les informations inscrites ci-dessous, trouvez la quantité d'unités de l'élément G à commander et le moment où il convient de le faire, sachant qu'il est commandé par multiples de 80 unités. Tous les autres éléments sont commandés selon la politique de lot pour lot.

Élément	Délai de livraison	Stock en main	Composants
Robot	2	10	B, G, C (3)
B	1	5	E, F
C	1	20	G (2), H
E	2	4	–
F	3	8	–
G	2	15	–
H	1	10	–

11. En vous servant des données du problème résolu 2, à la page 570, rédigez le PBM du composant I et des matières premières N et V selon les conditions décrites ci-après.
    a) Vous disposez de 100 N en entrepôt ; des réceptions programmées de 40 I et de 10 V sont attendues au début de la semaine 3 ; 120 E sont requis au début de la semaine 5.
    b) On vous informe que le PDP de E a été modifié pour 100 E à la semaine 5 et pour 55 E à la semaine 7. De plus, N est commandé par lots de 800, V par lots de 200 et I, selon une politique de lot pour lot.

12. Un fabricant de chariots électriques reçoit une commande de 200 unités à livrer au début de la semaine 8. Les informations concernant la nomenclature, le fichier des stocks et les délais de livraison apparaissent ci-après. On vous demande de :
    a) tracer la structure du produit ;
    b) tracer le graphique d'assemblage ;
    c) rédiger un PBM pour ce PDP selon une politique de lot pour lot.

Élément	Délai de livraison	Stock en main
Chariot	1	0
Haut	1	40
Base	1	20
Haut		
Supports (4)	1	200
Capot	1	0
Base		
Moteur	2	300
Carrosserie	3	50
Sièges (2)	2	120
Carrosserie		
Châssis	1	35
Contrôle	1	0
Roues (4)	1	240

13. En vous référant aux données du problème 12, une révision du plan initial vous apprend qu'il faudrait livrer 100 chariots au début de la semaine 6, 100 chariots au début de la semaine 8 et 100 chariots au début de la semaine 9.
    a) Rédigez un nouveau plan directeur de production.
    b) Déterminez la quantité et le moment pour commander les hauts et les bases des chariots.
    c) On vous informe que la capacité de l'entreprise ne permet pas d'assembler plus de 50 bases par semaine. Révisez votre PBM en conséquence tout en respectant les délais de livraison.

14. En vous référant à la figure ci-contre, on vous demande :
    a) de tracer la structure du produit du ciseau ;
    b) d'établir le plan besoins matières du ciseau, sachant que :
       • tous les délais d'approvisionnement sont de 1 période, sauf pour les gaines en plastique (2 périodes) ;
       • les stocks initiaux comprennent 200 lames droites ; 350 lames courbées ; 40 sous-assemblages du haut ;
       • on doit livrer 600 paires de ciseaux à la 6e période.

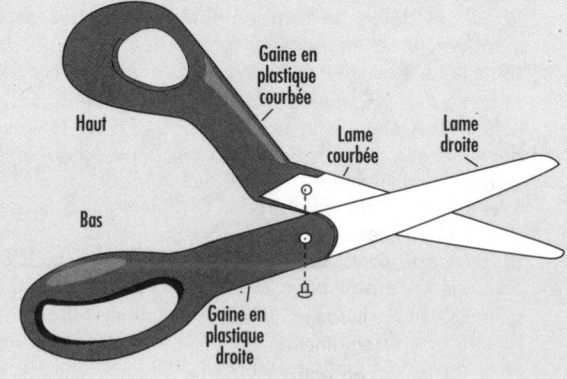

14

15. Un fabricant de matériaux de pavage prévoit les ventes suivantes (en tonnes) pour son produit principal, sur un horizon de temps de 4 semaines :

Semaine	1	2	3	4
Demande (tonnes)	40	80	60	70

Les informations sur les temps standards d'opération sont présentées ci-contre.

a) Calculez le taux d'utilisation de la main-d'œuvre et des machines par semaine.

b) Déterminez les semaines où vous prévoyez que des problèmes se poseront. Suggérez des solutions et énumérez les coûts potentiels.

	Main-d'œuvre	Machine
Standard de production (heures/tonne)	4	3
Capacité hebdomadaire de production (heures)	300	200

16. Une entreprise pharmaceutique fabriquant des produits génériques doit produire les produits A et B en suivant trois opérations : fabrication, assemblage et conditionnement. Chaque opération est effectuée par un service particulier. L'entreprise fonctionne par lots ; on termine un lot par jour, soit une opération, avant de passer à la suivante. Les temps d'opération en heures par unité ainsi que la demande pour chaque produit par jour sont présentés aux tableaux suivants. Les capacités maximales disponibles par jour et par service sont de 700 heures-personnes et de 500 heures-machines, sauf le vendredi, où les limites sont de 200 heures-personnes et de 200 heures-machines.

Produit	Temps d'opération (h/u)					
	Fabrication		Assemblage		Conditionnement	
	Main-d'œuvre	Machine	Main-d'œuvre	Machine	Main-d'œuvre	Machine
A	2,0	1,0	1,5	1,0	1,0	0,5
B	1,0	1,0	1,0	1,0	1,5	0,5

Jour	Demande (u)				
	Lun.	Mar.	Mer.	Jeu.	Ven.
A	200	400	100	300	100
B	300	200	200	200	200

a) En omettant les temps de mise en route, établissez un plan de production par jour pour chaque service en illustrant la charge totale du service.

b) En analysant la charge des trois premiers jours de la semaine, pensez-vous pouvoir répondre à la demande ? Suggérez des solutions.

17. L'ordinateur du service de la PBM/MRP est en panne. La dernière information qu'il a fournie était la suivante : lancement planifié : élément J27 = 640 unités à la semaine 2. Le personnel du service a été capable de récupérer la majeure partie des informations à l'exception du PDP du produit fini numéro 565, le seul qui requiert l'élément J27. Grâce aux informations ci-dessous, déterminez le nombre d'unités du produit 565 qui apparaissait au PDP avant la panne d'ordinateur.

Élément	Stock disponible	Taille des lots	Délai de livraison (semaines)
565	0	Lot pour lot	1
X43	60	120	1
N78	0	Lot pour lot	2
Y36	200	Lot pour lot	1
J27	0	Lot pour lot	2

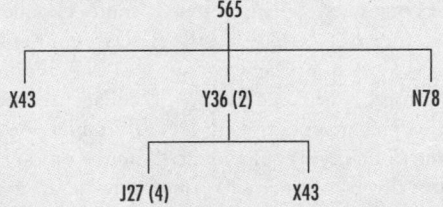

18. Rédigez un plan besoins matières pour l'élément H à partir des informations suivantes :

- On doit livrer 60 unités de A à la semaine 8.
- Les délais de livraison de tous les éléments et composants sont de 1 semaine, sauf pour B.
- Le délai de livraison de B est de 3 semaines.
- On dispose en entrepôt de 15 unités de B et de 130 unités de E.
- 50 unités du composant H sont en production et seront disponibles au début de la semaine 2.

Cas
BICIK inc.

Herbie, propriétaire de l'entreprise Bicik inc., doit pouvoir assembler 15 unités par semaine du modèle Base et 10 unités par semaine du modèle Super, et ce, pour les semaines 4 à 8 inclusivement, s'il veut satisfaire à la demande du marché. Cependant, Herbie craint de perdre le contrôle de ses approvisionnements et de ses opérations comme dans le passé où, pour certains éléments, il était en rupture de stock et pour d'autres, il ne savait pas où les entreposer. Vous lui proposez d'adopter l'approche de la planification des besoins matières et de vous laisser mettre en place le système.

Grâce aux informations fournies, vous lui promettez de préparer un PBM pour les deux produits finis, Base et Super.

Réceptions programmées :

Période 1 : 20 B ; 18 W

Période 2 : 20 S ; 15 F

Élément	Délai de livraison	Stock en main (semaines)	Règle de lotissement
B	2	5	Lot pour lot
S	2	2	Lot pour lot
X	1	5	QC = 25
W	2*	2	Multiples de 12
F	1	10	QC = 30
K	1	3	Lot pour lot
Q	1	15	QC = 30
M	1	0	Lot pour lot

*d = 3 semaines pour les commandes de 36 unités ou plus.

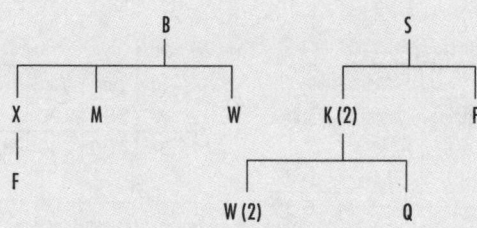

À l'aide du logiciel Excel, établissez le système PBM/MRP.

Cas
Une tournée des opérations : les meubles Stickley

www.stickley.com

Mise en situation

La compagnie de meubles Stickley, située dans l'État de New York, près de la frontière canadienne, a été fondée en 1900 par les frères Leopold et George Stickley. Les produits finis sont fabriqués à partir de bois de chêne, de cerisier et de noyer. Depuis la fin des années 1980, les produits en noyer représentent 50 % du chiffre d'affaires. Dès sa fondation, l'entreprise a vécu plusieurs situations économiquement difficiles. En effet, elle est passée de 200 employés, dans les années 1960, à moins de 20 employés en 1974, année où elle a frôlé la faillite. Actuellement, sous une nouvelle administration, Stickley est prospère : elle emploie 1 350 travailleurs, possède cinq centres de distribution, avec 120 détaillants aux quatre coins du continent.

Opération

L'usine est de forme rectangulaire et a un plafond de 15 m de haut. Le procédé de production demeure manuel, même si l'on a installé plusieurs pièces d'équipement électriques telles que scies, sableuses, toupies, etc. La facture d'électricité oscille autour de 60 000 $ par mois. L'entreprise dispose de son propre service de maintenance qui aiguise, prépare et entretient les machines et autres pièces d'équipement. Les employés ont diverses formations ; on trouve autant de personnes à tout faire que d'artisans hautement qualifiés : trois maîtres menuisiers sont en effet à l'emploi de l'entreprise. Le procédé de production débute par le débitage et le sciage du bois en diverses pièces (*voir les deux figures ci-après*). La compagnie a acquis récemment une scie rectifieuse à contrôle numérique qui a grandement amélioré la productivité et diminué les rejets. Les employés relèvent et marquent les défauts dans les planches, puis les passent à la machine. L'ordinateur détermine alors la meilleure combinaison de coupe, tout en tenant compte des défauts et des tailles

des pièces de sous-assemblage nécessaires. Près de 10 000 m linéaires de bois sont traités chaque jour. D'autres opérations de sciage sont ensuite effectuées.

Les travailleurs procèdent ensuite au collage des pièces pour former des dessus de tables, de pupitres, de commodes et autres produits. De grandes presses serreront de 20 à 30 pièces à la fois pour terminer le collage. Puis on traite les pièces de bois servant à fabriquer les pieds, les appuie-bras, etc. Viennent ensuite le sablage et le ponçage, destinés à enlever les surplus de colle, à éviter les risques d'échardes et à lisser les surfaces. Certains composants nécessitent des opérations de perçage et d'usinage. La compagnie dispose d'une toupie à contrôle numérique capable de faire des usinages délicats ; elle est utilisée par des employés qualifiés. Des travailleurs sont affectés à des opérations diverses de sous-assemblage et d'assemblage. Tous les composants et pièces de sous-assemblage sont estampillés

14

pour identification, afin qu'on puisse les situer dans l'assemblage final ; c'est le cas des tiroirs et des autres produits du même type. Des fiches descriptives accompagnent les produits : elles permettent de retracer, notamment au moment des retouches, les différentes opérations qui ont été effectuées. Une fois les produits assemblés, ils sont entreposés momentanément dans la section « stock de blanc » (les non peints) en attendant de passer à la finition, au vernissage et à la peinture pour finalement aboutir dans les entrepôts de produits finis.

Planification globale (intégrée)

Bien que la demande soit cyclique et marquée par des sommets au premier et au troisième trimestre, l'entreprise fonctionne selon un taux nivelé de production pour maintenir une main-d'œuvre constante. Les surplus de stocks du deuxième et du quatrième trimestre sont entreposés en prévision des hautes saisons. L'horizon de temps retenu est de 8 à 10 semaines.

Ordonnancement des travaux

Les tailles des lots, habituellement entre 25 et 60 pièces, sont déterminées en fonction de la demande, des coûts de lancement et d'entreposage. L'ordonnancement des travaux est déterminé en fonction des stocks disponibles et des temps d'opérations. Toutes les commandes sont accompagnées de fiches descriptives, de type code à barres, où l'on précise les opérations à accomplir et leur durée. Dès qu'une opération est terminée, l'opérateur détache le coupon correspondant, qu'il remet au service du contrôle des opérations. Les données inscrites sur le coupon sont alors enregistrées dans l'ordinateur, ce qui permet de suivre l'avancement des travaux.

La politique actuelle de planification et d'ordonnancement entraîne des variations considérables du niveau des stocks dans l'entreprise.

Gestion des stocks

L'entreprise possède des stocks de matières premières, de composants de sous-assemblage, de produits finis en blanc et de produits finis peints, mais peu de stocks de pièces en cours de production. Selon Stickley, les stocks de composants de sous-assemblage jouent deux rôles importants. Tout d'abord, ils permettent de réduire les délais de fabrication des nouvelles commandes urgentes, car une partie des opérations a été faite et l'entreprise n'a pas besoin de recommencer la production au début. Ensuite, cela permet de travailler à certains postes de travail inoccupés ou dont le taux d'utilisation est bas. Si cette politique a pour résultat d'augmenter les stocks de composants, elle donne en revanche une plus grande flexibilité et crée des stocks tampons. Les planificateurs utilisent judicieusement cette approche en regroupant les composants du même type ou de la même famille avant de commencer la production. Ils choisissent des séquences de production qui minimisent les temps de mise en route.

Qualité

Chaque employé est responsable de la qualité de son opération. Il vérifie les produits reçus, les transforme et vérifie le résultat. Il doit mentionner tout défaut remarqué. Une équipe spéciale a la responsabilité d'assister les travailleurs dans cette fonction, outre le fait d'assurer la qualité globale des activités de l'entreprise. L'entreprise considère sérieusement l'adoption d'une politique de gestion intégrale de la qualité (TQC).

Questions

1. Décrivez le type de produit et la méthode de production utilisés à la compagnie Les Meubles Stickley. Indiquez leurs caractéristiques.

2. Comment l'entreprise procède-t-elle pour surveiller l'avancement des travaux et pour faire le suivi des commandes ?

3. Si l'entreprise reçoit une commande de 40 mobiliers de salle à manger en noyer de type spécial, décrivez succinctement sa façon de gérer cette commande.

4. Quels sont les avantages de cette commande et les problèmes potentiels qu'elle peut soulever ?

5. Pouvez-vous suggérer quelques améliorations quant à la gestion ou à la façon de procéder de l'entreprise ?

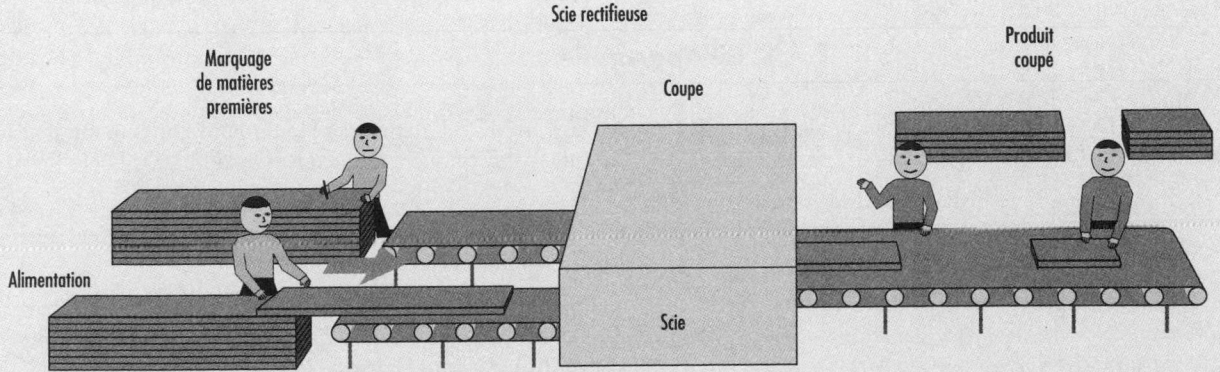

14

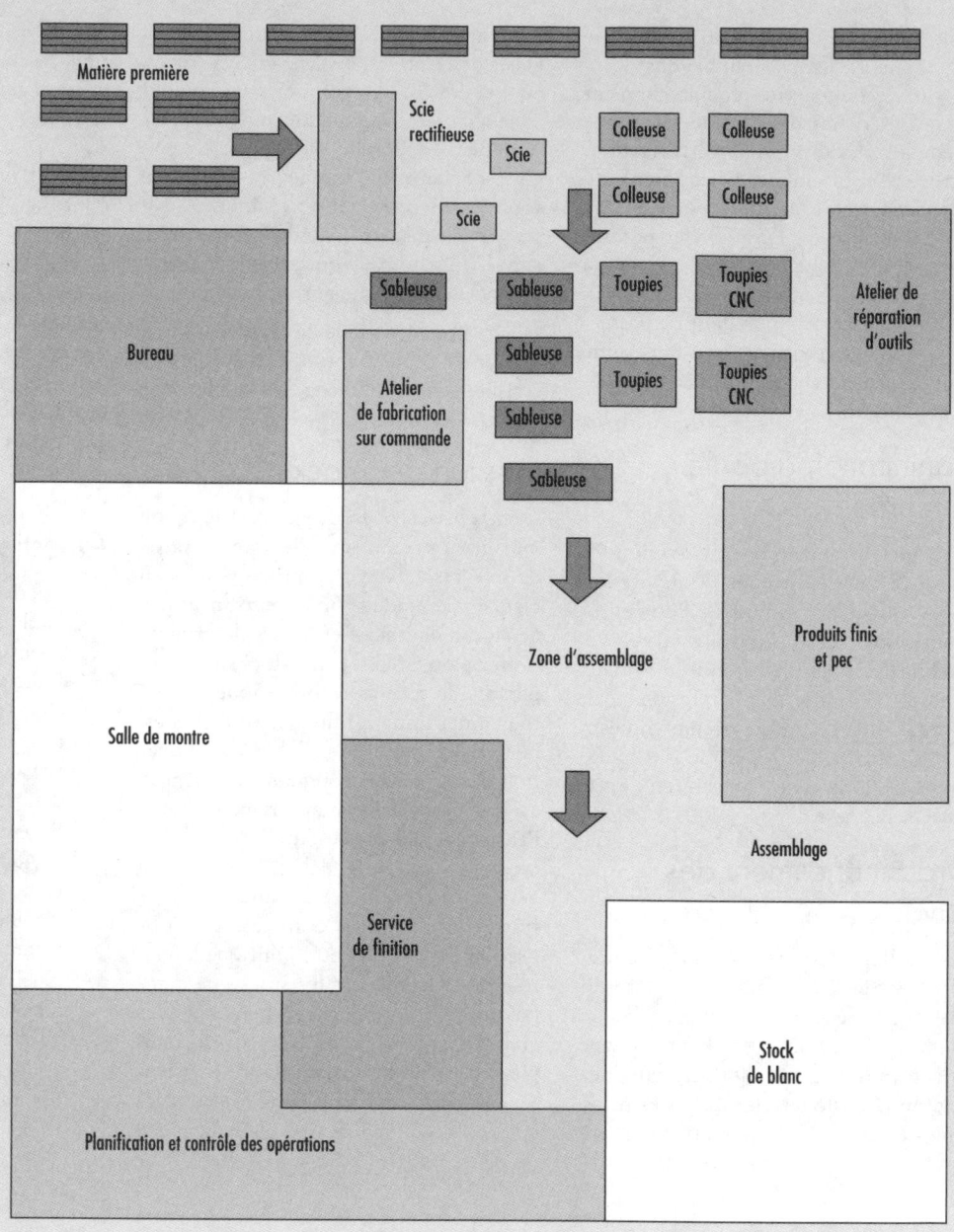

14

Bibliographie

Bennett, Wayne D. « The Big Risk for Small Fry », *CIO Magazine*, 15 mai 2000.

Davenport, Tom. « Long Live ERP », *CIO Magazine*, 1er mars 2000.

Davenport, Tom. *Mission Critical : Realizing the Promise of Enterprise System*, Boston (Mass.), Harvard Business School Press, 2000.

Hopp, Wallace J., et Mark L. Spearman. *Factory Physics*, Burr Ridge (Ill.), New York, Richard D. Irwin, 1996.

Jacobs, Robert F., et D. Clay Whybark. *Why ERP ? : A Primer on SAP Implementation*, New York, Irwin/McGraw-Hill, 2000.

Jeffrey, Bill, et Jim Morrison. « ERP One Step at a Time », *CIO Magazine*, 1er septembre 2000.

Kapp, Karl M., Bill Latham et Hester Ford-Latham. *Integrated Learning for ERP Success*, Boca Raton (Fla.), St. Lucie Press, 2001.

Orlicky, Joseph. *Material Requirements Planning*, New York, McGraw-Hill, 1975.

Vollmann, Thomas E., William L. Berry et D. Clay Whybark. *Manufacturing, Planning and Control Systems*, 4e édition, Burr Ridge (Ill.), Richard D. Irwin, 1997.

Wheatley, Malcolm. « ERP Training Stinks », *CIO Magazine*, 1er juin 2000.

Wight, Oliver W. *The Executive's Guide to Successful MRP II*, Williston (Vt.), Oliver Wight Publications Ltd., 1982.

Chapitre 15

Les opérations épurées

Objectifs d'apprentissage

Définir le système d'opérations épurées ou optimisées et ses liens avec la production à valeur ajoutée (PVA) et la production en juste-à-temps (JAT);

Présenter les objectifs des opérations épurées (OÉ) et expliquer leur importance;

Énumérer les éléments du JAT et les décrire;

Connaître les avantages du système d'opérations épurées et de PVA;

Souligner les points dont il faut tenir compte durant la conversion d'un mode de production traditionnel en un système de PVA;

Connaître les embûches à éviter lors de l'implantation d'un système épuré;

Décrire le graphique de la chaîne de valeur.

Dans ce chapitre, nous décrivons une manière tout à fait différente de gérer les opérations que nous appelons la «production épurée ou optimisée». Depuis les premiers écrits traitant de ce sujet au milieu des années 1990, cette approche (*lean operation*) a reçu plusieurs appellations, soit *lean production*, production allégée, production optimisée, production au plus juste; certains l'apparentent même au système juste-à-temps. Nous avons toujours préféré[1] la notion d'opérations épurées, pour y inclure aussi bien le secteur des produits que celui des services. Pour bien saisir et démystifier cette approche, il est important d'en comprendre les origines. L'approche des opérations épurées est une philosophie de gestion des opérations. Elle s'appuie sur un ensemble de techniques et d'outils qui ont été développés au fil des années pour d'abord gérer le secteur manufacturier, puis toutes les opérations. Les opérations épurées découlent de l'évolution logique et naturelle de l'organisation du travail, dont les débuts datent des travaux de Taylor, de Fayol, de Ford et d'autres pionniers dans ce domaine (*voir le chapitre 1*). En effet, le père de la production épurée moderne, l'ingénieur Taiichi Ohno de Toyota[2], avec l'appui de Shigeo Shingo, déclarait: «Si le père de l'industrie automobile moderne, Henry Ford, vivait encore, il ferait la même chose que ce que nous faisons avec notre système de production Toyota.»

Les entreprises qui ont adopté la production épurée fonctionnent avec le minimum de «surplus» de facteurs de production[3] dans tous les secteurs: le minimum de stocks, le minimum de machines et d'équipement, le minimum d'employés, etc. Théoriquement, elles ne disposent d'aucun «gras», soit de zéro surplus. Appliquée à l'ensemble des activités de l'entreprise, de la fabrication aux différentes tâches connexes, la production épurée donne lieu à l'expression «opérations épurées». Cette philosophie de gestion se concentre sur la tâche, le produit ou le service à créer. Tout système et organisme doit contribuer à ajouter de la valeur, d'où la notion de valeur ajoutée, développée au chapitre 1, de **production à valeur ajoutée (PVA)** ou opération à valeur ajoutée (OVA). Il faut donc faciliter les activités permettant d'atteindre cet objectif et éliminer tout obstacle s'y opposant. Toutes les tâches et les activités qui n'apportent pas de valeur ajoutée doivent être éliminées; le système d'opération sera donc optimisé ou épuré. Or, l'ensemble des techniques développées pêle-mêle depuis le début de l'ère industrielle (gestion intégrale de la qualité, juste-à-temps, production flexible, impartition, etc.) visait à faire plus de produits et de services en utilisant moins de ressources matérielles, humaines ou financières. Cependant, ces techniques le faisaient tantôt en minimisant les délais, tantôt en réduisant les matières premières ou l'énergie, ou les ressources humaines, etc. La **production optimisée ou épurée** est plus intégrante: il s'agit donc tout simplement d'une philosophie de gestion visant à créer le maximum de produits et de services utiles, donc à valeur ajoutée élevée, en utilisant le minimum de ressources et en éliminant toute forme de gaspillage. Cela représente toutefois un défi énorme, car il faut avoir une vision et une connaissance globale de la gestion des opérations, qui intègre les objectifs de l'entreprise, l'ensemble des ressources et les objectifs propres et souvent contradictoires des intervenants: finances, marketing, fournisseurs, concurrents et clients. La gestion des opérations en mode épuré et optimisé implique toutes les sphères de l'activité humaine, notamment l'écologie quand on diminue notre consommation et qu'on minimise les rejets. Elle vise à atteindre l'optimum de l'environnement PESTE (*voir le chapitre 1*).

Production optimisée ou épurée

Philosophie de gestion des opérations visant à créer le maximum de produits et de services utiles à grande valeur ajoutée, en utilisant le minimum de ressources et en éliminant toute forme de gaspillage[4].

15.2 La production épurée et le juste-à-temps

La philosophie de la production épurée, ou encore l'optimisation des opérations, comme on la connaît aujourd'hui a commencé avec les travaux de Taiichi Ohno dans ce qu'il a appelé le juste-à-temps (*voir la section 15.1*).

---

1. Nous tenons à reconnaître l'apport de M. René Rochette, ing. Ph. D., professeur à l'UQTR, pour sa contribution dans ce domaine et en ce qui concerne la terminologie (voir la première édition, 2001).

2. Voir la notion de toyotisme ou TPS (*Toyota production system*).

3. Facteurs de production: ressources nécessaires à l'exploitation (machines, main-d'œuvre, matières, etc.) (*voir le chapitre 1*).

4. L'Institut canadien des comptables agréés définit ainsi la production optimisée en 2006: «Ensemble de méthodes et de techniques de gestion de la production axées sur l'objectif de faire plus avec moins, en éliminant systématiquement toute ressource ou toute activité de production qui n'ajoute pas de valeur au produit ou au service.»

La notion de **juste-à-temps (JAT)** fait référence à un système de production dans lequel la circulation et la manutention des produits et des services sont soigneusement synchronisées à chaque étape du processus, et ce, dès la réception en provenance des fournisseurs jusqu'à la livraison au client. Le client peut être aussi bien un client interne qu'externe. On observe alors un flux continu de matière, qu'on doit gérer sans interruption du cycle de production et sans que des produits soient mis en attente entre les étapes du processus. Chaque lot lancé en production, habituellement le plus petit possible, arrive à une étape juste au moment où le lot précédent vient d'être terminé, d'où l'expression «juste-à-temps». Certains auteurs préfèrent l'expression **flux tendu,** mais c'est l'expression «juste-à-temps» qui est utilisée tout au long du présent chapitre. Pour réaliser le juste-à-temps, il est impératif que la façon de faire (le processus) de l'entreprise soit libérée de toute tâche superflue, ce qui n'entraîne aucun gaspillage de ressource.

Il existe deux courants de pensée en ce qui concerne la planification et le contrôle de la production et des stocks (PCPS): l'approche de la planification des besoins matières (PBM/MRP), abordée au chapitre 14, et le juste-à-temps (JAT). Certains considèrent que le JAT s'applique à la production continue, tandis que la PBM/MRP s'adapte mieux à la production interrompue ou par lots. Dans la pratique, toutefois, on observe que les deux systèmes s'appliquent aussi bien en production intermittente qu'en continu et, par ailleurs, qu'ils sont applicables dans le domaine des services. Il demeure que la PBM/MRP est un système de planification assez complexe qui exige un suivi et un contrôle rigoureux des centres d'opération (ateliers, services et autres). Elle requiert une planification et un ordonnancement des travaux assistés par ordinateur pour permettre d'assurer le suivi et le respect des délais de livraison et de travail. De son côté, le JAT, jumelé aux opérations épurées, par définition, doit être simple et composé d'un système minimal de déclenchement des activités; le contrôle se fait à l'aide de signaux visuels et sonores (*voir la sous-section 15.5.3*) auxquels les gestionnaires réagissent rapidement. De plus, le JAT est caractérisé par une approche *pull* (tirer) plutôt que *push* (pousser); c'est la raison pour laquelle certains auteurs parleront du JAT comme un système à flux tiré. En effet, en JAT, les activités en aval déclencheront une demande pour les activités les précédant, celles en amont. Toutefois, dans l'approche classique *push*, la production est déclenchée en amont et elle est ensuite poussée vers les activités suivantes (*voir la sous-section 15.5.4*). La description du JAT et de ses relations étroites avec la production épurée, de ses caractéristiques (avantages, inconvénients) et des obstacles à éviter sera présentée au moment d'appliquer cette approche.

Tel qu'il a déjà été mentionné, le système juste-à-temps a vu le jour au Japon, à la fin des années 1940, grâce à Taiichi Ohno, alors directeur d'une des usines de production de Toyota et plus tard vice-président de la compagnie de 1975 à 1978. Il voulait ainsi réduire les coûts des opérations et accroître la flexibilité de l'entreprise. Ses méthodes ont donné naissance à ce que l'on convient d'appeler le **système de production Toyota – TPS** (*Toyota production system*) ou «toyotisme». Plusieurs aspects du JAT existent depuis plus d'un siècle; Ohno n'a fait que les adapter au XXᵉ siècle. En effet, le JAT permet aux gestionnaires d'établir des plans et des programmes de production de façon à avoir le minimum de produits en cours et de produits finis en stock. On pourrait en exprimer le postulat de base de la façon suivante: «Pourquoi faire aujourd'hui ce qu'on peut faire demain?»

Le JAT demande une coordination chronologique parfaite entre la conception du produit, son lancement en production et sa mise en marché. Du point de vue des opérations, il permet un flux continu et rapide des matières dans la chaîne de travail. L'approche JAT touche donc tous les aspects du processus d'offre du bien ou du service. Son application dans le domaine des services est à peine amorcée, en dépit du fait que ce secteur y gagnerait énormément, ne serait-ce que dans les domaines de la restauration, des systèmes de santé, du commerce au détail ou de la chaîne d'approvisionnement (*voir le chapitre 11*).

La recherche de la qualité est un facteur important en JAT, autant en ce qui concerne le produit que le processus nécessaire pour le créer. En effet, des rejets, causés souvent par des processus mal adaptés, consomment inutilement des ressources et occasionnent des retards. Les entreprises ayant adopté cette approche fonctionnent par lots de très petite taille, par exemple de 10 unités par lot, et en respectant des horaires très serrés. Pour ce faire, il faut minimalement:

a) disposer de temps d'opération précis, connus et sous contrôle. Pour cela, il est totalement utopique, contrairement à ce que certains prétendent, d'appliquer le JAT sans une organisation du travail scientifique rigoureuse et une mesure des temps professionnelle et précise (*voir l'OST au chapitre 7*).

b) posséder un système d'opération très fiable, où l'on enregistrera un minimum d'arrêts dus à des pannes, à des ruptures de stock ou à l'absentéisme des travailleurs. Ces derniers

Juste-à-temps

Système de gestion de la production en flux tendu visant la fabrication, la manutention, le stockage et la disponibilité des bonnes quantités au bon moment, à chaque étape du processus.

15

sont formés non seulement pour travailler avec le système, mais aussi pour assurer son bon fonctionnement et l'améliorer. La maintenance et la fiabilité (*voir le chapitre 18*) de l'équipement, la compréhension du système, la motivation et l'implication des travailleurs sont les pierres angulaires du JAT.

Des idées préconçues. Le JAT ne convient pas à toutes les entreprises. Il est souvent utilisé pour des produits comme l'automobile, car, dans ce domaine, il est possible de produire en fonction de la demande des clients, de s'y adapter et ainsi d'éviter de grosses accumulations de stocks de produits finis. Mais il est moins utilisé pour la production de biens de consommation très standardisés. Dans ce cas, les fabricants, au lieu d'utiliser le mode de fabrication sur commande (produits sur commande), fonctionnent généralement en fonction du mode de fabrication pour stockage (produits standards) : tôt ou tard, ces stocks seront écoulés. Comme la prévision est sujette à l'erreur en raison de la variabilité de la demande, les stocks de biens finis permettent aux fabricants d'amortir les perturbations causées par les différences entre la prévision et la demande réelle. Ce type d'entreprises ne sentent pas le besoin de synchroniser leurs opérations, mais elles supportent des coûts de possession des stocks et de rupture élevés (*voir le chapitre 13*). Tant qu'elles sont en situation de monopole, elles pensent bien s'en sortir. La situation est tout autre quand les concurrents se présentent en offrant les produits à de meilleurs coûts et conditions (délais, lieux, qualité de service).

Nous attirons l'attention sur les différents domaines qui entrent en jeu dans l'approche **opération épurée ou allégée** et juste-à-temps (qui ont été nommés : prévision, organisation du travail, ordonnancement, maintenance, fiabilité, qualité, etc.). On voit (et on le répétera souvent) qu'il est important d'intégrer tous les domaines et toutes les techniques afin d'assurer la réussite de la philosophie des opérations épurées.

15.3 L'approche Toyota

Quand on a demandé à Eiji Toyoda, alors vice-président de Toyota, quels étaient le secret du JAT et sa source d'inspiration, il a répondu qu'il n'y avait aucun secret et que le maître à penser était Henry Ford quand, dans les années 1910, il a appliqué ces principes à la fabrication de la Ford T à l'usine de River Rouge, au Michigan. En construisant l'usine fabriquant les pare-brise le plus près possible de la chaîne d'assemblage, Henry Ford avait fait passer le coût du pied carré de verre de 1,50 $ à 0,20 $. Les fondements de base de la logistique, de la chaîne d'approvisionnement et de la synchronisation de la production avec la demande venaient d'être lancés.

En adoptant la philosophie de l'**optimisation des opérations** (ou opérations épurées), la compagnie Toyota s'est hissée au premier rang des fabricants automobiles en 2009. Depuis, elle s'est éloignée de sa propre philosophie et a ainsi perdu les avantages compétitifs dont elle jouissait. Par exemple, Toyota a voulu maximiser ses revenus en recherchant des fournisseurs qui offraient des composants à moindre prix, et ce, au détriment de la qualité. Heureusement, Toyota garde un savoir-faire et possède toujours les capacités qui peuvent lui permettre de se relever. Sa philosophie est appliquée avec succès par ses concurrents, dans plusieurs secteurs, par exemple le secteur manufacturier, les hôpitaux et les transports.

Avec sa philosophie de gestion des opérations, Toyota a été capable d'accomplir quelque chose que H. Ford ne pensait pas possible à son époque. En effet, la chaîne de production de masse classique est basée sur une normalisation à outrance des processus permettant de fabriquer des produits standards : pour minimiser les coûts de production, on sacrifie la flexibilité au profit de la standardisation et de l'économie d'échelle (*voir l'économie d'échelle versus la déséconomie d'échelle au chapitre 5*). L'approche du TPS (*Toyota production system*) a redonné à la production de masse la flexibilité perdue en misant sur les petits lots et la déséconomie d'échelle.

Pour certains, le JAT n'est simplement qu'un bon système de planification et d'ordonnancement visant à minimiser les stocks des produits en cours (PEC) et des produits finis. La production épurée (*lean manufacturing*), jumelée au juste-à-temps, est beaucoup plus que cela. C'est une philosophie d'entreprise qui intègre toutes les fonctions de l'entreprise : l'étude de marché, la conception du produit, l'ensemble des opérations (production et autres), le service après-vente, pour retourner à l'étude de marché. Cette philosophie a comme objectif d'éliminer tout gaspillage : temps et espace perdus, produits rejetés, tâches reprises, stocks trop élevés, transactions administratives inutiles. En opération épurée, le **gaspillage** a un sens spécifique : tout ce qui ne porte pas de valeur ajoutée au produit. C'est un vrai système épuré de toute tâche superflue qui ne crée pas de valeur ajoutée. C'est pour cela qu'on l'a appelée **production ou opération épurée** (plutôt qu'allégée) associée à la PVA (production à valeur ajoutée).

Gaspillage

En opération épurée, tout ce qui ne porte pas de valeur ajoutée au produit.

Dans les systèmes épurés, la qualité fait partie intégrante du processus et du produit. Pour les entreprises y ayant adhéré, il en résulte un niveau de qualité qui leur permet d'opérer avec de petits lots et des échéanciers (programmes et charges de travail) très serrés. Ces systèmes possèdent un haut niveau de fiabilité; les sources majeures d'inefficience et de retard sont éliminées; les travailleurs sont impliqués dans la création du produit et du processus et dans leur amélioration.

Un vocabulaire spécifique a été conçu pour décrire cette philosophie (*voir le tableau 15.1*), même si cette dernière n'est que le résumé d'une approche logique et directe des notions fondamentales du **génie industriel** préconisées tout au long de cet ouvrage.

muda	gaspillage et inefficacité, à éliminer et à éviter
kanban	système manuel pour signaler le besoin de composants et de matière
flux tiré	les activités en aval déclenchent la demande (*voir le chapitre 16*)
heijunka	équilibrage constant des opérations (*voir le chapitre 6*)
kaïzen	amélioration continue du processus (*voir le chapitre 9*)
jidoka	création de la qualité à la source (*voir les chapitres 4 et 9*)
poka-yoke	détrompeurs, conception de systèmes et de produits à l'épreuve des erreurs
équipe autogérée	organisation du travail (*voir le chapitre 7*)

◀ **TABLEAU 15.1**

Vocabulaire propre aux systèmes d'opérations épurées

La figure 15.1 résume les objectifs et les éléments de la philosophie du système d'opérations épurées.

◀ **FIGURE 15.1**

Philosophie du système d'opérations épurées

But ultime — Flux rapide équilibré

Objectifs intermédiaires — Éliminer arrêts; système flexible | Réduire temps de mise en route et délais | Éliminer rejets, stocks

Design produit :
- standardisé
- modulaire
- qualité

Design processus :
- normalisé
- cellules
- SMED
- flexible
- PEC limités
- amélioration
- qualité
- minimum d'entrepôts
- petits lots

Planification et contrôle de production :
- nivelage
- flux tiré
- visuel
- relations fournisseurs
- transactions en nombre réduit

Gestion ressources humaines (GRH) :
- considérées comme des actifs
- formation croisée
- amélioration continue
- coûts de revient
- leadership/gestion de projets

Éléments

Source: Adapté de l'ouvrage de Vollmann, Thomas E., William L. Berry et D. Clay Whypark, *Manufacturing Planning and Control Systems*, 3ᵉ édition, Burr Ridge (IL), Richard D. Irwin, 1992, p. 76.

Génie industriel

Le génie industriel vise l'amélioration de la productivité, de l'efficacité et du contrôle des coûts. Il porte sur la conception, l'implantation, l'amélioration et l'opération des systèmes intégrés des ressources humaines et matérielles, de l'équipement et de l'énergie. La profession s'appuie sur les sciences physiques, mathématiques et sociales, sur les principes et méthodes d'analyse et de synthèse de l'ingénierie afin de préciser, de prédire et d'évaluer les résultats que de tels systèmes permettent d'atteindre.

15

15.4 Les objectifs des opérations optimisées

Le but premier de la mise en application d'une gestion optimisée des opérations, ou système d'opérations épurées, est d'assurer un flux régulier et rapide des produits et des services dans la chaîne de production. Le principe est le suivant: minimiser les délais de traitement en utilisant les ressources de façon optimale. La réalisation de cet objectif dépend de l'atteinte des sous-objectifs suivants :

1. éliminer les perturbations ;
2. rendre le système flexible ;
3. réduire les temps de mise en route et les délais ;
4. réduire les stocks au minimum ;
5. éliminer le gaspillage.

Voyons ces sous-objectifs en détail.

1. Les perturbations sont causées par plusieurs facteurs : mauvaise qualité, bris de matériel, changements d'horaires et retards de livraison. Dans la mesure du possible, il faudrait éliminer tous ces facteurs pour réduire l'incertitude avec laquelle les employés doivent composer.

2. Un système flexible est assez robuste (*voir la conception robuste au chapitre* 4) pour traiter plusieurs produits, souvent de façon quotidienne, et pour s'adapter aux changements concernant la sortie du produit, tout en maintenant un équilibre et une cadence acceptable de production. Un tel système peut fonctionner même dans un environnement instable ou un environnement de risque et d'incertitude.

3. Les temps de mise en route et les délais de livraison prolongent indûment un processus sans ajouter de valeur au produit (faible valeur ajoutée). De plus, des temps de mise en route et des délais longs ont un effet négatif sur la flexibilité du système ; aussi leur réduction constitue-t-elle un objectif d'amélioration continue.

4. Les stocks prennent de la place et augmentent les coûts du système, sans parler des autres inconvénients qui peuvent en découler. On doit les réduire au minimum.

5. Les pertes et les rejets sont des ressources gaspillées. L'élimination des pertes peut libérer les ressources et améliorer la production.

Selon la philosophie du système d'opérations épurées ou optimisées, le gaspillage est l'ennemi premier. Il existe sept sources de gaspillage :

1. **la surproduction :** elle comprend une utilisation excessive des ressources manufacturières pour satisfaire à une demande hypothétique ;
2. **les stocks élevés :** ce sont des ressources inexploitées qui camouflent les problèmes liés à la qualité et à l'inefficacité de la production ;
3. **les temps d'attente :** les attentes entre deux opérations successives nécessitent de l'espace et n'ajoutent pas de valeur au produit ;
4. **les mises en route :** de nombreuses mises en route créent des étapes de travail superflues, sans valeur ajoutée, tout en augmentant le nombre des premières unités gâchées ;
5. **les opérations inutiles ou suropérations :** elles sont dues à des méthodes de travail inefficaces ;
6. **la manutention superflue :** un mauvais aménagement entraîne beaucoup de manutention et de circulation des matériaux, qui augmentent les stocks d'encours ;
7. **les rejets :** ils occasionnent des coûts de réusinage et des pertes de marché en raison du mécontentement des clients et des délais de livraison non respectés.

L'existence de ces pertes, ou gaspillage selon la philosophie d'opérations optimisées, indique qu'il y a place à l'amélioration. Une liste des pertes permet aussi de cibler les possibilités d'amélioration continue du processus, ou *kaïzen.*

Le tableau 15.2 énumère les sept ennemis des opérations épurées et les fonctions de la gestion des opérations qui peuvent leur faire obstacle.

TABLEAU 15.2 ▶

Les sept ennemis des opérations épurées

Les sept ennemis	Fonctions de la gestion des opérations concernées
1. Surproduction	Prévision et planification de la production (PCPS*)
2. Stocks élevés	Gestion des stocks (PCPS)
3. Délais longs	PCPS, OST**, gestion de la maintenance
4. Mises en route	PCPS, OST, gestion de la maintenance
5. Suropérations	OST
6. Manutention superflue	Aménagement, manutention et circulation (AMC)
7. Rejets	Contrôle et assurance de la qualité

* PCPS : planification, contrôle de la production et des stocks.
** OST : organisation scientifique du travail.

Selon Masaaki Imai[5], la philosophie du *kaïzen* est basée sur les 10 principes suivants :

1. l'ennemi premier est le gaspillage et pour s'y attaquer, il faut se salir les mains (s'impliquer) ;
2. l'amélioration doit être continue et graduelle ; ne pas chercher les grands coups occasionnels ;
3. tout le monde doit s'impliquer et à tous les niveaux : gestionnaires supérieurs, intermédiaires et travailleurs ;
4. le *kaïzen* est basé sur une stratégie économique à coûts faibles ; ne requiert pas une grande technologie ni de consultants externes (il existe d'autres approches pour cela) ;
5. le *kaïzen* s'applique partout dans l'organisation ;
6. le *kaïzen* est soutenu par des systèmes visuels, simples, en totale transparence et à la portée de tout le monde en soulignant les sources de gaspillage ;
7. le *kaïzen* focalise l'attention sur les activités à valeur ajoutée ;
8. la stratégie est orientée vers le processus ;
9. l'amélioration provient d'une nouvelle façon de penser et non pas d'une nouvelle façon de travailler, qui en découlera naturellement par la suite ;
10. l'ensemble de l'organisation est en processus d'apprentissage ; on apprend en faisant.

15.5 Les éléments de la gestion optimisée selon la philosophie épurée

Pour obtenir des opérations épurées de tout gaspillage et atteindre une gestion des opérations optimisée, on doit remplir les exigences minimales suivantes :

1. une conception adéquate du produit ;
2. une conception du processus en conséquence ;
3. une gestion adaptative des ressources humaines ;
4. une planification et un contrôle des opérations flexibles.

L'édifice de la gestion optimisée selon une philosophie épurée est illustré à la figure 15.1, à la page 583. Deux paramètres importants accompagnent ces exigences, soit la vitesse des opérations et leur simplicité.

Analysons en détail chacune des quatre exigences.

15.5.1 La conception du produit

La conception (ou design) du produit est constituée de trois éléments clés :

a) la standardisation des composants et des matières ;
b) la conception modulaire ;
c) la qualité.

Les deux premiers éléments font référence aux paramètres de vitesse et de simplicité.

a) **La standardisation des composants et des matières utilisés** pour créer le produit fera en sorte que les travailleurs auront à manipuler le moins de pièces différentes possible. Par conséquent, les coûts et les temps de formation seront réduits d'autant. Les achats, la manutention et le contrôle de la qualité seront simplifiés et favoriseront l'amélioration continue. De plus, le processus de fabrication pourra être facilement normalisé (rappelons qu'on standardise les produits et qu'on normalise les processus ou méthodes de production en conséquence).

b) **La conception modulaire** suit le même schéma de pensée que la conception des produits. Rappelons qu'un module (*voir le chapitre 4*) est un regroupement de pièces et de composants traité comme une unité de sous-assemblage. En normalisant le design d'un module, on simplifie la production de ce module, et, par le fait même, la nomenclature du produit final. Par exemple, dans l'industrie automobile, on peut avoir le module « chaîne stéréo » ou « ventilation ». Pour la chaîne d'assemblage final, la chaîne stéréo est traitée comme une matière première quelconque, au même titre que les pneus. Désirant offrir au client un certain choix dans les chaînes stéréo, on standardisera le plus possible le design des différents modules afin qu'ils puissent s'intégrer facilement au tableau de bord, bien que chaque chaîne puisse avoir des caractéristiques différentes.

5. Massaki Imai, *Kaïzen : The Key to Japanese Competitive Success*, New York, McGraw-Hill, 1989.
Massaki Imai, *Gemba Kaïzen : Commonsense Low-Cost Approach to Management*, New York, McGraw-Hill, 1997.

Différenciation retardée
Délai apporté à la fabrication du produit fini en attendant les modifications possibles des composants et d'autres modules de base.

La standardisation présente toutefois des inconvénients: une réduction de la variété des produits offerts et la résistance à l'égard des changements apportés au produit initial. On peut parfois pallier ces inconvénients en utilisant la **différenciation retardée.**

Un gestionnaire peut reporter sa décision concernant les produits finis pendant que les portions standards sont fabriquées. Quand on détermine avec exactitude les différents produits nécessaires, le système peut rapidement réagir en produisant les portions restantes de ces produits. La vente d'une voiture illustre ce phénomène. Dans l'exemple de chaîne stéréo pour auto, on fait en sorte que les différents modèles s'adaptent au même espace dans le tableau de bord afin de pouvoir facilement les installer chez le concessionnaire. Ainsi, on est en mesure de répondre rapidement à une variété de demandes, ce qui évite de faire attendre le client qui désire passer une commande personnalisée.

c) **La qualité** est la condition *sine qua non* des opérations épurées. Elle est primordiale, car une mauvaise qualité engendre d'importantes perturbations dans le flux de travail. Avec le système juste-à-temps, le flux de travail doit être régulier. En raison de la petite taille des lots et de l'absence de stock de sécurité, la production cesse quand surviennent les problèmes et elle ne peut reprendre avant que ces derniers ne soient résolus. Comme l'arrêt des opérations est coûteux et entraîne des baisses dans les quantités produites, il devient impératif d'éviter le plus possible les pannes et d'avoir une capacité de résolution de problèmes.

Le système juste-à-temps implique que toutes les opérations soient réalisées au bon moment. Donc, aucune perturbation n'est tolérée, pour quelque raison que ce soit. Pour y arriver, aucun produit ne doit être rejeté ou aucune opération ne doit être reprise. On attaque l'objectif qualité sous trois angles. Tout d'abord, il faut déterminer la qualité à partir du produit et du processus de production, ce qui permet d'atteindre de très hauts niveaux de qualité. En effet, le fait de standardiser les produits implique de normaliser en conséquence les méthodes de travail et l'utilisation des machines. Dans ce contexte, les travailleurs connaissent à fond leurs tâches spécifiques ainsi que les machines et les procédés utilisés. Deuxièmement, on peut amortir le coût de la recherche de la qualité lors de la conception du produit (c'est-à-dire au premier stade) sur plusieurs unités, ce qui entraîne un faible coût par unité. Finalement, il convient de choisir des niveaux de qualité appropriés en fonction du client final et du potentiel de fabrication (*voir les niveaux et les politiques de qualité au chapitre 9*). Ainsi, la conception du produit et la conception du processus sont étroitement liées.

15.5.2 La conception du processus

Il convient d'atteindre huit objectifs lors de la conception du processus:

1. des lots de petite taille;
2. la réduction des temps de mise en route;
3. les cellules de fabrication;
4. l'amélioration de la qualité;
5. la flexibilité;
6. un système équilibré;
7. l'entreposage de petits lots de produits en cours;
8. des méthodes antierreurs (*poka-yoke*).

1. Des lots de petite taille

Selon la philosophie épurée, théoriquement, la taille de lot idéale est de une unité, quantité qui n'est pas toujours réaliste. Néanmoins, l'objectif consiste toujours à réduire le plus possible la taille du lot. Les lots de petite taille, dans le processus de production et sur le plan des livraisons des fournisseurs, procurent certains avantages permettant de fonctionner efficacement. Tout d'abord, avec de petits lots qui se déplacent dans le système, les stocks de produits en cours sont considérablement moins gros qu'avec des lots plus importants. Cela réduit les coûts de transport et le besoin d'espace, outre le fait d'éviter le désordre sur les lieux de travail. Ensuite, en cas de problèmes de qualité, les coûts liés à l'inspection et au réusinage sont moindres, car il y a moins d'articles dans le lot à inspecter et à réusiner. Les petits lots permettent aussi une plus grande souplesse dans les horaires. Le tableau 15.3 résume les avantages des lots de petite taille.

Par exemple, on suppose qu'une entreprise produit trois versions d'un même produit (trois couleurs ou trois tailles), soit A, B et C. Dans un système traditionnel, on produirait un grand lot de la version A (par exemple sur une période de deux ou trois jours, ou plus), puis un grand lot de la version B, suivi d'un grand lot de la version C, et on répéterait la séquence. En

Réduction des stocks et des coûts d'entreposage

Moins d'espace d'entreposage

Moins de réusinage en cas de défectuosités

Moins de stocks à «écouler» avant d'améliorer le produit

Problèmes plus apparents

Plus grande flexibilité de la production

Équilibrage des opérations facilité

Approche JAT

AAA   BBBBBBB   CC   AAA   BBBBBBB   CC   AAA   BBBBBBB   CC   AAA   BBBBBBB   CC

A = unités du produit A
B = unités du produit B
C = unités du produit C

Temps ⟶

Approche par grands lots

AAAAAAAAAAAA   BBBBBBBBBBBBBBBBBBBBBBBBBBBBB   CCCCCCCC   AAAAAAAAAAAA

Temps ⟶

utilisant de petits lots, on alterne périodiquement les productions de A, de B et de C. Cette souplesse permet de répondre plus rapidement aux demandes changeantes des clients: le système donne la possibilité de produire seulement la quantité nécessaire quand c'est nécessaire. La figure 15.2 illustre les différences entre les lots de petite et de grande taille.

La taille optimale des lots peut être déterminée à l'aide du modèle de la QÉC (quantité économique à commander) ou du LÉ (lot économique) (*voir la section 13.4*). Toutefois, la production de plusieurs produits différents en petites séries nécessite de fréquentes mises en route, qui peuvent être associées aux coûts de commande dans le modèle du LÉ. Le temps et les coûts nécessaires pour procéder à la mise en route peuvent être prohibitifs, à moins que celle-ci ne soit rapide et relativement économique. Or, il existe différentes façons de réduire le temps de mise en route et les coûts qui y sont rattachés. Les travailleurs sont généralement partie intégrante des solutions pour ce qui est des temps et des coûts de mise en route.

2. La réduction des temps de mise en route

Les outils, le matériel et les procédures de mise en route doivent être simples et normalisés. Le matériel, les outils et les gabarits à usage multiple aident à réduire le temps de mise en route. Par exemple, si une machine munie de plusieurs broches peut être facilement déplacée pour effectuer différentes tâches, on réduit considérablement le temps du changement d'une série à l'autre. De plus, on peut utiliser la technologie de groupe (*voir le chapitre 6*) pour réduire les coûts et le temps de mise en route: on tire profit de la similarité des opérations. Ainsi, les pièces qui ont des formes semblables ou qui sont faites avec les mêmes matériaux, etc., peuvent exiger des mises en route similaires. Leur traitement en séquence sur la même chaîne de fabrication minimise le besoin de changer complètement la mise en route. Parfois, seuls des réglages mineurs sont nécessaires. Le rôle des planificateurs responsables de l'ordonnancement des travaux est primordial dans ce domaine. C'est dans cette optique que l'approche SMED a vu le jour.

L'approche des **mises en route rapide (SMED[6])** est une technique fondamentalement basée sur l'organisation scientifique du travail (OST). Par l'étude des méthodes utilisées lors des mises en route, le développement d'outils, la conception de gabarits et l'amélioration des procédés, on peut réduire considérablement les temps de mise en route. La gestion de la maintenance et de l'ingénierie industrielle est fortement mise à contribution dans ces projets. L'exemple du travail accompli par les mécaniciens dans les puits de ravitaillement à l'occasion des courses d'automobiles de la Formule 1 en est une application des plus spectaculaires. Par ailleurs, les organisateurs du spectacle de l'artiste de renommée internationale Céline Dion, en s'inspirant du travail des mécanos de la Formule 1, ont appliqué avec succès cette approche dans la préparation du spectacle A *New Day* à Las Vegas[7]. On peut voir le travail des professionnels d'arrière-scène qui organisent en des temps records, préétablis et synchronisés, le passage et la préparation des décors et de l'artiste, vêtements, coiffure, etc., d'un tableau à l'autre.

Mise en route rapide (SMED)
Obtention d'un temps de mise en route inférieur à 10 minutes.

15

---

6. L'expression *single minute exchange of dye* (SMED), aussi appelée «mise en route rapide», a été conçue par l'ingénieur de Toyota, Shigeo Shingo.

7. Voir la vidéo A *New Day, the making of*, 2006.

3. Les cellules de fabrication

Les cellules de fabrication multiples sont une autre des caractéristiques du système en opération épurée. Ces cellules disposent de toutes les machines et de tous les outils nécessaires pour traiter des familles de produits qui requièrent des étapes de production semblables. Essentiellement, il s'agit de centres d'opérations spécialisés et hautement efficaces. Il en résulte une réduction appréciable des temps de mise en route, un haut taux d'utilisation des ressources de la cellule et une facilité à reconnaître les compétences des travailleurs, donc à prendre les dispositions nécessaires à leur formation continue. Finalement, la production de petites séries permet de conserver des stocks minimaux de produits en cours et finis. Ici aussi, le recours aux projets SMED s'avère très utile.

4. L'amélioration de la qualité

Nous avons largement développé la notion de qualité aux chapitres 9 et 10, notamment la façon dont elle influe sur le service à la clientèle. Le fait que les opérations épurées ou optimisées procèdent par petites séries permet de minimiser la portée des situations problématiques : on ne gaspille qu'un petit lot plutôt qu'un grand. De plus, avec la production en petites séries, il est plus facile d'apporter des améliorations à la prochaine série qui sera lancée en production : n'oublions pas que la quête de l'amélioration continue n'a pas de fin.

L'**autonomation** permet de minimiser les rejets. Cette notion implique une reconnaissance des défauts et une intervention automatique, que ce soit manuellement ou à l'aide d'équipement. Soulignons l'action double de l'autonomation : détecter les défauts et intervenir pour en corriger la cause. Déterminer la cause, concentrer l'attention des opérateurs sur celui-ci et apporter rapidement des correctifs sont les dimensions fondamentales de l'autonomation. L'utilisation des ***andon,*** mot japonais qui signifie « signal électronique visuel », permet de signaler automatiquement un écart dans la qualité, par un code de couleurs : vert si tout est bon, jaune si des problèmes sont détectés et rouge si les opérations sont arrêtées.

5. La flexibilité

L'objectif principal des opérations optimisées est de traiter rapidement des quantités et des produits différents, tout en assurant leur flux continu à travers les opérations. Les goulots, qui risquent de se créer pour diverses raisons, constituent un obstacle majeur à l'atteinte de cet objectif. Généralement, les goulots découlent d'un manque d'équilibrage et de souplesse du système de production (*voir le chapitre 6*). La capacité de doter le système de production de la flexibilité nécessaire pour faire face à toutes les variations est le défi majeur qu'on doit relever. Plusieurs techniques permettent d'atteindre cet objectif ; les principales sont présentées au tableau 15.4.

Autonomation

Détection automatique des défauts durant la production.

Andon

Code de signalisation électronique visuel (vert, jaune ou rouge) indiquant en temps réel l'état de la qualité sur un poste d'opération.

TABLEAU 15.4 ▸

Règles à suivre pour augmenter la flexibilité de la production

15

1. Réduire les temps d'arrêt causés par les changements en minimisant les temps de mise en route.

2. Appliquer une gestion de maintenance préventive des équipements pour réduire les pannes et les temps d'arrêt.

3. Donner une formation polyvalente aux travailleurs afin qu'ils puissent intervenir en cas de goulots d'étranglement ou en l'absence de leurs collègues, et qu'ils puissent effectuer les réglages des machines et les réparations mineures.

4. Utiliser plusieurs petits centres de production ; de nombreuses petites cellules facilitent le transfert de production en cas de variation de la demande, de nécessité de fabriquer de nouveaux modèles ou d'arrêt de machines.

5. Utiliser aléatoirement des stocks tampons. Entreposer le stock de sécurité, rarement utilisé en dehors de l'aire de production, pour réduire les congestions.

6. Réserver une certaine capacité de production pour les clients importants.

Source : Adapté de l'ouvrage de R.J. Schonberger et E.M. Knod Jr., *Operations Management : Meeting Customer Demands*, 7ᵉ édition, McGraw-Hill, 2001.

6. Un système équilibré

L'équilibrage de la chaîne des opérations, présenté en détail aux sous-sections 6.10.1 et 6.10.2, est un élément important pour l'implantation des opérations en mode épuré. Il s'agit de régler la cadence des opérations en fonction de la demande des clients. Rappelons (*voir la sous-section 2.4.1*) qu'une cadence est une quantité produite par unité de temps ; tandis qu'un cycle d'opération est le temps nécessaire pour produire une quantité de produits. Le cycle optimal à viser pour assurer un système équilibré est appelé le **temps *takt*** (temps/quantité) qui se définit

Temps *takt* (temps/quantité)

Cycle optimal de travail pour équilibrer le flux des opérations en fonction de la demande du marché.

en quantité de travail par unité de temps (*takt* est un mot allemand signifiant le tempo donné par la baguette d'un chef d'orchestre). Plusieurs estiment que le temps *takt* est le battement cardiaque des opérations épurées ou optimisées (opération *lean* ou allégée).

Le temps *takt*, ou cycle optimal, se calcule à l'aide de l'équation ci-dessous :

$$\text{Temps } takt = \frac{\text{Temps net disponible par quart}}{\text{Demande a satisfaire par quart}} \qquad (15\text{-}1)$$

L'exemple 1 illustre le calcul du temps *takt*.

Exemple 1

Selon le contrat de travail convenu avec ses employés, une entreprise fonctionne durant 480 minutes par quart de travail, ce qui inclut deux pauses de 20 minutes chacune et 30 minutes pour le repas. On doit satisfaire à une demande prévue de 80 unités par jour. Quel est le temps *takt* que cette entreprise doit viser ? L'entreprise fonctionne durant deux quarts par jour.

Solution

Temps de travail disponible par 480 min – (2 × 20 min + 30 min) = 410 min/quart

Le temps disponible par jour de travail est : 410 min/quart × 2 quarts/jr = 820 min/jr

$$\text{Temps } takt = \frac{\text{Temps net disponible par jour}}{\text{Demande a satisfaire par jour}} = \frac{820 \text{ min/jr}}{80 \text{ u/jr}} = 10{,}25 \text{ min/u}$$

Le cycle optimal à viser, le temps *takt*, est de 10,25 min/u.

Connaissant le temps *takt*, on établira l'équilibrage optimal de la chaîne d'opération en visant ce cycle.

7. L'entreposage de petits lots de produits en cours

Selon la philosophie des opérations épurées, les stocks (matières premières, produits en cours, composants, produits finis) représentent un fardeau économique sans valeur ajoutée. Il faut donc les minimiser, théoriquement les éliminer. Ils forment des écrans qui ont tendance à dissimuler des problèmes récurrents, jamais résolus. Quand une opération dans la chaîne arrête de produire pour quelque raison que ce soit (panne, absentéisme, livraison en retard, mauvaise planification), le système dans son ensemble ne sera pas touché si le procédé engendre assez de stocks pour répondre à la demande. L'utilisation systématique des stocks de sécurité comme « solution » entraînera une autre augmentation des stocks si les arrêts persistent. On se retrouve alors dans un cercle vicieux dont il est difficile de sortir. Une autre façon d'aborder le problème est de déterminer les causes des arrêts pour les éliminer. Face à cette situation, l'approche préconisée par la philosophie de l'opération épurée consiste à réduire progressivement les stocks afin de provoquer l'apparition du problème. Quand celui-ci survient, on le résout et on baisse à nouveau progressivement les stocks pour provoquer l'apparition d'un autre problème, et ainsi de suite. Le mot clé est « progressivement ». Pour illustrer cette approche, considérons la figure 15.3. Les rochers sous l'eau représentent les problèmes qui menacent la barque (la production) et les rameurs (A). L'eau représente les niveaux de stocks qui couvrent les rochers. Quand on abaisse lentement le niveau d'eau, les plus grosses roches apparaissent : ce sont les premiers problèmes auxquels on s'attaquera (B). Une fois ces problèmes résolus, on procède à une autre baisse lente et progressive du niveau d'eau (les stocks) pour mettre à jour de nouveaux problèmes (C), et ainsi de suite.

▼ **FIGURE 15.3**

Processus de réduction progressive des stocks selon la philosophie de gestion épurée

15

A B C

La réduction des stocks est un processus de résolution de problèmes lent et continu, qui s'échelonne sur une longue période. Durant ce processus, il est important de réagir rapidement quand les problèmes (les rochers) apparaissent ; on sait qu'ils vont apparaître puisqu'on les provoque.

Pour réduire au minimum l'entreposage de matières achetées de fournisseurs externes et minimiser les stocks d'intrants, on suggère de faire acheminer les matières des fournisseurs directement aux services de production. On procédera de la même façon afin de minimiser les stocks de produits finis : aussitôt terminés, ils seront acheminés directement aux clients. Rappelons les avantages d'une diminution des stocks : réduction de la taille des entrepôts et accroissement des espaces de travail ; baisse des risques d'accident et des pertes de produits entreposés ; augmentation des possibilités d'amélioration du produit sans devoir attendre l'écoulement des vieux stocks. Par contre, on observe un plus grand risque de ruptures de stock et de baisse du niveau de service. Il faut donc que le système et les gestionnaires soient capables d'exercer un suivi et de réagir rapidement. Encore une fois il s'agit d'équilibre, de jugement et de discernement pour optimiser les opérations : la définition des opérations épurées ou optimisées prend donc tout son sens.

8. Des méthodes antierreurs (*poka-yoke*)

Poka-yoke (détrompeurs)
Système de garde-fou empêchant l'exécution incorrecte d'une opération ou la mauvaise utilisation d'un dispositif.

Le dernier élément pour compléter l'implantation d'opérations optimales est la conception de procédés et de produits sans erreurs, que certains appellent *poka-yoke* (détrompeurs), système avec détrompeurs ou à l'épreuve d'erreurs. Il s'agit de concevoir des produits et des procédés qui minimisent ou rendent impossible le risque d'une mauvaise utilisation ou d'erreur de la part des utilisateurs. C'est une approche qui met l'accent sur la prévention, tenant compte du fait que plus on utilise un système ou un produit, plus on est familier avec celui-ci, plus les gestes deviennent automatiques, plus le risque de distraction augmente et plus les erreurs surviennent. Les accidents qui en découlent ont des effets négatifs non seulement sur le plan économique, mais aussi sur celui de la sécurité. Cette approche fait appel à des connaissances ergonomiques, sociales, techniques, biomécaniques (*voir l'étude des méthodes au chapitre 7*). Bien que certains l'attribuent à l'approche Toyota (ou toyotisme selon Taïchi Ohno et Shigeo Shingo), la conception des méthodes antierreurs est issue de la pure logique, utilisée depuis très longtemps par les concepteurs prévoyants. Cependant, en opération épurée, elle devient partie intégrante. Les exemples sont nombreux : utilisation de fusibles, de butées, de démarrage à doubles commandes, de serrures de portes d'automobile exigeant nécessairement la clé de contact, d'arrêt automatique si certaines commandes sont lâchées, par exemple dans le cas des tondeuses, etc.

15.5.3 Les éléments de gestion des ressources humaines

Dans un système épuré, la gestion des ressources humaines doit tenir compte des éléments suivants :

1. les travailleurs en tant que capital ;
2. la polyvalence des compétences ;
3. l'amélioration continue ;
4. la comptabilité des coûts de revient ;
5. le leadership et la gestion de projets.

Sans vouloir faire une analyse exhaustive, abordons brièvement chacun de ces éléments et leur rôle en opération optimisée.

1. Les travailleurs en tant que capital

Contrairement à la vision classique, où l'on considère les travailleurs comme un passif en termes comptables (dont on veut réduire les coûts), cette philosophie invite les gestionnaires à considérer l'ensemble des ressources humaines comme des actifs. Cela ne doit pas rester un mot vain, comme c'est malheureusement souvent le cas. Des travailleurs formés, motivés et responsabilisés constituent le cœur du système épuré. On leur déléguera plus d'autorité pour agir, on leur confiera même certaines responsabilités, mais on s'attendra aussi à plus d'engagement en retour.

2. La polyvalence des compétences

Formation croisée
Formation des employés assurée par le transfert des connaissances d'un travailleur à l'autre.

Les travailleurs doivent avoir des connaissances et une formation polyvalentes pour permettre la flexibilité fondamentale de tout système en opération optimisée. Les gestionnaires doivent mettre en place une **formation croisée,** où tout employé formera aussi ses collègues, car la connaissance qu'il a acquise en entreprise ne lui appartient pas en propre ; il doit la partager avec ses collègues. Cette approche fera en sorte que l'absence d'un des employés, pour quelque raison que ce soit, ne mettra pas en péril la chaîne des opérations. De plus, le fait de comprendre les tâches de leurs collègues entraîne une plus grande sensibilisation aux problèmes techniques et professionnels qu'une mauvaise qualité ou des retards peuvent causer à l'ensemble du système.

3. L'amélioration continue

Dans un système épuré, les travailleurs ont de plus grandes responsabilités sur le plan de la qualité que dans un système traditionnel, et l'on s'attend à ce qu'ils collaborent davantage à la résolution des problèmes et à l'amélioration continue. Ils reçoivent une formation sur le contrôle du processus statistique, l'amélioration de la qualité et la résolution de problèmes.

Penchons-nous tout d'abord sur la résolution de problèmes, pierre angulaire de tout système épuré. Il est ici question des problèmes qui interrompent ou qui peuvent interrompre le flux régulier du travail dans le système. Quand ces problèmes surviennent, il importe de les résoudre rapidement. Pendant qu'on mène l'enquête, il y aura une augmentation temporaire des niveaux des stocks, mais le but de la résolution de problèmes consiste à éliminer le problème ou, à tout le moins, à réduire les risques de récurrence. Il faut régler rapidement les problèmes qui surviennent au cours de la production. Dans ce but, certaines entreprises utilisent un système de lumières pour signaler les problèmes, d'où le système *andon* présenté à la sous-section 15.5.2. Chaque poste de travail est équipé d'un ensemble de trois lumières qui indiquent la présence ou non de problèmes : une lumière verte (tout va bien), une lumière jaune (un travailleur prend un léger retard) et une lumière rouge (des problèmes graves sont survenus). Le but de ce système est de tenir informés tous les autres travailleurs et de permettre à ceux-ci et aux superviseurs de voir immédiatement quand et où se produisent les problèmes.

Les entreprises qui ont adopté cette philosophie ont eu beaucoup de succès en formant des équipes au sein desquelles employés et gestionnaires travaillent quotidiennement à la résolution de problèmes. De plus, on encourage les travailleurs à rapporter à leurs équipes l'éventualité ou la présence de problèmes. Il est capital que tous les niveaux de gestion se penchent activement sur la résolution de problèmes et qu'ils y collaborent, ce qui exige de la part de la direction la volonté de fournir un soutien financier et de reconnaître les réalisations. Il est souhaitable de dresser la liste des objectifs avec les travailleurs, de la publier et d'en souligner les accomplissements. Si les objectifs donnent aux employés un but tangible à atteindre, la reconnaissance peut aussi aider à les motiver et à les stimuler.

Il faut travailler à l'amélioration continue du système pour réduire les stocks en stock, diminuer les coûts et le temps de mise en route, améliorer la qualité, augmenter la valeur ajoutée et réduire les pertes et l'inefficacité. Pour atteindre ces objectifs, la résolution de problèmes devient un mode de vie, une « culture » qui doit être assimilée par les travailleurs et faire partie de la mentalité des gestionnaires. Elle devient pour tous les membres de l'entreprise une quête incessante de l'amélioration des opérations et du système.

Toutefois, dans un tel système, les travailleurs subissent plus de stress que dans un système traditionnel. Le stress provient non seulement de leur autonomie et de leurs responsabilités accrues, mais aussi de la cadence de travail, du peu de marge à l'erreur et d'une motivation constante à viser l'amélioration.

4. La comptabilité des coûts de revient

Une autre des caractéristiques des opérations optimisées est la comptabilisation des coûts de revient, bien qu'elle ne fasse pas directement partie de la gestion des ressources humaines. Elle doit être revue pour s'adapter à cette philosophie.

Les méthodes comptables traditionnelles déforment parfois l'imputation des frais généraux (qu'on peut associer aux coûts fixes) aux différents centres de production, car ces méthodes ont tendance à allouer ces frais en fonction des coûts de la main-d'œuvre directe. Or, cette approche ne reflète pas avec exactitude l'utilisation réelle des frais généraux par centre. De plus, avec l'automatisation et la robotisation accrues des procédés de production, les temps de main-d'œuvre et les coûts associés (aux coûts variables) ont énormément diminué ; dans certains cas, ils ne représentent qu'une petite partie des coûts totaux de revient du produit fini. Toutefois, les frais généraux augmentent avec l'industrialisation : plus l'automatisation est importante, plus les frais généraux sont élevés en raison de l'encadrement requis. Par conséquent, le risque augmente d'associer faussement aux centres à haut contenu

15

Comptabilité par activités

Méthode d'établissement du coût de revient d'un produit qui consiste, au début, à rattacher les charges, notamment les charges indirectes, aux activités qui en sont la cause, et ensuite à rattacher les coûts des activités aux produits ou services qui consomment ces activités, en fonction du pourcentage d'activités réalisées.

en main-d'œuvre une part disproportionnée des frais généraux, d'où le risque de prendre de mauvaises décisions. La solution est la méthode des coûts par activités ou **comptabilité par activités,** qui reflète beaucoup mieux le montant réel des frais généraux. Avec cette méthode, on commence par déterminer les coûts facilement imputables à un travail : coûts de mise en route, heures-machines, heures-personnes, matières premières, transport et manutention, etc. Ensuite, on assigne à ce travail les frais généraux en fonction du pourcentage d'activités réalisées par ce centre.

5. Le leadership et la gestion de projets

Généralement, on attend des gestionnaires d'entreprises qu'ils soient des chefs et des **facilitateurs,** et non pas des donneurs d'ordres (*voir les 14 points de Deming au chapitre 9*). En opération épurée, on favorise la communication entre les travailleurs et les gestionnaires. Les responsables de projets ont souvent pleine autorité à toutes les phases du projet, et ce, du début à la fin. Dans les formes plus traditionnelles de gestion de projets (*voir le chapitre 17*), le gestionnaire doit souvent compter sur la collaboration d'autres gestionnaires pour atteindre ses objectifs.

15.5.4 La planification et le contrôle des opérations

Cette sous-section présente les sept éléments principaux de planification et de contrôle de la production en opération optimisée ou épurée :

1. le programme quotidien nivelé ;
2. les systèmes de production à flux tiré ;
3. les systèmes visuels ;
4. les produits en cours minimaux ;
5. les relations étroites avec les fournisseurs ;
6. la réduction du nombre de transactions administratives ;
7. la maintenance préventive et l'entretien ménager.

1. Le programme quotidien nivelé

Le système met particulièrement l'accent sur la réalisation de programmes quotidiens nivelés, mixtes et stables. Pour cela, le gestionnaire élabore un programme directeur de production (PDP) (*voir le chapitre 12*) afin de fournir un programme quotidien nivelé des ressources, ce qui génère un programme de production basé sur le taux plutôt que sur la quantité. De plus, une fois établis, les programmes de production sont répartis sur une période relativement courte, ce qui assure une certaine sécurité au système. Malgré tout, certains réglages sont nécessaires dans les programmes au jour le jour afin de répondre à l'équilibrage des facteurs de production ou des ressources. Les fournisseurs apprécient le programme quotidien nivelé car, pour eux, il est synonyme de demande régulière.

Cependant, un programme nivelé de production nécessite une production régulière. Quand une entreprise fabrique différents produits ou modèles de produits, il est souhaitable de produire par petits lots pour réduire au minimum le stock des produits en cours (PEC) et maintenir la flexibilité. Cela permet de répartir la production des différents produits sur toute la journée et d'obtenir une production régulière. À la limite, on pourrait produire une unité d'un produit, puis une unité d'un autre produit, etc. Bien que cette approche permette une souplesse maximale, elle n'est généralement pas pratique, car elle génère des coûts excessifs de mise en route.

Voyons maintenant ce qu'est un **jalonnement ou ordonnancement mixte.** Sa mise en œuvre est due aux exigences de la production quotidienne de chaque modèle. Par exemple, supposons qu'un service produise trois modèles, soit A, B et C, selon une demande quotidienne.

Modèle	Quantité quotidienne
A	10
B	15
C	5

On doit respecter les trois paramètres suivants : la séquence à utiliser (C-B-A, A-C-B, etc.) ; le nombre de fois (par exemple un certain nombre de séries ou de cycles) qu'il faudra répéter la séquence par jour ; le nombre d'unités de chaque modèle à produire par cycle ou série.

Premièrement, voyons le choix d'une séquence. Celui-ci dépend de divers facteurs, dont les plus importants sont le temps et/ou le coût de mise en route, qui varient selon la séquence utilisée. Par exemple, si deux des modèles, disons A et C, sont assez semblables, les séquences A-C et C-A peuvent impliquer seulement des coûts de mise en route mineurs, alors que la mise en route du modèle B peut être plus longue. Ainsi, une séquence qui comprend A-C ou C-A demandera par exemple 20 % moins de temps de mise en route que le fait de produire B entre A et C à chaque série.

Deuxièmement, le nombre de cycles par jour est fonction des quantités à produire. Si l'on doit produire chaque modèle à chaque série, ce qui est souvent l'objectif, le plus grand dénominateur commun indiquera le nombre de cycles. Pour les modèles A, B et C mentionnés dans le tableau précédent, il devrait y avoir cinq cycles (chaque quantité peut être divisée par le chiffre cinq). Parfois, les coûts élevés de mise en route peuvent inciter les gestionnaires à utiliser moins de cycles, si on veut privilégier les économies sur les coûts de mise en route plutôt que les économies liées à la production nivelée. Dans les situations où la division par la plus petite quantité quotidienne ne donne pas un nombre entier pour chaque modèle, les gestionnaires peuvent décider d'utiliser la plus petite quantité de production pour le nombre de séries, et ensuite produire une plus grande quantité de certains produits dans certaines séries pour combler la différence.

Enfin, les gestionnaires déterminent parfois le nombre d'unités par modèle pour chaque série en divisant la production quotidienne de chacun des modèles par le nombre de cycles. En produisant cinq séries ou cycles par jour, on obtiendrait dans notre exemple les résultats ci-après.

Ces quantités pourraient être irréalisables en raison des restrictions sur les tailles des lots. Par exemple, si on emballe le modèle B à raison de quatre par boîte alors que les calculs précédents nous incitent à produire trois unités par cycle, à certains moments, les unités finies (stocks) seront en attente jusqu'à ce que des quantités suffisantes soient disponibles pour qu'on puisse compléter une boîte

Modèle	Quantité quotidienne	Nombre d'unités par série
A	10	$10 \div 5 = 2$
B	15	$15 \div 5 = 3$
C	5	$5 \div 5 = 1$

de quatre unités. De plus, on pourrait se retrouver devant des situations où l'on exige des tailles de lots fixes pour certaines opérations. Ainsi, si un processus de traitement thermique exige qu'une fournaise reçoive six unités à la fois, et si les divers modèles ont besoin de températures de quatre différentes, on ne pourra pas les regrouper. Dans ce cas, il sera essentiel d'analyser et de comparer les avantages d'utiliser la taille idéale des lots à soumettre simultanément au traitement thermique et les avantages de la production nivelée.

On doit fabriquer trois produits différents selon les quantités par jour ouvrable (*voir le tableau ci-contre*).

Il faut déterminer la quantité par série de production selon des séquences optimales.

Exemple 2

Produit	Quantité à produire par jour
A	7
B	16
C	5

Solution

a) Étant donné que les quantités n'ont pas de dénominateur commun, on choisit la plus petite quantité pour déterminer le nombre de séries par jour. Donc, on procède au lancement de cinq séries par jour, avec une unité de C par série. Il en résulte des séries inégales, comme le révèle le tableau ci-dessous.

Produit	Nombre entier d'unités par série (*u*/série)	Unités manquantes après cinq séries
A	$7 \div 5 = 1$ u/série	7 u − 5 séries × 1 u/série = 2 unités
B	$16 \div 5 = 3$ u/série	16 u − 5 séries × 3 u/série = 1 unité
C	$5 \div 5 = 1$ u/série	5 u − 5 séries × 1 u/série = 0

Pour pallier le manque d'unités à la fin de la journée, on peut décider de l'arrangement suivant:

Série	1	2	3	4	5
Séquence de base	A, B (3), C	A, B (3), C	A, B (3), C	A, B (3), C	A, B (3), C
Unités supplémentaires		A = 1	B = 1	A = 1	
Séquence ajustée	A, B (3), C	A (2), B (3), C	A, B (4), C	A (2), B (3), C	A, B (3), C

b) Si, par contre, la demande pour le type A était de 8 unités/jour au lieu de 7, alors on retiendrait la solution suivante :

Série	1	2	3	4	5
Séquence de base	A, B (3), C	A, B (3), C	A, B (3), C	A, B (3), C	A, B (3), C
Unités supplémentaires	A = 1		A = 1 ; B = 1		A = 1
Séquence ajustée	A (2), B (3), C	A, B (3), C	A (2), B (4), C	A, B (3), C	A (2), B (3), C

2. Les systèmes de production à flux tiré

Système de production à flux poussé

La production est déclenchée en amont et elle est ensuite poussée vers les activités suivantes.

Système de production à flux tiré

Les activités en aval déclenchent la demande aux activités les précédant, celles qui sont en amont.

On emploie les termes « poussé » et « tiré » pour décrire deux systèmes différents servant à déplacer les travaux dans un processus de production. Traditionnellement, on utilise un **système de production à flux poussé** de la façon suivante : quand le travail est fini à un poste, le produit est poussé vers le poste suivant. Dans le cas des opérations finales, il est dirigé vers les entrepôts de produits finis. À l'opposé, dans un **système de production à flux tiré,** le contrôle du mouvement et de la circulation des travaux se situe à l'opération suivante : chaque poste de travail tire, au besoin, la production du poste précédent. Quant à la production finale, elle est commandée par le client ou le programme directeur.

Ainsi, dans un système de production à flux tiré, le travail se déplace en fonction de la demande de l'étape suivante du processus (le client en aval), alors que dans un système de production à **flux poussé,** le travail (ou produit) se déplace à mesure qu'il est fini, sans qu'on se préoccupe de la disponibilité du poste suivant (celui en aval) à le recevoir. Par conséquent, les produits risquent de s'accumuler aux postes de travail qui n'arrivent pas à respecter la cadence en raison d'une panne du matériel, de la détection d'un problème de qualité, etc.

Dans le système épuré ou optimisé, chaque poste de travail en aval (qu'on associe au client) demande les produits au poste précédent (en amont, associé à un fournisseur interne), ce qui assure que l'offre est égale à la demande. Le travail se déplace « juste-à-temps » pour la prochaine opération, d'où la relation entre le juste-à-temps et la production épurée ou allégée. Le flux de travail est donc coordonné ; ainsi, on évite les surplus de stocks entre les opérations. Toutefois, il y aura toujours des stocks, car les opérations ne sont pas instantanées. En effet, si un poste de travail A (en amont) attend la demande du prochain poste B (en aval) avant de commencer à travailler, B devra attendre que le poste A finisse son travail. Dans le système JAT, chaque poste fabrique juste assez pour répondre à la demande (anticipée) du prochain poste. Cela est possible pourvu que le poste B communique ses besoins de production à temps pour permettre au poste précédent (A) de faire le travail. Quand le stock tampon descend à un certain niveau, un signal indique au poste A en amont la nécessité de produire pour renflouer le tampon. La taille du stock tampon dépend du délai de production du poste A, le précédent. Si ce temps est court, le poste A aura besoin de peu de tampon ou n'en aura pas besoin. Si le temps ou délai de production est long, il aura besoin d'un stock tampon plus important. En conclusion, la production d'un poste en amont se fait seulement en réponse aux besoins du poste en aval.

3. Les systèmes visuels

Dans un système de production à flux tiré, le flux de travail est dicté par la « demande de la prochaine opération ». Il est possible de faire la demande de plusieurs façons, ce qui peut inclure un cri ou un signe de la main ; dans l'approche Toyota, le dispositif le plus populaire est la carte *kanban*[8], mot japonais qui signifie « signal » ou « donnée visible ». Quand un travailleur a besoin de produits en provenance du poste précédent, il utilise un *kanban*. Cette carte donne l'autorisation de travailler sur ces pièces ou de les déplacer. Avec ce système, on ne peut travailler sur une pièce ou un lot ni les déplacer sans la carte.

Dans un système *kanban*, la carte indique le nombre d'unités à fabriquer en amont pour remplacer les unités transférées et utilisées en aval.

Le système fonctionne comme suit : une carte *kanban* est affichée sur chaque conteneur (ou bac de produits bien identifiés). Quand un poste de travail doit regarnir son stock de pièces, un travailleur se rend à l'endroit où sont entreposées les pièces et il retire un bac, chaque bac contenant une quantité prédéterminée de pièces. Le travailleur retire la carte *kanban* du bac ou du conteneur et l'affiche à un endroit précis où elle sera bien visible, puis il achemine le conteneur à

Kanban

Carte, document ou signal utilisé pour autoriser l'acheminement d'un produit d'un point à un autre, du point de stockage aval du poste précédent (A) au point de stockage amont du poste suivant (B).

---

8. Voir les ouvrages *Toyota Production System* et *Kanban for the Shop Floor* présentés à la fin du chapitre.

son poste de travail. Le *kanban* affiché est recueilli par un préposé au stock, qui remplace le conteneur retiré par un autre conteneur, et ainsi de suite, tout au long de la chaîne, de l'aval à l'amont. Des retraits et des réapprovisionnements semblables – tous contrôlés par *kanban* – ont lieu en haut et en bas de la chaîne, en commençant par les stocks de produits finis jusqu'aux fournisseurs. Si le système n'est pas assez rigoureux et que des stocks s'accumulent, les gestionnaires peuvent décider de le resserrer et de retirer des cartes *kanban* : il y en a trop. À l'inverse, si le système semble trop serré et que des ruptures de stock risquent de se produire, ils peuvent en ajouter pour le rééquilibrer. Il est évident que le nombre de cartes *kanban* en utilisation est une variable importante. On peut calculer le nombre idéal de cartes *kanban* à l'aide de la formule suivante :

$$N = \frac{D \times T\,(1 + X)}{C} \tag{15-2}$$

où N = nombre total de conteneurs (une carte par conteneur)
D = taux de consommation prévu par le centre de travail
T = temps d'attente moyen pour le réapprovisionnement en pièces, plus le temps moyen de production d'un conteneur de pièces
X = variable déterminée par le gestionnaire, qui reflète l'inefficacité du système (plus elle se rapproche de zéro, plus le système est efficace)
C = capacité ou nombre d'unités par conteneur standard (ne devrait pas dépasser 10 % de la consommation quotidienne de la pièce)
D et T doivent être définis selon les mêmes unités de temps (minutes, jours).

Exemple 3

Un centre de travail utilise 300 pièces par jour, et un conteneur standard contient 25 pièces. Il faut en moyenne 0,12 jour pour qu'un conteneur parcoure un circuit à partir du moment où l'on reçoit la carte *kanban* jusqu'à ce qu'on renvoie le conteneur vide. Calculez le nombre de cartes *kanban* (conteneurs) nécessaires si l'on désire un $X = 0,20$.

Solution

D = 300 pièces par jour
T = 0,12 jour
C = 25 pièces par conteneur
X = 0,20
$$N = \frac{D \times T\,(1 + X)}{C} = \frac{300\text{u/j} \times 0{,}12\text{j}\,(1 + 0{,}20)}{25\text{u/conteneur}} = 1{,}728 \approx 2 \text{ conteneurs}$$

Remarque : Le fait d'arrondir au chiffre supérieur aura pour effet de rendre le système plus souple et le fait d'arrondir au chiffre inférieur, de le resserrer. Généralement, on arrondit au chiffre supérieur.

Même si les objectifs de la planification des ressources de production (PRP ou MRP-II) (*voir le chapitre 14*) et ceux du *kanban* sont essentiellement les mêmes (c'est-à-dire améliorer le service à la clientèle, réduire les stocks et augmenter la productivité), leurs approches sont différentes[9]. Ni le MRP-II ni le *kanban* ne sont des systèmes indépendants – chacun fait partie d'un plus grand ensemble. La PRP (MRP-II) est avant tout un système informatisé. Le *kanban* est un système manuel et visuel.

Le système *kanban* fonctionne généralement avec des lots de très petite taille, des délais courts, une production de grande qualité ; il illustre le travail en équipe. Il s'apparente à un type de stockage à « deux tiroirs » : les réapprovisionnements sont assurés de façon semi-automatique quand les stocks atteignent un niveau prédéterminé (*voir la notion de point de commande au chapitre 13*). La PRP (MRP-II) est davantage axée sur la projection des besoins, la planification et la mise à niveau des capacités à l'aide de l'ordinateur.

Bien qu'ils soient différents, les deux systèmes ont leurs propres avantages. Répétons-le : le gros avantage du système *kanban* est sa simplicité, tandis que celui de la PRP (MRP-II) est sa capacité de planification rapide et d'établissement d'horaires complexes grâce à sa facilité d'adaptation aux variations de la demande et des ressources. De plus, la PRP se prête à la simulation (c'est-à-dire qu'elle permet au gestionnaire de répondre aux questions commençant par « et si… ? ») et à la vérification *a priori* de l'impact des variations.

15

---

9. Voir l'article de W.E. Goddard, « Kanban versus MRP II – Which Is Best for You ? », *Modern Materials Handling*, 5 novembre 1982.

Le tableau 15.5 compare la manière dont le système *kanban* et la PRP (MRP-II) contrôlent huit fonctions de production. Remarquez que les deux systèmes sont identiques pour ce qui est de l'utilisation d'un programme directeur de production, mais qu'ils diffèrent en ce qui concerne toutes les autres fonctions. Notez également que l'approche *kanban* est beaucoup moins formelle que celle de la PRP.

TABLEAU 15.5

Comparaison du *kanban* et de la PRP (MRP-II)

Fonctions	Catégories	Système *kanban*	PRP (MRP-II)
Taux de production	Familles de produits	Nivelage	Plan global de production
Produits à fabriquer	Biens finis pour stockage; produits finis sur commande	Programme directeur de production	Programme directeur de production
Matériaux nécessaires	Composants – fabriqués et achetés	Cartes *kanban*	Planification des besoins en matières premières (PBM)
Capacité nécessaire	Information aux principaux centres de travail et aux fournisseurs	Visuel	Planification des besoins en capacité (PBC)
Exécution des plans de capacité	Production suffisante pour répondre aux échéanciers	Visuel	Contrôles des intrants (I) et des extrants (E) (I/E)
Exécution des plans matières – produits manufacturés	S'occuper des priorités à l'usine	Cartes *kanban*	Rapports de répartition
Exécution des plans matières – produits achetés	S'assurer d'obtenir les bons articles en provenance des fournisseurs	Cartes *kanban* et commandes non officielles	Rapports sur les achats
Information de rétroaction	Déterminer ce qui ne peut être exécuté en raison de problèmes	*Andon*	Rapports sur les délais prévus

Remarque: Chaque usine de fabrication a les mêmes fonctions. Cependant, les outils utilisés avec le système *kanban* diffèrent considérablement des outils du MRP-II. Avec le *kanban*, les outils sont manuels (cartes *kanban*, lumières *andon*), les vérifications sont visuelles et les commandes sont vocales.

Avec le MRP-II, l'outil le plus important est l'ordinateur.

Source: *Modern Materials Handling*, juin 1982, © 1982 par Cahners Publishing Company. Reproduit avec autorisation.

La philosophie qui sous-tend les systèmes JAT est assez différente de celle des systèmes traditionnels. Il n'est donc pas suggéré de passer d'une méthode d'opération à une autre à la suite d'une simple décision, car cela demande un effort immense de changement de culture d'entreprise. On remarque que les fabricants occidentaux étudient les systèmes *kanban*, alors que certaines usines japonaises étudient les systèmes de PRP (MRP-II), ce qui prouve que chacun des deux systèmes pourrait être amélioré par l'intégration d'éléments de l'autre système. Il faudrait donc procéder à une analyse approfondie pour déterminer les éléments à incorporer, à une mise en application des éléments choisis ainsi qu'à une surveillance accrue pour s'assurer que les résultats souhaités seront atteints.

Toutefois, il faut se demander si les entreprises devraient adopter la méthode *kanban*. Bien que certains aspects soient intéressants, le système est, en réalité, davantage un système d'information qu'un système de planification. Il ne peut pas établir à lui seul une planification des opérations. Les entreprises manufacturières ont plutôt besoin d'une approche intégrale; l'engagement et le soutien des gestionnaires joints aux efforts continus de tous les niveaux de gestion devraient permettre de trouver de nouvelles manières d'améliorer la planification et les techniques de contrôle. De plus, adapter ces techniques à chaque situation particulière sera un gage de succès. En conclusion, on peut dire que la PRP se situe au niveau stratégique et le *kanban*, au niveau tactique.

Commentaire: L'utilisation du JAT n'exclut pas l'utilisation de la PRP, et inversement. En effet, il n'est pas inhabituel de trouver des situations où les deux systèmes cohabitent. Certains manufacturiers japonais, par exemple, se tournent vers les systèmes de PBM/MRP pour planifier leur production. Les deux approches ont leurs avantages et leurs limites. Les systèmes de PBM et de PRP permettent l'explosion de la nomenclature des produits de manière à ce qu'on puisse prévoir les besoins en matières sur un horizon de temps ; on peut ensuite utiliser ces informations pour planifier la production. Mais l'hypothèse de la PBM/MRP concernant les délais fixes et la disponibilité d'une capacité infinie peut souvent entraîner des problèmes importants. La discipline qui caractérise le fonctionnement d'un système en production épurée, à flux tiré, est très efficace, mais ce système fonctionne mieux quand il y a un flux uniforme. Un flux variable nécessite des tampons, ce qui réduit l'avantage d'un système de production à flux tiré.

4. Les produits en cours minimaux

Le flot des opérations en production épurée doit être très bien équilibré, d'où des stocks de produits en cours (PEC) minimaux entre les différents postes de travail. Il en découle :

- des coûts de possession des stocks minimisés, d'où une plus grande liquidité financière ;
- plus d'espace disponible ;
- une plus grande flexibilité de circulation et de modification d'une série de production à l'autre ;
- moins d'accidents, donc une sécurité accrue et moins d'unités gâchées et de rejets.

Une bonne gestion de PEC entraîne une faible variation du temps de cycle. Selon la **loi de Little** (*voir la sous-section 13.2.2*), les PEC entre deux postes de travail successifs sont calculés par :

PEC = Taux de production du poste en amont × Temps de cycle du poste en aval (15-3)

Ainsi, dans un système bien équilibré, si on a un cycle de 5 minutes et que le poste en amont a une cadence de 12 unités/heure alors :

PEC = (12 u/h / 60 min/h) × 5 min = 0,2 u/min × 5 min = 1 unité

Il revient au concepteur du système de production d'équilibrer le cycle en aval avec le taux de production en amont en épurant le système de tout gaspillage. Il en découle des PEC minimaux et une production optimisée.

5. Les relations étroites avec les fournisseurs

Les gestionnaires d'un système épuré ou optimisé doivent entretenir des relations étroites avec les fournisseurs. Ces derniers sont censés livrer des biens et des services de qualité supérieure. Traditionnellement, les acheteurs surveillent la quantité et les délais des biens achetés, en vérifient la qualité et renvoient ceux qui ne sont pas conformes au fournisseur pour qu'ils soient corrigés ou remplacés. Or, les systèmes optimisés en JAT ont peu de marge de manœuvre, et les produits de mauvaise qualité entraînent une perturbation dans le flux régulier de travail. De plus, le contrôle des réceptions (*voir la section 10.10*) de produits livrés est perçu comme inefficace, car il consomme du temps et de l'énergie sans ajouter de valeur au produit. Pour ces raisons, on a tendance à transférer cette responsabilité à l'expéditeur, en l'occurrence le fournisseur.

Par ailleurs, les acheteurs travaillent avec les fournisseurs pour obtenir les niveaux de qualité souhaités et leur faire comprendre l'importance de fournir des biens de qualité constante et élevée, le but ultime de l'acheteur étant de pouvoir « certifier » le fournisseur en tant que producteur de biens de qualité supérieure. Cela implique que le fournisseur puisse livrer des biens sans que l'acheteur ait besoin de les inspecter.

D'autre part, en JAT, les fournisseurs doivent pouvoir expédier de petits lots sur une base régulière. Idéalement, ils devraient fonctionner eux-mêmes avec un système épuré JAT. Souvent, on a observé que l'entreprise acheteuse aide ses fournisseurs à se convertir à la production optimisée en se servant de sa propre expérience. Ainsi, le fournisseur devient une partie intégrante d'un système épuré prolongé, qui se traduit par une collaboration étroite entre ses bureaux et ceux de l'acheteur.

L'intégration est facile quand un fournisseur se consacre seulement à un ou à quelques clients. En pratique, un fournisseur a plusieurs clients, chacun ayant ses propres politiques, certains utilisant des systèmes traditionnels et d'autres, le JAT. Par conséquent, des compromis sont nécessaires.

Traditionnellement, il n'existe pas d'esprit de collaboration entre un acheteur et un fournisseur. Ils sont en quelque sorte des adversaires. En général, l'acheteur considère le prix comme un facteur déterminant de l'approvisionnement et il utilise l'« achat à sources multiples », ce qui signifie qu'il dispose d'une liste de fournisseurs potentiels et qu'il achète

Loi de Little

Le stock moyen d'une matière dans un système est égal à son taux de consommation multiplié par le temps moyen passé dans ledit système.

15

ses produits de chacun d'eux pour éviter de dépendre d'une seule source d'approvisionnement. Le prix devient le critère principal, souvent le seul, quant au choix et à la quantité à acheter. L'expression suivante est assassine : plus bas soumissionnaire conforme. Il y a un côté négatif à cette approche : les fournisseurs ne peuvent compter sur une relation à long terme avec le client et ils ne sont pas loyaux envers un acheteur en particulier.

Avec la philosophie de l'opération épurée ou optimisée, les relations justes et loyales entre fournisseurs et acheteurs sont très importantes. Les acheteurs s'engagent à réduire leurs listes de fournisseurs en s'efforçant de maintenir des relations de travail étroites avec eux. En raison du besoin de petites livraisons fréquentes, rapides et fiables, de nombreux acheteurs tentent de trouver des fournisseurs locaux pour réduire les délais de livraison et la variabilité de ces derniers. Cette politique permet en outre d'obtenir une **réponse ou réaction rapide** en cas de problèmes, ce qu'on appelle le *quick response*. Cette façon de faire est prisée et c'est la bouée de sauvetage de l'industrie canadienne du vêtement, qui est obligée de procéder à des modifications opérationnelles pour livrer des commandes en petites quantités, à intervalles rapprochés.

En pratique, on a observé que dans un système optimisé, les achats sont facilités grâce aux relations à long terme entre acheteurs et fournisseurs. Les prix deviennent un facteur secondaire par rapport aux autres aspects de la relation (qualité supérieure constante, souplesse, respect des délais, petites livraisons fréquentes et réponse rapide à un problème). Malheureusement, il y a encore trop d'entreprises qui ne comprennent pas cette vision à long terme entre client et fournisseur (*voir le chapitre 11*).

Une caractéristique importante des systèmes basés sur les opérations épurées (JAT, zéro stock et flux tiré) est le nombre relativement restreint de fournisseurs attitrés. En effet, dans les systèmes traditionnels, les entreprises acheteuses transigent avec des centaines, voire parfois des milliers de fournisseurs différents, et ce, de façon très centralisée. La relation client-fournisseurs ressemble à une roue de bicyclette, où l'entreprise acheteuse, au centre de la roue, est reliée par les rayons aux différents fournisseurs, totalement indépendants les uns des autres. Chaque fournisseur répond aux spécifications de l'acheteur et n'a aucune motivation à suggérer des améliorations parce qu'il n'est pas assuré que la prochaine commande lui sera octroyée. De plus, l'entreprise acheteuse tend à mettre les fournisseurs en concurrence les uns par rapport aux autres afin de bénéficier du plus d'avantages possible, ce qui les rend encore plus méfiants à l'idée de partager des informations avec l'acheteur. En opération épurée, en revanche, les entreprises acheteuses (clientes) utilisent un système à niveau entre elles et les fournisseurs. Elles feront affaire avec quelques fournisseurs de premier niveau pour des composants majeurs ; ces fournisseurs, à leur tour, seront reliés à d'autres fournisseurs de deuxième niveau. Les fournisseurs de premier niveau sont responsables des produits des fournisseurs de deuxième niveau, et ainsi de suite. L'industrie automobile est un bon exemple de ce système. Prenons l'exemple des sièges du conducteur à commande électrique. Cette unité est composée de quelque 250 éléments différents, et le manufacturier peut faire appel jusqu'à 50 fournisseurs pour fabriquer le produit final (le siège). Dans un système épuré, le manufacturier s'approvisionnera en sièges chez un seul fournisseur externe de premier niveau. Le donneur d'ordres (le manufacturier) spécifiera ses exigences au fournisseur de premier niveau, lequel sera relié à des fournisseurs de deuxième niveau pour le moteur, les rails, les coussins gonflables latéraux, les sièges chauffants. Les fournisseurs de deuxième niveau pourraient à leur tour faire affaire avec des fournisseurs de troisième niveau pour le rembourrage et les tissus des sièges, les éléments chauffants, etc. Grâce à cette approche, on assigne chaque travail à un fournisseur spécialisé, qui est pleinement responsable de la qualité de son produit. On peut imaginer à quel point ce système simplifie, pour le donneur d'ordres initial, la gestion de ses relations avec les fournisseurs, la gestion administrative (comptes clients et comptes fournisseurs), la gestion des entrepôts, etc.

Répétons que cette approche nécessite un changement de culture fondamental sur le plan des relations client-fournisseur et qu'elle ne peut réussir qu'à cette condition. Pour cela, elle ne peut être introduite de façon radicale, mais plutôt par étapes.

La figure 15.4 compare les deux approches de réseaux de fournisseurs.

6. La réduction du nombre de transactions administratives[10]

Le système traditionnel de gestion de la production exige un nombre élevé de tâches administratives, lesquelles n'ajoutent pas de valeur à l'objet créé, mais sont nécessaires pour assurer

---

Réponse ou réaction rapide
Mode de gestion des approvisionnements reliant les fournisseurs aux clients et permettant de s'adapter plus rapidement aux fluctuations de la demande.

15

10. J.G. Miller et T. Vollmann, « The Hidden Factory », *Harvard Business Review*, sept.-oct. 1985, p. 141-150.

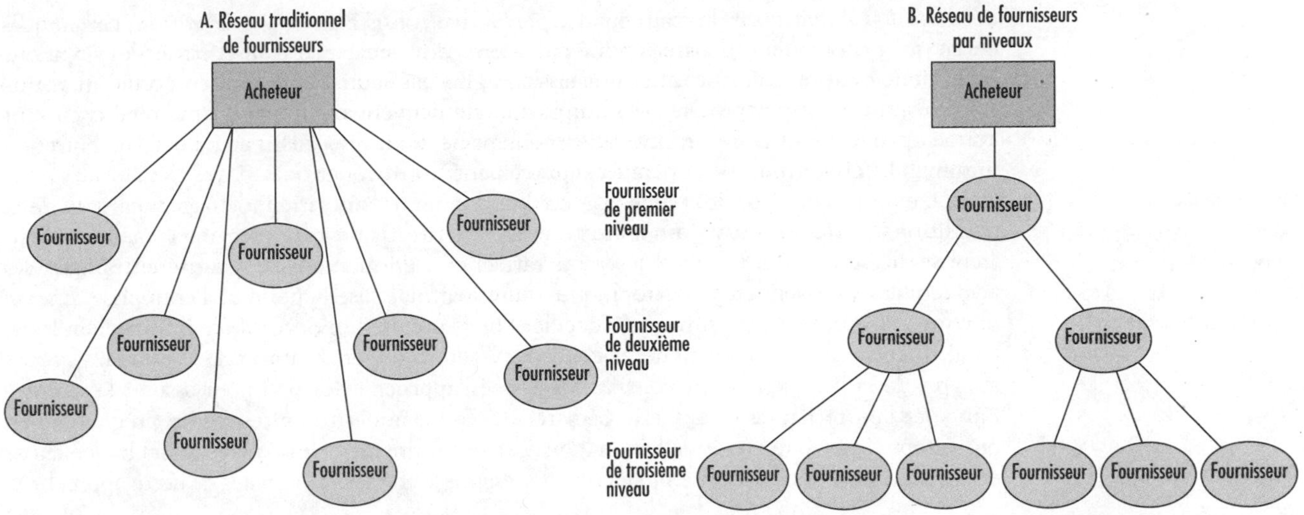

▲ **FIGURE 15.4**

le suivi des opérations. Cette situation crée tellement de tâches additionnelles qu'on peut presque voir apparaître ce qu'il convient d'appeler une «usine cachée». Ces tâches administratives superflues peuvent être classifiées ainsi: transactions logistiques, d'équilibrage, relatives à la qualité et dues aux changements. Analysons chacune de ces transactions.

Les transactions de logistique comprennent les commandes, la réception, la confirmation, la manutention et le transport des matières d'un point à l'autre. Les coûts afférents concernent le personnel, l'équipement de transport (ces coûts sont particulièrement élevés), les pertes et les accidents, les erreurs d'entrée de données et autres. N'oublions pas que 50 % des accidents surviennent lors de la manutention des produits en entreprise.

Les transactions d'équilibrage comprennent les prévisions, la planification, le contrôle de la production, la gestion et le contrôle des stocks (l'approvisionnement), l'établissement des calendriers et le suivi des commandes, en d'autres termes tout ce qui a trait à la PCPS (planification et contrôle de la production et des stocks). Les coûts afférents concernent le personnel rattaché à ces tâches, les activités de soutien, l'archivage des documents, les ordinateurs, etc.

Les transactions relatives à la qualité comprennent la définition et la communication des spécifications, la surveillance du respect des normes, l'enregistrement et le suivi des activités, le système de «traçabilité» des défauts. Les coûts découlent de l'évaluation, de la prévention et de la non-qualité qui est à l'origine des pannes internes (le traitement des rebuts, le réusinage, les remises à l'essai, les délais, les tâches administratives) et des pannes externes (coûts des garanties, remise en question de la fiabilité, retours, perte de renommée et de clientèle).

Les transactions de modifications comprennent les modifications sur le plan conceptuel du produit (spécifications et nomenclature) et sur le plan conceptuel du procédé (la programmation et l'ordonnancement des travaux, le graphique d'analyse de processus ou GAP).

Soulignons que les modifications de l'ingénierie du produit sont parmi les plus coûteuses des quatre types de transactions présentés.

L'adoption d'un système optimisé ou épuré réduit les coûts des transactions en minimisant leur nombre et leur fréquence. Ainsi, en demandant aux fournisseurs de livrer les produits directement à l'usine, ce qui permet d'éviter du même coup les dépenses liées aux entrepôts, on minimise les coûts des transactions concernant la logistique. En certifiant la qualité assurée par les fournisseurs, on se trouve à réduire les transactions relatives à la qualité. La mise en œuvre de systèmes de suivi automatisés tels que le code à barres et l'identification par radiofréquence – les RFID (*voir le chapitre 11*) – réduit les erreurs de transcription et de contrôle des opérations tout en accélérant la collecte des données et en augmentant leur fiabilité.

7. La maintenance préventive et l'entretien ménager

Étant donné que les systèmes à opérations épurées avec le JAT ont peu ou pas de stocks de sécurité, les arrêts de production dus aux pannes d'équipements et aux bris dans l'infrastructure de la bâtisse ont des conséquences majeures sur l'atteinte des cinq objectifs des opérations (quantité, qualité, temps, lieu et coûts). Pour ces raisons, les entreprises se doivent de gérer la dixième fonction de la gestion des opérations, soit la gestion de la maintenance. Elles doivent alors instaurer minimalement un programme de **maintenance préventive,** bien que d'autres types de maintenance, tels que la maintenance corrective et la maintenance palliative, sont aussi

15

Maintenance préventive

Intervention périodique sur les bâtisses et les équipements pour déceler et corriger des situations menant à d'éventuelles pannes.

nécessaires. Globalement, la maintenance préventive consiste en des interventions périodiques en ce qui concerne les bâtisses et les équipements de l'entreprise pour corriger des situations potentiellement problématiques et prévenir ainsi des pannes pouvant survenir à des moments critiques. En production épurée, les employés, relativement bien formés et compétents, sont mis à contribution dans l'entretien de leurs équipements : ils procèdent au moins à un entretien minimal. Le chapitre 18 est consacré exclusivement à cette fonction.

Entretien ménager
Ensemble des travaux nécessaires au maintien des conditions normales d'hygiène et de propreté dans un établissement.

La maintenance est soutenue par un bon système d'**entretien ménager,** car ces deux conditions principales assurent la santé et la sécurité d'une ressource importante de l'entreprise : les employés. En effet, les coûts rattachés à un manque de sécurité entraînant des accidents ont souvent été catastrophiques et ont parfois causé la perte de l'entreprise. Encore une fois, rappelons les cas suivants : l'accident de la société Union Carbide à Bhopal en Inde, celui de Tchernobyl en Ukraine et celui de Walkertown en Ontario. Les Japonais, grands adeptes de la production épurée, ont développé l'**approche des 5 S** pour assurer la maintenance et l'entretien de base. Cette démarche consiste à mettre en œuvre un programme en cinq étapes et à vivre continuellement dans cet environnement : une place pour chaque chose et chaque chose à sa place. Le tableau 15.6 présente les lignes principales de cette approche.

TABLEAU 15.6 ▸

Approche des 5 S

Expression japonaise	Traduction
Seri	Débarrasser les postes de travail
Seiton	Ranger les objets
Seiso	Nettoyer les lieux
Seiketsu	Propreté des lieux
Shitsuke	Rigueur et normalisation à l'ensemble des ressources

Concluons cette section en soulignant que même le meilleur système de maintenance n'éliminera pas complètement le risque de pannes. Pour prévenir ces aléas, les gestionnaires doivent pouvoir compter sur un bon système de disponibilité de pièces de rechange ERO (entretien, réparation, opération). Ils doivent prévoir des solutions de rechange telles que des équipes de soutien sur appel, des chemins de contournement de la machine en panne, des sous-traitants fiables et disponibles.

Le tableau 15.7 compare le système optimisé ou épuré avec les systèmes traditionnels du point de vue de leur philosophie.

TABLEAU 15.7 ▾

Comparaison entre le système d'opérations optimisées et les systèmes traditionnels

Facteurs concernés (fonction, ressources ou objectifs)	Opérations épurées	Opérations traditionnelles
Stocks	Des passifs : à éliminer à tout prix	Des actifs : protection contre les erreurs, les retards, les pannes ; les financiers y trouvent de la valeur
Taille des lots	Besoin immédiat seulement ; quantité minimale à produire ou à acheter	Des formules
Mises en route	Durée minimale (SMED), rapides, flexibles ; sinon, disponibilité de ressources supplémentaires	Moindre importance ; sont équilibrées par de grands lots en production
Produits en cours et files d'attente	À éliminer ; les déceler, les corriger, les réduire	Investissement nécessaire ; permettent le suivi des opérations, des zones tampons en cas de pannes, la réorientation de la production, la combinaison des mises en route
Fournisseurs	Collègues ; partie intégrante du procédé ; livraisons multiples par jour ; sensibles aux besoins du client ; relation client-fournisseur importante	S'en méfier ; sources multiples ; les mettre en concurrence
Qualité	Zéro défaut, sinon production hypothéquée	Accepter la probabilité de défauts
Maintenance	Préventive importante ; zéro panne	Non nécessaire ; les stocks de produits en cours absorbent les variations
Délais de livraison	Minimaux ; les tâches de relance du marketing, d'approvisionnement et de production en seront réduites	Pour les acheteurs et les gestionnaires de production, simplifient la gestion : les plus longs possible
Travailleurs	Engagement ; gestion par consensus ; modifications acceptées par la majorité	Gestion hiérarchique : modifications appliquées du haut vers le bas ; au mieux : participation

Source : Reproduit avec l'autorisation de Modern Material Handling, juin 1982, © 1982 par Cahners Publishing Company.

15.6   La conversion au système d'opérations épurées

Les résultats positifs, découlant de la philosophie des opérations épurées ou optimisées amorcée par Toyota, ont amené de plus en plus d'entreprises à essayer de l'introduire graduellement. Pour cela, il est important de procéder par étapes; toute action brusque s'est traduite par un échec retentissant. Pour assurer la réussite de la conversion, les sept étapes suivantes sont suggérées:

1. S'assurer que les cadres supérieurs participent à la conversion en sachant quoi faire et ce dont ils ont besoin. S'assurer que les cadres intermédiaires collaborent au processus et qu'ils connaissent son coût, sa durée et les résultats escomptés.
2. Étudier soigneusement les opérations. Déterminer les produits et les centres d'opérations qui seront les plus difficiles à convertir.
3. Obtenir la collaboration et l'engagement des travailleurs. Préparer des programmes de formation polyvalente sur les mises en route, l'entretien de l'équipement et la résolution de problèmes. S'assurer que les travailleurs sont bien informés sur ce qu'est la production épurée ou allégée. Rassurer les travailleurs au sujet de la sécurité de leurs emplois.
4. Commencer par réduire les temps de mise en route du système actuel. Associer les travailleurs à la détermination et à l'élimination des problèmes existants (par exemple les goulots, la non-qualité).
5. Convertir progressivement les opérations, en commençant par la fin du processus et en remontant vers l'amont. À chaque étape, s'assurer que la conversion a été réussie avant de passer à une autre. Ne pas commencer à réduire les stocks avant d'avoir résolu les problèmes majeurs.
6. À la dernière étape, convertir les fournisseurs à cette philosophie et être préparé à travailler étroitement avec eux. Commencer par réduire leur nombre en déterminant ceux qui sont prêts à adopter la philosophie épurée. Choisir des fournisseurs fiables, situés à proximité de l'entreprise pour assurer un temps de réponse rapide. Mettre en œuvre des engagements à long terme avec les fournisseurs. Insister sur des normes élevées de qualité et exiger le respect des délais de livraison. On peut voir que l'impartition et l'externalisation dans les pays à faibles coûts de main-d'œuvre vont à contre-courant de la production optimisée.
7. Être préparé à surmonter les obstacles au moment de la conversion (*voir la sous-section 15.6.1*).

15.6.1   Les obstacles à la conversion

Il existe de nombreux obstacles à la conversion. Voici les trois plus importants:

1. La haute direction peut ne pas collaborer pleinement ou se montrer réticente à fournir les ressources nécessaires à la conversion. Il s'agit probablement de l'obstacle le plus important. En effet, sans engagement sérieux, l'approche des opérations épurées est condamnée à l'avance.

   C'est pour cette raison que nous avons préféré l'expression « opération épurée » plutôt qu'« opération optimisée », celle-ci étant très « vendable » auprès des hauts dirigeants, ces derniers y adhèrent rapidement parce que le terme est attirant. Or, lors de l'implantation, quand les hauts dirigeants découvrent les implications et les efforts pour alléger et épurer le système, ils désenchantent rapidement.
2. Les travailleurs ou les gestionnaires peuvent ne pas avoir d'esprit de collaboration. Or, le système est fondé sur la collaboration. La haute direction est souvent réticente à transférer des responsabilités aux travailleurs et à leur déléguer un plus grand contrôle sur le travail. D'autre part, des conflits peuvent survenir avec les travailleurs en raison de l'augmentation de leurs responsabilités et du stress qui s'y rattache.
3. Les fournisseurs peuvent s'y opposer pour diverses raisons, par exemple:
   a) les acheteurs peuvent refuser de leur fournir les ressources nécessaires pour les aider à s'adapter à la nouvelle philosophie;
   b) les fournisseurs craignent l'engagement à long terme envers un seul client;
   c) les petites livraisons fréquentes peuvent être difficiles, particulièrement si le fournisseur a d'autres clients fonctionnant sur la base de systèmes traditionnels;
   d) la responsabilité du contrôle de la qualité est transférée au fournisseur;
   e) les modifications fréquentes d'ingénierie entraînent des ajustements continus par l'acheteur, lesquels se répercutent sur le fournisseur.

15

Commentaire : La philosophie des opérations optimisées nécessite un esprit de collaboration entre les travailleurs, la direction et les fournisseurs, à défaut de quoi cette démarche ne peut être véritablement efficace. Les Japonais ont connu beaucoup de succès dans ce domaine, en partie parce que le respect, la rigueur et la collaboration sont enracinés dans leur culture. Dans les cultures occidentales, les travailleurs, les gestionnaires et les fournisseurs ont toujours été en conflit. Par conséquent, avant de se convertir à ce système, on doit évaluer l'importance de la collaboration, de l'implication et du respect de tous les intervenants et s'engager à maintenir cet esprit.

15.6.2 Les inconvénients de la production épurée

Malgré les nombreux avantages des systèmes de production épurée, une entreprise doit tenir compte de certains inconvénients au moment de la conversion.

L'inconvénient principal à surmonter est le coût en argent et en temps qu'une telle conversion implique. De plus, il est absolument nécessaire d'éliminer les principales sources de perturbation dans le système en fournissant les ressources nécessaires pour obtenir un niveau élevé de qualité et en respectant un horaire serré. Cela signifie qu'il faut porter attention au moindre détail pendant la conception et faire des efforts considérables pour que le système fonctionne adéquatement. En outre, il faut être en mesure de réagir rapidement quand un problème survient et la direction, comme les travailleurs, doivent tous deux s'engager à améliorer continuellement le système. En règle générale, une conversion complète prend de un à trois ans, car il ne faut pas négliger l'approche des petits pas.

Autre considération importante : les lots de petite taille. Bien que les lots de petite taille permettent plus de souplesse dans le changement de produits et réduisent les coûts et les espaces d'entreposage, ils entraînent généralement une augmentation des coûts de transport et une congestion du trafic en raison des livraisons fréquentes. L'incidence sur le système routier est telle que les gouvernements songent à légiférer en conséquence. D'autres effets négatifs importants sont observés dans le cas de catastrophes naturelles imprévisibles et d'événements hors de contrôle. Par exemple, les raz de marée dans le Sud-Est asiatique, notamment en Thaïlande (décembre 2004), l'éruption du volcan islandais (2010), les tremblements de terre à Haïti (janvier 2010), au Japon à Kobe (1995) et à Sendaï (le 11 mars 2011) ainsi que les attentats de New York (11 septembre 2001) ont causé des perturbations importantes en rupture de stocks et en pénurie de toutes sortes. Les entreprises et les nations qui n'avaient pas de stock de sécurité de plus de trois jours, voire de 24 heures dans certains cas, ont dû arrêter leurs activités (Boeing, Nissan, Renault, Hitachi, Honda, Canon, GM, etc.). Heureusement, il s'agit de situations exceptionnelles, mais les gestionnaires ont tout de même la responsabilité d'en prévoir les conséquences.

15.7 Les opérations épurées dans les services

Notre exposé sur la philosophie des opérations épurées ou optimisées a essentiellement porté sur le secteur manufacturier, simplement parce que c'est là qu'il a été mis au point et le plus souvent appliqué. Néanmoins, les services peuvent bénéficier de nombreux concepts des opérations en mode épuré. Quand on l'utilise dans le contexte des services, son intérêt porte souvent sur le temps nécessaire pour fournir le service – la vitesse étant le facteur principal dans ce secteur. Domino's Pizza, Federal Express, Postes Canada, les services d'appels d'urgence 911, où le temps de réponse est le gage principal de l'efficacité du procédé, sont des exemples de livraisons urgentes (disponibles sur demande). La description de l'application du SMED pour le spectacle de Céline Dion (*voir la sous-section 15.5.2*) est un exemple concret des avantages découlant des opérations épurées appliquées aux services.

La réduction des stocks est un autre aspect applicable au secteur des services. Tel est le cas notamment du commerce de détail, où la réduction des stocks, en parallèle avec un niveau de service élevé aux clients, est fondamentale.

L'amélioration du processus et la résolution de problèmes contribuent à épurer un système, ce qui a pour effet d'accroître la satisfaction des clients tout en augmentant la productivité. Voici quelques manières d'appliquer cette approche dans les entreprises de services :

- **Éliminer les perturbations.** Par exemple, éviter dans la mesure du possible d'avoir des travailleurs qui servent les clients et qui, en même temps, doivent répondre au téléphone.

15

www.dominos.com
www.fedex.com
www.canadapost.ca

- **Rendre le système souple.** Souvent, il est souhaitable de normaliser le travail pour obtenir une productivité élevée. Mais le fait d'offrir une variété de services peut constituer un avantage concurrentiel. On peut soit former les travailleurs afin qu'ils exécutent une plus grande variété de tâches, soit répartir le travail selon la spécialité de chaque travailleur.

- **Réduire les temps de mise en route et les temps de réponse.** Rendre rapidement disponibles les outils fréquemment utilisés et disposer de pièces de rechange. De plus, pour les demandes de services, essayer de maintenir les pièces nécessaires en stock tout en évitant d'accumuler de trop grandes quantités.

- **Éliminer les pertes** (y compris les erreurs et la répétition des tâches). Mettre l'accent sur la qualité et l'uniformité (la normalisation) du service d'un client à l'autre, pour ne pas créer de jalousie ni de discrimination.

- **Réduire le travail en cours** au minimum, par exemple en réduisant le temps d'attente pour une demande de service ou une commande et la durée des appels, de la livraison des colis, du chargement ou du déchargement des camions, du traitement des candidatures.

- **Simplifier le processus,** particulièrement quand les clients font partie du système (systèmes de service automatique incluant les opérations de détail, les guichets automatiques et les distributeurs automatiques, les stations libre-service, etc.).

Les opérations optimisées procurent un avantage concurrentiel important aux entreprises de services en misant sur une approche juste-à-temps. Si on est capable de fournir un service sur demande au bon moment, avec une flexibilité accrue, de courts temps de mise en route et une communication claire entre les deux parties en cause, la compétitivité de l'entreprise augmente d'autant tout en réduisant les coûts du service.

Le cas décrit ci-dessous, concernant le centre médical Virgina Mason de Seattle, dans l'État de Washington, illustre de manière concrète des opérations épurées dans le secteur hospitalier.

Lectures
Le cas du centre médical Virginia Mason
www.virginiamason.org

Le centre médical Virginia Mason a la réputation d'offrir les meilleurs soins de santé aux États-Unis.

Selon le Dr Gary Kaplan, chef de direction au début de 2000, les gestionnaires du centre médical ont observé que l'infrastructure était conçue en fonction d'eux et non pas en fonction du patient. Par exemple, le patient se presse pour arriver à l'heure, pour ensuite attendre que le médecin soit présent. Les gestionnaires voulaient améliorer la qualité, la sécurité et le service au patient. Après deux ans de recherche, ils ont découvert l'approche TPS (*Toyota production system*), basée sur les opérations optimisées. Le principe consistant à éliminer le gaspillage, tel qu'il est défini par l'ingénieur T. Ohno, leur paraissait idéal. Le coup de génie des gestionnaires de Virginia Mason a été d'adapter l'approche des opérations épurées au domaine hospitalier.

En 2002, le Dr Kaplan et son équipe ont décidé de visiter une usine de Toyota et une de Yamaha. Ils ont ensuite envoyé près de 200 de leurs employés au Japon pour s'imprégner de la philosophie épurée. Selon eux, les avantages ont largement justifié les coûts, car les retombées sont continues, d'où le principe d'amélioration continue. Kaplan a souvent entendu que « les patients n'étaient pas des produits ». Et pourtant, les résultats observés parlent d'eux-mêmes. En effet, selon Kaplan : « L'entreprise Toyota est obsédée par la satisfaction du client, tandis que nous sommes tellement obsédés par le sérieux et la spécialisation de nos tâches médicales que nous oublions pour qui nous existons. »

Différents types de gaspillage ont été relevés. Le premier est le temps d'attente pour rencontrer un médecin ou le temps pour obtenir les résultats de tests de laboratoire. Un autre gaspillage est celui d'un surplus d'information, de produits médicaux (stocks élevés), de surtests de laboratoire et d'imageries répétitives. L'exemple d'impression de brochures inutiles qui sont gaspillées est aussi éloquent. L'hôpital a implanté un système de *kanban* dans l'ensemble de ses autres cliniques, dispensaires et campus, ce qui a réduit le nombre de lieux de distribution d'information inutilisée et inutile. De cette façon, les signaux de réapprovisionnement adéquat sont donnés au bon moment, dans la bonne quantité et à l'endroit approprié, ce qui a permis de réduire les coûts. Les stocks ont été diminués, et ce, sans jamais faire défaut.

On a standardisé les plateaux des instruments chirurgicaux selon les interventions, en s'inspirant d'une approche *poka-yoke* (détrompeur ou dispositif anti-erreurs) pour éviter les erreurs.

Selon la directrice administrative, Janine Wentworth, il faut une série de petits pas pour faire des améliorations. Par exemple, l'utilisation d'un tableau montrant la progression des patients, s'inspirant des graphiques d'avancement des travaux, simplifie la disponibilité des informations : les professionnels de la santé n'ont plus à chercher indéfiniment pour connaître l'état du patient, en posant des questions partout. Janine Wentworth a mis en place des calendriers et établi des charges de travail pour suivre et connaître le taux d'occupation et d'utilisation des ressources humaines et matérielles. Ainsi, elle peut facilement spécifier à tout moment le taux de rotation à chaque aile et à chaque service de l'hôpital. Un autre système inspiré de Toyota est le système d'alerte du type *andon*. L'approche classique consiste à corriger les problèmes quand ils surviennent. Avec le système *andon* ou système électronique visuel, on émet des signaux lumineux codifiés et connus de tous indiquant où est le type de problème, et ce, en temps réel. Le problème est immédiatement résolu sur place par les professionnels de la santé, selon leur compétence. Virgina Mason enregistre près de 10 *andon* par jour. La clinique externe de Kirkland, rattachée à Virgina Mason, a adopté la philosophie Toyota dès 2003. La prise de rendez-vous téléphoniques a été modifiée en affectant des professionnels médicaux au téléphone. Ces derniers, ayant accès aux dossiers des patients, peuvent les aiguiller directement aux bons services et même leur prodiguer des premiers soins. L'engorgement aux urgences et à la clinique externe a été réduit, ou la cadence s'est accélérée, de même dans le cas des files d'attente aux services. Beaucoup d'autres modifications concernant la réorganisation du travail, implantées de façon systématique et découlant directement de l'approche

Toyota, ont donné des résultats probants. L'utilisation des dossiers des patients en ligne, disponibles à tout moment en temps réel, selon des modalités de sécurité déterminées, exige que les professionnels se soumettent à une procédure de rédaction de ces formulaires dès l'acte médical posé. Le Dr Kim Pittenger, responsable du centre Kirkland, affirme que tous ne sont pas d'accord avec cette approche, certains médecins ayant même décidé de quitter l'hôpital. Cependant, il admet du même coup, même s'il ne peut le quantifier, que le taux d'erreurs médicales a chuté substantiellement. Il reconnaît le bien-fondé de cette phrase : « on ne peut améliorer ce qu'on ne peut mesurer ».

En effet, on a observé, entre autres :

- une réduction de 85 % du temps d'attente pour les résultats de laboratoire ;
- une réduction de plus de 1 M$ en gestion de stock ;
- une diminution de 500 K$ par année en salaires payés en heures supplémentaires ;
- 93 % d'augmentation de la productivité de l'ensemble des travailleurs (personnel médical, personnel de laboratoire, soutien administratif, etc.) ;
- une réduction des files d'attente, d'où une sécurité accrue et une diminution du risque de contagion.

Le Dr Kaplan espère implanter un système où le patient récurrent est reconnu et pris en charge dès son arrivée, dans le stationnement ou ailleurs, en passant sa carte à puce dans un guichet lecteur. Il pourra alors se diriger directement au lieu du service médical pertinent, son dossier étant prêt. En conséquence, le flux est continu, il n'y a pas de file d'attente, et l'accent est mis sur le patient.

Le Dr Kaplan conclut en affirmant ceci : « En Amérique du Nord, dans le secteur médical, nous disposons d'une quantité suffisante de ressources techniques, matérielles et humaines en tout genre. Il suffit d'arrêter de gaspiller et de se focaliser sur des tâches à valeur ajoutée. Ainsi, nous sauverons des milliards de dollars tout en augmentant les services, puisque ces derniers sont notre objectif ultime.

D'autres hôpitaux, tel le centre médical Swedish (www.swedish.org) dans la région de Seattle, ont adopté le modèle du centre médical Virginia Mason, et ce, avec grand succès.

Source : Black, Cherie, *To Build a Better Hospital, Virginia Mason Takes Lessons from Toyota Plant*, Seattle Post-Intelligencer, 15 mars 2008, adapté par Claudio Benedetti, ing., M. Ing.

15.8 Le JAT II

Gestion partagée des stocks (GPS) ou des approvisionnements

Entente entre le fournisseur et le client industriels, où le fournisseur s'engage à livrer au client les marchandises en fonction des informations, fournies en temps réel par le client, relatives aux ventes et de l'état des stocks.

www.gulfstream.com
http://honeywell.com
www.ibm.com
www.maytag.ca
www.siemens.com
www.sun.com
www.westinghouse.com

15

Au début des années 1990, certaines entreprises ont développé de nouvelles relations avec leurs fournisseurs en adoptant l'approche du JAT II. Selon cette approche, on permet au fournisseur de s'implanter physiquement dans l'entreprise. On lui fournit des espaces de travail, des lieux pour entreposer ses marchandises et accommoder ses employés. Les employés des fournisseurs, appelés dans le jargon JAT II les « implants », travaillent à temps plein chez le client. Ils gèrent les stocks des matières à lui fournir ; s'impliquent et apportent au besoin des modifications au produit fourni pour mieux accommoder le client. Souvent, on a l'impression qu'ils font partie des ressources humaines du client. Les gains sont énormes aussi bien pour le donneur d'ordres, le client, qui n'a plus à s'occuper de passer les commandes, de gérer ses stocks, de négocier les prix, de s'assurer des livraisons à temps, etc., que pour le fournisseur qui s'assure d'un contrat d'approvisionnement à long terme. Il va sans dire que cela nécessite un lien de confiance et de professionnalisme entre les partenaires. C'est l'entreprise de système audio Bose qui a consacré cette approche selon l'expression VMI (*vendor-managed inventory*) ou **gestion partagée des stocks (GPS) ou des approvisionnements.**

Des exemples de JAT II ont déjà été observés au Québec dans les années 1970 entre les embouteilleurs (telle la société Coca Cola) de boissons gazeuses et les fournisseurs de canettes ; dans le secteur de l'imprimerie, entre l'imprimeur et le fournisseur d'encre ; dans le domaine de l'automobile, entre le manufacturier et le fournisseur d'équipement audio ou de pneus. Cette politique est devenue la norme pour des entreprises telles que Gulfstream Aerospace, Honeywell, IBM, Maytag, Siemens, Sun Microsystems, Westinghouse, etc. Le JAT II consacre la relation très étroite client-fournisseur.

15.9 Conclusion

La philosophie des opérations épurées ou optimisées offre de nouvelles perspectives d'opération. Les entreprises doivent la considérer sérieusement si elles veulent demeurer concurrentielles. C'est une décision de niveau stratégique, donc de haut niveau.

Rappelons les faits. Initialement, dans la fabrication en continu, on souhaitait minimiser les stocks et les produits en cours, sources d'énormes problèmes et ne créant pas de valeur ajoutée. La synchronisation des tâches était une solution: faire les choses au bon moment, dans la bonne quantité et à la bonne place. L'arrivée des produits selon un mode juste-à-temps est l'objectif à viser, la succession des opérations devant être coordonnée avec précision. On a compris ensuite que, pour bien ancrer cet objectif, il fallait implanter une vision plus globale de la gestion des opérations. La philosophie de la production épurée ou allégée, conçue par Taïchi Ohno et Shigeo Shingo de Toyota, a été créée et ensuite été transmise à tous les secteurs économiques. On désigne cette même philosophie de gestion des opérations à l'aide des expressions suivantes: production allégée, opération épurée, opération optimisée, toyotisme, TPS (*Toyota production system*), opération *lean*.

Les organisations qui songent à l'adopter doivent connaître les exigences, les avantages et les inconvénients des systèmes de production épurée de même que les forces et les faiblesses de leurs systèmes actuels, avant de décider de s'y convertir. Des évaluations judicieuses du temps et des coûts qu'une telle conversion implique et une estimation du degré d'engagement et de collaboration des ouvriers, des gestionnaires et des fournisseurs sont essentielles.

La conversion doit être séquentielle et progressive, ce qui permet aux gestionnaires de se familiariser avec cette philosophie sans s'engager complètement. Par exemple, dans une première étape, on peut commencer par réduire les temps de mise en route, accroître la qualité, réduire les pertes et le gaspillage, et améliorer les relations avec les fournisseurs. De plus, le fait de réaliser un programme de production nivelée, élément nécessaire au système, sera aussi très utile.

Il faut être prudent lors de l'implantation du JAT, car on peut être vulnérable à toute rupture de stock. Les entreprises et même les nations qui s'y fient totalement risquent de graves pénuries lors des ruptures de stock, dans le cas par exemple de vaccins ou d'autres fournitures de première nécessité. Les cas des catastrophes naturelles survenues ces dernières années ont causé des ruptures de stock et des pénuries importantes à travers la planète: les stocks de sécurité étant insuffisants. La relation fournisseur-client est un élément important pour la réussite du JAT. Il est suggéré que des fournisseurs fiables soient le plus proche possible. Les deux partenaires doivent être en constante communication pour transmettre toute modification dans leurs processus de travail.

L'objectif principal d'un système épuré est d'obtenir un flux équilibré et régulier des opérations. Pour y arriver, on doit atteindre des objectifs secondaires afin de rendre le système flexible, de faire disparaître les perturbations, de réduire les temps de mise en route et les délais de réapprovisionnement, d'éliminer les pertes et de réduire au minimum les stocks. Le gaspillage (les *muda*), notion typique du système épuré, est l'ennemi premier. Les éléments du système sont: la conception des produits, la conception du processus, la gestion de l'organisation, la planification et le contrôle de la production.

Une qualité élevée est essentielle aux systèmes épurés, car des problèmes de qualité perturbent le processus. Des réglages rapides et économiques, des implantations spéciales, permettant au travail d'être tiré (approche *pull*) dans le système plutôt que poussé (*push*), et un esprit de collaboration sont des caractéristiques des systèmes épurés ou optimisés. Sont également importantes la capacité de résolution de problèmes pour réduire les perturbations et rendre le système plus efficace et une attitude visant à toujours améliorer le travail, d'où l'amélioration continue (*kaïzen*).

Les principaux avantages du système épuré ou allégé sont une réduction des stocks (stock zéro), une qualité supérieure, une souplesse de fonctionnement, une réduction des temps de mise en route (SMED), un accroissement de la productivité et de l'utilisation du matériel, une réduction des rebuts et du réusinage et une diminution du besoin d'espace. Dans le secteur des services, on utilisera la notion d'opérations épurées.

Pour réussir la conversion à cette philosophie, il faut obtenir l'engagement formel des cadres supérieurs et celui de l'ensemble des ressources humaines, développer un esprit de collaboration et de confiance dans toute l'organisation et créer de bonnes relations avec un petit

15

nombre de fournisseurs. Le résultat est un système d'opérations épurées de tout gaspillage de ressources, qui n'apportent pas de valeur ajoutée.

La philosophie des opérations épurées ou optimisées est une méthode de gestion des opérations qui vise à réduire les coûts et à éliminer les gaspillages de toutes sortes par une amélioration de la fluidité de la production des biens et des services de l'entreprise, en faisant en sorte qu'on ne s'approvisionne que de la quantité juste nécessaire au moment où on en a besoin. Le JAT est jumelé au système d'opérations (ou production) épurées.

Les éléments des opérations épurées sont:

- le flux de travail nivelé, équilibré et continu (objectif ultime);
- l'élimination du gaspillage (*muda*);
- l'amélioration continue (*kaïzen*);
- l'importance accordée aux activités à valeur ajoutée (vision de PVA);
- la recherche d'approche de travail et de gestion simples (**KIS,S**: *keep it simple, stupid*);
- **l'aménagement, la manutention et la circulation (AMC)** en conséquence;
- la qualité à la source, appuyée par des *andon*;
- l'application de systèmes à l'épreuve des erreurs (*poka-yoke*);
- le programme de maintenance préventive;
- le programme d'entretien et les 5 S: une place pour chaque chose, et chaque chose à sa place;
- la minimisation des mises en route (SMED);
- le flux tiré, appuyé par des *kanban*;
- la formation continue et croisée.

La production épurée a sept ennemis qu'il faut éliminer (*voir le tableau 15.2 à la page 584*).

- la surproduction;
- les stocks élevés;
- les longs délais;
- les mises en route;
- les suropérations;
- la manutention superflue;
- les rejets.

De nos jours, certaines entreprises ont adopté le JAT II. ●

Terminologie

Aménagement, manutention et circulation (AMC) (p. 606)

Andon (p. 588)

Approche des 5 S (p. 600)

Autonomation (p. 588)

Comptabilité par activités (p. 592)

Différenciation retardée (p. 586)

Entretien ménager (p. 600)

Facilitateur (p. 592)

Flux poussé (p. 594)

Flux tendu (p. 581)

Formation croisée (p. 590)

Gaspillage (p. 582)

Génie industriel (p. 583)

Gestion partagée des stocks (GPS) ou des approvisionnements (p. 604)

Heijunka (p. 583)

Jalonnement ou ordonnancement mixte (p. 592)

Jidoka (p. 583)

Juste-à-temps (JAT) (p. 581)

Kaïzen (p. 584)

Kanban (p. 594)

KIS,S (p. 606)

Loi de Little (p. 597)

Maintenance préventive (p. 599)

Mise en route rapide (SMED) (p. 587)

Muda (p. 583)

Opération épurée ou allégée (p. 582)

Optimisation des opérations (p. 582)

Poka-yoke (détrompeurs) (p. 590)

Production à valeur ajoutée (PVA) (p. 580)

Production optimisée ou épurée (p. 580)

Production ou opération épurée (p. 582)

Réponse ou réaction rapide (p. 598)

Système de production à flux poussé (p. 594)

Système de production à flux tiré (p. 594)

Système de production Toyota (TPS) (p. 581)

Temps takt (temps/quantité) (p. 588)

Problème 1

Déterminez le nombre de conteneurs nécessaires pour un poste de travail utilisant 100 pièces à l'heure, en sachant qu'un conteneur prend 90 minutes pour parcourir un cycle (déplacer, attendre, vider, retourner, remplir) et qu'un conteneur standard peut contenir 84 pièces. On utilise un facteur d'inefficacité de 0,10.

Solution

$N = ?$
$D = 100$ pièces à l'heure
$T = 90$ minutes (1,5 heure)
$C = 84$ pièces
$X = 0,10$

$$N = \frac{D(T)(1 + X)}{C} = \frac{100\,(1,5)\,(1 + 0,10)}{84} = 1,96 \approx 2 \text{ conteneurs}$$

Problème 2

On vous demande de déterminer le nombre de séries à produire par jour et la quantité d'unités par série pour le groupe de produits suivant. L'entreprise fonctionne cinq jours par semaine, et la séquence choisie est A, B, C, D.

Produit	Quantité par semaine
A	20
B	40
C	30
D	15

Solution

On détermine le nombre d'unités par jour et l'on fixe le nombre de séries par jour en fonction du plus grand dénominateur commun. S'il n'y a pas de dénominateur commun (comme c'est le cas ici), le nombre de séries correspondra à la plus petite quantité ; dans notre exemple, on obtient trois séries par jour.

En produisant les quatre produits à chaque série, à raison de trois séries par jour (3 = la plus petite quantité), et en respectant la séquence désirée, les quantités initiales de chaque série

Produit	Quantité/jour ouvrable	Quantité restante avec trois séries
A	20 ÷ 5 = 4	4 – 1 × 3 = 1
B	40 ÷ 5 = 8	8 – 2 × 3 = 2
C	30 ÷ 5 = 6	6 – 2 × 3 = 0
D	15 ÷ 5 = 3 (la plus petite quantité)	3 – 1 × 3 = 0

seront A (1 unité), B (2 unités), C (2 unités), D (1 unité). En complétant avec les unités manquantes de chaque produit, on obtient le résultat final suivant (le nombre d'unités produites de chaque produit par série apparaît entre parenthèses).

Série	1	2	3
Séquence de base	A, B (2), C (2), D	A, B (2), C (2), D	A, B (2), C (2), D
Unités supplémentaires	B = 1	B = 1	A = 1
Séquence ajustée	A, B (3), C (2), D	A, B (3), C (2), D	A (2), B (2), C (2), D

1. Comment la production épurée peut-elle contribuer à améliorer l'écologie ?

2. Certains éléments clés des systèmes de production figurent au tableau 15.7, à la page 600. Pour chacun de ces éléments, expliquez brièvement comment la philosophie de la production épurée ou allégée diffère du système de production traditionnel.

3. Pourquoi la recherche et l'assurance de la qualité sont-elles importantes dans une approche épurée ?

4. Qu'est-ce qu'on entend par gaspillage dans les systèmes ayant adopté les opérations épurées ou la production optimisée ?

5. Quels sont les principaux obstacles à surmonter au cours de la conversion d'un système traditionnel à un système Toyota ?

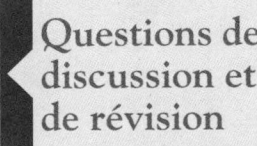

15

6. Quel est le principal but d'un système épuré? Déterminez ses objectifs secondaires et ses éléments.

7. Décrivez le fonctionnement du *kanban* et ses relations avec un système allégé.

8. Décrivez la philosophie qui sous-tend le système JAT (ce que le JAT doit accomplir, par exemple).

9. Discutez brièvement des relations à entretenir avec les fournisseurs dans les systèmes JAT:

   a) Pourquoi ces relations sont-elles importantes?

   b) En quoi sont-elles différentes des relations entretenues dans le cadre d'un système traditionnel?

   c) Pourquoi les fournisseurs se méfieraient-ils des achats?

10. Des dirigeants japonais ont affirmé que le principe de la chaîne d'assemblage de Henry Ford était à la base de certains fondements du JAT. Quelles sont les caractéristiques communes entre les chaînes d'assemblage et le système JAT?

11. Comparez les méthodes de flux tiré et de flux poussé pour ce qui est du déplacement des biens et des matériaux dans les systèmes de production.

12. Quels sont les principaux avantages d'un système de production selon la philosophie des opérations allégées?

13. Quels sont les avantages des lots de petite taille?

14. Décrivez une application des opérations épurées dans le secteur des services.

15. Qu'est-ce que le temps *takt* et à quoi sert-il en production épurée?

16. Qu'est-ce qu'une usine cachée et comment les opérations épurées en éliminent-elles la majeure partie?

Problèmes

1. Un gestionnaire d'usine désire déterminer le nombre de conteneurs à utiliser pour un système *kanban* qui sera installé dans quelques mois. Le processus utilisera 80 pièces à l'heure. Puisque le processus est nouveau, le gestionnaire a alloué un facteur d'inefficacité de 3,5. Chaque conteneur a une capacité de 45 pièces et prend en moyenne 75 minutes pour parcourir un cycle. Combien de conteneurs devrait-on utiliser? Une fois le système amélioré, aura-t-on besoin de plus ou de moins de conteneurs? Pourquoi?

2. Un système JAT utilise des cartes *kanban* pour autoriser la production et le déplacement de matériaux. Dans une partie du système, un centre de travail utilise en moyenne 100 pièces à l'heure. Le gestionnaire a alloué un facteur d'inefficacité de 0,20 au centre. Les conteneurs standards sont conçus pour contenir six douzaines de pièces chacun. Le temps de cycle par conteneur de pièces est d'environ 105 minutes. De combien de conteneurs a-t-on besoin?

3. Une cellule d'opération utilise 200 kg d'un certain matériau par jour. Ce matériau est transporté dans des bacs contenant 120 kg chacun. Le temps de cycle pour les bacs est d'environ deux heures. Le directeur a attribué à chaque cellule un facteur d'inefficacité de 0,08. Combien de bacs utilisera-t-on?

4. Déterminez le nombre de séries par jour et le nombre d'unités produites par série pour cet ensemble de produits, en utilisant la séquence A-B-C-D.

Produit	Quantité par semaine
A	21
B	12
C	3
D	15

5. Déterminez le nombre de séries par jour et le nombre d'unités produites par série pour cet ensemble de produits dans les conditions suivantes.

   a) On désire quatre cycles. Quel est le nombre de répétitions pas produit?

   b) On désire deux cycles. Quel est le nombre de répétitions pas produit?

   La séquence de production est A-B-C-D-E.

Produit	Quantité par semaine
A	22
B	12
C	4
D	18
E	8

6. Déterminez le nombre de séries par jour et le nombre d'unités produites par série pour cet ensemble de produits.

   La séquence de production est F-G-H-K.

Produit	Quantité par semaine
F	9
G	8
H	5
K	6

7. Déterminez le temps *takt*, sachant ce qui suit: le temps disponible par quart est de 480 minutes; il y a un quart par jour ouvrable; on doit satisfaire une demande de 300 unités par jour; les travailleurs ont droit à deux pauses de 15 minutes et une pause de 45 minutes pour le repas.

8. Déterminez le temps *takt* d'un service, sachant ce qui suit: le temps disponible par quart est de 440 minutes; il y a un quart par jour ouvrable; les préposés ont droit à deux pauses de 10 minutes et une pause d'une heure pour le repas. On doit satisfaire à une demande de 90 clients par jour ouvrable.

Cas
La compagnie Sécurité Level

La compagnie Sécurité Level est une petite entreprise qui produit une variété d'appareils de sécurité et de coffres-forts, offerts en plusieurs modèles. Récemment, de nouveaux clients ont passé des commandes, aussi a-t-on agrandi le service de production pour répondre à la demande. Stéphanie, la directrice de production, travaille actuellement à établir un plan de production concernant les coffres-forts, et ce, pour chaque jour de la semaine. Elle a obtenu du service du marketing les renseignements concernant les commandes fermes (le carnet de commandes) pour les cinq prochaines semaines:

Modèle	S1	S2	S3	S4	S5
Quantité hebdomadaire	120	102	48	90	25

Le service fonctionne cinq jours par semaine. L'entreprise opère selon la politique suivante: les coffres-forts partiellement finis ne sont pas permis; chaque cycle doit produire des unités complètes.

Après avoir discuté avec le service d'ingénierie, Stéphanie a déterminé que la meilleure séquence de production pour chaque cycle serait S7-S8-S9-S1-S2.

Question

On vous demande d'aider la directrice à déterminer la meilleure quantité à produire par cycle pour chaque jour de la semaine.

15

Bibliographie

Black, Cherie. *To Build a Better Hospital, Virginia Mason Takes Lessons from Toyota Plant*, Seattle Post-Intelligencer, 15 mars 2008.

Hopp, Wallace J., et Mark Spearman. *Factory Physics: Foundation of Manufacturing Management*, 2ᵉ édition, New York, McGraw-Hill, 2001.

Imai, Masaaki. *Kaïzen: The Key to Japanese Competitive Success*, New York, McGraw-Hill, 1989.

Imai, Masaaki. *Gemba Kaïzen: Commonsense Low-Cost Approach to Management*, New York, McGraw-Hill, 1997, 354 p.

Monden, Yasuhiro. *Toyota Production System*, 2ᵉ édition, I.I.E. Norcross (Géorgie), I.E. Mngmt Press, 1993, 424 p.

Nelson, D., R. Mayo et P.E. Moody. *Powered by Honda*, New York, J. Wiley, 1998, 256 p.

Productivity Press Development Team. *Kanban for the Shopfloor*, New York, Productivity Press, 2001, 95 p.

Shingo, Shigeo. *Non-Stock Production: The Shingo System for Continuous Improvement*, New York, Productivity Press, 2006.

Womack, J.P., D.T. Jones et D. Roos. *The Machine that Changed the World*, New York, Simon & Schuster Inc., 1990.

15

L'ordonnancement

Objectifs d'apprentissage

Connaître le rôle de l'ordonnancement et son importance ;

Distinguer l'ordonnancement en production interrompue et en production continue ;

Connaître les caractéristiques de l'ordonnancement de la production interrompue (ateliers multigamme) ;

Connaître les caractéristiques de l'ordonnancement dans le secteur des services ;

Distinguer l'ordonnancement à capacité limitée et à capacité illimitée ;

Utiliser le graphique de Gantt pour l'ordonnancement ;

Distinguer l'ordonnancement et le jalonnement ;

Distinguer le séquencement ou jalonnement statique et le séquencement dynamique ;

Connaître et utiliser les algorithmes pertinents en ordonnancement : affectation, jalonnement et séquençage ;

Établir des programmes ou calendriers de production et les charges de travail correspondantes, selon les différentes règles de priorité de l'entreprise ;

Appliquer l'ordonnancement et le jalonnement dans le secteur des services.

16.1 Introduction

Dans tous les secteurs des activités humaines, l'ordonnancement des tâches et des travaux est omniprésent. Dans les organisations modernes, l'ordonnancement des travaux découle de la planification : il en fait partie intégrante. C'est pour cette raison qu'il incombe habituellement aux mêmes personnes responsables de la planification : les planificateurs (*voir le chapitre 12*).

L'ordonnancement des travaux consiste à déterminer :

a) la séquence de l'exécution des travaux appelée **programme de production ou des opérations** ;

b) la chronologie d'utilisation des ressources de l'entreprise afin de satisfaire les besoins des clients en ce qui concerne la quantité, la qualité, le temps, le lieu et les coûts : c'est la charge de travail. Les ressources de l'entreprise sont la main-d'œuvre, les différents services, les machines et les équipements, les locaux, etc.

À titre d'exemple, les entreprises manufacturières s'occuperont de leur main-d'œuvre, organiseront l'utilisation des machines, le service de maintenance, les achats, etc. Les hôpitaux feront de même avec le service des admissions, les salles d'opération, le personnel infirmier, les cuisines, la buanderie, le service de sécurité. Les établissements d'enseignement prépareront les horaires des locaux, des étudiants et des professeurs. Les bureaux d'avocats, de médecins et de dentistes, les salons de beauté, les garages et les compagnies de transport doivent également préparer l'ordonnancement de leurs ressources. Les principales sources de démotivation des employés, de faible productivité des entreprises, de mauvaise utilisation des ressources, de gaspillage de temps sont dus à un mauvais ou tout simplement à un manque total d'ordonnancement de la part des gestionnaires.

Simplement, l'ordonnancement et le jalonnement qui en découle permettent d'établir les horaires de travail.

L'ordonnancement représente la dernière activité de gestion des opérations avant le début des travaux proprement dits. Toutes les autres décisions de gestion (choix du produit et du processus, de la localisation, du niveau de qualité, des capacités de production, formation et sélection du personnel) auront déjà été prises. Par conséquent, il se fera en fonction de ces contraintes et des besoins souvent variés des clients, surtout dans le secteur des services. Le rôle de l'ordonnancement consiste à faire des compromis, à arbitrer, à trouver le juste équilibre entre, d'une part, la satisfaction du client, les temps d'attente, les temps de réponse et de livraison et, d'autre part, l'utilisation optimale des ressources de l'entreprise et la réduction des coûts. De plus, les gestionnaires responsables de l'ordonnancement, les planificateurs, devront suivre les calendriers établis pour s'assurer du respect des dates promises ; c'est l'étape du contrôle des opérations. S'ils décèlent des retards ou des retards potentiels, ils auront à prévoir des solutions de rechange.

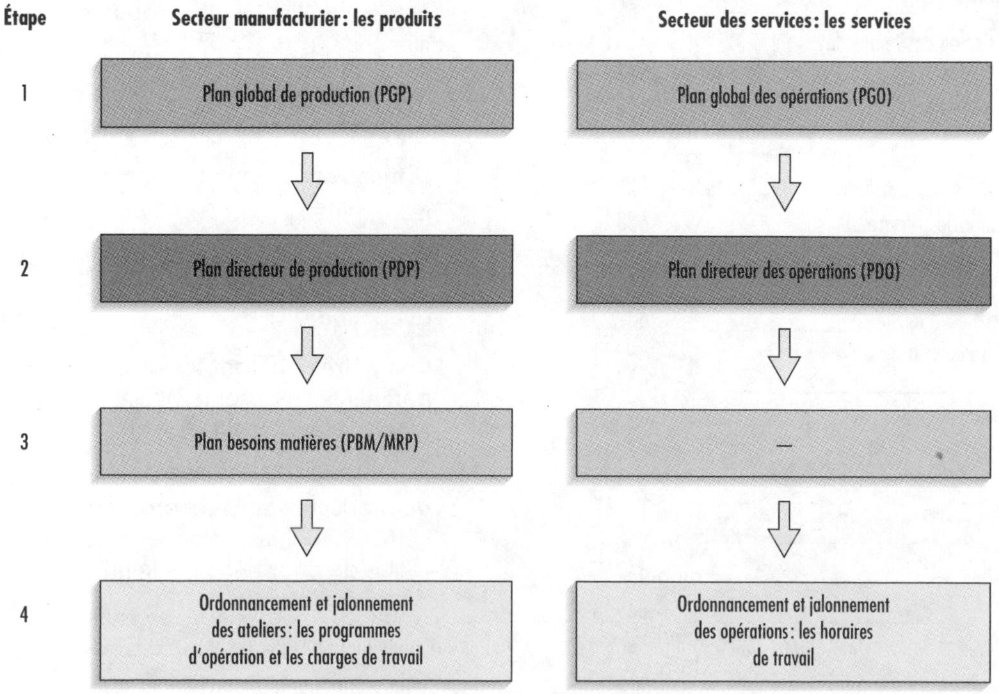

Le domaine des services tarde à adopter les approches développées et appliquées depuis plusieurs décennies par le domaine manufacturier. Les entreprises de services qui l'ont fait ont enregistré des avantages compétitifs considérables, au grand bénéfice du client. Le domaine bancaire, du transport et

Programme de production ou d'opération

Se référant au produit, le programme de production montre la liste chronologique des tâches à réaliser pour compléter le produit ou pour rendre le service.

FIGURE 16.1

Relation entre la planification et l'ordonnancement

celui des cliniques médicales privées en sont les plus grands témoins. Bien qu'il existe plusieurs similitudes dans les principes fondamentaux de l'ordonnancement de ces deux secteurs, on soulignera les éléments dont il faut tenir compte au cours de l'ordonnancement des services, où beaucoup reste à faire. La figure 16.1 présente l'ordre chronologique de la planification et de l'ordonnancement, ainsi que la distinction entre le domaine manufacturier et celui des services.

Dans ce chapitre, nous étudions l'ordonnancement aussi bien dans le domaine manufacturier que dans celui des services.

16.2 L'ordonnancement de la production

Il existe différentes façons d'ordonnancer les ressources de l'entreprise, et ce, en fonction des méthodes et des lots de production. Nous développons ici l'ordonnancement à grands et à petits lots, appelé aussi **ordonnancement en flux continu** (*flow shop*) et l'**ordonnancement en flux interrompu** (*job shop*) **ou atelier multigamme.** Au chapitre 17, *La gestion de projet*, nous étudierons l'ordonnancement pour les productions à l'unité ou par projet. Rappelons brièvement les méthodes ou processus de production (*voir le chapitre 5*).

16.2.1 L'ordonnancement pour grands lots ou flux continu

Comme nous l'avons vu, l'ordonnancement consiste à établir les charges de travail des ressources et la séquence d'exécution des opérations. Or, les entreprises qui ont de grands lots de produits à fabriquer disposent, entre autres, d'énormes ressources en équipement et en personnel. Afin de maximiser l'utilisation de ces ressources et les investissements qui en découlent, ces entreprises auront tendance à fabriquer des produits le plus standards possible en normalisant leur processus d'opération, d'où une faible flexibilité sur le plan des produits et des processus. Le processus de production sera conçu en fonction d'un produit ou d'une famille de produits similaires. Une fois la mise en route faite et le produit lancé en production, on procédera à une production de masse. C'est ce qu'on appelle les « méthodes de production à flux continu ».

Rappelons brièvement ici les notions vues au chapitre 6 sur la sélection des processus. L'ordonnancement à flux continu est relativement simple, mais une mauvaise décision s'avère très lourde de conséquences. En effet, une fois qu'un lot est en production, il est très coûteux d'interrompre celle-ci pour faire des modifications ou corriger des erreurs. Les chaînes d'assemblage d'automobiles, d'ordinateurs personnels, d'électroménagers, de télévisions, de chaînes stéréo, les raffineries de sucre, la pétrochimie, l'industrie pharmaceutique, le traitement des minerais et la sidérurgie sont autant d'exemples d'entreprises du secteur manufacturier où la production est à flux continu. Dans le secteur tertiaire de l'économie (les services), on en trouve des exemples dans les campagnes massives de vaccination et les cafétérias. Ces systèmes de production à grands lots utilisent des équipements spécialisés et des machines à transfert spécialement conçues et aménagées en fonction du produit ou d'un groupe de produits, donc très peu flexibles et représentant d'énormes investissements. La segmentation des tâches est conçue de manière à minimiser la durée de chacune d'elles et à favoriser le passage des produits d'une opération à l'autre de façon continue, formant les chaînes de production. L'équilibrage des chaînes de production (*voir le chapitre 6*) est un aspect technique majeur de la conception de ces chaînes. Plus les tâches sont bien équilibrées les unes par rapport aux autres, plus le flux du produit est continu, les pertes de temps minimisées, les goulots d'étranglement et les rejets de produits en cours de fabrication éliminés, l'utilisation des ressources humaines et matérielles optimisée et le taux de production maximisé.

Mais cela ne se fait pas sans risques, la main-d'œuvre de l'entreprise se scindant alors en deux grandes classes: le personnel d'opération et le personnel de soutien. Le personnel de soutien comprend les personnes ayant la responsabilité de veiller au bon fonctionnement de la chaîne de production. Ayant une bonne formation technique, ces employés sont capables de résoudre rapidement les problèmes qui peuvent survenir en cours de production. Le personnel d'opération représente la main-d'œuvre rattachée directement à la production. Au moment de l'établissement de la chaîne de production, il faut tenir compte du danger potentiel que représente la très grande segmentation des tâches pour le personnel d'opération. Ainsi, les cadences rapides de production, les tâches réduites à leur plus simple expression et

16

la monotonie, l'absentéisme et les maladies (gestes répétitifs sollicitant toujours les mêmes membres, position inchangée, etc.) qui en résulteront auront pour effet d'annuler les avantages potentiels de la production en flux continu. Le lecteur est invité à se référer au chapitre 7, où nous avons traité ces problèmes avec leurs solutions possibles.

Bien que le but recherché par la production en flux continu soit de fabriquer des produits le plus semblables possible, il n'en demeure pas moins que des variantes apparaîtront et qu'il faudra s'adapter. Ainsi, une chaîne d'assemblage de réfrigérateurs aura à assembler des appareils petits, moyens ou grands; une chaîne d'assemblage d'automobiles aura à assembler des modèles à deux portes, à quatre portes et des familiales, sans compter les couleurs qui varieront en fonction des marchés à desservir. Cela demande aux gestionnaires d'ordonnancer les ressources humaines, l'achat des matières, la disponibilité des équipements et les pièces nécessaires à la maintenance, bref, toutes les ressources permettant d'éviter les arrêts de production ou les surplus de produits. Il n'est pas rare de voir certaines chaînes de production en flux continu composées de plus de 100 postes et machines reliées par des convoyeurs automatisés. Un arrêt de quelques minutes représentera des pertes énormes.

Si le taux de production est bien équilibré au moment de la conception de la chaîne, il est presque impossible de régler la cadence en fonction de la demande. Si la demande baisse, on doit arrêter la chaîne ou la faire fonctionner six ou sept heures par quart plutôt que les huit heures normales, ou bien produire et entreposer des produits finis en espérant les écouler plus tard. Ces trois situations représentent des inconvénients majeurs.

Pour conclure, notons que la production en flux continu se caractérise par sa rigidité quant aux produits et à sa cadence et que son efficacité réside dans sa capacité à fabriquer des produits similaires en grande quantité.

Pour réussir une production en flux continu, il faut suivre les recommandations suivantes:

1. Choisir la conception du produit et du processus: concevoir une chaîne de production équilibrée en fonction du produit ou de la famille (groupe) de produits à fabriquer.

2. Définir de façon optimale les groupes ou familles de produits: regrouper des produits similaires dont les temps de mise en route sont rapides et faciles à exécuter.

3. Éliminer ou minimiser les problèmes de qualité: en production continue, ces problèmes impliquent habituellement la perte de grands lots de produits fabriqués. En effet, à cause de la grande capacité de production des chaînes, le temps nécessaire pour détecter les problèmes de mauvaise qualité et pour intervenir coûtera à l'entreprise des sommes énormes en produits rejetés, et aussi en produits non fabriqués en raison des équipements restés inactifs.

4. Avoir une bonne politique de maintenance préventive: cela évitera les arrêts de production dus aux pannes. La maintenance préventive contribuera aussi à une meilleure qualité des produits et à la sécurité du personnel; elle consiste à intervenir de façon périodique sur le système d'opération.

5. Disposer d'une maintenance curative (*voir le chapitre 18*): la rapidité d'intervention du personnel responsable de la maintenance curative en cas de panne est indispensable pour redémarrer rapidement la production et minimiser le temps d'arrêt. Le nombre d'interventions de maintenance curative peut être diminué par une maintenance préventive.

6. Avoir des fournisseurs fiables: l'atteinte des objectifs de la production continue passe par la fiabilité de l'approvisionnement en matières et en composants nécessaires aux opérations. Pour cela, il est important que les fournisseurs respectent les délais de livraison ainsi que les spécifications relativement à la quantité et à la qualité. Le respect intégral de l'ordonnancement des livraisons compte parmi les facteurs primordiaux.

16.2.2 L'ordonnancement pour lots de taille moyenne

Lorsque les lots à fabriquer sont de taille moyenne, on ne peut justifier les investissements requis pour la production en flux continu. On préférera alors la production à flux interrompu, appelée aussi «production interrompue» (*voir le chapitre 5*). Au lieu d'avoir une chaîne de production rigide, on disposera de différents centres ou de services de production dans l'entreprise. Ces centres passent souvent d'une commande à l'autre, d'un produit à l'autre, d'une taille de lot de production à l'autre. Cela exige une plus grande flexibilité du processus de production et l'on se trouvera alors à fabriquer aussi bien des produits standards que des produits sur commande, par lots de grande ou de petite taille. Les pâtisseries de taille moyenne, les fabricants de vêtements, certains fabricants de peinture, de cosmétiques et de portes et fenêtres sont quelques exemples de ce type d'entreprises.

Rappelons brièvement les principales caractéristiques de la production interrompue :
- un regroupement des équipements et des machines du même genre en services ou en ateliers ;
- une grande flexibilité de passage d'un produit à un autre ;
- une grande flexibilité dans les tailles de lots (moyens et petits) ;
- une grande circulation des produits d'un centre de production à un autre ;
- beaucoup de produits en cours de fabrication en attente d'un centre à un autre ;
- un besoin d'équilibrer constamment les cadences de production ;
- un coût de mise en route variant constamment ;
- l'importance de déterminer la quantité standard et optimale de lots à fabriquer.

Attardons-nous sur cette dernière notion. Elle consiste à déterminer la taille optimale du lot à lancer en fabrication. Voici trois façons de procéder :
1. de façon empirique, selon l'expérience des gestionnaires en place ;
2. selon la notion de lot économique à commander (*voir le chapitre 13*) en fonction d'une réception échelonnée. Pour un produit, le lot économique à lancer en fabrication se calcule par :

$$LÉ = \sqrt{\frac{2 \times DT \times C_c}{C_e \times (1 - \frac{u}{p})}} \qquad (16\text{-}1)$$

où DT = le besoin ou la demande totale pour ce produit pour l'année. Cette demande représente le carnet de commandes fermes ou le plan de prévisions (*voir le chapitre 3*), ou la somme des deux.

C_c = le coût de mise en route
C_e = le coût unitaire d'entreposage
u = le taux de consommation du produit
p = le taux de production du produit

Cette approche exige la connaissance des coûts de mise en route (C_c) de chaque lot. Or, ceux-ci varient d'un produit à l'autre et aussi en fonction de la séquence de production des différents produits. Ainsi, si on fabrique un lot de produits de type A suivi d'un lot de produits de type B, les coûts de mise en route du lot B ne seront pas les même que si on avait fabriqué initialement un lot de produits X suivi du lot B. Il est alors difficile d'ordonnancer d'une façon optimale ces séquences de lots à lancer en production. On verra à la sous-section 16.3.5 une façon de l'aborder.
3. Selon les notions du plan besoins matières (PBM/MRP) étudié au chapitre 14. En se basant sur le plan directeur de production (PDP), qui représente la demande prévue et le carnet de commandes, et en faisant un ordonnancement en aval, on déterminera les besoins nets et les besoins décalés à lancer en fabrication. L'approche du PBM est cependant plus difficile à appliquer pour les produits n'exigeant pas d'assemblage : raffineries, imprimeries, usines d'embouteillage, etc.

16.3 L'ordonnancement de petits lots en production interrompue

L'ordonnancement en production ou à flux interrompu (appelé aussi « multigamme » ou *job shop*) est caractérisé par des lots de petites à moyennes tailles. C'est le type d'ordonnancement le plus difficile à exécuter, demandant le plus d'adresse et d'imagination de la part du planificateur. En effet, en raison de ses caractéristiques principales – la flexibilité des processus et la variabilité des produits –, il n'est pas possible de développer des politiques et des techniques s'appliquant à toutes les situations. Or, à cause de leur démographie, plusieurs pays possèdent une structure économique qui ne justifie pas la production à grand volume, et la majorité de leurs entreprises fonctionnent en production interrompue. C'est le cas du Canada.

Avant de commencer l'ordonnancement, il faut réunir les informations concernant le travail à effectuer et les capacités de l'entreprise. Ces informations se divisent en deux catégories : les informations fixes, qu'on ne modifie qu'à la suite de décisions majeures, et les informations variables, qui varient en fonction des besoins des clients.

Les principales informations fixes sont :
- la quantité d'équipements disponibles ;
- les caractéristiques des équipements (interchangeabilité, capacité, cadence de production, exigences en matière d'entretien, etc.) ;
- le nombre d'employés disponibles ;
- les caractéristiques des employés (connaissances, flexibilité, capacité, etc.) ;
- les contraintes et caractéristiques du procédé propre à l'entreprise, c'est-à-dire les méthodes de travail ;
- la nomenclature du produit[1] ;
- la structure du produit[2].

Dans le cas où l'on offre des produits standards, la nomenclature et la structure du produit sont des informations fixes, qu'on ne changera qu'à la suite de décisions stratégiques majeures. Par contre, si l'on offre des produits sur commande, ces deux informations seront des informations variables.

Les principales informations variables sont :
- les commandes en provenance des clients (le carnet de commandes) ;
- le plan de prévisions.

Aucun ordonnancement ne peut être établi sans l'obtention de ces deux types d'informations.

On peut maintenant passer à la rédaction des deux documents essentiels de l'ordonnancement : les charges de travail et les programmes de production. Dans certains cas, un troisième document d'importance est produit par les gestionnaires de la fonction ordonnancement : la fiche suiveuse (*voir la section 16.4*).

16.3.1 Les charges de travail

Charge de travail (ou ordonnancement des tâches)
Document décrivant la liste chronologique des activités réalisées par un poste de charge de l'entreprise, sur un horizon de temps défini.

La **charge de travail (ou ordonnancement des tâches)** est le document qui décrit la liste des travaux ou des commandes que les différents postes de charge ou centres d'exploitation doivent exécuter. Il est aussi appelé « calendrier » ou « horaire de travail ». Ce document indique l'enchaînement des travaux réalisés par ces centres d'opération en précisant le début, la durée et la fin des travaux. Il sert à suivre le travail effectué à chaque poste.

Un **poste de charge** ou centre d'opération est un poste où une tâche ou une activité est exécutée. Le poste de charge est une ressource de l'entreprise qui peut être représenté par une personne, une équipe, un local, une machine ou un ensemble d'une ou de plusieurs personnes-machines.

Selon les capacités présentes dans l'entreprise, on peut se retrouver devant deux situations :
- la capacité illimitée ou infinie ;
- la capacité limitée ou finie.

Capacité illimitée ou infinie
Situation où les postes de charges peuvent exécuter toutes les commandes en même temps, les ressources disponibles étant infinies.

En situation de **capacité illimitée,** les centres de travail disposent d'une capacité infinie de ressources et peuvent exécuter un ou plusieurs produits à la fois. L'établissement des charges de travail est alors assez simple. En **capacité limitée,** chaque centre d'exécution ne peut travailler que sur un seul produit à la fois ou, à la limite, sur un nombre restreint de produits. On risque de se retrouver alors avec des produits en attente, c'est-à-dire beaucoup de produits en cours (PEC). Le gestionnaire aura à décider à quel produit donner la priorité d'exécution.

Capacité limitée ou finie
Situation où les postes de charges ne peuvent exécuter qu'un nombre restreint de commandes simultanément.

16

En situation de capacité limitée, le produit ou le service sera effectué par le poste de charge que si les deux conditions suivantes sont respectées :
a) la ressource ayant à effectuer l'opération est libre ;
b) le produit a été terminé à la suite des opérations préalables.

L'outil le plus simple pour illustrer les charges de travail est le **graphique de Gantt.** Henry Gantt a créé cet outil en 1916 en plaçant sur l'axe des *x* l'échelle du temps et sur l'axe des *y*,

---

1. Appelé aussi « BOM » (*bill of material*), soit la liste de tous les éléments qui entrent dans la composition de l'objet à produire (*voir le chapitre 14*).

2. C'est l'énumération par ordre chronologique des étapes qui font passer l'objet du stade des matériaux originaux au produit fini (*voir le chapitre 14*).

les ressources qu'on veut utiliser pour effectuer le travail. La figure 16.2 illustre l'utilité du graphique de Gantt comme moyen de planifier l'utilisation des salles de cours d'un établissement d'enseignement et des salles d'opération d'un hôpital. Bien que d'apparence et d'utilisation très simple, le graphique de Gantt s'avère d'une énorme utilité, car il présente visuellement le déroulement des opérations. Le gestionnaire, les employés responsables de la tâche et le demandeur du travail peuvent voir, suivre et corriger au besoin les tâches à accomplir.

◄ FIGURE 16.2

Charge des salles de cours et des salles d'opération

Session automne — Vendredi

Salle	8 h	9 h	10 h	11 h	12 h	13 h	14 h	15 h	16 h	17 h
A100	Stat. 1	Écon. 101	Écon. 102	Fin. 201	Mar. 210	Comp. 212			Mark. 410	
A105	Stat. 2	Math. 2a	Math. 2b			Comp. 210	CCE —	— —	— —	—
A110	Comp. 340	Mgmt 250	Math. 3		Logist. 220					
A115	Logist. 220		Mgmt 230			Écon. 102	Fin. 201			

Horaire des interventions chirurgicales — Date : 5 août

Salle d'opération	7 h	8 h	9 h	10 h	11 h	12 h
A		Dr Peters			Dr Martin	
B		Dr Gilbert				
C		Dr Joseph			Dr Pauli	

Occupé
Attente
Préparation

Parmi les grands avantages des charges de travail, on peut citer l'illustration de la disponibilité des différentes ressources. Cela permet aux planificateurs de savoir quand les ressources de l'entreprise sont occupées, ce qu'elles font et quand elles seront disponibles. Ils peuvent ainsi procéder aux changements nécessaires en cas de travaux urgents, de retards ou de toute autre situation imprévue. La figure 16.3 illustre un exemple de charges de travail pour quatre services d'une entreprise pendant une semaine. On constate que le service 3 est occupé toute la semaine, que des travaux de maintenance y sont prévus le mardi et une partie du mercredi, que le service 1 est libre le mardi et le mercredi, que la commande C3 est faite le lundi au service 1 pour ensuite être complétée au service 2 le mardi, etc.

◄ FIGURE 16.3

Exemple de charges de travail

Services	Lundi	Mardi	Mercredi	Jeudi	Vendredi
1	C-3			C-4	
2		C-3	C-7		✕
3	C-1	✕	C-6		C-7
4	C-10				

Occupé
Travaux de maintenance

16.3.2 L'algorithme d'affectation

Nous allons présenter ici la façon de procéder à la distribution d'un certain nombre de travaux aux différents centres responsables de leur réalisation. Que l'entreprise ait une capacité limitée ou illimitée, cette distribution peut se faire de différentes façons :

a) de façon aléatoire ;

b) selon le gestionnaire, qui aura à tenir compte de l'ordre de priorité des commandes, des dates de livraison, de l'importance des clients, etc. ;

c) en essayant d'optimiser l'ensemble du système d'opération de l'entreprise.

On rencontre ce type de situations lorsqu'on affecte des machines à des commandes, des employés à la fabrication de produits, des représentants commerciaux à des territoires de vente, des équipes de travail à des travaux de maintenance, des commis à des tâches de bureaux, des commandes à des fournisseurs, etc.

Supposons qu'on doit fabriquer quatre produits (P-1 à P-4) et qu'on dispose de quatre employés capables de le faire (employés A, B, C et D), chacun étant payé 18 $ l'heure.

Si l'on confie la fabrication du produit P-1 à l'employé A, celui-ci peut le compléter en 8 heures ; si, par contre, on le confie à l'employé B, il le terminera en 6 heures, C le fera en 2 heures et D, en 4 heures. On dispose des mêmes données pour les autres produits. Le tableau 16.1 résume toutes ces informations.

TABLEAU 16.1 ▶

Rendement des employés

Employés

Produits	A	B	C	D
P-1	8	6	2	4
P-2	6	7	11	10
P-3	3	5	7	6
P-4	5	10	12	9

On peut décider de façon totalement aléatoire d'attribuer ces travaux de la manière suivante : P-1 à A pour 8 heures ; P-2 à B pour 7 heures ; P-3 à C pour 7 heures ; P-4 à D pour 9 heures. Cette affectation coûterait 31 heures de travail à 18 $/h, d'où un coût total de 558 $. Pour ce choix particulier, l'ensemble des produits serait terminé après 9 heures de travail, le temps le plus long réalisé par l'opérateur D pour P-4. Si l'on veut minimiser les coûts, on peut essayer d'autres combinaisons, mais le nombre d'essais nécessaires pour trouver la meilleure affectation serait de $n!$, n étant le nombre de produits, ici $4! = 24$ différentes combinaisons. Imaginons le nombre d'essais si n était égal à 12 produits : $n! = 12! = 479\,001\,600$ ou plus de 479 millions d'essais.

L'**algorithme d'affectation (ou méthode hongroise),** issu de la programmation linéaire, nous permet de déterminer la distribution optimale des tâches aux ressources disponibles. Les étapes de l'algorithme sont :

1. Dans chaque rangée, soustraire la plus petite valeur.

   Dans le tableau 16.1 la plus petite valeur de la rangée 1 est 2 ; de la rangée 2 : 6 ; de la rangée 3 : 3 et de la rangée 4 : 5. La nouvelle matrice devient :

Employés

Produits	A	B	C	D
P-1	6	4	0	2
P-2	0	1	5	4
P-3	0	2	4	3
P-4	0	5	7	4

2. Dans chaque colonne de la nouvelle matrice, soustraire la plus petite valeur.

   La plus petite valeur de la colonne 1 est 0 ; de la colonne 2 : 1 ; de la colonne 3 : 0 ; de la colonne 4 : 2. La nouvelle matrice devient :

Employés

Produits	A	B	C	D
P-1	6	3	0	0
P-2	0	0	5	2
P-3	0	1	4	1
P-4	0	4	7	2

3. Recouvrir toutes les valeurs nulles par un minimum de lignes l, horizontales ou verticales.

   Si $l = n$ ($n =$ nombre de tâches à réaliser), passer à l'étape 5; si $l < n$, passer à l'étape 4.

   Dans notre cas, $l = 3 < n = 4$; on passe à l'étape 4.

	Employés			
Produits	A	B	C	D
P-1	—6—	—3—	—0—	—0—
P-2	—0—	—0—	—5—	—2—
P-3	0	1	4	1
P-4	0	4	7	2

4. Parmi les valeurs non recouvertes, en soustraire la plus petite valeur. L'ajouter ensuite aux valeurs se trouvant aux intersections des lignes l et retourner à l'étape 3.

   Dans notre cas, la plus petite valeur non recouverte est 1; les valeurs aux intersections des lignes l sont 6 et 0. La matrice devient alors:

	Employés			
Produits	A	B	C	D
P-1	7	3	0	0
P-2	1	0	5	2
P-3	0	0	3	0
P-4	0	3	6	1

Selon l'étape 3, on tire les lignes l horizontales et verticales afin de recouvrir les valeurs nulles. On obtient:

Le nombre de lignes $l = 4 = n$. On passe à l'étape 5.

	Employés			
Produits	A	B	C	D
P-1	—7—	—3—	—0—	—0—
P-2	1	0	5	2
P-3	—0—	—0—	—3—	—0—
P-4	0	3	6	1

5. Affecter à chaque produit la personne correspondant à une valeur pivot nulle, en commençant avec les rangées et les colonnes ayant un seul 0.

   Ainsi, le produit P-2 ira à l'employé B; P-4 à A; P-3 à D et P-1 à C.

	Employés			
Produits	A	B	C	D
P-1	7	3	**0**	0
P-2	1	**0**	5	2
P-3	0	0	3	**0**
P-4	**0**	3	6	1

En se référant au tableau des données initiales (*voir le tableau 16.1 à la page précédente*), le produit P-1 est exécuté par l'employé C en 2 heures, le produit P-2, par l'employé B en 7 heures, etc., et cela, avec un coût total de:

$2 + 7 + 6 + 5 = 20$ heures.
20 heures × 18 \$/h = 360 \$

L'ensemble des produits sera terminé après 7 heures de travail. Une autre affectation peut donner le même résultat, mais aucune ne prendra un temps inférieur.

	Employés			
Produits	A	B	C	D
P-1			2	
P-2		7		
P-3				6
P-4	5			

16

Le tableau 16.2 illustre la comparaison entre les deux solutions.

TABLEAU 16.2 ▶

	Affectation aléatoire	Algorithme d'affectation
Heures travaillées	31 heures	20 heures
Coût total	558 $	360 $
Délai de livraison	9 heures	7 heures

FIGURE 16.4 ▶

Charges de travail ou
horaires des travailleurs

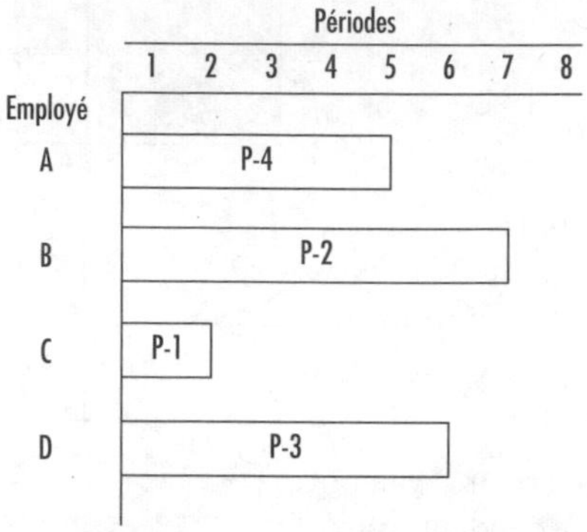

La figure 16.4 illustre, sous la forme d'un graphique de Gantt, la charge de travail de chaque employé avec le produit auquel il a été affecté.

Parfois, la convention collective des employés empêche l'affectation de corps de métiers à certaines tâches, ou encore le gestionnaire désire éviter d'affecter des employés à certaines tâches pour des raisons de santé. Dans de tels cas, si l'on est en situation de minimisation, on affectera une valeur très haute à la combinaison personne-tâche qu'on veut éviter. Par exemple, pour éviter que l'employé A ait à fabriquer le produit P-2, on changera la valeur correspondante de la matrice initiale de 6 à 100.

Or, si les valeurs de la matrice de départ représentent les profits espérés ou les quantités produites par employé au lieu des coûts, on préférera maximiser le système au lieu de le minimiser. Les étapes de l'algorithme d'affectation dans le cas d'une maximisation sont alors les suivantes :

1. Choisir la plus grande valeur du tableau des données initiales.

   La plus grande valeur du tableau initial est 12.

Produits	Employés			
	A	B	C	D
P-1	8	6	2	4
P-2	6	7	11	10
P-3	3	5	7	6
P-4	5	10	**12**	9

2. Soustraire chacune des valeurs du tableau de la valeur choisie en 1, et construire une nouvelle matrice de départ, avec toutes des valeurs positives.

Produits	Employés			
	A	B	C	D
P-1	4	6	10	8
P-2	6	5	1	2
P-3	9	7	5	6
P-4	7	2	0	3

16

3. Appliquer intégralement l'algorithme d'affectation.

a) Dans chaque rangée, soustraire la plus petite valeur.

Produits	Employés			
	A	B	C	D
P-1	0	2	6	4
P-2	5	4	0	1
P-3	4	2	0	1
P-4	7	2	0	3

b) Dans chaque colonne, soustraire la plus petite valeur.

Produits	Employés			
	A	B	C	D
P-1	0	0	6	3
P-2	5	2	0	0
P-3	4	0	0	0
P-4	7	0	0	2

c) Recouvrir toutes les valeurs nulles par un minimum de lignes.
$l = 4 = n = 4$. On a donc la solution optimale.

Produits	Employés			
	A	B	C	D
P-1	0	0	6	3
P-2	5	2	0	0
P-3	4	0	0	0
P-4	7	0	0	2

d) L'affectation optimale sera: P-1 à A; P-2 à C; P-3 à D et P-4 à B, soit un total de 35.

Produits	Employés			
	A	B	C	D
P-1	8			
P-2			11	
P-3				6
P-4		10		

Cela signifie que, si les valeurs représentent le nombre d'unités de travail réalisées par employé par jour, l'affectation établie nous permet de produire 35 unités au maximum par jour. Une autre affectation peut donner le même résultat, mais aucune ne sera meilleure.

Finalement, il se peut qu'on ait plus de produits à fabriquer que de ressources disponibles (capacité limitée). Il revient alors au gestionnaire de décider quels sont les produits ou les commandes à exécuter en priorité (en fonction des ressources disponibles), d'établir les

16

charges de travail et l'affectation en conséquence et de faire compléter les commandes restantes par les ressources qui se libéreront en premier. Par exemple, si l'on a sept produits à fabriquer avec seulement quatre employés disponibles, une méthode empirique consisterait à choisir les quatre produits prioritaires et à appliquer l'algorithme d'affectation à ceux-là. Dès qu'un employé se libère, on l'affecte à un produit restant, et ainsi de suite. Une autre façon de faire serait de créer des employés fictifs pour compléter la matrice et la rendre carrée ; dans notre cas, on crée trois employés fictifs. On donne des temps très élevés pour les durées des employés fictifs et l'on applique ensuite intégralement l'algorithme d'affectation. Le problème résolu 1, à la page 644, présente une situation inverse : on a plus de ressources que de tâches à exécuter.

16.4 Le jalonnement

Plus détaillé et découlant de l'ordonnancement, le **jalonnement** des opérations consiste à déterminer l'ordre d'exécution des tâches par poste de charge (les centres d'opération) ou par une série de postes de charge. Dans plusieurs milieux, l'ordonnancement et le jalonnement des travaux sont synonymes.

En plus de la charge de travail par poste de travail, on pourra avoir aussi le programme de production ou calendrier de production : pour chaque commande sont inscrites les tâches à accomplir, leur durée, la date du début et de la fin. On peut présenter le programme de production sous forme de graphique de Gantt ou de tableau.

On distingue :

a) le jalonnement à capacité illimitée et à capacité limitée,
b) le jalonnement à une opération et à plusieurs opérations,
c) le jalonnement à séquence statique et à séquence dynamique.

Voyons chacune de ces situations.

16.4.1 Le jalonnement avec capacité illimitée à une opération

Dans le cas d'une capacité illimitée, il est relativement facile d'établir le jalonnement des opérations. Par exemple, si on a six documents à rédiger (_voir le tableau 16.3_) et l'on dispose de six rédacteurs (les postes de charge) ou plus, le jalonnement de la rédaction des documents apparaît au tableau 16.4, et le graphique de Gantt correspondant est présenté à la figure 16.5 (les x indiquent la date promise pour chaque document).

TABLEAU 16.3 ▶

Données du problème : six documents à réaliser en capacité illimitée

Document	Temps de rédaction (jours)	Date promise (jour)
A	2	7
B	8	16
C	4	4
D	10	17
E	5	15
F	12	18

TABLEAU 16.4 ▶

Programme de production avec jalonnement aval et capacité illimitée

Document	Début (jour)	Temps de rédaction (jours)	Fin (jour)	Date promise (jour)	Marge (jours)
A	0	2	2	7	5
B	0	8	8	16	8
C	0	4	4	4	0
D	0	10	10	17	7
E	0	5	5	15	10
F	0	12	12	18	6

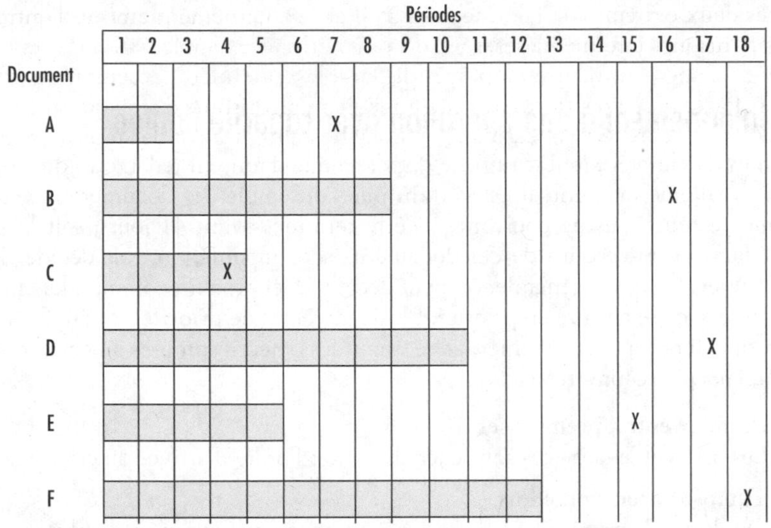

◄ **FIGURE 16.5**

Graphique de Gantt
avec jalonnement aval
et capacité illimitée

x = date de livraison promise

Au tableau 16.4, on voit la date du début des travaux, leur durée et la date de la fin. On remarque aussi qu'on a respecté toutes les dates et qu'on dispose même de latitude. En effet, le document A débute le jour zéro et se termine le jour deux, la date promise étant le jour sept, ce qui donne une marge de cinq jours. Ce résultat est rendu possible par le **jalonnement aval.**

Le gestionnaire peut aussi décider d'effectuer un **jalonnement amont.** Le tableau 16.5 montre un programme de production par jalonnement amont, et la figure 16.6 présente le graphique de Gantt correspondant.

Jalonnement aval

Fixer au plus tôt, à partir d'une date de début connue, les dates du début et de la fin des activités, et ce, en additionnant les temps de travail.

Jalonnement amont

Fixer au plus tard, à partir d'une date de livraison connue, les dates du début et de la fin des activités, et ce, par soustraction des temps de travail.

Document	Début (jour)	Temps de rédaction (jours)	Fin (jour)	Date promise (jour)	Marge (jours)
A	5	2	7	7	0
B	8	8	16	16	0
C	0	4	4	4	0
D	7	10	17	17	0
E	10	5	15	15	0
F	6	12	18	18	0

◄ **TABLEAU 16.5**

Programme de production
avec jalonnement amont
et capacité illimitée

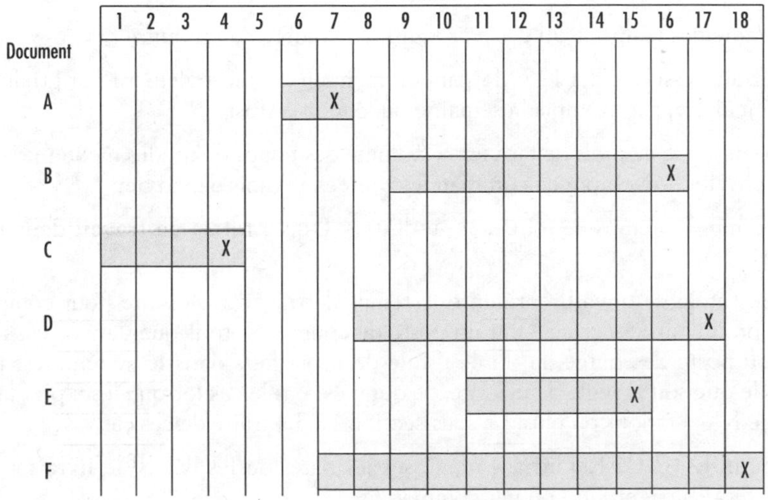

◄ **FIGURE 16.6**

Graphique de Gantt avec
jalonnement amont et
capacité illimitée

x = date de livraison promise

Entre ces deux extrêmes, le jalonnement aval et le jalonnement amont, l'entreprise peut adopter des politiques intermédiaires.

16.4.2 Le jalonnement à une opération avec capacité limitée

Reprenons l'exemple précédent. Si on ne disposait que d'un seul rédacteur, qui reçoit les six commandes au même moment, il est certain que l'ensemble des documents ne pourra être réalisé en même temps : ils ne pourront pas être terminés avant 41 jours, soit la somme des temps de rédaction. Si certains de ces documents sont urgents, on doit décider lequel sera rédigé en premier. De façon générale, on peut décider quel produit, commande, client ou tout autre bien ou service sera traité en priorité. Plusieurs **règles de priorité** ont été fixées pour établir quel produit sera traité en premier, et ce, selon les objectifs propres au gestionnaire. Nous présentons ici les plus courantes :

PEPS :   **Premier entré, premier servi**
Les biens et les services sont exécutés selon l'ordre d'arrivée au centre de travail.

TOC :   **Temps d'opération court**
On donne la priorité au travail dont le temps d'exécution est le plus court.

DP :   **Date promise**
On donne la priorité au travail dont la date promise au client est la plus proche.

PODP :   **Par ordre de priorité**
La priorité est donnée aux commandes les plus urgentes.

On retient les hypothèses suivantes :
1. Le nombre de commandes est connu ; il n'y a pas de commandes annulées ou ajoutées.
2. Les temps d'opération sont déterministes et non probabilistes.
3. Les temps de mise en route sont indépendants de l'ordre des commandes.
4. Les opérations commencées ne seront pas interrompues.
5. Les commandes ne sont pas scindées.

Soulignons que le choix d'une règle de priorité est la prérogative des politiques internes de l'organisation. Bien que, en fonction de chaque situation, une règle puisse être économiquement et du point de vue de l'efficacité plus intéressante à utiliser, le gestionnaire peut décider de la règle à choisir selon des considérations purement subjectives. Le plus important est de bien comprendre les tenants et les aboutissants de la règle adoptée et son impact sur les opérations de l'ensemble des activités. Des indicateurs de performance permettent de mesurer l'efficacité de chacune des règles. Les principaux indicateurs de performance sont : le **temps moyen dans le système (TMS)**, le **nombre moyen** (de produits) **dans le système (NMS)**, le retard accumulé et le retard moyen. Au besoin, d'autres indices (indicateurs) peuvent être élaborés par l'organisation.

Ainsi, si on a une commande de n produits à traiter dans un système, le TMS par produit est :

TMS = Somme des temps de fin des n produits ÷ Nombre de produits

On pourrait aussi calculer le TMS par commande (et non seulement par produit) sur une période particulière, par exemple la semaine ou le mois. Ainsi :

TMS par commande au mois de janvier = Somme des temps de fin des n commandes traitées au mois de janvier ÷ Nombre de commandes traitées au mois de janvier

NMS = Somme des temps de fin des n produits ÷ **Durée totale de travail dans le système (makespan)**

La durée totale de travail représente le temps de travail nécessaire pour compléter l'ensemble des produits (ou services) par un poste de charge. Notons que dans le cas d'une seule opération ou poste de charge, la durée totale de n produits dans le système est toujours la même, quelle que soit la règle de priorité, ce qui n'est pas le cas lorsque les n produits doivent passer par deux opérations ou plus. La sous-section 16.3.4 traite de ces cas.

Retard accumulé (RA) : Retard accumulé sur les dates ou les délais de livraison promis = Somme des retards par produit ou par commande

---

Règle de priorité
Règle heuristique permettant d'établir l'ordre dans lequel on exécutera les différentes commandes.

Temps moyen dans le système (TMS)
Temps moyen passé par produit dans le système, à partir du moment où il entre jusqu'à la fin des opérations exécutées dans le système.

Nombre moyen dans le système (NMS)
Moyenne du nombre de produits (ou commandes) en attente dans le système. Il informe du nombre de produits en cours (PEC) occasionné par une règle de priorité donnée.

Durée totale de travail
Somme des temps de l'ensemble des travaux à effectuer à partir du début des travaux de la première opération jusqu'à la conclusion des travaux de la dernière opération.

16

Retard moyen (RM): Retard accumulé (*RA*) ÷ Nombre de produits ou de commandes traités

Reprenons l'exemple des six documents à rédiger en situation de capacité limitée. On ne dispose que d'une seule ressource (une seule personne) pour rédiger chacun des documents. On appliquera les règles de priorité ci-dessous, on calculera les indicateurs de performance et on comparera les résultats:

a) PEPS: premier entré, premier servi;

b) TOC: temps d'opération le plus court;

c) DP: date promise.

Document	Temps de rédaction (jours)	Date promise (jour)
A	2	7
B	8	16
C	4	4
D	10	17
E	5	15
F	12	18

Selon la méthode PEPS, l'ordre de rédaction des documents reste inchangé de l'ordre d'arrivée des documents. Voici le programme ou calendrier de production, sous forme graphique et sous forme tableau (*voir la figure 16.7 et le tableau 16.6*).

Solution

FIGURE 16.7

PEPS

Graphique de Gantt

TABLEAU 16.6

PEPS

Document	Début	Durée	Fin	DP	Retard
A	0	**2**	2	7	0
B	2	**8**	10	16	0
C	10	**4**	14	4	10
D	14	**10**	24	17	7
E	24	**5**	29	15	14
F	29	**12**	41	18	23
	Total	41	120		54

Temps moyen dans le système = *TMS* = Total de fin ÷ Nombre de commandes
= 120 ÷ 6 = 20 jours

Nombre moyen dans le système = *NMS* = Total de fin ÷ Durée totale de travail = 120 ÷ 41
= 2,93 documents en moyenne sont en attente dans le système, selon la règle de priorité PEPS

Retard accumulé sur les dates de livraison promises $= \sum$ des retards par commande $= 54$ jours

Retard moyen $=$ Retard accumulé $\div$ Nombre de commandes $= 54$ jours $\div 6 = 9$ jours de retard par commande

Selon la règle du TOC, la séquence des documents sera : A, C, E, B, D et F. Voici le programme ou calendrier de production (*voir la figure 16.8 et le tableau 16.7*) :

FIGURE 16.8

TOC

Graphique de Gantt

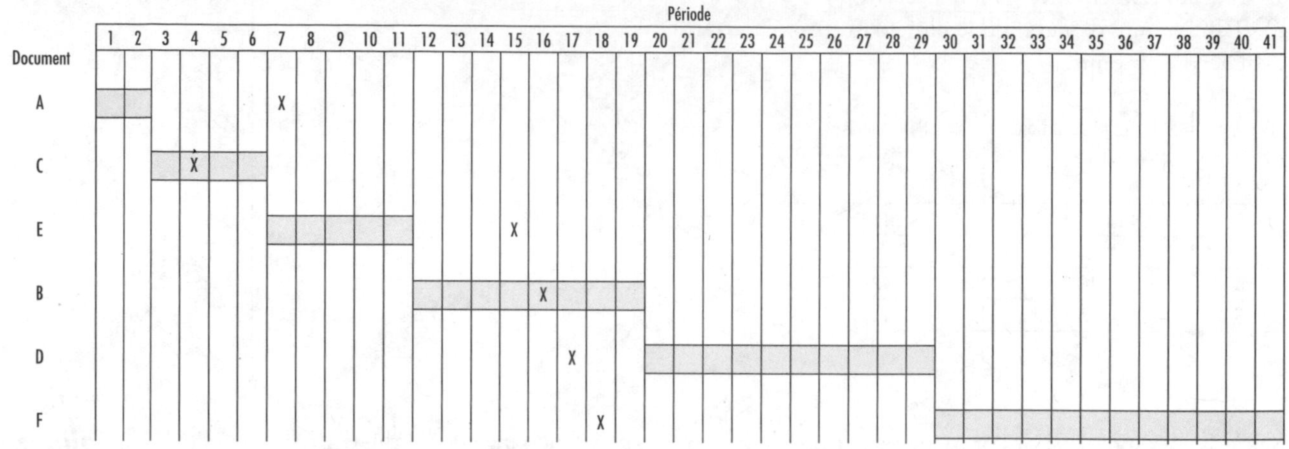

TABLEAU 16.7

TOC

Document	Début	Durée	Fin	DP	Retard
A	0	**2**	2	7	0
C	2	**4**	6	4	2
E	6	**5**	11	15	0
B	11	**8**	19	16	3
D	19	**10**	29	17	12
F	29	**12**	41	18	23
Total		**41**	**108**		**40**

Temps moyen dans le système $=$ Total de fin $\div$ Nombre de commandes $= 108 \div 6 = 18$ jours

Nombre moyen dans le système $=$ Total de fin $\div$ Durée totale de travail $= 108 \div 41 = 2{,}63$ documents en attente selon le TOC

On aura un retard accumulé sur les dates de livraison de 40 jours et une moyenne de 6,7 jours de retard ($40 \div 6 = 6{,}7$).

Selon la règle DP, la séquence des documents devient : C, A, E, B, D et F. Voici le programme ou calendrier de production (*voir la figure 16.9 et le tableau 16.8*) :

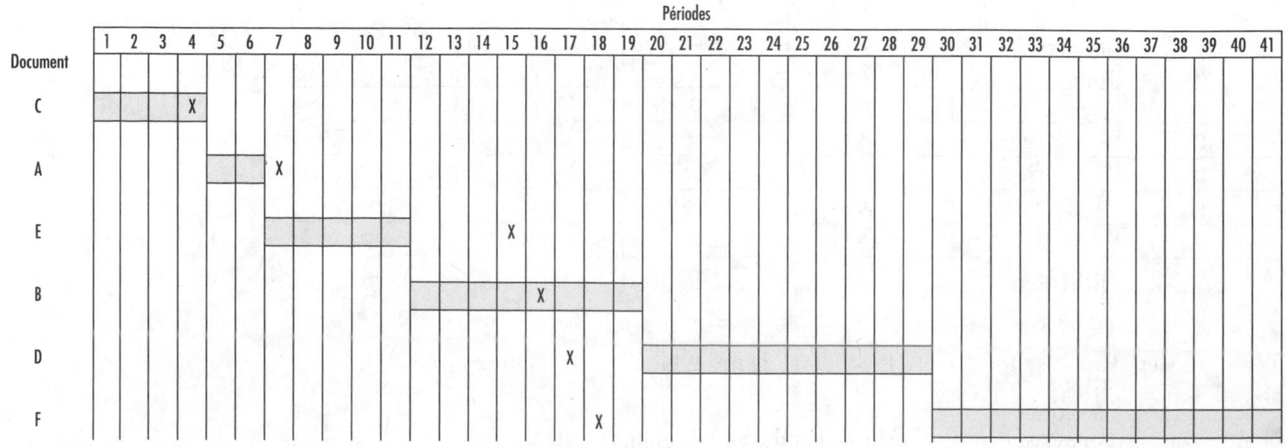

FIGURE 16.9

DP

Graphique de Gantt

Document	Début	Durée	Fin	DP	Retard
C	0	**4**	4	4	0
A	4	**2**	6	7	0
E	6	**5**	11	15	0
B	11	**8**	19	16	3
D	19	**10**	29	17	12
F	29	**12**	41	18	23
	Total	**41**	**110**		**38**

◂ **TABLEAU 16.8**

DP

Temps moyen dans le système = Total de fin ÷ Nombre de commandes = 110 ÷ 6 = 18,33 jours

Nombre moyen dans le système = Total de fin ÷ Durée totale dans le système = 110 ÷ 41 = 2,68 documents en attente

On aura un retard accumulé sur les dates de livraison de 38 jours avec une moyenne de retard de 6,3 jours.

Les résultats des trois règles sont résumés dans le tableau 16.9.

Règles de priorité	Temps moyen dans le système *TMS*	Retard accumulé *RA*	Retard moyen *RM*	Nombre moyen dans le système *NMS*
PEPS	20,00	54	9,00	2,93
TOC	18,00	40	6,67	2,63
DP	18,33	38	6,33	2,68

◂ **TABLEAU 16.9**

Comparaison des trois règles

On peut voir que le système DP donne des résultats assez satisfaisants concernant le respect des dates de livraison, suivi par le TOC, les retards accumulés et moyens étant les plus bas dans ces deux cas. Le PEPS est parmi les règles les moins efficaces en ce qui a trait à l'utilisation des ressources, ses *TMS* et *NMS* étant souvent très élevés. Par contre, il donne une impression d'équité, surtout dans le domaine des services: le premier client qui arrive au garage, à la banque, chez le pharmacien ou chez le coiffeur s'attend à être servi le premier, même si un service long retarde l'ensemble du système. Un autre avantage du PEPS est sa simplicité d'application et de gestion. On peut pallier les inconvénients du PEPS en utilisant un système sur rendez-vous (*voir les sous-sections 16.8.1 et 16.8.2*).

Par ailleurs, lorsqu'on a plus d'une opération à effectuer sur un produit, quand on veut diminuer le nombre de produits en attente dans le système ou les produits en cours, quand on veut diminuer le temps moyen passé dans le système, accroître l'utilisation des ressources de l'entreprise, le TOC et ses variantes s'avèrent très efficaces, comme on le verra à la prochaine section. Cela se traduit par une meilleure qualité de service pour l'ensemble des clients. Le TOC et ses variantes améliorent l'ensemble du système plutôt que le traitement des cas particuliers.

Finalement, la règle PODP (par ordre de priorité) ne tient nullement compte de l'efficacité du système, mais elle met l'accent sur la qualité du service au client. Elle est utile quand on doit offrir le bien ou le service au client qui en a le plus besoin. C'est le cas, par exemple, dans la salle d'urgence d'un hôpital, où l'on donnera toujours logiquement la priorité au cas le plus critique. Le défi majeur de cette approche consiste à déterminer qui peut juger de l'urgence de tel ou tel client, produit ou commande et comment y arriver.

16

16.4.3 Le jalonnement de plusieurs produits sur deux opérations ou plus

Nous étudierons dans cette section l'ordonnancement et le jalonnement de plusieurs produits sur deux opérations ou plus. Nous ne tiendrons compte que des produits qui suivent la même séquence d'opérations: A, ensuite B, ensuite C, etc. On dit, dans ce cas, que les produits suivent un procédé à **séquence statique** (ou procédé statique). Si chaque produit suit un procédé d'opérations différent, on parle de procédé à **séquence dynamique** (ou procédé dynamique), comme l'illustre le tableau 16.10, à la page suivante.

Solution (suite)

TABLEAU 16.10 ▸

Produit	Séquence
P-1	Collecter les données, rédiger le rapport, dactylographier, photocopier
P-2	Rédiger le rapport, photocopier, faire approuver, dactylographier
P-3	Collecter les données, photocopier, rédiger le rapport, dactylographier

Source : Benedetti, C. *Introduction à la gestion des opérations*, 1ʳᵉ édition, Laval, Mondia, 1980, p. 136.

 L'ordonnancement à séquence dynamique ne faisant pas partie des sujets couverts ici, le lecteur trouvera, à la fin du présent ouvrage, les titres de certains ouvrages traitant exclusivement de ces techniques.

En production interrompue, utilisée principalement en atelier pour des lots de tailles petite et moyenne et surtout dans le secteur des services, lorsqu'on a plusieurs unités d'un même produit à traiter dans une opération, on termine la totalité de ces unités avant de passer à l'opération suivante. Cette mesure permet de transporter le lot au complet en une seule fois. Par exemple, si l'on a 8 unités de P-1 à traiter à l'opération A, qui demande 4 heures/ unité, on terminera le lot de 8 unités à l'opération A après (8 u × 4 h/u) 32 h et l'on traitera le lot à l'étape B à la 32ᵉ heure. Ce type de situation a incité les ingénieurs à développer la production continue en rapprochant les équipements pour minimiser les temps de transport et de manutention. Le chapitre 6 a été consacré à cette problématique.

Considérons maintenant la situation suivante. On a six produits à fabriquer, chacun nécessitant deux opérations : l'opération A pour la préparation et le nettoyage du produit, l'opération B pour la peinture. Le tableau 16.11 indique les durées de travail par produit, et ce, pour chacune des deux opérations.

TABLEAU 16.11 ▸

Produit	Opération A Préparation et nettoyage (heures)	Opération B Peinture (heures)
P-1	5	5
P-2	4	3
P-3	8	9
P-4	2	7
P-5	6	8
P-6	12	15

Si la politique de jalonnement utilisée est PEPS à capacité limitée, voici le programme de production des six produits (*voir la figure 16.10*) et la charge de travail (*voir la figure 16.11*) des deux centres d'opération.

FIGURE 16.10 ▾

Programme ou calendrier de production

16

PROGRAMME DE PRODUCTION

PÉRIODE (jour)

Opér.	1	2	3	4	5	6	7	8	9	10	11	12	13	14	15	16	17	18	19	20	21	22	23	24	25	26	27	28	29	30	31	32	33	34	35	36	37	38	39	40	41	42	43	44	45	46	47	48	49	50	51	52	53	54	55	56
P-1		A							B																																															
P-2								A				B																																												
P-3									A									B																																						
P-4																	A							B																																
P-5																			A												B																									
P-6																										A																				B										

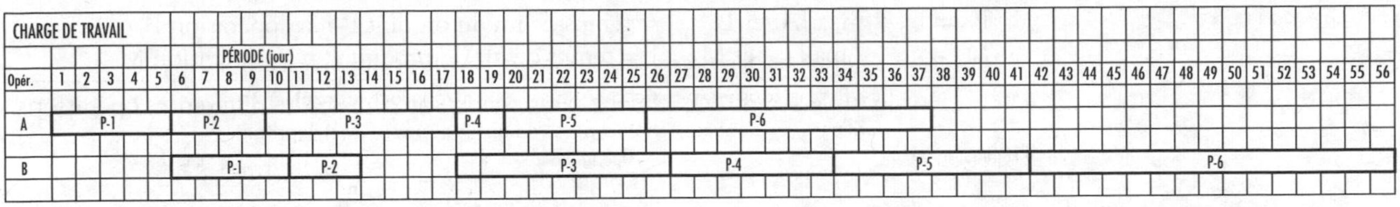

CHARGE DE TRAVAIL																																																							
Opér. PÉRIODE (jour) 1 2 3 4 5 6 7 8 9 10 11 12 13 14 15 16 17 18 19 20 21 22 23 24 25 26 27 28 29 30 31 32 33 34 35 36 37 38 39 40 41 42 43 44 45 46 47 48 49 50 51 52 53 54 55 56
A	P-1	P-2	P-3	P-4	P-5	P-6
B	P-1	P-2	P-3	P-4	P-5	P-6

▲ **FIGURE 16.11**

Charge ou calendrier de travail

Grâce à ces graphiques, on note qu'il faut 56 heures pour terminer l'ensemble des six produits. Or, l'utilisation du graphique de Gantt est très fastidieuse quand les durées ainsi que le nombre de produits et d'opérations augmentent. Pour cette raison, on préconise l'utilisation de l'**algorithme de Roy** pour déterminer les temps dans les calendriers de production.

Algorithme de Roy

Algorithme permettant de déterminer le calendrier des activités pour toute séquence de plusieurs produits à procéder sur plusieurs opérations.

Les étapes de l'algorithme de Roy

Déterminons le temps requis pour exécuter n produits (P-1 à P-n) en M opérations (A à M), tel qu'on le présente au tableau 16.12.

Produits	Opérations					
	A	B	...	J	...	M
P-1	a_1	b_1	...	j_1	...	m_1
P-2	a_2	b_2	...	j_2	...	m_2
....	....	....	...	...	...	...
P-i	a_i	b_i	...	j_i	...	m_i
...	...	...	...	...	...	...
P-n	a_n	b_n	...	j_n	...	m_n

◄ **TABLEAU 16.12**

Où   P-i = produit i

   a_i = temps nécessaire pour exécuter le produit i (P-i) à l'opération A

   b_i = temps nécessaire pour exécuter le produit i (P-i) à l'opération B

   j_i = temps nécessaire pour exécuter le produit i (P-i) à l'opération J

1. Faire la somme de la première colonne.

   On obtient : $A_1 = a_1$; $A_2 = a_1 + a_2$; $A_3 = A_2 + a_3$; $A_4 = A_3 + a_4$...

Produits	Opérations
P-1	A_1
P-2	A_2
P-3	A_3
...	...

   Où A_i = le temps de fin (ou de sortie) du produit P_i à l'opération A

2. Faire la somme de la première rangée.

   On obtient : $A_1 = a_1$; $B_1 = A_1 + b_1$; $C_1 = B_1 + c_1$; $D_1 = C_1 + d_1$...

Produits	Opérations				
	A	B	C	D	etc.
P-1	A_1	B_1	C_1	D_1	etc.
P-2	A_2				
P-3	A_3				
P-4	A_4				
...	...	...	...	...	...

3. Déterminer B_2, B_3, ..., C_2, C_3, ... de la façon suivante :

   $B_2 = b_2 + \max (A_2 \text{ et } B_1) = $ temps de fin du produit P-2 à l'opération B
   $B_3 = b_3 + \max (A_3 \text{ et } B_2) = $ temps de fin du produit P-3 à l'opération B

16

$$B_n = b_n + \max [A_n \text{ et } B_{(n-1)}] = \text{temps de fin du produit P-}n \text{ à l'opération B}$$
$$M_n = m_n + \max [L_n \text{ et } M_{(n-1)}] = \text{temps de fin du produit P-}n \text{ à l'opération M}$$

On obtient le tableau des temps finaux pour chaque produit sur les différentes opérations.

Produits	Opérations				etc.
	A	B	C	D	
P-1	A_1	B_1	C_1	D_1	etc.
P-2	A_2	B_2	C_2	D_2	etc.
P-3	A_3	B_3	C_3	D_3	etc.
P-4	A_4	B_4	C_4	D_4	etc.
etc.	…	…	…	…	

Exemple 2

Appliquons l'algorithme de Roy pour déterminer le jalonnement des données du tableau 16.11, à la page précédente. On garde la séquence établie selon la règle de priorité PEPS.

Solution

1. Faire la somme de la première colonne. On aura les valeurs suivantes :

    Si l'on a plus de six produits, on continue les calculs.

Produits	Opération A préparation et nettoyage (heures)	Opération B peinture (heures)
P-1	5	
P-2	9	
P-3	17	
P-4	19	
P-5	25	
P-6	37	

2. Faire la somme de la première rangée. On aura les valeurs suivantes :

    Si l'on a plus de deux opérations, on continue les calculs sur la première rangée.

Produits	Opération A préparation et nettoyage (heures)	Opération B peinture (heures)
P-1	5	10
P-2	9	
P-3	17	
P-4	19	
P-5	25	
P-6	37	

3. Déterminer $B_2, B_3, \ldots, C_2, C_3, \ldots$
$B_2 = b_2 + \max (A_2 \text{ et } B_1) = 3 + \max (9 \text{ et } 10) = 13$
La valeur 3 provient des données du tableau de départ (*16.11, à la page précédente*).
$B_3 = b_3 + \max (A_3 \text{ et } B_2) = 9 + \max (17 \text{ et } 13) = 26$
La valeur 9 provient des données du tableau de départ (*16.11, à la page précédente*).

On continue ces itérations jusqu'à la fin du tableau.

Le tableau ci-dessous résume les résultats. Grâce à l'algorithme de Roy, on voit que l'opération A du produit P-4, par exemple, se terminera à l'heure 19 et l'opération B, à l'heure 33. L'ensemble des 6 produits sera complété à l'heure 56.

Produits	Données initiales		Algorithme de Roy	
	A	B	A	B
	Temps par opération		Temps de fin	
P-1	5	5	5	10
P-2	4	3	9	13
P-3	8	9	17	26
P-4	2	7	19	33
P-5	6	8	25	41
P-6	12	15	37	56

16

Les avantages de l'algorithme de Roy :
- n'est pas limité par le nombre d'opérations ou le nombre de produits ;
- est applicable à n'importe quelle règle de priorité (PEPS, PODP, RC, …) ;
- est facilement programmable avec Excel ;
- on n'a pas besoin de faire des graphiques, qui sont fastidieux à construire dans le cas de temps d'opération longs.

Optimisation de la séquence : l'algorithme de Johnson

Jusqu'à maintenant, on a analysé plusieurs règles de priorité, mais aucune ne donnait la séquence optimale, c'est-à-dire celle qui prend le moins de temps. L'algorithme de Johnson et ses dérivés permettent de déterminer la séquence optimale. L'**algorithme de Johnson** est limité au cas particulier de deux opérations, sans limite du nombre de produits. On verra à la prochaine section des dérivés de l'algorithme de Johnson pour traiter des situations à *k* opérations.

Retournons aux données du tableau 16.11, à la page 629.

On veut trouver la meilleure séquence pour les six produits à fabriquer en deux opérations. Pour y arriver, on suit les étapes de l'algorithme de Johnson :

1. Choisir le temps d'opération le plus court.

   Dans ce cas, c'est 2 heures, ce qui correspond au produit P-4 à l'opération A. Dans le cas de deux valeurs identiques, le choix est laissé à la discrétion du gestionnaire, le temps final n'en sera pas modifié.

2. Si la plus petite valeur correspond à une valeur dans la colonne A (temps du produit P-i à l'opération A), on placera le produit au début de la séquence : il sera le premier à être procédé. Si la plus petite valeur correspond à un temps dans B, on placera le produit P-i à la fin de la séquence : il sera le dernier à être procédé.

   Dans notre exemple, P-4 sera au début de la séquence.

P-4					

3. Pour les produits restants, choisir la plus petite valeur parmi les temps d'exécution et recommencer l'étape 2 jusqu'à épuisement des produits.

   Parmi les temps restants, le plus petit est le temps 3 heures à l'étape B du produit P-2 : il ira donc à la fin de la séquence.

P-4					P-2

   Vient ensuite P-1 avec des temps identiques pour les deux opérations : on décide arbitrairement de le placer à la fin. On pourrait le placer au début sans déranger le résultat final.

P-4				P-1	P-2

   Suivront les autres produits :
   P-5

P-4	P-5			P-1	P-2

   P-3

P-4	P-5	P-3		P-1	P-2

   P-6

P-4	P-5	P-3	P-6	P-1	P-2

4. Une fois la séquence choisie, il reste à établir le calendrier de production de cette séquence, soit avec le graphique de Gantt, soit avec l'algorithme de Roy.

Solution (suite)

Algorithme de Johnson
Algorithme permettant d'ordonnancer de façon optimale *n* produits à fabriquer en deux opérations.

16

En appliquant l'algorithme de Roy, on obtient :

Produits	Nouvelle séquence		Algorithme de Roy	
	A	B	A	B
	Temps par opération		Temps de fin	Temps de fin
P-4	2	7	2	9
P-5	6	8	8	17
P-3	8	9	16	26
P-6	12	15	28	43
P-1	5	5	33	48
P-2	4	3	37	51

L'ensemble des travaux se termine après 51 heures, par opposition à 56 avec la règle PEPS. Aucune règle de priorité ne peut donner moins de 51 périodes.

Rappelons que l'algorithme de Johnson n'est valable que pour optimiser l'ordonnancement de n produits sur deux opérations; si on a plus de deux opérations, on doit essayer plusieurs algorithmes pour arriver finalement au meilleur résultat. L'exemple ci-dessous illustre la procédure à suivre.

Soit la situation suivante : six produits et trois opérations.

Produits	A	B	C
	Temps par opération		
P-1	5	5	12
P-2	4	3	3
P-3	8	9	2
P-4	2	7	15
P-5	6	8	3
P-6	12	15	6

En utilisant l'algorithme de Roy pour déterminer le temps de la séquence PEPS comme il est présenté, on aura 62 périodes.

Produits	Séquence initiale			Algorithme de Roy		
	A	B	C	A	B	C
	Temps par opération			Temps de fin		
P-1	5	5	12	5	10	22
P-2	4	3	3	9	13	25
P-3	8	9	2	17	26	28
P-4	2	7	15	19	33	48
P-5	6	8	3	25	41	51
P-6	12	15	6	37	56	62

Dérivés des algorithmes pour trois opérations et plus

Pour trouver la séquence optimale de n produits avec trois opérations, il faut essayer deux algorithmes et choisir celui qui donne le temps final le plus court :
a) l'algorithme TOC modifié ;
b) l'algorithme de Johnson modifié.

a) L'algorithme TOC modifié

1. Pour chaque produit, faire la somme des temps d'exécution ($\sum_i$), où $\sum_i = a_i + b_i + c_i$.

Produits	A	B	C	Total
	Temps par opération			Σ_i
P-1	5	5	12	22
P-2	4	3	3	10
P-3	8	9	2	19
P-4	2	7	15	24
P-5	6	8	3	17
P-6	12	15	6	33

2. Choisir le produit P_i dont la somme $\sum_i$ est la plus petite.

   C'est le produit P-2, avec $\sum_2 = 10$.

3. Pour le produit choisi en 2), comparer a_i (temps de la première opération) et c_i (temps de la dernière opération).

   Si $a_i < c_i$, le produit P_i ira au début de la séquence.

   Si $a_i > c_i$, le produit P_i ira à la fin de la séquence.

   Pour P-2, $(a_2 = 4) > (c_2 = 3)$. P-2 ira à la fin.

4. Pour les produits restants, reprendre à partir de la deuxième étape jusqu'à l'épuisement des produits.

   Dans ce cas, le deuxième produit choisi sera P-5, avec $\sum_5 = 17$.

   Pour P-5, $(a_5 = 6) > (c_5 = 3)$. P-5 ira lui aussi à la fin, juste avant P-2. En continuant de la sorte avec les autres produits, on obtient la séquence : P-1, P-4, P-6, P-3, P-5, P-2.

5. Déterminer la durée de la séquence avec l'algorithme de Roy ou le graphique de Gantt. Pour ce faire, utiliser les durées de travail initiales.

   En appliquant l'algorithme de Roy à la séquence établie selon le TOC modifié, on voit que l'ensemble des travaux se termine après 57 périodes, ce qui est nettement meilleur que les 62 périodes obtenues avec la séquence initiale.

Produit	Nouvelle séquence selon le TOC			Algorithme de Roy		
	A	B	C	A	B	C
	Temps par opération			Temps de fin		
P-1	5	5	12	5	10	22
P-4	2	7	15	7	17	37
P-6	12	15	6	19	34	43
P-3	8	9	2	27	43	45
P-5	6	8	3	33	51	54
P-2	4	3	3	37	54	57

Essayons maintenant le deuxième algorithme, soit l'algorithme de Johnson modifié.

b) L'algorithme de Johnson modifié

1. Pour chaque produit P_i, calculer $\sum_1 P_i$ et $\sum_2 P_i$, où : $\sum_1 P_i = a_i + b_i$; $\sum_2 P_i = b_i + c_i$.

   Pour P-1 : $\quad \sum_1 P\text{-}1 = 5 + 5 = 10 \quad \sum_2 P\text{-}1 = 5 + 12 = 17$

   Pour P-2 : $\quad \sum_1 P\text{-}2 = 4 + 3 = 7 \quad \sum_2 P\text{-}2 = 3 + 3 = 6$

   Pour P-3 : $\quad \sum_1 P\text{-}3 = 8 + 9 = 17 \quad \sum_2 P\text{-}3 = 9 + 2 = 11$

   Pour P-4 : $\quad \sum_1 P\text{-}4 = 2 + 7 = 9 \quad \sum_2 P\text{-}4 = 7 + 15 = 22$

   Pour P-5 : $\quad \sum_1 P\text{-}5 = 6 + 8 = 14 \quad \sum_2 P\text{-}5 = 8 + 3 = 11$

   Pour P-6 : $\quad \sum_1 P\text{-}6 = 12 + 15 = 27 \quad \sum_2 P\text{-}6 = 15 + 6 = 21$

2. Avec les données virtuelles calculées à la première étape, créer un tableau de type Johnson à n produits et deux opérations, d'où :

Produits	$\sum_1 P_i$	$\sum_2 P_i$
P-1	10	17
P-2	7	6
P-3	17	11
P-4	9	22
P-5	14	11
P-6	27	21

3. Appliquer l'algorithme de Johnson au tableau de la deuxième étape et déterminer la séquence de travail. La séquence est : P-4, P-1, P-6, P-5, P-3, P-2.

4. Déterminer la durée de la séquence par l'algorithme de Roy ou par le graphique de Gantt. Pour ce faire, utiliser les durées de travail initiales.

16

Produits	Nouvelle séquence selon Johnson modifié			Algorithme de Roy		
	A	B	C	A	B	C
	Temps par opération			Temps de fin		
P-4	2	7	15	2	9	24
P-1	5	5	12	7	14	36
P-6	12	15	6	19	34	42
P-5	6	8	3	25	42	45
P-3	8	9	2	33	51	53
P-2	4	3	3	37	54	57

La durée de cette séquence étant égale à celle de la séquence trouvée selon le TOC modifié, le gestionnaire choisit celle qui lui convient. Soulignons que tel n'est pas toujours le cas; on choisira alors la plus courte ou la plus convenable compte tenu d'autres considérations propres à l'entreprise.

Dans le cas de quatre opérations (A, B, C, D), on fera trois essais avant de trouver la séquence optimale.

1er essai   le TOC modifié tel qu'on l'a expliqué précédemment.

2e essai $\sum_1 P_i = a_i + b_i;$ $\sum_2 P_i = c_i + d_i$

On applique ensuite l'algorithme de Johnson modifié à ces données virtuelles.

3e essai $\sum_1 P_i = a_i + b_i + c_i;$ $\sum_2 P_i = b_i + c_i + d_i$

On applique ensuite l'algorithme de Johnson modifié à ces données virtuelles.

Pour cinq opérations (A, B, C, D, E), on fera trois essais avant de trouver la séquence optimale.

1er essai   le TOC tel qu'on l'a expliqué précédemment.

2e essai $\sum_1 P_i = a_i + b_i + c_i;$ $\sum_2 P_i = c_i + d_i + e_i$

On applique ensuite l'algorithme de Johnson modifié à ces données virtuelles.

3e essai $\sum_1 P_i = a_i + b_i + c_i + d_i;$ $\sum_2 P_i = b_i + c_i + d_i + e_i$

On applique ensuite l'algorithme de Johnson modifié à ces données virtuelles.

De façon générale, le tableau 16.13 illustre la relation entre le nombre d'opérations et le nombre d'essais nécessaires pour trouver la séquence optimale.

TABLEAU 16.13 ▸

	Nombre d'opérations différentes						
	3	4	5	6	7	8	9
Nombre d'essais	2	3		4		5	

16.5 L'ordonnancement des travaux selon des temps de mise en route différents

Quand les temps de mise en route diffèrent en fonction de l'ordre d'arrivée des produits, le gestionnaire peut décider de trouver un jalonnement des produits qui minimise les temps de mise en route. C'est le cas des entreprises d'embouteillage, de peinture, d'alimentation, etc. En effet, cela prendrait moins de temps de mise en route si, par exemple, on embouteillait de la peinture blanche, puis de la peinture bleu pastel, bleu foncé, etc., plutôt que de passer du rouge au blanc, car, dans ce dernier cas, un nettoyage en profondeur des machines est nécessaire, tandis que dans le cas précédent, un nettoyage sommaire est suffisant.

Considérons le cas présenté au tableau 16.14.

TABLEAU 16.14 ▸

Produits précédents	Temps de mise en route	Temps de mise en route s'ils sont suivis par les produits ci-dessous		
		A	B	C
A	3	0	6	2
B	2	1	0	4
C	2	5	3	0

16

Si une commande de produits de type A, dont le temps de mise en route est de trois heures, est suivie par une autre commande de produits de type A, le temps de mise en route de cette deuxième commande sera nul. Par contre, si A est suivi d'une commande de type B, le temps de mise en route entre A et B est de six heures. Cependant, il ne sera que de deux heures si A est suivi d'une commande de type C. De même, B suivi de A exige un temps de mise en route de une heure et de quatre heures s'il est suivi par C, etc.

La façon la plus simple de déterminer la séquence qui minimise les temps de mise en route est d'énumérer l'ensemble des possibilités et de fournir cette information au gestionnaire. Celui-ci décidera ensuite des séquences, au fur et à mesure que les commandes arriveront. Malheureusement, cela peut s'avérer assez long, car si l'on dispose de n produits différents, on aura $n!$ combinaisons possibles à considérer. Dans l'exemple précédent, on obtient $3! = 6$ combinaisons possibles; tandis que pour 6 produits différents, on devra essayer $6! = 720$ combinaisons différentes.

Le tableau 16.15 présente les six combinaisons possibles placées en ordre croissant, la séquence B-A-C étant la meilleure avec des temps de mise en route de cinq heures.

Séquence	Temps de mise en route	TOTAL
B-A-C	2 + 1 + 2	5
C-B-A	2 + 3 + 1	6
A-C-B	3 + 2 + 3	8
B-C-A	2 + 4 + 5	11
A-B-C	3 + 6 + 4	13
C-A-B	2 + 5 + 6	13

◂ **TABLEAU 16.15**
Combinaisons possibles
de mise en route

Plus le nombre de produits différents augmente, plus le problème se complique et plus l'utilisation de l'ordinateur pour évaluer les différentes combinaisons devient nécessaire.

16.6 L'application de la théorie des contraintes à l'ordonnancement

Une vision originale pour l'ordonnancement des travaux a été développée par Elyahu Goldratt[3], basée sur le vieux principe suivant: la force d'une chaîne dépend de son maillon le plus faible. Ainsi, si un certain nombre de commandes passent par une suite d'activités, il est important de connaître l'activité dont la capacité est la plus faible: c'est l'activité goulot. L'ensemble des tâches est limité par la capacité du goulot. En focalisant nos efforts sur le goulot et en s'assurant que celui-ci ne soit jamais en attente, on pourrait optimiser l'efficacité de l'ensemble du système, même si des activités «non-goulots» sont en attente. Selon Alain Beauseigle[4], la théorie des contraintes de Goldratt résulte en une approche d'ordonnancement simple et logique, donc plus facile à comprendre et à appliquer.

La **théorie des contraintes** utilise le concept de **tambour-tampon-chaîne**, où:
- le tambour, c'est le poste goulot, celui qui détermine la cadence maximale fournie par le système;
- le tampon correspond à la quantité en stock en amont au poste goulot. Cette réserve servira de tampon en cas de retard d'une des activités préalables. On s'assurera ainsi que le goulot est toujours en activité;
- la chaîne représente la capacité de synchronisation de la séquence des opérations avec la cadence du poste goulot. On évitera ainsi que des postes à forte capacité ne se retrouvent en situation d'attente (*voir la section 6.9*).

Les étapes de la théorie des contraintes sont:
1. identifier le poste goulot;
2. s'assurer que le goulot fonctionne au maximum de sa capacité;

16

---

3. E. Goldratt, *The General Theory of Constraints*, New Have, CT, Avraham Y. Institute, 1989.

4. A. Beauseigle, «La gestion de projet alliée à la théorie des contraintes», *Revue Infoproductivité*, SCGI, juin, septembre et décembre 2002.

3. synchroniser tous les autres postes à la cadence du goulot (se focaliser sur le goulot);
4. améliorer et simplifier le goulot;
5. un nouveau goulot apparaîtra: répéter les étapes 1 à 4 pour ce goulot.

Pour mesurer l'accroissement de la productivité, Godratt utilise seulement trois indicateurs:
- le flux de production – le taux de création de richesse du système;
- les stocks – les stocks représentent des fonds inutilisés;
- les coûts unitaires de production – les dépenses pour transformer des stocks en flux de production (y compris le gaspillage, l'amortissement et l'utilisation des ressources).

Mentionnons qu'il est toujours intéressant de scinder le plus possible les grands lots en petits lots: on réduit alors les files d'attente au poste goulot. À la limite, on pourra réduire le lot à la taille d'une seule unité, d'où la chaîne d'assemblage classique dans laquelle la synchronisation des postes est parfaite et où aucune file d'attente n'existe entre les postes de travail. Toutefois, il ne faut pas que les gains découlant de la réduction des lots ne se traduisent en manutention et circulation excessives, car tous les avantages seront perdus. Une révision de l'aménagement des postes de travail serait alors nécessaire.

Finalement, selon Goldratt, cette théorie s'applique pour la création des biens et des services.

16.7   Le contrôle des opérations: le suivi

Une fois que le planificateur a décidé d'un ordonnancement, il rédigera un document spécifiant:
a) les activités à effectuer sur le produit;
b) les postes de charges touchés;
c) la quantité d'unités à créer;
d) le début, la durée et la fin de chaque activité telle qu'elle a été planifiée;
e) le début, la durée et la fin de chaque activité telle qu'elle a été réalisée;
f) toute autre information pertinente.

Fiche suiveuse

Document accompagnant le produit tout au long des activités nécessaires à sa création. Elle indique les activités à accomplir et spécifie le lieu, le nombre et le moment où ces activités ont été effectivement réalisées.

Ce document est la **fiche suiveuse**[5], appelée parfois «feuille de route» dans le cas des produits manufacturés ou bien «dossier patient», «dossier étudiant» ou «dossier client» dans le cas des services. La fiche suiveuse sera attachée au produit ou à la commande une fois la production lancée et elle l'accompagnera tout au long de son séjour sur le plancher de la production. Au fur et à mesure que des opérations sont exécutées, on l'indiquera sur la fiche. Le suivi ou **contrôle des opérations ou de la production** est alors facilement réalisable.

L'application de cette approche dans le domaine des services peut être illustrée par le dossier cumulatif d'une personne inscrite à l'université dans un programme donné. On y verra tous les cours (étapes de la production) pour l'obtention du diplôme. Au fur et à mesure que les cours sont suivis, les notes sont inscrites dans le dossier étudiant (fiche suiveuse). Une fois que toutes les opérations prévues (les cours) par le programme de formation ont été franchies, le diplôme est accordé et le service est terminé.

Une fiche suiveuse peut prendre plusieurs formes (*voir la figure 16.12*). En plus des informations déjà mentionnées, la fiche suiveuse décrite dans cet exemple comporte des coupons détachables. Quand la première activité au service 3 est exécutée, le responsable de cette activité détache le coupon correspondant. À la fin de la journée, on n'a qu'à recueillir les coupons et à faire le compte des tâches accomplies par poste. On peut alors contrôler et mesurer le taux de production et de productivité des différents postes. Cela permet de comptabiliser les coûts inhérents à la fabrication des produits et à déterminer le coût de revient.

5. C. Benedetti, *Introduction à la gestion des opérations*, 4ᵉ édition, Montréal, Chenelière/McGraw-Hill, 2002, p. 177-182.

				Feuille 1 de 1
Commande n° : 4451	**Produit**	Nom : Tête de maillet Modèle : M-34 N° : Couleur : Bleu	**Quantité :** 1000 **Matière première :** Bois 2,4 m Quantité : 46	

Date de la commande : 2012-10-30
Date de livraison désirée : 2012-11-22
Date d'achèvement :
Date de rédaction : 2012-10-31

Client : Tout de suite inc.
Vendeur : J. Guillaume
Rédigé par : A. Chrysostome

Date	Service	Activités N°	Activités Description	Équipement	Exécutant(e)	Quantité désirée	Quantité exécutée
5 nov.	3	1	Coupe de bois en 120 cm	Scie ronde #7		146	
8 nov.	5	2	Tourner selon plan P-X-173	Tour à bois 81		92	
13 nov.	6	3	Percer un trou 12 × pièce Plan P-X-173	Perceuse Colonne #2		1104	
14 nov.	3	4	Couper en 10 cm	Scie ronde #7		1104	
19 nov.	7	5	Sabler les surfaces coupées	Ponceuse à courroie #1		1104	
20 nov.	15	6	Vers assemblage	Chariot élévateur			

Commande n° : 4451 **Quantité :** **Date :** **Service :**	**Commande n° :** 4451 **Quantité :** **Date :** **Service :**	**Commande n° :** 4451 **Quantité :** **Date :** **Service :** 15	**Commande n° :** 4451 **Quantité :** **Date :** **Service :** 7
Commande n° : 4451 **Quantité :** **Date :** **Service :** 3	**Commande n° :** 4451 **Quantité :** **Date :** **Service :** 6	**Commande n° :** 4451 **Quantité :** **Date :** **Service :** 5	**Commande n° :** 4451 **Quantité :** **Date :** **Service :** 3

◄ **FIGURE 16.12**
Exemple d'une fiche suiveuse

Avec l'émergence de l'informatique, les lecteurs optiques et les scanneurs, on a introduit au début des années 1970 le système du code à barres. Le numéro de la commande est identifié par un code (*voir la figure 16.13*). Les puces RFID – *radio frequency identification* – système d'identification par radiofréquence en remplacement des systèmes de codes à barres de nature optique) tendent à remplacer le code à barres. À tout moment, les contrôleurs des opérations, en lisant le code à l'aide d'un lecteur optique, enregistrent la commande et l'étape où elle est rendue, ainsi que toutes les autres informations jugées nécessaires.

◄ **FIGURE 16.13**
Le code à barres

16

Finalement, le suivi des travaux, ou contrôle de la production, n'a pas seulement un objectif de vérification et de mesure de l'efficacité. Il doit être fait à des moments où il est encore possible d'intervenir pour corriger des situations de retard ou pour prévenir des retards potentiels.

16.8   L'ordonnancement dans le secteur des services

L'ordonnancement des prestations de services comporte des distinctions qu'on ne relève généralement pas dans le secteur de la fabrication, les principales étant:
1. l'incapacité à stocker ou à dénombrer les services;
2. la nature aléatoire des demandes de services des clients.

On peut parfois atténuer la seconde difficulté en recourant à des systèmes de rendez-vous et de réservations. Cependant, dans la plupart des cas, il est impossible de stocker les services et les gestionnaires doivent vivre avec ce problème.

Les entreprises de services ont pour principal objectif d'établir une harmonie entre le flux des clients et les capacités des services. On est en présence d'une situation idéale quand il y a un flux régulier de clients dans l'entreprise. Cela se produit quand le nouveau client arrive au moment précis où le client précédent a terminé de recevoir le service, comme dans le cas d'un cabinet de médecins ou dans le cas des voyages aériens, quand la demande est égale au nombre de sièges disponibles. Dans ces situations, le temps d'attente des clients est minimal, et les ressources disponibles (machines, main-d'œuvre, équipement, etc.) de l'entreprise sont entièrement exploitées. Or, la nature aléatoire des demandes de services des clients qui prévaut généralement dans les entreprises de services fait en sorte qu'il est pratiquement impossible d'établir un équilibre entre la capacité et la demande. De plus, si les temps de prestation de services sont eux aussi soumis à la variabilité, en raison de différents besoins des clients, l'inefficacité de l'entreprise augmente. Quand il est possible de gérer les arrivées, comme dans le cas des rendez-vous chez le médecin et chez le dentiste, l'efficacité du système s'améliore. Toutefois, le système de rendez-vous n'est pas applicable partout: c'est le cas dans les supermarchés, les stations-service, les cinémas, les salles d'urgence des hôpitaux, la réparation en cas de panne dans les services de maintenance. La gestion des files d'attente se concentre sur ces types de situations, où on met l'accent sur les décisions à moyen terme concernant la capacité des services en situation de demande et d'offre aléatoires. Dans la présente section, nous aborderons l'ordonnancement à court terme, où une grande partie de la capacité du système est essentiellement fixe et où l'objectif est l'atteinte d'un niveau défini de service à la clientèle, en exploitant efficacement la capacité.

En conclusion, l'ordonnancement dans le secteur des services comporte principalement l'ordonnancement des clients, des activités à réaliser et des ressources (main-d'œuvre et matérielles). L'ordonnancement des clients prend souvent la forme de systèmes de rendez-vous ou de réservations.

16.8.1   Les systèmes de rendez-vous

Les systèmes de rendez-vous visent à gérer le moment de l'arrivée des clients afin de réduire l'attente tout en permettant une meilleure exploitation de la capacité des ressources.

Un médecin peut utiliser un système de rendez-vous pour planifier les consultations avec ses patients durant l'après-midi et libérer ainsi son avant-midi pour travailler à l'hôpital. Un avocat peut rencontrer ses clients entre ses comparutions devant le tribunal. Or, avec un système de rendez-vous, on doit faire face aux problèmes provoqués par le retard des patients ou des clients, par les clients défaillants ou absents et par l'impossibilité de contrôler la durée du service (par exemple, quand on doit passer plus de temps que prévu avec un client, ce qui entraîne des retards pour tous les autres). On peut partiellement éviter ce problème en tentant de faire concorder le temps réservé à un patient ou à un client à ses besoins précis plutôt qu'en fixant des rendez-vous à intervalles réguliers. En dépit des problèmes de retard et de clients défaillants, le système de rendez-vous est, pour l'offreur du service, une importante amélioration par rapport aux arrivées aléatoires.

16.8.2 Les systèmes de réservation

On a conçu les systèmes de réservations pour permettre aux personnes responsables des services de formuler une estimation relativement précise de la demande au cours d'une période donnée et pour atténuer la déception des clients découlant des temps d'attente excessifs ou de l'incapacité d'obtenir un service.

Les systèmes de réservations sont largement utilisés dans le secteur du tourisme, l'hôtellerie, les restaurants et certaines sociétés de transport, telles que les compagnies aériennes et de location d'automobiles. Dans le cas des restaurants, les réservations permettent la répartition et le regroupement des clients pour établir un meilleur balancement entre la demande et les capacités du service. Les retards et les clients manquants peuvent perturber le système. On peut aborder le problème de défection ou de clients manquants à l'aide de la théorie décisionnelle (*voir le supplément du chapitre 5 sur le web*), ou en le traitant comme s'il s'agissait d'un problème de stocks à période unique, tel qu'on le décrit au chapitre 13, ou par la surréservation.

16.8.3 L'ordonnancement de la main-d'œuvre

L'ordonnancement des clients est une gestion de la demande. L'ordonnancement de la main-d'œuvre est une gestion de la capacité.

Cette approche est efficace quand on peut prévoir la demande avec suffisamment de précision, comme dans le cas des restaurants, des salles de cinéma, du trafic de pointe et d'autres situations similaires, caractérisées par des tendances répétitives de l'intensité de la demande. L'ordonnancement des employés des hôpitaux, des policiers et des téléphonistes affectés aux centres d'appel des sociétés de cartes de crédit, des sociétés de fonds communs de placement et de vente de régimes de retraite se classent dans cette catégorie. Il faut également considérer dans quelle mesure les variations sur le plan des demandes des clients peuvent être comblées par la flexibilité de la main-d'œuvre. Il est possible d'ajuster la capacité en faisant temporairement travailler les employés formés à la rotation de postes dans les services où il y a des goulots d'étranglement durant les périodes de pointe. En effet, l'entreprise formera des employés capables d'effectuer plusieurs tâches. On procédera alors à des transferts temporaires vers les postes qui subissent une grande demande et qui ralentissent le flot des services en ouvrant un guichet supplémentaire, etc. En allégeant temporairement la pression sur ces postes, l'écoulement des services rendus au client sera plus fluide et rapide. Ces postes goulots devront être bien identifiés, car ils déterminent la capacité maximale de l'entreprise: cette approche est à la base de la théorie des contraintes développée par Elyahu Goldratt dans son livre intitulé *Le but*, et elle requiert beaucoup de flexibilité du système: flexibilité dans la formation, la disponibilité des équipements, l'aménagement et la circulation dans les postes de travail.

Différentes contraintes peuvent influer sur la flexibilité de l'ordonnancement de la main-d'œuvre, notamment des contraintes légales, comportementales et techniques, les qualifications des travailleurs, d'où la notion de modèles sociotechniques et économiques. Les conventions collectives des employés (facteurs sociaux et politiques) imposent d'autres formes de contraintes. On voit encore une fois que le modèle PESTE (facteurs politiques, économiques, sociaux, technologiques et environnementaux) montre toute sa pertinence.

16.8.4 L'ordonnancement des systèmes à ressources multiples

Dans certaines situations, il est nécessaire de coordonner l'utilisation de plusieurs ressources simultanément. Par exemple, les hôpitaux doivent ordonnancer simultanément les chirurgiens, le personnel de la salle d'opération, ceux de la salle de rétablissement, les admissions, le matériel spécial, le personnel infirmier, et ainsi de suite. Les établissements d'enseignement doivent ordonnancer l'offre des cours par programme, les salles de classe, les laboratoires, le matériel audiovisuel, les étudiants, les professeurs, etc. Plus le nombre de ressources à ordonnancer est élevé, plus le problème est complexe et moins il est possible d'en arriver à un ordonnancement optimal. Le problème se complique davantage en raison de la nature variable et sur demande de tels systèmes. Par exemple, les établissements d'enseignement changent souvent les cours qu'ils offrent et les procédures d'inscription des étudiants. De plus, les étudiants ont tendance à sélectionner différents cours au fil des ans.

16

Certaines écoles et quelques hôpitaux utilisent des logiciels pour améliorer l'ordonnancement, bien que plusieurs semblent utiliser des approches intuitives avec un certain degré de succès.

Le transport aérien constitue un autre secteur d'entreprises de services qui exige un ordonnancement à ressources multiples, mais avec des contraintes qui lui sont propres. On doit coordonner l'équipage de bord, les avions, le matériel de manutention des bagages, les comptoirs de vente de billets, le personnel terrestre, celui des rampes d'embarquement et le personnel d'entretien. De plus, les règlements gouvernementaux quant au nombre d'heures de vol autorisées pour un pilote ajoutent des restrictions au système. Contrairement à la plupart des autres secteurs, à la fin de leur quart de travail, l'équipage et le matériel de bord ne retournent pas à leur lieu d'origine : ils peuvent être dans des villes et sur des continents très éloignés. De plus, le personnel et le matériel ne sont habituellement pas ordonnancés en tant qu'une seule entité : l'avion a ses exigences, et le personnel volant a les siennes. On planifie souvent le temps de travail de l'équipage de bord de manière à ce qu'il retourne à sa ville de départ tous les deux jours et même davantage, et il faut tenir compte des pauses en vol. Par ailleurs, on peut presque continuellement utiliser l'avion, sauf au moment de l'entretien et des réparations périodiques. Par conséquent, l'équipage de bord effectue généralement des trajets différents de ceux des avions.

16.8.5 L'ordonnancement cyclique

Plusieurs entreprises, surtout dans le secteur des services, doivent assurer les opérations 7 jours par semaine ou 24 heures sur 24. La planification de la main-d'œuvre doit suivre ces horaires : les quarts se succèdent alors d'une façon cyclique. L'**ordonnancement cyclique** a donné lieu à la création de modèles de travail à horaires variables. C'est le cas des postes de police, des hôpitaux, des services d'urgence, du commerce de détail ou de la surveillance des grandes centrales énergétiques (centres de pompage, centrales nucléaires, sidérurgies, usines de traitement des eaux, etc.).

L'exemple ci-dessous décrit une procédure d'ordonnancement des ressources dans ce type de situation.

Exemple 3

1. Établir un canevas ou patron décrivant le nombre d'employés (ou ressources) nécessaires par jour.

   Supposons qu'on souhaite le patron suivant et que chaque employé travaille au maximum cinq jours par semaine, avec deux jours fériés successifs.

Jour	Lun.	Mar.	Mer.	Jeu.	Ven.	Sam.	Dim.
Nombre d'employés nécessaire	2	4	3	4	6	5	5

   En d'autres termes, on a besoin de 29 employés-jours par semaine (la somme des employés par jour pour la semaine).

2. Établir l'affectation du premier employé E1 tel que :
   a) les deux jours qui se suivent et dont la somme est la plus faible seront attribués à E1 comme jours fériés ;
   b) les indiquer en les encadrant ;
   c) si l'on observe une égalité, choisir la paire de jours dont les sommes avec les voisins adjacents sont minimales. Si l'égalité persiste, choisir arbitrairement.

   Dans notre exemple, on aura :

Jour	Lun.	Mar.	Mer.	Jeu.	Ven.	Sam.	Dim.
Nombre d'employés nécessaire	2	4	3	4	6	5	5
Employé E1	(2	4)	3	4	6	5	5

3. Soustraire un employé des jours non encadrés. À partir du nombre d'employés restants, affecter comme jours fériés à E2 les deux jours qui se suivent et dont la somme est minimale.

Exemple 3 *(suite)*

Jour	Lun.	Mar.	Mer.	Jeu.	Ven.	Sam.	Dim.
Nombre d'employés nécessaire	2	4	3	4	6	5	5
Employé E1	2	4	3	4	6	5	5
Employé E2	2	4	2	3	5	4	4

4. Répéter l'étape 3 jusqu'à ce que tous les besoins en employés soient satisfaits (pas de valeur nulle).

Pour l'employé E3, on aura :

Jour	Lun.	Mar.	Mer.	Jeu.	Ven.	Sam.	Dim.
Nombre d'employés nécessaire	2	4	3	4	6	5	5
Employé E1	2	4	3	4	6	5	5
Employé E2	2	4	2	3	5	4	4
Employé E3	1	3	2	3	4	3	3

Pour l'employé E4, on aura :

Jour	Lun.	Mar.	Mer.	Jeu.	Ven.	Sam.	Dim.
Nombre d'employés nécessaire	2	4	3	4	6	5	5
Employé E1	2	4	3	4	6	5	5
Employé E2	2	4	2	3	5	4	4
Employé E3	1	3	2	3	4	3	3
Employé E4	1	3	1	2	3	2	2

Pour l'employé E5, on aura :

Jour	Lun.	Mar.	Mer.	Jeu.	Ven.	Sam.	Dim.
Nombre d'employés nécessaire	2	4	3	4	6	5	5
Employé E1	2	4	3	4	6	5	5
Employé E2	2	4	2	3	5	4	4
Employé E3	1	3	2	3	4	3	3
Employé E4	1	3	1	2	3	2	2
Employé E5	(0)	2	1	2	2	1	(1)

Pour l'employé E6, on aura :

Jour	Lun.	Mar.	Mer.	Jeu.	Ven.	Sam.	Dim.
Nombre d'employés nécessaire	2	4	3	4	6	5	5
Employé E1	2	4	3	4	6	5	5
Employé E2	2	4	2	3	5	4	4
Employé E3	1	3	2	3	4	3	3
Employé E4	1	3	1	2	3	2	2
Employé E5	(0)	2	1	2	2	1	(1)
Employé E6	0	1	0	1	1	0	1

Pour l'employé E7, on aura :

Jour	Lun.	Mar.	Mer.	Jeu.	Ven.	Sam.	Dim.
Nombre d'employés nécessaire	2	4	3	4	6	5	5
Employé E1	2	4	3	4	6	5	5
Employé E2	2	4	2	3	5	4	4
Employé E3	1	3	2	3	4	3	3
Employé E4	1	3	1	2	3	2	2
Employé E5	(0)	2	1	2	2	1	(1)
Employé E6	0	1	0	1	1	0	1
Employé E7	0	1	0	0	0	0	0

16

Solution

En spécifiant que les employés ne travailleront pas les jours encadrés, on obtient les résultats suivants :

Jour	Employés en service	Nombre d'employés-jours
Lundi	E2 – E4	2
Mardi	E2 – E4 – E5 – E7	4
Mercredi	E1 – E3 – E5	3
Jeudi	E1 – E3 – E5 – E6	4
Vendredi	E1 – E2 – E3 – E4 – E5 – E6	6
Samedi	E1 – E2 – E3 – E4 – E5	5
Dimanche	E1 – E2 – E3 – E4 – E6	5
TOTAL		**29**

Employé	Jours travaillés par semaine	Jours fériés
E1	5	Lundi – mardi
E2	5	Mercredi – jeudi
E3	5	Lundi – mardi
E4	5	Mercredi – jeudi
E5	5	Lundi – dimanche
E6	3	Lundi – mardi – mercredi – samedi
E7	1	Lundi – mercredi – jeudi – vendredi – samedi – dimanche
TOTAL	29	

Le nombre de jours travaillés pour la semaine (29) correspond au besoin de 29 employés-jours par semaine mentionné dans l'énoncé du problème. Notons que dans cet exemple, on aurait pu trouver une autre combinaison donnant aussi un total de 29.

16.9 Conclusion

L'ordonnancement consiste à coordonner les commandes aux différents postes de travail, d'où la rédaction de programmes de production et de charges de travail. Le programme ou calendrier de production indique l'enchaînement des opérations pour créer le produit ou le service. La charge ou le calendrier de travail indique l'enchaînement des travaux, des produits ou des services qui seront réalisés par un ou des centres d'opération. Quelle que soit la forme de l'organisation, l'ordonnancement est une fonction parmi les plus importantes dans la gestion de l'entreprise.

L'ordonnancement diffère en fonction du processus de production : production à l'unité ou par projets (*voir le chapitre 17*), production interrompue (pour des lots de tailles moyenne et petite) ou production continue.

L'ordonnancement est particulièrement complexe en production interrompue : on doit s'ajuster continuellement à la variété des produits et des services à offrir, aux temps de mise en route, aux interruptions dans les taux de production et à la quantité à produire. En d'autres mots, il est complexe en raison de sa grande variabilité et de la flexibilité qu'il exige : il n'existe pas de techniques, de stratégies et de politiques applicables à toutes les situations. L'ordonnancement en opération interrompue demande donc de la part du gestionnaire beaucoup d'imagination, une grande compréhension et une bonne connaissance du procédé d'opération.

Pour s'acquitter de sa tâche, le gestionnaire planificateur devra :
a) connaître avec précision les caractéristiques de tous les facteurs de production en présence ;
b) fixer des dates de livraison réalistes ;
c) concentrer son attention sur les goulots d'étranglement et les ordonnancer en premier, puis ordonnancer les autres ressources en fonction du goulot ;
d) si possible, essayer de réduire les lots.

Les planificateurs ont les responsabilités suivantes :
1. établir des programmes de production et les charges de travail ;
2. affecter les bonnes tâches aux bonnes ressources ;

3. établir les fiches suiveuses, les faire respecter et proposer des solutions de contingence en cas d'écart;

et ce, dans les différents contextes de l'entreprise:

- en situation de capacité limitée et de capacité illimitée;
- en situation de séquencement statique et dynamique.

Il existe plusieurs algorithmes pour procéder à l'ordonnancement. Le graphique de Gantt, malgré ses limites, demeure un excellent outil pour visualiser les différentes solutions. Plusieurs logiciels permettent d'utiliser cet outil.

Dans le secteur des services, les exigences des clients ajoutent des variables subjectives difficilement prévisibles dont il faudra tenir compte.

Le cas de l'ordonnancement simultané de ressources multiples créera un défi supplémentaire nécessitant la connaissance profonde du procédé et l'imagination, jumelées aux techniques et aux principes présentés dans ce chapitre. ●

Lecture
L'ordonnancement des avions de ligne
par Robert L. Crandall

www.americanair.com

Le texte suivant illustre les travaux à ordonnancer pour préparer un avion de passagers à ses opérations quotidiennes simples, selon l'*American Way*, mars 1995.

Dès qu'un avion atterrit et effectue son approche finale, des équipes s'affairent aux tâches suivantes:

1) l'appareil est fixé à l'aide d'amarres;
2) il est ensuite branché sur le système de climatisation terrestre. Un long tuyau jaune branché au bas du nez de l'appareil assure l'alimentation en air frais climatisé;
3) un technicien monté à bord de l'avion reçoit de l'équipage les commentaires sur le vol et, s'il y a lieu, les remarques sur les travaux spéciaux de maintenance à effectuer;
4) simultanément, les passagers, ayant reçu les consignes des agents de bord, commencent à descendre de l'appareil;
5) le débarquement terminé, les équipes de nettoyage procèdent à un nettoyage systématique de la cabine: nettoyer les poches de rangement à l'arrière des sièges, replacer les sièges et les ceintures de sécurité, passer le balai, nettoyer les salles de toilettes; un nettoyage plus en profondeur sera exécuté par l'équipe de nuit;

6) pendant ce temps, le déchargement des bagages, du cargo, des conteneurs, des cabarets de repas et des sacs postaux est effectué;
7) le triage des bagages et autres marchandises est fait: ceux qui vont aux aires de récupération des bagages par les passagers, ceux qui vont sur d'autres vols, ceux qui vont aux aires d'attente de leur propriétaire, ceux qui vont aux services postaux, etc.;
8) les traiteurs viennent récupérer leurs contenants de cabarets de repas;
9) les responsables des services sanitaires vident et traitent les réservoirs des toilettes;
10) une équipe procède aux réparations mineures à partir des remarques faites par l'équipage de l'avion; elle triera les travaux majeurs et les rapportera aux instances concernées.

Une fois tout cela terminé, les opérations sont effectuées à l'envers, c'est-à-dire que:

1) les agents de bord montent dans l'avion pour recevoir les passagers;
2) l'équipe au sol charge les bagages dans l'avion; le cargo et les sacs postaux sont chargés à l'arrière;

3) les passagers montent dans l'avion;
4) l'eau potable, amenée par camion-citerne, est pompée dans les réservoirs prévus à cet effet;
5) les réservoirs d'essence sont remplis et les quantités sont vérifiées;
6) en cas de besoin, les ailes sont déglacées;
7) au besoin, on ajoute sur les ailes des produits dégivrants;
8) des traiteurs indépendants procèdent à l'approvisionnement en aliments et boissons.

Toutes ces activités doivent être effectuées sans nuire les unes aux autres. Par exemple, le camion de bagages et celui des traiteurs ne doivent pas arriver en même temps pour certains modèles d'avions, car les portes sont trop rapprochées. Les chefs d'équipes au sol sont les chefs d'orchestre de toutes ces activités et doivent établir un équilibre constant et adapté à chaque type d'appareil*.

---

* Les modèles d'ordonnancement et de gestion des opérations à l'unité ou par projet (*voir le chapitre 17*) peuvent être adaptés pour programmer l'ensemble de ces activités à ressources multiples.

16

Terminologie

Problèmes résolus

Problème 1

Algorithme d'affectation

On a trois commandes à traiter. On dispose de quatre machines capables d'exécuter les commandes au complet. Les coûts de production de chaque commande avec chacune des machines apparaissent dans le tableau ci-contre. Déterminez l'affectation qui minimisera les coûts de production.

	Machines			
Commandes	A	B	C	D
1	12	16	14	10
2	9	8	13	7
3	15	12	9	11

Solution

Étant donné que le nombre de machines dépasse le nombre de commandes, on crée la commande fictive 4.

	Machines			
Commandes	A	B	C	D
1	12	16	14	10
2	9	8	13	7
3	15	12	9	11
4	0	0	0	0

Appliquons intégralement l'algorithme d'affectation.

1. Soustraire la plus petite valeur de chaque rangée.
2. Soustraire la plus petite valeur de chaque colonne.

   À cause de la commande fictive, le tableau ne changera pas.

Machines

Commandes	A	B	C	D
1	2	6	4	0
2	2	1	6	0
3	6	3	0	2
4	0	0	0	0

3. Tirer les lignes.

Machines

Commandes	A	B	C	D
1	2	6	4	0
2	2	1	6	0
3	6	3	0	2
4	— 0 —	— 0 —	— 0 —	— 0 —

Étant donné que $(l = 3) < (n = 4)$, à partir des valeurs découvertes, on soustrait la plus petite (1) et on l'ajoute aux valeurs entrecroisées (0 et 0), d'où le tableau suivant :

Machines

Commandes	A	B	C	D
1	1	5	4	0
2	1	0	6	0
3	5	2	0	2
4	0	0	1	1

On tire ensuite les lignes.

Machines

Commandes	A	B	C	D
1	1	5	4	0
2	— 1 —	— 0 —	— 6 —	— 0 —
3	5	2	0	2
4	— 0 —	— 0 —	— 1 —	— 1 —

Étant donné que $(l = 4) = (n = 4)$, on a la solution optimale, d'où :

Machines

Commandes	A	B	C	D
1	1	5	4	**0**
2	1	**0**	6	0
3	5	2	**0**	2
4	**0**	0	1	1

Revenons au tableau de départ. L'affectation des machines aux commandes sera :

On obtient un coût total de :

10 \$ + 8 \$ + 9 \$ + 0 \$ = 27 \$

La machine A demeure disponible pour une éventuelle commande.

	Machines			
Commandes	A	B	C	D
1				10
2		8		
3			9	
4	0			

Problème 2

Règles de priorité

Les temps de travail, y compris les temps de mise en route de cinq commandes et leurs délais de livraison promis, apparaissent dans le tableau ci-dessous. Toutes les données sont en heures de travail.

Déterminez la séquence des travaux :

a) en capacité illimitée avec jalonnement aval ;

b) en capacité illimitée avec jalonnement amont ;

c) en capacité limitée selon les règles de priorité suivantes :

- TOC ;
- DP.

Commande	Durée	Délai promis
A	12	15
B	6	24
C	14	20
D	3	8
E	7	6

Solution

a) En capacité illimitée, avec jalonnement aval :

Capacité illimitée Commande	Début	Jalonnement aval			Marge
		Durée	Fin	Délai promis	
A	0	12	12	15	3
B	0	6	6	24	18
C	0	14	14	20	6
D	0	3	3	8	5
E	0	7	7	6	−1

À noter que la commande E sera en retard par rapport au délai de livraison promis.

b) En capacité illimitée, avec jalonnement amont :

Capacité illimitée Commande	Début	Jalonnement amont			Marge
		Durée	Fin	Délai promis	
A	3	12	15	15	0
B	18	6	24	24	0
C	6	14	20	20	0
D	5	3	8	8	0
E	0	7	7	6	−1

Remarquez le retard de la commande E.

c) En capacité limitée :

TOC Séquence	Commande	Début	Durée	Fin
1	D	0	3	3
2	B	3	6	9
3	E	9	7	16
4	A	16	12	28
5	C	28	14	42

DP Séquence	Commande	Début	Durée	Fin
1	E	0	7	7
2	D	7	3	10
3	A	10	12	22
4	C	22	14	36
5	B	36	6	42

On aurait pu présenter les programmes de production sous forme de graphiques de Gantt.

Problème 3

Règles de priorité
En utilisant les données du problème 2 et la règle de priorité PEPS, calculez les indicateurs de performance suivants : durée totale de travail ; temps moyen dans le système (TMS) ; retard accumulé (RA) ; retard moyen (RM) ; nombre moyen dans le système (NMS).

Solution

Ordonnancement selon PEPS

Séquence	Commande	Début	Durée	Fin	Délai promis	Retard
1	A	0	12	12	15	0
2	B	12	6	18	24	0
3	C	18	14	32	20	12
4	D	32	3	35	8	27
5	E	35	7	42	6	36
		Total	42	139		75

a)   Durée totale de travail = 42 heures

TMS = Total des temps de fin ÷ Nombre de commandes = 139 ÷ 5 = 27,8 heures/commande

RA = $\sum$ des retards par rapport au délai de livraison promis = 75 heures

RM = Retards accumulés ÷ Nombre de commandes = 75 ÷ 5 = 15 heures/commande

NMS = Total des temps de fin ÷ Durée totale de travail = 139 ÷ 42 = 3,31 commandes

Problème 4

Algorithme de Johnson
On a une commande de cinq produits ; chacun des produits doit passer par l'employé A et ensuite par l'employé B (voir le tableau). Les temps sont en heures par unité pour chaque produit. On dispose d'une capacité limitée de travail. Il faut terminer l'ensemble de la commande au plus tôt. Déterminez la séquence optimale et le temps nécessaire pour compléter la commande.

Produit	Employé	
	A (heures/unité)	B (heures/unité)
P-1	2,5	4,2
P-2	3,8	1,5
P-3	2,2	3,0
P-4	5,8	4,0
P-5	4,5	2,0

Solution

Étant donné qu'on a une unité par produit, on applique directement l'algorithme de Johnson aux données pour trouver la séquence optimale. Pour déterminer le temps nécessaire pour cette séquence, on appliquera ensuite l'algorithme de Roy ou le graphique de Gantt.

Avec l'algorithme de Johnson, on obtient :

				P-2	

				P-5	P-2

P-3				P-5	P-2

P-3	P-1			P-5	P-2

16

On placera le produit P-4 à la seule place qui reste, d'où la séquence finale : P-3, P-1, P-4, P-5 et P-2. Selon l'algorithme de Roy, le tableau suivant indique que cette séquence prendra 20,3 heures. On trouve le même résultat avec le graphique de Gantt, qui donne aussi le programme ou calendrier de production de cette commande.

Produit	Séquence optimale		Algorithme de Roy	
	A	B	A	B
	Temps par opération		Temps de fin	
P-3	2,2	3,0	2,2	5,2
P-1	2,5	4,2	4,7	9,4
P-4	5,8	4,0	10,5	14,5
P-5	4,5	2,0	15,0	17,0
P-2	3,8	1,5	18,8	20,3

Problème 5

Algorithme de Johnson, quantité différente
On reçoit une deuxième commande de cinq produits tels qu'ils sont définis au problème 4. Cette fois-ci, le client demande de faire 5 unités du produit P-1, 6 de P-2, 8 de P-3, 10 de P-4 et 4 de P-5. Les lots de chaque produit sont indivisibles. Il faut terminer l'ensemble de la commande au plus tôt. Déterminez la séquence optimale et le temps nécessaire pour compléter la commande.

Solution

1. On multiplie les temps (heures/unité) par le nombre d'unités de chaque produit.

Produit	A heures/unité	B heures/unité	Quantité (unités)	Temps globaux	
				A	B
				heures	
P-1	2,5	4,2	5	12,5	21
P-2	3,8	1,5	6	22,8	9
P-3	2,2	3,0	8	17,6	24
P-4	5,8	4,0	10	58,0	40
P-5	4,5	2,0	4	18,0	8

2. On applique ensuite l'algorithme de Johnson aux temps globaux, d'où la séquence optimale suivante : P-1, P-3, P-4, P-2, P-5.

3. On applique le graphique de Gantt ou l'algorithme de Roy pour déterminer le temps de la séquence, soit 145,1 heures.

Produit	Séquence optimale		Algorithme de Roy	
	A	B	A	B
	Temps par opération		Temps de fin	
P-1	12,5	21	12,5	33,5
P-3	17,6	24	30,1	57,5
P-4	58,0	40	88,1	128,1
P-2	22,8	9	110,9	137,1
P-5	18,0	8	128,9	145,1

Le calendrier ou programme de production aura la forme suivante :

Produit	Employé A			Employé B		
	Début	Durée	Fin	Début	Durée	Fin
P-1	0,0	12,5	12,5	12,5	21	33,5
P-3	12,5	17,6	30,1	33,5	24	57,5
P-4	30,1	58,0	88,1	88,1	40	128,1
P-2	88,1	22,8	110,9	128,1	9	137,1
P-5	110,9	18,0	128,9	137,1	8	145,1

16

1. Pourquoi l'ordonnancement est-il plus simple en production continue qu'en production interrompue?
2. Qu'est-ce que le graphique de Gantt et à quoi sert-il? Quels sont ses avantages et ses inconvénients?
3. Identifiez l'algorithme d'affectation, ses hypothèses de base et ses limites. Dans quelles situations peut-on l'utiliser? Nommez quelques situations où vous pourriez l'utiliser.
4. Décrivez brièvement les règles de priorité suivantes: PEPS, TOC, DP, PODP.
5. Pourquoi une entreprise doit-elle définir sa politique en matière de règles de priorité?
6. Quelles sont les règles de priorité applicables au secteur tertiaire (les services) et non au domaine manufacturier? Quelles sont les plus utilisées dans les services?
7. Certains professionnels du secteur médical planifient les rendez-vous des patients à intervalles fixes. Énumérez les avantages et les inconvénients d'une telle politique. Pouvez-vous suggérer une autre politique? Dans quelles circonstances la politique de rendez-vous à intervalles fixes est-elle acceptable?
8. Comment l'ordonnancement contribue-t-il à la productivité?
9. Présentez les avantages et les inconvénients de la subdivision des commandes en petits lots.
10. Identifiez les avantages et les inconvénients de l'ordonnancement et du jalonnement aval et amont.
11. Comment le calcul du *NMS* (nombre moyen dans le système) peut-il être utile pour une salle d'attente?

1. Un bureau d'avocats a 3 cas à étudier, chacun correspondant à un secteur juridique particulier. Le gestionnaire dispose de 3 professionnels capables d'instruire les cas. Or, à cause de leur disponibilité, la durée en semaines diffère d'un avocat à l'autre. On vous demande d'établir l'affectation optimale pour minimiser les temps d'étude de cas.

2. À partir des données du problème 1, exécutez une affectation qui maximise la répartition.

Avocat	Cas 1	Cas 2	Cas 3
A1	5	8	6
A2	6	7	9
A3	4	5	3

3. On vous demande d'affecter vos 5 camions aux 5 routes que vous desservez afin de minimiser les coûts. Les coûts (en dollars) des camions par route sont:

Camions	Routes				
	A	B	C	D	E
1	4	5	9	8	7
2	6	4	8	3	5
3	7	3	10	4	6
4	5	2	5	5	8
5	6	5	3	4	9

4. À partir des informations ci-dessous, établissez l'affectation minimale et l'interpréter. Les temps sont en heures par unité; chaque commande est constituée de 1 unité.

Quelle sera l'affectation minimale si la 1re commande est constituée de 10 unités, la 2e de 5, la 3e de 12 et la 4e de 15?

Commandes	Machines		
	A	B	C
1	12	8	11
2	13	10	8
3	14	9	14
4	10	7	12

5. Établissez les charges de travail pour les 5 machines suivantes à l'aide de l'algorithme d'affectation qui minimise les heures de travail tout en respectant les contraintes suivantes:
a) la combinaison 2-D est à éviter;
b) les combinaisons 1-A et 2-D sont à éviter.

Tâches	Machines				
	A	B	C	D	E
1	14 h	18 h	20 h	17 h	18 h
2	14 h	15 h	19 h	16 h	17 h
3	12 h	16 h	15 h	14 h	17 h
4	11 h	13 h	14 h	12 h	14 h
5	10 h	16 h	15 h	14 h	13 h

6. Une entreprise de déménagement a 4 déménagements à faire. La durée de chaque déménagement et les dates promises apparaissent au tableau ci-contre.
a) Établissez un programme de production en capacité illimitée avec jalonnement aval, et un autre avec jalonnement amont.

Déménagement	Durée du déménagement (jours)	Date promise (jour)
A	14	20
B	10	16
C	7	15
D	6	17

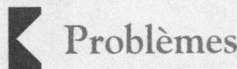

16

b) Établissez les programmes de production en capacité limitée selon les règles de priorité PEPS, TOC et DP.

c) Calculez et interprétez les indicateurs de performance pour chacune des règles de priorité établies en b).

7. À l'aide des informations réunies dans le tableau suivant, déterminez le jalonnement des commandes selon les règles de priorité PEPS, TOC et DP. Calculez ensuite les indicateurs de performance pour chacune de ces politiques.

Commande	Durée (heures/unité)	Quantité	Temps de mise en route	Heure promise
A	0,14	45	0,7	4
B	0,25	14	0,5	10
C	0,10	18	0,2	12
D	0,25	40	1,0	20
E	0,10	75	0,5	15

8. Un centre de production reçoit les commandes présentées ci-dessous. On travaille 7 heures par jour en commençant le lundi matin à 8 h. On vous demande d'établir la charge ou le calendrier de travail :

a) selon une capacité illimitée avec jalonnement amont;

b) selon une capacité limitée et les règles de priorité PEPS et DP;

c) et de comparer les règles de priorité en utilisant les indicateurs appropriés.

Commande	Temps d'opération (heures/unité)	Quantité	Date promise (jour)
A	18	2	20
B	10	4	18
C	5	5	25
D	11	3	17
E	9	4	35

9. La procédure utilisée dans un centre de distribution pour exécuter les commandes en provenance des clients se fait en 2 étapes successives. Le centre a reçu 7 commandes. Déterminez la séquence optimale pour exécuter les commandes, ainsi que le temps correspondant.

Commande	Temps (heures)	
	Opération 1	Opération 2
A	1,20	1,40
B	0,90	1,30
C	2,00	0,80
D	1,70	1,50
E	1,60	1,80
F	2,20	1,75
G	1,30	1,40

10. Le temps nécessaire pour exécuter 8 commandes sur 2 machines est résumé dans le tableau ci-contre. Chaque commande doit passer par la première machine avant d'aller à la deuxième.

a) Établissez le programme de production pour les 8 commandes et les charges de travail des 2 machines en situation de capacité illimitée (infinie)

b) Si l'on travaille en situation de capacité limitée (finie), établissez le programme de production et les charges de travail optimales en spécifiant les temps d'attente de chaque machine.

Commande	Temps (heures/unité)	
	Machine A	Machine B
A	16	5
B	3	13
C	9	6
D	8	7
E	2	14
F	12	4
G	18	14
H	20	11

c) Si le nombre d'unités par commande est de 20 en situation de capacité limitée, qu'arrive-t-il à la séquence des commandes? Établissez le nouveau programme de production.

11. Soit 2 centres d'opération et les temps (en minutes) des travaux à y accomplir (*voir le tableau ci-dessous*). Établissez une séquence des travaux qui minimise les temps d'attente par centre.

	Temps d'exécution (en minutes)					
	A	B	C	D	E	F
Centre 1	20	16	43	60	35	42
Centre 2	27	30	51	12	28	24

12. Une cordonnerie fonctionne selon un système à 2 opérations avec une capacité limitée.
    a) Établissez le jalonnement qui minimise le temps global des travaux.
    b) Établissez un jalonnement qui minimise le temps d'attente de l'opération B.

	Temps de travail (en minutes)				
	A	B	C	D	E
Poste de travail A	27	18	70	26	15
Poste de travail B	45	33	30	24	10

13. Usinage Marieville a recueilli les données relatives au temps (*voir le tableau*) concernant les travaux à accomplir. Établissez un calendrier des opérations de façon à livrer les commandes au plus tôt.

Commande	Coupe Début	Fin	Polissage Début	Fin
A	0	2	2	5
B	2	6	6	9
C	6	11	11	13
D	11	15	15	20
E	15	17	20	23
F	17	20	23	24
G	20	21	24	28

14. Usinage Marieville doit exécuter des commandes nécessitant 4 opérations, l'une à la suite de l'autre, en capacité limitée. Les temps d'opérations pour chaque commande sont indiqués dans le tableau ci-contre.

   Le planificateur désire livrer au plus tôt l'ensemble des commandes. Le directeur du service de fraisage aimerait fonctionner selon la politique TOC, qui minimise la quantité de produits en cours dans son service. Quelle que soit la séquence adoptée, elle sera la même pour l'ensemble de l'entreprise.

Commande	Perçage	Fraisage	Ébarbage	Polissage
A	3	6	2	1
B	2	4	5	4
C	1	5	3	9
D	4	3	4	8
E	9	4	7	6
F	8	7	4	3
G	6	2	6	2

   a) Établissez une séquence qui avantage le service de fraisage.
   b) Établissez la séquence permettant de livrer les commandes au plus tôt.
   c) Comparez les séquences établies précédemment à l'aide des indicateurs de performance pertinents.

15. La gestionnaire d'une entreprise de vêtements reçoit une commande de 6 modèles, à livrer au plus tôt. Elle doit fabriquer des quantités différentes pour chaque modèle, ces quantités étant définies par douzaines. Les opérations de confection ainsi que les temps en minutes par unité apparaissent dans le tableau :
    a) Déterminez l'ordonnancement optimal de l'ensemble de la commande.

Modèle	Quantité (douzaines)	Opération 1 min/unité	Opération 2 min/unité
M-1	10	4,5	3
M-2	17	6,0	4
M-3	12	5,2	3
M-4	27	1,6	5
M-5	18	2,8	3
M-6	19	3,3	1

    b) Si la gestionnaire décide de diviser en deux les lots de chaque modèle, quel est l'impact sur l'ordonnancement des opérations et sur la date de livraison de l'ensemble de la commande ?
    c) Quels sont les avantages et les inconvénients d'une division des commandes ?

16. La gérante d'un restaurant spécialisé dans la livraison de repas reçoit simultanément 5 commandes. Le tableau suivant indique le temps nécessaire pour traiter chacune de ces commandes :

   La cuisson se fait dans un four à capacité illimitée. Le restaurant ne dispose que d'un cuisinier et d'un seul livreur.

   Quelle est la meilleure séquence pour l'exécution des commandes ?

Commande	Préparation (minutes)	Cuisson (minutes)	Livraison (minutes)
C-1	2	5	8
C-2	4	6	5
C-3	4	9	10
C-4	3	7	12
C-5	2	10	8

16

17. Soit les travaux de maintenance suivants à effectuer :
Déterminez la meilleure séquence pour les travaux à effectuer selon les règles de priorité PEPS, TOC et DP. Comparez les indicateurs de performance de chacune de ces politiques.

Travail	Durée (heures)	Délai promis (heures)
T-1	3,5	7
T-2	2,0	6
T-3	4,5	18
T-4	5,0	22
T-5	2,5	4
T-6	6,0	20

18. La compagnie Les Engrenages ensablés ltée reçoit à 8 h du matin les 5 commandes suivantes :

Commande	Quantité (unités)	Durée min/unité	Délai promis (minutes)
A	16	4	160
B	6	12	200
C	10	3	180
D	8	10	190
E	4	1	220

Sachant que l'entreprise fonctionne selon la politique DP (date promise), déterminez :
a) le jalonnement des commandes ;
b) les indicateurs de performance (temps moyen dans le système, retard accumulé et retard moyen) ;
c) qu'arriverait-il si l'entreprise adoptait le TOC ? Comparez avec la politique initiale.

19. Les temps de mise en route des produits suivants sont interdépendants. Déterminez la séquence des produits qui minimise les temps de mise en route.

Produits précédents	Temps de mise en route (heures)	Temps de mise en route s'ils sont suivis par les produits ci-dessous (heures)		
		A	B	C
A	2	0	3	5
B	3	8	0	2
C	2	4	3	0

20. Les temps de mise en route des produits suivants sont interdépendants. Déterminez la séquence des produits qui minimise les temps de mise en route.

Produits précédents	Temps de mise en route (heures)	Temps de mise en route s'ils sont suivis par les produits ci-dessous (heures)		
		A	B	C
A	2,4	0,0	1,8	2,2
B	3,2	0,8	0,0	1,4
C	2,0	2,6	1,3	0,0

21. Dans une entreprise pharmaceutique, les temps de mise en route des produits suivants sont interdépendants. Pour des raisons de sécurité, le produit C ne peut être suivi par le produit A et le produit A, par le produit C. Déterminez la séquence de produits qui minimise les temps de mise en route (il existe 12 combinaisons possibles).

Produits précédents	Temps de mise en route (heures)	Temps de mise en route s'ils sont suivis par les produits ci-dessous (heures)			
		A	B	C	D
A	2	0	5	X	4
B	1	7	0	3	2
C	3	X	2	0	2
D	2	4	3	6	0

22. Pour un horizon de 5 jours ouvrables, on reçoit les rapports de production suivants. En comparant les résultats obtenus avec les plans établis, faites le suivi des opérations en indiquant les périodes ayant le plus de problèmes. Toutes les données représentent des heures travaillées. Le contrat de travail stipule 12 heures par quart.

		Jours				
		1	2	3	4	5
Intrant	Heures de travail planifiées	24	24	24	24	20
	Heures de travail réelles	25	27	20	22	24
Extrant	Heures de travail planifiées	24	24	24	24	23
	Heures de travail réelles	24	22	23	24	24

23. Déterminez les besoins en ressources humaines et l'horaire de travail des employés pour satisfaire les patrons (canevas) ci-dessous, répartis sur 6 jours ouvrables, en assurant 2 jours consécutifs de repos par employé, le dimanche n'étant pas inclus.

a)

Jour	Lun.	Mar.	Mer.	Jeu.	Ven.	Sam.
Nombre d'employés nécessaire	2	3	1	2	4	3

b)

Jour	Lun.	Mar.	Mer.	Jeu.	Ven.	Sam.
Nombre d'employés nécessaire	3	4	2	3	4	5

c)

Jour	Lun.	Mar.	Mer.	Jeu.	Ven.	Sam.
Nombre d'employés nécessaire	4	4	5	6	7	8

16

Bibliographie

Beauseigle, Alain. « La gestion de projet alliée à la théorie des contraintes », *Revue Infoproductivité*, SCGI, juin, septembre et décembre 2002.

Benedetti, Claudio. *Introduction à la gestion des opérations*, 4ᵉ édition, Montréal, Chenelière/McGraw-Hill, 2002.

Chao, Xiuli. *Operations Scheduling with Applications in Manufacturing and Services*, New York, McGraw-Hill, 1999.

Fogarty, Donald W., et Thomas R. Hoffman. *Production and Inventory Management*, Cincinnati (OH), South-Western Publishing Co., 1983.

Goldratt, Elyahu. *The General Theory of Constraints*, New Haven (Conn.), Avraham Y. Institute, 1989.

Goldratt, Elyahu, et J. Cox. *The Goal of Ongoing Improvement*, Great Barrington (Mass.), North River Press, 1992.

Hopp, Wallace J., et Mark L. Spearman. *Factory Physics : Foundations of Manufacturing Management*, Burr Ridge (Ill.), Richard D. Irwin, 1996.

Lambert, P. *La fonction ordonnancement*, Paris, Éditions de l'Organisation, 1975.

Nahmias, S. *Production and Operations Management*, 3ᵉ édition, Irwin/McGraw-Hill, 1997.

Pinedo, Michael. *Planning and Scheduling in manufacturing and services*, New York, Srpinger, 2005.

Schonberger, Richard J. *Operations Improving Customer Service*, 5ᵉ édition, Burr Ridge (Ill.), Richard D. Irwin, 1994.

Vollman, Thomas E., William L. Berry et D. Clay Whybark. *Manufacturing Planning and Control Systems for Supply Chain Management*, 4ᵉ édition, McGraw-Hill/Irwin, 2005.

16

Chapitre 17

La gestion de projets

Plan du chapitre

Objectifs d'apprentissage

Comprendre le rôle social de la gestion de projets et les relations entre gestionnaires et employés qui en découlent, définir les qualités que doivent posséder les personnes évoluant en gestion de projets ;

Définir l'importance de la segmentation des activités d'un projet ;

Distinguer les caractéristiques des algorithmes PERT (*program evaluation and review technique*) et CPM (*critical path method*) ;

Construire les réseaux de projets ;

Distinguer le réseau nodal et le réseau vectoriel ;

Lire et interpréter les informations obtenues à l'aide des algorithmes PERT et CPM ;

Analyser les réseaux déterministes ;

Analyser les réseaux probabilistes ;

Établir les programmes d'opérations d'un projet et les charges de travail ;

Analyser l'aspect économique de la gestion de projets ;

Connaître les applications de la gestion de projets dans le secteur des services.

Les gestionnaires des opérations ont à gérer aussi bien des activités récurrentes et répétitives que des activités qui ne se présentent qu'une seule fois ou rarement. Par exemple, les gestionnaires qui organisent les Jeux olympiques ne le feront qu'une seule fois, rarement plus. Ils devront alors planifier, organiser, diriger et contrôler (PODC), c'est-à-dire gérer toutes les activités rattachées à cet événement: la construction d'installations spéciales et de routes, le transport des invités, le programme des activités sportives (compte tenu des possibilités de retards), etc. Il serait superflu d'énumérer l'ensemble des activités à prévoir pour cet événement, car, bien que ce dernier soit cyclique, il demeure unique à chaque ville organisatrice. Tous les Jeux olympiques, que ce soit ceux de Montréal (1976), de Vancouver (2010) ou de Londres en 2012, ont un historique unique. À part les tâches les plus visibles telles que l'aménagement des stades et de diverses installations sportives, l'établissement des échéanciers des activités, il a fallu aussi organiser la logistique des personnes concernées (athlètes, délégués des pays participants, officiels des fédérations sportives, journalistes, dignitaires, observateurs et visiteurs), des aléas de la température pour les jeux d'hiver ainsi que de la sécurité contre les attaques terroristes. Il en va de même pour la construction d'un barrage ou d'un édifice, la publication d'un livre, etc. Cette dimension d'unicité est propre à la gestion de **projets.**

Projet

Ensemble des activités nécessaires à la réalisation d'un bien ou d'un service unique dans un horizon de temps défini.

Vue de cette façon, la gestion de projets s'applique à une multitude d'activités humaines, et plus précisément à la production à l'unité (*voir le chapitre* 6). Prenons comme exemple la réalisation du film *Avatar*, sorti en décembre 2009. Ce film a coûté plus de 250 millions de dollars canadiens (237 M$ US) et a nécessité une gestion et une planification parfaites. Il a fallu coordonner le travail des scénaristes, la construction des plateaux et les équipes de tournage, les cascades, la logistique pour tous les acteurs et les employés, les électriciens, la synchronisation des travaux des informaticiens, les costumiers, les acteurs, etc. Le réalisateur James Cameron avait déjà acquis l'expérience des gros projets (par exemple *Titanic* en 1997 aux coûts de 200 M$ US). Néanmoins, les technologies utilisées pour réaliser les effets spéciaux et les images 3D d'*Avatar* étaient nouvelles et ont largement contribué à la singularité du projet. Autres exemples de projets: le déménagement d'une succursale d'une organisation quelconque, la production d'un objet unique (navire, avion, turbine), le développement ou l'implantation d'un logiciel ou d'un nouveau produit, l'établissement d'une nouvelle politique d'opérations, d'un système de paye ou d'un système SIA (système d'information administratif), PBM/MRP (plan besoins matières), ERP, SAP ou autre. Nous voyons donc que la gestion de projets a une multitude d'applications.

Les projets entraînent des coûts élevés, et ce, sur des périodes plus ou moins longues. Ils impliquent la planification et la coordination minutieuses de plusieurs activités différentes. L'objectif de chaque activité doit être clairement défini et combiné à des prévisions réalistes en ce qui concerne la durée, les coûts (budgets), les besoins en ressources humaines, matérielles et autres. Le suivi des activités doit être assuré par le contrôle des opérations, et ce, à une fréquence permettant, si nécessaire, de corriger à temps la progression des travaux.

La gestion de projets permet à toute organisation de concentrer ses efforts sur un objectif clairement défini ou un ensemble restreint d'objectifs, pendant un laps de temps donné et avec un budget précis. Encore une fois, les notions de quantité, de qualité, de temps, de lieu et de coût réapparaissent. La gestion de projets peut être très simple, comme elle peut être d'une grande complexité s'il faut gérer des milliers d'activités demandant des ressources extrêmement diversifiées.

Ce chapitre introduit les concepts de base de la gestion de projets. Nous commençons par l'aspect humain et social, tout en explorant les problèmes classiques qui y sont liés. Ensuite, nous étudions les représentations graphiques et les algorithmes utilisés pour établir les plans, les programmes ou les calendriers d'opérations.

L'encadré 17.1 dresse un portrait sommaire de la gestion de projets.

17

17.2 L'aspect social de la gestion de projets

Contrairement aux autres activités de gestion et en raison de son aspect temporel et de l'unicité des activités à accomplir, la gestion de projets exige une plus grande attention de la part des gestionnaires en ce qui concerne les relations interpersonnelles, à savoir

Qu'est-ce que la gestion de projets ?
La gestion de projets est une approche de gestion basée sur l'effort et le travail d'équipe.

Quelle distinction y a-t-il avec les méthodes classiques de la gestion des opérations ?
1. Tâches limitées dans un horizon de temps ;
2. Focalisée sur des objectifs particuliers bien définis ;
3. Nécessite beaucoup moins de bureaucratie.

Pourquoi l'utilise-t-on ?
1. Dans le cas de besoins particuliers qui ne s'adaptent pas à une gestion fonctionnelle ;
2. Quand on subit des pressions pour des programmes de réduction de coûts ou d'amélioration de produits ou de services.

Les indicateurs
1. Temps ;
2. Coûts ;
3. Atteinte des objectifs.

Les facteurs de succès
1. Implication hiérarchique du haut vers le bas de la pyramide ;
2. Gestionnaire de projets capable et respecté ;
3. Assez de temps pour la planification du projet ;
4. Suivi et contrôle du projet prudents et systématiques, quand il est encore temps de faire des modifications ;
5. Bonne communication des objectifs et de leur atteinte.

Les responsabilités administratives
1. Choix du projet ;
2. Choix du gestionnaire de projet ;
3. Choix d'une structure (fonction ou matrice) ;
4. Structure hiérarchique (de qui le gestionnaire de projet relève-t-il ?) ;
5. Choix de coordonnateurs de projet.

Les outils de la gestion de projets
1. Segmentation des activités du projet ;
   Détermination des activités du projet, de leur hiérarchisation et de leur séquence, et établissement d'un budget prévisionnel réaliste.

2. Réseau du projet ;
   Représentation graphique générale des activités du projet, avec les durées estimées, les marges disponibles et les activités critiques.

3. Graphique de Gantt ;
   Représentation visuelle du calendrier des activités servant au contrôle et au suivi de l'avancement des travaux.

4. Gestion de risques ;
   Études des risques d'échec à l'atteinte des objectifs, de leurs conséquences, et développement de solutions de rechange et de plans de contingence.

entre le gestionnaire du projet et les personnes responsables d'activités particulières d'une part, et celles qui auront à vivre avec le produit fini issu du projet. Par exemple, le bureau d'ingénieurs-conseils SNC-Lavalin a la responsabilité de la construction du CUSM (Centre universitaire de la santé McGill). Ce projet, dont les travaux s'échelonneront sur 4 ans, coûtera 1 340 000 000 dollars (1,34 G$) et emploiera 2 500 personnes. SNC-Lavalin aura à coordonner les travaux de construction tout en tenant compte des besoins présents et futurs des personnes qui y travailleront et de celles qui y seront traitées durant des années. Dans cette section, nous explorons brièvement ces interrelations en mettant l'accent sur le gestionnaire principal et son rôle de coordonnateur.

17.2.1 Les caractéristiques des projets

Tout projet a un début et une fin bien définis dans le temps. Le cycle de vie d'un projet comporte plusieurs étapes, chacune faisant appel à des qualifications différentes :
1. l'identification ;
2. la planification du projet (la préparation) ;
3. la réalisation des activités (l'exécution) ;
4. le suivi et le contrôle (la fin du projet).

Ces quatre phases du projet peuvent facilement être superposées : il n'est pas nécessaire de retarder une phase si la précédente n'est pas complètement terminée. La figure 17.1 illustre l'effort à fournir en fonction du temps, tout au long du cycle de vie d'un projet. Cette figure et les étapes qui y apparaissent sont d'une grande importance.

Prenons l'exemple classique de la construction d'une maison unifamiliale. En gros, les activités ou les tâches nécessaires sont la conception des plans et devis et l'approbation du client, le choix d'un emplacement, l'approbation de la municipalité et la recherche de financement. Vient ensuite une série d'activités exigeant des compétences très différentes des précédentes : l'excavation, le nivellement, les fondations ; l'érection de la structure : la construction de la toiture et des murs de soutènement et de séparation ; la plomberie, l'électricité et les travaux de menuiserie ; les activités liées à la fenestration, la peinture, les boiseries et la finition et, finalement, l'aménagement paysager. On voit ici la diversité des corps de métiers et des compétences nécessaires pour un projet aussi simple. Imaginez alors les compétences requises pour un projet beaucoup plus complexe de recherche et développement, de biotechnologie ou de tout autre domaine.

FIGURE 17.1 ▸

Cycle de vie du projet

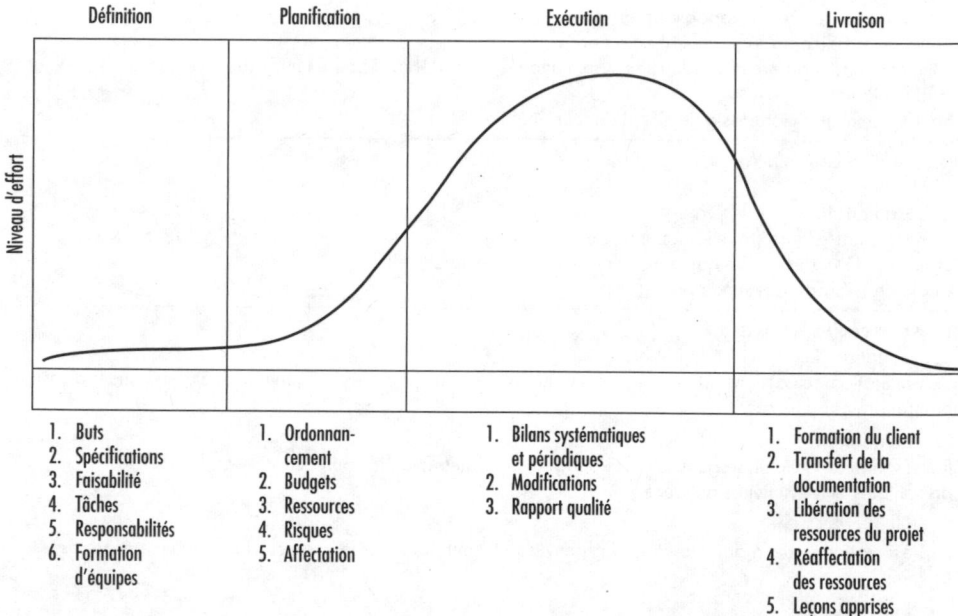

Source : C.F. Gray et E.W. Larson, *Project Management : The Managerial Process*, 2e édition, McGraw-Hill, 2003.

Les projets requièrent du personnel qualifié (ayant idéalement une formation large et multidisciplinaire[1]) et associé au projet pour une période plus ou moins longue. Parfois, ces personnes sont transférées d'un projet à l'autre selon les besoins ; d'autres sont prêtées à temps plein pour la durée du projet ou bien travaillent à temps partiel[2]. Des entreprises telles que des bureaux de génie-conseil et de consultants, de même que des maisons d'édition se spécialisent en gestion de projets. De plus en plus, l'impartition devient pour elles une façon très commune de fonctionner. On voit alors apparaître des structures d'organisation matricielles plutôt que par fonctions[3] (*voir la figure 17.2*).

17.2.2 Les étapes préliminaires

Voici les étapes préliminaires suggérées pour la gestion de projets :

1. Choisir le projet à implanter.
2. Choisir le gestionnaire du projet.
3. Choisir l'équipe de travail.
4. Concevoir et planifier les étapes du projet.
5. Gérer les ressources.
6. Décider du moment de la fin du projet.

_____

1. Voir les notions d'école logistique et de multidisciplinarité au chapitre 1.

2. Voir la notion d'impartition aux chapitres 5 et 11.

3. R.B. Chase, N.J. Aquilano et F.R. Jacobs, *Production and Operations Management : Manufacturing and Services*, New York, McGraw-Hill, 8e édition, p. 53-54.

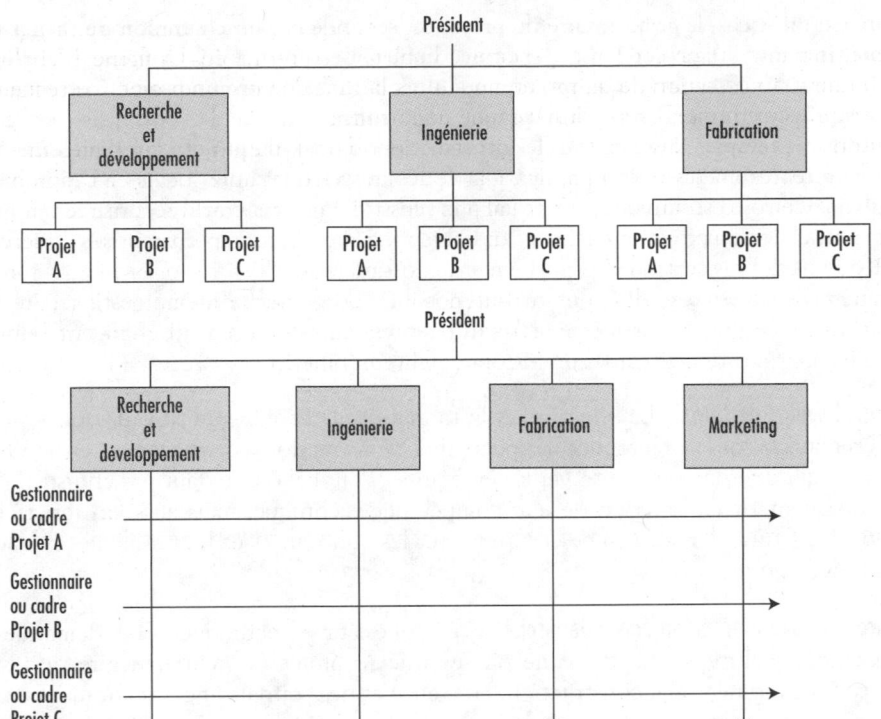

Développons brièvement chacune de ces étapes.

1. Choisir le projet à implanter. À cette étape, on doit déterminer sur quel projet travailler. On doit tenir compte des aspects politiques, économiques, sociaux, techniques et environnementaux (*voir l'approche PESTE au chapitre 1*). Encore une fois, la vision intégrale de cette approche est fortement suggérée.

2. Choisir le gestionnaire du projet. Sans être un spécialiste dans tous les domaines, le principal **gestionnaire du projet,** ou directeur du projet, doit avoir une formation multidisciplinaire et être capable de regrouper et d'apprécier des personnes, spécialistes ou pas, de différentes disciplines, et de travailler avec elles. Le gestionnaire du projet n'est pas nécessairement une personne choisie à l'intérieur de l'entreprise : elle peut provenir de l'extérieur et être embauchée pour la durée du projet. En effet, plusieurs entreprises font appel à des consultants, par exemple les bureaux de génie-conseil, pour jouer le rôle de coordonnateurs. Le gestionnaire de projet est responsable :

> **Gestionnaire de projet**
> Responsable ultime de l'atteinte des objectifs du projet.

a) de la réalisation des différentes tâches et activités du projet ;
b) des ressources humaines : leur sélection, leur bien-être et leur motivation ;
c) des communications et du transfert d'information d'un groupe à l'autre ;
d) du respect de la qualité promise ;
e) du respect des délais ;
f) du respect des budgets.

Parmi les défis habituels, on note celui de constituer une équipe de travail avec des gens de l'interne et de l'externe, et ce, pour toute la durée du projet. Les personnes choisies directement dans l'entreprise et provenant de services différents risquent d'apporter avec elles des problèmes issus d'anciens conflits interpersonnels ou de visions contradictoires. D'autre part, les personnes venant de l'extérieur créent d'autres types de conflits avec les gens de l'interne en raison de plusieurs facteurs : méconnaissance de la culture de l'entreprise, loyauté différente, hâte de terminer et de changer de projet, etc. De plus, le gestionnaire principal aura à surmonter le défi d'asseoir son autorité avec des personnes très différentes. Il devra compter sur ses capacités de persuasion et de conciliation et sur la coopération et le soutien de tous les intervenants. D'autres types de défis l'attendent : le respect de délais souvent mal définis au départ et des paramètres difficilement prévisibles (température, grève, fiabilité des fournisseurs, etc.). C'est une profession qui demande de doser judicieusement beaucoup de fermeté et de flexibilité : le choix du gestionnaire est donc important pour la réussite du projet.

17

Champion de projet (responsable interne du projet)

Responsable de la promotion et du parrainage du projet.

Dans certains cas, le gestionnaire du projet est secondé par un **champion de projet (responsable interne du projet[4])**. La personne, habituellement choisie à même l'entreprise contrairement au gestionnaire du projet, aura alors la tâche de promouvoir et de soutenir le projet jusqu'à son terme. Par sa connaissance de la culture interne de l'entreprise, cette personne informera le personnel de tous les niveaux des objectifs du projet, de l'avancement des travaux, du recrutement et de l'implication de ressources humaines locales à des moments particuliers. Ce rôle est souvent primordial à la réussite du projet, car il sécurise le personnel sur la raison d'être du projet et l'atteinte des objectifs. Dans certaines entreprises de services, ils sont parfois définis comme les « porteurs » du dossier.

Finalement, il est conseillé, autant que possible, de garder le même gestionnaire pour toute la durée du projet, car même si les différentes équipes de travail changent selon les besoins, il est primordial de garder un fil conducteur, un pilier.

3. Choisir l'équipe de travail. La sélection et la formation de l'équipe de travail sont deux éléments cruciaux. On doit regrouper des personnes de formations, de croyances et de visions différentes, qui devront ensuite travailler en équipe. Pour cela, il ne faut pas choisir les personnes uniquement en fonction de leur compétence technique, mais aussi en fonction de leur capacité à travailler en équipe et à respecter les contraintes et les problèmes des autres membres de l'équipe.

4. Concevoir, planifier et organiser le projet. C'est une étape technique. Elle demande des connaissances techniques du domaine où se situe le projet (secteur bancaire, industries aérospatiale et biomédicale, construction, arts, etc.) et des connaissances techniques en gestion de projets. En gros, il faut :

a) déterminer toutes les activités nécessaires à l'atteinte de l'objectif ultime du projet ;

b) déterminer les activités préalables à chaque activité ;

c) estimer la durée de chacune de ces activités et la probabilité de les réaliser à temps ;

d) estimer les budgets rattachés aux activités ;

e) affecter les ressources pertinentes (humaines et matérielles) aux activités ;

f) au besoin, cibler et utiliser le bon système d'information administratif (SIA), informatisé ou non.

5. Diriger et contrôler le projet. C'est aussi une étape technique. Il faut suivre l'évolution des activités planifiées précédemment, tout au long de leur réalisation, pour s'assurer du respect des plans. Il faut savoir quand faire le suivi et à quelle fréquence, de façon à pouvoir apporter les correctifs à temps.

6. Décider du moment de la fin du projet. Parfois, il est préférable d'arrêter un projet en marche plutôt que de continuer d'investir efforts, temps et argent dans un projet dont l'issue paraît compromise. On met alors l'accent sur la probabilité d'atteindre les objectifs définis initialement.

FIGURE 17.3

Le triangle de la gestion de projets

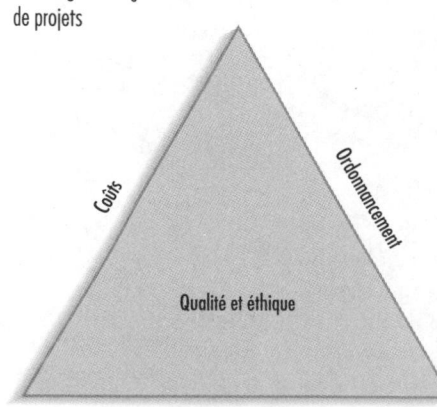

Coûts

Ordonnancement

Qualité et éthique

Objectifs de performance

17.2.3 Le triangle de la gestion de projets

Nous voyons que la gestion de projet doit respecter des durées, des coûts et des objectifs de performance, ce qui peut se résumer dans ce qu'on appelle le « triangle de la gestion de projet » (*voir la figure 17.3*).

Il est souvent tentant de minimiser les coûts du projet en temps et en argent, ou de retenir des informations cruciales, pour le faire approuver. Des témoignages de faux rapports, de qualité déficiente des travaux, de sous-traitants incompétents mais peu chers, pouvant compromettre la sécurité des usagers ont été relevés. Il est de la responsabilité des gestionnaires de projets de s'assurer de l'éthique et du respect des travaux. Ces gestionnaires doivent prêcher par l'exemple auprès de tous les acteurs du projet. Sur le site du PMI (Institut de gestion de projet – Project Management Institute), on trouvera une multitude d'informations concernant la gestion

4. Voir le chapitre 9, sous-section 9.10.3, *Les programmes six sigma*.

de projet et l'éthique. Le PMI offre une formation et une certification sur la gestion de projet reconnue universellement, du type gestion de la qualité ISO 9001. Il existe deux niveaux de **certification PMI** :

- Associé en gestion de projet – Le détenteur du titre doit avoir suivi une formation particulière, soutenue par l'expérience pertinente et avoir adhéré à un code de conduite établi.
- Professionnel en gestion de projet – Le titulaire doit avoir démontré son engagement dans le domaine et avoir rempli les exigences d'une formation continue selon les normes du PMI.

www.pmi.org

Certification PMI

Formation professionnelle offerte par l'Institut de la gestion de projet (PMI), certifiée par des examens reconnus universellement.

17.2.4 Les avantages et les inconvénients du travail en contexte de gestion de projets

Les inconvénients majeurs de travailler dans un contexte de gestion de projet sont principalement d'ordre humain. En effet, pour former l'équipe interne de l'entreprise, on choisit évidemment les personnes ayant les meilleures qualités techniques et humaines. Or, il n'est pas rare d'essuyer des refus, soit de la part de leur supérieur immédiat, qui refuse de perdre ses meilleurs éléments, soit de la part des employés eux-mêmes, qui ne veulent pas laisser un travail qu'ils apprécient ou qui craignent d'avoir à relever de deux patrons – l'actuel et le gestionnaire principal du projet. Si le projet est trop long, impopulaire ou s'il se solde par un échec, les employés ont peur d'être rejetés à leur retour, situation qui arrive souvent. Au moment de la dissolution de l'équipe, il n'est pas rare de voir ces personnes vivre comme des naufragés dans l'entreprise en attendant de réintégrer leurs anciennes fonctions ou de participer à un nouveau projet.

Malgré ces dangers, la gestion de projets a un attrait certain pour les personnes recherchant les défis, ayant l'esprit d'innovation et désirant évoluer dans un environnement dynamique, loin des tâches et des responsabilités répétitives. Les personnes qui recherchent ces situations aiment travailler sous pression, faire face à l'imprévu et trouver des solutions inédites. L'occasion de faire de nouvelles rencontres, l'accroissement des connaissances et la satisfaction face à la réussite du projet sont d'autres raisons qui attirent ces pionniers.

17.3 La segmentation d'un projet

Quels que soient le type et le secteur industriel d'un projet, celui-ci est constitué d'un ensemble de tâches et d'activités dont les durées et l'importance varient grandement. Il revient aux gestionnaires de segmenter le projet en différentes activités, parfois même en projets de plus petite taille, et de les regrouper ensuite par ordre d'importance du point de vue économique, technique ou temporel. Il en résulte un **organigramme des tâches** (*work breakdown structure*), appelé aussi la **SDP (structure du découpage du projet)**. La figure 17.4 illustre schématiquement un organigramme des tâches d'un projet.

Organigramme des tâches ou SDP (structure du découpage du projet)

Décomposition structurelle de l'ensemble d'un projet en tâches ou en activités selon le principe hiérarchique à plusieurs niveaux.

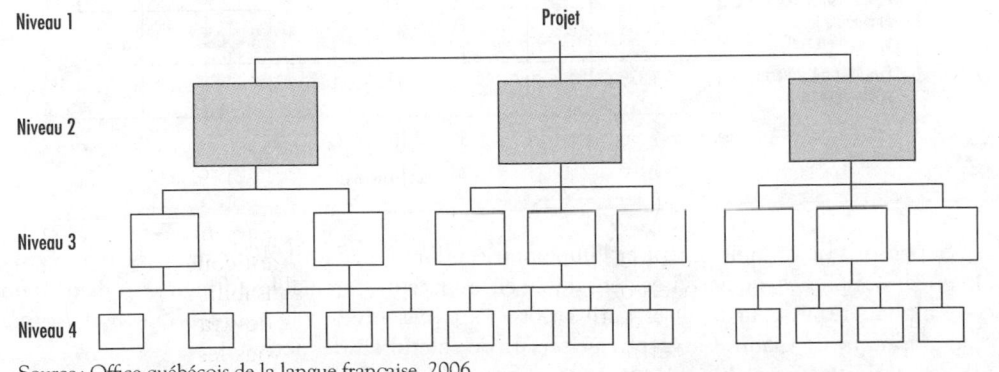

Source : Office québécois de la langue française, 2006.

◀ **FIGURE 17.4**

Organigramme des tâches

Construire la structure d'un organigramme des tâches consiste à déterminer les activités majeures nécessaires pour atteindre l'objectif ultime, à savoir la raison d'être du projet, qui correspond au niveau 1 (*voir la figure 17.4*). Ces activités sont représentées en fonction de leur durée et des ressources nécessaires pour les réaliser : elles auront à peu près le même ordre de grandeur. Dans le cas de gros projets, par exemple celui de la baie James, la construction de l'aéroport de LG2 et la construction de la route permettant aux gros camions de joindre la baie James étaient deux activités de niveau 1 ; il y en avait d'autres de même envergure. Chacune de ces activités était segmentée à son tour en d'autres activités de niveau inférieur, soit de niveau 2, et ainsi de suite. En réalité, les activités de niveau 1, 2, etc. peuvent être traitées comme des miniprojets nécessaires pour la réalisation du projet principal.

L'importance d'une bonne structure augmente avec la taille du projet et le temps prévu pour le terminer. C'est une étape très longue et fastidieuse à cause de l'incertitude rattachée aux grands projets. Souvent, elle prend plus de temps à établir que la planification elle-même. Par contre, elle est primordiale pour rappeler aux gestionnaires le but ultime de l'ensemble de l'ouvrage. Dans le cas du projet de la baie James, la route n'a pas été construite uniquement pour le plaisir, mais pour acheminer les machines et le matériel nécessaires à la construction de la digue, laquelle allait ensuite produire de l'électricité.

17.4 La planification et l'ordonnancement par les graphiques : application dans les services

Une façon simple, efficace et très populaire de planifier, d'organiser et de suivre les projets est l'utilisation de graphiques pour établir le calendrier des activités. Deux types de graphiques sont très utilisés :
- le graphique de Gantt ;
- le diagramme des priorités.

17.4.1 Le graphique de Gantt

Le **graphique de Gantt** a déjà été présenté au chapitre 16. Nous illustrons ici son application dans le contexte d'une gestion de projet dans le secteur des services (*voir la figure 17.5*).

FIGURE 17.5 ▸

Aménagement d'une succursale bancaire selon un graphique de Gantt

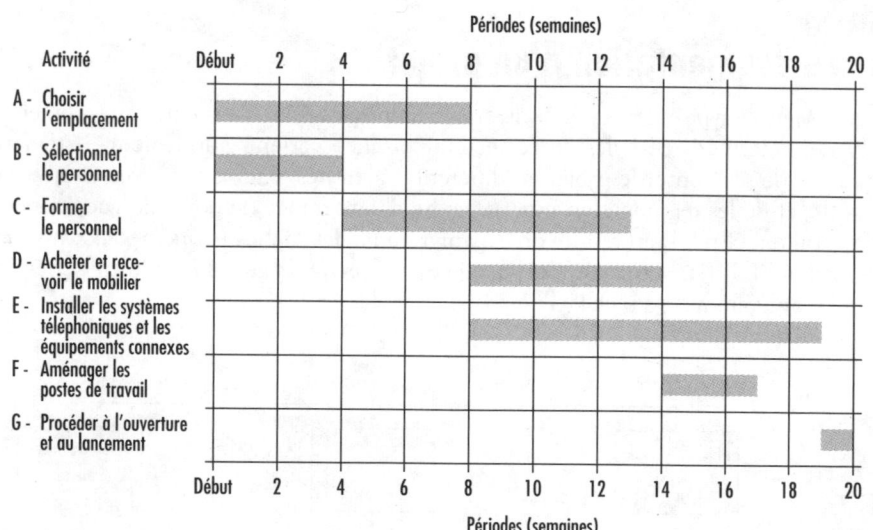

Supposons qu'on doit organiser l'implantation d'une succursale bancaire dans une région éloignée. Les tâches, ou activités, leur durée et les activités préalables, désignées à l'aide d'un code alphabétique pour faciliter l'utilisation, sont présentées à la figure 17.5 sous la forme d'un graphique de Gantt. Ce graphique servira de calendrier des activités.

Par **activités préalables,** on entend celles qui doivent être nécessairement terminées avant qu'on puisse commencer l'activité suivante.

L'avantage du graphique de Gantt est sa simplicité de rédaction et le fait qu'il est présenté sous forme visuelle. La durée des activités ainsi que leurs dates de début et de fin sont clairement définies, le projet se terminant après 20 semaines de travail. Par contre, on ne voit

17

Activité préalable

Activité qui doit être nécessairement terminée pour permettre le début de l'activité suivante.

pas l'interdépendance des différentes activités. Par exemple, qu'arrivera-t-il à l'ensemble du projet si, par hasard, le mobilier est livré en retard ? De plus, dans le cas de gros projets, si le personnel qui gère le dossier a été remplacé, il devient difficile de suivre l'évolution et les interdépendances des activités, d'où l'intérêt du diagramme des précédences.

17.4.2 Le diagramme des précédences

Le **diagramme des précédences**[5] découle directement du graphique de Gantt, mais il illustre en plus le lien existant entre les différentes activités. Dans le graphique ci-dessous, on l'applique au cas de la succursale bancaire avec jalonnement ou **ordonnancement aval** (*voir le chapitre 16*), c'est-à-dire que l'on commence chaque activité au plus tôt et qu'on avance dans le temps pour déterminer la fin au plus tôt.

Dans le diagramme, on voit que les activités A, E et G sont intimement liées et qu'un retard dans l'une d'entre elles entraîne le retard de l'activité qui la suit. Il en va de même pour la chaîne d'activités B et C. De plus, si la chaîne A, E et G, qui est aussi la plus longue en ce qui concerne le temps, subit un retard quelconque, c'est la date de la fin du projet qui est remise en question. Cette suite d'activités s'appelle le **chemin critique** et les activités qui s'y trouvent, pour lesquelles on ne peut se permettre un retard quelconque sans compromettre la date de la fin du projet dans son ensemble, sont des **activités critiques.**

Chemin critique

Suite d'activités interdépendantes dont la somme des durées est la plus longue.

Activités critiques

Activités se trouvant dans le chemin critique.

Périodes (semaines)

```
Début   2    4    6    8   10   12   14   16   18   20
                              D         F
        A                          E              G
        B        C
```

◄**FIGURE 17.6**

Diagramme des précédences pour le projet d'aménagement de la succursale bancaire (ordonnancement aval)

La chaîne formée par les activités B et C doit être prête pour l'activité G, qui débute à la 19e période. La lecture du diagramme des précédences (*voir la figure 17.6*) nous indique que cette chaîne (B et C) dispose d'une **marge totale** de six périodes. Cela veut dire que l'une ou l'autre de ces deux activités peut être retardée de six périodes ou moins sans modifier la date finale du projet. Par exemple, si B est retardée de deux périodes, le projet n'est pas touché, mais le début de C est retardé et sa marge totale sera réduite d'autant : il faudra prendre des mesures en conséquence. On dira que B n'a pas de **marge libre.** Il en va de même pour les activités D et F, qui peuvent être retardées de deux périodes sans déranger la date finale du projet. Nous verrons à la sous-section 17.6.2 comment calculer les marges totales et les marges libres.

Marge totale

Marge dont dispose une activité ou une suite d'activités sans compromettre la date finale du projet.

Marge libre

Marge dont dispose une activité sans compromettre le début de cette activité ou des activités qui la suivent.

Finalement, les gestionnaires pourraient décider de fonctionner en jalonnement ou **ordonnancement amont** (*voir le chapitre 16*). On commencera alors les activités au plus tard selon les données fournies dans la figure 17.7. L'avantage, dans ce cas, est que l'achat, la réception et l'installation du mobilier (D et F), etc. se feront au plus tard selon les données indiquées dans la figure 17.7, de sorte qu'on n'aura pas de problème pour les entreposer. Par contre, des précautions et un suivi très serré des échéanciers s'imposent, et le jugement et l'expérience des gestionnaires deviennent alors un atout majeur.

◄**FIGURE 17.7**

Diagramme des précédences pour le projet d'aménagement de la succursale bancaire (ordonnancement amont)

17

Périodes (semaines)

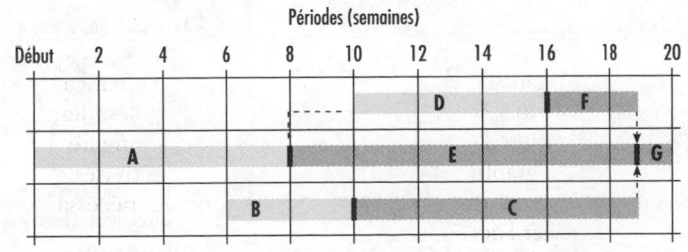

```
Début   2    4    6    8   10   12   14   16   18   20
                              D         F
        A                          E              G
                  B                  C
```

5. Voir C. Benedetti, *Introduction à la gestion des opérations*, 3e édition, Laval, Éditions Études Vivantes, 1991, p. 172 et suivantes.

Malgré les avantages du diagramme des précédences sur le graphique de Gantt, il comporte un inconvénient majeur, à savoir l'obligation de le tracer à l'échelle : le graphique est immense dans le cas d'un projet de grande envergure. C'est pourquoi on a développé l'approche réseau et les techniques PERT et CPM.

17.5 Le PERT et la CPM

Ces deux méthodes, le _program evaluation and review technique_ (PERT) et le _critical path method_ (CPM), ont été développées de façon indépendante au début des années 1950. Elles permettent la planification et le suivi des projets de grande envergure. Toutes les deux sont basées sur la détermination du chemin critique, d'où leur appellation **méthodes du chemin critique.** Elles permettent au gestionnaire de :

1. tracer graphiquement le réseau reliant les activités du projet, et ce, sans avoir à respecter l'échelle du temps ;
2. évaluer la durée totale du projet ;
3. déterminer le chemin critique et les activités critiques ;
4. calculer des marges disponibles par activité.

Un autre avantage important est que la forme du réseau est indépendante de la durée des activités. Cet avantage s'avérera très précieux lors du suivi du projet, surtout quand les durées initialement prévues ne seront pas respectées, comme on le verra plus loin.

Le PERT a été utilisé pour la première fois par la compagnie aérospatiale Lockheed, la marine américaine et le bureau de génie-conseil Booz, Allen et Hamilton pour gérer le développement du projet de missile balistique Polaris en pleine guerre froide. Il fallait alors coordonner plus de 3 000 sous-traitants et des milliers d'activités en gardant le tout secret. La CPM, quant à elle, est une méthode qui a été conçue par J.E. Kelly de la Remington Rand Corp. et M.R. Walker de la compagnie DuPont pour gérer les activités d'entretien et de maintenance des grandes usines de produits chimiques. La différence majeure entre les deux est qu'au début, le PERT tenait compte de la dimension probabiliste, tandis que la CPM était plutôt déterministe. Aujourd'hui, il n'existe plus de différence entre ces deux méthodes et elles sont souvent confondues.

17.5.1 Le traçage du réseau : représentation vectorielle

La caractéristique principale du CPM/PERT est le traçage du réseau. Le réseau est une suite d'activités placées l'une après l'autre suivant un ordre d'exécution. Il existe deux façons de représenter le réseau : la **représentation nodale** et la **représentation vectorielle.** Dans la représentation nodale, les activités sont représentées sur les nœuds, les flèches (ou vecteurs) servant à illustrer les liens entre les activités. Bien que certains adoptent la représentation nodale, nous privilégierons la représentation vectorielle. La représentation nodale sera analysée à la section 17.7.

Revenons au projet de création de la succursale bancaire. Sa représentation vectorielle est illustrée ci-dessous.

Représentation nodale

Les activités sont présentées dans les cercles.

Représentation vectorielle

Les activités sont présentées sur les flèches reliant les étapes.

FIGURE 17.8 ▶

Représentation vectorielle

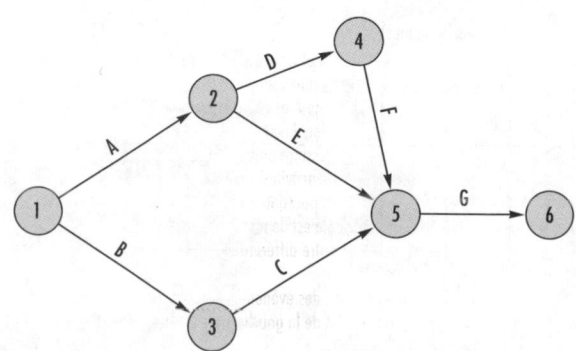

A - Choisir l'emplacement

B - Sélectionner le personnel

C - Former le personnel

D - Acheter et recevoir le mobilier

E - Installer les systèmes téléphoniques et les équipements connexes

F - Aménager les postes de travail

G - Procéder à l'ouverture et au lancement

17

Dans la représentation vectorielle, chaque activité est symbolisée par une flèche, appelée aussi « vecteur ». L'activité débute par un **événement** appelé « étape du début » et se termine par un événement appelé « étape de la fin ». Ainsi, l'activité « choisir l'emplacement » débute à l'événement « 1 » et se termine à l'événement « 2 » ; l'activité « installer les systèmes téléphoniques et les équipements connexes » débute à l'événement « 2 » et se termine à l'événement « 5 », et ainsi de suite. De plus, l'activité qu'on a codifiée par « A » aurait pu être représentée par « 1-2 ». Les chemins possibles de ce réseau sont les suivants :

A-D-F-G ou bien 1-2-4-5-6,

A-E-G ou bien 1-2-5-6,

B-C-G ou bien 1-3-5-6.

En additionnant la durée des activités de chaque chemin, on trouve le chemin critique, soit celui dont la somme est la plus longue, et les autres activités disposeront de marges totales. Ainsi, A-D-F-G prend 18 semaines, A-E-G prend 20 semaines et B-C-G prend 14 semaines. A-E-G est le chemin critique ; A-D-F-G et B-C-G disposent respectivement de marges totales de deux et de six semaines. Toute tentative pour réduire la durée du projet doit passer par la réduction de la durée d'une ou de plusieurs activités du chemin critique.

17.5.2 Les conventions du réseau

Nous présentons ci-dessous quelques règles de base à respecter pour simplifier le traçage du réseau. La figure 17.9 illustre et compare la représentation vectorielle et son vis-à-vis, la représentation nodale.

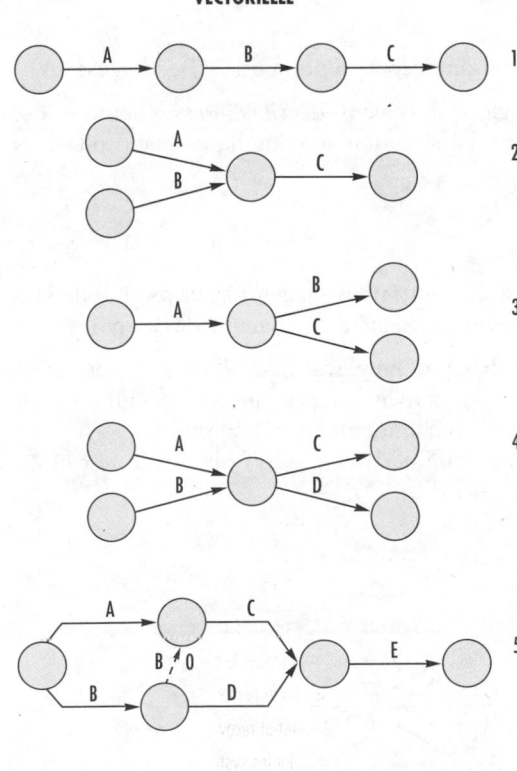

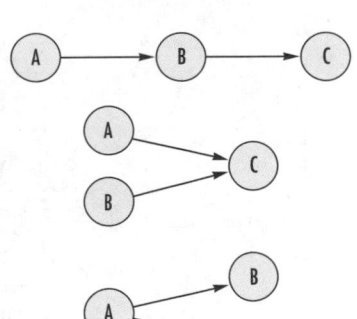

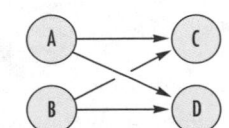

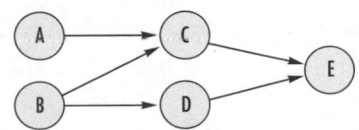

REPRÉSENTATION VECTORIELLE

SITUATION

REPRÉSENTATION NODALE

1. Si l'activité A est suivie par B, et B par C, le réseau sera :

2. Si les activités A et B peuvent avoir lieu simultanément et si les deux doivent précéder C, alors :

3. Si l'activité A est préalable à B et à C, alors :

4. Dans le cas d'activités multiples, si A et B peuvent être faites simultanément et qu'elles sont toutes deux suivies par C et D, alors :

   On remarque le chevauchement des vecteurs dans la représentation nodale.

5. Si les activités A et B sont indépendantes et peuvent être faites simultanément, que C a besoin de A et de B, et que D exige seulement B, alors la création d'une **activité fictive** est nécessaire pour la représentation vectorielle. Une activité fictive n'existe pas en réalité, c'est pourquoi sa durée est fixée à « 0 » ; son rôle est de montrer le lien d'antériorité entre différentes activités.

6. L'identification des événements se fait par ordre croissant de la gauche vers la droite.

17

17.6 La planification de projets en situation déterministe

Jusqu'à présent, nous avons vu comment tracer le réseau d'un projet et comment déterminer sa durée totale. Dans cette section, nous présentons les **projets en situation déterministe**, soit la planification des projets et l'évaluation de la durée de chacune des activités avec ses marges selon l'approche déterministe. Nous verrons la dimension probabiliste de la durée d'un projet à la section 17.8.

Selon l'approche déterministe, les durées sont considérées comme étant exactes. Le calcul des différents chemins, de leur marge, de leur début et de leur fin peut se faire de façon intuitive quand les projets sont petits, mais se complique rapidement dès que le nombre d'activités augmente. Nous avons développé un algorithme pour assister le gestionnaire dans ces calculs. Commençons par expliquer certaines abréviations :

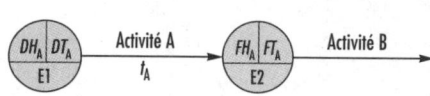

DH (début hâtif) : le début au plus tôt où l'activité peut commencer ;

FH (fin hâtive) : la fin au plus tôt où l'activité se termine ;

DT (début tardif) : le moment au plus tard où l'on doit commencer l'activité ;

FT (fin tardive) : le moment au plus tard où l'on termine l'activité.

La convention suivante sera utilisée pour désigner les **temps au plus tôt (hâtifs)** et les **temps au plus tard (tardifs)** des activités du réseau :

où

A = activité A

B = activité B qui suit l'activité A

t_A = durée de l'activité A

DH_A = début au plus tôt de l'activité A

FH_A = fin au plus tôt de l'activité A = début au plus tôt de l'activité B (DH_B)

$\quad FH_A$ se calcule par : $DH_A + t_A$ (c'est-à-dire début au plus tôt de A + durée de A)

DT_B = début au plus tard de l'activité B = fin au plus tard de l'activité A (FT_A)

DT_A = début au plus tard de l'activité A

E_i = Événement ou étape i

$\quad DT_A$ se calcule par : $DT_B - t_A$ (c'est-à-dire début au plus tard de B – durée de A).

Il est primordial de suivre l'ordre chronologique des calculs décrits ci-dessus pour évaluer les temps au plus tôt et les temps au plus tard. La situation se complique quand plusieurs activités se croisent.

17.6.1 L'algorithme du réseau

Dans le cas d'un réseau où plusieurs activités se croisent, nous suggérons l'utilisation de l'algorithme du réseau[6] suivant pour le calcul du début et de la fin de chacune des activités.

1. Calcul des temps au plus tôt (début et fin hâtifs). En partant du début du réseau, additionner les durées des activités qui se suivent en ne tenant compte que des possibilités dont les valeurs sont maximales. C'est la marche avant ou jalonnement aval du projet.

En appliquant ce principe au projet de la succursale bancaire, on obtient le réseau ci-dessous. Notez la situation à l'événement ou étape 5 (E5).

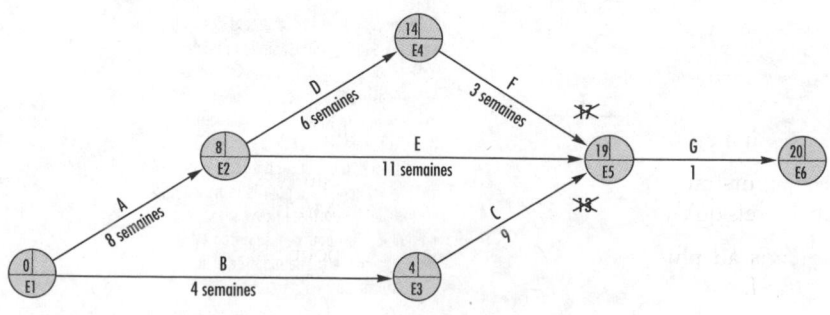

6. Voir C. Benedetti, *Introduction à la gestion des opérations*, 3ᵉ édition, Laval, Éditions Études Vivantes, 1991, p. 178.

2. Calcul des temps au plus tard (début et fin tardifs). En partant de la fin du réseau, soustraire les durées des activités qui se suivent en ne tenant compte que des possibilités dont les valeurs sont minimales. C'est la marche arrière ou jalonnement amont du projet.

En appliquant ce principe au projet de la succursale bancaire, on obtient le réseau ci-dessous. Notez la situation aux événements ou étapes E2 et E1.

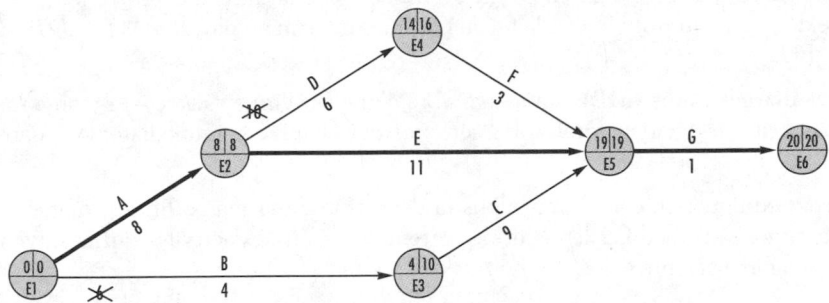

Analysons les informations apparaissant sur le réseau. Les activités A-E-G constituant la suite la plus longue en ce qui concerne le temps, elles représentent les activités du chemin critique. Les étapes du chemin critique (E1, E2, E5, E6) affichent des temps hâtifs et tardifs identiques : elles n'ont donc pas de marge disponible et aucun retard n'est toléré. Dans certains cas, il arrive que le client consente à une date de fin du projet ultérieure à celle qui a été fixée. Par exemple, le client peut souhaiter que ce projet se termine à la 23e période. On commencera alors la marche arrière à l'étape E6 avec une fin tardive (FT_G) pour l'activité G de 23, puis on appliquera textuellement la 2e étape de l'algorithme ci-dessus (*voir la figure suivante*).

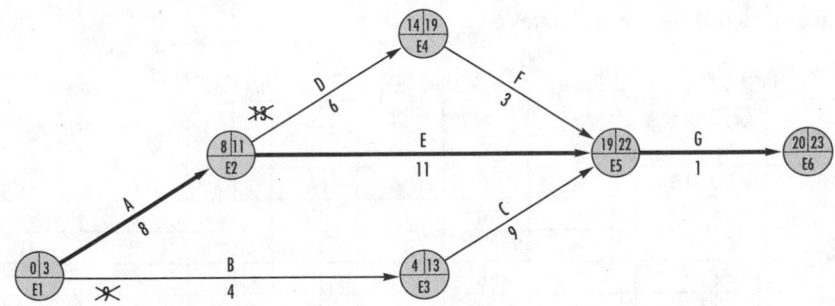

On voit que le chemin le plus long demeure le même, mais que les activités du chemin critique disposent maintenant d'une marge de trois périodes. Mais qu'arrive-t-il aux autres activités ? Quelles sont les marges totales et libres dont elles disposent ? Quels sont leur début et leur fin au plus tôt ? Par exemple, quelle est la fin au plus tôt de F ? Pour répondre de façon déterministe et précise à toutes ces questions, on suggère d'établir un programme ou un calendrier des activités.

17.6.2 L'algorithme du programme du projet

Nous procédons ici à la présentation d'un algorithme du programme du projet[7] qui permet de déterminer, pour chacune des activités ou des opérations d'un projet, le début et la fin, au plus tôt et au plus tard, ainsi que leurs marges totale et libre. Le résultat est présenté sous forme de tableau, d'où le nom de « programme des activités » ou « calendrier d'opérations », selon le secteur d'activité où il est utilisé.

1. Calcul des débuts au plus tôt (DH). Inscrire au tableau du programme des activités les débuts au plus tôt tels qu'ils apparaissent dans le réseau CPM/PERT.

2. Calcul des fins au plus tôt (FH). Dans le tableau, pour chaque activité, additionner : $DH + Durée = FH$.

---

7. Voir C. Benedetti, *Introduction à la gestion des opérations*, 3e édition, Laval, Éditions Études vivantes, 1991, p. 180.

3. Calcul des fins au plus tard (FT). Inscrire au tableau les fins au plus tard telles qu'elles apparaissent dans le réseau CPM/PERT.

4. Calcul des débuts au plus tard (DT). Dans le tableau, pour chaque activité, soustraire : $FT - \text{Durée} = DT$.

5. Calcul des marges totales (MT). La marge totale égale la différence entre le début au plus tard et le début au plus tôt ou bien la fin au plus tard et la fin au plus tôt : $MT = DT - DH$ ou bien $FT - FH$.

6. Calcul des marges libres (ML). La marge libre d'une activité est égale à sa marge totale moins la plus petite des marges totales des activités qui la suivent immédiatement dans le réseau.

Pour mieux expliquer ce calcul, rappelons la définition de la marge libre : «marge dont dispose une activité sans modifier le début de cette activité ou des activités qui la suivent». Considérons la figure suivante :

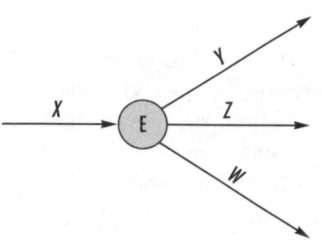

Le calcul de la marge libre de X se fait par :
Marge libre de X = Marge totale de X – La plus petite des marges totales entre Y, Z ou W

$$ML_X = MT_X - \min(MT_Y; MT_Z; MT_W) \qquad (17\text{-}1)$$

La marge libre d'une activité peut être plus petite ou égale à sa marge totale, mais jamais supérieure :

$$ML_X \leq MT_X \qquad (17\text{-}2)$$

Cet algorithme peut s'informatiser facilement. En l'appliquant au projet de la succursale bancaire, en situation normale, on obtient les données du tableau 17.1, les activités du chemin critique étant identifiées par les lettres cc.

TABLEAU 17.1

Programme d'activités de la succursale bancaire (situation normale)

	Activité		Durée	Début		Fin		Marge	
	Code	Événement	(semaines)	DH	DT	FH	FT	Totale	Libre
cc	A	E1 – E2	8	0	0	8	8	0	0
	B	E1 – E3	4	0	6	4	10	6	0
	C	E3 – E5	9	4	10	13	19	6	6
	D	E2 – E4	6	8	10	14	16	2	0
cc	E	E2 – E5	11	8	8	19	19	0	0
	F	E4 – E5	3	14	16	17	19	2	2
cc	G	E5 – E6	1	19	19	20	20	0	0

Les activités du chemin critique (cc), à l'exception de la dernière, auront toujours des marges libres égales à 0 et les marges totales les plus petites du projet, comme le montre le tableau 17.1.

Exemple 1

On vous demande d'établir le programme des activités pour l'implantation de la succursale bancaire en sachant que le client désire la fin du projet à la 23e semaine.

Solution

En utilisant un micro-ordinateur, on peut programmer le calendrier des opérations illustré au tableau 17.2.

Notez que seule la dernière activité du chemin critique possède une marge libre.

TABLEAU 17.2

Calendrier des opérations avec marge sur le chemin critique

	Activité		Durée	Début		Fin		Marge	
	Code	Événement	(semaines)	DH	DT	FH	FT	Totale	Libre
cc	A	E1 – E2	8	0	3	8	11	3	0
	B	E1 – E3	4	0	9	4	13	9	0
	C	E3 – E5	9	4	13	13	22	9	6
	D	E2 – E4	6	8	13	14	19	5	0
cc	E	E2 – E5	11	8	11	19	22	3	0
	F	E4 – E5	3	14	19	17	22	5	2
cc	G	E5 – E6	1	19	22	20	23	3	3

17

17.7 La représentation nodale

Tel qu'il a été mentionné à la section 17.5, certains gestionnaires et certains logiciels préfèrent utiliser la représentation nodale pour tracer le réseau CPM plutôt que l'approche vectorielle. Dans la représentation nodale, les activités sont placées sur les nœuds, et les vecteurs ou arcs servent à illustrer les liens entre les activités. En appliquant ce principe à l'exemple de la succursale bancaire (*voir la sous-section 17.4.1*), on obtient le réseau de la figure 17.10, qu'il est possible de comparer à la représentation vectorielle de la figure 17.9, à la page 665.

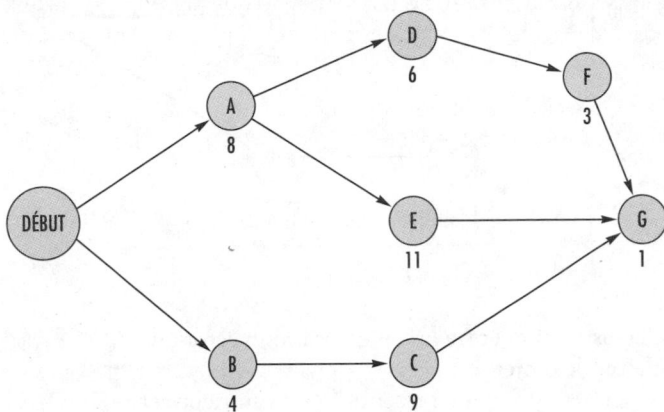

◀ **FIGURE 17.10**

Représentation nodale

Pour ce qui est de la représentation et de la notation des débuts et des fins au plus tôt et au plus tard de chaque activité, on suggère la convention suivante :

DH   *FH*   où DH = début hâtif ou au plus tôt

| Activité |
| X |
| Durée |

                FH = fin hâtive ou au plus tôt
                DT = début tardif ou au plus tard
                FT = fin tardive ou au plus tard

DT   *FT*

En appliquant l'algorithme pour la marche avant ou jalonnement aval, on obtient les débuts et fins hâtifs (DH et FH) représentés à la figure 17.11.

En appliquant l'algorithme pour la marche arrière ou jalonnement amont, on obtient les débuts et fins tardifs (DT et FT) représentés à la figure 17.12.

Les marges totales (MT) et les marges libres (ML) de chaque activité se calculent de la même façon que dans le cas de la représentation vectorielle, soit :

$$MT = DT - DH = FT - FH. \qquad (17\text{-}3)$$

La marge libre (ML) d'une activité est égale à sa marge totale moins la plus petite des marges totales des activités qui la suivent immédiatement dans le réseau.

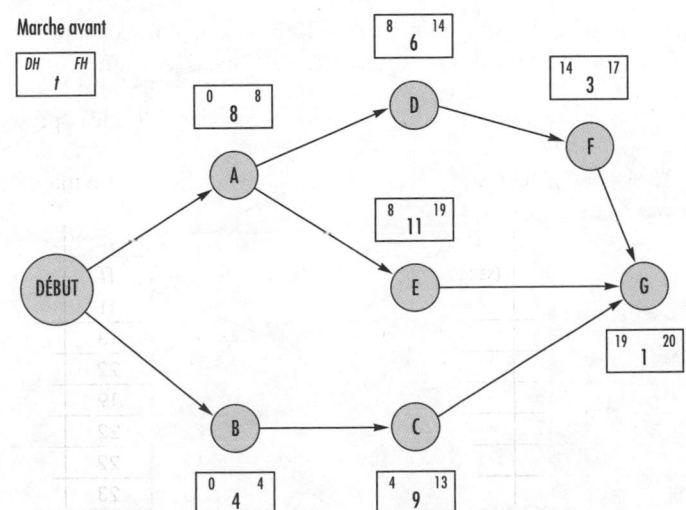

◀ **FIGURE 17.11**

Marche avant ou jalonnement aval

17

FIGURE 17.12 ▸

Marche arrière ou
jalonnement amont

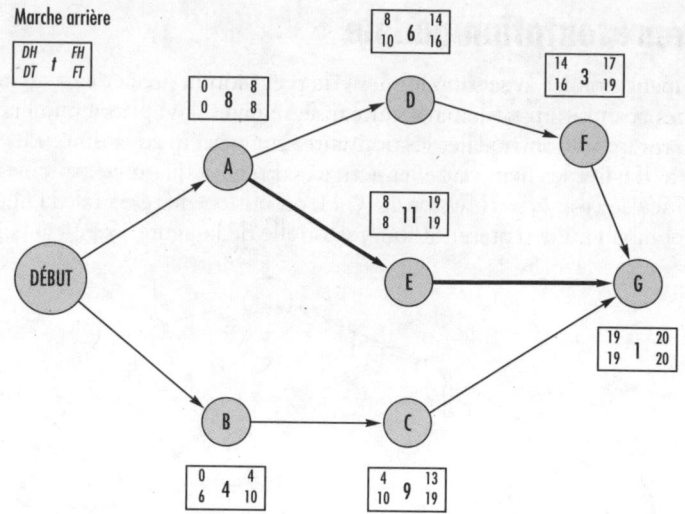

Pour illustrer la distinction entre la représentation vectorielle et modale, considérons le projet suivant :

Le réseau de ce projet selon les représentations vectorielles et nodale apparaît à la figure 17.13.

On voit que l'avantage principal de la représentation nodale est l'absence d'activité fictive. Par contre, le nombre de flèches augmente rapidement, et il n'est pas rare de les voir s'entrecroiser. Le choix de l'une ou l'autre de ces représentations est purement subjectif.

Activité	Suivie de
A	C
B	D, E
C	F
D	G
E	G
F	Fin
G	Fin

FIGURE 17.13 ▸

A. Représentation vectorielle

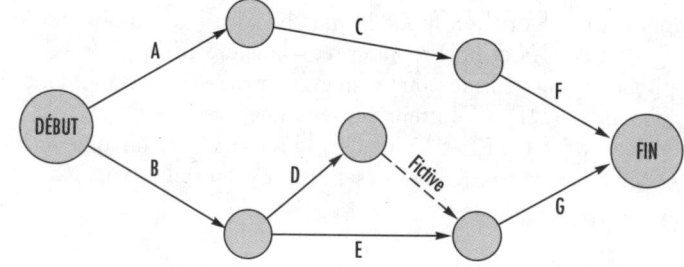

B. Représentation nodale

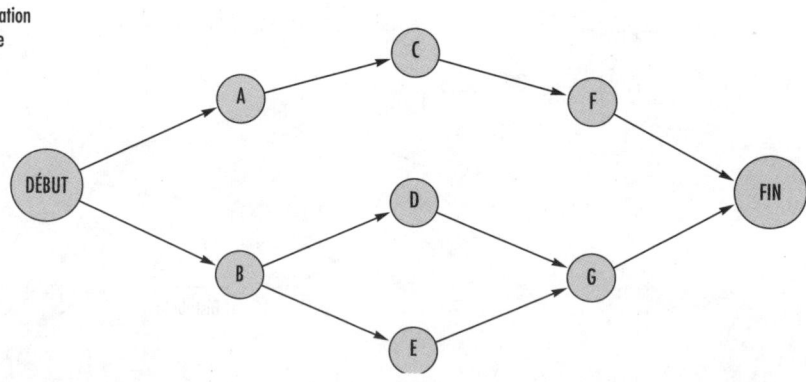

17.8 Les réseaux probabilistes

Souvent, on ne peut estimer avec suffisamment de précision la durée des activités d'un projet, surtout quand ces activités n'ont jamais été réalisées auparavant ou bien quand trop de phénomènes aléatoires interviennent. Les gestionnaires estiment alors la durée des activités en se basant sur leurs connaissances et sur l'expérience acquise par d'autres groupes dans des situations à peu près similaires, d'où la naissance d'une profession : estimateur de projets. Le projet doit tenir compte de la dimension probabiliste, d'où le développement du PERT (*program evaluation and review technique*, décrit à la section 17.5). Ainsi, chaque activité sera définie par trois estimations de temps :

a_i = **temps optimiste,** soit le meilleur temps pris pour réaliser l'activité « i » dans des conditions optimales ;

m_i = **temps le plus probable,** soit le temps que l'activité « i » prend en situation normale ;

b_i = **temps pessimiste,** le temps le plus long pour réaliser l'activité « i » dans des conditions difficiles.

Habituellement, la fonction de distribution statistique bêta est la plus utilisée dans le cas d'un **projet en situation probabiliste.** Les avantages de la distribution bêta par rapport à la distribution normale sont qu'elle peut être aussi bien asymétrique à droite ou à gauche que symétrique, et qu'en plus, elle est unimodale (*voir la figure 17.14*). La moyenne et l'écart type de chaque activité sont facilement calculés :

Temps moyen de l'activité i = t_i

$$t_i = \frac{a_i + 4m_i + b_i}{6} \tag{17-4}$$

Variance de l'activité i = $(\sigma_i)^2$

$$\sigma_i^2 = \left[\frac{(b_i - a_i)}{6} \right]^2 = \frac{(b_i - a_i)^2}{36} \tag{17-5}$$

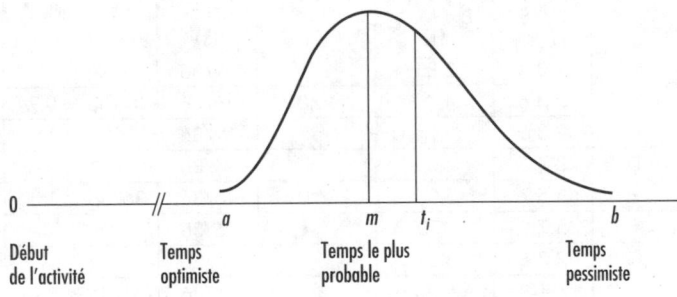

◀**FIGURE 17.14**

Estimation probabiliste du temps par la distribution bêta

Bien que les activités suivent une distribution bêta, le chemin critique, formé par une suite d'activités, respecte une distribution normale (*voir la figure 17.15*).

▾**FIGURE 17.15**

Fonction probabiliste de la distribution des durées des activités et celle de la durée du chemin critique

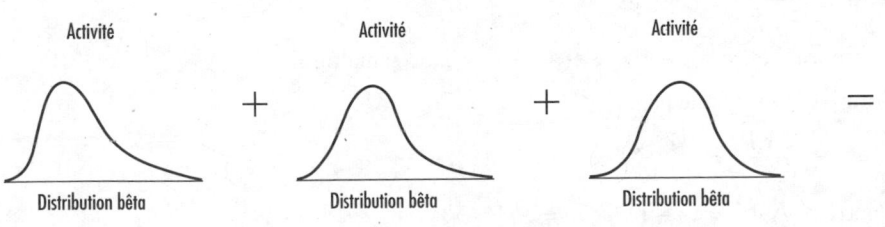

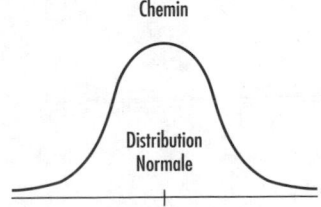

Exemple 2

La durée du chemin critique est:

Σ temps moyens des activités du chemin critique.

L'écart type du chemin critique ou σ_{cc} est:

$$\sigma_{cc} = \sqrt{\Sigma \text{ (Variances des activités du chemin critique)}}$$ (17-6)

L'exemple ci-dessous illustre le calcul de ces paramètres et leur utilité pour un projet évoluant dans un environnement probabiliste.

Exemple 3

Soit les activités d'un projet dont les temps en semaines apparaissent sur le réseau suivant:

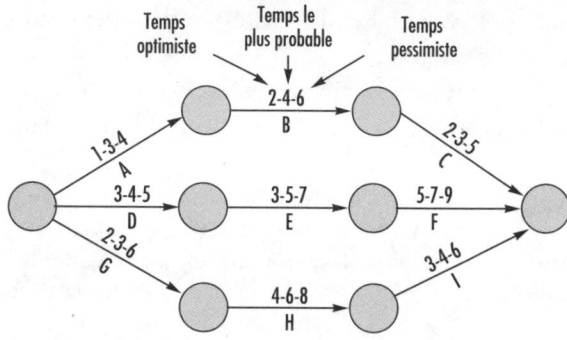

a) Calculez le temps moyen par activité.

b) Déterminez le chemin critique.

c) Calculez la variance de chaque activité et, pour chaque chemin, la variance et l'écart type.

Solution

Le tableau 17.3 illustre les résultats.

TABLEAU 17.3

Calendrier des opérations avec marge sur le chemin critique

Chemin	Activité	Durée $a\ m\ b$	Temps moyen T_i (1)	Durée du chemin (2)	Variance par activité (3)	Σ Variance du chemin (4)	Écart type du chemin (5)
	A	1 3 4	2,83		9/36		
A-B-C	B	2 4 6	4,00	10,0	16/36	34/36 = 0,94	0,97
	C	2 3 5	3,17		9/36		
	D	3 4 5	4,00		4/36		
D-E-F	E	3 5 7	5,00	16,0	16/36	36/36 = 1,00	1,00
	F	5 7 9	7,00		16/36		
	G	2 3 6	3,33		16/36		
G-H-I	H	4 6 8	6,00	13,5	16/36	41/36 = 1,14	1,07
	I	3 4 6	4,17		9/36		

La colonne (1) se calcule par:

$$t_i = \frac{a_i + 4m_i + b_i}{6}$$

pour l'activité A, $t_i = (1 + 4 \times 3 + 4) \div 6 = 2,83$ semaines

La colonne (3) se calcule par:

$$\sigma_i^2 = \left[\frac{(b_i - a_i)}{6}\right]^2 = \frac{(b_i - a_i)^2}{36}$$

pour l'activité A, $\sigma^2 = (4 - 1)^2 \div 36 = 9/36$

La colonne (5) se calcule par $\sqrt{\Sigma \text{ (}\sigma^2 \text{ du chemin)}}$

pour le chemin A-B-C, $\sqrt{\left(\frac{9 + 16 + 9}{36}\right)} = \sqrt{0,944} = 0,97 = \sigma$ de ce chemin

Le chemin critique est formé par les activités D-E-F, sa durée moyenne est de 16 semaines avec un écart type de 1,00 semaine.

17

17.8.1 Le calcul des probabilités des chemins du réseau

La probabilité qu'un chemin donné soit terminé dans un laps de temps particulier correspond à l'aire sous la courbe normale centrée réduite située à gauche de z, où :

$$z = \frac{\text{Temps spécifié} - \text{Durée moyenne du chemin}}{\text{Écart type du chemin}} \qquad (17\text{-}7)$$

La valeur de « z » se lit dans la table normale centrée réduite (0, 1) (*voir la table A de l'annexe à la page 758*). Une valeur négative de z indique que le temps spécifié est inférieur au temps moyen nécessaire pour terminer ce chemin. Rappelons des notions de statistique : la surface ombrée située sous la courbe indique la probabilité cumulative de $-\infty$ à z, la courbe étant symétrique (*voir la figure 17.16*).

Cette surface indique la probabilité de respecter la date de la fin du projet telle qu'elle a été promise. Sur la courbe normale :

0 = la durée moyenne du chemin (ou durée espérée)

z = la durée spécifiée

Statistiquement parlant, si $z = 3,0$, la table A donne une probabilité de 99,87 %, soit près de 100 %. Les chances de respecter la durée spécifiée sont donc très bonnes. Ainsi, on appliquera la règle générale suivante :

$z > 3,0$ implique une probabilité de 100 % de respecter le délai promis.

L'utilisation de la loi normale en gestion de projets s'explique par le fait que plus le nombre d'activités augmente, plus les distributions tendent vers une distribution normale. C'est le fondement même de la loi des grands nombres en statistique. Donc, plus le projet comporte d'activités, plus l'utilisation de la loi normale est pertinente, et plus l'estimation des délais sera précise. La loi normale nous donne une bonne approximation des probabilités des durées, même dans le cas d'un petit projet.

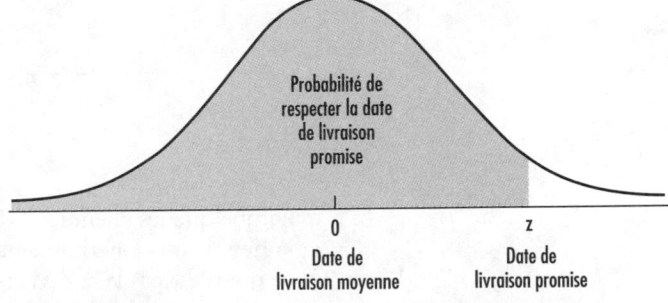

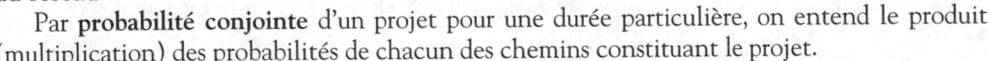

▲ **FIGURE 17.16**

Représentation probabiliste des durées du projet

Un projet n'est terminé que lorsque toutes les activités sont terminées. Un chemin peut être considéré comme critique à cause de sa durée moyenne, mais un autre peut s'avérer encore plus critique si l'on tient compte des écarts types. Dans ce type de situation, il est donc très risqué de s'arrêter uniquement au chemin critique déterminé au début. Il faut explorer tous les chemins possibles ainsi que les écarts types correspondants : la probabilité de terminer un projet dans les temps spécifiés correspondra alors à la probabilité conjointe des différents chemins du réseau.

Par **probabilité conjointe** d'un projet pour une durée particulière, on entend le produit (multiplication) des probabilités de chacun des chemins constituant le projet.

La probabilité conjointe représente les chances de respecter la durée spécifiée, compte tenu de l'ensemble des chemins. Le calcul de la probabilité conjointe est illustré à l'exemple 2.

On considère habituellement que les durées des chemins sont indépendantes les unes des autres. Cette notion d'**indépendance des chemins du projet** suppose que toute activité se trouve sur un seul chemin et que sa durée est indépendante de celle des autres activités. Si le début d'une activité dépend de la fin d'une autre activité, elle n'est pas considérée comme une activité indépendante (*voir les notions de marge libre et de marge totale*). Le même raisonnement s'applique pour une suite d'activités, ou chemin, par rapport à une autre. L'exemple 2 illustre ce principe.

Probabilité conjointe

Produit (multiplication) des probabilités des chemins constituant le projet.

Exemple 4

17

Considérons le projet de l'exemple 3 :

a) Les chemins sont-ils indépendants les uns des autres ?

b) Quelle est la probabilité de terminer le projet en 17 semaines.

c) Quelle est la probabilité de terminer le projet en 15 semaines ?

d) Quels sont les risques de dépasser 15 semaines ?

Solution

a) Les trois chemins du projet sont indépendants, puisque aucune activité d'un chemin n'apparaît dans les autres : A-B-C ; D-E-F ; G-H-I.

b) Calcul de la probabilité de terminer le projet en 17 semaines ou moins.

Calculons la valeur standardisée z pour chacun des trois chemins en utilisant comme « temps spécifié » la durée visée de 17 semaines. La courbe normale représentant la distribution probabiliste des durées de chaque chemin apparaît ci-dessous, et ce, à l'échelle.

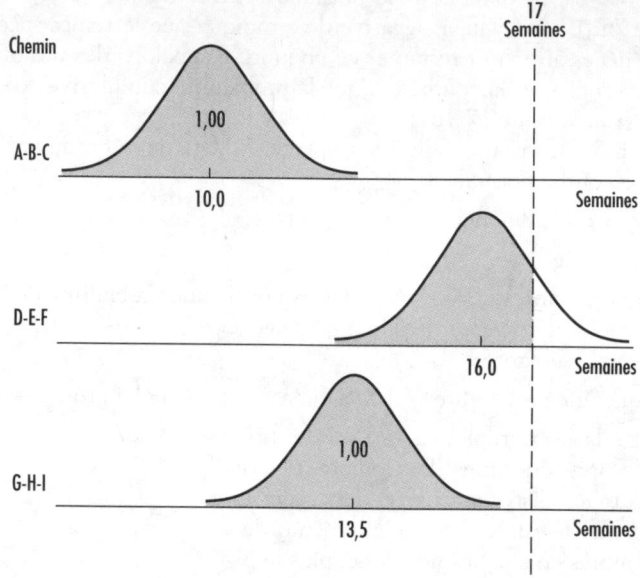

La surface ombrée se trouvant sous la courbe représente la probabilité de respecter le délai. On remarque que les chemins A-B-C et G-H-I sont passablement en dessous d'une durée de 17 semaines ; il est donc hautement probable de les terminer avant cette date (probabilité de 1), ce qui n'est pas le cas du chemin D-E-F. Analysons donc ce chemin plus en détail. En calculant la valeur z standardisée pour le chemin D-E-F, on obtient :

$$z = \frac{\text{Temps spécifié} - \text{Durée moyenne du chemin}}{\text{Écart type du chemin}}$$

$$z = \frac{17 - 16}{1,00} = +1,00$$

Dans la table A, à la page 758, on note qu'avec un $z = +1,00$, la surface située sous la courbe représente une probabilité cumulative de 0,8413, la probabilité de terminer le chemin D-E-F en 17 semaines ou moins est donc de 84,13 %.

Le tableau 17.4 résume ce calcul pour les deux autres chemins.

TABLEAU 17.4

Calcul de probabilités pour les trois chemins

Chemin	$z = \dfrac{\text{Temps spécifié} - \text{Durée moyenne du chemin}}{\text{Écart type du chemin}}$	Probabilité Durée ≤ 17 semaines
A-B-C	$z = \dfrac{17 - 10}{0,97} = 7,22$	1,0000
D-E-F	$z = \dfrac{17 - 16}{1,00} = 1,00$	0,8413
G-H-I	$z = \dfrac{17 - 13,50}{1,07} = 3,27$	1,0000

La probabilité conjointe de respecter la durée de 17 semaines compte tenu de l'ensemble des chemins est :

P(terminer le projet avant la semaine 17) = P(terminer A-B-C) × P(terminer D-E-F) × P(terminer G-H-I) = 1,00 × 0,8413 × 1,00 = 0,8413 = 84,13 %.

La probabilité de terminer le projet en 17 semaines ou moins est donc de 84,13 %.

c) Calcul de la probabilité de terminer le projet en moins de 15 semaines.

On répondra à cette question de la même façon que la précédente, mais en utilisant comme « temps spécifié » la durée cible de 15 semaines (*voir le tableau 17.5*).

Étant donné que les z des chemins D-E-F et G-H-I $\leq 3{,}00$, les probabilités se superposent (*voir la figure ci-dessous*).

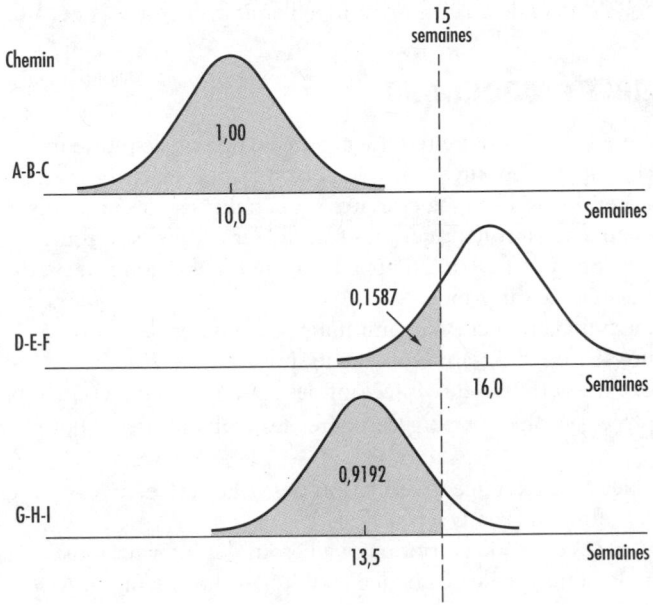

La probabilité conjointe pour l'ensemble du projet est de :

$$(1{,}00)(0{,}1587)(0{,}9192) = 0{,}1459 \text{ ou } 14{,}59\%.$$

Chemin	$z = \dfrac{\text{Temps spécifié} - \text{Durée moyenne du chemin}}{\text{Écart type du chemin}}$	Probabilité Durée $\leq$ 15 semaines
A-B-C	$z = \dfrac{15 - 10}{0{,}97} = 5{,}15$	1,0000
D-E-F	$z = \dfrac{15 - 16}{1{,}00} = -1{,}00$	0,1587
G-H-I	$z = \dfrac{15 - 13{,}50}{1{,}07} = 1{,}40$	0,9192

◄ **TABLEAU 17.5**

Calendrier des opérations avec marge sur le chemin critique

Cela signifie qu'il y a 14,59 % de probabilités de le terminer en dessous de 15 semaines.

d) La probabilité que l'ensemble du projet prenne plus de 15 semaines est de :

1 – la probabilité conjointe trouvée en c) = 1 – 0,1459 = 0,8541 ou 85,41 %.

17.9 La simulation en gestion de projets

Dans les problèmes étudiés en situation probabiliste, nous avions considéré que les chemins du projet étaient indépendants les uns par rapport aux autres. Des chemins indépendants signifient que la durée de chaque chemin est indépendante de celle de l'autre. Dans ces situations, les activités de chaque chemin n'apparaissent que sur ce chemin : aucune activité n'apparaît sur deux chemins différents ou plus. À titre d'exemple, l'activité G dans le projet de la succursale bancaire décrit à la section 17.4 est une activité qui apparaît sur trois chemins : A-D-F-G, A-E-G et B-C-G. Les chemins sont donc dépendants, car si la durée de G varie, les durées des trois chemins seront touchées. La situation devient encore plus complexe si, contrairement à l'activité G qui était la seule partagée sur plus d'un chemin, le nombre d'activités se trouvant sur plus d'un chemin augmente. Dans ce type de situation, le gestionnaire de projets a recours à la simulation. Cela consiste à réaliser virtuellement le projet avec plusieurs durées possibles et à enregistrer les résultats : on simule des situations en utilisant des durées aléatoires en fonction des caractéristiques des activités (moyenne des durées, écarts types, type de distribution). On effectue plusieurs, voire des centaines d'essais, en variant la durée des activités et l'on enregistre les durées finales du projet. Quand on dispose d'assez d'information, on trace la distribution des fréquences des durées et l'on étudie la probabilité de terminer le projet dans les délais. Le défi est de reconnaître les activités et les chemins dont les durées influent sur la fin du projet.

17.10   L'aspect économique

Il arrive souvent que le gestionnaire réduise la durée d'une ou de plusieurs activités en y injectant des ressources supplémentaires : plus de personnes, de machines, etc. Les objectifs peuvent être variés : prendre de l'avance et éviter les pénalités si des activités ont pris du retard, gagner des primes en achevant le projet plus tôt, libérer certaines ressources importantes dont on a besoin ailleurs, etc. C'est ce qu'on appelle la « réduction du projet », d'où la **durée minimale, réduite ou accélérée du projet.**

> **Durée minimale, réduite ou accélérée d'un projet**
>
> Temps minimal qu'on peut réduire des durées d'un projet.

     On entend par *crash* la réduction au minimum de la durée des activités.

     Le gestionnaire se trouve devant le dilemme suivant :

- réduire la durée des activités en y injectant des ressources à des coûts supplémentaires ;
- terminer le projet au plus tôt pour récupérer les coûts indirects qui s'y rattachent et les primes.

     Il devra procéder à un exercice d'estimation des coûts, et ce, au cas par cas, afin de déterminer le coût total minimal (*voir la figure 17.17*).

     Afin d'optimiser ces coûts, le gestionnaire a besoin des informations suivantes :

1. la durée normale et minimale de chaque activité ainsi que leurs coûts en durée normale et en durée réduite ;
2. l'estimation des coûts nécessaires à la réduction.

> **FIGURE 17.17** ▶
>
> Estimation des coûts

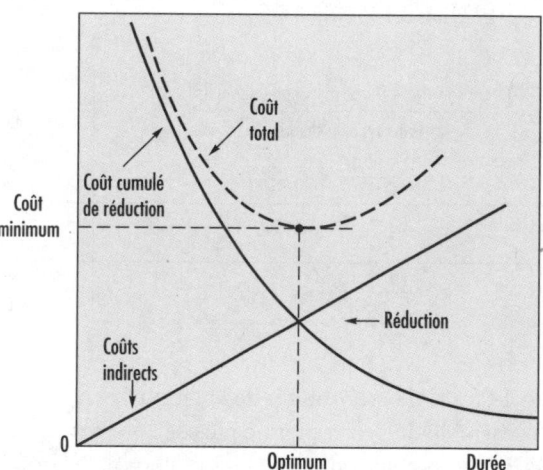

Les activités réduites diminuent les coûts indirects du projet et augmentent les coûts directs ; le coût total optimum correspond à la somme de ces deux types de coûts.

     Il est évident que si l'on veut réduire la durée d'un projet, il faut se pencher en premier sur les activités du chemin critique. On suggère la démarche suivante :

1. Déterminer le chemin critique.
2. Déterminer les chemins non critiques et évaluer leur marge totale.
3. Déterminer les activités du chemin critique.
4. Réduire la durée des activités du chemin critique au minimum, et ce, tant que les bénéfices tirés de la réduction ne dépassent pas les coûts nécessaires à la réduction.
5. Si tous les chemins deviennent critiques, procéder à la réduction conjointe des différents chemins tout en respectant le principe émis au point 4.
6. Arrêter quand les investissements nécessaires pour réduire la durée des activités ne diminuent pas la durée totale du projet.

Cette démarche est ce qu'il convient d'appeler l'étude du **CPM-coût** ou **PERT-coût**, selon qu'on est en situation déterministe (CPM) ou probabiliste (PERT).

L'exemple 5 illustre la démarche.

Exemple 5

Soit le projet suivant, dont les frais indirects par jour de travail sont de 1 000 $.

Activité	Durée normale	Durée minimale	Coût de réduction en $/jour réduit
A	6	6	nul
B	10	8	500
C	5	4	300
D	4	1	700
E	9	7	600
F	2	1	800

Solution

a) Tracer le réseau et établir le calendrier des activités avec les durées normales.

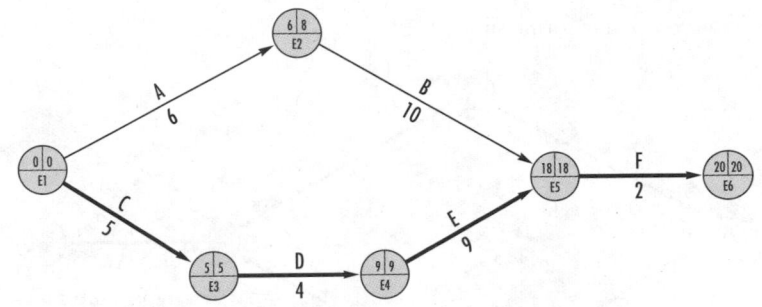

Calendrier des activités

	Activité		Durée	Début		Fin		Marge	
	Code	Événement	(semaines)	DH	DT	FH	FT	Totale	Libre
	A	E1 – E2	6	0	2	6	8	2	0
	B	E2 – E5	10	6	8	16	18	2	2
cc	C	E1 – E3	5	0	0	5	5	0	0
cc	D	E3 – E4	4	5	5	9	9	0	0
cc	E	E4 – E5	9	9	9	18	18	0	0
cc	F	E5 – E6	2	18	18	20	20	0	0

b) Déterminer les durées des différents chemins du réseau.

A-B-F: 18 semaines

C-D-E-F: 20 semaines ; c'est le chemin critique.

Les coûts actuels du projet en frais indirects sont de :

20 jours × 1 000 $/jour = 20 000 $.

c) Réduire le réseau afin de trouver le coût optimal.

Commençons par placer les activités du chemin critique dont on veut réduire la durée par ordre croissant de coûts de réduction.

Activité	Coûts de réduction/ jour réduit (*crash*)	Réduction possible (jours)
C	300 $	1
E	600 $	2
D	700 $	3
F	800 $	1

1re réduction. On commence donc par réduire la durée des activités du chemin critique dont les coûts de réduction sont les moins élevés, tout en s'assurant à chaque étape de réduction qu'un nouveau chemin critique n'apparaît pas. Ainsi, l'activité C passe de 5 jours à 4 jours, et le chemin critique est réduit d'autant : il passe de 20 jours à 19 jours, ce qui coûte 300 $, tout en permettant d'économiser 1 000 $ en coûts indirects. Le gain net est donc de :

1 000 $ – 300 $ = 700 $

et les coûts du projet deviennent :

19 jours × 1 000 $/jour + 300 $ (les coûts de la réduction de C) = 19 300 $

17

Solution *(suite)*

2ᵉ réduction. C étant réduite à son minimum, passons à la réduction de la durée d'une autre activité du chemin critique (cc) dont les coûts sont les moins élevés, tout en vérifiant l'apparition d'un autre cc. C'est l'activité E, dont la durée passe de 9 à 8 jours, à raison de 600 $ par jour réduit. Le cc passe à 18 jours, et le chemin A-B-F devient lui aussi critique. Les coûts du projet deviennent :

$$18 \text{ jours} \times 1\,000\,\$/\text{jour} + 600\,\$ \text{ (pour E)} + 300\,\$ \text{ (pour C initialement)} = 18\,900\,\$$$

3ᵉ réduction. À partir de maintenant, toute réduction de la durée du projet nécessite la réduction simultanée des deux chemins. L'activité F, qui apparaît dans les deux chemins, est tout indiquée pour être réduite d'une journée, au coût de 800 $. La durée de F est réduite de 2 jours à 1 journée : elle atteint son minimum, car elle ne peut plus être réduite. La durée du projet passe à 17 jours et les coûts indirects à :

$$17 \times 1\,000\,\$ + 800\,\$ \text{ (pour F)} + 600\,\$ \text{ (pour E)} + 300\,\$ \text{ (pour C)}$$
$$= 17 \times 1\,000\,\$ + 1\,700\,\$ = 18\,700\,\$$$

À ce stade, le réseau a la forme suivante :

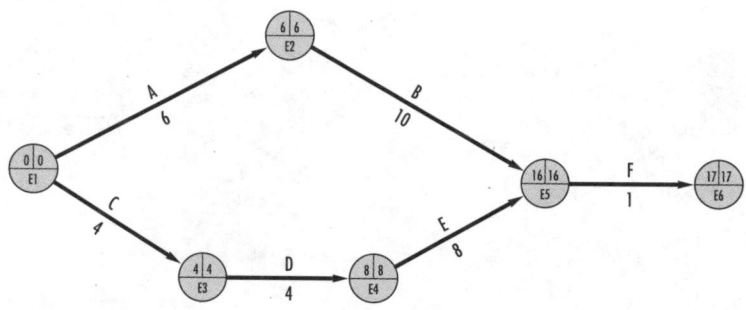

4ᵉ réduction. On réduit maintenant la durée de l'activité B d'une journée et celle de l'activité E d'une journée. Le projet coûtera :

$$16 \times 1\,000\,\$ + 500\,\$ \text{ (pour B)} + 600\,\$ \text{ (pour E)} + 1\,700\,\$ \text{ (pour les réductions initiales)} = 18\,800\,\$$$

On voit que cette réduction se traduit par une augmentation des coûts indirects du projet.

5ᵉ réduction. Le gestionnaire peut décider de continuer à réduire la durée du projet pour des considérations autres qu'économiques : service plus rapide au client pour battre la concurrence, situation critique où il doit organiser une campagne de secours pour des zones sinistrées ou autres. Dans notre situation, on aura une réduction simultanée pour B (de 9 à 8 jours) et pour D (de 4 à 3 jours). B a atteint son *crash*, et les coûts du projet sont :

$$15 \times 1\,000\,\$ + 500\,\$ \text{ (pour B)} + 700\,\$ \text{ (pour D)} + 2\,800\,\$ \text{ (pour l'ensemble des réductions initiales)} = 19\,000\,\$$$

À partir de maintenant, toute autre réduction ne fera qu'augmenter nos dépenses sans diminuer la durée du projet. On a atteint le *crash* du projet.

Le graphique suivant résume les différentes options.

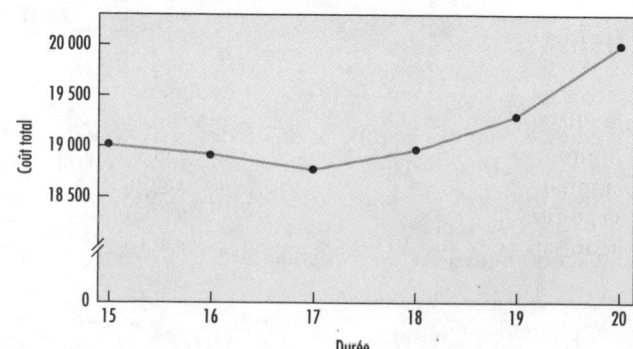

17

17.11 Les avantages et dangers du PERT/CPM

Pour le gestionnaire, les principaux avantages de la méthode du chemin critique sont les suivants :

1. Elle incite le gestionnaire à organiser, à quantifier et à déterminer *a priori* les points où des informations supplémentaires sont nécessaires.
2. Elle illustre graphiquement les liens d'interdépendance entre les activités.
3. Elle permet de déterminer les activités qui ne peuvent être retardées et celles qui ont des marges.
4. Elle permet d'établir les possibilités de réduction des durées.
5. Elle fait ressortir les possibilités de transfert de ressources des activités ayant des marges, quitte à les rallonger, vers celles du chemin critique dont on veut réduire la durée.

Théoriquement, le projet bien équilibré est celui dont toutes les activités sont critiques. C'est un objectif à viser sans nécessairement tenter de l'atteindre aveuglément.

Les dangers qui guettent le gestionnaire de projets sont les suivants :

1. Omettre des activités.
2. Ne pas s'assurer du lien d'interdépendance entre les activités du projet et des activités préalables à chacune d'elles.
3. Ne pas s'assurer de la pertinence et de la justesse des durées.
4. Oublier de suivre rigoureusement l'évolution des activités pour être capable d'y apporter les corrections à temps.

17.12 Les logiciels de gestion de projets

De nombreux logiciels ont été développés pour faciliter la tâche des gestionnaires, allant des plus simples aux plus complexes et exhaustifs. Parmi ces logiciels, Microsoft a mis sur le marché **Microsoft Project,** qui fait partie de l'ensemble de Microsoft Office System[8], au même titre que PowerPoint et Visio de la même famille. Même si Microsoft Project n'a pas l'envergure des grands logiciels du domaine, il est plus que suffisant pour la très grande majorité des projets actuels et son utilisation est devenue la norme dans le domaine. Les avantages des logiciels sont :

1. la normalisation du vocabulaire entre les différents acteurs du projet ;
2. l'imposition d'une méthode commune de travail ;
3. la facilitation de la communication ;
4. l'émission de rapports communs de l'avancement des travaux (sous forme de graphique de Gantt, de réseaux ou autres) ;
5. l'alerte des travaux hors normes (délais, budget et autres ressources non respectés) ;
6. la mise en place de solution de contingence ;
7. la simulation des résultats des solutions de contingence.

De plus, de nos jours, ces logiciels sont faciles à acquérir et à utiliser. Les temps d'apprentissage sont réduits au minimum, et plusieurs entreprises les utilisent même pour établir le calendrier des travaux quotidiens.

17.13 Conclusion

Un projet est un ensemble d'activités interdépendantes nécessaires à l'atteinte d'un objectif ou à la réalisation d'un produit, dans un horizon de temps défini et limité. Les dimensions de non-récurrence et d'unicité de la gestion de projets exigent du gestionnaire de projets des compétences particulières, différentes de celles qui sont requises pour la gestion de tâches répétitives ou cycliques. Cette différence se reflète dans la planification, l'organisation, la direction et le contrôle des activités humaines et matérielles qui s'y rattachent.

17

---

8. www.microsoft.com/office/project/prodinfo/standard/overview.mspx

Bien que le graphique de Gantt et le diagramme des précédences soient toujours utilisés en raison de leur simplicité, les méthodes du chemin critique (PERT et CPM) sont les techniques les plus utilisées par les professionnels pour élaborer et suivre les projets. Elles ont l'avantage d'illustrer graphiquement l'interdépendance des activités, indépendamment de leur durée, des retards ou autres. Tout réseau est soutenu par un programme d'activités ou un calendrier d'opérations. Les réseaux peuvent être représentés sous forme vectorielle ou nodale, au choix du gestionnaire.

Les durées des activités sont fixées de manière déterministe quand le projet est relativement simple et limité dans le temps, et que les gestionnaires ont de l'expérience. Le calcul de ces durées est probabiliste dans le cas de projets jamais réalisés auparavant ou quand trop d'imprévus peuvent survenir. Lorsque les projets comportent un nombre très élevé d'activités, on utilise des logiciels pour calculer les différents algorithmes nécessaires à l'estimation des durées et des coûts.

Dans certains cas, on peut réduire la durée des activités en y injectant des ressources humaines et matérielles moyennant certains coûts. L'équilibre entre les gains retirés de la réduction de la durée du projet et les coûts qui en découlent est une autre des responsabilités du gestionnaire du projet. ●

Terminologie

Activités critiques (p. 663)	Ordonnancement amont (p. 663)
Activités préalables (p. 662)	Ordonnancement aval (p. 663)
Certification PMI (p. 661)	Organigramme des tâches ou SDP (structure du découpage du projet) (p. 661)
Champion de projet (responsable interne du projet) (p. 660)	
Chemin critique (p. 663)	PERT-coût (p. 677)
CPM-coût (p. 677)	Probabilité conjointe (p. 673)
Diagramme des précédences (p. 663)	Projet (p. 656)
Durée minimale, réduite ou accélérée d'un projet (p. 676)	Projet en situation déterministe (p. 666)
Événement (p. 665)	Projet en situation probabiliste (p. 671)
Gestionnaire de projet (p. 659)	Représentation nodale (p. 664)
Graphique de Gantt (p. 662)	Représentation vectorielle (p. 664)
Indépendance des chemins du projet (p. 673)	Temps au plus tard (tardif) (p. 666)
Marge libre (p. 663)	Temps au plus tôt (hâtif) (p. 666)
Marge totale (p. 663)	Temps le plus probable (p. 671)
Méthodes du chemin critique (p. 664)	Temps optimiste (p. 671)
Microsoft Project (p. 679)	Temps pessimiste (p. 671)

Problèmes résolus

Problème 1

Les activités nécessaires à la réalisation d'un projet apparaissent au tableau ci-contre.

On vous demande :
a) de tracer le réseau vectoriel du projet ;
b) de calculer la durée des différents chemins du projet ;
c) de déterminer le chemin critique.

Activité	Activité préalable	Durée (jours)
A	Aucune	5
C	A	8
D	C	2
B	A	7
E	Aucune	3
F	E	6
I	B, D	10
M	F, I	8
G	Aucune	1
H	G	2
K	H	7
Fin	K, M	0

Solution

a) En traçant le réseau, on vous suggère :
   - d'utiliser un crayon à la mine en cas d'erreur ;
   - d'avoir un événement pour le début du projet et un autre pour la fin ;
   - d'éviter l'entrecroisement des vecteurs représentant les activités ;
   - de numéroter les étapes ou événements de gauche à droite ;
   - de tracer les activités de gauche à droite.

Le réseau est donc :

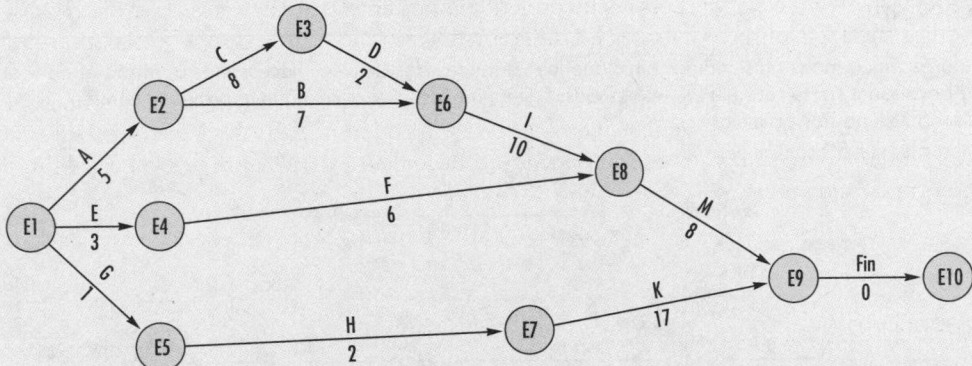

b) Voici la durée des différents chemins du projet.

c) Le chemin critique étant la suite des activités dont la somme des durées est la plus longue, A-C-D-I-M est le chemin critique avec une durée de 33 jours.

Chemin	Durée en jours
A-C-D-I-M	$5 + 8 + 2 + 10 + 8 = 33$
A-B-I-M	$5 + 7 + 10 + 8 = 30$
E-F-M	$3 + 6 + 8 = 17$
G-H-K	$1 + 2 + 17 = 20$

Problème 2

En utilisant les algorithmes appropriés, établissez le calendrier des activités du projet dont le réseau apparaît ci-dessous avec tous les temps pertinents. Les activités correspondent aux événements.

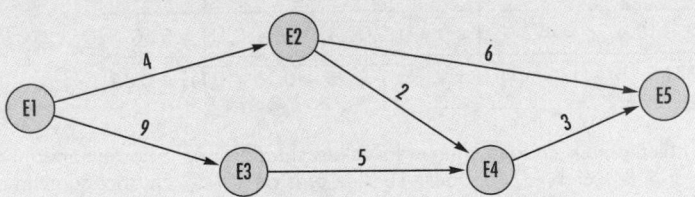

Solution

a) L'équilibrage du réseau nous donne :

   Le chemin critique apparaît sur le réseau.

   Le calcul des durées apparaissant sur le réseau a été fait par l'algorithme exposé à la sous-section 17.6.1.

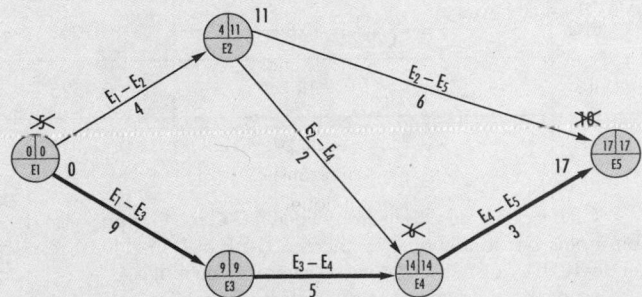

17

b) En utilisant l'algorithme présenté à la sous-section 17.6.2, on peut établir le calendrier des activités ci-dessous.

Notez la marge libre de l'activité E1-E2. Le calcul est :

Marge libre de E1-E2 = Marge totale de E1-E2 – La plus petite des marges totales entre E2-E4 et E2-E5 = 7 – Minimum (8 ou 7) = 7 – 7 = 0

Activité	Durée	Début		Fin		Marge	
		DH	DT	FH	FT	Totale	Libre
E1–E2	4	0	7	4	11	7	0
E1–E3	9	0	0	9	9	0	0
E2–E4	2	4	12	6	14	8	8
E3–E4	5	9	9	14	14	0	0
E4–E5	3	14	14	17	17	0	0
E2–E5	6	4	11	10	17	7	7

Problème 3

Les durées moyennes en semaines ainsi que les variances des activités nécessaires à un projet de R et D apparaissent sur le réseau PERT ci-dessous. Déterminez la probabilité que le projet se termine :
a) en 50 semaines ou moins ;
b) en plus de 50 semaines.

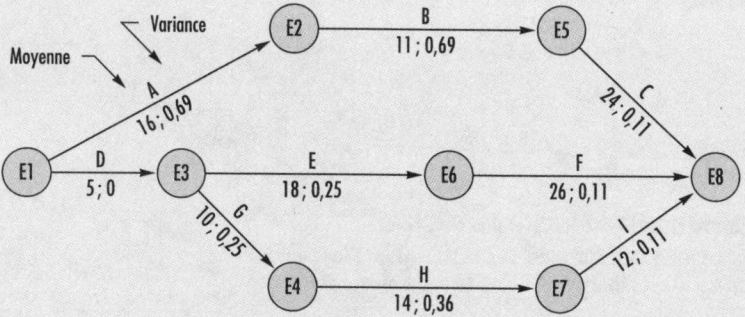

Solution

On calcule la moyenne et l'écart type de chaque chemin.

Chemin	Durée moyenne espérée (semaines)	Écart type σ (semaines)
A-B-C	16 + 11 + 24 = 51	$\sigma = \sqrt{(0,69 + 0,69 + 0,11)} = 1,22$
D-E-F	5 + 18 + 26 = 49	$\sigma = \sqrt{(0,00 + 0,25 + 0,11)} = 0,60$
D-G-H-I	5 + 10 + 14 + 12 = 41	$\sigma = \sqrt{(0 + 0,25 + 0,36 + 0,11)} = 0,85$

Ensuite, on calcule pour chaque chemin la valeur standardisée z correspondant à une durée de 50 semaines. Si $z \geq 3,0$, alors la probabilité se situe près de 100 %. En appliquant la démarche suivie au tableau 17.5 (*voir page 675*), pour une durée de 50 semaines, on obtient :

Chemin	$z = \dfrac{\text{Temps spécifié – Durée moyenne du chemin}}{\text{Écart type du chemin}}$	Probabilité de fin Durée ≤50 semaines
A-B-C	$z = \dfrac{50 - 51}{1,22} = -0,82$	0,2061
D-E-F	$z = \dfrac{50 - 49}{0,60} = 1,67$	0,9525
D-G-H-I	$z = \dfrac{50 - 41}{0,85} = 10,59$	1,00 ou 100 %

Cela signifie que le chemin critique A-B-C a une probabilité de 20,61 % de se terminer en 50 semaines ou moins de, tandis que les chemins D-E-F et D-G-H-I ont respectivement des probabilités de 95,25 % et de 100 % de se terminer en 50 semaines ou moins.

La probabilité conjointe des différents chemins pour ce projet est de :

(0,2061)(0,9525)(1,00) = 0,1963

c'est-à-dire que la probabilité que les trois chemins conjointement ne dépassent pas 50 semaines est de 19,63 % et que la probabilité que le projet prenne plus de 50 semaines est de 80,37 % (1 – 0,1963 = 0,8037).

La figure suivante illustre graphiquement la situation.

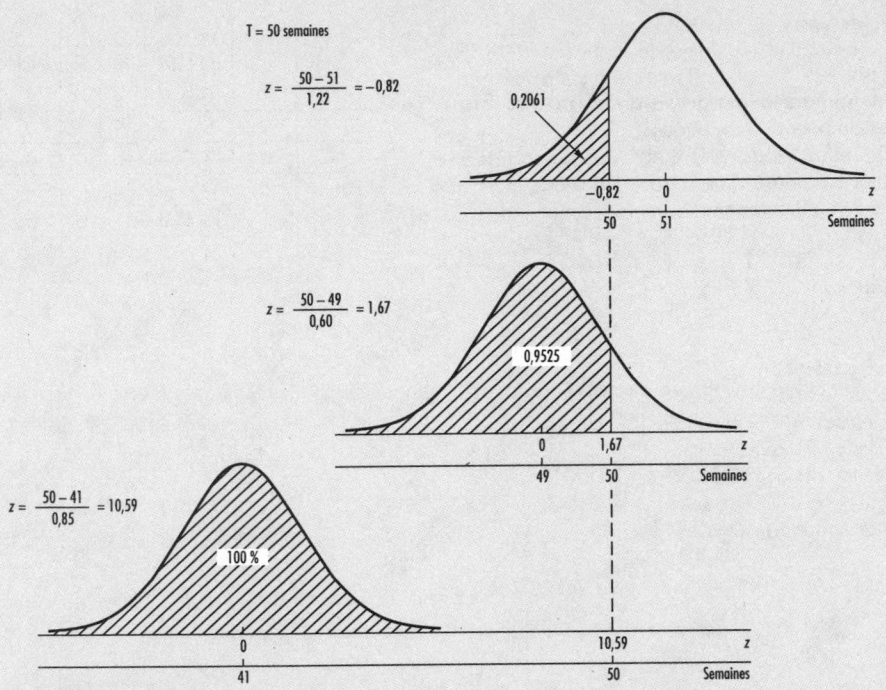

$$T = 50 \text{ semaines}$$

$$z = \frac{50 - 51}{1,22} = -0,82$$

0,2061

$$z = \frac{50 - 49}{0,60} = 1,67$$

0,9525

$$z = \frac{50 - 41}{0,85} = 10,59$$

100 %

Problème 4

Les coûts indirects d'un projet sont de 12 000 $ par semaine de travail. Le gestionnaire principal a compilé les coûts et les durées pour chacune des activités du projet de la manière suivante :

Activité	Réduction potentielle	Coût par semaine réduite
A	3	11 000 $
B	3	3 000 $ 1re semaine, 4 000 $ les autres
C	2	6 000 $
D	1	1 000 $
E	3	6 000 $
F	1	2 000 $

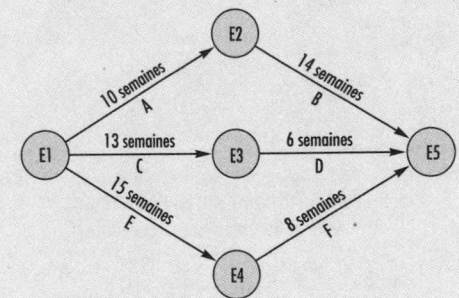

a) Établissez un plan de réduction optimal.

b) Illustrez les différentes solutions sur un graphique d'optimisation.

Solution

a) On calcule la durée des différents chemins :

A-B : durée 24 semaines (cc) ;

C-D : durée 19 semaines ;

E-F : durée 23 semaines.

On procède ensuite à la réduction progressive des activités du cc en donnant la priorité à celles dont les coûts sont les plus faibles. Coût initial du projet : 24 semaines × 12 000 $/semaine = 288 k$.

1re réduction :

On réduit l'activité B d'une semaine.

Durée du projet = 23 semaines ;

Coût : 23 × 12 000 $ + 3 000 $
(1re réduction pour B) = 279 k$

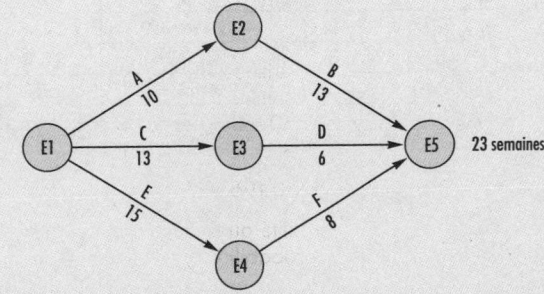

17

2e réduction :

À ce stade, un deuxième cc apparaît avec les activités E-F. Toute réduction doit passer par la réduction des activités des deux chemins critiques.

On réduit les activités B et F. L'activité F a atteint sa durée minimale (*). Durée du projet = 22 semaines.

Coût : 22 × 12 000 $ + 4 000 $ (pour B) + 2 000 $ (pour F) + 3 000 $ (1re réduction) = 273 k$

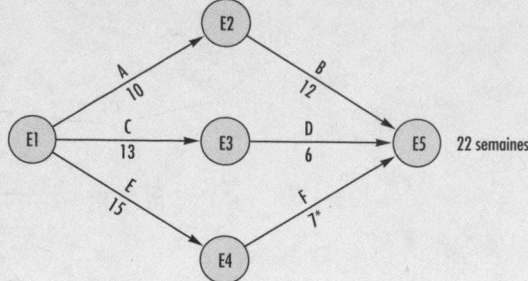

22 semaines

3e réduction :

On réduit les activités B et E. L'activité B a atteint sa durée minimale (*). Durée du projet = 21 semaines.

Coût : 21 × 12 000 $ + 4 000 $ (pour B) + 6 000 $ (pour E) + 9 000 $ (1re et 2e réductions) = 271 k$

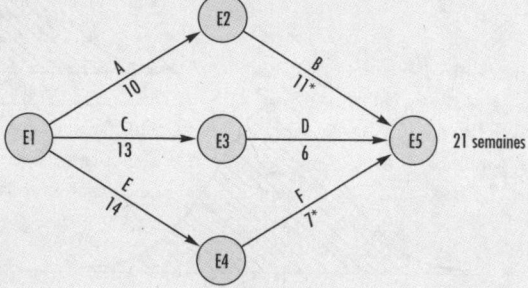

21 semaines

4e réduction :

On réduit les activités A et E. Durée du projet = 20 semaines.

Coût : 20 × 12 000 $ + 11 000 $ (pour A) + 6 000 $ (pour E) + 19 000 $ (1re, 2e et 3e réductions) = 276 k$

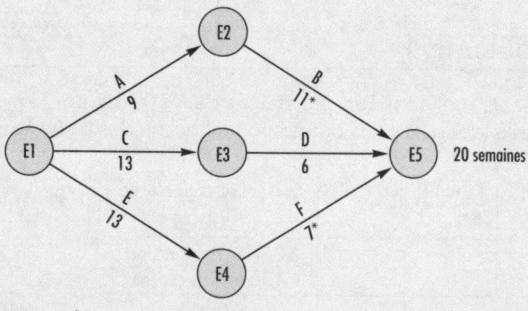

20 semaines

5e réduction :

On réduit de nouveau les activités A et E. L'activité E a atteint sa durée minimale. Un troisième cc apparaît avec le chemin C-D. Le chemin E-F a atteint sa durée minimale, donc aucune réduction n'est possible à partir de maintenant. Durée du projet = 19 semaines.

Coût : 19 × 12 000 $ + 11 000 $ (pour A) + 6 000 $ (pour E) + 36 000 $ (total des réductions précédentes) = 281 k$

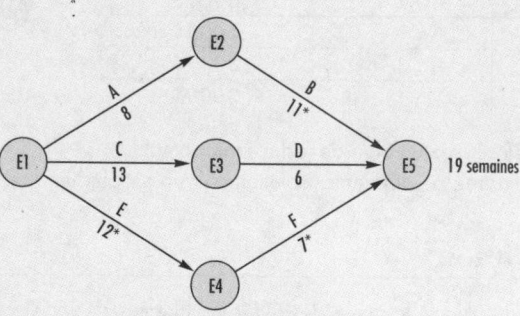

19 semaines

b) Le tableau et le graphique suivants résument les résultats.

Durée du projet	Réduction (en semaines)	Coûts cumulatifs des réductions (k$)	Coûts indirects du projet (k$)	Coûts totaux du projet (k$)
24	0	0	24 × 12 = 288	288
23	1	3	23 × 12 = 276	279
22	2	3 + 6 = 9	22 × 12 = 264	273
21 optimale	3	9 + 10 = 19	21 × 12 = 252	271
20	4	19 + 17 = 36	20 × 12 = 240	276
19 minimale	5	36 + 17 = 53	19 × 12 = 228	281

17

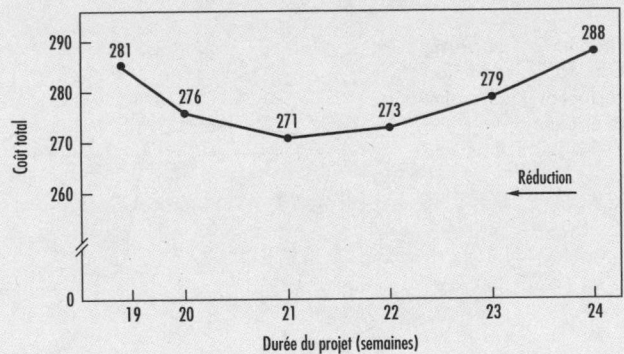

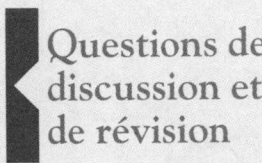

1. Pourquoi est-il préférable de garder le même directeur de projet (gestionnaire principal) pendant toute la durée du projet?
2. Selon vous, quelles doivent être les qualités principales d'un gestionnaire de projets?
3. Pourquoi les projets demandent-ils des ressources humaines hétérogènes?
4. Énumérez et décrivez brièvement les étapes préliminaires de la gestion de projets.
5. Énumérez les tâches à exécuter au moment de la planification et de l'organisation du projet et celles que comportent la direction et le contrôle.
6. Quels sont les paramètres permettant de classer les activités par niveaux au moment de la construction de la structure des activités segmentées?
7. Listez les avantages et les inconvénients du graphique de Gantt et du diagramme des précédences.
8. Pourquoi les marges libres sont-elles toujours plus petites ou, à la limite, égales aux marges totales?
9. Que peut-on conclure si une marge totale est négative?
10. Expliquez les avantages et les inconvénients de la méthode du chemin critique (PERT/CPM).
11. Qu'est-ce qu'une activité fictive? À quoi sert-elle?
12. Pourquoi, en situation de projet probabiliste, est-il dangereux de se baser uniquement sur les moyennes et l'écart type des activités du chemin critique?
13. Définissez les expressions suivantes: temps optimiste, pessimiste, le plus probable et temps moyen ou espéré.
14. La méthode du chemin critique (PERT/CPM) peut-elle être utilisée ailleurs qu'en gestion de projets? Donnez-en un exemple.
15. Quels sont les avantages et les inconvénients pour votre équipe de travail de faire partie d'une activité du cc?
16. Listez les avantages et les inconvénients qu'il y a à faire partie d'équipes de travail fonctionnant par projets.

1. Pour chacun des réseaux suivants, déterminez le cc et sa durée. Retracez ensuite ces réseaux sous forme nodale.

a)

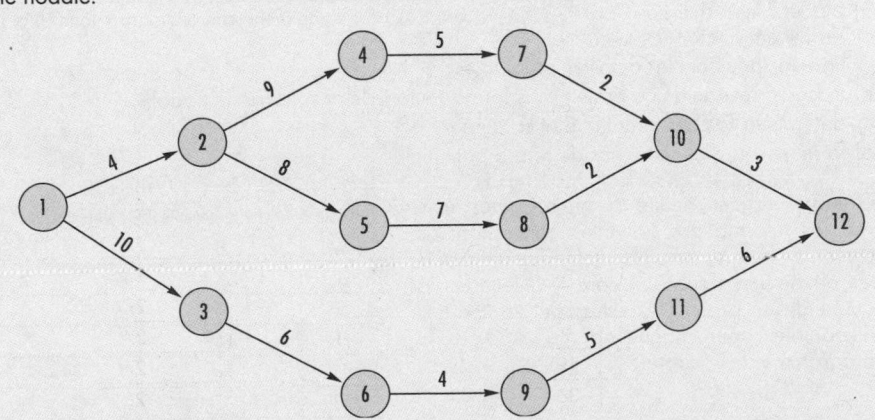

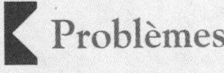

b)

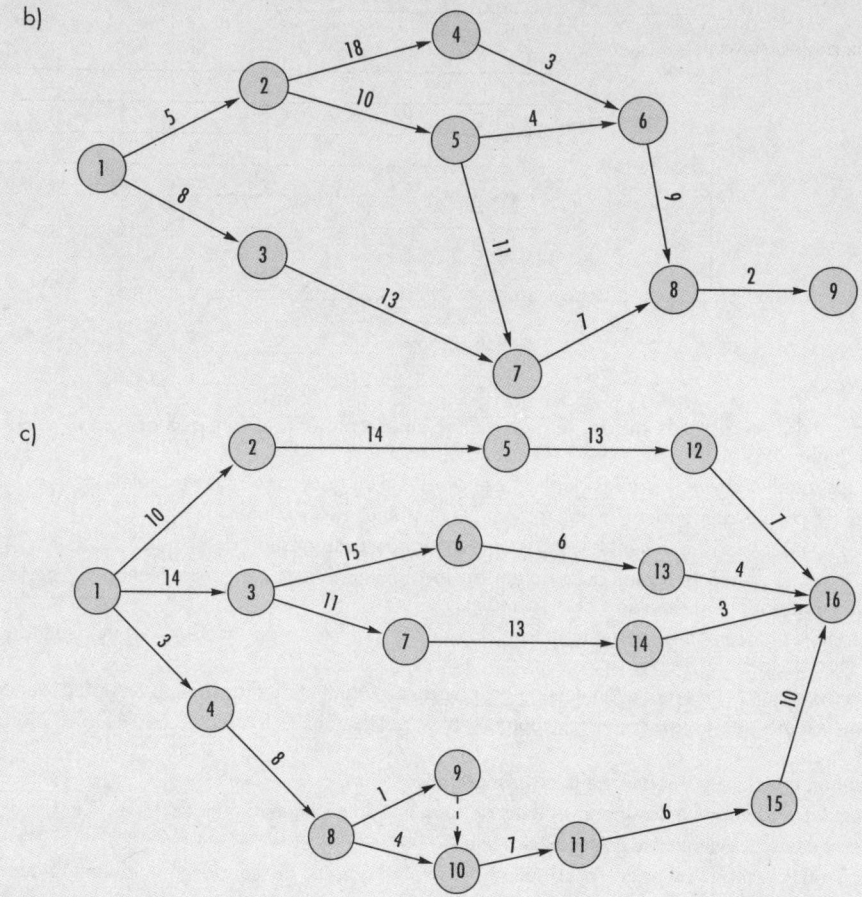

c)

2. Ayant reçu pour son anniversaire un logiciel important et de l'argent pour acheter un ordinateur, Christine compte faire son prochain travail sur le nouvel ordinateur. Ce travail est à remettre la semaine prochaine. Ayant déterminé les tâches à accomplir ainsi que leur durée (*voir le tableau*), elle vous demande de l'aider à :

Durée estimée en heures	Tâche (abréviation)
0,8	Installer le logiciel (Inst.)
0,4	Rédiger les lignes directrices du travail (Rédaction)
0,2	Déposer le travail (Dépôt)
0,6	Choisir le sujet du travail (Choix)
0,5	Corriger la syntaxe (Corr.)
3,0	Rédiger le rapport sur traitement de texte (Écrit.)
2,0	Magasiner pour un nouvel ordinateur (Mag.)
1,0	Acquérir l'ordinateur (Acq.)
2,0	Faire une recherche bibliographique (Bibl.)

a) placer les activités par ordre séquentiel d'exécution en spécifiant les activités préalables ;

b) tracer le réseau de ce projet, sous forme vectorielle et sous forme nodale ;

c) déterminer le chemin critique et sa durée ;

d) faire ressortir les situations de retard potentiel.

3. En tant que gestionnaire de projets, vous recevez les informations suivantes concernant un projet à exécuter au plus tôt. Quelles activités devriez-vous suivre de près ? Quelle est la durée de ce projet et quelles sont les marges disponibles pour chaque activité ? Rédigez le programme des activités.

Activité	Activité suivante	Durée estimée en jours
A	B	15
B	C, D	12
C	E	6
D	Fin	5
E	Fin	3
F	G, H	8
G	I	8
H	J	9
I	Fin	7
J	K	14
K	Fin	6

17

4. Tracez le réseau nodal et vectoriel des deux projets suivants :

Activité projet I	Activité préalable	Activité projet II	Activité préalable
A	–	J	–
B	–	K	–
C	–	L	J
D	A	M	L
E	B	N	J
F	F	P	N
G	C	Q	–
H	F	R	K
I	F, G	S	Q
K	D, E	V	R, S, T
Fin	H, I, K	T	Q
		W	T
		Fin	M, P ,V, W

5. Tracez à l'échelle le diagramme des précédences des projets suivants en ordonnancement aval et en ordonnancement amont : réseau du problème 1 a), 1 b) et projet du problème 3.

6. En vous reportant au réseau du problème 1 a), on note que 12 semaines après le début des travaux, les activités 1-2, 1-3 et 2-4 sont terminées ; l'activité 2-5 est terminée à 75 % ; et l'activité 3-6 est achevée à 50 %. Estimez le temps final corrigé du projet.

7. Trois jeunes associés d'une agence de publicité ont déterminé les activités d'une campagne publicitaire (voir le tableau ci-contre).

   a) Tracez le réseau de la campagne publicitaire.

   b) Quelle est la probabilité que la campagne se termine en 24 jours ou moins ? en 21 jours ou moins ?

   c) À la fin de la septième journée, les activités A et B sont achevées, tandis que l'activité D est terminée à 50 %. Les durées corrigées de D sont respectivement de 5, de 6 et de 7 jours. Les activités C et H sont prêtes à commencer. À la lumière de ces

Activité	Préalable	optimiste	Durée (jours) probable	pessimiste
A	Aucun	5	6	7
B	Aucun	8	8	11
C	A	6	8	11
D	Aucun	9	12	15
E	C	5	6	9
F	D	5	6	7
G	F	2	3	7
H	B	4	4	5
I	H	5	7	8

nouvelles informations, déterminez la probabilité de terminer le projet en 24 jours ou moins et la probabilité de le terminer en 21 jours ou moins.

   d) Les trois associés ont remarqué qu'une réduction de deux jours dans la durée du projet serait souhaitable, pourvu que les coûts rattachés à cette réduction ne dépassent pas 20 000 $. Les estimations des coûts par jour réduit pour chaque activité apparaissent ci-contre. Quelles sont les activités qui devraient être réduites, de combien de jours et quels sont les coûts optimaux de la réduction ? De quels autres aspects les trois associés devraient-ils tenir compte ?

Activité	Coûts du premier jour réduit En k$	Coûts du deuxième jour réduit En k$
C	8	10
D	10	11
E	9	10
F	7	9
G	8	9
H	7	8
I	6	8

8. Le doyen d'une faculté aimerait modifier les activités de préparation de la remise des diplômes. À cette fin, un PERT a été mis au point avec cinq chemins différents (voir le tableau). Sachant qu'on est à 16 semaines de la date fatidique, quelle est la probabilité :

   a) de terminer à temps les préparatifs ?

   b) de terminer les préparatifs avant la semaine 15 ?

   c) de terminer les préparatifs avant la semaine 13 ?

Chemin	Durée espérée (semaines)	Variance
A	10	1,21
B	8	2,08
C	12	1,01
D	15	2,89
E	14	1,44

17

9. Quelle est la probabilité que le projet suivant prenne plus de 10 semaines, si on connaît les informations ci-dessous?

Chemin	Durée espérée (semaines)	Variance
1-2	5	1,3
2-3	4	1,0
1-3	8	1,6

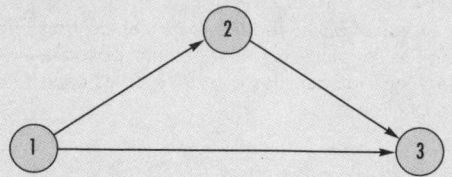

10. Le projet suivant a une durée prévue de 11 semaines. Les activités sont désignées par leurs événements de début et de fin.
    a) Y a-t-il lieu de se soucier de ne pas terminer à temps? Expliquez votre réponse.
    b) Si une pénalité de 5 000 $ est perçue par semaine de retard, quelle est la probabilité d'être pénalisé d'au moins 5 000 $?

Activité	Durée espérée (semaines)	Variance
E1–E2	4	0,70
E2–E4	6	0,90
E1–E3	3	0,62
E3–E4	9	1,90

11. À partir du réseau PERT suivant (durées semaines), déterminez:
    a) la durée espérée pour chaque chemin du projet et sa variance;
    b) la probabilité 0 que le projet prenne plus de 49 semaines pour être terminé;
    c) la probabilité que le projet soit terminé en 46 semaines ou moins.

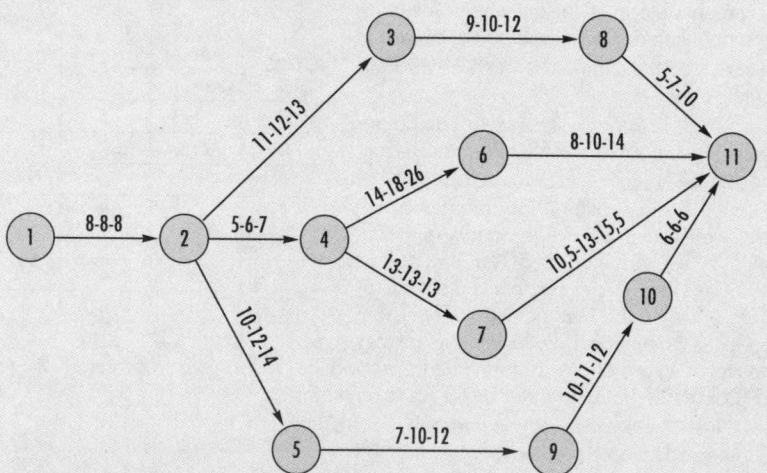

12. Voici la liste des activités nécessaires à l'implantation d'un nouveau système d'information administratif. En raison de l'aspect innovateur de ce projet, les durées des activités ont été estimées à partir des connaissances de la gestionnaire responsable, chacune étant évaluée par rapport au temps: optimiste, pessimiste et le plus probable.
    a) Tracez le réseau nodal dudit projet.
    b) Si la responsable termine le projet en 26 semaines ou moins, elle recevra une prime de 1 000 $. Si elle le termine en plus de 26 semaines, la prime sera de 500 $. Calculez la probabilité d'octroi de chaque prime.

Activité	Préalable	Durée estimée en semaines (a-m-b)
A	aucun	2-4-6
B	aucun	2-2-3
C	aucun	5-8-12
D	A	6-8-10
E	D	7-9-12
F	A	3-4-8
G	F	5-7-9
H	E	2-3-5
I	B	2-3-6
J	I	3-4-5
K	J	4-5-8
M	C	1-1-1
N	M	6-7-11
O	N	8-9-13
Fin	H, G, K, O	

13. On vous informe du projet suivant avec les durées et les coûts de réduction par semaine réduite.

    Si vous voulez réduire le projet de trois semaines le plus économiquement possible, déterminez les activités à réduire et les coûts de réduction.

Activité	Durée (semaines)	1re réduction ($)	2e réduction ($)
1-2	5	8	10
2-4	6	7	9
4-7	3	14	15
1-3	3	9	11
3-4	7	8	9
1-5	5	10	15
5-6	5	11	13
6-7	5	12	14

14. Un bureau de génie-conseil gère le projet de construction d'une clinique médicale. Les activités, leurs préalables, les durées normales (en semaines) et les coûts de réduction possibles sont présentés dans ce tableau. On vous demande d'établir un calendrier des activités de construction qui permet de réduire de cinq semaines la durée des travaux, et ce, à un coût minimal.

Préalable	Activité	Durée normale	Coûts de réduction 1re semaine	2e semaine
Aucun	A	12	15 000 $	20 000 $
A	B	14	10 000 $	10 000 $
Aucun	C	10	5 000 $	5 000 $
C	D	17	20 000 $	21 000 $
C	E	18	16 000 $	18 000 $
C	F	12	12 000 $	15 000 $
D	G	15	24 000 $	24 000 $
E	H	18	Aucun	Aucun
F	I	17	30 000 $	Aucun
I	J	12	25 000 $	25 000 $
B	K	9	10 000 $	10 000 $
G	M	3	Aucun	Aucun
H	N	11	40 000 $	Aucun
H, J	P	8	20 000 $	20 000 $

15. Le déménagement d'une usine requiert les activités décrites dans le réseau suivant. Le projet coûte 40 000 $ par semaine en coûts indirects. Voici les coûts de réduction par activité pour les trois premières semaines.
    a) Déterminez le coût optimal pour terminer le projet de déménagement.
    b) On vous demande de prendre tous les moyens pour terminer le déménagement au plus tôt. Tracez le graphique d'optimisation du projet et déterminez la date la plus optimiste et les coûts qui s'y rattachent.

Activité	Coûts de réduction (k$) 1re sem.	2e sem.	3e sem.
1-2	18	22	–
2-5	24	25	25
5-7	30	30	35
7-11	15	20	–
11-13	30	33	36
1-3	12	24	26
3-8	–	–	–
8-11	40	40	40
3-9	3	10	12
9-12	2	7	10
12-13	26	–	–
1-4	10	15	25
4-6	8	13	–
6-10	5	12	–
10-12	14	15	–

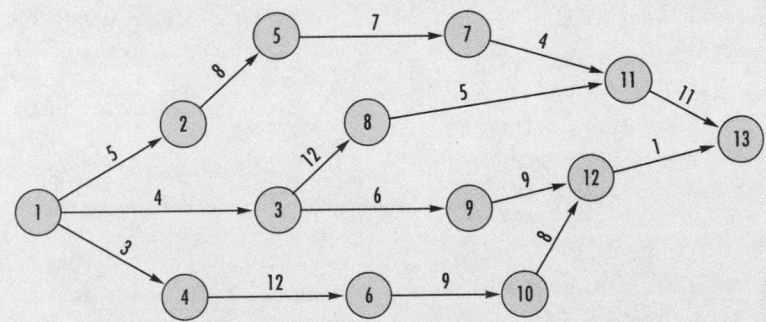

16. Un chantier de construction navale doit livrer un bateau en 32 semaines. Une pénalité de 375 $ par semaine de retard est imposée à l'entreprise. Procédez à une étude complète de la situation (avec tous les coûts possibles en cas de retard ou de réduction pour rattrapage) en traçant le graphique d'optimisation des coûts du projet.

Activité	Activité suivante	Durée normale	Coûts de réduction ($) 1re semaine	2e semaine
K	L, N	9	410	415
L	M	7	125	Aucun
N	J	5	45	45
M	Q	4	300	350
J	Q	6	50	Aucun
Q	P, Y	5	200	225
P	Z	8	Aucun	Aucun
Y	Fin	7	85	90
Z	Fin	6	90	Aucun

17

17. Soit le réseau suivant, où les durées sont estimées en jours de travail.

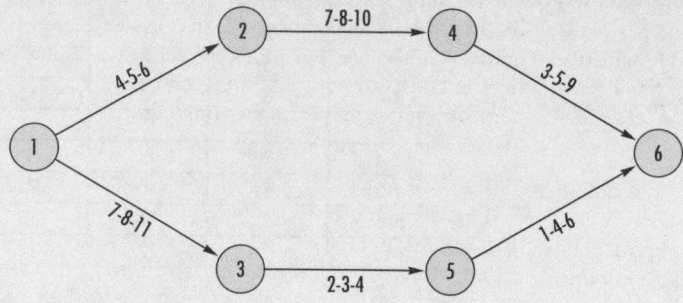

a) Calculez la durée espérée du projet.
b) Calculez les probabilités que le projet se termine en moins de 18 jours.

Cas
La courtepointe mexicaine en patchwork

« La mission du projet que vous allez diriger consiste à préparer notre nouvelle filiale mexicaine à recevoir une relève de directeurs mexicains. Vous devriez pouvoir accomplir cette mission en deux ans », explique Robert Linderman, président de la société Linderman Industries inc. à Carl Conway, nouveau directeur du projet Opération Mexico. Celui-ci a été embauché en raison de son expérience dans la gestion d'importants travaux de défense aérospatiale.

« Tout d'abord, je devrai monter une équipe de projet, affirme M. Conway. Je suppose que vous avez déjà une idée quant à mes futurs collaborateurs.

– Oui, j'ai envoyé des notes aux directeurs de divisions pour les informer du fait que vous allez offrir à certains de leurs employés clés de travailler pour vous pour une période d'environ deux ans, répond M. Linderman. De plus, je leur ai demandé de se préparer à exécuter des commandes pour le projet Opération Mexico avec le personnel et le matériel de leurs organisations. Plus tard, au cours du projet, vous engagerez du personnel mexicain, des directeurs et des techniciens. Ces personnes auront des superviseurs mexicains, mais tout au long du projet, vous les superviserez aussi. Je dois admettre que vous aurez des relations d'autorité assez complexes, surtout parce que vous serez personnellement responsable devant le président de la filiale, Felix Delgado, et devant moi. »

M. Conway a donc commencé à dresser les plans pour l'équipe du projet. La bâtisse de l'usine de Mexico était libre et

inoccupée, et il était important d'acheter et d'installer le matériel le plus tôt possible. Il fallait donc dresser un plan de l'usine, mais avant de pouvoir le faire, il fallait élaborer un plan de production. Par conséquent, M. Conway devait recruter un ingénieur industriel, un planificateur de production et un acheteur pour le matériel. Ces personnes, de leur côté, devraient embaucher leur propre personnel.

M. Conway a donc pris rendez-vous avec Sam Sargis, directeur du génie industriel. « J'ai suggéré à Bob Cates de se joindre au projet Opération Mexico, et il s'est montré très intéressé, raconte M. Conway. Allez-vous me le confier ?

– Pourquoi ? Je forme M. Cates pour qu'il me remplace quand je prendrai ma retraite, répond M. Sargis. C'est mon bras droit. Laissez-moi vous suggérer quelqu'un d'autre, ou encore mieux, expliquez-moi le genre de travail de génie industriel dont vous avez besoin et je le ferai faire pour vous.

– Désolé, mais je veux M. Cates, réplique fermement M. Conway. De plus, vous n'êtes pas prêt à prendre votre retraite avant cinq ans. Ce sera une expérience enrichissante pour lui. »

Pour la planification de la production, M. Conway avait en tête Bert Mill, un homme plus âgé possédant une grande expérience de la gestion des opérations, mais M. Mill a refusé son offre. « J'en ai parlé à ma femme, explique-t-il, et nous avons conclu qu'à mon âge, je ne devais pas prendre le risque de me retrouver sans travail à la fin du projet. »

M. Conway s'est ensuite tourné vers Emil Banowetz, l'assistant de Jim Burke (vice-président de la fabrication), et M. Banowetz a accepté de se joindre à l'équipe du projet. Cependant, M. Burke a dit à M. Conway que si on lui enlevait M. Banowetz, il donnerait sa démission à M. Linderman. M. Conway a donc décidé de revenir sur sa décision. Il a finalement accepté un homme recommandé par M. Burke.

Ça n'a pas été facile de trouver un acheteur pour le matériel. Le directeur de l'approvisionnement a téléphoné à M. Conway et lui a dit qu'un acheteur en chef, Humbero Guzman, avait demandé d'être affecté à cette tâche et qu'il le lui recommandait fortement. Pendant une dizaine d'années, M. Guzman a été acheteur pour une importante société minière de Mexico.

En recrutant le personnel pour remplir les postes des secteurs de l'ingénierie, du contrôle de la qualité, des coûts, du marketing et de la publicité, M. Conway a vécu à peu de chose près les mêmes expériences qu'avec les trois premiers postes. En d'autres mots, il a parfois eu le dernier mot à l'occasion de certains conflits avec les directeurs de divisions et parfois non. Pour s'occuper du personnel, il a demandé à Juan Perez, qui avait été nommé directeur du personnel de la filiale, de se joindre temporairement à l'équipe du projet.

Le premier problème qu'a éprouvé le projet Mexico dans son association avec une division s'est produit quand Frank Fong, un ingénieur de M. Conway, l'a informé du fait que le vice-président de l'ingénierie, qui était son patron, a refusé d'accorder une priorité absolue à la conversion au système métrique des dimensions des plans de production. M. Conway a dû soumettre ce problème à M. Linderman, qui a tranché en sa faveur. Évidemment, le vice-président n'a pas apprécié cette décision.

L'incident suivant s'est produit quand M. Conway a manifesté le désir d'effectuer un essai à l'échelle semi-industrielle de produits fabriqués à partir de mesures métriques afin de les expédier à Mexico. Le but de cet exercice était d'analyser l'accueil des produits Linderman sur le marché. M. Burke a affirmé catégoriquement qu'il était hors de question que ses ouvriers de production travaillent avec des plans en mesures métriques. S'apercevant très vite qu'il ne gagnerait pas, M. Conway a demandé à son acheteur, M. Guzman, de travailler avec le tout nouveau directeur de production de la filiale pour effectuer un essai des produits sous-traités à Mexico.

Puis, Bob Cates a quitté expressément Mexico pour soumettre un problème épineux à M. Conway. L'ingénieur industriel mexicain que M. Cates devait former avait ses propres idées au sujet de l'aménagement de l'usine. Quand ses suggestions ne concordaient pas avec celles de M. Cates, il avait tendance à se plaindre directement à Felix Delgado, le président de la filiale mexicaine. M. Delgado étant principalement un spécialiste en finances, ne pouvait prendre de décision et mettait ces désaccords tout simplement de côté. M. Conway a cité des exemples de ces désaccords à Sam Sargis, l'ancien patron de M. Cates, qui, chose surprenante, ne soutenait pas les positions de M. Cates.

M. Conway s'est alors aperçu que M. Sargis entretenait des sentiments négatifs à l'égard de M. Cates du fait que celui-ci avait quitté son service, ce qui ne présageait rien de bon pour son retour. Cependant, pour résoudre le problème immédiat, M. Conway a demandé à M. Perez d'essayer d'arranger la situation à Mexico.

Malgré ces problèmes et plusieurs autres de nature semblable, le projet Mexico a connu beaucoup de succès, et la transition vers la gestion mexicaine s'est effectuée en un peu plus de deux ans. Grâce à l'intervention de M. Perez, Felix Delgado a été très impressionné par le travail de Bob Cates et l'a convaincu d'accepter le poste de directeur du génie industriel pour la société mexicaine. Humberto Guzman est également resté à la tête des opérations d'approvisionnement.

D'autres membres de l'équipe n'ont pas été aussi chanceux. La société Linderman Industries a mis du personnel à pied à la fin du projet, et seul le responsable de la production du projet a pu se trouver, au sein de la société, un poste semblable à celui qu'il occupait avant le projet. Le spécialiste en coût de revient a décidé de quitter les industries Linderman, car, selon lui, le prestige du projet Mexico l'avait «gâté» et les travaux routiniers ne l'intéressaient plus.

Carl Conway a dû prendre une décision difficile. Robert Linderman, très satisfait de sa performance, l'a assuré qu'il allait bientôt décrocher un poste intéressant au sein de la compagnie. Entre-temps, on lui offrait un poste-conseil au sein de l'administration. Toutefois, M. Conway avait déjà vu assez de directeurs de projets dans l'industrie aérospatiale qui avaient attendu pendant des années dans des postes-conseils une fois leurs projets achevés, et il trouvait la situation pour le moins inquiétante.

Questions

1. Est-ce que l'organisation du projet de la société Linderman Industries était appropriée pour mettre sur pied la filiale mexicaine?

2. Considérant le fait que Robert Linderman a informé les directeurs de divisions du fait que le directeur de projet allait recruter certains de leurs employés clés, pourquoi M. Conway a-t-il eu de la difficulté à obtenir les personnes qu'il voulait?

3. Vous attendriez-vous à ce que beaucoup de gens refusent de se joindre à un projet, comme l'a fait Bert Mill? Pourquoi?

4. Pourquoi M. Conway soumettrait-il le problème qu'il a eu avec le vice-président de l'ingénierie à M. Linderman pour qu'il le règle en sa faveur, pour reculer ensuite dans deux différends avec le vice-président de la fabrication?

5. Qu'est-ce que la société Linderman Industries aurait pu faire pour assurer de bons postes aux personnes qui avaient terminé le projet Opération Mexico, y compris Carl Conway, le directeur de projet?

Source: *Management: The Key to Organizational Effectiveness*, édition révisée par Clayton Reeser et Marvin Loper. Copyright © 1978 par Scott, Foreaman and Company. Reproduit avec autorisation.

Cas
Les produits Fantasy

Historique de la société

La compagnie Les produits Fantasy est un fabricant de petits appareils électroménagers de grande qualité. Sa ligne actuelle comprend des fers à repasser, un petit aspirateur à main et quelques électroménagers pour la cuisine comme des grille-pain, des mélangeurs, des gaufriers et des cafetières. La compagnie Fantasy possède un important service de recherche et développement qui cherche continuellement des façons d'améliorer les produits existants et de développer de nouveaux produits.

Actuellement, le service de recherche et développement travaille à l'élaboration d'un nouvel appareil qui refroidit rapidement les aliments, un peu à la façon dont les fours micro-ondes réchauffent les aliments, même si la technologie utilisée est très différente. Provisoirement appelé Full Chill, le produit se vendra d'abord 125 $ environ, et le marché ciblé sera constitué de personnes à revenus élevés. À ce prix, on s'attend à ce que le produit soit très rentable. Les ingénieurs du service de recherche et développement ont élaboré un prototype fonctionnel et sont confiants que, grâce à la collaboration du personnel de la production et du marketing, le produit sera sur le marché pour la période de Noël. On a déterminé la date de lancement du produit, qui aura lieu dans 24 semaines.

Problème actuel

La vice-présidente du marketing de la compagnie, Vera Frost, a récemment appris de source sûre qu'un concurrent est, lui aussi, en train d'élaborer un produit semblable, mais plus petit, qui devrait être mis sur le marché à la même date. De plus, sa source indique que le prix du produit du concurrent sera de 99 $ et qu'il sera destiné aux groupes à revenus moyens et élevés. Mme Frost, avec l'aide de plusieurs de ses employés clés qui collaboreront à la mise en marché du Full Chill, a décidé que, pour rester concurrentiel, le prix du Full Chill devra être réduit à moins de 10 $ environ du prix du concurrent. À ce prix, le Full Chill sera encore rentable, mais moins que ce qui était prévu.

Mme Frost se demande s'il serait possible d'avancer la date de lancement du produit afin de devancer la concurrence. Elle aimerait avoir une avance de six semaines sur son concurrent. La date de lancement aurait ainsi lieu dans 18 semaines seulement. Durant cette période, la compagnie Fantasy pourrait vendre le Full Chill à 125 $, puis réduire le prix de vente à 109 $ quand le produit du concurrent ferait son entrée sur le marché. Puisque les études de marché prévoient que les ventes durant ces 6 premières semaines seront d'environ 2 000 unités par semaine, les chances de réaliser des profits supplémentaires sont considérables. De plus, il y a un certain prestige rattaché au fait d'être le premier à mettre un produit sur le marché, ce qui devrait aider le Full Chill durant la bataille prévue pour obtenir les parts du marché.

Collecte de données

Puisque la compagnie Fantasy a étudié le processus de lancement d'un produit à quelques reprises, le service de R & D a dressé une liste des tâches à accomplir et établi leur ordre de priorité. Les délais et les coûts varient selon le produit, mais le processus de base ne change pas. La liste des activités en ordre de priorité est présentée au tableau A. Les estimations de temps et de coûts pour les activités liées au lancement du Full Chill sont présentées au tableau B. Prenez note que certaines des activités peuvent être faites de façon accélérée, avec une augmentation proportionnelle du coût.

Questions

La compagnie Les produits Fantasy doit décider si elle mettra le Full Chill sur le marché dans 18 semaines, comme le recommande Mme Frost. À titre de spécialiste en gestion de projets du service de recherche et développement, on vous demande de répondre aux questions suivantes.

1. Quand le projet se terminerait-il si l'on se basait sur les délais normaux ?

2. Est-il possible d'achever le projet en 18 semaines ? Quels seraient les coûts additionnels engagés ? Quelles activités devraient être achevées de façon accélérée ?

3. Ces coûts additionnels sont-ils justifiés par rapport aux profits espérés ?

4. L'estimation de la demande est très incertaine. De combien ce chiffre peut-il varier sans changer vos recommandations ?

5. Y a-t-il un délai autre que celui de 18 semaines recommandé par Mme Frost qui serait plus sensé en ce qui a trait aux profits ?

Source : Utilisé avec la permission de Robert J. Thieraus, Margaret Cunningham et Melanie Blackwell, Xavier University, Cincinnati, Ohio.

Activités	Description	Préalable
A	Sélectionner et commander le matériel	–
B	Recevoir le matériel du fournisseur	A
C	Installer le matériel	A
D	Finaliser les nomenclatures	B
E	Commander les pièces	C
F	Recevoir les pièces	E
G	Procéder au premier cycle de production	D, F
H	Finaliser le plan marketing	–
I	Produire les publicités pour les revues	H
J	Préparer un scénario pour les annonces télévisées	H
K	Réaliser les annonces télévisées	J
L	Entreprendre la campagne publicitaire	I, K
M	Livrer le produit au consommateur	G, L

◀ **TABLEAU A**

Liste des activités en ordre de priorité

Activité	Temps normaux (sem.)	Coûts normaux ($)	Temps les plus courts (sem.)	Coûts des réductions ($)
A	3	2 000	2	4 500
B	8	9 000	6	12 000
C	4	2 000	2	7 000
D	2	1 000	1	2 000
E	2	2 000	1	3 000
F	5	0	5	0
G	6	12 000	3	24 000
H	4	3 500	2	8 000
I	4	5 000	3	8 000
J	3	8 000	2	15 000
K	4	50 000	3	70 000
L	6	10 000	6	10 000
M	1	5 000	1	5 000

◀ **TABLEAU B**

Estimations de temps et de coûts

17

Bibliographie

Angus, Robert B., Norman A. Gundersen et Thomas P. Cullinane, *Planning Performing and Controlling Projects: Principles and Applications*, 2e édition, Upper Saddle River (NJ), Prentice Hall, 2000.

Chapman, C., et S. Ward, *Project Risk Management*, New York, John Wiley & Sons, 1997.

Genest, Bernard-André, et ThoHau Nguyen, *Principes et techniques de la gestion de projets*, Laval, Éditions SIGMA DELTA, 1995.

Gido, Jack, et James P. Clements, *Successful Project Management*, Cincinnati (Ohio), South-Western Publishing Co., 1999.

Goldratt, Eliyahu, *Critical Chain*, Great Barrington (Mass.), North River Press, 1997.

Hall, E., et J. Johnson, *Integrated Project Management*, Upper Saddle River (N.J.), Prentice Hall, 2003.

Kanabar, Vijay, « Project Risk Management », *A Step-by-Step: Guide to Reducing Project Risk*, Boston (Mass.), Copley Publishing Group, 1997.

Kerzner, Harold, *Project Management: A System Approach for Planning, Scheduling and Controlling*, 7e édition, New York, John Wiley & Sons, 2001.

Lalonde, Benoît, et Armand St-Pierre, *Microsoft Project 2000*, Montréal, Éditions Vermette, 2000.

Meredith, Jack R., et Samuel Mantel Jr., *Project Management: A Managerial Approach*, New York, John Wiley & Sons, 1985.

Peterson, P., « Project Management Software Survey », *PMNETwork* 8, n° 5, mai 1994, p. 33-41.

Project Management Institute Standards Committee, A *Guide to the Project Management Body of Knowledge*, Upper Darby (Penn.), PMI Communications, 1996.

Rogers, T. « Project Management Emerging as a Requisite for Success », *Journal of Industrial Engineering*, juin 1993, p. 42-43.

17

Chapitre 18

La maintenance et la fiabilité

Claudio Benedetti dédie ce chapitre à son professeur et mentor
M. Marcel Gauthier, ing., M. Sc. A.
de l'École polytechnique de Montréal.

Plan du chapitre

Objectifs d'apprentissage

Décrire l'importance de la maintenance ;

Distinguer les trois types de pannes ;

Distinguer les trois types de maintenance ;

Distinguer la maintenance centralisée et la maintenance décentralisée ;

Calculer les coûts de la maintenance ;

Énumérer les étapes de la gestion de la maintenance ;

Expliquer la notion de fiabilité ;

Mesurer l'impact de la fiabilité.

18.1 Introduction IIIIIIIIIIIIIIIIIIIIIIIIIIIIIIIIIIIIIIIIIIIIIIIIIIIIIIIIIIIII

Pour conclure la description de la gestion des opérations et de la production, nous abordons l'une des fonctions les plus importantes et la plus oubliée de la gestion des opérations: la maintenance. Liée à l'environnement, cette fonction s'avère nécessaire pour assurer l'atteinte des objectifs de l'entreprise. Distinguons d'abord la maintenance et l'entretien.

Rappelons que les facteurs de production comprennent tous les moyens et ressources nécessaires à la création du bien ou du service offert par l'entreprise. L'**entretien** comporte toutes les actions nécessaires pour garder les facteurs de production en état de fonctionnement adéquat. Ces actions vont du nettoyage et de la conciergerie aux tâches d'entretien des machines, par exemple le graissage, l'huilage, le changement des pièces, etc. Plus globale que l'entretien, la maintenance comporte l'ensemble des mesures d'entretien, de détection et de réparation et leur mise en œuvre. Elle assure donc le bon fonctionnement des équipements et des machines, des bâtisses et des terrains, des systèmes électriques et électroniques, des systèmes de chauffage, de ventilation et de plomberie, etc.

La **maintenance** demeure la fonction la plus méconnue de la gestion des opérations. Plusieurs entreprises la limitent aux tâches d'entretien les plus élémentaires ou bien aux tâches de réparation lors de bris de machines ou des installations. D'autres iront jusqu'à confier systématiquement l'impartition de la maintenance à des firmes extérieures; il est à noter que cela s'avère parfois préférable. On considère souvent la maintenance soit comme un mal nécessaire lié à la piètre qualité des équipements et des installations, soit comme un luxe réservé aux grosses compagnies aériennes, aux hôpitaux et à l'armée. Heureusement, quelques entreprises ont compris l'importance et la nature de la maintenance et elles ont réussi à l'utiliser pour accroître l'efficacité de leurs facteurs de production, contrôler leurs coûts d'exploitation et gérer adéquatement leurs activités de production. Il est paradoxal de parler de santé et de sécurité, de qualité de vie au travail (*voir le chapitre 7*), d'assurance de la qualité (*voir les chapitres 9 et 10*), de systèmes juste-à-temps et d'opérations épurées (*voir le chapitre 15*) sans qu'une politique de maintenance ne soit formellement mise en œuvre.

En effet, aucune stratégie, aussi efficace soit-elle, ne peut réussir sans l'assurance que le système opérationnel de l'entreprise fonctionne sans défaillance. Tous les systèmes (JAT ou juste-à-temps, GIQ ou gestion intégrale de la qualité, PBM/MRP ou planification des besoins matières, motivation et implication des employés, amélioration continue [*kaïzen*], TPS ou *Toyota production system* et production épurée) sont basés sur la prémisse que les bâtisses et les équipements sont en état de fonctionnement adéquat.

Nous analyserons, dans ce chapitre, quelques aspects de ce vaste et controversé domaine d'activité qu'est la maintenance et nous essaierons de démystifier cette notion. Nous en montrerons l'importance, dans notre monde moderne, pour la qualité du travail à accomplir, la santé et la sécurité des employés ainsi que les économies qu'on peut en tirer.

18.2 L'importance de la maintenance

Parce qu'elle est une fonction liée à l'environnement du système de la gestion des opérations, la maintenance a une influence sur toutes les activités de production ainsi que sur les objectifs en fait de qualité, de quantité, de coûts, de temps et de lieu (*voir les objectifs des opérations au chapitre 1*).

Supposons qu'une entreprise prévoie produire 300 unités par jour, et ce, 250 jours par an (75 000 u/an). Les coûts de production (fixes et variables: main-d'œuvre, équipements, matières premières, etc.) sont de 20 \$/u. À un certain moment, un équipement majeur cesse de fonctionner à cause d'une **panne**. Si cet arrêt fait perdre 10 jours de production, quelles seront les conséquences?

1. Il manquera 3 000 unités à la fin de l'année, ce qui entraînera des commandes en retard ou non satisfaisantes pour la clientèle.
2. Il faudra faire des heures supplémentaires pour récupérer le temps perdu, donc les coûts de production seront plus élevés.
3. Il faudra débourser des sommes non prévues pour faire les réparations.

Entretien

Activité consistant à maintenir les facteurs de production en état de fonctionnement adéquat.

Maintenance

Ensemble des moyens nécessaires pour remettre et maintenir les facteurs de production en bon état de fonctionnement. Elle comprend l'ensemble des mesures d'entretien et leur mise en œuvre.

Panne

Arrêt imprévu d'un équipement, d'un de ses organes ou de tout autre facteur de production.

18

4. En attendant la fin des réparations, le personnel permanent restera inactif, à moins qu'on ne l'affecte à d'autres tâches qui, habituellement, ne lui incombent pas.
5. Les programmes et charges de travail planifiés (*voir le chapitre 16*) devront être réajustés en conséquence, ce qui entraînera d'autres coûts.

Ce ne sont là que quelques-uns des inconvénients qui découlent d'une panne. Celle-ci entraîne automatiquement une augmentation substantielle des coûts de production ainsi qu'une diminution, ou tout simplement la disparition, des marges de profit espérées sur la vente du produit. Si, par contre, on avait tenu compte, au moment de la prévision et de la planification, des probabilités de pannes, on aurait considéré une marge de sécurité en planifiant des moments d'arrêt de la production pour entretien avant que la panne ne survienne, en constituant des stocks de sécurité et en fixant les coûts d'exploitation en conséquence, par exemple. Une bonne maintenance de l'équipement et des installations assure la qualité des produits offerts ainsi que la sécurité du personnel.

On dit souvent : « Pour faire du bon travail, il faut de bons outils. » Il est difficile, voire impossible, de créer des produits d'une certaine qualité avec des outils et de l'équipement en mauvais état.

Par ailleurs, combien d'accidents sont dus au mauvais état de l'outillage et de l'équipement utilisés ? On n'a qu'à penser aux nombreux accidents de la circulation causés par des pannes des systèmes de freinage ou de direction, trop usés ou mal entretenus. Dans plusieurs cas, il est impensable de négliger la maintenance ; par exemple, dans les salles d'opération d'un hôpital, on ne peut se permettre une panne de l'équipement utilisé (régulateur d'oxygène, etc.).

En outre, avec l'évolution de la technologie, on utilise de l'équipement de plus en plus raffiné, ce qui représente des investissements élevés ; on ne peut donc pas laisser cet équipement se détériorer et l'on doit en tirer le maximum d'efficacité pour justifier ces investissements. Il faut donc assurer le bon fonctionnement de l'équipement et prolonger sa durée de vie.

On voit que la maintenance dépasse le simple nettoyage des locaux, des couloirs et des escaliers, et qu'elle n'a pas comme seul objectif la réparation d'équipements en panne.

18.3 Les types de pannes

On a vu que l'un des objectifs de la maintenance est de conserver le matériel technique en état de fonctionnement. Une panne est un arrêt imprévu du fonctionnement d'un élément du matériel technique (facteur de production) ; elle n'implique pas nécessairement l'arrêt complet de l'équipement. Il peut s'ensuivre une baisse de l'efficacité (quantité plus faible, qualité déficiente, coûts plus élevés d'utilisation, accroissement de la consommation d'énergie ou de matières premières) causée par le mauvais fonctionnement de l'équipement. Un pneu crevé, par exemple, ne signifie pas toujours l'arrêt complet de l'automobile ; on peut toujours rouler, mais moins vite, avec un confort et une tenue de route inadéquats. Cet exemple montre qu'il existe plusieurs types de pannes et, par le fait même, plusieurs types de maintenance.

Par exemple, au début de l'utilisation d'une nouvelle machine, la friction entre les pièces est très forte, car celles-ci sont neuves ; cela cause une surchauffe des éléments, d'où une possibilité de panne ; ou encore, l'assemblage peut avoir un défaut et l'utilisateur, qui n'est pas habitué à l'équipement, peut commettre une erreur de manipulation. De même, dans le cas d'une auto neuve, les réglages sont nombreux au début, jusqu'à ce qu'elle roule à la satisfaction du client. Un autre exemple : l'être humain, durant ses premiers mois de vie, voire ses premières années, peut avoir de nombreuses maladies (« pannes ») et est plutôt fragile. Les pannes qui surviennent avec du nouvel équipement sont dites « infantiles ».

Remarquons que les **pannes infantiles** sont prévisibles. On peut donc prendre les mesures nécessaires pour y remédier, par exemple garder du personnel d'entretien tout près de l'équipement durant cette période, utiliser l'équipement avec plus de discernement en respectant les modalités de la période de rodage suggérées par le manufacturier, etc. Une période d'apprentissage doit être prévue en conséquence (*voir le supplément du chapitre 7*). Les pannes infantiles surviennent aussi dans le cas de la remise à neuf d'un équipement, d'un procédé de production ou d'un processus administratif qui doit aussi subir un rodage. Une fois terminée cette période initiale, appelée aussi période de **rodage,** le nombre de pannes diminue considérablement et l'on se trouve face à un autre type de pannes : les **pannes accidentelles.**

Pannes infantiles

Pannes qui surviennent au début de la mise en œuvre d'un système d'opération.

Rodage

Période pendant laquelle l'équipement, le procédé ou le processus est mis progressivement en opération sous surveillance spéciale.

18

Pannes accidentelles

Pannes qui surviennent d'une façon imprévisible et totalement aléatoire.

Les pannes accidentelles entraînent des coûts d'arrêt très élevés parce qu'elles sont imprévisibles, contrairement aux pannes infantiles. Habituellement, les pannes accidentelles surviennent sur une période plus ou moins longue, selon le type d'équipement. Elles seront étudiées plus en détail à la sous-section 18.4.1.

Par exemple, lorsqu'un équipement n'a bénéficié d'aucun entretien des tuyaux d'huile du système hydraulique depuis cinq ans et tombe soudainement en panne à cause d'une fuite d'huile, on ne peut considérer qu'il subit une panne accidentelle. Cette panne est logiquement prévisible étant donné l'usure des éléments en question; l'entretien aurait dû être prévu en conséquence.

Après une période plus ou moins longue d'utilisation, l'équipement vieillit et s'use, et les possibilités qu'il tombe en panne augmentent considérablement. Il serait erroné de prétendre que les pannes que subit un équipement âgé surprennent; ce type de pannes est plus que prévisible. Tout comme dans le cas des pannes infantiles, des mesures peuvent être prises pour prévoir les **pannes de vieillissement** et y remédier avant qu'il ne soit trop tard, c'est-à-dire avant que la panne n'entraîne des coûts importants (*voir la sous-section 18.4.2*).

La figure 18.1 indique les types de pannes et leur fréquence en fonction du temps.

Analysons la figure 18.1. Au moment de l'installation d'un nouvel équipement ou de nouvelles pièces d'équipement, on peut s'attendre à ce que, durant une certaine période, le taux de pannes soit élevé, jusqu'à ce que la période de rodage soit terminée. Vient ensuite une période où le taux de pannes est plus faible, car seules les pannes accidentelles surviennent; un entretien adéquat aide à prolonger cette période (*voir la maintenance préventive et la maintenance corrective aux sous-sections 18.4.2 et 18.4.3*). Finalement, le vieillissement de l'équipement entraîne l'augmentation progressive du taux de pannes. On doit examiner à ce moment la possibilité d'acquérir un nouvel équipement et de se défaire de l'ancien.

Cette répartition des pannes en fonction du temps est une loi naturelle; tous les équipements, installations, systèmes et politiques de fonctionnement, de même que les êtres vivants, y obéissent. Selon l'âge de l'équipement et le type de pannes auquel on fait face, on adoptera le type de maintenance approprié.

Pannes de vieillissement

Pannes dues à l'âge et à la grande fréquence d'utilisation de l'équipement.

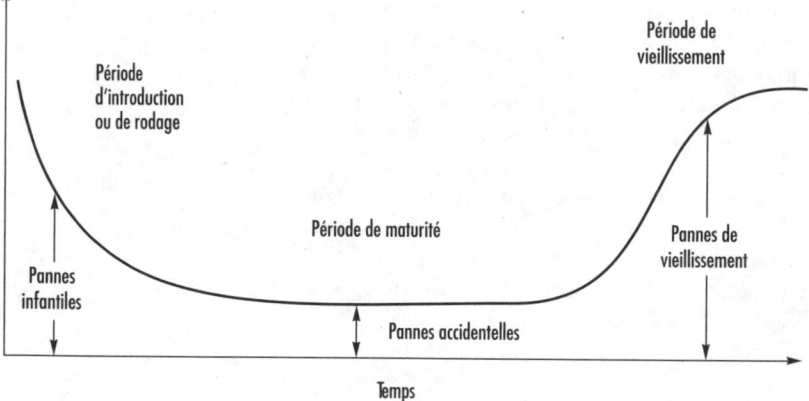

FIGURE 18.1 ▲

Fréquence des pannes

18.4 Les types de maintenance

De façon générale, on distingue trois types de maintenance[1]:

1. la maintenance palliative ou curative;
2. la maintenance préventive;
3. la maintenance corrective.

Voyons en quoi consiste chacun des types de maintenance.

18.4.1 La maintenance palliative

La **maintenance palliative ou curative**, ou «de catastrophe», a pour tâche de remettre en état de fonctionnement de l'équipement arrêté ou ne fonctionnant pas correctement pour cause de panne.

Maintenance palliative ou curative

Approche réactive qui consiste à intervenir sur le système pour le remettre en fonction quand le problème survient.

18

___

1. On trouvera, dans les ouvrages spécialisés, la présentation d'autres types de maintenance. En ce qui concerne le présent ouvrage, nous nous limiterons à ces trois types.

C'est le plus connu des types de maintenance et malheureusement, dans certains cas, le seul à être appliqué. Cette maintenance intervient *a posteriori*, toujours trop tard, lorsque la panne (infantile, accidentelle ou de vieillissement) survient, souvent avec des conséquences graves et toujours lorsqu'on s'y attend le moins. Des praticiens du domaine l'appellent, à juste titre d'ailleurs, la « maintenance de catastrophe ». Les coûts de la maintenance palliative sont très élevés à cause des facteurs suivants :

* des pièces majeures brisées, qui entraînent souvent le bris d'autres pièces connexes ;
* des matières premières et des produits gaspillés à cause de l'équipement en mauvais état ;
* des employés inactifs attendant la fin des réparations ;
* des plans et des programmes de production à reformuler ; dans certains cas, l'arrêt d'un équipement touche toutes les étapes et opérations successives ;
* des délais de livraison non respectés, d'où une insatisfaction du client et même un risque de perdre ce client, qui ira voir un concurrent ;
* des heures supplémentaires ou le recours à des sous-traitants pour rattraper le temps perdu ;
* une baisse de la qualité des produits touchés ;
* une baisse de la sécurité sur les lieux de travail.

Pour pallier ces pannes, on a recours :

1. à de l'équipement de secours ; c'est-à-dire de l'équipement en attente, prêt à être mis instantanément en marche en cas de panne ;
2. à une importante équipe de personnel de soutien, appelé aussi « personnel volant » ; cette équipe hautement compétente, bien équipée en outils, en pièces de rechange, etc., a la responsabilité de remettre rapidement l'équipement en état de fonctionner.

Ces deux solutions sont souvent très coûteuses. On a intérêt à faire une étude de rentabilité pour savoir s'il est préférable de subir les inconvénients des pannes plutôt que de supporter les coûts qu'entraîneraient ces deux solutions. Dans certains cas, par exemple dans les édifices où la sécurité humaine est en jeu, ce sont des systèmes électrogènes en attente qu'on installera, et qui seront prêts à être mis en marche instantanément en cas de panne ; dans d'autres cas, on optera pour des équipes de soutien. Seule l'analyse de chaque cas précis et de toutes les conséquences qui en découlent (économiques, techniques et humaines) guidera le choix entre ces deux options.

La maintenance palliative traite les pannes accidentelles qui, comme on les a définies, sont imprévisibles, c'est-à-dire celles qui sont dues purement au hasard ou à un accident de parcours, par opposition aux pannes prévisibles. Il est important de faire la différence entre ces deux types de pannes. Souvent, des pannes qualifiées d'« accidentelles » auraient pu être évitées par un entretien plus adéquat de l'équipement et des installations. Il est donc erroné de les qualifier ainsi, car elles sont prévisibles. En étant prévoyant et en procédant à un entretien approprié, on peut diminuer le taux de pannes, quel qu'il soit, et maintenir un niveau de service maximal des opérations.

On a recours à d'autres types de maintenance pour éliminer tout type de panne non accidentelle.

18.4.2 La maintenance préventive

La **maintenance préventive** se divise en deux types :

1. la maintenance systématique ;
2. la maintenance prédictive.

Voyons maintenant plus en détail chacun des types.

1. La maintenance systématique. La **maintenance systématique** comporte les activités relatives à l'entretien de base et nécessaires au fonctionnement de l'équipement et des installations, telles que :

* le nettoyage ;
* la vidange d'huile, le graissage ;

Maintenance préventive
Activités de maintenance et d'entretien qui consistent à intervenir sur un système d'opération pour éviter que les pannes surviennent et pour assurer sa fiabilité.

Maintenance systématique
Activités de maintenance et d'entretien sur un système d'opération à périodes fixes prédéterminées, indépendamment de son état.

18

- le remplacement, à intervalles réguliers, de certains composants clairement identifiés ;
- les vérifications de routine.

La caractéristique principale de la maintenance systématique est sa périodicité, c'est-à-dire le fait qu'elle soit exécutée à intervalles fixes, qui peuvent être définis par rapport à la durée (par exemple changer les courroies tous les débuts de mois, nettoyer les néons et changer les filtres des systèmes d'aération tous les printemps) ou de temps d'utilisation (vidanger l'huile tous les 8 000 km).

Ces intervalles sont déterminés par :

- l'expérience d'utilisation antérieure ;
- les caractéristiques de l'équipement ;
- les recommandations du fabricant ;
- les conditions d'utilisation, le taux d'utilisation, l'environnement physique, etc.

La maintenance systématique aide à diminuer le taux de pannes en cours d'utilisation, à les prévenir, à augmenter la durée de vie de l'équipement, à assurer la santé et la sécurité des travailleurs. Cette dernière notion est très importante quand on veut assurer la fiabilité du système. À cause de son caractère périodique, la maintenance systématique est facile à planifier et à mettre en œuvre. On peut du même coup planifier la production et déterminer les coûts d'exploitation en conséquence. Habituellement, on exécute la maintenance systématique en dehors des heures de travail, durant la pause café, le dîner ou à la fin de la journée. Elle est effectuée par l'équipe de maintenance préventive.

Maintenance prédictive (ou conditionnelle)

Activités de maintenance et d'entretien sur un système d'opération qui consiste à y intervenir conditionnellement à son état.

2. La maintenance prédictive. La **maintenance prédictive (ou conditionnelle)** comprend :

- l'inspection périodique de l'équipement et des installations de l'entreprise pour déceler des situations pouvant mener à des pannes ;
- l'entretien de l'équipement pour mettre fin à ces situations avant que celles-ci ne s'aggravent.

Comme la maintenance systématique, la maintenance prédictive a un caractère périodique ; elle diminue considérablement le taux de pannes et augmente la longévité de l'équipement. Cependant, contrairement à la maintenance systématique, la maintenance prédictive n'implique le changement d'une pièce que dans le cas où celle-ci montre des risques de pannes. Elle nécessite donc une connaissance approfondie de la structure du système pour pouvoir prédire que son état peut ou non soutenir l'utilisation actuelle.

De la même nature que la maintenance systématique, la maintenance prédictive est facile à prévoir et à planifier, et elle est exécutée de préférence en dehors des heures de production. Il arrive souvent qu'on procède à ces deux types de maintenance au même moment d'arrêt. C'est pourquoi on a parfois tendance à les confondre et à les regrouper sous le nom de « maintenance préventive ». Par contre, on préfère dans certains milieux appeler « maintenance systématique » les activités simples de maintenance, tandis que les activités visant à s'assurer du bon fonctionnement de l'équipement (essais, révisions générales, remplacements de pièces importantes après un temps d'utilisation prédéterminé, même si elles paraissent bonnes) sont regroupées sous l'expression « maintenance préventive ».

La périodicité des maintenances préventives peut varier en fonction de l'utilisation de l'équipement dans des conditions précises, selon chaque entreprise et l'environnement dans lequel celle-ci évolue.

La maintenance préventive (systématique et prédictive) apparaît de plus en plus indispensable dans le monde moderne. Par exemple, si la génératrice de courant d'une automobile tombe en panne au cours d'un voyage, le véhicule, au pire, sera remorqué jusqu'à la prochaine station-service pour être réparé. Les conséquences seront beaucoup plus graves si le même type de panne se produit dans un avion. Il est donc important de vérifier l'état de toutes les pièces clés de l'avion avant chaque décollage. Il en est de même dans le cas d'ordinateurs de grande capacité et d'autres équipements complexes. On préfère parfois installer des équipements de secours au cas où une panne surviendrait ; les investissements sont alors doublés (c'est le cas des génératrices de courant dans les hôpitaux).

Dans le domaine des services, c'est en médecine que ces notions ont été reçues le plus rapidement et le plus volontiers. En effet, on entend beaucoup parler de l'importance de la médecine préventive afin d'éviter le plus possible les actions de la médecine palliative. Les autres secteurs des services, à part le transport aérien où l'OACI[2] a dû intervenir rigoureusement depuis 1948, demeurent réticents à agir. Dans les autres types de transport, les gouvernements ont dû s'impliquer. Dans les autres secteurs de service, beaucoup reste à faire.

L'étude et l'analyse des activités de maintenance palliative, systématique et prédictive nous amènent à décrire un troisième type de maintenance : la **maintenance corrective**.

18.4.3 La maintenance corrective

Pour comprendre le lien entre les trois types de maintenance, considérons le cas d'une courroie d'entraînement en toile d'une petite presse. Supposons que les pannes de la presse sont fréquentes et qu'elles sont causées par l'usure prématurée de la courroie. L'étude des travaux de maintenance palliative nous indique que la courroie se rompt en moyenne tous les 25 jours, ce qui entraîne des retards. On peut demander au personnel de l'entreprise de vérifier la courroie au début de chaque quart et de la changer, à titre préventif, si des signes d'usure y apparaissent. Ou bien, en instaurant une maintenance préventive systématique, on peut décider de remplacer la courroie tous les 20 jours, que la courroie soit usée ou pas. On minimise ainsi les besoins de travaux d'entretien palliatif et les coûts qui s'y rattachent.

Supposons maintenant que l'étude des courroies disponibles sur le marché nous révèle l'existence de courroies en néoprène dont la durée de vie est trois fois plus longue que celle des courroies en toile, mais dont le prix est deux fois plus élevé. En améliorant l'équipement par l'installation de telles courroies (maintenance corrective), on réduit au tiers le coût de la maintenance préventive, outre le fait de diminuer le coût total des courroies (un remplacement de courroie au lieu de trois). Cet exemple illustre l'importance des considérations d'ordre économique touchant à la maintenance, discutées plus particulièrement à la section 18.5.

La majorité des travaux de maintenance corrective se font durant les **remises à neuf.** Par exemple, dans le cas d'un navire, ce dernier sera mis en cale sèche et les travaux pourront durer aussi longtemps que 24 mois. Pour les avions commerciaux, on changera même les tapis et le rembourrage des sièges, sans compter les travaux d'envergure touchant la carlingue et tous les autres éléments mécaniques et électriques de l'aéronef. Il en va de même pour les presses, les chariots élévateurs, les photocopieuses, les ordinateurs, etc.

La maintenance corrective permet d'améliorer la **maintenabilité** d'un équipement. Plusieurs fabricants améliorent la maintenabilité de leur produit en recueillant des informations directement auprès du client, principal utilisateur du produit, ce qui leur permet de faciliter l'entretien. Ainsi, ils améliorent la disponibilité des pièces de rechange, l'accès aux différents éléments n'exigeant pas de démontage complet, la fréquence de l'entretien, etc.

18.5 Les coûts de la maintenance

Nous avons vu à la section précédente quels sont les coûts rattachés aux pannes, à savoir :

- les coûts des pièces à remplacer ;
- le salaire des employés affectés à la réparation ;
- les coûts liés au temps improductif de l'équipement à cause du délai de réparation ;
- le salaire des employés affectés à la production qui demeurent improductifs durant la réparation ;
- les coûts du réajustement des plans et des programmes de production requis pour la reprise de la production perdue, soit à cause des retards accumulés, soit à cause de la mauvaise qualité des produits fabriqués par un équipement en mauvais état ;
- les coûts des produits gaspillés à cause de l'équipement en panne ;
- les coûts liés à la baisse de la productivité des employés due au mauvais état de l'équipement ;
- les coûts liés aux possibilités d'accidents de travail.

Maintenance corrective
Amélioration de l'équipement et des installations en vue de rendre les pannes moins fréquentes et les coûts de maintenance moins élevés.

Remise à neuf
Révision complète de tous les éléments d'un équipement exécutée après une période définie d'utilisation. C'est une tâche s'étendant sur une longue période.

Maintenabilité
Aptitude d'un dispositif, d'un appareil ou d'un système à être maintenu ou rétabli facilement dans un état lui permettant d'accomplir sa fonction prévue.

18

---

2. OACI : sous l'égide de l'ONU, Organisation de l'aviation civile internationale, dont le siège social est à Montréal.

Ce ne sont là que quelques-uns des coûts qu'entraîne une panne, quelle que soit sa nature. Par ailleurs, une entreprise peut choisir d'adopter un programme de maintenance préventive pour minimiser les coûts des pannes et ceux de la maintenance palliative qui en découlent, et pour augmenter la durée de son équipement et de ses investissements. Or, la maintenance préventive a un prix, car il faut:

- prévoir, planifier, organiser, diriger et contrôler les travaux de maintenance préventive, d'où la notion de gestion de la maintenance;
- supporter des coûts rattachés aux travaux de la maintenance préventive: pièces à changer, disponibilité des pièces en magasin, gestion des stocks qui en découle, salaire des employés, arrêts de production, etc.

Les gestionnaires auront à choisir entre une gestion de crise due à toutes sortes d'arrêts découlant des pannes et une gestion de la maintenance.

18.5.1 Le choix entre la maintenance préventive et la maintenance palliative

Connaissant les caractéristiques de ces deux pôles de la maintenance, les gestionnaires de la production doivent trouver le juste équilibre entre eux. La figure 18.2 illustre la situation.

Pour simplifier, on a pris comme exemple une évolution linéaire des coûts de la maintenance préventive. Les courbes de ce graphique montrent que plus on entretient l'équipement, plus les coûts dus à la maintenance palliative baissent; par contre, les coûts rattachés à la maintenance préventive augmentent. Par ailleurs, si l'on n'effectue aucun entretien et si l'on n'intervient qu'en cas de panne, les coûts de la maintenance préventive sont à leur minimum, tandis que la maintenance palliative coûte très cher. L'équation suivante résume les coûts des travaux d'entretien:

Coûts de la maintenance totale
= Coûts de la maintenance préventive + Coûts de la maintenance palliative

FIGURE 18.2 ▼

Évolution des coûts de maintenance

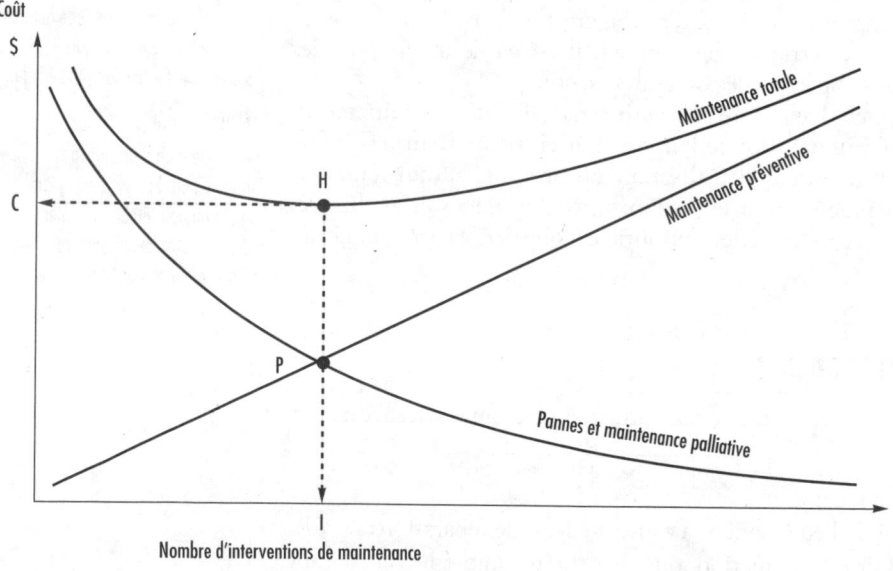

Source: C. Benedetti, *Introduction à la gestion des opérations*, 3ᵉ édition, Laval, Éditions Études Vivantes, p. 461.

Au point d'intersection de la droite des coûts de la maintenance préventive et de la courbe des coûts de la maintenance palliative (point P), on trouve le nombre d'interventions à effectuer pour minimiser les coûts totaux de maintenance (point H, avec coûts de maintenance totale C). La courbe de la maintenance totale indique l'évolution des coûts totaux; on a tenu compte uniquement de la maintenance palliative et de la maintenance préventive. Un nombre d'interventions inférieur ou supérieur à I (nombre d'interventions optimal) entraînerait un coût total plus élevé.

Les analyses des coûts des pannes, d'une part, et des coûts de maintenance, d'autre part, aident une entreprise à déterminer une politique de maintenance appropriée. Par **politique de maintenance,** on entend un ensemble de règles à suivre pour atteindre les buts en matière de maintenance.

Cette politique pourrait, par exemple, être énoncée ainsi:

a) dans le cas d'une imprimerie:
- l'inspection préventive des tambours toutes les 40 heures de fonctionnement;

Politique de maintenance

Ensemble de règles à suivre pour atteindre le niveau de fonctionnement des installations souhaité par l'entreprise.

b) dans le cas d'un transporteur public :
- la vidange d'huile tous les 6 000 km ;
- la vérification des disques et des plaquettes de frein tous les 8 000 km ;
- le remplacement des injecteurs tous les 24 000 km ;
- etc.

18.5.2 La fréquence d'utilisation et la maintenance

Plus une pièce d'équipement est utilisée, plus elle s'use, plus ses chances de tomber en panne augmentent et plus elle a besoin d'être entretenue.

Des études ont démontré que la fréquence des pannes croît de façon à peu près exponentielle par rapport à l'utilisation qu'on fait de l'équipement (*voir la figure 18.3*).

Si l'on décide d'utiliser un équipement de manière à en tirer la production maximale, on doit s'attendre à ce que le nombre de pannes soit plus élevé. Il faut alors se préparer à effectuer plus de maintenance palliative et, si l'on veut diminuer les coûts de ce type de maintenance, prévoir un plus grand nombre d'interventions pour prévenir les pannes (maintenance préventive). Il revient à l'entreprise de décider s'il vaut mieux :

1. accroître l'utilisation de l'équipement, en prenant le risque d'un plus grand nombre d'arrêts ; ou
2. diminuer l'utilisation de l'équipement (et la production du même coup) et prolonger la vie de l'équipement et des investissements.

▼ **FIGURE 18.3**

Fréquence des pannes par rapport au temps d'utilisation

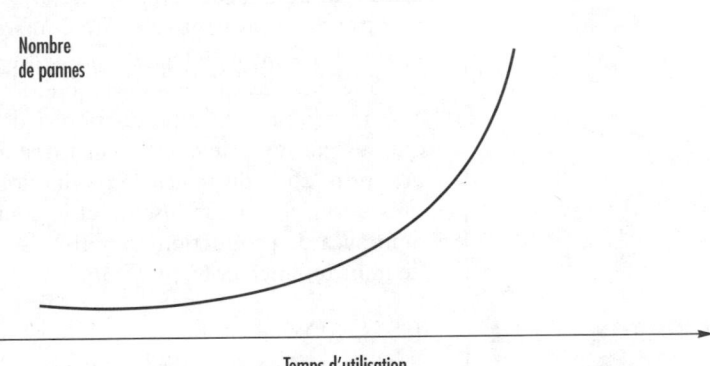

Une façon d'aider l'analyste à prendre une décision éclairée est l'étude économique entre ces deux choix.

Exemple 1

Les observations effectuées durant une période de plusieurs mois sur une pièce d'équipement (*voir le tableau ci-dessous*) nous informent de la fréquence du nombre de pannes par mois. Les coûts dus à une panne sont estimés à 1 000 $/panne et les coûts de la maintenance préventive, à 1 250 $/mois. Si on décide d'appliquer une maintenance préventive, le taux de panne sera négligeable. Est-il pertinent d'appliquer une maintenance préventive ou bien de supporter les coûts causés par les pannes ?

Nombre de pannes	0	1	2	3
Fréquence des pannes	0,20	0,30	0,40	0,10

Solution

Nombre de pannes × Fréquence des pannes = Espérance du nombre de pannes

0	0,20	0,00
1	0,30	0,30
2	0,40	0,80
3	0,10	0,30
Total	1,00	1,40

Coûts mensuels espérés selon une politique de maintenance palliative :

1,40 × 1 000 $/panne = 1 400 $/mois

Coûts de la maintenance préventive = 1 250 $/mois

Si on tient compte des résultats, il est plus économique d'appliquer une politique de maintenance préventive.

L'exemple qui suit montre comment déterminer l'intervalle idéal entre deux interventions en maintenance.

Exemple 2

Une étude statistique effectuée sur plusieurs semaines indique que les pannes surviennent en moyenne toutes les trois semaines avec un écart type de 0,60 semaine, et cela en respectant la loi normale. Les coûts moyens découlant d'une maintenance de catastrophe sont de 1 000 $. Les coûts de la maintenance préventive sont de 250 $ par intervention. Quel est l'intervalle optimal entre deux interventions préventives ?

18

Solution

Le rapport entre les coûts de la maintenance préventive et de la maintenance palliative donne :

250 $ ÷ 1 000 $ = 0,25 $

Dans la table de la distribution normale (*voir la table A à la fin du manuel*), la valeur de z donnant une probabilité de 0,25 est de $z = -0,67$ (écart type). Alors,

L'intervalle optimal = Moyenne + z (écart type) = 3 semaines – 0,67 × 0,60 semaine = 2,598 semaines

Idéalement, il faudra faire une intervention toutes les 2,6 semaines approximativement.

Exemple 3

Supposons qu'une presse fonctionne à une vitesse de 100 tours/min et qu'elle produise une unité par tour (100 u/min). L'analyse des travaux de maintenance passés indique que la maintenance préventive est toujours exécutée en dehors des heures d'exploitation et correspond à 2 % du temps de production, tandis que la maintenance palliative correspond à 0,5 % du même temps de production. Depuis quelque temps, on a augmenté la vitesse à 150 tours/min, et la production a donc connu le même accroissement. On a remarqué que les pannes, ainsi que la maintenance palliative correspondante, ont augmenté jusqu'à atteindre 25 % du temps de production. On n'a pas modifié la maintenance préventive. La presse fonctionne 35 h/sem., et le coût lié à son fonctionnement est de 30 $/h (salaire des employés de production compris). Quelle action doit-on prendre, sachant que les travaux de maintenance coûtent 75 $/h ?

Solution

1. À 100 tours/min :
   temps de maintenance palliative
   35 h/sem. × 0,5 % = 0,18 h/sem.

   coût de maintenance palliative
   0,18 h/sem. × 75 $/h = 13,5 $/sem.

   coût de maintenance préventive
   35 h/sem. × 2 % × 75 $/h = 52,5 $/sem.

   nombre d'heures d'exploitation nette
   35 h/sem. – 0,18 h/sem. = 34,82 h/sem.

   nombre d'unités produites par semaine
   34,82 h/sem. × 60 min/h × 100 tours/min × 1 u/tour = 208 920 u/sem.

   coût total de production par semaine
   35 h/sem. × 30 $/h + 13,5 $/sem. + 52,5 $/sem. = 1 116 $/sem.

   coût par millier d'unités
   1 116 $/sem. ÷ 208,92 ku/sem. = 5,34 $/ku

2. À 150 tours/min :
   temps de maintenance palliative
   35 h/sem. × 25 % = 8,75 h/sem.

   coût de maintenance palliative
   8,75 h/sem. × 75 $/h = 656,25 $/sem.

   coût de maintenance préventive
   35 h/sem. × 2 % × 75 $/h = 52,5 $/sem.

   nombre d'heures d'exploitation nette
   35 h/sem. – 8,75 h/sem. = 26,25 h/sem.

   nombre d'unités produites par semaine
   26,25 h/sem. × 60 min/h × 150 tours/min × 1 u/tour = 236 250 u/sem.

   coût total de production par semaine
   35 h/sem. × 30 $/h + 656,25 $/sem. + 52,5 $/sem. = 1 758,75 $/sem.

coût par millier d'unités
1 758,75 $/sem. ÷ 236,25 ku/sem. = 7,44 $/ku

Il apparaît clairement que, dans ce cas, la première vitesse de production est la plus économique. Il n'en est pas toujours ainsi; par exemple, on aurait pu avoir un accroissement des coûts totaux d'exploitation, mais puisque la quantité produite aurait augmenté considérablement, le coût de production par unité produite aurait pu être inférieur. Il est donc erroné de prétendre que le système de maintenance le plus économique passe nécessairement par une maintenance préventive. La nécessité d'une gestion de la maintenance tenant compte de tous ces éléments est alors importante.

18.6 La gestion de la maintenance

Par définition et comme toute tâche de gestion (PODC — planification, organisation, direction et contrôle), la **gestion de la maintenance** est responsable de la planification, de l'organisation, de la direction et du contrôle des tâches liées à l'entretien et à la maintenance des bâtisses et des équipements de l'entreprise. Or, en fonction de la vision et des politiques institutionnelles, plusieurs tendances apparaissent, avantageant tantôt les opérations, tantôt les tâches de maintenance ou encore des objectifs simplement économiques. Par exemple, certains gestionnaires, considérant que la maintenance est un centre de coûts dans la préparation des budgets, décident d'en minimiser les dépenses ou parfois de les éliminer: les retombées négatives se ressentent plus tard.

Au début des années 1980, une approche intégrante, développée dans la foulée des visions japonaises, a vu le jour. Basée sur le simple jugement, la connaissance et la compréhension du système d'opérations, la **maintenance productive totale (MPT),** que certains appellent la « méthode japonaise » (TPM), était déjà en application dans plusieurs entreprises. Selon nous et en accord avec William Maggart (*voir la bibliographie*), la MPT/TPM consiste à mettre en œuvre des actions d'entretien et de maintenance des ressources de l'entreprise pour s'assurer:

- d'un minimum d'arrêts imprévus du système de production (zéro panne);
- d'un minimum de rejets dus à des faiblesses du système opérationnel (zéro rejet);
- d'un minimum d'accidents (zéro accident);
- d'une disponibilité maximale des ressources;
- de coûts de revient les plus justes.

Maintenance productive totale (MPT/TPM)

Ensemble organisé de principes, de méthodes et d'actions de prévention visant à supprimer les causes de pannes d'un équipement industriel, à adapter et à améliorer cet équipement pour en obtenir un rendement maximal (zéro panne, zéro rejet, zéro accident), à réduire les manutentions, à augmenter la flexibilité et à accroître la production tout en concourant à la qualité des produits fabriqués.

En MPT/TPM, quand on parle de ressources de l'entreprise, on ne se limite pas aux machines, aux locaux, aux bâtisses et aux équipements de tout type. On y inclut les ressources humaines, périphériques (fournisseurs en tout genre) et financières. Entretenir de bonnes relations avec les employés de l'entreprise, s'assurer de la mise à jour de leurs connaissances en instaurant et en maintenant des politiques de formation continue ne sont que quelques exemples d'application de la MPT/TPM. Il n'est pas question ici d'avantager systématiquement les politiques d'entretien des ressources au détriment de la production ou vice versa. Il est question d'équilibre et de discernement basés sur des données mesurables.

On voit la concordance avec tout ce qu'on préconise depuis le début de cet ouvrage concernant les objectifs de la gestion des opérations: créer des biens et des services utiles en quantité voulue tout en respectant la qualité, les délais, les lieux et les coûts.

Cette vision a de multiples retombées en ce qui a trait à la compétitivité de l'organisation: sur la cadence de production, les stocks (le niveau d'en-cours est fonction de la fiabilité de l'atelier en aval), la durée de vie des équipements et la qualité du travail du personnel (moins mobilisé par des incidents mineurs).

En 1990, le groupe sidérurgique européen Arcelor, aujourd'hui ArcelorMittal, qui a un chiffre d'affaires de 65 G$ en 2009 par sa division Sollac, a développé la notion de **topomaintenance**[3], c'est-à-dire l'application des principes et des méthodes de la qualité totale à la conduite et à la gestion des équipements industriels.

Topomaintenance

Application des principes de la qualité totale à la gestion de la maintenance.

18

---

3. www.arcelormittal.com/mediterranee (page consultée le 12 janvier 2011).

18.7 L'organisation du service de la maintenance

Une fois qu'elle a pris conscience de l'importance de la maintenance, de sa gestion, des coûts qu'elle implique ainsi que de la raison d'être de cette fonction, l'entreprise ressent le besoin de confier les activités de maintenance à un groupe de personnes en particulier : elle crée le service de la maintenance.

Du point de vue purement technique, l'objectif global du service de la maintenance est d'assurer la disponibilité des machines, des équipements et des installations (les facteurs de production) requis pour la production et les autres services, et ce, de façon à optimiser le rendement de l'ensemble des investissements. Il sert de soutien aux activités de tous les autres services de l'entreprise. Il doit être conçu comme un élément nécessaire au fonctionnement de l'ensemble ; pour cela, il doit coopérer avec les autres services plutôt que de fonctionner en vase clos. Soulignons l'importance d'une bonne communication entre le service de la maintenance et les autres services. Un bon système basé sur les technologies de l'information pour acheminer les calendriers de production au service de la maintenance et les calendriers des travaux de maintenance aux services de la production s'avère fondamental.

18.7.1 Les responsabilités du service de la maintenance

Les responsabilités du service de la maintenance varient d'une entreprise à l'autre, en fonction de sa taille et du style des administrateurs. Généralement, ce service se voit confier les tâches suivantes :

a) entretenir les équipements, bâtisses et terrains ;
b) assurer la fourniture d'énergie, d'air, d'eau, de chauffage, de climatisation, etc. ;
c) exécuter les modifications concernant les équipements ;
d) effectuer les mises en route ;
e) installer les nouveaux équipements ;
f) gérer les magasins et les stocks ERO (entretien, réparation, opération) (*voir le chapitre 12*) ;
g) s'occuper de la conciergerie, de la sécurité, de la protection contre les incendies ;
h) recueillir, récupérer, recycler et éliminer les rebuts et les déchets ;
i) mettre au point des plans d'évacuation en cas d'accident ou d'incendie ;
j) réduire la pollution et le bruit ;
k) superviser les travaux de grande envergure confiés en sous-traitance, tels que l'agrandissement des locaux, l'ajout de nouvelles ailes, etc.

18.7.2 La situation du service de la maintenance

Dans les grandes entreprises, où un service de maintenance structuré est établi, on organise habituellement le service au même échelon que le service de production, les deux relevant du vice-président rattaché aux opérations, afin de maintenir un équilibre entre les deux objectifs opposés suivants :

1. avantager les impératifs de production en utilisant l'équipement au maximum de sa capacité au détriment de tout travail de maintenance ;
2. avantager les impératifs de maintenance en les faisant passer avant les travaux de production, quitte à retarder les commandes et à ne pas respecter les délais de livraison.

Un excès dans la poursuite de l'un ou l'autre de ces deux objectifs entraîne des coûts totaux de production plus élevés. De plus, parce que le service de la maintenance se trouve face à des situations où une prise de décision rapide s'impose (bris soudain d'une machine importante pouvant causer soit des dégâts considérables, soit un retard irréparable dans les délais de livraison), la structure hiérarchique doit favoriser des lignes de communication verticale très courtes. Il faut autant que possible éliminer les échelons intermédiaires, dont le seul rôle serait la réception et la retransmission de la commande d'un travail de maintenance.

Une structure très utilisée est présentée à la figure 18.4.

Deux tendances organisationnelles classiques sont confrontées : la structure centralisée et la structure décentralisée.

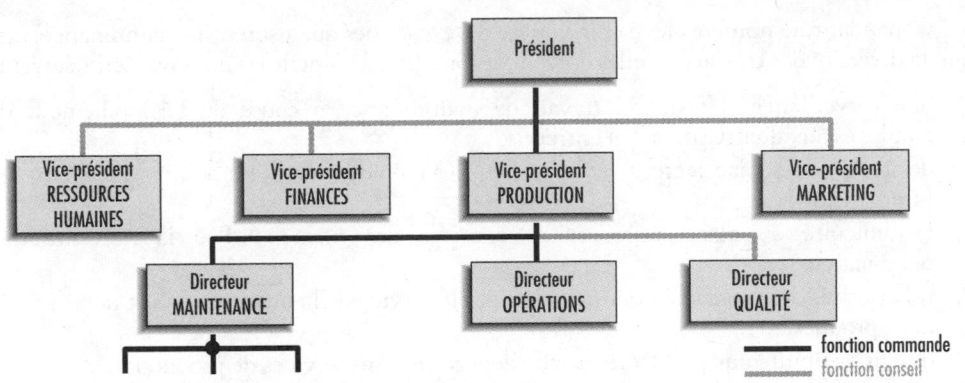

18.7.3 La maintenance centralisée

Deux raisons principales expliquent la structure centralisée de la maintenance :

1. Le service de la maintenance répond aux besoins de tous les services de l'entreprise qui ont des problèmes de différentes natures (équipements de type tantôt électrique, tantôt mécanique, etc.).

2. La maintenance s'occupe aussi de l'entretien des bâtisses et des terrains, ainsi que de la sécurité sur les lieux de travail ; cela signifie que les personnes travaillant dans ce service ont une formation et une expérience très hétérogènes, chacune ayant sa spécialité. Ainsi, on trouve dans ce service des électriciens, des mécaniciens, des plombiers, des gardes de sécurité (employés directement par l'entreprise ou à l'emploi d'un sous-traitant), etc. On peut donc regrouper ces personnes par corps de métiers, comme on peut le voir à la figure 18.5.

Dans une telle structure, les plombiers, par exemple, exécutent tous les travaux de plomberie de l'entreprise. Il se pourrait qu'un plombier soit affecté en priorité aux travaux de plomberie du service qu'il connaît le mieux, mais cela n'est pas une règle.

Les principaux avantages de la **maintenance centralisée** sont les suivants :

a) la responsabilité des travaux de maintenance revient à une seule personne ;
b) un meilleur contrôle des coûts inhérents aux travaux de maintenance ;
c) une meilleure formation des équipes, les employés étant regroupés par corps de métiers ;
d) une meilleure utilisation des spécialistes et des personnes de métier présents, le nombre de travaux à exécuter justifiant l'embauche à plein temps d'un employé spécialisé dans tel ou tel domaine ;
e) une meilleure utilisation des équipements et outillages de maintenance disponibles ;
f) l'exécution rapide des travaux d'urgence dans des périodes où tout arrêt entraîne des coûts très élevés.

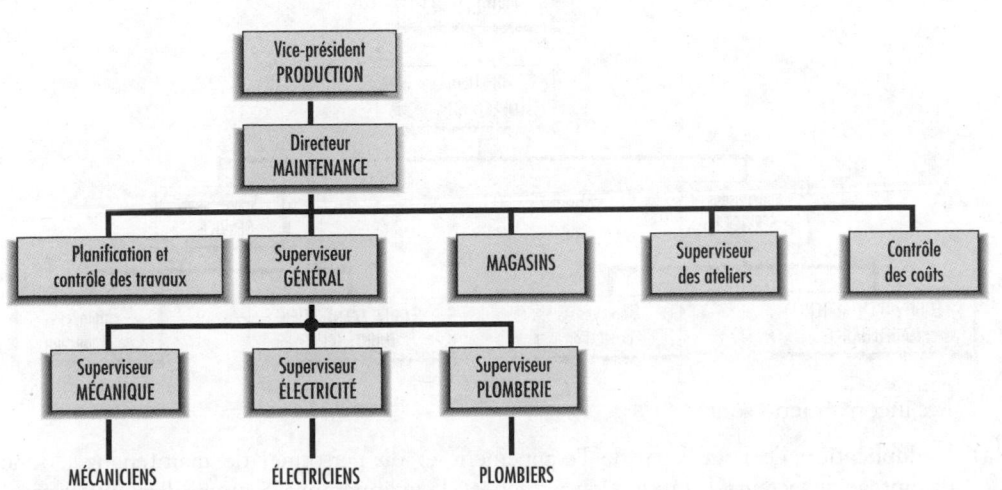

18

Cependant, le nombre élevé et la variété des personnes qui assurent la maintenance, ainsi que la diversité des travaux qu'elles doivent accomplir, entraînent les inconvénients suivants :

a) une surveillance difficile du travail de maintenance à cause de l'éparpillement des employés aux quatre coins de l'entreprise ;

b) des temps de déplacement assez longs pour les employés (vers les points nécessitant leur intervention) ;

c) la difficulté de planification et de contrôle des travaux (d'où la nécessité d'un planificateur) ;

d) les priorités des travaux établies souvent par le service de la maintenance et non par celui de la production ;

e) une insensibilité aux problèmes particuliers de certains services de production ;

f) la tendance à avantager les impératifs de la maintenance.

Étant donné l'importance d'un service de maintenance centralisé, on sent souvent le besoin de faire une gestion de la maintenance. Le service de la maintenance effectuera la prévision, la planification et le contrôle des travaux d'entretien ; on installera un magasin de pièces de rechange, d'outils et d'autres fournitures nécessaires à l'entretien (d'où une gestion des stocks), un atelier de réparation (où l'on transportera les équipements nécessitant des travaux de réparation importants qui ne peuvent être faits sur place), etc. (*voir la figure 18.5 à la page précédente*). Étant donné l'importance de la durée nécessaire et des coûts s'y rattachant, tous les travaux de remise à neuf des équipements devront être prévus, planifiés et budgétés longtemps d'avance. Dans de telles situations, le service de la maintenance devient presque une entreprise dans l'entreprise. Le service fonctionne habituellement selon le type de production interrompue, en offrant des services standards (travaux de maintenance préventive et de routine) et des services sur commande (réparations en cas de pannes, nouvelles installations, modifications de l'équipement, mises en route, etc.).

18.7.4 La maintenance décentralisée

Certaines entreprises préfèrent opter pour la décentralisation des travaux de maintenance en confiant directement celle-ci à chaque superviseur de production, appelée **maintenance décentralisée.** On a alors la structure de la figure 18.6.

Les avantages de ce type de structure sont :

a) une exécution plus rapide des travaux de maintenance palliative ;

b) une équipe de maintenance plus sensibilisée aux problèmes opérationnels de chacun des services auxquels elle est rattachée ;

c) une meilleure connaissance de l'équipement ;

d) une meilleure surveillance des travaux ;

e) des coûts de gestion de la maintenance presque inexistants.

FIGURE 18.6 ▸

Maintenance décentralisée
par services

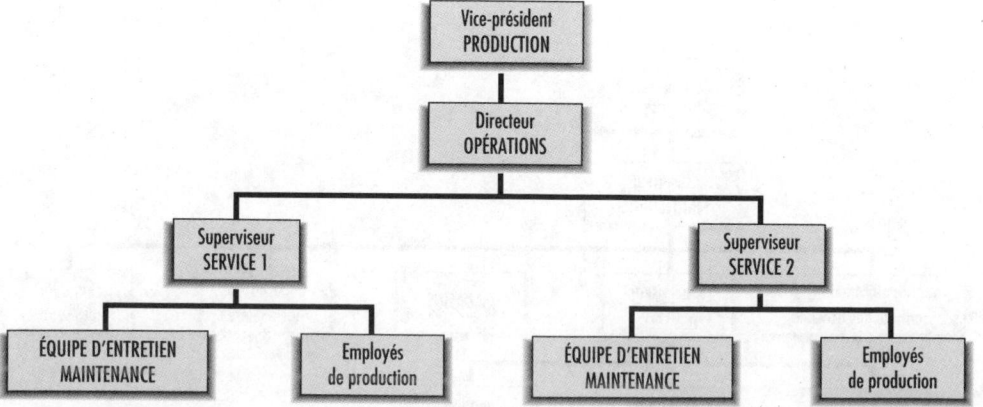

Les inconvénients sont :

a) la duplication de l'outillage, de l'équipement et du personnel de maintenance, donc davantage de facteurs de production rattachés à la maintenance (facteurs de maintenance) et des coûts plus élevés (chaque service de production a ses propres électriciens, mécaniciens, etc.);

b) une mauvaise ou faible utilisation des facteurs de maintenance: plusieurs services auront, par exemple, chacun un plombier, qu'ils n'occuperont pas adéquatement (certains fournissant du travail à leur plombier 10 h/jour et d'autres, seulement 4 h/jour);

c) une mauvaise planification des travaux de maintenance;

d) des superviseurs de production qui n'ont pas suffisamment de connaissances et de temps pour surveiller adéquatement les travaux de maintenance;

e) une tendance à avantager les impératifs de la production par rapport à la maintenance, ce qui peut causer des pannes sérieuses et coûteuses;

f) une responsabilité de la maintenance globale de l'entreprise difficile à cerner, car elle est partagée entre plusieurs individus;

g) la difficulté de contrôler les coûts et l'efficacité de la maintenance.

Après avoir analysé les avantages et les inconvénients des deux types de structures des services de maintenance, une entreprise peut se demander laquelle elle doit choisir. Certaines entreprises de grande envergure optent, par exemple, pour une structure dite «par sections» (*voir la figure 18.7*). On regroupe les services de maintenance en deux sections ou plus, chacune étant affectée à un groupe de services de production possédant le même type d'équipement ou fabriquant la même famille de produits.

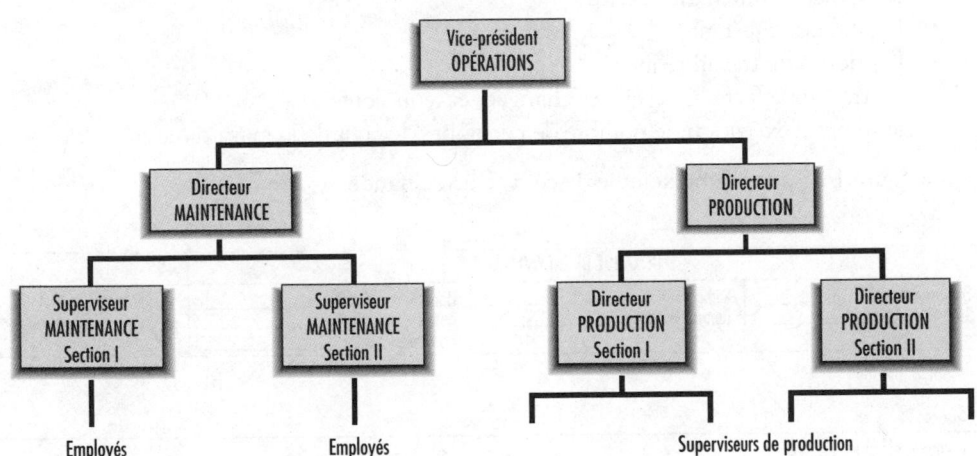

◄ FIGURE 18.7

Maintenance par sections

Quand elle connaît bien les caractéristiques des deux types de structures, une entreprise peut choisir celle qui lui convient le mieux ou se créer une structure personnalisée. D'une façon générale, la répartition du tableau 18.1 donne de bons résultats.

Structure	Situation
Maintenance centralisée	– petites entreprises – grandes entreprises fabriquant un seul produit ou une gamme restreinte de produits semblables
Maintenance décentralisée	– grandes entreprises fabriquant des produits diversifiés – entreprises ayant des bâtisses séparées (localisation et aménagement différents)

◄ TABLEAU 18.1

Répartition de la maintenance

Certaines entreprises ont trouvé un compromis très satisfaisant entre ces deux situations extrêmes, soit:

1. centraliser les travaux de maintenance exigeant un personnel spécialisé;

2. décentraliser les travaux de maintenance simples et routiniers. Parfois, ces travaux peuvent être confiés au personnel de production (par exemple lubrifier l'équipement, changer des pièces secondaires, etc.).

18

18.8 Les étapes de la gestion de la maintenance

Nous avons vu que toute entreprise, à un certain stade de son évolution et de sa maturité, ressent le besoin de gérer les activités de maintenance de ses investissements sous forme de matériel technique. Nous étudions maintenant 10 étapes essentielles à la mise sur pied d'un service de maintenance et à sa gestion efficace[4].

1. Mettre sur pied une structure hiérarchique adaptée à l'entreprise.
   - Choisir une structure centralisée ou décentralisée.
   - Déterminer une ligne d'autorité bien établie, les responsabilités et les procédures d'autorisation applicables pour l'arrêt de la production et l'exécution des travaux d'entretien, ainsi que les procédures d'urgence.

2. Concevoir un document « déclenchant » les travaux de maintenance.

   Demande de travail de maintenance

   Document déclencheur de travaux de maintenance.

   Ce document, appelé **demande de travail de maintenance,** est de première importance si l'on veut gérer efficacement les travaux de maintenance. Aucun travail ne doit être exécuté sans qu'une demande ne soit émise. C'est le document de base de tout système de gestion de la maintenance. On y trouve les informations concernant les points suivants :
   - l'identification de l'équipement ;
   - la cause et la date de l'arrêt ;
   - le moment où doit avoir lieu la maintenance ;
   - le type de maintenance désiré ;
   - le nom du requérant ;
   - la priorité du travail requis ;
   - les travaux effectués, les pièces changées et leurs coûts ;
   - le temps d'exécution, le nombre de personnes, le coût de la main-d'œuvre.

   La figure 18.8 donne un exemple de ce type de demande.

FIGURE 18.8 ▶

Modèle de demande de travail de maintenance

DEMANDE DE TRAVAIL			N°
Équipement : N° _____ Service : _____	Rédigé par : _____ Demandé par : _____	Nom du requérant : _____ Autorisé par : _____ Priorité : _____	Urgent ☐ Régulier ☐

Raison du travail :

Travaux à effectuer :

Pièces				Activités		Heures	
Qté	N°	Description	Coût	N°	Description	Estimées	Réelles
Coût total					Coût total		
Effectué par : _____		Date : _____		Vérifié par : _____	Date : _____	Coût total : _____	

4. Adapé de l'ouvrage de M. Gauthier, *La maintenance*, École polytechnique de Montréal, 1973.

3. Concevoir et garder à jour des fiches sur l'équipement.
   Pour chaque équipement, on doit avoir :

   - une **fiche technique,** où figurent les informations pertinentes (mode d'emploi, pièces et composantes, constructeur, maintenabilité, etc.) ;
   - une **fiche historique,** où figure le résumé de tous les travaux d'entretien effectués sur l'équipement.

   Ces fiches fournissent des informations extrêmement utiles quant aux coûts de production ; elles servent aussi à établir une politique de maintenance préventive et corrective et aident à faire un choix au moment de l'achat d'équipement.

4. Prévoir et planifier les travaux de maintenance.
   À l'aide des fiches techniques et historiques ainsi que des prévisions sur les activités de production, on peut prévoir et planifier les travaux de maintenance préventive, évaluer les possibilités de pannes et, par conséquent, estimer les besoins en fait de maintenance palliative. On détermine alors :

   - le nombre de pièces et la quantité de matériaux requis (pour ne pas en manquer) ;
   - le nombre d'heures-personnes ;
   - les types de travaux à effectuer (modifications, mises en route, prévention, réparation, etc.).

   Un service bien organisé peut atteindre les objectifs suivants :

   - 80 % des travaux effectués peuvent être prévus et planifiés, c'est-à-dire :

   $$\frac{\text{Heures de maintenance palliative}}{\text{Heures de maintenance totale}} \leq 20\,\%$$

   - de 85 à 90 % des travaux planifiés sont effectivement exécutés ;

   - le rapport $\dfrac{\text{Heures de maintenance préventive}}{\text{Heures de maintenance totale}}$ doit être :

   approximativement de 42 % pour l'industrie lourde ;
   approximativement de 37 % pour l'industrie mécanique et de transformation, de précision et de matériel complexe ;
   approximativement de 10 % pour l'industrie de fabrication générale.

5. Établir un contrôle des stocks de pièces.
   On doit avoir, pour les pièces en magasin, les informations concernant :
   - la quantité en réserve ;
   - le stock maximal ;
   - le stock minimal ;
   - la quantité à commander ;
   - le prix ;
   - les fournisseurs ;
   - les substituts possibles.

6. Déterminer les coûts dus aux pannes pour chaque équipement.
   Cela permet d'établir les fréquences optimales de maintenance préventive.

7. Procéder à l'étude du travail.
   On peut ainsi déterminer la meilleure méthode à utiliser pour les travaux de maintenance (étude des méthodes) et les temps d'exécution de ces travaux (mesure du travail).

8. Faire de la maintenance corrective.
   À l'aide des fiches et des données sur les travaux effectués dans le passé, on fait de la maintenance corrective, soit pour améliorer l'équipement sujet à des pannes fréquentes, soit pour le modifier et simplifier les travaux de maintenance.

9. Assurer la formation continue et le recyclage du personnel de maintenance.

Fiche technique
Document où sont résumés les informations techniques et le fonctionnement d'un équipement.

Fiche historique
Document où figure le résumé de tous les travaux d'entretien effectués sur l'équipement.

18

Dans notre monde industriel moderne, les équipements et les machines deviennent de plus en plus complexes : commandes automatiques contrôlées par cellules photoélectriques, rayons laser, commandes par ordinateur, systèmes d'autolubrification, etc. Toutes les personnes, ayant la responsabilité de garder ces équipements en état de fonctionner, doivent continuellement être informées des dernières découvertes dans le domaine.

10. Analyser le rendement et le coût de la maintenance.

Le service de la maintenance est considéré comme ayant un rendement valable s'il permet d'exécuter de 85 à 90 % des travaux planifiés.

18.9 La fiabilité

Tout au long du présent chapitre, nous avons vu que l'entreprise a comme objectif de minimiser le nombre de pannes accidentelles à l'aide de la maintenance préventive et de la maintenance corrective. Par ailleurs, on sait qu'une politique de maintenance préventive complexe, bien qu'elle contribue à diminuer le nombre de pannes, coûte assez cher : un système très performant avec une absence totale de pannes peut entraîner des coûts d'exploitation prohibitifs, réduisant la compétitivité de l'organisation. On a vu que l'entreprise peut décider de subir un nombre acceptable de pannes afin d'optimiser les coûts totaux de son système.

Or, dans certains cas, on ne peut choisir ce type de solution. Par exemple, dans les hôpitaux ou dans le cas des avions, même les pannes accidentelles durant la période de maturité ne peuvent être admises, les conséquences étant trop graves. C'est alors qu'intervient la notion de **fiabilité.**

On veut être certain que durant une période définie, si l'on utilise l'équipement selon les règles, le risque de panne est réduit à sa plus simple expression. Comme la maintenance ne peut garantir à elle seule cette sécurité, on a recours à des systèmes ou à des équipements de secours et de sécurité. C'est le cas des génératrices électriques, des disjoncteurs et autres systèmes du genre, ou encore du double circuit de freinage pour les automobiles.

Fiabilité

Capacité, pour un matériel, un appareil, un système ou un ensemble, de fonctionner sans défaillance pendant une période déterminée et dans des conditions d'utilisation précises.

18.9.1 La mesure de la fiabilité

L'évaluation de la fiabilité est soumise à des phénomènes prédictifs et prévisibles et à des phénomènes aléatoires, plus difficiles à mesurer et à quantifier. Les phénomènes aléatoires, soumis à des lois probabilistes, se mesurent par les paramètres suivants :

1. la probabilité que le système fonctionne dès qu'il est sollicité ;
2. la probabilité que le système fonctionne sans défaillance durant une période déterminée.

Présentons le premier des deux paramètres. La fiabilité d'un système est fonction du nombre d'éléments indépendants qui le composent. Dans ce contexte, on entend par **éléments indépendants** les éléments d'une structure qui n'ont aucune dépendance mutuelle. Leurs fonctionnements ne sont pas liés.

Trois lois régissent ces éléments :

Éléments indépendants

Éléments qui n'ont aucune dépendance mutuelle.

LOI 1

Si le fonctionnement d'un système est fonction de la probabilité de fonctionnement de tous les éléments indépendants qui le composent, la fiabilité du système est égale au produit des probabilités de fonctionnement des composants.

$$F_s = F_1 \times F_2 \times \ldots \times F_i \qquad (18\text{-}1)$$
où F_s = fiabilité du système
      F_i = fiabilité ou probabilité de fonctionnement de l'élément i

FIGURE 18.9

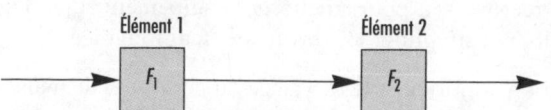

Élément 1   Élément 2
F_1 F_2

La loi 1 s'applique quand un système est composé d'éléments placés en série, l'un à la suite de l'autre (*voir la figure 18.9*). Dans ce type de configuration, même si chaque élément possède une très haute fiabilité, la fiabilité du système dans son ensemble baisse, comme le montre l'exemple 4. Afin de pallier ce phénomène, certaines entreprises font appel à des composantes de secours : c'est ce qu'on appelle la **redondance.**

Redondance
Utilisation d'éléments de secours pour augmenter la fiabilité d'un système.

Exemple 4

La fiabilité de l'éclairage d'un local dépend du fonctionnement des deux lampes qui s'y trouvent, le fonctionnement de chacune étant indépendant de l'autre. Si la fiabilité des deux lampes est la suivante :

Lampe 1 : fiabilité d'éclairage = 0,90 ;
Lampe 2 : fiabilité d'éclairage = 0,80 ;
alors la probabilité d'un éclairage adéquat se calcule par :
Fiabilité d'éclairage = Fiabilité 1 × Fiabilité 2 = (0,90)(0,80) = 0,72

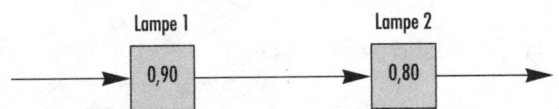

LOI 2
Si seulement deux éléments indépendants sont en présence et que la fiabilité du système est fonction de la probabilité de fonctionnement d'au moins un des éléments, la fiabilité du système se calcule par :

$$F_s = F_1 + (1 - F_1)F_2 \qquad (18\text{-}2)$$

où $\quad F_s$ = fiabilité du système
$\quad F_i$ = fiabilité ou probabilité de fonctionnement de l'élément i

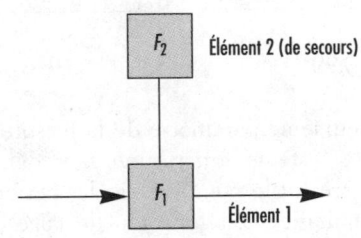

◀**FIGURE 18.10**

La loi 2 s'applique quand un système est composé d'éléments placés en parallèle, l'un à côté de l'autre (*voir la figure 18.10*). Dans ce type de configuration, la fiabilité du système dans son ensemble est augmentée, comme le montre l'exemple 5.

Soit le système à deux lampes de l'exemple 4.

Lampe 1 : fiabilité d'éclairage = 0,90 ;
Lampe 2 : fiabilité d'éclairage = 0,80 ;
Fiabilité du système = $F_s = F_1 + (1 - F_1)F_2 = 0,90$
$\qquad\qquad + (1 - 0,90)0,80 = 0,98$
Notons que le résultat est le même si on inverse l'ordre
des lampes :
Fiabilité du système = $F_s = 0,80 + (1 - 0,80)0,90 = 0,98$

Exemple 5

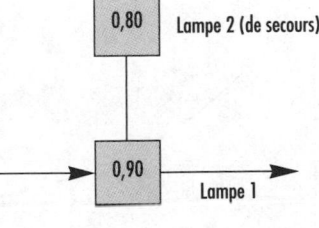

LOI 3
Dans le cas où plus de deux éléments sont en présence et où la fiabilité du système dépend du fonctionnement d'au moins un élément, alors la fiabilité de l'ensemble se calcule par :

Fiabilité du système = $F_s = F_1 + [(1 - F_1)\,F_2] + [(1 - F_1)(1 - F_2)F_3] + [(1 - F_1)(1 - F_2)$
$$(1 - F_3)F_4] + \dots + [(1 - F_1)\dots(1 - F_{n-1})F_n] \qquad (18\text{-}3)$$

où n = nombre d'éléments

18

Exemple 6

Soit le système à trois lampes suivant :

    Lampe 1 : fiabilité d'éclairage = 0,90 ;
    Lampe 2 : fiabilité d'éclairage = 0,80 ;
    Lampe 3 : fiabilité d'éclairage = 0,70.

Si le système dépend du fonctionnement d'une seule lampe, alors la fiabilité du système se calcule par :

$$F_s = F_1 + [(1 - F_1)F_2] + [(1 - F_1)(1 - F_2)F_3]$$
$$= 0,90 + (1 - 0,90)0,80$$
$$+ (1 - 0,90)(1 - 0,80)0,70 = 0,994$$

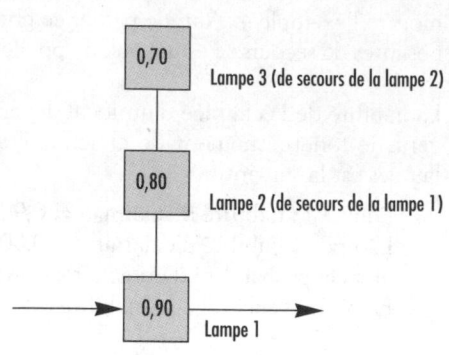

Exemple 7

Quelle est la fiabilité du système illustré ci-dessous ?

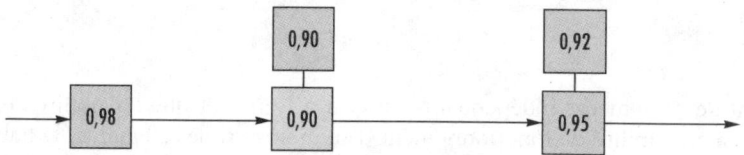

Le système se résume à une série de composantes telles que :

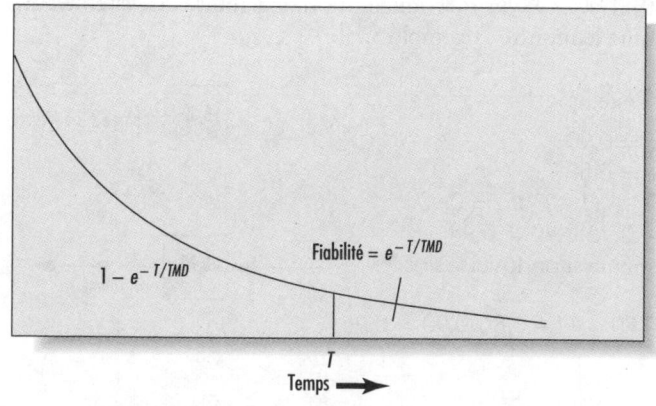

$$F_s = \quad 0,98 \quad \times \quad 0,99 \quad \times \quad 0,996 \quad = 0,9663 = 96,63\%$$

Étudions maintenant le deuxième paramètre de la mesure de la fiabilité d'un système, à savoir la probabilité que le système fonctionne sans défaillance durant une période déterminée. Cette mesure est très utile pour évaluer les périodes de garantie des produits. Le taux de pannes ou de défaillances est fonction de l'âge de l'équipement, comme on l'a montré à la figure 18.1, à la page 698 ; en raison de sa forme, ce graphique est souvent appelé le « graphique en baignoire ». Le **temps moyen de défaillance (TMD),** c'est-à-dire le temps écoulé entre deux pannes successives, dépend donc de l'âge ; les lois statistiques utilisées seront choisies en conséquence. Ainsi, le taux de pannes infantiles durant la période initiale suit une loi exponentielle, comme le montre la figure 18.11. Dans les autres circonstances, c'est la loi normale qui est la plus utilisée.

FIGURE 18.11

Distribution exponentielle du taux de pannes

Temps moyen de défaillance (TMD)

Temps moyen écoulé entre deux pannes successives représentant, en ce qui concerne le temps, la capacité d'un système à fonctionner sans subir de panne.

Taux de pannes

$1 - e^{-T/TMD}$

Fiabilité $= e^{-T/TMD}$

T
Temps ⟶

La probabilité P qu'une panne survienne avant le temps T se calcule par :

$$P(\text{panne avant } T) = 1 - e^{-T/TMD} \tag{18-4}$$

18

Un fabricant de balayeuses électriques a déterminé que la durée de vie moyenne d'un de ses appareils est de quatre ans, et ce, selon une loi exponentielle de probabilité.

Il aimerait connaître la probabilité qu'un appareil tombe en panne :

a) après quatre ans ;
b) durant les quatre premières années ;
c) pas avant les six premières années.

a) Après quatre ans, $T = 4$:
$P(\text{panne après } 4) = e^{-4/4} = 0{,}3679 = 36{,}79\,\%$

b) Durant les quatre premières années, donc avant quatre ans :
$P(\text{panne avant } 4) = 1 - e^{-4/4} = 1 - 0{,}3679 = 0{,}6321 = 63{,}21\,\%$

c) Pas avant les six premières années, $T = 6$:
$P(\text{panne après } 6) = e^{-6/4} = e^{-1{,}5} = 0{,}2231 = 22{,}31\,\%$

La durée de vie des cardans de roue d'un véhicule suit une loi normale avec une moyenne de six ans et un écart type de un an. Calculez :

a) la probabilité que les cardans s'usent avant sept ans ;
b) le nombre d'années après lequel il faudra changer les cardans pour être certain que 10 % d'entre eux ou moins seront usés.

a) En calculant la valeur de la variable aléatoire z de la distribution normale, on aura :

$$z = \frac{x - \mu}{\sigma}$$

$$z = \frac{7 - 6}{1} = 1{,}00$$

Dans la table normale A, à la fin du manuel, à $z = 1{,}00$ on lit 0,8413, c'est-à-dire qu'il y a 84,13 % de chances que les cardans s'usent avant 7 ans et $(1 - 0{,}8413) = 0{,}1587$ ou 15,87 % de chances qu'ils dépassent 7 ans.

b) À une probabilité de 10 %, la variable aléatoire z est de $-1{,}28$ (*voir la table normale à la fin du manuel*).

$$z = -1{,}28 = \frac{T - 6}{1}$$

$T = 4{,}72$ années

Donc, il faudra procéder à une maintenance préventive toutes les 4,72 années pour être certain que 90 % (100 % − 10 %) des cardans soient en état de fonctionnement.

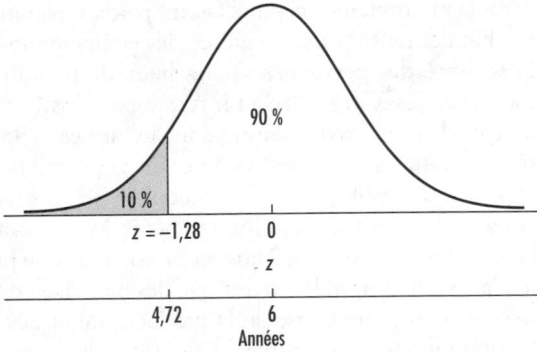

18.9.2 La disponibilité

Un autre outil de mesure de la performance du système de maintenance et de la fiabilité est la **disponibilité.** La disponibilité est la caractéristique d'un système faisant en sorte qu'il est prêt à être utilisé.

Disponibilité
Caractéristique d'un système d'être prêt à l'utilisation.

La disponibilité se calcule par :

$$\text{Disponibilité} = \frac{TMD}{TMD + TMR} \tag{18-5}$$

où : TMD = temps moyen de défaillance
TMR = **temps moyen de réparation**

Le TMD d'un composant ou d'une structure représente le temps écoulé entre deux pannes successives de la structure en question. Plus le TMD augmente, plus la disponibilité de l'équipement ou de la structure augmente. Cependant, plus le TMR diminue, plus la disponibilité augmente, mais dans une moindre mesure.

Exemple 10

On s'attend à ce qu'une photocopieuse fonctionne pendant 200 heures sans aucune panne. Une maintenance préventive est donc effectuée toutes les 200 heures. Le temps d'intervention est de deux heures. Calculons la disponibilité de l'appareil.

Solution

$$TMD = 200 \text{ heures} ; \quad TMR = 2 \text{ heures}$$

$$\text{Disponibilité} = \frac{200}{200 + 2} = 0,99$$

L'appareil est disponible 99 % du temps.

18.10 Conclusion

Beaucoup d'entreprises continuent à croire que la maintenance coûte trop cher et que les avantages qui en découlent sont minimes ou inexistants. Ces entreprises ne voient dans la notion de maintenance que la maintenance palliative, tandis que les autres types sont considérés comme un luxe qu'elles ne peuvent se payer. On a beaucoup de difficulté à reconnaître la nécessité d'une bonne maintenance préventive et corrective, car les avantages qu'on en retire ne deviennent évidents qu'à plus ou moins long terme, tandis que les coûts sont immédiats : arrêt de la production, coût de remplacement des pièces, salaire des employés, etc.

De plus, surtout dans les petites et moyennes entreprises (PME), où l'on est toujours pressé à cause de délais de livraison trop courts, on a tendance à délaisser la maintenance de l'équipement au profit des priorités de production.

Or, comme nous l'avons vu, ce type de situation a comme résultat l'accroissement des coûts d'exploitation. Des études menées par le Dominion Bureau of Statistics (précurseur de Statistique Canada) démontrent que, durant les années 1970, les dépenses totales en réparation dans le secteur manufacturier ont augmenté de 9,5 % par année, alors que la production s'est accrue de 3,6 %. Ces statistiques se sont maintenues durant les trois décennies suivantes. Le pourcentage des coûts de réparation par rapport à la valeur brute du produit est passé de 3 à 5 % durant la même période. Cela s'explique ainsi : les entreprises ayant automatisé leurs activités à l'aide d'équipements de plus en plus complexes ont négligé le fait que ceux-ci ont besoin d'être maintenus en bon état pour offrir une efficacité optimale. Il est donc important de considérer la maintenance comme faisant partie intégrante du système de gestion de la production.

www.statcan.qc.ca

Finalement, la maintenance des équipements a une énorme importance pour la santé et la sécurité des personnes sur les lieux de travail. Pourtant, la Société canadienne de génie industriel (SCGI, affiliée à l'International Institute of Industrial Engineers, Atlanta, Georgia) lançait déjà des cris d'alarme dans les années 1980. Elle soulignait le danger lié aux aires de travail fermées avec des systèmes de ventilation intégrale (pas de fenêtres) et l'importance d'assurer une plus grande maintenance préventive pour ces systèmes de ventilation. Malgré ces avertissements, on se limite encore à des travaux d'entretien curatif : on répare quand ça brise ! On se retrouve, 30 ans plus tard, avec une prolifération de ce genre d'édifices où circule de l'air vicié. On a découvert que des maladies sont rattachées à ce problème, d'où un absentéisme accru, une baisse de la productivité et des coûts énormes de maintenance corrective, la maintenance préventive ne suffisant plus. La Commission de la santé et de la sécurité au travail (CSST) dispose d'études assez complètes et documentées sur le sujet.

Malheureusement, dans plusieurs organisations, qu'elles soient publiques ou privées, et ce, dans tous les secteurs de l'économie, dès qu'on veut économiser, c'est dans la maintenance que les coupes budgétaires sont effectuées en premier. Cependant, la maintenance productive totale, approche développée depuis longtemps dans des entreprises manufacturières occidentales, commence à être adoptée de façon massive ; cela est dû à la tendance récente de certains gestionnaires à s'intéresser enfin aux approches soi-disant partiellement japonaises, mais découvertes sur le tard. ●

Terminologie

Demande de travail de maintenance (p. 710)	Gestion de la maintenance (p. 705)
Disponibilité (p. 715)	Maintenabilité (p. 701)
Éléments indépendants (p. 712)	Maintenance (p. 696)
Entretien (p. 696)	Maintenance centralisée (p. 707)
Fiabilité (p. 712)	Maintenance corrective (p. 701)
Fiche historique (p. 711)	Maintenance décentralisée (p. 708)
Fiche technique (p. 711)	Maintenance palliative (ou curative) (p. 698)

> **Problèmes résolus**

Problème 1

Une ingénieure doit décider s'il est justifié d'utiliser un composant de réserve (*stand-by*). Le coût d'une panne du système est de 20 000 $. Le système a un composant dont le taux de pannes est de 2 %. L'interrupteur servant à démarrer le composant de réserve coûte 100 $, et son rôle est de transférer automatiquement le fonctionnement vers le système de réserve, lequel a une probabilité de panne de 2 %. On suppose que l'interrupteur a une fiabilité de 100 %. L'ingénieure devra-t-elle implanter le composant de réserve ?

Solution

Coût probable sans système de réserve :
20 000 $(1 − 0,98) = 400 $

Fiabilité avec système de réserve :
0,98 + (1 − 0,98)0,98 = 0,9996

Coût probable avec système de réserve :
100 $ + 20 000 $(1 − 0,9996) = 108 $

Ce coût (108 $) étant inférieur au coût engagé sans système de réserve (400 $), on choisira d'implanter le système de réserve.

Problème 2

Afin de pallier toute éventualité, une entreprise dispose de deux machines de réserve. La machine utilisée actuellement possède un taux de fiabilité de 94 %, tandis que les machines de réserve ont une fiabilité de 90 % et de 80 %, respectivement. Quelle est la fiabilité de l'entreprise ?

Solution

Machine 1 : fiabilité = 0,94 ;
Machine 2 : fiabilité = 0,90 ;
Machine 3 : fiabilité = 0,80.

La fiabilité du système se calcule par
$F_s = F_1 + [(1 − F_1)F_2] + [(1 − F_1)(1 − F_2)F_3] =$
0,94 + (1 − 0,94)0,90 + (1 − 0,94)(1 − 0,90)0,80 = 0,9988

Problème 3

Un hôpital dispose de trois systèmes d'alarme d'urgence ; chacun fonctionne indépendamment des autres, et les systèmes sont placés l'un à la suite de l'autre. Les fiabilités respectives sont de 95 %, de 97 % et de 99 %. Quelle est la fiabilité du système d'urgence de cet hôpital ?

Solution

Probabilité de fonctionnement = 0,95 × 0,97 × 0,99 = 0,912 285 = 91,23 % de fiabilité.

Problème 4

Un satellite de prévisions météorologiques possède une vie utile de 10 ans. Calculez la probabilité de fonctionnement sans défaillance du satellite pour les durées suivantes : 5 ans, 12 ans, 20 ans, 30 ans.

18

Solution

$TMD = 10$ ans.

En calculant le rapport T/TMD, on obtient le tableau suivant :

T	TMD	T/TMD	$e^{-T/TMD}$	Probabilité
5	10	0,50	0,6065	60,65 %
12	10	1,20	0,3012	30,12 %
20	10	2,00	0,1353	13,53 %
30	10	3,00	0,0498	4,98 %

Problème 5

À partir de la résolution du problème 4, calculez la probabilité que le satellite tombe en panne entre la 5ᵉ et la 12ᵉ année.

Solution

$P(5$ ans $< $ panne < 12 ans$) = P($panne après 5 ans$) - P($panne après 12 ans$)$;

En utilisant les valeurs du problème 4, on a : $P_{5\text{-}12} = 0,6065 - 0,3012 = 0,3053 = 30,53$ %.

La figure ci-contre illustre la situation.

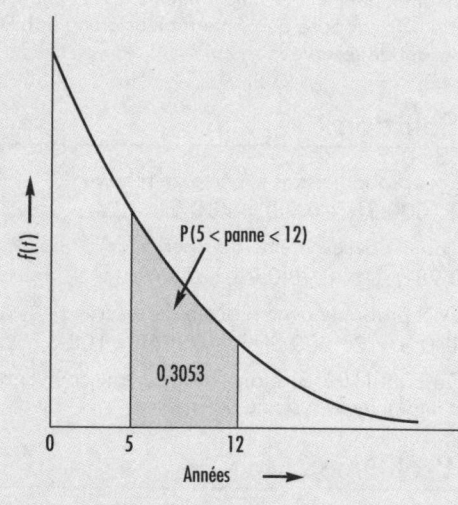

Problème 6

Un modèle de pneu haute performance possède une durée de vie moyenne de 25 000 km avec un écart type de $\sigma = 2\,000$ km. Évaluez les situations suivantes :

a) le pourcentage de pneus qui s'useront entre $\mu \pm 1\sigma$, c'est-à-dire entre 25 000 km $\pm$ 2 000 km (entre 23 000 et 27 000 km) ;

b) le pourcentage de pneus pouvant parcourir entre 26 000 et 29 000 km.

c) Quel est le kilométrage maximal que 4 % des pneus ne pourront pas dépasser ?

Solution

a) En utilisant la table normale, à la fin du manuel, à $\pm 1\sigma$, on a 0,6826 ou 68,26 % des pneus.

b) En standardisant les valeurs de 26 000 km et de 29 000 km, on a :

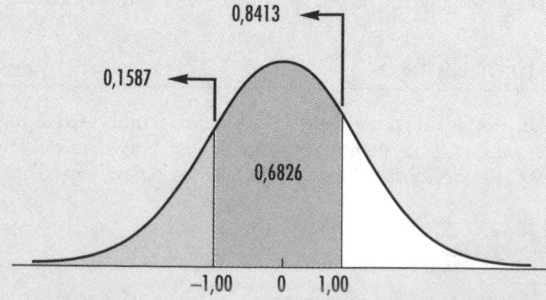

$$z = \frac{x - \mu}{\sigma}$$

$$z_{29\,000} = \frac{29\,000 - 25\,000}{2\,000} = 2,00,\text{ soit une probabilité de 97,72 \% (}\textit{voir la table normale à la fin du manuel}\text{)}$$

$$z_{26\,000} = \frac{26\,000 - 25\,000}{2\,000} = 0,50,\text{ soit une probabilité de 69,15 \% (}\textit{voir la table normale à la fin du manuel}\text{)}$$

La différence nous donne 0,9772 – 0,6915 = 0,2857 ou 28,57 %.

c) Dans la table normale, à la fin du manuel, on trouve qu'à 4 % à gauche, $z = -1,75$. Alors,

$x = \mu + z\sigma = 25\ 000 - 1,75\ (2\ 000)$
$= 21\ 500$ km.

Cela signifie que 4 % des pneus auront une défaillance avant d'avoir atteint 21 500 km.

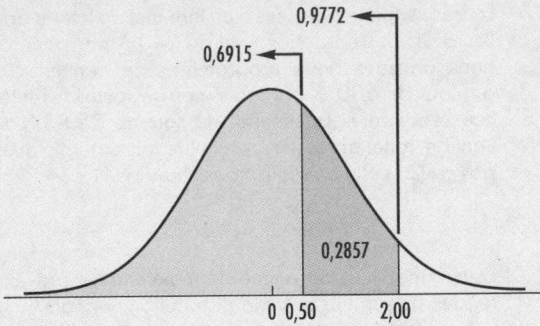

Questions de discussion et de révision

1. Quels dangers sont liés au fait d'avoir un service de maintenance trop complexe ?

2. Pourquoi est-il important, en maintenance, de prendre rapidement des décisions ?

3. Quels sont les avantages et les inconvénients d'un service de maintenance centralisé par rapport à une structure décentralisée ? Laquelle est la moins coûteuse ? Quelle est habituellement la solution pour trouver le juste équilibre entre les deux ?

4. Qu'est-ce que la maintenance prédictive ?

5. Identifiez les coûts rattachés aux pannes et ceux qui sont rattachés à la maintenance préventive. Faudrait-il toujours avoir une maintenance préventive à toute épreuve ? Pourquoi ?

6. Distinguez la maintenance corrective et les maintenances préventives (deux types). À quoi servent-elles ?

7. L'étude du travail peut-elle être utile à la maintenance ? De quelle façon ?

8. Quelle technique de planification utiliseriez-vous pour planifier les travaux de maintenance ?

9. Quelles relations existent entre le service des achats et celui de la maintenance ?

10. Qu'est-ce que la maintenabilité et comment se distingue-t-elle de la fiabilité ?

11. Donnez un exemple de demande de travail de maintenance.

12. Le nettoyage des ampoules électriques est-il une activité de maintenance importante ? Comment influe-t-il sur les autres fonctions et l'atteinte des objectifs de production ? (maximum cinq lignes)

13. On doit installer une machine dans un nouveau local. Cette machine doit être ancrée dans le béton du plancher et exige des entrées spéciales de courant et d'air pressurisé. De plus, elle nécessite une ventilation adéquate pour éliminer la chaleur excessive qu'elle dégage. À quel service va-t-on confier la responsabilité de cette installation et de quel corps de métier aura-t-on besoin ? Pour planifier les travaux de cette installation, quels types et techniques de planification seraient les plus adéquats ?

14. Expliquez l'importance de la maintenance pour les systèmes JAT.

15. Quels sont les liens entre une politique de maintenance, l'amélioration continue et la MPT ?

Problèmes

1. On dispose de 35 heures de travail par semaine et de 8 personnes au service de la maintenance. Combien d'heures de maintenance palliative doit-on prévoir ?

2. Une entreprise fabriquant du matériel technique de haute précision dispose d'une capacité de travaux de maintenance de 490 heures-personnes par semaine. Selon vous, comment faudrait-il répartir cette capacité en maintenance palliative, préventive et autres travaux de maintenance ?

3. Une entreprise moyenne de fabrication générale dispose de 175 heures-personnes de travail par semaine (35 heures × 5). Les travaux de maintenance (sauf la maintenance palliative) nécessaires à l'entreprise pour une semaine ont été estimés à 160 heures-personnes. Que pensez-vous de cette estimation ?

4. Si, au problème 2, on a enregistré 94 heures-personnes pour la maintenance palliative à la fin de la semaine, que déciderez-vous de faire ?

5. Le tableau suivant indique la fréquence des besoins mensuels de calibrage de l'équipement médical d'un hôpital. Une entreprise spécialisée propose un contrat de calibrage de 600 $/mois, indépendamment du nombre d'interventions, ou un coût de 500 $ par intervention. Déterminez le plan de calibrage le plus économique.

Nombre d'int erventions par mois pour le calibrage	Fréquence mensuelle
0	0,15
1	0,25
2	0,30
3	0,20
4	0,10

6. La fréquence des pannes d'un terminal de loterie apparaît ci-contre. Les coûts de réparation sont de 240 $ par panne. Une entreprise nous propose deux programmes de maintenance. Le premier, au coût de 500 $ par mois, couvre toutes les interventions faites par l'entreprise. Le second, au coût de 350 $, couvre toute intervention faite après une première réparation, que nous devrions payer. Laquelle devrions-nous choisir?

Nombre d'interventions par mois	Fréquence mensuelle
0	0,10
1	0,30
2	0,30
3	0,20
4	0,10

7. Déterminez le programme de maintenance préventive optimal pour chaque type d'équipement, si le taux de pannes suit une distribution normale.

Équipement	Temps moyen entre deux pannes successives (en jours)	Écart type
A 201	20	2
B 400	30	3
C 850	40	4

Équipement	Coût de la maintenance préventive	Coût de la panne
A 201	300 $	2 300 $
B 400	200 $	3 500 $
C 850	530 $	4 800 $

8. Soit le système suivant:

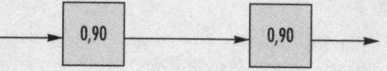

Déterminez la probabilité de fonctionnement de l'ensemble du système dans ces conditions.

9. Un produit est composé de quatre modules électroniques. Le degré de fiabilité du produit dépend du fonctionnement de l'ensemble des modules. Deux modules ont une fiabilité de 96% et les deux autres, de 99%. Quelle est la fiabilité du produit?

10. Le système de guidage électronique d'un navire est contrôlé par un ordinateur constitué de trois modules, lesquels doivent être opérationnels pour assurer le bon fonctionnement de l'ordinateur. Deux des modules ont une fiabilité de 0,97 et le troisième, de 0,99.

    a) Quelle est la fiabilité de l'ordinateur?

    b) Un ordinateur de secours a été installé sur le navire en cas de panne de l'ordinateur principal. La mise en route de l'ordinateur de secours est faite automatiquement. Déterminez la fiabilité du système de guidage du navire.

    c) Si le branchement de l'ordinateur de secours est assuré par un interrupteur dont la fiabilité est de 0,98, quelle est la fiabilité du système?

11. Un tambour de photocopieuse a une durée de vie de 30 mois selon une distribution exponentielle. Calculez les valeurs suivantes:

    a) la probabilité qu'un tambour fonctionne adéquatement pendant: 39 mois, 48 mois et 60 mois;

    b) la probabilité qu'un tambour tombe en panne avant: 33 mois, 15 mois et 6 mois.

    c) Après combien de temps 50% des tambours seront-ils en panne? 85%? 95%? 99%?

12. Lumenolier fabrique des ampoules dont la durée de vie nominale est de 5 000 heures. Quelle est la probabilité qu'une ampoule dure:

    a) au moins 6 000 heures?

    b) pas plus de 1 000 heures?

    c) entre 1 000 et 6 000 heures?

13. Satellite communication a lancé un satellite pour desservir le Grand Nord. Selon les ingénieurs, il devrait avoir une durée de vie active de six ans (moyenne de vie). En supposant une distribution exponentielle, estimez la probabilité que le satellite fonctionne sans défaillance pour les durées suivantes:

    a) plus de 9 ans;

    b) moins de 12 ans;

    c) plus de 9 ans mais moins de 12 ans;

    d) au moins 21 ans.

14. Un hôpital est informé que les scanneurs utilisés ont une durée de vie moyenne de 41 mois avec un écart type de 4 mois, avec une distribution normale. Quelle est la probabilité qu'un scanneur tombe en panne:

    a) avant 38 mois d'utilisation?

    b) entre 40 et 45 mois d'utilisation?

c) Après combien de mois d'utilisation faudra-t-il procéder à une maintenance pour être certain à 95 % que le scanneur ne tombera pas en panne (95 % de fiabilité)?

15. Calculez la disponibilité de l'équipement pour chacun des cas suivants:

   a) $TMD = 40$ jours; $TMR = 3$ jours; TMR = temps moyen de réparation

   b) $TMD = 3\ 000$ heures; $TMR = 6$ heures. TMD = temps moyen de défaillance

16. Une presse peut fonctionner pendant 10 semaines avant de nécessiter une remise à neuf, laquelle prend 2 jours. La presse fonctionne 5 jours/semaine. Quelle est la disponibilité de la presse?

17. La directrice d'un service de production doit choisir entre deux types de machines. La machine A fonctionne en moyenne pendant 142 heures avant de nécessiter une maintenance préventive qui dure 7 heures. La machine B fonctionne en moyenne pendant 65 heures avant de nécessiter une maintenance préventive de 2 heures. En vous basant sur la disponibilité, laquelle des deux machines devrait-elle choisir?

18. Une designer estime qu'elle peut accroître de 5 % le temps moyen entre deux pannes successives d'une pièce au coût de 450 $, ou bien réduire le temps de réparation de cette pièce de 10 % au coût de 200 $. Sachant qu'actuellement, le temps moyen de défaillance est de 100 heures avec un temps moyen de réparation de 4 heures, quelle option est la plus économique?

Bibliographie

Association américaine des hôpitaux. *L'entretien de l'installation matérielle des bâtiments et de l'équipement hospitalier*, Chicago, 1967.

Benedetti, Claudio. *Introduction à la gestion des opérations*, 3ᵉ édition, Laval, Éditions Études Vivantes, 1991, chap. 11, p. 450-479.

Blanchard, B.S., E.L. Peterson et D. Verma. *Maintainability*, New York, John Wiley & Sons, 1995.

Blischke, W.R. et M.D.N. Prabhakar. *Reliability: Modeling Prediction and Optimization*, John Wiley & Sons, 2000.

Blischke, W.R., et M.D.N. Prabhakar. *Case Studies in Reliability and Maintenance*, John Wiley & Sons, 2002.

Bolliet, Thierry. *L'entretien, préparation du travail et planification*, Paris, Eyrolles, 1976.

Gauthier, Marcel. *La maintenance*, Montréal, École polytechnique, 1973.

Higgins, Lindley R. *Maintenance Engineering Handbook*, 4ᵉ édition, New York, McGraw-Hill, 1987.

Levin, M.A., et T.T. Kalal. *Improving Product Reliability: Strategies and Implementation*, John Wiley & Sons, 2003.

Maggard, W.N. *Total Productive Maintenance that Works*, TPM Press, 1992.

Mann, Lawrence Jr. *Maintenance Management*, D.C. Heath Co., 1976.

O'Connor, Patrick D.T. *Practical Reliability Engineering*, 4ᵉ édition, 2002, John Wiley & Sons.

Priel, Victor. *La maintenance, techniques modernes de gestion*, Paris, E.M.E., 1976.

Sward, K. *L'entretien de l'équipement d'une entreprise*, Paris, Éditions de l'Organisation, 1968.

Chapitre 19

Les files d'attente

Plan du chapitre

Objectifs d'apprentissage

Expliquer pourquoi des files d'attente se forment dans des systèmes non congestionnés ;

Déterminer l'objectif de l'étude des files d'attente ;

Énoncer les mesures de performance utilisées dans le contexte des files d'attente ;

Formuler les hypothèses des principaux modèles de base ;

Application à des situations les plus communes.

19.1 **Introduction**

On observe des files d'attente dans tous les secteurs de l'activité humaine, que ce soit pour prendre l'autobus, se faire servir au restaurant, dans les banques, à diverses inscriptions, aux douanes, aux aéroports, pour recevoir des services médicaux, municipaux ou autres. Dans le domaine manufacturier, les unités à produire attendent que les machines et les postes de travail se libèrent afin d'être traitées. Dans les centres d'appels, les appelants passent de longues minutes à attendre qu'une ligne se libère. Les files d'attente qui se créent sont des activités sans valeur ajoutée et, quand on cherche à implanter des systèmes d'opérations épurées (*voir le chapitre 15*), les files d'attente sont une source majeure de gaspillage (les *muda* – mot d'origine japonaise). Pour les clients qui attendent de se faire servir, les files d'attente sont une source de frustration, de démotivation et, dans le trafic urbain, elles causent des embouteillages majeurs, en plus des dommages causés à l'environnement. D'autre part, pour les offreurs de service, se retrouver devant de longues files d'attente de produits ou de clients à servir crée un sentiment de découragement et d'impuissance, tout en risquant d'être la source d'erreurs et de services inadéquats.

Pour plusieurs, la solution est très simple : ajouter des ressources ou revoir les méthodes de travail pour accélérer le service. Or, ce n'est pas aussi simple, car plusieurs éléments méconnus entrent en ligne de compte. Commençons par souligner ces deux éléments de base :

- Sur une longue période, la majorité des prestations de service ont une capacité de traitement supérieure à celle qui est nécessaire. Par conséquent, le problème des files d'attente ne survient que pendant de courtes périodes.
- Se rappeler le fait qu'à certains moments le système est vide : les employés et les ressources sont en attente des clients ou des produits à fabriquer. En augmentant la capacité, on ne fait qu'augmenter le temps d'inoccupation des employés.

Donc, lors de la conception du système, il faut comparer le coût associé au niveau de service (capacité) mis en place et le coût associé à l'attente des clients. La planification et l'analyse de la capacité de service sont des thèmes traités dans la **théorie des files d'attente,** approche mathématique permettant d'analyser les files d'attente.

Théorie des files d'attente
Approche mathématique servant à l'étude des files d'attente.

Historiquement, l'étude des files d'attente a débuté au début du XXe siècle, alors que l'ingénieur danois en télécommunication A.K. Erlang analysait l'efficacité des services des équipements téléphoniques. L'application de la théorie des files d'attente n'a été généralisée qu'après la Seconde Guerre mondiale.

La théorie mathématique des files d'attente étant assez complexe, dans ce chapitre, on ne s'attardera qu'aux concepts et aux hypothèses relatifs à la résolution des problèmes d'attente. On appliquera les formules et les tables disponibles aux problèmes les plus courants et les plus utiles à la bonne gestion des opérations. Soulignons que les files d'attente se forment surtout lorsque les clients arrivent de façon aléatoire pour se faire servir. Les exemples les plus courants concernent les caisses des supermarchés, les établissements de restauration rapide, les billetteries, les cinémas, les bureaux de poste et les banques. Toutefois, lorsqu'on parle d'attente, on pense souvent à des personnes. Or, les «clients» ou unités en attente sont aussi des commandes en attente de traitement, des camions devant être chargés ou déchargés, des machines devant être réparées, des programmes d'ordinateur qui attendent d'être exécutés, des avions qui attendent l'autorisation de décoller, des bateaux qui attendent les remorqueurs pour accoster, les voitures aux panneaux d'arrêt, les patients dans les salles d'urgence, etc.

Pour toutes ces raisons, l'attente est une activité sans valeur ajoutée et, plus l'attente est longue, plus la file s'allonge, plus les pertes de temps augmentent, ce qui entraîne une dégradation de la qualité de service. De la même façon, au sein de l'entreprise, si des postes en amont ont de longues files, en aval, on peut observer des employés inoccupés et des équipements inutilisés, d'où des ressources sans valeur ajoutée. Pour éviter ces situations, certaines entreprises ont implanté des processus d'amélioration continue (*voir les kaïzen au chapitre 4*) dont le but ultime est l'élimination de toute forme de gaspillage, entre autres les attentes. Tous ces exemples révèlent l'importance de l'analyse des files d'attente.

Pour éliminer ou minimiser les effets négatifs des files d'attente, on doit comprendre ce qui les provoque, d'où la question fondamentale : pourquoi y a-t-il de l'attente ?

19.2 Pourquoi y a-t-il de l'attente ?

Il est surprenant d'apprendre que des files d'attente se forment même dans les systèmes non congestionnés. Par exemple, un établissement de restauration rapide qui peut traiter en moyenne 200 commandes à l'heure voit malgré tout se former des files d'attente, même si le nombre moyen à l'heure est de 150 commandes. L'expression clé est « en moyenne ». Le problème vient du fait que les arrivées des clients ont lieu à des intervalles aléatoires, notion fondamentale dans le modèle, plutôt qu'à des intervalles fixes. De plus, certaines commandes requièrent un temps de traitement plus long. En d'autres termes, les processus d'arrivée et de service n'ont pas des temps de service constants. Ce phénomène est encore plus vrai dans le secteur des services. Par conséquent, le système est soit temporairement congestionné, ce qui crée des files d'attente, soit vide parce qu'aucun client ne se présente. Donc, si le système n'est pas congestionné du point de vue macro, il l'est du point de vue micro. Par ailleurs, en cas de variabilité minimale ou inexistante (arrivée selon les rendez-vous et temps de service constant), aucune file d'attente ne se forme.

Des systèmes de gestion de la production, initialement conçus pour améliorer le domaine manufacturier, peuvent s'avérer très utiles aux domaines des services, lesquels, malheureusement, tardent ou sont réticents à les appliquer. Cependant, force est de constater que des organisations évoluant dans le domaine des services ont appliqué avec grand succès les principes et les techniques des files d'attente. Qui n'a pas été émerveillé par la réussite des parcs d'attractions de Walt Disney dans le domaine, et ce, à travers la planète ?

19.3 L'objectif de l'étude des files d'attente

L'objectif de l'étude des files d'attente est de minimiser le coût total (CT), qui représente la somme de deux coûts : le coût associé à l'attente des clients (coût d'attente) et le coût associé à la capacité de service mise en place (coût de service) :

$$\text{Coût total } (CT) = \text{Coût associé à l'attente } (C_a) + \text{Coût du service } (C_s) \qquad (19\text{-}1)$$

Le coût de service est le coût résultant du maintien d'un certain niveau de service, par exemple le coût associé au nombre de caisses dans un supermarché, au nombre de réparateurs dans un centre de maintenance, au nombre de guichets dans une banque, au nombre de voies d'une autoroute, etc. En cas de ressources inoccupées, la capacité est une valeur perdue, car les services qu'elles offrent ne sont pas stockables ; elles ne peuvent travailler pour produire les services à l'avance. D'autre part, si les ressources ne suffisent pas à la demande, les coûts d'attente sont constitués : de l'insatisfaction des clients, du coût associé à la perte de clients impatients qui vont chez les concurrents ; dans le cas des avions de ligne qui attendent pour le décollage ou l'atterrissage (coût de l'essence consommée, salaire du personnel), dans une clinique médicale (coût de l'espace disponible pour l'attente avec équipement particulier), la longueur d'un portique de lave-auto, le coût des chauffeurs de camion de livraison qui attendent à l'entrée, les mécaniciens qui attendent au magasin de l'entreprise pour avoir un outil, etc. Soulignons ici l'importance de la gestion des files d'attente dans les situations liées à la sécurité. Par exemple, l'évacuation d'urgence d'un édifice ou d'un avion, la distribution de médicaments, un programme de vaccination, la distribution de nourriture dans le cas de catastrophes naturelles, sont des situations où les files d'attente doivent être gérées avec la plus grande efficacité.

Quand le client est externe à l'entreprise, le coût d'attente est difficile à évaluer, car il s'agit d'un impact plutôt que d'un coût économique. Or, on peut considérer les temps d'attente comme un critère du niveau de service, un indicateur de mesure. Le gestionnaire décide du temps d'attente acceptable ou tolérable, et il détermine la capacité susceptible d'assurer ce niveau de service. On peut ainsi comparer des systèmes de files d'attente les uns aux autres. Répétons le principe : on ne peut améliorer ce qu'on ne peut mesurer.

Lorsque le client est interne à l'entreprise, on peut décrire le système de la façon suivante. Pour un service de maintenance, les clients sont les machines, et les ressources seront les équipes d'entretien et leurs outils. On peut établir directement certains coûts se rapportant au temps d'attente des clients, dans ce cas les machines en attente d'être réparées. Par ailleurs, il ne faut pas conclure trop rapidement que pour l'entreprise, le coût du temps d'attente d'un employé est égal à son salaire durant le temps d'attente ; cela impliquerait que la baisse nette des gains de l'entreprise, du fait de l'inactivité d'un employé, est égale au salaire de ce dernier, ce qui, *a priori*, n'est pas évident. L'employé, qu'il soit en situation de travail ou d'attente, reçoit le même salaire. Par contre, sa contribution en valeur ajoutée et aux gains de l'entreprise est réellement perdue, car la productivité baisse. Quand un opérateur de machine est inactif parce qu'il attend que sa machine soit réparée, sa force productive, comprenant outre son salaire une proportion des coûts fixes de l'entreprise, est perdue. En d'autres termes, il faut tenir compte non pas de la ressource physique en attente, mais plutôt de la valeur de toutes les ressources économiques inactives, puis évaluer la perte de profit à partir de la perte de productivité.

L'objectif de l'analyse des files d'attente est de trouver un compromis entre le coût associé à la capacité de service et le coût d'attente des clients (*voir l'équation 19-1*). La figure 19.1 illustre bien ce concept. Notez que lorsque la capacité de service augmente, le coût de service augmente. Par souci de simplicité, un coût de service linéaire est illustré, ce qui n'influe en rien sur la démonstration. Quand la capacité de service augmente, le nombre de clients en attente et le temps d'attente tendent à diminuer, donc les coûts d'attente diminuent. Le coût total (la somme des coûts de service et d'attente) est représenté sur le graphique par la courbe concave. Graphiquement, il suffit de déterminer le niveau de service se tra-

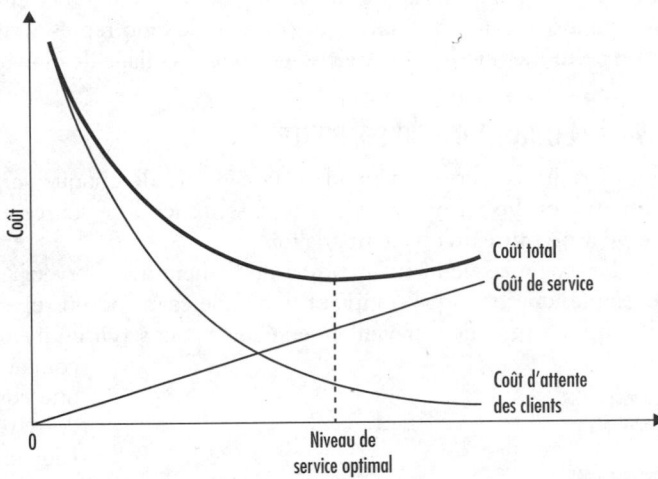

◄**FIGURE 19.1**

L'analyse des files d'attente vise à minimiser le coût d'attente et le coût de service

duisant par le coût total minimal. Si l'évolution du coût de service n'est pas linéaire (une droite), le minimum n'est pas nécessairement atteint au point d'intersection des deux coûts.

Dans le cas d'une clientèle externe à l'entreprise, les files d'attente donnent une image négative de la qualité du service offert. Dans cette situation, les entreprises auront tendance à augmenter la rapidité du service plutôt que d'augmenter le nombre d'employés. Le fait d'abaisser le coût d'attente aura pour effet de déplacer vers le bas la courbe en U, qui représente le coût total.

19.4 Les caractéristiques du système de files d'attente

Dans le cadre de la théorie des files d'attente, on a conçu plusieurs modèles mathématiques pour illustrer le plus fidèlement possible les situations observées dans la pratique. Le succès de l'étude des files d'attente repose surtout sur le choix du modèle approprié. Parmi les caractéristiques les plus importantes, on peut citer :

1. la population ;
2. le nombre de serveurs ;
3. les tendances quant à l'arrivée et au service ;
4. l'ordre de traitement des clients.

La figure 19.2 illustre un modèle simple de file d'attente.

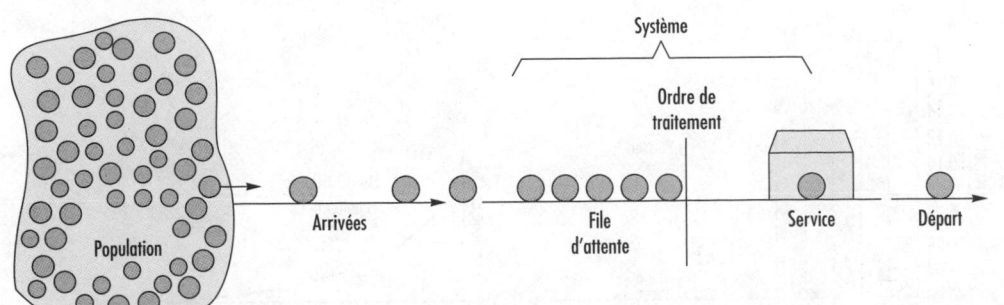

◄**FIGURE 19.2**

Modèle simple de file d'attente

19.4.1 La population

Dans la théorie des files d'attente, la source de clients potentiels est appelée la «population».

Il y a deux situations possibles. Dans le premier cas, la **population** est **infinie,** c'est-à-dire que le nombre potentiel de clients est infiniment grand en tout temps. C'est le cas des clients des supermarchés, des banques, des restaurants, des cinémas, des centres d'appels, etc. De plus, les clients proviennent de toutes les régions possibles. Dans la deuxième situation, la **population** est **finie,** ce qui signifie que le nombre de clients potentiels est limité.

Un bon exemple est le nombre de machines, d'avions, etc., en réparation dans le centre de maintenance d'une entreprise. L'entreprise en question possède un nombre fini d'unités à servir. Voici d'autres exemples de situations de population finie: une infirmière qui a la charge de 10 patients, un employé de banque qui est chargé de remplir et de vider quatre guichets automatiques, une secrétaire qui s'occupe de cinq représentants, un contrôleur de la navigation aérienne qui dirige l'atterrissage ou le décollage de cinq avions.

19.4.2 Le nombre de serveurs

La capacité de service dépend de la capacité de chaque **serveur** et du nombre de serveurs disponibles. Le terme «serveur» représente ici la ressource et, en général, on suppose qu'un serveur ne traite qu'un client à la fois.

Les systèmes de files d'attente fonctionnent avec serveur unique ou serveurs multiples (par exemple, une boutique comptant une seule caisse ou un supermarché en comptant plusieurs). Si plusieurs personnes travaillent en équipe pour servir un même client, on considère ce modèle comme un serveur unique (par exemple une équipe chirurgicale). Les exemples de systèmes de files d'attente avec serveur unique sont nombreux: les petits magasins avec une seule caisse, tels que les dépanneurs, certains cinémas, les lave-autos et les établissements de restauration rapide avec guichet unique. Les systèmes à multiples serveurs sont par exemple les banques, les billetteries d'aéroports, les garages ou les stations-service.

La figure 19.3 illustre les systèmes de files d'attente les plus courants. Pour des raisons pratiques, ce chapitre se limite à l'étude d'une seule étape.

FIGURE 19.3

Quatre types de systèmes de files d'attente

19.4.3 Les modèles d'arrivée et de service

Les files d'attente résultent de la variabilité des tendances d'arrivée et de service. Elles se forment parce que le degré élevé de variation dans les intervalles entre les arrivées et dans les temps de service cause des congestions temporaires. Dans plusieurs cas, on peut représenter ces variations par des distributions théoriques de probabilités. En ce qui concerne les principaux modèles utilisés, on suppose que le nombre d'arrivées dans un intervalle donné suit la loi de Poisson (*voir le chapitre 10*), alors que le temps de service suit une loi exponentielle. La figure 19.4 illustre l'évolution de ces deux distributions.

FIGURE 19.4

Distribution de Poisson et distribution exponentielle

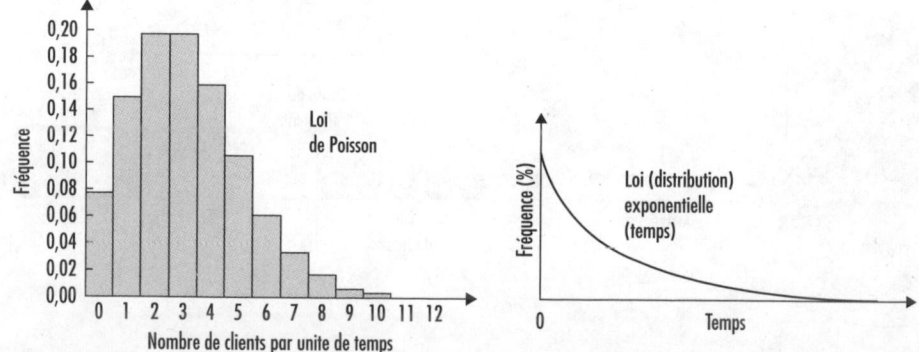

En général, la distribution de Poisson donne un assez bon aperçu du nombre de clients qui arrivent par unité de temps, tel le nombre de clients à l'heure. La figure 19.5 A illustre les arrivées distribuées selon la loi de Poisson (par exemple des accidents) pendant une période de trois jours. Durant certaines heures, on note de trois à quatre accidents, à d'autres, un ou deux et à certaines, aucun.

La distribution exponentielle, quant à elle, donne une assez bonne approximation des temps de service (par exemple avant l'arrivée des premiers secours auprès des victimes d'accidents). La figure 19.5 B indique le temps de service pour des clients qui arrivent selon le processus illustré à la figure 19.5 A. Remarquez que la plupart des temps de service sont très courts; certains sont proches de zéro, tandis que d'autres sont assez longs. C'est la caractéristique typique de la distribution exponentielle. Par exemple, les opérations traitées au guichet d'une banque prennent approximativement le même temps assez court, alors qu'un nombre limité de clients requiert un temps de traitement beaucoup plus long.

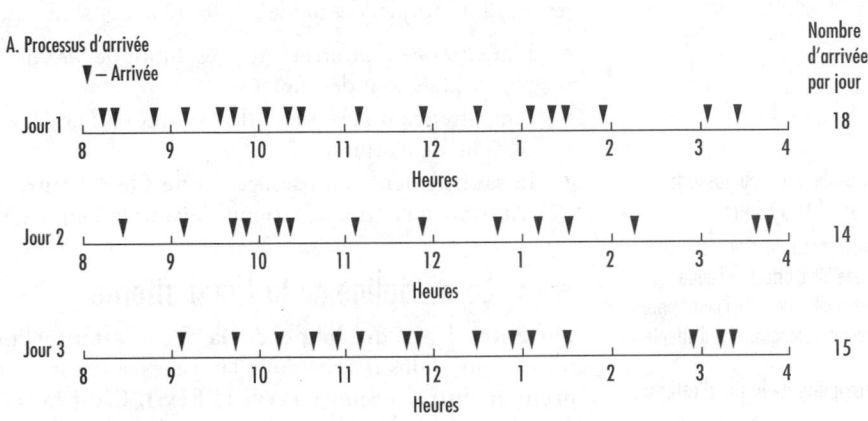

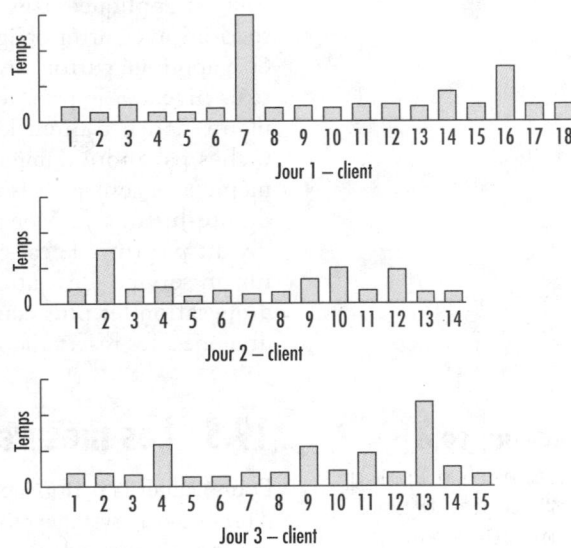

Les files d'attente se forment lorsque les arrivées se font en groupe ou que les temps de service sont particulièrement longs; elles se créent presque à coup sûr si ces deux facteurs interviennent. Par exemple, notez, à la figure 19.5 B, le temps de service particulièrement long pour le client n° 7 au jour 1. À la figure 19.5 A, le client n° 7 arrive à 10 h, et les deux clients suivants arrivent juste après, ce qui crée alors une file d'attente. Une situation similaire s'est présentée le jour 3 avec les trois derniers clients: le temps de service assez long pour le client n° 13 (*voir la figure 19.5 B*) combiné au temps relativement court entre les deux arrivées suivantes (*voir la figure 19.5 A, jour 3*) va certainement engendrer (ou augmenter) une file d'attente.

Remarquez qu'il existe une relation entre la distribution de Poisson et la distribution exponentielle: si le temps de service suit la loi exponentielle, le taux de service (nombre de clients servis par unité de temps) suit la loi de Poisson; de la même manière, si le taux d'arrivée suit la loi de Poisson, le **temps interarrivées** (temps entre deux arrivées successives) suit une loi exponentielle.

▲ **FIGURE 19.5**

Arrivées distribuées selon la loi de Poisson et temps de service distribués de façon exponentielle

Temps interarrivées

Temps entre deux arrivées successives.

Par exemple, si un centre de service a la capacité de traiter en moyenne 12 clients à l'heure (taux de service), le temps moyen de service est de 5 minutes. Si le taux moyen d'arrivée est de 10 clients à l'heure, le temps moyen entre deux arrivées successives est de 6 minutes. Ainsi, les modèles de files d'attente décrits dans ce chapitre ont généralement comme processus d'arrivée d'une distribution de Poisson ou, de façon équivalente, des temps interarrivées exponentiels et des temps de service distribués selon une loi exponentielle. En pratique, avant d'utiliser un modèle, il faut vérifier ces caractéristiques. Dans certains cas, on peut le faire en colligeant des données et en les représentant graphiquement. On ajuste ensuite la distribution observée à la distribution théorique.

Il est toutefois préférable pour ce type de problème d'utiliser le test de la loi statistique du khi-deux(χ_2): ce sujet n'est pas traité dans ce chapitre, mais il est expliqué dans la majorité des ouvrages de statistique. Aujourd'hui, il existe des logiciels très puissants qui permettent d'ajuster très rapidement une série d'observations à une distribution théorique de probabilité. L'un des plus complets est *ExpertFit*, conçu par Averill Law et associés. Par ailleurs, les recherches ont démontré que si ces hypothèses sont généralement appropriées pour le processus d'arrivée, elles le sont moins pour le processus de service. Dans ce cas, les solutions à considérer consistent : 1) à développer un modèle plus approprié ; 2) à utiliser un meilleur modèle (généralement plus complexe) ; 3) à avoir recours à la simulation numérique. Ces solutions requièrent généralement plus d'efforts, de temps et d'argent que les modèles de files d'attente présentés ici.

Dans ce chapitre, on suppose que les clients attendent patiemment en ligne pour se faire servir. En pratique, des modèles plus réalistes sont aussi observés, tels que :

- l'**impatience *a priori*** : en se présentant devant une longue file d'attente, les clients partent parce qu'ils sont découragés ;
- l'**impatience *a posteriori*** : découragement et départ des clients qui ont attendu longtemps dans la file d'attente ;
- le **sautillement, ou passage d'une file à l'autre** : transfert continu des clients d'une file d'attente à l'autre, impatients devant de longues files d'attente.

Sautillement, ou passage d'une file à l'autre

Changement continu des clients d'une file d'attente à l'autre, habituellement dû à l'impatience devant de longues files d'attente.

Discipline de la file d'attente

Ordre dans lequel les clients sont traités.

19.4.4 La discipline de la file d'attente

On entend par **discipline de la file d'attente** l'ordre de traitement des clients. Dans tous les modèles décrits dans les pages suivantes, on suppose que la règle de priorité est **premier entré, premier servi (PEPS).** C'est la politique la plus communément utilisée dans les entreprises de services, car elle procure aux clients un sentiment de justice, bien qu'elle pénalise les clients dont le temps de service est court (*voir la sous-section 16.4.2*). Elle est appliquée dans les banques, les magasins, les cinémas, les restaurants, les intersections avec arrêt obligatoire, les contrôles douaniers, etc. Or, le modèle PEPS ne peut être appliqué partout. Ainsi, dans les salles d'urgence des hôpitaux, on utilise en général trois niveaux de priorité, d'où l'approche **par ordre de priorité (PODP)** ; les ateliers de maintenance traitent les commandes urgentes, et les ordinateurs centraux traitent les tâches par ordre d'importance. Certains clients devront donc attendre plus longtemps, même s'ils sont arrivés plus tôt. Par exemple, si on se présente à l'urgence de l'hôpital Sainte-Justine de Montréal à la moindre petite fièvre de notre bébé, souhaitons qu'il n'y ait pas trop de cas graves ce jour-là, car il faudra s'armer de patience avant d'obtenir un service. Les autres règles de priorité susceptibles d'être appliquées sont les **temps d'opération les plus courts (TOC),** les commandes ou les clients les plus importants, les urgences, les réservations en priorité, les délais de livraison les plus courts, etc.

FIGURE 19.6

Le nombre moyen de clients qui attendent en file et le temps moyen d'attente des clients en file augmentent de façon exponentielle à mesure que le taux d'utilisation augmente

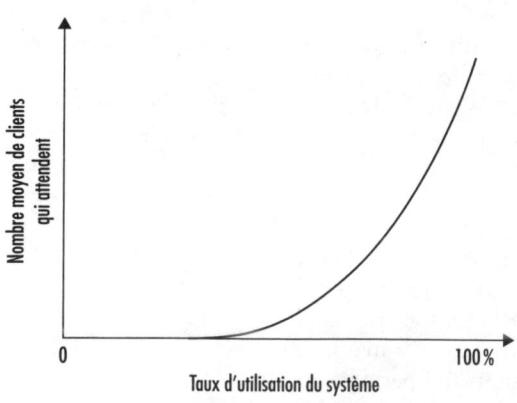

19.5 Les mesures de performance

Pour évaluer la performance d'un système d'opérations existant, ou pour le comparer avec celle d'un nouveau système proposé, les gestionnaires ont à leur disposition cinq outils ou indices de mesure principaux (*voir la sous-section 16.4.2*). Ces indicateurs sont :

1. le nombre moyen de clients qui attendent en file ou dans le système (NMS – nombre moyen dans le système[1]) (*voir la figure 19.2 à la page 725*) ;
2. le temps moyen d'attente en file et dans le système (TMS – temps moyen dans le système) ;
3. le taux d'utilisation du système, c'est-à-dire le pourcentage de la capacité utilisée ;
4. le coût associé au niveau de service (capacité) mis en place ;
5. la probabilité qu'un client potentiel attende pour être servi.

Parmi ces cinq outils de mesure, le taux d'utilisation du système nécessite quelques éclaircissements. Il reflète l'étendue de l'occupation des serveurs plutôt que leur inactivité. Il est logique de penser qu'une bonne gestion des ressources implique un taux d'utilisation de 100 %. Cependant, comme le montre la figure 19.6, le fait d'augmenter le taux d'utilisation revient à augmenter à la fois le nombre de clients qui attendent et le temps moyen d'attente. En fait, ces

1. K.L. Katz, B.M. Larson et R.C. Larson, « Prescriptions for the Waiting-in-Line Blues : Entertain, Enlighten and Engage », *Sloan Management Review*, vol. 32, n° 2, hiver 1991, p. 44-53.

deux mesures augmentent indéfiniment lorsque le taux d'utilisation approche les 100 %. Si tous les serveurs sont occupés, il est certain que les clients potentiels qui arrivent vont attendre. Cela implique que dans des conditions normales d'opération, un taux d'utilisation de 100 % est irréaliste. Le gestionnaire devrait plutôt essayer d'équilibrer le système de telle sorte que la somme des coûts de service et d'attente soit minimale (*voir la figure 19.1 à la page 725*).

19.6 Les principaux modèles de files d'attente

Il existe de nombreux types de files d'attente, et différents modèles mathématiques ont été développés pour les décrire. Nous nous concentrerons dans ce chapitre sur les plus communs, soit :

1. les modèles avec population infinie :
   - serveur unique, temps de service exponentiel (*voir la sous-section 19.7.2*) ;
   - serveur unique, temps de service constant (*voir la sous-section 19.7.3*) ;
   - serveur multiple, temps de service exponentiel (*voir la sous-section 19.7.4*) ;
   - serveur et règle de priorité multiples, temps de service exponentiel (*voir la section 19.9*) ;

2. les modèles avec population finie (*voir la section 19.10*).

19.6.1 L'annotation d'identification des modèles des files d'attente

Une annotation propre à l'étude des files d'attente a été élaborée pour faciliter l'identification des différents modèles. L'annotation est constituée de deux lettres et d'un chiffre :

- La première lettre indique les arrivées, la deuxième lettre désigne le service et le chiffre précise le nombre de serveurs ou de canaux de service.
- On utilise la lettre M pour indiquer des taux d'arrivée probabilistes (loi de Poisson ou exponentielle).
- La lettre D sert à indiquer des taux d'arrivée déterministes ou constants.

  Ainsi,
  M/M/1 = taux d'arrivée et de service probabilistes avec un seul point de service
  M/D/2 = taux d'arrivée probabiliste, un taux de service déterministe, avec deux serveurs
  M/M/S = taux d'arrivée et de service probabilistes et multipoints de service

19.7 Les modèles avec population infinie

Dans cette section, nous présentons les quatre modèles les plus communs et les plus utilisés lorsque la population est infinie. L'hypothèse commune est que le taux d'arrivée est distribué selon la loi de Poisson. On suppose aussi que le système étudié est en **régime permanent (stationnaire)**, c'est-à-dire que les taux d'arrivée et de service sont stables.

Afin de normaliser l'utilisation des modèles, le tableau 19.1, à la page suivante, présente les symboles et la terminologie pour l'étude des files d'attente en situation de population infinie.

19.7.1 Les équations de base

À la section 19.5, nous avons souligné l'importance de déterminer les indicateurs de performance des modèles de file d'attente ; nous présentons maintenant les équations pour les calculer. Dans les modèles de files d'attente avec population infinie, les principales relations sont décrites ci-après.

Le taux d'utilisation du système. Ce taux représente le rapport entre la demande (mesurée grâce au taux d'arrivée λ) et la capacité de service (nombre de serveurs M multiplié par le taux de service μ).

$$\rho = \frac{\lambda}{M\mu} \tag{19-2}$$

19

TABLEAU 19.1 ▸

Symboles (modèles avec population infinie)

λ	Taux d'arrivée des clients
μ	Taux de service par point de service (canal) (nombre de clients par unité de temps)
ρ	Taux d'utilisation du système
$\overline{n}_l$	Nombre moyen de clients en attente dans la file
$\overline{n}_s$	Nombre moyen de clients dans le système (clients qui attendent et clients qui sont en train d'être servis)
$\dfrac{1}{\mu}$	Temps de service (temps par client servi)
$\overline{t}_l$	Temps moyen d'attente dans la file
$\overline{t}_s$	Temps moyen d'attente dans le système (temps d'attente en file plus le temps de service)
P_0	Probabilité qu'il y ait zéro unité (client) dans le système
P_n	Probabilité qu'il y ait n unités (clients) dans le système
M	Nombre de serveurs
L_{max}	Nombre maximal espéré d'attente en file
r	Nombre moyen de clients servis

Note :

- Les taux d'arrivée (λ) et de service (μ) doivent être exprimés dans la même unité de mesure (clients à l'heure, clients par minute, etc.).
- Si M = 1, le nombre moyen de clients en train d'être servis devient :

$$\rho = r = \frac{\lambda}{\mu} \tag{19-3}$$

Le nombre moyen de clients en file $\overline{n}_l$. Ce nombre représente les clients qui attendent en file avant d'être servis. Il est obtenu à partir d'une table ou de la formule appropriée, selon le modèle en question.

$$\overline{n} = \lambda t_l \tag{19-4}$$

Le nombre de clients dans le système. Ce nombre représente les clients en attente et ceux qui sont en train d'être servis.

$$\overline{n}_s = \overline{n}_l + \rho \tag{19-5}$$

Le temps moyen d'attente en file.

$$\overline{t}_l = \frac{\overline{n}_l}{\lambda} \tag{19-6}$$

Le temps moyen d'attente dans le système.

$$\overline{t}_s = \overline{t}_l + \frac{1}{\mu} = \frac{\overline{n}_s}{\lambda} \tag{19-7}$$

Pour tous les modèles avec population infinie, le taux d'utilisation du système doit être inférieur à $1 (\lambda < M\mu)$; ces modèles ne s'appliquent qu'à des systèmes non congestionnés.

Le nombre moyen de clients qui attendent en file ($\overline{n}_l$) est l'élément clé qui sert à déterminer les autres mesures de performance du système, telles que le nombre moyen de clients dans le système, le temps moyen passé en file et le temps moyen passé dans le système. Par conséquent, lorsqu'on veut résoudre des problèmes de files d'attente, la première mesure de performance à considérer est $\overline{n}_l$ (nombre moyen de clients en file).

La figure 19.7, à la page suivante, aide à comprendre la relation entre les symboles de la théorie des files d'attente et la pratique.

Commentaire : Dans toute situation où des files d'attente se forment, il existe une relation entre le temps moyen qu'une unité passe dans le système et le nombre moyen d'unités dans le système. Selon la **loi de Little,** qui est présentée aux chapitres 13 et 15, dans un système stable, le nombre moyen d'unités dans la file, en attente d'être servis, est :

$$\overline{n}_l = \lambda \, \overline{t}_l$$

Clients	En file	+	En train d'être servis	=	Dans le système
Nombre moyen en attente	$\bar{n}_l$	+	$\dfrac{\lambda}{\mu}$	=	$\bar{n}_s$
Temps moyen d'attente	$\bar{t}_l = \dfrac{\bar{n}_l}{\lambda}$	+	$\dfrac{1}{\mu}$	=	$\bar{t}_s$

Donc, $\bar{n}_s = \lambda\, \bar{t}_s$ (temps dans la file, plus temps de service)

Exemple 1

Les clients d'une boulangerie se présentent généralement en matinée (calcul effectué selon la loi de Poisson), à raison de 16 clients en moyenne à l'heure. On estime que chaque vendeur au comptoir peut servir 1 client (temps distribué selon une loi exponentielle) en moyenne en 3 minutes ou 20 clients à l'heure.

a) Quels sont les taux d'arrivée et de service ?
b) Calculez le nombre moyen de clients en train d'être servis (supposez que le taux d'utilisation du système est inférieur à 1).
c) En supposant que le nombre moyen de clients qui attendent en file est égal à 3,2, déterminez le nombre moyen de clients dans le système, le temps moyen passé en file et le temps moyen passé dans le système.
d) Déterminez le taux d'utilisation du système lorsque M = 1, 2 et 3 serveurs.

Solution

a) Le taux d'arrivée est donné dans l'énoncé du problème : $\lambda = 16$ clients/heure. Puisque le taux d'arrivée et le taux de service doivent être compatibles (clients/heure), il faut traduire le temps moyen μ de service en heures. Un temps de 3 minutes/client est donc équivalent à $\mu = 20$ clients/heure.

b) Le nombre moyen de clients en train d'être servis en tout temps est :

$$\rho = r = \frac{\lambda}{\mu} = \frac{16}{20} = 0,80 \text{ client}$$

c) On sait que le nombre moyen de clients en attente en file $\bar{n}_l$ est de 3,2.
Le nombre moyen de clients dans le système :

$$\bar{n}_s = \bar{n}_l + \rho = 3,2 + 0,80 = 4,0 \text{ clients}$$

Le temps moyen d'attente en file :

$$t_l = \frac{\bar{n}_l}{\lambda} = \frac{3,2}{16} = 0,20 \text{ heure} = 12 \text{ minutes}$$

Le temps moyen passé dans le système :

$$\bar{t}_s = \bar{t}_l + \frac{1}{\mu} = 0,20 \text{ heure} + \frac{1}{20 \text{ clients/h}} = 0,25 \text{ heure} = 15 \text{ minutes}$$

d) Taux d'utilisation du système $\rho = \dfrac{\lambda}{M\mu}$

Si M = 1, alors $\rho = \dfrac{16}{1 \times 20} = 0,80$; le système est utilisé à 80 %.

Si M = 2, alors $\rho = \dfrac{16}{2 \times 20} = 0,40$; le système est utilisé à 40 %.

Si M = 3, alors $\rho = \dfrac{16}{3 \times 20} = 0,27$; le système est utilisé à 27 %.

Donc, plus la capacité du service augmente, plus le taux d'utilisation du système diminue.

19.7.2 Le modèle à serveur unique, temps de service exponentiel (M/M/1)

À partir de l'annotation présentée à la sous-section 19.6.1, ce modèle s'identifie par (M/M/1). Ce modèle classique simple d'analyse des files d'attente à un seul serveur ou à une seule équipe fonctionne selon la règle de priorité PEPS « premier entré, premier servi », avec une distribution d'arrivée selon une loi de Poisson et un taux de service selon une loi exponentielle. Il n'y a aucune restriction quant à la longueur de la file proprement dite. Le tableau 19.2 présente les formules servant à calculer les mesures de performance pour un modèle avec serveur unique; on les utilise conjointement avec les équations 19-2 à 19-7 (*voir les pages 729 et 730*).

TABLEAU 19.2 ►

Formules pour le modèle de base (serveur unique, temps de service exponentiel)

Mesure de performance	Équation	Références
Nombre moyen de clients en file	$\overline{n}_l = \dfrac{\lambda^2}{\mu(\mu-\lambda)}$	(19-8)
Nombre moyen de clients dans le système	$\overline{n}_s = \dfrac{\lambda}{(\mu-\lambda)}$	(19-8 A)
Temps moyen d'attente en ligne	$\overline{t}_l = \dfrac{\lambda}{\mu(\mu-\lambda)}$	(19-8 B)
Temps moyen passé dans le système	$\overline{t}_s = \dfrac{1}{(\mu-\lambda)}$	(19-8 C)
Probabilité qu'il y ait zéro unité dans le système	$P_0 = 1-\left(\dfrac{\lambda}{\mu}\right)$	(19-9)
Probabilité qu'il y ait *n* unités dans le système	$P_n = P_0\left(\dfrac{\lambda}{\mu}\right)^n$	(19-10 A)
Probabilité qu'il y ait moins de *n* unités dans le système	$P_{<n} = 1-\left(\dfrac{\lambda}{\mu}\right)^n$	(19-10 B)

Exemple 2

Une compagnie aérienne envisage d'ouvrir un point de vente dans un centre commercial. Un agent sera responsable des réservations et de la vente des billets. On prévoit: un achalandage de 15 clients à l'heure en moyenne, suivant une distribution de Poisson; un temps de service de 3 minutes en moyenne par client (distribution exponentielle). Déterminez les mesures de performance suivantes:

a) le taux d'utilisation du système;
b) le pourcentage du temps d'inactivité de l'agent;
c) le nombre moyen de clients qui attendent en file pour être servis;
d) le temps moyen passé par client dans le système;
e) la probabilité qu'il n'y ait aucun client dans le système; la probabilité qu'il y ait quatre clients dans le système.

Solution

Taux d'arrivée: $\lambda = 15$ clients à l'heure

Taux de service par heure:

$$\mu = \left(\frac{1 \text{ client}}{3 \text{ minutes}}\right) \times 60 \text{ minutes par heure} = 20 \text{ clients à l'heure}$$

a) $\rho = \dfrac{\lambda}{M\mu} = \dfrac{15}{1(20)} = 0,75$

b) Pourcentage d'inactivité $= 1 - \rho = 1 - 0,75 = 0,25$, c'est-à-dire 25 % du temps

c) $\overline{n}_l = \dfrac{\lambda^2}{\mu(\mu-\lambda)} = \dfrac{15^2}{20(20-15)} = 2,25$ clients

d) $\overline{t}_s = \dfrac{1}{(\mu-\lambda)} = \dfrac{1}{(20-15)} = 0,20$ heure ou 12 minutes

e) $P_0 = 1-\dfrac{\lambda}{\mu} = 1-\dfrac{15}{20} = 0,25$ et $P_4 = P_0\left(\dfrac{\lambda}{\mu}\right)^4 = 0,25\left(\dfrac{15}{20}\right)^4 = 0,079$

19.7.3 Le modèle à serveur unique, temps de service constant (M/D/1)

Comme on l'a signalé précédemment, les files d'attente sont la conséquence directe de phénomènes aléatoires et du degré élevé de variabilité des taux d'arrivée et de service. Si, dans un système donné, on arrive à diminuer ou à réduire les variations d'un taux ou des deux, on peut contrôler le système et également raccourcir les files d'attente de façon significative. De plus, quand les temps de service sont constants, le nombre moyen de clients qui attendent en file diminue de moitié.

$$\bar{n}_l = \frac{\lambda^2}{2\mu(\mu - \lambda)} \qquad (19\text{-}11)$$

Le temps d'attente en file est aussi réduit de moitié.

On trouve ce modèle dans plusieurs situations, notamment lorsque le serveur est une machine automatique comme un lave-auto; les salles de spectacle ou les manèges en sont d'autres exemples.

Exemple 3

Un lave-auto avec file unique a été programmé pour laver un véhicule en 5 minutes. Durant la fin de semaine, 8 voitures à l'heure arrivent en moyenne, selon une distribution de Poisson. Déterminez:

a) le nombre moyen de voitures dans la file d'attente;
b) le temps moyen passé dans la file et le temps moyen passé dans le système.

Solution

$\mu = 1$ voiture toutes les 5 minutes = 12 voitures à l'heure
$\lambda = 8$ voitures à l'heure

a) $\bar{n}_l = \dfrac{\lambda^2}{2\mu(\mu - \lambda)} = \dfrac{8^2}{2(12)(12 - 8)} = 0,667$ voiture

b) $\bar{t}_l = \dfrac{\bar{n}_l}{\lambda} = \dfrac{0,667}{8} = 0,083$ heure ou 5 minutes

$\bar{t}_s = \bar{t}_l + \dfrac{1}{\mu} = \dfrac{\bar{n}_l}{\lambda} + \dfrac{1}{\mu} = \dfrac{0,667}{8} + \dfrac{1}{12} = 0,167$ heure ou 10 minutes

19.7.4 Le modèle à serveurs multiples, temps de service exponentiel (M/M/S)

Le modèle des serveurs multiples, avec un temps de service exponentiel, existe lorsqu'il y a deux serveurs ou plus qui travaillent en parallèle, de façon indépendante. On doit alors vérifier les hypothèses suivantes:

1. Le processus d'arrivée est distribué selon une loi de Poisson et le processus de service, selon une loi exponentielle.
2. Le taux de service moyen est identique pour tous les serveurs.
3. Les clients sont traités selon l'ordre d'arrivée PEPS (premier entré, premier servi).

Le tableau 19.3, à la page suivante, présente les formules permettant de calculer les indices de performance de ce modèle. Il faut noter que ces formules sont beaucoup plus complexes que celles du modèle 1 (*voir la sous-section 19.7.2*), particulièrement pour $\bar{n}_l$ (nombre moyen en attente en ligne) et P_0 (probabilité de 0 unité en attente). Elles sont présentées pour montrer leur complexité et compléter la description de ce modèle. Or, par souci de simplicité, on utilisera plutôt le tableau 19.4, à la page suivante, qui donne les valeurs de $\bar{n}_l$ et de P_0 pour les valeurs de λ/μ et de M les plus communes. Pour se servir du tableau 19.4, à la page suivante, on doit:

1. calculer la valeur de λ/μ (arrondie aux décimales près comme dans le tableau);
2. lire les valeurs de $\bar{n}_l$ et de P_0 correspondant au nombre approprié de serveurs, M.

Par exemple, si $\lambda/\mu = 0,50$ et M = 2, on peut lire: $\bar{n}_l = 0,033$ et $P_0 = 0,600$. On peut se servir de ces valeurs pour déterminer d'autres mesures de performance. Notez que les formules du tableau 19.3 et les valeurs du tableau 19.4 (*tous deux à la page suivante*) donnent des moyennes. On peut utiliser le tableau 19.4 pour le modèle à serveur unique, temps de service exponentiel (M/M/1), en prenant M = 1.

19

TABLEAU 19.3

Formules pour le modèle de files d'attente : serveurs multiples, temps de service exponentiel (M/M/S)

Mesure de performance	Équation	Références
Nombre moyen de clients en file	$$\bar{n}_i = \frac{\lambda\mu\left(\frac{\lambda}{\mu}\right)^M}{(M-1)!(M\mu-\lambda^2)} \times P_0$$	(19-12)
Probabilité qu'il y ait zéro unité dans le système	$$P_0 = \left[\sum_{n=0}^{M-1}\frac{\left(\frac{\lambda}{\mu}\right)^n}{n!} + \frac{\left(\frac{\lambda}{\mu}\right)^M}{M!\left(1-\frac{\lambda}{M\mu}\right)}\right]^{-1}$$	(19-13)
Temps moyen d'attente pour un client potentiel non servi immédiatement	$$\bar{t}_a = \frac{1}{M\mu-\lambda}$$	(19-14)
Probabilité qu'un client potentiel attende avant d'être servi	$$P_W = \frac{\bar{t}_i}{\bar{t}_a}$$	(19-15)

TABLEAU 19.4

Valeurs de $\bar{n}_i$ et de P_0 pour des valeurs données de λ/μ et de M données

λ/μ	M	L_q	P_0	λ/μ	M	L_q	P_0	λ/μ	M	L_q	P_0
0,15	1	0,026	0,850	0,80	1	3,200	0,200	1,5	2	1,929	0,143
	2	0,001	0,860		2	0,152	0,429		3	0,237	0,211
0,20	1	0,050	0,800		3	0,019	0,447		4	0,045	0,221
	2	0,002	0,818	0,85	1	4,817	0,150		5	0,009	0,223
0,25	1	0,083	0,750		2	0,187	0,404	1,6	2	2,844	0,111
	2	0,004	0,778		3	0,024	0,425		3	0,313	0,187
0,30	1	0,129	0,700		4	0,003	0,427		4	0,060	0,199
	2	0,007	0,739	0,90	1	8,100	0,100		5	0,012	0,201
0,35	1	0,188	0,650		2	0,229	0,379	1,7	2	4,426	0,081
	2	0,011	0,702		3	0,030	0,403		3	0,409	0,166
0,40	1	0,267	0,600		4	0,004	0,406		4	0,080	0,180
	2	0,017	0,667	0,95	1	18,050	0,050		5	0,017	0,182
0,45	1	0,368	0,550		2	0,277	0,356	1,8	2	7,674	0,053
	2	0,024	0,633		3	0,037	0,383		3	0,532	0,146
	3	0,002	0,637		4	0,005	0,386		4	0,105	0,162
0,50	1	0,500	0,500	1,0	2	0,333	0,333		5	0,023	0,165
	2	0,033	0,600		3	0,045	0,364	1,9	2	17,587	0,026
	3	0,003	0,606		4	0,007	0,367		3	0,688	0,128
0,55	1	0,672	0,450	1,1	2	0,477	0,290		4	0,136	0,145
	2	0,045	0,569		3	0,066	0,327		5	0,030	0,149
	3	0,004	0,576		4	0,011	0,332		6	0,007	0,149
0,60	1	0,900	0,400	1,2	2	0,675	0,250	2,0	3	0,889	0,111
	2	0,059	0,538		3	0,094	0,294		4	0,174	0,130
	3	0,006	0,548		4	0,016	0,300		5	0,040	0,134
0,65	1	1,207	0,350		5	0,003	0,301		6	0,009	0,135
	2	0,077	0,509	1,3	2	0,951	0,212	2,1	3	1,149	0,096
	3	0,008	0,521		3	0,130	0,264		4	0,220	0,117
0,70	1	1,633	0,300		4	0,023	0,271		5	0,052	0,121
	2	0,098	0,481		5	0,004	0,272		6	0,012	0,122
	3	0,011	0,495	1,4	2	1,345	0,176	2,2	3	1,491	0,081
0,75	1	2,250	0,250		3	0,177	0,236		4	0,277	0,105
	2	0,123	0,455		4	0,032	0,245		5	0,066	0,109
	3	0,015	0,471		5	0,006	0,246		6	0,016	0,111

λ/μ	M	L_q	P_0	λ/μ	M	L_q	P_0	λ/μ	M	L_q	P_0
2,3	3	1,951	0,068		8	0,012	0,041	4,1	5	2,703	0,011
	4	0,346	0,093	3,3	4	3,027	0,023		6	0,668	0,015
	5	0,084	0,099		5	0,615	0,033		7	0,212	0,016
	6	0,021	0,100		6	0,174	0,036		8	0,070	0,016
2,4	3	2,589	0,056		7	0,052	0,037		9	0,023	0,017
	4	0,431	0,083		8	0,015	0,037	4,2	5	3,327	0,009
	5	0,105	0,089		6	0,066	0,060		6	0,784	0,013
	6	0,027	0,090		7	0,018	0,061		7	0,248	0,014
	7	0,007	0,091	3,4	4	3,906	0,019		8	0,083	0,015
2,5	3	3,511	0,045		5	0,737	0,029		9	0,027	0,015
	4	0,533	0,074		6	0,209	0,032		10	0,009	0,015
	5	0,130	0,080		7	0,063	0,033	4,3	5	4,149	0,008
	6	0,034	0,082		8	0,019	0,033		6	0,919	0,012
	7	0,009	0,082	3,5	4	5,165	0,015				
2,6	3	4,933	0,035		5	0,882	0,026	4,3	7	0,289	0,130
	4	0,658	0,065		6	0,248	0,029		8	0,097	0,013
	5	0,161	0,072		7	0,076	0,030		9	0,033	0,014
	6	0,043	0,074		8	0,023	0,030		10	0,011	0,014
	7	0,011	0,074		9	0,007	0,030	4,4	5	5,268	0,006
2,7	3	7,354	0,025	3,6	4	7,090	0,011		6	1,078	0,010
	4	0,811	0,057		5	1,055	0,023		7	0,337	0,012
	5	0,198	0,065		6	0,295	0,026		8	0,114	0,012
	6	0,053	0,067		7	0,019	0,027		9	0,039	0,012
	7	0,014	0,067		8	0,028	0,027		10	0,013	0,012
2,8	3	12,273	0,016		9	0,008	0,027	4,5	5	6,862	0,005
	4	1,000	0,050	3,7	4	10,347	0,008		6	1,265	0,009
	5	0,241	0,058		5	1,265	0,020		7	0,391	0,010
	6	0,066	0,060		6	0,349	0,023		8	0,134	0,011
	7	0,018	0,061		7	0,109	0,024		9	0,046	0,011
2,9	3	27,193	0,008		8	0,034	0,025		10	0,015	0,011
	4	1,234	0,044		9	0,010	0,025	4,6	5	9,289	0,004
	5	0,293	0,052	3,8	4	16,937	0,005		6	1,487	0,008
	6	0,081	0,054		5	1,519	0,017		7	0,453	0,009
	7	0,023	0,055		6	0,412	0,021		8	0,156	0,010
3,0	4	1,528	0,038		7	0,129	0,022		9	0,054	0,010
	5	0,354	0,047		8	0,041	0,022		10	0,018	0,010
	6	0,099	0,049		9	0,013	0,022	4,7	5	13,382	0,003
	7	0,028	0,050	3,9	4	36,859	0,002		6	1,752	0,007
	8	0,008	0,050		5	1,830	0,015		7	0,525	0,008
3,1	4	1,902	0,032		6	0,485	0,019		8	0,181	0,009
	5	0,427	0,042		7	0,153	0,020		9	0,064	0,009
	6	0,120	0,044		8	0,050	0,020		10	0,022	0,009
	7	0,035	0,045		9	0,016	0,020	4,8	5	21,641	0,002
	8	0,010	0,045	4,0	5	2,216	0,013		6	2,071	0,006
3,2	4	2,386	0,027		6	0,570	0,017		7	0,607	0,008
	5	0,513	0,037		7	0,180	0,018		8	0,209	0,008
	6	0,145	0,040		8	0,059	0,018		9	0,074	0,008
	7	0,043	0,040		9	0,019	0,018		10	0,026	0,008

TABLEAU 19.4
(suite)

λ/μ	M	L_q	P_0	λ/μ	M	L_q	P_0	λ/μ	M	L_q	P_0
4,9	5	46,566	0,001	5,3	6	5,303	0,003		10	0,088	0,004
	6	2,459	0,005		7	1,249	0,004		11	0,033	0,004
	7	0,702	0,007		8	0,422	0,005		12	0,012	0,004
	8	0,242	0,007		9	0,155	0,005	5,7	6	16,446	0,001
	9	0,087	0,007		10	0,057	0,005		7	2,264	0,002
	10	0,031	0,007		11	0,021	0,005		8	0,721	0,003
	11	0,011	0,007		12	0,007	0,005		9	0,266	0,003
5,0	6	2,938	0,005	5,4	6	6,661	0,002		10	0,102	0,003
	7	0,810	0,006		7	1,444	0,004		11	0,038	0,003
	8	0,279	0,006		8	0,483	0,004		12	0,014	0,003
	9	0,101	0,007		9	0,178	0,004	5,8	6	26,373	0,001
	10	0,036	0,007		10	0,066	0,004		7	2,648	0,002
	11	0,013	0,007		11	0,024	0,005		8	0,823	0,003
5,1	6	3,536	0,004		12	0,009	0,005		9	0,303	0,003
	7	0,936	0,005	5,5	6	8,590	0,002		10	0,116	0,003
	8	0,321	0,006		7	1,674	0,003		11	0,044	0,003
	9	0,117	0,006		8	0,553	0,004		12	0,017	0,003
	10	0,042	0,006		9	0,204	0,004	5,9	6	56,300	0,000
	11	0,015	0,006		10	0,077	0,004		7	3,113	0,002
5,2	6	4,301	0,003		11	0,028	0,004		8	0,939	0,002
	7	1,081	0,005		12	0,010	0,004		9	0,345	0,003
	8	0,368	0,005	5,6	6	11,519	0,001		10	0,133	0,003
	9	0,135	0,005		7	1,944	0,003				
	10	0,049	0,005		8	0,631	0,003				
	11	0,018	0,006		9	0,233	0,004				

Exemple 4

La compagnie Taxi-Air possède sept taxis stationnés à l'aéroport de Montréal-Trudeau. Les statistiques de la compagnie indiquent que durant les heures tardives des jours ouvrables de la semaine, les clients se présentent pour prendre un taxi (selon une distribution de Poisson) à une cadence moyenne de 6,6 clients à l'heure. Le service suit une distribution exponentielle de 50 minutes en moyenne. Le cycle complet du service consiste à transporter le client de l'aéroport à sa destination, puis à revenir à l'aéroport pour se placer en file, dans l'attente d'autres clients. Déterminez chacune des mesures de performance présentées dans le tableau 19.3, à la page 734, ainsi que le taux d'utilisation du système.

Solution

$\lambda = 6,6$ clients à l'heure ; M = 7 voitures (serveurs)

$$\mu = \frac{1 \text{ client/voyage}}{(50 \text{ minutes/voyage} \div 60 \text{ minutes/heure})} = 1,2 \text{ client à l'heure par taxi}$$

À partir du tableau 19.4, à la page 734, à $\lambda/\mu = 5,5$ et M = 7, on peut lire :

a) $\bar{n}_l = 1,674$ client en attente en ligne

b) $P_0 = 0,003$

c) $\bar{t}_a = \dfrac{1}{M\mu - \lambda} = \dfrac{1}{7 \times 1,2 - 6,6} = 0,556$ heure = 33,36 minutes

d) $\bar{t}_l = \dfrac{\bar{n}_l}{\lambda} = \dfrac{1,674}{6,6} = 0,2536$ heure ou 15,22 minutes, donc

$$P_W = \dfrac{\bar{t}_l}{\bar{t}_a} = \dfrac{0,2536}{0,556} = 0,456\,;\ \text{soit } 45,6\%\ \text{de chances qu'un client potentiel attende}$$

avant d'être servi

e) $\rho = \dfrac{\lambda}{M\mu} = \dfrac{6,6}{7 \times 1,2} = 0,786\,;$ le système est utilisé à 78,6 % de sa capacité

Avec Excel, la solution de l'exemple 4 apparaît comme suit :

	A	B	C	D	E	F
1		**Modèle de files d'attente avec serveurs multiples**				
2						
3		Taux moyen d'arrivée	lamda =	6,6		
4		Nombre de serveurs	M =	7		
5		Taux moyen de service	mu =	1,2		
6		Nombre moyen de clients servis	r =	5,500		
7		Nombre moyen en file	$\bar{n}_1$ =	1,674		
8		Nombre moyen de clients dans le système	$\bar{n}_s$ =	7,174		
9		Temps moyen d'attente en file	t_1 =	0,254		
10		Temps moyen dans le système	t_s =	1,087		
11		Taux d'utilisation du système	rho=	0,786		
12		P(zéro unités dans le système)	P0=	0,003		
13		Temps moyen d'atente (client potentiel)	t_a =	0,556		
14		P(d'attente d'un client potentiel)	Pw=	0,456		
15						

Le processus de résolution peut être inversé, c'est-à-dire que l'analyste peut déterminer la capacité requise pour atteindre des niveaux spécifiés de performance. L'exemple ci-dessous illustre cette approche.

Exemple 5

La compagnie Taxi-Air envisage de desservir une nouvelle gare. Le taux moyen d'arrivée des clients à la gare est de 4,8 clients à l'heure, et le taux de service (aller-retour) est de 1,5 client à l'heure. Combien de taxis seront nécessaires pour obtenir un temps d'attente moyen tolérable de 20 minutes ou moins ?

Solution

$\lambda = 4,8$ clients à l'heure, $\mu = 1,5$ client à l'heure, $M = ?$

$$r = \dfrac{\lambda}{\mu} = \dfrac{4,8}{1,5} = 3,2$$

$\bar{t}_l = 20$ minutes ou 0,333 heure (attente moyenne désirée)

$\bar{n}_l = \lambda \times \bar{t}_l = 4,8 \times 0,333 = 1,6$ unité

Donc, le nombre moyen de clients qui attendent ne doit pas dépasser 1,6.
À partir du tableau 19.4, à la page 734, avec $\lambda/\mu = 3,2$,

$\bar{n}_l = 2,386$ pour $M = 4$ et $\bar{n}_l = 0,513$ pour $M = 5$.

Taxi-Air a besoin de cinq voitures pour obtenir 20 minutes comme temps d'attente moyen tolérable. En effet, avec cinq taxis, on aura un nombre en attente en ligne de 2,386, ce qui n'est pas souhaité (on veut 1,6 et moins).

19.8 Le choix de la file d'attente optimale

Pour décider du meilleur choix de la file d'attente à adopter, la file d'attente optimale, les gestionnaires se basent souvent sur deux aspects très pratiques :
* la dimension économique de la file choisie ;
* la longueur de la file d'attente (ou capacité maximale).

19.8.1 **L'analyse économique**

Pour concevoir un système optimal, on calcule et on équilibre le coût associé au niveau de service (capacité de service) et le coût d'attente des clients (coût engagé par l'entreprise en raison de l'attente des clients dans le système). Par exemple, si on conçoit un quai de chargement pour un entrepôt, on étudie le coût du quai plus le coût des équipes de chargement par rapport au coût associé à l'attente des camions (chargement et déchargement). Même chose pour le coût du mécanicien qui attend des outils devant un centre d'outillage : ce coût doit être équilibré avec celui du serveur du centre d'outillage. Lorsque les clients sont externes à l'entreprise (commerces de détail, par exemple), les coûts vont inclure les ventes perdues à cause du refus du client d'attendre, le coût associé à l'espace d'attente mis en place par l'entreprise et le coût associé à la congestion du système (perte de clients, vols à l'étalage, etc.). La capacité optimale de service, représentée habituellement par le nombre de serveurs qui travaillent en parallèle, est celle qui permet de réduire le coût total de gestion de l'attente. Ce coût total est la somme du coût d'attente des clients et du coût de la capacité de service. L'objectif est donc de minimiser le coût total présenté à l'équation 19-1.

$$\text{Coût total }(CT) = \text{Coût associé à l'attente }(C_a) + \text{Coût du service}(C_s) \qquad (19\text{-}1)$$

L'approche d'optimisation consiste à calculer le coût total du système en fonction de différentes valeurs correspondant au nombre de serveurs. Après un certain nombre d'itérations, on établit la capacité qui minimise le coût total. Comme la courbe représentant le coût total est en forme de U, le fait d'augmenter le nombre de serveurs va faire en sorte que le coût total diminuera pour atteindre le minimum. À partir de ce moment-là, le fait d'augmenter la capacité va plutôt engendrer une augmentation du coût total. C'est donc à ce point que se situe la capacité optimale. La figure 19.8 illustre le phénomène.

Le coût d'attente se calcule en fonction du nombre moyen de clients dans le système. Cela n'est peut-être pas intuitivement évident, et on serait plutôt tenté de considérer le temps moyen d'attente dans le système. Or, cela signifierait ne tenir compte que d'un seul client. On n'aurait pas d'information concernant le nombre de clients qui attendent pendant ce temps. Il est évident que le coût engendré par la présence de cinq clients en moyenne qui attendent va être moindre que le coût occasionné par la présence de neuf clients. En conséquence, il est nécessaire de se concentrer sur le nombre de clients en attente. Par ailleurs, si on a en moyenne deux clients dans le système, cela équivaut à avoir exactement deux clients dans le système en tout temps, malgré le fait qu'en réalité, on aura à certains moments zéro, un, deux, trois clients ou plus dans le système.

FIGURE 19.8

Évolution des coûts totaux des files d'attente

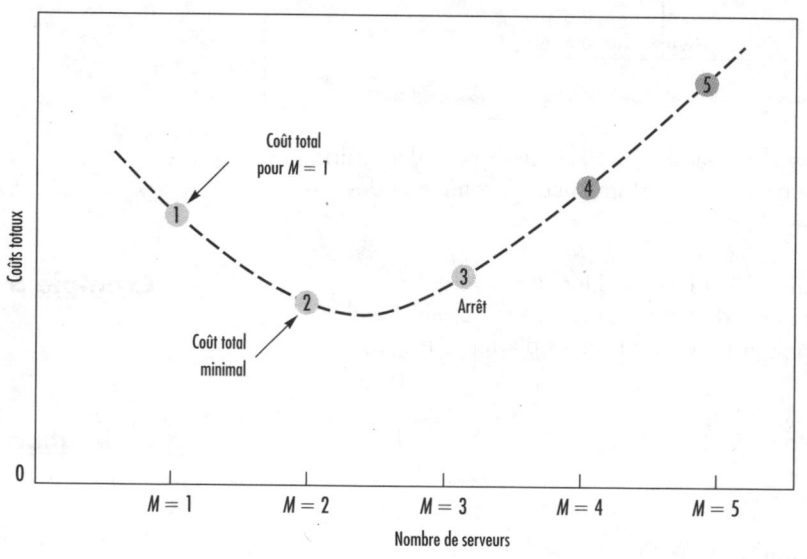

Exemple 6

Les camions arrivent à un entrepôt durant les jours ouvrables de la semaine selon une distribution de Poisson, à raison de 15 camions à l'heure. Les équipes de manutention déchargent 5 camions à l'heure ; le processus de service suit une distribution exponentielle. La mise en application de la dernière convention syndicale étant prévue pour très bientôt, le directeur de la logistique voudrait réexaminer son processus de chargement-déchargement, notamment le nombre de manutentionnaires requis au quai. Les nouveaux coûts sont le salaire d'un manutentionnaire, auquel s'ajoute le coût d'exploitation du quai, estimé à 100 $ l'heure, alors que le coût d'attente d'un chauffeur et de son camion est estimé à 120 $ l'heure.

À partir du tableau 19.4, à la page 734, on détermine en utilisant : $\lambda/\mu = 15/5 = 3$.

Taille de l'équipe	Coût de service $C_s = 100\$ \times M$ ($)	Nombre moyen de clients dans le système $\bar{n}_s = \bar{n}_l + \dfrac{\lambda}{\mu}$	Coût d'attente $C_a = 120\$\,\bar{n}_l$ ($)	Coût total (CT) ($)
4	400	1,528 + 3 = 4,528	543,36	943,36
5	**500**	**0,354 + 3 = 3,354**	**402,48**	**902,48**
6	600	0,099 + 3 = 3,099	371,88	971,88
7	700	0,028 + 3 = 3,028	363,36	1 063,36

La configuration optimale est une équipe de manutentionnaires composée de cinq personnes, le coût total continue d'augmenter une fois ce minimum atteint. On voit bien que le coût total correspondant à la solution optimale est de 902,48 $ et qu'il ne cesse d'augmenter, après ou avant une taille d'équipe de cinq.

Remarque : Soulignons que lorsqu'on fait de l'optimisation, les coûts d'attente et de service sont des estimations, donc la solution optimale obtenue peut ne pas être la vraie solution. Le fait de calculer le coût total au cent près ou même au dollar près semble indiquer un degré élevé de précision, ce qui n'est pas corroboré par les estimations des coûts. Cela est également compliqué par le fait que les approximations des taux d'arrivée et de service par les distributions de Poisson et exponentielle peuvent être fausses. Une autre solution serait d'estimer les coûts par intervalle (par exemple, le coût d'attente des clients serait compris entre 40 $ et 50 $ l'heure). Dans ce cas, on devrait calculer le coût total pour chacune des limites afin de vérifier si la solution optimale est modifiée. Si oui, le gestionnaire devra décider s'il est nécessaire de faire des efforts supplémentaires pour obtenir plus de précision dans les estimations des coûts ou tout simplement choisir une des deux solutions optimales obtenues. Le gestionnaire choisira probablement cette dernière approche si les variations dans le coût total pour différents niveaux de capacité sont minimes par rapport aux solutions optimales obtenues.

19.8.2 La capacité maximale de la file d'attente

Un autre point important à considérer est la capacité maximale de la file d'attente proprement dite, c'est-à-dire la longueur maximale en espace disponible ou nécessaire pour la politique de la file d'attente choisie. Théoriquement, dans le cas d'une population infinie, la file d'attente peut devenir indéfiniment longue, et l'espace disponible peut être insuffisant pour accueillir tous les clients. Par exemple, les clients qui arrivent pour laver leur automobile dans une station libre-service proviennent d'une population infinie, et l'espace disponible est limité au nombre de voitures qui peuvent attendre en file sans perturber la circulation. Par contre, dans le cas des voitures qui arrivent de l'État de New York et qui se présentent au contrôle frontalier de Lacolle, au Québec, la longueur de la file correspond à toute l'Autoroute 87.

D'un point de vue pratique, on peut toujours déterminer la longueur de la file d'attente qui ne sera pas dépassée, à des périodes spécifiques de la journée ou de l'année. Par exemple, un analyste pourrait déterminer la longueur de la file qui ne sera pas dépassée 98 % ou 99 % du temps.

Pour fixer la longueur de la file d'attente, on utilise les équations suivantes :

$$n = \frac{\log K}{\log \rho} \quad \text{ou} \quad \frac{\ln K}{\ln \rho} \tag{19-16 A}$$

où n = nombre de clients ou d'unités en attente dans la file

$$K = \frac{1 - \text{Pourcentage spécifié}}{\bar{n}_l(1-\rho)} \tag{19-16 B}$$

Le calcul de n étant rarement un nombre entier, on l'approximera au nombre entier le plus près. En pratique, si la valeur de $n < 0,10$ au-dessus du nombre entier le plus petit, on arrondit vers le bas. Par exemple, si $n = 15,2$, alors $n = 16$; si $n = 15,06$, alors $n = 15$.

Déterminez la longueur maximale de la file permettant d'atteindre des niveaux de satisfaction de 95 % et de 98 %. Les caractéristiques du système sont :

$M = 2$, $\lambda = 8$ à l'heure, $\mu = 5$ à l'heure

Solution

$$r = \frac{\lambda}{\mu} = \frac{8}{5} = 1{,}6 \text{ et } \rho = \frac{\lambda}{M\mu} = \frac{8}{2(5)} = 0{,}80$$

À partir du tableau 19.4, à la page 734, on obtient $\bar{n}_l = 2{,}844$ clients.
Si on utilise la formule 19-16 B, à la page précédente, on obtient, pour 95 % :

$$K = \frac{1 - \text{Pourcentage spécifié}}{\bar{n}_l(1 - \rho)} = \frac{1 - 0{,}95}{2{,}844(1 - 0{,}80)} = 0{,}088$$

$$n = \frac{\ln K}{\ln \rho} = \frac{\ln 0{,}088}{\ln 0{,}80} = \frac{-2{,}4304}{-0{,}2231} = 10{,}89 \approx 11$$

Pour 98 % :

$$K = \frac{1 - 0{,}98}{2{,}844(1 - 0{,}80)} \approx 0{,}035$$

$$n = \frac{\ln 0{,}035}{\ln 0{,}80} = \frac{-3{,}352}{-0{,}2231} = 15{,}02 \approx 15$$

19.9 Les modèles avec des règles de priorité multiples

Dans la majorité des systèmes de files d'attente présentés jusqu'à maintenant, particulièrement ceux qui concernent les services, la règle de priorité étudiée est la règle du premier entré, premier servi (PEPS). Or, dans plusieurs situations, cette règle est inapplicable, soit en raison des coûts, des conséquences ou de la réalité. Par exemple, dans les salles d'urgence des hôpitaux, où les clients sont malades ou accidentés, la rapidité de la prise en charge des patients dépend de la gravité de la situation. Certains patients peuvent être traités assez rapidement par les professionnels de la santé, alors que d'autres, dont le cas est plus complexe, ont besoin de plusieurs intervenants. C'est la raison pour laquelle, dans les hôpitaux, il existe trois niveaux de priorité, qui vont de l'urgence (intervention immédiate) au cas le plus simple. Même chose pour le traitement des programmes à exécuter sur un ordinateur central, qui se fait selon la règle donnant la priorité au temps d'opération le plus court. Insistons ici sur le fait que les modèles PODP (par ordre de priorité ou urgence) ne sont pas la norme. Certes, ils ne peuvent et ne doivent pas être gérés de la même façon et selon les mêmes objectifs que PEPS ou TOC (temps opérations les plus courts), mais ils ne sont pas la norme et doivent être traités socialement avec beaucoup de discernement. Ces exemples illustrent l'importance des modèles de files d'attente qui tiennent compte de plusieurs règles de priorité.

Dans ces systèmes, on attribue aux clients qui se présentent une des règles de priorité disponibles (*voir le chapitre 6*). Rappelons que par règle de priorité, on entend l'ordre de traitement des clients. Dans le **modèle avec règles de priorité multiples,** les clients sont traités selon un ordre d'importance prédéterminé. Or, une politique de triage des priorités peut avoir l'allure décrite ci-après. Dès leur admission, les clients sont triés par catégorie en fonction de la règle de priorité qui leur est attribuée. Dans chaque classe ou catégorie, le traitement se fait ensuite selon la règle du premier entré, premier servi (PEPS), puisque les clients d'une même catégorie ont la même importance. Lorsque les clients d'une classe ont tous été servis, on passe à la classe inférieure. Si un client de la classe supérieure se présente, deux situations sont possibles, selon qu'il y a préséance ou non. S'il n'y a pas priorité, son traitement ne commence que lorsque le client en traitement a fini de se faire servir ; dans le cas contraire, il est traité immédiatement.

Quant aux hypothèses, ce sont les mêmes que celles du modèle 3 (serveurs multiples avec temps de service exponentiel – M/M/S), excepté que ce modèle utilise des règles de priorité de traitement autres que la règle PEPS. On attribue aux clients qui arrivent une priorité (priorité 1 à n). Une file d'attente organisée selon des règles de priorité aurait l'allure de celle qui est représentée ci-dessous :

Modèle avec règles de priorité multiples

Les clients sont traités selon un ordre d'importance prédéterminé.

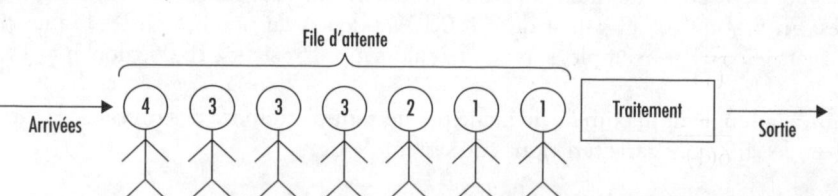

Chaque client est traité selon la règle PEPS de sa catégorie. On commence par servir le client n° 1 de la classe 1, puis le n° 2 de la classe 1, puis le n° 1 de la classe 2, et ainsi de suite. À ce point, si un client de la classe 1 ou 2 se présente, on le placera devant le premier client de la classe 3. Si un client de la classe 4 se présente, il sera placé à la fin de la file, juste après le seul client de la classe 4. Il est évident que les clients dont la priorité est la moins élevée pourraient attendre assez longtemps, ce qui serait intolérable. Dans ce cas, on leur attribue une priorité plus élevée. Le tableau 19.5 donne les formules permettant de calculer les principales mesures de performance de ce modèle.

Mesure de performance	Formule	Référence
Taux d'utilisation	$\rho = \dfrac{\lambda}{M\mu}$	(19-17)
Mesures intermédiaires ($\overline{n}_l$ déterminé à partir du tableau 19.4, à la page 734)	$A = \dfrac{\lambda_c}{(1-\rho)\overline{n}_l}$	(19-18)
	$B_k = 1 - \sum_{c=1}^{k} \dfrac{\lambda}{M\mu}$	(19-19)
	$(B_0 = 1)$	
Temps moyen d'attente en file pour les clients de la classe k (priorité k)	$\overline{t}_{l,k} = \dfrac{1}{A \times B_{k-1} \times B_k}$	(19-20)
Temps moyen d'attente dans le système pour les clients de la classe k (priorité k)	$\overline{t}_{s,k} = \overline{t}_{l,k} + \dfrac{1}{\mu}$	(19-21)
Nombre moyen de clients de la classe k (priorité k) qui attendent en file	$\overline{n}_{l,k} = \lambda_k \times \overline{t}_{l,k}$	(19-22)

◀ **TABLEAU 19.5**

Formules pour les modèles avec règles de priorité multiples

Exemple 8

Le centre de maintenance d'une entreprise prépare les équipements et les outils pour l'ensemble des services. Chaque fois qu'un équipement ou qu'un outil arrive au centre, on lui attribue une priorité en fonction de l'urgence du besoin. Le taux de demandes de réparation suit une distribution de Poisson. Les taux d'arrivée ont été mesurés à : $\lambda_1 = 2$ à l'heure, $\lambda_2 = 2$ à l'heure et $\lambda_3 = 1$ à l'heure. Le taux de service est de un équipement ou de un outil à l'heure, par réparateur, et il y a six réparateurs dans le centre de maintenance. Déterminez les mesures de performance suivantes :

a) le taux d'utilisation du système.

De plus, pour chaque catégorie de priorité, déterminez :

b) le temps moyen d'attente pour la réparation ;
c) le temps moyen passé dans le système pour chaque équipement ou outil ;
d) le nombre moyen d'équipements ou d'outils en attente d'être réparés.

Solution

$\lambda = \sum \lambda_k = 2 + 2 + 1 = 5$ à l'heure
$M = 6$ serveurs
$\mu = 1$ client à l'heure

a) $\rho = \dfrac{\lambda}{M\mu} = \dfrac{5}{6(1)} = 0,833$

b) Valeurs intermédiaires pour $\dfrac{\lambda}{\mu} = \dfrac{5}{1} = 5$

À partir du tableau 19.4, à la page 734, à $M = 6$ on lit : $\overline{n}_l = 2,938$.
Les équations 19-18 et 19-19 donnent :

$A = \dfrac{5}{(1 - 0,833)2,938} = 10,19$

$B_0 = 1$

$B_1 = 1 - \dfrac{2}{6(1)} = \dfrac{2}{3} = 0,667$

$B_2 = 1 - \dfrac{2+2}{6(1)} = \dfrac{1}{3} = 0,333$

19

$$B_3 = 1 - \frac{2 + 2 + 1}{6(1)} = \frac{1}{6} = 0,167$$

L'équation 19-20 $\overline{t}_{l,k} = \dfrac{1}{A \times B_{k-1} \times B_k}$ de la page précédente donne :

$$\overline{t}_{l,1} = \frac{1}{A \times B_0 \times B_1} = \frac{1}{10,19 \times 1 \times 0,667} = 0,147 \text{ heure}$$

$$\overline{t}_{l,2} = \frac{1}{A \times B_1 \times B_2} = \frac{1}{10,19 \times 0,667 \times 0,333} = 0,442 \text{ heure}$$

$$\overline{t}_{l,3} = \frac{1}{A \times B_2 \times B_3} = \frac{1}{10,19 \times 0,333 \times 0,167} = 1,765 \text{ heure}$$

c) Le temps moyen dans le système (*voir l'équation 19-21 à la page précédente*) $\overline{t}_{s,k} = \overline{t}_{l,k} + \dfrac{1}{\mu}$

Dans ce cas-ci, on a $\dfrac{1}{\mu} = \dfrac{1}{1} = 1$

Catégorie $\overline{t}_{s,k} = \overline{t}_{l,k} + \dfrac{1}{\mu}$

1	$0,147 + 1 = 1,147$
2	$0,442 + 1 = 1,442$
3	$1,765 + 1 = 2,765$

d) Le nombre moyen d'unités qui attendent d'être réparées :

Catégorie $\overline{n}_{l,k} = \lambda_k \times \overline{t}_{l,k}$

1	$2 \times (0,147) = 0,294$
2	$2 \times (0,442) = 0,884$
3	$1 \times (1,765) = 1,765$

La solution de l'exemple 8, établie avec le tableur Excel, est présentée ci-dessous :

	D30							
	A	B	C	D	E	F	G	H
1	**Modèle de file d'attente, serveurs multiples avec priorité**							
2								
3			Classe →			1	2	3
4		Taux moyen d'arrivée	lamda =	5	2	2	1	
5		Nombre de serveurs	M =	6				
6		Taux moyen de service	mu =	1				
7		Nombre moyen de clients servis	r =	5,000				
8		Nombre moyen de clients en file	$\overline{n}_1$ =	2,938				
9		Nombre moyen de clients dans le système	$\overline{n}_s$ =	7,938				
10		Taux d'utilisation du système	rho =	0,833				
11		P(zéro unités dans le système)	P_0 =	0,005				
12			A =	10,212				
13			Bk =		0,667	0,333	0,167	
14		Temps moyen en file	$\overline{u}_k$ =		0,147	0,441	1,763	
15		Temps moyen dans le système	$\overline{t}_s$ =		1,147	1,441	2,763	
16		Nombre moyen en file	n_k =		0,294	0,881	1,763	
17								
18								
19								

À l'exemple 8, si on juge trop longs les temps d'attente (par exemple le temps moyen d'attente de 0,147 heure ou 9 minutes pour les équipements de priorité 1), on peut choisir d'autres options, soit :

- augmenter le nombre de serveurs ;
- augmenter le taux de service, par exemple en introduisant de nouvelles méthodes de travail ;
- revoir l'attribution de l'ordre de priorité et transférer des demandes de réparation de la classe de priorité 1 à une classe inférieure. Cela aura pour effet de diminuer le temps moyen d'attente gestion de la classe de priorité 1, car le taux d'arrivée et le nombre auront diminué.

L'exemple 9 illustre les résultats découlant de cette approche.

Le responsable du centre de maintenance de l'exemple 8, à la page 741, de concert avec les directeurs des autres services, a révisé l'ordre des priorités des équipements qu'il doit entretenir. Les taux d'arrivée sont alors modifiés à: $\lambda_1 = 1{,}5$; $\lambda_2 = 2{,}5$; λ_3 reste inchangé, égal à 1. Déterminez les mesures de performance suivantes:

a) le taux d'utilisation du système;
b) le temps moyen d'attente pour chacune des classes.

$$\lambda = \sum \lambda_k = 1{,}5 + 2{,}5 + 1 = 5 \text{ à l'heure}$$

M = 6 serveurs
$\mu = 1$ client à l'heure

Notez que ces valeurs sont les mêmes que celles de l'exemple 8.

a) $\rho = \dfrac{\lambda}{M\mu} = \dfrac{5}{6(1)} = 0{,}833$, le même que dans l'exemple précédent.

b) La valeur de A est la même que dans l'exemple précédent, puisqu'elle dépend de M, λ et μ; donc, A = 10,19.

$B_0 = 1$ (toujours)

$$B_1 = 1 - \frac{1{,}5}{6(1)} = 0{,}75$$

$$B_2 = 1 - \frac{1{,}5 + 2{,}5}{6(1)} = 0{,}333$$

$$B_3 = 1 - \frac{1{,}5 + 2{,}5 + 1}{6(1)} = 0{,}167$$

Alors,

$$\bar{t}_{l,1} = \frac{1}{A \times B_0 \times B_1} = \frac{1}{10{,}19(1)(0{,}75)} = 0{,}131 \text{ heure}$$

$$\bar{t}_{l,2} = \frac{1}{A \times B_1 \times B_2} = \frac{1}{10{,}19(0{,}75)(0{,}333)} = 0{,}393 \text{ heure}$$

$$\bar{t}_{l,3} = \frac{1}{A \times B_2 \times B_3} = \frac{1}{10{,}19(0{,}333)(0{,}167)} = 1{,}765 \text{ heure}$$

Tableau comparatif des temps moyens d'attente en ligne $\bar{t}_{l,k}$

Catégorie	Priorité selon l'exemple 8	Priorité selon l'exemple 9
1	0,147 h	0,131 h
2	0,442 h	0,393 h
3	1,765 h	1,765 h

Remarque: Dans le tableau comparatif, on constate que la réduction du taux d'arrivée de la classe supérieure (1), grâce à l'attribution d'une cote de priorité inférieure à certaines demandes, a pour conséquence de réduire le temps moyen d'attente de cette classe. On constate aussi que le temps moyen d'attente de la classe inférieure (2) a diminué, même si on a augmenté le nombre de clients de cette classe. Le temps moyen d'attente des clients de la troisième classe n'a pas changé. Par conséquent, les unités ayant la priorité la plus faible vont toujours être en compétition avec celles qui ont un taux d'arrivée combiné de quatre des deux autres classes supérieures.

En ce qui concerne le nombre moyen de clients en attente en ligne, on le calcule pour chaque politique X par:

$$\bar{n}_{l,\text{ politique x}} = \sum_{k=1}^{j} \lambda_k \times \bar{n}_{l,k}$$

Où j = nombre de classes en présence

Pour la politique de l'exemple 8, à la page 741, on a:

$$\bar{n}_{l, \text{politique } 8} = 2 \times 0,147 + 2 \times 0,442 + 1 \times 1,765 = 2,943$$

Pour la politique de l'exemple 9, à la page précédente, on a:

$$\bar{n}_{l, \text{politique } 9} = 1,5 \times 0,131 + 2,5 \times 0,393 + 1 \times 1,765 = 2,944$$

Donc, le temps total d'attente quand toutes les arrivées sont prises en considération restera inchangé, à part une différence négligeable due à l'arrondissement des nombres.

19.10 Le modèle avec une population finie

Ce modèle s'applique lorsque le nombre de clients potentiels est limité et relativement petit. Par exemple, dans l'industrie de l'aviation, les compagnies aériennes font inspecter leurs avions dans leur centre de maintenance. Ce centre n'inspecte que les avions appartenant à la compagnie aérienne. De la même manière, un employé peut avoir la charge d'un nombre limité de clients; ceux qui lui sont attribués proviennent donc d'une population finie. Cependant, il peut y avoir plus d'un serveur. Si l'employé est débordé de travail, on affecte quelqu'un à cette tâche pour l'aider.

TABLEAU 19.6 ▸

Formules et notation pour le modèle de files d'attente avec population finie

Description	Formule	Référence	Notation
Facteur de service	$X = \dfrac{T}{(T + U)}$	(19-23)	D = Probabilité qu'un client potentiel attende en file
Nombre moyen de clients en attente (en file)	$\bar{n} = N(1 - F)$	(19-24)	F = Facteur d'efficience = 1 – Pourcentage d'attente en file
Temps moyen d'attente (en file)	$\bar{t} = \dfrac{\bar{n}(T + U)}{(N - \bar{n})}$ $= \dfrac{T(1 - F)}{XF}$	(19-25)	H = Nombre moyen de clients en train d'être servis
Nombre moyen de clients servis ou qui n'attendent pas	$J = NF(1 - X)$	(19-26)	J = Nombre moyen de clients qui ne sont pas en file ou en train d'être servis
Nombre moyen de clients en service	$H = FNX$	(19-27)	$\bar{n}$ = Nombre moyen de clients qui attendent d'être servis
Taille de la population	$N = J + \bar{n} + H$	(19-28)	M = Nombre de serveurs
			N = Nombre de clients potentiels
			T = Temps moyen de service
			U = Temps moyen entre chaque demande de service
			$\bar{t}$ = Temps moyen d'attente en file
			X = Facteur de service

Cycle

Clients ni en attente ni en train d'être servis	Attente	En train d'être servis

Nombre moyen	J	$\bar{n}$	H
Temps moyen	U	$\bar{t}$	T

$$F = \frac{J + H}{J + \bar{n} + H} *$$

* Le but de cette formule est de mieux comprendre le facteur d'efficience F. Puisque la valeur de F est requise pour calculer J, L et H, les formules ne peuvent être utilisées pour calculer F. Les tableaux conçus pour les files d'attente avec population finie doivent être utilisés à cette fin.

Source: Adapté de l'ouvrage de L.G. Peck et R.N. Hazelwood, *Finite Queuing Tables*, New York, John Wiley & Sons, 1958. Reproduit avec autorisation.

Comme dans le cas des modèles avec population infinie, les processus d'arrivée et de service doivent respectivement suivre une distribution de Poisson et une distribution exponentielle. Il existe toutefois une différence majeure. Dans le cas d'une population finie, le taux d'arrivée est influencé par le nombre de clients qui attendent en file. Il diminue à mesure que le nombre de clients en attente augmente, tout simplement parce que si le nombre de clients en file augmente, la proportion de clients susceptibles de se présenter va diminuer, la majorité des clients étant en train d'attendre. Lorsque tous les clients (toute la population) sont en attente, le taux d'arrivée est forcément nul.

Pour analyser les systèmes de files d'attente avec population finie, on utilise une liste de définitions et de formules clés (*voir le tableau 19.6*). Le graphique représentant un cycle a été ajouté pour faciliter la compréhension du modèle. Le tableau 19.7 est un tableau non exhaustif, utilisé pour déterminer les valeurs de D et de F (la plupart des formules nécessitent la connaissance de F). Pour s'en servir, il convient de suivre la procédure suivante :

1. Noter les valeurs de :
   a) N, la taille de la population ;
   b) M, le nombre de serveurs ;
   c) T, le temps moyen de service ;
   d) U, le temps moyen entre chaque service.

2. Calculer le facteur de service $X = \dfrac{T}{(T + U)}$.

3. Localiser N (taille de la population ou nombre de clients potentiels) sur le tableau.

4. En utilisant la valeur de X comme point de repère, déterminer les valeurs de D et de F qui correspondent à M.

5. En utilisant les valeurs de N, M, X, D et F, déterminer les mesures de performance désirées.

Exemple 10

Un opérateur est responsable du chargement et du déchargement de cinq machines. Le temps de service est distribué selon une loi exponentielle, à raison de 10 minutes en moyenne par machine et par cycle (un cycle correspond à la période de fonctionnement de la machine + le temps d'attente pour le service + le temps de service). Les machines fonctionnent pendant 70 minutes en moyenne entre chaque chargement et déchargement ; ce temps est aussi distribué selon une loi exponentielle. Déterminez :

a) le nombre moyen de machines qui attendent l'opérateur ;
b) le nombre moyen de machines qui fonctionnent ;
c) le temps moyen d'arrêt des machines ;
d) la probabilité qu'une machine n'attende pas pour le service.

Solution

$N = 5$
$T = 10$ minutes
$M = 1$
$U = 70$ minutes

$$X = \frac{T}{(T + U)} = \frac{10}{10 + 70} = 0,125$$

À partir du tableau 19.7, à la page 746, avec $N = 5$; $M = 1$; $X = 0,125$, on trouve $D = 0,575$ et $F = 0,920$.

a) Nombre moyen de machines en attente :
   $L = N(1 - F) = 5(1 - 0,920) = 0,40$ machine

b) Nombre moyen de machines en marche :
   $J = NF(1 - X) = 5(0,92)(1 - 0,125) = 4,025$ machines

c) Temps moyen d'arrêt = temps moyen d'attente + temps moyen de service

$$\bar{t} = \frac{L(T + U)}{N - L} = \frac{0,40(10 + 70)}{5 - 0,40} = 6,957 \text{ minutes (temps moyen d'attente)}$$

   Temps moyen d'arrêt = 6,957 minutes + 10 minutes = 16,957 minutes $\approx$ 17 minutes

d) Probabilité de ne pas attendre = 1 – probabilité d'attendre
   $= 1 - D = 1 - 0,575 = 0,425$ ou 42,5 %

Solution (suite)

Le tableur Excel peut être utilisé pour calculer tous les paramètres des problèmes semblables à celui de l'exemple 10.

	N =	5	5
Taille de la population	N =	5	5
Nombre de serveurs	M =	1	2
Temps moyen de service	T =	10	10
Temps moyen entre les demandes de service	U =	70	70
P (d'attente) (table)*	D =	0,4730	0,0820
Facteur d'efficience (table)*	F =	0,9200	0,9940
Facteur de service	X =	0,1250	0,1250
Nombre moyen en attente (en file)	n̄ =	0,4000	0,0300
Temps moyen d'attente (en file)	t̄ =	6,9565	0,4829
Nombre moyen ni en attente ni en service	J =	4,0250	4,3488
Nombre moyen en service	H =	0,5750	0,6213

Par unité de temps

Coût du service =	10	10	20
Coût d'indisponibilité =	16	15,6	10,42
Coût total =		25,6	30,42

* D et F sont données dans les tables en fonction de N, de X et de M.

TABLEAU 19.7

Modèle avec population finie (valeurs de X, M, N, D, F)

X	M	D	F	X	M	D	F	X	M	D	F	X	M	D	F
Population 5				0,085	2	0,040	0,998		2	0,130	0,988		1	0,811	0,695
0,012	1	0,048	0,999		1	0,332	0,965		1	0,582	0,869	0,270	3	0,064	0,994
0,019	1	0,076	0,998	0,090	2	0,044	0,998	0,165	3	0,016	0,999		2	0,323	0,944
0,025	1	0,100	0,997		1	0,350	0,960		2	0,137	0,987		1	0,827	0,677
0,030	1	0,120	0,996	0,095	2	0,049	0,997		1	0,597	0,861	0,280	3	0,071	0,993
0,034	1	0,135	0,995		1	0,368	0,955	0,170	3	0,017	0,999		2	0,342	0,938
0,036	1	0,143	0,994	0,100	2	0,054	0,997		2	0,145	0,985		1	0,842	0,661
0,040	1	0,159	0,993		1	0,386	0,950		1	0,611	0,853	0,290	4	0,007	0,999
0,042	1	0,167	0,992	0,105	2	0,059	0,997	0,180	3	0,021	0,999		3	0,079	0,992
0,044	1	0,175	0,991		1	0,404	0,945		2	0,161	0,983		2	0,362	0,932
0,046	1	0,183	0,990	0,110	2	0,065	0,996		1	0,683	0,836		1	0,856	0,644
0,050	1	0,198	0,989		1	0,421	0,939	0,190	3	0,024	0,998	0,300	4	0,008	0,999
0,052	1	0,206	0,988	0,115	2	0,017	0,995		2	0,117	0,980		3	0,086	0,990
0,054	1	0,214	0,987		1	0,439	0,933		1	0,665	0,819		2	0,382	0,926
0,056	2	0,018	0,999	0,120	2	0,076	0,995	0,200	3	0,028	0,998		1	0,869	0,628
	1	0,222	0,985		1	0,456	0,927		2	0,194	0,976	0,310	4	0,009	0,999
0,058	2	0,019	0,999	0,125	2	0,082	0,994		1	0,689	0,801		3	0,094	0,989
	1	0,229	0,984		1	0,473	0,920	0,210	3	0,032	0,998		2	0,402	0,919
0,060	2	0,020	0,999	0,130	2	0,089	0,933		2	0,211	0,973		1	0,881	0,613
	1	0,237	0,983		1	0,489	0,914		1	0,713	0,783	0,320	4	0,010	0,999
0,062	2	0,022	0,999	0,135	2	0,095	0,933	0,220	3	0,036	0,997		3	0,103	0,988
	1	0,245	0,982		1	0,505	0,907		2	0,229	0,969		2	0,422	0,912
0,064	2	0,023	0,999	0,140	2	0,102	0,992		1	0,735	0,765		1	0,892	0,597
	1	0,253	0,981		1	0,521	0,900	0,230	3	0,041	0,997	0,330	4	0,012	0,999
0,066	2	0,024	0,999	0,145	3	0,011	0,999		2	0,247	0,965		3	0,112	0,986
	1	0,260	0,979		2	0,109	0,991		1	0,756	0,747		2	0,442	0,904
0,068	2	0,026	0,999		1	0,537	0,892	0,240	3	0,046	0,996		1	0,902	0,583
	1	0,268	0,978	0,150	3	0,012	0,999		2	0,265	0,960	0,340	4	0,013	0,999
0,070	2	0,027	0,999		2	0,115	0,990		1	0,775	0,730		3	0,121	0,985
	1	0,275	0,977		1	0,553	0,885	0,250	3	0,052	0,995		2	0,462	0,896
0,075	2	0,031	0,999	0,155	3	0,013	0,999		2	0,284	0,955		1	0,911	0,569
	1	0,294	0,973		2	0,123	0,989		1	0,794	0,712	0,360	4	0,017	0,998
0,080	2	0,035	0,998		1	0,568	0,877	0,260	3	0,058	0,994		3	0,141	0,981
	1	0,313	0,969	0,160	3	0,015	0,999		2	0,303	0,950		2	0,501	0,880

X	M	D	F	X	M	D	F	X	M	D	F	X	M	D	F
	1	0,927	0,542		3	0,678	0,815	0,060	2	0,106	0,996		3	0,121	0,993
0,380	4	0,021	0,998		2	0,950	0,568		1	0,517	0,949		2	0,415	0,952
	3	0,163	0,976		1	0,999	0,286	0,062	2	0,113	0,996		1	0,907	0,699
	2	0,540	0,863	0,750	4	0,316	0,944		1	0,532	0,945	0,140	4	0,028	0,999
	1	0,941	0,516		3	0,763	0,777	0,064	2	0,119	0,995		3	0,132	0,991
0,400	4	0,026	0,997		2	0,972	0,532		1	0,547	0,940		2	0,437	0,947
	3	0,186	0,972	0,800	4	0,410	0,924	0,066	2	0,126	0,995		1	0,919	0,680
	2	0,579	0,845		3	0,841	0,739		1	0,562	0,936	0,145	4	0,032	0,999
	1	0,952	0,493		2	0,987	0,500	0,068	3	0,020	0,999		3	0,144	0,990
0,420	4	0,031	0,997	0,850	4	0,522	0,900		2	0,133	0,994		2	0,460	0,941
	3	0,211	0,966		3	0,907	0,702		1	0,577	0,931		1	0,929	0,662
	2	0,616	0,826		2	0,995	0,470	0,070	3	0,022	0,999	0,150	4	0,036	0,998
	1	0,961	0,471	0,900	4	0,656	0,871		2	0,140	0,994		3	0,156	0,989
0,440	4	0,037	0,996		3	0,957	0,666		1	0,591	0,926		2	0,483	0,935
	3	0,238	0,960		2	0,998	0,444	0,075	3	0,026	0,999		1	0,939	0,644
	2	0,652	0,807	0,950	4	0,815	0,838		2	0,158	0,992	0,155	4	0,040	0,998
	1	0,969	0,451		3	0,989	0,631		1	0,627	0,913		3	0,169	0,987
0,460	4	0,045	0,995	**Population 10**				0,080	3	0,031	0,999		2	0,505	0,928
	3	0,266	0,953	0,016	1	0,144	0,997		2	0,177	0,990		1	0,947	0,627
	2	0,686	0,787	0,019	1	0,170	0,996		1	0,660	0,899	0,160	4	0,044	0,998
	1	0,975	0,432	0,021	1	0,188	0,995	0,085	3	0,037	0,999		3	0,182	0,986
0,480	4	0,053	0,994	0,023	1	0,206	0,994		2	0,196	0,988		2	0,528	0,921
	3	0,296	0,945	0,025	1	0,224	0,993		1	0,692	0,883		1	0,954	0,610
	2	0,719	0,767	0,026	1	0,232	0,992	0,090	3	0,043	0,998	0,165	4	0,049	0,997
	1	0,980	0,415	0,028	1	0,250	0,991		2	0,216	0,986		3	0,195	0,984
0,500	4	0,063	0,992	0,030	1	0,268	0,990		1	0,722	0,867		2	0,550	0,914
	3	0,327	0,936	0,032	2	0,033	0,999	0,095	3	0,049	0,998		1	0,961	0,594
	2	0,750	0,748		1	0,285	0,988		2	0,237	0,984	0,170	4	0,054	0,997
	1	0,985	0,399	0,034	2	0,037	0,999		1	0,750	0,850		3	0,209	0,982
0,520	4	0,073	0,991		1	0,301	0,986	0,100	3	0,056	0,998		2	0,571	0,906
	3	0,359	0,927	0,036	2	0,041	0,999		2	0,258	0,981		1	0,966	0,579
	2	0,779	0,728		1	0,320	0,984		1	0,776	0,832	0,180	5	0,013	0,999
	1	0,988	0,384	0,038	2	0,046	0,999	0,105	3	0,064	0,997		4	0,066	0,996
0,540	4	0,085	0,989		1	0,337	0,982		2	0,279	0,978		3	0,238	0,978
	3	0,392	0,917	0,040	2	0,050	0,999		1	0,800	0,814		2	0,614	0,890
	2	0,806	0,708		1	0,354	0,980	0,110	3	0,072	0,997		1	0,975	0,890
	1	0,991	0,370	0,042	2	0,055	0,999		2	0,301	0,974	0,190	5	0,016	0,999
0,560	4	0,098	0,986		1	0,371	0,978		1	0,822	0,795		4	0,078	0,995
	3	0,426	0,906	0,044	2	0,060	0,998	0,115	3	0,081	0,996		3	0,269	0,973
	2	0,831	0,689		1	0,388	0,975		2	0,324	0,971		2	0,654	0,873
	1	0,993	0,357	0,046	2	0,065	0,998		1	0,843	0,776		1	0,982	0,522
0,580	4	0,113	0,984		1	0,404	0,973	0,120	4	0,016	0,999	0,200	5	0,020	0,999
	3	0,461	0,895	0,048	2	0,071	0,998		3	0,090	0,995		4	0,092	0,994
	2	0,854	0,670		1	0,421	0,970		2	0,346	0,967		3	0,300	0,968
	1	0,994	0,345	0,050	2	0,076	0,998		1	0,861	0,756		2	0,692	0,854
0,600	4	0,130	0,981		1	0,437	0,967	0,125	4	0,019	0,999		1	0,987	0,497
	3	0,497	0,883	0,052	2	0,082	0,997		3	0,100	0,994	0,210	5	0,025	0,999
	2	0,875	0,652		1	0,454	0,963		2	0,369	0,962		4	0,108	0,992
	1	0,996	0,333	0,054	2	0,088	0,997		1	0,878	0,737		3	0,333	0,961
0,650	4	0,179	0,972		1	0,470	0,960	0,130	4	0,022	0,999		2	0,728	0,835
	3	0,588	0,850	0,056	2	0,094	0,997		3	0,110	0,994		1	0,990	0,474
	2	0,918	0,608		1	0,486	0,956		2	0,392	0,958	0,220	5	0,030	0,998
	1	0,998	0,308	0,058	2	0,100	0,996		1	0,893	0,718		4	0,124	0,990
0,700	4	0,240	0,960		1	0,501	0,953	0,135	4	0,025	0,999		3	0,366	0,954

▸

TABLEAU 19.7
(suite)

X	M	D	F	X	M	D	F	X	M	D	F	X	M	D	F
	2	0,761	0,815	0,310	6	0,031	0,998		4	0,698	0,845		3	0,994	0,517
	1	0,993	0,453		5	0,120	0,990		3	0,928	0,672	0,600	9	0,010	0,999
0,230	5	0,037	0,998		4	0,331	0,957		2	0,996	0,454		8	0,072	0,994
	4	0,142	0,988		3	0,666	0,858	0,460	8	0,011	0,999		7	0,242	0,972
	3	0,400	0,947		2	0,943	0,635		7	0,058	0,995		6	0,518	0,915
	2	0,791	0,794	0,320	6	0,036	0,998		6	0,193	0,979		5	0,795	0,809
	1	0,995	0,434		5	0,135	0,988		5	0,445	0,930		4	0,953	0,663
0,240	5	0,044	0,997		4	0,359	0,952		4	0,747	0,822		3	0,996	0,500
	4	0,162	0,986		3	0,695	0,845		3	0,947	0,646	0,650	9	0,021	0,999
	3	0,434	0,938		2	0,952	0,617		2	0,998	0,435		8	0,123	0,988
	2	0,819	0,774	0,330	6	0,042	0,997	0,480	8	0,015	0,999		7	0,353	0,954
	1	0,996	0,416		5	0,151	0,986		7	0,074	0,994		6	0,651	0,878
0,250	6	0,010	0,999		4	0,387	0,945		6	0,230	0,973		5	0,882	0,759
	5	0,052	0,997		3	0,723	0,831		5	0,499	0,916		4	0,980	0,614
	4	0,183	0,983		2	0,961	0,600		4	0,791	0,799		3	0,999	0,461
	3	0,469	0,929	0,340	7	0,010	0,999		3	0,961	0,621	0,700	9	0,040	0,997
	2	0,844	0,753		6	0,049	0,997		2	0,998	0,417		8	0,200	0,979
	1	0,997	0,400		5	0,168	0,983	0,500	8	0,020	0,999		7	0,484	0,929
0,260	6	0,013	0,999		4	0,416	0,938		7	0,093	0,992		6	0,772	0,836
	5	0,060	0,996		3	0,750	0,816		6	0,271	0,966		5	0,940	0,711
	4	0,205	0,980		2	0,968	0,584		5	0,553	0,901		4	0,992	0,571
	3	0,503	0,919	0,360	7	0,014	0,999		4	0,830	0,775	0,750	9	0,075	0,994
	2	0,866	0,732		6	0,064	0,995		3	0,972	0,598		8	0,307	0,965
	1	0,998	0,384		5	0,205	0,978		2	0,999	0,400		7	0,626	0,897
0,270	6	0,015	0,999		4	0,474	0,923	0,520	8	0,026	0,998		6	0,870	0,792
	5	0,070	0,995		3	0,798	0,787		7	0,115	0,989		5	0,975	0,666
	4	0,228	0,976		2	0,978	0,553		6	0,316	0,958		4	0,998	0,533
	3	0,537	0,908	0,380	7	0,019	0,999		5	0,606	0,884	0,800	9	0,134	0,988
	2	0,886	0,712		6	0,083	0,993		4	0,864	0,752		8	0,446	0,944
	1	0,999	0,370		5	0,247	0,971		3	0,980	0,575		7	0,763	0,859
0,280	6	0,018	0,999		4	0,533	0,906		2	0,999	0,385		6	0,939	0,747
	5	0,081	0,994		3	0,840	0,758	0,540	8	0,034	0,997		5	0,991	0,625
	4	0,252	0,972		2	0,986	0,525		7	0,141	0,986		4	0,999	0,500
	3	0,571	0,896	0,400	7	0,026	0,998		6	0,363	0,949	0,850	9	0,232	0,979
	2	0,903	0,692		6	0,105	0,991		5	0,658	0,867		8	0,611	0,916
	1	0,999	0,357		5	0,292	0,963		4	0,893	0,729		7	0,879	0,818
0,290	6	0,022	0,999		4	0,591	0,887		3	0,986	0,555		6	0,978	0,705
	5	0,093	0,993		3	0,875	0,728	0,560	8	0,044	0,996		5	0,998	0,588
	4	0,278	0,968		2	0,991	0,499		7	0,171	0,982	0,900	9	0,387	0,963
	3	0,603	0,884	0,420	7	0,034	0,993		6	0,413	0,939		8	0,785	0,881
	2	0,918	0,672		6	0,130	0,987		5	0,707	0,848		7	0,956	0,777
	1	0,999	0,345		5	0,341	0,954		4	0,917	0,706		6	0,995	0,667
0,300	6	0,026	0,998		4	0,646	0,866		3	0,991	0,535	0,950	9	0,630	0,938
	5	0,106	0,991		3	0,905	0,700	0,580	8	0,057	0,995		8	0,934	0,841
	4	0,304	0,963		2	0,994	0,476		7	0,204	0,977		7	0,994	0,737
	3	0,635	0,872	0,440	7	0,045	0,997		6	0,465	0,927				
	2	0,932	0,653		6	0,160	0,984		5	0,753	0,829				
	1	0,999	0,333		5	0,392	0,943		4	0,937	0,684				

Exemple 11

Supposez maintenant que les opérateurs sont payés 20 $ l'heure et que 1 heure d'arrêt des machines coûte à l'entreprise 32 $ par machine. Doit-on ajouter un opérateur, si l'objectif est de minimiser les coûts ?

Comparons le coût total de la situation actuelle à celle qui est proposée.

M	Nombre moyen d'unités inoccupées N − J	Coût moyen d'inoccupation (N − J) × 32 $	Coût horaire (opérateurs)	Coût total
1	0,975	31,20 $	20,00 $	51,20 $
2	0,651	20,84 $	40,00 $	60,84 $

Si le critère de choix est la minimisation du coût, il est préférable de garder le système actuel, car il est moins coûteux.

19.11 Les autres approches d'analyse

Dans ce chapitre, nous avons mis l'accent sur la conception de systèmes basés sur le coût économique, en temps et en longueur (espace) de service, et le coût d'attente des clients. Ainsi, le gestionnaire peut déterminer le niveau de service approprié en ce qui concerne la capacité. Mais dans plusieurs situations, cette approche n'est pas applicable toute seule. D'autres paramètres plus qualitatifs doivent être considérés. La solution est d'avoir recours à une forme quelconque de distraction, de telle sorte que l'attente soit plus tolérable pour les clients. Par exemple, des journaux et des magazines peuvent être mis à la disposition des clients, comme c'est le cas chez les médecins et les dentistes. Les garages ont installé des radios, des télévisions et des machines à café dans leurs salles d'attente ; les compagnies aériennes offrent des repas et des boissons pour rendre les vols plus agréables, et projettent des films pour faire passer le temps. D'autres mesures consistent à mettre des miroirs près des ascenseurs ou bien à demander aux clients de remplir des formulaires, ce qui les occupe.

L'aménagement des salles d'attente a un effet certain sur la réaction face à l'attente. Prenons l'exemple de la Société de l'assurance automobile du Québec (SAAQ). Celle-ci a décidé de ne pas avoir recours à de « vraies » files d'attente : les clients qui viennent pour obtenir divers services (renouvellement du permis de conduire, tests, etc.) sont tous assis. La SAAQ leur attribue des numéros qui correspondent à des services. Cela permet aux clients de constater que malgré le nombre élevé de personnes présentes, leur attente sera acceptable, puisqu'elle dépend du numéro attribué.

Dans certaines situations, on peut tirer profit de l'attente. Les supermarchés installent tout près des caisses des articles qui sont généralement achetés de manière impulsive ; les banques affichent les taux d'intérêt et placent des brochures publicitaires à portée des clients ; les restaurants ont généralement des bars où les clients peuvent consommer en attendant d'être dirigés vers leur table.

En résumé, l'imagination et la créativité sont importantes pour quiconque veut concevoir un système et gérer l'attente de façon optimale. On ne devrait pas tenir compte uniquement des approches mathématiques et économiques. L'objectif principal étant d'éviter l'impatience *a priori* ou *a posteriori* et le sautillement (*voir la page 728*).

Les files d'attente ont aussi des dimensions qui concernent la sécurité et l'élimination de gaspillage de temps et d'argent. Une simple évaluation économique des heures consommées inutilement dans le transport et le trafic suffira à en convaincre plusieurs.

Voici quelques simples recommandations pour gérer les files d'attente[2] :

- *Déterminer un temps d'attente tolérable pour les clients.* Combien de temps les clients peuvent-ils attendre ? Fixez vos objectifs en fonction de ce qui est acceptable.
- *Essayer de divertir les clients pendant l'attente.* Musique, café, magazines et télévision sont autant de sources de distraction qui font patienter les clients.
- *Informer les clients de la durée de l'attente.* Ce point est particulièrement important lorsque l'attente risque d'être longue. Expliquez aux clients pourquoi l'attente est anormalement

---

2. K.L. Katz, B.M. Larson et R.C. Larson, « Prescriptions for the Waiting-in-Line Blues: Entertain, Enlighten and Engage », *Sloan Management Review*, vol. 32, n° 2, hiver 1991, p. 44-53.

longue, et ce que vous êtes en train de faire pour y remédier. Ils pourront se retirer temporairement et revenir plus tard sur rendez-vous. Plusieurs salons de coiffure ont adopté cette approche.

- *Éloigner les employés visibles qui ne sont pas concernés par le service.* Il n'y a rien de plus frustrant pour une personne qui attend en file que de voir un employé occupé à faire autre chose que de venir répondre aux clients qui attendent.
- *Segmenter la clientèle.* Si un groupe de clients peut être servi rapidement, créez une file d'attente spéciale pour ne pas les faire attendre plus que nécessaire. C'est l'approche, entre autres, du TOC (temps d'opération le plus court).
- *Former et sensibiliser le personnel à la gentillesse.* En plus du sourire quotidien et de l'accueil chaleureux, et même personnalisé, le personnel doit être capable d'affronter les situations difficiles et de réagir de manière à détendre l'atmosphère lorsque les clients s'impatientent.
- *Encourager les clients à venir durant les périodes mortes.* Informez les clients sur les périodes moins achalandées. Le directeur d'une succursale bancaire de ville Saint-Laurent a proposé à ses clients âgés de venir le mercredi, la journée la moins chargée, afin qu'il puisse leur consacrer plus de temps. Des politiques de rabais peuvent aussi être implantées à l'occasion (petits déjeuners lève-tôt ou autre).
- *Avoir une vision à long terme concernant la gestion de l'attente.* Mettez en place un processus d'amélioration continue concernant la réduction de l'attente. Réfléchissez aux moyens d'accélérer le processus de traitement des clients. Automatisez le processus dans la mesure du possible sans pour autant éliminer le contact personnalisé. On a toujours besoin d'un peu d'attention.

Les solutions techniques suivantes peuvent aussi être envisagées:

- Recourir à un travailleur temporaire pour accélérer les périodes de grand achalandage.
- Transférer la demande ou les périodes. Les exemples 8 et 9, aux pages 741 et 743, illustrent l'application de cette approche.
- Normaliser les temps de service et les rendre les plus constants possible. Les modèles de taux de services constants versus des taux de services probabilistes ont démontré que le temps en file a été réduit de moitié.
- Déterminer et éliminer les goulots (*bottleneck*). Les postes goulots causent des blocages systématiques et créent de grandes frustrations. Le chapitre 6 s'intéresse spécifiquement à cet aspect.

19.12 Conclusion

L'étude des files d'attente est un aspect important de la conception des systèmes. Les files d'attente ont tendance à se former, bien que, d'un point de vue macro, les systèmes ne soient pas congestionnés. Les arrivées aléatoires des clients combinées à la variabilité des temps de service créent temporairement des congestions dans le système, d'où la création de files d'attente. Dans certains cas, il arrive également que les serveurs soient inactifs. Pour analyser des files d'attente, il est important d'établir si la population de clients potentiels est infinie ou si elle se limite à un nombre fini de clients. Il existe cinq modèles de base pour analyser les files d'attente: quatre pour une population infinie et un pour une population finie. En général, les hypothèses émises dans le cadre de ces modèles sont que les taux d'arrivée des clients sont distribués selon une loi de Poisson, alors que les temps de service suivent une loi exponentielle. Des indicateurs de performance ont été élaborés pour comparer les différentes politiques des files d'attente.

La théorie des files d'attente joue un rôle majeur dans l'accroissement de la productivité et de l'efficacité de l'organisation du travail, surtout dans le secteur des services: les centres d'appels, le domaine des divertissements, de l'hôtellerie et de la restauration, des services financiers, médicaux et le trafic urbain. Ce sont tous des milieux où les files d'attente doivent être améliorées. La théorie des files d'attente combine un volet qualitatif et un volet quantitatif. Ce dernier, souvent ignoré, commence toujours par la mesure des taux d'arrivée et de service et se termine par l'équilibre entre ces deux paramètres. ●

Terminologie

Problème 1

Problèmes résolus

Population infinie

Le directeur de la logistique voudrait déterminer le nombre de préposés à affecter au nouveau magasin de l'usine, pour fournir les ouvriers en outils et en pièces. Les magasiniers reçoivent un salaire de 9 $ l'heure (y compris les avantages sociaux). Une heure de travail d'un ouvrier est évaluée à 30 $. Par expérience, on estime que le taux d'arrivée des ouvriers au magasin est de 18 demandes par heure, alors que la capacité de service d'un magasinier est de 20 demandes par heure. Combien de magasiniers devrait-on affecter au magasin, si on suppose que les taux d'arrivée et de service sont distribués selon une loi de Poisson? (Hypothèse: Le nombre d'ouvriers est estimé à une population infinie.)

Solution

$\lambda = 18$ à l'heure
$\mu = 20$ à l'heure

On procède par essais et erreurs. On calcule le coût total correspondant à une solution réalisable (c'est-à-dire avec un taux d'utilisation inférieur à 100%) et on choisit la solution comportant le coût total le plus faible. Notez que la courbe qui représente le coût total est en forme de U. On applique la même démarche qu'à l'exemple 6, à la page 738.

Le tableau ci-dessous résume les calculs requis.

Nombre de serveurs (M)	$\bar{n}_l$*	Nombre moyen de clients dans le système $\bar{n}_s = \bar{n}_l + \dfrac{\lambda}{\mu}$	Coût de service $C_s = 9{,}00\,\$ \times M$	Coût d'attente $C_a = 30\,\$ \times \bar{n}_s$	Coût total (CT) par heure
1	8,100	8,100 + 0,900 = 9,000	9,00 $	270,00 $	279,00 $
2	0,229	0,229 + 0,900 = 1,129	18,00 $	33,87 $	52,00 $**
3	0,030	0,030 + 0,900 = 0,930	27,00 $	27,90 $	55,00 $**

* $\bar{n}_l$ est déterminé à partir du tableau 19.4, à la page 734, avec $\rho = \lambda/\mu = 18/20 = 0{,}90$.
** Valeurs approximées.

Traçons le graphique de l'évolution des coûts totaux (CT) en fonction du nombre de points de service (M), en l'occurrence les magasiniers:

$CT = f(M)$

D'après les calculs et le graphique, il faudra deux magasiniers.

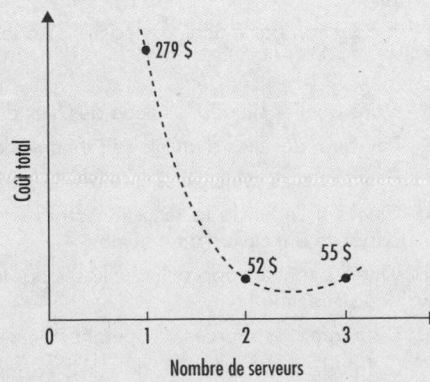

Problème 2

Population infinie

Le tableau ci-contre présente les temps de service de trois opérations différentes:

a) Déterminez les taux de service de chaque opération.

b) Est-ce que les taux seraient différents si les temps de service étaient plutôt des temps interarrivées?

Opération	Temps de service par unité servie
A	8 minutes
B	1,2 heure
C	2 jours

Solution

a) Les taux de service ou la cadence (quantité/temps) étant l'inverse du temps de service ou cycle (temps/quantité), alors:

μ_A = 1/8 u/minute = 0,125 u/minute ou 0,125 u/min × 60 min/h = 7,5 u/heure

μ_B = 1/1,2 u/heure = 0,833 u/heure

μ_C = 1/2 u/jour = 0,50 u/jour = 0,062 5 u/heure (1 jour = 8 heures de travail)

b) Non, car dans les deux cas, il y a une équivalence entre le taux de service et le temps de service (taux de service = 1/temps de service).

Problème 3

Population finie

Un groupe de 10 machines est chargé et déchargé par 3 opérateurs. Les machines sont en marche 6 minutes en moyenne par cycle, alors que le temps moyen requis pour charger et décharger est de 9 minutes. Les temps suivent une distribution exponentielle. Lorsque les machines sont en marche, elles opèrent à une cadence de 16 unités/heure. Quel est le taux horaire moyen de production de chaque machine si on tient compte des temps d'attente et de service?

Solution

Si T = 9 minutes et U = 6 minutes,

alors $X = \dfrac{T}{(T + U)} = \dfrac{9}{9 + 6} = 0,60.$

À partir du tableau 19.7, à la page 746, pour N = 10 machines, X = 0,6 et M = 3 opérateurs, on lit F = 0,500 et D = 0,996.

a) Le nombre moyen de machines en marche est:

$J = NF(1 - X) = 10(0,500)(0,40) = 2$

b) On détermine le pourcentage de machines en marche et on multiplie par le taux de production pour trouver le débit horaire de chaque machine.

$\dfrac{J}{N} \times (16 \text{ unités/heure}) = \dfrac{2}{10} \times (16 \text{ unités/heure}) = 3,2 \text{ unités/heure}$ (le taux horaire moyen de production par machine, y compris les temps d'attente et de service)

Questions de discussion et de révision ▶

1. Dans quelles situations l'étude des files d'attente est-elle appropriée?

2. Pourquoi des files d'attente se forment-elles même si le système n'est pas congestionné?

3. Énumérez les principales mesures de performance utilisées dans l'étude des files d'attente.

4. Quel est l'effet de la réduction de la variabilité dans les processus d'arrivée et de service sur la capacité effective d'un système?

5. Quelles sont les approches utilisées par les supermarchés pour contrecarrer les variations du trafic de la clientèle?

6. Distinguez les sources à population finie des sources à population infinie.

7. Le fait de doubler le taux de service dans un système de files d'attente à serveur unique réduira-t-il de moitié le temps moyen d'attente en file? Expliquez votre réponse.

8. Dans les systèmes de files d'attente à serveurs multiples (par exemple dans les banques), expliquez les raisons qui incitent l'utilisation d'une file d'attente unique plutôt que plusieurs files d'attente.

9. Dans un système de file d'attente à variabilité élevée, comment peut-on, du point de vue du nombre de clients qui attendent en file, atteindre un pourcentage élevé d'utilisation de la capacité?

10. En une dizaine de lignes au maximum, expliquez à votre directrice d'usine les coûts et les bénéfices associés à deux options possibles concernant l'installation d'un magasin d'outillage dans l'usine. La première option consiste à installer un magasin central et la deuxième, à installer un magasin à chaque extrémité de l'usine.

11. Expliquez à votre responsable du service à la clientèle pourquoi il serait préférable d'utiliser un modèle de files d'attente avec règles de priorité pour gérer les plaintes des clients.

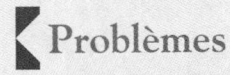

Problèmes

1. Un service de maintenance de photocopieurs est sous la responsabilité d'un réparateur. Le temps de réparation, y compris le déplacement chez le client, est distribué selon une loi exponentielle et est de deux heures en moyenne. Les statistiques indiquent que les appels de demandes de service enregistrés sont au nombre de trois appels en moyenne par quart de travail de huit heures (selon une distribution de Poisson).

   Déterminez :

   a) le nombre moyen de photocopieurs qui attendent d'être réparés ;

   b) le taux d'utilisation du système ;

   c) le temps pendant le quart de travail où le réparateur ne travaille pas ;

   d) la probabilité qu'il y ait deux photocopieurs ou plus dans le système.

2. Le processus de préparation du café dans une machine automatique prend 30 secondes par tasse. Les clients arrivent à un taux de 80 à l'heure, selon une distribution de Poisson.

   Déterminez :

   a) le nombre moyen de clients en attente devant la machine ;

   b) le temps moyen que passent les clients dans le système ;

   c) le nombre moyen de clients dans le système.

3. Les guichets automatiques sont, de nos jours, de plus en plus utilisés par les clients, surtout depuis que les banques ont réduit leurs heures d'ouverture. En début de soirée, l'été, les clients se présentent au guichet automatique d'une des succursales de l'ouest de l'île de Montréal au taux moyen de un client toutes les deux minutes (selon la loi de Poisson). Les transactions durent en moyenne 90 secondes. Ce temps étant distribué selon une loi exponentielle, déterminez :

   a) le temps moyen que passent les clients dans le système ;

   b) la probabilité qu'un client potentiel n'ait pas à attendre lorsqu'il se présente au guichet automatique ;

   c) le temps moyen d'attente des clients devant le guichet automatique.

4. Un service ambulancier dispose de deux ambulances. Les demandes d'ambulances, pendant les fins de semaine, arrivent à un rythme moyen de 0,45 appel à l'heure et peuvent être prévues grâce à une distribution de Poisson. La durée moyenne des secours, y compris le déplacement, est d'environ deux heures par appel. Le temps d'assistance et de déplacement étant distribué selon une loi exponentielle, déterminez :

   a) le taux d'utilisation du système ;

   b) le nombre moyen de clients qui attendent ;

   c) le temps moyen d'attente des clients pour l'ambulance ;

   d) la probabilité que les deux ambulances soient occupées lors d'un nouvel appel.

5. Les informations fournies dans le tableau ci-contre concernent les appels téléphoniques adressés au standard téléphonique d'un motel pendant la journée du mardi.

   Pour chacune des périodes :

Période	Taux d'arrivée (appels/minute)	Taux de service (appels/minute/téléphoniste)	Nombre de téléphonistes
Matin	1,8	1,5	2
Après-midi	2,2	1,0	3
Soir	1,4	0,7	3

   a) déterminez le temps moyen passé par les clients à attendre une réponse et la probabilité qu'un client potentiel attende ;

   b) déterminez la longueur maximale de la file d'attente qui ne sera pas dépassée 96 % du temps.

6. Des camionneurs se présentent à un poste de pesée pour le contrôle de la charge totale, afin de vérifier s'ils respectent la réglementation en vigueur. Les camions arrivent entre 7 h et 21 h, selon une distribution de Poisson, à un taux de 40 à l'heure. Deux inspecteurs s'occupent du contrôle de la charge, chacun ayant la capacité d'inspecter 25 camions à l'heure. On suppose que le taux d'inspection suit une distribution de Poisson.

   a) Combien de camions peut-on s'attendre à voir en moyenne au poste de pesée, y compris ceux qui sont en train d'être inspectés ?

   b) Si un camion vient juste d'arriver au poste de pesée, quel temps moyen devra-t-il y passer ?

c) Quelle est la probabilité que les inspecteurs soient tous deux occupés en même temps?

d) Combien de minutes un camionneur devra-t-il attendre en moyenne avant d'être servi?

e) Que se passerait-il s'il n'y avait qu'un seul inspecteur?

f) Quelle est la longueur maximale de la file d'attente si la probabilité qu'elle ne soit pas dépassée est de 0,97?

7. La directrice d'un centre de distribution doit décider du nombre de quais de chargement à mettre en place dans une nouvelle installation. Son critère pour la prise de décision est de minimiser le coût total engendré par le coût d'attente des camions et le coût associé aux quais. Les coûts liés au duo camion-chauffeur sont estimés à 300 $ par jour, alors que les coûts d'exploitation associés à chaque quai, y compris le travail des manutentionnaires, sont estimés à 1 100 $ par jour.

a) Combien de quais devrait-on installer si les camions arrivent, selon une distribution de Poisson, au taux moyen de 4 camions par jour et que chaque quai a la capacité d'accueillir 5 camions par jour, selon une distribution de Poisson?

b) Un employé propose d'ajouter un nouvel équipement qui permettrait d'augmenter le taux de chargement à 4,285 6 camions par jour. L'équipement coûterait 100 $ par quai pour chaque jour d'exploitation. Doit-on accepter cette proposition?

8. Le service des pièces d'un important concessionnaire automobile a un comptoir réservé aux mécaniciens du service à la clientèle. Le temps écoulé entre chaque demande de pièces est distribué selon une loi exponentielle: il est, en moyenne, de 5 minutes. Le magasinier peut servir en moyenne 15 mécaniciens à l'heure. Le taux de service suit une loi de Poisson, et on suppose qu'il y a deux magasiniers en service.

a) Combien trouve-t-on de mécaniciens en moyenne devant le comptoir, y compris ceux qu'on est en train de servir?

b) Quelle est la probabilité qu'un mécanicien attende avant d'être servi?

c) Quel est le temps moyen d'attente des mécaniciens?

d) Quel est le pourcentage d'inactivité des magasiniers?

e) Quel nombre optimal de magasiniers en service devrait-on avoir pour minimiser le coût total, si un mécanicien coûte 30 $/heure, alors qu'un magasinier coûte 20 $/heure?

9. Un représentant du service à la clientèle d'une petite entreprise d'informatique est responsable de cinq clients, qui le sollicitent en moyenne tous les quatre jours ouvrables. On estime que la demande suit une loi de Poisson. Le représentant peut répondre en moyenne à un appel par jour. Déterminez:

a) le nombre moyen de clients qui attendent d'être servis;

b) le temps d'attente des clients entre le moment où ils appellent pour le service et le moment où le service a été rendu;

c) le pourcentage du temps où le représentant est inoccupé.

d) De combien la réponse obtenue en a) serait-elle réduite si on décidait d'engager deux représentants pour les mêmes clients?

10. Deux opérateurs sont responsables du réglage de 10 machines. Le temps de réglage des machines est distribué selon une loi exponentielle: il est en moyenne de 14 minutes par machine. Les machines fonctionnent pendant en moyenne 86 minutes avant d'avoir besoin d'un réglage. Chaque machine en marche produit 50 pièces à l'heure.

Déterminez:

a) la probabilité qu'une machine attende un réglage;

b) le nombre moyen de machines qui attendent un réglage;

c) le nombre moyen de machines qui sont en train d'être réglées;

d) la production moyenne de chaque machine en tenant compte du réglage.

e) Quel doit être le nombre optimal d'opérateurs si le temps mort des machines coûte 70 $ l'heure par machine et que le coût d'un opérateur, y compris le salaire et les avantages sociaux, est de 15 $ l'heure?

11. Un opérateur est responsable de la maintenance de cinq machines. Les temps de fonctionnement des machines et de maintenance suivent tous deux une distribution exponentielle. Les machines fonctionnent pendant 90 minutes avant de nécessiter une intervention de l'opérateur, et le temps d'intervention est, en moyenne, de 35 minutes. L'opérateur coûte 20 $/heure, y compris le salaire et les avantages sociaux, et le temps mort des machines coûte 70 $/heure par machine.

a) Si la production de chaque machine en marche est de 60 pièces à l'heure, déterminez la production horaire de chaque machine en tenant compte des attentes pour la maintenance et du temps passé à l'entretien.

b) Déterminez le nombre optimal d'opérateurs.

12. Un service de fraisage est constitué de 10 machines. Chaque machine fonctionne en moyenne 8 heures avant d'avoir besoin d'un réglage. Celui-ci prend en moyenne 2 heures. Les machines en marche ont la capacité de produire 40 pièces à l'heure chacune.

   a) Quelle est la production horaire moyenne par machine lorsqu'un seul opérateur s'occupe du réglage au service de fraisage?

   b) Quelle est la configuration optimale des opérateurs affectés au réglage si le coût horaire des temps morts est de 80 $, alors que le coût associé à l'opérateur en fonction est de 30 $/heure?

13. Des camions arrivent au quai de chargement d'un grossiste en fruits et légumes à raison de 1,2 camion à l'heure. Une équipe de deux employés s'occupe du chargement qui prend, en moyenne, 30 minutes. Le salaire des employés est de 10 $ l'heure, y compris les avantages sociaux, alors que le coût associé aux chauffeurs et aux camions en attente est estimé à 60 $ l'heure. Le responsable de la logistique envisage d'ajouter un employé à l'équipe. Le taux de service est estimé à 2,4 camions à l'heure. On suppose que les deux taux suivent approximativement la loi de Poisson.

   a) Est-il économique d'ajouter un employé à l'équipe?

   b) Est-ce qu'un quatrième employé serait nécessaire si le taux de service était de 2,6 camions à l'heure?

14. Les clients qui arrivent à un centre de services sont classés selon trois catégories de priorité, la catégorie n° 1 étant la plus élevée. Les statistiques indiquent qu'il arrive en moyenne neuf clients à l'heure, dont un tiers est attribué à chacune des trois catégories. Il y a deux préposés au centre de services, et chacun peut servir en moyenne cinq clients à l'heure. Les processus d'arrivée et de service sont distribués selon une loi de Poisson.

   a) Quel est le taux d'utilisation du système?

   b) Déterminez le temps moyen d'attente des clients de chacune des catégories.

   c) Déterminez le nombre moyen de clients qui attendent d'être servis dans chacune des catégories.

15. Le traitement des clients arrivant dans un centre de services se fait en fonction de leur appartenance à l'une des deux catégories. Celle qui a la priorité la plus élevée a un taux moyen d'arrivée de quatre clients à l'heure, alors que l'autre a un taux moyen de deux clients à l'heure. Les deux processus d'arrivée sont distribués selon une loi de Poisson. Le centre de services est constitué de deux serveurs ayant la capacité de traiter les clients en un temps moyen de 15 minutes. Les temps de service sont distribués selon une loi exponentielle.

   a) Quel est le taux d'utilisation du système?

   b) Déterminez le temps moyen d'attente des clients de chacune des classes.

   c) Déterminez le nombre moyen de clients qui attendent d'être servis dans chacune des catégories.

   d) Si le gestionnaire réussissait à modifier la règle de priorité de manière à ce que le taux d'arrivée des deux catégories soit égal, quel serait l'effet de cette mesure sur le temps moyen d'attente en ligne?

16. Un système de file d'attente utilise quatre catégories pour déterminer l'ordre de traitement des clients. Les taux moyens d'arrivée (selon une distribution de Poisson) pour chacune des catégories sont donnés dans le tableau ci-contre:

Catégorie	1	2	3	4
Taux moyen	2	4	3	2

   Le service est assuré par cinq serveurs ayant chacun la capacité de traiter en moyenne trois clients à l'heure (selon une distribution exponentielle).

   a) Quel est le taux d'utilisation du système?

   b) Quel est le temps moyen d'attente pour le service dans chacune des catégories? Quel est le nombre moyen de clients en attente dans chacune des catégories?

   c) Si on réduisait le taux d'arrivée de la deuxième catégorie à trois clients en moyenne, en réorientant certains clients de la deuxième catégorie vers la troisième, quel serait l'effet de cette mesure sur le résultat de la question b)?

   d) Comparez les résultats obtenus en b) et en c).

17. Répondez aux questions du problème 16 en tenant compte du fait que chaque serveur peut traiter en moyenne quatre clients à l'heure plutôt que trois. Expliquez pourquoi l'impact de la réattribution des clients à la troisième catégorie est beaucoup moins important que dans le cas du problème 16.

18. Dans un centre d'appels, les appels des clients arrivent (selon une distribution de Poisson) à raison de 40 à l'heure en moyenne. Les appels auxquels on ne peut répondre immédiatement sont mis en attente. Le système en place ne peut mettre en attente qu'un maximum de huit appels. Lorsque ce nombre est atteint, les clients potentiels entendent une sonnerie indiquant que les agents du centre d'appels sont occupés. La communication avec les clients dure en moyenne trois minutes, et il y a actuellement trois agents en fonction. La durée de la communication est distribuée selon une loi exponentielle.

   a) Quelle est la probabilité qu'un client potentiel tombe sur le signal «occupé»? (Suggestion: Résoudre ce problème par essais et erreurs en utilisant log k ou ln k.)

   b) Quelle est la probabilité que l'appel d'un client potentiel soit mis en attente?

19

Cas
L'implantation d'une nouvelle succursale bancaire

Lors de l'implantation d'une nouvelle succursale bancaire, il faut décider si on opte pour un système à file unique des clients ou à files multiples. À cause des raisons d'achalandage, le siège social de la banque sait par expérience que l'efficacité de ces deux modèles diffère en fonction des quartiers à servir. La gestionnaire responsable de la décision dispose des données fiables des taux de service et d'arrivée des clients, distribués selon la loi de Poisson. On observe qu'une attention particulière doit être portée à la période du midi, le vendredi. Il a déjà été convenu d'aménager cinq guichets, les budgets de construction étant alloués. Cependant, les deux politiques suivantes sont étudiées :

a) une file d'attente unique ; le premier client de la file se dirigera vers le premier guichet disponible, et ainsi de suite ;

b) deux files d'attente :

1. un guichet rapide réservé aux clients ayant une seule transaction ;

2. les quatre autres guichets pour le reste des clients (clients habituels).

Comment pouvez-vous aider la gestionnaire dans sa prise de décision ? Préparez une étude complète en présentant vos hypothèses de travail et solutions suggérées en précisant leurs forces et leurs faiblesses.

Informations complémentaires :

- En moyenne 80 clients sont servis durant l'heure du midi.
- Le temps moyen de service par client ayant une seule transaction (service rapide) : 90 secondes.
- Le temps moyen de service des clients habituels (plus d'une transaction) : 4 minutes.
- 60 % des clients sont des clients habituels.

Bibliographie

Buffa, Elwood. *Operations Management*, 3ᵉ édition, New York, John Wiley & Sons, 1972.

Fritzsimmons, James A., et Mona J. Fritzsimmons. *Service Management : Operations, Strategy and Information Technology*, 3ᵉ édition, New York, Irwin/McGraw-Hill, 2001.

Griffin, W. *Queuing : Basic Theory and Applications*, Columbus (OH), Grid Publishing, 1978.

Hillier, Frederick S., Mark S. Hillier et Gerald J. Lieberman. *Introduction to Management Science : A Modeling and Case Studies Approach with Spreadsheets*, New York, Irwin/McGraw-Hill, 2000.

Kartz, K.L., B.M. Larson et R.C. Larson. « Prescriptions for the Waiting-in-Line Blues : Entertain, Enlighten, and Engage », *Sloan Management Review*, vol. 32, n° 2, hiver 1991, p. 44-53.

Stevenson, William J. *Introduction to Management Science*, 2ᵉ édition, Burr Ridge (IL), Richard D. Irwin, 1992.

Tables

TABLE A

Table normale

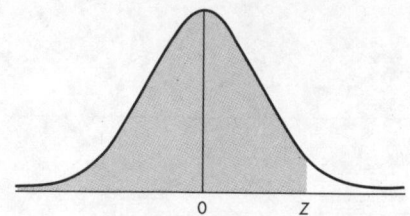

z	0,00	0,01	0,02	0,03	0,04	0,05	0,06	0,07	0,08	0,09
0,0...	0,5000	0,5040	0,5080	0,5120	0,5160	0,5199	0,5239	0,5279	0,5319	0,5359
0,1...	0,5398	0,5438	0,5478	0,5517	0,5557	0,5596	0,5636	0,5675	0,5714	0,5753
0,2...	0,5793	0,5832	0,5871	0,5910	0,5948	0,5987	0,6026	0,6064	0,6103	0,6141
0,3...	0,6179	0,6217	0,6255	0,6293	0,6331	0,6368	0,6406	0,6443	0,6480	0,6517
0,4...	0,6554	0,6591	0,6628	0,6664	0,6700	0,6736	0,6772	0,6808	0,6844	0,6879
0,5...	0,6915	0,6950	0,6985	0,7019	0,7054	0,7088	0,7123	0,7157	0,7190	0,7224
0,6...	0,7257	0,7291	0,7324	0,7357	0,7389	0,7422	0,7454	0,7486	0,7517	0,7549
0,7...	0,7580	0,7611	0,7642	0,7673	0,7703	0,7734	0,7764	0,7794	0,7823	0,7852
0,8...	0,7881	0,7910	0,7939	0,7967	0,7995	0,8023	0,8051	0,8078	0,8106	0,8133
0,9...	0,8159	0,8186	0,8212	0,8238	0,8264	0,8289	0,8315	0,8340	0,8365	0,8389
1,0...	0,8413	0,8438	0,8461	0,8485	0,8508	0,8531	0,8554	0,8577	0,8599	0,8621
1,1...	0,8643	0,8665	0,8686	0,8708	0,8729	0,8749	0,8770	0,8790	0,8810	0,8830
1,2...	0,8849	0,8869	0,8888	0,8907	0,8925	0,8944	0,8962	0,8980	0,8997	0,9015
1,3...	0,9032	0,9049	0,9066	0,9082	0,9099	0,9115	0,9131	0,9147	0,9162	0,9177
1,4...	0,9192	0,9207	0,9222	0,9236	0,9251	0,9265	0,9279	0,9292	0,9306	0,9319
1,5...	0,9332	0,9345	0,9357	0,9370	0,9382	0,9394	0,9406	0,9418	0,9429	0,9441
1,6...	0,9452	0,9463	0,9474	0,9484	0,9495	0,9505	0,9515	0,9525	0,9535	0,9545
1,7...	0,9554	0,9564	0,9573	0,9582	0,9591	0,9599	0,9608	0,9616	0,9625	0,9633
1,8...	0,9641	0,9649	0,9656	0,9664	0,9671	0,9678	0,9686	0,9693	0,9699	0,9706
1,9...	0,9713	0,9719	0,9726	0,9732	0,9738	0,9744	0,9750	0,9756	0,9761	0,9767
2,0...	0,9772	0,9778	0,9783	0,9788	0,9793	0,9798	0,9803	0,9808	0,9812	0,9817
2,1...	0,9821	0,9826	0,9830	0,9834	0,9838	0,9842	0,9846	0,9850	0,9854	0,9857
2,2...	0,9861	0,9864	0,9868	0,9871	0,9875	0,9878	0,9881	0,9884	0,9887	0,9890
2,3...	0,9893	0,9896	0,9898	0,9901	0,9904	0,9906	0,9909	0,9911	0,9913	0,9916
2,4...	0,9918	0,9920	0,9922	0,9925	0,9927	0,9929	0,9931	0,9932	0,9934	0,9936
2,5...	0,9938	0,9940	0,9941	0,9943	0,9945	0,9946	0,9948	0,9949	0,9951	0,9952
2,6...	0,9953	0,9955	0,9956	0,9957	0,9959	0,9960	0,9961	0,9962	0,9963	0,9964
2,7...	0,9965	0,9966	0,9967	0,9968	0,9969	0,9970	0,9971	0,9972	0,9973	0,9974
2,8...	0,9974	0,9975	0,9976	0,9977	0,9977	0,9978	0,9979	0,9979	0,9980	0,9981
2,9...	0,9981	0,9982	0,9982	0,9983	0,9984	0,9984	0,9985	0,9985	0,9986	0,9986
3,0...	0,9987	0,9987	0,9987	0,9988	0,9988	0,9989	0,9989	0,9989	0,9990	0,9990
3,1...	0,9990	0,9991	0,9991	0,9991	0,9991	0,9992	0,9992	0,9992	0,9993	0,9993
3,2...	0,9993	0,9993	0,9994	0,9994	0,9994	0,9994	0,9994	0,9995	0,9995	0,9995
3,3...	0,9995	0,9995	0,9995	0,9996	0,9996	0,9996	0,9996	0,9996	0,9996	0,9997
3,4...	0,9997	0,9997	0,9997	0,9997	0,9997	0,9997	0,9997	0,9997	0,9997	0,9998

Fréquence de la tâche	70 %		75 %		80 %		85 %		90 %		95 %	
	F_1 unit.	F_2 cumul.	F_1 unit.	F_2 cumul.	F_1 unit.	F_2 cumul.	F_1 unit.	F_2 cumul.	F_1 unit.	F_2 cumul.	F_1 unit.	F_2 cumul.
1	1,00	1,00	1,00	1,00	1,00	1,00	1,00	1,00	1,00	1,00	1,00	1,00
2	0,7	1,7	0,75	1,75	0,8	1,8	0,85	1,85	0,9	1,9	0,95	1,95
3	0,568	2,268	0,634	2,384	0,702	2,502	0,773	2,623	0,846	2,746	0,922	2,872
4	0,49	2,758	0,562	2,946	0,64	3,142	0,723	3,345	0,81	3,556	0,903	3,774
5	0,437	3,195	0,513	3,459	0,596	3,738	0,686	4,031	0,783	4,339	0,888	4,662
6	0,398	3,593	0,475	3,934	0,562	4,299	0,657	4,688	0,762	5,101	0,876	5,538
7	0,367	3,96	0,446	4,38	0,534	4,834	0,634	5,322	0,744	5,845	0,866	6,404
8	0,343	4,303	0,422	4,802	0,512	5,346	0,614	5,936	0,729	6,574	0,857	7,261
9	0,323	4,626	0,402	5,204	0,493	5,839	0,597	6,533	0,716	7,29	0,850	8,111
10	0,306	4,932	0,385	5,589	0,477	6,315	0,583	7,116	0,705	7,994	0,843	8,955
12	0,278	5,501	0,357	6,315	0,449	7,227	0,558	8,244	0,685	9,374	0,832	10,62
14	0,257	6,026	0,334	6,994	0,428	8,092	0,539	9,331	0,67	10,721	0,823	12,27
15	0,248	6,274	0,325	7,319	0,418	8,511	0,53	9,861	0,663	11,384	0,818	13,088
16	0,24	6,514	0,316	7,635	0,41	8,92	0,522	10,383	0,656	12,04	0,815	13,903
17	0,233	6,747	0,309	7,944	0,402	9,322	0,515	10,989	0,65	12,69	0,811	14,714
18	0,226	6,973	0,301	8,245	0,394	9,716	0,508	11,405	0,644	13,334	0,807	15,521
19	0,22	7,192	0,295	8,54	0,388	10,104	0,501	11,907	0,639	13,974	0,804	16,325
20	0,214	7,407	0,288	8,828	0,381	10,485	0,495	12,402	0,634	14,608	0,801	17,126
22	0,204	7,819	0,277	9,388	0,37	11,23	0,484	13,376	0,625	15,862	0,796	18,72
24	0,195	8,213	0,267	9,928	0,359	11,954	0,475	14,331	0,617	17,1	0,79	20,303
25	0,191	8,404	0,263	10,191	0,355	12,309	0,47	14,801	0,613	17,713	0,788	21,091
26	0,187	8,591	0,259	10,449	0,35	12,659	0,466	15,267	0,609	18,323	0,786	21,877
28	0,18	8,954	0,251	10,955	0,342	13,347	0,458	16,186	0,603	19,531	0,781	23,442
30	0,174	9,305	0,244	11,446	0,335	14,02	0,45	17,091	0,596	20,727	0,778	25,00
32	0,168	9,644	0,237	11,924	0,328	14,679	0,444	17,981	0,59	21,911	0,774	26,55
34	0,163	9,972	0,231	12,389	0,321	15,324	0,437	18,859	0,585	23,084	0,77	28,09
36	0,158	10,291	0,226	12,844	0,315	15,958	0,432	19,725	0,58	24,246	0,767	29,626
38	0,154	10,601	0,221	13,288	0,31	16,581	0,426	20,58	0,575	25,399	0,764	31,156
40	0,15	10,902	0,216	13,723	0,305	17,193	0,421	21,425	0,571	26,543	0,761	32,68
50	0,134	12,307	0,197	15,776	0,284	20,122	0,4	25,513	0,552	32,142	0,749	40,22
60	0,122	13,574	0,183	17,666	0,268	22,868	0,383	29,414	0,537	37,574	0,739	47,65
70	0,112	14,74	0,172	19,43	0,255	25,47	0,369	33,17	0,524	42,87	0,73	54,99
80	0,105	15,82	0,162	21,09	0,244	27,96	0,358	36,8	0,514	48,05	0,723	62,25
90	0,099	16,83	0,154	22,67	0,235	30,35	0,348	40,32	0,505	53,14	0,717	69,45
100	0,093	17,79	0,148	24,18	0,227	32,65	0,34	43,75	0,497	58,14	0,711	76,59
200	0,065	25,48	0,111	36,8	0,182	52,72	0,289	74,79	0,447	105	0,676	145,7
300	0,053	31,34	0,094	46,94	0,159	69,66	0,262	102,2	0,42	148,2	0,656	212,2
400	0,046	36,26	0,083	55,75	0,145	84,85	0,245	127,00	0,402	189,3	0,642	277,100
500	0,041	40,58	0,076	63,68	0,135	98,85	0,233	151,5	0,389	228,8	0,631	340,6
600	0,037	44,47	0,07	70,97	0,127	112	0,223	174,2	0,378	267,1	0,623	403,3
700	0,034	48,04	0,066	77,77	0,121	124,4	0,215	196,1	0,369	304,5	0,616	465,3
800	0,032	51,36	0,062	84,18	0,116	136,3	0,209	217,3	0,362	341	0,61	526,5
900	0,03	54,46	0,059	90,26	0,112	147,7	0,203	237,9	0,356	376,9	0,604	587,2
1000	0,029	54,4	0,057	96,07	0,108	158,7	0,198	257,9	0,35	412,2	0,6	647,4

Source : C. Benedetti, *Introduction à la gestion des opérations*, Laval, Éditions Études Vivantes, 1991, p. 489.

TABLE C
Facteurs des cartes de contrôle

Taille de l'échantillon	EN FONCTION des FABRICATIONS									
	Échantillon	Limites pour les moyennes			Limites pour les étendues					
n	d_2	A_2 3σ	A_{2b} 2σ	A_{2c} 1σ	D_4 3σ	D_{4b} 2σ	D_{4c} 1σ	D_{3c} 1σ	D_{3b} 2σ	D_3 3σ
2	1,128	1,881	1,254	0,627	3,269	2,512	1,756	0,244		
3	1,693	1,023	0,682	0,341	2,574	2,049	1,525	0,475		
4	2,059	0,729	0,486	0,243	2,282	1,855	1,427	0,573	0,145	
5	2,326	0,577	0,385	0,192	2,114	1,743	1,371	0,629	0,257	
6	2,534	0,483	0,322	0,161	2,004	1,669	1,335	0,665	0,331	
7	2,704	0,419	0,280	0,140	1,924	1,616	1,308	0,692	0,384	0,076
8	2,847	0,373	0,248	0,124	1,864	1,576	1,288	0,712	0,424	0,136
9	2,970	0,337	0,224	0,112	1,816	1,544	1,272	0,728	0,456	0,184
10	3,078	0,308	0,205	0,103	1,777	1,518	1,259	0,741	0,482	0,223

Taille de l'échantillon	EN FONCTION des SPÉCIFICATIONS									
	Échantillon	Limites pour les moyennes			Limites pour les étendues					
n	d_2	A_2 3σ	A_{2b} 2σ	A_{2c} 1σ	D_4 3σ	D_{4b} 2σ	D_{4c} 1σ	D_{3c} 1σ	D_{3b} 2σ	D_3 3σ
2	1,128	2,121	1,414	0,707	3,687	2,834	1,981	0,275		
3	1,693	1,732	1,155	0,577	4,357	3,469	2,581	0,805		
4	2,059	1,500	1,000	0,500	4,699	3,819	2,939	1,179	0,299	
5	2,326	1,342	0,894	0,447	4,918	4,054	3,190	1,462	0,598	
6	2,534	1,225	0,816	0,408	5,078	4,230	3,382	1,686	0,838	
7	2,704	1,134	0,756	0,378	5,203	4,370	3,537	1,871	1,038	0,205
8	2,847	1,061	0,707	0,354	5,307	4,487	3,667	2,027	1,207	0,387
9	2,970	1,000	0,667	0,333	5,394	4,586	3,778	2,162	1,354	0,546
10	3,078	0,949	0,632	0,316	5,469	4,672	3,875	2,281	1,484	0,687

* Tables établies par C. Benedetti, M. ing.

TABLE D STANDARD

Lettre code — Taille de
l'échantillon MIL-STD-105E
ou ISO-2859

Taille des lots N	Niveau de contrôle Usage spécial				Niveau de contrôle Usage général		
	S-1	S-2	S-3	S-4	I	II	III
2-8	A	A	A	A	A	A	B
9-15	A	A	A	A	A	B	C
16-25	A	A	B	B	B	C	D
26-50	A	B	B	C	C	D	E
51-90	B	B	C	C	C	E	F
91-150	B	B	C	D	D	F	G
151-280	B	C	D	E	E	G	H
281-500	B	C	D	E	F	H	J
501-1 200	C	C	E	F	G	J	K
1 201-3 200	C	D	E	G	H	K	L
3 201-10 000	C	D	F	G	J	L	M
10 001-35 000	C	D	F	H	K	M	N
35 001-150 000	D	E	G	J	L	N	P
150 001-500 000	D	E	G	J	M	P	Q
500 001 et plus	D	E	H	K	N	Q	R

TABLE D-1

Plan simple — Contrôle normal — MIL-STD-105E

Niveau de qualité acceptable (NQA)

Chaque cellule donne le couple **Ac Re**. Les colonnes sont présentées dans l'ordre du tableau (de 1000 à 0,010).

Lettre code	Taille de l'échantillon n	1000	650	400	250	150	100	65	40	25	15	10	6,5	4,0	2,5	1,5	1,0	0,65	0,40	0,25	0,15	0,10	0,065	0,040	0,025	0,015	0,010
A	2	30 31	21 22	14 15	10 11	7 8	5 6	3 4	2 3	1 2	0 1	↓	↓	↓	↓	↓	↓	↓	↓	↓	↓	↓	↓	↓	↓	↓	↓
B	3	44 45	30 31	21 22	14 15	10 11	7 8	5 6	3 4	2 3	1 2	0 1	↓	↓	↓	↓	↓	↓	↓	↓	↓	↓	↓	↓	↓	↓	↓
C	5	↑	44 45	30 31	21 22	14 15	10 11	7 8	5 6	3 4	2 3	1 2	0 1	↓	↓	↓	↓	↓	↓	↓	↓	↓	↓	↓	↓	↓	↓
D	8	↑	↑	44 45	30 31	21 22	14 15	10 11	7 8	5 6	3 4	2 3	1 2	0 1	↓	↓	↓	↓	↓	↓	↓	↓	↓	↓	↓	↓	↓
E	13	↑	↑	↑	44 45	30 31	21 22	14 15	10 11	7 8	5 6	3 4	2 3	1 2	0 1	↓	↓	↓	↓	↓	↓	↓	↓	↓	↓	↓	↓
F	20	↑	↑	↑	↑	44 45	30 31	21 22	14 15	10 11	7 8	5 6	3 4	2 3	1 2	0 1	↓	↓	↓	↓	↓	↓	↓	↓	↓	↓	↓
G	32	↑	↑	↑	↑	↑	44 45	30 31	21 22	14 15	10 11	7 8	5 6	3 4	2 3	1 2	0 1	↓	↓	↓	↓	↓	↓	↓	↓	↓	↓
H	50	↑	↑	↑	↑	↑	↑	44 45	30 31	21 22	14 15	10 11	7 8	5 6	3 4	2 3	1 2	0 1	↓	↓	↓	↓	↓	↓	↓	↓	↓
I	80	↑	↑	↑	↑	↑	↑	↑	44 45	30 31	21 22	14 15	10 11	7 8	5 6	3 4	2 3	1 2	0 1	↓	↓	↓	↓	↓	↓	↓	↓
K	125	↑	↑	↑	↑	↑	↑	↑	↑	44 45	30 31	21 22	14 15	10 11	7 8	5 6	3 4	2 3	1 2	0 1	↓	↓	↓	↓	↓	↓	↓
L	200	↑	↑	↑	↑	↑	↑	↑	↑	↑	44 45	30 31	21 22	14 15	10 11	7 8	5 6	3 4	2 3	1 2	0 1	↓	↓	↓	↓	↓	↓
M	315	↑	↑	↑	↑	↑	↑	↑	↑	↑	↑	44 45	30 31	21 22	14 15	10 11	7 8	5 6	3 4	2 3	1 2	0 1	↓	↓	↓	↓	↓
N	500	↑	↑	↑	↑	↑	↑	↑	↑	↑	↑	↑	44 45	30 31	21 22	14 15	10 11	7 8	5 6	3 4	2 3	1 2	0 1	↓	↓	↓	↓
P	800	↑	↑	↑	↑	↑	↑	↑	↑	↑	↑	↑	↑	44 45	30 31	21 22	14 15	10 11	7 8	5 6	3 4	2 3	1 2	0 1	↓	↓	↓
Q	1250	↑	↑	↑	↑	↑	↑	↑	↑	↑	↑	↑	↑	↑	44 45	30 31	21 22	14 15	10 11	7 8	5 6	3 4	2 3	1 2	0 1	↓	↓
R	2000	↑	↑	↑	↑	↑	↑	↑	↑	↑	↑	↑	↑	↑	↑	44 45	30 31	21 22	14 15	10 11	7 8	5 6	3 4	2 3	1 2	0 1	↓

↓ = Utiliser le premier plan au-dessous de la flèche. Si n > N, faire un contrôle à 100 %

↑ = Utiliser le premier plan au-dessus de la flèche

Ac = Nombre d'acceptation

Re = Critère ou nombre de rejet

TABLE D-2

Plan double — Contrôle normal — MIL-STD-105E

Niveau de qualité acceptable (NQA)

Lettre code	Échantillon	Taille n	Taille cumulée	0.010	0.015	0.025	0.040	0.065	0.10	0.15	0.25	0.40	0.65	1.0	1.5	2.5	4.0	6.5	10	15	25	40	65	100	150	250	400	650	1000
				Ac Re	Ac Re	Ac Re	Ac Re	Ac Re	Ac Re	Ac Re	Ac Re	Ac Re	Ac Re	Ac Re	Ac Re	Ac Re	Ac Re	Ac Re	Ac Re	Ac Re	Ac Re	Ac Re	Ac Re	Ac Re	Ac Re	Ac Re	Ac Re	Ac Re	Ac Re
A	1er prél. 2e prél.																												
B	1er prél.	2	2																	0 2	0 3	1 4	2 5	3 7	5 9	7 11	11 16	17 22	25 31
	2e prél.	2	4																	1 2	3 4	4 5	6 7	8 9	12 13	18 19	26 27	37 38	56 57
C	1er prél.	3	3																0 2	0 3	1 4	2 5	3 7	5 9	7 11	11 16	17 22	25 31	
	2e prél.	3	6																1 2	3 4	4 5	6 7	8 9	12 13	18 19	26 27	37 38	56 57	
D	1er prél.	5	5															0 2	0 3	1 4	2 5	3 7	5 9	7 11	11 16	17 22	25 31		
	2e prél.	5	10															1 2	3 4	4 5	6 7	8 9	12 13	18 19	26 27	37 38	56 57		
E	1er prél.	8	8														0 2	0 3	1 4	2 5	3 7	5 9	7 11	11 16	17 22	25 31			
	2e prél.	8	16														1 2	3 4	4 5	6 7	8 9	12 13	18 19	26 27	37 38	56 57			
F	1er prél.	13	13													0 2	0 3	1 4	2 5	3 7	5 9	7 11	11 16						
	2e prél.	13	26													1 2	3 4	4 5	6 7	8 9	12 13	18 19	26 27						
G	1er prél.	20	20												0 2	0 3	1 4	2 5	3 7	5 9	7 11	11 16							
	2e prél.	20	40												1 2	3 4	4 5	6 7	8 9	12 13	18 19	26 27							
H	1er prél.	32	32											0 2	0 3	1 4	2 5	3 7	5 9	7 11	11 16								
	2e prél.	32	64											1 2	3 4	4 5	6 7	8 9	12 13	18 19	26 27								
J	1er prél.	50	50										0 2	0 3	1 4	2 5	3 7	5 9	7 11	11 16									
	2e prél.	50	100										1 2	3 4	4 5	6 7	8 9	12 13	18 19	26 27									
K	1er prél.	80	80									0 2	0 3	1 4	2 5	3 7	5 9	7 11	11 16										
	2e prél.	80	160									1 2	3 4	4 5	6 7	8 9	12 13	18 19	26 27										
L	1er prél.	125	125								0 2	0 3	1 4	2 5	3 7	5 9	7 11	11 16											
	2e prél.	125	250								1 2	3 4	4 5	6 7	8 9	12 13	18 19	26 27											
M	1er prél.	200	200							0 2	0 3	1 4	2 5	3 7	5 9	7 11	11 16												
	2e prél.	200	400							1 2	3 4	4 5	6 7	8 9	12 13	18 19	26 27												
N	1er prél.	315	315						0 2	0 3	1 4	2 5	3 7	5 9	7 11	11 16													
	2e prél.	315	630						1 2	3 4	4 5	6 7	8 9	12 13	18 19	26 27													
P	1er prél.	500	500					0 2	0 3	1 4	2 5	3 7	5 9	7 11	11 16														
	2e prél.	500	1000					1 2	3 4	4 5	6 7	8 9	12 13	18 19	26 27														
Q	1er prél.	800	800				0 2	0 3	1 4	2 5	3 7	5 9	7 11	11 16															
	2e prél.	800	1600				1 2	3 4	4 5	6 7	8 9	12 13	18 19	26 27															
R	1er prél.	1250	1250			0 2	0 3	1 4	2 5	3 7	5 9	7 11	11 16																
	2e prél.	1250	2500			1 2	3 4	4 5	6 7	8 9	12 13	18 19	26 27																

→ = Utiliser le premier plan au-dessous de la flèche. Si *n* > *N*, faire un contrôle à 100 %

← = Utiliser le premier plan au-dessus de la flèche

Ac = Nombre d'acceptation

Re = Critère ou nombre de rejet

* = Utilise le plan double correspondant ou le plan multiple suivant s'il est disponible

TABLE D-3

Plan multiple – Contrôle normal – MIL-STD-105E

Niveau de qualité acceptable (NQA)

Les tailles d'échantillon par lettre-code :

Lettre code	Échantillon	Taille n	Taille cumulée
A			
B			
C			
D	1er prél.	2	2
D	2e prél.	2	4
D	3e prél.	2	6
D	4e prél.	2	8
D	5e prél.	2	10
D	6e prél.	2	12
D	7e prél.	2	14
E	1er prél.	3	3
E	2e prél.	3	6
E	3e prél.	3	9
E	4e prél.	3	12
E	5e prél.	3	15
E	6e prél.	3	18
E	7e prél.	3	21
F	1er prél.	5	5
F	2e prél.	5	10
F	3e prél.	5	15
F	4e prél.	5	20
F	5e prél.	5	25
F	6e prél.	5	30
F	7e prél.	5	35
G	1er prél.	8	8
G	2e prél.	8	16
G	3e prél.	8	24
G	4e prél.	8	32
G	5e prél.	8	40
G	6e prél.	8	48
G	7e prél.	8	56
H	1er prél.	13	13
H	2e prél.	13	26
H	3e prél.	13	39
H	4e prél.	13	52
H	5e prél.	13	65
H	6e prél.	13	78
H	7e prél.	13	91
J	1er prél.	20	20
J	2e prél.	20	40
J	3e prél.	20	60
J	4e prél.	20	80
J	5e prél.	20	100
J	6e prél.	20	120
J	7e prél.	20	140

Les colonnes de NQA sont : 0,010 | 0,015 | 0,025 | 0,040 | 0,065 | 0,10 | 0,15 | 0,25 | 0,40 | 0,65 | 1,0 | 1,5 | 2,5 | 4,0 | 6,5 | 10 | 15 | 25 | 40 | 65 | 100 | 150 | 250 | 400 | 650 | 1000 (chacune avec des sous-colonnes **Ac** et **Re**). Les cellules sans plan chiffré contiennent les flèches (→ / ←) et les symboles * ou # selon la légende ci-dessous.

Plans (Ac Re) par lettre-code et NQA

Lettre-code **D** (n = 2) :

Échantillon	NQA 10	15	25	40	65	100	150	250	400
1er prél.	# 2	# 3	# 4	0 4	0 5	1 7	2 9	4 12	6 16
2e prél.	# 2	0 3	1 5	1 6	3 8	4 10	7 14	11 19	17 27
3e prél.	0 3	1 4	2 6	3 8	6 10	8 13	13 19	19 27	29 39
4e prél.	0 3	2 5	3 7	5 10	8 13	12 17	19 25	27 34	40 49
5e prél.	1 3	3 6	5 8	7 11	11 15	17 20	25 29	36 40	53 58
6e prél.	1 3	4 6	7 9	10 12	14 17	21 23	31 33	45 47	65 68
7e prél.	2 3	6 7	9 10	13 14	18 19	25 26	37 38	53 54	77 78

Lettre-code **E** (n = 3) :

Échantillon	NQA 6,5	10	15	25	40	65	100	150	250
1er prél.	# 2	# 3	# 4	0 4	0 5	1 7	2 9	4 12	6 16
2e prél.	# 2	0 3	1 5	1 6	3 8	4 10	7 14	11 19	17 27
3e prél.	0 3	1 4	2 6	3 8	6 10	8 13	13 19	19 27	29 39
4e prél.	0 3	2 5	3 7	5 10	8 13	12 17	19 25	27 34	40 49
5e prél.	1 3	3 6	5 8	7 11	11 15	17 20	25 29	36 40	53 58
6e prél.	1 3	4 6	7 9	10 12	14 17	21 23	31 33	45 47	65 68
7e prél.	2 3	6 7	9 10	13 14	18 19	25 26	37 38	53 54	77 78

Lettre-code **F** (n = 5) :

Échantillon	NQA 4,0	6,5	10	15	25	40	65	100	150
1er prél.	# 2	# 3	# 4	0 4	0 5	1 7	2 9	4 12	6 16
2e prél.	# 2	0 3	1 5	1 6	3 8	4 10	7 14	11 19	17 27
3e prél.	0 3	1 4	2 6	3 8	6 10	8 13	13 19	19 27	29 39
4e prél.	0 3	2 5	3 7	5 10	8 13	12 17	19 25	27 34	40 49
5e prél.	1 3	3 6	5 8	7 11	11 15	17 20	25 29	36 40	53 58
6e prél.	1 3	4 6	7 9	10 12	14 17	21 23	31 33	45 47	65 68
7e prél.	2 3	6 7	9 10	13 14	18 19	25 26	37 38	53 54	77 78

Lettre-code **G** (n = 8) :

Échantillon	NQA 2,5	4,0	6,5	10	15	25	40	65	100
1er prél.	# 2	# 3	# 4	0 4	0 5	1 7	2 9	4 12	6 16
2e prél.	# 2	0 3	1 5	1 6	3 8	4 10	7 14	11 19	17 27
3e prél.	0 3	1 4	2 6	3 8	6 10	8 13	13 19	19 27	29 39
4e prél.	0 3	2 5	3 7	5 10	8 13	12 17	19 25	27 34	40 49
5e prél.	1 3	3 6	5 8	7 11	11 15	17 20	25 29	36 40	53 58
6e prél.	1 3	4 6	7 9	10 12	14 17	21 23	31 33	45 47	65 68
7e prél.	2 3	6 7	9 10	13 14	18 19	25 26	37 38	53 54	77 78

Lettre-code **H** (n = 13) :

Échantillon	NQA 1,5	2,5	4,0	6,5	10	15	25	40	65
1er prél.	# 2	# 3	# 4	0 4	0 5	1 7	2 9	4 12	6 16
2e prél.	# 2	0 3	1 5	1 6	3 8	4 10	7 14	11 19	17 27
3e prél.	0 3	1 4	2 6	3 8	6 10	8 13	13 19	19 27	29 39
4e prél.	0 3	2 5	3 7	5 10	8 13	12 17	19 25	27 34	40 49
5e prél.	1 3	3 6	5 8	7 11	11 15	17 20	25 29	36 40	53 58
6e prél.	1 3	4 6	7 9	10 12	14 17	21 23	31 33	45 47	65 68
7e prél.	2 3	6 7	9 10	13 14	18 19	25 26	37 38	53 54	77 78

Lettre-code **J** (n = 20) :

Échantillon	NQA 1,0	1,5	2,5	4,0	6,5	10	15	25	40
1er prél.	# 2	# 3	# 4	0 4	0 5	1 7	2 9	4 12	6 16
2e prél.	# 2	0 3	1 5	1 6	3 8	4 10	7 14	11 19	17 27
3e prél.	0 3	1 4	2 6	3 8	6 10	8 13	13 19	19 27	29 39
4e prél.	0 3	2 5	3 7	5 10	8 13	12 17	19 25	27 34	40 49
5e prél.	1 3	3 6	5 8	7 11	11 15	17 20	25 29	36 40	53 58
6e prél.	1 3	4 6	7 9	10 12	14 17	21 23	31 33	45 47	65 68
7e prél.	2 3	6 7	9 10	13 14	18 19	25 26	37 38	53 54	77 78

Légende

→ = Utiliser le premier plan au-dessous de la flèche. Si n > N, faire un contrôle à 100 %

← = Utiliser le premier plan au-dessus de la flèche

Ac = Nombre d'acceptation

Re = Critère ou nombre de rejet

* = Utiliser le plan double correspondant ou le plan multiple suivant s'il est disponible

\# = Acceptation non permise

TABLE D-3

Plan multiple — Contrôle normal — MIL-STD-105E *(suite)*

Niveau de qualité acceptable (NQA)

Chaque cellule de NQA contient les valeurs « Ac Re » (Nombre d'acceptation / Nombre de rejet).

Lettre code	Échantillon	Taille n	Taille cumulée	0.010	0.015	0.025	0.040	0.065	0.10	0.15	0.25	0.40	0.65	1.0	1.5	2.5	4.0	6.5	10	15	25	40	65	100	150	250	400	650	1000
K	1er prél.	32	32	↓	↓	↓	↓	↓	*	↓	↓	↓	# 2	# 2	# 3	# 4	0 5	1 7	2 9	↑	↑	↑	↑	↑	↑	↑	↑	↑	↑
	2e prél.	32	64	↓	↓	↓	↓	↓	*	↓	↓	↓	# 2	0 3	0 3	1 5	3 8	4 10	7 14	↑	↑	↑	↑	↑	↑	↑	↑	↑	↑
	3e prél.	32	96	↓	↓	↓	↓	↓	*	↓	↓	↓	0 3	0 3	1 4	2 6	6 10	8 13	13 19	↑	↑	↑	↑	↑	↑	↑	↑	↑	↑
	4e prél.	32	128	↓	↓	↓	↓	↓	*	↓	↓	↓	0 3	1 4	2 5	3 7	8 13	12 17	19 25	↑	↑	↑	↑	↑	↑	↑	↑	↑	↑
	5e prél.	32	160	↓	↓	↓	↓	↓	*	↓	↓	↓	1 3	2 4	3 6	5 8	11 15	17 20	25 29	↑	↑	↑	↑	↑	↑	↑	↑	↑	↑
	6e prél.	32	192	↓	↓	↓	↓	↓	*	↓	↓	↓	1 3	3 5	4 6	7 9	14 17	21 23	31 33	↑	↑	↑	↑	↑	↑	↑	↑	↑	↑
	7e prél.	32	224	↓	↓	↓	↓	↓	*	↓	↓	↓	2 3	4 5	6 7	9 10	18 19	25 26	37 38	↑	↑	↑	↑	↑	↑	↑	↑	↑	↑
L	1er prél.	50	50	↓	↓	↓	↓	*	↓	↓	↓	# 2	# 2	# 3	# 4	0 5	1 7	2 9	↑	↑	↑	↑	↑	↑	↑	↑	↑	↑	↑
	2e prél.	50	100	↓	↓	↓	↓	*	↓	↓	↓	# 2	0 3	0 3	1 5	3 8	4 10	7 14	↑	↑	↑	↑	↑	↑	↑	↑	↑	↑	↑
	3e prél.	50	150	↓	↓	↓	↓	*	↓	↓	↓	0 3	0 3	1 4	2 6	6 10	8 13	13 19	↑	↑	↑	↑	↑	↑	↑	↑	↑	↑	↑
	4e prél.	50	200	↓	↓	↓	↓	*	↓	↓	↓	0 3	1 4	2 5	3 7	8 13	12 17	19 25	↑	↑	↑	↑	↑	↑	↑	↑	↑	↑	↑
	5e prél.	50	250	↓	↓	↓	↓	*	↓	↓	↓	1 3	2 4	3 6	5 8	11 15	17 20	25 29	↑	↑	↑	↑	↑	↑	↑	↑	↑	↑	↑
	6e prél.	50	300	↓	↓	↓	↓	*	↓	↓	↓	1 3	3 5	4 6	7 9	14 17	21 23	31 33	↑	↑	↑	↑	↑	↑	↑	↑	↑	↑	↑
	7e prél.	50	350	↓	↓	↓	↓	*	↓	↓	↓	2 3	4 5	6 7	9 10	18 19	25 26	37 38	↑	↑	↑	↑	↑	↑	↑	↑	↑	↑	↑
M	1er prél.	80	80	↓	↓	↓	*	↓	↓	↓	# 2	# 2	# 3	# 4	0 5	1 7	2 9	↑	↑	↑	↑	↑	↑	↑	↑	↑	↑	↑	↑
	2e prél.	80	160	↓	↓	↓	*	↓	↓	↓	# 2	0 3	0 3	1 5	3 8	4 10	7 14	↑	↑	↑	↑	↑	↑	↑	↑	↑	↑	↑	↑
	3e prél.	80	240	↓	↓	↓	*	↓	↓	↓	0 3	0 3	1 4	2 6	6 10	8 13	13 19	↑	↑	↑	↑	↑	↑	↑	↑	↑	↑	↑	↑
	4e prél.	80	320	↓	↓	↓	*	↓	↓	↓	0 3	1 4	2 5	3 7	8 13	12 17	19 25	↑	↑	↑	↑	↑	↑	↑	↑	↑	↑	↑	↑
	5e prél.	80	400	↓	↓	↓	*	↓	↓	↓	1 3	2 4	3 6	5 8	11 15	17 20	25 29	↑	↑	↑	↑	↑	↑	↑	↑	↑	↑	↑	↑
	6e prél.	80	480	↓	↓	↓	*	↓	↓	↓	1 3	3 5	4 6	7 9	14 17	21 23	31 33	↑	↑	↑	↑	↑	↑	↑	↑	↑	↑	↑	↑
	7e prél.	80	560	↓	↓	↓	*	↓	↓	↓	2 3	4 5	6 7	9 10	18 19	25 26	37 38	↑	↑	↑	↑	↑	↑	↑	↑	↑	↑	↑	↑
N	1er prél.	125	125	↓	↓	*	↓	↓	↓	# 2	# 2	# 3	# 4	0 5	1 7	2 9	↑	↑	↑	↑	↑	↑	↑	↑	↑	↑	↑	↑	↑
	2e prél.	125	250	↓	↓	*	↓	↓	↓	# 2	0 3	0 3	1 5	3 8	4 10	7 14	↑	↑	↑	↑	↑	↑	↑	↑	↑	↑	↑	↑	↑
	3e prél.	125	375	↓	↓	*	↓	↓	↓	0 3	0 3	1 4	2 6	6 10	8 13	13 19	↑	↑	↑	↑	↑	↑	↑	↑	↑	↑	↑	↑	↑
	4e prél.	125	500	↓	↓	*	↓	↓	↓	0 3	1 4	2 5	3 7	8 13	12 17	19 25	↑	↑	↑	↑	↑	↑	↑	↑	↑	↑	↑	↑	↑
	5e prél.	125	625	↓	↓	*	↓	↓	↓	1 3	2 4	3 6	5 8	11 15	17 20	25 29	↑	↑	↑	↑	↑	↑	↑	↑	↑	↑	↑	↑	↑
	6e prél.	125	750	↓	↓	*	↓	↓	↓	1 3	3 5	4 6	7 9	14 17	21 23	31 33	↑	↑	↑	↑	↑	↑	↑	↑	↑	↑	↑	↑	↑
	7e prél.	125	875	↓	↓	*	↓	↓	↓	2 3	4 5	6 7	9 10	18 19	25 26	37 38	↑	↑	↑	↑	↑	↑	↑	↑	↑	↑	↑	↑	↑
P	1er prél.	200	200	↓	*	↓	↓	↓	# 2	# 2	# 3	# 4	0 5	1 7	2 9	↑	↑	↑	↑	↑	↑	↑	↑	↑	↑	↑	↑	↑	↑
	2e prél.	200	400	↓	*	↓	↓	↓	# 2	0 3	0 3	1 5	3 8	4 10	7 14	↑	↑	↑	↑	↑	↑	↑	↑	↑	↑	↑	↑	↑
	3e prél.	200	600	↓	*	↓	↓	↓	0 3	0 3	1 4	2 6	6 10	8 13	13 19	↑	↑	↑	↑	↑	↑	↑	↑	↑	↑	↑	↑	↑
	4e prél.	200	800	↓	*	↓	↓	↓	0 3	1 4	2 5	3 7	8 13	12 17	19 25	↑	↑	↑	↑	↑	↑	↑	↑	↑	↑	↑	↑	↑
	5e prél.	200	1000	↓	*	↓	↓	↓	1 3	2 4	3 6	5 8	11 15	17 20	25 29	↑	↑	↑	↑	↑	↑	↑	↑	↑	↑	↑	↑	↑
	6e prél.	200	1200	↓	*	↓	↓	↓	1 3	3 5	4 6	7 9	14 17	21 23	31 33	↑	↑	↑	↑	↑	↑	↑	↑	↑	↑	↑	↑	↑
	7e prél.	200	1400	↓	*	↓	↓	↓	2 3	4 5	6 7	9 10	18 19	25 26	37 38	↑	↑	↑	↑	↑	↑	↑	↑	↑	↑	↑	↑	↑
Q	1er prél.	315	315	*	↓	↓	↓	# 2	# 2	# 3	# 4	0 5	1 7	2 9	↑	↑	↑	↑	↑	↑	↑	↑	↑	↑	↑	↑	↑	↑
	2e prél.	315	630	*	↓	↓	↓	# 2	0 3	0 3	1 5	3 8	4 10	7 14	↑	↑	↑	↑	↑	↑	↑	↑	↑	↑	↑	↑	↑	↑
	3e prél.	315	945	*	↓	↓	↓	0 3	0 3	1 4	2 6	6 10	8 13	13 19	↑	↑	↑	↑	↑	↑	↑	↑	↑	↑	↑	↑	↑	↑
	4e prél.	315	1260	*	↓	↓	↓	0 3	1 4	2 5	3 7	8 13	12 17	19 25	↑	↑	↑	↑	↑	↑	↑	↑	↑	↑	↑	↑	↑	↑
	5e prél.	315	1575	*	↓	↓	↓	1 3	2 4	3 6	5 8	11 15	17 20	25 29	↑	↑	↑	↑	↑	↑	↑	↑	↑	↑	↑	↑	↑	↑
	6e prél.	315	1890	*	↓	↓	↓	1 3	3 5	4 6	7 9	14 17	21 23	31 33	↑	↑	↑	↑	↑	↑	↑	↑	↑	↑	↑	↑	↑	↑
	7e prél.	315	2205	*	↓	↓	↓	2 3	4 5	6 7	9 10	18 19	25 26	37 38	↑	↑	↑	↑	↑	↑	↑	↑	↑	↑	↑	↑	↑	↑
R	1er prél.	500	500	↓	↓	↓	# 2	# 2	# 3	# 4	0 5	1 7	2 9	↑	↑	↑	↑	↑	↑	↑	↑	↑	↑	↑	↑	↑	↑	↑	↑
	2e prél.	500	1000	↓	↓	↓	# 2	0 3	0 3	1 5	3 8	4 10	7 14	↑	↑	↑	↑	↑	↑	↑	↑	↑	↑	↑	↑	↑	↑	↑
	3e prél.	500	1500	↓	↓	↓	0 3	0 3	1 4	2 6	6 10	8 13	13 19	↑	↑	↑	↑	↑	↑	↑	↑	↑	↑	↑	↑	↑	↑	↑
	4e prél.	500	2000	↓	↓	↓	0 3	1 4	2 5	3 7	8 13	12 17	19 25	↑	↑	↑	↑	↑	↑	↑	↑	↑	↑	↑	↑	↑	↑	↑
	5e prél.	500	2500	↓	↓	↓	1 3	2 4	3 6	5 8	11 15	17 20	25 29	↑	↑	↑	↑	↑	↑	↑	↑	↑	↑	↑	↑	↑	↑	↑
	6e prél.	500	3000	↓	↓	↓	1 3	3 5	4 6	7 9	14 17	21 23	31 33	↑	↑	↑	↑	↑	↑	↑	↑	↑	↑	↑	↑	↑	↑	↑
	7e prél.	500	3500	↓	↓	↓	2 3	4 5	6 7	9 10	18 19	25 26	37 38	↑	↑	↑	↑	↑	↑	↑	↑	↑	↑	↑	↑	↑	↑	↑

↓ = Utiliser le premier plan au-dessous de la flèche. Si $n > N$, faire un contrôle à 100 %

↑ = Utiliser le premier plan au-dessus de la flèche

Ac = Nombre d'acceptation

Re = Critère ou nombre de rejet

* = Utiliser le plan double correspondant ou le plan multiple suivant s'il est disponible

\# = Acceptation non permise

TABLE E

Loi de Poisson
(distribution cumulative)

$$P(x \le c) = \sum_{x=0}^{x=c} \frac{\mu^x \cdot e^{-\mu}}{x!}$$

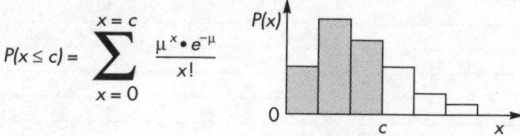

μ\x	0	1	2	3	4	5	6	7	8	9
0,05	0,951	0,999	1,000							
0,10	0,905	0,995	1,0000							
0,15	0,861	0,990	0,999	1,000						
0,20	0,819	0,982	0,999	1,000						
0,25	0,779	0,974	0,998	1,000						
0,30	0,741	0,963	0,996	1,000						
0,35	0,705	0,951	0,994	1,000						
0,45	0,670	0,938	0,992	0,999	1,000					
0,45	0,638	0,925	0,989	0,999	1,000					
0,50	0,607	0,910	0,986	0,998	1,000					
0,55	0,577	0,894	0,982	0,998	1,000					
0,60	0,549	0,878	0,977	0,997	1,000					
0,65	0,522	0,861	0,972	0,996	0,999	1,000				
0,70	0,497	0,844	0,966	0,994	0,999	1,000				
0,75	0,472	0,827	0,960	0,993	0,999	1,000				
0,80	0,449	0,809	0,953	0,991	0,999	1,000				
0,85	0,427	0,791	0,945	0,989	0,998	1,000				
0,90	0,407	0,772	0,937	0,987	0,998	1,000				
0,95	0,387	0,754	0,929	0,984	0,997	1,000				
1,0	0,368	0,736	0,920	0,981	0,996	0,999	1,000			
1,1	0,333	0,699	0,900	0,974	0,995	0,999	1,000			
1,2	0,301	0,663	0,880	0,966	0,992	0,998	1,000			
1,3	0,273	0,627	0,857	0,957	0,989	0,998	1,000			
1,4	0,247	0,592	0,833	0,946	0,986	0,997	0,999	1,000		
1,5	0,223	0,558	0,809	0,934	0,981	0,996	0,999	1,000		
1,6	0,202	0,525	0,783	0,921	0,976	0,994	0,999	1,000		
1,7	0,183	0,493	0,757	0,907	0,970	0,992	0,998	1,000		
1,8	0,165	0,463	0,731	0,891	0,964	0,990	0,997	0,999	1,000	
1,9	0,150	0,434	0,704	0,875	0,956	0,987	0,997	0,999	1,000	
2,0	0,135	0,406	0,677	0,857	0,947	0,983	0,995	0,999	1,000	
2,2	0,111	0,355	0,623	0,819	0,928	0,975	0,993	0,998	1,000	
2,4	0,091	0,308	0,570	0,779	0,904	0,964	0,988	0,997	0,999	1,000
2,6	0,074	0,267	0,518	0,736	0,877	0,951	0,983	0,995	0,999	1,000
2,8	0,061	0,231	0,470	0,692	0,848	0,935	0,976	0,992	0,998	0,999

TABLE E

Loi de Poisson (distribution cumulative) (*suite*)

μ\x	0	1	2	3	4	5	6	7	8	9	10	11	12	13	14	15	16	17	18	19	20
3,0	0,050	0,199	0,423	0,647	0,815	0,916	0,966	0,988	0,996	0,999	1,000										
3,2	0,041	0,171	0,380	0,603	0,781	0,895	0,955	0,983	0,994	0,998	1,000										
3,4	0,033	0,147	0,340	0,558	0,744	0,871	0,942	0,977	0,992	0,997	0,999	1,000									
3,6	0,027	0,126	0,303	0,515	0,706	0,844	0,927	0,969	0,988	0,996	0,999	1,000									
3,8	0,022	0,107	0,269	0,474	0,668	0,816	0,909	0,960	0,984	0,994	0,998	0,999	1,000								
4,0	0,018	0,092	0,238	0,433	0,629	0,785	0,889	0,949	0,979	0,992	0,997	0,999	1,000								
4,2	0,015	0,078	0,210	0,395	0,590	0,753	0,868	0,936	0,972	0,989	0,996	0,999	1,000								
4,4	0,012	0,066	0,185	0,359	0,551	0,720	0,844	0,921	0,964	0,985	0,994	0,998	0,999	1,000							
4,6	0,010	0,056	0,163	0,326	0,513	0,686	0,818	0,905	0,955	0,980	0,992	0,997	0,999	1,000							
4,8	0,008	0,048	0,143	0,294	0,476	0,651	0,791	0,887	0,944	0,975	0,990	0,996	0,999	1,000							
5,0	0,007	0,040	0,125	0,265	0,441	0,616	0,762	0,867	0,932	0,968	0,986	0,995	0,998	0,999	1,000						
5,2	0,006	0,034	0,109	0,238	0,406	0,581	0,732	0,845	0,918	0,960	0,982	0,993	0,997	0,999	1,000						
5,4	0,005	0,029	0,095	0,213	0,373	0,546	0,702	0,822	0,903	0,951	0,978	0,990	0,996	0,999	1,000						
5,6	0,004	0,024	0,082	0,191	0,342	0,512	0,670	0,797	0,886	0,941	0,972	0,988	0,995	0,998	0,999	1,000					
5,8	0,003	0,021	0,072	0,170	0,313	0,478	0,638	0,771	0,867	0,929	0,965	0,984	0,993	0,997	0,999	1,000					
6,0	0,003	0,017	0,062	0,151	0,285	0,446	0,606	0,744	0,847	0,916	0,957	0,980	0,991	0,996	0,999	0,999	1,000				
6,2	0,002	0,015	0,054	0,134	0,259	0,414	0,574	0,716	0,826	0,902	0,949	0,975	0,989	0,995	0,998	0,999	1,000				
6,4	0,002	0,012	0,046	0,119	0,235	0,384	0,542	0,687	0,803	0,886	0,939	0,969	0,986	0,994	0,997	0,999	1,000				
6,6	0,001	0,010	0,040	0,105	0,213	0,355	0,511	0,658	0,780	0,869	0,927	0,963	0,982	0,992	0,997	0,999	1,000				
6,8	0,001	0,007	0,030	0,082	0,173	0,301	0,450	0,599	0,729	0,830	0,915	0,955	0,978	0,990	0,996	0,998	0,999	1,000			
7,0	0,001	0,007	0,030	0,082	0,173	0,301	0,450	0,599	0,729	0,830	0,901	0,947	0,973	0,987	0,994	0,998	0,999	1,000			
7,2	0,001	0,006	0,025	0,072	0,156	0,276	0,420	0,569	0,703	0,810	0,887	0,937	0,967	0,984	0,993	0,997	0,999	1,000			
7,4	0,001	0,005	0,022	0,063	0,140	0,253	0,392	0,539	0,676	0,788	0,871	0,926	0,961	0,980	0,991	0,996	0,998	0,999	1,000		
7,6	0,001	0,004	0,019	0,055	0,125	0,231	0,365	0,510	0,648	0,765	0,854	0,915	0,954	0,976	0,989	0,995	0,998	0,999	1,000		
7,8	0,000	0,004	0,016	0,048	0,112	0,210	0,338	0,481	0,620	0,741	0,835	0,902	0,945	0,971	0,986	0,993	0,997	0,999	1,000		
8,0	0,000	0,003	0,014	0,042	0,100	0,191	0,313	0,453	0,593	0,717	0,816	0,888	0,936	0,966	0,983	0,992	0,996	0,998	0,999	1,000	
8,2	0,000	0,003	0,012	0,037	0,089	0,174	0,290	0,425	0,566	0,692	0,796	0,873	0,926	0,960	0,979	0,990	0,995	0,998	0,999	1,000	
8,4	0,000	0,002	0,010	0,032	0,079	0,157	0,267	0,400	0,537	0,666	0,774	0,857	0,915	0,952	0,975	0,987	0,994	0,997	0,999	1,000	
8,6	0,000	0,002	0,009	0,030	0,074	0,150	0,256	0,386	0,523	0,653	0,763	0,849	0,909	0,949	0,973	0,986	0,993	0,997	0,999	1,000	
8,8	0,000	0,002	0,007	0,024	0,062	0,128	0,226	0,348	0,482	0,614	0,729	0,822	0,889	0,935	0,964	0,981	0,990	0,995	0,998	0,999	
9,0	0,000	0,001	0,006	0,021	0,055	0,116	0,207	0,324	0,456	0,587	0,706	0,803	0,876	0,926	0,959	0,978	0,989	0,995	0,998	0,999	1,000
9,5	0,000	0,001	0,004	0,015	0,040	0,089	0,165	0,269	0,392	0,522	0,645	0,752	0,836	0,898	0,940	0,967	0,982	0,991	0,996	0,998	0,999

Lexique

A

Absolute Error (AE): Erreur relative absolue *(ERA)*

Acceptable quality level (AQL): Niveau de qualité acceptable *(NQA)*

Accidental failure: Pannes accidentelles

Accuracy: Exactitude

Activity base costing: Comptabilité par activité

Activity on arrows (AOA): Représentation vectorielle

Activity on nodes (AON): Représentation nodale

Actual output: Production réelle

Actuarial science: Actuariat

Affinity diagram: Diagramme des affinités

Aggregate planning: Plan global de production ou programme intégré de production

Agile manufacturing: Production agile

Agile operations: Opérations agiles

Agile Organisation: Organisation souple

Allowance: Majoration

Ancillary services: Services connexes (ou auxiliaires)

Andon: Andon (lanterne)

Annual service level: Niveau de service annuel

AOA network (activity on arrows diagram): Réseau vectoriel

AON network (activity on node diagram): Réseau nodal

Assignment algorithm (hungarian algorithm): Algorithme d'affectation (méthode hongroise)

Associative Model: Modèle associatif

Attributes control: Contrôle par attributs (calibre)

Automation: Automatisation

Autonomation: Autonomation

Availability: Disponibilité

Available-to-promise inventory: Stock disponible à la vente

Average number of jobs: NMS (nombre moyen dans le système)

Average time of jobs: TMS (temps moyen dans le système)

B

B 2 B: Relation d'affaire interentreprise

Backflushing: Déduction automatique

Back office: Deuxième ligne (arrière-guichet)

Backorder: Commande en souffrance

Back up: De secours

Backward scheduling: Ordonnancement amont

Backward sequencing: Jalonnement amont

Balance delay: Temps improductifs

Balking: Impatience *a priori*

Bar coding: Code à barres

Basis: Base

Batch control: Contrôle par lot

Batch production: Production par lots ou multigamme

Batch sampling control: Contrôle par échantillonnage

Benchmarking: Analyse comparative, balisage, étalonnage ou parangonnage

Bias: Partialité

Bill of material (BOM): Nomenclature

Bottleneck: Goulot d'étranglement

Brainstorming: Remue-méninges

Breakdown maintenance: Maintenance palliative ou curative

Break-even point (BEP): Point mort ou seuil de rentabilité (Q_{pm})

Bricks and mortar company (BAM): Entreprise briques (clic) et mortier

Bullwhip effect: Effet coup de fouet

Burn-in: Rodage

Buying: Achat

C

Capability (index): Capabilité (indices de)

Capacity: Capacité de production

Capacity cushion: Capacité tampon

Capacity requirement planning (CRP): Planification des besoins en capacité (PBC)

Carrying cost / holding cost: Coûts de possession ou d'entreposage

Cash flow: Flux de trésorerie

Cellular layout: Aménagement cellulaire

Center of gravity method: Méthode du centre de gravité

Centralized maintenance: Maintenance centralisée

Channels: Serveur (canaux de service)

Chart loading: Charge (calendrier) de travail

Chase strategy: Planification synchrone

Check list: Feuille de relevés, de vérification ou de contrôle

COD (cash on delivery): Payable sur réception

Compensation system: Primes au rendement

Competitiveness: Compétitivité

Computer-aided design: Conception assistée par ordinateur (CAO)

Computer-aided manufacturing (CAM): Fabrication assistée par ordinateur (FAO)

Computer integrated manufacturing (CIM): Opération intégrée par ordinateur (OIO)

Concurrent engineering: Ingénierie simultanée (ou conception participative)

Conditioning, packaging: Conditionnement et emballage

Consumer customer: Client consommateur

Consumer's risk: Risque du receveur (risque ß)

Continuous improvement or Kaïzen: Amélioration continue ou *kaïzen*

Control Chart: Carte de contrôle

Corrective maintenance: Maintenance corrective

Correlation: Corrélation

Cost-volume analysis: Analyse coût-volume

CPFR (collaborative planning, forecasting and replenishment): PPPR (partenariat prévision, planification et réapprovisionnement); planification partagée des approvisionnements

CPM-cost: CPM-coût

Crash time: Durée minimale (réduite ou accélérée)

Critical activities: Activités critiques

Critical path: Chemin critique

Critical path method (CPM): Méthode du chemin critique

Critical ratio (CR): RC (ratio critique)

Cross docking: Transbordement

Cross-trained: Formation croisée

Cumulative lead time: Délai cumulatif

Customer orders: Commandes client

Cycle: Cycle

Cycle counting: Inventaire tournant

Cycle stock: Stock actif

Cycle time: Temps de cycle; intervalle entre deux lots *(i)*

Cyclical scheduling: Ordonnancement cyclique

Cyclical Variation: Phénomène cyclique

D

Decentralized maintenance: Maintenance décentralisée

Defect: Défaut

Delayed differentiation: Différenciation retardée

Delphi Method: Méthode Delphi

Deming prize: Prix Deming

Dependent demand: Demande dépendante ou consommation dépendante

Design: Conception (design)

Design capacity: Capacité de conception

Design for assembly: Conception en vue de l'assemblage (CVA)

Design for manufacturing: Conception en vue de la fabrication (CVF)

Design for operations: Conception en vue des opérations (CVO)

Destructive test: Test destructif

Deterministic project: Projet déterministe

Deterministic situation: Situation déterministe

Deviation from forecast: Écart par rapport aux prévisions

Dimension of quality: Dimensions de la qualité

Diseconomies of scale: Déséconomie d'échelle

Disintermediation: Désintermédiation

Distinctive competencies: Compétence distinctive

Distribution requirements planning (DRP): Planification des besoins de distribution (PBD); planification des ressources de distribution (PRD)

Downstream (downhill) scheduling: Ordonnancement aval

Drum – buffer – rope: Tambour – tampon – chaîne

Due date (DD): DP (date ou délai promis)

Dynamic: Dynamique

Dynamic sequencing: Séquence dynamique

E

Earliest finish (EF): Fin au plus tôt (hâtive)

Earliest start (ES): Début au plus tôt (hâtif)

Earliest time: Temps au plus tôt (hâtif)

E-business: Affaires électroniques

E-commerce: Commerce électronique

Economic order quantity (EOQ): Quantité économique à commander ou lot économique, ou série économique (de réapprovisionnement)

Economic production quantity: Lot économique

Economies of scale: Économie d'échelle

EDI: Échange des données par informatique

Effective capacity: Capacité réelle ou normalisée

Efficient consumer response (ECR): Réponse efficace ou optimale au consommateur (REC ou ROC)

Electronic data interchange (EDI): Échange de données par informatique (EDI)

Elemental time: Temps élémentaire

Empowerment: Autonomisation

End item: Produit fini

Enterprise requirement planning (ERP): Planification des ressources entreprise (PRE/ERP)

Environmental scanning: Analyse de l'environnement

Ergonomics: Ergonomie

Ergonomist: Ergonome

ERP software: Progiciel de gestion intégré ERP

Estimated forecast: Prévision appréciative

Event: Événement

Event management: Gestion par événement

Excitement characteristics: Caractéristiques attractives

Executive Opinions: Opinion générale

Expected attributes: Caractéristiques espérées

Expected time: Temps moyen

Exponential Smoothing: Lissage exponentiel simple

F

Factor rating: Technique des pondérations

Finite capacity (loading): Capacité limitée ou finie

Finite source: Population finie

First come first serve (FCFS): PEPS (premier entré, premier servi)

Fishbone, cause – and – effect diagram: Diagramme en arête de Poisson ou cause-effet

Fixed-order-interval (FOI): Intervalle d'approvisionnement fixe (IAF) ou à date d'approvisionnement fixe (DAF)

Fixed-order interval model: Modèle d'approvisionnement à intervalle

Fixed order quantity (FOQ): Quantité fixe de commande ou approvisionnement en quantité fixe

Fixed-period ordering: Commandes à périodes fixes (lotissement à)

Fixed-position layouts: Aménagement – fixe ou stationnaire

Flexible manufacturing system (FMS): Système de fabrication flexible (SFF)

Flow chart: Graphique d'analyse de processus (GAP); ordinogramme

Flow process chart: Graphique d'analyse de processus (GAP); Graphique de déroulement

Flow shop: Atelier monogamme

Focus group: Groupe de discussion

Fool proof; mistake-proofing; poka-yoke: Détrompeurs; *poka-yoke*

Forecast: Prévision (plan de prévisions)

Forecast Plan: Plan des révisions

Forward scheduling: Ordonnancement aval

Forward sequencing: Jalonnement aval

Fraction defective: Qualité effective *p*

Free float (time): Marge libre

Front office: Première ligne (guichet)

Full load: Plein chargement

Fundamental approach: Approche fondamentale

G

Gantt chart: Graphique de Gantt

Geographical information system (GIS): Système d'information géographique (SIG)

Global supply Network: Réseau d'approvisionnement global

Grands Prix québécois de la qualité: Grands Prix québécois de la qualité

Gross requirements: Besoins bruts

Group technology: Technologie de groupe

H

Half load: Chargement partiel

Heijunka: *Heijunka*

Histogram: Histogramme

Historical record: Fiche historique

Holding cost: Coût d'entreposage ou de possession

House of quality: Maison de la qualité

I

Incentive system: Système d'incitation

Incoterms: Incoterms

Incremental holding cost: Coûts de possession incrémentiels *(Cei)*

Independent demand: Demande indépendante ou consommation indépendante

Independent event: Éléments indépendants

Indifference point: Niveau d'indifférence

Industrial customer: Client industriel

Industrial engineering: Génie industriel

Industrial management: Gestion industrielle

Infant mortality: Pannes infantiles

Infinite capacity (loading): Capacité illimitée ou infinie

Infinite source: Population infinie

Inspection: Inspection
Interarrival time: Temps interarrivée
Intermittent manufacturing: Production interrompue
Internal customer: Client interne
Internal rate of return (IRR): Taux de rendement interne
International Monetary Fund (IMF): Fonds monétaire international (FMI)
Inventory: Stock
Inventory management: Gestion des stocks
Inventory turnover: Rotation des stocks
Irregular Variations: Variation irrégulière
Ishikawa diagram: Diagramme d'Ishikawa
ISO 2859: ISO 2859
ISO standards: Normes ISO

J

Japan Union of Scientists and Engineers: JUSE
Jidoka: *Jidoka*
Job enlargement: Élargissement des tâches
Job rotation: Rotation des postes de travail
Job shop: Atelier multigame
Jockeying: Sautillement, passage d'une file à l'autre
Johnson's rule: Algorithme de Johnson
Joint probability: Probabilité conjointe
Just in time (JIT): JAT (juste-à temps)

K

Kaiser plan: Plan Kaiser
Kaïzen: *Kaïzen*
Kanban: Fiche de flux *kanban*
Kano model: Modèle de Kano
Keyretsu (japonais): Maillage de fournisseurs
KIS, System: Sytème simple
Knowledge based system: Rémunération fondée sur le savoir
Kodak plan: Plan Kodak

L

Latest finish (LF): Fin au plus tard (tardive)
Latest start (LS): Début au plus tard (tardif)
Latest time: Temps au plus tard (tardif)
Lead time: Délai d'approvisionnement ou de livraison
Lead time service level: Niveau de service par cycle ou par période

Lean operation: Opération épurée, optimisée ou allégée
Lean manufacturing: Production épurée, optimisée ou allégée
Lean production: Production épurée, optimisée ou allégée
Learning curves: Courbe d'apprentissage
Learning enterprise: Entreprise apprenante
Least Mean Squares: Méthode des moindres carrés
Least squares line: Droite des moindres carrés
Level strategy: Planification nivelée
Life cycle assessment (LCA): Analyse de cycle de vie (ACV); écobilan
Lincoln plan: Plan Lincoln
Linear decision rule: Règle de décision linéaire
Linear Regression: Régression linéaire
Linear trend equation: Droite d'ajustement
Line balancing: Équilibrage des opérations
Little law: Loi de Little
Load report: Rapport de charges de travail
Location planning and analysis: Localisation
Lot for lot (ordering): Lot pour lot. (lotissement)
Lot sizing: Lotissement; détermination de la taille des lots (technique de lotissement)
Lot tolerance percent defective (LTPD): Niveau de qualité tolérable (NQT)
Low level coding: Codage de plus bas niveau

M

Maintainability: Maintenabilité
Maintenance: Entretien; maintenance
Maintenance management: Gestion de la maintenance
Makespan: Durée totale de travail dans le système, durée totale de travail
Make to order (MTO): Produits et services sur commande
Make to stock (MTS): Produits et services standards
Malcolm Baldridge award: Prix Malcolm Baldridge
Management information system (MIS): Système d'information de gestion
Manufacturability: Fabricabilité
Manufacturing cell: Cellule de fabrication
Manufacturing resources planning (MRP-II): Planification des ressources de production (PRP/MRP-II)

Market area plant strategy: Stratégie usine-marché
Market, Consumer Survey: Études de marché
Marketplace website: Place du marché électronique
Markup: Marge de profit
Mass customization: Personnalisation de masse
Master plan schedule: Plan directeur de production
Material management: Gestion des matières
Material requirement plan (MRP): Plan besoins matières (PBM)
Material requirement planning: Planification des besoins matières (PBM/MRP)
Mean Absolute Deviation (MAD): Écart moyen absolu (ÉMA)
Mean Absolute Error (MEA): Moyenne des erreurs relatives absolues (MERA)
Mean Squared Error (MSE): Erreur quadratique moyenne (EQM)
Mean time between failure (MTBF): Temps moyen de défaillance (TMD)
Mean Time to Repair (MTR): Temps moyen de réparation (TMR)
Methods analysis: Étude des méthodes
Metrology: Métrologie
Microfactory: Micro-usine
Micromotion study: Étude des micromouvements
Mil-Std-105E: Mil-Std-105E
Mixed model sequencing: Jalonnement ou ordonnancement mixte
Most likely time: Temps le plus probable
Motion and time study: Étude du travail
Motion study: Étude des mouvements
Moving Average: Moyenne mobile
Mouvement québécois de la qualité (MQQ): Mouvement québécois de la qualité (MQQ)
MRO (maintenance, repair, operations): ERO (entretien, réparation, opérations)
Muda: *Muda* (gaspillage)
Multifactor productivity: Productivité multifactorielle et totale
Multiple-activity chart: Graphique ou diagramme d'activité-multiples
Multiple Regression: Régression Multiple
Muther grid, relation chart: Grille relationnelle

N

Naive Forecast: Prévision naïve
Net change system: PBM/MRP par variations nettes
Net requirements: Besoins nets
Non destructive test: Test non destructif

Normal time: Temps de base
Numerical controlled machines (NCM): Machine à contrôle numérique (MCN)

O

Operating characteristic (OC) curve: Courbe d'efficacité
Operation cycle: Cycle d'opération ou de production
Operations engineering: Génie des opérations
Operations management: Gestion des opérations
Operations management function: Fonction de la gestion des opérations
Optimistic time: Temps optimiste
Ordering cost: Coûts de commande ou de passation de commande
Order point/ROP (reorder point): Point de commande ou seuil de commande
Order qualifier: Qualificateurs de commande
Order release: Lancement de commande
Order winners: Gagnants des commandes
Output-based (incentive) system: Rémunération au rendement
Outsourcing: Impartition ; externalisation
Overbooking: Surréservation, survente
Over quality: Surqualité

P

Parent item: Produit parent
Pareto analysis: Méthode ABC ou analyse ABC
Pareto diagram: Diagramme de Pareto
Partial productivity: Productivité partielle
Participative management: Gestion participative
Payback: Délai de récupération
PDCA cycle: Cycle de Shewhart (PDCA)
PDSA cycle: Spirale de Deming
Pegging: Détermination de l'origine des besoins
Performance indicators: Indices ou Indicateurs de performance
Performance rating: Jugement d'allure
Performance rating factor: Facteur d'allure
Periodic inventory: Inventaire périodique ou inventaire intermittent
Perpetual inventory: Inventaire permanent
Perpetual inventory system: Système d'inventaire permanent
Pessimistic time: Temps pessimiste
Physical distribution: Distribution matérielle ou physique
Planned order: Ordre planifié

Planned-order receipts: Réceptions planifiées
Planned-order releases: Lancements planifiés, besoins ou lancements décalés
PMAC (Purchasing management association of Canada): ACGA (Association canadienne de la gestion des achats)
Point of sale: Point de vente
Poka-yoke: Poka-yoke, détrompeurs, garde-fou ou dispositif antierreurs
Positional weight: Coefficient de position
Precedence diagram: Diagramme d'antécédence
Precedence (network) diagram: Diagramme des précédences
Precision: Précision
Predecessors: Activités préalables
Predetermined time standards: Données de référence ; temps prédéterminé
Predicted, Dependent Variables: Variables dépendantes
Predictive maintenance: Maintenance prédictive
Predictor, Independent Variables: Variables indépendantes
Present value: Valeur actualisée
Preventive maintenance: Maintenance préventive ; maintenance systématique
Priority order (PO): PODP (par ordre de priorité)
Priority rules: Règles de priorité
Probabilistic project: Projet probabiliste
Probability of acceptance (Pac): Probabilité d'acceptation (P_a)
Process: Industries de traitement
Process improvement: Amélioration des processus
Process layout: Aménagement-procédé ou aménagement fonctionnel
Process plant strategy: Stratégie usine-procédé
Process strategy: Stratégie de processus
Procurement – supply: Approvisionnement
Producer's risk: Risque du fournisseur (risque α)
Production/operation control: Contrôle des opérations ou de la production
Production program: Programme (calendrier) de production
Production rate: Cadence de production ou d'opération
Productivity: Productivité
Productivity growth: Accroissement de productivité
Product layout: Aménagement-produit
Product plant strategy: Stratégie usine-produit
Product structure tree: Structure du produit
Profit margin: Marge bénéficiaire

Program evaluation review technique: PERT, PERT-coût
Project champion: Champion de projet
Projected available balance: Stock disponible projeté
Projected on hand: Stock en main disponible ou projeté
Project management: Gestion de projet
Project manager: Gestionnaire de projet
Protection interval: Intervalle de protection
Pull system: Flux tiré ou tendu
Purchasing: Acquisition
Push system: Flux poussé

Q

QUALImètre (Quebec-based quality tool): QUALImètre
Quality assurance (QA): Assurance de la qualité
Quality at the source: Qualité à la source
Quality-based strategy: Stratégie axée sur la qualité
Quality circle: Cercle de qualité
Quality control: Contrôle de la qualité
Quality function deployment (QFD): Déploiement de la fonction qualité (DFQ)
Quality level: Niveau de qualité
Quality manual: Manuel de qualité
Quality of conformance: Qualité de conformité
Quality of design: Qualité de conception
Quality of work life: Qualité de vie au travail (QVT)
Quality policies: Politiques de qualité
Quantity discount: Remise sur quantité
Queue discipline: Discipline des files d'attente
Queuing theory: Théorie des files d'attente
Quick response: Réaction ou réponse rapide

R

Radio frequency identification (RFID): Identification par radiofréquence
Random Variations: Variation aléatoire
Redundancy: Redondance
Regenerative system: PBM/MRP en mode régénérateur
Reliability: Fiabilité
Relocation: Relocalisation
Remanufacturing: Refabrication
Reneging: Impatience *a posteriori*
Reparability: Maintenabilité
Reserve stock: Stock de réserve

Resistance to change: Résistance au changement

Return on quality (ROQ): Retour sur qualité

Reverse engineering: Rétroconception (ingénierie inverse)

Reverse logistics: Logistique inversée

RFID (radio frequency identification): Identification par radiofréquence

Risk and uncertainty: Situation de risque et d'incertitude

Robot: Robot

Robust design: Conception robuste

Rough-cut capacity planning: Plan directeur provisoire des capacités PDPC; planification sommaire des capacités (calcul des charges globales)

Run chart: Diagramme de production

Run time: Période de reconstitution des stocks (PRS)

Roy-Warshall algorithm: Algorithme de Roy

S

Safety stock: Stock de sécurité

Sampling plan: Plan d'échantillonnage

Scanlon plan: Plan Scanlon

Scatter diagram: Diagramme de dispersion

Scatter plot: Nuage de points

Scheduled receipts: Réceptions programmées ou prévues

Scheduling: Ordonnancement

Seasonal (Relative) Index: Facteur d'ajustement saisonnier

Seasonal Variations: Variation saisonnière

Seasonality: Saisonnalité

Security lead time: Délai de sécurité

Self-managed team, self-directed team: Équipe autogérée

Sensitivity analysis: Analyse de sensibilité

Sequencing: Jalonnement

Server: Serveur

Service blueprint: Diagramme d'analyse de service (plan de service)

Service delivery system: Prestation de service, le système

Service level: Niveau de service

Service package: Ensemble de service

Serviceability: Serviçabilité

Set-up time: Temps de mise en route (délai de mise en course)

Shortage costs: Coûts de pénurie

Shortest process time (SPT): TOC (temps d'opération court)

Short supply: Pénurie

Shrinkage cost: Coût de détérioration ou d'obsolescence

Simo chart: Graphique des deux mains ou graphique des mouvements simultanés

Single minute exchange of dye (SMED): Mise en route rapide (SMED)

Single-period model: Modèle de stock pour vente unique

Six sigma program: Programme six sigma

Six sigma quality control: Qualité six sigma

Six sigma quality defects: Qualité six sigma

SMED (single minute exchange of dye): Mise en course rapide

Specialization: Spécialisation

Specified number of defectives c: Nombre d'acceptation c

Standardization: Normalisation; standardisation

Standard time: Temps normal (standard)

Standards Council of Canada: Conseil canadien des normes

Stand by: De réserve

Static: Statique

Statistical process control (SPC): Contrôle statistique du procédé (CSP)

Statistically controlled process: Procédé stable, sous contrôle statistique

Static sequencing: Séquence statique

Stock card: Fiche de stock

Stock ledger; record card: Fiche de stock

Stockout: Rupture de stock

Stockout cost: Coût de rupture de stock

Stopwatch time study: Mesure du travail par chronométrage

Strategic partnering: Partenaire stratégique

Strategy: Stratégie

Subcontracting: Sous-traitance

Supply: Fourniture

Supply chain: Chaîne d'approvisionnement

Supply chain operations reference model (SCOR metrics): Indicateurs SCOR

Supply network: Réseau d'approvisionnement

Sustainable production: Production durable ou responsable

SWOT approach: FFPM, approche: forces, faiblesses, possibilités, menaces

T

Taguchi approach: Approche Taguchi

Taguchi cost function: Approche économique de Taguchi

Takt time: Temps *takt*

Telework: Télétravail

Theory of constraints: Théorie des contraintes

Third party logistics (3 PL): Sous-traitant logistique

Three Rs approach: Approche des 3 R

Threshold attributes: Caractéristiques seuil

Throughput time: Cadence ou flux de production

Time-based strategy: Stratégie axée sur le temps

Time-based system: Rémunération au temps

Time fences: Limites de périodes

Time Series: Série chronologique

Time study: Mesure du travail

Topomaintenance: Topomaintenance (TPM)

Total productive maintenance (TPM): Maintenance productive totale (MPT)

Total quality control (TQC); total quality management (TQM): Gestion intégrale de la qualité (GIQ); gestion de la qualité totale (GQT); management de la qualité (MQ)

Total slack (time): Marge totale

Total supply chain: Chaîne intégrale d'approvisionnement

Toyota production system (TPS): Système de production Toyota

Tracking Signal: Indice de déviation soutenue; signal de dérive

Traffic intensity: Intensité de circulation

Traffic management: Gestion du transport

Trained worker: Travailleur qualifié

Transit-oriented development (TOD): Aménagement axé sur le transport en commun

Transportation algorythm: Algorithme du transport

Transportation model: Modèle du transport

Traveler: Fiche suiveuse

Trend: Tendance

Trend-Adjusted Exponential Smoothing: Lissage exponentiel double

Trend analysis: Analyse de la tendance

Trend equation: Équation de la tendance

Two-bin system: Méthode à deux casiers ou méthode à double casier

U

Unit production: Production à l'unité

Universal product code (UPC): Code commercial uniforme; code universel des produits (CUP)

Upstream (uphill) scheduling: Ordonnancement amont

Utilization rate: Taux d'utilisation

V

Value added: Production à valeur ajoutée (PVA) ; valeur ajoutée

Value analysis: Analyse de la valeur

Value chain: Chaîne de valeur

Value index: Indice de la valeur *(IV)*

Variables control: Contrôle par variables (ou mesures)

Vendor analysis: Analyse du fournisseur

Vendor-managed inventory (VMI): Gestion partagée des stocks ou des approvisionnements

Vendor, supplier: Fournisseur

W

Waiting-line: File d'attente

Ware-out failure: Pannes de vieillissement

Waste: Gaspillage

Weight: Poids

Weighted Average: Moyenne pondérée

Work breakdown structure (WBS): Organigramme des tâches (structure de découpage du projet)

Work design: Conception des tâches

Worker-machine chart: Diagramme personne-machine

Work flow diagram: Diagramme de flux

Work order: Réquisition

Work sampling: Mesure du travail par sondage ou mesure par observations instantanées

Work sheet (data): Fiche technique

Work systems analysis: Organisation scientifique du travail (OST)

Work transport (WT): Travail en transport

World Trade Organization (WTO): Organisation mondiale du commerce (OMC)

Workplace hazardous materials information system (WHMIS): Système d'information sur les matières dangereuses utilisées au travail (SIMDUT)

Workstation: Poste de charge

Z

Zero defect: Zéro défaut

Index